犯罪心理学事典

日本犯罪心理学会 編

Criminal Psychology

丸善出版

刊行にあたって

　日本犯罪心理学会は，1951（昭和26）年に発足した矯正心理研究会が母体となって1963（昭和38）年に設立されました．設立当初は少年鑑別所等の矯正関係者を中心とした学会でありました．第1回大会は早稲田大学において開催されました．この当時，わが国は少年非行の第二のピークを迎え，非行の粗暴化が大きなテーマでした．その後，毎年順調に大会が開催され，2012年には大正大学において設立50周年記念大会が開催されるに至りました．この50周年記念事業においては，『犯罪心理学研究―50周年記念特集号』が刊行され，学会活動の中心的な役割を果たしてきた矯正（少年鑑別所，少年院等），家庭裁判所，保護（保護観察所），警察（科学警察研究所，科学捜査研究所等），大学といった五つの領域からそれぞれ研究の歴史が論文として掲載されています．犯罪心理学研究のすそ野の広さには驚かされますが，50周年記念事業のもう一つとしてこの『犯罪心理学事典』の刊行が企画されました．

　この事典には，わが国の最前線の犯罪心理学研究のエッセンスがもれなく盛り込まれていますが，犯罪心理学研究の歴史を振り返ると，学会創設前の研究活動にも触れなければなりません．これらの事情については『矯正心理学―犯罪・非行からの回復を目指す心理学 上巻 理論編』（犬塚石夫編集代表，東京法令出版，2004）に詳しく述べられていますが，その中で犯罪心理学の草分けとして寺田精一（1884-1922）が紹介されています．寺田は受刑者に面接し，各種の調査を実施しその研究成果を1913（大正2）年，『囚人の心理』としてまとめました．また，1918（大正7）年には『犯罪心理講話』を刊行しましたが，これは犯罪心理学のみならず，刑法学，犯罪社会学等にも広く影響を及ぼした先駆的な業績であったとされています．寺田をはじめとする多くの先人たちの研究の積み重ねを土台として日本犯罪心理学会が設立され今日に至っています．

　「テキストマイニングを用いた『犯罪心理学研究』の論題分析―半世紀にわたる変遷と領域の多様化」（『犯罪心理学研究』第53巻第1号，2015）において，緒方康介は1963年から2013年までの半世紀にわたって掲載された論文の分析を試みています．論文の区分は，原著論文，資料論文，展望論文の3種類であり，その他に海外の研究を紹介した文献紹介があります．これらをすべて含めるとこの半世紀に403本の論文が掲載されており，原著論文と資料論文の合計は326本

となります．論文に加え学会の講演やシンポジウムのテーマを見ますと研究の進展とともに膨大な研究知見が生み出されてきています．

2009年5月から裁判員制度が導入され，国民から選ばれた裁判員が裁判官とともに特定の刑事事件の裁判に関与することになり，国民の犯罪に対する関心は一層高まっています．多くの人たちの期待に応えるべく，犯罪の原因論，処遇論はもちろんのこと，犯罪被害についても多くの項目で紹介しました．

また，本事典の編集作業にあたっては，編集幹事，編集委員によって上述の各領域から重要と思われる項目を厳選して戴せました．単なる項目解説にとどまらず，読者がさらに犯罪心理学の重要な知識を体系的に得たいと思うような内容にしたい，との編集方針を立てました．具体的には，本事典で解説する項目の多くは相互に密接に関連しますので，関連項目を明示することによって，もっと先を調べてみようと思える「興味深く読める」事典をめざしました．

執筆者は，「この項目はこの方にぜひお願いしたい」といった編集幹事，編集委員からの推薦を得て選ばせていただきました．そのテーマに関するスペシャリストであると自他ともに認める方たちです．多くの項目は2頁で執筆をお願いしましたが，とりわけ重要と思われる項目は4頁にし，さらなる知識が得られるよう工夫しました．また，犯罪心理学は，犯罪精神医学，犯罪社会学，刑事政策等多くの専門領域と重なるところもあり，必要な項目においては学会員以外の方からも執筆をお願いしています．項目数は344項目，執筆者は251名にもなりました．

最後に，編集に関わった副編集委員長，編集幹事，編集委員，執筆者の方たちに感謝申し上げます．記念事業に賛同していただき，休日を問わず多大な時間を惜しみなく割いていただきました．記念事業として事典の刊行を提案していただいた大渕憲一副編集委員長には，項目の細部に至る調整にご尽力をいただきました．岡本吉生副編集委員長には出版社とのやり取りの多くを担当していただきました．また，丸善出版株式会社企画・編集部の小林秀一郎氏，佐藤日登美さんの献身的なご尽力に感謝申し上げます．

2016年8月

編集委員長　村　松　　　励

編集委員一覧 (五十音順)

編集委員長
村松　励　専修大学人間科学部教授

副編集委員長
大渕憲一　放送大学宮城学習センター所長
岡本吉生　日本女子大学家政学部教授

編集幹事
川邉　譲　駿河台大学心理学部教授
久保　貴　法務省近畿地方更生保護委員会委員長
藤野京子　早稲田大学文学学術院教授
渡邉和美　科学警察研究所犯罪行動科学部付主任研究官

編集委員
岡田和也　法務省北海道地方更生保護委員会統括審査官
小俣謙二　駿河台大学心理学部教授
古曳牧人　駿河台大学心理学部准教授
近藤日出夫　佛教大学教育学部教授
島田貴仁　科学警察研究所犯罪行動科学部犯罪予防研究室長
生島　浩　福島大学人間発達文化学類教授
白井利明　大阪教育大学教育学部教授
須藤　明　駒沢女子大学人文学部教授
寺村堅志　法務省仙台少年鑑別所長
藤田悟郎　科学警察研究所交通科学部付主任研究官
宮寺貴之　科学警察研究所犯罪行動科学部少年研究室長
村尾泰弘　立正大学社会福祉学部教授
横田賀英子　科学警察研究所犯罪行動科学部捜査支援研究室長

執筆者一覧 (五十音順)

相澤　　仁	大分大学福祉健康科学部
赤木　寛隆	法務省東京保護観察所
浅野　晴哉	宮城県警察本部犯罪被害者支援室
朝比奈　卓	法務省矯正研修所
朝比奈牧子	法務省川越少年刑務所
阿部恵一郎	あべクリニック
阿部　政孝	元法務省東京矯正管区長
雨宮　　護	筑波大学システム情報系
荒井　崇史	追手門学院大学心理学部
安藤久美子	国立精神・神経医療研究センター精神保健研究所
石黒　裕子	法務省さいたま少年鑑別所
石橋　昭良	文教大学人間科学部
市川　　守	法務省横浜少年鑑別所
市村　彰英	埼玉県立大学保健医療福祉学部
伊藤　直文	大正大学心理社会学部
伊藤　正哉	国立精神・神経医療研究センター認知行動療法センター
伊原　直子	千葉県警察本部科学捜査研究所
今福　章二	法務省保護局
今村　有子	法務省高松矯正管区
今村　洋子	OSSサービス（播磨社会復帰促進センター社会復帰促進部）
入山　　茂	東洋大学大学院社会学研究科
岩井　宜子	専修大学名誉教授
岩見　広一	北海道警察本部科学捜査研究所
上芝　功博	法務省矯正研修所講師
上田　　鼓	警察庁犯罪被害者支援室
上野　正雄	明治大学法学部
内山　絢子	元目白大学大学院心理学研究科教授
宇戸　午朗	法務省神戸保護観察所
浦田　　洋	法務省岐阜少年鑑別所
瓜生　　武	家庭問題情報センター会員
遠藤　隆行	法務省東京拘置所
及川　京子	法務省法務総合研究所
大上　　渉	福岡大学人文学部
大江　由香	法務省八王子少年鑑別所
大久保智生	香川大学教育学部
大塚　祐輔	科学警察研究所
大橋　靖史	淑徳大学総合福祉学部
大日向秀文	法務省水戸保護観察所ひたちなか駐在官事務所
大渕　憲一	放送大学宮城学習センター
大山みち子	武蔵野大学人間科学部
岡坂　吉朗	法務省千葉保護観察所
岡田　和也	法務省北海道地方更生保護委員会
岡田　幸之	東京医科歯科大学大学院医歯学総合研究科
岡村　和子	科学警察研究所
岡本　潤子	帝京大学文学部
岡本　英生	奈良女子大学生活環境科学系
岡本　吉生	日本女子大学家政学部
小川　時洋	科学警察研究所
奥田　剛士	大阪府青少年・地域安全室
奥野　哲也	元佛教大学教育学部教授

執筆者一覧

奥村 雄介	法務省八王子医療刑務所
小栗 正幸	特別支援教育ネット
押切 久遠	法務省保護局
越智 啓太	法政大学文学部
小野 修一	山口県警察本部科学捜査研究所
小野 広明	埼玉工業大学人間社会学部
小俣 謙二	駿河台大学心理学部
柿木 良太	法務省那覇少年鑑別所
影山 英美	法務省大阪少年鑑別所
柏尾 眞津子	大阪人間科学大学人間科学部
糟谷 光昭	元法務省岐阜少年鑑別所
加藤 幸雄	日本福祉大学名誉教授
加藤 弘通	北海道大学大学院教育学研究院
門本 泉	法務省東京少年鑑別所
金子 泰之	常葉大学短期大学部
壁屋 康洋	国立病院機構榊原病院
蒲生 晋介	愛媛県警察本部科学捜査研究所
川島 ゆか	元法務省矯正研修所・現法務省府中刑務所
川端 壮康	尚絅学院大学総合人間科学部
川邉 譲	駿河台大学心理学部
菅藤 健一	法務省福島少年鑑別所
菊池 城治	カリフォルニア州立大学フレズノ校犯罪学科
木髙 暢之	法務省大阪刑務所
鬼頭 真澄	法務省川越少年刑務所
紀 恵理子	法務省静岡少年鑑別所
桐生 正幸	東洋大学社会学部
葛野 尋之	一橋大学大学院法学研究科
工藤 弘人	法務省関東医療少年院
國吉 真弥	法務省川越少年刑務所
久原 恵理子	科学警察研究所
久保 貴	法務省近畿地方更生保護委員会
久保 勉	法務省宇都宮少年鑑別所
熊上 崇	立教大学コミュニティ福祉学部
倉石 宏樹	滋賀県警察本部科学捜査研究所
黒澤 良輔	徳島文理大学人間生活学部
小板 清文	法務省矯正研修所
河野 荘子	名古屋大学大学院教育発達科学研究科
小粥 展生	法務省富山少年鑑別所
小城 英子	聖心女子大学文学部
小菅 律	科学警察研究所
後藤 弘子	千葉大学大学院専門法務研究科
後藤 雅彦	法務省札幌少年鑑別所
後藤 里香	法務省神奈川医療少年院
小長井 賀與	立教大学コミュニティ福祉学部
小林 万洋	法務省千葉少年鑑別所
小林 寿一	科学警察研究所
小林 正和	宮城県警察科学捜査研究所
小林 陽子	法務省大阪少年鑑別所
古曳 牧人	駿河台大学心理学部
小宮 信夫	立正大学文学部
小見山 智彦	法務省府中刑務所
小柳 武	常磐大学コミュニティ振興学部
小山 和己	法務省大阪少年鑑別所
近藤 日出夫	佛教大学教育学部

財津		亘	富山県警察本部科学捜査研究所	田口		真二	熊本県警察本部科学捜査研究所
齊藤	知	範	科学警察研究所	竹下	三	隆	京都女子大学（非常勤講師）
酒井		厚	首都大学東京都市教養学部	竹田		収	法務省大阪矯正管区
坂野	剛	崇	関西国際大学人間科学部	田島	佳代子		法務省保護局
佐々木	彩	子	法務省北九州医療刑務所	田代	晶	子	法務省保護局
佐々木	光	郎	静岡県立大学短期大学部（非常勤講師）	辰野	文	理	国士舘大学法学部
笹竹	英	穂	至学館大学健康科学部	帯刀	章	子	宇都宮家庭裁判所
定本	ゆきこ		法務省京都少年鑑別所	田中	健太郎		厚生労働省社会・援護局
佐藤		亨	新潟青陵大学大学院臨床心理学研究科	谷	真	如	法務省法務総合研究所
佐藤	比呂明		法務省福岡保護観察所	角田		亮	法務省東京保護観察所
里見		聡	法務省小倉少年鑑別支所	出口	保	行	東京未来大学こども心理学部
島田	貴	仁	科学警察研究所	鉄島	清	毅	法務省東京少年鑑別所
清水	大	輔	法務省盛岡少年鑑別所	寺﨑	武	彦	法務省大津少年鑑別所
生島		浩	福島大学人間発達文化学類	寺村	堅	志	法務省仙台少年鑑別所
白井	利	明	大阪教育大学教育学部	外川	江	美	法務省水戸少年鑑別所
白岩	祐	子	東京大学文学部	十倉	利	廣	甲子園大学心理学部
新海	浩	之	法務省神戸少年鑑別所	栃尾	順	子	ちかまクリニック
菅野	哲	也	法務省奈良少年鑑別所	仲	真紀子		北海道大学大学院文学研究科
菅原	美	穂	法務省大阪保護観察所	長井		進	常磐大学大学院被害者学研究科
杉原	紗千子		更生保護法人静修会	中川	利	彦	パークアベニュー法律事務所
鈴木	明	人	法務省東京少年鑑別所	中川	知	宏	近畿大学総合社会学部
鈴木	一	光	元法務省近畿地方更生保護委員会委員長	長澤	秀	利	岩手県警察本部科学捜査研究所
鈴木		護	岩手大学人文社会科学部	中島	聡	美	福島県立医科大学放射線医学県民健康管理センター
須藤		明	駒沢女子大学人文学部	中野		實	元大津少年鑑別所長
関根		剛	大分県立看護科学大学看護学部	西江	尚	人	法務省中国地方更生保護委員会
髙橋	宏	之	徳島文理大学人間生活学部	西岡	潔	子	法務省矯正局
高橋		哲	法務省法務総合研究所	西﨑	勝	則	法務省保護局
高村		茂	徳島県警察本部犯罪被害者支援室	西瀬戸	伸	子	法務省中国地方更生保護委員会

執筆者一覧

西田 篤史	法務省甲府少年鑑別所
西田 公昭	立正大学心理学部
西村 朋子	法務省千葉保護観察所
二ノ宮 勇気	法務省札幌少年鑑別所
荻野谷 俊平	栃木県警察本部科学捜査研究所
朴 元奎	北九州市立大学法学部
羽間 京子	千葉大学教育学部
橋本 和明	花園大学社会福祉学部
花山 愛子	青森県警察本部科学捜査研究所
羽生 和紀	日本大学文理学部
浜井 浩一	龍谷大学大学院法務研究科
原田 章	追手門学院大学経営学部
原田 隆之	目白大学人間学部
半澤 利一	東北福祉大学総合福祉学部
東山 哲也	法務省長野少年鑑別所
樋口 匡貴	上智大学総合人間科学部
平 伸二	福山大学人間文化学部
平原 政直	法務省美祢社会復帰促進センター
廣井 亮一	立命館大学総合心理学部
廣瀬 健二	立教大学大学院法務研究科
福田 恵美	武蔵野大学心理臨床センター
福永 瑞恵	法務省東京拘置所
藤掛 明	聖学院大学人間福祉学部
藤川 洋子	京都工芸繊維大学学生支援センター
藤田 悟郎	科学警察研究所
藤野 京子	早稲田大学文学学術院
藤森 和美	武蔵野大学人間科学部
藤原 正範	鈴鹿医療科学大学保健衛生学部
藤原 佑貴	科学警察研究所
渕上 康幸	法務省小倉少年鑑別支所
古橋 徹也	法務省名古屋矯正管区
細江 達郎	岩手大学名誉教授
堀尾 良弘	愛知県立大学教育福祉学部
前澤 幸喜	法務省前橋少年鑑別所
真栄平 亮太	沖縄県警察本部科学捜査研究所
桝屋 二郎	東京医科大学茨城医療センター
松田 いづみ	科学警察研究所
丸山 泰弘	立正大学法学部
三浦 公士	法務省札幌矯正管区
三浦 英樹	法務省名古屋少年鑑別所
水田 恵三	尚絅学院大学総合人間科学部
水藤 昌彦	山口県立大学社会福祉学部
南元 英夫	法務省福島保護観察所
三本 照美	福島県警察本部刑事総務課
宮口 幸治	立命館大学産業社会学部
宮寺 貴之	科学警察研究所
宮脇 かおり	京都府警察本部科学捜査研究所
向野 里子	法務省東京少年鑑別所
村尾 泰弘	立正大学社会福祉学部
村松 励	専修大学人間科学部
室城 隆之	江戸川大学社会学部
毛利 真弓	広島国際大学心理臨床センター
茂木 洋	四天王寺大学人文社会学部
森 丈弓	甲南女子大学人間科学部
森田 展彰	筑波大学医学医療系
守谷 哲毅	法務省保護局
矢島 正見	中央大学文学部

八代 満帆子	法務省矯正研修所
安河内 佳乃	法務省福岡矯正管区
安田 潔	法務省神戸少年鑑別所
山口 雅敏	法務省東京矯正管区
山田 由紀子	NPO法人対話の会
山中 多民子	DV・虐待予防研究会
山入端 津由	沖縄国際大学総合文化学部
山本 功	淑徳大学コミュニティ政策学部
山本 樹里	法務省府中刑務所
山本 麻奈	国連アジア極東犯罪防止研修所
遊間 千秋	千葉県警察本部生活安全部
遊間 義一	兵庫教育大学大学院学校教育研究科
横井 幸久	愛知県警察本部科学捜査研究所
横田 賀英子	科学警察研究所
横地 環	法務省旭川保護観察所
吉田 和成	法務省八王子少年鑑別所
吉田 里日	法務省大臣官房秘書課
吉永 千恵子	法務省東京少年鑑別所
吉野 絹子	神戸学院大学名誉教授
吉村 雅世	法務省京都少年鑑別所
龍島 秀広	北海道教育大学教職大学院
脇本 雄一郎	法務省大阪刑務所
渡邊 一弘	専修大学法学部
渡邉 和美	科学警察研究所
渡邉 悟	法務省八王子少年鑑別所
渡部 信吾	裁判所職員総合研修所
和智 妙子	科学警察研究所

目　　次

（見出し語五十音索引は目次の後にあります）

1. 犯罪・非行の原因　[編集担当：大渕憲一・小俣謙二・白井利明]

【概説】犯罪の原因	2
犯罪生物学と犯罪人類学	4
社会解体論	6
緊張理論	8
統制理論	12
低自己統制理論	16
文化的逸脱理論	18
ラベリング理論	22
学習理論	24
精神分析理論	26
発達犯罪学	28
犯罪の対象関係論	30
犯罪者の行動分析	34
合理的選択理論	36
環境犯罪学的理論	38
日常活動理論	40
犯罪の類型論	42
犯罪・非行の生物学的要因	44
犯罪・非行の発達要因	46
青年期と非行	48
被害体験と犯罪・非行	50
学校と非行	52
家族と非行	54
不適応と犯罪	56
犯罪のパーソナリティ要因	58
攻撃性	62
反社会性，非行深度	64
犯行の動機	66
認知バイアスと犯罪	68
刺激性欲求，センセーション・シーキング	70
道徳性・共感性と犯罪・非行	72
パーソナリティ障害と犯罪・非行	74
発達障害と犯罪・非行	78
時間的展望と犯罪・非行	80
学歴，知能と犯罪	82
社会階層と犯罪	84
災害と犯罪・非行	86
フェミニズムと犯罪研究	88
【コラム】ダニーディン縦断研究	90

2. 犯罪心理学の研究法　[編集担当：大渕憲一・小俣謙二・白井利明]

【概説】犯罪心理学の研究法・研究倫理	92
犯罪統計	94
犯罪研究における統計分析	96

横断的研究・縦断的研究	98	政策評価研究	108
事例研究	100	【コラム】	
ナラティブ・アプローチ	102	暴力非行，犯罪とテレビ・ゲーム	110
再犯研究	104		
犯罪被害調査	106		

3. 各種犯罪　[編集担当：渡邉和美・宮寺貴之]

【概説】各種犯罪	112	ドメスティック・バイオレンス	164
少年非行	114	デート暴力	166
女子非行	116	ストーキング	168
非行集団	118	強姦・強制わいせつ	170
家庭内暴力	120	非接触型の性犯罪	172
校内暴力	122	子どもに対する性犯罪	174
いじめ	124	児童ポルノ	176
児童虐待	126	少年とインターネット犯罪	178
少年による殺人	128	情報セキュリティ事案	180
少年による性犯罪	130	爆破予告	182
少年による暴力犯罪	132	企業恐喝	184
スクール・シューティング	134	特殊詐欺と悪質商法	186
薬物犯罪	136	万引き	188
覚醒剤乱用	138	ひったくり	190
交通犯罪	140	乗物盗	192
飲酒運転・薬物運転	142	住宅侵入盗	194
暴走族	144	組織犯罪	196
殺人	146	テロ犯罪	200
子殺し・嬰児殺	148	外国人犯罪	202
通り魔	150	高齢者犯罪	204
無差別殺傷	152	ホワイトカラー犯罪	206
住宅強盗	154	劇場型犯罪	208
店舗強盗	156	ヘイト・クライム	210
放火	158	カルト犯罪	212
人質事件	160	【コラム】	
成人による暴力犯罪	162	時代により変化する犯罪の質	214

4. 捜査　[編集担当：横田賀英子]

- 【概説】捜査と心理学 ── 216
- 捜査心理学の歴史と方法論 ── 218
- 犯罪者プロファイリング ── 220
- 事件情報分析 ── 222
- 同一犯による事件の推定 ── 224
- 犯罪行動からの犯人像推定 ── 226
- 犯罪者の居住地推定と次回犯行地の予測 ── 228
- 目撃者の記憶 ── 230
- 取調べにおける否認と自白 ── 234
- 虚偽自白と被誘導性（被暗示性） ── 236
- 供述の信頼性分析 ── 238
- 司法面接 ── 240
- 認知面接 ── 244
- ポリグラフ検査の生理指標 ── 248
- ポリグラフ検査の質問法 ── 250
- 各種事件における脅威査定 ── 252
- 死因の推定 ── 254
- 人質事件の交渉 ── 256
- 犯罪類型と犯行テーマ ── 258
- 捜査員の意思決定 ── 262
- 捜査における意思決定支援システム ── 264
- 【コラム】黎明期の犯罪者プロファイリングの実務 ── 266

5. 査定　[編集担当：川邉 譲・藤野京子・古曳牧人]

- 【概説】犯罪性・非行性の査定 ── 268
- 犯罪者のリスク・アセスメント ── 270
- 非行少年のリスク・アセスメント ── 274
- 犯罪者の処遇調査 ── 278
- サイコパシーの査定 ── 280
- 殺人等凶悪犯罪者の査定 ── 282
- 粗暴犯罪者の査定 ── 284
- 財産犯罪者の査定 ── 286
- 常習犯罪者の査定 ── 288
- 性犯罪者の査定 ── 290
- 薬物犯罪者の査定 ── 292
- 交通犯罪者の査定 ── 294
- 放火犯罪者の査定 ── 296
- 高齢犯罪者の査定 ── 298
- 犯罪者・非行少年の人格査定の基本 ── 300
- 犯罪者・非行少年の人格査定の基礎理論①精神分析 ── 302
- 犯罪者・非行少年の人格査定の基礎理論②行動主義心理学 ── 304
- 犯罪者・非行少年の人格査定の基礎理論③認知心理学 ── 306
- 犯罪者・非行少年の人格査定の基礎理論④自己理論 ── 308
- 犯罪者・非行少年の人格査定の基礎理論⑤性格理論 ── 310
- 非行少年の鑑別 ── 312
- 鑑別とリスク・アセスメント ── 314
- 素行障害の査定 ── 316
- 被虐待体験と非行 ── 318
- 性的問題と女子非行 ── 320

摂食障害と女子非行	322
鑑別面接	324
行動観察	326
法務省式心理検査	328
ロールシャッハ・テスト	332
TAT	336
SCT	340
内田・クレペリン精神作業検査	342
ソンディ・テスト	344
P-Fスタディ	346
バウムテスト	348
HTP	350
家族画	352
風景構成法	354
知能検査	356
神経心理学検査	360
脳検査	362
犯罪者・非行少年の自殺自傷リスクの査定	364
拘禁の心理と拘禁反応	366
治療的アセスメント	368
【コラム】『永遠の仔』：被虐待児の物語	370

6. 施設内処遇 [編集担当：寺村堅志・近藤日出夫]

【概説】施設内処遇と心理学	372
施設内処遇における場の特徴	374
施設内処遇における心理職の専門性	376
施設内処遇におけるRNRモデル	378
施設内処遇におけるグッド・ライブス・モデル	382
施設内処遇における認知行動療法	386
施設内処遇におけるリラプス・プリベンション	390
施設内処遇における動機づけ面接法	392
治療共同体としての矯正施設	394
刑務所副次文化	396
受刑者処遇の流れ	398
受刑者の集団編成	400
刑事施設における改善指導	402
刑事施設における薬物依存離脱指導	404
刑事施設における暴力団離脱指導	408
刑事施設における性犯罪再犯防止指導	410
刑事施設における被害者の視点を取り入れた教育	414
刑事施設における交通安全指導	416
刑事施設における就労支援	418
高齢者または障害のある受刑者の処遇	420
女性受刑者の処遇	422
刑事施設におけるカウンセリング	424
犯罪者処遇の効果検証	426
少年院処遇の流れ	428
少年院における薬物乱用防止指導	430
少年院における性非行防止指導	432
少年院における被害者の視点を取り入れた教育	434
少年院における不良交友指導	436

少年院における女子少年への指導	438
少年院における面接指導	440
集団カウンセリング	442
サイコドラマ（心理劇）	444
ロール・レタリング	446
ブリーフ・セラピー	448
TA（交流分析）	450
箱庭療法	452
内観療法	454
モラルジレンマ指導	456
キネジ療法	458
マインドフルネス	460
作文指導・読書指導・日記指導	462
少年処遇の効果検証	464
少年院と家族・他機関	466
少年鑑別所と地域社会	468
児童自立支援施設の処遇	470
ナラティブ・セラピー	472
SST	474
アンガーマネジメント	476
芸術療法	478
少年院におけるキャリア・カウンセリング，就労支援	480
発達障害少年の処遇	482
知的能力障害のある少年の処遇	484
医療少年院における精神科治療	486
【コラム】『ホットロード』にみる非行少年のココロ	488

7. 社会内処遇・更生保護　[編集担当：久保 貴・生島 浩・岡田和也]

【概説】更生保護と犯罪心理学	490
社会内処遇と保護観察	492
社会内処遇の基本	494
保護観察における面接	498
更生保護におけるリスク・アセスメント	502
臨床心理的地域援助	504
更生保護における多機関連携・多職種連携	506
保護観察における処遇技法	510
自助グループ（セルフ・ヘルプ・グループ）	514
社会内処遇におけるシステムズ・アプローチ	516
非行臨床における家族支援	520
犯罪臨床における家族支援	522
ソーシャル・インクルージョン	524
社会内処遇におけるグッド・ライブス・モデル	526
保護観察におけるプログラム処遇	528
性犯罪者処遇プログラム	530
薬物再乱用防止プログラム	532
保護におけるグループ・ワーク（性犯罪，薬物）	534
心理教育的アプローチ（引受人教室，家族教室）	536
更生保護施設	538
更生保護施設におけるSST	540
医療観察制度における心理的アプローチ	542
生活環境の調整	544
社会における居場所と出番	548
立ち直り研究	550
遵守事項と指導監督・補導援護	552
社会参加活動・社会貢献活動	554

保護観察官・保護司・
　社会復帰調整官 ——— 556

【コラム】
　女子更生保護施設における
　　処遇 ——— 558

8. 犯罪・非行の予防 [編集担当：島田貴仁・宮寺貴之]

【概説】犯罪・非行の予防 ——— 560
環境デザインによる犯罪予防 ——— 564
コミュニティと犯罪予防 ——— 566
割れ窓理論 ——— 570
状況的犯罪予防 ——— 572
市民と犯罪予防 ——— 574
犯罪不安と情報発信 ——— 576
犯罪情報の影響 ——— 580
予防行動とその促進 ——— 582
犯罪分析と警察活動 ——— 584
防犯対策の評価 ——— 588
防犯ボランティア ——— 590
防犯まちづくり ——— 592
住宅・公共空間の防犯対策 ——— 594
店舗での万引き対策 ——— 596
照明と犯罪予防 ——— 598
地域・家庭における
　被害防止教育 ——— 600
学校における防犯教育 ——— 602

地域安全マップ ——— 604
問題指向型警察活動 ——— 606
パトロール ——— 608
子ども・女性の被害防止 ——— 610
警察における性犯罪者の
　再犯防止 ——— 612
ドメスティック・バイオレンス
　への介入と予防 ——— 614
ストーキングの介入と予防 ——— 618
少年警察活動 ——— 620
少年警察ボランティア ——— 622
非行少年のイメージ ——— 624
非行防止活動 ——— 626
警察による立ち直り支援 ——— 628
少年相談 ——— 630

【コラム】
　大学の防犯サークルと
　　犯罪心理学教育 ——— 632

9. 犯罪被害者 [編集担当：藤田悟郎]

【概説】犯罪被害者 ——— 634
被害者学 ——— 636
刑事司法における犯罪被害者 ——— 638
犯罪被害者等基本法と被害者支援 ——— 640
警察における犯罪被害者支援 ——— 642
民間団体による被害者支援 ——— 644
犯罪被害者心理のアセスメント ——— 646
トラウマとPTSD ——— 650

PTSDの治療 ——— 652
犯罪被害者遺族の心理 ——— 654
性犯罪被害 ——— 656
人質事件の被害者 ——— 658
交通事故被害者 ——— 660
早期における犯罪被害者心理 ——— 662
児童虐待・家庭内暴力による
　子どもの被害 ——— 664

学校における危機対応と
　子どもの心のケア ─── 666
犯罪被害による子どもの
　トラウマ ─── 668
支援者のストレス ─── 670
【コラム】
　犯罪被害者支援の現場から：臨床
　　社会心理学の視点に立って ─── 672

10. 司法制度・指導・福祉的措置　[編集担当：岡本吉生・須藤 明・村尾泰弘]

【概説】司法制度と犯罪心理学 ─── 674
わが国の刑事司法制度の概要 ─── 676
司法制度改革 ─── 678
刑事司法手続の概要 ─── 680
裁判員制度 ─── 682
精神鑑定 ─── 684
情状鑑定 ─── 688
目撃証言 ─── 690
裁判心理学 ─── 692
裁判員裁判と市民 ─── 694
量刑判断に影響する要因 ─── 696
成人犯罪者に対する
　施設内処遇制度 ─── 698
少年司法制度の歴史 ─── 700
少年保護制度の理念と少年法 ─── 702
少年保護手続の概要
　（処遇の流れ） ─── 704
少年審判の基礎知識 ─── 706
家庭裁判所調査官 ─── 710
家庭裁判所における保護的措置
　（教育的措置） ─── 712
少年鑑別所と鑑別技官 ─── 714
少年審判における処分の決定 ─── 716
非行少年に対する施設内処遇 ─── 718
少年非行と児童福祉 ─── 720
非行臨床の課題 ─── 722
付添人 ─── 724
試験観察 ─── 726
医療観察制度 ─── 728
更生保護制度 ─── 730
保護観察制度 ─── 732
仮釈放制度 ─── 734
修復的司法 ─── 736
非行・犯罪防止における
　多機関連携 ─── 738
ダイバージョン ─── 740
問題解決型裁判所 ─── 742
【コラム】
　《羅生門》（1950）と犯罪事実 ─── 744

付　録　[編集担当：村松 励・大渕憲一・岡本吉生・川邉 譲・須藤 明・寺村堅志・渡邉和美]

[付録1-1] 統計にみる戦後の犯罪の動向 ─── 746
[付録1-2] 統計にみる非行の動向 ─── 750
[付録2] 戦後の犯罪史 ─── 754
[付録3-1] 司法分野における心理専門職：①警察 ─── 758
[付録3-2] 司法分野における心理専門職：②家庭裁判所調査官 ─── 760

［付録3-3］司法分野における心理専門職：③法務省 ―― 762
［付録4-1］日本犯罪心理学会年表 ―― 764
［付録4-2］講演，シンポ，ラウンドのテーマ年表 ―― 766
［付録4-3］歴代の学会長 ―― 773
［付録5］犯罪心理学のウェブ・ソース ―― 774

見出語五十音索引 ―― xix
和文引用文献 ―― 779
欧文引用文献 ―― 795
事項索引 ―― 821
人名索引 ―― 856

見出し語五十音索引

■ A～Z

HTP　350
P-Fスタディ　346
PTSD，トラウマと　650
PTSDの治療　652
RNRモデル，施設内処遇における　378
SCT　340
SST　474
SST，更生保護施設における　540
TA（交流分析）　450
TAT　336

■ あ

悪質商法，特殊詐欺と　186
アセスメント，犯罪被害者心理の　646
アンガーマネジメント　476

いじめ　124
意思決定，捜査員の　262
意思決定支援システム，捜査における　264
居場所と出番，社会における　548
イメージ，非行少年の　624
医療観察制度　728
医療観察制度における心理的アプローチ　542
医療少年院における精神科治療　486
飲酒運転・薬物運転　142
インターネット犯罪，少年と　178

内田・クレペリン精神作業検査　342

『永遠の仔』：被虐待児の物語　370
嬰児殺，子殺し・　148

横断的研究・縦断的研究　98

■ か

外国人犯罪　202
改善指導，刑事施設における　402
介入と予防，ストーキングの　618
介入と予防，ドメスティック・バイオレンスへの　614
カウンセリング，刑事施設における　424
学習理論　24
各種事件における脅威査定　252
各種犯罪　112
覚醒剤乱用　138
学歴，知能と犯罪　82
家族・他機関，少年院と　466
家族画　352
家族支援，犯罪臨床における　522
家族支援，非行臨床における　520
課題，非行臨床の　722
家族と非行　54
学校と非行　52
学校における危機対応と子どもの心のケア　666
学校における防犯教育　602
家庭裁判所調査官　710, 760
家庭裁判所における保護の措置（教育的措置）　712
家庭内暴力　120
家庭内暴力による子どもの被害，児童虐待　664
仮釈放制度　734
カルト犯罪　212
環境デザインによる犯罪予防　564
環境犯罪学的理論　38
鑑別，非行少年の　312
鑑別技官，少年鑑別所と　714
鑑別とリスク・アセスメント　314
鑑別面接　324
記憶，目撃者の　230

見出し語五十音索引

危機対応と子どもの心のケア，学校における　666
企業恐喝　184
キネジ療法　458
キャリア・カウンセリング，就労支援，少年院における　480
教育的措置（保護的措置），家庭裁判所における　712
脅威査定，各種事件における　252
矯正施設，治療共同体としての　394
強制わいせつ，強姦　170
供述の信頼性分析　238
虚偽自白と被誘導性（被暗示性）　236
緊張理論　8

グッド・ライブス・モデル，施設内処遇における　382
グッド・ライブス・モデル，社会内処遇における　526
グループ・ワーク（性犯罪・薬物），保護における　534

警察活動，犯罪分析と　584
警察における性犯罪者の再犯防止　612
警察における犯罪被害者支援　642
警察による立ち直り支援　628
刑事施設における改善指導　402
刑事施設におけるカウンセリング　424
刑事施設における交通安全指導　416
刑事施設における就労支援　418
刑事施設における性犯罪再犯防止指導　410
刑事施設における被害者の視点を取り入れた教育　414
刑事施設における暴力団離脱指導　408
刑事施設における薬物依存離脱指導　404
刑事司法制度の概要，わが国の　676
刑事司法手続の概要　680
刑事司法における犯罪被害者　638
芸術療法　478
刑務所副次文化　396
劇場型犯罪　208
研究法・研究理論，犯罪心理学の　92

強姦・強制わいせつ　170
効果検証，少年処遇の　464

効果検証，犯罪者処遇の　426
拘禁の心理と拘禁反応　366
拘禁反応，拘禁の心理と　366
攻撃性　62
交渉，人質事件の　256
更生保護施設　538
更生保護施設におけるSST　540
更生保護制度　730
更生保護と犯罪心理学　490
更生保護における多機関連携・多職種連携　506
更生保護におけるリスク・アセスメント　502
交通安全指導，刑事施設における　416
交通事故被害者　660
交通犯罪　140
交通犯罪者の査定　294
行動観察　326
行動主義心理学　304
行動分析，犯罪者の　34
校内暴力　122
合理的選択理論　36
交流分析（TA）　450
高齢者犯罪　204
高齢者または障害のある受刑者の処遇　420
高齢犯罪者の査定　298
子殺し・嬰児殺　148
子ども・女性の被害防止　610
子どもに対する性犯罪　174
子どものトラウマ，犯罪被害による　668
コミュニティと犯罪予防　566

■さ

災害と犯罪・非行　86
サイコドラマ（心理劇）　444
サイコパシーの査定　280
財産犯罪者の査定　286
裁判員裁判と市民　694
裁判員制度　682
再犯研究　104
裁判心理学　692
作文指導・読書指導・日記指導　462
査定，交通犯罪者の　294
査定，高齢犯罪者の　298
査定，サイコパシーの　280
査定，財産犯罪者の　286
査定，殺人等凶悪犯罪者の　282

見出し語五十音索引

査定,性犯罪者の　290
査定,素行障害の　316
査定,粗暴犯罪者の　284
査定,犯罪性・非行性の　268
査定,放火犯罪者の　296
査定,薬物犯罪者の　292
殺人　146
殺人,少年による　128
殺人等凶悪犯罪者の査定　282

死因の推定　254
支援者のストレス　670
次回犯行地の予測,犯罪者の居住地推定と　228
時間的展望と犯罪・非行　80
刺激性欲求,センセーション・シーキング　70
試験観察　726
事件情報分析　222
事件の推定,同一犯による　224
自己理論　308
自殺自傷リスクの査定,犯罪者・非行少年の　364
自助グループ(セルフ・ヘルプ・グループ)　514
システムズ・アプローチ,社会内処遇における　516
児童福祉,少年非行と　720
施設内処遇と心理学　372
施設内処遇制度,成人犯罪者に対する　698
施設内処遇におけるRNRモデル　378
施設内処遇におけるグッド・ライブス・モデル　382
施設内処遇における心理職の専門性　376
施設内処遇における動機づけ面接法　392
施設内処遇における認知行動療法　386
施設内処遇における場の特徴　374
施設内処遇におけるリラプス・プリベンション　390
時代により変化する犯罪の質　214
質問法,ポリグラフ検査の　250
指導監督・補導援護,遵守事項と　552
児童虐待　126
児童虐待・家庭内暴力による子どもの被害　664
児童自立支援施設の処遇　470
児童ポルノ　176
司法制度改革　678
司法制度と犯罪心理学　674

司法分野における心理専門職:①家庭裁判所　760
司法分野における心理専門職:②警察　758
司法分野における心理専門職:③法務省　762
司法面接　240
市民,裁判員裁判と　694
市民と犯罪予防　574
社会階層と犯罪　84
社会解体論　6
社会貢献活動,社会参加活動　554
社会参加活動・社会貢献活動　554
社会内処遇と保護観察　492
社会内処遇におけるグッド・ライブス・モデル　526
社会内処遇におけるシステムズ・アプローチ　516
社会内処遇の基本　494
社会における居場所と出番　548
住宅・公共空間の防犯対策　594
住宅強盗　154
住宅侵入盗　194
集団カウンセリング　442
縦断的研究,横断的研究・　98
修復的司法　736
就労支援,刑事施設における　418
集団編成,受刑者の　400
受刑者処遇の流れ　398
受刑者の集団編成　400
遵守事項と指導監督・補導援護　552
状況的犯罪予防　572
常習犯罪者の査定　288
情状鑑定　688
少年院処遇の流れ　428
少年院と家族・他機関　466
少年院におけるキャリア・カウンセリング,就労支援　480
少年院における女子少年への指導　438
少年院における性非行防止指導　432
少年院における被害者の視点を取り入れた教育　434
少年院における不良交友指導　436
少年院における面接指導　440
少年院における薬物乱用防止指導　430
少年鑑別所と鑑別技官　714
少年鑑別所と地域社会　468
少年警察活動　620

少年警察ボランティア　622
少年保護制度の理念と少年法　702
少年司法制度の歴史　700
少年処遇の効果検証　464
少年審判における処分の決定　716
少年審判の基礎知識　706
少年相談　630
少年とインターネット犯罪　178
少年による殺人　128
少年による性犯罪　130
少年による暴力犯罪　132
少年の処遇，知的能力障害のある　484
少年非行　114
少年非行と児童福祉　720
少年保護手続の概要（処遇の流れ）　704
情報セキュリティ事案　180
情報発信，犯罪不安と　576
照明と犯罪予防　598
処遇，児童自立支援施設の　470
処遇，女子更生保護施設における　558
処遇，女性受刑者の　422
処遇調査，犯罪者の　278
処遇，発達障害少年の　482
処遇技法，保護観察における　510
女子非行，性的問題と　320
女子非行，摂食障害と　322
女子更生保護施設における処遇　558
女子少年への指導，少年院における　438
女子非行　116
女性受刑者の処遇　422
女性の被害防止，子ども・　610
処分の決定，少年審判における　716
事例研究　100
人格査定の基礎理論，犯罪者・非行少年の
　　302, 304, 306, 308, 310
人格査定の基本，犯罪者・非行少年の　300
神経心理学検査　360
信頼性分析，供述の　238
心理学，施設内処遇と　372
心理教育的アプローチ
　　（引受人教室，家族教室）536
心理専門職：①警察，司法分野における　758
心理専門職：②家庭裁判所調査官　760
心理専門職：③法務省，司法分野における　762
心理職の専門性，施設内処遇における　376

心理的アプローチ，医療観察制度における　542
推定，死因の　254
スクール・シューティング　134
ストーキング　168
ストーキングの介入と予防　618
ストレス，支援者の　670

性格理論　310
生活環境の調整　544
政策評価研究　108
精神鑑定　684
精神科治療，医療少年院における　486
成人による暴力犯罪　162
成人犯罪者に対する施設内処遇制度　698
精神分析　302
精神分析理論　26
性的問題と女子非行　320
青年期と非行　48
性犯罪，少年による　130
性犯罪，非接触型の　172
性犯罪再犯防止指導，刑事施設における　410
性犯罪者の再犯防止，警察における　612
性犯罪者の査定　290
性犯罪者処遇プログラム　530
性犯罪被害　656
性非行防止指導，少年院における　432
生物学的要因，犯罪・非行の　44
生理指標，ポリグラフ検査の　248
摂食障害と女子非行　322
戦後の犯罪史　754
戦後の犯罪の動向，統計にみる　746
センセーション・シーキング，刺激性欲求　70

早期における犯罪被害者心理　662
捜査員の意思決定　262
捜査心理学の歴史と方法論　218
捜査と心理学　216
捜査における意思決定支援システム　264
素行障害の査定　316
組織犯罪　196
ソーシャル・インクルージョン　524
粗暴犯罪者の査定　284
ソンディ・テスト　344

見出し語五十音索引

■た

大学の防犯サークルと犯罪心理学教育　632
対象関係論，犯罪の　30
ダイバージョン　740
多機関連携，非行・犯罪防止における　738
多機関連携・多職種連携，更生保護における　506
立ち直り研究　550
立ち直り支援，警察による　628
ダニーディン縦断研究　90

地域安全マップ　604
地域・家庭における被害防止教育　600
地域社会，少年鑑別所と　468
知的能力障害のある少年の処遇　484
知能検査　356
調整，生活環境の　544
治療共同体としての矯正施設　394
治療的アセスメント　368

付添人　724

低自己統制理論　16
デート暴力　166
テレビ・ゲーム，暴力非行，犯罪と　110
テロ犯罪　200
店舗強盗　156
店舗での万引き対策　596

同一犯による事件の推定　224
動機，犯行の　66
動機づけ面接法，施設内処遇における　392
統計にみる戦後の犯罪の動向　746
統計分析，犯罪研究における　96
統制理論　12
統計にみる非行の動向　750
道徳性・共感性と犯罪・非行　72
通り魔　150
特殊詐欺と悪質商法　186
ドメスティック・バイオレンス　164
ドメスティック・バイオレンスへの介入と予防　614
トラウマとPTSD　650
取調べにおける否認と自白　234

■な

内観療法　454
ナラティブ・アプローチ　102
ナラティブ・セラピー　472
日常活動理論　40
認知行動療法，施設内処遇における　386
認知心理学　306
認知バイアスと犯罪　68
認知面接　244

脳検査　362
乗物盗　192

■は

バウムテスト　348
爆破予告　182
箱庭療法　452
パーソナリティ障害と犯罪・非行　74
パーソナリティ要因，犯罪の　58
発達障害少年の処遇　482
発達障害と犯罪・非行　78
発達犯罪学　28
発達要因，犯罪・非行の　46
パトロール　608
場の特徴，施設内処遇における　374
犯行テーマ，犯罪類型と　258
犯行の動機　66
犯罪，学歴，知能と　82
犯罪，社会階層と　84
犯罪，認知バイアスと　68
犯罪，不適応と　56
犯罪・非行，災害と　86
犯罪・非行，時間的展望と　80
犯罪・非行，パーソナリティ障害と　74
犯罪・非行，被害体験と　50
犯罪・非行の予防　560
犯罪研究，フェミニズムと　88
犯罪研究における統計分析　96
犯罪行動からの犯人像推定　226
犯罪史，戦後の　754
犯罪事実，《羅生門》と　744
犯罪者処遇の効果検証　426
犯罪者の居住地推定と次回犯行地の予測　228
犯罪者の行動分析　34

犯罪者の処遇調査　278
犯罪者のリスク・アセスメント　270
犯罪者・非行少年の自殺自傷リスクの査定　364
犯罪者・非行少年の人格査定の基礎理論
　　①精神分析　302
犯罪者・非行少年の人格査定の基礎理論
　　②行動主義心理学　304
犯罪者・非行少年の人格査定の基礎理論
　　③認知心理学　306
犯罪者・非行少年の人格査定の基礎理論
　　④自己理論　308
犯罪者・非行少年の人格査定の基礎理論
　　⑤性格理論　310
犯罪者・非行少年の人格査定の基本　300
犯罪者プロファイリング　220
犯罪者プロファイリングの実務, 黎明期の　266
犯罪情報の影響　580
犯罪心理学, 更生保護と　490
犯罪心理学, 司法制度と　674
犯罪心理学教育, 大学の防犯サークルと　632
犯罪心理学の研究史と最近の動向　xxvi
犯罪心理学の研究法・研究倫理　92
犯罪性・非行性の査定　268
犯罪生物学と犯罪人類学　4
犯罪統計　94
犯罪の原因　2
犯罪の対象関係論　30
犯罪のパーソナリティ要因　58
犯罪の類型論　42
犯罪被害者　634
犯罪被害者, 刑事司法における　638
犯罪被害者遺族の心理　654
犯罪被害者支援, 警察における　642
犯罪被害者心理, 早期における　662
犯罪被害者支援の現場から　672
犯罪被害者心理のアセスメント　646
犯罪被害者等基本法と被害者支援　640
犯罪被害調査　106
犯罪被害による子どものトラウマ　668
犯罪・非行の生物学的要因　44
犯罪・非行の発達要因　46
犯罪不安と情報発信　576
犯罪分析と警察活動　584
犯罪予防, 環境デザインによる　564
犯罪予防, コミュニティと　566

犯罪予防, 市民と　574
犯罪予防, 照明と　598
犯罪臨床における家族支援　522
犯罪類型と犯行テーマ　258
反社会性, 非行深度　64
犯人像推定, 犯罪行動からの　226
被害者, 人質事件の　658
被害者学　636
被害者支援, 犯罪被害者等基本法と　640
被害者支援, 民間団体による　644
被害者の視点を取り入れた教育,
　　刑事施設における　414
被害者の視点を取り入れた教育,
　　少年院における　434
被害体験と犯罪・非行　50
被害防止教育, 地域・家庭における　600
被虐待児の物語：『永遠の仔』　370
被虐待体験と非行　318
非行, 家族と　54
非行, 学校と　52
非行, 青年期と　48
非行, 被虐待体験と　318
非行集団　118
非行少年に対する施設内処遇　718
非行少年のイメージ　624
非行少年の鑑別　312
非行少年のココロ, 『ホットロード』にみる　488
非行少年のリスク・アセスメント　274
非行深度, 反社会性　64
非行の動向, 統計にみる　750
非行・犯罪防止における多機関連携　738
非行防止活動　626
非行臨床における家族支援　520
非行臨床の課題　722
非接触型の性犯罪　172
ひったくり　190
人質事件　160
人質事件の交渉　256
人質事件の被害者　658
否認と自白, 取調べにおける　234
被誘導性（被暗示性）, 虚偽自白と　236
評価, 防犯対策の　588

風景構成法　354
フェミニズムと犯罪研究　88

不適応と犯罪　56
ブリーフ・セラピー　448
不良交友指導，少年院における　436
プログラム処遇，保護観察における　528
文化的逸脱理論　18

ヘイト・クライム　210
放火　158
放火犯罪者の査定　296
暴走族　144
防犯教育，学校における　602
防犯対策，住宅・公共空間の　594
防犯対策の評価　588
防犯ボランティア　590
防犯まちづくり　592
法務省式心理検査　328
暴力団離脱指導，刑事施設における　408
暴力犯罪，少年による　132
暴力犯罪，成人による　162
暴力非行，犯罪とテレビゲーム　110
保護観察，社会内処遇と　492
保護観察官・保護司・社会復帰調整官　556
保護観察制度　732
保護観察における処遇技法　510
保護観察におけるプログラム処遇　528
保護観察における面接　498
保護的措置（教育的措置），家庭裁判所における　712
保護におけるグループ・ワーク（性犯罪・薬物）　534
『ホットロード』にみる非行少年のココロ　488
ポリグラフ検査の質問法　250
ポリグラフ検査の生理指標　248
ホワイトカラー犯罪　206

■ま

マインドフルネス　460
万引き　188
万引き対策，店舗での　596
民間団体による被害者支援　644

無差別殺傷　152

面接，保護観察における　498

面接指導，少年院における　440
目撃者の記憶　230
目撃証言　690
モラルジレンマ指導　456
問題解決型裁判所　742
問題指向型警察活動　606

■や

薬物依存離脱指導，刑事施設における　404
薬物運転，飲酒運転・　142
薬物再乱用防止プログラム　532
薬物犯罪　136
薬物犯罪者の査定　292
薬物乱用防止指導，少年院における　430

要因，量刑判断に影響する　696
予防行動とその促進　582

■ら

《羅生門》と犯罪事実　744
ラベリング理論　22

リスク・アセスメント，鑑別と　314
リスク・アセスメント，更生保護における　502
リスク・アセスメント，犯罪者の　270
リスク・アセスメント，非行少年の　274
量刑判断に影響する要因　696
リラプス・プリベンション，施設内処遇における　390
臨床心理的地域援助　504

黎明期の犯罪者プロファイリングの実務　266

類型論，犯罪の　42

歴史，少年司法制度の　700
歴史と方法論，捜査心理学の　218

ロールシャッハ・テスト　332
ロール・レタリング　446

■わ

わが国の刑事司法制度の概要　676
割れ窓理論　570

犯罪心理学とは

●犯罪研究の諸分野
　犯罪心理学は，犯罪・非行を犯した人々や犯罪・非行行動を研究する一つの分野である．犯罪心理学以外にも，犯罪生物学，犯罪社会学，犯罪学等が存在する．
　犯罪生物学においては，犯罪・非行を犯した個人の生物学的な要因，例えば，神経伝達物質や脳機能障害等と犯罪との関連を解明する．犯罪社会学においては，個人を取り囲む環境要因，例えば，犯罪が多発する地域社会の特性等に着目して犯罪・非行行動を理解しようとする．犯罪心理学においては，個人とそれを取り囲む比較的身近な環境要因，例えば，人格の特徴や家庭環境等に着目し，犯罪・非行行動の心理学的な側面を重視し理解しようとするものである．
　それぞれの分野において着目する要因に対する比重は異なるものの，犯罪・非行行動の研究には総合的な知識が要求される．より総合的，学際的な研究分野は，犯罪学に求めることになる．

●犯罪心理学研究の目的・対象および関連領域
　犯罪心理学研究の目的は，単に犯罪者の心理を把握し，刑事政策や社会の福祉に貢献するという実務的な目的にとどまらず，我々人間一般の心の中に秘められている異常性や本性を，犯罪者を通して考究するといった人間学的な目的をもっている．また，その対象は，単に犯罪を犯す人々と犯さない人々との間にある心理学的特性の違いにとどまらず，罪の裁きを受けた後に，どのように彼らを再び市民社会の中に迎え入れたらよいかといった点も研究課題である（福島，1982）．
　犯罪を犯した人たちの矯正処遇については，犯罪性や非行性の改善や治療のための心理的技術を提供することを主たる目的とした矯正心理学や犯罪・非行臨床心理学といった分野がある．また，1990年代からわが国で急速に発展してきた捜査心理学，その他にも裁判心理学，犯罪の環境心理学，防犯心理学等といった関連領域がある．

●犯罪心理学の研究史
　犯罪心理学研究（原因論）のうち個人要因を中心に代表的なものを概観したい．犯罪の原因について，初めて実証的な研究を行ったのはイタリアの医学者であったロンブローゾ（Lombroso, C.）とされる．彼は，犯罪者に次のような変質徴候を見出したのである．身体的な変質徴候（頭部が小さい，顔面の非対称等）と精神的な変質徴候（自己中心性，衝動性，低知能等）であり，しかもこれらの徴候を生まれつきの欠陥としたのである．これは生来性犯罪者説とよばれ，その学説は『犯罪人論（*L'uomo delinquente*）』（1876）にまとめられたが，今日，彼の説は後述する学習理論の立場から否定されている．

ヒーリーら（Healy, W., et al）は，長年の少年非行の研究を『少年非行（*New light on delinquency and its treatment*)』(1936) にまとめ，非行の原因を満たされない願望や欲求の表現であるとする情動障害理論を打ち立てたのである．彼らの理論は，非行・犯罪行動がもつ積極的な意味合いを探るものであり，個々の犯罪行動を理解するうえで有益な視点を提供する．一方，この理論は精神分析理論を適用したもので，実証性の点で疑義を抱く者も多いとされている．
　グリュック夫妻（Glueck, S. & Glueck, E.）は，米国において500人の非行少年と500人の一般少年をその性格特性から比較し，その実証研究を『少年非行の解明（*Unraveling Juvenile Delinquency*)』(1950) にまとめた．非行少年には一般少年に比べ，外向性，活動性，衝動性，自己愛的傾向，敵対心，問題解決の乏しさ等の特徴が有意にみられたとしたのである．しかしながら，これらの特徴は一貫したものではなく，また犯罪にもさまざまものがあり，犯罪に至る経緯にもさまざまなものがあるといった批判がある．
　精神分析理論と同様に学習理論も犯罪心理学研究に大きな役割を果たしてきた．「犯罪は，他の行動と同様に学習されたものである」といった考えを前提としたものである．バンデューラ（Bandura, A.）は，『社会的学習理論（*Social learning theory*)』(1977) の中で，攻撃行動の学習を促進する要因として，①攻撃的なモデルとの接触，②他者からのひどい扱い，③攻撃行動により肯定的な結果が予測されること等をあげた．これらは犯罪の危険要因であるが，同じ危険要因が存在していても犯罪に陥らない要因としての保護要因の研究が，今後望まれる（朝比奈，2007）．

●**最近の研究動向**　犯罪の統合的理解をめざす研究として注目されるのが，発達犯罪学である．これは，犯罪者の人格の発達過程に焦点をあてたもので，中でも，縦断的発達研究は有益な知見を提供してきた．モフィット（Moffitt, 1993）は，犯罪発達理論の視点から次の二つの類型を提案した．①生涯持続型犯罪者とよばれ，幼少期から窃盗，傷害等の非行を繰り返し，成人後も粗暴犯や性犯を繰り返すタイプ，②青年期限定型犯罪者とよばれ，思春期に犯罪を始めるものの，成人になる頃には犯罪から離脱するタイプである．わが国においても18歳頃になると多くの非行少年が非行をやめるようになることが統計的に明らかにされていることから，青年期限定型は注目されるところである．
　わが国における研究の動向についてであるが，1960年代に理論的考察，犯罪・非行者の特性・心理機制，テスト・測定等といった主要な研究領域は出そろった．その後1970年代には親子・家族関係，社会的統制（論），ケース・ワーク等が，1980年代には数量分析，研究法等が，1990年代には目撃者，地域・環境等を経て2000年代以降はプロファイリングが主要な研究領域の一つとなっている（菊池，2011）．

［村松　励］

第1章

犯罪・非行の原因

［編集担当：大渕憲一・小俣謙二・白井利明］

- 【概説】犯罪の原因 ─── 2
- 犯罪生物学と犯罪人類学 ─── 4
- 社会解体論 ─── 6
- 緊張理論 ─── 8
- 統制理論 ─── 12
- 低自己統制理論 ─── 16
- 文化的逸脱理論 ─── 18
- ラベリング理論 ─── 22
- 学習理論 ─── 24
- 精神分析理論 ─── 26
- 発達犯罪学 ─── 28
- 犯罪の対象関係論 ─── 30
- 犯罪者の行動分析 ─── 34
- 合理的選択理論 ─── 36
- 環境犯罪学的理論 ─── 38
- 日常活動理論 ─── 40
- 犯罪の類型論 ─── 42
- 犯罪・非行の生物学的要因 ─── 44
- 犯罪・非行の発達要因 ─── 46
- 青年期と非行 ─── 48
- 被害体験と犯罪・非行 ─── 50
- 学校と非行 ─── 52
- 家族と非行 ─── 54
- 不適応と犯罪 ─── 56
- 犯罪のパーソナリティ要因 ─── 58
- 攻撃性 ─── 62
- 反社会性，非行深度 ─── 64
- 犯行の動機 ─── 66
- 認知バイアスと犯罪 ─── 68
- 刺激性欲求，センセーション・シーキング ─── 70
- 道徳性・共感性と犯罪・非行 ─── 72
- パーソナリティ障害と犯罪・非行 ─── 74
- 発達障害と犯罪・非行 ─── 78
- 時間的展望と犯罪・非行 ─── 80
- 学歴，知能と犯罪 ─── 82
- 社会階層と犯罪 ─── 84
- 災害と犯罪・非行 ─── 86
- フェミニズムと犯罪研究 ─── 88
- 【コラム】ダニーディン縦断研究 ─── 90

【概説】 犯罪の原因

　同一の違反に対しては同一の刑罰をという客観主義思想に対して，現代の刑法は，犯罪が起こる状況や経緯を調査したうえで個人の責任を査定し，刑罰を定めるとする主観主義思想に従っている．このために，犯罪の原因探求は学問研究としてだけではなく，司法実務の中でも重視されてきた．それは，主として，犯罪者の資質や特徴に関する個人的要因と，彼らを犯罪に追いやる環境条件に関する社会的要因の二面から行われてきた．

●**犯罪原因に関する古典的理論**　前者の最も初期の研究例は，イタリアの精神医学者，ロンブローゾ（Lombroso, C.）が提起した生来性犯罪者説にみられる（☞「犯罪生物学と犯罪人類学」）．これは，受刑者には原始的な身体的特徴がみられるとして，犯罪者は進化の段階が一段低い人種であり，文明社会に適応できず逸脱者になるとしたものだが，生まれながらにして犯罪者となるべく運命づけられている人たちがいるという彼の説は多くの批判を浴び，今日では否定されている．しかし，遺伝研究の興隆とともに，近年，別の視点から犯罪の生物学的要因の検討が進められている（☞「犯罪・非行の生物学的要因」）．

　社会的要因探求の嚆矢はフランスの社会学者，デュルケーム（Durkheim, É.）の社会解体論である．彼は，社会構造の変動に伴って社会規範も変化するが，それが人々の間に浸透するのには時間がかかるので，その間，逸脱が生じやすくなると論じ，社会の変化が必然であるならば，犯罪もまた社会の必然であるとしたのである．政治的事件や経済変動，あるいは移民等の国際移動等によって大規模な社会変動が生じた地域では，人々の道徳規範や価値観が多様化し，とりわけ逸脱が生じやすくなることは，その後の実証研究でも確認されてきた（☞「社会解体論」）．

●**犯罪原因の研究視点**　犯罪原因の研究が依拠する理論は多数に上るが，人間の本性に関する暗黙の前提の違いによって三つの研究視点に分けることができる（図1）．第一に，緊張理論（ストレイン理論）は，犯罪を社会生活上のストレスに対する反応とみる．社会生活が順調に行っている時には誰も犯罪をしようとは思わないが，経済的困窮，差別，社会的排斥等の深刻なストレスに遭遇すると，これに対処するために違法な手段を取る者が出てくると仮定する（☞「緊張理論」）．第二の統制理論は，犯罪をしないように働く抑制力が個人の内外に存在するが，何らかの理由によってそれが弱体化すると，犯罪行為が起こる可能性が高まるとする立場を取る（☞「統制理論」）．第三の下位文化理論とは，個人を犯罪に誘導するような環境条件（不良仲間，地域文化等）に焦点をあてるもので，そ

うした環境下で犯罪的志向性（価値観）が強められる者がいるとする立場である（☞「文化的逸脱理論」）．

これらの立場は背景となる犯罪観を異にする．緊張理論は，もともと人間は社会的であるとする性善説に立ち，苦境に陥った時に犯罪が起こると仮定する．統制理論は，人間は本質的に利己的であるとの性悪説に立ち，抑制因がないところでは誰でも違法行為をする可能性があると仮定する．下位文化理論は，人間の本性は中性的なので，環境次第でどのようにも染まるとの立場を取る．

図1に示すように，どの枠組みで強調される犯罪原因であっても，それが実際に犯罪をもたらすかどうかに関しては個人差がある．例えば，ストレスに脆弱な人ほど逸脱反応を起こしやすいであろう．さらに，こうした個人的要因の背後には，逸脱親和的な資質形成に関わる発達的要因があると仮定される．

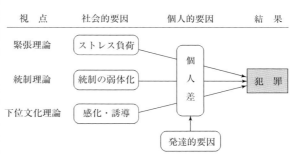

図1　犯罪原因の研究視点（大渕，2006より作成）

●**犯罪原因の説明水準**　犯罪原因の探求には多様な理論とアプローチがあるが，マクガイア（McGuire, 2004）はそれらを説明水準という枠組みによって分類整理している（表1）．水準1ではマクロな社会現象としての犯罪を，水準2では，犯罪の地域差を，水準3では，家族や仲間集団等，個人にとって最も身近な社会集団の影響を，水準4では，犯行場面における犯罪者と被害者の認知と行動を，そして水準5では，犯罪者個人の資質とその形成因の分析が行われる．

表1　犯罪原因の分析水準（McGuire, 2004より作成）

水準	分析単位	研究対象と方法	代表的理論・研究
1	マクロ社会	犯罪を社会現象として分析	社会解体論，緊張理論，文化葛藤理論
2	地域，コミュニティ	犯罪における地域差の分析	社会解体論，環境犯罪学，分化的機会構造理論
3	身近な社会集団	家族，学校，仲間集団等による影響を分析	緊張理論，下位文化理論，分化的接触理論，社会的絆理論
4	犯罪行為と状況	犯罪者と被害者の認知・行動と状況の分析	社会的認知理論，日常活動理論，合理的選択理論
5	犯罪者個人	反社会的資質の構造（性格等）と形成因の分析	人格心理学，発達犯罪学，脳科学・遺伝子研究

［大渕憲一］

犯罪生物学と犯罪人類学

　犯罪が特定社会の法律・規範との関係で定義される相対的な現象であるとすれば，ア・プリオリに規定される犯罪行動は存在しない．しかし，殺人や暴力的犯罪行動の進化論的・発生論的基礎を求める理論や犯罪傾向を生来的な素質として考える犯罪人類学がある．本項ではそれらを概観する．

●**比較行動学の攻撃理論**　比較行動学では，動物における種内闘争はテリトリー闘争・求愛におけるライバル闘争・母性的（育児的）闘争に分けられる．ローレンツ（Lorenz, 1963）は生得的行動の発生メカニズムとして，①自然発生的で内部蓄積する動機，②動機の増強による反応遂行の閾値の低下，③外的刺激としての解発刺激，④内的動機づけと解発刺激の強度によって行動強度が決まるとする「心理-水力学モデル」を提案し，攻撃行動もこのモデルで説明する．一方，比較行動学的研究は，攻撃行動の発現だけでなく，儀式化や宥和行動といった攻撃行動の抑制システムの存在も明らかにしている．近年では，チンパンジー，ゴリラ，オランウータン，ボノボ等，系統発生的に人類に近い類人猿の攻撃性の研究からヒトの攻撃行動や暴力を理解しようとする理論も提案されている（Wrangham et al., 1996）．

●**進化心理学と犯罪理解**　20世紀後半になると，ある行動のメカニズムが個人や種の存続にどのような適応的・機能的意味を有しているかを明らかにする進化心理学が提唱されるようになり（Cartwright, 2001），殺人等の犯罪行動も進化・適応の枠組みでとらえるモデルが提唱されるようになった．例えば，バス（Buss, 2005）の殺人適応形質理論では，身内の危険を避ける，なわばりや生活資源をライバルから守るといった殺人行為の適応的意義があげられている．同様に暴力に適応的意義を見出す考えは，殺人に関するデイリーら（Daly et al., 1988）の進化心理学的考察でも指摘されている．彼らは加害者−被害者関係の分析を通して，殺人は非血縁者間で多いこと，嬰児殺の場合にはその父性に問題（他の男性の子等）がある場合が多いこと，配偶者殺人は姦通のように他の男性の遺伝子が侵入する危険がある場合に多いこと等を明らかにし，血縁関係の維持・発展が殺人や暴力の背景にあることを指摘している．

　ただし，進化心理学における適応とは血縁個体による遺伝子の存続も含めた包括適応度（Hamilton, 1964）である．包括適応度が本来，利他的行動の説明で提唱された概念であることを考えると（de Waal, 1996），バスらの理論は犯罪行動と利他的行動という対極に位置する行動の進化を包括適応度という共通の概念で理解しようとする試みといえるかもしれない．

●**犯罪人類学と遺伝研究** こうした進化論的視点とは別に，犯罪者に生来的な素質としての犯罪性を仮定する理論は古くから存在する．

　代表的な理論がロンブローゾ（Lombroso, C.）の生来性犯罪人説である．ロンブローゾは犯罪者の解剖学的，人類学的調査を実施し，犯罪者には上顎下部の前出，削り取られたような前額，拡大した眼窩，扁平耳，平鼻等の一定の身体的特徴があることを指摘した．こうした特徴は先祖帰りによる犯罪者の原始人的特性を示すものであり，そのような個人はその行動パターンゆえに近代文明社会の規範に適応できず犯罪者となると考えた．ロンブローゾは当初，犯罪者の多くが生来性犯罪人であると考えたが，多くの批判を受け，最終的には犯罪者の40％程度がこのタイプになると主張を変えた．このようにロンブローゾの理論では生来性犯罪人タイプが注目されてきたが，彼自身は犯罪原因の多様性を認め，脳障害による犯罪者，人間関係や環境要因等による犯罪者といった他のタイプも考えていた．

　生来性犯罪人説は批判を受けながらも引き継がれ（イタリア学派），ガロファロ（Garofalo, R.）も犯罪者は原始的状態にあると考えた．彼は犯罪者を凶悪犯，衝動犯，職業犯，固有犯に分け，それぞれに応じた刑罰を提案した．同様に，フェリ（Ferri, E.）も犯罪者は犯罪への衝動を十分制御できない人間と考えた．

　犯罪の原因を生来的な傾向・素質に求める彼らの立場は，必然的に犯罪者への対応として隔離に重点を置くことになる．ロンブローゾは生来性犯罪人には死刑または終身刑を科し，その他の犯罪には不定期刑，罰金刑，精神病院送致等を考えていた．ガロファロも刑罰の原則に「淘汰の原則」をあてはめ，犯罪者は淘汰，すなわち社会から排除されねばならないと主張した．こうした立場が社会防衛論へとつながっていった点は，犯罪の原因と対応との関連を考えるうえで重要であろう．

　犯罪の原因を個人の生得的な要因に帰する立場は，犯罪性の遺伝研究にも重なる．犯罪の遺伝性の研究は家系分析，双生児法，養子法等で行われてきた．初期の家系分析ではカリカック家の研究が有名であるが，家系分析は方法論的に問題があり，現在では養子法や双生児法が用いられている．双生児法では，一方が犯罪者である場合，もう一方も犯罪者となる一致率は一卵性双生児の方が二卵生双生児よりも高いという，遺伝的要因の影響を示す結果が得られている．しかし，環境要因を統制した養子法では，遺伝的要因のみが犯罪行動を規定することは必ずしも支持されていない（例えば，Ishikawa et al., 2002）．

　したがって近年では，遺伝的要因と環境的要因が行動に及ぼす影響の多様性を多面的に理解しようとしているのが，犯罪性の遺伝研究の動向といえよう（☞「犯罪非行の生物学的要因」）．

　　　　　　　　　　　　　　　　　　　　　　　　　　　　　　［小俣謙二］

社会解体論

　社会解体論は，現在では顧みられることも少なくなってしまった理論ではあるが，シカゴ学派の隆盛とともに，社会病理研究において主流をなしていった理論である．したがって，その系譜をたどることは，解体論の解説であると同時に，社会病理学（social pathology）研究の栄枯盛衰をたどるということに通じる．

●**初期社会解体論**　社会解体論の理論構築の魁としてはクーリー（Cooley, C. H.）をあげることができる．クーリーはその著書『社会組織論（*Social Organization*）』（1909）にて，自我も社会組織もともに「我々意識・感情（we-consciousness, we feeling）」から形成される，と述べる．第一次集団のもつ我々意識の内面化が自己をつくり，同時に我々意識の拡大化によって民主主義社会の社会組織・制度がつくられるのである．個人のもつ我々意識の希薄化・利己主義化と組織の我々意識の喪失と形骸化により，個人の意識・態度と社会組織・制度とに不調和が生じ，その結果，社会の秩序と規律が崩壊する状態を社会解体とよんだ．このように，クーリーの社会解体論は，歴史的変動と民主主義社会における個人の社会化と社会組織の生成との関係というきわめてスケールの大きな理論ではあったが，残念ながら実証性の欠如した論にすぎなかった．

　こうした社会解体論に実証性を付与し，社会学理論（都市社会学理論）として再登場させたのが，トマスとズナニエッキ（Thomas, W. I. & Znaniecki, F. W.）であった．彼らは著書『ヨーロッパとアメリカにおけるポーランド農民（*The Polish Peasant in Europe and America*）』（1918-20）において，ポーランド農民の伝統を保持し米国に移民した人々が米国という新天地でどのように集団を組織化していき，移民ポーランド人という結束を保持したのか，にもかかわらず移民集団の解体化が進み，それに対してさらにどのように再組織化を重ねて行ったのか，という移民一世・二世の生活過程を克明に描いた．ここでは「移民」という限定つきではあるが，歴史的変動・文化変容に直面した際の人々の生活世界がさまざまな質的資料に基づいて展開されている．そして，伝統的な規則が集団の成員に対しての影響力・統制力を喪失させていき，集団の秩序が崩壊していく過程を社会解体とした．

　以上，初期社会解体論は歴史的変動理論であり，全体社会・文化変容の理論であり，個人と社会との相互作用過程論であり，生成（組織化）と崩壊（解体化）とが連続体として，しかも生成過程と崩壊過程が共時性をもって進行しているという基本的な思考性をもっていた．

●**最盛期社会解体論**　『ヨーロッパとアメリカにおけるポーランド農民』を範例

として，またバージェス（Burgess, E. W.）の同心円地帯理論（concentric-zone theory）の導入，さらに人間生態学分析手法の導入により，シカゴ学派から解体の多様なモノグラフ研究が現れた．

それらのいくつかは地域解体を主に展開されたが，地域解体では，二つの別次元での考察がなされている．一つは地域の解体過程の考察であり，都市の発展に伴っての地域の組織化と解体化の過程，遷移地帯の形成が考察される．いま一つは解体地域の病理状況・事象の考察である．前者の典型としてはゾーボー（Zorbaugh, H. W.）の著書『ゴールド・コーストとスラム（*The Gold Coast of Life*）』（1929）を，後者の典型としてはショウ（Shaw, C. R.）らの著書『非行地域（*Juvenile Delin-quency and Urban Areas*）』（1929）をあげることができる．後者の論考は犯罪・非行多発地域が貧困階層の集積地域であり，離婚，病気・健康疾患等，他の多様な病理諸現象の多発地域でもあるということから，社会解体の研究から分離していき，犯罪・非行（逸脱行動）発生の地域特性研究へと進展していく．言い換えれば，都市病理研究から犯罪社会学研究への移行である．

また，シカゴ学派の研究以降，解体理論は多様な次元で用いられるようになり，家族解体では，地位-役割概念より夫婦間の役割と役割期待とのギャップ等による夫婦間の葛藤と夫婦関係の崩壊と論理化されていき，人格解体では個人の生活能力の欠如・関係構築の欠如として位置づけられていく．

こうした多様な次元を総合的にまとめあげ，体系化し，社会解体論の完成をめざしたのがエリオットとメリル（Elliotte, M. A. & Merrill, F. E.）の『社会解体論（*Social Disorganzation*）』（1934）である．ここでは，個人次元の人格解体から国際社会次元の国際紛争に至るまでの考察が，社会解体論によって統合されている．しかし，そうであるがゆえに，理論の射程距離の曖昧さが顕在化せざるを得なかった．

●**機能主義社会解体論**　シカゴ学派の社会解体論に対して，機能主義から社会解体を論理的に位置づける研究が現れた．マートン（Merton, R. K.）は，構造機能主義の立場から，当該社会ないし当該集団の有する機能が順機能として作用しなくなり機能不全に陥った状態やそれに陥る過程，またさらに，順機能が過剰化し，順機能と表裏一体の関係にある逆機能が顕在化した状態や顕在化過程，それを解体という結果現象からとらえたのが社会解体・集団解体である，と理論化した．

●**わが国の社会解体論**　わが国でいち早く社会解体論を理論展開し，社会解体の視点から本格的に実証的研究を推し進め，米国において解体論が衰退した後までも独自の社会解体論を論及し続けたのは大橋薫であった．彼は従来の解体論にマートンの機能主義解体論を取り入れて，解体を生活機能障害（機能不全，逆機能）とし，「方法としての社会病理学」を提唱した．しかし，20世紀末以降，社会解体論の研究は米国においてもわが国においても進展をみることなく，今日に至っている．（☞「コミュニティと犯罪予防」）　　　　　　　　　　　　　［矢島正見］

緊張理論

　緊張理論とは，逸脱行動の原因を緊張（strain）に求める犯罪学理論の総称である．緊張の定義は研究者によって異なる．緊張を社会構造に求める者もいれば，個人のストレスと同様に扱う者もいる．前者の代表はマートン（Merton, R. K.）であり，後者の代表はアグニュー（Agnew, R.）である．

●**緊張理論の系譜**　①デュルケーム（Durkheim, É.）のアノミー論：緊張理論はデュルケーム（1893, 1933）にまでさかのぼることができる．デュルケームは，産業革命後の社会の急激な変化により，それまでの社会の統制力が弱まり，アノミー（anomie；normlessness）の状態が生じると考えた．彼のいうアノミーとは「社会規範の崩壊状態」であり，逸脱行動は，規範を失った社会の中で人々は逸脱への統制力を失い，際限のない欲望を充足させようとする結果生じるものと考えた．デュルケームは，逸脱行動を，個人や社会の病理に由来するものではなく，標準からの偏差としてとらえており，以降の犯罪・非行理論に大きな影響を与えている．

　②マートンの緊張理論：マートン（Merton, 1938）は，デュルケームのアノミー概念を拡張し，「文化的目標とそれを達成するための制度的手段の不均衡」という明確な概念に置き換え，当時の米国社会における逸脱行動に適用した．マートンによれば，アノミーとは文化構造（社会の構成員が共通な行動をとるようにする組織化された規範的な価値の集合）の崩壊であり，社会の構成員が求める目標（文化的目標）と，その目標を達成するために社会的に認められた（制度的）手段がうまく統合されないとき，アノミーへと向かわせる緊張が存在するとされる．マートンは，米国社会は，金銭的成功を強調するものの，現実には多くの人が合法的な手段では成功を獲得できない社会であり，その結果，一部の人々は非合法的な手段によって成功を獲得しようとし，これが逸脱行動となると考えた．マートンのこのような逸脱への考え方を緊張理論といい，その後の緊張理論の基礎となっている．

　マートンの緊張理論は，上述のような緊張にさらされなければ，人間は逸脱行動には及ばないと考える点で性善説の立場に立っている．逸脱行動を緊張状況下にある人々の正常な適応行動として明示的に示している点で，デュルケームの考えを引き継いでいる．マートン後，緊張理論は分化的接触理論と結びついて，コーエン（Cohen, 1955）の非行下位文化論やクロワードら（Cloward et al., 1960）の機会構造論へと展開し，さらに現在では緊張概念を拡張したアグニュー（Agnew, 1992）の一般的緊張理論へと発展しているが，いずれの理論も性善説に立つとい

う点で共通の基盤を有している．

　マートンの理論に対してはさまざまな批判がなされているが，その中でも最も重要なものの一つが，誰が逸脱するのかを説明していないという批判である．緊張の状況に置かれているすべての人間が逸脱行動に及ぶ訳ではないのに，どのような人間が逸脱し，どのような人間が逸脱しないのかについて説明していないとの問題提起である．この批判に対する一つの回答が，コーエンによってもたらされている．

　③コーエンの非行下位文化論：コーエンは，マートンの緊張概念を受け継ぎつつ，なぜ逸脱行動が都市部の下流階層の男子に多いのかを，非行下位文化の概念を基に説明する．コーエンは，米国社会においては，子どもたちは，学校等さまざまな場面で，中流階層の価値観（中流階層のものさし）によって評価されており，このため，下流階層の子どもたちは，米国社会に適応するのが困難であると想定する．彼らは，中流階層の価値観によってつくられた文化的目標を達成しようとするが，中流階層の子どもたちと同じようには，それを達成する合法的な手段には恵まれていない．その結果，彼らはフラストレーションを感じ，非行下位文化を形成し，非行下位文化の中で，みずからの価値体系や行動基準をつくりあげていく．コーエンは，これを反動形成（reaction formation）とよび，逸脱行動は非行下位文化の価値体系に沿った行動であると考えた．

　コーエンの提唱する非行下位文化論は，緊張を逸脱の原因であるとする点でマートンの拡張であるが，他方，マートンのように，米国社会の構成員全員が，米国社会の文化的目標を取り入れているとは考えない．つまり，中流階層（すなわち一般社会）のもつ文化的目標に対立する価値体系を有する非行下位文化が存在すると考える点で大きな違いがある．

　④クロワードとオーリンの機会構造論：クロワードとオーリンは，逸脱行動は下流階層の男子の都市部の現象であるというコーエンの主張を引き継ぎつつ，マートンと同様に，逸脱行動は，社会が求める金銭的な成功とそれを実現するための手段の不統合によって生じると考えた．このような状況に置かれた少年たちは，自分が求める成功が得られないとわかると，それは成功の機会を与えようとしない社会の責任と考えるようになり，結局不良集団に近づき，その価値体系をみずからのものと受け止めるようになると主張する．彼らの理論が，機会構造論とよばれるのは，人によって，成功のために合法的な手段を利用できる機会も非合法的な手段を利用できる機会も異なっており，どちらの機会が多いかによって逸脱行動を行うか否かが決まると想定しているからである．

　⑤緊張理論に対するコーンハウザー（Kornhauser, R.）の批判：マートンやコーエン，クロワードとオーリンの理論は，1970年代前半まではさまざまな非行予防プログラムに理論的背景として採用されてきたが，1970年代後半から1980年

代にかけて米国の暴力非行の急激な増加に伴い，結局その後はほとんど顧みられなくなっていた．実証研究においても，緊張理論の中心概念である緊張は，非行行動の説明には，ほとんど役に立たないという厳しい批判がなされた．これらの中で最も厳しい批判は，コーンハウザー（Kornhauser, 1978）によるものである．

コーンハウザーは，緊張理論の予測が，実際の調査結果と一致しないと主張した．従来から，緊張は成功願望と実現可能性との乖離を用いて測定され，緊張理論では，緊張が大きければ大きいほど非行が発生しやすくなると予測する．つまり，成功願望が大きく実現可能性が小さいときに，非行は最も発生しやすいということになる．しかし，コーンハウザーは，多くの研究では，成功願望と実現可能性の両方がともに小さい場合に最も非行発生率が高くなり，成功願望と実現可能性が両方とも大きい場合に，非行発生率が低くなるという結果を示していると指摘する．

この批判に対する実証研究に基づく反論は，ファンワーズら（Farnworth et al., 1989）が行っている．彼らは従来のマートンの緊張理論に対する実証研究では，緊張を成功願望と実現可能性の差異と定義し，成功願望を学歴への願望で測定しているが，マートンの理論に忠実に基づけば金銭的願望で測定すべきであると主張し，緊張は逸脱行動に対して，他の理論と同程度の説明力があることを示した．

●アグニューの一般的緊張理論（general strain theory：GST）　①緊張概念の拡張：理論面では，緊張概念を拡張することで，緊張理論の適用範囲を拡大している．アグニュー（1992, 2006）は，緊張を客観的緊張（あるグループのほとんどの構成員から嫌われている出来事や状況）と主観的緊張（個人が嫌っている状況や出来事）に区別したうえで，緊張の源泉を，(a)価値のある目標を現実に達成できないことによる，または達成できないかもしれないという予測による緊張（伝統的緊張理論はこのタイプを想定している），(b) 価値のあるものを奪われることによる，または奪われるかもしれないという予測による緊張，(c) 不快なことが存在することによる，または存在するようになるかもしれないという予測による緊張，という三つのタイプに分類した．

客観的な緊張と主観的な緊張を区別することで，同じ集団にいて同じ状況に置かれても，個人個人で感じる緊張の強さが異なる場合があることを考慮することができるようになったし，緊張を三つのタイプに分類することによって，緊張の適用範囲を拡大することができるようになった．GSTの想定する緊張は，良い成績が取れないこと，恋人と別れること，学校でいじめられること等も含むより広範なものとなり，さらに，ストレッサー（ストレスの原因）を緊張の一部とし，ストレスを緊張に対する個人の反応とすることで，ストレス研究の成果をもGSTに取り入れられるようになったのである．

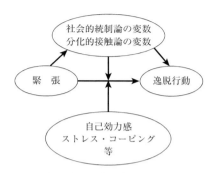

図1　一般的緊張理論（GTS）の構成概念間の関係

　以上のようなストレインの再定式化を行ったうえで，アグニューは緊張の逸脱への効果として，主効果と交互作用の2種類を想定する．主効果とは，緊張にさらされている者は，そうでない者よりも，逸脱行動に走りやすいという予測である．交互作用とは，緊張の逸脱行動に対する影響は，緊張にさらされている個人の特性や状況に依存するという予測を意味している．GSTは，緊張に若者がさらされていても，彼らのストレス・コーピングの方法や彼らの置かれた環境によって，非行が生起する可能性は異なると考えるのである．

　② **GSTと社会的統制論，分化的接触理論**：アグニュー（Agnew, 1992）は，GSTと他の理論との関連にもふれている．すなわち，緊張が逸脱行動に影響を及ぼす際には，社会的統制論や分化的接触理論から導かれた変数が，緊張の効果を調整する場合があり得ると述べている．社会的統制論や分化的接触理論では，これら理論による変数は逸脱行動に直接影響を与えると想定しているので，GSTの検証には，社会的統制論や分化的接触理論から導かれた変数をも考慮したうえで，緊張の主効果や緊張と他の変数との交互作用が有意であることを示すことが必要となる．図1にGSTの構成概念間の関係を示す．

　③ **GSTに関する実証研究**：GSTは多くの実証研究によって支持されている．例えば，緊張の逸脱行動への主効果に関しては，有害な成育環境は逸脱行動を行わせる可能性を高めるとの研究，緊張と薬物乱用や非行の間には正の関連が認められる等の研究が報告されているし，緊張と他の変数の交互作用については，社会的統制論の変数であるビリーフが強い人は，弱い人に比べ，緊張の逸脱行動への影響が小さいとの研究，不良交友が多い人は，緊張の逸脱行動への影響が大きいとの研究結果等がみられる．　　　　　　　　　　　　　　　　　［遊間義一］

📖 **参考文献**

[1] Agnew, R.(1992) Foundation for a general strain theory of crime and delinguency, *Criminology*, 30(1) 47-88.

統制理論

　人はなぜ，逸脱行為をするのだろうか．この問いに対して，緊張理論では，人が社会の規則に同調しようとする性向，つまり性善説を前提にして欲求不満や葛藤の表れとして，非行や犯罪を理解しようとする．
　一方，統制理論では，人はなぜ逸脱行為をしないのだろうかという問いに対して，人は生来，逸脱に走る傾向があって，もしも何ら拘束するものをもたないなら犯罪をするであろうという性悪説の立場から，人が犯罪に走ることを押しとどめている社会とのつながり，同調のメカニズムを解明することに焦点があてられている．

●**統制理論の系譜**　社会学的な視点からの非行の先駆的な研究者として知られるリース（Reiss, 1951）は，個人が非行を抑制するうえで「強い自我，または超自我によるコントロールの力」の重要性を指摘している．また，トビー（Toby, 1957）は，逸脱行動への誘惑を退け，社会的規範に従う「同調への賭け」の概念を紹介し，また，ナイ（Nye, 1958）はコントロールの初期の源泉として家族に焦点をあて，親が社会の価値を受け入れるように子どもを社会化することの意義を指摘している．
　また，レックリス（Reckless, 1961）は，非行を抑制する外的・内的な抑制要因をあげて，社会との関係の重要性に加え，内的には良い自己概念が非行を抑制すると指摘している．また，マッツア（Matza, 1964）は，中和の技術によって，非行少年がみずからの規範観念に反する行為を合理化し，罪悪感を中和することによって非行を可能にする内的なプロセスについて説明している．

●**社会的絆理論**　ハーシー（Hirschi, T）は，その著書『非行の原因（*Cause of delinquancy*）』（1969）において，社会的統制理論の立場から，上述のような研究を内包，または発展させる新たな理論を構築している．ハーシーは，「ホッブスの問いに対して，いまだ適切な回答がなされておらず，『人はなぜ，社会のルールに従っているのだろうか？』という問いが依然として残されたままだ」と述べている．彼は，人を社会につなぎとめている絆（social bonds）が弱くなったときに，逸脱行為を犯しやすくなると考え，社会規範への同調を促進すると考えられる社会的絆の要素を四つあげ，それらの絆の糸の太さが人を逸脱行動に走ることを強く押しとどめる役割を果たしていると考えた．以下がその四つの絆の要素である．

　①愛着（attachment）：愛着による絆であり，家族や友人等の個人にとって意味のある他者，あるいは学校集団等との情緒的なつながりをさす．規範は社会の構成員によって共有されたものであり，それを逸脱することは，他者の願望や期

待と相反する行為を取ることになる．他者との関係性が，逸脱行為に関わることを避けるように作用する．

②コミットメント（commitment）：既存の社会的な枠組みに沿った価値や目標達成に関わる度合をさす．合法的な活動に関わり，時間やエネルギーを投資してきたとすれば，逸脱行為によってそれらが損なわれるリスクを負うことになる．これまでの投資を台なしにすることを恐れ，非合法的行為を避けることになる．

③巻き込み（involvement）：日常生活のさまざまな合法的な活動への関与をさす．時間やエネルギーは限られているものであり，社会の既存の枠組みに沿った活動に没頭し，巻き込まれることによって，逸脱行動に関与する機会が減ることになる．

④規範信念（belief）：自分が所属する社会や集団の規範に対して疑問をもたない態度や信頼感をさす．法を侵犯するような行為をしているからといって，その行為をみずから是認しているとは限らない．むしろ，悪いと認識しつつ，逸脱行為に関与する場合があると考えられるが，社会や集団に広く行きわたった規範を受け入れる程度が強いほど，逸脱行動に関与しにくくなる．

また，これら四つの絆は，相互に関連しながら作用すると考えられる．例えば，愛着とコミットメントは，非行少年の場合，非行仲間への愛着が非行を促進する可能性も考えられるが，合法的な生活を送っている人々への愛着は，社会的な枠組みに沿った目標を設定し，それに向けた投資を促進することになると考えられる．また，学校や職場における達成実現に向けた投資は，具体的には，さまざまな合法的な活動への関与の時間を増やすことになるであろう．

またハーシーは，愛着と規範信念について，ピアジェ（Piaget, 1954）の言及，「われわれが規則の制定者を尊敬するのは規則の強制力によってではなく，逆に制定者への尊敬の念こそが規則に強制力をもたせる」を引用し，愛着こそが同調を促進するものであり，規範を内面化するにあたって，他者に対する情緒的な結びつきが重要である点を強調している．

オルトマン（Aultman, 1979）は，上述の非行と社会的絆の関連性をパス図（図1）に示している．

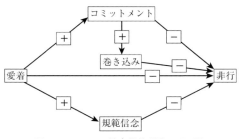

図1　ハーシーの社会的絆理論のパス図
（Aultman, 1979 より作成）

●**統制理論としての社会的絆の側面**　またハーシーは，社会的統制理論の立場から，「犯罪を犯そうという決断は相当に合理的になされるものであり，彼が直面しているリスクとコストを考えてさえいれば，決して非合理的な決断ではないは

ずである」としている．つまり，犯罪が行われるその場面において何らかの損得勘定が働いており，人は自分にとってより大きな利益が得られる方向の選択をするであろうという見方を前提としている．その際，個人にとっての絆の重要性のいかんが，その後の逸脱行動の発現に影響を及ぼすことになる．社会的絆は「行為者が意思決定するにあたって考慮にいれているリスト」（森田，1986）とみることもできる．

ハーシーは，社会の側から直接的に働きかける逸脱行為の抑止や統制というよりは，個人が，社会の絆に結びつこうとすることによって得られるインフォーマルなコントロールのプロセスに焦点をあてているといえる．

●**実証的研究による社会的絆理論の検証**　上述したハーシーの『非行の原因』では，文化逸脱モデル，緊張モデルと比較しながら，社会的絆理論の妥当性が検証されており，本文の相当の部分がデータの分析と結果のきめ細かい解釈にあてられている．3,605人の思春期の男子に対して実施された調査票では，自己申告された非行の回数，および両親，仲間，学校に対する態度，愛着等に関する質問，学校での成績や行動に関する記録，公式の警察記録の記載事項の三つが用いられている．

例えば，「巻き込み」についてみた場合，「あなたは，『何もすることがない』と感じたことがありますか」という質問に対して，少年たちの多くは，少なくとも「時々ある」としているが，非行歴1回以上の少年についてみた場合，「よくある」とする比率が高い．さらに，宿題に使う時間の少なさや，暇つぶし的な車の運転に長時間費やしてしまうことも非行行動との間に関連性があるとみられ，「巻き込み」という社会的絆の弱さが逸脱行動と結びつくというハーシーの理論的な仮説を支持するものとされている．

『非行の原因』の出版後は，理論検証を目的とした多くの研究が行われ，理論的な妥当性を裏付ける方向性も見出される一方で，例えば，愛着に関して，親への愛着というものが非常に広範囲なもので，直線的に進むものでもなく，分離を扱う方がふさわしいといった指摘，また，年齢が上がるとより仲間関係が重要視される等，少年の年齢発達に関する影響についても議論されるようになった．また，非行との関連性についてみた場合，大人の犯罪や深刻な非行については十分検証されていないのではないかといった懸念も指摘された．

とはいえ，ハーシーの理論が際立った存在感をもつことの背景には，彼がみずからの理論を実証的な手法によって検証し，操作的な尺度の提供によってさらに多くの研究が蓄積され，長い期間を通じて活発な議論が繰り広げられた点にもあるとみられる．

●**社会的絆理論から自己統制へ**　ハーシーは，後にゴットフレッドソン（Gottfreadson, M. R.）と共著で『犯罪の一般理論（*A General Theory of Crime*）』（1990）を著し，逸脱行為を理解する新しい枠組みとして自己統制理論を構築し

ている.

社会的絆理論でハーシーは,内的なコントロールよりも,社会的絆の質にコントロールの源を置いていた.しかし,社会的絆の力は,一生を通じて結びつきが強まったり弱ったりする可変的なものである.「1980年代半ばに年齢効果が犯罪学において説明されるべき重要な課題として注目されてくると,少年の一時的な状態を表す『ボンド(絆)』ではこれを説明できず,ボンド(絆)理論は修正を迫られることとなった」(上田, 2007).

実際,社会的絆は監視や指導するような親に十分結びつけられた子どもたちにとっては重要であると考えられる.しかし,あらゆる少年にとって,逸脱行為の発現が十代に上昇と減少の著しい変化をみることから,より普遍性,安定性をもつとみられる自己統制という個人的な属性,内的要因に焦点があてられるようになった(表1).ハーシーは,自己統制と絆は同義であるともみなしており,自己統制の低さが絆の弱さを生み,それが逸脱行動の発現に影響を及ぼすとすれば,社会的絆の重要性を否定しているものとはいえない.

表1 親の養育に関する自己統制理論と社会的絆理論の概念化の比較 (Francis et al., 2008 より作成)

領域	自己統制理論	社会的絆理論
親による直接的なコントロール	自己統制の主要な源泉	重要でない
子どもから親への愛着	オリジナルの理論にはないが,後に子どもが直接的なコントロールへの感受性を高めるものとみなす	主要な社会的絆であり,コントロールの源泉
親から子どもへの愛着	親が子どもに対して,自己統制を生み出すような直接的なコントロールを行使する意志を養う	子どもの親への愛着を養う
社会的統制の本質	内的なもの,または自己	間接的なもの(心理的な親の存在)
原因となる要因の安定性	子ども時代を終えた後,安定した個人の特性が維持される.犯罪における持続性を説明する	変わりやすい.コントロールは,社会的絆の質にあるため,犯罪における持続性と変化を説明する

社会的絆理論は,サンプソンら(Sampson et al.,1993)のライフ・コース研究に受け継がれ,『少年非行の解明(*Unraveling Juvenile Delinquency*)』(1993) で知られるグリュック夫妻(Glueck, S. & Glueck, E.)の長期にわたる縦断的なデータを分析し直すことで,社会的絆がライフ・コースを通じて犯罪とどのように関連性をもって推移するかが検証されている.ハーシーの研究では,一度の調査によって得られた横断的研究であったが,ライフ・ヒストリーの分析を含めた縦断的な研究結果から,サンプソンらは,社会的絆が,非行のみならず,成人犯罪を理解するうえでも有効であり,さらに,強い絆を形成することが逸脱行為から離れる手がかりになると指摘している.

[栃尾順子]

低自己統制理論

　非行や犯罪にいく度となく関与する者もいれば，まったく関与しない者もいる．こうした違いはどこから生まれるのだろうか．多くの犯罪学理論はその原因を社会構造に求めてきたが，ゴットフレッドソンら（Gottfredson et al., 1990）は，その著『犯罪の一般理論（A General Theory of Crime）』の中で，犯罪や逸脱行動を規定する最も有力な予測因は低自己統制（low self-control）であると主張した．これは下位文化理論のような社会構造に焦点をあてた理論とは異なり，個人の心理的要因を強調するものである．

●**低自己統制の定義とその測定**　ハーシーらが低自己統制理論を提唱した当初，その概念的定義は不明瞭であったが，その後，彼らは犯罪が欲望を即時的に充足させる（例：窃盗は金銭欲を満たす）性質を備えているということに着目した．低自己統制はこれを予測する理論的概念であることから，長期的コストを考慮せず，即時的に利益を得ようとする傾向として定義された（Hirschi et al., 1994）．

　上述のような低自己統制に関する理論的予測を実証的に検討するために，グラスミックら（Grasmick et al., 1993）は低自己統制尺度を作成した．それは短気，衝動性，身体的活動性，単純課題志向，自己中心性，リスク・シーキングの6下位要素を含む．理論的予測と一致して，低自己統制傾向を示す者は犯罪機会が多くなるほど，恐喝や詐欺行為に関与する傾向が強くなることが示されたが，高自己統制傾向を示す者の間ではそうした関係はみられなかった（図1）．

●**低自己統制の形成要因**　ゴットフレッドソンとハーシーによると，低自己統制は幼少期における親の社会化を通じて形成される．彼らの理論的仮定を検証する

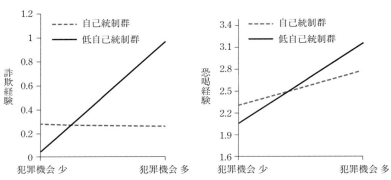

図1　低自己統制と機会が犯罪に及ぼす効果（Grasmick et al., 1993より作成）

ために，ギブスら（Gibbs et al., 1998）は大学生を対象に調査を実施した．その結果，幼少の頃より親が子どもの行動を適切に把握していれば，自己統制が強められ，その結果として逸脱行動への関与が減少することが示された．わが国でも河野ら（2001）が成人受刑者190人を対象として同様の研究を行っている．分析の結果，実親の受刑歴や欠如，または家庭が経済的に困窮しているような家庭環境で育った者は低自己統制傾向が強く，彼らは犯罪深度が強かった．これらの結果は，ゴットフレッドソンとハーシーの理論的予測の妥当性を裏づけるものであるが，近年では，親の社会化のような環境要因だけではなく，遺伝要因を重視する研究者もいる（例えば，Beaver et al., 2008）．

●**低自己統制効果の普遍性**　グラスミックらの低自己統制尺度とその理論的予測はさまざまな国で幅広く検証された．その中でもバゾソニイら（Vazsonyi et al., 2004）は欧米諸国間（ハンガリー，オランダ，スイス，米国）や日米比較を通じて，低自己統制の構造が1因子であること，また，この因子によって反映される低自己統制傾向が犯罪や逸脱行動を予測することの異なる文化圏に共通してみられることを確認した．

●**自己統制研究の近年の展開**　グラスミックらの尺度では自己統制は6個の要素からなるが，ゴットフレッドソンとハーシーの理論では，中核概念は非衝動性である．これは，長期的視点から行動統制を行うことだが，ハーシー（Hirschi, 2004）はこの概念を「特定の行為に伴うあらゆる潜在的コストを考慮する傾向」と認知面からの精緻化を試みた．ピケロら（Piquero et al., 2007）は参加者に逸脱行動誘発状況を示し，その状況下で逸脱がどのようなよくない結果（cost）をもたらすか自由記述させ，また，その深刻さ（salience）を評定させたうえで，予想されるよくない結果と深刻さの乗数を自己統制の指標とした．この新しい自己統制指標とグラスミックらの尺度を用いて参加者たちの逸脱行動意図を予測したところ，ピケロらの予測力が優れていることが確認された．

　また，ゴットフレッドソンとハーシーの理論では，自己統制が「できる」という能力なのか，「行使しよう」という意欲（動機）なのかという点は曖昧だった．ティトルら（Tittle et al., 2004）は，両者を概念的にも測定的にも区別した．分析の結果，いずれもが逸脱行動の抑制に寄与するものであることが示された．さらに，有意な交互作用が示され，自己統制を行使しようとする意欲が強い者は，自己統制能力と犯罪行為の間に関連はほとんどみられないが，逆に，自己統制の行使意欲が弱い者は，自己統制能力が低くなるにつれて犯罪行為の抑制も低下した．

　彼らの研究では既存の尺度を組み合わせて自己統制意欲を測定しているが，動機的側面を反映する測定指標はいまだ未完成といえる．　　　　　　　　　　［中川知宏］

文化的逸脱理論

犯罪学における研究史を紐解くと，19世紀にロンブローゾ（Lombroso, C.）が生来性犯罪人説を提唱したことに始まるが，初期の理論の多くは生物学的特徴や個人の異常性に焦点をあてたものであった．その後，20世紀に入り，時代がめまぐるしく変化する中で，犯罪の原因を社会構造の側面から理解しようとするシカゴ学派が台頭した．本項では主にこの立場から提起された二つの犯罪原因論ついて述べる．一つは，一般社会とは異なる規範や価値観をもつ人たちの行動は一般社会の規範と抵触するものとなり，そこに犯罪が生じると仮定し，いつ，どのような場所でそうした逸脱文化が発生するかを論じた文化的逸脱（cultural deviance）理論，もう一つは，逸脱文化との接触が個人をどのように反社会的にするか，その心理社会的機序を論じた下位文化（subculture）理論である．双方の理論は，個人が一般社会とは相反する，または，異なる価値観や規範を内包するコミュニティや集団に所属することによって犯罪へ関与する可能性が高まるという点で共通している．両理論の明確な差異化は難しいが，時系列的には，文化的逸脱理論の流れを受けて下位文化理論が登場する．

●**社会構造を論じる文化的逸脱理論**　逸脱的文化はどのようにして発生するのか，犯罪原因に特化した研究ではないが，この疑問に対して一つの見解を示したのがシカゴ学派に属するバージェス（Burgess, 1925）であった．彼は都市の発展の仕方がどのようなパターンに従うかを説明するために，同心円（concentric zone）理論を提唱した（図1）．彼によると，都市はその中心部から同心円上に発展していく傾向があり，その過程で五つの地帯に分化する．第Ⅰ地帯には中心ビジネス地区が存在するが，その外側に低所得者の住む地区が形成され，これがスラム化して犯罪多発地域となりやすい．この第Ⅱ地帯周辺は移民やマイノリティの流動性が高いことから，遷移地帯（zone in transition）と名づけられた．郊外通勤者地帯（第Ⅴ地帯）に住む富裕層は

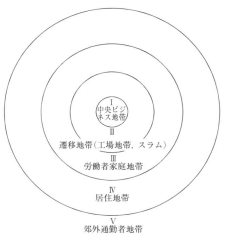

図1　同心円理論における五つの地帯
（Burgess, 1925より作成）

金銭的余裕があるため，通勤にコストを払うことができるが，それができない貧困層は職域に隣接するこの第Ⅱ地帯に集まるとされた．

バージェスの流れを汲み，ギャング研究のパイオニア的存在となったスラッシャー（Thrasher, 1927）はシカゴ・ギャングを対象にフィールド研究を行った．彼によると，ギャングが活動する場所は間隙地域（interstitial area）だが，これは先の遷移地帯と類似した三つの生態学的特徴をもつ．それは近隣地域の社会環境が悪化していること，人口移動が頻繁で居住者の入れ替わりが激しく，無秩序状態にあるスラムの特徴である．このように地域の統制機能が失われている状態を社会解体（social disorganization）とよぶ．こうした地域では，青少年に対して家族や学校が社会化の機能を十分に果たさず，ギャング集団の中で社会化が行われるため，少年たちが非行に関与する可能性が高まると考えられる．

その後，バージェスやスラッシャーの理論を実証的に検証したのがショウら（Shaw et al., 1942）であった．彼らは社会解体の促進要因として急速な産業化や都市化のような経済的要因をあげており，これらの要因が地域の統制機能を弱体化させた結果，犯罪発生率が高まると仮定した．彼らがシカゴの非行発生率をマッピングしたところ，都市の中心部である第Ⅰ地帯において非行が多発しており，この地域から同心円状に距離が離れるほど非行発生率は低下していた（図2）．非行率は遷移地帯に相当する第Ⅱ地帯で最も高かった訳ではないが，第Ⅰ地帯は経済水準が低いだけでなく，その他の社会問題（精神疾患の罹患率や幼児死亡率等の高さ）を内包していることを考慮すると，バージェスやスラッシャーの理論的仮定は一定の妥当性を有しているといえるだろう．

文化的逸脱理論に属する一連の研究は，特定の地域においていかに一般社会とは異なる価値観が生じるのかということを説明するうえでは有用である．しかしながら，遷移地帯の住民すべてが犯罪や非行に関与する訳ではなく，遷移地帯に居住しながらも，犯罪に関与しない者もいる．これは，遷移地帯そのものが問題なのではなく，その中での相互作用過

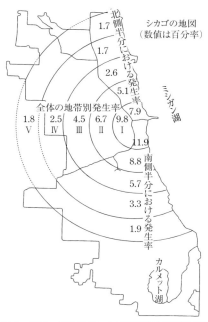

図2　1927～1935年のシカゴにおける地帯別の男子少年非行者率（Shaw et al., 1969 より作成）

程が重要であることを示唆している．この点を重視した理論が下位文化理論である．

●**心理過程に焦点をあてた下位文化理論**　社会は国という単位で構成されており，そこに属する人々の行動を規制する法律や文化が存在する．しかし，一つの国にはさまざまな社会集団(例えば，地域コミュニティや会社，仲間集団等)が内包されており，それぞれ独自の規範や文化をもっている．これが下位文化と呼ばれる．下位文化には各社会集団特有の知識，信念，規範や思想等が含まれており，各成員の行動を規定するものとなる．こうした下位文化が主流社会の文化や国が定める法律と相反するものであるとき，その集団に身を置く者は犯罪や逸脱行動に関与する確率が高まる．下位文化に関するの先駆的研究としてサザーランド(Sutherland, 1939)の分化的接触(differential association)理論をあげることができる．

　サザーランドは犯罪行為を包括的に説明するため，いくつかの改訂を重ね1947年の著書『犯罪学原理(*Principles of Criminology*)』(第4版)において次の9原理を提唱している．①犯罪行為は学習される．②犯罪は他者との相互作用過程を通じて学習される．③犯罪行為の学習は主に親密な私的集団の中で生じる．④犯罪行為の学習は，犯罪遂行の技術と動機，動因，合理化，態度の方向づけを含む．⑤どのような動機や動因が学習されるかは，法規範に対して好意的な態度をもっているかどうかによって異なる．⑥法違反が非好意的に定義されるよりも好意的に定義される場合，個人は非行に関与するようになる．⑦分化的接触は頻度，期間，優先性，強度において大きなばらつきがある．⑧犯罪行為パターンおよび非犯罪行為パターンとの接触による犯罪行動の学習過程は他のあらゆる学習に含まれているメカニズムすべてを含んでいる．⑨犯罪行為は一般的な欲求や価値の表現であるが，非犯罪行為も同様の欲求や価値の表現であるので，それらによってのみ説明されるものではない．これらのうち分化的接触概念の中核をなすものが⑥であり，人々は犯罪や非行を許容するような下位文化に接触する頻度が多くなるにつれ，それを許容しない遵法的文化から遠ざかり，犯罪に関与するようになるとされる．

　分化的接触理論では学習という認知的側面が強調されたが，コーエン(Cohen, 1955)が提唱した非行下位文化(delinquent subculture)理論は，少年たちが非行集団を形成して非行に関与するのは下流階層出身の少年による中流階層への反抗であるとして，動機の要因に注目した．米国の支配的価値は社会的地位と資産の獲得だが，米国社会の諸制度は中流階層の者に有利につくられており，下流階層の人たちはこうした諸制度から疎外されている．このような状況の中で，下流階層に属する少年たちは中流階層に対して敵意をもち，それに反発する態度や価値観を抱くようになるが，これが逸脱的下位文化を構成する．非行集団はこうした少年たちの集まりであり，下位文化は彼らの非行行為を正当化するものとして

機能する.

しかし，ミラー（Miller, 1958）はコーエンの主張とは異なり，中流階層への反発ではなく，下流階層自体の独自の規範や関心の中で醸成されたものが下位文化であるとした．それは米国社会においては支配的な中流階層文化と本質的に相反するもので，六つの要素があるとされる．それは，①中流階層に挑戦し，対決すること（trouble），②力強さ，男らしさを誇示すること（toughness），③要領よく金銭を得る能力と他者を欺く狡猾さ（smartness），④スリルや興奮を求めること（excitement），⑤非計画的，短絡主義（fate），⑥集団の自律性（autonomy）である．下流階層では，こうした下位文化が人々の評価指標として機能し，少年たちが集団内で地位を獲得するための条件となるため，彼らは下位文化に同調するが，これらの中に含まれる要素は中流階層の基準に照らすと反規範的であるため，下流階層文化に基づく行動は非行とみなされる.

●**社会構造と犯罪を媒介する下位文化** ここまでの流れを整理すると，文化的逸脱理論は，社会構造の変化によって遷移地帯や間隙地域とよばれる統制不全の地域が出現し，それがそこに住む人々の犯罪や非行を促進すると主張した．一方，下位文化理論では，反社会的な下位文化の特徴が記述され，それが成員にどのように学習されるかが論じられた.

一見すると，両理論の関連は不明瞭であるが，カーティス（Curtis, 1975）は社会構造と個人の行動を媒介する要因として下位文化を位置づけている．文化的逸脱理論において議論された遷移地帯は人口流動性が高く，スラム化しているという構造的特徴をもつという点において社会構造の問題ととらえることができる．このような問題を有する社会構造下では，一般社会と葛藤を引き起こすような価値観や信念が形成されやすく，それらが下位文化を形成し，個人の行動に強く影響を及ぼす．特に，下位文化の中でもコーエンが主張するような非行下位文化に接触した場合，犯罪や非行へ関与する傾向が高くなるといえるだろう.

実際，マツエダら（Matsueda et al., 1987）はリッチモンド青少年プロジェクトの一環として，カリフォルニア州コントラ・コスタ郡にある11の中学と高校に所属する生徒2,589人を調査対象にカーティスの理論的仮定を実証している．具体的には，彼らは社会構造と非行をつなぐ媒介要因として，社会的統制（social control）の機能不全と非行下位文化の学習（分化的接触）を仮定し，両理論の相対的影響力を検討した．分析の結果，両親のどちらかがいなかったり，日常的に少年たちがトラブルを起こすような地域（社会構造）に居住している場合，親の監視や友人への愛着が弱まり，これが非行下位文化の学習をうながした結果，非行への関与頻度が高くなる傾向が示された．これらの結果は，社会構造と非行の関係を結びつける近接的な媒介要因として，下位文化の社会的学習を強調する分化的接触理論が妥当であることを示すものである.

［中川知宏］

ラベリング理論

　ラベリング理論（labeling theory）は，ベッカー（Becker, 1963）が提唱したものが最も有名であろう．この理論では，犯罪の原因を「人が犯罪者となるのは，周囲から『犯罪者』『逸脱者』というラベルを貼られるからである」と考える．これを，烙印づけ（stigmatization）ともよぶ．逸脱者のラベルを貼られた個人は，何をするにもその烙印がついてまわる中で生きていかざるを得ない．そのため，きちんとした仕事に就こうにも職を得られなかったり，学業に専念しようとしてもその場が与えられなかったり，さまざまな苦境に立たされやすく，合法的な生活を送ることが難しくなってしまう．つまり，みずからの意思とは関係なく，周囲が貼ったラベルが，その個人を本物の犯罪者にしてしまうという考え方である．この理論の特徴は，ラベルを貼られた人だけではなく，ラベルを貼る人々をも検討の対象としているところである．犯罪は，ラベルを貼られた人と貼る人の社会的相互作用の中で生み出される行為と位置づけられる．

　わが国でも，ラベリング理論に基づき，非行少年を矯正関連施設で処遇することは，「逸脱した子ども」というラベルを貼ることと同じで，更生や再非行防止には逆効果であるという議論がなされた時代がある．その頃は，できるだけ検挙しない，罰しないことがよしとされたが，今日では，そういった処遇のあり方は望ましいものではないことが実証されている．

●**烙印づけ**　近年，烙印づけは，非行少年・犯罪者の社会への再参画の問題との関連で議論されている．マルナら（Maruna et al., 2009）は，非行や犯罪によって刑罰を受けた人が，自分に対する信念やアイデンティティを変化させることこそが，再犯を防止する最も重要な要素であるという．そのためには，もと非行少年・もと犯罪者とされる人々は，社会に積極的に貢献する機会をもち，その活動を通して社会や周囲の人々の認知を徐々に変化させるよう努力する必要がある．この循環の中で，少しずつ脱烙印づけ（destigmatization）も進む．マルナらは，彼らにとって，最も打ち込むことができ，自分の過去の経験を生かすことができる活動は，他の受刑者や刑務所に行くリスクを抱えた人々を援助することだという．

　長所基盤モデルに沿った処遇を説くマルナの指摘はもっともであるが，今のわが国には，元犯罪者が自分の経験を社会に還元できるような場はほとんどない．理論と現実をいかにして両立させるのかが非常に大きな問題である．

　一方，ベィジーら（Veysey et al., 2009）は，犯罪者であっても慢性疾患を患った人であっても，彼らの困難や苦痛は，スティグマとなるような負の経験をして

いることそのものではなく，そこから派生する孤立や失業，家をもったり結婚したりといった，普通の生活ができないことであると指摘している．わが国においても，統合失調症や気分障害といった精神障害に罹患した場合，当事者は，セルフ・スティグマによって自分の行動を自分自身で制限し，自尊感情や生活の質（quality of life：QOL）を低下させることがわかっている．

烙印づけをいかに克服するかは，当事者のアイデンティティや自尊感情，自己効力感等，内的な問題と深く関係する．目の前にある資源を有効に生かす方法を考えつつ，当事者にとって本当に大切な課題は何であるのかを見誤らないようにせねばならない．

●**鏡に映った自我（looking-glass self）**　米国の社会学者クーリー（Cooley, C. H.）が論じた概念である．他者の自分に対する言動や態度を手がかりとして，自分という人間が他者にどう思われているのかを想像し，それに基づいてつくり上げた自分の像から，自分の特徴や状態を知ることをさす．社会的自我と同義である．マルナラ（Maruna et al., 2009）は，自分を「環境によってまっとうな人生を歩むことを阻止された被害者」だと考え，周囲を喜ばせるために犯罪行為を継続する人は少なくないとしている．そして，犯罪からの離脱は，ある個人がよりよく変化しようとしていることを他者から認められ本人も認められていることを実感しているという相互作用の中でこそ促進されると述べている．

●**ピグマリオン効果（Pygmalion effect）**　ローゼンタール（Rosenthal, R.）が，サンフランシスコの小学校で実験を行い，教師に期待された児童は学業成績のみならず，学習への興味や自主性等も向上したことから，学習者の成績向上に対する教師の期待効果をピグマリオン効果と名づけた．その後の研究で，ピグマリオン効果は，子どもへの期待の高さに応じて，教師が無意識的に授業中の行動を変化させた結果であることがわかっている．ピグマリオン効果を検証するため，リーケら（Leake et al., 1977）は，断酒を支援するスタッフに，科学的根拠に基づいた検査の結果，数名の患者は断酒成功の可能性が高いと判定されたと説明した．検査は実在せず，患者はランダムに選ばれただけだったが，名指しされた患者は，その後明らかに飲酒しなくなった．リーケらは，この成果はスタッフの期待効果によるものと結論づけている．非行少年や犯罪者は，年齢が上がるほど変化への可塑性に乏しくなり，みずからの行いによって刑罰を受けている側面をもつため，これらの知見を単純に援用する訳にはいかない．しかしながら，可塑性の高い低年齢の少年や，他者の期待に応えようと努力する傾向をもつ者には，ピグマリオン効果を想定した働きかけが有効な可能性は否定できない．　　　　［河野荘子］

参考文献
[1] Becker, H. S.（1963）*Outsiders：Studies in the Sociology of Deviance*, Free Press.（ベッカー，H. S. 著，村上直之訳（1978）『アウトサイダーズ』新泉社）

学習理論

　犯罪行動・動機の獲得，形成等を学習として理解する試みは古くからなされているが，ここでは学習の中でも古典的条件づけと模倣・社会的学習に基づく犯罪理論について述べる．

●アイゼンクの良心の条件づけ　アイゼンク（Eysenck, 1964）は，人の性格を因子分析に基づいて外向性，神経症傾向，精神病質の3次元に分けた．このうち外向性は大脳皮質の制止過程が強く，覚醒水準の維持のために多くの外的刺激を必要とするとされる．このため，外向的性格は内向的性格よりも条件づけられにくく，恐怖条件づけとしての良心の形成が弱く，犯罪者になりやすいと考えられる．一方，神経症的性格は不安が高く，意志・感情の制御，自己制御が弱いため犯罪に動機づけられやすい次元とされる．

　したがって，アイゼンクによれば，神経症的で外向的な個人が犯罪者となりやすいとなる．また，精神病質な性格も高い攻撃性と衝動性等で特徴づけられるため，条件づけられにくいという特徴がある．このように，アイゼンクは犯罪性を条件づけ可能性から説明し，多くの実験により理論の検証を行ったが，その説明は単純すぎるとの批判も強い．

●模倣と分化的接触理論　模倣を最初に犯罪の説明に用いたのがタルド（Tarde, G.）といわれる．タルドは社会的要因の重要性を指摘してロンブローゾ（Lombroso, C.）の生来性犯罪人説（☞「犯罪生物学と犯罪人類学」）を批判し，犯罪の模倣説を提案した．この理論では，接触の頻度や強度の関数としての模倣，劣位者が優位者をまねる模倣の方向性の存在，二つの行動型がぶつかった場合における新しい模倣の採用，といった三つの型（法則）が提案された．

　タルドの模倣説を発展させたのがサザーランド（Sutherland, 1955）の分化的接触理論である．文化的接触理論であげられている九つの命題の中で2番目と6番目の命題が最もこの理論の特徴を示している．すなわち「犯罪行為は他者とのコミュニケーションの過程で学習される」と第二命題で述べている．ただし犯罪行動の学習は模倣に限定されないとも述べている（第八命題）．また，第六命題で「法の逸脱を好ましいことではないという考えよりもそれを好ましいとする考えが勝るために非行を行う」とし，これを分化的接触の原理とした．

　これらの命題に加えてサザーランドの理論は社会的文脈から犯罪をとらえているという特徴ももつ．すなわち，活動的な子どもでも，非行多発地域に居住していれば非行少年になる確率が高まるが，非・非行多発地域に居住すれば順法的になる確率が高まるように，犯罪者となるかどうかは個人の資質ではなく，何を学

んだかに依存すると主張する．そして，サザーランド（Sutherland, 1949）はホワイトカラー犯罪という社会的経済的上層者による違法行為を研究し，これらが当時の「犯罪は貧困やそれに伴う個人の病状に起因する」という理論では説明できないとして，分化的接触理論の意義を主張した．

●**社会的学習理論**　サザーランドの分化的接触理論もタルドの模倣説も，社会的要因や模倣という心理的現象を取り入れた点で新しい視点であったが，いずれも単純すぎるという批判もなされた．一方心理学では，バンデューラ（Bandura, A.）の社会的学習理論が提案され，犯罪研究にも適用された．その理論的特徴としてはまず，報酬が学習ではなく動機づけに影響することを示し，学習と遂行行動を区別した点があげられる．

また，代理強化の役割を明らかにし，学習が直接強化だけによらないことを示した点もあげられよう．犯罪心理学的には，暴力映像が子どもの攻撃・暴力行為に及ぼす影響の研究を刺激したという意義があげられる．何より，従来の犯罪学の理論では必ずしも明確にされなかった注意から保持，再生，動機づけ過程を経て行動の遂行に至る内的・認知的過程の理論的モデルを，実験に基づいて，提案したという意義が大きい．

分化的接触理論はその後，非行集団との接触による学習を重視したクロワードとオーリン（Cloward, R. A. & Ohlin, L. E.）の分化的機会構造論，同一視に着目したグレーザー（Glazer, D.）の分化的同一化理論等に発展したが，バンデューラらの心理理論を取り入れたのがエイカーズ（Akers, 1998）の提唱した社会的学習理論である．エイカーズの理論は次の四つに焦点を置いている．第一は分化的接触であり，順法行為と逸脱行為のいずれと接触するか，である．第二は分化的強化であり，報酬と罰のいずれが行為に加えられるか，である．第三は模倣であり，逸脱的モデルとの出会いである．そして第四が考え方であり，特定の行為を順法的と逸脱的のいずれに解釈するかという規範的態度である．これら4要素の総合的影響が順法行為よりも逸脱行為の方向に強く作用する場合に犯罪行為が生じるとされる．この，相対的強度はサザーランドの第六命題に対応するといえるが，中でも，行為に対する考え方が重要と考える．すなわち，犯罪行為が行われるのは，（逸脱集団の中で）その行為が報酬を伴うだけでなく，サイクスとマッツァ（Sykes, G. M. & Matza, D.）の中和の技術やバンデューラの道徳からの解放に類似した言い訳・中和化を学習するためと考える．このように，エイカーズの理論はそれまでの犯罪学や心理学の理論を総合しようとする試みともいえよう．

●**学習理論の応用**　不適応行動を学習理論に基づいて改善しようとする立場は行動療法として発展したが，現在はより認知的要因を重視した認知行動療法として矯正等の司法現場で用いられている（☞「施設内処遇における認知行動療法」）．

［小俣謙二］

精神分析理論

　精神分析（psychoanalysis）とは，フロイト（Freud, S.）によって創始された人間行動に関する仮説的知識体系であり，心的現象の無意識的意味を発生・発達的に解明しようとするところにその特徴がある．精神分析理論に基づいて行う心理療法（精神分析療法）の臨床素材の研究を通して得られた知見により，フロイト以後も自我心理学派や対象関係論学派等さまざまに発展している．
　精神分析は人間行動そのものに関心をもつというよりは，行動の背景にあると考えられる心的状態に注目するため，犯罪や非行を直接的に扱ったり説明したりする理論ではない．しかしその草創期から，精神分析の理論や技法は犯罪・非行という現象に適用されてきた．

●**精神分析理論の展開**　フロイトは人の本能的な内的欲求である欲動（愛と攻撃性）とその発達に注目し，心的現実の概念を体系化していった．意識，前意識，無意識という心の領域にそれぞれ異なる働きを配置し，意識や前意識が合理的で適応的な現実原則に支配されているのに対し，無意識は即時的で完全な欲求充足を求める快感原則に支配されているとした．この双方の間で生じる葛藤が不安や罪悪感等をもたらすため，欲動を意識化して理解すること（洞察）が必要だと考えた．
　さらにフロイトは，自我，超自我，エスという構造化された三つの心的機能に注目し，欲動がもたらす不安や葛藤に対する自我の防衛機制という考え方を示した．欲動を代表するエスと，防衛や適応に関わる機能の構造体である自我，両親をはじめとする重要な他者として体験された人物を内在化して良心や理想として構造化された超自我の力動的関係に注目し，適応，現実検討，防衛という観点から人間行動を説明した．この観点を発展させたのが自我心理学派である．
　対象関係論学派は，人生早期に重要な他者として体験された人物との関係に注目した．それは主に乳幼児の主観的な体験に基づいて心的現実の中で意識的無意識的に内的ドラマをつくりあげている内的対象関係であり，その内的ドラマは外的現実において反復的に再現される．治療関係の中で起こるその反復（転移）の現象を，患者からの無意識のコミュニケーションとみなして患者の内的対象関係を理解していく（☞「犯罪の対象関係論」）．
　ほかにも，効力感や真正感等といった自己感覚が人を動機づける力をもつことに注目し，治療関係の中で患者の自己感覚を扱っていこうとする観点をはじめとして多様な理論が提起され続け，多面的な人間理解を可能にしている．

●**犯罪・非行と精神分析**　精神分析では犯罪・非行を精神症状の一形態としてと

らえようとする．犯罪や非行が他の精神症状と大きく異なる点は，精神内界で体験していることを想起し言語化する代わりに行為によって表現しようとする行動化の傾向の強さである．行動化は，人がみずからの行動のもつ意味を意識しないまま過ごすことを可能にし，内省や洞察を難しくする．

フロイト（Freud, 1916）は非行の動機は欲動がもたらす無意識的な罪悪感であると考え，罪を犯したから罪悪感が生じるのではなく，むしろ実行によって心的負担が軽減し罪悪感が弱まるのだと指摘した．

非行臨床に初めて精神分析を適用し，矯正施設や児童相談所において少年への臨床実践を行ったアイヒホルン（Aichhorn, 1925）は，非行の原因は親の不適切な養育に起因する超自我の形成不全と，快感原則が現実原則よりも優勢であることだと考えた．治療においては少年が治療者に対して抱く肯定的な感情である陽性転移の活用を強調し，治療者が理想的な対象として機能することで少年の超自我を発展させ，快感原則を諦めるようになることをめざした．

小児科医でもあったウィニコット（Winnicott, D. W.）は，子どもの情緒発達の過程で親が果たす環境としての役割を重視し，反社会的傾向は親の養育の失敗によって子どもが経験した愛情剥奪の結果であり，反社会的傾向を示すことで子どもは環境からの適切な関わりを取り戻そうとしているととらえた．すなわち，子どもは盗むことで失った何かを探しており，攻撃性を示すことでそれにもちこたえ得る環境の安定性を試しているのだと考えた．彼は治療者の仕事はマネージメントと忍耐と理解であるとし，「反社会的傾向はその中に希望を含んでいる」という視点をもつことの重要性を強調した（Winnicott, 1958）．

児童相談所の経験から母性剥奪や非行に関心を示したボウルビィ（Bowlby, 1973；1980）は，環境の直接的要因を重視して愛着理論を展開した．彼は，乳児期に不安定な愛着関係を経験した子どもは不安定な表象モデルをもつようになるため，自己統制能力の発展が阻害されて犯罪や非行に向かっていくのだと考えた．

フォナギー（Fonagy, P.）はメンタライジングという概念を用いて，愛着関係の文脈から自己感覚の発達について論じている．メンタライジングとは「個人が，自分自身や他人の行為を，志向的な心理状態（個人的な願望や欲求，感情，信念，推論等）に基づいた意味のあるものとして，黙示的および明示的に解釈する過程」（Bateman et al., 2004）と定義される．フォナギーら（Fonagy, 1996）は，犯罪とはメンタライジング能力の未熟な人が社会環境に順応しようとして行う病理的な試みだと考えて，治療を通してメンタライジング能力を高めることの重要性を指摘している． ［茂木 洋］

参考文献
[1] Cordess, C. & Cox, M.（1996）*Forensic Psychotherapy, Jessica Kingsley Publishers.*（コーデス，C.・コックス, M. 著，作田 明監訳(2004)『司法心理療法—犯罪と非行への心理学的アプローチ』星和書店）

発達犯罪学

　発達犯罪学（developmental criminology）とは，個々人の非行・犯罪行為の継時的変化のプロセスを検討する学問分野である．各個人が非行・犯罪行為を開始し，繰り返し，終息する過程について，加齢に伴う発達の軌跡を描き出し，その発達に影響する要因をライフ・コースの観点から同定する．

●**発達犯罪学の対象**　発達犯罪学の対象は，表1に示す三つの概念にまとめられる（Le Blanc et al., 1998）．第一の概念は犯罪学全般に共通する上位概念（generic）であり，個人の非行・犯罪行為の様態をとらえる内容である．具体的には，非行・犯罪行為を起こす人数，個人ごとの行為数，行為の深刻度や多様性があげられる．第二の概念は，個人の非行・犯罪行為における時間的境界（temporal boundary）であり，個人が行為を開始あるいは離脱した時期，行為に及んでいる期間，行為の種類が変わった時期に注目する．第三の概念は，第一と第二の概念に力学的（dynamic）な視点を加え，個人内における非行・犯罪行為の発達的変化をとらえる内容である．活性化（activation）では，個々人の非行・犯罪行為が増加し（加速），継続し（安定），複数の類型へと広がっていく過程（多様）を扱い，悪化（aggravation）では個人内における非行・犯罪行為の増大や行為間の発達的な連鎖を対象とする．また，非行・犯罪行為の離脱化（desistance）も対象であり，行為数が減り（減速），行為の種類がある類型に絞られていき（特定），深刻度が下がる（緩和）過程について検討する．

表1　発達犯罪学の対象（Le Blanc et al., 1998 より作成）

上位概念 （非行・犯罪行為の様態）	時間的境界 （非行・犯罪行為の時間的特徴）	力学 （非行・犯罪行為の発達的変化）
行為者数 個人ごとの行為数 行為の類型の組合せ 行為の深刻度 行為の多様性	開始時期 離脱時期 期間 行為の種類が変わった時期	活性化 　加　速 　安　定 　多　様 悪　化 　増　大 　発達的な連鎖 離脱化 　減　速 　特　定 　緩　和

●**非行・犯罪行為の発達の軌跡**　個々人の非行・犯罪行為の発達は，縦断的研究を用いて検討される．縦断的研究とは，ある地域やある共通の特徴を有する一群の集団を継続的に調査する手法であり，非行・犯罪経歴がある個人を対象とするものと，一般人サンプルを対象とするものがある．非行・犯罪経歴がある個人を対象とする研究は，非行反復の具体的な様態（頻度・間隔等）や非行の反復に伴

う様態（深刻化や罪種の多様化，特定化等）の変化について検討する．一方，一般人サンプルを対象とする研究では，ある地域に住む大多数の個人を発達初期から追跡することで，非行・犯罪行為に及ぶ個人の出現頻度をライフ・コースに沿って把握できるとともに，各個人の幼い頃からの反社会的行動の発達の軌跡を描き出すことができる．例えば，ニュージーランドのダニーディン市で生まれた約500名の男子を7歳から26歳まで追跡したモフィット（Moffitt, 2007）の研究では，反社会的行動の発達の軌跡には，発達初期から成人期まで継続して高い反社会的行動がみられる群や青年期だけに限定してみられる群，思春期までに離脱する群等の五つのパターンがあると報告している．この研究と同様に，一般人男子を対象に行われている複数の縦断研究の結果をまとめると，①反社会的行動の発達の軌跡は複数のパターンにまとめられること，②人によっては反社会的行動が発達初期の段階から認められること，③反社会的行動を長期間にわたり繰り返す一群が存在することが共通した特徴として認められる．

●**反社会的行動の発達要因**　個人の反社会的行動は，さまざまなリスク要因の影響を受けて発達する．リスク要因は個人側要因と環境側要因に大別される．個人側要因とは，発達初期の扱いにくい気質や知能の低さ，衝動性や攻撃性の高さ，ソーシャル・スキルの低さ等，個人の気質・人格や各種能力のことである．環境側要因は，個人を取り巻く家庭，学校，地域社会それぞれの文脈からとらえる必要があり，家庭では社会経済的状況の問題や親による不適切な養育態度，親の精神障害や犯罪歴，夫婦関係の悪さ等があげられる．学校にかかわるリスク要因としては，仲間からの排斥やいじめ被害，非行仲間との交友等があり，地域社会にかかわる要因では居住地域の犯罪の多さや混乱の大きい社会情勢等がある．

　ライフ・コースの観点は，こうしたリスク要因が個人の反社会的行動の発達に影響するプロセスを考えるうえで重要である．いかなる特徴をもつ個人が（human agency），どのような環境において（social context），人生のどの時期に（timing），どんな出来事（life event）に遭遇するかによって反社会的行動の発達の軌跡は異なる．例えば，発達初期から扱いの難しい子どもが虐待を受ける環境で育ち，思春期の頃に非行仲間と出会った場合には，非行や犯罪行為を始め繰り返す可能性が高まる．一方で，青年期までに反社会的行動がみられた個人も，成人期に差しかかる時期に定職を得ることや結婚することで離脱に向かう可能性がある．

〔酒井　厚〕

参考文献

［1］　大渕憲一（2006）『犯罪心理学―犯罪の原因をどこに求めるか』培風館．
［2］　シルバ, F. A.・スタントン, W. R. 著，酒井　厚訳（2010）『ダニーディン子どもの健康と発達に関する長期追跡研究―ニュージーランドの1000人・20年にわたる調査から』明石書店．

犯罪の対象関係論

　対象関係論は，フロイト（Freud, S.）を始祖とする精神分析理論の一学派である．古典的な精神分析は，自我の構造論（自我・イド・超自我）を柱に，個人内の葛藤，罪悪感，不安等をめぐる自我の機能を強調する自我心理学として確立された．その一方で，個人を一次的に動機づける欲動は，他者との関係を求めることであるとの仮定のもと，そのような対象との関連で人格の組織化をとらえていく理論として英国で発展したのが対象関係論である．対象関係論は，クライン（Klein, M.）の流れを汲むクライン学派とフェアバーン（Fairbairn, W. R. D.）やガントリップ（Guntrip, H.）らを中心とした独立学派に分けられる．自我心理学が個人内の力動（intrapsychic dynamics）を中心とした一者心理学（one person theory）であるのに対して，対象関係論は，個人と対象との相互作用（relational interaction）を扱う二者心理学（two person theory）である（Gill, 1994）．

　犯罪や非行に関する精神分析的研究として，ヒーリーとブロンナー（Healy, W. & Bronner, A. F.）やフリードランダー（Friedlander, K.）等の古典的研究をあげることができる．これら研究は，石川（1985）が指摘するように，犯罪や非行に至った人を全人的，力動的に理解する道筋を示したという点で現在でもその功績は大きいが，前記一者心理学の枠内にとどまるものであった．他方，今日における対象関係論は，例えば，親族殺人，ストーカー殺人，虐待を受けた人の加害行為等について，その犯行動機や心理過程を分析する際に，被害者との関係性，それに影響する加害者の内的対象関係と心理力動を考えるうえで重要な視座を提供してくれる．

　ところで，わが国に目を向けると，土居（1971）は，自我心理学や対象関係論をベースにして，甘え理論を独自に発展させた．甘え理論は，あらゆる人間の行動原理を説明できるメタ理論といわれるが，甘え理論から派生した恨みの心理（郷古，1978），意地の心理（速水，1978）等によって，社会的逸脱行動についても深い考察がなされるようになった．甘えが満たされないことで生じるさまざまな感情は，犯罪を理解するうえでのキーワードになる．

●**対象関係論の基本概念**　①外的対象と内的対象：対象関係論における対象とは，実在する外的対象だけではなく，自己の中に内在化した内的対象の双方をさす．自己と他者との関係についての心的表象は，幼児期以降に心の中に形成されるが，これは，外的な体験の単なるコピーではなく，多くはその人の願望や衝動によって修飾されているため，例えば，実像よりも優しい，あるいは敵意をもった表象とされる．このようにして形成された，愛情，憎悪，憧憬等を向ける対象が内的

対象であり，それらは現実の対人関係を経験するやり方に影響を与えていくと考えられている．そして，内的対象と外的対象との力動を考えていくうえで不可欠な概念が防衛機制である．

②防衛機制（defense mechanism）：防衛機制は，自分の中にある衝動をコントロールし，不安を低減させる心の営みであり，原始的な防衛機制（投影同一化，スプリッティング（splitting，分割，否認，価値下げ等），神経症的防衛機制（抑圧，置き換え，合理化，反動形成，退行等），そして，より成熟した防衛機制（ユーモア，昇華）に分類される．

対象関係論の視点で考えると，犯罪や非行は，不適切な防衛機制による対応の破綻である．あるストーカー殺人を例にあげると，彼は，愛着もしくは依存対象を失う恐れに耐え切れず，交際相手を憎み，殺人まで至った．その過剰なまでの攻撃性は次のように説明された．彼は，自分の中に想起する受け入れがたい感情を切り離して交際相手へと投影するが，その際に，自分を見捨てた母親への怒りといった内的対象像も投影されたため，より激しい怒りと攻撃感情が生み出されてしまったのである．このような力動は，スプリッティングと投影同一化（projective identification），そして転移（transference）という概念を通じて理解できる．

また，親から身体的虐待を受けてきた子どもが暴力的になっていくプロセスも，内的対象との関係が大きく作用している場合がある．親の暴力は予測のつかない脅威であり，そのような親との一次的な関係が内在化されていると，安心して愛情や依存を求めることができない．したがって，些細なことが脅威になるし，親密な関係はむしろ不安を喚起するのである．そのため，不安や脅威を感じると，自己防衛として，激昂もしくは暴力的行動に出てしまうと考えられる．

③妄想分裂ポジションと抑うつポジション：上述した事例のような原始的防衛機制が活性化されるのは，クライン（Klein, 1946）が記述した妄想分裂ポジション（paranoid-schizoid position）に陥っているためである．誕生から6か月までの乳児は，外界とは部分的対象関係にあり，外界に対して攻撃性を投影し，その投影した対象から迫害されるというイメージを形成し，そのような対象を攻撃するといった妄想的な世界が展開するという．これが妄想分裂ポジションだが，その後，スプリッティングされていた良い対象と悪い対象が一つの全体として知覚されると，良い対象を攻撃したことへの罪の意識や償いの意識をもつようになる抑うつポジション（depressive position）に移行していく．これら概念は，乳児期の発達論として記述されたが，今日においては，二つの心性とも生涯にわたって存在し続け，相互に移り変わるものであるという理解となっている．人は何らかの要因で妄想分裂ポジションに陥ると，被害的認知を強め，外的世界を迫害的なものと受け止めて，攻撃性を高め，それが時に犯罪行為に結びついてしまうのである．

●わが国における独自の発展　①甘え理論：土居（1971）は，精神分析の概念の中に甘えに相当する概念がないことを見出し，依存とも異なる甘え概念を独自に発展させた．甘えは，相手の好意とか愛情を一方的かつ受身的に期待する（相手との一体感を求める）ものであるが，甘えが満たされないときに，人はすねる，ひがむ，ひねくれる，うらむのである．甘え理論は，欧米の精神分析学者たちから高い評価を得ており，また，比較文化論等，多岐にわたる領域において，人間の本質に迫る鍵概念となっている．

　甘えは，依存と愛着という概念上異なる二つの状態をつなぐもので（藤山，1999），その原型は乳児が母親に対して抱く受身的な愛情欲求である．そして，個としての同一性は，甘えとその挫折のプロセスを経ていく中で確立されていく．土居の理論は，甘えという依存欲求が成人を含めた日本人の人間関係の中に存在するとともに，それが関係のあり方の際立った特徴であること，さらには精神病理の症状形成にも関連していることを明らかにした．犯罪や非行においても，甘えを巡る欲求や葛藤を見出すことができ，例えば，福島（1974）は，攻撃性を説明する欲求不満-攻撃仮説（frustration-aggression hypothesis）とともに，甘えが満たされないことによって生じる攻撃性について言及し，このような攻撃性が生じやすい人は，対象関係が未熟で現実性に乏しい等の障害を抱えていることが多いと述べている．

　また，郷古（1982）は，親に見捨てられたと感じた少年が有機溶剤の吸入を繰り返す事例を通じ，親や周囲の関心を引きつけようとする意識的・無意識的動機を見出している．このように満たされない甘えに執着している未成年者の非行は少なからずあり，そこには，人から愛されたい受身的期待がある．さらには，「自分は人とは違う，悲しみの多い人間」という自己憐憫といってもよい歪んだ自己愛的病理が隠れている場合もみられる．それは，甘えが満たされないときに生じるさまざまな感情の派生に由来し，ときには犯罪に駆り立てる動因に結びついていく．その中でも関連が深いのが，うらみの心理である．

　②うらみの心理：うらみは，土居（1965）によれば，甘え欲求の挫折の結果として生ずる特殊な敵意であり，甘えの裏返しというアンビバレントな感情である．郷古（1978）は，うらみを怨み，恨み，憾，の三つに分類し，特に，相手の仕打ちに不満をもちながらも，すぐにやり返せず，いつまでも執着する恨みについて考察している．恨みは，①相手の仕打ちに不満をもつ，②しかし，表立ってやり返すことができない，③それで，相手の真意は何であるのかがわからないまま，相手の仕打ちに執着し，じっと相手の本心や出方をうかがう，④隠忍の末，仕返しを図る，といった心理過程を踏んでいくという．

　このような恨みの心理に基づく攻撃性は，甘えを満たしてくれなかった相手に向かうものもあれば，そうでない場合もある．例えば，不特定多数の異性と性関

係を繰り返す女子少年には，親から得られなかった愛情を代償的に得ようとするとともに，愛してくれなかった親への恨みが，自暴自棄や親に迷惑をかけてやるといったあてつけの感情や行動と結びついていることがたびたびみられる．そこには，村松（1978）が指摘しているような甘えが阻止されたことに伴う被害者意識も根底にある場合が多い．そのため，自己の逸脱行為を認識するよりも，自分が理解されていない等の被害者意識の方が優勢となってしまう．このような少年への働きかけには，内在する被害者意識を十分取り扱っていく必要がある．

次に，恨みの対象へ加害行為をした事例として，父親を撲殺した30代の男性をあげる．彼は小学校低学年から酒乱の父に身体的虐待を受けており，父への悪感情を積み重ねていった．成人になる頃には，多少感情の緩和がみられたが，母の死を契機に父への憎悪がさらに増した．一方で，金がなくなると父に無心したり，仕事に遅刻しないために父に起こしてもらう等の甘えた行為もあり，父への感情はアンビバレントであった．また，成長するとともに飲酒による失敗を繰り返す等，父と似たような人生を歩んでいた．

このような経緯の中，本件数日前に父親から「厄介者」「死ね」等と批難され，その後の飲酒が契機となって本件に至っている．父への憎悪が直接の引き金になっているが，自分自身の中にある父親へ同一化していた悪い自己も消し去ろうとした力動も認められた．その意味では，恨みの対象であった父親を殺すとともに，悪い自己も排除しようとした自分殺しの一面がみられる．

●**対象関係論と自己心理学，そして日本語臨床へ**　土居の甘え理論は，甘えの克服に力点が置かれているが，小此木（1999）が指摘しているように，相互依存的で健康な甘えも存在すると思われる．その点で重要な示唆を与えるのが，コフート（Kohut, H.）の自己-自己対象の関係基盤に基づく自己愛の発達論であり，その理論は自己心理学として確立され，今日に至っている．コフートは，フロイトが示した「自己愛から対象愛へ」という発達図式に異議を唱え，自己愛独自の発達論を展開し，健康な自己愛と病理的な自己愛を区別して考えた．甘えが満たされないときに生じるさまざまな感情の中に自己愛の傷つきも含まれる訳で，甘え理論と自己心理学との共通性・関連性は高い．特に，コフート（Kohut, 1977）が恥や自己愛の傷つきに伴う怒りとして記述した自己愛憤怒（narcissistic rage）は，動機のわかりにくい衝動的な犯罪行為を理解するうえで有効な手がかりとなるであろう．

今後，犯罪心理学の領域では，自己心理学を含む対象関係論や諸外国の臨床概念だけではなく，心のありようを豊富に描写する日本語のニュアンスを大切にする日本語臨床として発展した甘え理論の諸概念との学術的対話を通じて，さらなる研究の発展が期待される．

［須藤　明］

犯罪者の行動分析

　犯罪者の行動が示すものは，実に広範である．犯罪に直接関連しない時には，社会の多くの構成員と同じように，生活時間を生理的充足・労働・余暇にあて，遵法的な社会的生活を送っていること（すなわち遵法的行動の連鎖）が考えられる．一方，そこからは注意深く排除された部分，犯罪に直接関連する行動としても，犯行準備・犯行移動・狭義の犯行（違法行動およびその類型である犯行手口）・犯行の隠ぺい工作・犯行現場からの退避・犯行後の関連行動（捜査状況の確認や犯行声明等）があげられ，連続事件の場合には，一連の行動連鎖が繰り返しみられることになる．このことを念頭に犯罪者の行動分析が行われるが，分析単位は事件や個人といった個別単位か，あるいは罪種別・地域別等の集合単位かによって，得られる知見や分析枠組みは多様な変化を遂げる．前者は個別事件の記述的理解や犯罪者プロファイリングにつながっていくものであり，後者は犯罪の類型的理解や犯罪（社会）学的な犯罪分布の研究の系譜に連なるものである．

●**犯罪行動理解の枠組みとしての行動の一貫性**　犯罪行動の根底にある作用原理について，意思決定の過程および関連要因が検討されている（☞「合理的選択理論」「環境犯罪学的理論」「日常活動理論」）．いずれも，犯罪者に一定の合理的行動原理を想定し，物理的・社会的環境や，犯罪者以外の犯罪構成要素（犯行対象・監督者）が犯罪者の判断や行動に影響することを想定する．

　さて，犯罪も人間行動の一端を担うものであることから，遵法行動と犯罪行動，また複数の犯罪行動間の一貫性に関しては，人格研究における一貫性論争の経緯を踏襲した検討も有益と考えられるが，必ずしも十分展開されているとはいえない．現状では個人内の行動の一貫性仮説を基盤として，解決事件のデータ分析から，同一罪種内の行動一貫性について確認されていることを根拠に，研究ならびに実務支援の犯罪分析が行われている．すなわち「類似した犯行をする犯人たちは類似した特性をもつ」という相同性仮説（Mokros et al., 2002）が部分的に確認されていることから，犯人像の推定や犯行の理解と予測が行われている（☞「犯罪者プロファイリング」「同一犯による事件の推定」「犯罪者の居住地推定と次回犯行地の予測」）．しかし同一の罪種・手口の犯罪者であっても，その個人的属性や犯行の背景には，一定のばらつきが存在し，その差異が犯行形態に変異を生じさせている点を検討する必要がある．言い換えれば，犯罪者の属性・行動・状況について，より詳細なかたちで関連を見出すことができれば，犯罪者行動の分析精度の向上が見込まれる．しかし，そうした関連の発見は容易ではないという指摘もある（Alison et al., 2002）．

●**犯罪パターン理論**　次に，犯罪行動の包括的な分析枠組みの一例として，環境犯罪学の提唱者であるブランティンガム夫妻（Brantingham, P. J. & Brantingham, P. L.）による，犯罪パターン理論について紹介しておく（Brantingham et al., 1993；2008）．この理論では，個人の犯罪者・犯罪者間のネットワーク・個別犯罪者の集合という分析単位ごとに，①犯行対象の評価を反映した犯罪テンプレート，②日常で繰り返される，地理的移動に基づく犯罪の時空間的な位置，③主要な結節点（ノード）を結ぶ経路（パス）や，近隣地域の境界（エッジ）に影響されて集中する犯罪，④犯罪の誘因となる場所と犯罪を生成する場所といった点に考察を加える．それによって要素間の関連をパターンとして抽出し，犯罪現象がさまざまな側面において，偏って発生していることを説明しようとしている．実際，犯罪が時空間的・社会的に集中したり，犯罪者の一部が犯行を繰り返したり，幾度も被害に遭う被害者がいるという偏りは確認されている知見であり，犯罪発生は多くの側面においてランダムでも一様でもない．なお，ホット・スポットとよばれる，犯罪の時空間的な集中を対象にした研究と犯罪抑止対策については，さまざまな成果が表れている（☞「犯罪分析と警察活動」「問題指向型警察活動」）．

　ここで犯罪テンプレートとは，個人が日常的な定型的行動を定立するように，意思決定の繰り返しによってつくられる，犯罪行動の雛形である．また実際の社会では，犯罪テンプレートを抱えるいわば潜在的犯罪者は，他者と影響を及ぼし合う存在で，個人の犯行準備態勢は状況とともに変化する．個人の犯罪テンプレートは，同じ犯罪を行う人たちのテンプレートを集約することによって，罪種別の平均的・典型的なパターンの抽出が可能となる．自宅・職場・繁華街（買い物や余暇）というノード間の経路は活動空間，そこから目視できる範囲は意識空間として定義され，犯罪者と被害者の活動空間が時空間的に交錯することによって，犯罪が発生すると考える．また，犯罪の誘因となる場所とは，犯行機会が多いと犯罪者から認知され，多くの犯罪者を引きつけるため犯罪率が高い場所（薬物の密売拠点等）を意味する．一方で犯罪を生成する場所とは，非常に多くの人が遵法的な活動を目的に集ってくるため，犯罪率は低くても好適な犯行対象の集中により，結果として犯罪が多く発生する商業地のような場所を示す．

　なおノード，エッジ等の空間構成要素は，リンチ（Lynch, 1960）の都市のイメージの要素を適用したものである．

●**近年の動向**　犯行行程研究と環境犯罪学的理論に基づいて，ロスモ（Rossmo, 2000）は地理的プロファイリングの手法を確立した．これは他の類似手法とともに，犯罪捜査実務へ適用されている．さらに近年，シミュレーションによる犯罪者行動の分析が盛んに行われている．仮想の犯罪者・被害者が移動する時空間をコンピュータ上に再現することによって，犯罪の発生，特にホット・スポットの発生や時間的変遷の特徴が分析されている（Liu et al., 2008）．　　　　［鈴木　護］

合理的選択理論

　犯罪行動を，人間の行動は合理的であるという前提に基づいて説明しようとする合理的選択理論の出発点は，18世紀から19世紀にかけてベッカリア（Beccaria, C. B.）やベンサム（Bentham, J.）が主張した古典派犯罪学と，1960年代後半以降に現れた犯罪行動を効用最大化の問題としてとらえようとした経済モデルにある．その後，1980年代に入り，英国犯罪学において合理的選択理論を取り入れたのはコーニッシュとクラーク（Cornish, D. B. & Clarke, R. V.）であった．彼らの提唱する合理的選択理論は，社会によって統制可能な環境的状況に焦点をあてているところに大きな特徴がある．クラークら（Clarke et al., 1997）は犯罪者の意思決定を検討するうえで有効なパラメーターとして，①犯行の難易度，②逮捕という直接的なリスク（有罪や処罰という長期的な結果ではない），③犯行の直接的な報酬，④発見された際の罪悪感や予想される羞恥心をあげている．

●**合理的選択理論の特徴**　コーニッシュら（Cornish et al., 2008）は，合理的選択の観点における中核概念として，表1に示す六つの特徴をあげている．

　合理的選択理論が注目を浴びる以前の犯罪学では，犯罪行動の原因を，主として犯罪者の心理的もしくは社会的に規定された資質や精神障害に起因させる見方が主流であった．他方で合理的選択の観点では，犯罪行動を，犯罪者の合理的選

表1　合理的選択理論の中核概念（Cornish et al., 2008より作成）

① 犯罪行動には目的がある
　　目的には，金品の争奪等を目的とする道具的な目的のみならず，性的満足，興奮，自律，賞賛，復讐，支配，緊張緩和等への願望を満たそうとする表出的な目的も含まれる
② 犯罪行動は合理的である
　　合理性の仮定のもとでは，犯罪者は，動機や目的を達成するために利用できる最良の手段を選択しようとする．ただし犯罪場面の不確実性やさまざまな制約を考慮した場合には，限定合理性の観点がより適切である
③ 犯罪者の意思決定は犯罪特有のものである
　　犯罪は単体現象ではなく，それぞれに固有の動機，目的，利益がある．したがって，犯罪に対する施策を検討する場合には，犯罪分類をある程度細分化する必要がある
④ 犯罪者の選択は関与の決断と事象の決断の二つに大別される
　　「関与」の決断は，犯罪者の犯罪経歴に関係しており，犯罪への最初の関与，継続的関与，中止に関する決断が含まれる．「事象」の決断は犯罪を実行するかどうかであり，犯罪の準備，実行および実行終了の際に行う選択と決断に関係している
⑤ 関与にはいくつかの段階がある
　　ある犯罪者の特定形態の犯罪への関与を開始，習慣化，中止の3段階に大別すると，各段階でさまざまな変数が犯罪者の決断に影響を及ぼしている
⑥ 犯罪事象では，段階と決断が順繰りに展開する
　　犯罪事象には，段階ごとに動的な展開があり，それぞれの段階によって必要な手段や行動がある

択および意思決定の結果とみるところに最大の特徴がある．

　表1に示すように，①合理的選択の観点においては，犯罪は基本的に合目的的であり，②犯罪者は目的達成のために，合理的な意思決定を行うと考える．③〜⑥犯罪者の意思決定は，犯罪への関与という比較的長期にわたる選択と，個々の犯罪事象への関与という比較的短期間における選択のそれぞれで生じるものであり，それぞれの段階ごと，もしくは個別の事象ごとに影響する変数と相互作用しながら，連続的に行われる．

　合理的選択理論では，犯罪者の視点は主体的な意思決定の連続であることを提示したうえで，犯罪者の意思決定に影響を与える要因として，社会によって統制可能な環境的な状況要因に焦点をあてている．これは，犯罪機会を変化させることで，犯罪者の犯罪着手への意思決定を変容させることができることを仮定する状況的犯罪予防（☞「状況的犯罪予防」）の視点につながる．

　また，完全な合理性を仮定した場合の経済学的モデルでは，個人が数ある選択肢の中から，自由な判断に基づき，最大利得をめざして行動する合理的人間観が合理的選択理論の前提となるが（羽生，2011），コーニッシュらが提唱し，発展してきた理論では，限定合理性の枠組みが強調されている．すなわち，犯罪者は，環境の不確実性と，時間や情報などさまざまな制約のある状況下で犯罪を実行しなければならないため，犯罪者が最大限努力したとしても，その選択は，最適な結果というよりはむしろ，満足な（すなわち，要求水準を一定程度満たすような）結果しか生まないことが多いと考えられている（Cornish et al., 2008）．

●**実務向けの理論としての合理的選択の観点**　合理的選択の観点は，犯罪行動を完全に説明しようとするよりむしろ，犯罪機会の縮減が犯罪抑止に効果的であると考える状況的犯罪予防の説明の枠組みとして，主に実務向けの理論として用いられてきた（Cornish et al., 2008）．状況的犯罪予防においては，社会および地域における犯罪機会の変容を日常活動理論（☞「日常活動理論」）および犯罪パターン理論（☞「犯罪者の行動分析」）によって説明し，さらに，そうした犯罪機会の変容に対して犯罪者がどのように対応すべく意思決定するかを検討する説明の枠組みとして，合理的選択理論を用いてきた（Felson, 1998）．

　近年では，犯罪抑止にとどまらず，犯罪捜査の領域においても合理的選択理論が論じられることが増えてきた．例えば，犯罪者プロファイリングの一領域である地理的プロファイリングでは，犯罪者の意思決定における合理性の仮定が犯罪者の拠点推定モデルの理論的基盤の一つとなっている（Rossmo et al., 2008）．そこでは，犯罪者が被害対象を探索する際，捜査の目を自宅から遠ざけたいという願望と，犯行に際して必要な距離以上に移動したくないという願望の間に一定の緊張が生じ，犯罪者は多くの場合潜在意識下で，周期的に費用対効果の計算を行っていると考えられている．

［横田賀英子］

環境犯罪学的理論

　環境犯罪学（environmental criminology）とはジェフリー（Jeffry, 1971）が最初に使った用語である．しかし，環境犯罪学という言葉が広く知られるようになった大きなきっかけはブランティンガム夫妻（Brantingham, P. L. & Brantingham, P. J.）の著作『環境犯罪学（*Environmental Criminology*)』（1981）の刊行であろう．彼らの環境犯罪学も犯罪発生において環境的要因を重視する立場であり，この場合の環境は地形や都市の構造，土地利用，交通網，場所の状況等の地理的環境と物理的構築環境を主に意味しているが，法や社会制度等の社会的環境も含んでいる．

　そして，犯罪という現象を理解する際に従来の犯罪学や犯罪心理学が主に犯罪者だけを考慮に入れていたのに対して，環境犯罪学では犯罪被害者や犯罪対象に関しての時空間行動や分布にも注意が払われることも特徴である．別の言い方をすれば，犯罪者から犯罪へと焦点が移行したともいえる．

　こうした環境と犯罪の関係を検討した研究は，ゲリー（Guerry, A. M.）やケトレー（Quetelet, L. A. J.）が19世紀に社会統計と地図的表現を用いた犯罪研究や20世紀初頭に地域社会と犯罪・非行の生態学的研究を行ったシカゴ学派の都市社会学研究（Shaw et al., 1942）にさかのぼることができる．そしてより近年では状況や環境が強く関係する防犯性を扱う環境デザインによる犯罪予防（Newman, 1972）の研究が環境犯罪学の成立の直接的な契機になっている．

●**環境犯罪学が基づく基礎理論**　環境犯罪学は学際的研究であり，その理論的基礎は犯罪学，地理学，心理学，社会学等さまざまな領域における理論から成り立っている．そうした諸理論の主なものには①日常活動理論（routine activity theory）（☞「日常活動理論」），②空間行動理論（spatial behavior theory），③合理的選択理論（rational choice theory）（☞「合理的選択理論」）がある．

　日常活動理論（routine activity theory）とは，コーエンら（Cohen et al., 1979）が提唱した理論であり，犯罪は犯罪企図者と潜在的犯罪被害者が犯罪を抑止する機能をもたない環境で出会うことによって生じるということを仮定する．そして，犯罪企図者と潜在的被害者の日常的な典型的行動パターンがこうした出会いの可能性が高い場所と時間を生み出すことが示唆されることから，日常的な繰り返し（routin），活動（activity）理論と名づけられた．日常活動理論は犯罪の時空間的パターンを説明する理論である．

　空間行動理論とは，人間と環境のダイナミックな相互関係を説明する概念と理論の総称である．犯罪幾何学理論（geometric theory of crime）や犯罪の幾何学（the geometry of crime）といわれることもある（Andresen, 2010）．例えば，日常活動の中で頻繁に利用する環境は活動空間（activity space）といわれ，その人物の活動範囲を示す地図となる（Brantingham et al., 1981）．そして，そうした活動空間が繰り返し利用されることで，その空間に重なるように，その場所をよく知っている意識空間（awareness space）が形成される．しかし，活動空間と意識空間は完全に重なる訳ではなく，活動空間の中でもほとんど意識されない空間が残ることがあり，活動空間の外にも強く意識が広がることもある．それは意識空間は日常的な経験の他に，その場所のもつ重要性や意味によっても規定されるからである．

そうした場所の重要性や意味は機能のような共有されるものもあるが，何かの個人的な経験のような一人ひとりに独自のものもある．そして，そうした意識空間は空間行動における意思決定において重要な役割を果たす．例えば，犯罪の対象を効率的に発見し，また確実に姿を隠したり逃走するために，犯罪者は基本的に意識空間の中で行動する傾向があると仮定される．このように，空間行動理論は犯罪の環境心理学，行動地理学であるといえる．

合理的選択理論とは犯罪者の意思決定に合理性があるとする理論である．合理的というのは最適であるという意味ではなく，一定の思考的論理性があるという意味である．つまり，犯罪者の思考にも法則性があり，理解が可能であるということである．そして，犯罪者の意思決定は逮捕されたり，処罰を受けないようにしながら，目的を最大限に果たすことにある（Clark, 1997）．そのため，逮捕や処罰の可能性を高めることで犯罪を減らすことが期待できるという状況的防犯（☞「状況的犯罪予防」）の概念に結びついている．また，犯罪者の意思決定過程を推定することで，犯罪者の空間行動，特に犯罪の遂行のための移動を分析することで犯罪者の住所を推定する地理的プロファイリングの基礎の一つを与えている．

●**犯罪パターン理論**　ブランティンガム夫妻は，各犯罪者は「ある場面（環境的文脈）において，ある対象にある犯罪を実施するための条件の集まり」である犯罪テンプレート（crime template）を形成しており，それに従うことで，犯罪にパターンが生じるとする犯罪パターン理論を提唱している．

犯罪パターン理論は，心の中の犯罪テンプレート，行動パターンを規定する日常活動，空間行動の相互関係を通じた，犯罪実施における合理的な意思決定過程の性質を説明する理論であり，上述の基礎理論を統合するメタ理論である．

［羽生和紀］

📖 **参考文献**
［1］ 小俣謙二・島田貴仁編著(2011)『犯罪と市民の心理学―犯罪リスクに社会はどうかかわるか』北大路書房.

日常活動理論

　犯罪理論としての日常活動理論（routine activity theory）は，特定の場所と時間に犯罪という出来事が発生することを，人々が行う日々の営みの態様によって説明するものであり，米国の犯罪社会学者のコーエンら（Cohen et al., 1979）が発表した論文が嚆矢である．

●**日常活動理論の特徴**　この理論では，犯罪を犯すことにつながる個々人の特性（人格や行動傾向），すなわち犯罪傾性がどのようなものであり，またそうした犯罪傾性がどのように形成されるかという点には関心を払わず，社会には，隙あらば犯罪を行う動機をもつ人間が一定数いることを前提とする．そのうえで，日常活動理論は，動機づけられた犯行企図者（motivated offender），格好の標的（suitable target），有能な監視者の不在（absence of capable guardian）という三つの要素が時空間的に同時に存在すると，犯罪を行う格好の機会が生まれ，犯罪というイベントが発生すると説明する．

　当初，日常活動理論は，第二次世界大戦後の米国の犯罪動向に適用され，都市化や核家族化によって日中不在となる家庭（すなわち有能な監視者の不在）が増加し，電化製品等が小型化したことで格好の標的が増えて，侵入盗が大きく増加したことが説明された．

●**日常活動理論と類似の理論**　日常活動理論とほぼ同時期に，類似した理論として，ライフスタイル理論（lifestyle theory）が提唱されたが，こちらは，縦断的な犯罪動向というよりも，横断的にみて犯罪被害に遭いやすい人とそうでない人の違いを説明することを目的とした（Hindelang et al., 1978）．ライフスタイル理論によれば，犯罪被害のリスクを決定づける主要因は，個人のライフスタイルであり，夜間に繁華街に出かける者は，路上強盗等に遭いやすいと説明した．

　さらに，関連するもう一つの理論として，犯罪パターン理論（crime pattern theory）（☞「環境犯罪学的理論」）も提唱され，時空間的にみて犯罪が集中して起こる場所，すなわちホット・スポットや犯罪発生パターンの解明と理論化が推進された（Brantingham et al., 1980）．

　日常活動理論は，ライフスタイル理論や犯罪パターン理論とともに，犯罪が発生する機会に焦点を置く理論群を形成し，環境設計による犯罪予防，状況的犯罪予防（☞「状況的犯罪予防」）や問題指向型警察活動（☞「問題指向型警察活動」）といった実践が発展するうえで大きな貢献を果たした．

　なお，日常活動理論では，有能な監視者の不在によって格好の犯罪遂行の機会が生じることを論じるが，犯行企図者が犯行機会の判断を一定の合理性をもって

行うことを暗黙の前提としており，合理的選択理論（rational choice theory）とも親和性・整合性が高いことに留意されたい（☞「合理的選択理論」）．

●**日常活動理論の拡張**　当初の日常活動理論では，上述したとおり，動機づけられた犯行企図者，格好の標的，有能な監視者の不在，という三つを犯罪発生の要件としていたが，要件を追加して，理論を拡張する試みがなされてきた．

まず，この理論の創始者であるフェルソン（Felson, 1986）は，犯罪発生に関連する四つ目の要因として，行動規制者（handler）をあげたが，行動規制者は，犯行企図者を統制・監督するものである．この行動規制者の追加は，ハーシー（Hirschi, T.）の社会的統制理論（social control theory）が重視する社会的結びつきの要素を取り入れたものであり，犯行企図者の親や先生等が見守ることによって犯行企図者の犯罪遂行が抑止され，逆に犯行企図者の行動を気にかける者がいないことが犯罪発生につながることを意味している．

続いて，犯罪学者のエック（Eck, 2003）は，フェルソンによる行動規制者の追加を踏襲して，日常活動理論の拡張をさらに進めて，図1のような犯罪の三角形（crime triangles）のモデルを提唱した．このモデルでは，犯行企図者，標的/被害者，場所（place）という三つの要素が三角形の各辺の内側にあり，それぞれに対応して統制・監督する者として，行動規制者，監視者，管理者（manager）が構成要素として置かれている．犯罪発生の要件としては，犯行企図者，標的/被害者，場所が同時に存在し，

図1　犯罪の三角形
（Eck, 2003 より作成）

さらに行動規制者，監視者，管理者のいずれも適切に機能しないときに，犯罪というイベントが発生すると想定している．こうした「犯罪の三角形」のモデルは，効果的な犯罪防止対策を立案するうえで活用されており，欧米の犯罪予防の実務で定着しつつある．

日常活動理論については，貧困や不平等・格差といった根本的な犯罪原因（root causes of crime）に関心を払わず，体制維持的であるとの批判もあるが，環境犯罪学（☞「環境犯罪学的理論」）の領域で中心的な役割を果たしてきたことを評価すべきである．

［小林寿一］

📖 **参考文献**
［1］フェルソン, M. 著，守山　正監訳（2005）『日常生活の犯罪学』日本評論社．
［2］ウォートレイ, R.・メイズロール, L. 著，島田貴仁・渡辺昭一監訳（2010）『環境犯罪学と犯罪分析』社会安全研究財団．
［3］クラーク, R. V.・エック, J. E. 著，守山　正監訳（2015）『犯罪分析ステップ60』成文堂．

犯罪の類型論

　犯罪は，その動機，原因，手口，被害等，多種多様であり，すべての犯罪を一律に扱うことは困難である．そのため，犯罪を分類することは，当該犯罪を理解するうえでも，また犯罪の防止や犯罪者の処遇を検討するうえでも重要になってくる．

　犯罪の分類には，犯罪類型論として研究されてきた体系的分類と，特殊犯罪の研究から導き出された個別的分類がある．

●**法律を基盤とした犯罪の分類**　法律や法理論を基盤とした犯罪の分類としては，法益の種類による分類（私益犯罪−公益犯罪，人身犯−財産犯），法益の侵害ないしその危険性の有無によるもの（実質犯−形式犯，侵害犯−危険犯），行為者の罪を犯す意思の有無によるもの（故意犯−過失犯），犯罪完成の有無によるもの（既遂犯−未遂犯），犯罪実行者の数によるもの（単独犯−必要的共犯）等の分類が可能である．なお，法律ないし法理論を基盤とした犯罪の個別的分類としては，政治犯，確信犯，身分犯等がある．

●**行為主体・人格等を基盤とした犯罪の分類**　犯罪者の分類として，学説史上，アシャッフェンブルグ（Aschaffenburg, G.），グルーレ（Gruhle, H.），ゼーリッヒ（Sellich, E.）等の体系的分類が取り上げられることが多い．

　また，人格（パーソナリティ）による犯罪理解の考え方も古くからあるが，シュナイダー（Schneider, K.）の精神病質の概念は犯罪者の人格を考えるうえで後世に大きな影響を与えた．シュナイダーは精神病質を気分高揚型，抑うつ型，自信欠乏型，熱中型，顕示型，気分変動型，爆発型，情性欠如型，意志，無気力型の10類型に分けた．この中で，凶悪犯罪と最も関係が深いのは，冷酷で他人に対する共感性を欠いている情性欠如型であろう．

　さまざまなパーソナリティ障害（personality disorder）と犯罪が結びつくことは当然考えられるが，現在のパーソナリティ障害の分類では，反社会性パーソナリティ障害（antisocial personality disorder）が最も犯罪と深く関わったパーソナリティ障害といえる．また，犯罪と密接に関わる精神疾患としては，素行障害（conduct disorder）がある．

　現在，分類のために実際によく利用されている行為主体の分類としては，性，年齢，国籍，職業的地位，心神の状態等の属性による分類があげられる．これらの属性は，特定の犯罪との結びつきが指摘されるものである．犯罪は，性を基準にした場合は男性犯罪と女性犯罪とに分類され，年齢を基準にした場合には，少年犯罪と成人犯罪，成人犯罪においては，さらに老人犯罪が個別的に再分類され

ることが多い．職業的地位を基準とした場合は，特定の職業上の地位と結合して遂行される犯罪が犯罪一般から区別されることがある．例えば，ホワイトカラー犯罪，公務員犯罪，医療犯罪等の個別的分類がこれにあたる．

　その他，犯行の動機を基準とした場合，多様な分類が可能になる．通例，財産欲を動機とした利欲犯，経済的困窮に基づく困窮犯，憎悪・嫉妬・復讐心・性欲等の激情に駆られて遂行される激情犯，政治的目的から遂行される政治犯等に分類される．

●**少年非行の分類**　少年非行では，法的分類として，犯罪少年，触法少年，ぐ犯少年に分類され，成人の犯罪者とは異なった対応を受ける．少年審判においては，犯罪行為のみならず，要保護性も管理の対象として重視された．その点が成人の裁判と大きく異なる点の一つである．

　成人と比較してみると，少年たちは仲間とともに行動する傾向が強い．このことと関連して，被影響性が強いことも少年非行の特徴であり，感染性非行や同調型非行といった分類概念が設定されることがある．

　また，少年においては犯罪技術の学習期間が少ないこと，社会的専門知識が習得されていないこと等から，成人犯罪者の分類として意味のある職業的犯罪，常習的犯罪等は成人ほど大きな意味はもたない．むしろ遊びの延長としての遊び型非行や，罪の意識が乏しく，手口，動機の単純な初発型非行等が，非行態様として分類されることがある．また少年特有の非行の深まりを理解する概念として，安倍（1978）の非行深度論があり，この理論では非行少年はアマチュア段階，プロ・アマ段階，アマ・プロ段階，プロ段階の四つの深度に分類される．

●**統計による犯罪・非行の分類**　犯罪行為の態様を基準とした犯罪分類のうち実際によくみられるのが，『警察統計』や『犯罪白書』等の包括罪種別分類である．しかし，このような分類は，行為態様とともに被害法益も同時に基準とされていることに注意が必要である．

　ここでは，統計による犯罪・非行の分類の代表として『警察統計』を取り上げたい．この統計は，警察が犯罪（非行）のあることを認知した件数を中心として作成されており，通常，刑法犯と特別法犯に分けて計上されている．特別法犯は刑法犯を除くすべての犯罪をいう．刑法犯の分類は，次のように示されている（ここでは包括罪種と罪種を記す）．（イ）凶悪犯（殺人，強盗，放火，強姦），（ロ）粗暴犯（凶器準備集合，暴行，傷害，脅迫，恐喝），（ハ）窃盗犯（窃盗），（ニ）知能犯（詐欺，横領，偽造，涜職，背任），（ホ）風俗（賭博，猥褻），交通業過，その他の刑法犯．以上のような分類が一般的に用いられている．　　　［村尾泰弘］

📖 **参考文献**
［1］　安倍淳吉（1978）『犯罪の社会心理学』新曜社．
［2］　藤岡淳子（2007）『犯罪・非行の心理学』有斐閣ブックス．

犯罪・非行の生物学的要因

　犯罪・非行行為と遺伝や生理学的要因との関係を解明する試みは古くからなされてきた（☞「犯罪生物学と犯罪人類学」）．しかし，ノックアウト・マウス等の分子遺伝学的技術やMRI，PETといったインタクトで脳活動の記録を可能にする生理学的技術の発展は，犯罪・非行行動の遺伝的，神経生理学的，生化学的メカニズムの解明をさらに進めつつある．

●**犯罪・非行の遺伝的背景**　犯罪行動への遺伝的要因の関与に関する研究の一つの流れは遺伝的要因と環境的要因の双方に着目して犯罪行動への影響を明らかにするものである．その代表的な考え方がG–E相関（rGE）（Walsh, 2002）である．この立場は，遺伝と環境は行動（表現型）の理解において不可分であると考える．そして相関には，特定の性格や行動に促進（抑制）的に作用する遺伝要因と環境要因を，生物学的親から受ける受動的相関，子どもの遺伝的特性や行動が親や教師等，周囲の対応を変え，これが子どもの行動に再び影響を与える反応的（誘導的）相関，そして，ある遺伝的特性をもつ子どもがみずからの特性に適合した環境を選択する能動的相関がある．なお，受動的相関の影響は幼児期以降急減するのに対して，反応的相関は，発達に伴う社会的交流範囲の拡大により，成長とともに強まるとされる．

　ただし，遺伝と環境の関係を考える際には以下の点に注意すべきである．一つはG–E相関で論じられているのは環境と遺伝子の相関というよりも実際には遺伝的条件がもたらす性格特性と環境の相関であるという点である．もう一つは，養子法や双生児法も含めて，人の遺伝研究では，倫理的理由から，母体内環境の影響が厳密には統制されていない点である．

　遺伝研究のもう一つの流れが特定遺伝子や染色体と行動の関係の解明である．一例が，現時点では否定されているものの，XXY染色体と窃盗，性犯罪等の関係である．しかし近年，特定遺伝子と犯罪行動やその背景因子（危険因子）となる不適応行動との関連が分子遺伝学的研究により解明されつつある．代表的な例が，ドーパミン受容体のうちのD4タイプの遺伝子構造の個人差であり，それが新奇性探索行動や犯罪行動の危険因子とされるADHD（注意欠陥・多動性障害）にも関連していることが知られている．したがって，今後，特定遺伝子構造と犯罪行動の背景因となる不適応行動や性格特性との関係が解明される可能性はある．

●**犯罪・非行に関与する脳部位**　犯罪，非行に関与する脳部位に関する研究は攻撃行動研究で多くなされてきた（例えばヘス〈Hess, W. R.〉の見かけの怒り研究）．それら攻撃行動研究では，視床下部，中脳，扁桃体等の部位の刺激が攻撃行動と

正の関係にあり，辺縁系の中隔の刺激は逆に攻撃行動を低下させることを明らかにしてきた．

近年，犯罪との関連で注目されているのが前頭葉である．前頭葉切除手術を受けた患者では攻撃行動が低下したことが報告されているが，わが国でも大阪教育大学附属池田小事件のもと死刑囚に前頭葉の活動低下が見出され，その情性欠如型精神病質との関連が示唆されている（岡江, 2013）．さらに，前頭葉の部位によって関わる犯罪が異なる可能性も明らかとなりつつある．例えばフィアネス・ゲージの症例にみるように，前頭前野腹内側部の傷害は反道徳的，無計画，一貫性の欠如といった問題行動を引き起こした（Damasio, 2005）．また，眼窩前頭前野については素行障害や反社会的パーソナリティ障害（☞「パーソナリティ障害と非行・犯罪」）との関連も指摘されている．このように，前頭葉のさまざまな部位が個人の社会的適応可能性を介して犯罪・非行行動の発生メカニズムに関与している可能性は十分あり，今後の解明が待たれる．

一方，ストレス反応との関連が指摘される視床下部‒脳下垂体‒副腎系経路も犯罪行為との関連が指摘されている（Fishbein, 2003）．

●**犯罪・非行に関わる生化学的メカニズム**　犯罪・非行行動の生理学的研究で近年発展が著しいのが生化学的研究である．

例えば，セロトニンの低下が攻撃行動，特に衝動的攻撃行動の原因として明らかになりつつある．セロトニンの減少については，子どもの頃のストレスが自律神経系等のストレス調整機能とともに罰への恐怖を低下させ，素行障害等の子どもの反社会的行動をもたらすというような，初期ストレス‒神経生理学的過程‒認知過程‒問題行動というメカニズムも示唆されている．とはいえ，セロトニンと攻撃的，反社会的行動との負の関係では，脳脊髄液中のセロトニン代謝物（5-HIAA）と攻撃性の負の関係は30歳以下の年齢層でのみ確認されるというように，年齢，性，測定方法等の諸要因の影響を受けることもいわれている（Duke et al., 2013）．

この他，モノアミンオキシダーゼやドーパミンについても攻撃行動，特に衝動的攻撃行動や中毒症状等との関連性が指摘されている．そして，これら神経伝達物質の遺伝子上の異常も次第に明らかにされつつある．

このように，近年の犯罪・非行行動の生物学的研究は，生物学的要因が犯罪，非行行動において果たす役割を従来よりも詳細に明らかにしつつある．しかし同時に，これらの研究の多くは凶悪，暴力的犯罪，特に衝動的攻撃行動に関するものであり，窃盗やホワイトカラー犯罪等にはふれていないという罪種の問題が残されている．また，生化学的研究でふれたように，生物学的要因は環境要因とも相互に影響し合っており，それらを統合的に理解する試みが必要であろう．

［小俣謙二］

犯罪・非行の発達要因

　犯罪心理学の研究において，これまで多くの非行理論が提唱されてきたが，1980年代以降，発達的視点を重視した考え方が広まってきた．それまでは犯罪や非行の原因研究では，それらが発生した時点からさかのぼりはするものの，比較的短いスパンでしか原因をとらえていなかった．しかし，それだけでは犯罪や非行の理解は不十分との認識が高まり，人は出生前後からどのように成長し，いかに児童期や青年期を迎え成人に達するのかといった長いスパンでとらえていこうという動きが活発になった．

　さらにいえば，もっと長い先まで視野に入れ，犯罪や非行が深化していくプロセスに加えて，そこから回復し立ち直っていくプロセスをも研究対象とするようになった．つまり，人がどのように発達していくのかという視点を取り入れることによって，犯罪心理学が横断的研究から縦断的研究に重点を移してきたのである．

●**問題行動形成のプロセス**　一般的に，子どもが非行等の問題行動を発現させる要因には気質や遺伝等の生物学的なものも含めた個人要因に加え，家庭や学校，地域等の環境要因が相互に影響し合う．個人要因には，知能や精神障害あるいは脳の器質障害だけでなく，人格等との関連も深いとされる．

　環境要因では，これまで貧困や低い社会階層が非行や犯罪への関与の可能性が高いといわれ，家庭においては離婚や死別等による単親家族，虐待等の親の養育態度による愛着形成の問題，不良文化の学習をする仲間関係等が取り上げられてきた．ただ，単一の要因が非行や犯罪に起因するというよりも，多様で複雑な要因によるという理解が進み，近年は非行や犯罪を誘発する危険因子と逆にそれらを防止する保護因子の研究が進んでいる．

●**年齢−非行曲線**　発達的視点からみて非常に顕著な特徴は，年齢による非行の出現のあり方である．図1に示すように，一般的にはおよそ14歳から16歳までに非行のピークを迎え，その後年齢が上るにつれ非行は減ってくる．これは多少の違いはあるものの，時代や地域を問わず共通しており，子どもから大人に至る移行期で生じる社会への不適応，自我同一性（アイデンティティ）の課題と大いに関係する．逆に考えれば，非行少年のほとんどが成人になると犯罪から遠のくといえる．しかし，一部の非行少年は成人になっても犯罪を繰り返すこともわかっており，その違いがどこにあるのかが犯罪心理学では大きな関心の的であった．

●**モフィットの発達類型論**　モフィット（Moffitt, 1993）は図2のように，犯罪や非行をする者を生涯継続反社会型（life course-persistent）と青年期限定反社

1. 犯罪・非行の原因

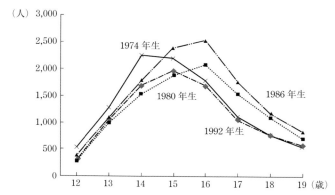

年齢は犯行時であり縦軸は非行少年率で，それぞれの年齢の者10万人あたりの一般刑法検挙（補導）人員をいう．また，検挙時に20歳以上であった者を除く．非行少年率は，それぞれの年齢の者10万人あたりの一般刑法検挙（補導）人員をいう

図1　非行少年率の推移.（『平成24年版犯罪白書』より作成）

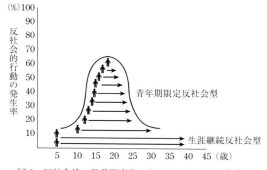

図2　反社会性の世代別変化.（Moffitt, 1993より作成）

会型（adolescent-limited）に大別した．生涯継続反社会型は幼少期から活動水準や情緒反応，言語能力，衝動性のコントロール，注意，学習能力，記憶，推論等の認知能力における問題があり，注意欠如・多動性障害（ADHD）に類似した臨床像があると指摘する．そうした特徴があるがために，家庭や学校という環境との不調和が生じ，多動や衝動，認知面での問題が改善されないまま反社会的行動を繰り返してしまう．このタイプに該当する者は男子では人口の5～8％ほど存在する．

一方，青年期限定反社会型は知的・身体的には問題はみられないが，社会的には一人前とみなされない青年期特有のジレンマがあり，逸脱行為に一時的にひかれ，上述した生涯継続反社会型の犯罪や非行をする者を模倣する．生涯継続反社会型は児童期において反社会的行為が開始されるのに対し，青年期限定反社会型は思春期に始まり，18歳前後でそれらの行為がなくなる．なぜなら，青年期限定反社会型では成人になればギャップはなくなるし，大人になっても犯行を続けると自分に不利益となることを知っているからである．

［橋本和明］

青年期と非行

　青年期（adolescence）をいつからいつまでと定義することは難しい．青年期の前に思春期（puberty）を挟むと，概ね15歳から35歳ぐらい，という定義もみられるが，少し幅が広すぎるので，ここでは米国の心理学者エリクソン（Erikson, E. H.）のライフサイクル論によって，青年期を児童期（7～12歳）の次に位置する概ね13～22歳として論を進めたい．したがって思春期は青年期初期と位置づける．

　13～22歳というと，司法領域においては，14歳が刑事責任年齢（刑法第41条）であり，少年法の適用年齢が20歳未満であることから，年齢によって児童福祉法（主に14歳未満を扱う），少年法（20歳未満），刑法（20歳以上）と，適用される法律が三つに分かれる．これらの法律はそれぞれ理念が大きく異なっているほか，刑法ではぐ犯事件を扱わない等，対象となる非行にも手続きにも違いがある．このように現行の司法制度下では，13～22歳の非行とその処遇を一律に論じるのは困難である．そこで本項では，青年期に生じるとされる自我同一性（アイデンティティ）形成に関連する問題とモラトリアムの時期に生じる問題を中心に述べることとする．また，近年の非行の減少傾向とその背景要因についても言及しておきたい．

●**青年期の課題——自我同一性の確立**　青年期では，第二次性徴が現れ，男女という性差を受け入れ，それに基づく自己概念が新しく現れてくる．自分がどんな人間か，という自我同一性を確立することが課題となるが，こうした課題と自身の生理学的変化に戸惑って混乱の起きる時期であり，心理的な防衛として友だちや仲間と行動をともにしようとする．そのため，青年期初期，中期の非行は，地域や学校が同じ仲間とグループを組んで，集団で万引きをしたり，校内暴力や恐喝行為，あるいは売春類似行為を行ったりというかたちをとりやすいと考えられている．暴走族等の不良集団はその典型であるが，近年，罰則の強化や少子化，遊び方の変化により，

　暴走族をはじめとする集団型の非行は減少してきている．むしろ問題となるのは，人格の統一が遅れ，仲間関係が築けず，社会へのコミットメントができない状態に陥ってしまったタイプであり，愛着形成や自我同一性の確立が生来的に困難であるという発達障害の特性が関与しているとみられる非行事例が増加している．

●**モラトリアム**　青年は，自我同一性の確立をめざして試行錯誤しながら，やがて自分の生き方，価値観，人生観，職業を決定し，自分自身を社会の中に位置づ

けていく．モラトリアムは，社会に出て一人前の生活を送るまでの猶予期間と定義されて大学生等社会的に認められた状態をさすが，わが国では，スチューデント・アパシー（意欲減退）と重なるニュアンスで用いられ，大学で休学や留年を重ねる状態や，不登校や引きこもり傾向，さらにはフリーター，ニートといった生き方の説明に用いられることがある．そうした不安定感と帰属感の乏しさが非行につながる場合があり，急速に進むIT化を背景にしたインターネット犯罪や，ストーキング，デートDV等に関連していることがある．

●**青年人口の減少が非行に与える影響**　内閣府の『平成26年版子ども・若者白書』によると，0〜24歳までの人口率は，1975年に40％を切り，1997年に30％を切り，2013年では22.5％となっている．少子化は，犯罪，非行の領域にも影響を及ぼし，近年は，人口減少を凌ぐペースで家庭裁判所に係属する事件数が減少していて，例えば，戦後のピーク1983年の一般保護事件終局件数が30万3,006件であったものが，2013年では9万7,736件となっている．

　こうした減少傾向の背景要因としては，少子化や被害者の視点の導入・強化とともに，教育の領域，医療・福祉の領域における施策の充実もあげられよう．犯罪において，かつて被害者は証拠の一つでしかなかったが，非公開原則の少年審判に参加が可能となり，少年事件においても成人の事件においても被害者が大きく扱われる傾向が生まれた．それを受けて，全体的な厳罰化と同時に，更生に向けての具体的な取組みが模索されるようになった．

　被虐待歴のある子どもが非行化する事例も少なくないことから，国のレベルでは「児童虐待の防止等に関する法律」（平12法82）が制定され，いじめ被害を受けた生徒が自殺に至った事件をきっかけに「いじめ防止対策推進法」（平25法71）が制定された．また児童，青年期の人を有害環境から守るために，「児童買春，児童ポルノに係る行為等の処罰及び児童の保護等に関する法律」（平11法52），「青少年が安全に安心してインターネットを利用できる環境の整備等に関する法律」（平20法79）が整備され，古くからある「未成年者喫煙禁止法」（明33法33），「未成年者飲酒禁止法」（大11法20）についても実効性のある指導や取締りが強化されるに至っている．自治体のレベルでも非行防止に向けて少年サポートセンターが設置される等，啓発・支援活動が行われるようになっている．

●**わが国の青年たちの幸せ度と規範意識**　厚生労働省の『全国家庭児童調査』によると，2004年に比べ，2009年では，小学校高学年，中学生，高校生ともに幸せだと思う者の割合が上昇している．しかし内閣府の『わが国と諸外国の若者の意識に関する調査（平成25年度版）』をみると，諸外国（韓国，米，英，ドイツ，フランス，スウェーデン）に比べて自己肯定感や意欲が最も低く，将来に対して最も悲観的なのだが，規範意識は同等かそれ以上に高い．まだまだ青年の非行は減少していきそうである．

［藤川洋子］

被害体験と犯罪・非行

　非行・犯罪の要因や背景としては，さまざまなことが指摘されるが，非行・犯罪を起こす人の生育環境に負因を抱えていることが多いとされる．とりわけ未成年の非行少年の場合，家庭における不適切な養育環境の中で受けてきた被害体験が注目されてきた．非行少年の被害体験を取り扱うことは，彼らの非行・犯罪を免罪することではなく，その要因・背景を探り，理解を深めるうえで重要な手がかりとなる．これまでの研究では，非行を起こした少年に虐待の被害を受けた経験者が多いことが指摘されている．

　欧米の研究では，子ども時代に虐待とりわけ性的虐待を受けた被害者がその後，性犯罪に限らずその他の犯罪行動や精神的問題を引き起こす割合が高いといわれている（Andrews et al., 2010）．わが国の調査研究としては，法務総合研究所が少年院の在院者に対して虐待に関する調査を行った研究がある（『研究部報告11　児童虐待に関する研究（第1報告）』2001）．少年院在院中の少年で家族から虐待を受けた経験があったのは男子で半数，女子で60％近く占めているという結果が明らかになった．一方，非行のない一般人の被虐待経験率を正確に把握することは難しいが，『研究部報告22　児童虐待に関する研究（第3報告）』（2003）によれば，一般市民1万5,000人を対象とした全国調査では，回答者2,862名のうち14％が身体的暴力，ネグレクト，性的暴力，心理的暴力のいずれかの被害を受けたと回答した．これらの結果を比較すると，少年院在院者には虐待被害の経験をもつ者が高い割合で存在していることがうかがわれる．

●**虐待等の被害体験と非行の関係**　虐待を受けた経験と非行との因果関係を立証することは難しいが，先行研究では事例をもとにいくつかの提言がなされている．橋本（2004）は，多くの事例から虐待を受けた少年が非行に至るプロセスを検討し，虐待から非行へ進むタイプを四つ（虐待回避型非行，暴力粗暴型非行，薬物依存型非行，性的逸脱型非行）に分類した．非行少年の中には，一つのタイプで非行を繰り返すこともあるが，例えば性的逸脱型非行と薬物依存型非行が同時に進行する等，複合した非行タイプとなっていく場合もある．そして，虐待を背景にして引き起こされた非行が養育者のさらなる虐待を招き，それが非行をより促進させる悪循環となってしまうことが指摘されている（図1）．

　また，非行少年の生育歴上の負因は家庭内の虐待だけに限らない．非行少年によってはその他のさまざまな被害体験をもっている．家庭外では例えば不良な先輩や同級生からいじめられた経験，あるいは恐喝，暴行のような犯罪被害等，心理的被害から身体的暴力被害までいろいろな被害を受けている者がいる（堀尾，

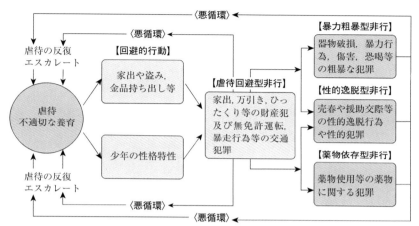

図1 虐待と非行のメカニズム（橋本，2004 より作成）

2014)．非行少年が受けてきた虐待，いじめの被害，犯罪被害等さまざまな被害体験は，非行少年の情緒面，認知面，動機面等に影響を与えると推測される．これらの分析は事例研究によって紹介されることが多く，抑うつ感，無力感，疎外感，劣等感の強さ，あるいは自尊心，共感性，感情コントロールの乏しさ等が指摘される．ただし，実証的な研究はまだ少なく，被害体験が及ぼす心理的影響や非行性との関連等，今後のさらなる研究が期待される．

●被害・加害の連鎖を断ち切る援助者の役割　非行からの立ち直りにあたっては，その重要な手がかりとして家庭生活では家族との良好な情緒的関係，社会生活においては安定した就労状態が指摘されることが多い．

　家庭生活も社会生活も自然に回復するものではなく，こじれた家族関係を修復し，安定した就労生活を送るためには周囲からの指導，援助が欠かせない．とりわけ，家族によって虐待された経験をもつ非行少年にとって，被害から加害への連鎖を断ち切るためには，周囲の援助者の役割が重要になる．

　ただし，過去の被害体験が大きくなるほど共感性が乏しくなり，被害感や対人不信感も強くなるため，周囲の援助を素直に受け入れることが難しくなる場合がある．白井ら（2001）の研究では，援助者の存在だけではなく，援助を受け入れることのできるタイミングも重要であるという．客観的に周囲に援助者が存在するだけでは有効とはいえず，本人が本当に援助を必要としているときに援助者が現れる「出会い」が必要であると指摘している．　　　　　　　　　　　［堀尾良弘］

📖 **参考文献**

[1] 堀尾良弘(2014)「犯罪・非行における暴力―加害と被害」心理科学研究会編『平和を創る心理学―私とあなたと世界ぜんたいの幸福を求めて』第2版，ナカニシヤ出版．

学校と非行

　学校現場との関連で非行が議論される場合，少年法に規定された行為（犯罪行為，触法行為，ぐ犯）のみならず，「教育上指導を要する行動」である問題行動の比較的軽微な反社会的な行動（例えば，授業妨害やさぼり，教師への反抗，異装等）まで広く含め非行とよび，生徒指導の対象とすることが多い．こうした学校における非行の実態について全体像を知ることは難しいが，その一部をうかがい知るものとしては，文部科学省が毎年発表する『児童生徒の問題行動等生徒指導上の諸問題に関する調査』がある．例えば，暴力行為としては，①対教師暴力，②生徒間暴力，③対人暴力（在籍校以外の者への暴力），④器物損壊の四つを調査し，その推移を示している（図1）．

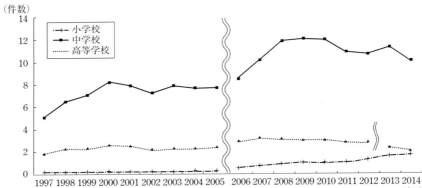

* 2005年度までは公立学校のみ，2006年度からは国私立学校も調査している．2013年度からは高等学校に通信制課程を含める

図1　学校内外における1,000人あたりの暴力行為発生率の推移
（『平成26年度児童生徒の問題行動等生徒指導上の諸問題に関する調査』より作成）

●**非行抑止および促進要因としての学校**　非行と学校の関係を論じる場合，大きく分けて二つの立場がある．一つは非行の抑止要因という視点から学校をとらえる立場である．例えば，統制理論（Hirschi, 2001）では，学校は少年に向社会的な人たちとの出会いの機会を提供し，その人たちとの絆を深める場であると考える．こうした向社会的な人たちとの関わりの中では，衝動的な行動を抑え，違法的な行動をとることに高いインセンティブが与えられる．そのためセルフ・コントロール力が培われ，非行が抑制されると考えられる．また有能な監視者の存在

が犯罪を抑制すると考える日常活動理論（Felson, 2005）は，学校に登校し，教師や他の生徒の監視下に置かれていること自体が，逸脱行為に手を染める時間を削り，非行を抑止することになると考える．実際，わが国でも，学歴階層と非行との関連性がきわめて強いことが確認されている（岡邊，2013）．学校に在籍していない者が非行を犯すリスクが高いことからも，学校（に在籍していること）が非行を抑止する要因として重要な役割を果たしていることが推察される．

　もう一つの立場は，非行の促進要因という視点から学校をとらえる立場である．例えば，緊張理論（Merton, 1968）や下位文化理論（Cohen, 1968）では，学校が期待・要求する規範に適応できないがゆえに非行に走ると考える．というのも，学校では何事においても中流階級の規範・文化が支配的だからである．そのため，それとは異なる規範や文化的背景をもつ少年にとっては，相対的に失敗経験を多く体験させられることになる．その結果，学校文化に適応できなかった少年が，その自然な反応として，中流階級の文化を体現する教師や学校の活動に反発し，他の非行少年と接触する中で非行を深化させていくと考える．また，日常活動理論では，学校を少年たちにとって魅力的なターゲット（例えば，他の生徒の持ち物等）にあふれた犯罪を誘発しやすい環境，すなわちその意味で，非行の促進要因としても学校をとらえてもいるのである．実際，学業不振と非行の関連は以前から指摘されており，近年になるほどその関連の度合いが強くなっていることが明らかにされている（小林，2008）．

　このように学校は，非行の抑止要因としても促進要因としても論じられてきた．しかし，これらはどちらか一方が正しいという意味で，対立する考え方ではない．むしろ学校はその両面をもち合わせているということである．以上は，個人の非行に焦点をあてた議論であるが，もう一つ学校との関連で非行を考える際に重要になってくるのは学校の荒れといった集団全体が問題化する非行である．

●**個人の非行と集団の非行**　荒れている学校と落ち着いている学校を比較した場合，このような学校の荒れは，非行的な生徒ではなく，問題を起こさない一般生徒の違いに起因することが明らかになっている（加藤，2007）．つまり，荒れている学校においては，教師が望む学校的な価値観を否定的にとらえ，非行的な生徒を肯定するような反学校的な生徒文化が一般生徒に形成されており，それが集団全体としての荒れを引き起こしていると考えられるのである．

　したがって，学校の荒れといった集団的な非行を解決するためには，非行的な生徒ばかりに注目するのではなく，問題行動を起こさない一般生徒に注目した対応が重要だと考えられている．

［加藤弘通］

参考文献
[1] Gottfredson, D. C.（2000）*Schools and Delinquency*, Cambridge University Press.
[2] 加藤弘通（2007）『問題行動と学校の荒れ』ナカニシヤ出版.

家族と非行

　非行問題における家族の重要性を疑う専門家は少ないが，その多面性，複雑性ゆえにアプローチの難しい領域である．本項では，家族理解の道筋を整理するかたちで解説してみたい．

●**非行における家族の位置**　非行理解において，家族は三つの文脈から理解することができる．それは，ちょうど数多くの非行理論が，下位文化論，緊張理論，統制理論に整理されるのに対応している．①非行少年を社会化する文化的担い手としての家族．不道徳家庭，犯罪的地域社会文化に同化した家族等，②養育過程で，子どもに必要な肯定的刺激を欠いたり，否定的刺激にさらしたりすることで，子どもに葛藤，緊張を植えつけ，健全な成長を阻害する家族．父母の深刻な不和や親族葛藤，虐待，社会経済的貧困を背景とした慢性的不安定を抱える家族等，③子どもの成長に伴う行動範囲とリスクの拡大に対して，適切なしつけ・教育，社会資源との連携による有効な統制を加えることのできない家族．不和，葛藤等は少ないが，子どもに対して無力な家族，愛情的紐帯の乏しい家族等，の三つである．もちろん，家族と子どもは成長過程で持続的関わりをもち続けるから，一つの着眼点からのみ理解することはできない．否定的刺激を与えて子どもの内的緊張を生み出すような家族は，その後も有効な統制的機能をもち得ないことが多いに違いない．ただ，このように視点の整理をすることで理解と支援の方向性がみえやすくなるだろう．

●**家族形態と非行**　非行少年の家族の形態的特徴が研究テーマとされることは少なくなったが，各種公的統計には，親との同別居別統計が必ず掲載されており，予防施策等に資するところは大きい．例えば，『矯正統計年報』（平成12〜26年版）によると，少年院収容時における少年の実父母率（実父母と暮らす率）をみると，戦後の経済的発展と社会の安定に従って上昇し，1975年前後には50％を超えるまでになったが，2000年前後から激減し，1998年の51.4％に対し2013年には31.7％（女子23.4％）となった．代わって顕著に増加したのが母一人親家庭の率で同じ期間に25.0％から39.5％になっている．父一人親家庭については，10.2％から11.4％（2012年には9.8％）と変化がない．同じ期間の厚労省の『国民生活基礎調査』によれば，児童のいる世帯における一人親世帯率は確かに4.5％から7.5％と1.67倍に増加しているが，いずれにしても10％にも満たないことを考えると，短期間に実父母家庭を凌駕して少年院入所者の多数を形成するようになっていることは注目に値するだろう．

　このことは，おそらく，一億総中流といわれた時代（非行の一般化の時代でも

あった）から格差の時代へと推移しつつある社会の様相と関係しているだろう．貧困は経済的貧しさだけにとどまらず，教育の貧困，文化の貧困，人間関係の貧困につながり，子どもの養育を蝕む．家族形態上の困難を抱える子どもを非行に追いやる力が，社会の中に強く作用するようになっている可能性に配慮した施策を考えていく必要があるだろう．

●**家族機能と非行**　家族は，①性的機能（性的充足），②生殖的機能（子孫をもつ欲求の充足），③経済的機能（経済的生産と消費），④教育的機能（子の社会化），⑤心理的機能（成員の情緒的安定，愛情欲求の充足）をもつ（山根，1963）が，非行との関係では，④と⑤が問題になる．

　古くは，ボウルビィ（Bowlby, 1944）が，盗癖のある児童はない児童に比べ，生後5年間に6か月以上の養育者との離別を経験している者が多いことを示し，また，グリュック夫妻（Glueck, S. & Glueck, E., 1950）は，父の無関心・敵対・拒否，母の厳格すぎ，気まぐれを非行促進要因として抽出した．近年では，父の放任，母の放任，溺愛等が収容少年の親の特徴としてしばしばあげられる．全体として，家族機能の歪みから，機能の弱化，関係の薄さに焦点が移っているとみられ，上述した現代家族の統制機能低下に符合する．

●**非行少年の家族認知**　アンケート調査や少年院内の作文分析等，多様な手法によって，非行少年の家族認知，家庭認知が検討されている．非行少年らは，みずからの家庭に否定的な問題を抱えながらも，親への思いを強くもっており，一般少年よりも「将来親の面倒をみたい」と考える率が高く，また，「早く幸せな家庭をもちたい」と考える傾向がある．

●**非行と虐待**　2001年の法務総合研究所『研究部報告11　児童虐待に関する調査（第1報告）』，2009年の厚生労働省調査『児童自立支援施設入所児童の被虐待経験に関する研究』を通じて，少年院，児童自立支援施設に収容される児童，少年の多くに被虐待経験があることが明らかになった．虐待は不適切な養育の最たるものといえ，それ自体が子どもの精神発達に病理的作用を及ぼし，逸脱行動の可能性を増大するが，橋本（2004）は，虐待回避行動としての非行という視点を提出し，子どもなりの不適切な適応努力が非行に発展していく道筋を示した．

●**家族システム論と非行**　システム論では，サブ・システム相互の境界とコミュニケーションによって，システムの機能的全体性を理解する．最小のサブ・システムである個人もシステムから独立して動くことはない．だから，一つの原因から一つの結果が生じるといった線形因果論は廃され，相互に影響を与えながら全体的変化が連鎖していくような円環的因果論をとる．したがって非行も個人独自の行為ととらえるよりも，家族システムの歪みが最も脆弱な個人のうえで表現されたものととらえる．この考え方は，理論枠組みであると同時に介入の視点として非行臨床に大きな影響を与えている．

［伊藤直文］

不適応と犯罪

　本項では，不適応の二次的反応としての犯罪（ここでは非行も含む），つまり，何らかの不適応状態が犯罪の一因となっている場合を考える．不適応が葛藤によってもたらされたとすれば，犯罪はある種の葛藤場面におけるストレス対処行動の一つということができる．こうした見方は，多かれ少なかれ，心理学を基盤とする犯罪・非行理論に認められる．

　本項では，中でも，1930年代に提唱された古典的な理論であるヒーリー（Healy, W.）の情動障害論（emotional distur-bances theory）と，1990年代になって示されたアグニュー（Agnew, R.）の一般的緊張理論（general strain theory：GST）を紹介する．不適応状態にある人が必ず犯罪を犯す訳ではないので，どちらの理論にしても，単に不適応が犯罪に結びつきやすいことを示すだけではなく，どのような状況にある人が，あるいは，どのような不適応状態が犯罪に結びつきやすいのかを説明することが求められる．

●ヒーリーの情動障害論　ヒーリーら（Healy et al., 1936）は，「非行は，情動的な障害と不快に対する一種の反応」であると想定する．彼らは，人間の衝動や願望，欲求が，人間関係の中で満たされないことを情動障害とよび，情動障害にあると，人は，強烈な不快感情を抱くとともに，その代償的満足を求めるとすると考える．

　彼らは，情動が障害されていない場合として，①愛情的に受け入れられていることの安定感，②一個の人格として認識されていること，③社会適応の実感，④満足のいく仕事の機会，独立独行や新しい経験の機会，所有のための機会が与えられている場合をあげている．これらが満たされていない場合には，人は，代償的に満足を求めるが，これは，(a) 社会的に望ましいかたちとなる場合，(b) 神経症なかたちとなる場合，(c) 非行となる場合の三つに分かれる．ヒーリーらによれば，情動障害が非行というかたちで代償的に満たされるのは，不良仲間，映画，犯罪者，矯正施設でのインフォーマル・グループ等によって，非行の観念（非

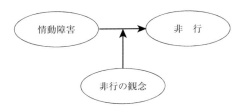

図1　ヒーリーらの情動障害論における構成概念間の関係（Healy et al., 1936より作成）

行が物質的報酬，冒険，名声の獲得等何らかの利得となるという考え）が形成された場合であるとされる．これらの関係を図1に示した．
●**アグニューの一般的緊張理論**　一般的緊張理論については，別項目（☞「緊張理論」）でも述べているので，ここでは犯罪原因としての緊張（strain：ストレスとほぼ同義）と犯罪者のストレス対処を中心に述べる．アグニューは，ストレスが犯罪を引き起こす可能性を強める一方で，同じストレス状況にあっても，個人の特性によって，犯罪に至る人もいれば犯罪を行わない人もいると考える．以下に，アグニュー（Agnew, 2006）があげた犯罪を引き起こしやすい四つのストレスと，四つの個人特徴を述べる．
●**どのようなストレスが犯罪を引き起こしやすいか**　アグニューが第一にあげる緊張は，強度の緊張である．これは当然のことではあるが，緊張が強ければ強いほど犯罪が起きやすくなるという関係（量−反応関係）を明示的に示している点で重要である．第二は，不公正な（不公正と感じられる）緊張（unjust strain）があげられる．この種の緊張は，怒りを伴って，対人的な犯罪と結びつきやすいとされる．第三は，社会的統制の弱さと結びついた緊張である．この例としては，親からの拒否があげられる．親から拒否されることで，緊張が高まると同時に，社会的絆の一つである親への愛着が薄れることになる．第四は，犯罪への誘因が増すような緊張である．例えば，暴力に親和的な友人たちの前で口論をしたときには，より粗暴な反応をしやすいという場合がこれにあたる．
●**どのような人が，ストレス状況において犯罪を行いやすいか**　アグニューは，ストレス状況で犯罪に至りやすい人の特徴として，①合法的なスキルやリソースが乏しい人，②合法的なソーシャル・サポートが乏しい人，③社会からの統制が乏しい人，④犯罪を用いることの費用が低く，便益が大きい状況にある人，の四つをあげている．

　これらは，犯罪に至りやすい緊張とも密接に関係しており，ストレス状況とそれにさらされている個人の特性が相互に作用して犯罪を引き起こすと考えられている．
●**不適応状態に対する社会の反応とその影響**　不適応状態にあることは，必ずしもその後の犯罪と結びつく訳ではないが，不適応状態にある人に対して，社会が否定的な反応をした場合には，犯罪が生起する可能性は高くなる．例えば，失業は，個人の特性だけでなく，その時々の社会情勢の影響を強く受けるが，失業中であることに対して，社会が否定的な評価を与えた場合には，本人には不公正感が強まり，その結果，失業によるストレスがより犯罪へと向かいやすくなる．これは上述した不公正な緊張の一つであり，そうでない緊張よりも他者に向けられた犯罪に向かいやすいし，社会統制を弱くし，犯罪の学習を促進すると考えられている．

［遊間義一］

犯罪のパーソナリティ要因

　パーソナリティ（人格）とは，思考，感情，行動に一貫性をもたらす内的傾向のことで，犯罪行為を規定する個体変数である．違法行為はストレスや監視の緩さなど状況要因によって変動するし，年代による変化も大きい．しかし，犯罪を繰り返し行う者にはこうした内的要因の存在を仮定する必要がある．犯罪の人格研究はロンブローゾ（Lombroso, C.）の生来性犯罪者説以来行われてきたものだが，現代においても活発な議論がみられる．人格研究には，特定の性格次元を取り上げて逸脱傾向との関連を検討する特性論アプローチと，いくつかの特性からなる内的体制を仮定する類型論アプローチがあるが，後者はパーソナリティ障害研究にみられる．

●**グリュック夫妻(1950)の非行研究**　初期の実証的人格研究の代表はグリュック夫妻（Glueck, S. & Glueck, E.）のものである．彼らは米国ボストンで500人の非行少年と500人の対照群を対象に，人格，知能，身体，社会環境等を多面的にその違いを検討し，これに基づいて児童期の特徴から逸脱行動を予測する社会的非行予測表を提案した．この表に含まれている人格特性は，自己主張，攻撃性（破壊性），反抗性，情緒不安，それに猜疑心（疑惑性）等である．夫妻は，当時，ハーバード大学法学部に在籍して非行の研究を行ったが，彼らが残したデータは同大学に保存され，現在も他の研究者たちが再分析等に活用している．なかでも対象となった非行少年たちのその後を追跡したラウブら（Laub et al., 2006）の研究は犯罪者更生の観点からも示唆に富むものである．

●**犯罪者の人格特性**　これまで行われてきた人格研究に基づいて犯罪者の人物像を描いてみると，以下のような特徴をあげることができる（大渕，2006）．

　① 偏った欲望と関心：反社会的な人たちは，富，セックス，力，刺激・興奮等への欲望が強く（Cullen et al., 2003），彼らの犯行の大半は，これらの欲望に駆動されたものである．一般の人々もこれらへの関心はあるが，愛情によって結ばれた親密な人間関係を維持すること，役割と責任を果たして社会集団の一員として受け入れられるといった社会的受容も大切なので，これを脅かすようなやり方で個人的欲望を追求することはしない．反社会的な人たちは他の人を支配することには関心があるが，社会的受容欲求は弱いため，反社会的行動に対する内的抑制が弱いと考えられる．犯罪心理学では，従来，自己制御等の抑制要因に焦点があてられてきたが，犯罪者の個性を理解するには，欲望の性質とその強さにも目を向ける必要がある．

　② 衝動性・低自己統制：反社会的傾向をもつ人たちは，特定の欲望が強いだ

けでなく，しばしば，そうした欲望を喚起されると，我慢することができないという欲求不満耐性の低さをもっている．このため，安易な手段で即座の欲求充足を求めるといった行動をする傾向がある．また，自分の行為がどんな結果をもたらすか予見できず（計画性の欠如），危険で向こう見ずな行為を実行してしまうことも多い．こうした特徴は，衝動性あるいは低自己統制とよばれる．これは，縦断的発達研究においてあるいはゴットフレッドソン（Gottfredson, L. S.）らの犯罪理論等において取り上げられてきた，犯罪関連の最も中核的人格特性である．

③ 情緒不安定性：反社会的傾向をもつ人の特徴として短気であるとか，すぐにイライラする等，情動統制の不全も指摘されてきた．アグニュー（Agnew, R.）の研究は，ストレス状況で怒りや不満等の負の情緒をもちやすい人が逸脱反応をしやすいことを示している．ビッグ・ファイブ（主要5因子）研究は，情緒不安定次元が独立性の高い二つの側面を含んでいることを示唆している．一方は，怒りや恨み等，闘争をうながす接近型の負の情動をもちやすい傾向，他方は，不安や恐怖等，逃走をうながす回避型の負の情動を抱きやすい傾向である．前者は，暴力等の逸脱行動を動機づけるが，後者は，逆にこうした反社会的行為を抑制する働きがあるとされている．

④ 非協調性：これは反社会的傾向をもつ人の対人態度の特徴で，彼らの社会適応を困難にするものである．敵対的態度をもちやすい人には二つのタイプがある．一方は，人に対する猜疑心や不信感が強かったり，人から嫌われていると被害的な見方（敵意バイアス）をする人たちで，彼らは，知覚された悪意や差別に対して反発する反応的攻撃性の高い人たちである．他方は精神病質等のパーソナリティ障害者にみられ，自分の利益のために人を搾取する人たちで，利己的欲望のために他の人の福利を顧みない彼らの姿勢は能動的攻撃性とよばれる．

⑤ 社会的認知の歪み：個人がある行為を行うにあたっては，他の人たちや状況に対する知覚や知識を利用した情報処理が欠かせない．もしも，こうした情報処理が合理的に行われるなら，リスクを伴う逸脱行為は回避されると思われる．しかし，反社会的な人たちは種々の認知バイアスをもち，それによってリスクのある逸脱的判断をする傾向がある．それは，「人から嫌われている」「迫害されている」といった被害的な見方をする敵意バイアス，「自分のやることは悪いことではない」と自分を納得させる正当化バイアス，問題が起こったときには強制的手段を真っ先に思い浮かべる攻撃スクリプト等である．このように，他の人の言動や状況を歪めて解釈したり，敵対的選択肢を優先的に思い浮かべる等の認知の歪みが反社会的行動の背後にみられる．

⑥ 知的能力の偏り：非行者や常習的犯罪者には言語性知能が低いものがみられる．重度の知的障害がある者は，特別なケアを受けるので，その保護的環境の

中にいる限り深刻な不適応に陥ることは少ない．非行は，むしろ，知的障害が軽度の場合に生じやすい．こうした子どもたちは，他の子どもたちと同じような社会環境に置かれるが，しかし，学力が低い等の理由で不適応になることが多い．また，彼らは抽象的概念を操作する能力が低いために，行動の結果を見通すことができなかったり，衝動をコントロールすることが困難なために，逸脱行動を行ってしまうことが多い．それゆえ，言語的能力の低さは犯罪・非行者の一つの特徴である．

●**ビッグ・ファイブと反社会性の関連**　心理学では数百に上る人格特性が提案され，今日もそのリストは拡大されつつあるが，そうした中で，理論的観点から少数次元を選抜して構成した人格モデルも提案されてきた．犯罪研究に用いられてきたのはアイゼンク（Eysenck, H. J.）のP-E-Nモデル，テレゲン（Tellegen, A.）の3因子モデル，ビッグ・ファイブ等だが，これらの中ではビッグ・ファイブが他のモデルを包摂し得る最も包括的なものであろう．これは個人の社会適応に関連した性格特徴をとらえる性格の主要5次元（表1）に注目するものである．コスタら（Costa et al., 1988）は6年間の間隔をおいた再検査において安定度指数が0.83であることを報告し，それらが持続性のある特性であることを示している．代表的な尺度はコスタらのNEO-PI-R，ゴールドバーグ（Goldberg, L. R.）のビッグ・ファイブ・チェック・リスト（Big Five Check List）等である．ビッグ・ファイブと反社会性を検討した2000年以降の実証研究をメタ分析したジョーンズら（Jones et al., 2012）は，協調性と勤勉性が反社会性と負の関連を示すことを見出した（平均効果量−0.308と−0.234）．

ビッグ・ファイブの各次元は多くの成分からなり，それらの中には，犯罪との関連で矛盾するものも含まれている．バン・ゲルダーら（Van Gelder et al., 2012）は情緒不安定性のうち犯罪抑止的に働く不安傾向は情緒性（emotionality）とし

表1　ビッグ・ファイブの次元，特徴，成分（Lynam, 2002より作成）

次元	特徴	成分
情緒不安定 Neuroticism	不安，抑うつ，怒り等，負の感情をもちやすい傾向	不安傾向，短気・敵意，抑うつ傾向，過敏，衝動性，傷つきやすさ
外向性 Extraversion	物事や人づき合いに積極的・精力的に関わる傾向	親密さ，社交性，自己主張，活動性，刺激欲求，正の感情
開放性 Openness	柔軟性と感受性に富み，創造的な思考をする傾向	空想，審美的，繊細，好奇心，発想，寛容
協調性 Agreeableness	人との信頼関係をつくり円滑な人づき合いを営む傾向	対人信頼，率直，利他性，従順，謙虚，優しさ
勤勉性 Conscientiousness	高い達成意欲と責任感，感情や衝動を抑制する傾向	緻密，几帳面，責任感，達成意欲，自己研鑽，熟慮

て区別すべきこと，いくつかの次元にまたがる内容をもつ自己統制は別次元とすべきだと主張している．また，アシェトンら（Ashton et al., 2001）は，協調性が主として社会的受容のために対立を避ける消極的利他性を表すのに対して，自分を犠牲にしても人を助ける積極的利他性を表す誠実性（honesty-humility）次元を提案し，これが協調性よりも反社会性と強い負の関係にあることを示した．

●**人格の機能** 反社会性と強く関連する人格特性が見出されたからといって，それが犯罪行動の直接の原因となる訳ではない．犯罪行動の直接因は，多くの場合，ストレイン（ストレスや欲求不満）だが，人格特性の機能の一つは，ストレインに対して個人が逸脱的に反応するかどうかを左右する調整機能である．その働きは，①ストレインをより強く，耐えがたいものと感じさせる（情緒不安定，偏った欲望等），②ストレイン時に逸脱的な反応選択肢を優先的に想起させる（衝動性，認知の歪み，非協調性等），③ストレイン状況に関する情報処理を歪め，逸脱的意思決定をうながす（衝動性，認知の歪み，知的能力の偏り等）等が考えられる．衝動性・自己統制に関しては，それがリスクのある逸脱的意思決定をうながす機能をもつことが確認されてきたが，他の性格特性についての実証的検討は十分ではない．バン・ゲルダーら（Van Gelder et al., 2012）はビッグ・ファイブおよび関連の性格特性を取り上げ，これがどのように個人の逸脱的意思決定に影響を与えるかを検討した．分析結果を見ると（図1），情緒性，自己統制，誠実性はリスク知覚を強めるとともに逸脱に対する不安を喚起して，逸脱的意思決定を抑制することを示している．また，勤勉性もリスク知覚を強め，やはり逸脱抑制的に働くことが確認された．

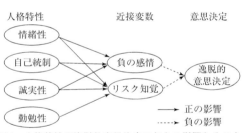

図1 人格特性が逸脱的意思決定に与える影響とその心理的働き（Van Gelder et al., 2012 より作成）

人格特性が犯罪において果たす第二の機能はストレス発生（stress generation）である．性格特性の中には社会不適応の原因となるストレイン状況をみずから生み出すように働くものもある（Hankin et al., 2010）．わがままに自己利益を追求すると（非協調性，低自己統制等）人との間で葛藤が生じるし，支配欲を満たそうとすると（欲求の偏り）反発を受けたり敬遠されて，社会適応を悪化させる．また，他の人の言動を歪めて知覚すること（認知の歪み）もストレス発生の一形態である．このように，犯罪者にはみずからストレインを招くような性格特性をもつ人たちが含まれている．

［大渕憲一］

📖 **参考文献**
[1] 二宮克美・浮谷秀一・堀毛一也他編（2013）『パーソナリティ心理学ハンドブック』福村出版．

攻撃性

　攻撃行動は，他者に対して苦痛や危害を与えることを意図して行われる行動と定義される．攻撃性は，この攻撃行動という反応が生み出される内的な心理過程をさす．

　攻撃性の研究では，その心理過程の違いから攻撃行動をいくつかのタイプに分けることが行われてきたが，近年は，反応的（reactive）攻撃と道具的（instrumental）ないし積極的（proactive）攻撃に分ける類型が広く用いられている．反応的攻撃とは，人から危害を加えられたとき，反撃したり報復したりするもので，怒りや恐怖の感情を伴う．道具的攻撃は，みずからの目的を達成するために攻撃を使うもので，必ずしも怒りやフラストレーションを伴わない．

●**攻撃性のモデル**　攻撃性のモデルには，①不快情動が攻撃行動を導くとするもの，②攻撃は目的を達成するために戦略的に用いられるとするもの，③両者を統合するものの三つのタイプがある（大渕，2011）．①としては，欲求不満が攻撃動因を高めるため，容易に刺激に反応して攻撃を行うというミラーら（Miller et al., 2003）の攻撃の置換えモデルや，先行刺激によって感情的および観念的プライムが活性化されることにより，欲求不満から攻撃行動が生じやすくなるとしたバーコビッツ（Berkowitz, 1993）の認知的新連合理論が代表的である．②としては，計画的行動モデルに，予期感情，目標願望，願望の3要因を加えたリヒテンら（Richetin et al., 2011）の目的志向行動拡張モデルや，刺激注意・感受，表象形成，目標選択，反応生成，反応評価・決定という一連の過程を経て攻撃行動が選択されるというドッジら（Dodge et al., 1994）の社会的情報処理モデル，社会的葛藤場面で，情報収集と分析を経て，目標と攻撃を結びつける反応スキーマが活性化され，攻撃行動が反応選択肢として表象・実行されるとするテデスキら（Tedeschi et al., 1994）の社会的相互作用理論等がある．

　③としては，アンダーソンら（Anderson et al., 2004）の一般的攻撃モデルが代表的である．これは，入力，経路，結果という三つの段階からなる．入力段階には，攻撃動機づけを促進する状況要因と，態度や信念といった個人要因がある．次に，経路段階において，入力段階の要因が，相互に作用しあう感情，認知，覚醒という三つの要素からなる現在の内的状態に影響を及ぼす．結果段階は，より複雑な再評価と意思決定過程からなるが，この過程は，自動的に進む場合もあれば意識的に制御される場合もある．自動的処理は「直接評価」とよばれ，先の段階で生じた内的状態から直接的に攻撃動機づけが生じる．より制御的な過程は「再評価」とよばれ，状況について，直接評価とは異なる見方が探索される．こ

の再評価が起こるかどうかは，時間や認知的能力といった資源をどれくらい用いることができるか，また直接評価が重要で不十分と判断されるかどうかによる（図1）．

●**攻撃性と非行・犯罪**　非行少年や犯罪者のすべてに高い攻撃性が認められるわけではないが，衝動性や攻撃性の高さは，非行少年や犯罪者の人格特徴の一つである．例えば，攻撃性と犯罪の結びつきが比較的直接的である暴力的犯罪は，①衝動的で制御されていな

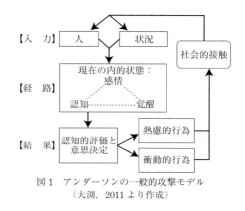

図1　アンダーソンの一般的攻撃モデル
（大渕，2011より作成）

いもの，②計画的で制御されているものに分けられるが，その背景には，上述した反応的攻撃性と道具的攻撃性があると考えられる．また近年，大きな社会問題となっているいじめにおいて，攻撃性が影響していることが指摘されている．これらの攻撃行動はネットいじめに象徴されるように，陰湿化，巧妙化，悪質化等の特徴がみられ，被害者に関する負の評判を流布させて社会的関係から排斥させようとするもので，関係性攻撃タイプ（Crick et al., 1995）と考えられる．さらに，こうした直接的な暴力だけでなく，薬物乱用の少年や，あるタイプの窃盗犯にも高い攻撃性がみられる．これは，こうした少年の対人不信感や猜疑心の強さ，物事を被害的に受け止めやすいといった認知的バイアスが，衝動的・攻撃的な行動に結びつきやすいためと思われる．このように，攻撃性が非行・犯罪に結びつく経路はさまざまなものがあり得る．

●**攻撃性と発達**　短気やかんしゃく等，いわゆる難しい気質は発達過程を通じて比較的一貫しており，幼児期の攻撃性を高める．そうした子どもたちも，言語能力の発達，満足遅延等の認知的方略の獲得，視点取得や共感性といった表象能力や情緒制御能力の発達，社会的ルールの学習等によって対人葛藤に際して衝動的に攻撃反応をとることが減少していくが，一部の子どもたちは攻撃的問題行動を示し続ける．

　この時期以降の攻撃行動を考えるうえで，上述の反応的攻撃と道具的攻撃の分類に基づく理解が有効である．発達過程を通して，欲求充足を阻害された場合でも怒りのままに振舞うのではなく，その状況を客観的に考えるスキルや感情の適切な処理を学ぶことで攻撃反応は減少していくのだが，不良な生育環境のため反応的攻撃性が高い者では，そうした学習が十分になされない．一方，道具的攻撃性が高い者は，みずからの欲求を満たすために攻撃行動を用いるという歪んだスキルを習得したものと理解することができる．

［川端壮康］

反社会性，非行深度

　反社会性パーソナリティ障害とは，米国精神医学会『DSM-5 精神疾患の診断・統計マニュアル』によれば，15 歳以上で，社会的規範に適合しない，人をだます，衝動性または将来の計画を立てられない，易怒性および攻撃性，向こう見ず，無責任，良心の呵責の欠如等のうち三つ以上が該当するものとされている．古くは精神病質，最近ではサイコパスともよばれているが，このように反社会的行動を人格特徴で説明することは，診断名としてはあり得るとしても原因論としては発生機序を十分に説明しておらず，同義反復に近い．むしろ，非行の原因論としては反社会的態度という概念を用いるべきである．これは反社会的行動に至りやすい傾向のある者である．

●**反社会的態度の発生類型**　反社会的態度とは，心の準備状態のことで，準拠集団（自分の拠り所とする集団）の影響によって多く形成される．準拠集団の価値観が反社会的である場合には，反社会的態度が形成されやすいが，人が反社会的な態度を心の中に形成するには四つのタイプがあり，それは非行発生類型とよばれる（安倍，1978）．強調されるのは，犯罪者がそれまで生きてきた中で，社会的に適応的な部分と反社会的な部分がいかに形成されてきたのかをとらえることである．これまでのエポックで，①基本的な生活の場となり，心理的な自我の支えとなった集団が何であったか，②その集団で支配的な価値観はいかなるものであったか，③その集団にどう適応し，どう適応できなかったのかを検討すること

> A型：基本的生活の場となり，心理的な支えとなった社会集団のもつ価値の方向が法的統制基準の方向に沿ったものであるが，①社会集団が彼に期待する適応の要求水準が高く，適応できない場合，②適応しても，社会の認知が不十分である場合

> B型：基本的生活の場となり，心理的な支えとなった社会集団のもつ価値の方向が法的統制基準と逆の方向にあり，しかもそれに適応することで心理的にも支えられて，法基準に対して反発・無視の態度が形成される

> C型：基本的生活の場となり，心理的な支えとなった社会集団のもつ価値や統制の方向が混乱していたり，不鮮明だったり，一貫性を欠いていたりして，きちんとした価値の学習が行われず，その場の状況によって犯罪に至る

> D型：基本的生活の場となり，心理的な支えとなった社会集団のもつ特定の価値に強く適応しすぎて，他の社会集団や社会生活場面の変化に柔軟に適応できなくなる．従来の価値をそのまま信奉して行動して結果的に反社会的になったりする

図1　安倍の非行発生類型（笠井ら，2002）

で，反社会的な態度の形成をとらえるのである．そして準拠集団と個人のもつ価値観の組合せから，図1にあげたA～D型の四つの発生類型が考えられる．

　反社会的な態度がただちに犯罪行動に結びつく訳ではない．行動に移行する要件の一つにスキルがある．スキルとは犯罪行動の具体的手段のことで，例えば住居侵入では入りやすい家を探す，鍵を開ける等である．また，もう一つの要件に加害者・被害者間に力の落差が存在することがある．

●**非行深度**　安倍（1978）は，犯罪非行の深化についても（非行深度）の四つの段階を定義している．

　第一段階では家庭や近隣等，保護領域で非行が発生する．一般的には幼年期から少年期，小学校から中学校までの時期にあたる．家庭や学校が監視しやすく，非行の発見や統制も比較的容易である．その非行内容は保護領域内で生じるがゆえに家庭内暴力，家財の持ち出し，コンビニでの万引き，学校内でのいじめや窃盗，恐喝，校内暴力等である．この段階の特徴は，家庭等の保護領域のあり方が少年の行動に直接的に影響を与える点にある．保護領域の統制力が強く，それに少年がうまく適応できない場合，準拠集団の狭い少年は逃げ場を失ってしまい，その結果両親への反抗や突発的な家出が発生する．

　第二段階は，高校生を中心とした時期にあたり，青年期の特徴である「巣立ち」の傾向が最も強い時期である．非行の領域としては，保護領域を一歩出た，親や教師の統制がきかない学校生活，交友関係，遊び場等の空間が中心領域になる．この段階では，万引き，オートバイの窃盗，暴走行為，薬物等，第二段階に特有の非行が，明確な違法性を認識しないままに発生する．またこの時期の非行の特徴に集団化がある．集団の反社会的価値基準を内面化すると犯罪が深化する．

　第三段階には，社会に出たばかりの青年が該当する．安定的な職業を志向するような意識づけは行われず，職場への不適応や転職を繰り返して，窃盗や現金持ち出しを重ねたり，反法的な行為にふける例が出てくる．当初は単なる欲求不満の解消目的であった遊びが，徐々に生活や自我の中核を占め，それに伴って労働意欲を失い，遊びとそれを支える犯罪に生活の中心が移行する．第二段階から第三段階への移行は暴力団の周辺や，暴走族の中核に位置することによって行われる．

　第四段階では，自分がプロの犯罪者である自覚と明確な集団所属性をもつだけでなく，その中心的位置を占める．犯行の手口も専門化され窃盗やスリ，詐欺，暴力団等，多様な形態がある． 　　　　　　　　　　　　　　　　　　　　　［水田恵三］

📖 **参考文献**
［1］　安倍淳吉（1978）『犯罪の社会心理学』新曜社．
［2］　笠井達夫・桐生正幸・水田恵三編（2002）『犯罪に挑む心理学―現場が語る最前線』北大路書房．
［3］　細江達郎（2012）『知っておきたい最新犯罪心理学』ナツメ社．

犯行の動機

　犯行の動機あるいは犯罪動機という言葉は，犯罪心理学や犯罪学の専門用語であると同時に日常語としても一般的に用いられる他，法律用語としての犯意とも密接に関わっている．

●**犯行動機概念の社会的意義**　一般的に犯罪被害が生じ，犯行の現場で犯人が現行犯逮捕されず，犯人も特定されないときは，被害の状況をもとにして犯人捜しが始められる．その際，被害者の特性や犯行状況から犯人像を推定するうえで，犯行動機の推測も重要な手がかりとなり，捜査線上浮かんだ被疑者について犯行の動機が想定できるか否かが犯人と推定するうえで重要な指標となる．

　また，裁判の段階では，被疑者が「真の犯人」であると認定する際に「動機の存在」が重視される等，動機は人と行動（行為）とを結びつけて責任を問う機能を果たす他，その行為の悪質さ（反社会性）を評価するうえでも重要な役割を果たすところから，犯罪報道では，できるだけ動機に言及しようとし，動機が容易に推測できないときは動機不明の奇怪な犯行とすることが多い．その場合，訴追段階では，精神障害を疑って精神鑑定を試みる等，刑罰の対象からはずすか否かが課題となる．こうした意味で，了解可能な動機の存在は，刑罰の有効性が期待される可罰性の評価と密接に結びついている．

●**責任の評価と動機**　一般に，人は，犯罪が起きると，そうした犯行がどうして起きたのかを知ろうとし，犯人の特性（人柄，生い立ち，社会的地位）とともに犯行の動機に関心を向け，犯人に対する評価の姿勢，すなわち非難するか，寛恕するかの態度を選択し，それが定まると犯罪の発生で乱された心情に一応の終止符を打つことが多い．情状酌量の制度をもつわが国の刑事裁判の仕組みは，こうした社会心理の上に成り立っているとみることができ，犯行の結果（被害の程度）と並んで犯行の動機が重要な意味を担うことになる．

　また，被害をもたらした犯人に対して法律上の責任を問うためには，加害者自身が，その犯罪行為を選択・決定した心理過程（意思）の存在を必要としており，その観点から犯行の動機（犯意）の存在を求めることなる．こうして犯行の動機は，加害者の特定とともに加害責任の存在を証明する重要な視点となり，他者にとって理解不能な犯行動機の陳述は，責任能力の存在すなわち可罰性の存在に疑義を抱かせることになる．

●**動機把握の方法**　犯罪は一回限りの個別的な現象であり，実験には馴染みにくいところから，操作的に定義される一般心理学の動機概念とは異なり，了解を基本とする意識心理学の概念と考えられる点を指摘しておきたい．

したがって犯行の動機の把握は，本人の意識体験が中心になるが，精神分析学の普及により無意識的動機の考え方が現れて，真の動機の把握・解釈が課題となり，少年事例の審判過程では，捜査資料に加えてその解明が家庭裁判所調査官の業務として取り入れられた．例えば，「欲しくて盗んだ」と供述しながら，一度も使わずに机の中に仕舞い込み，盗んだ品の存在さえ忘れてしまっている例では，無意識の領域に立ち入る必要があり，犯行動機の把握には，本人の記憶のみでなく，犯行前後の行動経過と意識体験を本人とともに追ってみる必要がある．

●**各種犯罪の犯行動機**　警察庁の『犯罪統計』では，犯行の個別特徴の把握には手口が広く用いられているが，これらには，犯行の動機原因として，痴情・怨恨・憤怒・性的欲求・服従迎合・遊び/好奇心・自己顕示・薬物作用・酩酊/精神障害（疑）が，各種犯罪に共通する項目として用いられている．

なお，犯罪研究では，犯行の動機は一般に罪種ごとに異なるものと想定され，罪種別研究が多く報告されている．その中の研究結果を2, 3紹介する．

①**無差別殺人**：近年の状況について法務省が行った査結果：自己の境遇への不満42.3%，特定の者への不満19.2%，自殺・死刑願望11.5%，刑務所への逃避17.3%，殺人への興味・欲求9.5%，不明17.3%（法務総合研究所『研究部報告50　無差別殺傷事犯に関する研究』2013）

②**放火**：1992年に報告された米国事例調査結果：興奮（犯人が消火活動を手伝ったりする）・破壊の喜び（崩壊を見守る）・表現困難な衝動（自己顕示）（消防士のように消火活動）・復讐（焼き討ち）・性的満足を得る・他の犯行を隠滅する（Holmes et al., 1996）

③**万引き**：1980年代にわが国で多発した女子万引き事例305人に対する調査結果：(a) 皆がやったから（集団への帰属）22.9%，(b) やってみたかった（単純な模倣）16.1%，(c) ただ欲しくて（単純な欲求充足）17.7%，(d) 店員がいなかったから（責任転嫁）8.2%，(e) ドキドキ感が良い（刺激の快感）5.2%，(f) タダなら得だから（打算・功利）9.2%，(g) テストの前後で（重圧感逃避）5.6%，(h) 親・先生を困らせたい（依存攻撃）4.3%，(i) イライラしていた（ストレス発散）5.2%，(j) 生理時で動揺し（生理的不安定）5.6%（堀内，1980）．

[瓜生　武]

📖 **参考文献**

[1] 瓜生　武(1977)「非行動機論—動機の理解と調査関係」『調研紀要』32, 67-75, 家庭裁判所調査官研究所．
[2] 瓜生　武(1991)「動機別にみた窃盗」安香 宏・坪内宏介編『窃盗』実践・問題行動教育体系 13．開隆堂出版．
[3] Holmes, R. M. & Holmes, S. T.（1996）*Profiling Violent Crimes: An Investigative Tool*. Sage Publications.（ホームズ，R. M・ホームズ，S. T. 著，影山任佐監訳(1997)『プロファイリング—犯罪心理分析入門』日本評論社）

認知バイアスと犯罪

　刑事裁判の判決でよく聞く言葉に「被告人の身勝手な」がある．つまり犯人は自分の欲望のみを考え，被害者や周囲の人をなんら慮ることのない人物であることとなる．犯罪者のものの見方や考え方が普通の人と違う，あるいは犯罪を犯したときは普通とは違ったとものの見方や考え方をすると一般に思われているが，このことはそれほど単純ではない．人は外部の刺激を受け入れ，解釈し，行動を起こす．この過程は，従来は感覚・知覚・判断・動作（準備）と分けて研究していたが，現在では複雑な内的過程全体を認知としてまとめて説明している．認知過程は外的な客観的な刺激がそのままに展開するのではなく，記憶や学習など多くの要因が関わる内的（心理的）過程である．したがって，それは基本的には主観的過程であり，人々の間に共通性があるとともに，個人差もある．対人知覚の研究では早くから第一印象や，刺激の初頭効果や新近効果が指摘されており，人は冷静な認知者ではなかなかあり得ない．

●**帰属の偏り**　認知は客観的でないのみならず，明らかにその解釈や説明に偏向がある．特に現象の原因を説明する際の錯誤は人々が普通に陥っている．犯罪者に内的一貫性を求める人々の論理に現れる基本的帰属錯誤（fundamental attribution error）はよく知られている（Ross, 1977）．失敗は他者に，成功は自分に帰属する自己奉仕バイアス（self-serving bias）や自分の考えは広く他者と共有しているとする偽の合意効果（false consensus effect），交通事故を起こした運転者が道路事情に悪口を言い，警察官は本人の不注意を指摘する観察者-行為者効果はそれぞれ自我を守ろうとする身勝手な普通の人が行う他者への印象管理（impression management）として多用される．集団の中でみずからの位置を常に維持することを求められる非行少年の合理化の論理である中和の技術（techniques of neutralization）（Sykes et al., 1957）等もこれにあたる．

●**ヒューリスティクス（heuristics）**　人は認知判断にそれほど時間をかけない．その場の刺激に基づき，ヒューリスティクスといわれる概ね経験則に基づいた簡便な方法を取る（Tversky et al., 1974）．たいがいは間違いがないが，ここにもバイアスがあり，問題が起きる．目の前の利用できる刺激だけで事態を判断し，その判断も複雑さよりも単純さを優先し，極端に走る．論理よりも感情優位で，基本的には自己に有利な判断が犯罪者の短絡的な行動にみられる．実はこの傾向は緊急事態でも起きる．災害等に直面した人は，なりゆき不明な事態に感情的になり，短絡的な判断を取る．不安恐怖をコントロールできなくなった人々は利己的動機が優位となり，他者との調整はしない．その身勝手な判断は，パニックを発

生させる．犯罪者の認知構造を考える場合，犯行の準備場面である態度形成の際の歪みと，発生場面（実行・発覚・逮捕・逃走等）の歪みとは分化して考える必要がある．前者は比較的安定した信念のようなもので，後者は犯行の合理化や言訳けのようなものであり，それぞれ矯正場面での対応が異なる．

●**人質事件の論理**　人質犯の論理は歪んでいるが支離滅裂ではない．人質犯行に至る態度形成の場面と実行場面との論理は分化する必要がある．捜査上は人質犯との交渉場面が重要となる．この交渉ではその歪んだ論理を単純に否定するのではなく，犯人にとっての必然性を容認しながら，瀬戸際手段をとりながら，人質犯が要求をすべて通すか，警察がこれを阻止するかの「勝者総取り」といった際どいルールの中，圧力，譲歩，妥協が展開する．それは外部観察者が期待するものとは異なる．このことは人質側の行動にも現れる．人質同一視症候群（hostage identification syndrome：HIS）またはストックホルム症候群とよばれるものである．包囲の銃撃の中，人質が犯人に協力したことは，外部の人を驚かせた．人質の論理は歪んでもいず，異常ではなく，その事態の中で，合理的な論理と行動をとったのである（Wilson et al., 2000）．

●**暴力型犯罪者の認知の歪み**　犯罪形態によっては異なる認知の歪みが指摘されている．暴力的少年の特徴として，何らかの被害を受けたときその相手が故意かどうかにかかわらず，悪意に満ちた敵意のあるものと解釈する．自分が差別されていると必要以上に思い込む．困難事態の解決策として長期的で柔軟なものではなく，攻撃的，暴力的手法をすぐ思いつく．解決によって得られるものとしては相手との社会的協調や受容よりも，相手の支配，仲間からの賞賛，物質的な利益を過度に評価する（Dodge et al., 2003）．暴力団等プロの暴力犯では，この歪んだ論理は巧妙に深化する．例えば，被害者から損害賠償を取る債権者としての正当な取引を装ったり，メンツや弱者を守る正義感，義理人情を振りかざす．

●**性犯罪者の認知の歪み**　レイプ神話とよばれる認知の歪みが指摘される（大渕ら，1985）．性的欲求不満の亢進，衝動性，被害者の性的挑発，暴力的性の容認，被害者のレイプ願望，被害者の隙，レイプ捏造等がその例としてあげられている．子どもを被害者とする性犯罪者は，子どもは望んでいる，性教育である，被害はない，といった合理化を行う．レイプ犯罪ほど攻撃性や衝動性は高くないし，認知の歪みも異なる．この認知の歪みが幼少年期からの生育過程の中で形成され，暗黙に保持された信念なのか，また犯行後の合理化のために利用されているものかは明確ではない（勝田，2014）．現在，矯正施設等では性犯罪者の処遇に，その認知過程の歪みに対応した試みがなされ始めている．その成果は，矯正施設の本来のあり方の方向性を示すものであり，期待が大きい（東本，2014）．また，反社会的行動を生み出すとされる認知の歪み全般について，その予防に関して学校教育現場での取組み等も報告されている（吉澤ら，2015）．　　　　［細江達郎］

刺激性欲求, センセーション・シーキング

　刺激性欲求 (sensation seeking) とは米国の心理学者ズッカーマン (Zuckerman, M.) により提唱された性格特性であり,「新奇で変化する多様な経験を要求し,それを得るために必要な身体的社会的なリスクをいとわない特性」と定義される.

　ズッカーマン (Zuckerman, 1979) は感覚遮断実験を通じて, 外部刺激を剥奪されることに対する耐性に個人差があることを発見した. その中には感覚遮断に耐えられずに, 短時間のうちに情緒の安定を失ったり, 幻覚様の異常体験を現しやすい人がいたことから, 常に外部に刺激や新奇さを求め続ける刺激性欲求の存在を仮定し, 最適な脳の覚醒水準は人によって異なると考えた.

　さらに, ズッカーマンは刺激性欲求を測定する検査を作成する過程で, この性格特性がスリルや新奇な経験を求めると同時に, 社会的規制を無視したり, 退屈を感じやすい属性も有することを明らかにした. 刺激性欲求の高い人は脳の覚醒水準が低く, 刺激への慣れが早く退屈しやすいため, 強い外部刺激による興奮を快と感じるものと考えた. また, 刺激性欲求は青年期に高まり, 10歳代後半からは年齢とともに徐々に低下する傾向がある. それゆえ, 青年期はスリルや新奇な経験を求め, 時には逸脱しつつも身体的社会的リスクを恐れない年代といえる.

●**刺激性欲求尺度 (sensation seeking scale：SSS)**　ズッカーマンは刺激性欲求を測定する質問紙としてSSSを作成し, その信頼性や妥当性についての検討を重ね, SSS Form Vを完成した. SSS Form Vは, スリル追求 (thrill and aelventure seeking：TAS), 新奇さ追求 (experience seeking：ES), 脱抑制 (disinhibition：Dis), 退屈しやすさ (boredom susceptbilbty：BS) の四つの下位尺度から構成され, それぞれ表1のように定義づけられている.

●**非行要因としての刺激性欲求**　欧米における調査によって, ズッカーマンのい

表1　刺激性欲求を測定する4下位尺度と質問文例（石毛ら, 1987より作成）

TAS：スリルや危険を伴う活動を好む特性 　・スカイダイビングをしてみたい. 　・飛行機の操縦を習ってみたい. ES：新奇な経験を求める特性 　・マリファナを吸ってみたいと思う. 　・芸術家やヒッピーのような「翔んでいる人」と友だちになりたい Dis：社会的抑制を無視して自由な欲望充足を図ろうとする特性 　・突飛でも新しい刺激的なことをしてみたい. 　・結婚前に性経験を積んでおくべきだ. BS：変化のないことや反復に退屈する特性 　・外出できないと落ち着かない. 　・社会的に悪いことは退屈することに違いない.

う刺激性欲求特性が非行・犯罪者の一つの特徴とみなされ，非行や薬物乱用を促進する要因となることが報告されている．

警察や法務省による最近の実態報告や特別調査『平成2年版犯罪白書』をみると，万引きに限らず，少年非行全体の動機を「遊び，好奇心，スリル」に基づく非行が約4分の1を占め，非行動機として刺激性欲求が軽視できない状況にある．

石毛ら（1987）は，日本の男子大学生の刺激性欲求特性と非行体験および嗜癖行動の程度との間に有意な相関を見出した．特に，社会的規制を無視して自由な欲望充足を図ろうとする下位特性（Dis）が，各種の非行体験に直接的な影響力をもつことが判明した．一方，新奇な体験を求める下位特性（ES）が，無免許運転や性体験といった未成年が禁じられた行為を犯すタイプの非行体験に，退屈しやすい下位特性（BS）は，飲酒，怠学や親への反抗といった規制に反発し，自由を得ようとするタイプの非行体験に，それぞれ直接的な影響力をもつことが明らかになった．結論として，刺激性欲求特性は遊び型非行の端緒における促進要因とみなされた．近藤（2004）は，非行促進要因の一つとして刺激性欲求を取り上げ，非行行動をうながす主要なパーソナリティ要因の一つとした．また，石毛（2010）は，遊び型非行における，面白い，楽しい，スリルがある，といった行動主体の内的体験を扇動的な興奮ととらえ，それを求める心理を刺激性欲求概念によって説明した．さらに遊び型非行とよばれてきたような現代型非行を「退屈を感じやすい若者が，覚醒を維持しようとする欲求によって動機づけられて刺激性欲求を求めて行う非行」と定義し直し，刺激性欲求型非行とした．近年誘惑的な刺激環境の増加，刺激性欲求を満たす遊びや冒険の場の減少，過剰な消費や欲望肥大による刺激性欲求の精鋭化，理念よりも打算優先の社会感情のまん延，高度情報社会による現実との境界の曖昧化等の状況要因下では，若者は日常の倦怠から「何か面白いことがないか」と非行に着手し，スリルや刺激を求めて非行をエスカレートさせやすい．

●**刺激性欲求型非行の防止・抑止策**　逸脱した遊びや車，薬物等へ向かっている若者の刺激性欲求を学業や趣味，スポーツ，冒険あるいは仕事といった現実的課題への挑戦に変え，社会的昇華を図ることは，刺激性欲求型非行の防止・抑止策として有効である．また，ギャング・エイジにおける遊び等の自己目的的活動を豊かに体験させることや，学業や仕事等の中に自分の能力を発揮することの楽しさを発見させることは重要である．若者には，外的報酬によって意欲を引き出そうとするよりも，内発の動機に基づく活動の自由や自己超越を多く体験させ，自己有能感や自己価値観を向上させることが必要である． 〔糟谷光昭〕

📖 **参考文献**
[1] 新田健一編（1991）『少年非行の変貌』現代のエスプリ 285，至文堂．
[2] 大渕憲一（2006）『犯罪心理学―犯罪の原因をどこに求めるのか』培風館．
[3] 石毛 博（2010）『青少年犯罪の意味探究―心理学的査定による更生支援のために』ブイツーソリューション．

道徳性・共感性と犯罪・非行

　道徳性・共感性は，その健常な発達が肯定的な行動と結びつきやすく，逆に，これらの発達の遅れや不足が非行・犯罪と結びつきやすいと考えられている．
●**道徳性**　道徳性の研究は，大別して道徳性（morality）自体に注目するもの，道徳判断（moral judgement）に注目するもの，道徳的推論（moral reasoning）に注目するもの，の三つがある．道徳性は，従来は発達心理学の領域で研究されることが多く，そこでは人間の理性的な能力，とりわけ知能の発達と道徳性の発達の関係が主として研究されていた．しかし，近年は社会心理学の領域で，道徳性の吟味が頻繁に行われるようになった．ただし，道徳性という概念は，非常に広範であるため，明確で包括的な定義は存在しない．近年，道徳性について新たな考え方が提唱されている．ハイト（Haidt, 2007）は，従来の道徳性研究は，何が正しく，何を間違ったこととするかに関する理性的判断を中核を置いていたが，実は道徳判断は案外直観的なものであり，必ずしも熟慮を伴うものではない，いわば理性とは異なる次元で研究すべきであると主張している．

　こうした理論に則り，近年の犯罪等と道徳性に関する研究は海外で積極的に取り組まれている．ウィクストラムら（Wikström et al., 2010）は，犯罪生起における道徳性と自己統制力の関係について検討し，コロンバイら（Cromby et al., 2010）は，犯罪が多発するスラム地区における犯罪と道徳性との関連について検討した．また，犯罪等と道徳判断については，ファイアリー（Fiery, 2008）が犯罪の原因と道徳判断の決定要因との関連を検討し，また，ビセラ（Bisera, 2014）は非行少年の道徳判断の獲得過程に注目して検討した．最後に犯罪と道徳的推論に関する研究では，ハモンドら（Hammond et al., 2010）が非行抑止要因としての道徳的推論能力について検討し，ランドンら（Langdon et al., 2011）は若年犯罪者の道徳的推論能力と違法行動との関連性について検討した．一方，わが国では，藤野（2013）が規範意識研究の中で道徳性を取り上げ，ギブスら（Gibbs et al., 1992）の道徳段階に基づいて研究した程度である．

　このように一連の研究を概観すると，道徳性の低さが犯罪と関連することを見出したものもあるが，そうでないものもある．研究者により道徳性の定義が異なりそれに伴う道徳性の構成要素も異なるので，一概に道徳性の低さが犯罪をもたらすとは単純には判断できない．犯罪臨床の現場では，道徳性に明確な定義があるかのように用いられるが，非行・犯罪分野における道徳性の実証的研究はいまだ緒に就いたばかりである．
●**共感性**　共感性の研究は，「人間には他者の感情を理解し共有する能力が生

まれながらにして備わっている」(Davis, 1994) ことを前提とし，従来は発達心理学や社会心理学の領域で研究されることが多かった．研究の方向としては，ダイ

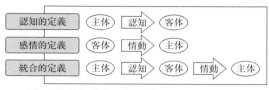

図1　共感性の定義の流れ（出口，2004 より作成）

モンド(Dymond, 1960)に端を発する認知的定義に基づき研究するもの，バーガー(Berger, 1962)に端を発する感情的定義に基づき研究するものに大別されたが，近年は，こうした認知的定義と感情的定義の統合が図られ（図1），例えば出口（2004）は非行少年の共感性を研究するうえで「共感性とは，一方的に他者を理解する認知過程（主体から客体）のみならず，情動を含んだ過程であり，他者の感情を代理的に経験したり共有すること（客体から主体）である」としている．

共感性の研究方法としては，現在，質問紙法が主流である．メーラビアンら（Mehrabian et al., 1972）が，質問紙を用いて共感性と援助行動の関係を研究したことによって共感性と向社会的行動との関係が注目され，その対立概念である反社会的行動との関係についても注目されるようになった．ディビス（Davis, 1983）が，共感性を「他者の経験についてある個人が抱く反応を扱う一組の構成概念，他者の視点取得能力と他者の情動を感じる能力」と定義したうえで，多次元共感性尺度を作成した．

わが国の犯罪心理学の研究においても近年こうした尺度を用いた研究が進んでいる．岡本ら（2010）は，成人受刑者を対象として，暴力的犯罪者の共感性の特性を明らかにしようとし，暴力犯罪者は非暴力犯罪者より共感性の認知的側面において劣っていること報告し，河野ら（2011）は，共感性が少年の逸脱行為に与える影響について研究し，空想に関わる共感性が高いと逸脱行動が多くなることを報告している．また，川端ら（2011）は，暴力的非行に対する認知的共感性の影響について研究し，上述の岡本らの研究を基に非行少年の共感性の特性について報告している．

共感性とは，日本語では「思いやり」と言い換えられることが多く，向社会的行動の基礎となるものととらえられやすい．つまり共感性が高いから，他者の苦痛を認知推測し情動的に反応するので，援助行動を行いやすいという仮説である．これを逆に考えると，共感性の低さが非行や犯罪につながるという仮説も同時に成り立っているかにみえる．しかし，出口ら（2004）は共感性の高さが非行・犯罪と結びついている場合もあるという結果を発表していることもあり，共感性の意味を明確にしたうえでの議論が必要と思われる．　　　　　　　［出口保行］

📖 参考文献
[1] 糸井尚子・渡辺千歳編著(2004)『発達心理学エチュード―新しいオーソドクシー』川島書店．

パーソナリティ障害と犯罪・非行

　パーソナリティ障害は，これまでさまざまな用語で表現されてきている．性格障害，性格異常，異常性格，あるいは人格障害，人格異常，さらには精神病質，社会病質人格等である．近年までわが国では人格障害とよばれていたが，英語圏で personality disorder という呼称が一般的となり，日本でもパーソナリティ障害とよぶようになってきた．

●**類型分類の考え方と変遷**　非行や犯罪に関係する性格は精神病質ともよばれ，パーソナリティ障害（精神病質を含む）は必ずしも非行・犯罪と一義的に結びつかないかもしれないのだが，シュナイダー（Schneider, 1923）の研究は対象が刑務所の受刑者ということもあって，犯罪と近縁の人格特性とみることができる．シュナイダーは精神病質を「その性格のために社会や自己を悩ませる状態」と定義している．パーソナリティ障害には，①偏倚概念と②中間概念があり，偏倚とは，平均からの極端な偏倚（deviation）をしている状態をいい，シュナイダーはこれを類型論的にまとめているのに対して，クレペリン（Kraepelin, E.）は『精神医学教科書（*Compendium der Psychiatry*）』を書き，類型論的に性格特徴等をとらえているが中間概念を採用し，正常と精神病の移行領域として人格障害を考えた．クレッチマー（Kretschmer, E.）は，著書『体格と性格（*Körperbau Und Chorakter*）』の中で，気質類型とその程度によって精神病質的特徴を正常，精神病と区別できるとして，典型（タイプ）から診断するという方向からその人の特性に応じて判断し，フロイト（Freud, S.）とその弟子達は，発達論的な視点，力動精神医学的な視点から類型学をつくりあげた．

●**DSM における分類の変遷**　『精神疾患の診断・統計のマニュアル』DSM-I，II はシュナイダーらの概念を寄せ集めたものと思われる．DSM-III は当時世界的に流行していた境界例（境界型パーソナリティ障害）の位置づけが問題となり，多軸診断を採用し，パーソナリティ障害は II 軸に分類されることになった．いわゆるカテゴリー診断とともに偏倚概念か中間概念かといった議論もすべて棚上げになってしまった．さらに DSM-III ではミロン（Millon, T.）の人格の三次元（受動 - 攻撃，依存 - 独立，快楽 - 苦痛）が取り入れられ，臨床的方法と社会心理的方法が混在していた．DSM-IV では，パーソナリティ障害の診断基準はシュナイダーの心理社会的方法を踏襲し，類型論的には DSM-III を踏襲している．全体的評価としては，操作的ではあるが，方法論としては折衷的なもので，パーソナリティ障害を「広い範囲の社会的，個人的状況に置いて示される環境，および自分自身に対する知覚，関係，嗜好の持続的様式」で「認知，感情性，対人関係機能，

衝動制御」の領域について検討するとしている．DSM-5 ではパーソナリティ障害の記載は DSM-Ⅳ と変わらない．

●シュナイダーの分類と DSM，ICD　いずれにしてもわが国で頻用されている診断基準である ICD や DSM に記載されているパーソナリティ障害の 10 類型はシュナイダーの精神病質人格と対比させることができる（表1）．

①狂信者：統合失調症と関係が深い．DSM-5 では統合失調型パーソナリティ障害は「統合失調症スペクトラムおよび他の精神病性障害群」にも含まれている．好訴者をシュナイダーは闘争性狂信者の類型の中で記載したが，また好訴妄想をもつ統合失調症者にも注意をうながしている．②自己不確実者：自己不全感，過敏，自責的，強迫的なこだわり．③無力者：身体の働きへの習慣的な注意，自分の調子に過敏，過度の自己観察と繊細さ等．④意志欠如者：環境や他人に影響されやすい，誘惑に弱い，従順，受動的．常習犯罪者に多くみられる性格傾向．⑤自己顕示者：注目を引く，実際以上の自己イメージ，虚言，空想癖，芝居がかる．演技性および自己愛性が対応する．亜形の中に，虚言性の顕示型があり，偽りの自白者になったり，詐病やミュンヒハウゼン症候群（Munchhauzen syndorome）を示すこともある．詐欺犯にみられる性格．⑥気分易変者：表れては消える抑うつ性のむら気，不機嫌，飲酒，浪費等による発散．DSM では境界性，ICD では情緒不安定性で衝動型と境界型があるが境界型がいわゆるボーダー・ラインであ

表1　人格障害の分類・対照表

シュナイダー（1923）	DSM-Ⅳ（1994）	DSM-5（2013）	ICD-10（1992）
狂信性（Fanatishe）	分裂病型 schizotypal 分裂病質 schizoid 妄想性 paranoid	統合失調型 スキゾイド 妄想性	統合失調質 schizoid 妄想性 paranoid
自己不確実性（Selbstunsicher） 無力性（Asthenische） 意志欠如性（Willenlose）	強迫性 obsessive-compulsive 依存性 dependant 回避性 avoidant	強迫性 依存性 回避性	強迫性 anankastic 依存性 dependent 不安性（回避性）anxious（avoidance）
自己顕示性（Geltungsbedurftige） 気分易変性（Stimmungslabile）	演技性 histrionic 自己愛性 narcissistic 境界性 borderline	演技性 自己愛性 境界性	演技性 histrionic 情緒不安定性 emotionally unstable 　境界型 borderline type
情性欠如性（Gemutlose）	反社会性 antisocial	反社会性	非社会性 dissocial
爆発性（Explosible）	―	―	情緒不安定性 emotionally unstable 　衝動型 impulsive type
発揚性（Hyperthymische）	―	―	
抑うつ性（Depressive）	―	―	

る．⑦情性欠如者：同情心，羞恥心，良心をもたない，冷酷，改善不能．残忍な犯罪者をさす．反社会性，非社会性に対応する．⑧爆発者：外界への発散，ささいな動機で激昂，普段は平静，飲酒で促進される．情動犯罪者に多い．⑨発揚者：活動的，楽天的，軽率，落ち着かない，自己主張．⑩抑うつ者：持続的に沈うつ，厭世的，猜疑的，不機嫌．

●**犯罪とパーソナリティ障害** 重大事件では刑事責任能力が検討されることが少なくない．パーソナリティ障害そのものが責任能力の減弱の根拠にされることは原則としてない．しかし，例外的にDSM-5の妄想性，統合失調型，境界性のパーソナリティ障害に関しては，症状の一部について検討が必要な場合がある．1984年の第三小法廷判決以降，統合失調症だからといって無条件で心神喪失になることはなくなった．殺人事件の被告が統合失調症なのか，あるいはパーソナリティ障害なのかで刑罰は著しく異なる．しかし，統合失調症型，スキゾイド，妄想性のパーソナリティ障害は統合失調症に近縁のものであり，診断が困難な場合も少なくない．ICD-10では，統合失調型パーソナリティ障害を，統合失調型障害（schizotypal disorder）として統合失調症圏のカテゴリーに含めるように変更された．つまり，パーソナリティ障害から統合失調症スペクトラムに入れられたのである．DSM-5では両方に記載されている．

●**犯罪被害によるパーソナリティ障害** 脳損傷あるは精神疾患の病後にパーソナリティ変化が持続することはしばしばみられる．犯罪被害，それも破局的なストレス体験に続いて持続的なパーソナリティ変化が起きることがある．ICD-10では「破局的体験後の持続的パーソナリティ変化」とよぶ．強制収容所体験，拷問，大惨事，生命を脅かす状況（人質になっている状況，殺害される可能性が切迫している）に持続的に晒されている状態で，心的外傷後ストレス障害（posttraumatic stress disoder：PTSD）がこのタイプのパーソナリティ変化に先立っていることもある．症状としては，猜疑的態度，引きこもり，空虚感，絶えず脅かされているという感情，よそよそしさがあげられるが，パーソナリティ変化が少なくとも2年間存在しなければならない．

●**反社会性パーソナリティ障害と素行症** DSM-Ⅳでは注意欠陥・多動性障害（ADHD）と破壊的行動障害が一緒に子どもの問題行動のグループに含まれていた．DSM-5ではADHDは神経発達障害にコードされ，反抗挑発症（oppositional defiant disorder），間欠爆発症（intermittent explosive disorder），素行症（conduct disorder）等の破壊的行動障害，反社会性パーソナリティ障害，それに衝動性の障害に含まれていた放火症，窃盗症等をひとまとめにして「秩序破壊的・衝動制御・素行症群」にコードしている．反社会性パーソナリティ障害は「パーソナリティ障害群」とあわせて二重コードされているが，内容はDSM-Ⅳと同じで15歳以前に素行症の既往を条件にしている．素行症の診断基準には，年齢相応の主

要な社会的規範や規則を侵害することが反復していることが含まれる．ただし，その人が18歳以上の場合，素行症の診断基準を満たしていても反社会性パーソナリティ障害とする．

●**反社会性パーソナリティ障害と犯罪関連の障害**　パラフィリア障害群にはパラフィリア（性嗜好異常），窃視障害，露出障害，窃触障害，性的マゾヒズム障害，性的サディズム障害，小児性愛障害，および異装症障害などがあげられる．異装症障害以外は非行や犯罪とみなされる障害名である．これらの診断をする場合に常に鑑別診断として反社会性パーソナリティ障害と素行症を検討する必要がある．パラフィリア障害群は，性に対する指向性の強さで区別されるが，二重診断も認められている．放火の場合，それが素行症や反社会性パーソナリティ障害の一部として起こった場合には放火症の診断は与えられない．窃盗症は犯罪としての窃盗とはまったく違い，反社会的パーソナリティ障害や素行症とは別物である．窃盗症は衝動の病であり，素行症や反社会的パーソナリティ障害による盗みは，社会的規範に対する侵害である．

●**パーソナリティ障害の今後**　パーソナリティ障害はこれからどうなるのだろう．シュナイダーにはじまりDSM-5までパーソナリティ障害を概観したが，脳の神経伝達物質と人格を関連させたクロニンジャー（Cloninger, C. R.）の三次元モデルでは，これまでの心理的，社会的なものだけでなく脳の問題も視野に入れている．

それはさておき統合失調型パーソナリティ障害は統合失調症スペクトラムに吸収され，反社会性パーソナリティ障害も秩序破壊等の群にも含まれることになった．DSM-5の第3部で「将来に向けたパーソナリティ障害の代替案」が示されている．パーソナリティ機能の障害と病的パーソナリティ特性の二つを検討し，自己や他者に対する人格機能の異常（同一性や自立，共感性，距離感），元来のパーソナリティ特性，環境や状況の影響，特異的なパーソナリティの病理を別々に評価していく案である．ICD-10では「成人のパーソナリティおよび行動の障害」の項目にパーソナリティ障害と放火癖，窃盗癖，性同一性障害，性嗜好障害が一緒になっていた．犯罪をした者はすべて反社会性パーソナリテイ障害といった浅薄な見方をなくすためにも犯罪とパーソナリティ障害の関係について，さらに緻密な研究が望まれる．

［阿部惠一郎］

📖 参考文献
[1] Schneider, K. (1923) *Die psychopathischen Persönlichkeiten*, F. Deuticke.（シュナイダー, K. 著，懸田克躬・鰭崎 轍訳(1954)『精神病質人格』みすず書房）
[2] 融 道男・小見出 実・大久保善朗他監訳(2005)『ICD-10 精神および行動の障害—臨床記述と診断ガイド』医学書院．
[3] 日本精神神経学会監修，髙橋三郎・大野 裕他訳(2014)『DSM-5 精神疾患の診断・統計マニュアル』医学書院．

発達障害と犯罪・非行

　発達障害とは，生物学的な脳機能の偏りや発達の遅れを原因とする生来性の障害である．米国精神医学会（APA）によるガイドライン DSM-5 では発達に関連した障害を神経発達症群（neurodevelopmental disorders：ND）としてまとめており，その中には知的発達障害（intellectual dsability：ID），自閉症スペクトラム障害（autism spectrum disorder：ASD），注意欠如・多動性障害（attention-deficit/hyperactivity disorder：ADHD），限局性学習症（specific learning disorder：SLD）等が含まれている．

●**非行・犯罪との関係**　発達障害の特性は幼児期の早い段階から出現し，生涯にわたって持続する．ただし，知的能力が高い場合には，障害特性に気づかれないまま経過し，学童期，青年期以降になってから集団場面での不適応行動や触法行為をきっかけにはじめて診断されるケースもある．発達障害と非行・犯罪との関係については，一般人口と比較しても，他害行為に至りやすいといったデータはない．むしろ，実直で相手の言葉を信じやすい特性等が利用されて，詐欺行為やわいせつ行為の被害者となることも少なくない．

　一方で，探究心の強さや衝動性の高さといった一部の際立った特性が反社会的行動につながってしまう場合や，障害特性に対して周囲の理解が不十分であるために，不適切な対処を繰り返した結果，発達障害とは別の二次的な情緒や行動の問題が生じ，二次障害として非行や犯罪行為に発展することもある．

●**知的能力障害/知的発達症**　①障害の特徴：知的機能の発達の遅れと同時に複数の場で確認される適応機能の欠陥を伴っている．これまでは個別の知能検査で測定された知能指数（intelligence quotient：IQ）値によって操作的に重症度が定義されてきたが，DSM-5 以降は IQ 値以外にも，概念的領域（conceptual domain），社会的領域（social domain），実用的領域（practical domain）といった実際の生活適応能力から総合的に判断して重症度を判定するようになった．

　②犯罪との関連：知的障害者による犯罪では窃盗が最も多く，その他には放火や性犯罪に占める割合も高い．性犯罪では露出行為やわいせつ行為が多く，抵抗されにくいという理由で幼年者が被害対象となりやすいが，性嗜好異常との関連は認められていない．犯罪の動機は，食欲や性欲等の強い欲求や憤怒感情の爆発などの原始的反応に基づくものが多く，また，いったん習得された行動は修正されにくいため，パターンが形成されると累犯事例になりやすい（安藤，2011）．

●**自閉症スペクトラム障害（ASD）**　①障害の特徴：社会的コミュニケーションや対人的相互反応における問題が複数の場面で持続的に認められることや，行動

や興味，または活動の限定された反復的な様式によって診断される．こうした症状は発達早期からみられ，知能や言語の障害を伴う場合も，伴わない場合もある．
　②犯罪との関連：反社会的行動との関係が論じられやすいのは知能の障害が目立たない高機能群である．犯行の動機が不可解であったり，過去に非行・犯罪歴がなく，突発的に重大犯罪に至っている等の理由から社会的な注目を集めやすいが，現在のところ，ASDと犯罪との間に有意な関係は見出されていない．
　犯罪の背景には，社会性・共感性の欠如，興味・関心の著しい偏り，思考・行動様式へのこだわり，想像力の欠如，問題解決能力の困難さといったASDの特性が強く関連していることが多い．例えば，対人関係における些細なトラブルを機に，妄想に近いかたちにまで被害感を発展させたり，不測の事態に混乱してパニック状態になったりした結果，粗暴行為等の犯行に至るケースや，大義を通すために独自の理論に基づいて計画的に犯罪を行ったり，著しい興味・関心の高まりを充足させるために実験として重大犯罪を行うケースもある（安藤，2008）．

●**注意欠如・多動性障害（ADHD）**　①障害の特徴：不注意，多動性および衝動性を特徴とする症状が持続的に認められることで診断される．症状の発現は12歳未満とされており，主な症状の現れ方によって不注意優勢，多動・衝動優勢，それらの症状が混合した状態のいずれかに特定される．重症度によって軽度，中等度，重度の3段階に区分されている．
　②犯罪との関連：ADHDの症状は学校等の集団生活の中で適応不全として表面化しやすく，衝動性のコントロールが未熟なために短絡的に暴力行為に至るケースが多い．幼少時から叱責される経験が多いために劣等感を抱いて自己評価を低下させたり，「育てにくさ」が引き金となって虐待が発生することもあり，居場所を求めて非行グループに属すようなケースも少なくない．
　このように二次的な心理要因，環境要因が非行や犯罪につながるケースがある一方で，ADHDにはCDと共通する遺伝的要素があるとする報告もあり（Moffitt, 2005），症候学的観点からも，ADHDに反抗挑戦症（oppositional defiant disorder：ODD）または素行症（conduct disorder：CD）を重複するケースでは非行や犯罪との親和性が高いことが知られている．また，こうした重複診断をもつケースでは，青年期における物質乱用や成人後の反社会性パーソナリティ障害との関連も指摘されている（Bailey et al., 2015）．

●**発達障害による非行・犯罪への対処**　発達障害のある者の中でも犯罪に結びつくケースはごく一部であり，多くはその背景にある環境要因や併存する他の精神病理学的問題，あるいは直接動因としてのストレス因子が大きく関与している．周囲が早期に障害の存在に気づき，それぞれの障害特性を理解したうえで適切な介入を行っていくことが，将来の併存障害の発生を回避し，二次障害としての触法行為を予防するうえでも最も有用であると思われる．

〔安藤久美子〕

時間的展望と犯罪・非行

時間的展望（time perspective）とは，「ある一定時点における個人の心理学的過去および未来についての見解の総体」（Lewin, 1951）をいい，いわゆる「みとおし」をさす．

つまり，過去がこうだったから現在はこうなったという過去を想起し，それを未来にあてはめる．その予期に基づき，現在の判断を行う（白井, 2001）．図1のように，過去を通して未来が構想され，未来によって現在が方向づけられ，現在が過去を意味づけていく．

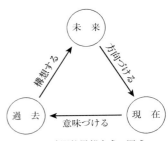
図1 時間的展望生成の図式
（白井, 2001より作成）

●**時間的連続性**　従来，長い将来展望をもつ者が適応的だとされてきた．例えば，非行少年は一般少年と比して将来展望が短い（Barndt et al., 1955）という．即時の欲求をコントロールする力，すなわち自己統制力の欠如が非行や犯罪の根本原因であると指摘もあるように，こうした，長期の見通しを立てる力の前提に自己統制力がある．

勝俣ら（1982）は，非行少年は現在の行動が未来達成につながらないがゆえに長期展望がもてず，現在，過去を切り離して未来をみているとした．

時間的連続性（time continuity）とは，「自分の過去・現在・未来がつながっているという実感」である．河野（1994）は，過去の失敗経験から学ばない非行少年の時間の非連続性を明らかにした．この時間的連続性を保持する前提には他者との安定した絆の形成が不可欠であるという（村田, 2009）．

また，非行少年の未来は一般少年と比較して明るい（小宮山ら, 1976）．彼らの未来は現実を踏まえていないため，具体的でない．さらに，杉山ら（1991）では，各時間次元の評価と時間的連続性との関連性を，非行群・一般群別に検討した．その結果，一般群では過去の努力が報われた経験が各時間次元の評価や現在の努力と関連し，非行群ではどの時間次元とも関連がなかった．非行群では，「小さい頃に戻ってやり直したい」と過去との断絶のうえに新生を期待していた．一般少年にとっての過去は現在の自己確立や行動の基準としての意味をもつが，他方，非行少年は過去に立脚した現在の評価や，未来を展望せず，各時間次元の断絶のうえに明るい未来を想定し，成果獲得に失敗し，犯罪行為に走ったという．

この時間的連続性をサイクスら（Sykes et al., 1957）らによる非行技術の中和論の観点からみた場合，非行少年は過去の犯罪行為をなかったことにする，つま

り，自身の行為にともなう罪悪感を中和する技術を用いているために，過去を切り離し，その結果次の非行を容易にさせているとも考えられる．

●**可能自己**　一般少年の将来展望が不安とセットになっているのに対し，非行少年の未来には不安が伴わないという（小宮山ら，1966）．この，不安とセットの希望が必要という考えは，マーカスら（Markus et al., 1986）が提唱した可能自己（possible self）の理論にある．未来における自己概念が可能自己である．人は何になり得るか，何になりたいか，何にはなりたくないか等，願望や理想，不安な状態，実現した自分の姿を思い描く．それを現実化，あるいは回避しようと動機づけられる．目標実現のためには，希望だけではなく不安が伴う必要がある．希望と不安が両方あることを「可能自己のバランス」と名づけた．他方，理想自己と現実自己のずれ（discrepancy）がもたらす，失望，不安，緊張等はさまざまな自己の不適応指標となる．

　オイサーマンら（Oyserman et al., 1990）は非行進度と可能自己の関係を検討し，非行が進むほど可能自己のバランスが低いことを見出した．非行少年は可能自己のバランスがないため，希望はあっても不安が伴わない．それゆえ，目標実現のための粘り強い行動が動機づけられなかった．白井（Shirai, 2000）は，少年鑑別所入所少年と職業科高校生と進学校高校生の3群を比較した結果，進学校群は希望と不安がセットになっていることを見出した．鑑別所入所群は不安に向き合う力が乏しく，職業科群は不安はあるが希望がもてなかった．この結果から，可能自己のバランスが低くても，将来の不安に向き合うことができれば，自分の行動を分別もってコントロールできることが示唆された．

　河野（1998）は非行からの立ち直りには，非行少年が抑うつを体験できるかどうかが重要だと指摘した．河野は，非行少年が再度罪を犯す不安から逃げることなく，すなわち，抑うつ体験を経ることで，目標を立てた生活が可能となったことを明らかにした．このように，非行をする自分・非行をしない自分を対峙させることが，主体性の確立を促し自己全体のレベルで可能自己のバランスをつくっているといえる．

　可能自己の概念は非行の立ち直りにどのような示唆を与えるのだろうか．白井（2001）によれば，可能自己のバランスは目標への粘り強い努力を引き出すという．抑うつに耐える力尺度を作成した白井ら（2000）により，非行からの立ち直りには，抑うつに耐える力，確かな人との出会い，児童期における勤勉性が必要とされた．この結果は，サンプソンら（Sampson et al., 1993）による，非行歴を重ねた者が，成人以降に人生の転換点を迎え定職に就く，配偶者を得ることにより生活が安定し，再犯が抑制されるとの指摘や社会的統制理論（social control theory）が主張する非行や犯罪の抑止要因としての社会的絆の重要性を裏づけるものである．

［柏尾眞津子］

学歴，知能と犯罪

『平成27年版犯罪白書』によると，少年院入院者の教育程度別構成比は，男子2,653人のうち，中学在学は12.9％，中学卒業が28.5％，高校在学が17.1％，高校中退が35.7％，高校卒業，その他が6.1％である．

また女子の少年院入院者219名のうち，中学在学は16.0％，中学卒業が21.0％，高校在学は23.7％，高校中退者が34.7％，高校卒業・その他が5.5％である．このように，中学卒業または高校中退者が半数以上を占めていることや，高校在学といっても単位制高校や定時制高校に在籍しているが実際は遊び中心になり学校生活から早期の離脱がみられる．この背景には，非行少年の知能や学習習得度の問題がある．

●**少年非行の知能検査結果** 1970年代から非行少年の知能特性を明らかにするため，ウェクスラー知能検査を実施した研究が行われ，非行少年の平均の知能指数（intelligence quotient：IQ）は85から90であり，一般の青少年よりも約1標準偏差低いことが示されていた．表1はそれらの国内外の調査結果をまとめたものである．

表1 ウェクスラー知能検査

著　者	対　象		全検査IQ	動作性IQ	言語性IQ
Berman et al.(1976)	米国．少年院群	45人	90.5	95.7	87.4
Romi et al.(2007)	イスラエル．少年院群	111人	93.5	100.3	87.7
松浦ら(2005)	日本．少年院群	54人	88.8	89.2	89.3
山口ら(2007)	日本．少年鑑別所群	105人	78.3	80	81.9
緒方(2008)	日本．児童相談所の非行群	190人	81	84	82

松浦ら（2005）が，少年院生54人にウェクスラー知能検査児童版（WISC-Ⅲ）を実施している．動作性知能（PIQ）と言語性知能（VIQ）の階差（ディスクレパンシー）が15ポイント以上あるものが18.5％，10ポイント以上あるものが51.9％と多く，非行群は，知的能力が低いというよりも，知的能力のアンバランスがあることを指摘している．

山口ら（2007）は，少年鑑別所の105人（平均年齢17歳）にWAIS-Rを実施している．全検査IQ（FIQ），PIQ，VIQいずれも80前後で全体にかなり低めであり，VIQが高い者が25名，PIQが高い者が15人であった．

緒方（2008）は児童相談所に係属した非行群のWISC-Ⅲ 190例を分析した．その結果，男子の非行群のFIQは81，PIQは84，VIQは82であった．緒方は，動作性知能が高いというよりも，言語性知能の低下が非行少年の理解に重要と論

じている．

しかしながら，非行少年を理解するためには，学童期からの学習不振や高校中退が多くみられることから，米国等の研究では，ウェクスラー知能検査だけではなく，読み，書き，計算，推論等，学習習得度のアセスメントが，個別式の学習習得度検査によって行われてきた．

●**非行少年の学習習得度**　学習習得度のアセスメントにより，非行少年の学習面のつまずきを把握して，今後の教育支援や就労支援に活用することができる．

ファミュラロら（Famularo et al., 1992）は，ボストンの少年裁判所のクリニックで13〜15歳の非行少年と対照群（非行までは至っていないが，そのリスクがある群）にWISC-Rと広域学習習得度検査（Wide Range Achievement Test：WRAT）を実施したところ，非行群のWRATの平均は読みが87.6（対照群は83.9），綴りが82.4（対照群は80.5），算数が最も低く74.5（対照群は73.6）であった．

ラックリジら（Rucklige et al., 2009）は，16〜19歳の少年受刑者60人にウェクスラー式個別習得度検査（WIAT）を実施した．この研究では，全IQよりもいずれかの下位項目が1標準偏差の遅れがあるものを学習障害（leaning disorders：LD）としたところ，91.6％がLDとみなされ，そのうち特に読み，算数，話すの習得が遅れていた．彼らのうち追跡可能であった51人について4年後に再犯の有無を調べたところ，再犯を最も予測するのは「読み理解」であった．

このように，欧米ではウェクスラー知能検査だけではなくWRATやWIATなど標準化された個別式学習習得度検査を用いた研究が多く行われていることに着目する必要があろう．わが国では熊谷ら（2007）が14〜15歳の少年院生20人に対してWISC-Ⅲとともにウェクスラー客観算数検査（Wechsler Objective Numerical Domains：WOND）を実施しているが，この結果，少年院生は分数問題と図形問題の成績が顕著に低く，WONDの標準得点はWISC-Ⅲの全IQと比較して約2標準偏差の低下があり，算数の習得の著しい遅れがあることが明らかになっている．

上述のように，少年非行の理解にあたり，知能や学習習得度の問題はあるものの，読み・書き等の教育プログラムの実施によって，非行・犯罪傾向が改善することも報告されている．ブライア（Brier, 1994）は192人の触法行為をした青少年に中学卒業レベルの学力を身につける教育プログラムを実施しているが，これは週2回の90分授業で読み書きと算数，コミュニケーションを学ぶものである．再犯率はプログラム完遂群が14％で，対照群（61％）より低かった．

このように，非行少年は学習不振があるが，教育支援により立ち直りの可能性があるといえよう．

[熊上　崇]

📖 **参考文献**
[1]　熊上　崇（2015）『発達障害のある触法少年の心理・発達アセスメント』明石書店．

社会階層と犯罪

　社会階層（social stratification）または社会階級（social class，欧米の犯罪学では社会階級の用語法が一般的）と犯罪との関係は，犯罪学において長年にわたって論争となっている重要な問題の一つである．両者の関係が犯罪学的に問題となるのは，社会階級が人々の犯罪行動パターンにどのように影響を与えるのかということである．とりわけ，犯罪が下層階級ないしは貧困層の現象であるのか，あるいは社会階級とは無関係に生じるより広範な問題であるのかについて，これまでも多くの理論的，実証的研究が積み重ねられてきている．

●**下層階級と犯罪・非行**　20世紀前半にかけて誕生した米国の社会学的犯罪学理論の多くは，社会階級と犯罪との間には反比例的な関係が存在するという仮説に基づいて定式化されていた．例えば，社会解体論，緊張理論，非行下位文化理論，分化的機会構造理論等は，犯罪が主に下層階級の現象であることを説明しようとしたものである（Tittle, 1983）．これらの理論によれば，経済的な欲求・目標を合法的な手段で獲得することができない下層階級の人々は，それらを得るために犯罪活動に訴えようとする．また，下層階級の経済状況，特に貧困状態にある者たちは，一般社会に対するみずからの欲求不満，憤激を表出する一つの手段として暴力犯罪にも出ると考えられている．同様の見方は，すでにマルクス主義犯罪学の立場に依拠したボンガー（Bonger, 1916）によっても主張されていた．すなわち，彼は，資本主義体制における生産手段へのアクセスまたは生活物資の剥奪が下層階級を特徴づける条件であり，それによって貧困や失業等経済的資力を失う下層階級の絶望的な状況が犯罪行動に導くと主張した．

　このような議論は，主に公式犯罪統計データを利用した数多くの実証研究によっても支持されている．例えば，米国連邦捜査局（FBI）の各年版『統一犯罪報告書（*Uniform Crime Reports*）』は，一貫して都市部の貧しい若年の黒人男性が総人口の中で他の社会集団よりも圧倒的に多く逮捕されていることを実証している．ただし，公式犯罪統計の解釈については，実際の犯罪行動パターンを反映したものではなく，刑事司法機関が不平等にマイノリティの貧困者を標的に取り締まっていることの結果ではないかという代替的見解もあることに留意すべきである（☞「ラベリング理論」）．もっともこの立場においても，いわゆる犯罪の暗数問題（☞「犯罪統計」）を通して，社会階級が犯罪および刑事司法研究における重要な要素の一つであることに変わりはない．

●**階級・犯罪論争**　1950年代後半以降，自己報告研究が幅広く利用されるようになるにつれて，それまでは通説とされてきた社会階級と犯罪との反比例関係に

対して，疑問を提起する見解が台頭してきた．自己報告データの大部分は，社会階級とは無関係に，あらゆる階層に犯罪・非行が分布していることを示しており，階級と犯罪との関係は存在しないとする調査結果が一般的に確認されている．とりわけ，ティトルらの『社会階級と犯罪の神話（*The Myth of Social Class and Criminality*）』と題する論文（Tittle et al., 1978）は，社会階級と犯罪との関係についての激しい論争を引き起こしたことで有名である．彼らは，社会階級と犯罪との関係を主に自己報告データで分析した35の調査研究の諸結果を再分析し，全体として，社会階級と犯罪との反比例関係が統計的にきわめて取るに足りない程度しかなかったということ，さらに両者の相関関係の程度について1950年以降の長期的な推移をみると，それは一貫して小さくなる傾向を示しており，1970年代以降実施された調査研究では，自己報告データのみならず公式統計データを使った研究の双方において階級と犯罪・非行の関係は本質的に存在しなかったと結論づけられた．

　ティトルらの研究を契機に数多くの調査研究が，より広範にかつ複雑に展開されるようになっている．しかし，多くの実証研究の結果には矛盾があり，決定的ではなく，依然として論争は継続している．この論争の原因の多くは，データ収集方法の違い（公式統計，自己報告データ等），社会階級と犯罪・非行の測定尺度の違い（所得，貧困，財産犯罪，暴力犯罪，軽微な非行等），異なるサンプル（年齢，人種等），データ分析手法の違い等，主に調査研究法の相違に起因していると思われる．

●**今後の課題**　上述の論争を通して，今後さらに重要な問題点として検討すべきことは，社会階級ごとに犯罪行動パターンの質が違うのではないかということである．今日ではあらゆる社会階級において犯罪が生じていることは間違いない．ホワイトカラー犯罪の存在や中流階級の軽微犯罪・非行も研究対象とするならば，今後の犯罪学理論は，犯罪行動の態様や犯罪動機形成の違い等に応じて，社会階級との関係をより複雑かつ多面的に特定化していく必要があるといえよう．つまり，少なくとも社会階級は人が犯す犯罪行動の態様や動機づけに影響を及ぼしているように思える．この文脈で，従来の研究の中心課題であった下層階級の経済状況を示す貧困と犯罪との関係についても，貧困線以下の絶対的貧困それ自体ではなく，むしろ他の社会集団との相対的な関係における経済格差（例えば，所得格差）を意味する経済的不平等やこれに対する不平等感や怒りの感情を犯罪の原因とみなす相対的剥奪の理論的重要性が認識されている．さらには，これらの経済的要因がさまざまな社会変数（文化，人種，ジェンダー等）と複雑に相互作用していることも無視できない．この意味で，社会階級と犯罪との関係を今後研究する際には，犯罪行動パターンに含意された多数の要因と経済的要因との関係をよりきめ細やかに理解することが重要である．　　　　　　　　　　［朴　元奎］

災害と犯罪・非行

　震災に限らず，津波，ハリケーン，火山噴火，大停電等といった大規模災害は，財産や人命を奪うといった物理的な被害だけではなく，人々の心理や行動にも影響を与えるが，非行・犯罪もその一つである．

　海外では大災害のあとで略奪や暴行をはじめとした犯罪が多発するが，日本ではそのようなことが起きないといったことがよくいわれる．しかし，東日本大震災（2011年3月11日発生）の被災地のうち，原子力発電所事故による避難があった地域では，侵入盗が多数発生しており，わが国でも状況次第では犯罪が多く発生することを示している．

　本項では，震災に限らず広く災害について対象とし，災害により発生しやすい犯罪の類型や，災害と犯罪の関係を説明する理論的枠組みについて説明する．

●**災害により発生しやすい犯罪の類型**　災害によって引き起こされる犯罪は，乗り物盗，侵入盗，横領，詐欺，暴行や薬物乱用等さまざまであるが，その動機等により，①困窮型犯罪，②便乗型犯罪，③ストレス型犯罪，④その他に分けることができる（斉藤，2013）．①は災害による影響で生活が困窮し，やむを得ず食糧を略奪するといったもの，②は災害後の混乱に乗じ，避難して無人になった家への侵入盗や被災者心理につけ込んだ詐欺等，③は家や仕事を失ったうさ晴らしから薬物を使用したり，飲酒量が増えて暴力事件を起こすケース等である．④はそれ以外のものである．①〜③の混合タイプも考えることができるが，それは④に含まれることになる．

　注意しなければならないのは，同じ種類の犯罪であっても，なぜ行われたかによってタイプが異なることである．例えば，同じ侵入盗であっても，それが食べるものがないため仕方なしに行われたのであれば①困窮型犯罪であるし，災害後の混乱を利用して換金目的で行われたのであれば②便乗型犯罪ということになる．困窮型犯罪は緊急避難的な行為としてある程度許容されるだろうが，便乗型犯罪は決して許される行為ではない．

　また，③ストレス型犯罪は，犯罪から立ち直りかけていた者が災害による環境の激変により行うケースもある．また，親がストレスから虐待を行いやすくなる等，子どもに対する長期的な影響が将来の非行・犯罪リスクを高める可能性もある．いずれにせよ，被災者に対する心のケアが十分に行われなければ，長期間にわたって犯罪が発生し続けることになる．

●**災害と犯罪の関係を説明する理論的枠組み**　災害と犯罪の関係の理論的説明としてこれまで提唱されているものに，①アノミー理論（Merton, 1957）に基づく

もの，②日常活動理論（Cohen et al., 1979）に基づくもの，そして③災害と犯罪についての独自の理論である災害の段階分析（disaster phase analysis）がある．

①は災害によるダメージは社会的弱者が受けやすく，このため，彼らによる犯罪が起きやすくなるというものである．ウォーレンバーグ（Wohlenberg, 1982）は，1977年のニューヨーク大停電では貧困層の多い地域で略奪が発生したことから，災害が引き金となって社会的弱者による犯罪が起きたとしている．この問題を解消するためには社会格差の是正が必要ということになる．

②では，日常活動理論でいう犯罪を発生させやすい三つの要因（動機づけられた犯行者，格好の標的，有能な監視者の不存在）のうち，特に最後の有能な監視者の欠如に着目している．クロムウェルら（Cromwell et al., 1995）は，1992年に米国南部を襲ったハリケーン・カトリーナの被災地では犯罪が減少したが，これは住民同士の協力の高まりにより，監視力が高まった（つまり有能な監視者が存在していた）ためとしている．もし何らかの事情で（例えば住民が避難して家を離れる等して）監視力が弱くなれば，犯罪が多く発生することになる．東日本大震災では，避難と侵入盗被害の遭いやすさに関係があったことが明らかになっている（岡本ら，2014）．

③の災害の段階分析は，災害と犯罪との関係を時間経過も考慮して検討しようとするものである．ソーントンら（Thornton et al., 2010）によれば，災害は時間経過から，(a) 警告段階（災害が起こる前の状態．この段階は台風等ではあるが震災等ではない），(b) 衝撃段階（災害が襲っているとき），(c) 緊急段階（災害による衝撃のあとで救助等をしているとき），そして (d) 復旧・復興段階の4段階に分かれる．それぞれの段階で起きやすい犯罪があり，例えば，衝撃段階や緊急段階では被災した建物への侵入盗が起きやすい．復旧・復興段階でも被災建物への侵入盗はあるものの，それに加えてリフォーム詐欺等が現れるようになる．

ミューラら（Mueller et al., 1998）は，災害の段階分析に加えて，シノミーとアノミーによる説明を行っている．社会がもともとシノミー状態（人々が規範を守ろうとし，結びつきが強く，統制が自然に行われ，規範が統合されている状態）であれば，災害に襲われたときシノミーがさらに高まり犯罪発生が抑制されるが，(d) 復旧・復興段階に入ると連帯意識がなくなったり，外部からの流入者が増える等してシノミーが次第に弱まり，犯罪の発生を許すことがある．社会がもともとアノミー状態（シノミー状態の反対）であれば，災害に襲われたとき社会がシノミー状態に変わることはなく，早い段階から犯罪が多量に発生することになる．

［岡本英生］

参考文献
[1] 斉藤豊治編(2013)『大災害と犯罪』法律文化社．

フェミニズムと犯罪研究

　女性が「女だから」と、性別を理由に不本意な生き方を選ばざるを得なかった時代はずいぶん長く続いた．フェミニズム（feminism）は，このような性差別を廃止し，抑圧されていた女性の権利を拡張しようとする思想・運動を総称するものであり，男女同権運動との関わりが深い．その起源はフランス革命後，1791年のフランスの女権宣言にあるといわれている．家父長制＝男性中心主義に根ざす伝統的な性役割から解き放たれて，1960年代からウーマン・リブ活動が世界中に広まり，この運動により後に多くの国で女性の労働の自由が認められるようになった．これを境にフェミニズムはほとんどの国で政治，文化，宗教，医療といったあらゆる分野で取り入れられるようになり，女性の社会進出を促進し，男女平等の気運が高まったといえる．

　わが国においては，1986年の男女雇用機会均等法，1999年の男女共同参画基本法の制定によって法的な整備が進んだ．また，生物学的な性である「セックス」に対し，社会的，文化的な性を表す「ジェンダー」という言葉が定着し，性差が社会的，文化的につくられる過程への関心が強められた．

●**女性犯罪の現状**　女性の犯罪は，どの時代においても男性に比べて著しく少ない．女性の一般刑法犯の検挙人員は，女子比でみると1978年までは上昇傾向にあったが，その後は概ね2割前後で推移している（図1）．罪名は2012年の数字では窃盗が8割を占め，男性（5割弱）に比べ顕著に高く，特に万引きが多い．特別法犯では覚せい剤等取締法違反が22.1％と最も多く，次いで，軽犯罪法違反12.9％，風俗適正化法違反10.6％が高い．米国，英国，ドイツでも同様の傾向がみられ，女性の犯罪は男性の約2割にとどまり，窃盗（万引き）と薬物使用が優位を占めている．『平成25年版犯罪白書』によれば，わが国においては女性の高年齢化が顕著で，女性の一般刑法犯検挙人員に占める65歳以上の高齢者の割合は2012で27.3％となり，1993年（5.7％）の約5倍である．女性の高年齢化は，男性の2012年（14.1％）に比べても顕著に高い．また起訴人員は検挙人員より低く1割程度で推移している．

　発生自体は少ないものの，女性の殺人の特徴として嬰児殺や児童虐待による子殺し，夫や親族殺，愛人やその親族殺等，家庭を中心とした面識のある人間関係の中での事件が9割を占める．

●**フェミニズムの犯罪研究への影響**　フェミニズムの思想は女性の犯罪についての考え方に大きな影響を及ぼした．従来，女性犯罪に対しても男性の犯罪行動の理論を適用することが多かったが，フェミニズムの影響は女性の置かれた社会的，

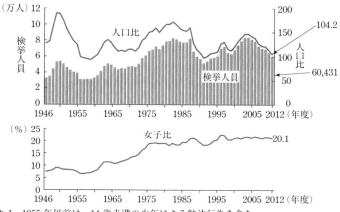

* 1　1955年以前は，14歳未満の少年による触法行為を含む．
 　2　1965年以前は，業過を除く刑法犯である．
 　3　人口比は，14歳以上の女子10万人あたりの一般刑法犯検挙人員である．
図1　女子の一般刑法犯　検挙人員・人口比及び女子比の推移
（『警察庁交通局の資料』および『総務省統計局の人口資料』より作成）

文化的状況を強く配慮する方向に向かった．女性犯罪が数量的に男性犯罪の5分の1程度にすぎないという犯罪率の低さは，従順であり，攻撃的でないといった女性の性格特性，女性の相対的な身体の弱さ，生理的要因，女性の社会的劣位等の社会的要因等，さまざまな側面から検討がなされてきた．しかし一方で，女性犯罪の原因として，生理，妊娠，更年期（閉経期）といった女性特有の生理的要因が必要以上に重視され，月経時に犯罪を犯しやすいという根深い偏見が，科学的な根拠のないまま主張されることも多かった（田中，2006）．

　女性による犯罪は軽微なものが多いが，これは女性の地位の低さを反映し，男性に比べ，経済的にも社会的にも劣位にあることを示している．また嬰児殺に代表されるように，女性によって引き起こされる殺人や暴力事件は，家庭に深い関わりをもった犯罪であることが多く，性役割規定によって生じた感情的フラストレーションを反映したものと考えられる．フェミニズムの思想は，このような性差別や経済的・社会的構造における女性の地位について考察を行うことで，女性と男性との犯罪の違いや，女性が法的な一連の過程の中で男性と異なった取り扱いを受ける理由についての理解を深めたといえる．しかしながら，女性の社会的進出に応じて，すなわち犯罪を行うさまざまな機会が増えることによって，ホワイトカラー犯罪や暴力犯罪等，男性と同様に積極的な犯罪が増加することが予想されたが，女性犯罪の現状をみるとそのような傾向は顕著には認められない．

［吉野絹子］

ダニーディン縦断研究

　ダニーディン「子どもの健康と発達に関する長期追跡研究（*The Dunedin Multi-disciplinary Health and Development Study*）」（ダニーディン縦断研究）は，ニュージーランドの南東オタゴ県の中心都市であるダニーディン市（2014年の人口は約12万3,000人）で産声をあげた．対象者は，1972年4月1日から1973年3月31日までに当時のダニーディン市に唯一あった産科病院で生まれた1,037人であり，その期間内に同市で生まれた子どもを代表するサンプルである．現在までに，3歳，5歳，7歳，9歳，11歳，13歳，15歳，18歳，21歳，26歳，32歳，38歳の12時点で調査が実施されているが，いまなお約95％の対象者が継続的に参加している世界中で最も辞退率の低い研究の一つである．また，この縦断研究は心身の健康に関するあらゆる面の発達を網羅しているのも特徴であり，研究の焦点は知能や人格，対人関係，自己評価，反社会的行動，メンタル・ヘルス，性行動等の心理的側面から，喘息，中耳炎，けが，血圧，歯といった身体面までと幅広い（Silva et al., 1996）．研究の成果は，これまでに1,000編を超える刊行物として公表されてきており，人間の健康と発達に関するさまざまな問題を考える際に有益な情報を提供してくれている．

　ダニーディン縦断研究は，犯罪心理学にも縁が深い．例えば，現在の反社会的行動の発達の軌跡に関する議論（Sampson et al., 2005 等）は，モフィット（Moffitt, 1993）がこのデータを用いて分類したタイプが一つの基準となっている．それは，反社会的行動が幼少期から成人になるまで継続してみられるタイプと青年期だけに限定してみられるタイプの二つであった．また，カスピら（Caspi et al., 2002）が，反社会的行動の発生メカニズムを幼少期からの被虐待経験と攻撃性に関わる遺伝子モノアミン酸化酵素A（MAOA）との相互作用から解明した研究は，反社会的行動について遺伝子レベルを含めて検討するその後の展開を生み出すことになった．この他にも，幼少期に目立った問題行動や環境的なリスクがなくても，15歳以前にアルコールや薬物を使用した経験がある人の約半数が成人後に薬物依存や犯罪等の問題を起こすことを示した結果（Odgers et al., 2008）は，今日のわが国が抱える若年層の薬物使用問題を考えるうえで重要な示唆を与えている．

　現在のダニーディン縦断研究は，創立者である発達心理学者のシルバ（Silva, P. A.）から次の世代に受け継がれ，対象者もすでに40歳を超えて中年期を迎えている．対象者の中には結婚して子どもがいる人も多く，親としての情報も収集されており，自分が幼少期に受けた養育が親になった現在の子育てにどのように影響しているか，といった世代間伝達の研究も進められている（Belsky et al., 2005）．今日では，米国や英国を中心に大規模な縦断研究が数多く存在するが，ニュージーランドの小さな都市で数少ない資源とスタッフで始まったこの研究は，その精緻な研究方法論と追跡期間の長さの点で，これからもさまざまな分野の研究をリードし続けていくことであろう．

［酒井　厚］

第2章

犯罪心理学の研究法

［編集担当：大渕憲一・小俣謙二・白井利明］

【概説】犯罪心理学の研究法・研究倫理——92
犯罪統計————————————94
犯罪研究における統計分析————96
横断的研究・縦断的研究—————98
事例研究————————————100
ナラティブ・アプローチ—————102
再犯研究————————————104
犯罪被害調査——————————106
政策評価研究——————————108
【コラム】暴力非行，犯罪と
　　　　テレビ・ゲーム——————110

【概説】 犯罪心理学の研究法・研究倫理

　犯罪心理学は心理学の一分野であるため,心理学で使われる方法が適用される.他方で,心理学一般にはみられない領域固有の特殊性もある.後者は本項以降の各論で述べられるので,桐生（2012）にならって,取り上げる一般的な研究法を抽出し,それぞれを概説する.

●**観察法**　観察とは,目に見えるもの（現象）をもとに目に見えないもの（本質）をとらえることである.一見バラバラにしか見えないことでも,そこに法則性があることを見つけ出すことができる.観察は,あらゆる方法の基本ともなる方法である.観察の方法には,自然観察法と組織的（系統的）観察法がある.自然観察法は,ありのままに観察する.他方,組織的観察法は,状況の変化で行動がどのように変わるのかを観察する.観察するには,経験を積んで訓練することが必要である.見落としがちな行動があり,また印象と事実との混同も考えられるからである.

●**面接法**　面接とは,直接,情報をもっている人に会って,その人から情報の提供を受けることをいう.その場合の情報には,その人に依頼して意図的に伝えてもらうものと,それだけではなく,本人が意図しないものまで観察して得るものとがある.面接には治療のための臨床的面接もあるが,研究において情報収集手段として使われる場合には調査面接法とよばれることもある.調査とは,研究するにあたって知りたい実態を明らかにするために系統的に資料を集めることをいう.系統的に集めるとは,研究の目的を最も的確に実現するように,調査対象を選択し,質問の内容や聞き方を設定し,実施および集計・分析を行うことである.したがって,誰にどこでどんな内容をどのように質問し,面接の様子も含めて観察するのかを選択・決定していくことが重要である.

●**フィールド研究**　フィールドとは,研究しようとしていることが実際に起こっている場所・場面,あるいは出来事として直接体験される場所・場面をいう.フィールド研究とは,ありのままの現実場面をよりリアルにとらえようとする方法である.そのため,個人や現象だけでなく,それがどのような布置（全体の関連のなかでの位置づけ）の中で起きているのかを知ることが大切である.フィールド研究では,実際には観察法や面接法等が使われる（☞「ナラティブ・アプローチ」）.

●**質問紙法**　質問紙法とは,質問項目を使って情報を収集する調査方法をいう.質問紙調査のメリットは,①一度に大量のデータを集めることができること,②調査協力者の回答を客観的に集計したり分析したりできることである.他方,デメリットは,①状況を統制しないので,個人に影響を与える原因を特定すること

が難しいこと，②結果が個人の自己報告に基づくことである．後者に関しては，本人が正しく報告することが前提であるため，(a) 自分を内省し表現する能力が乏しい年少者の場合や，(b) 本人が虚偽の報告をする可能性の高い場面（例えば，回答が自分の将来に影響を与える）では，正しい結果が得られにくい（☞「犯罪被害調査」）．

●**実験法**　実験とは，予想される結果を生み出すような操作を実施することによって仮説を検証する方法である．実験のメリットは，条件を変化させることで，人間の行動がどのように変化するのかを調べることができるので，因果関係を明らかにすることができる．デメリットとしては，実験場面が人為的につくられているために，日常生活の場面と離れてしまうことがある．実験では，自分が注目する要因を変化させ，それ以外の要因を同一に保つことが大切である．

●**心理検査法**　心理検査とは，妥当性と信頼性が確かめられ，かつ標準化された心理測定の道具をいう．心理検査法とは，心理検査を使って研究する方法である．司法・矯正領域では，対象者の人格を的確に把握し，効果的な処遇につなげるために，面接に加えて心理検査を実施することがある．心理検査には，知能検査，発達検査，人格検査，適性検査等がある．

●**事例研究法**　特定の個人または集団に対する綿密な調査等から得られた多面的な情報に基づいて個性記述や仮説生成等を行う方法である（☞「事例研究」）．

●**複眼的接近法**　犯罪の事実に対しては，一つの方法だけでなく，さまざまな方法による接近が必要である．図1は，事例研究で複数の見方から接近した例を示す．

●**研究倫理**　研究は人類の幸福と平和のために行われるべきものである．人間の尊厳に敬意を払い，社会正義に反しないように遂行する必要がある．日本心理学会には「日本心理学会 倫理規程」がある．日本犯

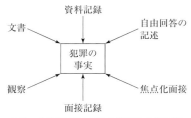

図1　事例研究における複眼的な接近法
　　　（水田，2011 より作成）

罪心理学会には，「日本犯罪心理学会倫理綱領」がある．そこでは，規範の遵守と責任の保持，資質，知識および技能の向上，適切な手続・技法の採用，説明と同意形成，個人情報の保護，公表に伴う責任に関してのガイドラインが示されているので，犯罪心理学の研究を行う人はそれを踏まえなければならない．日本犯罪心理学会編集委員会は「発表論文集原稿作成における個人情報の保護についてのお願い」を発表している．研究の成果を発表する際には準拠する必要がある．

［白井利明］

参考文献
[1] 桐生正幸編著（2012）『基礎から学ぶ犯罪心理学研究法』福村出版．

犯罪統計

　犯罪統計に限らず，あらゆる統計数値は，何らかの道具を用いて測定されたものである．時間は時計，速度は速度計，血圧は血圧計，気温は温度計，知能指数（intelligence quotient：IQ）は知能テストといった測定道具によって測られて数値化される．当然，そこにはさまざまな誤差が発生する．

●**統計誤差**　誤差には大きく分けて偶然誤差と系統誤差の2種類がある．偶然誤差とは，測定ごとにランダム（偶然）に発生する誤差のことであり，系統誤差とは，偶然によらない一定の傾向をもった誤差のことである．犯罪統計としては，『警察統計』がよく使われるが，認知件数等の警察統計は，警察の業務記録である業務統計の一種であり，その最大の弱点は，警察活動という系統誤差の影響を受けやすい点にある．それらの注意点を以下に述べる．

●**公式統計**　社会科学の分野でもさまざまな統計が使われるが，そこで研究対象となる失業，殺人や自殺といった現象は，私たちが特定の価値に基づいてつくり出した人工的な概念である．例えば，強盗は刑法上，反抗を抑圧するに足りる程度の暴行・脅迫によって財物を奪取した行為のことをいうが，現実には，どこからが窃盗でどこからが強盗となるのかの線引きには主観的な評価が入り込む．

　こうした社会現象を研究する際によく使用されるのが公式統計である．行政機関等がつくる公式統計は，加工統計を除きその作成方法によって大きく3種類に分けることができる．第一は，『国勢調査』に代表される全数調査統計，第二は家計調査のような標本調査（サンプリング）による調査統計，第三が，貿易統計のように行政機関が業務上処理した記録から作成される業務統計である．

　警察の認知件数，検挙件数や検挙率といった統計は業務統計に該当する．業務統計を利用する際に重要なのは，業務統計と調査統計の違いを十分に理解しておくことである．例えば，失業率を算出するのに使われる完全失業者数は，ハローワークに相談に来た人を集計した業務統計ではなく，4万世帯（約10万人）を対象とした労働力調査とよばれる標本調査から得られる調査統計である．労働力調査のような標本調査は，統計学の理論に従った標本調査によって失業者数を測定している．そのため，系統誤差の影響を取り除くことができる．政策決定の基礎資料となる公式統計は，系統誤差の影響を取り除き，統計学的に妥当性・信頼性が担保された調査統計を使用することが望ましい．

●**認知件数**　認知件数は，警察が作成する業務統計の一つであり，職務質問等の警察活動または被害者や目撃者からの通報に基づいて警察が認知（犯罪として受理）した犯罪の件数であり，犯罪の発生件数を統計調査によって調べたものでは

ない.したがって,犯罪が発生していても被害者や目撃者がそれを警察に届けなかったり,警察が犯罪として受理したりしなければ認知件数には計上されない.一般に警察が認知しない犯罪を,表に出てこない数字という意味で暗数という.殺人の暗数は比較的少ないとされているが,性犯罪では,警察に被害届けが出されるのは氷山の一角だと考えられている.そして,暗数は警察の努力によって変化する.上述のとおり,犯罪統計としての認知件数等の最大の弱点は,それが警察の活動方針の影響(系統誤差)を受けやすい点にある.例えば,警察が痴漢対策を強化し,主要駅に痴漢相談窓口を設置すれば強制わいせつ等の認知件数が増加する.1999年から2000年にかけて脅迫・暴行の認知件数が急増したのは,1999年に発生したストーカー殺人事件をきっかけに警察庁が女性や子どもが被害者となる警察安全相談への対応を徹底した影響が大きいと考えられている(浜井,2011).

●**検挙件数・検挙率** 認知件数以外にも警察統計には,検挙件数や検挙人員といった業務統計がある.認知件数と同様に検挙件数も余罪という大きな暗数を抱えている.交通事故を除いた刑法犯のほとんどは窃盗犯であり,窃盗犯は,通常多くの余罪を抱えている.この余罪をどの程度掘り下げるかで検挙件数は大きく変化する.2000年前後に急激に検挙率(検挙件数を認知件数で除して比率を示したもの)が低下したが,『平成14年警察白書』が指摘しているように,これは主として窃盗犯等で余罪の検挙が十分にできなかったことや,現行犯でなければ検挙が難しい強制わいせつ犯を積極的に認知したためである.『平成24年版犯罪白書』をみると検挙率が低下した1999年から2001年にかけて,窃盗検挙人員一人あたりの検挙件数が急激に減少しているのがわかる.

このように警察統計は業務統計であり,犯罪発生を知る統計としては限界をもつが,同時に,警察統計は,犯行動機・場所,加害者と被害者の関係等,多様な情報を有し,犯罪研究に不可欠な統計であることはいうまでもない.

●**犯罪被害調査** 犯罪に関する統計としてはもう一つ,失業率を算出する労働力調査と同様の標本調査による犯罪被害調査がある(☞「犯罪被害調査」).犯罪被害調査は,犯罪の暗数を推定できることから暗数調査とよばれることもある.この調査で得られる犯罪被害数等は,警察統計と比較すると守備範囲は狭いものの,そこから得られる統計は警察活動の変化という系統誤差の影響を受けないため,犯罪被害発生を正確に測定したものとなっている.

わが国では,法務省が国際犯罪被害調査(ICVS)に参加し,2000年からほぼ4年ごとに数千サンプルの小規模な犯罪被害調査を実施している. 〔浜井浩一〕

参考文献
[1] 浜井浩一(2013)『犯罪統計入門―犯罪を科学する方法』日本評論社.
[2] 浜井浩一(2011)『実証的刑事政策論―真に有効な犯罪対策へ』岩波書店.

犯罪研究における統計分析

　犯罪研究において何らかの主張を行う際，統計的根拠が重要となる．このとき，統計分析として考えられるのは，①統計資料に基づく分析，②収集もしくは測定したデータの分析に大別される．この場合の分析とは，ある特定の視点や観点から統計を検討し，実態の把握や仮説の検証・解釈を行うことである．中でも最も重要なのは，分析を行う視点や観点である．

　統計分析を行うためには，分析手法の統計的理解が必要である．しかし，分析するための視点や観点を得るためには，研究事象に対する内容的理解や前提となる知識が不可欠である．統計分析の手法は数多く存在し，コンピュータソフトウェアを用いて安易に実行できるものも多い．そこで，研究者に求められるのは，①研究の視点や観点（研究視座）の明確化，②研究視座・研究方法に即した適切な分析法の選択，③分析結果の適切な解釈である．

●**研究視座の明確化**　研究対象とする事象をどのような立場から分析するかによって，同じ統計であってもその解釈が変わることがある．例えば，犯罪認知件数の増減について考えた場合，前年度比か10年間の変化かどちらに着目するかによって分析方法や結果の解釈は異なる．これは，研究の立場や目的によって変わるものであり，分析する前に明確にしておくべき内容である．

　先行研究や報告を参考にすることは重要である．その場合，先行研究の主張だけではなく，研究視座についても把握する必要がある．このとき，心理学研究においては変数の概念が重要となる．変数とは，個体や状況によって変化する内容をもつ概念のことである．変数の具体的内容を示すものを値という．値は数である必要はない．例えば，身長は個体によって異なる量をもつことから変数と考えられる．このような変数を量的変数という．また，居住形態は持ち家，借家，間借りといった値をもつ変数と考えられる．このように値が属性や群を表すような変数を質的変数という．

　研究視座を明確にするとき，対象となる事象に含まれる変数を洗い出し，その関係性を議論することが重要である．このとき，測定可能かどうかにかかわらず，できる限り多くの変数を想定する．変数間の関係性についてはどのような因果があるかを中心に検討する．因果は一方が原因，他方が結果になっている関係で，原因の変数を独立変数，結果の変数を従属変数という．統計分析によって変数間の因果を自動的に抽出することは困難であるため，何が原因で何が結果であるかに関して仮説を立て，その仮説の内容的妥当性を検討すべきである．研究の核となる因果関係とその因果関係全体に影響を及ぼすと考えられる第三変数群に分け

表1 変数の種類と分析手法の組合せ

		従属変数(単数)	
		質 的	量 的
独立変数 (単数もしくは複数)	質 的	クロス集計表 適合度検定 対数線形モデル	平均の差の検定 分散分析 混合モデル
	量 的	判別分析 ロジスティック回帰分析	相関係数 重回帰分析

ていくことによって，全体の因果モデルを構築する．このモデルの中には，先行研究から既知と考えられる部分，仮説的に設定される部分，因果が不明確な部分が含まれてもよい．

犯罪研究では，重要な変数について条件の異なる群間比較や要因統制が困難な場合がある．そのときも全体の因果モデルにおいて検討することにより，分析結果の適切な解釈やその解釈の限界を議論することができる．

●**適切な分析方法の選択** 研究方法は，因果に関する仮説の有無によって検証型か探索型かに分けられる．しかし，現在では先行研究や経験的な知見から何らかの仮説を念頭に研究が行われるのが一般的である．そこで，統計分析に関して統計的仮説検定や因果モデルの検討を伴うものが多い．

仮説の検討を行う際，各変数について値の分布を調べる必要がある．質的変数については度数分布表の作成，量的変数については平均，標準偏差，歪度，尖度といった記述統計量の算出が必要である．値の分布に偏りがある場合，仮説の検討段階で分析が正しく行われない場合もあり得る．

表1は，仮説や因果関係を検討する代表的な分析手法を分類したものである．この他にも，標本や変数をグループ化するクラスター分析や多次元尺度構成法，複数の変数間の相関を説明する潜在変数を仮定する因子分析，複数の因果関係を柔軟に扱う構造方程式モデリングといった手法がある．

●**分析結果の解釈** 統計分析の結果を解釈するとき，用いた分析手法の特徴を把握しておくことが重要である．統計的仮説検定が行われるものの場合，検定の帰無仮説が何かについて理解しておく必要がある．また，帰無仮説が棄却された場合，帰無仮説の否定については明確に主張できるが，採択された場合，帰無仮説が真である訳ではないといった検定の限界についても習知すべきである．

さらに，因果関係に関する分析では，分析者が因果を設定しデータにあてはめるという操作が暗黙に行われている．したがって，想定した結果が得られた場合，「想定した因果関係がデータから支持された」とはいえるが，因果関係が「証明された」訳ではない．統計分析結果から，因果を支持する根拠を得ることはできるが，検討した因果の本質的内容的妥当性は統計分析のみからいえる訳ではないことに注意が必要である．

[原田　章]

横断的研究・縦断的研究

　心理学では，質問紙や面接，観察，実験，検査といった各種の調査手法を用いて，個人の情報を同時点あるいは複数時点で収集し，さまざまな心理社会的な変数間の関連について検討する．同時点で測定した変数間の関連をみる方法を横断的研究（cross sectional study），2時点以上の変数を用いて時間の効果も含めた関連を調べる方法を縦断的研究（longitudinal study）とよぶ．

●**横断的研究と縦断的研究の比較**　横断的研究と縦断的研究の大きな違いは，前者が調べたい情報を1時点で同時に収集するのに対して，後者では同一の集団を複数時点にわたり追跡して調査することである．そのため，横断的研究では調査にかかる時間や費用，労力といった研究コストを低く抑えることができ，さまざまな変数間の関連を調べることや，大規模なサンプル集団を用いて個人の属性（性別や年齢，国籍，世代等）による変数得点の比較を行うことに向いている．

　一方，縦断的研究では費用や労力の面でコストはかかるが，横断的研究では解明できない時間の経過に伴う変数間の因果関係や個人内の変数得点の変化を知ることができる．例えば，1時点の調査で反社会的行動の高さと仲間集団の非行性という二つの変数間に有意な関連がみられたとしても，反社会的行動のある個人が非行性の高い仲間集団を選んで所属するようになるのか，それとも非行性の高い仲間が多くいる個人が影響を受けて反社会的行動が高まるのかは特定できない．縦断的研究であれば，この二つの変数を少なくとも2時点で測定することで，先行するどの変数が後の変数に影響するのかを検討することができる．

　また，加齢に伴う反社会的行動の発達の様子を知りたい場合に，横断的な研究では年代ごとの異なるサンプル集団による発生人数や件数から解釈する．この方法を用いると，あらゆる反社会的行動が青年期後期にピークを迎え，その後に急激に離脱に向かい低下し続けることになる．しかし，縦断的研究を用いて個々人の反社会的行動の発達の軌跡（developmental trajectory）を単位として検討した場合には，図1に示すように，ピークを迎える時期や離脱の仕方にいくつかのパターンが出現する（Sampson et al., 2003）．

●**縦断的研究の注意点**　縦断的研究は，変数間の関連や個人内の変化を時間の経過にそって調査する前方向視的（prospective）なものと，過去の情報をさかのぼって情報を収集する後方向視的（retrospective）なものに分けられる．後方向視的研究は研究コストを低く抑えることができるため，時間の効果を含めた変数間の関連を探索的にみる場合に有効である．しかし，後方向視的研究で収集した過去の情報は，特に心理社会的変数の場合に前方向視的研究で得られた情報と一致し

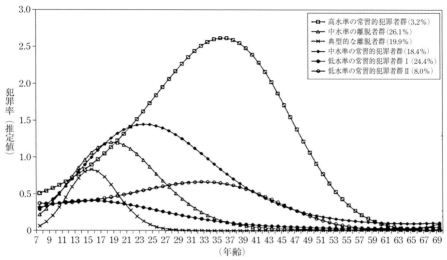

図1 犯罪行為の発達の軌跡に関する六つのパターン (Sampson et al., 2003 より作成)

ないことが多く,結果の解釈には注意を要する (Henry et al., 1994).

　前方向視的な研究では,研究目的に合わせて調査計画(調査期間の長さや時期,回数,時点間隔等)をどのように設定するかが重要となる.

　社会的スキル訓練による攻撃性低減の短期的な効果をみたい場合には,介入時点に近い前後の数週間で検討することが多い.一方,逸脱行動における発達の軌跡の個人差を知りたければ,幼少期からの長い期間を通じて複数時点で調査することになる.その場合,調査する時点数を増やし定期的な間隔で実施することが望ましく,混合軌跡モデリング (group-based trajectory analysis) 等の統計手法を使用することで,逸脱行動の開始時期や離脱していくタイミングの個人差をより反映した詳細な結果を導出できる (Bushway et al., 2003).

●コーホート効果 (cohort effect)　心理社会的な変数間の関連は,サンプル集団が所属する時代背景の影響を受けることがある.例えば,大恐慌時代の生活苦を乳幼児期に過ごした年齢集団の方が,同時代を児童・思春期以降に過ごした年齢集団に比べて,成人期に社会不適応になる個人が多かった (Elder, 1974).このように,同一年や同学年に属し,あるライフ・イベント(出生や入学,大きな社会変動等)を共有した集団をコーホートとよび,その違いが変数間の関連に影響することをコーホート効果という.コーホート効果を考慮した縦断的研究は,実施に対してさまざまに大きなコストがかかるが,心理社会的な特性をミクロな単位としての個人の人生とマクロな視点からの社会変動との相互作用からより生態学的にとらえることを可能にする.

[酒井　厚]

事例研究

　事例研究とは，個人，家族，グループ，コミュニティ，組織等を分析の対象とし，それらへの関与観察から得られた単一事例，もしくは複数事例に対する検討の結果である（日本心理臨床学会，2012）．犯罪心理学における事例研究の場合，その検討は，犯罪や非行の経緯，犯罪者・非行少年の生い立ち，あるいは，それらの者に対する指導や教育の過程といった具体的事象を，何らかのカテゴリーとの関連において，構造化された視点から記述し，全体的に，あるいは焦点化して行うものである．そしてその結果は，①新しいアプローチ法の提示，②新しい理論とその過程の検証・新たな見解の提示，③治療や指導が困難とされている事例の治療（指導）経過の記録，④現行の学説への挑戦（批判，否定，修正を求める），⑤特異な事例の紹介，のいずれかの意義をもつ．特に実践者にとって事例研究は，①事例理解の深化，②他者との経験の共有，③臨床実践の完結，④臨床家である自分の経験を言語化することで，自分の仕事の意味や意義を問い直し，実践者としてのアイデンティティの確認という意義もある（山本ら，2001）．いずれにしても，事例研究には，その本質として，事例を通して語らしめる何か新しい知見が求められる．

●**類型**　事例研究は，その目的から個性探究的事例研究，手段的事例研究，集合的事例研究の三つの類型に分けられる（Stake, 2000）．個性探究的事例研究は事例の特殊性，個別性に焦点をあてて個性記述をめざし，手段的事例研究は個性記述を通して新しいアイデアの抽出，仮説生成，モデル構成等を行い，一般化をめざす．また，集合的事例研究は，多くの事例によって現象や母集団や一般的状況を研究する．

　また，取り上げる対象等の違いによって，①面接での会話に注目してそのやりとりの過程を分析する会話記述型，②治療や指導の過程を記述し，分析する過程記述型，③過去のライフ・ストーリーを語りとして扱うナラティブ記述型，④社会的な現実の場で活動しつつ，その過程をフィールド研究として分析するフィールド記述型等に分けられる（日本心理臨床学会，2012）．

　ただし，いずれも事例を生活や臨床現場の文脈と切り離さずに全体的に検討し，何らかの新しい見解や概念を導き出す点は共通している（山本ら，2001）．

●**手順**　①事例の選定：研究テーマに合致する事例を選択する．その基準は，個性探究的事例研究では事例に特異性や独自性があること，手段的事例研究ではテーマの本質に関する典型例であることとなる．また，集合的事例研究ではテーマに沿った複数の事例を選定することになる．なお，いずれにおいても選定の理

由を明示できるよう先行研究を精査する．

　②事例の記述（結果）：記録の中からテーマに沿った事実を拾い上げ，行った実践や対象者について，さまざまな要素の関連（状況・構造）と，その時系列的な変化を踏まえた「厚い記述」（Geertz, 1973）を行う．そして，その記述の内容は，読み手に生き生きと実感され，現実とよぶものにつきあたっていると感じられる現実性（能智，2011）が担保される必要がある．

　③考察：事例から得られた知見を解釈したうえで，先行研究と比較検討し，それらの拡張や深化を図る．モデル構成を目的とした研究では，複数の事例を組み合わせ，あるいは比較を通じて構成したモデルの意味と役割を示すストーリーを作成する．考察においては，その内容がこれまでの常識や先行研究等になかった知見を含んでいると感じられる新奇性，読み手が自分や自分の生きている世界に関係し，重要であると感じられる関与性（能智，2011）が認められるものである必要がある．

●**課題・留意点**　①事例研究の科学性の担保：事例研究は，サンプル数が少ないことから，サンプルの代表性，結論・考察の妥当性，一般化に対する限界等について指摘されることが多い．事例研究の評価の方法には，量的研究のような合意は存在せず，実践において有用かどうかという観点が必要とされる．そのため，評価は，他の質的研究と同様，使われたデータが結果を導き出す根拠として適当であるかという依拠可能性，結果として展開されている推論や主張がデータを根拠として論理的に展開されているかどうかという信用性，研究の結果が別の場面で利用可能かどうかという転用可能性の三つの視点から行い，研究の質を担保することが求められる．

　②倫理的配慮：事例研究では，対象者に関する情報の豊かさが大切になる．しかし，それは対象者のプライバシーを脅かす危険につながる場合もある．研究にあたっては，対象者に可能な限りその目的や内容を説明し，同意を得る必要がある．また，事例の公表に際しては，個人が特定されないよう必要な措置を講じ，プライバシー保護に万全を期す必要がある．これらに関して諸機関・学会等は，研究等に関する倫理綱領を定めており，研究者は，実施する研究ごとに，所属機関等の倫理審査による承諾を得たりする等して規範の順守と責任の保持に努めなければならない．

［坂野剛崇］

📖 参考文献

[1] 津川律子・遠藤裕乃（2011）『初心者のための臨床心理学研究実践マニュアル』第2版，金剛出版．
[2] 斎藤清二（2013）『事例研究というパラダイム―臨床心理学と医学をむすぶ』岩崎学術出版社．
[3] Yin, R. K.（1994）*Case study research: Design and method 2nd ed*, Thousand Oaks, Sage.（イン，R. K. 著，近藤公彦訳（2011）『ケース・スタディの方法』新装版，第2版，千倉書房）

ナラティブ・アプローチ

　ナラティブ・アプローチは，社会的構成主義の流れを汲む．社会的構成主義とは，個人と社会の循環的関わりを論ずるもので，「個人の主観世界には常に社会という客観世界が影響・介入しており，それなしに主観世界は成立しえず，また，客観世界は個人の主観世界を通して支えられ，それなしには成立しない」と考える．人は，自分のもつ認知の枠組みや知識・体験を使って，他者と関わり，相互作用しながら，みずからの考えや知識を構成していく．この考え方は，現在，医療・看護・教育・福祉・司法等，さまざまな分野で応用されている．

●**セルフ・ナラティブ**　セルフ・ナラティブとは，個人がどのような体験，経過をへて，現在に至っているのかを，自身および他者に説明するものである（川浦，2004）．セルフ・ナラティブには，過去の出来事を振り返って互いに関連づけ，プロットのある物語を作成するという側面と，自分の体験を実際に語ることによってその理解を他者と共有するという側面の二つがある．

　人は，日々さまざまな体験をして生きている．しかし，それらの体験はただバラバラと積み重なるのではなく，その都度，人生のどこかに，ある意味をもって位置づけられ，連続性を保ったプロットの一部を構成する．ポーキングホーン（Porkinghorne, 1988）は，個人が過去を振り返って自己の物語の詳細を書き直し，より満足のいく自己一貫性を構築しようとするとき，ナラティブの質的向上が起こるという．ただ，この主観世界は，いくら質的向上を図ろうとも，個人内だけで構築されているうちは，不安定なものにすぎない．他者と交流し，さまざまな反応にさらされる中で，客観性と安定性を獲得してゆく．このときに必要となるのが，受容的に耳を傾け対話する聞き手である．聞き手との対話を通して，話者は，セルフ・ナラティブを再確認し，「自分の物語の社会的妥当性を図るとともに，自己と社会の接点を探ることになる」（川浦，2004）．

●**ナラティブ・アプローチ**　ナラティブ・アプローチは，エビデンス・ベースの実践（evidence-based practice：判断基準や効果に関する客観的な数値や証拠をもとに治療や処遇の方法等を決定すること）に対する問題意識を背景に，1990年代以降，家族療法，精神分析，認知心理学，発達心理学等の分野で，関係性や社会的文脈の中での人間理解を試みる手法として注目されてきた（森岡，2002）．narrative という英語は，内容も行為も含むものであるが，日本語では，語りは行為であり，物語はその内容で，区別して用いられる．

　ナラティブ・アプローチでは，話者と聞き手の間で交わされる「いま，ここで」の対話とその解釈が重視され，おおよそ以下のような経過をたどる．まず，話者

が自己についてのさまざまなストーリーを聞き手に語る．話者の中で確立しているストーリーをドミナント・ストーリーというが，聞き手との対話を通して，話者は，みずからのドミナント・ストーリーが変更可能なものであることに気づく．この作業を，問題の外在化という．その後，話者が，これまでの経験に新しい意味づけをし直し，新たな物語を構築する．これを，オルタナティブ・ストーリーという．ナラティブ・アプローチは，話者が，自己について否定的なストーリーを抱き，それを変えることができないと思っているような場合に有効とされる．ただし，ナラティブは固定したものではないことにも注意する必要がある．離・死別や病気等，自分の人生に大きな影響を及ぼすような出来事に遭遇すると，ナラティブは変化する．聞き手は，あるテーマに関する話者の語りの変化にも敏感でなければならない．

●**デジスタンス研究とナラティブ**　直接ナラティブ・アプローチの流れを組むものではないが，1990年代より，犯罪学の分野では，欧米を中心に，非行少年・犯罪者が非行や犯罪をしなくなる原因やきっかけに目を向けたデジスタンス研究が盛んになった．それ以前にも，グリュック夫妻（Glueck, E. & Glueck, S.）が行った犯罪経歴調査や，ハーシー（Hirschi, T.）の社会的絆理論（social bond theory），犯罪年齢曲線（age-crime curve）等，縦断的な視点に立った研究は存在したが，デジスタンス研究は，これらの視点に加え，非行少年や犯罪者の主観やアイデンティティの変化にも注目したことが特徴である．例えば，マルナ（Maruna, 2001）は，もと犯罪者に個別的・継続的なインタビュー調査を行い，彼らは，「施設収容や受刑といった過去の経験なしでは，現在の自分は存在し得ない」と語る傾向にあることを見出している．そして，社会に貢献したい，あるいは貢献しているという思いや，有意義な生活ができているという感覚をもてることが，新しいアイデンティティの獲得をうながし，再犯を防止する要因になると説明し，長所基盤モデルによる犯罪者処遇を提案している．

●**エスノグラフィー**　ナラティブを質的に分析する際の方法の一つで，ガーフィンケル（Garfinkel, H.）によって創始された．ある場や社会は最初からあるのではなく，その場に存在し，関わる人たちの相互作用を通して協同でつくりあげられると考える．ある現象に問題意識をもった者がみずからその現場に入ることで，自分自身もその場をつくりあげる要因の一つとなり，問題意識のもととなった現象の生起過程を，実体的・総合的に検討しようとするものである．例えば松嶋（2005）は，グループ・ワーク中の非行少年と補導員との会話を分析し，両者の視点の違いを明らかにしている．また古賀（2013）は，教育困難高卒業生が就職に必要なソーシャル・スキルを獲得する過程を論じている．　　　　　　　［河野荘子］

📖 **参考文献**
[1]　野口裕二（2002）『物語としてのケア―ナラティヴ・アプローチの世界へ』医学書院．

再犯研究

　再犯とは，犯罪をした人がその後に一定の期間を経て再び犯罪をすることである．再犯研究は，この再犯という現象を取り扱う犯罪研究全般をさす．再犯が生じると多くの場合，新たに被害者が生まれることになるので社会的な影響が大きく，また，犯罪者自身にとっても罪を重ね，処罰を被るという不幸を招くことになる．そのため，再犯研究においては犯罪者の再犯を減らすことが究極的な目標となる．再犯研究には，刑事政策上の観点からいかなる制度，処分，処遇が犯罪の防止や犯罪者の更生に効率的であるかを実証し，さらには犯罪者への理解を深め，犯罪原因の究明を行うという目的がある（坪内，1987）．

●**再犯の測定**　再犯はそれが「あった」もしくは，「なかった」という二値変数で表される．これに最初の犯罪からどの程度の期間で再犯をしたかという時間の情報が加わる．将来的に再犯が生じるかどうかについては確定的なことはいえないので，研究では再犯リスクとよばれる再犯が生じる確率を考えることが多い．例えば，窃盗をした17歳の非行少年がいたとして，この少年が20歳になるまでの3年間に再び何らかの犯罪に及ぶ確率が0.7だとすると，この確率0.7が再犯リスクを示す数値である．別の言い方をすれば，再犯率は70%ということである．

　また，研究では何をもって再犯とするかというデータ収集上の定義が必要となる．主要なものとしては，警察逮捕歴，少年鑑別所や刑務所への再度の入所，裁判所への事件送致および有罪判決，本人の自己申告による再犯といったものがあげられるが，これらは再犯についてそれぞれ異なった条件を示している．よって，研究では再犯と定義した事象がどういった意味をもつのかに十分な注意を払って結果を解釈しなければならない．

●**再犯予測研究**　ある犯罪者が再犯するかどうかを予測する，すなわち再犯リスクを査定する研究である．犯罪者の再犯リスクを高める要因は，犯因論的リスク要因（criminogenic risk factor）とよばれている．犯因論的リスク要因としては，初発非行年齢が低い，知能指数が低い，男性である（Cottle et al., 2001），過去の犯罪経歴がある，家庭環境が悪い，学校や職場での適応状態が悪い，不良者と仲間付き合いをしている，物質乱用，学校や職場以外で健全な活動に従事していない，衝動性や攻撃性の強さ，注意力の乏しさ，犯罪に親和的・肯定的な態度や価値観（Andrews et al., 2010）といったものがあげられる．対象となる犯罪者についてこれら犯因論的リスク要因とその後の再犯を調査し，その関連を統計的に分析して再犯予測を行えるモデルを作成する．

●**処遇選択**　再犯を防止するのための処遇は再犯リスクに影響を与える要因に焦

点をあてて行う必要があり，これをニーズ原則とよぶ．少年院および刑務所で行われている矯正教育を例に取れば，この教育が行われる内容と領域は再犯リスクの評価を経ないと決められないため，再犯予測研究は犯罪者の処遇選択に不可欠ということになる．

また，再犯リスクが高い者には重点的で密度の高い教育を行う一方，再犯リスクが低い者については密度の低い教育を施行する必要があり，これをリスク原則とよぶ．低リスク者に高密度の処遇を行ったり，高リスク者に低密度の処遇を行うと，処遇効果が失われたり，場合によっては逆効果になるため，再犯リスクの評価は正確に行わなければならない（Andrews et al., 2010）．

伝統的な非構造的臨床判断や一般的な心理検査による再犯リスクの査定は，保険数理統計学的な査定に比べて正確さを欠くことがわかっており（Grove et al., 2000），再犯リスクを査定する専門のツールが数多く開発されてきている（☞「犯罪者のリスクアセスメント」）．

●**効果検証** 疾病の場合には，治療の効果を1年以内の再発率が20％，2年以内の再発率が30％と表現する．同様に，犯罪者に対しても再犯リスクを減らすために処遇，教育を行った効果を評価する際には，アウトカムとしてその後の成り行きを調べ，再犯が抑止されているかどうかを検証する．処遇，教育を行った群とそうでない群を比べ，再犯率について統計的な有意差があれば，再犯予防の働きかけが一定の効果をもったということになる．

●**保険統計学的手法** 再犯研究には生命保険数理の分野で用いられる保険統計学（actuarial statistics）とよばれる手法がよく用いられる．保険統計学では死亡イベントの有無とイベント発生までの時間を取り扱うための手法がさまざまに開発されてきており，再犯イベントの有無と再犯までの期間を取り扱う再犯研究への適用が容易である．具体的には生存時間分析とよばれる分析方法が再犯研究では広く用いられており，カプランマイヤー推定量による再犯率の推定やコックス比例ハザード・モデルを用いた複数要因が再犯に与える影響を評価する分析が主要なものとしてあげられる．

●**再犯研究の展望** わが国では，実証研究に基づいた犯罪者処遇の取組みが欧米に比べていまだ立ち遅れている（生島，2011）．しかし，2012年には犯罪対策閣僚会議において再犯防止に向けた総合対策が決定され，刑務所出所後2年以内に再び刑務所に入所する者等の割合を今後10年間で20％以上削減することが掲げられた．こうした目標を達成するためには科学的な根拠に基づいた犯罪者処遇を実施し，その再犯防止効果を検証していく必要がある．現在，刑事施設において認知行動療法を基盤とした性犯罪再犯防止指導が推進され，効果検証が行われているが，今後は犯罪者処遇全般にこのような取組みを拡充，発展させていくことが望まれる．

［森　丈弓］

犯罪被害調査

　国民がどの程度犯罪被害に遭っているのか，という疑問に答えるための主な調査・統計として，公式統計（官庁統計）の他，犯罪被害者本人に対する犯罪被害調査（crime victimization survey）がある．

●**犯罪被害調査とは**　犯罪被害調査は，一般市民を対象として，捜査機関に認知されていない，あるいは被害申告をされていない暗数（☞「犯罪統計」）をも含め，どのような犯罪が，どの程度発生しているのかを把握するために行われる調査である（暗数調査ともいう）．

　具体的には，無作為抽出（ランダム・サンプリング）の手法によって調査対象となる世帯および個人を選び出し，調査員が質問紙を用いて，電話調査または戸別訪問によって調査を実施する．調査項目として，一定期間（過去1年間等）に遭った犯罪被害，捜査機関への通報の有無およびその理由，加害者との関係の他，犯罪に対する不安感，刑事司法に関する態度等が含まれていることが多い．

●**諸外国における犯罪被害調査**　多くの先進国において犯罪被害調査が実施されているが，特に歴史と実績があるのが，米国犯罪被害調査（National Crime Victimization Survey：NCVS．1990年までの名称はNational Crime Survey）と英国犯罪調査（Crime Survey for England and Wales：CSEW．1982年から2012年4月までの名称は，British Crime Survey）である．このうちNCVSは，1973年から毎年実施されており，2012年調査では，9万2,390世帯・16万2,940人がインタビュー調査に応じ，回答率は87％であった．

　このような一国の調査とは別に，国際比較を目的としたものとして，国際犯罪被害調査（International Crime Victims Survey：ICVS）がある．ICVSは，全参加国が統一の質問項目を用いており（独自項目を付加している場合もある），サンプリング手法等の調査方法も標準化されている．1989年に，オランダ司法省により第1回調査が実施され，その後，国連機関が加わって，概ね4年ごとに世界規模で実施され，2004・2005年の第5回調査までに78の国・地域が参加し，30万人を超える人々が調査に協力した．なお2010年に，主に費用対効果の面からインターネットによる調査方法の可能性を探るため，6か国が参加したICVS2010パイロット調査が実施された（瀧澤ら，2013）．

●**わが国における犯罪被害調査**　わが国における犯罪被害調査の代表的なものとして，法務省法務総合研究所が実施した『犯罪被害実態調査』がある．これは，第4回ICVSに参加するかたちで2000年に第1回調査が実施され，以後，2004年（第2回），2008年（第3回），2012年（第4回）に実施された．各調査は，

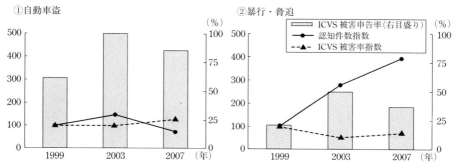

図1 認知件数およびICVSの変化率の推移（『平成20年版犯罪白書』および警察庁の統計より作成）

層化二段無作為抽出法により全国から選ばれた16歳以上の男女を調査対象とし，対象者数は，第1回・第2回が3,000人，第3回が6,000人，第4回が4,000人（回答者は2,156人，回答率53.9％）であった．調査方式は，第3回までは調査員が訪問することによる聞き取り調査（第2回からは，性的事件に関する項目のみ自記式調査），第4回は郵送調査であった．これら調査結果については，『犯罪白書』や『法務総合研究所研究部報告』で紹介されている．

●**犯罪被害調査の活用方法** 諸外国における犯罪被害調査では，得られた結果をもとに，統計学の手法を用いて，公式統計による認知件数に，暗数の件数を加味し，より実態に近い犯罪発生件数を推定することに活用されている．

図1は，わが国の認知件数とICVSの変化率（1999年を基準）の推移をみたものである．3年分のデータのみをもって確固たる結論を導くのは困難であるが，例えば，①においては，2003年と比べて2007年には，ICVS被害率指数は上昇しているが，認知件数指数は低下している．これは，被害申告率が低下したために認知件数が減少したものと解釈できる．一方，②においては，1999年と比べて2003年には，ICVS被害率指数は低下しているが，認知件数指数は急激に上昇している．これは，被害申告率が急激に上昇したために認知件数が急増したものと解釈できる．

●**犯罪被害調査の限界** 犯罪被害調査は，公式統計を補完できるメリットはあるが，それでも，すべての犯罪現象をカバーできる訳ではない．①「被害者なき犯罪」（☞「市民と犯罪予防」）や被害者が死亡している事案の場合は計上できないこと，②調査対象者がすべてを正直に報告する訳ではないこと（特に性犯罪被害等），③調査対象者の記憶の想起によっているため，犯罪被害に遭った時期，被害状況等において，忘却やテレスコーピング現象（記憶の想起において，実際の事象とは時系列の食い違いが発生する現象）といったエラーをゼロにすることは困難であること等の限界がある．

［岡田和也］

政策評価研究

　政策評価という言葉について，研究者や実務家の間で共通の定義があるとはいえない．また，プログラム評価や評価研究とよばれることも多い．政策評価に関する教科書的文献（Rossi et al., 2004）の定義によれば，「社会的介入プログラムの効果性をシステマティックに検討するためには，社会調査法を利用することである．プログラム評価は，社会科学の技法と概念に依拠するものであり，社会問題の緩和を目指すプログラムの改善と社会活動に有用な知識を提供することを狙いとしている」としている．そして，その評価の種類は，①ニーズ・アセスメント，②プログラム理論のアセスメント，③プロセス評価，④インパクト（アウトカム）評価，⑤効率性のアセスメントの五つに分類されている（図1）．

　端的にいえば，ある社会問題を改善するために実施された施策について，科学的な手法を用いてその効果等を検証し，国民への説明責任や施策の改善向上に寄与しようとするものである．処遇プログラム等の効果検証が，インパクト評価（アウトカム評価）を重視するのに対し，政策評価は，これらに加えて，プロセス評価や費用対効果の分析等を含めた，より高次の視点からの評価といえよう．

```
①ニーズ・アセスメント
    プログラムは，問題となっている状況のニーズに沿ったものか
②プログラム理論のアセスメント
    プログラムは，目的達成のために，どのように概念化・設計されているか
③プロセス評価
    プログラムは，計画されたとおりに実施されているか
④インパクト（アウトカム）評価
    プログラムの実施は，どのような効果をもたらしたか
⑤効率性のアセスメント
    その効果は，投入された資金と比較してどれほどの便益があったのか
```

図1　政策評価における評価の分類（Rossi et al., 2004 より作成）

●**政策評価の歴史（科学的評価と実用的評価）**　政策評価は米国において発達し，特に1960年代，ジョンソン大統領が「貧困との戦い」を掲げて，公共プログラムを拡充したことをきっかけに急速に発展した．多額の公的資源が費やされたプログラムの実施状況や効果を実証的に把握するニーズが高まり，さまざまな評価が実施されたと同時に，その理論や方法論の議論が盛んに行われた．

こうした中，政策評価に科学的研究のパラダイムをあてはめ，政策やプログラムもRCT（randomized controlled trial）を用いた実験的手法で評価するべきだとする主張が現れた（Campbell, 1969）．こうした科学的評価の姿勢は，準実験的手法等の数量的研究法や，EBP（evidence-based practice）の発展に寄与した．その一方，社会プログラムを厳密な統制条件の下で実施することは不可能であり，評価は科学性の追求ではなく，評価結果を利用する人がより良い判断を下すために有用な情報を提供することに労力を注ぐべきだという実用的評価の主張も根強い（例えば，Cronbach, 1982）．

●**刑事政策との関連**　米国では刑事政策分野で多くの評価研究が行われている．例えば，図1で示したような評価研究の例として，出所者に対し少額の資金援助を行い，市民生活への意向をうながすプログラムの評価がある．この研究では，窃盗による再犯率は介入群（資金援助を受けた出所者）の方が有意に低い再犯率を示し，その社会的便益は資金援助の費用を上回るという結果が報告された（Rossi, 1980）．

また，2000年には科学的評価の父とされる研究者の名にちなんだキャンベル共同計画が発足した．これは，社会政策の中で「何が（科学的に）効果があるのか」についてのエビデンスを集め，広めることを目的とした国際的な評価プロジェクトである．この中の刑事政策グループが，さまざまな施策やプログラムの効果について，エビデンスの水準としては最も高い「系統的レビュー」を一般に公開しており，これはわが国でも『キャンベル共同計画　介入・政策評価系統的レビュー』（龍谷大学矯正・保護研究センター）として翻訳され，発刊されている．

一方，わが国においては，政策評価という大きな枠組みでの評価はみられず，刑事政策に関わる研究者や実務家が，それぞれ個別に各種プログラムの効果検証を行っているのが現状といえよう．しかし，行政内でも，各種プログラムや施策の効果検証を行う動きはあり，法務省は，2012年に，刑事施設や保護観察所における性犯罪者処遇プログラム受講者の再犯等に関する分析結果を公表している（分析結果の詳細は，法務省HP参照）．

また，2012年には，犯罪対策閣僚会議において「再犯防止に向けた総合対策」が策定され，その中では，刑務所および少年院から出所（院）後2年間において再入所（院）する者の割合を，今後10年間で20％以上減少させるという数値目標が設定されている．また，関係省庁が具体的な工程表に基づき，効果検証を行いながら各施策を推進していくことも示されており，このように，わが国においても，刑事政策の評価に対する機運は高まっているといえよう（☞「再犯研究」）．

［二ノ宮勇気］

📖 **参考文献**
[1] 安田節之・渡辺直登（2008）『プログラム評価研究の方法』臨床心理学研究法7，新曜社．

暴力非行，犯罪とテレビ・ゲーム

　1970年代前半まで，コンピュータを使えるのはごく一部の人間に限られていたが，技術の進歩と生産効率の向上により，さまざまな形態のコンピュータが開発され，急速に普及した．中でも1983年に任天堂から家庭用テレビ・ゲーム機としてファミリー・コンピュータが発売されると，日本や米国等の各国で爆発的な売れ行きを示し，テレビ・ゲームが子どもの日常生活の一部となっていった．その一方，テレビ・ゲームへの没頭が子どもの発達に悪影響を与え，暴力的な行動につながるのではないかという懸念がたびたび議論されてきた．

　米国では，1980年代半ばから暴力的な描写を含むテレビ・ゲーム（以下，暴力的テレビ・ゲームとする）が，暴力性に及ぼす影響について研究が行われてきたが，わが国ではその影響が表立って議論されることはほとんどなかった．しかし，1997年5月に起きた神戸の小学生連続殺傷事件とその後の一連のナイフ事件をきっかけに，これらの事件の一因としてテレビ・ゲームの存在が指摘され，暴力性に対する悪影響が槍玉にあげられるようになると，政府主催の調査研究（総務庁青年少年対策本部，1999；郵政省放送行政局，2000）が行われ，テレビ・ゲームと暴力性の間に相関関係が示された．その後も，ゲームの中の暴力が現実世界の暴力につながるという前提で，主に10代前半から中頃の学生を対象にした研究が行われ，その悪影響論は，脳の前頭前野の発達まで阻害するという「ゲーム脳」といった言葉までが登場するに及んでいる．とはいえ，これまでの研究をみると，テレビ・ゲームは攻撃性をやや促進するという結果が多いものの，一貫した結論は出ていない状態にあり，抑制する，あるいは無関係という結果も存在する．にもかかわらず，「関係がある」という前提で研究が進められているためか，科学的根拠のある研究としての地位を確立できていない分野というのが実情である．また，何よりも現実の問題行動である非行，犯罪等は複数の要因が絡み合って生じるが，それを一切考慮せず，テレビ・ゲームのみに原因を帰属し，暴力的な問題行動が生じていると考えるのはあまりに一面的であるという見方もできるだろう．

　技術の進歩とともに，暴力的テレビ・ゲームは家庭用テレビ・ゲーム機という枠組みを越え，携帯ゲーム機やパソコン，スマートフォン，タブレット等さまざまな媒体に移植されているだけでなく，非常に鮮明なディスプレイで，誰もが，いつでも，リアルなゲームで遊ぶことが可能になり，実際に何億人もの子どもや大人がこれらを楽しんでいる．いまや世界で最も売れているソフトのうち，その半数は15歳以上の年齢制限のある暴力的テレビ・ゲームであるが，世界は混沌に陥ってもいなければ，無法地帯にもなっていない．悪影響を声高々に唱える人もいるが，健全な日常生活，家庭生活を送っている場合には，むしろ暴力的テレビ・ゲームを含めテレビ・ゲームは，気分転換になったり，友だちとつながるツールになったり，感動があったりと，ストレスを解消するための重要な方法の一つになっているといえる．良い悪いは使用者の遊び方に左右されるのではないだろうか．　　［木髙暢之］

第3章

各種犯罪

［編集担当：渡邉和美・宮寺貴之］

【概説】各種犯罪 ——— 112	ドメスティック・バイオレンス ——— 164
少年非行 ——— 114	デート暴力 ——— 166
女子非行 ——— 116	ストーキング ——— 168
非行集団 ——— 118	強姦・強制わいせつ ——— 170
家庭内暴力 ——— 120	非接触型の性犯罪 ——— 172
校内暴力 ——— 122	子どもに対する性犯罪 ——— 174
いじめ ——— 124	児童ポルノ ——— 176
児童虐待 ——— 126	少年とインターネット犯罪 ——— 178
少年による殺人 ——— 128	情報セキュリティ事案 ——— 180
少年による性犯罪 ——— 130	爆破予告 ——— 182
少年による暴力犯罪 ——— 132	企業恐喝 ——— 184
スクール・シューティング ——— 134	特殊詐欺と悪質商法 ——— 186
薬物犯罪 ——— 136	万引き ——— 188
覚醒剤乱用 ——— 138	ひったくり ——— 190
交通犯罪 ——— 140	乗物盗 ——— 192
飲酒運転・薬物運転 ——— 142	住宅侵入盗 ——— 194
暴走族 ——— 144	組織犯罪 ——— 196
殺人 ——— 146	テロ犯罪 ——— 200
子殺し・嬰児殺 ——— 148	外国人犯罪 ——— 202
通り魔 ——— 150	高齢者犯罪 ——— 204
無差別殺傷 ——— 152	ホワイトカラー犯罪 ——— 206
住宅強盗 ——— 154	劇場型犯罪 ——— 208
店舗強盗 ——— 156	ヘイト・クライム ——— 210
放火 ——— 158	カルト犯罪 ——— 212
人質事件 ——— 160	【コラム】時代により変化する
成人による暴力犯罪 ——— 162	犯罪の質 ——— 214

【概説】 各種犯罪

　犯罪とは，法律的には「構成要件を充足するところの違法かつ有責な行為である」と定義される．構成要件とは，「人を殺したる」や「他人の財物を窃取したる」等刑法等の法律に示される条文にある行為である．違法性を問う行為であることは，正当防衛等の合法的な例外が除かれることを意味しており，有責性とはその行為についての責任を行為者に負わせることができることを意味する．
　しかしながら，行為を行った対象を理解しようとする犯罪心理学の立場からはこの定義に限らず，違法性や有責性を問わずに，法的に逸脱する行為を行った者を研究の対象とすることも多い．また，犯罪・非行の類縁概念である逸脱行動や問題行動等を研究の対象とすることも多い．

●**各種犯罪の動向**　各種の犯罪や犯罪者の動向を知るためには，警察統計，司法統計等の公式統計や，犯罪の動向が示されている『犯罪白書』（法務省）等が有用である．犯罪には必ず暗数（発生はあるが警察に通報・認知されないもの）が存在するため限界はあるが，各種公式統計は長期間にわたる定型的な統計を示しており，量的変化や傾向を把握することができる．

●**犯罪の分類**　各種の犯罪の動向をみる際には，罪名や罪種，もしくは何らかの基準にあった分類別に統計をみることになる．これら公式統計で用いられる犯罪の分類については，統計により異なる場合があるため，注意が必要である．例えば，『警察白書』と『犯罪白書』とでは刑法犯の定義が異なっている（表1）．また，刑法犯の分類として包括6罪種がよく用いられ，凶悪犯（殺人，強盗，放火，強姦），粗暴犯（暴行，傷害，脅迫，恐喝，凶器準備集合），窃盗犯（侵入盗，乗物盗，非侵入盗），知能犯（詐欺，横領，偽造，汚職，背任，あっせん利得処罰法違反），風俗犯（賭博，わいせつ），その他刑法犯（上記にあげるもの以外の刑法犯）に分類される（『警察白書』警察庁）．

●**各種犯罪を理解する**　各種犯罪を量的に把握する一方，質的に理解するために，心理学を含むさまざまな学問領域にわたる犯罪学的研究が行われている．特に，犯罪の行為者（や被害者）および行為者を取り巻く環境に焦点をあて，犯罪発生の原因やプロセスを究明する．その際，犯罪行為（act）に着目する場合は，合理的選択理論のように発生状況を検討する．一方，犯罪性向（disposition）に着目する場合，行為者の個人的要因（気質・性格，認知・感情，精神障害，被害体験等）や環境要因（家族，非行仲間，犯罪組織等）といった背景を検討する．
　犯罪に対する研究のアプローチは，心理学や社会学の他，生物学，認知科学等，学際的な手法が多く見受けられる．例えば，犯罪の行為者の個人的要因とし

表1 『警察白書』と『犯罪白書』における刑法犯の定義の違い(『平成27年警察白書』および『平成27年版犯罪白書』より作成)

	警察白書(警察庁)の定義	犯罪白書(法務省)の定義
刑法	道路上の交通事故に係る危険運転致死傷,業務上(重)過失致死傷及び自動車運転過失致死傷を除く「刑法」に規定する罪	「刑法」に規定する罪
特別法	次に規定する罪 ・爆発物取締罰則 ・決闘罪ニ関スル件 ― ・暴力行為等処罰ニ関スル法律 ・盗犯等ノ防止及処分ニ関スル法律 ・航空機の強取等の処罰に関する法律 ・火炎びんの使用等の処罰に関する法律 ・航空の危険を生じさせる行為等の処罰に関する法律 ・人質による強要行為等の処罰に関する法律 ・流通食品への毒物の混入等の防止等に関する特別措置法 ・サリン等による人身被害の防止に関する法律 ・組織的な犯罪の処罰及び犯罪収益の規制等に関する法律 ・公職にある者等のあっせん行為による利得等の処罰に関する法律 ・公衆等脅迫目的の犯罪行為のための資金の提供等の処罰に関する法律 ―	次に規定する罪 ・爆発物取締罰則 ・決闘罪に関する件 ・印紙犯罪処罰法 ・暴力行為等処罰に関する法律 ・盗犯等の防止及び処分に関する法律 ・航空機の強取等の処罰に関する法律 ・人の健康に係る公害犯罪の処罰に関する法律 ・航空の危険を生じさせる行為等の処罰に関する法律 ・人質による強要行為等の処罰に関する法律 ― ― ・組織的な犯罪の処罰及び犯罪収益の規制等に関する法律 ― ― ・自動車の運転により人を死傷させる行為等の処罰に関する法律

て生物学的アプローチをとる研究では,双子や養子を対象として犯罪行動に与える遺伝と環境の影響の度合いを検討する行動遺伝学的研究や,犯罪行動と心拍数との関係,前頭葉機能との関連,幼少時の栄養状態との関連等を検討する社会生物学的研究等がみられる.また,社会的情報処理モデルによる犯罪行動の認知的側面を検討する社会心理学的研究もみられる.さらに,環境要因にあたる犯罪・非行集団の影響を検討するため,ソーシャル・ネットワーク分析によって対人相互作用を検討する研究もみられる.こうした対人間の相互作用や,犯罪現象のプロセスに関するモデル,あるいは人間の発達的変化を検証しようとする研究では,縦断的な研究方法が多くとられている.犯罪という人間行動の多様性を理解するために,多様な学問領域や研究方法によるアプローチを通して研究が進められている.本章では,各種犯罪ごとに,多様な研究アプローチから得られた主な知見を概観していく.

[渡邉和美・宮寺貴之]

少年非行

　少年非行とは，わが国では20歳未満の少年による犯罪または触法行為等をさし，少年法では次の三つの区分によって規定されている．①14歳以上20歳未満の少年による犯罪行為，②14歳未満の少年による触法行為（刑罰法令に触れるが，刑事責任年齢に達しないため刑事責任を問われない行為），③20歳未満の少年のぐ犯，である．なお，ぐ犯とは，その少年の性格または環境に照らして，将来，罪を犯し，または刑罰法令に触れる行為をするおそれがあると認められる行状をさす．この区分に対応して，公的な統計で言及される非行少年は，犯罪少年，触法少年，虞犯少年をさす．

　また，警察では，非行には該当しないものの，自己または他人の徳性を害する行為をする少年を不良行為少年として補導している．不良行為には，飲酒，喫煙，深夜はいかい，怠学，不良交友等を含む17の種別が指定されている．

　少年非行の動向を知るうえで，公的統計と自己申告等による調査が主たるデータとなる．公的統計は，警察等の法執行機関が認知した事件の数や検挙・補導した少年の数を計上している．そのため，公的機関によって認知されない暗数が含まれていない．一方，自己申告等に基づく調査の場合は，そうした暗数を含めて調べることができる．しかし，重大な犯罪等は申告されにくいという問題や，数多くの軽微な非行を行っている場合に申告者自身が忘れてしまうといった可能性が考えられる．そのため，少年非行のデータとして，公的統計と自己申告等に基づく調査は，互いに相補的なものとして理解する必要がある．

●**少年非行の特徴**　成人による犯罪と比べた場合，少年非行にはいくつかの特徴がある．一般に，成人犯罪に比べて少年非行の方が同年齢人口における割合が高いといわれる．実際，警察庁の統計「平成25年中における少年の補導及び保護の概況」では，刑法犯（ただし，交通関係の自動車運転過失致死傷等を除く）の検挙人員の人口比（同年齢層1,000人あたりの人数）は，成人犯罪2.0に対して少年非行7.8（犯罪少年のみ）である．さらに，人口比が最も高い年齢層は15歳（『平成26年犯罪白書』）となっている．また，少年非行の特徴として，共犯率の高さがあげられる．少年と成人の共犯事件を除いて集計したデータでは，共犯率は少年26.2％に対して，成人11.5％である（警察庁の統計，同上）．一般に，少年は同年齢で近所に居住する仲間と犯行を行い，犯行場所も居住地から近い傾向にあるとされる．

　少年の非行経歴に関する研究では，開始年齢が早いほど，犯罪を行うライフスタイルが継続しやすく，成人以降も犯罪をやめることがないといわれる．しかし，

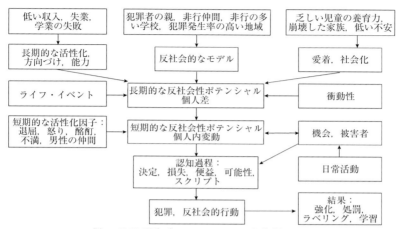

図1 ICAP理論（Farrington, 2005より作成）

これらの群は少数派である．一方，大半の非行少年は思春期が始まる13～14歳以降に非行を開始し，成人に達すると非行をやめる（Moffitt, 1993）．

●**リスク因子**　発達犯罪学（☞「発達犯罪学」）の先行研究を中心に，非行を行うリスクを高める因子が指摘されている．それらの領域を大まかに個人，家族，友人・学校・地域に分けて整理すると，次のような因子が指摘されている（Farrington et al., 2007）．個人の因子としては，低い知能や学業，過活動・衝動性・注意欠陥，大胆さ（不安の低さ）等があげられる．低い共感性も非行の予測と関連するが，知能や社会経済的地位を統制すると，関連が大きく下がるといわれる．家族の因子としては，親・きょうだいの犯罪性，世帯構成員の多さ，保護者の養育態度・監督力，一人親家庭があげられる．一人親家庭については，親の別居・離婚に伴う親同士の葛藤や，再婚相手との同居等，少年が体験するストレスが非行と関連するとされる．友人・学校・地域の因子としては，非行仲間の存在，非行の多い学校，犯罪発生率が高い地域等があげられる．社会経済的地位は，家族の養育等の因子を統制すると非行との関連性は消失するといわれる．

　リスク因子は多く指摘されるものの，各因子がお互いにどのような関係にあり，それらがどのように少年の非行行動につながるのかについて統合的な理解が必要となる．その際，非行を行いやすい少年かどうかという個人間変動と，一人の少年があるとき，ある状況下で非行を行いやすいという個人内変動に分けて整理する必要がある．こうした統合的な理論として，ファーリントン（Farrington, 2005）による認知的反社会性ポテンシャル統合理論（ICAP理論，図1）の他，いくつかのモデルが提案されている．少年非行の行動科学的理解を深めるうえで，こうした統合モデルの検証が今後，いっそう必要となろう．　　　　　　［宮寺貴之］

女子非行

　警察庁の統計『平成25年中における少年の補導及び保護の概況』によれば，2013年の刑法犯少年の検挙人員に占める女子の割合は16.6％であり，『平成25年版犯罪白書』によれば，2012年の少年院入院者のうち，女子が占める割合は8.3％であった．このように全体の非行少年に占める女子の割合は男子よりも低い．また，少年院に入院した少年の非行名別構成比を男女別にみると，女子は男子よりも覚せい剤取締法違反とぐ犯の構成比が高い特徴がある．
　なぜ非行にはこのような性差がみられるのであろうか．その背景に関する研究を以下では概観する．
●**攻撃性の性差**　未就学児の遊びを観察した研究（Martin et al., 2001）では，男子の場合，同性同士で遊ぶ時間が長くなればなるほど，格闘ごっこのような攻撃的な遊びや相手を叩くといった攻撃的な振舞いが増加することが示された．一方，女子の場合，同性同士で遊ぶ時間が長くなるほど，攻撃的な振舞いが減少することが示された．この知見から，子どもが社会性を身につける場の一つである遊びにおいて，女子よりも男子の方が攻撃的な言動を多くとるようになるため，その後の非行の出現にも性差がみられる可能性が考えられる．しかしながら，これに対して異なる見解を示す研究がある．
　第一に，攻撃性（☞「攻撃性」）の表現のしかたに性差がみられるという研究（例えば，Crick et al., 1995）がある．女子の場合，友達を無視したり，仲間はずれをしたりといった，仲間関係を操作することで相手にダメージを与えることを意図した関係性攻撃（relational aggression）がみられるというのである．女子の方が対人関係を重視するために，関係性攻撃は女子にとってより効果的な攻撃行動となる．他者を叩くことやけんかをすること等の攻撃的な言動は女子よりも男子の方が多くみられたが，関係性攻撃は男子よりも女子の方が多くみられた（Crick et al., 1995）．したがって，男子よりも女子の方が攻撃的ではないとは必ずしもいえない可能性がある．
　第二に，男子の場合には，児童期の身体的な攻撃行動と青年期の暴力的な非行および非暴力的な非行との間に関連がみられるが，女子の場合には，そのような関連がみられないという研究もある（Broidy et al., 2003）．すなわち，非行の前兆行動の一つとして攻撃的な言動があるとされているのだが，これは男子のみにあてはまるのであり，女子には攻撃的な言動がみられても，その後で非行へと深刻化しないというのである．ただし，この研究では，女子に特有の関係性攻撃と非行との関連については十分に検討されていないため，女子の特徴を踏まえた研

究知見の蓄積が望まれる．

●第二次性徴 男女とも中学生あたりから第二次性徴を迎える．この時期に女子は初潮を迎えるが，早期に初潮を迎えると自己像のイメージが低下する等，生理的発達と心理的発達がアンバランスな場合には何らかの心理的問題を抱えることが知られている．非行等の問題行動についても初潮のタイミングとの関連が検討されており，初潮のタイミングが早く，かつ共学の学校に通っている女子の場合，より多く規律を破る行動や非行がみられた（Caspi et al., 1993）．したがって，発達のアンバランスさによって不安定な心理状態に陥った女子の場合，異性である男子との不良交友がみられるようになり，結果として非行に走りやすいことが考えられる．

●友人関係 女子非行少年と非行問題のない女子では，親しい友人に対する愛着，親密さ，信頼といった関係性の質にはあまり違いはないが，女子非行少年の方が友人からのプレッシャーが高いことが示されている．ここから，女子の場合，友人に対する優越感や自分を大きくみせようとして非行に手を染めるというよりは，「友達がするから，私もする」という，友人に同調する気持ちが非行へと駆り立てていると考えられる（Pleydon et al., 2001）．

また，特に女子において，異性の親友をもつことが将来の反社会的行動の増加を予測すること（Arndorfer et al., 2008）や，非行問題のない女子よりも女子非行少年の方が異性の友人を親友とみなしていることが多いこと（Solomon, 2006）が明らかにされており，女子の場合，異性の友人から受ける影響が大きいといえる．したがって，女子非行を理解するには，同性に加え，異性の友人との付合い方も注意深く観察することが重要といえよう．

●家族関係 女子の非行では，家族関係も重要な影響を及ぼす要因の一つである．親との愛着関係の影響をレビューした論文（Hoeve et al., 2012）では，男子も女子も共通して，母親との愛着関係には非行等の問題行動を抑止する効果があることが示されているが，特に女子にとって，同性の親である母親の影響は大きいとされている．河野（2003）は，女子の性非行について，性的アイデンティティを確立する時期にある女子にとって，家族の中でも同性の母親との関係は重要であると指摘する．

一般に，青年期の女子は，女性モデルである母親との関係を基盤として，女性としての自己を受け入れ，自己肯定感を高めるが，母子関係が悪いとそのモデルを欠くために，低い自己評価を抱き，それを補うために他者を求めて性非行に走るといわれる．女子は対人関係を重視し，人との関係の中で自分の存在意義を確認するため，母子関係の質が性非行という女子の人格の尊厳を傷つける非行の原因になると考えられる．

［久原恵理子］

非行集団

　星野(1981)によれば，非行集団は以下の特徴をもつとされている．①反社会性を帯びた副次文化を有している，②集団成員が相互に持続的関係を維持している，③年齢が近い者同士が集まっている，④学校や家庭環境等の適応において問題を抱えている，⑤合法的社会集団から排斥された少年の受け皿としての役割をもっている，⑥スリルや快楽追求のような副次文化を反社会的手段によって達成する．これらの特徴を考慮すると，非行集団は必ずしも暴走族のような組織性が強い集団だけではなく，仲間集団の延長のような組織性の弱い集団も該当する．

●**非行集団の特徴とその推移**　次に，非行集団の一類型である暴走族を対象にその推移を概観する．図1は暴走族のグループ数とそこに所属する少年構成員数を示したものである．2002年に暴走族のグループ数は1,313グループとなりピークを迎えたが，暴走族に加入する少年構成員の数は1982年の3万2,368名がピークであった(『平成25年版犯罪白書』)．要約すると，近年の全体的な傾向としては，暴走族のグループ数および少年構成人員ともに減少傾向にあるといえる．

●**「類は友をよぶ」のか「朱に交われば赤くなる」のか**　非行集団に所属する少年は非行への関与頻度が高いが，それは少年自身の性格特性によるものだろうか，それとも非行集団による影響のためだろうか．この問いに対して，ソーンベリーら(Thornberry et al., 1993)は追跡調査を用いて，ギャング集団に所属経験がある少年と一度もギャング集団に所属したことがない少年を対象に三つのモデルを立てて検討した．

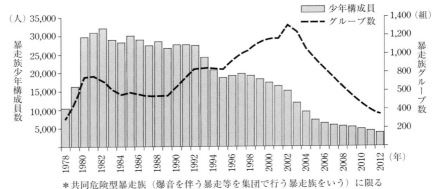

＊共同危険型暴走族(爆音を伴う暴走等を集団で行う暴走族をいう)に限る

図1　暴走族の少年構成員数とグループ数の推移(『平成25年版犯罪白書』より作成)

第一は，選択モデルとよばれるものであり，「類は友を呼ぶ」という諺にあるように，すでに非行傾向のある少年がギャング集団に加入するため，加入前と加入後の非行関与頻度は変わらない．しかし，ギャング集団に加入経験のない少年と比べると非行関与頻度は一貫して高いというものである．

　第二は，促進モデルとよばれるものである．「朱に交われば赤くなる」という諺にあるように，ギャング集団に加入する少年とそうでない少年はもともと非行関与頻度に差はないが，ギャング集団に加入すると，集団内での社会化によって非行関与頻度が高まるというものである．

　第三は，上述の二つの仮定を組み合わせたものであり（強化モデル），もともと非行傾向のある少年がギャング集団に加入することで，非行仲間からの影響を受け，非行関与頻度がよりいっそう高くなるという混合モデルである．

　これらのモデルのうち，どれが妥当かということについて検証した結果，促進モデルを支持していた．これは本来，非行集団に所属する少年とそうでない少年は非行関与頻度に差がないにも関わらず，非行集団に所属したことで仲間からの影響を受けて，非行に関与するようになることを示している（☞「文化的逸脱理論」．

●逸脱訓練　集団内での相互作用過程に着目した研究としては，ディジョンらが提唱した逸脱訓練をあげることができる（Dishion et al., 1996）．

　彼らは実験室実験を実施し，友人同士の二人の少年に身近で起こった問題をどのようにして解決するかということを議論させた．その様子はビデオで記録されており，彼らの会話内容は，「反規範的」と「規範的」の二つの尺度でコーディングされ，さらに相手の発言に対して，「笑う」と「中断する」という二つの反応がコーディングされた．逸脱訓練とは，相手の「反規範的」発言を「笑う」という肯定反応で強化する過程と定義される（Dishion et al., 1999）．この研究においてディジョンら（Dishion et al., 1996）が最も注目した仮説は，反規範的会話に対する相手の肯定反応率の高さが後の非行をうながすであろうというものであった．分析の結果，実験室で観察された25分間で反規範的発言が相互に強化されたペア（つまり，逸脱訓練に関与した少年たち）は2年後の15〜16歳時の非行頻度が増加し，これは過去の非行経験を統制してもなおみられた．

　さらに，パターソンら（Patterson et al., 2000）は逸脱訓練が非行に及ぼす効果を，8年に及ぶ追跡研究の中で詳細に検討した．分析の結果，小学4年（10歳）時に逸脱的な仲間と関係をもった少年は，中学2年（14歳）の段階で逸脱訓練（相対的強化率，逸脱的な仲間との交際，仲間の反社会的行動，仲間と一緒に過ごす時間の4指標で測定）への関与が増加し，これが性交渉，薬物使用，警察による逮捕を含む小学4年生から高校3年生（10〜18歳）までの反社会的行動をうながした．

〔中川知宏〕

家庭内暴力

　家庭内暴力（domestic violence：DV）とは，家族間暴力のことであり，諸外国では，親から子どもへの暴力（虐待），夫婦間暴力，高齢者虐待等を含んで使用される用語である．しかし，わが国においては，1980年代頃から，子どもから親への暴力が，わが国特有の親子関係を背景とする社会問題として注目され，家庭内暴力の用語も多くの場合，その文脈で使用されてきた．齊藤（1998）は，家庭内暴力を「児童期から青年期に至る子どもの発達経過の中に生じる，家族を対象とした直接的あるいは間接的な暴力行為」と定義している．

　1980年代に社会問題化した家庭内暴力についての研究，症例報告の多くは，精神科医によるものであり，主として病態の分類，暴力の原因，発生機序が注目され，精神医学の立場からの治療論が取り上げられた．暴力を振るう子ども本人に焦点があてられていたといえる．その後，家族心理学，家族療法の観点から，暴力が起こる家庭に着目し，家族全体の力動や関わり方に焦点をあてた研究が多く発表されるようになった．

　家庭内暴力がどの程度発生しているのかについて，正確な統計はない．警察庁生活安全局少年課が毎年発表している『少年の補導及び保護の概況』には，家庭内暴力の認知件数が記載されており，近年は，全国で1,000〜2,000件の事案が認知されていることがわかるが，これは警察活動の中で認知したもののみであり，実際に発生しているもののごく一部でしかない．子どもの暴力に悩む親にとって，そのことを警察に通報，相談をすること自体，相当な抵抗感があることであり，家族の中だけで抱えていることが少なくないものと推測される．

●**家庭内暴力の特徴や分類**　家庭内暴力には，上述した齊藤の定義が示すとおり，身体的暴力のような直接的な暴力のみならず，罵詈雑言，言葉での脅しや威嚇，物を壊す・火をつけるといった間接的な暴力も通常含まれる．

　家庭内暴力の対象は，両親，きょうだい，祖父母等，家族全般に及ぶが，多くの場合母親がターゲットとなっており，父親に暴力が向けられるケースは比較的少ない．それは，母親が体力・腕力の面で弱い立場にあることの他，子どもと一緒に過ごす時間が長いこと，相互依存的・両価的な母子関係等，子どもとの心理的な距離が近いことが暴力を惹起しやすい等の要因があるとみられる．

　家庭内暴力をタイプ別に分類することが，多くの研究者によって試みられている．稲村（1980）は，扱った症例を，神経症型，精神病型，一般型，一過性型の4タイプに分類した．本城ら（1982）は，脳器質性疾患，精神病，精神遅滞，境界例とその他に分け，さらにその他を非行，神経症状，登校拒否のいずれかを伴

うものと，家庭内暴力のみのものに分類した．齊藤（1998）もまた背景をなす精神障害との関連に着目し，中核群，辺縁群に分類し，さらに中核群を，登校拒否を伴うものと伴わないものの2群に，辺縁群を，非行，統合失調症，気分障害，脳器質疾患あるいはてんかん，精神遅滞あるいは広汎性発達障害のいずれを伴うかによって5群に分類した．これらの分類は，その後の治療にあたっての指針も示すものであり，中核群においては，親子の歴史や親子関係，辺縁群においては，その背景にある疾患や障害等への対応が優先されるとしている．

●家庭内暴力の要因及び背景　家庭内暴力は多くの要因が重なり合って生じるものである．まず本人の要因としては，小心・わがまま・自己中心的・強迫的・過敏といった性格傾向を指摘する研究が多い．また本人の抱える資質的問題として統合失調症，神経症，てんかん，精神発達遅滞，脳器質疾患の他，発達障害等が大きく影響すると考えられている．家族の要因としては，母親の過干渉，母子密着等が指摘される一方，父親の不在や放任，回避が問題とされ，こうしたことが過保護かつ過干渉な家庭環境と家族病理を生み出し，暴力の背景をなす．さらに，これらの問題が相まって，学校生活における不適応を高じ，不登校・引きこもりが生じやすくなる．

●家庭内暴力への対処　家庭内暴力が生じる家庭は，さまざまな要因から閉鎖的になりやすく，子どもの暴力が激化する，あるいは思い詰めた親による家族間殺人に発展する危険性をはらんでいる．したがって，暴力を抑制するための危機介入と，子どもおよび家族への治療の双方を念頭において対処する．

　危険性が高く，危機介入の必要があると判断した場合には，親子分離を検討する．親子分離の方法としては，親族等家族がもつ資源を活用しての親子分離，入院に加え，児童相談所への入所や観護措置といった司法的措置を取ることもある．

　治療の方法としては，基底にある本人の資質上の問題に対する薬物治療の他，カウンセリング，家族療法等が効果的であるといわれているが，通常，暴力を起こしている本人が自主的に来談・来院することはまれである．多くの場合は家族が先に来談するので，その際は，疲弊している家族をねぎらいながらも，家庭内暴力は子どものみの問題ではなく，関係性の病理であるという視点をもち，家族も治療や支援の対象として，家族の対処方法を変容させていくよう働きかける．

　一方，相談や治療の場に出向くことに抵抗の大きい本人との接触にあたっては，アウトリーチの方法も駆使しながら，本人の安心を確保し，その適応力を向上させるべく支援する．

［遊間千秋］

📖 参考文献
[1]　齊藤万比古(1998)「家庭内暴力」松下正明総編集『児童青年期精神障害』臨床精神医学講座11，中山書店．
[2]　井上洋一・水田一郎・小川朝生(2001)「家庭内暴力」『精神科治療学』16(増)389-393．

校内暴力

校内暴力とは，一般に，学校生活に起因する児童生徒の暴力行為をさし，対教師暴力，生徒間暴力および学校の施設・設備等の器物損壊の3形態をいう（『校内暴力に関する調査について〈昭和59年7月11文部省中等教育中学校課長通知〉』）．このうち，対教師暴力とは，教師に対する暴力行為のことで，校則違反等を注意した教師に反抗して暴力を振るう場合等が典型的である．生徒間暴力とは，生徒同士の暴力行為のことで，生徒同士の喧嘩で暴力に及んだ場合や，暴力を伴ういじめ等が含まれる．学校の施設・設備等の器物損壊とは，窓ガラスやドア等を壊した場合の他，補修を要する落書きや飼育動物に対する故意の攻撃等も含む．文部科学省では，この3形態について，1983年度より，公立中学校・高等学校（1997年度からは小学校も追加）における状況の調査を行っている（図1）．

●校内暴力の歴史的概観　校内暴力は1960年代前半から多発し，1964年に第一のピークを迎えた．この頃の校内暴力は，校外の不良集団と結びついた問題生徒グループの集団による暴力であり，16歳から17歳の少年が多く，高圧的な教師や差別をする教師に対する「反抗の論理」に基づいたものであった．その後，校内暴力は，いったんは鎮静化したが，1970年代後半から再び増加に転じ，1980年代前半に第二のピークを迎えた．この時期の校内暴力は，校外の不良集団との結びつきがない弱い者同士の集団による暴力であり，14歳から15歳の年少少年が中心で，「理由なき反抗」や遊び的なものが目立っていた（松元，1980）．

1980年代後半からは，再び校内暴力は減少傾向を示したが，1990年代後半から3度増加傾向に転じ，2009年には過去最高の発生件数となって，第三のピークを迎えた．この時期，すなわち現代の校内暴力の特徴として，『少年の問題行動等に関する調査研究協力者会議報告』（文部科学省，2001）は，①社会性や対人関係能力が十分身についていない児童生徒の状況，②基本的な生活習慣や倫理観等が十分しつけられていない家庭の状況，③生徒指導体制が十分機能していない学校の状況，④大人の規範

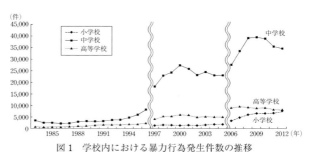

図1　学校内における暴力行為発生件数の推移
（文部科学省『平成24年度児童生徒の問題行動等生徒指導上の諸問題に関する調査』より作成）

意識の低下や子どもを取り巻く環境の悪化が進む社会全体の状況をあげている．また，近年，小学校における暴力行為の発生件数が増え続けており，2012年度には過去最高の発生件数となる等，校内暴力の低年齢化も目立っている（文部科学省『平成24年度児童生徒の問題行動等生徒指導上の諸問題に関する調査』）．

●**校内暴力の原因**　校内暴力の原因としては，①児童生徒の個人的要因，②家庭的要因，③学校や社会等の環境的要因が考えられる．児童生徒の個人的要因としては，知的能力や発達障害等の器質的要因，学業不振等の学校適応の問題，社会性や対人関係能力の未熟さ，衝動統制の悪さ，規範意識の低さ等の性格的な要因がある．また，家庭的要因としては，離婚等による家族の構造的変化，過保護や過干渉，放任や虐待，教育力の低下等があげられる．さらに，環境的要因としては，学校による一貫しない対応や一方的な指導，教師の指導力の低下，大人社会の規範意識の低下，インターネットの影響等があげられる．そして，これらが相互に影響し合って，少年の中にストレスや反発，自己顕示欲等の準備状態がつくりあげられ，教師からの指導や他の生徒との言い争い等が引き金となって，それらが暴力というかたちで噴出するものと考えられる（図2）．

図2　校内暴力の発生メカニズム

●**校内暴力への対応**　文部科学省は，『暴力行為のない学校づくりについて（報告書）』（2011）において，校内暴力への対応の基本姿勢を「児童生徒理解を深め，暴力行為の背後にある要因を踏まえたうえで，児童生徒の内面に迫る指導を進め，関係機関等との連携のもと，この問題の抜本的な解決に取り組むことが大切であるとした．特に，暴力行為が発生した場合には，教育的配慮を根底に置きつつ，毅然とした姿勢で加害児童生徒への指導に臨み，すべての児童生徒が学校生活によりよく適応し，充実した有意義な学校生活を築けるようにすることが求められる」としている．すなわち，校内暴力への対応としては，①警察等の司法機関との連携も含めた，暴力に対する毅然とした態度と，②個々の児童生徒が抱えている個別的な問題や状況を理解し，それに応じて心理教育的，カウンセリング的アプローチをしていこうとする態度の両面が必要となる．

［室城隆之］

いじめ

　文部科学省『児童生徒の問題行動等生徒指導上の諸問題に関する調査』(2015) によるいじめの定義は,「児童生徒に対して, 当該児童生徒と一定の人的関係のある他の児童生徒が行う心理的また物理的な影響を与える行為(インターネットを通じて行われるものも含む)であって, 当該行為の対象となった児童生徒が心身の苦痛を感じているもの. なお, 起こった場所は学校の内外を問わない」とされている. この定義では, 被害者側がいじめだと感じたものがいじめとなる. しかし, 被害者がいじめだと感じたとしても, それを他者に知らせることは難しい. いじめられた事実を認め, いじめを通して受けた辱めを他者に訴えることは, 被害者の自尊心を大きく傷つけるものだからである.

　いじめは, 二つの観点から理解する必要がある. 第一は, いじめの4層構造である. 第二は, いじめの過程である.

●**いじめの4層構造**　いじめの構造は, 加害者, 被害者, 観衆, 傍観者の4層になっている(森田, 2010). 加害者は, いじめっ子のことであり, 被害者はいじめられっ子のことである. 観衆とは, 自分は直接手をくださないが, いじめを面白がり, 周囲で煽る子どもたちである. 傍観者とは, いじめに対して見て見

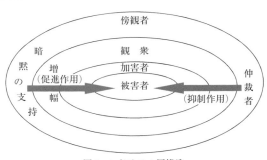

図1　いじめの4層構造

ぬふりの態度を示す子どもたちである. この4層構造の中で, 観衆と傍観者は, いじめを助長したり, 抑止したりする重要な役割を果たす. 特に, 傍観者の中から仲裁者が現れれば, いじめに対して抑止的作用を及ぼすのに対し, 傍観者がいじめを暗黙的に支持すれば, いじめは促進される. いじめは, 被害者と加害者の2者間だけでなく, 観衆, 傍観者と4層になって生じる学級集団の問題である(図1).

●**いじめの過程**　いじめは, 孤立化→無力化→透明化の3段階の過程を経ながらエスカレートしていく(中井, 1997).

　孤立化は, 特定の者をいじめのターゲットとすることを学校内に周知させる標的化から始まる. 周囲にいる者は, いじめのターゲットから距離を置くようになる. 次に, ターゲットとされた個人がいかにいじめるに値するかというPR作戦が行われる. PR作戦では, 被害者の些細な身体的特徴や癖等が取り上げられる.

PR作戦により，被害者自身も自分はいじめられても仕方ないと思い込んでいく．
　無力化では，反撃することは一切無効であることを，加害者は被害者に徹底的に叩き込む．被害者が加害者に少しでも反抗しようものなら，懲罰的な過剰暴力によって罰せられる．また，いじめられていることを大人に話すことは卑怯であるという，加害者側に都合のよい道徳教育を被害者に行う．これによって，被害者は加害者に精神的に屈服していく．
　透明化では，被害者は，目の前に加害者がいなくても，空間的にも時間的にも加害者が常に存在しているかのような感覚に陥る．そして，加害者との関係が永久に続くように感じるようになる．学校では，被害者は加害者と仲良しであることを教師の前で誇示したり，楽しそうに遊んでいるかのように見せたりすることがある．誰かが異変に気づき，いじめられているのではないかと問いただしても，被害者は激しくそれを否定する．透明化の段階になると，いじめは日常風景の一部となり，気に留める者は誰もいなくなる．この段階にまで達すると，たとえ教師であっても，いじめに気づくことは非常に困難になる．児童・生徒だけでなく，教師や親等の大人までが，いじめの過程に巻き込まれ，いじめに気づけなくなるのが透明化の恐ろしさである．

●**いじめ自殺**　いじめが起きた場合，最優先すべきは，被害者の身の安全の確保であるが，いじめ自殺という最悪の事態に至ることも少なくない．シュナイドマン（Shneidman, 2005）は，死にたくて自殺する訳ではなく，楽になりたくて苦痛から逃れるために人は自殺すると述べている．自殺直前の認知状態は，心理的視野狭窄の状態にあり思考が極端に狭められているため，意味のある文章を書くのは困難な心理的状態にある．自殺直前に，いじめと自殺の因果関係を論理的に記述した遺書を書くことは難しいことが多い．亡くなったいじめ被害者の遺書だけでなく，日記，手紙，通知表，ノート，手帳，メール，スケッチブック，友人の証言等，子どもが残したさまざまな記録を手がかりにし，詳細な生活史から，いじめと自殺の関連を解釈する必要がある．

●**いじめ対策**　いじめ対策として，さまざまな取組みがされている．代表的なものとしては，事例を通していじめへの理解を深めるもの，いじめ場面のロール・プレイを通して対処方法を考えるソーシャル・スキル・トレーニング（SST），怒り等の感情をコントロールするためのプログラム等である（☞「SST」「アンガー・マネジメント」）．他にも，同年代の仲間同士が支援するピア・サポートがあり，そのピア・カウンセラーを養成するプログラム（横湯，2010）もある．
　いじめ予防やいじめ防止は重要な視点である．しかし，根絶が難しいのがいじめである．いじめは起こり得るものととらえ，いじめが起きても，それがエスカレートする前に，いじめの過程の初期段階のうちに，いじめを発見し立ち向かう姿勢が求められる．

〔金子泰之〕

児童虐待

　児童虐待は身体的虐待，性的虐待，ネグレクト，心理的虐待に分類されるが，それが刑事事件として扱われると，殺人，傷害（致死），暴行，逮捕監禁，強姦，強制わいせつ，保護責任者遺棄（致死）等の刑法犯や，児童福祉法違反や児童買春・児童ポルノに係る行為等の処罰及び児童の保護等に関する法律違反になる．児童相談所への虐待通告件数は年々増加の一途をたどっているが，警察における児童虐待で検挙される件数も増加している．

●**加害者の特徴**　児童虐待で検挙される者は，一般的には父親の割合が母親よりも高い．しかし，保護責任者遺棄事件に関しては，母親と父親がほぼ同じ割合となっている．虐待の加害者の一般的な特徴として，衝動性の高さ，依存傾向の強さなどが顕著に見受けられるが，中には体罰を肯定する養育観をもっていたり，暴力に対する認知の歪みが隠れていたりもする．また，本来は虐待の加害者であるにも関わらず，「子どもが私を困らせる」「いくら注意しても泣き止まない」というように，自身が被害者であるという受け止めをしていることも珍しくない．

●**虐待の世代間伝達**　加害者の特徴の一つとして，過去には自身も虐待の被害を受けた被虐待児であったことが少なくなく，虐待研究ではこの世代間伝達（Steele et al., 1968）が注目されてきた．世代間で虐待が伝達される理由は，親の不適切な養育を学習してきたため，自分自身が親になり子育てをする際，自分が親からされてきた子育てと同じことを知らぬ間にしてしまうという理解がある．しかし，それだけでなく，虐待がトラウマとなっている深刻な場合等において，トラウマの再現として虐待が繰り返されてしまうことさえある．あるいは，親からの愛情を十分に受けずに虐待環境で育つことによって，どこか子育てに自信がもてなかったり，人間関係において根深い劣等意識を抱いている場合，最も即効的に自分をエンパワーメントする手段として暴力を使用してしまうこともある．つまり，加害者が危機場面に瀕した際，暴力を振るうことによって児童を自分に服従させ，自身にパワーがあることを感じ取ろうとする．これらのことが世代間伝達を生んでしまう要因となり得る．

　ドメスティック・バイオレンス（配偶者虐待，DV）の加害者には幼少期に虐待の被害経験がある者が多いと指摘されるが，この世代間伝達のメカニズムと共通するところも多い．そして，児童の目の前で親の暴力を見せることそのものが，いわば心理的虐待であり，虐待がさらなる虐待を生んでいく連鎖がここにもみられる．以上のような虐待の被害者が虐待の加害者へと移り変わっていく「被害と加害の逆転現象」（橋本，2004）は，虐待が次なる虐待を生むだけでなく，虐待

と非行もしくは犯罪との関係を解き明かす重要な視点となる（☞「ドメスティック・バイオレンス」）．

●**加害者への支援**　虐待の背景には貧困をはじめとする経済的要因や劣悪な生活環境等があり，家庭内の機能が不全となっている場合が少なくない．まずはそのような生活状況を改善させるための支援が必要となる．生活が少しでも円滑に流れていくことで，親子の情緒の交流も停滞せずに進むことも少なくない．また，加害者が精神障害等に罹患している場合は，医療機関等との連携が必要である．

さらに，加害者の治療プログラムはこれまで数多く開発されてきているが，中でもコモンセンス・ペアレンティング（common sense parenting：児童とのストレス場面に対してどのようにそれを乗り越えていくかの技術をビデオ等を使用して学ぶ方法）や怒りのコントロール（怒りを感じる場面について取り上げ，怒りをどのように扱うかを学習する認知行動療法），トリプルP（positive parenting program：親子のコミュニケーションや児童の問題行動への対処法等の技術を身につけるプログラム），サインズ・オブ・セイフティ・アプローチ（signs of safety approach：児童や家族自身が安全な生活をつくる主体であるととらえ，家庭の良い面を尊重し，本来の力を発揮してもらうことをめざすアプローチ）等がある．また，虐待によって親子分離がなされた事例等では，家族が再統合をしていくための援助プログラムもあり，個人カウンセリングやグループ・カウンセリングを実施するところも多い（☞「アンガー・マネジメント」）．

●**被害者の特徴**　児童虐待の被害者となる側の要因には，未熟児や発達障害といった，いわゆる育てにくい子ども（difficult child）がリスク要因の一つと考えられている．また，乳児の場合は養育者のより注意力を備えたケアが必要であるにもかかわらず，それが不適切になされると死亡に至る場合も少なくない．

虐待は児童に身体面の影響だけではなく，言葉や学習の遅れといった知的面，落ち着きのなさや感情のコントロールの悪さ等の情緒面，あるいは多動や自傷行為，暴力等の行動面，愛着形成の不全や不信感があるために人との適切な距離が取れない等の対人関係面等，多方面にわたって影響を及ぼす．しばしば虐待の被害体験がトラウマとなり，深刻な解離等の精神症状を呈したり，成人した以降もフラッシュバック等の症状に苦悩することもある．そのためにも，虐待の被害者のケアが重要である．また，近年は性的虐待等の被害を受けた児童が何度もその出来事を聴取され，それが二次被害となってしまうことを防ぐために，司法面接（forensic interview）の導入が積極的になされてきている．これも被害者への配慮をしていくためには重要なことである（☞「司法面接」）．　　　　　　　［橋本和明］

📖 **参考文献**
[1]　仲 真紀子（2009）「司法面接―事実に焦点を当てた面接法の概要と背景」『ケース研究』299, 3-34.

少年による殺人

　激しい怒りや深い憎しみがあったとしても，人を殺すことは大人にとっても容易ではない．まして体力的に成長途上で凶器の入手が大人ほど容易でない少年の場合，殺人に至るまでのハードルは大人よりもずっと高い．それゆえに，そのハードルを乗り越えて殺人を犯した少年に対しては，大人による殺人よりも実行者の異常性，特異性により多くの注目が集まるのは当然ともいえる．

　窃盗や傷害で検挙された者のうち約3分の1が少年であるのに対し，殺人に占める少年の検挙者は1割未満にすぎない．また，わが国における少年による殺人の発生状況を諸外国と比較すると，米国，英国，フランス等の4分の1～10分の1以下（年齢や国ごとの比較で異なる）で推移しており，わが国の少年による殺人の発生率は諸外国と比較してきわめて低いレベルにあるといえる（『平成17年版犯罪白書』）．

●**殺人少年の心理理解のための三つのアプローチ**　少年による殺人には，親殺し，嬰児殺，暴力団抗争による殺人，強盗や強姦等他の犯罪を隠ぺいするための殺人等，広範囲の形態が含まれ，その心理・動機理解のためにさまざまな立場からさまざまなアプローチが行われてきた．

　①**事例分析的アプローチ**：事例分析研究では，マスコミから大きな注目を浴びた特異な事例，何らかの精神障害（発達障害等）が疑われる事例等が集中的に取り上げられている．そこでは，少年による殺人を家庭の機能不全，器質的な障害，感情統制の弱さ，学校の教育機能の低下や人間関係の疎遠さ等に原因を帰すものが多い．

　殺人という極端な異常行動を示した事例を理解するためにしばしば用いられてきた理論は，精神分析理論である．精神分析理論からの少年による殺人の理解は，もともと脆弱であった自尊心が傷つけられたときに原初的で自己愛的な怒りが噴出することによって引き起こされた，日常の無力感の裏返しであり内なるパワーの感覚を取り戻すための手段として用いられた等である．

　②**リスク探究的アプローチ**：殺人少年と他の非行少年との差異からリスク要因を特定しようとする多くの研究が行われてきている．殺人少年の人格的・認知的リスク要因として，攻撃的行動の長期間の持続，怒りの統制の過剰または乏しさ，蓄積された怒りの感情，殺人への恐れ，ファンタジーと現実との混同，被害者に対する非人間化，病的な同一視，パラノイア的な観念等が指摘されている．また，犯行時における状況的リスク要因としては，人間関係における喪失または拒絶の体験，男らしさや自尊心に対する脅威，希望のなさや無力感といった感情の強ま

り等の，犯行直前まで少年が周囲から受けていた状況ストレスの大きさ，薬物やアルコール等による脱抑制的な要因の影響等が指摘されている．

③類型的アプローチ：殺人少年の主要な類型化としては，精神医学的概念に基づく分類，犯行特徴に基づく分類，犯罪者と被害者との関係に基づく分類，発達特徴を含めた分類がある．

精神医学的概念に基づく類型は，主としてシュナイダー（Schneider, K.）の精神病質類型や DSM（米国精神医学会『精神障害の診断・統計マニュアル』）の診断体系を用いて行われてきた．従来，殺人少年の中でも精神医学的アセスメントが必要と思われた少年を鑑定のために収容する医療機関等で勤務する研究者によってこの類型化が用いられてきた．

犯行特徴に基づく類型としては，コーネルら（Cornell et al., 1987）のものが最も知られている．彼らは犯行時の少年の精神状態や動機等をもとに，殺人少年72 人を犯罪群（51%），葛藤群（42%），精神障害群（7%）に分類した．

犯罪者と被害者との関係に基づく類型では，被害者が加害者の家族であるかどうかの区別が重要とみなされてきた．家族殺の少年においては，夫婦間暴力，子どもへの虐待等の家庭機能の不全に関するリスク要因が指摘されている．

発達特徴を含めた類型としては，家庭裁判所調査官研修所（2001）が単独で重大事件を起こした少年について，幼少期から問題行動を頻発していたタイプ，表面上は問題を感じさせることのなかったタイプ，思春期になって大きな挫折を体験したタイプの 3 類型を抽出している．また，近藤（2009）は，男子少年 73 人の発達過程の特徴的要因に対して潜在クラス分析を適用し，外在化型，内在化型，遅発型の 3 類型を導いている．外在化型は，早期から窃盗や暴力等を繰り返していたグループであり，不良交友関係を背景とした集団による殺人が多かった．内在化型は，家庭や学校場面における不適応状態が慢性化していたグループであり，単独犯や親族殺が多かった．遅発型は，本件直前までは何とか表面的な適応状態を維持できていたグループであるが，集団追従的または状況圧力に耐え切れずに殺人にまで至っている場合が多くみられた．

●**殺人少年に関する縦断的研究**　少年による殺人は比較的まれな現象であるために，数千人規模の縦断的研究においても数量的分析に耐えるだけの該当者を見出すことは困難で，殺人少年の実証的研究のほとんどは横断的研究が用いられてきた．唯一，ローバー（Loeber et al., 2005）は，ピッツバーグ・ユース・スタディの対象者 1,517 人を 10 年以上追跡調査した結果，33 人の殺人少年を見出し，そのほとんどがギャング抗争等の街頭殺人であったとしている．

わが国における殺人少年の実証的分析においては，発生率の低さゆえ，回顧的手法や予後追跡等を組み合わせながら，より有効な予防方策，再犯防止策を検討していく必要がある．

［近藤日出夫］

少年による性犯罪

　少年による性犯罪（以下，性非行とする）は，広義では女子少年による売春等も含まれるが，一般的には，男子少年による性的な意味合いを伴う非行をさす．強姦や強制わいせつといった明らかな性非行に限定して定義されることもあれば，痴漢やのぞき等の迷惑防止条例違反，下着盗等の窃盗，精液を他者の所有物に付着させることによる器物損壊等の性的な意味合いを含むすべての非行を含めて定義されることもある．

　性非行は，主に性的欲求の充足を目的とした非行である．しかし，憂さ晴らしや報復，達成感の獲得，好奇心の充足，被害者に対する優位性の確認，支配等他の目的を伴うことが少なくなく，むしろそれらが性非行に及ぶ主な目的である場合もある．どのような態様の性非行であっても，必ず被害者の同意なしに性行為を強要する，あるいは性的に辱めるという攻撃行動を伴うことから，性行為と暴力という視点から性非行を理解することが大切である．

●**性非行少年の人物像**　性非行少年は，たいていの場合，性や性非行に対して偏った考えや価値観を有している．性非行少年の多くは，女性や子ども，ポルノ等に対して偏った信念や態度を示し，性的なファンタジーに執着し，逸脱した性的興奮を示す傾向がある．中には小児性愛，フェティシズム等の性的倒錯を伴うこともある．また，被害者や共犯者への責任転嫁，自分の非行の矮小化や合理化といった認知の歪み（☞「認知バイアスと犯罪」）が頻繁にみられる．

　一方，家庭環境，社会適応，人格特性，性経験等は個人によって異なる．例えば，性非行少年の中には，親の離婚・再婚や家族間の対立・葛藤，貧困等家庭内の問題が山積している者もいれば，両親がそろい，比較的裕福である等，一見すると何の問題もなさそうな家庭で育った者も少なくない．同様に，学力不振や怠学・中退，学校内外での問題行動がある等社会適応の問題を抱えている性非行少年がいる一方で，学校適応や学業成績にまったく問題がなかった者も多数存在する．内向的で，社会スキルの不足や交友関係の狭さが目立つ者もいれば，一見すると社交的で，男女を問わず交友範囲が広い者もいる．性経験が豊富な者もいれば，ポルノを閲覧したことがない者や自慰行為をしたことがない者もいる．要するに，性非行少年は単一的な集団ではなく，性非行という大枠でくくられた多種多様な下位集団から構成される集団であり，アセスメント（査定評価）と処遇を実施する際は，個々の特性に目を向けることが重要である．

●**性非行少年の再犯リスク因子**　未成年の頃に性非行を開始し，成人になっても性犯罪を繰り返す者は少なくなく，一人で複数の被害者を生み出すケースもまれ

ではない．したがって，保護と社会防衛の観点から，まだ可塑性が残されている未成年のうちに適切に介入をすることが重要である．

わが国の性非行少年の再犯率を示すデータは少ない．一方，欧米では，研究によって追跡期間や再犯率にばらつきがあり，性非行少年における性非行の再犯率は0～42%，性非行以外

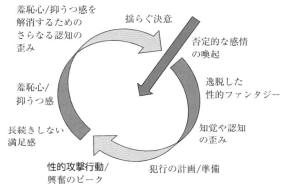

図1　性犯罪を反復するサイクル（Edwards, 1997より作成）

の非行の再犯率は8～52%と幅広い（Fortune et al., 2006）．

再犯のリスク因子に関するメタ分析から，逸脱した性的興味と反社会的傾向（例えば，不安定な生活スタイル，規律違反歴等）が性非行の再犯に強く関連していることが明らかになっている．性非行歴や被害者数，面識関係がない被害者を選ぶ傾向，性への固執，性暴力に対する許容的な態度，親密な関係における葛藤，子どもへの感情的同一視，敵意等も性非行の再犯と強く関連している．また，メタ分析では強い関連が示されないが，感情統制力不足や不適切な問題対処方法も再犯につながる要因である．図1のように，累犯の性犯罪者は，否定的な感情の解消等を求めて性的攻撃行動を行い，自身の行った性的攻撃行動に伴う否定的な感情に対処するためにさらなる犯行を重ねる傾向がある．

●**性非行少年の処遇**　現在，欧米を中心に性非行少年に対する体系的な再犯防止プログラムが多数開発・実施されている．わが国の少年院でも，これまで個別的な指導が中心であったところ，2013年度から体系的な処遇プログラムが実施されている．処遇プログラムによって内容は異なるが，現在のところ，成人の性犯罪者に対する処遇に準じたかたちで，リラプス・プリベンション技法（☞「施設内処遇におけるリラプス・プリベンション」）をはじめとする認知行動療法や心理教育を採用しているものが多い．ただし，性非行少年を処遇する際は，成人と違って，身体的，精神的，社会的に発達途上の段階にあることが考慮される．二次性徴の出現や性衝動の分化，母子分離等は，性非行に関する問題と密接に関わっている場合が少なくないため，心身の発達に偏りがある場合は介入を行う．また，性非行少年は，成人の性犯罪者よりも処遇に対する反応性が良い分，リスクレベルやニーズに合った処遇を行うことの重要性は高い．脳が発達途上にある少年は，成人と比較して衝動制御や合理的な判断が困難であるので，メタ認知の発達をうながす等して実行機能の向上を図る．

［大江由香］

少年による暴力犯罪

　暴力犯罪の明確な区分はないが，ここでは暴力犯罪を暴行または脅迫を手段とする犯罪ととらえ，殺人，強盗，暴行，傷害，脅迫，恐喝，凶器準備集合の7罪種を含むものとする．これら暴力犯罪少年の検挙・補導人員（触法少年を含む）の人口比について，7罪種合計および上位3罪種の推移を示した（図1）．7罪種合計の人口比は，1989年から2000年までは増減を繰り返しながら増加傾向にあったが，2000年をピークに減少傾向に転じている．なお，2013年中の暴力犯罪少年の年齢分布は，殺人・強盗が16・17歳で41.8％，18・19歳で34.2％であり中間・年長少年が全体の76.0％を占め，傷害・暴行・恐喝は14・15歳で37.9％，16・17歳で26.6％で年少・中間少年が全体の64.5％を占め，罪種により年齢分布が異なっている．また，男女の割合は，男子88.9％，女子11.1％であった．

●**攻撃行動の類型化**　暴力犯罪の主因である攻撃性（☞「攻撃性」）は，生物学，動物行動学，精神医学，心理学等の分野で研究され，攻撃性は環境への適応の手段としての適応的攻撃性と暴力や破壊へと結びつく不適応的攻撃性とに区別されている．

　コナー（Conner, 2002）は，不適応的攻撃性を顕在的（overt）–潜在的（covert），反応的（reactive）–積極的（proactive）等のサブタイプに分類している．顕在的攻撃性は，公然と行われる身体的攻撃で殴り合いのけんか，いじめ，武器使用等，潜在的攻撃性は人目を盗んだ攻撃的行為で窃盗，放火，怠学等が該当する．また，ローバーら（Loeber et al., 1998）は，顕在的攻撃性は被害者との直接対立や情動面での怒りや認知面での敵意帰属バイアスがあり，男子で早期に始まる一方，潜在的攻撃性は，隠れた不正直な行動で，情動性の低さや行動の計画性と金品への固執等が特徴であると指摘している．反応的—積極的についてドッジら（Dodge et al., 1997）によれば，反応的攻撃性は，怒り

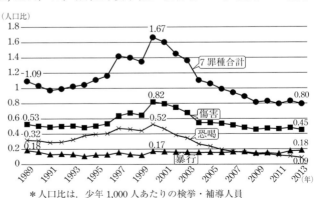

＊人口比は，少年1,000人あたりの検挙・補導人員
図1　暴力犯罪7罪種および上位3罪種の人口比の推移（『警察庁犯罪統計書』および総務省統計局『人口推計』より作成）

の表出，報復的敵意，激高した行動等で，脅威，欲求不満，挑発等に対する怒りと防衛反応と説明し，積極的攻撃性は，いじめ，中傷，高圧的行動等，意図的・目標指向的で，目的は求める報酬や結果の獲得であるとしている．ローバーら（Loeber et al., 1994）の縦断研究では，問題行動や非行の発達経路として，早期に出現する権威対立経路（扱いにくい行動→反抗的態度→怠学，家出，深夜外出），潜在経路（万引き，嘘→器物破壊，放火→詐欺，侵入盗，重大な窃盗），顕在経路（いじめ→けんか，集団暴力→強姦，暴行，暴力）の3経路があげられている．

●**暴力犯罪の背景とリスク・保護要因** 濱﨑ら（2000）による観護措置が決定した粗暴非行の要因研究では，両親の別居・離婚，経済的困窮，家庭内の精神疾患既往，家族間コミュニケーションの少なさ等の家庭要因，少年の知的能力の高さと生活の適応状況との乖離等の要因をあげている．科学警察研究所による『少年の凶悪・粗暴な非行の背景及び前兆に関する報告書』（2004）では，凶悪犯および粗暴犯と他の刑法犯を比較し，前者は放任的な母親，早期における身体的虐待・いじめ加害・逸脱行動，暴行・恐喝等の被害経験，資質として衝動性，自己中心性，社会的スキルの乏しさ等を指摘している．法務省総合研究所『研究報告25 性犯罪に関する総合的研究』によれば，強盗事犯に関する調査では，家族関係の希薄さや家族機能不全，学校・職場の不適応状況があり，資質面では，集団場面での軽佻，思いやり・想像力の欠如，短絡的な欲求充足等をあげている．これらの研究から暴力犯罪の背景には，家庭，被害体験，資質等の各要因が示唆される．

暴力に対するリスク要因及び保護要因は，米国公衆衛生局（U. S. Department of Health and Human Services, 2001）により，個人，家族，学校，仲間，コミュニティに分けて示されている．6～11歳の高リスク要因としては，犯罪全般，物質使用，男子，低社会経済状況/貧困，反社会的な親，攻撃行動等，12～14歳の高リスク要因は，社会的つながりの弱さ，反社会的な非行仲間，ギャングの一員，犯罪全般，落ち着きのなさ等であり，特に年齢区分のない保護要因は，逸脱行動に対する厳しい態度，向社会性，親や大人との温かい支持的関係，通常登校や学校生活への参加等をあげている．

暴力を含む子どもの問題とリスク要因の累積との関連が指摘される一方で，慢性的逆境要因（長期的に持続する環境的なストレス要因で，両親の不和・両親の精神病理・暴力的地域環境・虐待等）を抱えているにも関わらず適応し発達する子どもが注目され，その能力としてレジリエンス（resilience）の考え方が発展してきた．ガーメジーら（Garmezy et al., 1985）は，レジリエンス要因として子どもの気質・認知能力・自己信頼感等の生来的属性，家族の温かさ・結束の固さ・家族間の密接さ，家族が利用可能な外部サポートをあげている．　　　［石橋昭良］

📖 **参考文献**

[1] コナー，D. F. 著，小野善郎訳（2008）『子どもと青年の攻撃性と反社会的行動』明石書店．

スクール・シューティング

　スクール・シューティングとは，学校における発砲事件のことをさす言葉であるが，特にこの言葉が使用される場合には，学校内における不良少年やギャング等の発砲事件のことではなく，学校における無差別銃乱射事件のことをさす場合が多い．これは大量殺人の形態の一つであり，小学校から大学までの教育機関において，その学校の在校生や卒業生らが銃を乱射して教員や生徒・学生を無差別殺傷するタイプの事件である．

　このタイプの事件は，特に米国で1980年頃から目立ち始め，現在では毎年数件の類似事件が発生している．しかし，発生は米国に限られている訳ではなく，カナダ，ドイツ，フィンランド等でも発生している．銃を用いるのが基本であるが，刃物や爆発物を用いるケースもある．

　代表的なケースとしては，1999年コロラド州ジェファーソン郡のコロンバイン高等学校で，同校の生徒，エリック・ハリスとディラン・クレボルドが銃を乱射，12人の生徒および1人の教師を射殺し，その後，両名とも自殺したコロンバイン高校銃乱射事件，2007年バージニア州ブラックスバーグのバージニア工科大学で同大学学生のチョ・スンヒが，銃を乱射し，32人を殺害した後，自殺したバージニア大学銃乱射事件等がある．

●**スクール・シューティングに関する報告書**　米国では学校内，特に中学校や高等学校での銃乱射が連続して発生したことから，いくつかの司法機関が専門家による分析レポートを作成し，公開している．一つは，シークレット・サービス（secret service）の国家脅威アセスメント・センター（National Threat Assessment Center：NTAC）による分析である．このレポートでは，1974年以降の37件の銃乱射事案，41人の犯人について分析が行われている（Vossekuil, 2002）．もう一つは，米国連邦捜査局（Federal Bureau of Investigation：FBI）の暴力犯罪分析センター（National Center for the Analysis of Violent Crimes：NCAVC）のもので，1999年の7月にリースバーグ銃乱射事件シンポジウム（Leesberg Symposium on School Shooting）で公開されたものである．ここでは，18ケース（5ケースが中学校，13ケースが高等学校）について分析が行われている（O'Toole, 2000）．

　これらの分析で明らかになったのはスクール・シューティングの犯人には共通する特性と動機があり，思考や行動パターンも類似しているということである．その分析結果の要約を以下に示す．

●**スクールシューティング犯人の特性**　犯人は，在校生であることがほとんどで

ある（そうでない場合には，その学校に入学を断られた者や，その学校でトラブルのあった元職員等である）．性格としては，自己中心的でナルシシズムの傾向があり，自己について万能感をもっている人物が多い．自分以外の人間について，低く見る傾向がある，または，他人から注目されることを求める傾向がある（これらが事前性格なのか，それとも犯行の原因となるいじめ等によって形成されたものなのかはわかっていない）．もともと自分の衝動や暴力性に関するコントロールに問題があることが多く，時々手がつけられなくなる人物として認知されていることがある．成績は銃乱射とは，あまり関係ない．良い場合も悪い場合もある．また，親からのネグレクトや虐待等の悪い家庭環境，交友関係等の要因も銃乱射と関係がない．悪い環境で育った者も良い環境で育った者もいる．

●**スクール・シューティング犯人の思考・行動パターン**　彼らが銃乱射をする直接のきっかけで多いものは，いじめや無視，それによって引き起こされる孤立である．彼らは孤立させられたことから怒りをため込み，些細なことに腹立つようになる．それがきっかけとなって，破壊的な映画や音楽，ゲーム等の破壊カルチャーに親和性をもつようになる．いつしか，彼らは普段自分を見下したりいじめたりしている友人たちに対する怒りから復讐することを夢見るようになり，この妄想を頭の中で何度も反芻する．この反芻によって怒りがやむことはなく，逆に拡大再生産されるようになる．復讐の相手も特定の個人から学校やクラスといったより大きなカテゴリー全体に拡大してくる．

　このような状態で，かつ彼らが比較的身近に凶器，特に銃器が利用できる環境にあったり，その使い方を知っている場合，彼らが想像する復讐を実現する可能性は高まってくる．彼らは学校に対する復讐計画を立て始める．頭の中で何回も殺害計画をシミュレートし，時間をかけて計画を立てる．その過程で断片的な情報を他人に話したり，ノートやネット上にその一部を話したりすることがある．学校での銃乱射事件はきわめて衝動的な行動であるように思われるが，実際には本当に衝動的で場当たり的なケースよりも明らかに入念な計画のもとに行われているものが多い．これは他のタイプの無差別大量殺傷事件と同様である．

　犯行時には自分が入手可能な最も強力な武器（場合によっては爆弾等も）を複数持ち，多くの学生，生徒が集まる時間帯，場所で犯行に及ぶ．一度犯行を開始するとその場にいる者を無差別に殺害する．多くのケースでは銃の乱射は警察が来る前に終了する．シークレット・サービスが分析対象とした37ケースのうち，半数の事件で20分以内，1件（コロンバイン・ケース）を除く残りすべてのケースで3時間以内に犯行は終結している．犯人は，犯行直後に自殺することが多く，あらかじめ遺書を用意している場合も少なくない．　　　　　　　　　　［越智啓太］

📖 **参考文献**
[1]　Newman, K. S.(2007) Rampage: The social roots of school shootings. Basic Books.

薬物犯罪

　薬物犯罪を厳密に定義することは難しいが，覚せい剤取締法，麻薬及び向精神薬取締法，大麻取締法，あへん法，毒物及び劇物取締法，薬事法等に違反する行為の総称とする定義が一般的であろう．法律によって，薬物の輸入，輸出，所持，製造，譲渡，譲受，使用等，規制の対象となる行為は異なるが，薬物犯罪に該当する行為の範囲は広い．しかし，薬物犯罪の大半は使用または使用目的の所持であると考えられるため，本項では主に使用について述べる．ただし，使用に関しては，相当の暗数があり，実態の把握が困難であることも特徴である．

●**わが国の薬物犯罪の状況**　わが国の薬物犯罪は，1950年代後半から1960年代までの一時期を除き，覚醒剤の使用（☞「覚醒剤乱用」）が中心的問題となっていることが特徴である．覚醒剤の流行には三つの大きなピークがあるとされる．

　1945年以前には，わが国における薬物乱用・依存はほとんど存在しなかったとされるが，第二次世界大戦後の混乱期に入ると覚醒剤の乱用が大流行した（1945-57）．軍需用途で大量生産されていた覚醒剤が闇市場に流出したこと等がその契機だとされており，1954年には検挙人員が5万5,000人を超え，第一次のピークを迎えた．しかし，覚せい剤取締法改正による罰則の強化等により，検挙人員は急激に減少し，1950年代後半からは，ヘロインや睡眠薬の乱用等が流行した．1970年頃より再び覚醒剤が流行し，1984年には検挙人員が2万4,000人を超え，第二次のピークを迎えた（福井，1996）．その後，再び減少傾向となり，1989年には2万人を割ったが，1995年以降は再び増加傾向に転じ，1997年には2万人近くに達して第三次のピークを迎えた．その後は緩やかな減少傾向にあったが，2006年以降は，毎年1万人を超える横ばい状態が続いている．

　一方，覚醒剤と並んで二大乱用薬物といわれた有機溶剤は，1967年頃から少年の間で爆発的に流行し，1980年代前半には警察等からの送致人員が3万人台で推移するに至ったが，その後は減少傾向となり，特に近年は激減している．

　2000年代以降，若年層を中心に使用される薬物には多様化の傾向がみられる．大麻取締法違反の検挙人員は，2001年以降増加傾向となり，2009年には検挙人員が3,000人を超えてピークを迎えた．しかし，大麻の検挙人員もその後は次第に減少している．MDMA等の合成麻薬の検挙人員も，大麻と同様に2001年以降増加傾向にあったが，2004年をピークとして減少した．

　1990年代後半から社会問題として取り上げられるようになった危険ドラッグ（従来，合法ドラッグ，脱法ドラッグ，違法ドラッグ等とよばれていたもの）に関しては，規制薬物に類似した化学構造をもつ物質が登場し，その物質が規制さ

れるというイタチごっこの状況が続いてきたが，薬事法において，化学構造の一部が共通する物質群を包括的に指定違反としたり，指定薬物の使用，所持等に罰則を設けたりする等の対策が進められている．

●**海外の状況**　海外の薬物乱用の状況については，国や地域によって異なり，またそれぞれにおける流行もあるものの，欧米を中心として大麻，ヘロインおよびコカインが主要な乱用薬物となっており，そのうち，大麻が最も一般的である．

●**踏み石仮説**　薬物Aを使用すると薬物Bの使用が始まりやすくなるというように，薬物使用に順番があることを踏み石仮説（stepping stone hypothesis）という．この場合，薬物Aは薬物Bの入門薬または門戸開放薬（gateway drug）とよばれる．世界的には，大麻がヘロインやコカインの入門薬といわれ，わが国では，有機溶剤が覚醒剤の入門薬であった可能性が指摘されている（和田，1998）

●**依存，嗜癖等の概念**　薬物使用に関連する依存（dependence），嗜癖（addiction），乱用（abuse），習慣（habituation）といった概念については，依存や嗜癖といった概念の適用が，アルコールから薬物へ，さらにギャンブル等の行為へと拡大される中で，それらの本質的問題が何であるかという議論が行われ，それに伴ってこれらの概念の内容自体も変化してきたという経緯がある．

　1957年のWHOの定義では，著明な身体依存（減量や中止によって退薬症状を示すこと），薬物摂取の渇望，大きな社会的弊害の3条件を満たす薬物の使用を嗜癖とし，嗜癖より軽い程度の習慣的な使用を習慣としていた．しかし，身体的依存を形成しにくい薬物に嗜癖の概念を適用できないこと等が批判され，1964年には「依存」の用語が採用され，1969年には，「薬物依存とは，生体と薬物の相互作用の結果生じた特定の精神的，時に精神的及び身体的状態をいう．また，時に退薬による苦痛を逃れるため，その薬物を連続的あるいは周期的に摂取したいという強迫的欲求を常に伴う行動やその他の反応によって特徴づけられた状態を指す．耐性は見られることも見られないこともある」と定義された．ここでは，薬物依存の本質は精神依存（ヒトが薬物に頼った状態になり，制御困難な欲求を示すこと）であり，身体依存は必要条件ではなくなっている（宮田ら，2013）．

　その後，こうした精神依存を中心に据えた依存の概念が定着してきたが，米国精神医学会（APA）の精神疾患の診断基準であるDSM-5では，従来，物質使用障害（substance use disorder）の下位カテゴリーであった物質依存と物質乱用の診断が廃止され，物質使用障害群に一本化された．同時に，従来の「物質関連障害」のセクションにギャンブル障害（gambling disorder）が加わり，「物質関連障害および嗜癖性障害群」という名称へと変更された．後者の変更は，薬物等の物質と同様にギャンブルが脳内報酬系の活性化を引き起こすという知見に基づくものである．ただし，物質使用障害の診断において精神依存が重視されている点では，従来の依存の診断からの大きな変化はないといえる．　　　　［古曳牧人］

覚醒剤乱用

　覚醒（せい）剤とは，法律上の名称であり，薬物の名称ではない．具体的には，「覚せい剤取締法」第二条に定める物質であり，フェニルアミノプロパン（アンフェタミン），フェニルメチルアミノプロパン（メタンフェタミン）および各その塩類をさすが，わが国では主としてフェニルメチルアミノプロパンが覚醒剤として乱用されている．この覚醒剤の製造は，1888年，わが国の薬学者である長井長義が麻黄からエフェドリンを抽出したことに始まる．

　わが国では1941年頃から市販され，うつ病，統合失調症等の治療薬として使用されている．その効用として，眠気，疲労感，倦怠感を除去し，気分を高揚させることから，第二次世界大戦末期には士気の高揚，恐怖感の除去等を目的に軍部が治療以外の目的で使用している．大量の覚醒剤を抱えたまま終戦を迎えた製薬会社が，アンフェタミンをゼドリン，メタンフェタミンをヒロポンの名称で市販し，これが広範な市民に使用され，第一次覚醒剤乱用期が始まっている．

●**覚醒剤乱用の背景**　厚生省薬務局の調査『覚せい剤禍報告書』(1958)によれば，第一次乱用期には，乱用経験のある者が200万人，潜在的乱用者が55万人，何らかの精神障害をきたした者が20万人と報告されている．このように広範囲な国民に使用された背景には，敗戦による挫折と混乱，退廃的・刹那的社会感情，広範囲で急激な社会変動等とともに，「眠気や疲労感を除去し明日への活力を与える」と宣伝された覚醒剤が，戦後の復興のために立ち上がろうとする勤勉な国民性を有する人々に格別な抵抗もなく受容されたものと思われる．さらには，当時はまだ，薬害が十分に認識されておらず，法的規制も緩やかで，使用しても犯罪者として指弾されることがなかったこと等も指摘される．

●**覚醒剤乱用期**　さて，わが国の覚醒剤乱用を概観すると，第二次世界大戦後から1950年代の第一次乱用期，1970〜80年代の第二次乱用期，1990年代後半頃からの第三次乱用期に大別される（図1）．

　一般に，薬物が広範な人々に乱

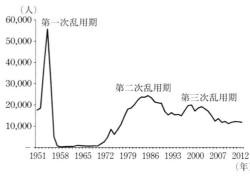

図1　覚醒剤検挙人員の推移
（昭和26〜平成24年版の『犯罪白書』より作成）

表1　第一次～第三次乱用期の特質（小柳，1983より作成）

事　項	第一次乱用期	第二次・第三次乱用期
社会的状況	急激な変化と混乱，経済的復興	享楽的世相，情報化と国際化の進展
乱用者	広範な市民から犯罪者に移行	犯罪経験者から一般市民へ移行
乱用目的	突貫工事，徹夜の勉強・仕事	セックス，社交手段
薬害の認識	初期には認識なし	皮相的で甘い認識
供給源・物質	国内で生産，液体	密輸入，粉末・結晶
乱用形態	注射	注射・吸煙
流通経路	薬局で販売，オープン・マーケット	暴力団の支配下で販売
法執行	前半は規制なし，後半は厳格な法執行	厳格な法執行
市民の動き	乱用防止活動に市民が参加	市民運動としての盛上りがみられない

用される条件として，①薬物が大量に存在し，かつ，容易に入手が可能なこと，②薬理作用として強い快刺激があること，③薬物の使用によって生じる精神作用が，社会状況や市民の要請と一致すること，④薬害が十分に認識されていないこと，⑤法的規制が緩やかなこと，が指摘されているが，この条件のすべてを満たしていたのが第一次乱用期といえよう．第二次乱用期以降になると，高度経済成長期を経て，享楽的な社会情勢や国際化の進展等，第一次乱用期とは異なる様相を呈している．この特質を整理すると表1のとおりである．

●**覚醒剤乱用者の特質**　上述のように，第一次乱用期の初期（第二次世界大戦後まもなく）には，薬害が認識されていなかったことから広範な市民を巻き込み乱用が拡大している．その後，薬害が認識され，法的に規制されると大多数の市民は覚醒剤から離れ，主として犯罪経験者等によって乱用されている．その後，高度経済成長期を経て享楽的世相や情報化・国際化の進展を背景に再び市民を巻き込みながら乱用が展開されている．また1998年前後頃からは，それまでの注射器による乱用の他に吸煙タイプの乱用も始まったことから，一時的ではあるが若年者の乱用がみられた．

●**覚醒剤乱用者処遇の基本**　わが国の薬物乱用者処遇の際立った特質は，原則として刑事司法制度において処遇していることである．刑事施設における厳格な刑の執行と教育の両立をめざしていることも大きな特質である．また，原則として一切の代替薬物を使用していない．乱用者の代表的処遇施設である刑事施設では，民間依存症リハビリ施設職員や専門家等外部からの協力を得て，系統的な処遇を展開している（☞「刑事施設における薬物依存離脱指導」）．今後，効果の検証等も行われることになるが，これまで以上の効果が期待されている．さらに今後は，刑の一部執行猶予制度の導入に合わせて，病院や地域社会での処遇が飛躍的に展開されることも期待されている（☞「薬物再乱用防止プログラム」）．その意味では，現在はまさに，わが国の覚醒剤乱用者処遇の転換期であるといえる．　　［小柳　武］

交通犯罪

　本項では，自動車交通の場面における交通犯罪もしくは交通違反行為について述べる．ただし，確定的故意により，自動車等を使用して人を死傷させようとした犯罪（殺人罪や傷害罪）あるいは保険金詐取事件についてはふれない．

●**悪質性・危険性の高い交通違反行為**　道路交通の秩序を保つ観点から，交通事故の発生に直結しやすい違反行為が警察の交通指導取締り上の重要事項となる．無免許運転，飲酒運転，著しい速度超過，信号無視がその代表例である．道路交通法違反の取締り件数は，全国で 744 万 2,124 件に及ぶ（シートベルト等装着義務違反を除く）（警察庁交通局『平成 25 年中の交通死亡事故の特徴及び道路交通法違反取締り状況について』）．道路交通法違反の取締り件数は年々減少傾向にある．運転者人口の高齢化，すなわち若年運転者の減少が原因の一つと考えられるが，原因についての統一した知見は得られていない．

　悪質性・危険性の高い違反行為が，道路交通法違反全体に占める割合は高くないが，件数そのものは多い．例えば，無免許運転は道路交通法違反の取締り件数全体の 0.3％（2 万 5,746 件），飲酒運転は 0.4％（2 万 8,869 件），信号無視は 9.7％（72 万 1,898 件）を占める．一方，速度超過は，取締り件数全体の 27.6％を占めて，最も取締り件数の多い違反行為となっている．

●**交通犯罪に対する厳罰化の流れ**　一方，運転者の過失による違反とはみなされない交通犯罪も存在する．飲酒運転やひき逃げ事件がその代表である．相次ぐ飲酒運転による死傷事件の発生と，罰則の見直しを求める被害者や遺族の声を受け，2001 年には，危険運転致死傷罪が刑法に新設された．危険運転致死傷罪は，アルコールや薬物の影響により正常な運転が困難な状態で，あるいは，制御困難な高速度で自動車を運転し人を死傷させることへの罰則を定めたものである．以降年間に，三百数十件程度の交通事件に危険運転致死傷罪が適用されてきた．

　2002 年以降，複数回の道路交通法の改正を経て，飲酒運転の罰則は厳しいものとなった（☞「飲酒運転・薬物運転」）．飲酒運転が発覚すれば，たとえ人を死傷させなくとも，刑事罰と行政罰が科せられるが，道路交通法改正によりそれらが厳罰化された．2000 年前後以降，飲酒運転を含む悪質な交通犯罪に対する国民の規範意識は大きく変化したが，中原らによると，法律だけが影響したというより，マス・メディアによる報道も国民の規範意識に影響し，交通犯罪への一般的抑止（general deterrence）の効力が働いた（Nakahara et al., 2011）と考えられる．わが国の飲酒運転による死亡事故件数は，2000 年から 2013 年までに 81％減少した（警察庁交通局『平成 25 年中の交通死亡事故の特徴及び道路交通法違

表1 自動車運転死傷行為処罰法における罪種，主な適用要件と最高刑
（「自動車の運転により人を死傷させる行為等の処罰に関する法律」より作成）

罪種と条文	主な適用要件	懲役最高刑	無免許運転の場合（第六条）
危険運転致死傷（第二条）	アルコールや薬物の影響で正常な運転が困難な状態，制御困難なほどの高速度走行等での死傷事故	20年	20年
準危険運転致死傷（第三条）	アルコールや薬物，あるいは政令で定める特定の病気の影響で正常な運転に支障が生じる恐れがある状態での死傷事故	15年	20年
アルコール等影響発覚免脱（第四条）	アルコールや薬物使用の発覚を免れるための逃走等の行為	12年	15年
過失運転致死傷（第五条）	必要な注意を怠って人を死傷させた場合	7年	10年

反取締り状況について』）．諸外国にも例をみない大きな減少率である．

2014年5月20日には，自動車運転死傷行為処罰法が新たに設けられた．危険行為による重大な交通事件の発生が背景にある．例えば，てんかんの持病のある運転者が運転するクレーン車により6人が死亡した事件（2011年），無免許運転の少年が運転する乗用車により10人が死傷した事件（2012年）が発生したが，いずれも危険運転致死傷罪は適用されなかった．自動車運転死傷行為処罰法には，従来の危険運転致死傷罪に相当する危険行為（第二条）が組み込まれるとともに，薬物や特定の病気の影響で正常な運転ができないおそれがある状態で発生した死傷事故（第三条）の他，飲酒の事実を隠そうとした場合や無免許運転にも適用できるよう，危険な運転行為を包括的に対象としている（表1）．

●**交通違反・交通犯罪をした者についての研究** 1950年代まで欧米では，交通事故を起こしやすい者とその特性（事故傾性，accident proneness）の研究が盛んに行われた．現在では，交通事故の発生につながりやすい安定的なパーソナリティや行動特性を識別して事故防止対策に活用することの実利性はさほど高くないと考えられている．速度超過やシートベルト等着用義務違反等発生頻度の高い交通違反についても，違反者のパーソナリティよりも違反者の社会心理的な背景に注目しつつ，違反行為を発生させるメカニズムを社会心理学や健康心理学の理論に準拠して説明し，対策に活用しようという研究の試みが主流である．

一方，悪質性と危険性が高いひき逃げ事件については，運転者が事件現場から逃走することの損得を合理的に判断することを前提とした考察が示されている他，ひき逃げ犯の違反・犯罪歴が逃走を誘発する要因としてあげられる．わが国における歩行者ひき逃げ事件の発生要因を分析した研究では，ひき逃げの事実の発見確率を下げる環境要因の他，2000年以降の交通犯罪厳罰化傾向もひき逃げの促進要因となっていたことが示唆されている（Fujita et al., 2014）．［岡村和子］

📖 **参考文献**
[1] Ross, H. L. (1992) *Confronting drunk driving*, Yale University Press.

飲酒運転・薬物運転

アルコール，あるいは薬物の影響下で自動車等を運転すると，交通事故が発生するリスクが高まることから，飲酒運転と薬物運転は，傷害防止，交通安全上の最重要課題となっている．

●**飲酒運転**　わが国では，飲酒運転とは，アルコールの影響下で自動車等を運転することであり，道路交通法第65条第一項で禁止されている．2001年に，刑法に危険運転致死傷罪が設けられ，飲酒運転を含む，危険性が高い運転行為により人を死傷させることに対する刑事罰が強化された．その後の道路交通法改正により，アルコール濃度基準値の引下げ，酒気を帯びている人への車両等の提供，酒気を帯びて運転する可能性のある人への酒類の提供，酒気を帯びた人の運転車両への同乗等が禁止された．飲酒運転で検挙された人への罰則も強化された．

アルコールは，脳の働きを抑制させる働きをもつ．少量であっても，動作の緻密さと協同作用，高次の判断力を低下させる．体内のアルコール濃度が上昇すると，指数関数的に交通事故の発生リスクも上昇するが，低濃度であっても，運転行動に悪影響を及ぼし，交通事故の発生リスクを高める．

飲酒が運転行動や交通事故発生に及ぼすメカニズムについては，1960年代以降行われた多数の研究により，多くが明らかにされた．1990年代以降，研究と対策の関心は，飲酒運転抑止のための効果的な対策の提案と，各種対策の効果評価に移った．とりわけ，飲酒運転の累犯者，あるいはアルコール使用障害のある人を対象とした飲酒運転の再犯抑止が最重要課題となった．

表1に，北米等で実施された飲酒運転抑止対策の効果を評価した複数のメタ分析の結果の概要を示す．特定の運転者集団への対策は，職業運転者への呼気検査やアルコール・インターロック装置による監視のように，行動監視を主体とした対策と，問題飲酒者へのブリーフ・インターンベション（短期介入）等治療・教育を主体とした対策に分けられる．いずれの場合も，飲酒運転の予防もしくは再犯抑止効果を持続させることと，効果量を大きくすることが今後の課題といえる．

●**薬物運転**　中枢神経に影響を及ぼす違法薬物あるいは医薬品の影響下で自動車等を運転することを，便宜的に薬物運転とよぶ．違法薬物の使用は，その行為自体に違法性があるが，医薬品の使用は，意図的な不適正使用等を除き，必ずしも違法性を伴わない．

欧米では，1990年代以降に薬物運転の実態把握が進み，関連研究が多く行われるようになった．しかし，呼気から検出可能なアルコールと異なり，薬物の多くは無臭のため検知されにくく，薬物の種類により脳への作用も体内動態もさま

表1 近年のメタ分析に示された,北米等における飲酒運転抑止対策の効果の概要(岡村,2013より作成)

対策の対象	対策内容	アウトカム指標	効果量*
一般運転者	説得的手法を使った広告キャンペーン	飲酒運転事故の減少率	中央値で−13% 四分位範囲[−14, −6]
	警察による飲酒運転の取締り活動	飲酒運転事故件数,死者数の減少率	算出できず
酒類提供者	酒類提供者への研修	飲食店客の負傷者数	算出できず
	ハンドルキーパー運動	店舗内のハンドルキーパー者数	1店舗・1晩平均で0.9人増加 四分位範囲[0.3, 3.2]
学校・地域	学校での飲酒運転防止授業	①飲酒運転頻度 ②飲酒者の車への同乗頻度	① SMD 中央値−0.1 四分位範囲[−0.22, 0.04] ② SMD 中央値−0.18 四分位範囲[−0.72, −0.10]
	地域動員型多要素プログラム	飲酒運転事故件数等	算出できず
特定の運転者集団	職業運転者への呼気検査	100勤続年人あたり負傷数の減少	検査導入直後−1.25 95% CI [−2.29, −0.21] 長期間の変化−0.28 95% CI [−0.78, 0.21]
	アルコール・インターロック装着による監視	飲酒運転違反者の再検挙率	装着期間中のリスク比 0.36 95% CI [0.21, 0.63] 装置取外し後のリスク比 1.33 95% CI [0.72, 2.46]
	問題飲酒者へのブリーフ・インターベンション	傷害に起因する死亡率	リスク比 0.65 95% CI [0.21, 2.00]

* SMD (standardized mean difference, 標準化平均差), 95% CI (95% confidence interval, 95%信頼区間)

ざまであるため,薬物運転には未解明の領域が多く残されている.

一方,先行研究から明らかになっていることも多い.メタ分析によると,覚醒剤やMDMA等のアンフェタミン類,睡眠薬や抗不安薬に使用されるベンゾジアゼピン系薬剤による交通事故リスクが特に高いこと,大麻や花粉症等の治療に使われる抗ヒスタミン薬も交通事故リスクを高めることが報告されている(Elvik, 2013).わが国では,2012年以降,危険ドラッグを使用後に発生した交通事故が急増したが,薬物運転の一側面が顕在化したにすぎず,違法薬物あるいは医薬品の使用が自動車運転に及ぼす影響を示す基礎的な研究資料は,まだ存在しない.

欧米諸国では,運転者から薬物を識別・検出するための交通警察官の研修,薬物運転の取締り基準に関する法的・中毒学的検討にはじまり,薬物運転への罰則とリハビリテーションに至る幅広い領域で研究と対策が実施されている.薬物運転者へのリハビリテーションでは,物質使用障害の治療が対策の中核となる.

[岡村和子]

暴走族

　警察による暴走族の定義は，「自動車等（四輪及び二輪，また，原動機付自転車を含む）を運転して各種の交通違反を行い，他の交通に危険を生じさせ，あるいは迷惑を及ぼす行為を行う者」であり，実際にはこれに加えて，集団性・常習性が考慮されている（高橋，1991）．

　暴走族の原型は，1955年頃からみられた二輪車に乗車し騒音を立て暴走する「カミナリ族」にさかのぼる．その後，1960～70年代に，見物の群衆を巻き込んだ騒乱が全国各地で起こるようになった．1972年，富山市で数十台の乗用車の若者と見物の群衆約3,000人が暴徒化した富山事件が起こり，これを契機に「暴走族」という呼称が用いられるようになった．1975年頃からは暴走族のグループ化が進み，グループ同士の対立抗争事件が起こる一方，一般車両や警察を襲撃する悪質な事案も目立つようになった．こうした中，1978年に道路交通法が改正され，共同危険行為等の禁止の規定が導入された．これによってグループ未加入者の比率が高まり，大規模な集団走行から小グループによる走行への変化が起こった．1982年には構成員数が最大となるものの，その後は，鎮静化の傾向を示すようになる．その一方で，悪質性・凶悪性が進み，暴力団と関係をもつグループが増える様子もみられ，暴走族が非行集団的性格を強めるようになった．また，1994年頃からは違法競走型暴走族（後述）の暴走行為が目立つようになり，1997年以降は，グループの小規模化に伴う連合化・広域化がみられた．2005年以降，「旧車會」（後述）が各地で増加し，2009年にはグループ数が共同危険型・違法競走型暴走族のグループ数を初めて上回った．

●**暴走族の分類**　警察の統計における暴走族の分類としては，共同危険型，違法競走型がある．共同危険型は，集団で爆音暴走をし，ヘルメットをかぶらず，信号を無視したり，無免許運転を行い，夜間に二輪車で走行したりするタイプで，少年の割合が多い（60.7％）といった特徴がある．一方，違法競走型は，主に運転技術や走行速度等を競い，暴走族という自覚が薄く，成人が93.1％と大多数を占め，ルーレット族・ローリング族等とよばれ，四輪車で走行する傾向が高い．

　近年この他に，もと暴走族により構成された旧車會の登場が報告されている．成人が7割を占め，年式の古い二輪車で走行する．旧車會の中には遵法的な旧車愛好家グループも存在するが，実質的に共同危険型と変わらない活動をしている違法行為を敢行する旧車會が増加している．2011年の構成員数は，共同危険型が7,193人，違法競走型が1,316人，違法行為を敢行する旧車會が7,357人となっている（平良，2012）．

●**暴走族研究** 近年の共同危険型暴走族に関する研究からは，暴走族集団には，①組織化の程度が高く加入者の人数が中程度であるタイプ，②組織化が中程度で加入者の人数が多いタイプ，③組織化の程度が低く少人数のタイプの三つがあり，それぞれの加入者の特徴が異なることが示されている（小菅ら，2011a）．①は，学校・家庭での適応が悪く，非行経験が多い．②は，学校・家庭での適応はよく，非行経験が少ない．③は集団加入前の暴走族についての知識がなく，暴力団の関与が少ない．また，①〜③には地域差もある．このことから，タイプ別に異なる対策が必要である．

ただし，非行経験の多さに影響するのは，暴走族集団への加入経験の有無ではなく，集団暴走への参加回数の多さであったことから，グループ加入者のみならず，グループ未加入者への対策強化が必要である（小菅ら，2011b）．また，違法行為を敢行する旧車會については，違法行為・刑事処分歴・暴力団との関わりにおいて共同危険型と同様の特徴があることが指摘されている（藤田，2010）．

●**暴走族の現況** 暴走族の状況は以下のとおりである．暴走族構成員数（共同危険型・違法競走型の合計）は，1982年（4万2,510人）以降，概ね減少傾向が続き，2011年には8,509人とピーク時の約2割となった．その一方，違法競走型暴走族グループ数は2002年以降，違法行為を敢行する旧車會の構成員数・グループ数は2007年以降，いずれも増加傾向にある．少年の比率については，共同危険型暴走族ではかつて7割であったものが現在は5〜6割で推移している．これに違法競走型・違法行為を敢行する旧車會を加えた暴走族全体でみると少年の比率が34％であり，現在は成人が多数を占める状況となっている．

こうした変化の一方，凶悪性・悪質性は堅持されている．2011年現在でも，暴走族少年は一般少年より，人口あたりの検挙・補導件数が刑法犯全体で約14倍，粗暴犯で約47倍多い（『平成24年版警察白書』）．さらに日本の非行集団の中で暴走族集団は依然として主要なものである（警察庁生活安全局少年課『平成24年中における少年の補導及び保護の概況』）．

また，暴走族には地域差があることがいわれてきた．1970年代には，東日本型は大規模集団，ツーリング型，低年齢，西日本型は小規模集団，サーキット型，高年齢という特徴があった（長山，1989）．現在でも，東日本がグループ規模が大きくグループの結束が強いのに対し，西日本は規模が小さく結束が弱いという，1970年代と同様の東西差が指摘されている（小菅，2009）．

現在の暴走族対策は，警察による取締りの強化とともに，24道府県155市町村での暴走族根絶（追放）条例の制定，中学校・高等学校での暴走族加入阻止教室，警察による暴走族のイメージダウン策，警察・家庭・学校・保護司が連携した離脱支援・再犯の防止等が行われている．今後は，増加が続いている違法行為を敢行する旧車會への対策の推進が必要といえる． 〔小菅 律〕

殺　人

　殺人とは，法律的な正当性や免責事由なしに他者を死なせる行為である（Bartol, 2005）．わが国の刑法では，第 199 条「殺人」，第 201 条「予備」，第 202 条「自殺関与及び同意殺人」，第 203 条「未遂罪」において殺人の罪として規定されており，構成要件として殺害の意図を必要とする．殺意がない場合には「傷害致死」として第 205 条に規定される．

●日本における殺人事件の特徴　警察庁による『犯罪統計』によれば，日本における殺人（殺人罪，嬰児殺，殺人予備罪，自殺関与・同意殺人罪）の認知件数は，2002 年から 2012 年の約 10 年間においては 1,000 件から 1,400 件前後で推移している．2012 年の認知件数は 1,030 件，検挙件数は 963 件であり，検挙率は 93.5％であった．既遂が 40％で未遂が 6 割を占める．被害者は，男性が 58％，女性が 42％である．発生場所をみると，住宅 64％，路上 13％の順で割合が高く，あわせて約 8 割を占めていた．

　また，同年に検挙された犯人の性別は，男性が 76％，女性が 24％であった．年齢は 40 代（20％），30 代（18％）の順で多いが，20 代から 60 代までの割合に大差はない．動機に関しては，怨恨（44％），憤怒（16％）があわせて 6 割を占めていた．犯罪経歴については，初犯者（前科または前歴を有さない者）が 56％であった．犯人と被害者の間に面識のある事件が 81％（そのうち，親族関係が 61％）であり，多くの事件において犯人と被害者は近い関係にある．

●殺人の分類　他の犯罪と同様に殺人についても類型化（☞「犯罪類型と犯行テーマ」）がなされているが，以下ではそのいくつかを紹介する．米国連邦捜査局（Federal Bureau of Investigation：FBI）は，殺人を被害者数やタイプ，スタイルによって分類している．ダグラスら（Douglas et al., 1980）によると，1 事件で 1 人が殺害されるものは単独殺人として分類される．また，1 事件，一つの現場において 4 人以上が殺害された場合は大量殺人として分類される．その他，被害者が複数いる殺人はスプリー殺人と連続殺人に分けられる．

　スプリー殺人とは，感情の冷却期間なく 2 か所以上の場所において一つの出来事として完結した殺人を行うものである．

　それに対して，連続殺人とは，感情の冷却期間をおいて，3 回以上の独立した殺人を行うものである．連続殺人犯は，殺人を計画したり空想したりすることがよくあり，ある程度の期間（数日のこともあれば，数週間のこともあれば，数か月のこともある）をおいた後に感情が冷却されると，殺人の計画を実行に移す．この冷却期間があるということが大量殺人やスプリー殺人との大きな違いであ

る．

　ホルムズら（Holmes et al., 2002）は，連続殺人犯の面接調査により，連続殺人犯を幻覚型（visionary serial killer），使命型（mission serial killer），快楽型（hedonistic serial killer），権力・支配型（power-control serial killer）の四つに分類している．

　幻覚型は，幻覚や幻聴によって殺人へと駆り立てられるタイプである．

　使命型は，特定の階層の人（例えば，売春婦，カトリック教徒，ユダヤ人等）を根絶やしにしようという義務感から殺人をするタイプである．快楽型は，殺人によって性的興奮を得るタイプである．権力・支配型は，被害者を自分の思いどおりにできる力があるという信念により喜びを得るタイプであり，犯人は被害者を完全に支配することによって，性的な喜びを得る．

　日本においても，いくつか殺人の分類が行われている．単発で行われた殺人事件のうち，犯人と被害者の間に面識のなかった事件に関する類型化を行った大塚ら（2014）は，屋内強殺群，死体遺棄群，路上刺殺群を見出している．屋内強殺群は，住宅や店舗等に侵入して金品等を強取するものであり，被害者は60代以上が多く，殴打によって殺害される割合が相対的に高い．犯人は単独犯で，動機が金銭目的である割合が高い．死体遺棄群は，被害者の死体を路上以外の屋外に遺棄するものである．被害者は20代以下が半数強であり，扼殺または絞殺によって殺害される割合が高い．動機が，性目的である可能性がある．路上刺殺群は，路上において，刃物による攻撃によって殺害するものである．被害者は30代と40代が多く，男性被害者が7割強を占める．喧嘩・憤怒が犯行の動機である割合が相対的に高い．

　犯罪の類型や分類において注意しなければならないのは，いずれの分類においても，ある事件が必ずしも一つの類型または犯行テーマの特徴のみを有している訳ではないということである．例えば，ある事件を屋内強殺群に分類したとしても，当該事件が同時に死体遺棄群に含まれる特徴を有しているということはよくある．類型や犯行テーマを用いて犯人像を推定する場合等には，この点に留意する必要がある．

　殺人の研究はこれまでにも多く行われているが，犯罪捜査の観点からいえば，未解決事件の捜査に資するために，今後，犯行特徴と犯人特徴を結びつける知見をさらに蓄積することが必要である．　　　　　　　　　　　　　　　［大塚祐輔］

参考文献

[1] Bartol, C. R., & Bartol, A. M. (2005) *Criminal behavior: A psychosocial approach*, 7th ed, Pearson Education.（羽生和紀監訳，横井幸久・田口真二編訳(2006).『犯罪心理学―行動科学のアプローチ』北大路書房）
[2] Holmes, R. M., & Holmes, S. T. (1996) *Profiling Violent Crimes: An Investigative Tool*. Sage Publications.（影山任佐監訳(1997)『プロファイリング―犯罪心理分析入門』日本評論社）

子殺し・嬰児殺

　子殺しは，その類型により異なる特徴が見出されている．稲村（1978）は，子殺しを嬰児殺，せっかん殺，無理心中，痴情による子殺し，精神障害による子殺し，遺棄，その他の子殺しに分類している．また，動機に基づき不要（嬰児殺），親子心中，虐待，憐憫，わがまま，暴君に分類する場合もある（中谷，1982）．法務総合研究所（『研究部報告45 家庭内の重大犯罪に関する研究』2012）によれば，1975年から2008年までの間に東京地方検察庁で処理された事件のうち家庭内重大犯罪236件を抽出し，そのうち76件が子どもに対する殺人・傷害致死・保護責任者遺棄致死だったとし，児童虐待，嬰児殺，その他に分類している．
　これらの研究を踏まえると，親による子殺しの主要な類型として嬰児殺，虐待，無理心中をあげることができる．
　①**嬰児殺**：嬰児殺に関する定義で最も有名なものは，レズニック（Resnick, 1970）によるものである．彼は，親による子殺しのうち，生後24時間以内の子殺しを新生児殺，24時間以降の子殺しを実子殺とよんだ．一方，わが国における警察庁および検察庁の統計では，嬰児殺を生後12月未満のものに対する殺人および同未遂と定義しているので留意が必要である．警察庁の統計によってわが国の嬰児殺の認知件数の推移をみると，終戦直後の第一次ベビー・ブーム期において嬰児殺が年400件近くと最も多く発生していた．嬰児殺の認知件数の推移は，出生数の推移と密接に関連しているが，近年は出生数よりもさらに強い減少傾向を示しており，年10件前後を示している．この背景には，避妊技術の進歩，人工妊娠中絶が比較的容易に行われるようになったこと，「できちゃった婚」の増加やシングル・マザーの増加等，女性の出産をめぐる環境の変化がある（近藤，2008）．
　②**虐待**：思いどおりにならないことで激情発作に襲われた親が子どもを激しく殴打する等して死に至らしめたり，必要な食事を子どもに与えないまま低栄養状態で死亡するに至らしめた事案等が該当する．児童虐待に係る子殺し（殺人および傷害致死）の件数は，近年，年20〜30件程度で推移している（警察庁統計「児童虐待及び福祉犯の検挙状況等」）．この背景には，生活困窮や家庭内不和が多く認められる．親自身が経済的困窮や仕事面でのストレスを抱えるとともに，支え合える家族のいない状況でゆとりを失い，そのはけ口を子どもへの暴力やネグレクトへと向けた事案が多い．
　③**無理心中**：稲村（1978）によれば，子殺しの半数が無理心中である．戦前は生活困難・家庭不和が心中の動機であったが，戦後は精神障害ならびに家族の疾

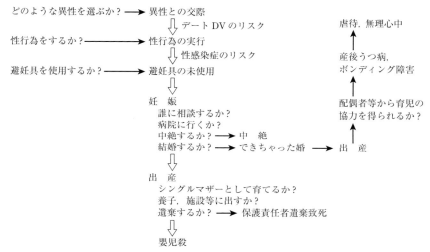

図1 女性の妊娠から育児を巡る主な選択肢と関連する子殺し類型（近藤，2008より作成）

病，配偶者とのトラブル等，家庭内の問題が動機となる無理心中事案が増えている．配偶者や本人自身の不倫等による夫婦関係の破綻，低収入・浪費癖または配偶者との離別等による生活の困窮，うつ病等の背景が認められ，それらによる心身の疲労の蓄積等があっての衝動的な犯行が多い．

●**女性による子殺し・嬰児殺の背景と予防**　子殺し，特に嬰児殺は他の犯罪と比較して女性の比率が高い犯罪である．図1は，女性の妊娠から育児をめぐる主な選択肢と関連する子殺し類型等を示したものである（近藤，2008）．どのような手段でどのような異性を選ぶのかから始まり，中絶をするのか生むのか等，各過程でさまざまな選択を迫られる．周囲に妊娠を知られないまま出産した場合の最悪の選択肢が嬰児殺である．また出産したとしても周囲から育児に関する協力を得られない場合は産後うつ病やボンディング障害のリスクを高め，経済的困窮や配偶者との葛藤等も重なることによって虐待や無理心中に至る場合もある．

　こうした女性による子殺しの背景には，コミュニケーションの欠如・人間関係の欠如といった社会からの孤立といった問題がある．したがって，予防のためには女性が妊娠に至る前の段階から彼女たちの弱い立場を認め，周囲との人間関係・信頼関係を強化するような対策を立てていく必要がある．10代の女子少年の望まない妊娠の防止のためには学校や地域社会における効果的な性教育プログラムの開発が必要である．「できちゃった婚」や非嫡出子出産の増加を考慮すると，さまざまな福祉的支援の情報提供，意思表明・意思決定スキルの向上をめざしたプログラムの提供等，行政サービスのさらなる向上が必要である．　　［近藤日出夫］

通り魔

『広辞苑』では，通り魔のことを，「一瞬に通りすぎ，その通り道に当った家またはそれに行き会った人に災害を与えるという魔物」としており，一般市民の犯罪への不安を最も駆り立てる犯罪といえよう．

●**通り魔事件の発生状況**　『昭和57年版犯罪白書』は，1986年6月に深川通り魔殺人事件（社会からの疎外感を抱いていた覚醒剤の使用者（男，33歳）が，子ども連れの主婦（27歳）に襲いかかり，同女および子ども2人（女児3歳，男児1歳）を柳刃包丁で突き刺して殺害し，さらに，付近を通行中の女性3人に襲いかかり，うち1人を殺害したうえ，他の女性を人質に取って料理店に立てこもった事件）等が発生したことから，通り魔事件について，初めて詳細な分析を行っている．また，その中で，警察庁の通り魔事件の定義として，「人の自由に通行できる場所において，確たる動機がなく，通りすがりに不特定の者に対し，凶器を使用するなどして殺害等の危害（殺人，傷害，暴行及びいわゆる晴れ着魔等の器物損壊等）を加える事件」を紹介している．

図1は，通り魔殺人事件の認知件数の推移をみたものである．わが国で発生している通り魔殺人事件数は，多い年で14件，平均で6.6件と，件数としては少ないが，毎年必ず発生している．

渡邉（2004）は，通り魔事件の分析を行うにあたり，「器物損壊として晴れ着魔やスカート切りが想定されているが，その多く

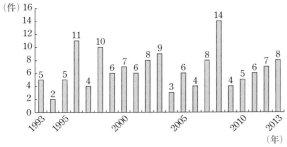

*1　警察庁が毎年公表している各年の犯罪情勢による
 2　未遂を含む

図1　通り魔殺人事件の認知件数の推移（『警察統計』より作成）

が，電車内での痴漢行為として行われる場合が多く，動機の多くが性的な目的であり，『確たる動機がなく』という条件と矛盾しかねないので，器物損壊を除外した」と警察庁の定義をやや狭め，1996年1月から平成2003年3月までに警察庁に通り魔事件（殺人，同未遂，傷害，暴行）として報告があったもののうち，加害者が逮捕された151件の事件，58人の加害者について，詳細な分析を加えている．次にその結果を紹介する．

●**通り魔事件の分類と加害者の特徴**　58人の加害者は，三つの類型（①単発犯（28人）：被害者1人，犯行場所1か所，②スプリー犯（20人）：複数の被害者に対する犯行を，複数の場所で，24時間以内に行ったもの．複数の場所は，一連の領域である場合が多く，平均被害者数は6.4人，③連続犯（10人）：複数の被害者に対する犯行を，複数の場所で，24時間以上（感情的冷却期間あり）の間隔をおいて行ったもの．平均被害者数は9.3人）に分類されている．58人中，女性の加害者は4人で，いずれも単発犯であった．

次に，加害者の年齢，学歴，職業，居住状況をみると，単発犯は平均年齢36歳で，中卒程度の者が多く，ほとんどの者は無職で，独居の場合が半数であった．スプリー犯は平均年齢33歳で，中卒程度と高卒程度の者が多く，ほとんどの者は無職で，独居の場合が半数であった．連続犯は，平均年齢25歳で，中卒程度の者が半数であるが，無職の者が40％である一方で，有職や学生・生徒も少なくなく，同居者がいる場合が70％に上っていた．知的障害がある者は58人中5人で，知的障害のレベルはいずれも軽度であった．精神疾患の有無では，犯行時にいずれの精神疾患も認められなかった場合が，単発犯で14％，スプリー犯で20％，連続犯で30％と少なかった．

加害者の犯罪歴では，全体の62％に何らかの犯罪歴があり，罪種別では，粗暴犯，窃盗犯，性犯，薬物犯，殺人といった犯罪歴を有していた．また，刑務所等への入所歴のある者も36％に上っていて，特に単発犯で54％と高かった．

犯行動機については，①性的な動機によるもの（連続犯に多く，10人中8人が女性を襲っている），②妄想によるもの（例えば「ヤクザが殺しに来た」から反撃するというもの，スプリー犯に多く，いずれも統合失調症であった．連続犯には妄想によるものはなかった），③さしたる原因もないイライラによるもの（「誰でもいいから刺してやろう」という場合，背景に何らかの精神障害がある場合が多い）が主なものとされている．

●**加害者特徴のまとめ**　通り魔事件の加害者は，ほとんどの者が男性で，犯行時，精神障害の影響下にあった者が多く，未婚あるいは離婚経験のある独身者が大半で，粗暴犯等の犯罪歴を有する者が半数近く含まれ，イライラや性的動機，あるいは妄想や薬物中毒の影響により犯行に及んでいる．

なお，類型別では，スプリー犯は攻撃衝動が強いものの，それは一時期の衝動であって，普段はおとなしい者が妄想で暴れるという弱者型の者が多い．単発犯は精神科への入・通院歴，粗暴犯等の犯罪歴のある者が多く，普段からトラブルメーカーで，イライラが犯行の動機となっている．連続犯は年齢が比較的若く，無職者は少なく，一見社会的に適応しているようにみえるが，犯行後の精神鑑定などでは，何らかの精神疾患を有していると診断される場合がほとんどで，性的な動機で女性を狙っている者が過半である．　　　　　　　［小板清文］

無差別殺傷

　無差別殺傷事件は，法務総合研究所『研究部報告50 無差別殺傷事犯に関する研究』によると，「分かりにくい動機に基づき，それまでに殺意を抱くような対立・敵対関係がまったくなかった被害者に対して，殺意をもって危害を加えた事件」と定義され，通り魔殺人事件の定義とは異なっている．

●**無差別殺傷事件の研究**　法務省総合研究所は，2013年3月，同『研究部報告50 無差別殺傷事犯に関する研究』を公表した．無差別殺傷事件は，件数は多くないものの，毎年発生し，社会に対して不安を与えてきた．特に，2008年には，「茨城県土浦市における連続殺人事件」や「東京都千代田区（秋葉原）における無差別殺人事件」といった無差別殺人が相次いで発生し，社会を震撼させたことが同研究の端緒にもなっている．

　同研究では，全国の検察庁に照会して該当し得る可能性がある事件について広く回答を求め，回答のあった事件について判決書等を精査して同事件に該当するか否かを判断している．調査対象事件は，2000年3月末日から2010年3月末日までの間に裁判が確定した62事件（図1）で，調査対象者は，52人（うち女子1人）であった．

●**無差別殺傷事件の態様**　調査対象事件の事犯者は，1人のみに対する殺害行為を行った単一殺人型の者（60％）と，複数の殺害を行った者（40％）に分けられ，後者の事件は，①1か所において，1回の機会に，複数人の殺害を意図して，殺害行為を行った大量殺人型，②相当の時間をおいて，複数人の殺害を意図して，殺害行為を行った連続殺人型，③相当の時間をおくことなく，複数のか所において，複数人の殺害を意図して，殺害行為を行ったスプリー殺人型に分けられた．

　犯行場所は路上が39％と最も多く，次いで駅構内等17％，店舗等内14％の順であった．一方，犯行月や曜日，犯行時間帯等には目立った特徴はなかった．

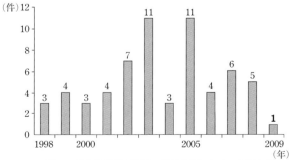

＊同一の調査対象者が複数の事件を起こしている場合は，それぞれの年に計上している

図1　無差別殺傷事件の発生年別事件数

●**無差別殺傷事件の被害者**　無差別殺傷事件の被害者総数は126人で，被害の程

度は，死亡32%，重傷26%（全治または加療1か月以上の負傷），軽傷（40%），無傷2%であり，一般的な殺人・同未遂事件（2011年では，死亡42%）より死亡率は低かった．また，一般の殺人と比較して，女性が48%（同年の一般の殺人事件の女子比39%）や10歳未満の子どもが25%（同年の一般の殺人事件では12歳以下7%）が弱者だからという理由等で選定されている場合が多かった．

●**無差別殺傷事犯者の特性**　同事犯者は，犯行時に40歳未満であった者が73%と，一般的な殺人事件事犯者に比べて低く，安定した職業を得ていた者は少なく（犯行前1年間就労していなかった者が52%），低収入にとどまる者が多い（犯行時親族等からの援助や生活保護等を受けていた者が46%）．同事犯者には，何らかの精神障害等が疑われる者が多く，精神鑑定（本鑑定）が実施された者が71%に上っていた．パーソナリティ障害の診断を受けた者が33%，知的障害が12%，薬物関連障害が6%，その他の精神障害が25%であった．前科を有する者が46%で，粗暴犯前科を有していた者が31%と多かった．犯行前に，自殺企図歴のあった者が44%と多く，犯行後に自殺を企図した者も31%いた．

　同事犯者には，周囲との活発な人間関係がなく，社会的に孤立した中で，困窮型の生活を送っていた者が多い．恵まれない生活環境の中で希望や意欲を失い，その境遇に関して，視野狭窄的で偏った思考の下，不平不満を募らせるというパターンが相当程度含まれている．

●**無差別殺傷事犯者の犯行動機**　同事犯者の犯行動機は，①自己の置かれた境遇，現状に対する不満，苛立ち等を晴らすために犯行に及んだものに該当する者が42%と最も多く，以下，②特定の者に対する恨みや怒りを晴らすため，その者とは無関係の者に対して八つ当たり的に犯行に及んだもの，③自殺願望がありながら，それを実行・完遂できず，自殺の代わりに死刑になろうと考えたり，自殺の実行に踏ん切りをつけるために犯行に及んだもの，④社会生活に行き詰まり，刑務所生活に逃避するため，犯行に及んだもの，⑤殺人行為そのものへの興味や欲求を満たすため犯行に及んだものに分類された．なお，犯人であることを否認している，統合失調症による幻覚や妄想の影響を受けている，薬物乱用による精神障害がある等により犯行動機が不明とされたもの（17%）もあった．

●**無差別殺傷事犯の前兆**　同事犯者の33%に，犯行への何らかの逡巡的行動が認められ，15%の者には事件のサインとなるような具体的な前兆的行動が見出されている．その内容は，主治医や家族への殺人への興味や衝動の強さに関する悩みの相談や，知人への殺人を示唆するメールの送信やホームページへの書き込み等であった．そうした者は，自宅への放火，動物の刺殺，死体や殺人ビデオ視聴等の予兆的な行動を徐々にエスカレートさせながら犯行に及んでいた．このようにサインが示される場合があることから，犯行よりも治療を選択させるような近親者等による介入の余地は少なからず残されている．

［小板清文］

住宅強盗

　強盗の範疇に入る犯罪の中で，個人の住居を対象とするケースの占める割合は高くはない．米国連邦捜査局（Federal Bureau of Investigation：FBI）の犯罪統計である Uniform Crime Report によると，米国で 2010 年から 2013 年に警察に通報された強盗事件のうち，路上での発生が 43％であったのに対して，住宅対象のものは 17％であった．わが国の状況をみると，警察庁発表の犯罪統計（平成 21～25 年の『犯罪情勢』）に基づく刑法犯認知件数では，2009 年から 2013 年にかけて発生した強盗事件のうち，街頭での発生と商業施設での発生がそれぞれ 4 割以上を占めるのに対し，住宅対象の強盗は 1 割程度にすぎない．この他，オーストラリア（Borzycki et al., 2014），カナダ（Dauvergne, 2010）でも，同様に住宅対象強盗の比率は低いことが報告されている．

　ハーレイ（Hurley, 1995）は，司法関係者によって侵入窃盗が住居侵入強盗と混同され，統計上も誤集計されている可能性を指摘している．さらに，強盗として計上される犯行の中には，窃盗目的で家屋に侵入したものの，家人に盗品を奪い返されそうになったり逃走の際に取り押さえられそうになったりして，暴力や脅迫を用いたケースが含まれる（こうした犯行は日本の刑法では「事後強盗」とされている）．したがって，最初から暴力や脅迫を行使することを企図して他人の住居に侵入したケースは，さらに少ないと考えられる．

●**住宅強盗がもたらす被害**　住宅強盗の発生比率は高くないものの，それらがもたらす被害は決して軽いものではない．ヘイネンら（Heinonen et al., 2013）は，住宅対象強盗による被害の特徴として，個人的な思い入れのある品物が奪われることにより情緒的ダメージを被ること，犯人は目撃されるリスクが少なく犯行に時間をかけることができるため重傷や死に至る激しい暴力が振るわれるおそれがあること，安全であるはずの自宅で襲われたうえに事件後も犯行現場で生活し続けなければならないため，強い恐怖感が持続することを指摘している．また，シカゴで発生した強盗事件の分析結果によれば，発生場所が住宅である割合が，被害者に生命の危険がなかった強盗事件では 1 割に満たなかったのに対し，被害者が死亡した強盗事件では 3 分の 1 以上に上った（Zimring et al., 1986）．

　ポーターら（Porter et al., 2006）は，商業施設対象の強盗に比べて個人を狙った強盗では，犯人と被害者が間近に接することや被害者の抵抗を受けやすいこと，通常は犯人の方が人数的に優位であることから，犯人が被害者に対してより敵対的な傾向をもつことを示唆している．同様の理由で，住宅強盗も，被害者に対する犯人の攻撃性が高まるのかもしれない．さらに，住宅強盗の被害者には高齢者

や女性が多い傾向にあり（Hurley, 1995；Dauvergne, 2010），他の強盗に比べて被害者の脆弱性が高い．このように，被害者にとって住宅強盗は，金銭的損害にとどまらず身体的・精神的にも大きな被害を受けるリスクの高い犯罪である．

●**住宅強盗の犯行特徴と犯人像**　一方，犯人側からみれば，住宅を対象とすることにはいくつかの利点がある．例えば，家人の在宅中は警報装置が作動していない場合が多いこと，家屋内に侵入してしまえば犯行に十分な時間をかけられること，制圧した被害者から金品を提出させたりありかを聞き出したりして効率的に目的物が入手できること，さらに被害者を緊縛すれば逃走に十分な時間が得られること等である（Hurley, 1995；Heinonen et al., 2013）．また，高村ら（2004）は，強盗の犯行場所ごとに犯罪行為の成功率（金品を得て現場から逃走できた割合）を比較し，民家での強盗は路上強盗に次いで成功しやすく，成功率6割であったことを報告している．金融機関や店舗に比べセキュリティが甘い個人宅は，強盗犯人にとって費用対効果の高い犯行対象であることがうかがえる．

　アリソンら（Alison et al., 2000）による強盗手口の分析によれば，個人宅を狙うことが多いのは，無計画で衝動的に犯行に及び，覆面も凶器も用意しておらず，被害者の抵抗に遭いやすいタイプの強盗犯であり，商業施設や金融機関に比べ実入りの少ない住宅を狙うこと自体が無計画であることの証拠と考えられた．しかしながら，他の知見は，これとは異なる犯人像を呈示している．ハイノネンらは警察官向けのマニュアルの中で，住宅強盗の典型的犯人像を列挙している．彼らによると，一般に住宅強盗は，若く（30歳以下）低学歴で無職の男性であり，普通は複数で犯行に及ぶ．暴力を伴わない財産犯罪の経験があるか，他の種類の犯罪を並行して続けている場合もある．計画性が高く，時間をかけて計画を練り，被害者に関する情報収集や日常生活パターンの把握に努める．また，ハーレイ（Hurley, 1995）は，住宅強盗を侵入窃盗犯と比較しつつ，犯行の特徴を列挙している．彼によれば，同じく個人の住まいを対象とした犯罪であっても，侵入窃盗が「家屋」を標的に選んでいるのに対し，住宅強盗は「家人」を標的とする点で異なっており，被害者と対面することを前提としているため覆面，凶器，緊縛道具を所持している．周到に計画を練り，ほとんどは複数犯で，一部が被害者を制圧している間に残りが家屋内を物色する等，役割分担をしている．被害者との最初の接触時にのみ，素早く制圧するために暴力を行使するのが一般的だが，被害者に対する脅迫や暴力，支配を楽しんでいる犯人も多いという．さらに高村ら（2002）は日本の強盗データを分析し，計画性が高く現場のコントロールにも長けているタイプの強盗犯に，民家を対象とするケースが多いことを示している．これらを要約すると，一般に住宅対象強盗は，犯罪に手馴れた者たちによる計画的な犯行といえる．ただし，住宅強盗に関する行動科学的研究は他の罪種に比べて少ないため，今後いっそうの知見の蓄積が待たれる．

［横井幸久］

店舗強盗

　強盗は，暴行または脅迫によって他人の財物を強取するものである，と刑法236条により定義されている．店舗強盗は，このうち店舗を対象として行われた強盗をさす．

●統計からみた店舗強盗　警察庁の統計『平成24年の犯罪』によると，わが国の店舗強盗の平均年間認知件数（2008～12年）は約1,200件であり，侵入強盗の約75％，強盗の約30％を占めている．平均年間検挙率は約64％であり，強盗全体とほぼ同率である．発生場所別の平均年間認知件数は金融機関約70件，コンビニ約700件，その他店舗約450件であり，コンビニ強盗が最も多い．米国では店舗強盗のうちコンビニ強盗は約23％であり（2012），わが国は米国とは傾向が異なる．平均年間検挙率は金融機関が約84％，コンビニ約63％，その他店舗約62％であり，金融機関強盗の検挙率が最も高く，いずれも過去の平均（2004～07）より10％以上高くなっている．

　また，警察庁の統計『平成24年の犯罪情勢』によると，2012年の金融機関・郵便局対象の強盗は，約70％が郵便局対象であり，10～14時の発生が約70％を占めていた．被害店舗の防犯設備の設置・活用状況をみると，非常ベルの設置率が約65％とやや低く，さらに設置されていても活用していない店舗が80％以上を占めていた．また，深夜におけるコンビニ・スーパーマーケット対象では，非常通報装置の活用率が50％未満と少なかった．

●研究から見た店舗強盗　アリソンら（Alison et al., 2000）は英国の持凶器強盗犯を最小空間分析により検討した結果，追いはぎ型（bandits），しろうと型（cowboys），プロフェッショナル型（Robin's Men）の三つの犯行テーマ（☞「犯罪類型と犯行テーマ」）をあげており，金融機関強盗は追いはぎ型，商業施設強盗はしろうと型に分類されていた．追いはぎ型は計画性が高いものの，状況に対する対処スキルが低いため，不要な暴力を行使する点が特徴である．一方，しろうと型は計画性が低く，状況に対する対処スキルも低い点が特徴である．高村ら（2002）は，日本の強盗犯を数量化Ⅲ類により分類，アリソンらと同様の犯行テーマをあげているが，犯行型別の分布を比較すると，日本では英国と比較して，暴力性は低いが，計画性が特徴として見出された点は共通していた．

　わが国の店舗強盗の犯人像に関する研究は，コンビニ強盗について検討した岩見（2012）や店舗強盗殺人における犯人と被害者の関係性について検討した小野ら（2013）があげられる．岩見は，連続コンビニ強盗の犯人像・犯行特徴・犯行地‐居住地間距離について検討しており，どの年代の犯人についても，犯罪経歴

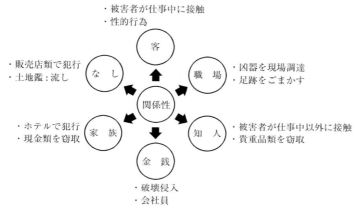

図1 店舗強盗殺人における被害者からみた犯人との関係性および犯行特徴と犯人像
（小野ら，2013 より作成）

を有する者（50％以上）が多く，住居不定者が10〜20％であると報告している．同一場所で再犯行は約16％，犯行地-居住地間距離の中央値は4.3 km であるが，これらは移動手段や犯行地の属性により変動していた．小野ら（2013）によると，店舗強盗殺人における犯人と被害者の関係性は，図1の六つに分類され，犯人像と犯行特徴には関連が認められた．犯人と被害者の関係性と関連する犯行特徴は，被害者への接触方法，凶器の準備，窃取物等であり，犯行の計画性の重要性が指摘されている．防犯設備の設置（窓口にスクリーンを設置する等）によって銀行強盗が減少したという防犯研究がいくつか報告されている（例えば Sherman et al., 2002）が，これは強盗犯が事前に犯行現場を下見しているという，計画性に関連した結果といえるだろう．

●**犯行リスクの観点** 強盗は同じ経済犯罪である侵入窃盗に比べて金品はより期待できるが，逮捕等のリスクは高い（Bartol et al., 2005）．また，店舗強盗は防犯設備の存在により，住宅強盗と比較して犯人にとってのリスクが高い．店舗強盗における犯行リスクの高低は，犯行の計画性に影響を及ぼすため，店舗強盗の犯人像や犯行特徴と関連していると考えられる．しかし，強盗に関する研究は他の罪種よりも少ない．よって，捜査支援や防犯のためには被害対象の種類や犯行時のリスクを考慮した研究知見がより蓄積されていく必要があるだろう．

［小野修一］

📖 **参考文献**

[1] Bartol, C. R. & Bartol, A. M.（2005）*Criminal Behavior : A Psychosocial Approach*, 7th ed, Pearson Education.（バートル, C. R. 著，羽生和紀監訳（2006）『犯罪心理学—行動科学のアプローチ』北大路書房）
[2] Canter, D. & Alison, L. J.（2000）Profiling Property Crimes. Ashgate.

放　火

　わが国の放火は，刑法第108条「現住建造物等放火」，第109条「非現住建造物等放火」，第110条「建造物等以外放火」に定められており，公共の危険が生じないと判断された場合は，刑法第261条の器物損壊罪が適用される．

　警察庁統計『平成25年の犯罪情勢』によると，2004年の放火の認知件数は2,174件であったものの，最近10年間は減少傾向にあり，2013年は1,090件と半減している．検挙率はここ10年間ほぼ70％台で推移している．一方，消防庁『平成25年（1月〜12月）における火災の状況（確定）』の統計で，同じ2013年の出火原因をみると，放火が5,093件と警察統計に比べて多い．これは，両機関における統計上の「放火」の定義や解釈の相違を示している．

●**放火犯の特徴ならびにその分類**　放火は従来，他罪種に比べて女性が多い等から「女性的な犯罪」とされてきたが（中田，1977），近年のいくつかの研究報告を鑑みると，女性比は1割強であり，実際には男性が圧倒的に多い．また，警察庁（同上）によると，40代を中心として釣鐘型に年齢層が分布しており，未成年者や高齢者の割合は低い（10代：13％，20代：14％，30代：16％，40代：19％，50代：17％，60代：13％，70代：8％）．職業は，無職者が63％で最も多く，次いで有職者（26％），学生（11％）の順である．何らかの前科前歴を有する者は41％であったものの放火の前科前歴有りは6％であり，中田（1977）が指摘するように，放火犯は同一の放火犯罪を累犯する割合は低い．また，放火犯は，他罪種と比べて，精神障害等を有する者が多い（2割強）のも特徴とされている（『平成25年版犯罪白書』）．

　女性放火犯の場合，47事例中18事例で犯行時に精神疾患に罹患しており，16事例で酩酊状態にあったという（山上，1986）．また，和智ら（Wachi et al., 2007）においても，わが国女性の連続放火犯の70％が「表出的」放火であると報告しており，女性放火犯特有の特徴を示している．

　少年放火犯に関するわが国の研究は少ない．幼少期の放火は，米国連邦捜査局（Federal Bureau of Investigation：FBI）の「殺人犯の三要素」（Douglas, 1999）の一つにあげられるが，コルコ（Kolko, 2002）によれば，少年放火犯といっても，①好奇心型，②危機直面型，③非行型，④精神疾患型に分類できるとされており，一概に幼少期の放火が連続殺人犯の危険因子の一つであるとは限らない．

●**放火ならびに放火犯の分類**　カンターら（Canter et al., 1998）は，放火形態を基に最小空間分析を行うことで，四つの犯行テーマ（①表出的/対人放火，②道具的/対人放火，③表出的/対物放火，④道具的/対物放火）を見出し，それぞれ

表1　わが国の放火に関するさまざまな動機

中田 (1977)	・怨恨，憤怒 ・性的動機 ・火に対する喜び	・保険詐欺 ・逃走 ・不満の発散	・犯行の隠蔽 ・自殺 ・郷愁(仮性郷愁)	・犯行の容易化 ・悪戯 ・消火後振舞いを受ける
桐生 (1996)	・不満の発散 ・営利目的	・怨恨・憤怒 ・犯行隠蔽・容易化	・悪戯・遊び ・自殺	・性的動機 ・その他
吉川ら (1998)	・復讐による放火	・手段としての放火	・カタルシスによる放火	・妄想による放火
上野 (2000)	・不満の発散 ・痴情関係 ・郷愁	・怨恨・憤怒 ・犯行証拠の隠滅 ・自殺	・火事騒ぎ ・保険金詐取 ・性的興奮	・自己顕示欲 ・火遊び

の犯人像に言及している．例えば，①「表出的/対人放火」の場合，放火犯が精神疾患を有していて通院歴がある者が相対的に多いとされる．また，④「道具的/対物放火」では，若年層の放火犯が多いという．

また，財津（2010）は，放火犯の属性に着目したカテゴリカル主成分分析を行い，放火犯の自立性と犯罪深度といった特性をもとに放火犯を4分類し，4分類に対応した放火形態の特徴を検討している．例えば，「高自立性/浅犯罪深度」群は，既婚者，女性比が高いといった放火犯の特徴がみられ，知人を対象に，同一場所への放火，徒歩移動等の特徴がみられた．また，「低自立性/浅犯罪深度」群は，10代〜30代の独身者が多く，犯行時には飲酒しない，油類を使わないといった特徴があった．

●**放火の動機**　米国FBIによると，放火はその犯行動機によって，6分類できる（Douglas et al., 2006）．バンダリズム型は，悪意のある悪戯目的の放火で，興奮型は，スリル・注目・承認・性的満足を得るために放火するタイプである．復讐目的型は，その名のとおり個人に対して計画的かつ1回のみの放火と社会に対する無計画で連続的な放火を含む．犯罪隠ぺい型は，犯罪の証拠隠ぺいを目的として副次的に放火するタイプである．利益型は，保険金詐取等を目的とした放火，過激派型は，政治的テロの活動によるものを意味する．

わが国における放火の動機は，①憤怒（22%），②怨恨（15%），③遊び・好奇心・スリル（11%），④異常酩酊・精神障害等（7%）の順で多い（警察庁『平成24年の犯罪』）．放火の動機に関する分類は，表1のとおり，研究者によりさまざまである．また，犯行動機は，放火犯1人で単一とは限らない．例えば，上野（2000）は，不満の発散から始まり，怨恨・憤怒，そして火事騒ぎに動機が変遷した事例を紹介している．なお，放火の動機と関連が深いとされていた，衝動制御の障害の一種である放火癖（ピロマニア）については，近年，疾患としてのエビデンスが不十分としてDSM-5の項目からは削除されている．　　　　［財津　亘］

人質事件

　人質事件は，犯人が被害者の意思に反して拘束し，物質的，個人的な利益のために被害者を利用するものである（Bartol, 2005）．特に，人質立てこもり事件は，警察が監禁場所を把握しているものをいう．
　わが国における人質立てこもり事件の認知件数は全国的に少なく，1970年代後半から1980年代前半をピーク（最多で年間27件）として徐々に減少し，2005年以降は，年間10件以下で推移している（警察庁『平成25年の犯罪情勢』）．
●**犯人および犯行特徴**　渡辺（2005）は，わが国で過去に発生した人質立てこもり事件460件の特徴を分析している．それによると，人質立てこもり事件は，単独犯による犯行が圧倒的に多く，複数犯による犯行は4.8％である．ほとんどが男性であり，女性による犯行は460件中2件のみである．年齢層は30歳代が最も多く（37.6％），20歳代（31.3％）と合わせると7割近くになる．職業は約60％が無職で，有職者であっても単純労働である場合が多く，頻回転職者がほとんどである．精神的に未熟で，成功体験に乏しい者が多い．
　立てこもり時間は6時間未満が79.8％を占め，事件解決に24時間以上要した事件は1.8％である．使用された凶器は83.7％が刃物類で，銃器は13.3％にすぎない．わが国における人質立てこもり事件においては，刃物使用の単独犯による犯行が多いため，立てこもり時間が比較的短いと考えられる．
●**人質事件の類型**　人質事件についてはいくつかの分類が示されている．
　ミロンら（Miron et al., 1978）は，犯人の主動機に基づき，人質事件を道具的（instrumental）人質事件と表出的（expressive）人質事件に分類した．道具的人質事件では，物質的利益を獲得することが犯人の目的であり，人質は目的を達するための道具にすぎない．身代金目的誘拐事件が代表例である．表出的人質事件は，目的が心理的な動機に起因しており，犯人自身の葛藤や存在意義等を誇示するための行動が表面化したもので，他者にとっては理解が困難な場合も多い．世間を騒がせる（マスコミに大きく取り上げられる）ことが目的であるものも含む．
　米国連邦捜査局（Federal Bureau of Investigation：FBI）は人質のタイプにより，人質事件を実質的人質事案（hostage situation），形式的人質事案（non-hostage situation）に分類している（Noesner, 1999）．実質的人質事案は，犯人と人質に面識がないことが多く，上述の分類の道具的人質事件に該当する．形式的人質事案は，人質が犯人の攻撃対象となる「被害者」であり，犯人は感情的理由から犯行に及ぶ．交際相手等を人質に立てこもる場合が典型例であり，上述の分類における表出的人質事件の一態様と考えられる．

3. 各種犯罪　ひとじちじけん

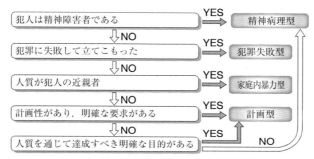

図1　人質事件の類型（Yokota, 2013 より作成）

　横田（Yokota, 2013）は，人質立てこもり事件における犯人の行動に着目し，人質事件を精神病理型，犯罪失敗型，家庭内暴力型，計画型に分類可能であると指摘している（図1）．精神病理型は何らかの精神障害が影響していることが多く，目的が不明瞭である．犯罪失敗型は立てこもり前に強盗等，他の事件を敢行し，逃走に失敗して立てこもるもので計画性はない．家庭内暴力型における人質は犯人の近親者で，家庭内暴力の延長で立てこもる．計画型は凶器などをあらかじめ準備し，水や食料を要求する等，計画的に犯行を行う．犯罪失敗型と計画型は犯行の目的が明確であるといった道具的特徴を示し，精神病理型と家庭内暴力型は犯行の目的が明確でないといった表出的特徴を顕示するものである．

●**犯行行動と心理**　渡辺ら（2004）によると，犯行の初期段階において，犯人は人質の行動を抑圧し，その場を完全に支配するのに精一杯であり，極度の緊張と興奮状態にある．特に，計画性がない犯行の場合に顕著である．この状態は1時間程度続くが，とりわけ最初の10分前後は人質に危害を加えたり，駆けつけた警察官に発砲したりする等，最も危険な状態であり，人質や警察官に危害を加えた場合には，さらに事態の重大さに直面し，緊張が極度に高まって合理的な意思決定をする能力が低下する．

　初期の危機段階が過ぎ去り，時間の経過によって極度の興奮状態が徐々に沈静化すると，本格的な説得交渉が可能となる．説得交渉が進み，被害者の解放，犯人の投降が実行に移される段階になると，それまでに説得交渉官と一定の信頼関係が築かれている場合でも，自分の身の安全が保証されるのかどうか不安に駆られ，疑心暗鬼になって冷静な判断ができなくなることがある．したがって，人質立てこもり事件においては，立てこもり初期と強行制圧時に限らず終結の段階が人質や警察官の負傷リスクが高まるといえる．　　　　　　　　　　［伊原直子］

📖 **参考文献**
[1] 横田賀英子（2006）「人質立てこもり事件」松下正明総編集，山内俊雄・山上　皓・中谷陽二編『犯罪と犯罪者の精神医学』司法精神医学3，中山書店．

成人による暴力犯罪

　暴行・傷害は，警察庁の犯罪統計では粗暴犯に分類され，罪名別に計上されている．刑法犯としての犯罪形態は非常に多様であり，例えば街頭等での身体的暴力を伴う喧嘩，子どもや高齢者等に対する身体的虐待，家庭内や配偶者間での暴力，学校の部活動等における体罰等のほか，身体的暴力ではないが，毒物入りの飲食物を被害者に摂取させて傷害を負わせる事案もこのカテゴリーに含まれることがある．

●**暴力犯罪の特徴**　2013年の暴行・傷害の認知件数は合計5万9,409件で，ともに最近5年間は概ね減少傾向にある．検挙人員をみると，警察庁『平成24年の犯罪』によれば，男性が93％で圧倒的に多い．成人は86％を占めるが，年齢層別分布は罪種別で異なっている．暴行では30代と40代が各22％で最多で成人が中心だが，傷害では未成年者（21％）が最多で，次いで20代と30代が多く，これらを合わせて40％を占め，若い年代の者が多い．加害者と被害者の関係では，暴行・傷害とも面識なしが最多（暴行56％，傷害36％）で，次いで知人友人（暴行16％，傷害28％），親族（暴行15％，傷害18％）と続く．親族の中で多いのは配偶者で，暴行・傷害とも親族中の約6割を占めた．

　男性による暴力犯罪が多い理由の一つとして，暴力が強さの主張ととられ，男らしさや体面等のために発生する暴力が少なくないことがあげられている（大渕，2006）．

●**暴力犯罪の分類**　暴力は高い攻撃性に基づいた行動であるが，攻撃動機づけについて，大渕（1993）は二過程モデルを提唱し，攻撃行動には，対人葛藤の知覚から生じた強い不快情動の表出という衝動的攻撃動機と，葛藤の解決を目的とした戦略的攻撃動機があるとした．前者による暴力は情動表出という側面から表出的暴力，後者による暴力は目的達成の手段という側面から道具的暴力とされる．大渕ら（1994）は，戦略的攻撃動機による暴力の機能に焦点をあて，暴力犯罪を動機別に4タイプに分類した．また，大渕ら（1999）は，この4タイプに関連する人格特性測定のための尺度として，機能的攻撃性尺度（Functional Aggression Scale：FAS）を作成した．FASで測定する特性を表す下位尺度は，以下に示すとおり，概ね暴力犯罪者の特徴を表している．

　①回避・防衛：自己や家族他が危険に直面した場合に，防衛のために行われる暴力である．怒りや恐怖他の強い情動に動機づけられていることが特徴で，自分が危害を加えられているという知覚によって暴力が動機づけられる．こうした知覚を抱きやすい人格特性として，人は信用できないといった猜疑心，嫌われてい

る等の被害者感情を表す被差別感がある．

②影響・強制：相手の行動を変えさせたり，無理矢理に何かをさせるという目的達成のために行われる暴力である．このケースでは情動的要素は少ない．強盗犯が金品取得のために行う暴力等がこのケースにあたる．対人葛藤解決の手段として用いられることが多いが，葛藤解決のためには交渉や説得等非暴力的な手段がさまざまある中で，暴力を選択しやすい人は積極的なケースと消極的なケースに分けられる．

積極的なケースは，妥協や譲歩を嫌い，競争心，自己主張，支配性といった人格特性の強い人で，葛藤場面で暴力的な手段をとりやすい傾向がある．

消極的なケースは，説得等の穏やかな葛藤解決が下手な人で，自分の気持ちをうまく言葉で表現するのが苦手な低言語スキル，穏やかな解決策を思いつくことができない等の低葛藤対処スキルといった人格特性がみられる．

③制裁・報復：自身が被害を受けた訳ではないが，違反や不当なことをした人物を罰したいと思ったり，被害を直接受けた者が仕返ししたいと思ったりする動機から行われる暴力である．制裁，報復のどちらも相手を許せないという義の感情を伴う．関連する人格特性は，人の行動を善悪の観点から評価する傾向が強い等の信念の偏り，報復動機が強く持続的である報復心である．

④同一性・自己呈示：人が他者に対して形成・維持している印象や人物像，すなわち同一性が傷つけられる，いわゆる面子が傷つけられた場合に，それによる怒りに動機づけられ行われる暴力である．

この暴力の目的は他者に対する自己の印象操作である．関連する人格特性には，体面やプライドにこだわるプライド，強さや勇気といった印象をもつ男らしさ，社会に反抗し，ネガティブな自己主張を表す対抗同一性，目立ちたい，注目されたいといった自己顕示性がある．

●**暴力と飲酒の関係** 人がアルコールを摂取すると，普段より攻撃的になりやすく，殺人や暴力犯罪とアルコールとの関連は多くの研究者により指摘されている．クラーエ（Krahé, 2001）は，アルコールには攻撃促進効果があるとし，暴力とアルコールの関係について三つの仮説を紹介している．

脱抑制仮説は，アルコールが脳の中枢に影響し，人が攻撃行動を抑制・回避する能力を低下させるというものである．

期待仮説は，自身がアルコールを摂取しているという認識からアルコールの影響が生じるとし，アルコール摂取時の攻撃行動は許容されやすい等といった期待を連想させるとしている．

注意仮説は，アルコールは直接的ではなく間接的に攻撃行動に影響し，通常人の攻撃行動を抑制している状況要因への注意能力がアルコールによって低減することで，攻撃行動が示されやすくなるというものである．

　　　　　　　　　　　　　　　　　　　　　　　　　　　　　　　　［小林正和］

ドメスティック・バイオレンス

　ドメスティック・バイオレンス (domestic violence：DV) は，直訳すると家庭内暴力となるが，親子間等の暴力とは区別して，主に「配偶者や恋人など親密な関係にある，又はあった者から振るわれる暴力」(内閣府男女共同参画局『男女間における暴力に関する調査報告書』2015) として用いられる.「親密な関係性における暴力」として IPV (intimate partner violence) とよばれることもある.
●**法律と統計**　2001 年に施行された「配偶者からの暴力の防止及び被害者の保護等に関する法律 (DV 防止法)」により，それまで民事不介入とみなされてきた配偶者への暴力は「犯罪となる行為をも含む重大な人権侵害」(前文) であると定義され，被害者の保護に対し公的機関による介入が制度化された. 被害者は接近禁止命令 (有効期間 6 か月) と退去命令 (同 2 か月) からなる保護命令を裁判所に申し立てすることができる. 対象となる「配偶者」とは，(事実上の) 婚姻関係にある (あった) 者と，生活の本拠を共にする交際相手であり，子や親族等も接近禁止命令の対象になる. ただし DV 自体が直接的に犯罪化された訳ではなく，刑法に該当する行為が取り出され処罰される.

　警察庁の統計では，2013 年には配偶者からの暴力事案の認知件数は 4 万 9,533 件であり，10 年前の約 4 倍に増加している (図 1).内閣府 (同上, 2015) の調

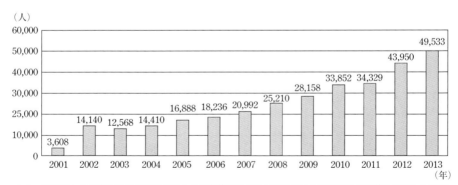

＊1　配偶者からの身体に対する暴力または生命等に対する脅迫を受けた被害者の相談等を受理した件数
　2　2001 年は，配偶者暴力防止法の施行日 (10 月 13 日) 以降の認知件数
　3　法改正に伴い，2004 年 12 月 2 日施行以降，離婚後に引き続き暴力等を受けた事案も計上
　4　法改正に伴い，2008 年 1 月 11 日施行以降，生命等に対する脅迫を受けた事案も計上

図 1　ストーカー事案及び配偶者からの暴力事案の認知件数の推移
(『平成 26 年警察白書』より作成)

査によれば，およそ4人に1人（23.7％）の女性，6人に1人（16.6％）の男性に配偶者による身体的暴力の被害経験がある．加害者は30歳代を中心に，その93.4％が男性である．

●**暴力の形態と分類，要因**　同法における暴力とは「配偶者からの身体に対する暴力またはこれに準ずる心身に有害な影響を及ぼす行動」（1条）である．暴力の形態は刑法の暴行罪，傷害罪にあたる身体的暴力に加え，暴言や無視，威嚇や強制的な言動，行動の制限等の精神的暴力，性的行為の強要や避妊の拒否等の性的暴力，生活費を渡さない経済的暴力，第三者との関わりを断ち孤立させる社会的暴力等がある．このうち保護命令の対象となるのは「身体に対する暴力」，「生命・身体に対し害を加える旨の脅迫」である（10条）．DVはコントロール，支配，パワーの獲得の試みの表現（小西，2001）であり，繰り返される暴力によって生成される支配的，権力的な関係性が特徴である．「暴力のサイクル理論」（Walker, 1979）によれば，緊張の高まり，激しい暴力，後悔と愛情の3相からなる周期があるとされるが，明確な周期がないケースもある．

　DVの要因として，個人的視点によるミクロ指向理論（社会的学習，精神病理と人格特性，生物学，物質乱用等），社会・文化的影響によるマクロ指向理論（フェミニズム，家族システム等），それらの統合的枠組みが提示されている（Lee et al., 2003）．一方でDVの全体像は複雑で，かつ多様な要因の相互作用を含むものであり，特定の原因に還元させることはできない（Bancroft et al., 2002）．原因の説明は加害者を環境による被害者とし，暴力を内的，外的要因によって駆り立てられたものとみなすため，加害者が行動の責任に直面することを妨げる（Jenkins, 1990）という見方もある．

●**加害者の特徴**　DV加害者の多くは，自己愛性・境界性パーソナリティ障害というプロファイルに適合する（Dutton, 1995）．年齢，学歴，職種等との相関はみられない．代表的な性格特性分析に，家族のみ型，不快・境界型，暴力常習・境界型，軽度の反社会性型（Munroe et al., 1994）の4分類がある．加害者に関する描写として，自己評価の低さ，対人関係における劣等感と男性性に対する自信のなさ，ジェンダー役割への硬直した考え，行動の否認・矮小化，問題の責任転嫁（Jenkins, 1990）等があり，暴力行為の正当化に根差した被害者意識（信田，2008）があるとされる．陥りやすい認知の歪みとしては，偏った見方，白黒思考，過剰な一般化，「絶対〜すべき」という考え（高野，2010）等があげられる．また同時に，加害者がもつ中核的な信念や個人的な感情に関わるものを認知の歪みとして扱うことへの疑問もある（高野，2011）．　　　　　　　　　　　［山中多民子］

📖 **参考文献**
[1]　高野嘉之(2010)「DV加害者臨床における認知行動療法の理論と実践について」『臨床精神医学』39(3)287-300.

デート暴力

　デート暴力（dating violence）とは，国内外の研究を踏まえ，「未婚の交際関係にある二者間で，一方の者が他方の者に対して，日常的・継続的に身体的暴力，心理的攻撃，性的強要，社会的制限を行うことやほのめかすこと」ととらえることができる．しかし，デート暴力の定義は変遷を続けてきた経緯があり，現在でも必ずしもコンセンサスは得られていない．初期の定義では，「他者に苦痛や損害を与えることを意図して行われる，身体的な力の行使や拘束力の行使，あるいはそうした力による脅し」（Sugarman et al., 1989）とされてきた．近年では，「交際関係の文脈で，婚姻関係にないカップルの一方の者が他方の者に対して身体的，性的，言語的虐待を実際に行使する，あるいはそれによって脅したりすること」（Anderson et al., 2007）のように，性的虐待や心理的虐待を含めて理解する傾向が強い．

●**親密な関係での暴力**　概念的には，デート暴力とドメスティック・バイオレンス（☞「ドメスティック・バイオレンス」）とで，親密な関係での暴力（intimate partner violence）を構成する．WHO（2013）によれば，親密な関係での暴力は，身体的攻撃，性的強要，心理的虐待，そして行動制限等の，親密なパートナーや元パートナーによって行われる身体的，性的，心理的危害をもたらす行為とされる．なお，女性から男性へのデート暴力も少なからず存在する．加えて，「交際している」を意味するdatingと「家庭内」を意味するdomesticとは排他的な概念であり，予防啓発等の文脈で使用されることのある「デートDV」は，言葉としては必ずしも正確ではないことに留意が必要である．

●**デート暴力の経験率**　内閣府『男女間における暴力に関する調査（平成23年度調査）』の一般市民への調査では，10〜20代の頃に「交際相手がいた（いる）」人員中，男性で5.8%，女性で13.7%が身体的，心理的，性的暴力のいずれかの被害を経験していた．一方，松並ら（2012）の大学生以下の若年層への調査では，男子学生で82.4%，女子学生で66.2%が，身体的，性的，心理的暴力のいずれかの被害を経験していた．また，ショーリーら（Shorey et al., 2008）は欧米での研究に基づき，大学生以下の若年層のデート暴力の経験率は，身体的暴力が20〜37%，心理的虐待が約60%，性的虐待が2.7〜18%の範囲にあることを報告している．このように研究間で被害の経験率に違いがみられるのは，デート暴力の定義，測定，調査方法，対象者のサンプリング等の違いに起因する（Shorey et al., 2008）．デート暴力は定義の問題に加えて，測定方法にもバラつきが多く，研究によって暴力とするカテゴリー（身体的，心理的，性的等）に違いがみられるだ

けでなく，同じカテゴリーでも，軽微な行為から生死に関わる行為まで幅があり，暴力とする行為にズレがみられることもある．今後，統一的な定義と測定方法の確立が求められる．

表1　デート暴力加害のリスク要因(Lewis et al., 2001 より作成)

視点	リスク要因
発達的視点（historical）	過去の暴力行為の目撃/幼少期の虐待/親の離婚
臨床的視点（clinical）	アルコール摂取/薬物使用/暴力への許容的態度/低自尊心/抑うつ感情
対人関係的視点（interpersonal）	問題解決スキルの低さ/コミュニケーション・スキルの低さ/反社会的な友人との関係
文脈的視点（contextual）	ライフ・ストレスの多さ/ソーシャル・サポートの欠如

●**デート暴力加害・被害のリスク要因**　欧米では，これまでにデート暴力の研究は盛んになされており，加害者と被害者の双方のリスク要因が示されてきた．

ルイスら（Lewis et al., 2001）は四つの視点から加害のリスク要因を整理している（表1）．一つめは，発達的視点であり，社会的学習理論（social learning theory）を背景に過去の暴力行為への暴露をリスク要因と考える（☞「学習理論」）．例えば，子どもの頃の虐待経験や両親間の暴力行為の目撃頻度と後のデート暴力加害との関連が指摘される．二つめは，臨床的視点であり，薬物使用やアルコール摂取がデート暴力の加害リスクを高めるとされる．また，低い自尊心，抑うつ，反社会性パーソナリティ障害が，デート暴力の加害リスクを高めること，あるいは葛藤の解決方略として暴力を容認する態度が暴力加害を促進する可能性が示唆されている．三つめは，対人関係的視点であり，葛藤場面での問題解決スキルやコミュニケーションスキルの低さがあげられる．そして，四つめは文脈的視点であり，暴力が起きる背景的・状況的要因として加害時のライフ・ストレスの多さやソーシャル・サポートの少なさが関与するとされる．以上の要因の他にも，例えば，フリーズ（Frieze, 2005）は，性役割態度，支配欲，男性性等の関与を指摘する．一方，被害のリスク要因もいくつか指摘されている．例えば，愛着の不安定さ（Roberts et al., 1998），自尊感情の低さ（Aguilar et al., 1994），問題解決能力の低さ（Lewis et al., 2001）等があげられる．しかし，リスク要因と被害との因果関係が不明瞭であることに加えて，研究間で矛盾する結果が示されることもあり，確立された知見とまでは言いがたい．

なお，わが国では実態把握的調査や被害者へのケアや予防が主であり（森永ら，2011），リスク要因に関する研究は多くない．今後，社会心理学等，近接領域での関連知見（例えば，相馬ら，2003）を活用しつつ，デート暴力の原因を心理学的に解明することが期待される．　　　　　　　　　　　　　　　　　［荒井崇史］

📖 **参考文献**
[1] ミッシェル，M. E.・オニール，J. M. 編著，鶴 元春訳(2011)『パートナー暴力―男性による女性への暴力の発生メカニズム』北大路書房．

ストーキング

　ストーキングとは，特定の他者に反復されるつきまといや嫌がらせ行為とされ，ストーカーとは，その行為者をさす（影山，1997）．わが国では，有名人に対するつきまとい，もと交際相手による殺人等の相次ぐ発生を受け，2000年5月「ストーカー行為等の規制等に関する法律」（ストーカー規制法）が成立した．この法律では，特定の者への恋愛感情やそれが満たされなかったことに対する怨恨の感情等に起因するつきまといやストーカー行為が規制の対象となっている．

●**ストーカー事案の実態**　警察庁の統計『平成25年中のストーカー事案及び配偶者からの暴力事案の対応状況について』では，ストーカー事案の認知件数は，図1のとおりであり，2013年中は2万1,089件と前年比で5.9％増加している．被害者は女性（90.3％），加害者は男性（86.9％）が多い．年齢層別では，被害者は20代（34.8％），30代（27.5％）が多く，加害者は30代（25.5％），40代（21.2％），20代（19.2％）の順に多い（図2）．行為形態別では，面会・交際の要求（52.3％），つきまとい，待ち伏せ等（51.5％），無言・連続電話（31.1％）が多い．加害者と被害者の関係は，交際相手（元を含む）（51.8％）と配偶者（内縁・元を含む）（9.1％）で全体の約6割を占める一方，面識なし（5.8％）は少なく，顔見知りの男女間での事案が中心となっている．

●**ストーカーの分類**　米国連邦捜査局（Federal Bureau of Investigation：FBI）のライトら（Wright et al., 1995）は，ストーカーを主に被害者との関係から見知らぬ者を対象に匿名的な接触を図るストーカー，元交際相手・配偶者等，既知の者を対象とするストーカー，主にマス・メディアに登場する人物に妄想的に恋愛感情を抱くエロトマニア・ストーカーに分類している．また，見知らぬ者へのストーカーの捜査では，被害者の自宅，職場，よく出かける公共の場所の観察，手

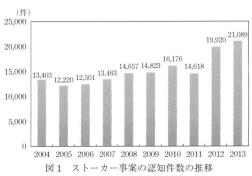

図1　ストーカー事案の認知件数の推移　　図2　加害者・被害者の年齢層（2013年）

段となった文書，電話の内容分析が有効としている．
　オーストラリアの精神医学者ミューレンら（Mullen et al., 2000）は，ストーカーを拒絶型，憎悪型，親密希求型，無能型，略奪型に分類している．拒絶型は，もと恋人やもと妻をストーキングするタイプである．このタイプは，別れ話を切り出した相手に対し，よりを戻そうとつきまとうが，それが次第に復讐へと変容する．電話，手紙，尾行，徘徊など多様な手段で，長期間，嫌がらせをし，脅迫や暴力行為へ発展することが多いタイプである．憎悪型は，過去に自分を侮辱したと感じている者に対し，その復讐としてストーキングを行う．相手に恐怖と不安を与えることが目的であり，脅迫行為を犯しやすい反面，暴力に訴えることは少ない．計算高く，みずからの行為を正当化し，自分はむしろ被害者であると主張するタイプでもある．親密希求型は，精神疾患により恋愛妄想に支配され，相手と自分との間に妄想的な関係をつくり上げ，長期間しつこくつきまとうエロトマニア・タイプである．無資格型は，相手の気持ちに無関心，無神経で，自分には自分の気を惹いた相手とつきあう権利があると考える自分勝手なタイプである．社会的スキルが著しく欠如し，最初からしつこく的はずれな方法で相手に接近するタイプである．略奪型は，性犯罪の前段階でターゲットの女性を密かに追跡，情報収集を行うタイプである．行為者は男性で，孤独，成熟した人間関係が欠如しており，性的攻撃性が高いといった特徴を有している．
　ここにあげる分類の他，米国のラシーヌら（Racine et al., 2014）は，予防と介入を視点に置き，実際に身体的な暴力に至るリスクを考慮した分類を検討している．

●**捜査と抑止**　ストーキングが匿名的な接触手段により行われる場合，犯人像や犯行の予測といった犯罪者プロファイリング（☞「犯罪者プロファイリング」）が必要となる．上述したライトらの研究は，ストーカーのタイプ別特徴と捜査上のポイントに言及している点で示唆に富む．国内でも長澤（2012）がストーカーの属性の統計分析から孤立型，社交型，社会的地位安定型，社会的地位不安定型の4タイプに分類する研究を試みている．同研究では，孤立型においてストーキングのターゲットが1人から複数に拡大し，その行為が長期間に及ぶ事例が多く，拉致監禁や殺害に至る悪質な事例がみられる等，各タイプと犯行特徴との関連が示唆されている．
　ストーキングの抑止には警察の介入が有効とされ，生命や身体の危険をもたらす執拗なストーキングの場合には，被害者をできる限り遠くに移転させ，新たな居場所に関する情報をストーカーに与えないことが効果的とされる（Bartol et al., 2005）（予防については☞「ストーキングの介入と予防」）．またストーキングを終わらせるためには，ストーカーのタイプに応じた精神医学や心理的治療も必要であるとしている（Mullen et al., 2000）．

［長澤秀利］

強姦・強制わいせつ

　強姦および強制わいせつは，接触型の性暴力である．相手の身体に接触あるいは侵入するため，被害者の心身に与える影響は深刻である．

●**強姦・強制わいせつの定義**　強姦とは，刑法177条において「暴行又は強迫を用いて13歳以上の女子を姦淫した者は，強姦の罪とし，3年以上の有期懲役に処する．13歳未満の女子を姦淫した者も，同様とする」と定義される．また，強制わいせつとは，刑法176条において「13歳以上の男女に対し，暴行又は強迫を用いてわいせつな行為をした者は，6月以上10年以下の懲役に処する．13歳未満の男女に対し，わいせつな行為をした者も，同様とする」と定義される．
　いずれも親告罪であり，被害者が告訴しなければ公訴できない．しかし，集団強姦罪および強姦致傷罪，強姦致死罪は非親告罪とされている．

●**強姦および強制わいせつの発生状況**　警察の認知件数で発生状況を確認すると，強姦のピークは1964年（6,857件），強制わいせつのピークは2003年（1万29件）であった．
　強姦では加害者あるいは被害者宅等屋内での発生が約4～5割と多く，強制わいせつでは路上や電車内等屋外での発生が約5割と多い．また，強姦では加害者と被害者に面識がある場合が約4割を占めるが，強制わいせつでは面識がない場合が約8割となっている．被害者の年齢層は，いずれも未成年者や20代が多い．
　性犯罪は暗数が多く，被害届を出した人は被害経験者中の約15%であったことが示されている（法務省総合研究所『研究部報告29 第二回犯罪被害実態（暗数）調査』2004）．

●**強姦および強制わいせつの暴力性の程度**　性暴力加害は接触性の度合いにより暴力性の進度が規定される連続体であり，次第に暴力性を強めエスカレートしていくと考えられている（藤岡，2006）．のぞき行為や性器露出など比較的暴力性が低い非接触型の性暴力に対し，強姦の暴力性はきわめて高く，強制わいせつの

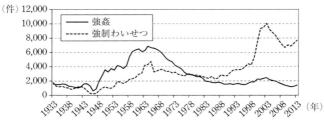

図1　強姦および強制わいせつの認知件数（警察庁統計より作成）

暴力性は中から高い範疇に入ると考えられる.
●**強姦および強制わいせつの原因論**　強姦および強制わいせつも他の性暴力と同様,対人的なパワー関係の問題から,統制感や達成感等を得るために惹起されることが多い.犯行動機が性的欲求に帰属されることが多いが,恋人等のパートナーがいても性暴力に及ぶこともあり,実際には加害当事者にも確たる原因がわからないことが多い.これは,日常生活の中で徐々に無自覚に性暴力に至る要因が内面化されていくためであると考えられる.

性暴力に至る生育上の要因として,①本人がもつ脆弱性(発達状態,人格要因等),②家庭環境における逆境(家族の機能不全,親のうつ,アルコールや薬物依存等),③強制のモデリング(家庭内暴力,男尊女卑,学校でのいじめ等),④性暴力のモデリング(暴力的なポルノの視聴,性暴力の目撃や被害等)があり,これらの要因が重なって性暴力を惹起し得る(Friedrich et al., 2003).強姦および強制わいせつもこれにあてはまる.また,性暴力を惹起するリスク要因として,性的な固執,逸脱した性的関心,親密な関係における争い,女性に対する敵意・怒り,強姦に寛容な態度,認知の歪み(☞「認知バイアスと犯罪」),共感性の乏しさ,一般的な自己統制力の不足(☞「低自己統制理論」),社会的スキルの不足といった動的安定的リスク,および就労・収入等の生活状況の不安定さや家族・友人関係の葛藤・対立,不健全な余暇の過ごし方といった動的急性的リスク等,多数の要因が特定されている(Hanson et al., 2007).

特に接触型の性暴力では,「相手が性的に誘惑している」「相手は内心では暴力的な性を望んでいる」等の認知の歪みを用いて,その犯罪性を最小化したり,被害者が恐怖等により強い抵抗を示さない状態を同意しているものであると自己中心的に解釈していたりすることも多い.あるいは,それが犯罪行為であるとわかっていることで体験するスリル感が性的興奮を高めている場合もある.この場合,被害者の人格を無視あるいは軽視するモノ化思考も顕著である.また,強姦では,否定的な感情状態(怒り,敵意,不安,抑うつ,落胆,無力感,葛藤,孤独,退屈等)が犯行の引き金になっていたことが示されており(Hanson et al., 2000),中でも怒りの感情の統制困難な状態が重要な要素となっている.

●**推定再犯率と処遇プログラムの効果**　法務省の『性犯罪者処遇プログラム受講者の再犯等に関する分析』(2012)では,刑事施設における罪種を問わない推定再犯率が,強姦の非受講群で19.4%,受講群で11.9%,強制わいせつの非受講群で27.9%,受講群で22.6%,保護観察所における性犯罪の推定再犯率が強姦の非受講群で12.6%,受講群で9.5%,強制わいせつの非受講群で25.8%,受講群で16.7%であり,処遇プログラムに一定の効果が認められている.　　　　［奥田剛士］

📖 **参考文献**
［1］　藤岡淳子(2006)『性暴力の理解と治療教育』誠信書房.

非接触型の性犯罪

　非接触型の性犯罪には，のぞき，盗撮，露出，色情盗，いわゆる児童ポルノに関する犯罪等があり，いずれも被害者との身体的接触がない点で被害は少ないと一般的に考えられている．また，刑罰の量刑も接触型の性犯罪に比較すると軽い．しかし，被害者に心理的な苦痛を伴う被害が生じる場合があり，また，非接触型の性犯罪者の中には，のちに接触型の性犯罪を行う者もいるため，決して軽視できる犯罪ではない．

　なお，のぞきと露出は，ともに米国精神医学会による『DSM-5 精神疾患の診断・統計マニュアル（*Diagnostic and Statistical Manual of Mental Disorders, Fith Edition*）』（APA, 2013）ではパラフィリア障害群の一つとされている．

　わが国では，これまで非接触型の性犯罪に関する実証的研究はほとんど行われてこなかったが，近年行われた研究を中心に，のぞきと性的盗撮，露出および色情盗について解説する．なお，結果として示される変数が研究によって異なるのは，のぞきと性的盗撮に関する研究が，犯罪原因を探求する視点に基づいた一般人を対象とした自己報告研究であるのに対し，露出と色情盗の研究は，犯罪者プロファイリングの視点から過去に検挙された犯罪者のデータを扱っているためである．（児童ポルノについては☞「児童ポルノ」）．

●**のぞき，性的盗撮**　のぞきとは，見られていることに気づかない裸の人や性行為を営んでいる人を注視して，性的興奮や性的満足を得る性癖である（Bartol et al., 2005）．性的目的で行われる盗撮は，ATM で暗証番号を盗む行為や映画等を複製する行為等の営利目的で行われる盗撮と区別するため性的盗撮とよばれている．性的盗撮は，見られていることに気づかない人をカメラ等の機材で撮影し，その映像を視聴することで性的興奮や性的満足を得る性癖と定義される（田口，2013）．のぞきと性的盗撮は，住居侵入罪，軽犯罪法または迷惑防止条例等がその犯行の内容に応じて適用されるため，警察統計から検挙件数を把握するのは困難である．

　刑務所等の受刑施設に入所していない18歳以上の一般の男性785人に対して行った自己報告研究（田口ら，2010；田口，2013）によると，のぞきの経験がある者は41％，性的盗撮の経験がある者は3％で，のぞきに比べると性的盗撮の経験者は少ないが，同じデータの中では露出（0.4％）や色情盗（1.0％）より多かった．のぞきの経験者は，女性に対する性的加害経験（何らかの強制力を伴った性交や性的接触の経験）の有無によって攻撃的窃視者と典型的窃視者に分類され，その比率は3対7であった．攻撃的窃視は，のぞきの後に続いて強姦等を行う危

険性があるタイプで，典型的窃視は，のぞきだけで終わるタイプである．のぞきの経験者は性的欲求が強い傾向があるが，典型的窃視者と比較して，攻撃的窃視者では性交を志向する性的欲求がより強かった．性的盗撮の経験者も性的欲求が強かった．性的盗撮はのぞきとの親和性が高く，痴漢行為や買春の経験との関連も強いことから，多様な性的逸脱行動の一つとしてのぞきや性的盗撮が行われていると考えられる．また，「女性の方が男性より性的欲求が強い」等の女性の性的欲求や性行動に対する誤った認知が，攻撃的窃視と性的盗撮に関わっている可能性が指摘されている．

●**露出** 性犯罪における露出とは，公然と性器等を露出し，または自慰をする等わいせつ行為をするものをさす（横田ら，2014）．露出は公然わいせつ罪が適用される．2013年中，公然わいせつで検挙された者は2,057人で，商業的利益を目的とした被疑者4人が含まれる（警察庁『平成24年の犯罪』）．

　横田ら（2014）の男性露出犯414人を対象とした研究で示された結果のうち，主な犯行特徴は次のとおりである．犯行は，昼間，路上で行われることが多く，若い女性に対する露出が多いが，男性に対して露出する例も1割存在していた．犯行場所は，犯人の自宅から5km以上移動する場合も少なくなく，必ずしも自宅近くで衝動的に行われる犯行ではない．犯人特徴をみると，20～40歳代が約7割で，60歳以上が約1割，未成年は3％であった．学歴は，強姦や強制わいせつの犯人と比べると大卒が多く高学歴であった．7割が有職者で，比較的安定した職業が多かった．犯罪経歴をみると，何らかの犯罪経歴をもつ者は約5割で，そのうち最も多いのがわいせつで約3割を占めるが，強姦や強制わいせつの犯歴をもつ者の割合は少なかった．一方，露出を繰り返す累犯者は2割であった．また，累犯者の7％は過去に強制わいせつの犯歴を有しており，罪種の多様化の方向性は，非接触から接触への一方向とは限らない．

●**色情盗** 窃盗のうち，性的動機に基づいて女性の下着等の衣類を窃取する行為を色情盗という．2012年中に窃盗罪で検挙された被疑者のうち，性的動機による被疑者は6,115人である（警察庁『平成24年の犯罪』）．

　高村ら（1998；2003）が行った色情盗で検挙された男性被疑者68人を対象とした研究によると，色情盗の多くは軒下等の屋外に干してある下着を盗むが，屋内に侵入して盗む場合もある．接触型の性犯罪を含む凶悪犯罪を行う危険性が高いタイプが2割以上存在するが，その多くは屋内へ侵入して盗む者であった．この危険性が高い色情盗は，犯行の時間帯や盗みに入る家屋の種類等に一貫性がなく，場あたり的な犯行を繰り返しているのではないかと指摘されている．犯人の年齢は，20～40歳代が約8割を占めていた．未成年が占める割合は1割で，現金を狙う窃盗犯の4割に比べると少なかった．学歴は，中卒と高卒で8割を占め，大卒は少なかった．また，何らかの犯罪経歴をもつ者は約3割であった．　　［田口真二］

子どもに対する性犯罪

　子どもが被害に遭う性犯罪は多様である．形態的な分類からみると，強姦，強制わいせつ等，身体的接触を伴うもの（☞「強姦・強制わいせつ」）と，公然わいせつ，のぞき等，身体的接触を必要としないもの（☞「非接触型の性犯罪」）があり，加えて児童買春，児童ポルノ禁止法，青少年保護育成条例等，福祉犯の被害もある（☞「児童ポルノ」「女子非行」）．

●**子どもの性犯罪被害の実態**　2004年から2013年の10年間における子どもの性犯罪被害の認知件数は，いったん減少したものの微増しており，強制わいせつが1,100件前後，強姦が70件前後，わいせつ目的の略取誘拐が30件前後である（『平成26年版警察白書』）．性犯罪の人口10万人あたりの被害率は成人に比較して少年で高く，小学生でみても，強制わいせつ，公然わいせつ，略取誘拐の被害率は成人に比較して高い．児童ポルノの被害も，小学生以下（画像の年齢鑑定で可能性ありと認定されたものを含む）が，全体の56.3％（711人）を占めており（『平成25年版子ども・若者白書』），子どもに対する性犯罪は社会的に大きな問題である．

　一方，米国においては，子どもに対する性犯罪は性的虐待として扱われることが多い（越智，2007）．サンフランシスコにおける調査では，930人の女性のうち28％が14歳までに性的虐待を1回以上受けた等の報告（Russell, 1983）があり，子どもに対する性犯罪の公式統計はないが，子どもに対する性犯罪が重篤な社会問題であることは，わが国と同様である．

●**加害者の特徴と分類**　子どもに対する性犯罪の加害者として，まず，小児性愛障害（pedophilic disorder）があげられる．米国精神医学会（APA）のDSM-5では，DSM-Ⅳ-TR（2000）同様に，以下のよう定義している．

　「A. 少なくとも6か月間にわたり，思春期前の一人または複数の小児（通常13歳以下）との性行為に関する，強烈な性的に興奮する空想，性的衝動，または行動が反復する．B. その人が，性的衝動を行動に移している，またはその性的衝動や空想のために著しい苦痛または対人関係上の困難が生じている．C. その人は少なくとも16歳で，基準Aにあげた子どもより少なくとも5歳は年長である」

　これに加え，対象の性別（男性，女性，両方），対象が家族，子どものみに興奮するか（純粋型，非純粋型）といった事項を示している．ただ，子どもに対する性犯罪加害者が，すべて小児性愛障害であるとは考えにくい．渡邉（2012）が指摘するように，加害者が精神科疾患をもつ場合は少なく，多くは機会的に子どもを利用しているものと考えられる．

3. 各種犯罪

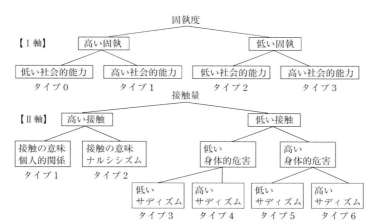

図1 MTC:CM3のⅠ軸，Ⅱ軸による小児わいせつ犯分類のための判定プロセス図
(Prentky et al., 1997)

マサチューセッツ治療センター（MTC）は，実情に見合った分類として未熟型，退行型，搾取型，サディスト型の4タイプをあげており，ナイト（Knight, R. A.）らはこの分類を改良したMTC:CM3を提案し研究を進めている（Prentky, et al., 1997）．MTC:CM3では，子どもに対する固執度（高−低）と接触量（高−低）の二つの軸で分類し，固執度においては社会的能力（高−低）にて細分類しており，全部で四つのタイプとなっている（図1）．また，接触量においては，高い接触の場合は接触の意味が個人的関係か自己愛的な関係かで，低い接触の場合は身体的危害（高−低）×サディズム（加虐性愛の高−低）にて細分類しており，全部で六つのタイプとなっている．

●**再犯防止対策** 平山（2007）は，わが国の子ども対象・暴力的性犯罪の再犯者率は15.9％であり，出所受刑者および執行猶予者ともに性犯罪再犯率の中で小児わいせつタイプが最も高くなっていることを指摘している．これに対し，法的な対策として所在確認制度や性犯罪者情報公開法（いわゆるミーガン法）等が検討されているが，わが国においては全般的に慎重な姿勢となっている．

2005年に法務省と警察庁で「子ども対象・暴力的性犯罪の出所者による再犯防止措置制度」が開始され（☞「警察における性犯罪者の再犯防止」），2006年4月以降に法務省矯正局と保護局により「性犯罪者処遇プログラム」（☞「性犯罪者処遇プログラム」）が導入されているが，2012年10月には「大阪府子どもを性犯罪から守る条例」が施行され，地方自治体による性犯罪者の社会内処遇も開始されている．今後，これら科学的な再犯防止対策の効果を検証することが重要な課題だといえよう．

［桐生正幸］

児童ポルノ

　児童ポルノとは，児童の性的描写に関わる写真や電磁的記録（画像や動画）をさし，多くの国々では，それらの所持，提供，製造の他インターネット上に掲載されているそれらの画像にアクセスする行為を犯罪行為として処罰の対象にしている．わが国では，1999年に「児童買春・児童ポルノに係る行為等の処罰及び児童の保護等に関する法律」が制定され，2004年の一部改正を経て，2014年の改正では自己の性的好奇心を満たす目的での児童ポルノの所持が禁止された．警察の統計によれば，2013年中に児童ポルノで送致された件数は1,644件，うちインターネットを直接使用した件数は1,085件，また児童ポルノで送致された人数は1,252人，うちインターネットを直接使用した人数は978人であった．

　児童ポルノに関わる法律上の定義は国や地域によってまちまちである．また，同じ法域においても性的合意年齢と児童ポルノに描写される児童の年齢が一致しない場合が多い．米国では，未成年者にみえる成人が描写されているものを児童ポルノとして取り扱うという議論もあったが，児童ポルノに描写される児童の暦年齢が18歳未満のものを児童ポルノの判断の基準にしている．日本も同じく，描写の対象が18歳未満のものを児童ポルノとしている．また，実際の写真ではなく，コンピュータを利用して作成・加工されたバーチャルな児童を描写したものを非合法とする地域（ヨーロッパ連合，オーストラリア）もみられる．

●**加害者の特性**　欧米の研究では，インターネットで児童ポルノに接触する犯罪者を「オンライン性犯罪者」とよび，実際の児童に性犯罪を行う「オフライン性犯罪者」と区別するとともに，両者の相違に関心が向けられている．あるメタ分析（Babchishin et al., 2011）によれば，オンライン性犯罪者のほとんどが成人男性で（非ヒスパニック系）白人であるが，オフライン性犯罪に比べて若干年齢が低く，人種的マイノリティが少ない．また，オンライン性犯罪者は一般群に比べても人種的マイノリティが少なく，独身者が多く，雇用されていない者が多い．また，オンライン性犯罪者はオフライン性犯罪者に比べて，犯歴が少なく，被害者への共感性が高く，認知的歪みが少ない．自分自身を児童と同一視する傾向も低く，他者に自分を良くみせようとする傾向も低い．しかし，性的逸脱の度合いは高く，児童の映像に対して性的に覚醒しやすい（Seto et al., 2006）．このことから，オンライン性犯罪者には小児性愛者が含まれ，性的逸脱の度合いが高いものの，自己統制能力も高いため，逸脱した性的興味を行動化しないための抑制力が高いと考えられる．

　しかしながら，これらの研究では，児童ポルノ犯罪を行うが，実際に児童に対

する性犯罪を行っていない，という純粋なオンライン犯罪者を分析対象としていない．そのため，児童ポルノ犯罪者には，どの程度のオフライン犯罪者が混ざっているのか，といった加害者の下位分類にも研究上の関心が向けられている．ある調査（Seto et al., 2005）によれば，児童ポルノ犯罪者のうち犯歴を有する者の割合は，非暴力犯罪 45％，暴力犯罪 30％，オフライン性犯罪 24％，児童ポルノ犯罪 15％であった．さらに，その後の再犯者の割合を調べた結果，暴力犯罪 6％，オフライン性犯罪 4％，児童ポルノ 6％であった．このことから，児童ポルノ犯罪者がその後も児童に対するオフラインの性犯罪を行うリスクが非常に高いとはいえない．また，別の研究のレビュー（Seto et al., 2011）では，児童ポルノ犯罪者のうちオフライン性犯罪の公的記録をもつ者は平均 12％，自己申告によるオフライン性犯罪歴を有する者は平均 55％であった．このことから，オンラインとオフラインの犯罪が重なる者もかなりの割合でみられるが，オンラインに限定した犯罪者も存在し，下位群を想定することが自然である．児童ポルノ犯罪者 422 人についてクラスター分析を行った研究（Henry et al., 2010）では，①逸脱群 35％（孤立感が強く，犯罪性向が強く，児童に親近感をもち，共感性が低く，認知的歪みが強い），②不適切群 26％（孤立感が強いが犯罪性向は低い），③健常群 40％（先の 2 群に比べて通常範囲内）という三つの群を特定している．

　児童ポルノ犯罪者の中には，被害児童に接近する際に，児童に取り入って徐々に信用を得るとともに，性行為に対する児童の心理的障壁を低めることで性的虐待を受け入れやすいように仕向け，さらには他者に被害を申告しないようにすることがある．こういった加害者の行為をグルーミング（手なづけ）とよぶ．児童ポルノを見せて，性行為を紹介し，それが普通のことであるかのようにみせかけるケースも指摘される（Ewing, 2014）．こうしたケースは，上述の研究における逸脱群のように，オフライン性犯罪も行う者にみられる可能性が考えられる．

●**対応策**　欧米では，児童ポルノ犯罪に対する各種の対応策が報告されている（Ewing, 2014）．被害児童特定プログラムでは，児童ポルノ映像から被害児童や犯行場所等を特定し，実際に被害者を救出する．また，インターネットのスクリーニング技術を使った対応策では，児童ポルノ映像ファイルの送信をブロックする．政府機関等は大量に収集した児童ポルノ画像ファイルのデータベースを所有している．そこで，それらのファイルのハッシュ値を利用して児童ポルノを含む画像ファイルを特定し，送信をブロックする．しかし，この手法では，インターネットのサービス・プロバイダーからの協力が求められる．また，児童ポルノ関連サイトの閉鎖という方法もある．しかし，大半の児童ポルノ画像は P2P のファイル共有を通じてユーザー間で個別にやり取りが行われている他，サイトの多くが児童ポルノを非合法化していない国々にある，といった問題があり，サイトの閉鎖は予防的な観点からみると効果は小さいと指摘されている．　　　　　［宮寺貴之］

少年とインターネット犯罪

　近年の急速な情報化は，広く日常生活に浸透してきているが，少年に目を向けると，スマートフォン・携帯電話の所有・利用率は小学生50.2％，中学生60.9％，高校生96.7％でいずれも増加傾向にある．インターネット利用内容は，ゲーム，動画視聴，コミュニケーション，情報検索，音楽視聴等が小中高生全体の50％を超えている（内閣府『平成27年度青少年のインターネット利用環境実態調査』『平成25年度全国学力・学習状況調査』）．少年にとってもインターネットは生活に利便性をもたらすツールであるが，誹謗中傷やネットいじめ等のトラブル，情報技術を悪用したサイバー犯罪やそれに伴う犯罪被害が発生している．

●**サイバー犯罪と被害少年の状況**　サイバー犯罪の検挙件数（少年，成人を含む）は年々増加傾向にあり，その中ではネットワーク利用犯罪が大部分を占めている．ネットワーク利用犯罪の内訳の中でも，少年が被害者となる「児童買春，児童ポルノに係る行為等の処罰及び児童の保護等に関する法律（以下，児童買春・ポルノ禁止法とする）」「青少年保護育成条例」「インターネット異性紹介事業を利用して児童を誘引する行為の規制等に関する法律（以下，出会い系サイト規制法とする）」の各違反による検挙件数は，この数年で2,000件を超えて全体の4割前後で推移している（図1）．

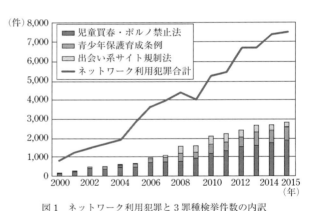

図1　ネットワーク利用犯罪と3罪種検挙件数の内訳
（図1，図2ともに警察庁『平成25年中の出会い系サイト及びコミュニティサイトに起因する事犯の現状と対策について』『コミュニティサイトに起因する児童被害の事犯に係る調査結果』『平成25年中のサイバー犯罪の検挙状況等について』より作成）

　サイバー犯罪による被害状況では，出会い系サイト（不特定の男女との出会いが可能なサイト）およびコミュニティ・サイト（サイト利用者同士のコミュニケーションが可能なウェブサイトで，SNSやプロフィール・サイト等）に起因する18歳未満の被害児童数は高水準で，そのほとんどを女子が占める等，インターネット空間が被害発生場所の一つとなっている（図2）．これまでの動向としては，

出会い系サイトを利用した児童が被害者となる児童買春事案が一時期に急増したが，2003年「出会い系サイト規制法」が施行され，5年後の同法改正を経て，出会い系サイトに起因する検挙件数と被害児童数は減少した．しかし最近では，SNSを中心としたコミュニティ・サイトに起因する事犯は増加しており，

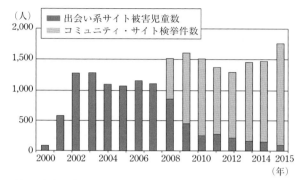

図2　出会い系サイトおよびコミュニティ・サイトに起因する検挙件数と被害児童数の推移

このうち青少年保護育成条例（みだらな性行為の禁止等）違反による被害児童数が，ほぼ半数を占めている．また，出会い系サイトおよびコミュニティ・サイトに起因する事犯の調査では，被害児童は女子が97.8％で，これらの女子の90.6％は携帯電話でサイトにアクセスし，被疑者と会った理由は「遊びや金品を得る」が36.9％であり，コミュニティ・サイト利用の被疑者の74.4％が犯行動機として児童との性交目的をあげていた．

●犯罪の背景とインターネット使用の影響　サイバー犯罪による被害少年の背景には，違法・有害情報の氾濫に対する社会的取組みの不十分さに加え，インターネット特性である非対面性（対面しない文字情報による交流），不透明性（書き込んだ人物の特定が難しい），双方向性（発信者と受信者の一対一コミュニケーションが可能），携帯電話のもつ携帯し移動可能なモバイル性，カメラや画像再生など多機能性等の利用があげられる．しかし，インターネット利用と関連する犯罪を防止するためには，これら少年に対する教育も大きな課題である．

　インターネット使用による影響は，攻撃性に関連したフレーミング（相手に対する誹謗中傷やその応酬等）や極端な意見へのシフト等が指摘（Kiesler, et al., 1984）されている．また，中学生対象の縦断的研究では，ネット使用が多いと言語的攻撃，敵意が高まり，もともと身体的・言語的攻撃の高い生徒はネット使用が多くなるという結果（高比良ら，2006）が示されており，小学生でもインターネット使用量と抑うつ感，攻撃性の高さが示唆される（高比良ら，2003）等，ネガティブな研究知見が多い．しかし一方で，安藤ら（2005）によれば，自己開示やソーシャル・サポート（例えば，慰めや励まし，求める情報の提供）の増加等，対人関係や精神的健康にポジティブな結果を示す研究がある．したがって精神的健康への影響は，一貫した結果は得られていないといえる．

〔石橋昭良〕

情報セキュリティ事案

　情報セキュリティとは，情報の機密性，完全性，可用性を確保すること（JIS Q27002）である．機密性の確保とはある情報へのアクセスを認められた人だけがその情報にアクセスできる状態を確保すること，完全性の確保とは情報が破壊，改ざんまたは消去されていない状態を確保すること，可用性の確保とは情報へのアクセスを認められた人が必要時に中断することなく，情報にアクセスできる状態を確保することをさす．情報セキュリティ事案は，これらを脅かす事案である．

●**情報セキュリティ事案のタイプ**　『平成26年警察白書』によれば，サイバー犯罪（☞「少年とインターネット犯罪」）は，高度情報通信ネットワークを利用した犯罪やコンピュータまたは電磁的記録を対象とした犯罪等である．情報セキュリティ事案は後者にあたり，不正アクセス禁止法違反や刑法で規定されている電子計算機損壊等業務妨害罪をはじめとしたコンピュータまたは電磁的記録を対象とした犯罪が含まれる．また，サイバー・インテリジェンス（情報通信技術を用いた諜報活動）や，重要インフラの基幹システムを機能不全に陥れ，社会機能を麻痺させる電子的攻撃であるサイバー・テロも情報セキュリティ事案に含まれる．

　情報処理推進機構（Information-technology Promotion Agency, Japan：IPA）は，情報セキュリティ分野の研究者，企業等の実務担当者ら100人を超える委員の検

表1　情報セキュリティに関する十大脅威（IPA 2013，2014，2015より作成）

	2013年	2014年	2015年
1位	クライアントソフトの脆弱性を突いた攻撃	標的型メールを用いた組織へのスパイ・諜報活動	オンライン・バンキングやクレジットカード情報の不正利用
2位	標的型諜報攻撃	不正ログイン・不正利用	内部不正による情報漏洩
3位	スマートデバイスを狙った悪意あるアプリ	ウェブサイトの改ざん	標的型攻撃による諜報活動
4位	ウイルスを使った遠隔操作	ウェブサービスからのユーザー情報の漏えい	ウェブサービスへの不正ログイン
5位	金銭窃取を目的としたウイルス	オンライン・バンキングからの不正送金	ウェブサービスからの顧客情報の窃取
6位	予期せぬ業務停止	悪意あるスマートフォン・アプリ	ハッカー集団によるサイバー・テロ
7位	ウェブサイトを狙った攻撃	SNSへの軽率な情報公開	ウェブサイトの改ざん
8位	パスワード流出の脅威	紛失や設定不備による情報漏えい	インターネット基盤技術の悪用
9位	内部犯行	ウイルスを使った詐欺・恐喝	脆弱性公表に伴う攻撃の発生
10位	フィッシング詐欺	サービス妨害	悪意のあるスマートフォン・アプリ

討により，その年の情報セキュリティに関する十大脅威について解説している．2013～15年の3年間の十大脅威は表1のとおりであり，年により順位に変動はあるものの，個人を対象とした脅威が中心となっている．

●**インターネットの利用と被害経験**　『平成26年版情報通信白書』（総務省）によれば，2013年のインターネット利用の人口普及率は83％を示し，調査対象世帯の60％で自宅のパソコンが何らかの被害を受けた，65％で携帯電話からのインターネット利用の際に何らかの被害を受けた，61％でスマートフォンからのインターネット利用の際に何らかの被害を受けたと報告していた．これら世帯における被害経験率の高さは，多角的なチャネルを通してのインターネット利用者に対する情報セキュリティ教育の重要性を示唆している．

　企業に関してその被害経験をみると，36％がウイルス発見または感染があった，24％がウイルスを発見したが感染しなかったと報告していた．企業においては扱う情報量が多く，顧客情報の漏えい等の情報セキュリティ事案が発生すると，その影響は甚大なものとなる．ソフトウェアの会社のシマンテック（Symantec corporation）が行った調査（2014）では，内部犯行による平均漏えいデータ件数は，外部犯行によるものの1.6倍に上ることが示されており，内部犯行者による情報セキュリティ対策は，非常に重要であることが指摘される．

●**内部犯行者による情報セキュリティ事案**　バンドら（Band et al., 2006）は，システム・ダイナミクスを用いて内部犯行のプロセスを検討し，個人的な負因やストレスフルな出来事の重要性の他，犯行中だけでなく犯行前にも行動面・技術面での前兆があること，違反行為の検知と対応に組織が失敗していること，物理的アクセス・コントロールが不十分であること等，内部犯行者の心理面を考慮したモデルを構築している．また，内部犯行の類型として，①システム悪用（employee fraud：組織の財やサービスを虚偽や詐欺により入手する），②情報流出（Information Theft：機密や知財に関連する情報等を組織から盗み出す行為），③システム破壊（IT Sabotage）：特定個人，組織（組織のデータ，システム，日常業務を含む）に損失を与えるという意志に基づいた悪意ある行為）の3分類を提唱している．これを踏まえ，情報セキュリティにおける人的脅威対策に関する調査研究会（2008）は，日本の30事例について調査を行い，内部犯行の背景に金銭を得る等の道具的（instrumental）な動機と心理的な満足を得るための表出的（expressive）な動機の存在を指摘し，道具的な動機による①システム悪用，②情報流出Ⅰと，表出的な動機による③情報流出Ⅱ，④システム破壊の4分類を見出している．　　　　　　　　　　　　　　　　　　　　　　　　　　　　　［渡邉和美］

📖 **参考文献**

[1] 情報セキュリティにおける人的脅威対策に関する調査研究会(2008)『情報セキュリティにおける人的脅威対策に関する調査研究報告書』社会安全研究財団．

爆破予告

　爆破予告（bomb threat）とは，犯罪予告の一種で，「爆破事件の敢行を示唆すること」であり，実際に爆破に至らない場合も含まれる．わが国では，そもそも犯罪予告に関する法律は施行されておらず，店舗等に対する爆破予告により「威力を用いて人の業務を妨害」した場合は刑法第234条「威力業務妨害」，金銭の要求が伴う場合は刑法第249条「恐喝」，爆破予告によって警備を増強せざるを得なくなるなど警察活動に対する偽計行為の場合は刑法第233条「信用毀損及び業務妨害」における「偽計業務妨害」が該当する．また，上記以外に，悪戯目的であれば「他人の業務に対して悪戯などでこれを妨害」した場合に該当し，軽犯罪法（業務妨害）が適用される．

　警察庁『昭和53年警察白書』によると，爆破予告に関する事件は1973年810件，1974年3,426件，1975年4,637件，1976年2,266件，1977年2,235件と1975年にピークをむかえたが，近年では，毎年十数件から二十数件程度で推移している．これは，1975年5月に連続発生した企業爆破事件の被疑者が検挙されたことを背景に，その模倣犯も減少したことが要因と考えられる．

●**爆破予告で用いられる媒体**　昭和期の爆破予告では，電話もしくは手紙や葉書等の文書が主な予告媒体であった．それに対して，近年インターネットの普及に伴い，電子メールや電子掲示板の書込みといった新たな方法が現れるようになっている．電話の種別も変化しており，自宅設置の電話や公衆電話に加えて，携帯電話による爆破予告が増えている．このように，爆破予告に使われる媒体は時代を反映して変化している．

●**電話先ならびに爆破対象**　数少ない爆破予告研究の中で，フィンランドの爆破予告研究（96％が電話によるもの）によると，48％の爆破予告犯が緊急通報（National Emergency Center）に，42％が爆破対象の施設に，9％が警察に対して爆破予告を行っていた（Häkkänen, 2006）．また，爆破対象としてはレストランが27.5％と最も多く，次いでショッピングセンター（17.4％）が選ばれている．わが国の電話による爆破予告については，71％が爆破対象の施設に対して，25％が緊急通報（110番や119番）に電話していた（Zaitsu, 2010）．また，爆破対象については，16％が銀行，15％が中小企業，15％が百貨店，14％が官公庁，12％が鉄道と多岐にわたっていた．

●**犯人像**　爆破予告犯の特徴については，国別また媒体別で表1にまとめた．爆破予告犯の平均年齢は，フィンランド（主に電話）で35.5歳，わが国の電話によるもので42.0歳，電子ツールで24.2歳であった．

表1 爆破予告犯の特徴に関する比較(Hakkanen, 2006；財津, 2009より作成)

爆破予告犯の特徴	(主に電話) フィンランド n=68 %	(電話) 日本 n=43 %	(電子ツール) 日本 n=37 %
性別			
男性	91	91	95
女性	9	9	5
年齢層			
10代	18	14	27
20代(フィンランドでは19歳を含む)	15	9	60
30代	27	28	5
40代	28	21	8
50代以上	13	28	0
犯罪歴			
あり	61	50	17
なし	39	50	83

　爆破対象別また電話種別による犯人像によると，官公庁や鉄道関係を対象とする場合は比較的年齢が高く，学校関係を対象とした場合は年齢が低い傾向がみられた（財津，2009）．また，企業や銀行に対する爆破予告の場合，何らかの犯罪歴を有する者が多い一方で，学校関係やイベント関係に対する場合は犯罪歴のない者である可能性が非常に高かった．

　さらに，犯罪行動の変数をもとに多変量解析を実施することで，爆破予告の3類型「道具的」「表出的／感情的」「表出的／認知的」が見出され，それぞれの犯人像の違いが検討されている（Zaitsu, 2010）．例えば，「道具的」爆破予告は，主に金銭目的で，自己に関連のない銀行や百貨店を対象に公衆電話から電話し，基本的に単独犯である．「表出的／感情的」爆破予告は，官公庁や学校関係などの犯人と関連のある場所に対して，自宅設置の電話からかける逆恨みタイプである．犯人像としては，居住地があり，窃盗や詐欺といった犯罪歴がない人物が該当する．「表出的／認知的」爆破予告は，鉄道等に公衆電話からかける，または緊急通報する特徴があり，うっ憤晴らしが多かった．加えて，44％で窃盗歴を有していた．

●**爆破予告の危険性**　電子ツール使用者の37人の中で，爆破予告の後に実際に爆発物を設置もしくは爆破させたものはいなかった（財津，2009）．また，電話による爆破予告犯101人について，模造爆弾を含めて設置したものが4人，うち爆破可能な装置を設置した者は2人のみであった（Zaitsu, 2010）．犯行動機自体も，電子ツールによる場合は悪戯目的が最も多い．したがって，わが国においては爆破予告後に，実際に爆破を敢行する者はかなり少ないといえる．　　　　　　　[財津 亘]

企業恐喝

　恐喝とは，他人を畏怖させて金品等を交付させることであり，わが国では刑法第249条に規定されている．企業恐喝とは，企業に対する恐喝全般をさしている．恐喝の形態はさまざまであるが，警察庁『警察白書』では，犯人は正体を現さず，脅迫文を郵送する等して企業を畏怖させ，現金等を要求し，現金受渡し場所や方法を電話，手紙等によって指示する形態の企業恐喝事件のことを特に「現場設定を伴う企業恐喝事件」として注目している（『平成7年警察白書』）．現場設定を伴う（犯人と接触する可能性がある）企業恐喝として有名な事件としては，グリコ・森永事件がある．

●**わが国における恐喝事件および企業恐喝事件の特徴**　警察庁の犯罪統計によれば，2012年における恐喝の認知件数は4,172件，検挙件数は2,611件であり，検挙率は63％であった．被害者については，男性が3,570件（86％），女性が532件（13％），法人・団体が70件（2％）であった．このことから，恐喝事件の大部分が人対象であり，法人・団体を対象としたものは少ないことがわかる．参考までに，同年に検挙された恐喝事件全体における犯人の特徴をあげると以下のとおりである．男性が96％，女性が4％であった．年齢は20代以下が55％，30代が18％，40代が15％，50代が7％，60代以上が5％であり，年齢が低いほど割合が高かった．有職者の割合は38％であった．動機に関しては，遊興費充当（38％），その他の利欲（15％），憤怒（12％）が合わせて5割強を占めていた．犯罪経歴については，再犯者（前科または前歴を有する者）が73％で7割を超えていた．

　なお，現場設定を伴う企業恐喝事件の件数が公表されていた同上『平成7年警察白書』によると，1994年中の認知件数は83件，検挙件数は98件，検挙人員は38人となっており，被害対象企業別にみると，食品製造業者や大型小売店等に対するものが62件で全体の75％を占めていた．

●**暴力団による企業恐喝**　企業恐喝を行う主体として忘れてはならないのは，暴力団（☞「組織犯罪」）の存在である．警察庁による暴力団情勢に関する統計によれば，2013年における暴力団構成員ら，総会屋および社会運動等標ぼうゴロ（社会活動を仮装しまたは標ぼうして，不正な利益を求めて暴力的不法行為等を行う恐れがあり，市民生活の安全に脅威を与える者）による企業対象暴力事犯の件数は435件であり，暴力団構成員らの反社会的勢力が，依然として，企業に対して威力を示す等して不当な要求を行っている実態がうかがえる．

　吉村（2011）は，暴力団が企業攻撃を仕かけるときに用いる犯罪行為を暴力団

員による不当な行為の防止等に関する法律（暴対法）第9条に規定される暴力的要求行為を参考に大きく分けている．それは，金品要求（企業のミスや不祥事，偶発的なトラブルを原因とした公表されたくない事実を暴力団がかぎつけ，要求行為を行う），不当贈与要求（政治団体や社会運動団体を標榜して寄付行為や図書購入を要求），下請要求（土木建築工事や解体工事，廃棄物処理等の請負工事への参入強要や関連資材の購入等の高額取引に介入する），用心棒・みかじめ料要求（暴力団の縄張りと称する自己の勢力範囲内で営業を営むものから徴収するもの），債権免除要求（家賃や購入物品代金，公共料金や修理代等の支払いを，暴力団員であることによって与える暴力・威力・恐怖心を背景に支払いを免れる行為）等である．これらの不当要求は暴力団の典型的な手口であり，企業攻撃の様態類型として認識し，対応を考えておかなければならない事項であるとしている．

●**企業恐喝事件の分析**　わが国における企業恐喝に関して犯行特徴と犯人特徴を検討した研究は非常に少ないが，近年行われた研究として，大塚ら（2010）を紹介したい．この研究は1992年から2005年の間に手紙や電話などの通信手段を用いて企業を恐喝した事件で検挙された犯人のうち，犯人特徴を確認することができた213人分のデータを使用して行われたものである．犯行特徴についてみると，恐喝の対象は，食品製造・販売業・飲食店（22％），百貨店・大型小売店（16％），スーパー・コンビニ（15％），銀行・その他金融機関（11％），建設・運輸輸送（6％），その他（30％）であった．恐喝手段については，電話のみ（48％），手紙のみ（25％），FAX・電子メールのみ（3％），複数手段（24％）であった．恐喝の内容に関しては，毒物・異物混入（34％），爆弾をしかける（23％），不正をばらす（14％）で約7割を占めた．要求の態様は，持参要求（76％）と口座振り込み（15％）で合わせて9割強であった．要求金額については，1,000万円以上5,000万円未満の割合が最も高かった（35％）．

犯人特徴についてみると，性別に関しては，男性が95％，女性が5％であった．企業恐喝と2008年における恐喝事件全体と比較すると，企業恐喝の加害者年齢では40代（34％）から50代（28％）が合わせて6割であり，60代（9％）を含めると全体の7割を占め，20代（9％）の割合は低かった．また，職業については有職者の割合（62％）が高く，その他，犯罪経歴を有さない者の割合（70％）が高かった．動機をみると，借金苦の割合が61％であり，生活費（16％）や遊興費・その他金品欲（15％）と合わせて9割強を占めた一方で，怨恨・恨み（3％）の割合は低かった．これらの特徴はすべて，恐喝事件全体との顕著な差がみられていた．これらのことから，手紙や電話等の通信手段を用いた企業恐喝の多くは，借金苦等を動機として金銭を得ることを目的とした犯罪経歴のない40代と50代の犯人によって道具的に行われているといえる．

［大塚祐輔］

特殊詐欺と悪質商法

　特殊詐欺とは，不特定多数を対象に電話等の非対面で金銭を騙し取る犯罪である（『平成24年警察白書』）．その中核は振り込め詐欺であるが，2012年頃から未公開株など金融商品の勧誘を名目にした手口が急増し，これらを含めた包括的な類型が考案された．

　2004年に振り込め詐欺の代表的類型であるオレオレ詐欺が年間約1万5,000件も認知され，振り込め詐欺の被害総額が約284億円にも上り，社会的関心が呼び起こされた（『平成17年警察白書』）．オレオレ詐欺とは，被害者の子や孫等の親族をかたる者から，不祥事や仕事上の不始末を揉み消すため，すぐに金銭が必要だとして被害者を騙す類型である．痴漢・交通事故・医療過誤・不倫等の示談金，横領した会社の金銭の補填，紛失した会社の手形や小切手の立て替え等の名目が使われている．その他，振り込め詐欺には，架空の商品・サービスの代金を要求する架空請求詐欺，多重債務者を対象にして融資の保証金の名目で金銭を支払わせる融資保証金詐欺，公的機関等の職員をかたって医療費・税金・社会保険料を還付するとして被害者をATMに向かわせ，加害者の指示で被害者の預貯金を加害者の口座に振り込ませる還付金詐欺，という三つの類型がある．

●**特殊詐欺の加害者**　特殊詐欺は組織化されたグループによる犯行が通例である．まず，被害者へ連絡する「かけ子」と，振り込まれた金銭を引き出したり，被害者と接触したりして現金を受け取る「受け子（出し子）」が，組織の末端を構成する．特に受け子は防犯カメラに人相や着衣を記録されたり，現金の受け渡しで被害者と対面したりするため，逮捕されるリスクが高い．受け子はグループ加入直後の者が多いとされるが，近年は中高生がアルバイト感覚で加担して逮捕される事例も発生している．一方で，かけ子はグループの上位者から提供されたマニュアルと名簿をもとに，電話連絡によって被害者を騙す．信憑性を高めるため，複数のかけ子が，親族・公的機関職員・親族の勤務先の上司など，さまざまな役割を電話口で演じ分ける手口もみられる．連日数百件の対象にかけ子が連絡しても，成功するのはごくわずかであるが，いったんかけ子に騙された被害者は，要求に従って数十万から時には数千万円もの金銭を支払う．かけ子は犯行の中核部分である詐欺トークを担い，被害者の個人情報に接することに加え，騙し取った金額に応じた報酬を得るため，犯行グループからの離脱は容易ではない．

　そして，実行犯のかけ子と受け子を束ねるのが，番頭や店長ともいわれるグループの首謀者である．首謀者は犯行グループの人集め・犯行用具の調達・騙し取った金銭の配分や上納等によって，犯行グループを管理する．中には複数の犯

行グループを競争させ，より多くの金銭を奪うことを企図した者もいる．
　いずれの類型でも，他人や架空名義の携帯電話および銀行口座，また類型に対応させた連絡先名簿が必須であり，これら犯行用具を調達する道具屋といわれる者が存在する．最近では道具屋が騙しのマニュアルを作成し，かけ子に対する詐欺トークの研修を請け負っているともいわれる．なお道具屋は，犯行グループの一部を構成するよりも，独立して犯行用具を提供する立場であるとされる．
　さらに，犯行グループの首謀者に犯行資金を出資し，被害金の一部を受け取る最上位の立場の者もいるとされる．しかし事件の全容解明が困難であるため，暴力団および周辺者の関与が想定されるものの，詳細は明らかにはなっていない．

●**特殊詐欺の推移と対策**　上述のとおり，2004年にオレオレ詐欺の多発で振り込め詐欺は注目を集めたが，翌年からは融資保証金詐欺の認知件数も急増した．さらに2006年から類型に加えられた還付金詐欺の認知件数が2007〜08年にピークを迎え，その後は大幅に減少した．2009年に振り込め詐欺は認知件数・被害額ともに大幅に減少したが，これには携帯電話契約時や銀行口座開設時の本人確認の厳格化と他人への譲渡禁止，犯行に利用された口座や金銭送付先の公表，凍結した犯人口座からの被害金返還等の対策や，官民双方のさまざまな予防キャンペーンが奏効したものと考えられる．しかし相前後して金融商品取引を名目とした手口が急増し，2012年以降は過去最悪の被害額を更新している．
　このように被害防止対策がとられても，その裏をかく手口が出現し，根本的な事態の改善には至っていない．例えば，金融機関が水際防止として，送金目的の確認や振り込め詐欺の手口の説明によって被害防止がなされると，レターパックや宅配便を現金送付に利用させる手口や，受け子が直接被害者宅に現金を受け取りに行く手口（手交型）が現れた．また騙されたふり作戦として，通報を受けた捜査員が被害者宅で受け子を待ち受けるようになると，被害者を繁華街に呼び出して現金を受け取る上京型という手口に変化している．

●**悪質商法**　悪質商法とは，消費者の情報不足に業者がつけ込み，不当な代金を請求したり，契約どおりに商品・サービスを提供しない詐欺的な商取引である．点検商法，送りつけ商法，マルチ（まがい）商法，デート商法，催眠商法，かたり商法，原野商法，預託商法，霊感・霊視商法，等が代表的な手法である．利殖商法のうち非対面で行われるものは，現在は特殊詐欺の一類型と整理されている．
　現状，警察よりも消費生活センター等で消費者保護の観点から扱われる事例の方がはるかに多い．これは，業者側が消費者契約法をはじめとする関連法規の規制をかいくぐるかたちで手口を変化させ，クーリングオフ等の対応に慣れていない消費者を対象にすることで，摘発を困難にさせていることが原因の一つである．被害者心理の理解には，説得過程の研究や認知資源が制限された状況下での意思決定に関する研究知見が有効であると期待される（鈴木，2010）．　　　［鈴木　護］

万引き

　万引きは，刑法235条の窃盗罪にあたり，10年以下の懲役，または50万円以下の罰金に処する犯罪行為である．一般に，たかが万引きと軽く考えられがちだが，犯罪行為であり，店舗にお金を支払っても罪が消えるというものではない．また，万引きはゲートウェイ犯罪ともいわれ，本格的犯罪の入り口となりやすく，万引き犯は犯罪をエスカレートさせていく傾向があることが指摘されている．さらに，万引きが見つかって店員や保安員等に声をかけられ，逃走のために暴行などを加えると強盗罪に問われることもある．強盗罪になると，罰金刑はなく，最低でも5年以上の懲役となるため，たかがと思って魔が差した行為が重大な結果を招くこともある．

　近年では，高齢化社会の到来とともに高齢者の万引きが増加してきている．ただし，万引きは店舗が通報しないことも多く，暗数の多い犯罪であるため，認知件数がその実情を反映しているとは結論づけることは困難である．近年，全国的に万引きが起きたら必ず警察に通報するという全件通報制が推進されているが，たかが万引きという意識は非常に根強いため，地域によっては店舗が通報しないことがある，警察が被害届を受け取りたがらないことがある等の問題があるのが現状である．そのため，認知件数の多い地域が必ずしも実際の犯行が多い地域とはいえず，認知件数と実態とがかけ離れている場合もある．

●**万引き犯の特徴と背景**　万引き犯に共通する特徴としては，どの世代においても規範意識が高いことがあげられる（大久保ら，2013）．つまり，万引きは悪いことだとわかってはいるが，規範意識や罪悪感を打ち消す中和化が起きやすい犯罪であるといえる．

　万引き犯は，世代や初犯・再犯によって犯行の特徴が異なることが明らかとなっている．青少年は共犯者がおり，所持金がなく，店に入る前から犯行を決意している者の割合が高いことから，誘われて行ったり，どうしても欲しくて万引きしていることもあるのが特徴である．成人は生活に困窮している割合が高いことから，お金に余裕がなくて万引きしているのが特徴である．高齢者は，店に入ってから決意することから，出来心や寂しさ等から行っているのが特徴である．

　初犯・再犯では，青少年の初犯者は共犯者がおり，誘われて犯行をする傾向がある．これに対して，青少年の再犯者は誘われて犯行をすることは少なく，万引き直後に後悔せず，通報しない店だから犯行をするというのが特徴である．成人の初犯者はでき心から万引きをする者が多いが，再犯者は成人の初犯者と比べて，たいした犯罪ではないと考え，お金に余裕がなく，どうしても欲しいから盗

む傾向にある．高齢者の初犯者は店員に声をかけられると万引きしにくいが，高齢者の再犯者は成人の再犯者と同様に，お金に余裕がないために盗んでおり，また，防犯カメラがないから犯行するというのが特徴である．

　万引き犯に共通する背景としては，どの世代においても周囲の人間の反応が万引きの後悔などにつながることが明らかとなっている．したがって，万引きした際の周囲の人間の反応は，万引きを繰り返させないためにも重要であるといえる．近年の対策として規範意識の醸成が叫ばれているが，規範意識や道徳等の個人の問題に落とし込むだけでなく，周囲の人間も含めた社会全体で対策を行っていく必要がある．

●**効果的な万引き防止対策**　万引き防止対策は，店舗での対策と地域での対策に大別される．店舗での対策は，すぐに効果が現れる対策といえるが，地域での対策は長期的に効果が現れる対策といえる．

　店舗での対策は，防犯カメラや防犯ゲート，防犯タグ等の防犯機器を設置するなどハード面の対策と声かけや客の観察等を合わせて行い，ソフト面では万引き防止に関する店員教育を行う等の対策が考えられる．大久保ら（2013）の調査では，ハード面の対策よりもソフト面の対策の方が有効であることが明らかとなっている．ただし，ハード面の対策は効果が薄いというのではなく，ハード面の対策を行うと安心して防犯意識が低下し，結果として万引きが増えてしまうことが考えられる．ハードを使うのも人（ソフト）であることから，ソフトとハードの双方が融合した万引き防止対策が今後は求められていくと考えられる．

　地域での対策は，学校における万引き防止教育や，地域の集まり等における万引き防止教育等が考えられる．学校における万引き防止教育では，小学生と中高生で万引きに対する意識が異なるため，単に，万引きは犯罪であるという従来の教育では効果が薄いといえる．特に，中高生については，「万引きはいけない」という社会の規範を理解していても，仲間の規範に引っ張られてしまうため，従来の万引き防止教育とは別の教育のあり方を考える必要がある．例えば，万引きをするとどうなるのか，どのような背景や仲間関係から万引きをしてしまうのか等を仲間同士で考えさせる教育等が重要である．地域の集まり等における万引き防止教育では，万引きを地域の問題としてとらえ，社会的に孤立している人に対して，地域で何ができるのか等を考えさせる教育等が重要になる．

　以上のように，店舗や学校，地域での対策等，社会全体で多面的に万引き防止対策を推進していくことが重要である．　　　　　　　　　　　　　　［大久保智生］

参考文献
[1]　大久保智生・時岡晴美・岡田　涼編（2013）『万引き防止対策に関する調査と社会的実践─社会で取り組む万引き防止』ナカニシヤ出版．

ひったくり

　ひったくりとは，携帯している鞄等の所持品をひったくって窃取する犯罪である．警察庁の犯罪統計『平成25年の犯罪』では非侵入窃盗事件に分類され，侵入窃盗，自動車盗，スリと並んで重要窃盗事件である．認知件数は1991年から増加傾向であったが，2002年（5万2,919件）をピークにその後減少傾向にある（2013年の認知件数7,909件，検挙件数4,186件，検挙率52.9％）．

　上記犯罪統計によると，街頭犯罪と称されるように，主に道路上（95.5％）で発生している．昼夜を問わず発生するが，夜間，特に18～23時台（47.5％）の発生が多い．被害者の年齢は60歳以上（36.4％）が最も多く，次に20歳代（21.1％）が続く．また，被害者の多くは女性（87.6％）である．過去数年間，ほぼ同様の発生傾向である．女性が被害に遭いやすい一因は，女性は財布等の貴重品を鞄に入れていることだと考えられる（警視庁「ひったくり被害にあわないために」2016）．また，高齢者の場合，それに加えて力が弱いことも影響していると考えられる．

　ひったくりの発生状況は地域特性や被害者の属性によって異なると指摘されている（例えば，原田ら，2001）．夜間のひったくり発生は大規模な繁華街周辺に集中し，主に深夜営業の飲食店等で働く女性が帰宅途上で被害に遭うことが多い．一方，昼間の時間帯では住宅や小規模商店の多い地区で発生密度が高くなる傾向があり，主婦や無職者が比較的狭い日常生活行動圏で被害に遭うことが多い．

●**犯行態様**　ひったくり犯は，被害者が手に持っていたり，肩にかけていたり，自転車やオートバイの籠に入れていたりする鞄等の持ち物を，主に追い越しざまにひったくって逃走する．上記犯罪統計によると，オートバイを利用した犯行（72.8％，うち半数近くは盗難車両）が最も多く，他の移動手段は比較的少ない（自転車13.8％，徒歩8.3％，自動車5.0％）．無言で被害者に近づくことが多いが，道案内を装って声をかける等して被害者を油断させてからひったくることもある．場合によっては，ひったくる際に刃物で鞄の持ち手を切る等凶器を使用する，被害者を転倒させたり引きずったりして負傷させる，所持品を盗られまいとする被害者に暴行を加えて奪い取り強盗事件に発展する等，被害者に身体的な被害が生じることがある．また，被害品のキャッシュカードやクレジットカード，身分証明証等が不正に使用されて二次被害が生じることもある．

●**ひったくり犯の特徴**　上記の犯罪統計によると，検挙人員に占める未成年者の割合は41.8％である．10～20歳代の加害者が全体の約7割であり，年齢が上がるにつれて人数は減少する．女性の加害者はごく少数（5.0％）であり，その約7

表1　ひったくり発生が多い場所および少ない場所の環境特徴に関する知見

ひったくりの発生が多い場所	ひったくりの発生が少ない場所	出　典
駅やコンビニエンスストアに近い場所	―	石川ら(2008)
見通しが非常に悪い場所・比較的良い場所	細道路(幅員3m以下)	石川ら(2009)
曲がり角の多い道路	―	斎藤(1994)
低層の建物が密集し，狭い路地が入り組んだ地域	道路の幅が広く，見通しが利くような地域	島田ら(1999)
歩道のない道路 まっすぐな道路，碁盤の目状の道路 駅からの徒歩圏内 駅から商店街を抜け住宅地へ入った辺り 高いブロック塀が続く住宅地	ガードレールがある場所 (歩車道分離)	都市防犯研究センター (1999；2005)

割が成人である．加害者が成人のみの事件では多くが単独犯(91.5%)である一方，未成年者のみの事件では単独犯(38.9%)よりも共犯事件(主に二人組)が多い．検挙された成人加害者のうち，約半数(46.9%)は初犯者であり，窃盗の前科を有する者は4割程度(39.2%)である．

●**ひったくりと周辺環境**　ひったくりの発生が多い場所および少ない場所の環境特徴に関する知見を表1に示す．岡本(2007)は，警戒されずに被害者に近づける，自転車が多く通る，目撃者が少ない等の理由から，それほど広くない道路が犯行場所として選択されやすいことを報告している．また，昼間の犯行は明るくて物色しやすく鞄の状態を確認しやすい，夜間の犯行は人目につきにくく目撃されにくいという利点があり，加害者はそれに加えて，獲物の大きさ，確実にひったくることができるかどうかを総合的に判断した結果として犯行に及ぶと指摘している．斎藤(1994)は，ひったくりのしやすさに寄与する要因として，接近の容易性・逃走の容易性・良い獲物の存在の3要因をあげ，特に接近しやすさが強く作用すると指摘している．

●**防犯対策と今後の展望**　防犯対策として，ひったくり犯が犯行しにくいと感じるように，道路に段差や植栽，ガードレールを設置し道路の歩車分離を行う，鞄を車道側ではなく歩道側で持つ，自転車の籠に鞄を入れない，籠にひったくり防止カバーを取り付ける等の方法が示されている(都市防犯研究センター，1999；2005)．先行研究では，ひったくりが多く発生する場所と住民がひったくりの被害に遭う不安を感じる場所とは必ずしも一致しない(飯村ら，2003)，といった指摘もある．

　ひったくりという犯罪行動に関して，今後，加害者・被害者・環境等，さまざまな要因を包括的に検討することが求められる．　　　　　　　　　　［宮脇かおり］

乗物盗

　乗物盗とは，乗物を窃取する窃盗のことであり，自動車盗，オートバイ盗，自転車盗の三つに大きく分類される．他に，ジェットスキー，一輪車，船等を窃取する場合も乗物盗に含まれる．乗物盗は犯罪の深度を予測する指標になるとされており，初期の犯行で乗物盗を経験した被疑者の場合，その後多くの犯歴を重ねる割合が高くなることが指摘されている（Svensson, 2002）．

●**自動車盗**　警察庁（平成14，24年『犯罪情勢』『犯罪統計資料 平成25年1月～12月分確定値』）によると，認知件数は2001年から2003年にかけて6万件を突破したのをピークに以降は減少，2013年は2万1,595件となっている（図1）．検挙率は近年35％前後で推移している．2012年の検挙人員のうち，女性は割合が低く（4.3％），年齢は30歳代をピークとして，20～40代が約8割を占めており，何らかの前科をもつ者は56.2％であった．（McCaghy et al., 1977）は，次のように自動車盗被疑者を分類している．①乗り回し型は，楽しむため，力や承認を得るため，セックスの相手を得るために犯行する．若者が多いこと，実用目的ではないため，盗んでも短期間しか使用しないという特徴がある．②短期移動型は，別の場所まで移動するために犯行する．深刻なケースでは，異なる都市に移動した後，さらに別の車を盗んで移動を続けるものがある．若者が多く，家出等に使われることもある．③長期移動型は，個人的に使用するために犯行するもので，盗んだ後は発見されづらい場所に保管したり，塗装し直したりすることがある．成人で経済力が低いことが多い．④収益型は，金銭を得るために犯行する．極端な例では，高度に組織化されたプロ集団が，車体番号の改ざんや登録証明書の偽造がなされた高級自動車を転売している場合もある．⑤犯行手段型は，他の犯

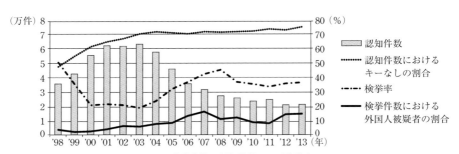

図1　自動車盗の認知件数および検挙率
（上記警察庁統計および資料より作成）

に使用するために犯行するもので，割合は低い．移動力と匿名性は犯罪を成功させるために重要な要素であり，その要素を満たす手段として自動車盗を犯行する．近年のわが国における自動車盗は収益型が増加し，暴力団関係者や外国人ブローカーが関与し，組織化された犯行グループにより敢行される事例が多いことが指摘されており（東田，2002），それは検挙件数における外国人被疑者の割合増加に現れている．最近ではイモビカッター（盗難防止装置を無効にする装置）やスマート・エントリー・システムの機能を悪用してエンジンを始動する装置を使用する手口やヤード（周囲が鉄壁等で囲まれた作業所等で，輸出等を目的として，自動車等の保管・解体，コンテナ詰め等の作業のために使用する施設）で盗難自動車の解体をして不正輸出の拠点としている手口もみられる（警察庁『平成25年度 来日外国人犯罪の検挙状況』）．これら組織的自動車盗の増加により，キーを車外に持ち出した状態（キーなし）でも窃取される場合が増えており（『平成15年の犯罪情勢』『平成17年の犯罪情勢』），日本損害保険協会（2014）によれば，海外で人気の高い車種の盗難被害が多い．また，被害自動車の還付率は年々減少し，2013年には22.3％まで落ち込んでいる（『平成25年の犯罪情勢』）．

●オートバイ盗　ここでいうオートバイとは，自動二輪車（側車付二輪車を含む）および原動機付自転車である．認知件数は1989年の約27万件をピークに減少し，2013年は5万1,588件であった（岡田，2006；警察庁『犯罪統計資料』同上）．一方，検挙人員における少年の割合は，1989年以降ほぼ一貫して95％前後である．オートバイ盗は初発型非行（万引き，オートバイ盗，自転車盗，占有離脱物横領をいい，犯行の手段が容易で，動機が単純であることを特徴とする）の一つとされているが，初犯がオートバイ盗であった場合，他の初発型非行と比較して再犯率が高い（岡邊ら，2006）．2013年の検挙率は10.9％と低く，2012年検挙件数の半数が複数犯である．2012年の検挙人員のうち，女性は割合が低く（4.7％），何らかの前科をもつ者は37.8％である．

●自転車盗　認知件数は2001年の約50万件をピークに減少しており，2013年は30万5,003件であった．『平成24年版犯罪白書』によると，自転車盗の被害申告率は，自動車盗やオートバイ盗と比較すると低く，約半数となっている．検挙率は2013年で5.4％と，非常に低い．ただし，自転車盗の情勢を把握するには，占有離脱物横領の分析も必要である（岡田，2006）．2012年の占有離脱物横領の認知件数のうち84.7％は自転車が被害品であり，検挙率は92.9％ときわめて高い．最近は自転車の窃取自体は認めても，日時・場所について嘘を言えば占有離脱物横領で処理されることを知る被疑者が増えたとみられることが影響していると考えられる（岡田，2006）．自転車盗の検挙件数に占める少年の割合は55％前後と多い．2012年の検挙人員のうち，女性は割合が低く（13.4％），単独犯が86.4％を占め，何らかの前科をもつ者は18.1％と低い．

［花山愛子］

住宅侵入盗

　住宅侵入盗は，住宅に不法侵入して金品を窃取するものであり，警察庁の統計『平成25年の犯罪情勢』等では，住人の在宅状況や犯行時間帯によって，空き巣，忍込み，居空きの三つに分類されている．空き巣は，住人が不在時に行われるものと定義され，住人が在宅中の場合は，夜の寝静まった隙に侵入する忍込みと，日中の昼寝や食事中等に侵入する居空きに分けられる．

　同統計によれば，2013年の全国における住宅侵入盗の認知件数は5万7,821件（空き巣：4万716件，忍込み：1万3,790件，居空き：3,315件）であり，窃盗犯の6%，侵入盗の54%を占める．近年，住宅侵入盗の認知件数は減少傾向にあり，2013年の認知件数は，10年前の2003年（19万2,476件）に比べると，13万4,655件（70%）減少している．

●**犯人属性と手口の特徴**　財津（2014）は，住宅侵入盗の3種別（空き巣，忍込み，居空き）に関する基礎的な研究として，種別ごとの犯行特徴を分析した．その結果，破壊侵入や犯行用具の準備等の窃盗過程における悪質性と，盗んだキャッシュカードによる現金の払い出し等の逮捕リスクが高い行為でも目的を果たすために実行する窃盗目的の指向性という二つの犯行特性が抽出され，忍込み，空き巣，居空きの順に悪質性が高く，忍込みと居空きに比べて空き巣の目的指向性が高いことが示された．

　また，この3種別と犯人属性との関連を分析したところ，忍込み，空き巣，居空きの順に，年齢が高く，最終学歴が低く，知人を対象とした犯行の割合も低かった．

　さらに，財津（2014）は3種別の移行性を検討するため，住宅侵入盗で2回以上検挙されている犯罪経歴者について，最初の検挙事件と最新の検挙事件の種別を比較した．その結果，忍込みと空き巣において高い割合で種別の一貫性が示されたのに対して，居空きは高い割合で空き巣へ移行することが示された．

　住宅侵入盗の3種別とは異なり，犯人の動機的側面から分類を検討した研究として，高村ら（2003）の研究があげられる．高村らは，住宅侵入盗の犯人属性や犯行特徴，取調べに関する項目について金銭動機と性的動機を比較して，動機の違いによって年齢や犯罪経歴の有無等，複数の犯人属性が異なることを指摘した．また，金銭動機で民家に侵入する窃盗犯の属性は性的動機の窃盗犯に比べて多様性が大きいことを報告している．そこで高村ら（2006）は，金銭動機による住宅侵入盗の犯行特徴と犯人属性を同時に分類し，見出した四つの群（初犯有職群，少年群，累犯広域群，累犯非広域群）について，犯行特徴と犯人属性の傾向を述

べている．

　さらに，犯行の道具的側面が強調されやすい窃盗事件に対して，犯人と被害者との対人関係的側面から考察を加えた研究として，メリーら（Merry et al., 2000）があげられる．メリーらは，住宅侵入盗の犯行特徴を分析した結果，被害者への攻撃性（表出的・潜在的）と犯行の熟練度（高・低）という二つの尺度を見出し，犯人を，被害者への攻撃性が高く熟練度の低い乱入者（intruders），被害者への攻撃性も熟練度も低いこそ泥（pilferers），被害者への攻撃性が低く熟練度の高い急襲者（raiders），被害者への攻撃性も熟練度も高い侵略者（invaders）の四つに分類している．わが国では，メリーらが見出した乱入者や侵略者に類する犯人は少ないと考えられているが，中には被害者への攻撃性が高い，脅迫文を伴う連続空き巣事件に関する分析が報告された例もある．

●**空間行動**　住宅侵入盗においても，放火や性犯罪といった他の罪種と同様に，複数の研究で活動拠点を中心とした犯行頻度の距離減衰が確認されている（Snook, 2004）．しかし，拠点から犯行現場までの移動距離（犯行行程距離）は罪種間で異なっており，強姦等の比較的場あたり的な犯罪よりも，強盗や侵入盗等のより計画的な犯罪の方が居住地から離れた場所で犯行に及びやすい可能性が指摘されている（Rhodes et al., 1981）．

　住宅侵入盗については，犯行行程距離以外にも，空間行動に関わる要因として，クレアら（Clare et al., 2009）により環境的要因が検討されている．この研究では，拠点のエリアと犯行現場のエリアを電車で移動できる場合に犯行に及ぶ確率が増加すること，拠点のエリアと犯行現場のエリアが河川や幹線道路で分断されている場合に犯行に及ぶ確率が減少すること等が報告されている．

●**常習窃盗**　常習窃盗犯の属性や行動の特徴については，山岡ら（1971）が初犯者と累犯者を比較した研究を行っている．これによれば，累犯者について，年齢が高い，無職，単独で簡易宿泊所に居住，電車で土地鑑のない地域へ移動，一般木造住宅に単独で侵入し現金のみを窃取する，といった傾向が示されており，社会生活からの孤立や窃盗経験が，幅広い特性に影響した可能性が指摘されている．

　また，横田（2002）は，住宅侵入盗における逮捕や法的制裁といったリスクへの対処行動を技量の高さによって分類している．この研究では，対人回避，犯行準備，迅速型物色，秩序的犯行，ターゲット選択の順に，より熟練した犯人のみが選択する高技量の行動であることを示唆している．

　住宅侵入盗は，その発生頻度の高さから，豊富なデータに基づく統計的な分析が行いやすく，知見が応用される機会も比較的多い罪種と考えられる．これまで防犯の観点からの研究が多くなされているが，今後，捜査の観点につながる住宅侵入盗に関する実証的な研究への要請はいっそう高まると予想される．

［萩野谷俊平］

組織犯罪

　組織犯罪（organized crime）とは，利益を得るための犯罪行為を目的として組織された集団による犯罪である．企業等の組織が主体となって行った犯罪は「組織体犯罪」（organizational crime）として概念的に区別される（☞「ホワイトカラー犯罪」）．
　「国際的な組織犯罪の防止に関する国際連合条約」は，組織的な犯罪集団を以下のように規定している．「三人以上の者から成る組織された集団であって，一定の期間存在し，かつ，金銭的利益その他の物質的利益を直接又は間接に得るため一又は二以上の重大な犯罪又はこの条約に従って定められる犯罪を行うことを目的として一体として行動するものをいう」．利益のための犯罪それ自体を目的とした組織による犯罪，として概念化されていることがわかる．米国のラ・コーザ・ノストラに代表されるマフィアが典型例としてあげられる．
　また，わが国の「組織的な犯罪の処罰及び犯罪収益の規制等に関する法律」では，「団体の活動（団体の意思決定に基づく行為であって，その効果又はこれによる利益が当該団体に帰属するものをいう）として，当該罪に当たる行為を実行するための組織により行われたとき」（第三条），刑法の法定刑よりも重い刑を科す罪種が定められている．同法では団体とは，「共同の目的を有する多数人の継続的結合体」「行為の全部又は一部が組織により反復して行われるもの」（第二条）とされている．
　いずれも，組織犯罪について概念規定するのではなく，組織犯罪を行う集団を定義することによって組織犯罪概念が規定されている．わが国では警察組織令によって警察庁刑事局に組織犯罪対策部が設置されており，組織犯罪対策企画課，暴力団対策課，薬物銃器対策課（☞「薬物犯罪」「覚醒剤乱用」）の3課および国際捜査管理官（☞「外国人犯罪」）が置かれている．

●**暴力団犯罪**　わが国の最も代表的な組織犯罪は，暴力団による犯罪である．警察の把握している暴力団構成員，準構成員らは図1のとおりである．この10年間，減少傾向にあり，構成員よりも準構成員らの方が多くなってきている．
　暴力団を取り締まる法令として「暴力団員による不当な行為の防止等に関する法律」（通称，暴力団対策法）があり，同法によって21団体が指定されている（2014年6月末現在）．これら指定暴力団の構成員が全暴力団構成員数の96.5%を占める（2013年末時点）．指定暴力団のうち山口組，住吉会，稲川会の3団体が多くを占め，主要3団体と位置づけられている．この3団体の構成員数は1万9,100人であり，全暴力団構成員数の74.6%を占める．とりわけ山口組の構成員数は1

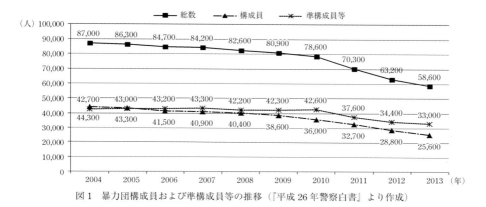

図1 暴力団構成員および準構成員等の推移（『平成26年警察白書』より作成）

万1,600人と突出しており，『警察白書』においても「一極集中状態」と表現されている．

暴力団による組織犯罪のうち，「伝統的資金獲得犯罪」とよばれるものは覚醒剤，恐喝，賭博，ノミ行為等の4種類である．暴力団構成員らの検挙人員のうち3割程度をこれらの罪種が占めている．これら以外の資金獲得犯罪としてはヤミ金融，違法な労働者派遣事業，風俗営業への関与，企業対象暴力（☞「企業恐喝」）等があげられる．

●**暴力団とはどのような組織か？**　暴力団の起源に関しては，江戸期の博徒や的屋をそのはじまりとする説等諸説ある．戦後の愚連隊からはじまった暴力団もある．「ヤクザ」「極道」ともよばれた．「暴力団」という名称は，警察による呼称である．

暴力団に関する学術的研究の嚆矢は，岩井弘融著『病理集団の構造』（1963）である．同書の副題に「親分乾分集団研究」とあるように，親分-子分という擬制的家父長関係をその集団の構成原理としていることが特徴である．ただし，そうした集団原理は暴力団のみならず，職人集団，土建業，港湾労働，炭鉱等にもみられたものであることも指摘されている．こうした暴力団の副次文化の研究として星野（1970）の研究がある．

擬制的な親子関係や兄弟関係を成立させるための「盃事」あるいは「縁組み」ともよばれる儀式，和解のための手打ち盃，刺青（入れ墨），集団のシンボルとしての代紋等，独特の副次文化がある．また，私的制裁としての断指（指詰め），さらに破門，絶縁，除名といった独特の制裁体系があることも知られている．

最近の学術的な研究として，文化人類学者のラズ（Raz, 1996）によるモノグラフと，廣末（2014）によるライフ・ヒストリー調査をあげておきたい．

近年の暴力団は，伝統的な資金獲得活動や民事介入暴力から，建設業，金融業，

産業廃棄物処理業等や証券取引といった一般社会における事業活動に進出していることが指摘される．また，海外への進出，外国の犯罪組織との連携等の国際化という動向もみられる．表面上は暴力団とはわからないが，企業舎弟（フロント企業）の名で営業活動を行う等，活動を多様化させている．

●**暴力団員とはどのような人か？**　暴力団の構成員らの属性に関する公式統計は存在しないが，科学警察研究所や法務総合研究所による調査が存在する．近年のものとしては，社会安全研究財団（2011）によって2009～10年，刑事施設に移送等された男子暴力団関係受刑者に対して実施された調査（n=521）がある．刑事施設に収容されている暴力団員が対象であるため，代表性という点に関して留意する必要があるが，過去の調査も同様の設計でなされており，変化をみることができる．この調査結果をもとに，暴力団員構成員のプロフィールを示す．

年齢の平均値は40.1歳，中央値は39歳であった．年齢層別では20代18.7%，30代31.5%，40代31.2%，50代以上18.7%であり過去の調査と比較して高齢化が進んでいる．婚姻関係では，配偶者あり（内縁関係含む）43.2%，なし53.2%であった．

最終学歴（中退，在学中を含む）は中学47.2%，高校48.2%，短大・専門学校1.2%，大学2.5%であり，20代（n=96）に限定してみても同様の傾向であり，中学44.8%，高校53.1%，大学2.1%であった．半数近くが義務教育段階までで，大学進学者は少ないことがわかる．

受刑直前の就業状況は，有職35.0%，無職65.0%であった．職種別では工員・職人・単純労働者が最も多く，サービス業，販売業がそれに次ぐ．月収は30万円未満が37.7%，30万円以上が62.1%．組織内の地位によって大きく異なっており，首領・上級幹部では85.7%が月収30万円以上であるが，中級幹部では71.4%，一般構成員では54.5%，準構成員その他では43.1%となっていた．

暴力団への加入動機を尋ねた設問への回答では，「自分の意思で」が最多で34.9%，「誘われたので」30.5%，「組織の人に面倒をみてもらったから」14.4%，「貧しかったから」「職がなかったから」各1.2%となっていた．

●**暴力団対策**　暴力団による暴力的要求行為に対しては，暴力団対策法に基づいて都道府県公安委員会が中止命令を出すことができる．年間概ね2,000件前後の中止命令が出されている．また同法により，各都道府県に公益法人として暴力追放運動推進センターが指定されている．

取締りの対象であると同時に，同法では離脱の意思を有する者に対する援護等に関する規定もあり，暴力追放運動推進センターを中心に離脱交渉の仲介，就労支援が進められている（☞「刑事施設における暴力団離脱指導」）．

さらに，2011年10月までに全都道府県で暴力団排除条例が施行された．同条例は暴力団を規制する暴力団対策法とは異なり，①各行政機関が暴力団を排除す

る規定，②暴力団事務所等の不動産取引を排除する規定，③事業者の暴力団との取引を排除する規定等が定められた．すなわち，行政機関や事業者，そして市民が暴力団を排除することを要請した条例となっている．

こうした動きのなか，2013年に警察庁の暴力団情報データベースと日本証券業協会の反社会的勢力データベースが接続され，証券各社が取引相手が暴力団関係者かどうかの照会が可能となった．また，適格都道府県センターとして国家公安委員会から認定を受けた暴力追放運動推進センターは近辺住民からの委託で，原告として事務所使用差止請求訴訟を行うことができることとなった．

●離脱に重要な要因は何か？　暴力団の排除が政策的に進められる一方，構成員らの暴力団からの離脱指導も進められている．上述した社会安全研究財団の調査から，離脱に関する構成員らの意識をみてみよう．「離脱したい」44.0％，「離脱したくない」15.4％，「離脱している」3.3％，「わからない」13.6％，無回答23.8％となっている．無回答が多いことも注目されるが，半分弱が離脱意思を示していることがわかる．

菊池（2011）が離脱意思の分析を行っており，組織内の地位が低い群，加入期間10年未満，受刑直前に有職である群，月収30万円未満の群で離脱意思をもっている者の比率が有意に高かった．年齢と離脱意思は直線関係になっておらず，20代では高いが40代まで低下する傾向にあり，その後再び年齢とともに上昇していくという関係であった．ロジスティック回帰分析では，以下の変数が有意に離脱意思を高めていた．主要3団体であること，加入期間10年未満，加入動機が「誘われたから」「面倒をみてもらったから」，受刑前に有職であること，配偶者があること，凶悪犯罪で受刑していること，等である．

菊池（2011）は，こうした結果から，以下の提言をあげている．第一に，三大指定暴力団の構成員らの方が離脱意思が高いため，取締りの効果が見込まれる．第二に，有職であることが離脱意思を高めていることから，就職支援や職業技術の取得支援の効果が見込まれる．第三に，配偶者のある者の方が離脱意思が高いことから，安定した生活様式の確立の指導が遵法的な生活への回復の効果が見込まれる．

第二，第三の就業，結婚という2点は，ラウブら（Laub et al., 1993；2003）によっても指摘された，犯罪からの離脱の重要なポイントであり，これらが暴力団からの離脱に対しても効果が見込まれるという知見は重要である．　　　［山本 功］

参考文献
[1] 廣末 登（2014）『若者はなぜヤクザになったのか―暴力団加入要因の研究』ハーベスト社．
[2] 岩井弘融（1963）『病理集団の構造―親分乾分集団研究』誠信書房．
[3] 社会安全研究財団（2011）『日中組織犯罪共同研究日本側報告書Ⅰ 暴力団受刑者に関する調査報告書』．

テロ犯罪

　テロリズムは，他の犯罪とは決定的に相違する点がある．それは定義を試みる者の専門領域や当事者の立場（実行側「自由・解放の戦い」対 統治者側「政府に対するテロ」）によりテロリズムのとらえ方が相違しており，統一的定義が存在しないことである．
　また国によりテロに対する歴史的経験，政治的体制，地理的環境，国民的心情が異なることも国際的に定義を統一することを難しくしている．
●**テロの定義**　宮坂（2004）は，テロ組織の活動を監視・規制する反テロ法を日本でも制定すべきとの立場から，テロの定義を「テロリズムとは，政治的，宗教的，イデオロギー的あるいは社会的な目的を有した非国家主体が，その集団外に存在する身体，財産，施設，国家統治の基本組織，公共輸送機関，公衆衛生，電子システム，その他重要インフラの中から，一つあるいは複数を標的にして計画的に危害を加えたり，暴力の脅しをかけ強要すること」とした．この定義に従えば，左翼過激派や右翼による政治的テロばかりでなく，独自の宗教観や教義実現のために行われる宗教テロ，環境保護や動物愛護を標榜し，暴力的活動を行う環境テロ，またテロ犯罪の新たな手法であるサイバー・テロ等も含まれることになり，わが国の実情に沿った内容であるといえる．
●**テロリストの動機——個人特性説と社会的要因説**　テロリストの犯行動機や機序の解明は，テロの未然防止やテロリストの更生に寄与することから重要なテロ対策の一つである．テロリストの心理的問題や社会的背景等についてレビューした越智（2004）によると，テロリストにはテロを行う心理特性があるとする個人特性説と，社会的要因により行うとする社会的要因説がある．
　個人特性説の代表的仮説は，テロリストには何らかの精神障害やパーソナリティ障害があるとする精神疾患説である（Corrado, 1981）．みずからが信奉する大義実現のため，罪悪感もなく一般市民を殺害するテロ行為には，自己中心的で共感性の乏しいサイコパシーとの共通性も見出せる．その一方で，テロリストに精神障害や人格障害はみられないとの報告もある．例えば，北アイルランドにおける政治的動機（47人），また非政治的動機（59人）の殺人犯を精神医学的に比較したリヨンら（Lyons et al., 1986）は，政治的動機の殺人犯群の方がむしろ精神的に安定していたことを報告しており，精神疾患説ですべてを説明することは難しいと考えられている（越智，2004）．
　一方，社会的要因の代表的仮説には，相対的剥奪説（relative deprivation hypothesis）（Birrell, 1972）がある．これは，テロリストみずからがおかれている状

表1　左翼過激派・右翼等の犯行パターン(大上，2013より作成)

犯行組織	犯行時間帯	攻撃対象	攻撃方法
中核派	午前0時〜4時	成田空港・関係者の自宅，皇室と関連の深い神社等	接近して発火装置
革労協 主流派	午前0時〜午前4時	防衛省・公安施設等	離れた場所から迫撃弾
革労協 反主流派	午後8時〜午前0時	米軍基地等	離れた場所から迫撃弾
オウム真理教	午前8時〜正午	教団運営を妨害する人物・組織	化学兵器，暴行・殺害
右翼	日中の時間帯	国会・省庁，報道機関，外国公館，企業等	車両突入，火炎瓶，発砲，器物破損
新右翼	日中の時間帯	国会・政党本部，報道機関等	侵入して立てこもり・器物損壊等

況を他の社会階層の人々と比較した際に，これまでの勉学や努力が報われていないと感じてしまい，テロを行うとする考え方である．この考え方に従えば，貧しい共同体内の富裕層がテロに参加するという「テロのロビン・フット・モデル」(Krueger, 2007)や，パレスチナにおける自爆テロ実行犯は，その57％以上が高い教育（大学水準）を受けていたとする報告の紹介(Krueger, 2007)，また近年，欧米で生まれ育ったイスラム系移民の二世・三世が，社会的差別に苦しみ，イスラム過激思想に共鳴しテロ行為を行うホーム・グロウン・テロリスト(Homegrown Terrorist)(Silver et al., 2007)等のさまざまな現象が説明可能であり，テロ犯罪における社会的要因の重要性を示している．

●テロ組織の戦術と組織推定の手法　アイルランド共和軍(IRA)暫定派が自作の迫撃砲を好んで用いたように，テロ組織には独自の署名的戦術がある(Nance, 2013)．なぜならば，テロ犯罪におけるターゲットや攻撃戦術，使用する武器の選定等はすべて組織の意思決定に基づいて行われるからである(越智, 2004)．したがって，テロ組織の思想的背景や戦術等を把握できれば，テロ事件発生時に早い段階で実行組織を特定できる．

実際に，東アジア反日武装戦線による連続企業爆破事件捜査では，テキスト・マイニング的手法により犯行組織特定が行われた．この事件では爆弾製造マニュアル「腹腹時計」どおりの爆弾が使用されていたことから，警視庁公安部がマニュアルの内容と過去の左翼系論文を比較・精査したところ，思想的背景「窮民革命論」にたどり着き実行組織特定につながったとされている(門田, 2013)．

また，近年の研究では，大上(2013)が日本国内で発生した377件のテロ事件を，データ・マイニング手法により解析し，国内の各左翼過激派や右翼等にはそれぞれ固有の犯行パターンがあることを見出した(表1)．この研究はテロ戦術から実行組織を推定可能であることを示している．　　　　　　　　　　［大上　渉］

📖 **参考文献**
[1] 加藤　朗(2002)『テロ—現代暴力論』中央公論新社．
[2] 宮坂直史(2004)『日本はテロを防げるか』ちくま新書．

外国人犯罪

　わが国における外国人犯罪者は，特別永住者（「日本国との平和条約に基づき日本の国籍を離脱した者等の出入国管理に関する特例法」に規定される者）等，永住者としての在留資格を有する在日外国人犯罪者と，それ以外の来日外国人犯罪者に大きく分けることができるが，本項では特に説明しない限り，文化，言語，生活習慣等の面で日本人と異なる来日外国人（以下，外国人とする）犯罪者に限定して述べる．

●**外国人犯罪者数**　外国人犯罪者の国籍別の人員であるが，近隣のアジア諸国の国籍者に加えて，在留・就労資格の関係からイラン人およびブラジル人が多くなっている．2013 年の検挙者数（警察庁『平成 25 年来日外国人犯罪の検挙状況』）をみてみると，中国（3,709 人，外国人検挙者総数 1 万 674 人中約 35％）が最も多く，ブラジル（約 21％），ベトナム（約 11％），フィリピン（約 6％），韓国（約 5％）と続いている．一方，刑事施設（刑務所および拘置所）における外国人被収容者の国籍（法務省『平成 25 年矯正統計年報』）では中国（823 人，外国人被収容者 2,472 人中約 33％）およびブラジル（約 11％）が多い点は変わらないが，イラン（約 9％）の割合が高く，続いてベトナム（約 5％），フィリピン（約 4％），韓国（約 4％）の順になっている．これについては，査証免除に関する協定のためにイランからの入国が比較的容易だった時期（特に 1980 年代後半から 1990 年代前半の頃）に，多くの者が来日して犯行に及んだことが反映していると考えられる．

　法務省『平成 25 年版犯罪白書』によると，外国人受刑者の犯罪種では薬物犯の割合が一番高く（約 34％），そのうちの約 7 割が薬物密輸入や営利目的の所持等に関与し，多くの者が国際空港等に到着した直後または短い滞在期間の後に逮捕されている．男女比では外国人の女性受刑者は外国人受刑者全体の約 12％で，日本人の女性受刑者（約 8％）と比べて高くなっており，年齢層については外国人受刑者では 20 歳代の割合が高く，50 歳以上の割合がかなり低くなっている．

　なお，一般的にはグローバル化が進み新規にわが国に入国する外国人数は年々増加しており，1989 年の外国人の新規入国者数は約 246 万人だったが，2012 年にはその約 3 倍にあたる約 755 万人に増加している．一方，外国人の不法残留者数はピーク時の 1993 年（約 30 万人）から減少し続け，2012 年には 7 万人を割るようになっている．これに応じるように外国人犯罪者数も減少してきており，外国人検挙者数は 2005 年（3 万 3,037 人）に，また，外国人受刑者数は 2006 年（年末収容受刑者，4,060 人）にそれぞれピークを迎えた後継続して減少し，2012 年

における同検挙者数は9,149人，2013年末の同受刑者数は3,167人となっている．

●**外国人犯罪の内容**　犯罪の内容であるが，外国人検挙者数をみてみると日本人と同じように窃盗が全体の約30％程度を占めて最も多くなっているが，外国人の場合侵入盗および自動車盗の割合が日本人よりも高く，国別では中国人は侵入盗，ブラジル人は自動車盗の検挙者数の割合が高いのが特徴である（『平成25年版犯罪白書』）．外国人検挙者における薬物事犯者の割合は約5％と高くはないのだが，外国人受刑者をみてみると，覚せい剤取締法違反者の割合が最も高く（全体の約30％），窃盗事犯者（同約28％）を上回っている．これについては，起訴率（法務省『平成25年検察統計年報』）が，外国人の窃盗犯は約37％，覚せい剤取締法違反者は73％と異なっており，また，外国人受刑者では密輸入または営利目的の所持・譲渡等に関与した者が多く，受刑期間が長くなる傾向にあることから，実刑判決を受け，比較的長期間受刑する外国人の覚醒剤事犯者の割合が高くなっているものと考える．覚醒剤等の密輸入事犯にかかる押収量は年々増加しており，そのうちの多くが航空機等を利用した外国人によるものであることを考え合わせると，外国人受刑者における覚醒剤等の薬物事犯者の割合が高い傾向は当面続くものと考えられる．

●**外国人犯罪者の処遇**　在日・来日を問わず外国人犯罪者は基本的にわが国の刑事司法手続に従って処罰され刑に服することになる．刑務所においても，基本的には外国人受刑者も日本人受刑者と同じ処遇を受けることになるが，生活習慣や宗教等において日本人と異なる処遇が必要だったり，日本語による意思疎通が困難だったりした場合には特別な処遇を受けることになる．また，外国人受刑者の改善更生や社会復帰を促進するため，その国籍国等に移送する制度があり，相手国との間で受刑者を移送する条約を結んでいる場合，この制度を利用して受刑者を移送し，当該国で受刑させることが可能になっている．ちなみに，わが国は2003年に欧州評議会の「刑を言い渡された移送に関する条約」を批准し（現在，同条約加盟国は日本を含めて64か国），また，2010年にタイ王国との間で「刑を言い渡された者の移送及び刑の執行における協力に関する日本国とタイ王国との間の条約」を批准している

●**外国人犯罪者の犯罪背景要因**　『平成25年版犯罪白書』によると，外国人受刑者のうち犯行時に日本での滞在期間が短期間だった者の8割近くが薬物犯罪を起こしている．この割合は，薬物犯罪で収監された日本人受刑者が3割に満たないことと比べると著しく高く，末端の運び屋として外国で誘われて手間賃稼ぎをしようとした者が多いと推定される．一方，犯行時に日本での居住資格を有していた外国人受刑者をみてみると，窃盗の割合が日本人受刑者のそれらと近く（概ね3割），個々の事案で原因は異なるものの，日本の生活の中で生じた困窮等が引き金になって犯行に及んだものが多い可能性がある．

［菅野哲也］

高齢者犯罪

　わが国の総人口は，2015年9月15日時点の推計で1億2,683万人であり，65歳以上の高齢者の人口が3,384万人，総人口に占める高齢者の割合が26.7％といずれも過去最高となっている（総務省統計局『統計トピックス No.90』2015）．こうした高齢化社会を背景に近年，高齢者による犯罪の増加が社会問題となっている．

●**増加する高齢者犯罪**　『平成25年警察白書』によると，刑法犯の検挙人員が減少する中，高齢者の検挙人員は高水準を維持し，2012年中には4万8,544人と，1989年と比較して約7倍に増加し，検挙人員総数に占める高齢者の割合も2.1％から16.9％に上昇している（図1）．主な犯罪は，万引き，占有離脱物横領，暴行，傷害で高齢者検挙人員の約8割を占める．特に万引きは多く，同年の年齢層別の比較では，高齢者が20歳未満の少年を上回り，全体の約3割を占めていた（図2）．

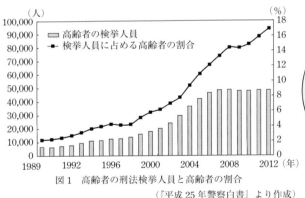

図1　高齢者の刑法検挙人員と高齢者の割合　　　図2　万引き犯の年齢別構成比
（『平成25年警察白書』より作成）

●**高齢者犯罪の特徴と類型**　警察庁による高齢者犯罪の全国調査によれば，高齢刑法犯検挙人員の3分の2が高齢初犯者であり，最も多い窃盗犯の動機は，経済的困窮よりも対象物自体の所有や消費を目的とした利欲犯が多いとされる（太田，2014）．さらに，岩手県内の高齢者犯罪の調査（細江，2012）からその特徴をみていく．2007年6月から同年12月に検挙された被疑者調査で明らかとなった高齢犯罪者像は，次のとおりである．自宅で1人か2人で暮らし，生活は豊かではないが，不安定という状況ではない75歳以下の前期高齢者である．自宅近くのスーパーや店舗で単独により計画性のない万引きを初犯として実行し，被害は少額商品で本人消費を目的とする．ほとんどが現場で捕まり，反省・改悛の情を示

し，再犯のおそれはない．心身ともに健康とされる者も多く，生活も安定しているとされる者が過半数を占める．これによると，高齢者の万引きの多くは，近隣店舗で偶発的，場面誘引的に犯意を形成し，短絡的に行われるものであり，このような万引きが高齢者犯罪の中心となっている．一方，調査では，犯意を比較的早くから形成し，犯行に及ぶ粗暴犯行，困窮的犯行の存在も指摘されている．

　粗暴的犯行は，怨恨・憤怒型と代償型に分けられる．怨恨・憤怒型は，被害者とのトラブルから同人に対し怨恨や憤怒といった感情を抱き，暴力行為に及ぶものである．このタイプは，近隣トラブルによる粗暴犯が典型的であり，加齢により感情の表出や性格が極端になるといった個性の先鋭化がその背景にあるともいわれる．代償型は怒りの感情を抱くが，その解消のはけ口となる暴力がそれとは無関係か，関係の薄い他者に向けられる．このタイプの犯行は，対人処理能力の欠如に起因する場合があり，高齢者犯罪に特有ではないが，今後，増加の可能性がある．

　困窮的犯行は，生活困窮や介護・看護による精神的疲労から犯行に及ぶタイプである．昨今，報道される老老介護での介護疲れによる殺人は，本来，福祉サービスに援助を求めるべき問題を家族内，または一人で抱え込んだ結果，配偶者や親等の殺害にいたる最も悲劇的なケースといえる．

●**高齢者犯罪の背景要因**　高齢期は，人格の成熟化というポジティブな面があるが，退職，配偶者との死別といったライフ・イベントにも遭遇し，こうしたイベントに伴う不安や孤独・孤立感（社会的孤立）は，犯罪の背景の一つとされる（太田，2014）．生活が不安定でない高齢初犯者の万引きはこれを示唆する．『平成20年版犯罪白書』では，初犯から受刑歴あり等へと犯罪性が進むにつれて高齢者は周囲から隔絶され，生活困窮に陥る等で社会的孤立が顕著になり，孤独で行き場を失った高齢累犯者が再び犯罪に手を染めてしまう姿も容易に想像されると指摘されている．

●**高齢者犯罪の抑止**　高齢者犯罪は多様であり，細江（2012）は犯行類型に応じた以下の対策を提言している．万引きは，スーパーで店員が高齢者に対して「いらっしゃいませ」「何かお探しですか」と積極的に声かけを行うこと，陳列棚，商品の配列を工夫し，店舗に死角をつくらないこと等が必要である．特に店員の声かけは，犯行を思いとどまらせるだけではなく，高齢者の社会からの孤立感を緩和させる点でも有効である．感情のはけ口として無関係な者に暴力を振るう代償型では，孤独な高齢者に対し鬱積した感情をリフレッシュする場を提供したり，町内会・自治会の活動に勧誘する等の働きかけも必要になる．困窮的犯行では，高齢者福祉を充実させ，深刻な困窮状態になることを未然に防ぐ等，行政レベルでの対応も必要となる．高齢者犯罪は，高齢者福祉，地域福祉の問題でもあり，地域社会が一体となった対策が求められている．

［長澤秀利］

ホワイトカラー犯罪

　ホワイトカラー犯罪（white collar crime）とは，社会学者のサザーランド（Sutherland, E. H.）が1939年の米国社会学会会長講演で用い，著書のタイトルとした概念である（『ホワイト・カラーの犯罪（*White Collar Crime*）』）．彼はこれを，「名望ある社会的地位の高い人物がその職業上犯す犯罪」と定義した（Sutherland, 1955）．
　犯罪研究の多くが殺人，暴行，窃盗等刑事司法によって処理される罪種に集中し，また下層階級の貧困にその説明の多くを割いていた．犯罪の一般理論のためには，刑事裁判ではなく行政委員会や民事裁判で処理されるホワイトカラー犯罪をも研究対象に含めなければならないとの主張でもあった．
　具体的な罪種として列挙されたのは，取引制限（反トラスト法違反），リベート，特許権・商標権・著作権の侵害，広告における虚偽表示，不当労働行為，金融操作等である．
　サザーランドは，米国の大企業70社による上記の犯罪を分析した．これらは社員個人が行ったものというよりは，企業が組織体として行った犯罪であった．しかし，社員個人による横領や収賄といったものも含まれていた．
●**組織体犯罪**　組織体が行った犯罪と，組織の構成員個人が地位を利用して行った犯罪は区別されるべきとの指摘がなされ，ホワイトカラー犯罪概念は，より精緻化されてきている．平岡（1985）は，組織体犯罪（organizational crime）と職務犯罪（occupational crime）の区別を提案した．前者は組織における職務の一部として遂行されるが，後者は職務を利用した個人の利益追求として行われる．前者の主体は組織であるが，後者は個人である．したがって，両者を同一の概念のもとで論じるのは適切ではない．
　平岡は，組織体犯罪を次のように定義した．「合法的な組織の成員が，組織目標を達成するために，組織またはその下位部門の決定（暗黙の了解でもよい）を経て，違法とみなしうる作為ないし不作為をなし，その結果として経済的のみならず社会的に有害な事態を引き起こすこと」（平岡，1985）．日本犯罪社会学会編『犯罪社会学研究』の第13号（1988）において，組織体犯罪の研究を特集している．具体的な研究例として参照されたい．
　なお，組織犯罪（organized crime）（☞「組織犯罪」）という概念もまた，組織によってなされる犯罪を意味するが，これはもっぱら暴力団による違法薬物や銃器取引等をさし，別の概念である．組織犯罪の場合は，犯罪行為による利益の追求それ自体を目的とする組織による犯罪であるのに対し，組織体犯罪は，合法的な目標を追求する過程において，その手段が違法である場合をさす．

典型的な組織体犯罪の一つが企業犯罪である．企業による贈収賄，公害，食品偽装，欠陥商品，不当労働行為をその例としてあげることができる．

●**公益通報者保護制度**　上述のような組織体犯罪に対応する制度として，2006年に「公益通報者保護法」が施行された．これは，「個人の生命又は身体の保護，消費者の利益の擁護，環境の保全，公正な競争の確保」に反する行為を通報した労働者を保護する制度である．通報先として事業者内部，行政機関，事業者外部（消費者団体，報道機関）が指定されており，それぞれの場合の公益通報の要件が定められている．

通報の対象となる法令は449本（2015年5月現在）と多岐にわたっている．

表1　公益通報制度の対象となる法律の例（消費者庁『公益通報ハンドブック』2014年9月より作成）

個人の生命・身体の保護	・刑法　・食品衛生法　・道路運送車両法　・核原料物質，核燃料物質及び原子炉の規制に関する法律　・家畜伝染病予防法　・建築基準法　・薬事法
消費者の利益の擁護	・金融商品取引法　・農林物資の規格化及び品質表示の適正化に関する法律　・特定商取引に関する法律　・割賦販売法　・電気事業法　・不当景品類及び不当表示防止法
環境の保全	・大気汚染防止法　・廃棄物の処理及び清掃に関する法律　・水質汚濁防止法　・土壌汚染対策法　・悪臭防止法
公正な競争の確保	・私的独占の禁止及び公正取引の確保に関する法律　・不正競争防止法　・下請代金支払遅延等防止法
その他	・個人情報の保護に関する法律　・労働基準法　・出資の受入れ，預り金及び金利等の取締りに関する法律　・著作権法　・不正アクセス行為の禁止等に関する法律

組織体犯罪は刑事司法機関以外のさまざまな行政機関によって統制されており，犯罪研究の広大な外延となっている．しかし，サザーランドが主張したように，市民生活に多大な影響を及ぼすものであり，犯罪学が扱うべき現象といえよう．

●**職務犯罪**　企業犯罪に代表される組織体犯罪は合法的な組織による組織的な犯罪であるのに対し，合法的な職業についている人物が，個人的な利益を目的としてその職業上犯す犯罪を職務犯罪と概念化できる．業務上横領，従業員窃盗，収賄等がその例である（前島，2001）．職務犯罪に特化した研究は，わが国では多くはないが，前島（1999；2001）が業界下位文化に注目し，正当化と機会を鍵概念として職務犯罪を分析している．

［山本　功］

📖 **参考文献**
[1]　サザーランド，E. H. 著，平野龍一・井口浩二訳（1955）『ホワイト・カラーの犯罪』岩波書店．
[2]　平岡義和（1985）「組織体犯罪の概念とその理論的分析」『社会学評論』35(4)390-405．
[3]　前島賢土（2001）「銀行員の職務犯罪」『犯罪社会学研究』26, 94-115．
[4]　前島賢土（1999）「証券会社社員の職務犯罪—証券業界の業界下位文化」『犯罪社会学研究』24, 96-112．

劇場型犯罪

　マス・メディアの発達によって，孤立する個々の受け手を大規模なレベルで結びつけ，自分の正体を明かさずに社会と接触する劇場型社会が出現した（藤竹，2000）．こうした社会構造の変化を受けて，犯罪もまた，マス・メディアを通じて社会に広くアピールされることを意識した劇場型犯罪が生まれるようになった．

　劇場型犯罪とは，①利欲，怨恨等，理解可能な犯罪の目的を遂げるために，事件または事件の予告がマス・メディアに報道されることが不可欠の手段となっている，②犯行がマス・メディアで報道されることに情緒感情的・思想的な満足感があり，それが動機の少なくとも一部を構成する，③犯行がマス・メディアによって報道され，そのことによってアピール効果を企図する，の三つに分類される（小田，2002）．このように，厳密にはマス・メディアによって犯行を広くアピールすることが加害者の犯行目的に含まれることが劇場型犯罪の条件であり，加害者から犯行予告や犯行声明等が出されるところに特徴がある．

　一方，ロス疑惑（1981～82年）やオウム真理教事件（1995年），和歌山毒物カレー事件（1998年）のように，マス・メディアでセンセーショナルに扱われた事件や，関係者のキャラクターが奇抜で注目された事件等も包括して劇場型犯罪と称する傾向もある．加害者側は犯行を隠匿していても，センセーショナルな報道によってバーチャルな「劇場」がつくり出され，オーディエンスが客席から舞台を眺めているような構造で事件が進行する点では，広義の劇場型犯罪といえる．

●**劇場型犯罪の事例**　以下，劇場型犯罪の例をあげる（表1）．

表1　劇場型犯罪の例

事　件	事件の概要と劇場型犯罪の特徴
グリコ・森永事件 （1984～85年）	「かい人21面相」を名乗る犯人から江崎グリコ，森永製菓などの食品メーカーに対して，製品に青酸ソーダを混入させると脅迫して現金の要求が行われた．現金要求に対する返答を新聞広告に掲載するよう要求，20通以上に及ぶ脅迫状や挑戦状が各新聞社に送りつけられた．わが国で劇場型犯罪と名づけられた最初の事件．2000年に時効成立
連続幼女誘拐殺人事件 （1988～89年）	東京・埼玉で幼女4人が連続して誘拐・殺害された事件で，「今田勇子」を名乗り，中年女性を装った犯人から犯行声明文や犯行告白文が新聞社に送りつけられたり，遺体の一部が被害者の自宅前に置かれたりする等，事件の猟奇性が社会を震撼させた．当時26歳の男性が逮捕され，控訴審，上告審の後，死刑判決が確定，2008年に死刑執行
神戸連続児童殺傷事件 （1997年）	神戸市須磨区で小学生が連続して殺傷された事件で，遺体に添えられていた挑戦状や新聞社に届いた犯行声明文は，警察を嘲笑するような文面，さらなる連続殺人を示唆する内容，難解で意味不明な文言が特徴的であった．「酒鬼薔薇聖斗」を名乗る犯人は成人男性を装っていたが，実際に逮捕されたのは当時14歳の少年であった．神戸家裁の結審を経て関東医療少年院に送致

●**メディア・イベントとしての劇場型犯罪**　通常は事件が発生してからマス・メディアが報道するが，マス・メディアが報道する過程で次第に事件化されていくという逆のパターンが発生することがあり，この現象はメディア・イベントとよばれている．グリコ・森永事件等に代表される劇場型犯罪は，マス・メディアで報道されることを想定して犯行が起こる点や，もともとは偶発的な事件がマス・メディアの演出術によってセンセーショナルな要素が強調され，イベント化されていくという点でメディア・イベントの典型例である．オーディエンスは自分たちを一方的な匿名性の中に置いたまま，メディアの中のイベントを鑑賞し，展開されるストーリーを無責任に消費するという構造になっている．

●**マス・メディアのジレンマ**　劇場型犯罪はマス・メディアで報道されることが犯人の目的の一つであり，報道すればするほどマス・メディア自身が犯罪の一端を担うというパラドックスに陥る．グリコ・森永事件では，各新聞社が犯人からの脅迫文や挑戦状を公表したことについて，マス・メディアは常に犯罪に関する事実を伝える義務があり，また，一般消費者の安全を優先して報道したというマス・メディア側の主張に対して，実質的には犯人の意図に沿って広報の役割を負ったのと同義であるという批判がある．連続幼女誘拐殺人事件や神戸連続児童殺傷事件では，加害者は捜査の攪乱を意図して新聞社に犯行声明文を送りつけており，犯行声明文の公表によって，加害者の意図通り，さまざまな推理や犯人像が野放図に展開された．中立で客観的な報道が義務づけられ，犯罪を糾弾すべき立場にあるマス・メディアが犯人の意図に沿って犯罪に加担することは，客観報道や社会規範の原則から逸脱することになる．劇場型犯罪の報道についてはさまざまな議論があるものの，明快な結論や解答は見出せていない．

●**メディアの変遷と劇場型犯罪**　かつて新聞やテレビが主流メディアであった時代は，新聞社やテレビ局に封書で犯行声明文が送付されていたが，インターネットの発達によって劇場のあり方も大きく変容した．西鉄バスジャック事件（2000年），秋葉原無差別殺傷事件（2008年）のように，2000年以降に発生した劇場型犯罪は，インターネット上の掲示板で犯行予告を行っていた点で，それ以前の劇場型犯罪とは性質を大きく異にしている．新聞やテレビ等の従来型メディアの報道には一定の倫理基準があり，犯行声明文の公表もさまざまに検討したうえでの決断で，公表に際して筆跡は伏せる等，模倣犯や捜査妨害を防ぐための配慮もなされていたが，一般人が自由にやり取りできるインターネットにおいては，何ら制限がなく，犯行を回避するよう説得するコメントもみられる．

　一方，一部には加害者を英雄視して追随するユーザーやコミュニティも登場している．また，携帯電話やスマートフォン等の普及により，犯行の一部始終がインターネット上で実況され，不特定多数とリアルタイムで共有されることも可能になっている．

〔小城英子〕

ヘイト・クライム

　ヘイト・クライム（hate crime）とは，人種・民族・宗教・障害や性的志向等に対する偏見や憎悪が動機として明白な，個人や団体，社会を対象に行われる暴力犯罪である．現在，犯罪に関する学術論文や一般文献内ではバイアス・クライム（bias crime）ともよばれる．
　米国では，1990年にヘイト・クライム統計法（Hate Crime Statistics Act）が制定され，ヘイト・クライムの発生件数等の統計が収集されるようになり，犯罪の一つのカテゴリーとして真に認知されるようになった．
　また，1998年，米国ワイオミング州において，同性愛者であるマシュー・シェパードが2人の犯人により拉致・暴行され死亡した事件や，テキサス州において，黒人男性のジェームズ・バードが白人至上主義者3人により殺害された事件により社会の注目を集めるようになった．

●**類型**　レビンら（Levin et al., 1993）によると，ヘイト・クライムは典型的に以下の三つのタイプに分けられる．①スリル探求型：少数派に対する非難や所有物を破壊することに楽しみを感じ，他者に痛みを与えることでスリルを感じ，犯行に及ぶ．②反動（防御）型：部外者が，自己が所属する集団や生活を脅かすと考え，それに対する防衛であると自己の行動を合理化し，犯行に及ぶ．③使命型：白人至上主義者のように，黒人等を社会の悪とみなし，それを排除することを使命と考え，犯行に及ぶ．

●**被害者**　歴史的に，米国では，アフリカ系米国人が最大の被害者だが，他の人種・民族・宗教・障害や性的志向等に関して少数派に所属する人々が被害者となっている．近年では，アジア諸国の経済成長に伴う自国の経済への影響から，アジア系移民の被害も増加しており，政治や経済の情勢に伴い，犯行の対象は変化している．

●**加害者**　ヒッキー（Hickey, 2003）によれば，ヘイト・クライムは，個人的な病理が原因ではなく，米国社会の長期に渡る右翼的な準軍事的傾向から表出してきており，これらのヘイト・グループには四つの波がある．①南北戦争以降のクー・クラックス・クラン（Ku Klux Klan：KKK）の出現，②大規模移民と第一次世界大戦への参戦に伴う20世紀初頭のKKKの復興，③ベトナム戦争勃発に伴う1980年代の白人至上主義団体オーダー（The Order）の出現，④1987年から1990年代のヘイト・クライムの急増とヘイト・グループへの女性の参加の増加．
　第三波で出現したオーダーの創設者であるマシュー（Matthew, R. J.）が殺害され，崩壊したことにより，各グループの規模が縮小し，小さなグループが複数存

在している．最大規模のグループであった KKK も各派閥に分裂し，それぞれのグループの連携もほとんどない状態となっている．現在では，ヘイト・グループによる犯行は減少し，グループに所属していない若年者による大学構内等でのヘイト・クライムが増加している．

●**法整備**　米国においては，「1968 年公民権法」(Civil Right Act of 1968) により，最初のヘイト・クライム法といわれる合衆国法典第 18 編第 245 条が制定され，人種・肌の色・宗教または民族的出自を理由に，連邦により保護される六つの行為（①公立学校への通学，②州により提供・管理されるサービス等の享受，③私企業・州による雇用と福利厚生の享受，④陪審員としての参加，⑤州際通商の施設と交通手段の利用，⑥公共施設におけるサービス等の享受）について，その行為者に対し，暴力または暴力の威嚇により，故意に負傷させる行為等が禁止された．

さらに，2009 年に「現実のまたは認識上の人種，肌の色，宗教，民族的出自，性別，性的志向，性自認または障害を理由とした故意の傷害およびその未遂を犯罪とする」と定めたシェパード・バード・ヘイト・クライム防止法（合衆国法典第 18 編第 249 条）が制定され，訴追可能な犯罪の範囲の拡大が図られている．

●**ヘイト・スピーチ**　ヘイト・スピーチ (hate speech) とは，人種・民族・宗教・障害や性的志向等に関する憎悪の表現と定義されている．暴力行為を伴わないため，ヘイト・クライムとは一線を画しているが，特に人種差別撤廃の動きとともに，ドイツや英国等でヘイト・スピーチを厳しく規制する法律等が制定されている．一方で，言論の自由を制限する法律を禁じる米国では，ヘイト・スピーチを禁止する法律を原則として認めていない．

●**日本の現状**　現在，わが国では，ヘイト・クライムとしての犯罪類型は存在していない．また，ヘイト・クライムに対して他の犯罪よりも重い罰則を科すような一般法も特別法も制定されていない．しかし，若年者によるホームレス襲撃事件など，偏見や憎悪が動機として明白な暴力犯罪はしばしば発生している．一方で，ヘイト・スピーチに分類されるデモや街宣活動が増加し，激化の一途をたどっており，『毎日新聞』（「クローズアップ 2014」8 月 22 日）によれば，2013 年には年間 360 件以上の活動が行われ，2014 年 8 月には，日本政府は国連人種差別撤廃委員会から「デモの際に行われる人種差別などに対して，毅然とした対処を行うべき」との勧告を受けた．言論や表現の自由の保護との兼ね合いを考慮する必要があるが，ヘイト・クライムおよびヘイト・スピーチに対する法整備に関しては，今後検討していくべき課題の一つである．　　　　　　　　　　　　　［蒲生晋介］

📖 **参考文献**
[1] Jacobs, T. B. & Potter, K. (1998) *Hate Crimes: Criminal law & identity politics*, Oxford University Press.
[2] Levin, J. & McDevitt, J. (1993) *Hate Crimes: The rising tide of bigotry and bloodshed*, Plenum.

カルト犯罪

　カルトとは，強固な信念を共有して熱狂的に実践し，表面的には合法的で社会正義を振りかざすが，実質にはみずからの利益追求のために手段を選ばない集団のことをさす．しかし本来の意味は，儀礼，崇拝，熱狂等であり，特に反社会的な意味はもたないために区別して，破壊的カルトとよぶのが正確ではある．カルトは，新興宗教団体の一部をさすイメージがあるが，実際には，占い，自己啓発，政治，企業やコミューン等さまざまな分野に存在し，メンバーの人権を侵害したり，メンバー以外を対象に刑法や民法に触れる行為を犯したりするが，それらも社会の法律よりもさらに上位の律に従うもので，一見加害行為にみえても，あくまで善意だと自認して遂行する特徴がある．

　カルト犯罪の一例としては，一連のオウム真理教事件があげられる．この宗教団体は，1990年前後の約10年間に，敵対する人々の殺害，毒ガス散布による無差別テロ攻撃を含む殺人や傷害，また爆破物や精神薬を無許可に製造して用いる等，未曾有の事件を起こしたとして世界的に知られている．しかし他のカルトでも，暴行，殺人や，詐欺・悪質商法，さらには脅迫的で執拗な勧誘，非科学的な医療行為による病状悪化や死亡，死体遺棄・損壊等の事件が起きている．また一方，カルトは自集団メンバーに対しても，多額の献金や過酷な心身の負担を強いたり，リーダーのカリスマ的権威によって性的虐待や児童虐待を正当化しつつ行ったり，教義解釈から，暴力的支配や体罰を容認し，進学，就職や結婚等の事柄で強制による基本的人権を侵害する等の事件が後を絶たない．なお，カルトという呼び名は外部からの否定的評価を含むので，当事者みずからがその呼称を認めることはない．

●カルトの集団構造　カルトは，入会・脱会に自由がなく閉鎖的な集団特徴があり，その規模は数人から数万人以上に及ぶ．勧誘を受けた個人は何らかの抱えている問題を解決してくれる手段を与えてくれるという期待があって参画する．しかしながら，その目的成就のためには，リーダーの指示する実現不可能な集団活動を常に優先して，成就するまで個人的な要求を一切控えないと，目標には到達できないとされる（①全体主義的アイデンティティ）．次に，私生活の犠牲が要求される．個人的な活動は制限されるし，衣食住，通信，居住地，対人関係，趣味に至るまで，きめ細かくプライベートな事象が集団の規則によって管理される（②私生活の干渉）．また，メンバーになると集団活動やリーダー格のありようについての批判は容認されないし，部外者からの批判に対しても集団はすぐに激しく反撃してくる（③批判の封鎖）．さらには，リーダー格からの指示にどんなに

不満があったり，とても理不尽な要求であることが明白であったとしても，無理して服従しなくてはならない（④絶対服従）といった構図がある．

●**マインド・コントロールと洗脳**　カルトは，上述のようにメンバーに対する虐待集団であるため，みずから望んで入会することはめったにないと考えられる．そのために，多くのカルトは，勧誘，教化，維持，強化の過程においてメンバーたちを心理的に操作せざるを得ない．この心理操作は，マインド・コントロールとよばれている．これは他者がみずからの組織の目的成就のために，本人が他者から意思の誘導や操作を受けていることに気づかない間に，一時的あるいは永続的に，個人の精神過程や行動に影響を及ぼし操作すること（西田，1995）と定義される．そして，カルトが用いるそれは，一般的な集団ではみられないほど，社会心理学的手法を駆使して極端に強い心理的な拘束を与えている．

　マインド・コントロールは，しばしば洗脳と混同される．いずれの心理操作の目的も，個人の自発性を誘導して，都合の良い意思決定や行動をとらせることにあるが，実際には異なる点も多い．洗脳では，身体的に拘束され，薬物，拷問等で集団から逃げられない事態をつくられ，リーダーの指示に従わないと暴力によって身の安全を守れないほどの強い恐怖感が与えられる．個人はその恐怖から逃れるために正しくないと思っていても，自集団の求める行動を自発的にとるのである．一方のマインド・コントロールでは，これらの特徴の正反対であり，恐怖の源泉は外部集団にあって，そこから逃げて自集団にいることで安住するし，自集団の行動論理は唯一正しいと思い込まされるのである．

　これらの心理操作は，以下のように行われる．まず，メンバーに入力される情報を徹底管理して，自集団を熱狂的に礼賛する情報を提供する一方で，否定的な情報の一切を隠蔽し虚偽を提供する（①情報コントロール）．次に，その情報操作によって，メンバーの自己愛を高揚させ，リーダーへの忠誠や崇拝が熱狂的となるように，また外部への憐憫や敵対視を強めるように扇動する（②感情コントロール）．またメンバーがとる些細な日常を含むすべての行動に対して，集団の理想や目標の観点から良し悪しをつけ，各自の責任を果たすように厳しく求める（③思想コントロール）．さらにメンバーは，その達成のために要求される活動を賞や罰で条件づけられ，自己犠牲の心理を伴わせて行為を正当化することで，違法な行為をも含むカルトの集団活動に適応させられていく（④行動コントロール）．なおもちろん，オウム真理教事件における犯行心理にも，このようなマインド・コントロールが強く影響していて，殺人さえも宗教的救済とみなし，教祖からの指示や命令に完全依存させられていた．　　　　　　　　　　　［西田公昭］

📖 **参考文献**
［1］　西田公昭（1995）『マインド・コントロールとは何か』紀伊國屋書店．

時代により変化する犯罪の質

　犯罪とは，法的定義に従えば「構成要件に該当する違法かつ有責な行為」とされている．法律が変わることがない限り，その構成要件が変わることはないが，犯罪の内容すなわち質は時代の変遷とともに変化している．

　『昭和58年警察白書』は，質的に異なる新しい形態の犯罪の増加の背景として，①科学技術の著しい進歩，②経済社会の仕組みの多様化・複雑化，③都市化の著しい進展，④国際化の一層の進展の四つをあげている．近年においてもこれらの傾向に変わりはない．しかし，情報通信技術（information and communication technology : ICT）の発展に伴う携帯電話やインターネットの普及は，我々の日常生活に利便性をもたらした一方で，さまざまな犯罪に悪用され，従来の犯罪の形態に変化をもたらし，より複雑なものにしている．

　このような現状の中，情報通信技術を悪用したサイバー犯罪が問題となっており，とりわけ，従来の犯罪（詐欺や禁制品の売買に係る犯罪等）において，その犯罪の実行にインターネットを利用するネットワーク利用犯罪は，2013年中の検挙数6,655件と過去最高を記録した（『平成26年警察白書』）．また，携帯電話やインターネットの普及に伴い，これらを悪用した特殊詐欺（振り込め詐欺等）の被害も深刻であり，2013年中の被害総額は約489億5,000万円と過去最高を記録した（『平成26年警察白書』）．

　特殊詐欺の被害者の大半を占めるのが高齢者であるが，特殊詐欺の被害だけに限らず，高齢者が犯罪の被害者となる割合が増加傾向にある．刑法犯認知件数のうち，高齢者が被害者となった割合は2012年中において9.5％と1993年と比較して2倍となった（『平成25年警察白書』）．この背景として，現代日本の社会情勢の特徴である高齢社会をあげることができる．2013年の65歳以上の高齢者人口は3,190万人となり，総人口に占める割合は25.1％と過去最高となった（内閣府『平成26年版高齢者社会白書』）．

　高齢者が被害者となる割合が増加している一方で，高齢者による犯罪も増加しており，2012年中の検挙人員は4万8,544人で2002年と比較して約2倍となっている（内閣府，同上）．これは単に高齢者人口の増加によるものではなく，高齢者人口10万人あたりの犯罪の発生率が増加していることから，高齢者犯罪そのものが増加していると考えられる（太田，2013）．高齢者犯罪が増加した要因として，社会的孤立や経済不安等があげられており（『平成20年版犯罪白書』），都市化の著しい進展に伴う人間関係の希薄化や長引く不況等，さまざまな要因が個人の資質に影響した結果として，高齢者犯罪が増加したものと考えられる．このように，時代の変遷とともに犯罪の質も変化しており，近年に特徴的な犯罪として，サイバー犯罪，高齢者犯罪があげられるが，これらの犯罪に対する諸施策は十分とはいえず，早急に対策を講じる必要がある．また，今後は，新たな時代の変遷を敏感にとらえ，予想し得る犯罪の質の変化に対処していく必要があろう．　　　　　[真栄平亮太]

第4章

捜　査

［編集担当：横田賀英子］

- 【概説】捜査と心理学 ──── 216
- 捜査心理学の歴史と方法論 ──── 218
- 犯罪者プロファイリング ──── 220
- 事件情報分析 ──── 222
- 同一犯による事件の推定 ──── 224
- 犯罪行動からの犯人像推定 ──── 226
- 犯罪者の居住地推定と
  次回犯行地の予測 ──── 228
- 目撃者の記憶 ──── 230
- 取調べにおける否認と自白 ──── 234
- 虚偽自白と被誘導性（被暗示性）──── 236
- 供述の信頼性分析 ──── 238
- 司法面接 ──── 240
- 認知面接 ──── 244
- ポリグラフ検査の生理指標 ──── 248
- ポリグラフ検査の質問法 ──── 250
- 各種事件における脅威査定 ──── 252
- 死因の推定 ──── 254
- 人質事件の交渉 ──── 256
- 犯罪類型と犯行テーマ ──── 258
- 捜査員の意思決定 ──── 262
- 捜査における意思決定支援システム ──── 264
- 【コラム】黎明期の犯罪者プロファイリングの実務 ──── 266

【概説】捜査と心理学

　捜査心理学（investigative psychology）という学問領域を創設したカンター（Canter, D.）によれば，「捜査心理学の領域は，刑事及び民事の捜査に関連する心理学のすべてを含む」（Canter et al., 2009）と定義される．
　わが国においては主に刑事事件を想定して，「犯罪捜査に寄与するために心理学の原理を利用し，犯罪情報の管理，捜査及びその後の法的プロセスを支援することを目的とする学問領域」（渡辺，2004）と定義されている．捜査心理学で扱うトピックスの多くは，捜査心理学の創設以前から犯罪心理学や法心理学といった領域で検討されてきたものであるが，捜査心理学は，捜査から起訴までの心理学的トピックスを捜査の観点から包括する枠組みとして改めて提示されたものといえる．

●捜査と心理学との関わり　捜査は，図1に示すように，情報，推論，アクション（捜査活動）の三つの相が相互に関連し，循環する過程から構成される（Canter et al., 2009）．この循環する過程に，心理学が貢献し得る多くの重要な領域があり，それに系統的，科学的に取り組む．捜査心理学が扱う多様な問題は，認知，発達，社会，臨床等，複数の近接する心理学や他の学問領域においてこれまでに検討されてきた問題と関連しており，それらの知見を捜査の文脈に応用，発展さ

図1　捜査の循環（Canter et al., 2009 より作成）

せることにより，問題解決を図ろうとする．応用心理学の一領域をなす捜査心理学は，個別の学問領域や研究方法論に依存せずに，捜査が直面する現実問題に対する解を求められていることから，ギボンズら（Gibbons et al., 1994）の指摘するモード2科学（mode 2 science）ともいえるだろう．
　捜査の循環における情報の段階は，犯罪の実態をできるだけ正確に把握する段階である．捜査では膨大な量の情報が収集されるが，事件との関連の程度や情報の質にはばらつきがあり，膨大な量の情報群（information）の中から捜査にとって意味のある情報（intelligence）を見出す必要がある（渡邉，2003）．目撃者や被害者の記憶にある情報を歪曲せずにできるだけ多く収集する面接手法や取調べ手法，供述の信憑性を評価する手法，ポリグラフ検査法などが研究テーマとなる．
　推論の段階では，情報の段階で把握した意味のある情報に基づく推論を行う．代表的な例は，どのようにして犯行が行われたかに関する知識から犯人の特徴に関する推論を行う犯罪者プロファイリング（offender profiling）である．カンターら（Canter et al., 2009）は，犯罪に関するすべての行動（action）から犯人の特

徴（characteristics）を推論するための科学的なモデルとして，A→C方程式（A→C equation）に関する研究が重要であることを指摘している．この他，進行中の事件に対するリスク評価や警察の対応もここに含まれる．

アクションの段階は，推論された情報を用いて捜査指揮官が意思決定を行い，実行に移す段階である．推論の段階で心理学的に導かれた考察が有効活用されることこそが捜査心理学の主目的の一つである．捜査指揮官の意思決定過程の研究や，意思決定を支援するシステムの開発等がここに該当する．

●**捜査心理学の主な研究領域**　カンターら（Canter et al., 2009）によれば，捜査心理学は犯罪の事件管理，捜査，起訴に関連するすべての問題に対する心理学的な情報の提供に関わるものであるとされている．一方，日本の捜査心理学の創設に尽力した田村雅幸と渡辺昭一は，捜査心理学の主な研究領域として，①犯罪捜査および捜査の意思決定，②犯罪者の行動，③研究の方法論とデータ分析の三つをあげている（渡辺，2004）．これは，日本においてはカンターのいう犯罪の事件管理や捜査に重点を置いて研究が推進されてきたことを示している．

①犯罪捜査および捜査の意思決定には捜査面接や捜査員の意思決定モデルの検討，容疑者の絞り込みや優先順位づけ等の分野が該当し，②犯罪者の行動には行動の個人内一貫性・識別性や犯罪行動のパターン，推論のモデル，地理的犯行地選択モデル，心理学的検視，脅威分析等の分野が，③研究の方法論とデータ分析には情報の内容分析や数理心理学等の分野が該当している．

●**捜査心理学で扱うデータ**　捜査心理学では，統制された実験や質問紙調査等の心理学で一般的に用いられる方法論の他に，捜査の過程で作成された資料をもとに，データを作成し，分析することも多い．カンター（Canter, 2004）は，捜査心理学の研究方法の特徴を，警察が作成した資料を二次分析する点にあることを指摘している．捜査心理学において警察の資料を二次分析する方法は，研究者がデータの収集に関与しない非影響的測定法（unobtrusive measures）を応用したものである（藤田ら，2011）．非影響的測定法では，自然な行動が分析可能であるが，研究以外の目的で作成された資料であることからデータ収集に偏りが生じがちであり，分析の際に尺度水準を低く設定する必要がある．例えば，原資料に記載がない場合，観察なしと記載もれとの区別は困難である．そのため，警察が作成した資料からデータを作成する際には，2値変数（dichotomous variable）を用い，類似度を検討する際には2×2のクロス表のうち双方に該当しないセルを考慮しないことが推奨されている（Canter, 1990）．　　　　　　　　　　　　　［渡邉和美］

📖 **参考文献**
[1] Canter, D. V. & Young, D. (2009) *Investigative psychology: Offender profiling and the analysis of criminal action*, John Wiley & Sons.
[2] 渡辺昭一編（2004）『捜査心理学』北大路書房．

捜査心理学の歴史と方法論

　捜査心理学（investigative psychology）という一つの学問体系を世に知らしめたのは，英国リバプール大学の心理学教授であったカンター（Canter, D.）である．カンターは英国サリー大学に教授として在籍していた1980年代後半から，放火や性犯罪等，実際の犯罪捜査に心理学者として参加するようになり，その成果をいくつかの論文で発表し，また一般の読者向けに『心理捜査官―ロンドン殺人ファイル（*Criminal shadows：Inside the mind of the serial killer*）』（1994）を公刊した．捜査心理学という用語は，この著書の中でも使われている．同じ1994年にリバプール大学に移った後，捜査心理学センターを設立し，国際捜査心理学会議を開催する等，カンターは捜査心理学の発展に大きく寄与してきた．

●**わが国における歴史**　わが国では，犯罪者プロファイリングに関する研究は1990年代後半から本格化したが，その研究スタイルは，カンターの統計的手法を重視する手法に大きく影響を受けた．研究成果の一部は2001年にリバプール大学で開催された第6回国際捜査心理学会議において発表され，日本における研究活動は世界的にも評価された．

　捜査心理学の歴史は浅いが，犯罪捜査に関連した心理学領域における研究は古くから行われてきた．例えば，ポリグラフ検査に関する心理学的研究は，わが国では1950年代にさかのぼる．また，目撃者の記憶や証言の信憑性に関する研究は，欧米においては古くは19世紀末にさかのぼる．犯罪者プロファイリングに心理学的知見や方法論が利用されたという観点からみると，1970年代から米国連邦捜査局（Federal Bureau of Investigation：FBI）で始まった犯罪者プロファイリングも源流の一つということになるが，米国で心理学の理論や方法による研究の蓄積が本格的に始まったのは1980年代以降になる．

　現在，捜査心理学は著しい進展を続けており，今後も犯罪捜査に重要な役割を担っていくと考えられる．犯罪者プロファイリングだけでなく，例えば心理学的検視やリベンジ・ポルノ等の新たな形態の犯罪への対応等，取り組むべき課題は増え続けるものと考えられる．

●**方法論**　捜査心理学は，多くの場合，犯罪現象や犯罪者といった必ずしも一般的ではないものを研究対象とするが，研究方法には一般的な心理学の研究法が幅広く用いられている．犯罪という現象の理解は，まず犯罪現場や被害状態の観察，被害者や目撃者の供述の聴取等から始まる．捜査官の視点つまり刑事の筋読みと異なるのは，あくまでも客観的な記述に専念する点である．そして，集まった情報は整理された後，犯罪者行動に基づき事件が類型化され，あるいは犯罪者行動

の特性に注目した分析が行われる．さらに犯人属性に関連する変数との関連が検討され，犯人像の推定等が行われる．一方，ポリグラフ検査や目撃証言の研究には主に実験研究が行われる．つまり，捜査心理学においても，自然観察，相関的研究方法，実験的方法等エビデンスに基づく研究法が採用されているのである．
また，犯罪者プロファイリングの研究では，多変量解析が分析手法として多く使われる．侵入方法，接触方法，制圧方法，文言の内容，凶器の種類等，犯行現場や被害者から得られる情報は多岐にわたる．このように大量にある項目（変数）から，犯人の特性や類型を推測する作業に，多変量解析は有効な方法といえる．

●留意点　渡辺昭一らは，今後の研究を実践していくうえでの留意すべき点として，情報の潜在的歪み，研究と実践のバランスそして個別事例の特異性の3点をあげている（渡辺ら，2004）．

渡辺らが指摘する留意点のうち，情報の潜在的歪みは捜査心理学の研究につきまとう重要な問題の一つである．観察や相関的研究は，データの信頼性と妥当性をどのように確保するのかについて，研究者は常に配慮しなければならない．刑務所等の受刑施設に入所中の犯罪者集団は，その犯罪で有罪になった人たちであることに疑いはない．しかし，受刑施設に入るまでに，暗数の存在があり，そして司法手続のさまざまな過程でいわば「ろ過」された人たちである．さらに，受刑中の人たちの回答は，社会的望ましさへのバイアスが働くと考えられる．また，事件記録自体も，例えば目撃者の想起バイアスや捜査官と目撃者との相互作用の影響等，信頼性を確保する問題は山積している．

また，捜査心理学の目標を達成するために，研究と実践のバランスが重要であるのも，指摘された問題の一つである．実践と乖離した研究では役に立たないし，実践を重視するばかりに科学性を無視した研究では実用性がない．研究には，基礎研究が重要であるのは異論を待たないが，研究者は現場が何を求め，それに対していかに役立つ研究を行い，そして応用していくかが大切である．

捜査心理学では，量的方法に基づくエビデンスが重視されるが，質的方法も欠かせない検討方法である．犯罪捜査では，個別の事件に対する特定の犯罪者を検挙するために，未知である犯人の動機を犯行情報から推定し，あるいは犯人像を描いていく作業は，質的方法あるいはナラティブによる事例研究といえる．統計的分析で得られた知見は，一つの事例のすべてを説明しない．個別事例の特異性を踏まえたうえで，積み上げられた理論や仮説をいかに適用するかが重要である．

[田口真二]

📖 参考文献
[1]　渡辺昭一編(2004)『捜査心理学』北大路書房．
[2]　Canter, D. V. (1994) *Criminal Shadows,* HarperColins.（カンター, D. V. 著, 吉田和子訳(1996)『心理捜査官―ロンドン殺人ファイル』草思社）

犯罪者プロファイリング

　犯罪者プロファイリング (offender profiling) は，犯人の検挙を支援するために，犯行現場における犯人の行動を分析し，未知の犯人の人物像を捜査員に提供する手法である．この手法の起源は，19世紀末に英国で発生した連続娼婦殺人事件において，外科医師が，犯人の凶器の使用方法に基づいて犯人像を推定したのが始まりといわれている．

●犯罪者プロファイリングの概念と理論　犯罪者プロファイリングに関する組織的研究は，米国連邦捜査局 (Federal Bureau of Investigation：FBI) によって開始された．1970年代からFBIアカデミーの教官である捜査官たちは，精神医学や臨床心理学のアプローチに基づき，秩序型と無秩序型という性的殺人の類型等を見出した (Ressler et al., 1988)．FBIの対象犯罪は，連続殺人，放火，性犯罪などの重要凶悪事件を主に対象としていた．

　1980年代に英国の環境心理学者であるカンター (Canter, D.) は，統計分析に基づく犯罪者プロファイリングを実施した．カンターは，強い実証的基盤や理論的枠組みが欠如しているとして，FBIのアプローチを痛烈に批判した．そして，過去に発生した事件データを非計量的多次元尺度構成法等の多変量解析を用いて分析し，類似性の高い行動群を見出し，それらを犯行テーマと名づけて犯罪行動の検討を行った．行動の類似性が高い犯人群が，類似した特性をもつという仮説は，相同仮説 (homology assumption) とよばれている (Mokros et al., 2002)．

　また，カンターらは，犯人の犯行地分布と住居との関係性について研究し，犯人の居住地が犯行圏外に存在する通勤犯行型 (commuter type) と犯行圏内に存在する拠点犯行型 (marauder type) という二つのシンプルな概念を提唱した．そして，拠点犯行型の犯人を捜索するために，連続犯罪の犯行地点のうち最遠2地点を直径とする円内に犯人の居住地等の拠点が存在すると仮定する円仮説 (circle hypothesis) を提案した (Canter et al., 1993)．カナダのキム・ロスモ (Rossmo, 2000) は，カンターらが当初提案した比較的単純な拠点推定モデルとは異なり，犯行行程研究やバッファ付距離逓減関数等，環境犯罪学の理論をもとに地理的犯罪者探索 (criminal geographic targeting：CGT) という手法を開発した．

　わが国における犯罪者プロファイリングでは，FBIが重視してきたような個別の事例を行動科学的に評価する手法である事例分析と統計分析が併用されている．事例分析は再現性が低く，職人芸的と批判されることもあるが，犯人の心理や行動を深く分析するうえでは有用であろう．統計分析は，再現性を重視したより科学的な手法だが，分析データに質の高さが要求される他，類似事件の典型例

を示すだけとの批判がある（渡邉，2014）．

●**わが国の犯罪者プロファイリングの研究と実務**　わが国では，1960年代に，警察庁科学警察研究所の山岡（1962）が，犯罪者プロファイリングの原型ともいえる凶悪事件の犯行行動に関する一連研究に着手した．その後，1990年代から科学警察研究所や科学捜査研究所を中心に組織的研究が始まり，主として統計分析に基づいた研究が数多く実施された（渡辺，2004）．わが国で実務がスタートしたのは21世紀に入ってからであり，世界的に影響力が強かったFBIとカンターの双方の手法の相違を踏まえながら，統計的に裏づけられた大量データを基礎におき，個々の事件における地域性や分析者の経験を加味した手法が取り入れられている（渡邉ら，2006）．また，三本ら（1999）は疑惑領域モデルという比較的単純な拠点推定モデルを開発した．疑惑領域モデルは，一連事件の犯行地点との距離の総計が最も短くなる地点である重心を中心とし，各犯行地点と重心間の距離の平均値を半径とする円内に犯人の拠点が存在すると仮定するモデルである．わが国では，カンターの円仮説とともに，同モデルが地理的プロファイリングにおける地理的な捜査範囲の絞り込みに利用されている．

わが国の実務における犯罪者プロファイリングの効果的な活用方法を以下にあげる．

①連続事件における地理的，時間的な犯行予測の結果を，要撃や密行等に活用する方法．

②拠点推定や犯人像推定の結果を容疑適格者の割出しに活用する方法．

③拠点推定や犯人像の推定結果を捜査対象者の順位づけに活用し，容疑適格者の絞り込みに活用する方法．

中でも犯行予測の結果をよう撃や密行等に活用する方法は現場における活用事例が多い（岩見，2006）．

2004年以降，わが国の警察は，犯罪者プロファイリングを担当する全国の鑑定技術職員および警察官に対して専門的な研修を実施している．実務の分析手続きは，犯罪情報分析，事件リンク分析，犯人像の推定，地理的プロファイリング（居住圏推定，今後の犯行予測）に細分化されている．横田ら（2013）は，わが国の実務について調査した結果，事件リンク分析，犯人像推定，拠点推定，犯行予測のそれぞれにおいて，事件情報の検討，事例分析，統計分析等多角的な手続きが用いられていることを示している．　　　　　　　　　　　　　　　［岩見広一］

参考文献
[1] レスラー, R. K.・バージェス, A. W.・ダグラス, J. E. 著，狩野秀之訳（1995）『快楽殺人の心理—FBI心理分析官のノートより』講談社．
[2] 岩見広一（2006）「行動科学的プロファイリング—わが国の現状と今後の課題」『犯罪心理学研究』44（特別号）229-231.
[3] 渡邉和美・高村茂・桐生正幸（2006）『犯罪者プロファイリング入門—行動科学と情報分析からの多様なアプローチ』北大路書房．

事件情報分析

　事件情報分析は，主に犯罪者プロファイリングを行う際の基礎となる事件情報を収集・整理・集約することをさす．集約されたデータは，犯罪者プロファイリング等の心理学的な分析の基礎資料として活用されるだけではなく，あらゆる捜査場面で利用可能なデータの集合となる（渡邉ら，2004）．
　事件情報分析の情報収集・整理・集約は，事件という事象を対象としてその解決を目的とした情報の基礎的な操作であり，犯罪者プロファイリング等の心理学的分析が机上の空論にならないようにその基盤を支えているものといえる．
　事件捜査では，事件解決のため捜査員，鑑識・鑑定担当者等が，捜査対象となる事件についての情報（各種の証言・捜査報告，鑑識・鑑定結果等）を可能な限り広く詳細に収集する．また，犯罪者プロファイリングを行う場合は，その担当者が現場に赴き，みずから事件や現場状況等に関する情報を収集する．対象事件によって収集される情報の種類，量は大きく異なるが，収集された個々の情報は報告書，調書等の書面形式で集積される．その集積された情報を事件解決に活用できるように整理・集約するのが事件情報分析である（岩見，2006）．
　事件情報分析によって整理・集約されたデータを活用して，事件リンク分析（同一犯による事件の推定），犯人像の推定，地理的プロファイリング，連続事件の発生予測等の具体的な犯罪者プロファイリングが行われる．
　情報の整理・集約は，コンピュータを利用し，表計算ソフト等で行われる．コンピュータを使うことで，整理・集約したデータを再利用し，さまざまな分析を行うことが可能になった．そのことが，事件情報分析が捜査に貢献できるようになった大きな要因である．
●**事件情報分析の実際**　対象事件によって収集される情報の種類と量は大きく異なる．例えば，連続放火事件では，人目のないところでその場にある物に火を放つ犯行が多く，目撃情報がなく犯人に関する情報はほとんど得られないし，犯人が遺留する鑑識資料等の情報もほとんどない．その結果，収集可能な情報は少ない．
　一方，路上・コンビニ強盗や強姦等の犯人と被害者が対面する犯罪では，被害者の供述を中心に犯人に関するかなりの情報が収集されるし，犯人が遺留する鑑識資料等の情報も得られる．殺人事件や侵入窃盗事件では，目撃情報はない場合が多いが，殺害，侵入の現場等には鑑識資料を含めて犯行行動の情報がかなり残されている．
　そのため，事件情報分析表（表1）には，事件の発生日，曜日，時間，場所，

犯人に関する情報（人相，体格，着衣，所持物，言動……），被害者に関する情報，事件現場の状況，遺留物，関係者の供述に関する情報等，連続放火事件で数十項目，強盗，殺人，強姦等の事件では100を超える項目，侵入窃盗では強盗等よりは少ないが，連続放火よりは多い項目が立てられ，整理・集約される．事件情報分析表の作成では，1行1事件の記入が原則で，1行を読んでいけば，その事件に関する情報がほとんど得られるようにする．

表1 事件情報分析表（連続事件の場合）

事件番号	発生日	曜　日	時　　間	事件場所	事件概要	犯人身長	……
1							
2							

　実際の事件情報分析では，表形式に加えて，電子地図等に事件（および関連）現場をプロットして一覧図とする整理・集約を行うことも多い．事件情報分析表とこの地図の一覧図の二つがそろうと対象事件の把握が容易になる．
●**事件情報分析の活用**　このように事件情報分析は，対象事件の情報をもれなく整理・集約することをめざして行われる．
　すなわち，事件情報分析表には対象事件のデータが可能な限り集約されていることになり，それを活用して，事件リンク分析，犯人像の推定等の個別・専門的な分析が実施される．同じように，同分析表から各事件で目撃された犯人の人相，体格，着衣等を抽出・整理することで，捜査員が犯人を捜す際の実用的な資料が作成できる．
　また，捜査現場において捜査関係者の情報共有や捜査方針の決定のための資料として活用することができる．さらに，捜査に関わっている心理専門職にとっては，分析表からのデータ抽出および加工方法を工夫することによって，まったく新しい心理的分析を実施することも可能である．
　ただし，収集・整理・集約されている情報の性質上，公開が難しい情報が多く含まれているために，部内の専門家以外はデータへのアクセスがほぼ不可能であることが，さまざまな分析手法を研究開発していく際に困難な点である．
●**その他の事件情報分析**　対象事件によっては，事件情報分析の整理・集約方法を応用して，連続の各事件での犯人の犯行時の行動を詳細に比較する一覧表を作成して犯人の心理・行動を分析したり，多くの事件関係者の供述を比較するための一覧表を作成して事件を分析することがある．　　　　　　　　　　　［龍島秀広］

📖 参考文献
[1] 渡邉和美・高村　茂・桐生正幸(2006)『犯罪者プロファイリング入門—行動科学と情報分析からの多様なアプローチ』北大路書房．
[2] 渡辺昭一編(2004)『捜査心理学』北大路書房．

同一犯による事件の推定

　犯罪者プロファイリングの分析の一つに，複数の事件が同一犯による犯行か否かを推定する事件リンク分析がある．指紋，DNA型等の法科学的痕跡が現場にほとんど遺留されていない事件や防犯カメラ，もしくは被害者や第三者の目撃情報が得られていない事件では，犯人の犯行中の行動を分析することによる事件リンク分析の活用を考慮する必要がある．

●**事件リンク分析の前提**　ウッダムズら（Woodhams et al., 2007）は，事件リンク分析において特に重要な理論的な前提として，行動の一貫性と識別性をあげている．

　同一犯が事件を繰り返す場合，時や場所が異なっても行動に高い一貫性が見出されるという行動の一貫性に関する仮説は，犯罪行動に基づく事件リンク分析を行ううえでの理論的な前提である．犯罪行動の場合，常習犯罪者の多くが，犯罪を繰り返すことにより，最も得意とし，かつ成功率の高い手段や方法を見出し，それらが一つの型となって犯罪手口として形成されると考えられてきた．

　しかしながら近年，多くの行動は必ずしも固定したものではなく，現場の環境や，対人犯の場合には被害者とのインタラクションによって大きく変容することが指摘されている．

　個人間の行動の識別性は，行動の一貫性と同様に事件リンク分析の前提条件である．すなわち，個人内で一貫性が高い行動であっても，多くの犯罪者に共通する行動は事件リンク分析には有用ではない．犯罪者間の行動の識別性に関連した概念に，署名的行動があげられる（Douglas et al., 2013）．署名的行動とは，犯罪を成功させるために必ずしも必要な行動ではないが，心理的に犯人にとって重要な意味をもつ行動をさし，犯行時の環境に影響されにくく，同一犯による一連事件において一貫して生じやすいと考えられている．署名的行動は，特定の犯罪者において生じる特異な行動であると考えられているため，識別性は高いとされる．しかしながら，署名的行動は定義に曖昧な部分があり，どの行動が署名的行動であるのかを見出す過程は分析者のセンスや経験に依拠せざるを得ないこと，署名的行動が見出せる事件は多くないこと，心理的に重要な行動であっても状況によって異なる意味をもち得ることが指摘されており（Alison, 2005），署名的行動のみに依拠した事件リンク分析には限界がある．

●**事件リンク分析において有効な指標**　ベネルら（Bennell et al., 2014）は，事件リンク分析に関するレビュー論文において，侵入窃盗，自動車盗，非組織犯的な強盗を扱った先行研究では，犯行地点間距離と犯行日間隔がリンクに最も有用な

指標であるとの結果が一致して得られていることを述べている．これに関連して，ウインターら（Winter et al., 2013）は，犯行前の意思決定（pre-offence decision）に関わる行動は被害者とのインタラクションの影響を受けることなく，犯人自身によって行動がコントロールできるため一貫しやすいことを述べ，地理的特徴の一貫性が高い理由としてあげている．

また，横田ら（1998）は，わが国における侵入窃盗犯の行動一貫性を検討する中で，犯行前の意思決定に関する行動の一貫性が高いことを指摘しており，地理的時間的近接性にとどまらず，犯行対象や犯行に着手する時間帯等，犯行前の意思決定に関わる複数の行動において，同一個人内の一貫性が高いことが考えられる．

●**多変量解析による事件リンク分析**　事件間の類似度を多変量解析によって評価し，事件リンク分析に活用可能か検討した研究がいくつか認められる．

先駆的な研究として，グリーンら（Green et at., 1976）は，連続侵入窃盗の事件リンク分析をクラスター分析によって試みている．クラスター分析では，対象間の類似・非類似に基づいて，対象の群分けを行い，類似した対象の群がクラスターとして特定される．したがって，同じクラスターに群分けされた事件同士は，互いに同一犯による可能性が高いとみなすことができる．

類似度に従って空間上に事件を布置し，事件間の類似性を検討する手法としては，多次元尺度法による手法も検討されている．例えば，多次元尺度法を用いて強姦事件の事件リンク分析を検討したサンティラら（Santtila et al., 2005）の研究では，サンプル中の各事件と，同一犯による残りの連続事件が全体（43件）のうち何番目に近い距離で布置されるか検討したところ，40％以上の事件において5事件以内の近接性で見出されたという結果が得られている．さらに，サンティラらは，判別分析の有効性についても検討しており，全体の25.6％において正しく判別できたことを見出している．

また，近年では，ロジスティック回帰分析によって，任意の2事件が同一犯によるものであるか否かを推定するための予測式を構築することによって，事件リンク分析のための推定モデルを構築する手法も検討されている．例えば，ベネルら（Bennell et al., 2002）は，商用施設対象の侵入盗の行動を，ターゲット選択，侵入方法，窃取物の領域に分類し，それらに犯行地点間距離を加えたうえで，いずれの組合せがリンクに有効であるかについて，ロジスティック回帰分析を用いて検討した．その結果，犯行地点間距離と侵入方法の組合せが最も有効であったとの結果を見出している．

［横田賀英子］

📖 **参考文献**
［1］横田賀英子（2005）「類似事件発生時における同一犯推定」渡辺昭一編『捜査心理ファイル─犯罪捜査と心理学のかけ橋』東京法令出版．

犯罪行動からの犯人像推定

　犯人像推定とは，犯人の犯罪行動を評価し，性別，年齢層，就業状態，婚姻状態，犯罪歴，犯行動機等犯人に関するさまざまな属性情報等を推定することである．ここでいう犯罪行動は，広義に，犯罪行動の結果として生じる犯行現場の状況や選定された被害者に関する情報も含む．犯人像推定では，犯行現場の状況等捜査機関が既知の情報から，犯人に関する未知の情報を推定することが求められる．また，推定する犯人の情報は，「潜在的情報と顕在的情報に分けることができる」（財津，2011）．潜在的情報とは，犯行動機や心理的側面に関する項目が該当する．他方，顕在的情報は，属性情報（職業，犯罪歴，婚姻状態等）と外見的特徴（人種，体型等）に分類できる．犯罪捜査では，犯人検挙に結びつく具体的な情報が求められるため，顕在的情報が有用とされている．

　従来の犯人像推定の手法は，臨床的プロファイリングと統計的プロファイリングに2分類される（表1）．

表1　犯人像推定の方法種別

手　法	発　祥	主な背景学問	主な統計手法
臨床的プロファイリング	米　国 FBI	精神医学 臨床心理学	
統計的プロファイリング	英　国 Canter, D.	社会心理学 環境心理学	空間最小分析，数量化理論Ⅲ類等
近年の新たな手法			ベイジアン・ネットワーク，ロジスティック回帰分析等

●**臨床的プロファイリング**　臨床的プロファイリングは，1970年代，米国連邦捜査局（FBI）行動科学課に端を発することから，FBI方式ともよばれる．当初FBIは性的殺人犯との面接を重ね，性的殺人に関する犯罪行動をもとに類型（秩序型，無秩序型）を見出し，それに対応する性的殺人犯の特徴を明らかにした．そのため，臨床的プロファイリングは，性的要素の強い犯罪に対する分析が多く，精神医学や臨床心理学の知見を基礎とした特徴がある．分析者に必要とされる資質や能力としては，①犯罪捜査や研究の経験を有する，②直観力に優れている，③事件や犯人，また被害者に対して感情移入しない，④犯罪を客観的・分析的に評価できることがあげられている（Hazelwood et al., 1987）．なお，日本においても，同様の分析が行われているものの，性的犯罪に限らず，臨床的な意味合いは米国ほど強くない．個別の事例を評価し，犯行動機等を分析する点から，

わが国では行動科学の立場に立った「事例分析」とよばれている．
●**統計的プロファイリング**　一方，統計的プロファイリングは，1980年代半ばに英国リバプール大学教授のカンター（Canter, D.）が，より客観的・実証的な方法をめざして始めた一手法で，在籍していた大学にちなんでリバプール方式ともよばれる．カンターらが行った統計的プロファイリングは，複数の犯罪行動を変数に多変量解析を実施し，それぞれの変数を多次元上に布置することで，犯罪行動間の類似性を総合的にとらえ，犯罪現象の構造を明らかにするところに特徴がある．このような解析手法により，近接して布置された犯罪行動はまとまりとして，類型ないし犯行テーマとしてとらえることが可能で，類型別の犯人像を分析することができる．このような分析を犯行テーマ分析（犯行主題分析）とよぶ．

なお，現在犯行テーマ分析では，カンターらが用いた空間最小分析に限らず，数量化理論Ⅲ類，カテゴリカル主成分分析等数理統計学的に類似した手法が用いられている．また，わが国では，これらの多変量解析のみならず，記述統計や推測統計による分析を行っており，これらを総称して統計的プロファイリングとよんでいる．

●**新たな手法の登場**　この他，最近ではさまざまな手法が用いられている．その一つに，ベイジアン・ネットワークがあげられる（Aitken et al., 1996）．ベイジアン・ネットワークは，犯人像推定で扱う犯罪データの特性（欠損値を含む，大規模で多変量のカテゴリカル・データで，複数の変数が因果的，確率的に連鎖している）に適した手法であり，わが国でもベイズ方式として提唱されている（財津，2011）．この手法では，犯罪データから自動的に犯罪行動変数と犯人に関する変数の関連性を探索することができる他，過去の犯罪データと未解決事件の情報を数理的かつ合理的に用いた推定が可能といった利点がある．また，エイトケンら（Aitken et al., 1996）は犯人像推定にロジスティック回帰分析も用いており，わが国でも萩野谷ら（2014）がロジスティック回帰分析による窃盗の分析を試みている．これらの手法は性別や年齢層等の犯人像を確率として推定することができる特徴がある．

これらの犯人像推定手法は，単一で行われる訳ではなく，事例分析に基づく個別事例の検討と犯罪データの統計解析を総合的に検討し，両手法を補完するかたちで行われる．

この他，脅迫や恐喝，誹謗中傷等における，文字を書く・打つといった行動も犯罪行動であるため，その結果として表出された文章から犯人像を推定することが可能とされる．近年欧米では，計量文体学等を基礎として，電子メールや電子掲示板等に書き込まれた文章から性別や年齢層を推定する試みがなされており，サイバー犯罪に対抗する新たな手法として注目されている（Argamon et al., 2013）．

［財津　亘］

犯罪者の居住地推定と次回犯行地の予測

　犯罪者プロファイリングのうち，犯人の空間行動に関する分析と推定を地理的プロファイリングという．その主な目的は，連続犯行の現場分布から犯人の活動拠点（自宅，勤務先等，ある人間が日常的に訪れる地点をさす．犯行移動の発起点または終着点となる場所であり，アンカー・ポイントともいう）を推定することである．また，よう撃捜査（犯人の出没エリアにあらかじめ捜査員を配置しておく捜査手法）や警戒活動のために次の発生場所を予測することも，地理的プロファイリングの一部である．

　なお，拠点推定も次回犯行地予測も，発生件数が少ない段階では実施が困難である．地理的プロファイリングが可能であるのは事件数が 5 件以上の場合とされている（Rossmo, 2000）．

●**居住地推定**　勤務先，遊興場所，駅等を拠点として犯行移動が開始されるケースもあるが，一般的には，犯人の活動拠点は居住地であることが多い．連続犯の居住地推定には，①犯行空間と日常生活空間が重複するという前提のもとに，犯行現場分布を幾何学図形で要約し，居住地が存在する範囲を示す，②最小努力の法則に基づいて，現場分布の中心となる点を示し（セントログラフィ），そこに居住地が存在すると仮定する，③過去に検挙されたケースに関する集合データから，犯行移動の一般的な傾向を導き出し，居住地が存在する可能性を確率面で描く，といった手法がある．

　①幾何学図形による居住地推定モデル：代表的なものとしてサークル仮説（Canter et al., 1993）がある．これは，犯行現場のうち最遠隣となる 2 点間を結ぶ線を直径とする円（最近の定義では犯行現場の最小包含円）を描くと，その中に犯人の居住地が含まれるという仮説である．この他に，標準偏差楕円（長軸と短軸で分散の合計が最小となるよう傾けた楕円）や凸包（分布の外周を囲みすべてのポイントを含む多角形）を居住地推定に用いることも試みられている（例えば，Kent et al., 2007；山元，2009）．

　②セントログラフィによる居住地推定：重心として，犯行現場からの距離の総和が最も小さくなる点や，犯行現場座標の平均を求め，その地点を居住地と推定する（例えば，Kind, 1987）．幾何学図形によって示される推定範囲が捜査上実際的ではない大きさになることも多いのに対し，セントログラフィによる点推定は居住地の位置をピンポイントで絞り込むことができるが，その反面，かなりの推定誤差が生じる．三本ら（1999）は，中央点から犯行現場までの平均距離を半径とする円を「疑惑領域」と名づけ，両者の折衷案として提案している．

③居住地が存在する可能性を示す確率面を描く手法：距離減衰関数が適用される．これは，居住地から離れるほど犯行に及ぶ可能性が低くなるという，かなり一般的に認められる傾向を表す関数方程式である．距離減衰関数を犯行現場分布に重ね合わせると，複数の犯行現場から近い地点には高い値，いずれの現場からも遠い地点には低い値が付与され，値の高い部分ほど犯人が居住している可能性が高いと推定される．こうしたモデルの代表例に CGT (criminal geographic targeting) がある．CGT では，距離減衰傾向に加えて，居住地直近では顔が知られているので犯行確率が低くなる（これをバッファー・ゾーンとよぶ）ことが想定されている．また，潜在的犯人（犯罪経歴のある人物）の分布や過去の事件における出発点（居住地）と目的地（犯行現場）との対応関係を事前確率として組み入れたベイズ的アプローチによる居住地推定が，近年盛んに研究されている（例えば，Block et al., 2009）

　このように，犯人の居住地推定に関しては，いくつかの手法が提案され，実地に応用されているが，それらの正確さに関して報告されているデータには幅があり，罪種や地域環境，犯人の移動手段，共犯者の有無等の影響を受けていると考えられる．各手法が，どのような条件のときに最も有効であるのか，さらにデータを積み重ねて明らかにしていく必要があるだろう．

●次回犯行地の予測　犯罪発生予測は，犯罪情勢分析や防犯といったマクロな視点で論じられることが多く，個人の連続犯行における次回犯行地の予測に関しては，いまだ定式化された手法はない．そのため，地理的プロファイリングでは，個別のケースごとに，犯人の空間選好の「癖」を読み解きながら，次の犯行地点を予測することになる．

　予測のための手がかりとして，上述のような幾何学図形による居住地推定結果は，犯人固有の犯行エリアを示したものでもあるので，将来的に発生する現場もその中に含まれる可能性が高いということができる．また，犯人の犯行地選択に偏りがみられ，犯行現場分布にホット・スポット（現場が集中している場所）が形成されている場合には，次回犯行もその近傍で発生すると予測できる（岩見，2009；Porter et al., 2012）．さらに，犯行現場選択に一定のリズムや方向性が認められる場合には，連続して発生した現場間の相対的位置関係を手がかりに，次回犯行現場を予測するという方法も考えられる．米国国立司法研究所（National Institute of Justice：NIJ）が公開している空間統計ソフトウエアには，犯行間の距離・角度・時間的間隔のそれぞれについて自己相関を求め，次回犯行の位置と時期を推定するルーチンが用意されている（Levine, 2006）．

　次回犯行地予測に関するこれらの手法は，居住地推定と同様に実証的なデータの蓄積による検証によって，犯人検挙のための有力なツールとなることが期待される．

［横井幸久］

目撃者の記憶

　戦後わが国の刑事訴訟法では厳密な証拠主義が採用されている．このため犯罪捜査においても，犯行現場で物的証拠（指紋や足跡，体液等）を採取し，それらを検査・分析し，犯人や被害者に結びつける科学捜査（鑑識・鑑定）が重要視される（佐々，1999）．適切に採取・鑑定された物的証拠の客観性は高く，犯人特定や犯行立証の決定的証拠となる．

　しかしながら，すべての事件において物的証拠が残されているとは限らず，残されていたとしても，それだけでは事件の全容解明までに至らない場合もある．このような場合，被害者の供述や目撃者の証言が事件解決の重要な手がかりとなる．被害者の供述をつぶさに分析するとともに，犯行現場付近での聞き込みにより，目撃証言を得て，事件の全容や犯人を割り出す作業を行う．地道な作業ではあるものの，犯行に使用された車両のナンバーを目撃者が記憶していた場合等には，事件解決に向けて大きく動き出す．

●**目撃証言と心理学研究**　事件を目撃して警察官（検察官）に供述するまでの一連の過程は，記憶における三段階の処理過程，すなわち記銘（目撃時），保持（証言するまでの期間），想起（証言時）にそれぞれ対応している．したがって，目撃証言に関するさまざまな現象の説明に，心理学の知見や理論が援用されている．ここでは各段階ごとに目撃証言に影響を及ぼす要因を説明する．

●**記銘段階における要因**　事件・事故を目撃する，すなわち出来事を知覚することにより目撃記憶は形成される．したがって，どのような状況で出来事を知覚したのかを知ることは，目撃証言の「質」を推測するうえで重要な手がかりとなる．知覚に影響を及ぼす要因については，出来事の視認条件に関連する出来事要因と，目撃者個人の心身に関連する目撃者要因とに整理されている．出来事要因については，犯行現場の明るさや目撃していた時間，対象までの距離，観察回数，事件における暴力性の有無の他（Loftus et al., 2006），情報のタイプ（例えば，被疑者の身長や体型（Flin et al., 1986），自動車の速度（Barnecutt et al., 1999）や自動車の車種（Villegas et al., 2005）等については知覚あるいは想起が難しい）等があげられる．目撃者要因については，年齢，性別，職業，視力，情動，知識・経験からの予測や先入観，個人的偏見，飲酒・薬物摂取の有無等があげられる（Loftus et al., 2006）．

●**目撃者の視力**　目撃者要因のうち，その重要性が見過ごされているのが視力の問題である．もし目撃者の視力が十分でなければ，出来事を鮮明かつ詳細に知覚することは難しい．目撃証言の信頼性が争点となる事件では，クリティカルな要

因となるにもかかわらず，目撃者の視力については，ほとんど実証的に検討されていない．数少ない実証的研究として，近藤ら（2004）がある．この研究では，視力検査用レンズにより実験参加者の視力を操作し，明所視条件で観察距離を変化させながら，初対面の人物について識別を行った．その結果，識別可能距離（y: 単位は m）と視力（x）の間には，回帰式 $y = 8.75x + 3.32$ が得られ，目撃者の視力に応じた識別可能距離を算出できるようになった（例えば，目撃者の視力が 0.4 であった場合，その識別可能距離は 6.82 m となる）．この知見は刑事司法や事件捜査の実務に大きく寄与するものといえる．

●**目撃者の情動**　事件・事故は目撃者に強い情動を喚起させる出来事でもあり，その際の情動が目撃者に及ぼす影響を看過することはできない．目撃時に強い情動が喚起されると，目撃者の注意範囲は狭まって出来事の重要な情報のみが知覚されると考えられている．これを注意集中効果(attention focus effect, Christianson, 1992)という．

この注意集中効果について，バークら（Burke et al., 1992）は，情動スライド・中性スライドの 2 種類を用いて検証した．その結果，情動スライド観察群は，中性スライド観察群と比べ，背景情報の記憶は抑制されたものの，顕著な情報や登場人物の行動等の記憶は促進された．この記憶成績の違いは，情動的場面を観察したことにより注意集中効果が生じたことを反映している．また大上ら（2001）は，注意集中効果を記憶課題によって間接的に検証するのではなく，数字検出課題を用いたより直接的な検証を試みた．この研究では，注意範囲のことを有効視野と定義し直し，知覚段階のプロセスであることがより明確になされている．実験では，動画呈示中に画面隅に一瞬数字が呈示され，その数字検出を参加者に求めた．その結果，情動場面では中性場面と比べ，数字の検出成績が低下した．これは情動喚起に伴い有効視野が狭まってしまい，画面隅の変化が知覚されにくくなることを示しており，注意集中効果の妥当性を支持している．

注意集中効果とよく似た現象として凶器注目効果(weapon focus effect)がある．これは，犯人が凶器を所持していた場合，目撃者の注意が犯人の凶器に釘づけになってしまい，犯人の人相や着衣等が記憶されにくくなる現象のことである（Loftus et al., 1987）．凶器注目効果の発現機序に関しては，注意集中効果と軌を一にすると考える立場，すなわち情動喚起による注意範囲（有効視野）の縮小により説明する立場と，文脈における凶器の新奇性の高さから説明する立場（例えば銀行では，そもそも刃物や拳銃といったアイテムの出現確率が低いことから，凶器の新奇性が相対的に高まり注目される）があり，それぞれの妥当性を巡り議論が続けられている．最近，フォーセットら（Fawcett et al., 2013）は，凶器注目効果に関する 28 の研究をメタ分析し，記憶パフォーマンス（被疑者についての特徴記述や同定）の阻害には，凶器の脅威性（情動・覚醒）および新奇性のど

ちらも一定の効果があることを示した．この結果を受け，彼らは両説を統合的に説明する仮説を提案しており，新奇的な物体は，目撃者に「驚き」という情動の喚起とともに生理的覚醒を高め，情動説と同様のメカニズムにより視覚的注意を狭めてしまうと述べている．

　注意集中効果は，目撃者ばかりでなく，SWAT 隊員等の警察官にも生じることが報告されている．グロスマンら（Grossman et al., 2004）によると，米国では銃の乱射事件や重武装した犯罪組織を制圧する際に銃撃戦となることが多い．その際，SWAT 隊員は強烈な情動的ストレスにさらされ，注意機能に著しい変化が生じる．彼らが銃撃戦の経験がある米国の警察官 141 人に対し，銃撃戦の現場における知覚の変化について調査したところ，回答者のうち 85％が銃声でさえも極端に小さく聞こえる聴覚抑制の経験，80％があたかもトイレット・ペーパーの筒から覗いているようなトンネル視（有効視野の狭窄）の経験，72％が引き金にかかった犯人の指先のような細部までもはっきりと見える鮮明視の経験を報告している．この報告から，注意集中効果や凶器注目効果の生起機序には，やはり情動が大きく関わっていることが示唆される．

●保持段階における要因　我々は過去の出来事を想起する際，エピソード記憶を単に検索しているのではない．記憶は断片的で曖昧であることから，さまざまな情報，例えば目撃者自身の知識・経験，あるいは外部から得た情報（例えば，新聞やニュース，関係者との会話）等を利用し，記憶の空白を埋めるようにもっともらしく再構成しながら，記憶を想起している．この再構成は無意識に行われ，我々には再構成時に付加された情報であってもそれらをオリジナルの記憶と区別することはできない（Valentine, 2012）．こうした記憶の性質は，目撃証言の信頼性を著しく損なわせることから，目撃証言研究における主要なテーマとして長く研究が続けられている．

　特に事件後，保持段階において接した情報がオリジナルの記憶を変容させる事後情報効果（post-event information effect）については，多くの研究がなされており，①変容説（alternation hypothesis），②接触可能性説（accessibility hypothesis），③情報源誤帰属説（source misattribution hypothesis）等により説明が試みられている（大沼ら，1999）．それぞれの説明理論の内容については，①の変容説は，事後情報によりオリジナル記憶が書き換えられる，②の接触可能性説は，事後情報によりオリジナル記憶への接触可能性が低下する，③の情報源誤帰属説は，情報源のモニタリングができずに，事後情報を誤ってオリジナル記憶に帰属させてしまう，として記憶変容を説明しており，現在までのところ決定的な結論は得られていない．

　また，保持段階では，保持期間の長短が記憶パフォーマンスに影響を及ぼすことが知られている．被疑者の顔に関する記憶は，単にその保持期間が長くなるだ

けで再認が困難になることが示されており（Deffenbacher et al., 2008），保持期間は事後情報同様に目撃者の記憶に影響を及ぼす要因であるといえる．

●**想起段階における要因**　すでに述べたとおり，記憶の想起は，さまざまな断片的情報をもとに再構成するプロセスでもあり，事後情報や目撃者自身のバイアス（知識・経験，予測・推測），聴取する警察官の語法等の影響を受けやすい．しかしながら，記憶に備わる別の性質を利用し，できる限り正確な証言を多く得ようとする研究もある．例えば，符号化特殊性原理（encoding specificity principle）は，記銘材料は記銘時におけるさまざまな文脈とともに符号化されているとし，想起時に記銘時の文脈を再現すると想起されやすいと考える原理である．この符号化特殊性原理をはじめとするさまざまな心理学の知見や理論を利用し，目撃者からより多くの正確な情報を得るために開発されたのが認知面接（cognitive interview：CI）（☞「認知面接」）である．

　しかしながら，認知面接は，複雑な手続きと時間を要することが問題であることから，より簡便な想起促進ストラテジーの研究も進んでいる．例えば，面接時に目を閉じるだけでも，想起促進効果がみられることが知られている（Perfect et al., 2008）．この閉眼による想起促進効果については，現在のところ，二つの仮説，すなわち，認知負荷説（閉眼により周囲の状況をモニタリングする認知資源が解放され自由に利用できる）とモダリティ特異的干渉説（閉眼により視覚情報の入力を遮断することで目撃場面の視覚化が促進される）により発現機序が説明されており，実装に向けた理論研究が積み重ねられている．

●**防犯カメラは目撃者となり得るか**　これまでの目撃証言研究により，目撃者の記憶は，誤りが生じやすく，簡単には信頼できない性質のものであることが示されてきた．そのため目撃証言を補完する手段として防犯カメラ（CCTV）の活用が注目されている．防犯カメラの活用により，鮮明な画像を利用して被疑者の特定が可能であり，目撃証言に潜む脆弱性を回避できると一般的には考えられている．しかしながら，防犯カメラの記録画像に基づいた人物の識別・同定にも，認知的エラーが生じやすいことが指摘されている（Valentine, 2012）．防犯カメラからの画像から，未知の人物を特定することは，親しい人物（例えば，家族や友人，会社の同僚）を特定することよりも難しく，誤って別の人物を選んでしまうフォルス・アラームが生じやすい（Valentine, 2012）．したがって，被疑者の歩容特徴（歩き方）等に基づいて識別する技術（岩間ら，2013）を併用して特定する必要があるだろう．

［大上　渉］

📖 **参考文献**

[1] 渡部保夫監修，一瀬敬一郎・厳島行雄・仲　真紀子他編著(2001)『目撃証言の研究―法と心理学の架け橋をもとめて』北大路書房．

取調べにおける否認と自白

　グッドジョンソン（Gudjonsson, 2003）は被疑者の自白を抑制する要因として，以下の五つをあげている．法的制裁の恐れ，自己の評判への配慮，自分自身がした行為を認めたくないこと，犯罪について家族や友人に知られたくないこと，報復の恐れ，である．わが国の殺人犯・侵入窃盗犯を対象に，否認中の心理を検討した研究（渡辺ら，1999）では，侵入窃盗犯では法的制裁に対する恐怖を取調べ中に考えたと述べた者がいちばん多かったが（侵入窃盗犯全体の51％），殺人犯では家族や自己の将来の不安を取調べ中に考えたと述べた者が最も多かった（殺人犯全体の55％）．つまり，上記のような恐怖や不安を被疑者がもっている場合には被疑者は自白をしにくいと考えられる．

　わが国での被疑者の自白率に関して，警察庁の調査（「警察における取調べの実情について」2011）によると，一般の事件の被疑者（8都府県警察36警察署で検挙され2011年2月中に終局処分が行われた身柄事件の被疑者）のうち86％（340人）が自白していた．一方，捜査本部事件の被疑者（2010年中に解決した捜査第一課に関連する捜査本部事件（殺人・強盗殺人・傷害致死等の凶悪事件をさす）の被疑者）の場合，全体の66％が自白していた．

●**自白理由**　受刑者を対象にした調査研究によると，被疑者の自白理由として①証拠の強さの認識（perception of proof），②外的圧力（external pressure），③内的圧力（internal pressure），があげられている（Gudjonsson, 2003）．

　①証拠の強さの認識とは，被疑者は，警察が最終的には自分が罪を犯したことを証明するであろうから否認しても意味がないと信じて自白することである．②外的圧力とは，説得的な警察の取調べや警察の行為，身柄が警察に拘束されていることへの恐怖等によって自白することである．③内的圧力とは，被疑者が自分が犯した罪について罪責感をもっており，自白することによって罪責感から解放されたいと思って自白することである．最も重要な自白の要因は，証拠の強さの認識であるが，警察が証拠をもっていないと被疑者が認識している場合には外的圧力と内的圧力が自白の要因として重要になる（Gudjonsson et al., 1991）．

●**自白に関連する要因**　被疑者の自白に関連する要因として，被疑者の特徴，犯罪の性質，文脈の影響があげられている．以下では，先行研究（St-Yves et al., 2009）をもとに，これらの要因に関して，一般的にみられる傾向を説明するが，すべての先行研究で同じ結果が得られているとは限らないことに注意が必要である．

　①被疑者の特徴：年齢，性格，犯罪経歴の有無があげられる．年齢に関しては，

若い，特に未成年の被疑者の方が自白をしやすいといわれている．これは，若い被疑者の方が年上の被疑者に比較して自分の権利を理解していないこと，取調べというストレスに対処できないこと等が理由としてあげられている．

性格に関しては，外向型の人よりも内向型の人の方が，自白しやすいといわれている．これに関しては，前者の方が有責感や後悔をする傾向が強いためと解釈されている．

また，犯罪経歴のある被疑者の方が，犯罪経歴のない被疑者よりも自白しにくいという結果が多く得られている．それは，前者の方が，自分の法的な権利を知っており，それを主張する傾向が高いこと，自白をしたことによって引き起こされる結果を理解していること，警察や取調べに慣れているので，取調べにおけるストレスにも対処できることが主な理由と考えられる．しかしながら，犯罪経歴と自白との関係が得られていない研究もあるので (Moston et al., 1992)，注意が必要である．

②犯罪の要因：犯罪のタイプと凶悪性の二つの要因が指摘されている．犯罪のタイプに関しては，非暴力犯罪者（財産犯）の方が暴力犯罪者より自白しやすいという研究や性犯罪者は自白をしにくいという研究がみられる．ただし，これは他の要因，例えば，財産犯の事件の方が証拠がある可能性が高いことを考慮していないとして研究方法に問題があるとの指摘もある (Moston et al., 1992)．犯罪の凶悪性に関しては，凶悪な犯罪をした者の方がそうでない者より自白をしにくいという結果が認められる．上述した，警察庁が実施した調査でも，一般の事件では，被疑者の86％が自白したのに対し，捜査本部事件では，被疑者のうち自白した者は66％であった．後者における自白率の低さは，事件の凶悪性が自白率と関連していることを示唆している．

③文脈要因：法的助言の有無，証拠の強さ，取調べ手法があげられる．法的助言つまり弁護士へのアクセスの有無に関しては，法的助言のある被疑者の方がない被疑者よりも自白をしにくい．証拠については，被疑者が強力な証拠があると認識した場合に自白する可能性が高い．また，自白に影響を与える重要な取調べ手法として「人間的な（humanitarian）」取調べがあげられる．取調べ官が被疑者に対して攻撃的であったり，敵対的であったり，被疑者を馬鹿にしたり，非難したりする「支配的な（dominant）」取調べ手法では，被疑者が否認する傾向が高いのに対し，取調べ官が被疑者に親切であったり，共感を示したり，被疑者を人として尊重する「人間的な」取調べ手法では，被疑者が自白する傾向が高いことが先行研究より示されている (Holmberg et al., 2002)．わが国の受刑者対象の調査 (Wachi et al., 2015) では，取調べ開始時に自白意図があった者に対しては証拠の強さの認識が，自白意図のなかった者に対しては取調べ手法が，自白に影響することが示されている．

［和智妙子］

虚偽自白と被誘導性（被暗示性）

　虚偽自白をしている人の割合を正確に調べることは難しい．アイスランドの受刑者対象の研究（Sigurdsson et al., 1996）では，回答者の12％が人生において虚偽自白をしたことがあると答えている．虚偽自白の理由として多くあげられていたのは，警察の圧力から逃れるため（51％），他の誰かを守るため（48％），長い勾留を避けるため（40％）であった．これらの受刑者は窃盗や器物損壊のような軽微な事件について虚偽自白をしたと回答した．

　米国の研究（Drizin et al., 2004）では，1971年から2002年の間に米国で虚偽自白であったと証明された125の事例が検討されている．全体の虚偽自白の事例のうち81％が殺人事件で，8％が強姦事件であった．虚偽自白をした者は，若年層が多く（虚偽自白者の63％が25歳以下），知的障害者や精神病と診断された者も一般人口に占める割合と比較すると，不釣り合いに多かった（各22％，10％）．

　また，実験室実験においても，虚偽自白が生み出されてしまうことが示されている．例えば，米国の研究者が行った騙しの実験（Kassin et al., 1996）では，参加者に，「コンピュータのALTキーに触れるとコンピュータが壊れすべての研究データが失われるので，ALTキーに触れないように」と実験者が最初に警告して実験を行った．実験中，コンピュータが壊れ，参加者はALTキーに触れたのではないかと実験者から非難された．ただし，実際には参加者は誰もALTキーに触れておらず，コンピュータが壊れたのは実験者が準備していたことだった．その後，偽の目撃証言を提示する群と，提示しない群に分け，偽の証拠の影響を分析した．その結果，偽の目撃証言を提示することは，無実の参加者が虚偽自白をする傾向を高め，さらに参加者がコンピュータが壊れたのはみずからのせいだと罪を内面化する傾向を高めたのである．その後，米国で実施された実験室実験（Russano et al., 2005）では，最小化（犯行の反道徳性をなるべく小さく評価する手法）のような取調べの手法によっては虚偽自白を導く傾向があることも示されている．このように，虚偽自白は一般の人でも状況によっては引き起こされてしまうことが実験によって示されている．

●**虚偽自白の三つのタイプ**　態度変化に関する社会心理学的理論から，カッシンら（Kassin et al., 1985）は，虚偽自白を三つのタイプに分類している．①自発型虚偽自白とは，無実の人がみずから進んで虚偽自白をすることであり，理由としては真犯人をかばうため等があげられる．一方，②強制-追従型虚偽自白とは，高圧的な取調べによって無実の人が自白することで，これらの被疑者は短期的利益（家に帰らせてもらうため等）の方が長期的にみて不利益なこと（刑罰等）より

も重要と考えて自白する．彼らは，後で真実が公になるだろうと信じている可能性がある．③強制-内面化型虚偽自白とは，犯罪をした記憶がなくても，取調べの間にみずからが犯罪をしたと信じるようになって自白することである．これらは，健忘やアルコールによって引き起こされた記憶の問題等によって起こる．

●**被誘導性（被暗示性）とグッドジョンソン被誘導性尺度（Gudjonsson Suggestibility Scale：GSS）**　虚偽自白をする被疑者の特徴として，被誘導性（suggestibility）の高さがあげられる．被誘導性は，他の人によって伝えられた情報を受け入れ，みずからの信念や記憶の中に組み込む傾向をさす（Kassin et al., 2010）．

　グッドジョンソン（Gudjonsson, 2003）によれば，被誘導性は服従（yield）と変更（shift）という二つのタイプに分けられる．服従は，人々が誘導的な質問に従ってしまう傾向をさし，変更は，批判や否定的フィードバックによって，回答を変える傾向である．グッドジョンソンはこれらの被誘導性を測定する尺度として，グッドジョンソン被誘導性尺度を開発した．この尺度は，特に誘導質問と否定的フィードバックに対して，個人がどのように反応するかを査定することを目的としている．この尺度にはGSS1とGSS2という2種類の検査があり，司法や研究の場で利用されているが，GSS1は司法の場で特に有用である．GSS1では，被検者は架空の強盗の物語を聞き，その後，その物語について覚えていることをすべて報告するように言われる（直後再生）．50分程度経った後，再度，物語について覚えていることをすべて報告するように依頼される（遅延再生）．その後，物語について20の質問を尋ねられるが，20の質問のうち15の質問は，わずかに誤った方向に導くような誘導質問である．被検者が20の質問にすべて回答した後に，検査者は，被検者に「あなたの回答はたくさん間違えていたので，もう一度質問します．今度はより正確に答えるように努力して下さい」という否定的なフィードバックを与える．そして被検者は20の質問に再度回答することになるが，この際，前の回答と答えを変えた場合に，変更とみなされる．被検者が最初の15の誘導質問に従った数は服従1として得点化され，服従1と変更の合計得点が「全被誘導性」の得点となる．平行テストとして開発されたGSS2は，尺度の形式，実施方法，得点基準はGSS1と同一であるが，異なるのは，刺激となる物語（と質問）が自転車事故に関する物語であるという点である．

　このGSS尺度を利用して，さまざまな特徴がどのように被誘導性と関係しているかを調べる研究が行われてきた．これによると一般的に，被誘導性得点が高い者は，記憶力が低く，不安が高く，自尊心が低く，主張性に欠けている傾向がみられる．被疑者を対象とした研究では，虚偽自白をして後で撤回した者は被誘導性が高い傾向がみられ，取調べ中ずっと無実を主張していた者は被誘導性が低いことが示されている（Kassin et al., 2004）．

〔和智妙子〕

供述の信頼性分析

　被疑者が，連日の取調べによって自供した場合，あるいは，目撃者が直後には何も思い出せなかったのに，後で考えて事件のときの状況を詳しく思い出した場合等，実際の犯罪捜査場面においては，その供述がどのくらい信頼できるものなのかという疑問が生じることがある．そこで，その証言の内容を分析し，それらの証言の確からしさを査定しようという方法論が開発されてきた．これを供述の信頼性分析という．

●**ウンドィッチの供述分析**　最初にこのような方法論を構築したのはドイツの心理学者ウンドィッチ（Undeutsch, 1989）で1950年代のことである．彼が主な研究対象にしたのは，性的虐待の被害者である．実際に性的虐待を受けた被害者の真実の供述と実際には被害を受けていないのに虚偽の供述をしている場合を区別する方法について検討したのである．彼は1,500件以上のケースを分析し，その法則を明らかにしようと試みた．

　ウンドィッチはある供述が信頼できるものであるかを判断する場合，そこには二つの基準があると考えた．第一の基準は次のような特徴で評価されるものである．①供述の独自性，②明瞭性，③迫真性，④内容の一貫性，⑤犯行の細部についての描写があること，⑥通常の環境では，被害者が体験するようなことがないような特殊な細部について描写されていること，⑦主観的な感情が述べられていること，⑧自発的に以前の供述の訂正がなされたり情報が付加されること．

　第二の基準は，第一の基準を補完するものであり，供述内容がすでにわかっている他の客観的情報や，心理学的，科学的な常識と整合しているかによって評価される．被害者の証言がこれらの基準を一定程度満たしていれば，その証言全体が真実のものであると評価されるのである．ウンドィッチの基準は，初めて作成された供述分析の基準という意味では，非常に重要なものであるが，単に経験的な法則を列挙しただけであるという問題点もある．すなわち最終的な判断自体の明確な基準が示されている訳でなく，ある証言が別の証言よりも信頼できそうかどうかを判断するだけのものになっている．

●**トランケルの供述分析**　ウンドィッチの方法論は，その後，弟子のトランケルに受け継がれることになる．トランケル（Trankell, 1972）は，基本的にはウンドィッチの方法論を踏襲しながらも，供述がどのようにして引き出されたのかという情報も重視する点が特徴的である．彼は，あらかじめ事件についての資料を収集し，その一方で，供述が引き出された過程を①相互影響過程分析，②供述の現実性分析，③尋問分析という3種類の観点から分析する．そして，それらを比

較して，供述内容が「完全かつ，合理的な，唯一の」説明になっているのかを分析するという方法論である．

●ケーンケンによる CBCA　ケーンケン（Köhnken, 1987; 2004）は，ウンドィッチ以来蓄積されてきたさまざまな供述分析のための基準をまとめ，それに基づく内容分析（criteria-based content analysis：CBCA）という判断基準を作成した．これは，供述の信頼性判断基準を 19 個の基準としてまとめ直したものである．この基準は大きく四つのグループに分けることができる．第一は，一般的特徴に関する基準であり，ここには，供述の論理的な構造や詳細情報の量についての分析が含まれる．第二は認知的内容についての基準であり，証言が文脈の中に正しく位置づけられているか，誤って解釈した出来事がそのままに語られているか，主観的な精神状態の報告があるか，等が含まれる．自分がまさに体験した経験がそのまま語られているかの判断基準といってよいだろう．第三は，動機に関する基準である．ここには自発的な証言の訂正や，出来事の一部について記憶や知識がないことについての言及，自分の証言についての疑い等が含まれる．一般に虚偽の証言においては，事実をみずから構成してしまうので，このような証言は現れてきにくいのである．第四は，犯行の具体的な要素について語られているかという基準である．

　これらの基準を総合的に判断することによって，供述が本物であるかを査定するのである．ケーンケン自身は，この基準での判断について計量的な指標等は作成していなかったが，最近の研究では，これら各基準を何段階かで判断させて，その合計点を用いて虚偽の証言を検出するという試みも行われている．

●浜田の供述分析　主にドイツで発展した以上のような分析枠組みは，目撃者を主眼においていたが，わが国の司法制度に沿ったかたちで分析手法を発展させたのが浜田寿美男である（浜田, 2005）．浜田は，事件に関するあらゆる資料を収集した．目撃者や被疑者等の供述が時系列的にどのように変化していったのかを分析する変遷分析，各供述内容の起源を分析する個別供述分析等，証言者が知り得るさまざまな情報源からの情報を取り除いたうえで，本人の体験からの供述部分のみを抽出し，捜査官等の誘導の可能性を吟味する構成・誘導分析等を駆使して，供述の真偽を判断する手法をつくりだした．実際，1974 年に兵庫県西宮市で発生した甲山学園で児童 2 名がトイレの浄化槽から遺体で発見された事件（甲山事件）では目撃者の供述（浜田, 1986），また 1966 年に静岡市で発生した強盗殺人事件（袴田事件）では被告の供述を，この手法を使用して分析している（浜田, 2006）．　　　　　　　　　　　　　　　　　　　　　　　　　　　　［越智啓太］

📖 参考文献
[1] Undeutsch, U.(1989) The development of statement reality analysis, In Yuille, J. C. (Ed.), *Credibility Assessment*, Deventer.

司法面接

　司法面接（forensic interview）とは，法的判断に用いることができる精度の高い供述の聴取をめざした面接方法の総称であり，調査（捜査）面接（investigative interview）ともよばれる．狭義には，性的または身体的な虐待の被害を受けた，あるいは目撃者となった疑いのある未成年者への面接をさす（わが国では保護者からの加害を虐待とよぶが，諸外国では通常，保護者以外の他者からの加害も虐待に含まれる）．わが国の児童相談所では事実（被害）調査面接，事実（被害）確認面接等とよばれることもある．

●**司法面接の背景**　1980年代，国連での子どもの権利条約の採択にもみられるように，世界各地で虐待防止への取組みが強化された．しかし，そうした中で虐待発見のための行き過ぎた調査や面接が原因とされる，誤った保護・分離や冤罪も報告されるようになった．例えば，英国で起きたクリーブランド事件（1987年，半年間に125人の児童が保護されたが，調査法に問題があるとされ，最終的には全員が家庭へ戻された）や，米国で起きたマクマーチン事件（1983年，マクマーチン幼稚園に通う幼児が職員にわいせつ行為を受けたと報告し，最多時では369人の幼児が性的虐待，動物虐待，悪魔儀式等に関する供述をした．しかし，物的な証拠はなく，面接の仕方に問題があったとされた）等が有名である．こういった事件を受け，誘導や暗示のない，より正確な聴取をめざす面接法への要請が高まった．加えて，1980～2000年代にかけて起きた「偽りの記憶論争」も司法面接の開発に寄与したものと考えられる．偽りの記憶論争とは，幼児期に受けた性虐待の記憶を抑圧し忘却したが，後に心理療法等により回復したとされる事案において，記憶の真偽が問題にされた論争である．実際にはなかった事柄であっても，誘導的な記憶回復技法により誤った記憶が植えつけられる可能性があることが指摘された．

　英国では1992年に『良き実践のためのメモ（*Memorandum of Good Practice: MOGP*）』が英国内務省・保健省から刊行され（英国内務省・英国保健省, 2007），そこで提唱された司法面接法が刑事手続において用いられるようになった．2001年に発行された，後継版『刑事手続において最良の証拠を得るために（*Achieving Best Evidence in Criminal Proceedings: ABE*）』では，司法面接が供述弱者とされる大人にも適用されるようになった．北米でも司法面接の策定が進み，1998年に，米国心理学会から『子どもの調査面接―専門家のためのガイド（*Investigative Interviews of Children: A Guide for Helping Professionals*）』が出版されている（Poole et al., 1998）．

●**司法面接の種類**　MOGP，ABE の他，カナダのユール（Yuille, J. C.）らが作成したステップワイズ面接，ケーンケン（Köhnken, G.）らが作成した構造面接，米国国立小児健康人間発達研究所（National Institute of Child Health and Human Development：NICHD）でラム（Lamb, M. E.）らが作成した NICHD プロトコル（Lamb et al., 2007）等が知られている．特に，NICHD プロトコルは，習得を促進するため，面接で面接者が話すべき文言が台詞化されている．このプロトコルは，ヘブライ語，スペイン語，フランス語，中国語，日本語等に翻訳され研修や研究で広く用いられており，効果検証も数多く行われている．フィッシャー（Fisher, R.）とガイゼルマン（Geiselman, R. E.）が作成した認知面接（cognitive interview）（☞「認知面接」）も，司法面接の発展に影響を及ぼした．

●**司法面接の特徴**　司法面接では，①被面接者への負担を最小限にしながら，②できるだけ正確な情報をできるだけ多く引き出すことをめざす．①被面接者への負担を最小限にするには，面接の回数を少なくすることが必須である．そのための方策の第一は，面接を録音録画することである．客観的な記録は，初期の（すなわち記憶が比較的新しい時期の）供述を正確に記録するためにも重要であり，この録画を用いて司法や福祉におけるその後の手続きが行われることが望ましい．第二の方策は，多機関連携である．被害者を支援し，事件を解決するためには，司法，福祉，医療，心理等の多機関が事件についての情報を共有することが有用である．その際，被害者が各機関を訪れ，それぞれで聴取を受けるとなれば，面接の回数も増え，精神的な負担も増加する．そこで，各機関から関係者が面接室に集まり（これらの人々をバック・スタッフという），面接をモニターし，必要な情報を一度に収集することが理想的である．面接者とバック・スタッフは協同して面接の計画にあたり，面接を実施し，情報を共有し，それぞれの目的に沿って利用するとともに，連携して子どもの支援にあたることが期待される．

　②正確な聴取を達成するには，面接者が極力，誘導，暗示となり得る情報を提示することなく，被面接者から多くの情報を収集することが求められる．そのための第一の方策は，誘導や暗示の少ない質問を行うことである．誘導や暗示の多くが面接者の言葉によって伝達されることを考えれば，面接者からの情報が含まれず，被面接者の回答に制約をかけないオープン質問（自由再生質問ともいう）の使用が望ましい．オープン質問には，(a) 誘いかけ質問（「何があったか話してください」），(b) 時間分割質問（「（被面接者が言及した出来事 A, B 等について）A から B までの間にあったことを話してください」），(c) 手がかり質問（「（被面接者がすでに言及した事柄）についてもっと話してください」），(d) それから質問（「そして」「それから」等，さらなる情報を引き出すための質問）等が区別されており，これらの質問はより正確な情報をより多く引き出すことが諸研究により確認されている．また，「いつ」「どこ」「誰」等の WH 質問（焦点化質問

ともいう）も，面接者から情報を提示することなく，情報を収集することができる．司法面接では，オープン質問や WH 質問を多く用いることが推奨される．

これに対し，クローズド質問（「A ですか」や「A ですか B ですか」等，回答の幅に制約がある質問．選択式質問，選択の提示ともいう）は，質問文に含まれる情報（A, B 等）が記憶を汚染する可能性があるため，最小限にとどめる．また，誘導質問（「～ですね」のように「はい」と答えることを期待するような質問）や暗示質問（被面接者が話していないことを前提とする質問．被面接者は犯人と会話したと言っていないのに「犯人は何と言っていましたか」等）は避けなければならない．この他，圧力（「話してくれないと大変なことになる」「みんなも言っている」），取引き（「話してくれたらすっきりする」「話してくれたら助けてあげられる」），対立（「そうは言っても証拠がある」），ステレオ・タイプの提示（「（被疑者）は悪いやつだ」）等も不適切である．

より正確な情報を引き出すための第二の方策は，被面接者がより正確に，より多くの情報を引き出せるように支援し，動機づけることである．そのために，司法面接は次のように穏やかに構造化されている．(a) 自己紹介を行い，面接の意義や機材について説明し，(b) グラウンド・ルール（面接での約束事）を説明する．例えば，「本当のことを話してください」「質問がわからなかったら『わからない』と言ってください」「答えを知らなかったら『知らない』と言ってください」「面接者が間違ったことを言ったら『間違っている』と言ってください」等と教示し，練習を行う．次に，(c) ラポール（話しやすい関係性）を形成するために，被面接者の好きなこと等を話してもらい，(d) 出来事を思い出して話す練習（エピソード記憶の訓練）を行う．例えば，「今朝起きてからここに来るまでにあったことを，最初から最後まで全部話してください」等と教示し，詳細に思い出して話してもらう．これらの手続きの後，(e) 本題に入る．オープン質問と WH 質問によって情報が得られたならば，面接者は (f) ブレイク（休憩）をとり，モニター室に戻り，十分な情報が収集できたかバック・スタッフと確認する．(g) 確認後，必要があればクローズド質問や確認のための質問を行い，(h) クロージングの手続きを行う．クロージングでは，子どもに言い足りなかったことや質問がないか尋ね，その後，中立の話題に戻して終了する．

●**司法面接の効果**　上述したラムやその他の心理学者によって，司法面接を導入する前と後の面接を比較した研究が行われている．ラムらは，英国，イスラエル，米国，フランスにおいて，NICHD プロトコル導入前と導入後の面接を比較し，後者において，より多くのオープン質問が用いられていること，選択的な質問はより少なく，面接のより遅い段階で用いられていること，より多くの情報が得られている」こと等を示した（Lamb et al., 2008）．わが国でも同様の効果が確認されている（仲，2011）．また，面接中に生じる報告の矛盾は，暗示的な質問に対

して生じることが多いこと，NICHDプロトコルで得られた情報は矛盾が少ないこと等もフィールド研究により示されている（Lamb et al., 2008）．

●**司法面接法の展開** 司法面接が導入され始めた1990年代では，事務的な情報（氏名，年齢，通っている学校等）の収集も重視されたが，こういった情報の収集は一問一答になりがちであることから，司法面接以外の場で行われるようになった．また，補助物（人形や模型）が用いられたこともあったが，補助物があっても得られる情報に大きな差はないこと，特に年少児では，補助物がファンタジーを促進する場合があること等から，補助物の利用に対しては，慎重な立場が多い．一方，グラウンド・ルールの重要性（例えば，本当と嘘について話し合っておくこと〈true lie discussion：TLD〉が，より正確な情報の産出を動機づける）や，ラポールの形成・エピソード記憶の練習の有用性（オープン質問を用い，子どもにできるだけ話させる練習をしておくと，本題での自由報告〈free narrative：自発的な語り〉が得られやすい）を示した実証研究等から，こういった要素はより重視されるようになった（仲，2012）．この他，面接は原則として一度行うこととされているが，面接を3〜5回に分け，1〜3回エピソード記憶の訓練を行う等して準備をしたうえで本題に入る拡張司法面接（extended foresnic interviews：EFI）や，活動，人物，場所等の手がかりカードを用いて報告してもらうナラティブの精緻化（narrative elaboration），冊子化された認知面接の手法の手続きに沿い，自分で報告を記述していく自己実施面接（self administered interview：SAI）等が工夫されており，研究も行われている．近年では司法面接が大人の被害者，性加害が疑われる被疑少年，知的障害のある被疑者，家事事件における子どもの意向調査等にも用いられるようになった（仲，2014）．

●**わが国での司法面接** 日本では2000年代初頭より，司法面接に関連する書物が翻訳されるようになり，児童相談所職員や司法関係者を対象とした研修も行われるようになった．厚生労働省『子ども虐待対応の手引き』（2013）は児童福祉法28条事案等での司法面接の使用を推奨し，児童相談所における司法面接の使用は拡大してきている．司法分野では，NICHDプロトコルを参考としつつ，警察庁が2011年に被害児童からの客観的聴取に関する執務資料を作成し，検察庁において司法面接の手続きが用いられる事例も出てきた．わが国では多機関連携の枠組みは十分に整備されていないが，実務的には司法，福祉，心理，医療が連携し，司法面接での事実確認をその後のケアに活かすという試みもなされるようになった．裁判員裁判の開始とともに，司法手続における録音録画の対象範囲は拡大され，被害者，目撃者等の参考人への聴取も電子的に記録される方向にある．こういった流れは，被面接者に精神的負担をかけることなく，より正確な情報を聴取し記録するという司法面接の主旨に沿うものである．司法面接の開発，検証，研修，実施は，今後さらに重要になるであろう．　　　　　［仲 真紀子］

認知面接

　何種類かの手法が存在する捜査面接の中でも，認知面接は代表的な面接法の一つである．認知面接とは，心理学的知見に基づき，目撃者から正確な情報を引き出すことを目的とした捜査面接手法である．

　認知面接は1980年代に，米国の捜査当局が心理学者に有効な面接法の開発を要請し，最終的にフィッシャー（Fisher, R. P.）とガイゼルマン（Giselman, R. E.）を中心として開発された面接手続きである．認知面接は主に協力的な目撃者，被害者，被疑者から引き出される情報の量と質の両方を高めることを目的として，現在，世界中の多くの捜査機関に採用されている（Milne et al., 1999）．具体的な認知面接の有効性は，目撃証言における誤答数を増加させずに正答数を増加させることにあるが，同時に，目撃者に対する誘導質問，あるいは，誤った情報を伝えてしまう誤誘導質問に対する目撃者の耐性，つまり，目撃者が誘導にひっかかりにくい傾向を高めることが明らかになっている（越智，1998）．

　認知面接のように，犯罪捜査において実施される面接は捜査面接とよばれている．捜査面接の役割の一つとして，「警察が捜査している問題に関して真実を発見するため，正確かつ信頼のおける情報を被疑者，証人，あるいは被害者から得ること」ということが提起されている（Milne et al., 1999）．英米等，捜査面接の先進国において，このような面接が開発されてきた背景には，警察で行われていた面接に実証的裏付けが欠如していたことがあげられる．

　例えば，米国では，目撃者に対しては「何が，どこで，なぜ，いつ，どのようにということだけを尋ねたらそれでよい」等，厳密とは言いがたい姿勢を警察官が貫いてきたために，回避できるミスを頻繁に犯し，潜在的に価値のある情報の獲得に失敗してきた可能性が指摘されている（Fisher et al., 1992）．

　被疑者に対する取調べも同様に，科学に基づかない最低限の訓練しか実施しなかった結果，英国を例にあげると，ギルフォード4人組事件，バーミンガム6人組事件（ともに20世紀の英国における最悪の誤判とされるテロリスト犯罪）等の冤罪事件を生み出し，警察が被疑者に対して行った面接が大きな社会問題をもたらしたと指摘されている（Milne et al., 1999）．

　このように，捜査面接が開発されてきた背景には，警察官の面接に対する科学的，系統的な訓練の不足によりもたらされた捜査上の負の遺産が存在することがうかがわれる．

　実際に捜査面接を早い段階から導入し，警察官の訓練にも応用している国は英国であると思われる．英国の警察機関では，この認知面接とは別に英国で開発さ

れた会話の管理（警察官が勤務中に会話するあらゆる人間に対する面接法）という捜査面接の手法が盛り込まれた PEACE（preparation and planning, engage and explain, account, closure, evaluation）訓練とよばれる警察官の系統的訓練方法が導入されている（☞「裁判心理学」）．

このような流れと並行して，海外では子どもに対する科学的な面接手法の開発も試みられており，構造面接法（ドイツ），ステップ・ワイズ面接法（カナダ），フェーズド・アプローチ（英国）等心理学的要素を含んだ面接法が開発されている（仲，2003）．なお，認知面接も，研究の初期段階から子どもを対象とした実験が行われ，その有効性が示唆されている（Geiselman et al., 1988）．

●**認知面接の二つの手法**　一般に認知面接の原理は，捜査員と目撃者のコミュニケーションを最大化させること，さらに，目撃者には目撃当時の文脈の再現を実施させ徹底した集中をうながすこと，加えて複数の検索方法をとるように導くことにある．この背景にはさまざまな心理学的知見が応用されている．先に紹介した認知面接の開発の中心的役割を果たした2人の心理学者フィッシャーとガイゼルマンはともに認知心理学を専門とする．認知面接が完成するまでには，この2人の心理学者を中心として，非常に多くの基礎実験が繰り返されている．

その経緯は，表1に示したオリジナル版認知面接とよばれる手法と，実際の実務で使われている表2（次頁）の改訂版認知面接という手法への発展からうかがうことが可能である．オリジナル版は認知心理学の実験から導かれた記憶想起に有効とされる4種類の基本公式が用いられており，非常に多くの基礎実験によりその有効性が検証されてきた．しかしながら，オリジナル版は心理学的見知からの記憶促進に重点が置かれているが，面接の具体的な実施順序等を示していないことが限界とされている（Milne et al., 1999）．

表1　オリジナル版認知面接の手法(越智，1998 より作成)

手　法	具体的な内容
文脈の心的再現	目撃者に事件当時の状況をイメージ化させながら事件について語らせるといった技法．一般に記憶研究では，記銘時の環境などの手がかり（文脈効果）と検索時の手がかりが一致すればするほど，多くの情報が想起できることが知られている
悉皆報告の要求	目撃者に「思い浮かんだことはすべて，間違っていようがいまいが（自分では重要でないことだと思っても）気にかけず報告するように」と教示し，目撃者の話した出来事を批判したり，論評したり，矛盾をついたりせずに，勇気づけながら再生を行わせるといった技法
異なる順序での想起	目撃者に時系列とは逆向きに出来事を描写させたり，ばらばらな順序で描写させたりするという技法
視点を変えた想起	例えば，犯人の目から見たらその事件がどのように見えたか，あるいは別の位置から事件がどのように見えたか等，状況を異なった視点から描写させる技法

表2 改訂版認知面接の手法(Fisher, 1992より作成)

段 階	主な目的
第1段階：導入	ラポール（信頼関係）の形成と，目撃者に面接の理解を得る．
第2段階：自由報告	目撃者がどのような形で記憶しているのか，目撃者の頭の中の記憶構造を把握する．
第3段階：記憶コードの探査	捜査員が知りたいことを直接質問し，さらに，目撃者が思い出せなかった記憶を喚起させる．
第4段階：振返り	正確な情報が収集できたか，また，目撃者が他に付け足す情報がないか確認する．
第5段階：終了	好印象を与え，他に思い出したことがあれば言うように教示する．

●**改訂版認知面接**　実際に警察で行われている面接の調査により開発された改訂版認知面接では，捜査員と目撃者のコミュニケーションに重点が置かれると同時に，表2で示されたように具体的な進行段階が定められている．まず，第1段階「導入」は，目撃者と良好な人間関係を構築して，これから始まる面接のルールを紹介することである．この段階では面接の主役は目撃者であることをはっきりと伝えて，目撃者自身が主体的に参加するように理解をうながす．同時に，詳しい情報が必要であるので心に浮かんだことを何でも話すように念を押して，より鋭く集中するようにうながしていく．

そして第2段階「自由報告」の目的は，目撃者がどのようなかたちで事件や事故を記憶しているのか，目撃者の記憶構造を把握することにある．そのため，目撃者が全体的な文脈を再構築することから始め，具体的な目撃内容だけでなく，事件（事故）を目撃した日の行動予定，目撃前の気分，どうしてその場にいたのか等を自由に述べさせることが必要になる．この過程を通して，目撃者がどのような記憶のイメージ（心像）を抱いているかを把握して，次なる段階への大まかな質問戦略を構築することになる．この段階で具体的に留意すべきことは，目撃者に自由に話すことを求め，その話を遮らないことである．また目撃者が話を止めた後，次の質問に移るまでに適切な時間間隔（ポーズ）を設けることが大切であるとされ，あくまでも目撃者のペースで面接を進行させる．

さらに，第3段階「記憶コードの探査」は認知面接の中核となる部分であり，ここでいう記憶コードとは，目撃者が記憶している事件の具体的な記憶の形態（様式）であり，探査とは捜査員がその記憶形態から必要な情報を収集していく作業を示す．まず必要な情報を探査する段階として，特定の出来事に関する文脈（例えば，最初に犯人を見たときのような具体的な場面）を再構築させ，あらかじめ捜査員が決定した順番に基づいて，目撃者が自由に話せるような質問形式で尋ねることが主要な作業となる．そのため，目撃者に集中の大切さをもう一度強調し，

基本的には目撃者に目を閉じてもらうことで，さらに集中しやすい環境を設定する．なお，この段階で，予定していなかった新たな情報が目撃者の記憶から喚起された場合は，先の段階で決定した質問の順番を変更する等，臨機応変な対応が必要とされている．

次なる第4段階「振返り」の目的は，正確な情報が収集できたか，また，目撃者が他に付け足す情報がないか確認することであり，先の段階で記録した内容が目撃者の記憶と合致するかも確認することである．この段階においても，面接の主体者はあくまでも目撃者であり，目撃者が新しい情報を想起したり，捜査員の記録にミスがある場合は，ただちに教えるように明確に伝達しておくことが必要である．

最終段階にあたる第5段階「終了」は文字どおり面接を終えることであるが，単純に作業の終了を意味するものでなく，最後に好印象を与え，他に思い出したことがあれば必ず連絡するように働きかけることである．

●**日本への応用**　ところで，わが国の捜査に関する面接は主に経験を重視するかたちで継承されてきたと指摘されている（田崎，2013）．しかし，近年，虚偽自白を防止して，有効な捜査情報を導き出す科学的な面接手法が注目を浴びつつある．

その第一歩として，警察庁は，2012年に教本として『取調べ（基礎編）』を策定して公表した．これの基本的な考え方は，協力的な関係者から有効な捜査情報を引き出すこととされている．そのため，記憶促進手法，ラポールの形成等の認知面接の基本となる手法が多く取り入れられているだけでなく，英国のPEACE訓練を参考にした面接の手順や，訓練方法が導入されている．

同時に，近年は司法面接とよばれる子どもや供述弱者とされる大人に適用する面接法（英国内務省，1992；2007）が注目されており，日本の捜査にも科学的な面接が本格導入されつつある（☞「司法面接」）．　　　　　　　　　　　　　［高村　茂］

📖 **参考文献**

[1] Fisher, R. P. & Geiselman, R. E. (1992). *Memory-enhancing techniques for investigative interviewing: The cognitive interview*, Charles Thomas.（フィッシャー，R. P.・ガイゼルマン，R. E. 著，宮田 洋監訳（2012）『認知面接―目撃者の記憶想起を促す心理学的テクニック』関西学院大学出版会）

[2] Milne, R. & Bull, R. (1999) *Investigative interviewing: Psychology and practice*, John Wiley & Sons.（ミルン，R.・ブル，R. 著，原 聰編訳（2003）『取調べの心理学―事実聴取のための捜査面接法』北大路書房）

[3] Home Office in conjunction with Department of Health (1992) *Memorandum of good practice for video recorded interviews with child witnesses for criminal proceedings*, HMSO.（英国内務省・英国保健省，仲 真紀子・田中周子訳（2007）『子どもの司法面接』誠信書房）

ポリグラフ検査の生理指標

ポリグラフの語源は,「複数の(＝ポリ)グラフが描かれること」である.その名のとおり,犯罪捜査で実施されるポリグラフ検査では,複数の生理指標を同時に測定する.犯罪捜査場面では,対象者の言語報告が信頼できるとは限らない.また,行動指標は対象者が意図的に操作できるものも多い.そのため,意図的には操作しにくい生理指標が利用される.

現在,わが国でのポリグラフ検査では,事件に関連する項目(一つ)を提示したときと関連しない項目(四つ程度)を提示したときで,自律神経系の反応に違いがあるかどうかを調べている.一方で,研究場面においては,中枢神経系の指標も用いられている.

●**自律神経系の指標** ポリグラフ検査で用いられる指標は,①呼吸運動,②皮膚コンダクタンス,③心拍数,④規準化脈波容積である(図1).これらは主に自律神経系の影響を受ける.自律神経系は,安静状態で優勢になる副交感神経系と,活動時に優勢になる交感神経系に分かれる.皮膚コンダクタンス・規準化脈波容積は交感神経系の活動のみを反映するが,心拍数は副交感神経系の活動も反映する.各指標の測定原理と反応の傾向は,以下のとおりである.

①呼吸運動:ヒトの胸や腹は,息を吸うと広がり,息を吐くと縮まる.胸腹部の周囲長の変化を測ることで,呼吸の変化を測定できる.検査対象者が事件に関連する項目を知っているとき,その項目が提示されると,他の項目が提示されたときよりも呼吸が遅く,浅くなる.②皮膚コンダクタンス:ヒトは緊張して覚醒が高まると,手足に汗をかく.汗をかくと,電気の流れやすさが変化する.この電気の流れやすさを皮膚コンダクタンスとして記録する.検査対象者が事件に関連する項目を知っているとき,その項目が提示されると,他の項目が提示された

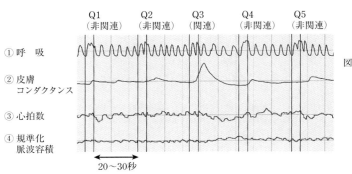

図1 ポリグラフ検査における自律神経系反応の例 Q3(事件に関連する項目)を提示した後に皮膚コンダクタンスが増大し心拍数が低下している(Osugi, 2011より作成)

ときよりも汗腺が活動し，皮膚コンダクタンスが増大する．③心拍数：心臓の拍動に関連する電気的な変化を心電図としてとらえることで，拍動の間隔を測る．検査対象者が事件に関連する項目を知っているとき，その項目が提示されると，他の項目が提示されたときよりも拍動の間隔が長くなる．つまり，1分あたりの拍動数（心拍数）が低下する．④規準化脈波容積：緊張して覚醒が高まると，指先の血管が収縮して弾性が低下する．血管の弾性が低下すると，指先で観測される脈波の振幅は小さくなる．検査対象者が事件に関連する項目を知っているとき，その項目が提示されると，他の項目が提示されたときよりも血管の弾性が低下し，規準化脈波容積は小さくなる．

ポリグラフ検査で生じる呼吸の抑制，皮膚コンダクタンスの増大，心拍数・規準化脈波容積の減少という反応は，生起頻度が低く有意味な刺激に対して一般的に生じる反応（定位反応）と似ている．事件に関連する項目を知っている検査対象者にとって，その項目は5回に1回程度しか提示されない，意味のある刺激であるため，定位反応が生じると考えられる．定位反応の大きさは，検査に対するモチベーションや隠ぺいの意図の強さによっても変化する．

●**中枢神経系の指標**　ポリグラフ検査の研究場面では，脳波，機能的磁気共鳴画像法（fMRI），ポジトロン断層法（PET）等の中枢神経系の指標を測ることがある．中でも脳波は，測定が比較的容易であるため，将来的にポリグラフ検査の一指標として実務場面に導入される可能性がある．脳波は，脳の神経活動に伴う電気活動を頭皮上から記録したものである．刺激に対して生じる脳波の変化は，事象関連電位とよばれる．検査対象者が事件に関連する項目を知っているとき，その項目に対して，他の項目に対してよりも大きな事象関連電位が，項目提示後300〜500 msもしくはミリ秒付近にみられる（図2）．この波はP300とよばれ，一般に低頻度で有意味な刺激に対して生じる．ポリグラフ検査においては記憶の有無の指標になる．

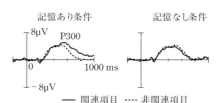

図2　（左）事件に関連する項目を記憶しているときと（右）記憶していないときの事象関連電位の波形（Matsuda et al., 2013 より作成）

どの生理指標が最も有効かは個人によって異なる．例えば，脳波に反応がみられなくても，自律神経系には反応がみられる人がいる（Matsuda et al., 2011）．あくまでポリグラフ検査として，複数の生理指標を測り，検査対象者の反応を多角的にとらえていく必要がある．

［松田いづみ］

📖 **参考文献**
[1] Verschuere, B., Ben-Shakhar, G. & Meijer, E.（2011）*Memory Derection: Theory and Application of the Concealed Information Test*, Cambridge University Press.

ポリグラフ検査の質問法

　本項では，ポリグラフ検査においてきわめて重要な事項である質問法を解説する．ポリグラフ検査という言葉は，しばしばウソ発見あるいは虚偽検出検査と同義で用いられる．しかし実際に，何を検査するのかは，検査の方法・手続きに依存する．ポリグラフ検査の質問法とは，この検査の目的を規定する検査の具体的な方法に他ならない．

●**代表的な質問法**　ポリグラフ検査の質問法は，二つに大別される．一つは，米国など世界で広く用いられている比較質問法（comparison question test：CQT）である（Reid, 1947）．わが国では，対照質問法（control question test）とよばれてきた．もう一つは，隠匿情報検査（concealed information test：CIT）であり（Lykken, 1959），現時点では，世界でわが国の警察のみが大規模に用いている手法である．CQTとCITでは，その目的や手続きが大きく異なるため，この区別は重要である．本項では，CQTは簡単に触れるにとどめ，わが国の犯罪捜査において標準的手法として用いられるCITを中心に解説する．

　CQTの目的は，検査対象者の供述内容に嘘があるかどうかを検査することである．CQTは，犯罪に関係する内容を尋ねる関係質問（例「○○から現金入りの手提げ金庫を盗みましたか」），検査対象の事件とは異なる仮想的な犯罪を尋ねる対照質問（例「××にある大型金庫から現金を盗みましたか」），検査対象の事件とは無関係な検査対象者の個人的事項に関する無関係質問（例「あなたは30歳ですか」）で構成される（質問例は桐生, 2000を参考に作成）．CQTでは，生理反応を関係質問と対照質問間で比較する．もし，検査対象者の関係質問に対する否定の返答が嘘であれば，関係質問に対して対照質問よりも大きな生理反応がみられ，返答が真実であればその逆になると考える．なお，CQTの科学的妥当性に関しては批判があり，米国学術会議（National Research Council, 2003）によるレポート等が公刊されている．

●**隠匿情報検査（CIT）**　一方，CITでは，事件に関与した者しか知り得ない事件事実に関する記憶（認識）の有無を調べる．一般に，犯人は犯人しか知り得ない事件の内容を記憶していると想定される．したがって，そのような事件事実の記憶の有無を明らかにできれば，それは犯罪捜査上有用な情報となる．

　CITの質問は，事件内容に関する多肢選択式に似たかたちで作成される．小林ら（2009）を参考に，ベルトが凶器に用いられた絞殺事件における，凶器に関する例を用いて説明する．この場合の選択肢（項目）には，ベルトの他に，ネクタイ・タオル・電気コード等を組み合わせる（図1）．これらの項目のセットは質

問表とよばれる．検査対象者が「凶器がベルト」であると知っていれば，ベルトは質問の正解という点で，他の項目とは異なる意味を帯びた刺激となるため，ベルトを提示した時の反応は他の項目とは異なる（弁別的反応が生じる）と考えられる．一方，質問表の項目はどれも絞殺の凶器になり得るものであるため，検査対象者が実際の凶器を知らなければ，いずれが正解であるかがわからない．したがって，各質問項目を刺激として提示した場合の反応には，特段の違いがみられないと考えられる．実際に，正解を知っているかどうかに応じて，正解の項目に対して弁別的反応が生じることは多くの研究で確認されており，メイヤーら（Meijer et al., 2014）等のメタ分析も行われている．

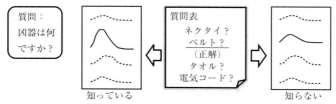

図 1　CIT の質問と反応の例（小林ら，2009 より作成）

● **CIT の正確性**　小川ら（2013）は，模擬窃盗課題を用いた実験で CIT の正確性を検証した結果，不明（inconclusive）判定を除くと，実際にどの項目が正解かを知っている場合に「知っている」と結論する割合（感度）は約 86%，正解の項目がわからない場合に「知らない」と結論する割合（特異度）は約 95% であることを示した．すなわち，CIT では検査対象者が事件事実を知らない場合に，誤って「知っている」と結論されることは少ない．この誤認逮捕や冤罪につながりかねない誤りが起こりにくい点が，CIT の重要な特徴である．

● **裁決質問法と探索質問法**　実際場面での CIT には，裁決質問法と探索質問法の下位区分がある．裁決質問法とは，例えば先の例で「凶器がベルト」という事前情報がある状況で，検査対象者が「凶器がベルト」であることを知っているかどうかを調べるようなケースである．この場合，ベルトを裁決項目，それ以外の項目を非裁決項目とよぶ．一方，この質問表を，凶器を具体的に特定できる事前情報がなく，ただ質問表中のいずれかである可能性が高いという状況で用いる場合は，探索質問法とよばれる．ベルトに対して弁別的反応が観察されたならば，検査対象者はベルトを正解とみなしていると判断する．探索質問法では，検査対象者が，いずれかの質問項目を正解とみなしているかどうかを調べる．小林ら（2009）によれば，実際場面では，事件内容や捜査状況によって異なるが，裁決質問法や探索質問法を組み合わせつつ，概ね 4〜7 個の質問表が実施されるのが一般的である．小林ら（2009）によれば，検査結果である記憶の有無は，これらの質問表ごとに記述される．

［小川時洋］

各種事件における脅威査定

　脅威査定（threat assessment：TA）とは，要人暗殺や学校での銃乱射等，潜在的な脅威を分析・評価する枠組みである．その方法は，標的となる対象の関係者等から脅威評価に結びつく情報を収集し，暴力の脅威が切迫したものかを評価し，適切な処理によって管理することである．管理には，必要に応じて直接的な介入や暴力から身を守る手段を講じることも含まれる．脅威査定は，もともと要人警護等の実務的な知見から発展してきた方法であり，危険性判定とも呼ばれる（下山，2014）．標的となる対象は要人以外にも，学校，職場，サイバー等へ拡大しており，個人だけではなく，集団も含まれる．

　脅威査定は，主に米国シークレット・サービスによる長年の実践と研究の成果に基づいたものである（Borum et al., 1999）．米国内で起きた著名人に対する暗殺事件等の公的記録や面接記録を分析した結果，犯人には特有の犯人特徴ではなく，共通した思考や行動の様式が認められた．そのため，脅威査定とは，犯人像を絞り込むのではなく，犯人が攻撃行動に至るまでの思考や行動に着目して，攻撃行動に発展する今後の危険性を評価するものといえよう．

　ボラムら（Borum et al., 1999）は，シークレット・サービスによる研究と実務知見に基づき，犯人の思考や行動を評価する10項目として，①標的となる対象への着目と行動の動機，②動機の伝達相手と伝達内容，③標的となる対象への関心，加害，凶器，過激思想，殺害の示唆，④威嚇，いやがらせ，ストーキング等の攻撃行動，⑤行動に結びつく妄想，幻覚等の精神疾患，⑥計画性と実行能力，⑦自暴自棄につながる最近の損失的出来事，⑧言行一致の裏づける情報，⑨その他懸念事項，⑩攻撃の可能性を増減させる生活環境の要因，をあげている．脅威査定は，暴力に発展する危険性を評価する時系列的な分析といえる．その意味では，ストーカー，ドメスティック・バイオレンス（domestic violence：DV），人質事件等における被害者，人質への危険性評価も脅威査定に含まれる．

●ストーカーにおける脅威査定　ストーカーの脅威査定としては，ローゼンフェルド（Rosenfeld, 2004）が，米国のストーキング事件を対象に，ロジスティック回帰分析によって暴力に発展する要因を見出した．その結果，犯人が30歳未満，犯人の最終学歴が高卒未満，犯人が白人以外，元恋人・元夫婦関係，脅迫あり，犯人が薬物中毒であるといった要因が暴力の発展に影響していた．特に，元恋人・元夫婦関係という加害者と被害者の関係は，ミューレン（Mullen et al., 2000）のストーカー分類のうち，拒絶型に該当するものであり，被害者の傷害，殺害へ発展する最も危険性の高いタイプに結びつくことが明らかとなっている．島田ら

(2013a)は，わが国のストーカー事案を分析した結果，交際がある場合は，交際がない場合と比べて，トラブル後に大量あるいは連続的な電話，大量のメール，脅迫内容のメールあるいは言動，自傷あるいは自殺企図の表明が示されることが多く，別れ話や復縁との関連を指摘した．また，復縁が絡む場合には，トラブル発生後すぐに押しかけや脅迫等に発展する可能性が高いと示唆した．

● **DVにおける脅威査定**　配偶者や内縁関係で生じるDVは，元恋人・元夫婦関係におけるストーキングの関係性と似ているが，関係性が過去ではなく現在も継続しているという点で大きく異なり，介入の難しさがある．DVは一度暴力的な関係が形成されると，その関係性から脱するのが困難であるという暴力の悪循環が指摘されている．米国で実施されたプロジェクトでは，厳罰化が再犯減少に効果的であると示唆された（Thistlethwaite et al., 1998）．島田ら（2013b）はストーカー，DV，デートDVの3類型に関する警察安全相談内容を分析した．このうち，DVが最も取り扱いが多く，他類型よりも被害者と加害者の関係性が深いため，ストーカーやデートDVとは異なる対処が必要であると述べており，今後の研究成果が期待される．

● **人質立てこもり事件における脅威査定**　人質立てこもり事件では，人質の無事解放が最重要課題であり，人質死傷の危険性予測は重要である．交渉による事件解決が事件関係者の安全のためには最も望ましいが，人質等への脅威が切迫した状況に陥った場合には，適切な突入戦術等によって事件を終結させることが求められる．フゼリアーら（Fuselier et al., 1991）は，犯人の自殺や人質殺傷の意図を予測するための高リスク要因として，犯人側の要素と事件中の行動をあげている．前者は慢性的な生活上のストレス等であり，後者は自殺をほのめかす言動等である．横田ら（2002）は，人質の死傷に影響を与える要因を，ロジスティック回帰分析によって検討した．人質の負傷を招きやすい要因は立てこもりが長時間に及んでいること，犯人が違法薬物を摂取していること，銃器所持していないことであった．人質の死亡を招きやすい要因は，立てこもりが長時間に及んでいること，犯人と被害者に面識がないことであった．

　トンプソン（Thompson, 2001）は，人質に対する危険性低減のために，説得交渉官が冷静かつ安定した態度で犯人と会話することによって，犯人の精神状態の安定を図るための交渉の13原則をあげている．①細かい点も犯人と話し合う，②「はい・いいえ」で回答できない質問をする，③口論しない，④会話を継続しデッドラインを忘れさせる，⑤犯人と外部との対話手段を制限する，⑥人質の解放を引き出す努力をする，⑦現場を巧みに細工する，⑧犯人の言葉遣いに合わせる，⑨否定の返答をしない，⑩見通しが明るいように振る舞う，⑪犯人に人質を人質として意識させないようにする，⑫デッドライン等の重要な出来事を記録する，⑬犯人と人質が協同作業するような状況をつくる，である．　　　　［岩見広一］

死因の推定

　遺体の個体要因と遺体を取り巻く環境要因は複雑に関係しており，死因すなわち，①死亡の原因となった傷病名と症候群，②死亡の様態（自然死・事故死・自殺・他殺）を推定するためにはさまざまな法科学の分野からの支援を必要とする．例えば，一見すると故人みずからが頸部を紐で絞めている（自殺の可能性）が，遺体は全裸の状態で河川敷の草むらに位置している（犯罪の可能性）事例があったと仮定する．そのような事例において，心理学的検死（もしくは心理学的剖検，psychological autopsy）では，頸部を紐で絞めようとした動機や全裸の状態に至るまでの行動過程を推定する．

　心理学的検死とは，心理学および精神医学の知識に基づいて，遺体現場の情報の分析や故人の認知，感情，行動を再構成することにより，各死亡の様態の可能性を推定し，死因の推定を支援しようとする手法である．1950年代後半，米国カリフォルニア州ロサンゼルス郡検死官事務所において，検死官のカーフィー（Curphey, T. J.）が行った研究プロジェクトの中で，心理学者のシュナイドマン（Shneidman, E. S.）とファーブロー（Farberow, N. L.）により開発され，同プロジェクトの中だけでも1,000例以上実施されている（Diller, 1979）．

●**心理学的検死の手続き**　心理学的検死の手続きは，図1に示すような以下の過程より構成されている（Shneidman et al., 1961）．まず，①家族，友人や知人（以下，情報提供者とする）への面接を準備する．次に②情報提供者への面接を実施する．心理学的検死が開発された当初，面接は構造化されておらず，心理学的面接に加え，一般的質問および日常的な会話も含まれていたが，故人の人格，ストレスに対する反応や思考方法等に焦点をあてた16項目から構成されたアウトライン（Shneidman, 1969）および故人のアルコール，薬物，病気，職業や教育に関する経歴等に焦点をあてた26項目から構成されたガイドライン（Ebert, 1987）も提案されている．さらに③面接で評価された故人の認知，感情，および行動に関する情報と，遺体現場をはじめとする警察が保有する情報を整理し，統合する．最後に④死亡直前の故人の認知，感情および行動を再構成することにより，自然死，事故死，自殺または他殺となる可能性がどの程度あったか推定する．推定は，統計分析に基づく数量的な結果ではなく，対象となった事例の詳細な分析に基づく実施者の推論という点からみた可能性として提示される．

　以上の手続きは，実際に死因の推定を支援する観点から，死亡調査，捜査や法病理学の知識を取得し実務訓練を受講した心理学者または精神医学者が行うことが妥当とされている（La Fon, 2008）．

図1　心理学的検死の流れ（Shneidman et al., 1961 より作成）

●**心理学的検死の信頼性と情報効果**　現在までに，心理学的検死は米国内の検死官事務所，軍隊内の死因調査や民事訴訟を中心に実施されている（La Fon, 2008）．

　一方，心理学的検死の推定結果について系統的な研究はほとんど行われていない．心理学的検死の実施手続きおよび推定結果の大部分は，実施者の知識，技術と経験に依存しており（Canter, 1999），情報提供者が提供する情報の内容は偏っている場合が多い（Brent, 1989）．

　そのため同じ対象の事例について心理学的検死を実施した場合，実施者間で推定結果が一致するのかという問題が生じる．心理学的検死を科学的に確立した手法とするためには，上記の実施者間の信頼性を検討する必要があるが（Canter, 1999），実証的に検討した研究はほとんどない．

　また，心理学的検死の推定結果を呈示することにより，死因の推定結果が影響を受ける問題もある．特に問題となるのは，法医学上，死因の推定が相対的に難しくない事例の死因の推定結果にも影響を与える点である．この問題は心理学的検死の情報効果とよばれている（Jobes et al., 1986）．

●**日本の心理学的検死研究の状況**　現在までに，心理学的検死は日本の検視体制に導入されていないが，2006年6月に閣議決定され，2012年8月に全体が見直しされた自殺総合対策大綱において「社会的要因を含む自殺の原因・背景，自殺に至る経過，自殺直前の心理状態等を多角的に把握し，自殺予防のための介入ポイントなどを明確化するため，いわゆる心理学的剖検の手法を用いた遺族等に対する面接調査等を継続的に実施する」と明記された．調査研究として，松本ら（2014）は，2013年9月30日時点で99例の自殺企図事例に関する情報収集を終了しており，自殺既遂者の半数が死亡前1年以内に精神科治療を受けていた等の知見を得ている．また，生存事例を対照群とした統計学的検討の結果，さまざまな自殺の危険因子も明らかにしており，死因の推定における心理学的側面からの支援への関心は高い．

　今後，日本の検視体制に心理学的検死を導入するのであれば，少なくとも，実施者間の信頼性に関する実証的な検討，日本独自の心理学的検死の開発に加え，検視官と司法警察員が求める支援内容を調査すること等が求められる．

［入山　茂］

人質事件の交渉

　人質事件における交渉とは，人質立てこもり事件や誘拐といった犯人が人質を監禁している事件において，警察官が犯人に対して，事件関係者の安全を確保し，無事に解決するために行う捜査戦略の一つである．人質事件における交渉では，交渉官が犯人とコミュニケーションをとることで，負傷者を出すことなく時間を経過させること，犯人の興奮を落ち着かせること，犯人や現場に関する情報収集を行うこと，そして最終的には，犯人を投降に導くことが目的とされる．

　ハマーら（Hammer et al., 1997）は，人質交渉を道具的交渉アプローチと表出的交渉アプローチに大別している．道具的交渉とは，社会交換理論から派生した交渉理論をさし，警察と犯人の間の合意は合理的交渉によって成立することが仮定される．他方，表出的交渉は，危機介入スキルを基本としたものであり，人質交渉において重要なことは，交渉官と犯人の関係構築であるとされる．

●**交渉による犯人の行動変容**　米国連邦捜査局（Federal Bureau of Investigation：FBI）は，交渉を通じて生じ得る犯人の心理過程のモデルとして，行動変容階段モデル（behavioral change stairway model：BCSM）を提唱している（Vecchi et al., 2005）．これは，人質事件をはじめとする危機的事件が平和的な解決に達するまでの交渉官と犯人の関係構築プロセスを提示したものである．同モデルでは，図1に示す5段階を仮定しており，ある段階が達成されてはじめて，それ以降の段階が実現可能であるとされる．

　基本的には，最初の段階の積極的傾聴が交渉の基礎となるが，それによって，

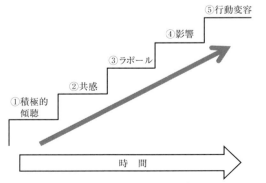

図1　行動変容のための階段
（Vecchi et al., 2005 より作成）

表1　積極的傾聴スキル（McMains et al., 2001；Noesner, 1999 より作成）

中核的なスキル
・反復（mirroring）：相手が言ったことを繰り返す
・言い換え（paraphrasing）：交渉官がみずからの言葉で，相手の言葉を言い換える
・感情のラベリング（emotional labeling）：相手の感情を言葉にして伝える
・要約（summarizing）：相手の話の内容や感情を再び述べる．言い換えや感情のラベリングで得られた情報を結合する

副次的なスキル
・効果的な間の利用（effective pauses）：会話の間に，「間」をおく
・最小限の相槌（minimal encouragers）：交渉官が主な話し手となることなく，相槌を打ちながら聴く
・「私」メッセージ（"I" message）：相手に対して，命令口調もしくは断定的な言い方をするのではなく，「私は○○と思う」といったように，自分の意見を提案として伝える
・オープン質問（open-ended question）：「はい」「いいえ」で答えられるような質問ではなく，「何が」「いつ」「もっと○○について話してください」「もっと○○について聴きたい」といった具体的に説明しなければいけないような質問をする

交渉官が犯人への共感を示すことができ，さらにそれが犯人との間にラポールを構築することにつながる．

　なお，ラポール構築の段階においては，犯人の誤った行動を正当化したり和らげて言及するといった犯人の面目を保つための正当化（justification），犯人のネガティブな行動を過小化して言及する最小化（minimization），交渉官と犯人が可能であれば譲歩することなく合意し，両者の立場の違いを小さくし，共通の立場を見出そうとする調和（blending）といったテクニックが犯人と協同しつつ用いられる．その後，交渉官が犯人に，協同的な問題解決の結果としてどのような一連の行動をとったらよいかについて提案するといった働きかけを行う，影響の段階となる．そして，交渉官がここまでの段階をうまく達成できているほど，最終段階である犯人の行動変容が起こりやすいと考えられている．

●**人質事件の交渉における積極的傾聴**　積極的傾聴は，交渉官が犯人の話に耳を傾けることで，犯人との関係構築を試みるものであり，行動変容階段モデルの中核と考えられている．具体的な手法は，表1に示すとおりである．いずれの手法も，カウンセラーがクライエントの語りに耳を傾け，両者の間の治療関係の構築に努めようとする心理臨床の実践と学問から得られた知見に基づいている．

　人質事件における交渉場面では，表1に示すような傾聴スキルによって交渉官が犯人の話を共感的に聴くことにより，交渉官は犯人の興奮を鎮め，怒りやフラストレーションを発散させる手助けをすることが可能となる．また同時に，交渉官が犯人について理解しようとしていることや気遣っていることを示すことが可能となり，交渉官と犯人の間の関係構築の糸口とすることができる（横田，2006）．

　　　　　　　　　　　　　　　　　　　　　　　　　　　　［横田賀英子］

犯罪類型と犯行テーマ

　犯罪は目的に従って，量刑や行政統計のための刑事学的類型，鑑定や鑑別のための診断学的類型，治療や処遇のための技術学的類型等，さまざまな観点から分類がなされてきた（新田，1974）が，犯罪捜査に資する目的からも類型化が行われている．バージェスら（Burgess et al., 2001）は，犯罪分類マニュアル（crime classification manual）における犯罪の類型化の目的として，①刑事司法分野における専門用語を統一する，②刑事司法分野内あるいは刑事司法分野と精神保健分野間のコミュニケーションを促進する，③刑事司法分野や社会全体に対して犯罪のタイプに関する情報を伝える，④捜査研究のデータベースを発展させるという四つをあげている．

　米国連邦捜査局（FBI）は，犯罪者プロファイリングで用いる類型を1970年代に始まる研究から発展させてきた．FBIは，殺人，性犯罪，放火等について分類を行っているが，これらの研究の嚆矢となったのは性的殺人に関して秩序型（organized murderer）と無秩序型（disorganized murderer）の類型を見出した研究（Ressler et al., 1986）である．この類型は，性的殺人犯36人に対する面接や犯罪記録の調査によって得られたものであり，それに続く他の犯罪の研究においても，犯人に対する面接調査から犯行の類型が見出されている．FBIは，類型ごとに犯行特徴や犯人特徴が異なることを示し，その結果を犯罪者プロファイリングに活用した（☞「犯罪者プロファイリング」）．

　英国における犯罪者プロファイリングの研究においても1980年代から犯罪行動のパターンに関する検討がなされてきた．カンター（Canter, D. V.）は，秩序型と無秩序型を検討したFBIの研究報告には，面接を拒否した者のことや，サンプルの抽出方法についてはあまり書かれていない（Canter, 1994）等として，FBIの手法に疑問を呈している．これを踏まえ，カンターらは，客観性と再現性を重視した統計手法を用いて犯罪行動の検討を行った．カンターらの解析方法は，ファセット理論に基づくものであり，犯罪行動間の関係を検討することにより，そこにある構造を見出すことの重要性が指摘されている．統計手法としては，非計量的多次元尺度構成法が使用されている．彼らの研究の中でも，特に，犯行テーマに関する研究は一連の研究の軸になっている（横田，2004）．犯行テーマとは，犯人の一連の行動を検討したときにまとまりとして浮かんでくる犯行スタイルもしくは犯行パターンである（Canter et al., 2009）犯行テーマの概念の背景には，各々の類型を独立背反なものとみなし，犯罪もしくは犯罪者を一つの類型に限定的に割り振る類型論への批判がある．

以下では，わが国の犯罪統計において凶悪犯に分類される殺人，強盗，強姦，放火に関する犯罪類型と犯行テーマについて，海外の研究を紹介する．
●**殺人**　レスラーら（Ressler et al., 1986）は，性的殺人犯に対する面接調査等の結果をもとに，性的殺人を秩序型，無秩序型に類型化した．両類型を比較すると，秩序型の犯行は，計画的で統制されており，死体を隠ぺいする等の特徴があり，犯人は，知能が平均以上で，熟練を要する仕事に就いているという特徴がある．一方で，無秩序型の犯行は，計画性のない場あたり的なものであり死体をそのまま放置し，凶器を犯行現場に残したままにする．犯人の知能は平均以下であり，熟練を要しない仕事に就いている，犯行に車両を使用しない等の特徴がある．

サルファティら（Salfati et al., 1999）は，多次元尺度構成法を用いて殺人を①表出的/衝動的，②道具的/機会的，③道具的/認知的の三つの犯行テーマに分類している．①表出的/衝動的テーマでは，犯行は衝動的で，被害者の死体には，凶器によって複数の傷がつけられる．犯人は，暴行や器物損壊等衝動性に関係する犯罪を過去に行っている傾向が他より高い．②道具的/機会的テーマでは，犯人があらかじめ知っている女性や老齢年金受給者が機会的に狙われる．被害者は素手で攻撃され，被害者の家から財物が奪われたり，性的暴行を受けたりする．犯人は，無職で侵入窃盗の犯罪歴を有している傾向が他より高い．③道具的/認知的テーマは，犯人が犯行を隠そうとすることに特徴がある．体液，指紋，凶器など犯人につながる証拠を残さないように注意を払う．このテーマの犯人は，生活様式として攻撃や暴力を用いることを好む．

●**強盗**　アリソンら（Alison et al., 2000）は，多次元尺度構成法を用いることで，持凶器強盗について，計画性と衝動性の観点から，①プロフェッショナル型（Robin's Men），②追いはぎ型（bandits），③しろうと型（cowboys）の三つのテーマを見出している．①プロフェッショナル型は，計画性の高さと衝動性の低さに特徴がある．事業所に対して周到に計画した襲撃を行い，暴力をほとんど用いることなく冷静に現場支配を行う．②追いはぎ型は，ある程度の計画を立てるものの，プロフェッショナル型に比べると計画性は低い．急襲し，犯行の際に被害者に対して不必要に屈辱的な言葉を投げかけたり，理由のない暴力を振るったりするが，被害者や目撃者の抵抗に遭い犯行が阻止されることがある．③しろうと型は，金が欲しくなったとき衝動的に犯行をするタイプであり，計画性はない．犯行をするために武器を持っていなくても，武器があることをほのめかすことがある．住宅を対象にした犯行を行うが，実入りは少ない．

他の類型として，連続店舗強盗（☞「店舗強盗」）を分析したウッダムズら（Woodhams et al., 2007）がある．彼らは，階層的クラスター分析により三つのテーマを見出している．暴力的機会犯（violent opportunist）は，衝動的であり，犯人にとって比較的リスクが低いと思われる被害者を狙う．凶器を用いずに暴力を

振るい，金品を奪う．秩序型リスク・テイカー（organized risk taker）は，事前に計画を立て，現金を入手することのみを目的として金融機関を狙う．犯行の際に銃を所持していることが多いが，被害者を傷つけることはほとんどない．刃物所持計画的夜間犯行者（bladed nocturnal planner）は，暴力的機会犯と秩序型リスク・テイカーの中間に位置する．彼らは，夜間にリスクの低いと思われる店舗を襲撃する，変装をする等，ある程度の計画性がみられる．彼らの中には，攻撃的な者や刃物で脅迫する者がいるが，実際に被害者を傷つけることはほとんどない．

●強姦　ヘイゼルウッド（Hazelwood, 2001）はグロス（Groth, A. N.）らの類型をもとに，強姦犯を動機によって四つに類型化している．力再確認型の強姦犯（power reassurance rapist）は非常に儀式的な犯行を行う犯罪者で，犯行の際に用いる身体的暴力は最低限度である．このタイプの犯人は，女性を上回る力を示すことによって自分の男らしさを確認するために暴行を振るっている．力主張型の強姦犯（power assertive rapist）は自分の男らしさに疑いをもっていない．犯人は，強姦は単に男としての特権を行使しているにすぎないと思っている．怒り報復型の強姦犯（anger retaliatory rapist）は非常に衝動的で暴力的な強姦犯である．女性に対する怒りをもっており，女性を罰したり貶めたりするための武器として性行動を用いる．怒り興奮型の強姦犯（anger excitation rapist）は性的サディストとして知られるタイプである．被害者が見せる身体的，精神的苦痛の反応によって性的な興奮を得る．

　また，カンターら（Canter et al., 1990）は，多次元尺度構成法を用いることにより，強姦において，親密性（intimacy），性愛性（sexuality），暴力性（violence），非人間性（impersonal），犯罪性（criminality）という五つの犯行テーマを見出した．親密性は，被害者と親密な関係を築くことを試みる犯行スタイル，性愛性は複数の性的行為（肛門性交，口淫等）を行う犯行スタイル，暴力性は被害者への過剰な暴力を行使する犯行スタイル，非人間性は被害者を人間としてではなくみずからの欲望を満たすためのモノとして扱う犯行スタイル，犯罪性は被害者を拘束したり猿ぐつわをかませたり，物を奪う等，犯罪性の高い犯行スタイルである．

●放火　放火については，FBIが動機に基づいて六つに分類している（Douglas et al., 1992）．破壊のための放火（vandalism-motivated arson）は，いたずら等を目的とした教育施設や草木（雑木林，森林）への放火であり，典型的な犯人は17～19歳の少年である．興奮を得るための放火（excitment-motivated arson）は，スリル，注目，承認，性的満足を得るための放火である．犯人は火をつけた後に，消火活動を眺めたり，後日，損害の程度を観察したりすることがある．復讐のための放火（revenge-motivated arson）は，現実または想像上の不正に対する報復を目的とした放火である．犯人は過去に被害者と個人的あるいは仕事上のトラブ

ルを抱えている．他の犯罪隠ぺいのための放火（crime concealment arson）において，放火は副次的な行為であり，殺人等，他の犯罪を隠ぺいするために行われる．利得のための放火（profit-motivated arson）は，経済的利益のための放火である．放火によって，保険金を得たり破産隠しをしたりする．政治過激主義者による放火（extremist-motivated arson）は，社会的，政治的，宗教上の理由からなされる放火である．

　その他，カンターら（Canter et al., 1998）は多次元尺度構成法を用いることにより，動機（表出的，道具的）と対象（人対象，物対象）の観点から，表出的/人対象，道具的/人対象，表出的/物対象，道具的/物対象の四つのテーマを見出している．表出的/人対象における犯人の行動は，家族や権力者からの注意を引くことで，感情的な安定を取り戻したり，苦痛を和らげたりするためのものである．放火の対象は自分の家や自分自身である．道具的/人対象の犯人は，元配偶者や元雇用主とのトラブルに起因する怒りなどの感情を放火によって軽減しようとする．放火に先立って被害者に対する脅迫や身体的暴力が行われることがある．表出的/物対象における犯人は，病院やその他の公共施設を対象に連続放火をすることに特徴がある．犯人は放火すること自体に魅力を感じて犯行を行っており，放火の常習犯であることがある．道具的/物対象の犯行は，若者のグループによって機会的に行われるものである．不法侵入や窃盗に付随して犯行が行われる．

●**犯罪類型と犯行テーマの限界**　犯罪類型や犯行テーマは，犯罪の科学的理解と犯罪捜査にとって必要であるが，限界もある．まず，実際の事件がどれか一つの類型や犯行テーマのみの特徴を有しているとは限らないためである．また，上述の類型と犯行テーマでは犯行特徴と犯人特徴が示されているが，それらは絶対的なものではなく，上述の記述がそのまま個別の事件に一致するとは限らない．

　さらに，犯罪および犯罪者の行動の文化的影響についても指摘されている．横田（2004）は，犯罪者の行動特徴がその国の文化に特有のものであるとすれば，異文化圏で開発された手法をそのまま別の国に適用しても，その有効性には疑問が残ると述べている．海外の知見をわが国において活用する際には注意が必要であろう．なお，本項では紹介しなかったものの，わが国においても犯罪の類型化や犯行テーマに関する研究が数多く行われていることをつけ加えたい．［大塚祐輔］

📖 **参考文献**
[1] Canter, D. & Youngs, D.(2009) *Investigative Psychology: Offender Profiling and the Analysis of Criminal Action*, John Wiley & Sons.
[2] Douglass, J. E., Burgess, A. G. & Ressler, R. K. (1992) *Crime classification manual*, Lexinton.
[3] カンター，D. V. 著，吉田利子訳(1996)『心理捜査官ロンドン殺人ファイル』草思社．
[4] 新田健一(1974)「犯罪者の類型」山根清道編『犯罪心理学』23-36, 新曜社．
[5] 横田賀英子(2004)「イギリスにおける犯罪情報分析と捜査心理学」渡辺昭一編『捜査心理学』210-219, 北大路書房．

捜査員の意思決定

　カンター（Canter, 2000）は犯罪捜査において，情報・推論・捜査活動（アクション）の三つの相が循環する過程を提示している．このうち，捜査活動の段階では，捜査員の意思決定が研究課題としてあげられている．
●**実験で調査された意思決定過程に関する実験的研究**　よく知られた認知バイアスとして，個人が，自分のもつ仮説を支持する情報を見出そうとする確証バイアス（confirmation bias）がある．オブライアンら（O'Brien et al., 2006）は，警察の捜査情報を模した資料を用いて，学生を対象に仮説に一致している記述と矛盾する記述の再認率を測定する実験を行い，確証バイアスによる効果がみられたことを報告している．アスクら（Ask et al., 2005）による同種の実験では，学生にのみ確証バイアスが認められ，捜査員に関してはその効果は認められなかった．
　また，アスクら（Ask et al., 2007）は，目撃証言の信頼性の評価に，捜査員がもつ事前の仮説（目撃対象が犯人である）が確証バイアスとして影響するかどうかを検討した．その結果，事前の仮説と一致しない供述（目撃対象と容疑者像が一致しない）を示された参加者らは，一致する供述を示された群と比べて目撃証言の信頼性をより低く評価し，目撃状況や記憶状態についてもより好適ではないと評価した．さらに，時間的圧力が高い群で，より事前の仮説を維持する傾向が確認された．
　アリソンら（Alison et al., 2003）は，犯罪者プロファイリングの被疑者に関する推定結果の捜査員の評価において，情報が，捜査員にどの程度正確であると評価されるかを通して，捜査員の意思決定において，バーナム効果（Barnum effect）に近い現象が認められることを示した．バーナム効果とは，誰にでもあてはまるような曖昧で一般的な記述を，さも自分（上記アリソンらの研究の場合には，被疑者）にだけあてはまることであるように解釈するバイアスである．彼らは捜査員を対象に，架空の犯罪者プロファイリング結果と，逮捕された被疑者に関する情報を提示した．提示された被疑者情報には，一方の群に本当の被疑者情報，もう一方の群にそれとは反対の性質をもつ被疑者情報が用いられていた．このとき，両群の参加者とも，被疑者像が異なるにもかかわらず，犯罪者プロファイリングは同程度に正確であると評価した．
　意思決定のモデル化をめざした研究として，スヌックら（Snook et al., 2010）の試みがある．彼らは，自殺者の遺書が本物か偽装されたものかを判断する課題を用いて，マッチング・ヒューリスティック（matching heuristic）とフランクリンのルール（Franklin's rule）を比較した．マッチング・ヒューリスティック

とは，重要度の高い情報から順に考慮していき，決定的情報を得た時点でそれ以上の探索は行わない方略であり（Dhami et al., 2001），フランクリンのルールとは，ある選択（例えば，間食する）の長所（空腹感が減る等）と短所（太るかもしれない等）を分けて列挙し，すべての項目を重要度で重みづけしたうえで，同じ重みづけ同士で相殺しあった後，項目が残っている方をしかるべき決定とする意思決定法である．その結果，マッチング・ヒューリスティックがより有効で簡便な説明モデルであると結論づけた．

ライト（Wright, 2013）は，殺人事件の現場写真の分類課題を用いて，捜査員の推論過程を検討した．その結果，捜査員らは殺人事件現場の写真を，被疑者と被害者の関係において分類することが多く，彼らの行った推論は67％が正確なものであると評価された．また，階級の高い捜査員の方がより多くの推論を生成していたことから，推論が捜査経験によって発達すると考えられた．

●**参与観察研究で調査された意思決定過程**　アルパートら（Alpert et al., 2006）は，捜査員が警察活動を行う中で不審を感じ，職務質問のような介入（stop）を行う過程について調査した．調査では，捜査員が人物や出来事に注意を向けた場合や，実際に職務質問を行った場合の対象者との相互作用について記録された．分析の結果，捜査員は，平均して1度の勤務（8時間）につき1回程度の不審さを感じており，その根拠は，対象者の行動，特に交通違反にあたるような行動であった場合が最も多く，捜査員たちは合法的な根拠から不審さを感じていた．不審さを感じた場合，多くの場合に職務質問が行われていた．捜査員の感じた不審が，対象者の行動に基づかない場合には，対象者が黒人で捜査員の在職期間が長い場合が多かった．

特定の民族等に対するバイアスに基づく職務質問等は，人種プロファイリング（racial profiling）として問題になっている．警察活動における警察官の意思決定と，対象者の人口統計学的特性との関連について分析した米国の研究として，シェファーら（Schafer et al., 2006）は，通行車両に対する警察官の介入（traffic stop）と運転手の人物特性との関連を，実際の警察活動の記録を用いて検討した．分析の結果，アフリカ系あるいはヒスパニック系の運転手は，そうでない人種の運転手と比べて，捜索を受ける可能性がより高いことが示された．一方で，それらの人種の対象者から，より頻繁に違法な密輸品が見つかることは示されなかったことから，人種を根拠に捜査を行うことは適切な警察業務とはいえないと結論づけられている．

〔倉石宏樹〕

参考文献

[1] Ask, K.（2006）*Criminal investigation: Motivation, emotion and cognition in the processing of evidence.* Doctoral dissertation, University of Göteborg, Department of Psychology.

捜査における意思決定支援システム

　捜査における警察官の意思決定を支援するために事件リンク分析（☞「同一犯による事件の推定」）や容疑者優先順位づけ，地理的プロファイリング（☞「犯罪者の居住地推定と次回犯行地の予測」），目撃者からの犯人の顔の構成等，さまざまなシステムが開発されている．

●**事件リンク分析のためのシステム**　①凶悪犯罪者逮捕プログラム（Violent Criminal Apprehension Program：ViCAP）：多数ある法執行機関の間の協働等を促進し，凶悪事件を行う連続犯や累犯者の捜査から起訴までの支援を行うために，米国連邦捜査局（FBI）が1985年に開発した（Welner, 2013）．運用に賛同した各地方自治体の警察は管轄内の発生データを登録し，ViCAPに蓄積されたデータの分析ができる．殺人（特に，誘拐が絡む，無差別，動機不明，性的，連続殺人犯によると推認されるもの），行方不明事案（虚偽の可能性が強いもの），他殺が疑われる身元不明の死体，性的暴行，子どもの誘拐が対象である．入力項目は当初190であったが，1998年に改訂し95となった．近年，データはリアル・タイムで更新され，凶悪事件のリンク分析，長期未解決事件の分析，事件のトレンドの把握，各事件において暴力がどのように，なぜ行われたかの把握，凶悪事件通知システムの利用等が可能となっている．

　②凶悪事件リンク分析システム（Violent Crime Linkage Analysis system：ViCLAS）：カナダ国家警察（RCMP）において，事件リンク分析を目的として1995年に開発された（RCMP, 2014）．殺人，性的暴行（特異な点がない限り家族間を除く），虚偽であることが推認される行方不明事案，他殺の疑いがある身元不明の死体，親以外による誘拐，子どもに対する声かけ事案，暴力犯罪の余罪が考えられる被疑者による事案が登録の対象である．262項目の情報が登録されている．カナダでは，行動科学の学士をもち，5年以上の凶悪犯罪捜査経験をもつ者がViCLAS分析官となり，継続的な専門研修プログラムを受けながら，事件間の類似性について検討を行っている．ViCLASはさまざまな国の司法機関に導入，活用されている．

　③殺人捜査追跡システム（Homicide Investigation and Tracking System：HITS）：1990年代に米国ワシントン州司法省が，凶悪事件の情報を収集・蓄積・分析し，同一犯による連続事件をリンクすること等により，凶悪事件の解決に寄与する情報を提供することを目的として開発した（Keppel et al., 1993）．太平洋岸北西部に属する警察組織の自発的な参加によって，情報が蓄積されている．現在では，殺人，行方不明事案（虚偽申告が疑われるもの），物色して対象を探索す

る犯人による性的暴行，ストーキング，児童ポルノ等を対象としている．データの一部は，米国刑事司法データアーカイブ（National Archive of Criminal Justice Data）において公開されている．

●**容疑者優先順位づけシステム** ①犯罪手口の類似性に基づく被疑者検索システム：日本の科学警察研究所において，開発されたシステム（足立ら，1993）．被疑者検索システムでは，新規発生事件の犯罪手口とデータベース内にある各個人の過去の事件における犯罪手口との相対的な類似度を無作為選択確率抽出法により算出し，データベースに登録された個人の容疑性の優先順位づけを行う．

②犯罪容疑者優先順位づけシステム（Criminal Suspect Prioritization System：CSPS）：カナダのニューファンドランド警察は，犯罪者プロファイリングを応用したシステムとして CSPS を開発した（House, 1997）．犯行テーマ（☞「犯罪類型と犯行テーマ」）別の前科前歴者の割合等に関する研究知見を用いて，犯行地点から拠点までの直線距離の近い順に前科前歴者の優先順位づけを行う．

●**地理的プロファイリングのシステム** ①リゲル（Rigel）：カナダの警察官であったロスモ（Rossmo, D. K.）が開発したシステム（Rossmo, 1999）．地理的範囲をグリッド状に分割し，バッファー・ゾーンを含む距離減衰関数を用いて各セルにおける拠点存在確率を算出し，捜査中の事件の犯人の拠点（自宅や勤務先等，活動の足場となる重要な場所）がある可能性が高い地域を確率的に色分けして示す．

②ドラグネット（Dragnet）：英国の環境心理学者であったカンター（Canter, D.）らが開発したシステム（Canter et al., 2000）．距離減衰関数を用いて，グリッド状に分割した各セルの拠点存在確率を示すことにより，地理的範囲の優先順位づけを行う．後にこのシステムは，地理的範囲の優先順位づけに加えて，前科前歴等の情報を考慮した容疑者優先順位づけを可能とするシステム iOPS（Interactive Offender Profiling System）へと発展している（Canter et al., 2008）．

③クライム・スタット（CrimeStat）：レバイン（Levine, N.）らが米国司法省の助成金を受けて開発した（Levine, 2013）．犯罪空間統計のためのフリーのソフトウエアである．地理的プロファイリングに特化したものではないが，地理的プロファイリングのモデルを取り入れた空間統計を算出できる．

●**目撃者証言からの犯人の顔の構成** 被害者や目撃者の証言から犯人の似顔絵作成を支援するソフトウエアが各国で開発されている．例えば，イーフィット（Electronic-Facial Identification Technique：E-FIT）やプロフィット（Pro-Fit），アイデンティキット（Identikit）等があるが，これらは顔型，目，眉，口，ほほ，髪，等の顔の特徴サンプルから証言に合致するものを貼りつけることにより顔を構成するシステムである（Wells et al., 2007）．日本では，似顔絵は似顔絵作成の研修を受けた警察官が手書きで作成するが，顔のそれぞれの特徴を評価することにより，類似する顔画像を検索するシステムも開発されている（鈴木ら，1994）．　［渡邉和美］

黎明期の犯罪者プロファイリングの実務

「犯罪者プロファイリング」という言葉が、まだ警察組織に普及していなかった1990年代、ある刑事会議で説明を求められた。刑事部の幹部や捜査現場の方々に米国連邦捜査局（FBI）や英国リバプール大学の手法について話した後の休憩時間、ある現場の刑事が声をかけてきた。「いやあ、難しい話だったなあ、で、なんだ、あの、風呂、入りに行く、ていうのは」……ふろはいりにいく？ ……プロファイリング！ 一方、いち早く必要性を感じた幹部から、科学捜査研究所に捜査経験の豊かな警部補を加えた分析チームの結成を命じられた。以後、凶悪事件の分析報告書を作成する機会に恵まれるが、この手法が捜査官らに認められるまでは、しばし時間がかかることになる。

数か月後、3年前から断続的に放火が発生していたある町で、事件が急激に増えたため、犯罪者プロファイリングの要請が出た。当時は、放火事件の十分なデータベースもなかったことから、捜査第一課に出向き過去の放火事件を、そして各犯行現場に行っては事件資料を集め、繰り返し手探りで分析を続けた。現場の捜査員とは別行動をとっている我々は、捜査会議でも、放火現場でも浮いた存在であった。犯罪情報を詳細に分析し、適宜、その結果を捜査会議に提出し、「捜査支援を行うのが犯罪者プロファイリング」と説明しても、現場では、厄介者のようにみられていた。毎晩の張り込みにもかかわらず、犯人は捜査員の裏をかくような場所や時間帯で犯行を繰り返す。疲労がたまっている捜査員にすれば、過去の事件分析などは無駄な作業だと思えたに違いない。

幾度となく現場に出向いていたある日、チームの警部補が偶然、些細な手がかりに気づいた。早速、その手がかりをもとにデータベースの再分析を行うと、これまでとは異なる犯人の属性が見出された。その結果を地図上に落とし込み、実際に現場で確認した。矛盾はない。ただ、これまで捜査側が想定していた犯人像とは、大きくかけ離れるものであった。結果に自信がもてぬまま、明日もう一度検討しようと、その日は研究所に戻った。その夜、同町で、不審火騒ぎが発生したとの連絡が入った。発生場所は、その日、想定した犯人の行動から十分に推定できるものだった。私と警部補は、翌日早くに警察署の捜査会議で分析結果を報告し、報告レポートを提出した。それを受け捜査が進められ、事件は一気に解決に向かうこととなる。分析結果に誤りはなかった。そして、連日連夜の張り込みから捜査員らは開放された。

さて自供も得られ物証も固まり、無事に送致した数日後、現場で中心的な立場にいたベテラン刑事が、声をかけてきた。「張り込みや捜査が長引いて進展がないと、現場の捜査員の気力が落ち、やっていることに自信がなくなってくる。今回のプロファイリングは、現場の捜査員の目先を新しくし、やる気を起こさせてくれた」と折り畳んだプロファイリング・レポートのコピーを出し、「若い刑事に何度も読ませた」と手渡してくれた。多くの付箋が貼られ、マーカーで線が引かれている。そのときの嬉しさは、今も忘れられない。犯罪者プロファイリングは、捜査現場が認めるところから始まったのである。　　　　　　　　　　　　　　　　　　　　　　　［桐生正幸］

第5章

査定

［編集担当：川邉 譲・藤野京子・古曳牧人］

- 【概説】犯罪性・非行性の査定 ——— 268
- 犯罪者のリスク・アセスメント ——— 270
- 非行少年のリスク・アセスメント ——— 274
- 犯罪者の処遇調査 ——— 278
- サイコパシーの査定 ——— 280
- 殺人等凶悪犯罪者の査定 ——— 282
- 粗暴犯罪者の査定 ——— 284
- 財産犯罪者の査定 ——— 286
- 常習犯罪者の査定 ——— 288
- 性犯罪者の査定 ——— 290
- 薬物犯罪者の査定 ——— 292
- 交通犯罪者の査定 ——— 294
- 放火犯罪者の査定 ——— 296
- 高齢犯罪者の査定 ——— 298
- 犯罪者・非行少年の人格査定の基本 ——— 300
- 犯罪者・非行少年の人格査定の
  基礎理論①精神分析 ——— 302
- 犯罪者・非行少年の人格査定の
  基礎理論②行動主義心理学 ——— 304
- 犯罪者・非行少年の人格査定の
  基礎理論③認知心理学 ——— 306
- 犯罪者・非行少年の人格査定の
  基礎理論④自己理論 ——— 308
- 犯罪者・非行少年の人格査定の
  基礎理論⑤性格理論 ——— 310
- 非行少年の鑑別 ——— 312
- 鑑別とリスク・アセスメント ——— 314
- 素行障害の査定 ——— 316
- 被虐待体験と非行 ——— 318
- 性的問題と女子非行 ——— 320
- 摂食障害と女子非行 ——— 322
- 鑑別面接 ——— 324
- 行動観察 ——— 326
- 法務省式心理検査 ——— 328
- ロールシャッハ・テスト ——— 332
- TAT ——— 336
- SCT ——— 340
- 内田・クレペリン精神作業検査 ——— 342
- ソンディ・テスト ——— 344
- P-Fスタディ ——— 346
- バウムテスト ——— 348
- HTP ——— 350
- 家族画 ——— 352
- 風景構成法 ——— 354
- 知能検査 ——— 356
- 神経心理学検査 ——— 360
- 脳検査 ——— 362
- 犯罪者・非行少年の自殺自傷リスクの査定 ——— 364
- 拘禁の心理と拘禁反応 ——— 366
- 治療的アセスメント ——— 368
- 【コラム】『永遠の仔』：被虐待児の物語 ——— 370

【概説】 犯罪性・非行性の査定

　犯罪性・非行性の査定には，犯罪・非行化していない段階でのものと，検挙され司法手続に乗った段階でのものとがある．前者は後者により得られた知見に基づいて行うほかないので，ここでは後者について述べる．査定は，以下に述べるように，犯罪の内容的特徴，犯罪傾性，それを形成した諸要因，犯罪に至る経過とそこに関与した諸要因，およびそれらの相互関係等々を総合的に評価するものとなる．

●**査定の目的**　査定は，処遇選択の判断（司法判断）のためのものと，矯正施設や更生保護機関における処遇（治療・教育訓練等の実施）をより効果的に行うためのものとに大別される．前者は，現在の状態およびそこに至った経緯に関して査定し，予後を予測するものであり，後者は，その知見をもとにして，再犯に至ることなく社会再適応していくための処遇方針を策定し，さらにその処遇効果を測定することにより，処遇方針の修正変更を検討したり，処遇プログラムの改善を検討するものである．後者には，自殺自傷，悪風感染，対人的トラブル等の未然防止等，適切な処遇環境・治療教育関係の整備・構築に関するものも含まれる．これは，犯罪および犯罪者の理解や改善更生には直接的な関係はないが，処遇の目的を達成する前提条件となる．

●**査定の諸側面**　犯罪性等の査定の基本は，個別の事例の査定であるが，これを集積して，罪種や事例特性ごとに共通して認められる特徴の抽出へと結晶化させ，さらにそれを個別事例の査定に活用するというサイクルを形成し，その信頼性・妥当性および処遇選択・処遇効果のエビデンスの程度を向上させていく必要がある．質的研究と量的研究の双方向的情報共有と統合といってもよい．

　犯罪の生起および犯罪からの回復には，生物（生理）-心理-社会の各次元において多様なリスク要因・保護要因が関与している．したがって，それらの諸側面を広く視野に収めて査定し，それぞれの観点での査定を総合し，犯罪および犯罪者の理解をめざす．手口の習熟度，計画性，犯罪への抵抗性・親和性といった犯罪傾性に関すること，精神障害を含む精神的機能の特性に関すること，認知特性や人格特性に関すること，価値観に関すること，生育環境や生活環境に関すること，犯罪に至る過程とそこに介在した心理力動に関すること，犯罪者のストロング・ポイントや利用可能な社会資源等に関すること，犯罪からの回復のためのニーズ要因，必要な処遇方法等に関すること，処遇適合性（レスポンシビティ）や処遇効果に関すること等あげれば際限がない．それらに関する諸知識を活用することにより最適の査定が得られる．

●**犯罪非行臨床における査定** 実際の臨床場面では，査定者は，その最初の段階において，先入観を排し，すべての要因と可能性を考慮に入れて検討し，その後徐々に要因と可能性を絞っていくかたちが基本となる．一定量以上の情報が得られた段階以降は，仮説を生成し，これを検証するために情報収集をし，仮説を修正・変更していくこととなる．この情報収集−仮説生成−検証の過程をいくども繰り返すことにより査定の妥当性は向上する．また，査定結果の検証システムをもつことも重要である．少年鑑別所を例にとれば，判定会議がその機能を果たす．法務省式ケースアセスメントツール（MJCA）では，データの蓄積とそれに基づくツールのメンテナンスがこれにあたる．査定結果は，司法手続・処遇手続の節目節目で作成・報告することとなるが，いずれも暫定的結果にすぎず，いったんの区切りをつけた後も情報収集−仮説生成−検証の過程が繰り返される．

　犯罪非行臨床における査定の依頼者は，裁判所や刑または処分の執行機関であることがほとんどであり，目的や着眼点は，制度もしくは依頼者により明示されるので，査定はその目的等に沿って行い，報告も依頼者の要請に沿うようなかたちで作成するのが基本となる．一方，査定を受ける側は，査定を受けるニーズを認識していていない場合が多い．査定は，本来，彼らの利益につながるはずのものであり，また，査定の主要な方法である自己報告，面接，心理検査等は，本人の協力がないと十分な信頼性・妥当性を担保しにくい性質のものでもある．したがって，査定の開始にあたっては，査定の目的等を説明し，理解と同意を得る手続きに意を尽くす必要がある．また，結果のフィードバックも重要である．被査定者が査定の意義を理解し，査定に対し主体的・内省的に関われば，結果として，査定の過程が治療・教育効果をもつ．

　犯罪非行臨床おける査定は，自由や便宜供与の制約を伴う公権力の発動に直結する場合がある他，将来の人生にも大きな影響を与えるので，通常の臨床以上に客観的事実に基づいて行われる．特に，事実認定のための査定面接においては，先入観に基づく誘導等が禁忌であるだけでなく，うなずきや励まし等も面接者の期待に沿う方向に供述を方向づける危険をもつので，注意が必要である（☞「司法面接」）．犯罪事実をはじめとして認定された事実と真実は完全には一致せず，主観的事実（認識）と客観的事実との乖離は往々にして大きい．これも重要な着眼点であるので，客観的事実の確認のために公共機関等に情報提供を求めることや，各機関が所有する情報を伝達・共有することも重要である．将来的には司法関係の諸機関が協力して犯罪者に関するデータ・ベースを構築することが望まれる． 　　　　　　　　　　　　　　　　　　　　　　　　　　　　　　　　［川邉　讓］

📖 **参考文献**
[1]　藤岡淳子編(2007)『犯罪・非行の心理学』有斐閣ブックス．
[2]　犬塚石夫編集代表(2001)『矯正心理学』下巻実践編，東京法令出版．

犯罪者のリスク・アセスメント

　犯罪をした者に対するリスク・アセスメントは，狭義には再犯リスク（将来に再犯する蓋然性）に関する評価をさすが，広義には再犯リスク水準の評価だけでなく，再犯に寄与するリスク因子の特定，再犯リスクの管理や削減をめざした介入目標や方法の策定，介入によるリスク水準の変化の評価，リスク関連情報の関係者への伝達（リスク・コミュニケーション）までを含めたアセスメントの一連の過程をいう（Mills et al., 2011）．リスク・アセスメントは，処遇選択や予後評価，量刑，処分確定後の処遇内容や介入密度選択，仮釈放の適否判断や人的・物的資源の適正配分等，刑事司法過程おける各種意思決定に大きく関与する．リスク・アセスメントは，個人の経験や勘に基づく主観的評価，法令上のガイドラインや規定に従った規範的評価，実証的根拠に基づく科学的評価等さまざまな次元から行うことが可能だが，ここでは，海外やわが国の刑事司法機関の矯正実務における成人用リスク・アセスメント・ツールを用いた実証的なリスク・アセスメントを概説する．

●**リスク・アセスメントの歴史的変遷と世代分類**　今日の実証的なリスク・アセスメントの起源は，1928年にバージェス（Burgess, 1928）が発表した仮釈放者の再犯予測研究や，グリュック夫妻（Glueck et al., 1930）の非行早期予測研究などを嚆矢とし，その後，さまざまな予測方式が発表され，日本でも欧米の諸研究を追試するかたちで，研究が実施されてきた（徳山，1975）．これら初期の予測研究は，多因子論的な犯罪原因論の観点から再犯の有無を予測することに主眼を置いていた．

　今日のリスク・アセスメント・ツールによる評価は，評価ツールの構築過程では，再犯予測研究の知見や技法に依拠するが，再犯予測自体よりもリスク水準に応じて再犯にまつわるリスク要因を適正に管理したり，治療や矯正処遇を介しリスクを削減し再犯防止に役立てることに関心の主眼が置かれている（安藤，2003）．

　実証的なリスク・アセスメント・ツールによる評価を活用した実務が活発化した背景には，以下の事情を指摘できる．まず，専門家による臨床的評価や判断が実証的な知見に照らすと予測妥当性に欠け，刑事司法の諸過程における恣意的な分類や意思決定が，対象者を過剰に危険視する等して人権を不当に侵害したり倫理的要請に離反するおそれがある等の批判に対し，客観的で信頼性や妥当性の高い評価基準が求められたこと，次に，疫学的犯罪学や発達犯罪学の研究が進行し，系統的レビューによる実証的研究により，再犯の削減や促進に寄与する各種要因に関する知見が蓄積したこと，さらに，効果的な再犯防止手法として，リス

ク管理を機軸とする犯罪者処遇論＝リスク予防パラダイムが，実証的根拠に基づく実務の主要な方法論となり，欧米等各国の矯正実務に取り入れられたこと（例えば，Bonta et al., 2007），である．

アンドリューズら（Andrews et al., 2006：2010）は，リスク・アセスメント手法の変遷を次の4世代に分け整理している（表1）．

表1　リスク・アセスメントの世代分類（Andrews et al., 2010 より作成）

【第1世代】専門家の非構造的臨床的判断によるリスク・アセスメント．判断ルールが可視的でないことが多いため再現性が低く，経験・技量による判断のばらつきも大きくなる．その結果，再犯予測力が低下しやすい．例：面接と心理テストによる伝統的アセスメント
【第2世代】保険統計的ツールによるリスク・アセスメント．この世代の評価ツールの予測因子は，再犯と関連性の高い静的・履歴因子（例，犯罪歴，初発年齢等）に多く依拠しており，長期的な再犯予測力が高い．予測力の高い静的変数が非理論的に選択され評価ツールに組み込まれているため，治療や介入による変化が反映されにくい．例：SIR-R, OGRS, Static-99
【第3世代】これも保険統計的ツールによるアセスメントだが，第2世代ツールの静的・履歴変数とともに処遇により変容可能な動的リスク要因＝犯罪誘発ニーズも評価に取り入れ同時に評価する．全般的リスク水準だけでなく処遇を通じた動的リスクの変化を継時的に測定できるため処遇計画策定やケース管理に役立つ．例：LSI-R
【第4世代】第4世代は，第3世代の評価ツールをケースの受理段階から終結段階まで系統的に使用し，評価結果を処遇計画やケース管理システムに取り入れ，処遇効果の評価や実務改善につなげていくような系統的介入のための評価ツール．例：LS/CMI, OASys
*なお，上記の第1世代と第2世代以降の折衷的な査定枠組みとして，構造的臨床判断（structured clinical judgement）という手法もある．この手法は，アセスメントの一部で保険統計的手法によるリスク査定もできるが，総合的評価段階で臨床的な判断を重んじる折衷的評価方式である（例：HCR20, SVR20）．

●**リスク要因の種類と評価**　リスク・アセスメントで評価されるリスク要因とは，再犯確率を高める方向に関連性を示す要因群である．これらは，因果関係をもつ原因因子である場合もあれば，間接的に再犯を促進させる修飾因子として機能している場合もあり，背景に伏在する要因の単なるマーカーの場合もある．したがって，再犯リスク要因をただちに犯罪の原因だと同一視してはならない．これとは逆に犯罪の生起確率を抑制する方向に機能する要因群を保護要因といい，保護要因や対象者の長所等のストレングスを含めて評価するツール（例：LS/CMI, OASys）もある．

表2は，リスク・アセスメントで評価されるリスク要因の変容可能性および時間的安定性に関するハンソン（Hanson, 2000）の分類に基づき，既存のツールとの対応関係等を示したものである．過去の犯罪履歴等変化しない静的リスク要因は長期的な再犯リスク予測に向くが，処遇による対象者の変化は反映しないため，処遇場面で利用する場合には，再犯に関連し処遇によって変化する動的リスク要因の評価を組み込むことが欠かせない．このうち，犯罪の誘発に関わる認知

の歪み等，時間的に比較的安定したリスクは治療教育的プログラムの介入目標となる．また，短期的に変化しやすいが犯罪を誘発する場面では寄与が大きい急性リスク要因は，施設内処遇が終結後の社会内での監督指導場面で特に留意が必要となる．なお，動的リスクの査定までを含めたリスク・アセスメントを特にリスク・ニーズ・アセスメントという．

表2　リスクの要因の種類と評価ツール例（Hanson, 2000 より作成）

リスクの種類	説　明	評価されるリスク要因例	評価ツールの例
静的(static)リスク 固定的・履歴的リスク	過去の行動や履歴に関連するリスク要因 長期的な再犯予測に関連性が高い	年齢，性別 犯罪歴，監督指導違反歴	（主に静的リスク評価） SIR-R，OGRS Static-99
動的(dynamic)リスク 可変的リスク	治療教育的処遇により変容可能なリスク 介入目標となり犯因性ニーズとよばれる		（静的・動的双方含む） LS/CMI，OASys
動的・安定的リスク (dynamic stable)	数か月～数年程度持続する安定的要因 介入プログラムの主なターゲットとなり，リスク削減に結びつく	反社会的人格特徴 物質依存症 雇用状況	（安定的リスク評価中心） STABLE2007
動的・急性的リスク (dynamic acute)	数秒～数週間程度で変化する急性要因 再犯を誘発する状況的引き金因子となり得る 再発防止のため社会内の監督指導やセルフ・マネジメント・プラン策定のため重視すべき要因	怒り 飲酒による酩酊 潜在的被害者への接近	（急性リスク評価中心） ACUTE2007

リスク・アセスメントでは，以上の各種リスクの評価に適したツールを評価目的や評価場面に応じ使い分ける．また，諸研究をみると，再犯に関与する要因は，各種犯罪に共通な成分とともに，各種犯罪に固有の成分も認められるため，その双方にバランスよく目配りしながらアセスメントを行う．

一般犯罪に共通のリスク要因群について，アンドリューズら（Andrews et al., 2010）は，実証的知見に基づき，①反社会的行動歴，②反社会的人格パターン，③反社会的認知，④反社会的交友関係の4種を，再犯との関連性の高さから再犯リスクのビッグ・フォー（重大4要因）とよび，これより関連性は低いが有意な影響を与える要因として，⑤家族・婚姻状態，⑥就学・就労状態，⑦余暇活動，⑧物質乱用を上げ（これをモデレート・フォー：中程度4要因という），以上の8要因を再犯リスクのセントラル・エイト（中心的8要因）と位置づけている．こうした一般的犯罪のリスクに着目したツールには，LS/CMI，OASys等がある．

一方，各種の犯罪に固有のリスク要因としては，性犯罪の場合は，児童に対する性的関心，逸脱的性嗜好等の性的逸脱傾向や親密さの欠損等があり，また，暴力再犯の予測では，上述の共通成分評価に加えて，パーソナリティ障害の存在や怒り等の要因が考慮され，これらの査定にふさわしいツールが活用されている（例：性犯罪＝SORAG, SVR-20．暴力犯罪＝VRAG, HCR20, VRS．DV 犯罪＝SARA）．この他，ジェンダー・ニーズに着目したツールも近年開発されている．ツールの開発は日進月歩であり，信頼性や妥当性検証等のデータは諸研究で更新されていることが多い．

　以上で例示したリスク・アセスメント・ツールは，評価者が評価領域（ドメイン）ごとの評定項目を半構造化面接等により評点化し，合計得点からリスク段階や動的リスク（犯罪誘発ニード）段階を判定する手順が踏まれる（ツールによっては自己評定パートを組み込んだものもある）．ツールの予測の正確さはROC曲線のAUC値（ROC曲線下面積）で示される．AUC値は0.5がチャンスレベルであり，既存ツールはAUCが0.6～0.7台の水準のものが多い．単純な再犯予測のツールとして使用してしまうと，偽陽性や偽陰性といった判定エラーが一定割合で生ずることになる．

●活用の意義・留意点　客観的なツールによるリスク・アセスメントは，リスク管理やリスク削減を基軸に据えた犯罪者処遇の中で，ベースライン・データを与え，改善状況をモニタリングし評価するうえでも欠かせず，限定的な人的・物的資源を適正に配分し，リスク水準に応じた処遇選択や意思決定を行うための基盤となる．

　わが国におけるリスク・アセスメント・ツールの実務場面への適用は，性犯罪者処遇領域を始めとして，刑事施設用の一般的リスク・アセスメント・ツールの開発作業が進行中である等，成人の施設内処遇領域でも活用が拡大しつつある．評価ツールの使用にあたっては，導出過程や特性を踏まえ，適用する集団において妥当性（交差妥当性）や信頼性等を検証する作業を丁寧に行う．既存のツールの多くは，男性をサンプルとして導出されていることや，静的・履歴要因に多く依拠するツールを使用する場合，固定的な評価が対象者のスティグマとなり社会的な排除を助長する危険性があることにも注意する．一方，動的要因を評価するツールの場合は，対象者の変化を的確に把握するため，処遇の進捗状況や生活状況の変化に応じ定期的な再評価が行われる．なお，評価ツールによる再犯リスク査定は，あくまで総合的なアセスメントの一部をなすにすぎない．評価ツールの評価結果を過信すると，ツールの評価項目には含まれていないが対象者に固有の重要なリスク要因を見落としたり，再犯抑止や立ち直りに寄与する対象者のストレングスやレジリエンス等の要因を過少評価したりしてしまうおそれがある．

［寺村堅志］

非行少年のリスク・アセスメント

　リスク・アセスメント・ツールは，主として成人の犯罪者を対象として開発されてきたが，近年になって非行少年にも応用され，さまざまなツールが用いられるようになった．本項では，非行少年を対象とした代表的なリスク・アセスメント・ツールを紹介したうえで，諸外国およびわが国における実証研究の状況，ツール使用上の留意点等について説明する．リスク・アセスメントの概要や主たる論点については，「犯罪者のリスク・アセスメント」の項目を参照されたい．

●**非行少年を対象としたツールの概要**　北米で開発された少年用のツールのうち，実証研究が盛んになされている代表的なものとしては，全再非行を対象とした青少年用サービス／ケースマネジメント目録（*Youth Level of Service/Case Management Inventory*：YLS/CMI），粗暴再非行を対象とした青少年の暴力のリスクに関する構造化査定（*Structured Assessment of Violence Risk in Youth*：SAVRY），性暴力の再非行を対象とした少年性犯罪者アセスメントプロトコル第2版（*Juvenile Sex Offender Assessment Protocol-II*：J-SOAP-II）がある．また，元来はサイコパシーの人格特性および行動の査定を目的として開発されたサイコパシー・チェックリスト青少年版（*Psychopathy Checklist：Youth Version*：PCL:YV）も，その一般および粗暴再非行との関連の高さから，実務上はリスク・ア

表1　非行少年を対象とした代表的なリスク・アセスメント・ツール

ツール名	サンプル	ターゲット	項目数	評定	特徴
YLS/CMI	カナダ	全再非行	42	0/1	Hoge et al.（2002）主要8因子
SAVRY	米国	暴力	30	0/1	Borum et al.（2002）SPJアプローチ，①履歴因子，②社会／状況的因子，③個別／臨床的因子の他，6項目の保護要因を含む
J-SOAP-II	米国	性暴力	28	0/1/2	Prentky et al.（2003）①性欲動／性的関心，②衝動性／反社会性，③治療的介入，④社会的安定性／適応の四つの下位尺度
PCL:YV	カナダ	（サイコパス）	20	0/1/2	Forth et al.（2003）①対人関係，②情緒，③行動，④反社会性の4因子モデル

＊1　「評定」は各項目に対するコーディング方法を示し，0/1は2段階，0/1/2は3段階での評定を示す
＊2　SPJは，構造化された専門家判断（structured professional judgment）をさす

セスメント・ツールとして用いられることが多いとされる（表1ならびに☞「サイコパシーの査定」）．

　一概にリスク・アセスメント・ツールといっても，予測の対象とする再非行の性質その他によって異なる他，リスク評定の考え方についても，純粋な保険数理統計手法によるものから専門家の裁量を残したアプローチまでさまざまある．例えば，構造化された専門家判断アプローチでは，臨床家は，前もって決められた特定のリスク項目のリストを参照するが，総体的なリスク評価は専門家の裁量に委ねられている．その他，リスク・アセスメント・ツールは，リスクや欠点に焦点をあてる一方で，長所やリジリエンスを考慮に入れないといった批判もあるが，例えば，SAVRYに関しては保護要因を入れる等の工夫がなされてもいる．

●**代表的なツール（YLS/CMI）の紹介**　非行少年を対象としたリスク・アセスメント・ツールのうち，幅広く用いられ，実証研究でも頻繁に検討がなされてきたものとしてYLS/CMIがある．これはカナダで開発されたリスク・アセスメント・ツールで，成人用のLSIシリーズ（LSI-R, LS/CMI）の少年版に該当する．8領域42項目で構成され，少年との面接や公的記録から得られた情報等を勘案して，それぞれの項目について該当または非該当を評定する．8領域は，①前歴・本件非行，②家庭環境・養育，③教育・雇用，④仲間関係，⑤物質乱用，⑥余暇，⑦人格・行動，⑧態度・志向であり，いずれも，これまでの追跡研究により再犯・再非行との関連が深いことが実証されている．結果は，0点から42点までの範囲で得点が高い方が再非行のリスクが高いとされ，高リスク群，中リスク群，低リスク群等の分類も用いられる．ただし，リスクの合計得点の算出はあくまでも全体のリスク・アセスメントの一部分であるとされており，注意が必要である．

　YLS/CMIの予測妥当性に関する研究は幅広く行われており，社会内処遇に付されている者（Onifade et al., 2008），矯正施設に収容されている者（Bechtel et al., 2007），裁判所によって精神保健アセスメントを命じられた者（Schmidt et al., 2005），性非行少年（Caldwell et al., 2009），粗暴非行少年（Catchpole et al., 2003）といったさまざまな対象者の他，再非行だけでなく，施設内の規律違反行為をアウトカムとした研究もなされている（Holsinger et al., 2006）．

●**諸外国におけるツールに関する実証研究**　上述のYLS/CMIの研究例のように，開発サンプル以外の対象に関する予測精度を検証する交差妥当化研究が数多く実施されており，刑事司法のさまざまな段階，国や地域，人種や民族，性別といった観点からツールの適用可能性を探る試みがなされている．最近では，同一のサンプルを用いて，複数のツールの予測力を対比し，いずれが優れているかを検討する他，一方のツールを用いた後に他方のツールを用いることが，ある一群に対する予測力をどれだけ向上させられるかといった増分妥当性についての研究も行われるようになっている．さらに，いまだ数は限られているが，少年用の

ツールに焦点をあてたメタ分析もいくつか刊行されている（Edens et al., 2007；Olver et al., 2009；Schwalbe et al., 2007）．このうち，オルバー（Olver et al., 2009）の研究では，三つの代表的なツール（YLS/CMI，SAVRY，PCL：YV）の予測妥当性に関する 49 の研究（合計 8,746 名）について，全再非行，粗暴再非行，性暴力再非行を指標として調べており，概ね成人のツールが示したのと同程度に有用であるとの知見が得られている．

なお，ツールに「関する」研究ではなく，ツールを「用いた」研究も増えている．リスク・アセスメント・ツールによって再犯リスク水準を統制したうえで，それでもなお再犯率の低減に影響を与える処遇プログラムの要素は何かを探るといった用い方ができ，プログラムの改善等に活用されている．

●わが国におけるツールに関する実証研究　以上のように，主として北米で開発されてきた経緯から，その他の地域における実証研究が限られており，少年用のツールは後発であることもあって，特にその傾向が顕著である．わが国での数少ない交差妥当化研究の一つを紹介すると，高橋ら（Takahashi et al., 2013）は，複数の少年鑑別所を退所した約 400 名の男子を平均約 1 年半にわたって追跡し，YLS/CMI の予測妥当性に検討を加えている．図1はその生存曲線を示したものであり，横軸は，少年鑑別所を退所後（少年院送致となった者は出院後）の経過日数を，縦軸は，再非行に及ばない比率を示している．折れ線グラフは，それぞれ高リスク群，中リスク群，低リスク群とされているが，これは，YLS/CMI を用いたリスク分類であり，図中の上端に線が近いほどその群において再非行せずにいる者が多く，線が下端に近いほどその逆であることが示されている．全追跡期間において，低リスク群のうち再非行に至ったのは約 1 割程度であったが，高リスク群では 6 割を超えていたとの結果が得られている．

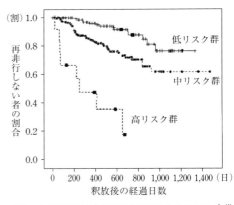

図1　わが国における YLS/CMI によるリスク水準別再非行率（Takahashi et al., 2013. より作成）

海外で開発されたツールをわが国の実務に適用する際には，文化差に由来する精度の低下が懸念されるところだが，一定の予測妥当性が支持されたといえる．ただし，主要な先行研究と比して平均点が大幅に下回っていることも報告されており，この点は，用いられたサンプルに依存するというよりも，彼我の系統的な

差異による可能性が大きいとの考察がなされている．こうした研究は，再犯・再非行リスク要因の文化共通性と異質性の検討という観点からも有用である．

なお，わが国では，心理技官が中心となって法務省式ケースアセスメントツール（MJCA）が開発されており，今後の定着と活用が期待されている（☞「鑑別とリスク・アセスメント」）．

●**非行少年用ツールの使用上の留意点と今後の課題**　ここでは，非行少年用のツールの使用上の留意点を実務と研究の双方の観点から簡潔に触れる．まず，リスク・アセスメント・ツールは，効果的な矯正処遇の原則であるRNR原則を背景にしており，その理念を学んだうえで使用することが欠かせないとされ，そうでない場合は数字の独り歩き等の弊害を生じることが懸念される．また，相手との関係性によって得られる情報の量や質が異なるのは当然であり，それゆえ，コーディングに必要な情報を得ることにのみ固執すると本来の目的を見失うおそれがある．加えて，ツールの予測力は，専門家の判断より一貫して優れていることが膨大な実証研究によって示されてきたとはいえ，その精度は，医学等の領域の診断用具と比較するとはるかに劣り，限界があること，普遍法則の個別事例への適用には常に例外があることを踏まえて用いる必要があり，使用にあたっては一定の研修が欠かせないとされている．その他，少年においては，成人よりも比較的短期間での定期的な再アセスメントが求められること，履歴変数等の静的要因よりも，価値観や態度といった動的で変化し得る要因を成人よりも意図的に多く含んで設計することが一般に望まれている．研究上の課題としては，成人用のツールに比べれば研究が不足しており，特に，ジェンダーの観点からの妥当性の検討がいっそうなされる必要があると指摘されている．

●**リスク・アセスメント・ツールとリスク・アセスメント**　誤解されがちであるが，リスク・アセスメント・ツールを用いて合計得点を算出することがリスク・アセスメントなのではなく，意思決定を行う際の一要素として活用することがリスク・アセスメントであるとされている．また，ツールによる再非行リスクの査定は，全体のアセスメントの中のあくまで一部分にしかすぎない．そこから得られた結果も，一つの所見にしかすぎず，それゆえ過剰に反応せず，かといって無視もせず，限界を知りながら賢く活用すること，ツールと実感との離齬があれば，それにじっくりと向き合い，考え続けることに意義があろう．　　　　［高橋 哲］

📖 **参考文献**

［1］高橋 哲（2015）「刑事司法領域の意思決定におけるリスクアセスメントツールの効用と限界」『心理臨床学研究』33(2) 191-200.
［2］Takahashi, M., Mori, T. & Kroner, D. G. (2013) A cross-validation of the Youth Level of Service/Case Management Inventory (YLS/CMI) among Japanese juvenile offenders. *Law and human behavior*, 37(6) 389-400.

犯罪者の処遇調査

　処遇調査とは，刑事施設（刑務所，少年刑務所および拘置所）における個々の受刑者の処遇に必要な基礎的資料を得るために行われる資質（知能，性格等の人格特性）および環境（家庭，職場，地域社会等の環境的諸条件）に関する調査であり，刑執行開始時調査と再調査の2種類があり，再調査はさらに定期再調査と臨時再調査の2種類に分けられる．

　処遇調査は，各刑事施設において，医学，心理学，教育学，社会学等の専門的知識および技術を活用しながら，面接，診察，検査，行動観察等の方法を用いて行われるが，特に精密な処遇調査を必要とする受刑者については，調査センターとして指定されている特定の刑事施設において処遇調査が行われる．また，処遇調査を主として行うのは，調査専門官（国家公務員採用総合職試験（人間科学区分）または法務省専門職員（人間科学）採用試験（矯正心理専門職区分）により採用される）という職名の刑事施設職員であるが，処遇調査は調査専門官にとっての中核業務といえる．

　なお，各受刑者には，刑執行開始時調査の結果等を踏まえて処遇指標（その受刑者に実施すべき矯正処遇（作業，改善指導および教科指導）の種類および内容ならびにその受刑者の属性（刑名，刑期，性別，年齢等）および犯罪傾向の進度を示す指標）が指定され，その処遇指標に基づいて収容される刑事施設や矯正処遇の重点方針が決定されることとなっている．

●受刑者処遇における処遇調査の位置づけ　①刑執行開始時調査は，刑の確定による収容開始後，主として処遇要領（受刑者ごとに定められる矯正処遇の実施要領）を作成するために行う処遇調査であり，調査項目は，精神状況，身体状況，生育歴，教育歴および職業歴，暴力団その他の反社会的集団への加入歴，非行歴

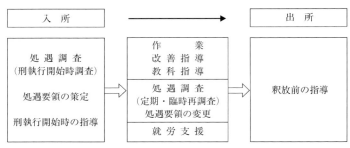

図1　受刑者処遇の流れ（『平成27年版犯罪白書』より作成）

および犯罪歴ならびに犯罪性の特徴，家族その他の生活環境，職業・教育等の適性および志向，将来の生活設計およびその他受刑者の処遇上参考となる事項，となっている．

②定期再調査は，刑執行開始時調査終了後，主として処遇要領の変更の要否を判断するために行う処遇調査であり，臨時再調査は，刑執行開始時調査終了後，矯正処遇の進展状況等を考慮して処遇要領や処遇指標を変更しようとする場合等に行う処遇調査である（図1）．

●**処遇調査実施上の留意事項**　①処遇調査は，受刑者の改善更生および円滑な社会復帰に資するという側面と，刑事施設の適正な管理運営（規律・秩序の維持等）に資するという側面をあわせもっている．この両者は相反するものではなく，むしろ互いに補い合い，支え合うべきものであるので，処遇調査の実施にあたっては，どちらか一方に偏ることがないよう，両者のバランスを取ることが重視されている．

②受刑者の資質や環境をできる限り高い精度で客観的に理解するために，質の良い資料（情報）をさまざまな角度から収集する．処遇調査の実施にあたっては，特定の調査方法に固執することなく，面接，心理検査，行動観察，公務所または公私の団体への照会等，多様な調査方法を目的に応じてバランスよく適切に用いている．

③処遇調査，特に面接や個別心理検査の実施にあたっては，受刑者と調査を実施する職員との関係性が重要な要素となっており，関係性次第で収集できる資料（情報）の質や量は大きく変化する可能性が高い．受刑者とできる限り適切かつ良好な関係を築くためには，「罪を憎んで人を憎まず」という格言にもあるように，受刑者を一人の人間として尊重し，少なくとも改善更生の可能性を信じる姿勢が重要だと考えられ，そうした姿勢が正確な調査結果を得ることにもつながる．

④再調査は，刑執行開始時調査時点での受刑者の資質および環境に関する理解や，その理解に基づいて作成された処遇要領等を，その後の処遇経過等を踏まえ，より精度の高い，実情に合ったものに変更していくという意味合いの他，それまでの期間に実施された矯正処遇等の効果を検証するという意味合いも有している．したがって，前回調査時点からの変化に着目するとともに，その変化の原因や理由についての考察を重視した調査が行われる．

⑤主として調査を担当する職員と，主として処遇を担当する職員は，それぞれ別の部署に所属する職員であることが多いが，処遇調査は文字どおり処遇のための調査である．医学，心理学，教育学，社会学等の専門的知識および技術を必ずしも有していない職員にとっても理解しやすい表現で，しかも処遇に役立つかたちに整理したうえで，調査結果を確実かつ速やかに伝達することが，実際の処遇において，調査結果が十分活用されることにつながると考えられる．　　［小山和己］

サイコパシーの査定

　サイコパシー（psychopathy）とは，感情面や対人面の問題から，ためらいなく反社会的行為に及ぶパーソナリティ障害の一種をさし，そうした障害を有する臨床群をサイコパス（psychopath）とよぶ．

●**サイコパシーを巡る議論**　サイコパシーについては，それと類似した人格特徴の記述が，古くギリシャ時代の文献にもみられるが，20世紀に入り，ドイツ語圏では，精神病質（psychopathie）という用語が使われるようになり，ドイツの精神医学者であるシュナイダー（Schneider, 1923）が，精神病質を，「人格の異常性のためにみずからが悩むか，社会が悩む」と定義し，臨床の場で重要と思われる10種類の人格類型を提示した．ただし，サイコパシーの場合は，本人がその異常性に悩むことはまずないので，精神病質にはサイコパシー以外のものも含まれると考えられる．また，1960年代以降，反精神医学思潮から，精神病質と診断することへの批判が高まり，今でも精神病質という用語に対する抵抗感は強い．

　一方，英語圏では，1940年代に，アメリカの精神科医クレックレー（Cleckley, H.）が『正気の仮面（*The Mask of Sanity*）』（1941）を著し，「意味の痴呆」を中核とするサイコパシーの特徴を記述した．その後，米国精神医学会の『精神疾患の診断・統計マニュアル　第3版（DSM-Ⅲ）』（1980）以降，反社会性パーソナリティ障害という診断名が登場したが，これは，反社会的行為を繰り返す幅広い対象を包含するので，必ずしもサイコパシーと同義ではない．

　このようにサイコパシー，あるいはそれに類似した臨床群が存在することは，経験的に指摘されてきたが，臨床単位として明確にとらえようとしたのが，カナダの心理学者ヘア（Hare, 1993）である．ヘアは，反社会的行為を繰り返すだけでなく，「言葉の意味は知っているが，その響きは知らない」というサイコパシーの特徴をとらえる尺度として，1980年代に，PCL（Psychopathy Check List）を開発した．現在では，その改訂版であるPCL-R（Psychopathy Check List-Revised）が用いられている．

●**PCL-Rによる査定**　PCL-Rは，20の評価項目から構成され，半構造化面接とこれまでの記録により，各項目が0点から2点の間で評定される．したがって，総得点は，0点から40点の値を取り，通常，30点を超えるとサイコパシーとみなされる．

　PCL-Rは，因子分析により，対人面・感情面からなる第1因子と，社会的逸脱からなる第2因子から構成されることがわかっている．さらに，第1因子は，

表1 PCL-Rの構造（Hare, 1991 より作成）

第1因子 対人面・感情面		第2因子 社会的逸脱	
第1相 対人面	第2相 感情面	第3相 生活様式	第4相 反社会性
1 口先だけのこと／表面的な魅力	6 良心の呵責・罪悪感の欠如	3 刺激を求めること／退屈しやすさ	10 十分な行動のコントロールができないこと
2 誇大化した自己価値観	7 浅薄な感情	9 寄生的生活様式	12 子どもの頃の問題行動
4 病的なまでに嘘をつくこと	8 冷淡さ／共感性の欠如	13 現実的・長期的な目標の欠如	18 少年非行
5 詐欺／人を操ること	16 自己の行動に責任が取れないこと	14 衝動的なこと	19 仮釈放の取り消し
		15 無責任なこと	20 犯罪の多種方向性

＊本表には，項目のうち「11 不特定多数との性行為」と「17 多数の長続きしない婚姻関係」は含まれていない

対人面と感情面の2相，第2因子は，生活様式と反社会性の2相からなるといわれている（表1）．ヘアは，サイコパシーを査定する際，総得点ばかりでなく，第1因子が高得点であることにも注目する必要があると指摘している．

なお，評定にあたっては，詳細なマニュアルが用意され，評定の精度や評定者間の一致度を担保するために，一定のトレーニングを積むことが求められている．

●**心理テストによる査定** サイコパシーの査定では，主に人格面の評定を補強する意味で，心理テストの活用が考えられるが，サイコパシーの他者を操作する傾向を考慮すると，質問紙法よりも，意識的な回答の操作が難しい投映法の方が有効である．投映法のうち，特にロールシャッハ・テストは，被検者の感情や自己像の特徴の把握に適しているうえ，エクスナー（Exner, 2003）が構築した包括システム（comprehensive system）では，信頼性・妥当性も担保されている．

ジコノら（Gacono et al., 1994）は，包括システムを用いて，サイコパシーのロールシャッハ・テスト上の特徴を検討し，他者との親密な関係を求める気持ちの乏しさ，不安の少なさ，自己愛的傾向の強さ，自己評価の高さ，自己中心的傾向の強さという5項目を見出した．これらは，PCL-Rの第1因子に含まれる特徴と重なるものである．

●**サイコパシーの更生に向けた処遇** サイコパシーは，その特徴から，処遇への反応性は低く，再犯リスクは高いと見込まれる．信頼関係に基づき，人格に働きかけるような処遇は奏効しない可能性が高く，むしろ処遇する側を操作しようとするおそれさえあるので，行動の管理・監視に重点を置き，少しでも再犯リスクを下げるような働きかけをすることが現実的である．

［渡邉 悟］

殺人等凶悪犯罪者の査定

　『犯罪白書』の用法によれば，凶悪犯には殺人・強盗・放火等が含まれるが，放火については別項目（☞「放火犯罪者の査定」）に譲り，ここでは殺人を中心とした凶悪犯について，その犯罪非行の理解のための着眼点や先行研究等について記載する．

●**殺人の類型**　殺人に至った経過や動機，態様は事案ごとに千差万別であるが，殺人の動機と加害者−被害者間の人間関係は密接な関連を有することが通例であり，これに基づいていくつかの類型が示されている．殺人の動機と態様に基づいた類型としては，激情殺人，葛藤殺人，隠ぺい殺人，利欲殺人，信念による殺人，嘱託殺人，淫楽殺人，大量殺人，精神障害からの殺人等の類型が，井部（1983）ら多くの研究者によって示されてきている．

　一方，近年，非行少年や犯罪者を発達的見地から縦断的に追跡し理解しようとする研究や理論が，発達的犯罪学またはライフコース理論とよばれ，活発化している．家庭裁判所調査官研修所の「重大少年事件の実証的研究」（2001）では，単独で重大事件を起こした少年について，①幼少期から問題行動を頻発していたタイプ，②表面上は問題を感じさせることのなかったタイプ，③思春期になって大きな挫折を体験したタイプの3類型を抽出しており，発達過程を踏まえた類型化といえる．

　法務総合研究所は，『研究部報告 31 重大事犯少年の実態と処遇』（2006）において，重大事犯を，一般事犯・交通事犯の別，被害者との親族関係の有無，共犯の有無により，①集団型，②単独型，③家族型，④交通型の四つの非行類型に分けて，それぞれの特徴を分析している．

●**犯行理解のための着眼点**　上記のような類型も念頭に置きながら，個々の対象者の犯行に至る過程を分析するとともに，犯罪性・非行性の査定を行っていくこととなる．

　まず，被害者との関係や共犯の有無等に着目してみる．親族が被害者となる場合には，単独犯が多いが，乱暴な父親を殺害するいわゆる暴君殺し，家庭内暴力が高じての母親殺し，夫婦関係のもつれからの配偶者等の殺害，乳幼児に対する過度の叱責や虐待からの殺人，出産後の処置に困っての嬰児殺（☞「子殺し・嬰児殺」），心身に疾病や障がいがある家族への介護負担からの殺害，生活苦からの心中事犯等が典型的である．

　暴力団や暴走族等の不良集団の構成員による共犯事件では，敵対する集団の成員や掟を破った成員等が被害者となる場合が多い．共犯者の内，中心的な構成員

では暴力肯定的で反社会的な価値観の取り入れが進んだ者が多いが，周辺的な構成員では同調・追従的な関与にとどまる者もみられる．

単独犯で親族以外が被害者となる場合については，対人葛藤をうまく処理できずうっ積した感情が爆発した事例や，異性との感情のもつれから激情的に犯行にいたった事例等がみられる．また，いわゆる通り魔殺人（☞「通り魔」）等において，動機とその結果の重大性が不釣り合いな者，動機が了解困難で精神障害が疑われる者等もみられる．成人事件では，金や物を獲得するための利欲殺人や他の犯行を隠すための隠ぺい殺人も比較的多くみられる．

次に，事件の手口や態様等に着目すると，凶器の種類（ナイフ，包丁，バット，拳銃等）や準備状況（意図的な準備の有無），殺害の手段（刺殺，絞殺，撲殺等），犯行場所（本人宅，被害者宅，路上等），犯行の計画性（日時の設定，共犯事件における役割分担等），飲酒や薬物の影響等も，殺害意志の強固さや情緒面の統制力等を反映し，犯罪傾向の査定にも影響する要因であり，十分な情報収集と検討が行われる．

資質面の特徴に関しては，ミガージら（Megargee et al., 1967）は，暴力犯罪に及ぶ者を抑制欠如型と抑制過剰型という2種類のタイプに分類している．抑制欠如型は，自制心が弱く，些細なことですぐ腹を立てる常習的な暴力者タイプであり，抑制過剰型は，内的抑制が強く，怒りや不満をため込み，あるとき堰を切ったように爆発するタイプである．抑制欠如型は，常習的な犯罪の末に殺人に至るケースに，抑制過剰型は，それまで表面的には問題がなく，突発的に殺人に至るケースに関連が深い．

●殺人等凶悪犯の査定上，特に配慮すべき手続き　殺人等凶悪犯罪者の査定にあたっては，事件の社会的な影響が甚大であることに加えて，その犯行動機等の解明にも多くの困難を伴うことが通例であることから，手続き上も資質面・環境面より幅広い情報を収集して，多角的な検討を行うための手段がとられる．具体的にいうと，各種の個別式心理検査の活用や精神医学的診断の検討はもとより，前後に実施されることの多い精神鑑定等の所見の入手や，事件記録，裁判記録等の閲覧，被害者感情（☞「犯罪被害者遺族の心理」）等についての情報収集が行われる．これらは，犯行の経緯・動機の解明や犯罪傾向の査定のみならず，今後の改善更生や社会復帰を図るための処遇指針の策定のうえでも重要な資料となる．

［鈴木明人］

参考文献
[1] 家庭裁判所調査官研修所監修(2001)『重大少年事件の実証的研究』司法協会．
[2] 法務総合研究所(2006)『研究部報告31 重大事犯少年の実態と処遇』．
[3] 法務総合研究所(2007)『研究部報告35 重大事犯少年の実態と処遇（第2報告）』．
[4] 法務総合研究所(2012)『研究部報告45 家庭内の重大犯罪に関する研究』．

粗暴犯罪者の査定

　粗暴犯罪とは，刑法犯である暴行，傷害，恐喝，凶器準備集合等を包括する分類名である（『平成27年警察白書』）．粗暴犯罪者の査定は，当該個人がなぜ粗暴犯罪行為に及んだか，どういう場面・状況でその犯罪が行われたか，について心理学的に理解する作業過程である．

　また，この査定は，粗暴犯罪に対する社会的責任を問う司法判断に資すると同時に，当該行為者が粗暴犯罪に及んだことについての広い意味での心理的問題を解決するために役立てるものでなければならない．

　さて，人に危害を加えようと意図した行動が攻撃だが，身体的攻撃を特徴とする激しい攻撃は暴力である．粗暴犯罪者の査定について，攻撃性に関する諸側面（大渕ら，1994a）と，査定ツールとしての機能的攻撃性尺度（Functional Aggression Scale：FAS）（大渕ら，1999）の双方を取り上げて説明する．

●**攻撃性の諸側面**　攻撃性は，一定の刺激に対する攻撃的反応で，他者に身体的，心理的に苦痛を与える行動，あるいは，それを願望する内的状態である．また，

表1　攻撃性の諸側面（大渕ら，1994aより作成）

	攻撃性の諸側面	内　容
1	身体的攻撃反応傾向	挑発に対する身体的な攻撃反応の頻度
2	言語的攻撃反応傾向	対人批判や自己主張傾向
3	間接的攻撃反応傾向	悪い噂を広める等，怒りや敵意の間接表現
4	敵対的な対人態度・認知・信念	出来事を挑発や敵意と解釈しやすい傾向
5	攻撃的情動	攻撃に最も関連の強い情動としての怒り
	（a）短　気	怒りっぽさと抑制のない傾向
	（b）怒りの挑発因	挑発刺激に対する怒りの強さや頻度
6	罪悪感，敵意の抑制	人を傷つけることへの罪悪感，敵意の過剰抑制
7	サディズム・暴力衝動	人を苦しめて快を感ずる傾向，破壊衝動の感覚
8	攻撃性に関連した特性	攻撃に転じやすい性格特性
	（a）支配性	リーダーシップやイニシアチブをとりたがる
	（b）自己主張	統制できる領域の拡大と防衛的な自己主張
	（c）権威に対する態度	既成の権威や制度への反抗と，信頼や不信等
	（d）タイプA行動	切迫感，野心，強い競争・達成動機，攻撃的傾向
	（e）権利の軽視	思いやりのなさ（自己中心的，共感性が低い傾向）
	（f）マキャベリアニズム	打算的，目的達成のために手段を選ばない傾向
	（g）社会適応性	責任感，正直さ，寛容さ，情緒不安定傾向
9	対人葛藤への反応傾向	葛藤の対処方略（対決，力，円滑）
10	加害体験，被害体験	児童期の暴力被害体験は，強い猜疑心と関連
11	対女性暴力	女性への暴力を正当化する信念や蔑視の女性観
12	攻撃性に関連する病理	精神病質的偏倚傾向，過剰抑制敵意傾向

攻撃性の人格特性は比較的安定していて，かつ複合的なものである（大渕ら，1994a）．表1は，攻撃性の諸側面である．1～3は，攻撃性の表出スタイルである（行動水準での攻撃性）．4～7は，攻撃性の中核的な内的性質（認知，情動，抑制，衝動）である．8は，攻撃性と関連の深い性格の類縁特性．9～12は，場面や対象による特殊な観点からのとらえ方である．

●**機能的攻撃性尺度（FAS）**　攻撃性に関する理論や知見を検討した大渕（1993）は，攻撃行動が不快感情の表出（情動反応の側面）と目的達成の手段（戦略的行動の側面）の二過程モデルで説明できるとした．思わずカッとなって行われるのが前者で，不快情動の自動処理過程である．後者は，不都合な社会事態に遭遇した個人がこれを解決するために攻撃を選択する戦略的行動である．これは，原因帰属等の事態の分析，解釈，予測等の認知判断（一次的評価）と行動結果の予期に基づく行動制御（二次的評価）からなる認知的決定過程である．つまり，攻撃を戦略として選択する際に，どのような目標に対し，どのような場合に攻撃するのが有効かを推測・勘案する過程である．攻撃者が戦略で使えると意図するのは，攻撃機能に関する共通な社会知識が働いているからである．この攻撃機能には，①防衛・回避（危険から身を守るため），②強制・影響（影響手段の一つとして），③制裁・報復（公正回復を図るため），④同一性（評判や信用を保護するため）の4種類がある．

4種類の攻撃機能については，暴力犯罪者が被害者との相互作用過程で，各攻撃機能に動機づけられる脈絡が事例分析され，暴力を選択するメカニズムの理解にこれらの攻撃機能が役立つことが確認された（大渕ら，1994b）．

一方，4種類の攻撃機能と関連する人格特性を用いて，攻撃行動を測定するFASが作成された（大渕ら，1999）．具体的には，回避・防衛機能は猜疑心や被差別感と関連する．強制・影響機能は，競争心，自己主張，支配性等と関連する．制裁・報復機能は，偏った信念や報復心等と関連する．同一性機能は，男らしさ，対抗同一性，プライド・面子（メンツ）等と関連する．

FASを暴力犯罪と非行との関係で受刑者と少年鑑別所収容少年に対して検証した結果，許容水準の信頼性係数が得られた．妥当性については，FASと暴力指標との間に統計的に一定の関係がみられた．測定方法に課題も残るが，FASは，人が暴力を戦略に用いる過程を査定するツールとして有効である．

●**査定に関わる留意点**　査定を含めた心理アセスメント論では，構造化面接の概念を取り入れ，従来の自由面接法（非構造化面接法）と心理テスト法（半構造化面接法や構造化面接法・質問紙法）を連続的にとらえ，両者を相補的にとらえている（丹野，2001）．粗暴犯罪者の査定においても，発見的機能をもつ非構造化面接と確認的機能をもつ構造化面接法・質問紙法の両者の特徴をあわせもつ半構造化面接で，より精緻な査定をめざす必要がある．

［山入端津由］

財産犯罪者の査定

　財産犯には，強盗，窃盗，詐欺，恐喝，横領等が含まれる．その中で時代を問わず，認知件数において常に一般刑法犯の大半を占めているのが窃盗であることから，ここでは窃盗犯の査定について取り上げる．窃盗は犯罪の中でも最もポピュラーなものであるだけに，その手口，動機，被害の程度等は複雑多岐にわたっている．『平成27年版犯罪白書』によれば，窃盗の認知件数のうち，その手口は，自転車盗，万引き，車上ねらいの順に多い．

●**窃盗犯を理解する前提**　窃盗犯が口にする犯行の動機は，欲しかった，お金がなかった，仲間の誘いを断り切れなかったといった，表面的なものが多い．しかし，実際に窃盗に及ぶ背景には，本人に何らかの欠乏状態があると推察され，本来の心理的欲求を窃盗という物質的な欲求の充足で埋め合わせたととらえることができる．

　ここでいう欠乏とは，貧困や困窮等を背景とする物質面の欠乏以外にも，愛情，承認，関心といった対人的な欲求に根差したものや，自信，能力，魅力，自立といった自己に根差したものがあげられる．しかし，こうした欠乏状態を認めることは，本人にとって不快感や苦痛を伴い，自尊心が傷つくものであるため，本人はそれを容易には認めたがらない．そもそも欠乏感を十分に言語化できず自覚できないことが，窃盗に及ぶ要因になっている場合もある．

　窃盗犯の査定にあたっては，本人がいかなる欠乏状態に置かれているのか，窃盗を通じて何を訴えたかったのか，そして，そうした欠乏状態を，窃盗という社会的に容認されない手段でしか埋め合わせられなかった背景について解明を進めていく．

●**窃盗の客観的な態様の把握**　窃盗に限らず，犯罪の態様自体にこそ，本人の特性や思いの一端が如実に反映されている場合が多い．そのため，窃取した物の内容，その金額，犯行場所や時間帯といったことをはじめ，共犯者の有無，被害者との関係性，常習性や計画性，手口の習熟度等の基本的な事項は必ず押さえておく必要がある．例えば，窃取した物が同じであっても，被害者が顔見知りの人か見ず知らずの人であるかで，その意味するところはおそらく異なるし，窃取した物が傍目には何の価値も見出しにくければ，それが本人にとって特別な意味が込められていると考えられる．

●**窃盗の真の意味の把握**　安香（2008）は，窃盗を理解するうえで，本人が財物に対して意味（誘意性）を見出しているのか，財物よりむしろ，本人自身や被害者，第三者に対して意味（誘意性）を見出しているのかという観点をもつことが

有効だとしている．

　すなわち，子どもの万引きを例にとれば，万引きした菓子を空腹のためにすぐに食べた場合，財物（菓子）自体に意味があったといえるが，それを食べずに仲間にふるまった場合，仲間との関係を有利にすることに意味があったといえる．また，万引きの発覚後，真っ先に親の反応を気にかけていたのであれば，注意獲得や愛情確認を意図した可能性が考えられる．さらに，万引き直後に気分がすっきりしたのであれば，万引きするものは何でもよく，内面の緊張感や不全感を解消させることが目的であった可能性が高い．万引きという一見単純な行為であっても，その前後の本人の行動や心理を丁寧に押さえることが，窃盗の真の意味を理解する手がかりとなる．

●**人格特性および適応状況の把握**　何らかの欠乏状態におかれている誰もが，窃盗に及ぶ訳ではなく，大抵の人は，社会的に容認される適応的な行動を通じて，それを埋め合わせたり，解消したりしている．窃盗に及ぶ背景には，何らかの欠乏状態に加え，犯行をうながすような本人の人格や適応上の問題も大きく作用していることが多い．

　福島（1969）が窃盗累犯の研究の中で，窃盗の特性として，利欲性（非欲動性），隠秘性（非暴力性），原始性（容易さ），固執性（反復性）の四つをあげているが，基本的に窃盗は，他者との間に濃密なやり取りはなく，いったん欲しいと思い立てば，比較的手軽に何度も実行できる行為である．こうした窃盗自体の特性と，本人の社交性や攻撃性，現実検討力といった人格特性との間には関連がみられることが多い．

　また，これまでの生育史を丹念にたどるとともに，現在の家族関係，交友関係，学業関係，職業関係といった本人を取り巻く生活環境の他，自己イメージ，日々の生活の充実感等を通じて，本人の適応状況が明らかになる．その際特に，本人が満たされない思いを抱え続け，慢性的な欠乏状態におかれているのか，最近になって何らかの出来事が契機となって，従来の適応のあり方が破綻し，犯行の直前に何らかの欠乏状態に陥っていたのか等については，窃盗に及ぶ直接のきっかけを探るうえで，欠かせない情報である．

　さらに，今後窃盗が常習化していくのかという予後の予測や，窃盗への抵抗感を把握するうえで，初めての万引きや家財持ち出しといった，過去の窃盗経験の有無やその概要についても聴取し，今回の窃盗との連続性や関連性について検討することが有効である．

　以上をまとめると，窃盗犯の査定では，窃盗という行為自体の理解にとどまらず，それを本人の人格特性や平素の適応のあり方とも関連づけて，総合的に理解することが必要であり，それにより，再犯防止に向けた適切な処遇指針の立案が可能となる．

〔山口雅敏〕

常習犯罪者の査定

　わが国は，刑法および特別法において，犯罪ごとに常習性に基づいて刑の加重を定めており，常習犯罪者とは，狭義には，一つの犯罪を反復累行する者をいう．しかし，実務上は，時に横領や強盗を挟みながら，窃盗を主とした犯罪を繰り返す者が少なくない．広義には，これらの累犯者も常習犯罪者という．

　なお，累犯者とは，同じ犯罪に限らず犯罪を反復し，受刑を繰り返す者をいうが，常習犯罪者と累犯者は重なる部分があり，常習犯罪者の多くは常習累犯者である．

●**常習性が高い犯罪**　刑務所の再入所者において同一罪名前科をもつ者の比率が高い犯罪は，窃盗と覚せい剤取締法違反であり，女子受刑者ではこの傾向がさらに顕著である．次いで，詐欺，道路交通法違反，傷害・暴行の比率が高く，これらが常習性が高い犯罪といえる．

　一部の性犯罪者は，同一手口の性犯罪を繰り返す常習犯罪者であるが，性犯罪者全般からみると常習性はさほど目立たない．また，殺人も，時に複数の被害者を出す連続殺人者（serial murder）が話題になるが，多くの場合，最初の殺人で長期間受刑するため，個々の殺人犯が抱える問題の深刻さは別として，統計上は殺人の常習性は低い．

●**常習犯の査定要因**　①主な要因：常習犯罪者は，意志薄弱，怠惰で勤労意欲が低く，ずるずると社会生活から逸脱していく受動的常習犯罪者と積極的な犯罪志向をもち，生活費を得るため計画的に犯罪を反復する職業的常習犯罪者があるとされる．前者は主に弱志性に問題がある犯罪者であり，後者は，犯罪を職業として選択するという反社会的価値観に主な問題がある犯罪者である．

　資質的要因としては，早発型の常習累犯者には，パーソナリティ障害（personality disorder）と診断され，生育の早い段階から社会適応上深刻な問題を抱える犯罪者が多いことが知られている．また，知的障害も常習犯罪の一因となる．福祉的な支援を受けることができない知的障害者は，自力では良好な社会適応が難しく，犯罪と受刑を繰り返す常習累犯者となる者も少なくない．いわゆる累犯障害者とよばれる人たちで，彼らには，刑罰ではなく，社会福祉的な支援が必要とされる．

　社会環境の要因が大きいのは，高齢の常習犯罪者である．わが国は，人口の高齢化と無縁社会化に伴い，身寄りのない高齢受刑者が急増している．彼らは，仕事も家族もなく，生きがいも見出せないことから，生活保護を受給しても飲酒やパチンコで使い果たしてしまい，食べ物の万引きや無銭飲食を繰り返す常習犯罪

者となる．刑務所に戻るために常習的に犯罪を行う高齢者もおり，彼らは，資質的要因に加えて社会環境要因も大きい常習犯罪者といえる．

②特殊な要因：米国精神医学会（APA）のDSM-5において窃盗症（kleptomania）とされている精神疾患がある．これは，金銭的に余裕があるにもかかわらず，特に必要ではない物を盗む衝動が抑えられず，経済的利益が動機とは考えられない窃盗を繰り返す疾患である．窃盗症は女性に多いが，精神療法による嗜癖の治療が必要とされる．

生理的要因としては，女性犯罪者における月経前症候群（premenstrual syndrome）としての窃盗，摂食障害に伴う窃盗の反復，中高年齢者では，前頭葉や側頭葉の委縮により生じる認知症の一つであるピック病（Pick's disease）が知られている．ピック病に罹患すると，それまでまったく犯罪歴がなかった温厚な人物が，突如，窃盗を繰り返すようになることがある．このように衝動に対する抑制が急速に失われ，突発的で動機を理解しがたい犯罪を反復する場合は，身体・精神医学的診断を要するケースが多い．

●**犯罪生活曲線**　常習犯罪者の査定に有効な方法として，吉益脩夫による犯罪生活曲線がある（1951）．半世紀以上前の方法論ではあるが，これに代わるものもないことから，以下にその概要を示す．

吉益は，①犯罪の始期，②犯罪の反復と間隔，③犯罪の方向，の三つの要因を想定し，各要因のレベルを組み合わせて（2×4×4），犯罪者を32のパターンに分類し，これを目安として，犯罪者がどのような経過をたどって累犯者となるのかを検討した（表1）．

表1　犯罪生活曲線（吉益，1951より作成）

① 犯罪の始期
・早発（25歳未満）
・遅発（25歳以上）
② 犯罪の反復と間隔
・停止型（犯罪が1回限りで再犯しない）
・間歇型（犯罪の間隔が5年以上）
・弛張型（犯罪の間隔が2年6月以上5年未満）
・持続型（犯罪の間隔が2年6月未満）
③ 犯罪の方向
・単一方向型（一つの犯罪だけを行う）
・同種方向型（一つの犯罪類型だけを行う）
・異種方向型（二つの犯罪類型にわたって行う）
・多種方向型（三つ以上の犯罪類型にわたって行う）

＊③における犯罪類型は，財産犯（窃盗，強盗，詐欺，恐喝等），暴力犯（傷害，傷害致死，公務執行妨害等），性犯（強姦，強制わいせつ等），破壊犯（放火，往来妨害等）および逃走犯の五つであるが，これは吉益独自の類型である

犯罪生活曲線において，狭義の常習犯罪者は持続型の単一方向犯であるが，吉益およびその後の研究者によると，単一方向犯は窃盗犯に多く，弱志性や知的障害が認められる者も多い．また，単一方向犯は遅発型が多いが，早発型は，多種の犯罪を短い間隔で繰り返す累犯者となりやすいとしている．このように，犯罪生活曲線は，個々の犯罪者が常習累犯者となる経緯を確認する目安として有効である．

［安田　潔］

性犯罪者の査定

　性犯罪とは，強姦，強制わいせつ，公然わいせつ等の刑法に定められる狭義の性犯罪の他，これらには該当しないものの，下着窃取のための住居侵入や窃盗等も，広義の意味で性犯罪ととらえることが一般的である．

　性犯罪の態様は多様で，例えば，性的欲求を向ける対象は異性であったり，同性であったり，あるいは物であったりする．また，手段として，強姦等の直接的・暴力的なものから，窃視等の間接的なものまであり，性犯罪は，性的欲求を向ける対象の不適切さと，性的欲求を満たす手段の不適切さの二つの側面からとらえられる．

　実際の査定は，個々のケースごとに重点的な調査事項を設定して行われるが，ここでは，男性の性犯罪者の査定における一般的な調査内容を概説する．なお，特に記述しない限り，少年と成人を区別せずに性犯罪を「性加害」と記述している．

●**調査方法**　性加害の調査は，他の犯罪行為の調査に比して調査対象者の羞恥心や抵抗感から否認等の心理機制が働きやすい．したがって，面接調査のみならず，関係機関からあらかじめ客観的な情報を得る他，投映法等の各種心理検査を駆使して調査を進める．

●**加害行為の概要の調査**　加害前後の調査対象者の行動を時系列で追い，その時々の感情，思考等の内的状態について調査する．事前の計画性について，偶然性や無計画さを強調する者も多いが，性加害は，多少なりとも意図的・計画的に犯行に及んでいるものと考えられ，本人の供述を鵜呑みにすることなく，客観的情報と突き合わせながら，矛盾点等の確認を行っていく．

　犯行前段階では，きっかけとなる出来事（仕事や家庭での問題等）の有無や感情状態，飲酒や薬物による影響の有無の他，被害者，犯行場所，犯行時間の選定やその理由等を明らかにする．また，犯行場面では，実際の加害行為として，被害者に対して何をどのように行ったのか，被害者の抵抗に対してどう対応したか等の具体的事実を確認する他，その際の感情（興奮，怒り，不安等）や性的興奮の度合いを確認する．また，犯行後の被害者への対応（脅した，口止めをした等）や犯行を終えたときの感情（満足感，罪悪感等）の他，犯行後から事件が発覚するまでの生活状況，次の犯行の準備状況について調査をする．通常，性加害は，単なる性的欲求の充足のみならず，女性に対して支配的立場を取ること，女性を攻撃することに強い快感を得ている場合も多いため，本人にとって性加害がもつ意味合いを丁寧に分析する必要がある．また，過去に同種性加害がある場合は，その手口や犯行内容の変遷等を把握し，攻撃行動がエスカレートしているのかど

うかも把握する必要がある．

なお，被害者が第二次性徴前の子どもや幼児である場合は，性的嗜好異常が疑われるので，被害者との関係や被害者を選んだ理由等をより詳細かつ丁寧に調査する．

●**背景要因に関する調査**　①対人関係のあり方や性経験等：性加害の背景には，女性との関わりにおいて抱えている劣等感や男性性の確立の問題を補償しようとする心理機制が働いていたり，性的関心の偏り，逸脱した性的空想等が影響していたりすることが多い．そのため，これまでの交際相手との安定した関係の有無，性経験の相手，本人のもつ女性像の他，背景にある幼少期からの母子関係や家族関係についても調査する．

また，逸脱した性的関心に関しては，性的空想やそれに伴う自慰の頻度，逸脱した性的情報との接触の頻度，性的衝動の発散方法の他，小児性愛やフェティシズムが疑われる場合は，特定の性的対象へのこだわりや固着の程度についても丁寧に調査する．性被害体験がある場合は，その体験がその後の対人関係のもち方や性加害にどのような影響を及ぼしているかを調査する．

②その他：一般的な非行や犯罪の査定と同様，知的水準，人格，精神障害等の他，生育歴，教育歴，職業歴，非行・犯罪歴等の調査を行い，性加害に関連する要因を特定する．

●**総合的分析**　これらの一連の調査を通して，調査対象者の基本的な人格構造を押さえつつ，性加害の背景にある問題とその大きさの他，性加害を促進・維持する外的（環境的）要因と内的（資質的）要因との関連を分析し，再犯・再非行防止に向けた治療・処遇に資する処遇方針を策定する．

●**性加害に係る査定の近年の傾向**　欧米等では，性犯罪の査定において，再犯リスクおよび処遇のニーズを定量的に把握するリスク・ニーズ・アセスメント・ツールが活用されており，日本においても，2006年度から性犯罪者に対する同様の調査ツールが刑事施設に導入された．例えば，RAT（risk assessment tool）は，再犯と関連があるとされている過去の性犯罪歴等の静的リスク要因を査定・評定するものであり，NAT（needs assessment tool）は，半構造化面接により，親密な関係の取り方，性的な自己統制，性暴力を容認する態度，一般的な自己統制といった動的リスク要因を査定・評定するものである．

同アセスメント・ツールは，再犯リスクの高さに応じた処遇プログラムの選択，再犯防止につながる処遇目標の設定等に活用されており，性加害の査定の分野においては，こうした実証研究に基づく査定，処遇等の充実が図られるようになっている．

［西田篤史］

📖 **参考文献**
[1]　法省務矯正局(2006)『性犯罪者処遇プログラム研究会報告書』．

薬物犯罪者の査定

　各種薬物を規制する法律に違反し，または使用目的を逸脱し，みだりに薬物を所持・使用する薬物乱用は，有毒物質や薬効が心身に与える悪影響から生活機能を障害し，反復使用の結果，同じ効果を得られる量が増加する耐性を生じ，やがて薬物依存に至らせる．依存には，①身体依存（退薬時に苦痛や症状が伴う）と，②精神依存（薬物への渇望を意志の力で抑えられない）があり，それらがどの程度強まりやすいかは，薬物の種類や乱用態様，使用者の特質等により異なる．使用の頻度や量が急増すると，幻覚妄想等の激しい精神症状を呈し（急性中毒），少量でも長期間連用すると，特異症状や過敏性を示し，無為な状態に陥る（慢性中毒）．

　1975年頃から1990年頃にかけて少年非行で大流行した有機溶剤（シンナー）は，近年特に都市部では影を潜め，最近は覚醒剤，大麻または脱法ハーブ等危険ドラッグの燃焼吸引，合成麻薬の経口摂取，処方薬の過量服薬等が目立つ．

表1　犯罪に供されやすい主な薬物の特徴（大熊，2013；栗原，2006より作成）

タイプ		品名・俗名	主要物質	中枢作用	精神依存	身体依存
麻薬型	アヘン型	H	モルヒネ，ヘロイン，コデイン	抑制	強	強
	コカイン型	コーク，クラック	コカイン	興奮	強	－
	幻覚剤型	エル，アシッド，紙	LSD，メスカリン	興奮	小	－
	合成麻薬型	エクスタシー，X，丸	MDMA	興奮	中	小
覚醒剤型		シャブ，スピード	アンフェタミン，メタンフェタミン	興奮	強	－
大麻型		草，ハッパ，チョコ	大麻（マリファナ）	抑制	小	小
有機溶剤型		アンパン，純トロ	トルエン，アセトン	抑制	小	小
バルビツール（向精神薬）型		ベンザリン，ハルシオン，赤玉	バルビツール系睡眠剤	抑制	中	強

＊　精神依存と身体依存については，有無および相対的強さ（強＞中＞小＞－）を示す
　上記以外に，可燃性ガスやマジックマッシュルーム，脱法ハーブ等の危険ドラッグがある

●**査定の視点と方法**　査定の主な視点は，①初回使用・継続乱用の動機と経緯，②依存の進展および精神症状の有無，③乱用による生活障害の程度，④乱用行動と人格との親和性の有無，⑤乱用を容認する不良文化等の取入れの程度，⑥薬物乱用と他種犯罪等との相互関係，⑦薬物の入手と乱用を容易にする特殊な人間関係または生活環境である．

このうち依存の程度については，薬物の種類，使用の動機・場面・方法（注射，吸煙等），摂取の量・頻度を確認のうえ，使用後得られる薬効の認知を把握することが評価の基本となる．

例えば，覚醒剤の爽快感に頼って家庭不和のストレスから一時的に逃れたい気分に駆られ，ここ半年間に，仲間と共謀での吸引回数が漸増した事例の場合，初期段階から習慣的段階へと依存が深刻化しつつある等と判断される．同時に，薬物密売人や乱用仲間と常時連絡可能な状態にあり，退薬症状等から仕事に行けなくなったり，購入費用に窮して窃盗に及んだりする等，生活の主目標が薬物の入手と使用に集中し，他種犯罪との間に相互促進的関係が認められる場合，犯罪性全般としても進んでいるといえよう．薬物犯罪者は，自己の依存状態を安易に否認しやすいため，本人の主観的認知とともになるべく客観的な情報を幅広く収集し，総合的な査定が行われる．

●類型　薬物の種類や分類の基準（切り口）によって，さまざまな類型が提案されているが，簡便な査定の参考となり，多くの薬物に共通する概括的な類型を示すと，①単純遊び・好奇心型（面白半分で誘いに乗って使用する，少人数による初期段階の乱用），②社交・見栄張り型（不良仲間とのコミュニケーション手段，周囲に認めてもらうために模倣的に使用する，ある程度慣れてきた頃の集団乱用），③効果期待型（快楽追求，弛緩，逃避の意図等，薬効による興奮や快刺激，やせ薬的期待，気分転換等を求め，依存が進みつつある段階での集団または単独の乱用．心理面の個別的問題や人格との親和性がある），④習癖・耽溺型（直接的動機は意識から薄らぎ，退薬時の苦しさを回避するため，喫煙のように日常習慣として常用する依存の深まった乱用），⑤営利目的型（自己使用の有無にかかわらず，もっぱら金銭目的で薬物を譲渡または販売するために所持するもので，依存の程度はさまざまだが，犯罪性全般としては深まっているケースが多い）に分けられる．

●矯正施設における治療・処遇のための査定　矯正施設では，薬物犯罪者の再犯防止のため，薬物依存離脱指導や矯正教育プログラムを実施しており，受刑開始時の処遇調査や少年院送致前の鑑別段階で，指導対象者選定等に資するリスク・アセスメントを行い，薬物依存の程度や問題意識，治療に対する動機づけ，乱用欲求への対処行動等を把握する尺度を用いた査定が行われている．

例えば，成人用アセスメント・ツールでは，薬物再使用への欲求・切迫感，情緒面・意欲面の問題，薬理効果への期待，薬物犯罪への抵抗感の乏しさを内容とする下位尺度により再使用リスクの尺度が構成され，これに薬物依存への自覚の乏しさ，薬害・犯罪性の否定を内容とする下位尺度からなる認知の偏りに関する尺度を加えて評価している．なお，こうした手法はいまだ完成されたものではなく，今後の処遇効果検証等によりさらなる精緻化が期待されている．　　［柿木良太］

交通犯罪者の査定

　わが国においては，自動車が普及し始めた1950年代半ば以降，交通事故等の交通犯罪が急増したため，その対策が求められ，交通犯罪者の特質を踏まえた査定が行われるようになった．

　自動車が普及した当初においては，運転免許取得者は特殊技能者とみなされており，そのため交通犯罪者の査定にあたっては，まず運転能力や運転適性を把握することが重視された．

　しかし，1960年代半ば以降は，多くの一般国民が運転免許を取得し，自動車を購入する経済力を備えるようになり，製造技術の進歩によって車両の改良や自動運転システムの開発が進み，道路も整備されていったことから，自動車の運転には特別な能力や技能を要しなくなった．一方，自動車の運転は，生活や仕事の道具としてだけでなく，娯楽や気分発散の手段として行う機会が増え，誤った運転態度に基づいて交通法令を軽視したり，あえて交通法令を無視したりして，無謀かつ危険な暴走運転を行う若者等が増加し，交通犯罪者の中で大きな割合を占めるようになった．

　さらに，高齢化社会の急速な進行に伴い，運転免許を所持し，かつては問題なく運転していたが，老化に伴って身体的・精神的能力が低下して適切な運転ができなくなった者や，長期間にわたり運転しなくなって交通関係法令の知識を忘却し，運転技術も錆ついてしまった高齢ドライバーの存在が問題となっている．また，無免許運転および飲酒運転の常習者，危険ドラッグの使用者等による重大な死傷事故も発生しており，大きな社会問題となっている．

● **CRT運転適性検査（警察庁方式）**　運転適性を査定する検査方法として，CRT運転適性検査（警察庁方式）が開発されている．この検査は，検査対象者にCRT（cathode ray tube）ディスプレイを見せながら，ハンドルやペダルを実際に操作させ，反応データをコンピュータによって処理し，運転の適性度についての所見を出力する検査システムである（図1）．自動車等の運転に必要な種々の適性要素のうち，反応の速さ，反応の安定性，反応の正確さおよび予測反応，注意の集中・配分，処理のうまさ等について検査することが可能であり，それぞれの適性要素の検査結果および総合判定が5：良い，4：良好，3：普通，2：やや注意が必要，1：注意が必要の5段階に評定される．

● **法務省式運転態度検査（MJDAT）**　運転態度を査定する検査としては，法務省式運転態度検査（Ministry of Justice Driving Attitude Test：MJDAT）が開発されている．この検査は，87項目の質問文を検査対象者に教示して，そう思う，どちらかとい

図1　CRT運転適性検査実施場面（撮影：神戸少年鑑別所）

えばそう思う，どちらともいえない，どちらかといえばそう思わない，そう思わないの五件法で回答させる質問紙法の検査である．運転態度を，①情緒・感情面，②認知面，③行動面の三つの領域に分け，①の情緒・感情面の領域には，気分発散尺度，神経質・自信欠如尺度および自己顕示尺度の3尺度，②の認知面の領域には，自己責任否定尺度，交通規範軽視尺度，事故・検挙確率軽視尺度および罰軽視尺度の4尺度，③の行動面の領域には，高速度運転親和尺度，暴走行為親和尺度，運転技術過信尺度，無免許運転尺度および注意散漫尺度の5尺度が設定されており，これらに信頼性尺度を加えた合計13尺度によって検査対象者の運転態度を査定することが可能である．

これらの検査は，全国の少年鑑別所において，交通事犯者の査定に利用されている他，保護観察所においても交通保護観察対象者の処遇に広く活用されている．

交通犯罪者の査定にあたっては，一般犯罪者の査定と同様に，対象者の家庭環境，生育歴，犯罪歴，飲酒歴，薬物使用歴，生活習慣，犯行動機，知能，性格，心身の疾患・障害等の状況を調査することに加え，その運転適性や運転態度も調査し，それらが犯罪行為とどのように関連しているのかが分析される．査定の結果，問題が認められたものについては，本人の自覚をうながすとともに，教育，訓練あるいは治療等，個別の問題性に応じた手立てを講じることによって，交通事故やそれに伴う甚大な被害の防止が図られる．　　　　　　　　　　［市川　守］

参考文献
[1] 森 武夫・屋久孝夫(1974)「交通問題」水島恵一他編『青年の心理臨床』臨床心理学講座第6巻，誠信書房．
[2] 藤本和夫・関野博司(1991)「交通非行と暴走族問題」間宮 武他監修『実践・問題行動教育大系』11，開隆堂出版．

放火犯罪者の査定

　放火犯罪者の査定の進め方については，基本的には他の非行・犯罪と大きな違いがあるわけではないが，特有の着眼点がいくつかある．

●**放火の意味**　査定においてまず求められることは，放火の本人にとっての意味を明らかにすることである．それによって再犯のリスクを明らかにすることや処遇上の指針を得ることにつながるからである．動機の面から放火の意味を分類すると，以下のとおりである．

　①恨みによる放火：特定の対象に対する強い恨みによる放火．弱い立場の人間が，直接相手に恨みの感情をぶつけられないときに放火という手段を取る．恨みの対象が明確で，放火犯自身もその恨みを自覚していることが多い．

　②リセットするための放火：自分のおかれた状況の中で，被害感や疎外感を強く抱いているときに，状況をリセットする目的で放火が行われることがある．変化のない人間関係の中で，追い詰められた気持ちになっていることが多い．

　③不満の発散のための放火：日常生活の中で満たされない思いが持続しているときに，不満の発散として放火が行われる．そこでは，火が燃え上がるということ自体のもつ発散的な意味や，騒ぎを起こすことで自己の力を確認し，普段の惨めな自分から脱却できることが魅力となっている．

　④利得のための放火：保険金詐欺や火事場泥棒・窃盗後の証拠隠滅を目的とした放火であるが，後者には不満の発散という意味がある場合もある．

　このうち，③の放火は繰り返されることが多く，マスコミを騒がせている連続放火の多くはこのタイプである．その背景には，社会の中で自分は正当に扱われていないという強い思いがあることが多い．

　一方，①と②は単発で終わることが多いが，被害感や疎外感を抱きやすい場合には，一度リセットされても新しい状況の中で再び同じような感情を抱いて，再犯に至る危険性も否定できない．

　このような放火の意味を明らかにするためには，丁寧に犯行の経緯を聞いていく必要がある．放火の背景にある状況とその中での思い，具体的には，放火を思いついたきっかけ，躊躇していたなら何が押しとどめていたのか，何が引き金となったのか，実行中や実行後の思い，等である．なお，不満の発散を目的とした連続放火の場合，薬物使用や性犯罪と同様な嗜癖（addiction）であるという視点も有効であろう．

●**放火と人格の関係**　上述したように，放火の背景には恨みや被害感等の否定的な感情が存在していることが多く，そのような感情を抱きやすい場合は再犯のリ

スクは高くなる．生育歴を聞き取っていく中で，被害感や疎外感の抱きやすさに関連するエピソードがあったか，あったとすればそれに合理的な根拠があったのか等を明らかにしていく．また，文章完成法（sentence completion test：SCT）にはそのような疎外感や被害感が現れてくることが多い．一方，衝動性の強さや情緒的に混乱しやすい面等，追い詰められた状況の中で放火という手段を選ばせることにつながっていることもあり，ロールシャッハ・テスト等の投映法を活用して，人格の特性を明らかにするのが有効なことも多い．

●**放火と発達障害の関係**　決して件数は多くないが，これまで述べてきたような恨みや被害感等の否定的な感情がうかがえない放火もある．そのようなケースでは，自閉症スペクトラム障害との関連が考えられ，単純な火への興味関心から放火に及んでいると思われる．十一（2004）は，そのような事例を「理科実験型」とよんでいる．放火の背景に否定的な感情がうかがえない場合には，自閉症スペクトラム障害の存在も視野に入れ，個別知能検査や精神科医の診察等により，障害の有無やその特性を明らかにしたうえで，放火との関連について検討していく．なお，自閉症スペクトラム障害がある場合でも，二次障害による恨みや被害感から放火に至っているケースもあり，障害と放火の関連について慎重に検討する．

●**精神疾患との関係**　精神疾患が疑われる場合は，幻覚妄想の存在や放火との関連について，精神科医と連携のうえ，十分に吟味する．一方，うつ状態での自殺を企図しての放火や，躁状態で抑制が効かなくなって放火に至るケース等でも，精神疾患と放火との関連について検討する．

●**その他の着眼点**　①火への親和性についての吟味：火が燃えるのを見ることに発散的な意味があることを考えると，そのような火の魅力をいつ頃から感じていたのかを，火遊びの有無や頻度等から明らかにする．

　②飲酒等による抑制力低下の影響：放火の実行に関しては，飲酒等による抑制力低下の影響も指摘されており，その点についても吟味する．

　③知的能力面の問題：知的制約がある場合には，周囲から認められない体験をしやすく，また一度水路づけができると同じ行為を繰り返しやすいことから，知的能力の問題と放火との関係について検討する．

　④性的欲求との関係：中田（1977）が指摘しているとおり，まれではあるが性的欲求が火をつけるという行為と結びついていることがある．下着窃盗やのぞき等が前後にみられる場合は，性欲と放火の関連性について吟味する．

　なお，これらの着眼点の吟味は一つひとつ別々に行われるものではなく，査定のための面接の中で同時並行的に行われる． ［佐藤　亨］

📖 **参考文献**
[1]　中田　修(1977)『放火の犯罪心理』金剛出版．
[2]　山岡一信(1980)「連続放火の犯罪学」『警察学論集』33(12) 88-103．

高齢犯罪者の査定

　近年，高齢犯罪者の状況には大きな変化がみられる．一つは，高齢犯罪者の著しい増加であり，もう一つは福祉的支援の充実である．
　なお，本項では，65歳以上の者を高齢者とする．

●**高齢犯罪者の増加**　65歳以上の一般刑法犯の検挙人員は，1993年には1万人を切っていたが，2012年には4万8,000人を超え，20年間で5.2倍の増加となっており，新入受刑者も，65歳以上の者は1993年から2012年までの20年間で5.6倍に増加している．2013年の矯正統計年報では，高齢の新受刑者は2,228人，新受刑者全体に占める割合も9.8％に達しており，およそ10人に1人が65歳以上という状況になっているが，女子受刑者ではこの割合が14.5％とさらに高い．『平成20年版犯罪白書』では，高齢受刑者の特徴として，受刑者全体に比べて再入受刑者の割合が高いが，初入の受刑者の比率が高くなってきていること，適切な帰住先がない者の割合が高いこと，再犯期間が短い者の割合が高いこと等があげられている．

●**福祉的支援の充実**　2009年度から，法務省と厚生労働省が連携し，特別調整および地域生活定着支援事業（2012年度からは地域生活定着促進事業）が開始された．これは，各都道府県に地域生活定着支援センターを設置し，高齢または障害により福祉的な支援を必要とし，特別調整対象者として選定された矯正施設退所者の社会復帰を支援する制度である．同じく2009年度には，刑事施設に社会福祉士や精神保健福祉士が配置され，特別調整の対象者や，その他釈放時に福祉的支援が必要な者等に対する調査や支援を実施している．また，刑事施設だけではなく，関係機関においても福祉的支援の充実が図られている．

●**処遇上の配慮**　高齢者を対象とした施設としては，60歳以上の受刑者を収容する広島刑務所尾道刑務支所がある．また，精神または身体に障害を有する受刑者を対象とした特化ユニットを有するPFI（private finance initiative）方式の刑務所もあるが，これらはいずれも男子施設である．しかし，高齢受刑者は，一般に遠距離の移送が困難であるため，一般の刑務所に収容されることも多い．一般の刑務所における処遇上の配慮としては，高齢受刑者等を集めて軽作業を行わせる養護工場の設置，バリアフリー環境の整備，作業時間の短縮，粥食等がある．
　各受刑者には処遇指標が指定されるが，高齢であることを要件として指定される処遇指標はない．ただし，医療刑務所に収容する必要がない受刑者についても，精神医療上または身体医療上の配慮や居室の指定，作業の指定等の処遇上の配慮等を要する者については，処遇上の参考とするための符号が付される．

●**適切な施設内処遇のための調査の留意点**　ほとんどの高齢受刑者には懲役刑が科されており，刑務所では具体的な作業が指定される．適切な作業を指定し，作業事故を防止するためには，四肢の運動機能，視力や聴力等の確認が重要となる．加えて，居室と工場との間の移動に支障がある場合や単独での入浴が困難な場合，排せつに問題がある場合等も，それらの程度によっては一般的な工場での就業や共同室での生活が難しい場合があり，就業形態や居室面での配慮が必要になる．この他，健康面に関しては，特に入所前の生活状況が不安定であった者は，心身の不調があっても治療を受けていない場合が少なくなく，重大な疾患が進行していることや感染症に罹患していることが刑事施設入所後に判明するケースもある．

　認知症にも注意が必要である．アルツハイマー型認知症は症状の進行が緩やかであるといわれており，周囲が発症や症状の進行に気づかないことがある．また，脳血管性認知症が疑われる場合，脳血管障害の既往の有無を確認する．比較的簡便に実施できる認知症のスクリーニングを活用している例もある．

　知的能力については，刑事施設で使用される能力検査は動作性の課題を中心に構成されているため，高齢者では検査結果が低くなりやすく，知的障害の鑑別が困難な場合もある．

　さらに，高齢者で注意したい精神疾患としてうつ病があげられる．高齢者のうつ病では，抑うつ気分が目立たず，身体症状の訴えや不定愁訴が多いといった特徴がみられ，そのためにうつ病が見過ごされやすいことが指摘されている．これに関連するが，高齢者の自殺率は，他の年齢層と同等かそれ以上であるため，自殺のリスクについても，査定が行われる．

●**福祉的支援に資する調査の留意点**　福祉的支援を行う可能性がある受刑者については，上述のような心身の状況の把握に加え，支援にあたって必要な基礎的な情報を把握し，社会福祉士等の関係者に引き継ぐ．具体的な調査事項は，過去に受けた福祉的支援，年金，住民登録，家族関係，福祉的支援の希望等である．ただし，本人の記憶が不明確なことも多いことや，福祉的支援の希望は受刑中に変化しがちなことに留意し，必要に応じて客観的な情報を収集する．また，一般改善指導として高齢受刑者指導を実施している刑事施設では，本人の生活設計や社会福祉の知識等を踏まえ，受講の必要性が判断される．

　犯罪の動機や原因に関しては，高齢の女性が節約のために窃盗を行うといった他の年齢層ではあまりみられない動機による犯罪がある．また，福祉的な支援を受けた場合の予後予測に関係するが，生活の安定・不安定が，犯罪や問題行動とどのように関連しているかを分析することも従来以上に重要になっている．他方，暴力団関係，福祉とのトラブル，飲酒やギャンブルの問題といった福祉的支援を受けるうえで支障となり得る情報も把握対象である．　　　　　　　［古曳牧人］

犯罪者・非行少年の人格査定の基本

　人格は，個人の特徴的な行動や表現様式，思考，感情等を規定する固有の傾向であり，環境への独自の適応の仕方を規定するものである．遺伝・生化学・神経心理学等の生物学的な特性である感情反応の強さ，リズム，反応閾値等に現れる気質に加えて，諸経験を踏まえて形成される性格や内在化された価値体系，それらをもとに表出される行動パターンの力動的な総体である．

　犯罪者・非行少年には，病理の鑑別という意味を強く帯びている医学用語である診断（diagnosis）ではなく，病理に限定せずより広い意味でその固有の傾向を明らかにする査定（assessment）を行っている．犯罪や非行につながる要因を明らかにするにとどまらず，健全な部分を探り，これを支持し育む視点を有する姿勢が，彼らの再犯抑止への糸口となる場合は少なくない．

●**生物・心理・社会モデルの視点を踏まえた人格査定**　身体的健康と心理的健康は切り離せない関係にある．また，心理は，家族関係を含む周囲からの反応等，その人がおかれた社会的文脈によって変わる．これらを踏まえて，心理のみを取り上げるのではなく，生物学的要因や社会的要因と関連づけて考える．

　生物学的脆弱性を有する人が，強い社会的ストレスにさらされたときにある心理的反応がもたらされることがある．個人のある行動に社会の側が反応し，その社会からの反応に対するものであるとして，さらにその個人が反応するという相互のやり取りの中で状況が悪化の一途をたどることもある．加えて，社会的ストレスが個人の心理のみならず生物学的変化を生ぜしめることもある．

　犯罪者・非行少年が起こした事件における生物・心理・社会の各要因の影響力の比重は，個々で異なる．犯罪者・非行少年の人格を査定して，彼らへの全人的理解を深めることに加えて，彼らの人格が犯罪・非行に至るということやその手口なり様態なりにどのような影響を与えているのかを理解することは，事件の真相を理解するのに役立つ．また，再犯抑止に向けて，人格のどの部分をどの程度変容させていくのがよいのか，そしてその変容の余地はどの程度あるのか，という視点からも検討を行う．さらに，人格を変容させることが，生物学的要因や社会的要因にどの程度の影響をもたらすのか，反対に，生物学的要因や社会的要因を調整することが，再犯抑止につながる人格の変容をもたらすのかについても勘案する．このような視点を有することが，個人に働きかける治療や教育と，その個人の環境調整等の社会の側からのアプローチとが相補的に奏功し合うことに通じるのである．

●**査定の方法**　査定にあたっては，複雑な現実を反映する多層・多様なデータを

収集する．各種心理検査の結果に加えて，面接や行動観察で得られる情報，さらに社会的資料がデータになる．それらを体系的に分析・統合する中で，仮説を生成し検証することを繰り返し，犯罪・非行に至るメカニズムを明らかにし，その改善に向けての目標および介入計画を立てることになる．

●**査定の内容**　自我の強さをはじめ，精神病理学に裏づけられた診断分類体系に基づく病理的基準からのずれをみていく．また，その人格の現在の状態像を理解するために，発達理論を踏まえたうえでの認知発達の程度を査定することも欠かせない．

　犯罪・非行は，世の中で共有されている掟を破る行為であり，犯罪者・非行少年の掟に対する価値的基準はずれているので，その反社会的な事象への親和感や抵抗感のなさの程度を明らかにしていく．また，犯罪者・非行少年によくみられる特性（例えば，攻撃性，衝動性，刺激希求性，固執性，認知の歪み，否定的気分，対人不信感）について，統計的基準を用いて，その平均から偏奇の度合いについても査定する．そして，このような諸特性と犯罪の原因や動機との関連をみていく．

　なお，犯罪者や非行少年を取り巻く環境や状況についての理解も深めていく．例えば，前述の掟に対する価値観のずれに関して，彼らのまわりが反社会集団に所属する者ばかりであるならば，犯罪・非行は周囲の期待に沿った適応的行動であって，適応的水準においては問題がないと査定されることもあり得よう．

　犯罪者・非行少年は四六時中犯罪・非行を起こしている訳ではないが，上述のような問題となる特性の相加的で列挙的な提示ではそれを明らかにはできない．それには，複数要因が因果関係や円環関係を有しながら時間経過の中で動いていくという力動的視点からの解明が求められる．精神分析的視点から固有の葛藤や対人関係等を力動的に解明していったり，学習理論の視点から行動・態度・認知がいかに獲得されたかを理解していったりする．

　この他，処遇に関わる査定もある．単一理論ですべての臨床ケースにアプローチすることは不十分・不適切であるとして，各種心理療法を統合的・折衷的に用いて，犯罪・非行，さらには広義の不適応症状に対して働きかけることも行われている．学習スタイル等の各人の反応性も踏まえながら，より効果的な働きかけに関しても検討する．さらに，同一対象者に対しても，働きかけの段階や状況の変化に応じて，効果的な働きかけ方は違ってくる．症状や問題は精神分析理論で概念化し，クライアント中心療法の態度で関わり，認知行動療法の技法を活用して症状の除去を図り，体験的心理療法の視点から問題や症状に対するトレランスや自己回復力を高める等である．すなわち，対象者ごとに，さらに，その時々で適当な働きかけ方を査定していくこととなる．

〔藤野京子〕

犯罪者・非行少年の人格査定の基礎理論
①精神分析

　フロイト（Freud, S.）の創始した精神分析では，犯罪行為または非行は一種のしくじり行為であり，イド，自我，超自我の統合不全であると解釈される．精神分析の文脈で人格査定をする際，さらに防衛機制（特に行動化），無意識的動機，発達段階と固着の三つのポイントを整理する必要がある．

　犯罪者・非行少年のアセスメントにあたって精神医学的診断システムでは，発端となる犯罪行為または非行を行動症状としてとらえ，症状，原因（または心因），病理（または病態水準）の三つの軸で診断を進める．精神分析の言葉に置き換えれば，症状は行動化を中心とする防衛機制の破綻の様態である．心因は乳幼児期の体験に起因にする無意識的動機と関連しており，病態水準は各々の発達段階における固着と密接な関係のある人格の組織化の水準に対応している．

●**病態水準と防衛機制**　病態水準の識別については，クレペリン（Kraepelin, E.）の神経症と精神病の峻別に始まり，精神分析初期の自我心理学の概念である症状神経症と性格神経症の区別を経て，現在では対象関係論に基づくボーダーラインの精神病理に立脚して神経症水準，ボーダーライン水準，精神病水準の三つの水準に分けることが通例となっている．それぞれの水準は，主に用いている防衛機制，自我アイデンティティの水準，現実検討の妥当性，病識のあり方，主な葛藤の性質，起こり得る転移と逆転移等の点で異なっている．

　神経症水準の場合，自我は健全であり，超自我の機能も保たれているため，基本的な防衛機制として主に抑圧が用いられ，ストレス状況において内的な葛藤は一過性の神経症症状として結実する．特別なストレス状況においては葛藤を回避するために，時に否認，解離，スプリッティング，投影性同一化等の原始的な防衛機制を用いることがある．通常，現実検討力は保たれており，病識もあるため犯罪行為や非行に至る可能性は低い．

　ボーダーライン水準の場合，その特徴は，否認，スプリッティング，投影性同一化ならびに行動化等の原始的な防衛機制を頻回に用いることである．現実検討力はある程度保たれているが，病識は不十分で衝動性が高いため，自傷行為を含む短絡的な破壊行為や逸脱行為に及ぶことがあり，犯罪類型としては非秩序型で，万引き，詐欺，物質乱用，危険運転，恐喝，暴行，傷害から放火に至るまで幅広いものを含む．精神病水準の場合，引きこもり，否認，万能的コントロール，原始的な理想化と価値下げ，原始的な投影と取り入れ，スプリッティング，解離等の前言語的かつ前論理的な防衛機制が盛んに用いられている．明白な精神病状態にあれば幻覚，妄想，非合理的思考等の症状を呈し，現実から遊離し，課題の

遂行能力も低下しているので，通常，犯罪行為や非行に結びつく可能性は低い．

これに対して犯罪学的に問題となるのは，根本的な内面の混乱をはっきりと表面化せぬままに日常生活を送っている精神病水準の者たちである．彼らは基本的な信頼感が欠けており，身体図式や概念，年齢，性的な役割や嗜好等基本的な自己定義に関するアイデンティティについて深刻な問題を抱えている．自己の存在にまつわる不安や恐怖があまりにも強いため，ストレス状況にさらされた場合には精神病的で解体された内的世界が投影され，極端に攻撃的，衝動的でサディスティックな犯罪行為に及ぶことがある．

●**無意識的動機ならびに発達段階と固着**　人間の思考や行動に大きな影響を与えている無意識的動機は，過去，特に乳幼児期の体験に起源をもっているとされている．したがって幼少期における心的外傷，とりわけ被虐待体験を探索し，同定することは，犯罪行為や非行の理解にとって重要なだけでなく，治療・教育を通して更生に導くためには必要不可欠であると考えられる．欲動理論によると人間の性格形成は各々の発達段階への固着の有無または程度に依存するとされている．

子どもは幼少期の発達段階で過度の欲求不満状態にさらされたり，あるいは過剰に満たされたりすると，その段階に固着することになる．口唇期（生後1年半くらいまで）は基本的信頼がテーマであり，その間なおざりにされたか，あるいは甘やかされすぎた場合，抑うつ性人格や依存性人格に発展したりする．肛門期（1歳半から3歳まで）のテーマは恥と疑惑をめぐる自律性であり，この時期に問題がある場合にはしばしば強迫性人格が形成される．3歳から6歳の男根期（エディプス期）のテーマは主体性と罪悪感をめぐる有能感および愛する対象との同一化であり，この時期に拒絶，あるいは誘惑またはその両方にさらされるとヒステリー性（解離性）人格に発展する可能性が高くなる．これらの人格特性は直接的に犯罪に結びつく訳ではないが，ストレス状況下で偶発的な条件が重なれば機会的犯罪に陥ることがある．

●**サイコパシー（精神病質，または反社会性人格）**　犯罪学的に特に注目すべきはサイコパシーである．彼らは口唇期の課題である基本的信頼が欠如しており，人間的な愛着が根源的に不足しているために非常に原始的な防衛機制に依存している．その特徴は高い攻撃性や衝動性，自律神経反射の低さ，経験から学べないこと，恥を知らないこと，良心の欠如，性倒錯等であり，他人から搾取することや故意に操作することが主な関心事となっている．

防衛機制の中で特に注目すべきは行動化であり，それは実質的にサイコパシーを定義づけるものである．葛藤のプロセスに耐えられず，不安な気分から解放されようと素早く行動する．彼らはしばしば高機能であり，表面的な社会適応とは裏腹に保険金殺人や快楽殺人等，秩序型の冷酷かつ残虐な犯罪行為を繰り返すことがある．

［奥村雄介］

犯罪者・非行少年の人格査定の基礎理論
②行動主義心理学

　行動主義心理学では，人間の行動は後天的に習得・変容させられるものとしてとらえられる．この人間観は，犯罪や非行がどのように習得・除去できるのか，という視点を犯罪者や非行少年の人格査定に提供する．

　行動主義心理学の系譜には，ワトソン（Watson, J. B.）のS-R理論，ハル（Hull, C. L.）やトールマン（Tolman, E. C.）に代表される新行動主義の立場によるS-O-R理論，さらにはスキナー（Skinner, B. F.）の徹底的行動主義に基づく行動分析学等，時として激しく対立するほど多様な主張が存在する．犯罪・非行に対する考え方も，それぞれの立場によって大きく異なるものである．

●**S-R理論と行動分析学**　古典的条件づけに関するパブロフ（Pavlov, I. P.）の研究に強い影響を受けたワトソンは，外的環境によってすべての行動が制御されると考え，刺激と反応との相互作用のみを研究の対象にすべきだと主張した．この立場からの犯罪や非行の説明としては，神経系の特徴に起因する人格要因と環境条件との相互作用の結果として犯罪行動をとらえるアイゼンク（Eysenck, H. J.）の説が代表的である．アイゼンクによれば，多くの人は幼少期に古典的条件づけによって社会規範を学習しており，結果として犯罪行為に関わらないという．これに対し，外向性の高い人格特徴をもつ者等は，それゆえに条件づけがなされにくく，結果として犯罪者になりやすいとし，遺伝的要因を重視しつつも条件づけの過程を基盤として犯罪行動を説明している．

　これに対してスキナーは，人間を含む動物の行動の形成過程について，古典的条件づけとほぼ等しいレスポンデント条件づけとオペラント条件づけを区別したうえで，後者を重視した．レスポンデントとは，先行する刺激によって明確に誘発される反応であり，もっぱら先行する刺激によって統制される．一方，オペラントは，生活体が自発的に環境に働きかけるような反応であり，自発する行動に随伴する刺激によって再び行動が生じる確率が変化する過程をオペラント条件づけという．スキナーはさまざまな方法で報酬や罰を与えることで環境を操作し，その違いによる特定の行動の変化を検証した．それにより行動の予測と制御を可能にするような原理や法則を明らかにし，犯罪・非行も含めたさまざまな問題解決に応用しようとする行動分析学を打ち立てた．

　犯罪行動をオペラントとしてとらえた場合，刑罰等の不利益処分は罰の随伴である．報酬や罰が行動変容に与える影響を重視する考え方は，信賞必罰，因果応報といった一般の価値観とも結びつきやすく，厳罰化によって犯罪抑止を図ろうとする議論や，処遇の格差をインセンティブにして改善更生の意欲を喚起しよう

とする矯正施設の処遇等にもつながっていると考えられる．しかし，刑罰を受けても必ず犯罪行動が除去される訳ではなく，実際に累犯者は多い．S-R理論の枠組みで考えれば，犯罪の結果として必ず捕まるものではないこと，つまり犯罪行動に対して確実に罰が随伴する訳ではなく，いわば間欠罰であるということや，捕まったとしても犯罪行為の時期から実際に罰を科せられるまでに相当の時間間隔があり，罰の遅延があること等が影響していると解釈できよう．

●S-O-R理論と社会的学習理論　この他，S-O-R理論のように個人の内的過程も媒介変数として視野に入れた場合には，犯罪行動を強化している報酬が必ずしも明確ではない点が重要である．例えば，窃盗であっても，物欲の他，仲間集団における承認やスリル等を得ることが大きな目的となっていることは少なくない．犯罪行動とその動機とが一対一対応しておらず，その犯罪行動のもつ意味は人によって異なっているということである．

　ロッター（Rotter, J. B.）は，特定の行動が生じるかどうかは，現在，行為者が結果にどれだけ期待し，結果にどれだけ価値を見出しているかということに依存しており，それらは個人の過去経験によって学習されるとしている．特定の犯罪者・非行者が犯罪行動の何に価値を見出しているか，どうしてそうなったのかを明らかにする方法は，個別の事例研究しかないのである．また，社会的学習理論では，行動の形成に直接の強化は必ずしも必要なく，他者の行動を観察するだけで学習が成立すると主張し，バンデューラ（Bandura, A.）はそれを観察学習，またはモデリングとよんだ．彼ら社会的学習理論の考え方によって行動の認知的側面，動機づけ的側面を考慮に入れることは，個々の犯罪者・非行少年にとって何が犯罪行動を強化しているのか，すなわちオペラント行動としての犯罪行動に随伴する刺激の個別性を考える手がかりとなる．

　社会学の領域でも，サザーランド（Sutherland, E. H.）の分化的接触理論やコーエン（Cohen, A. K.）の非行下位文化理論等，社会の一般的文化とは異なる犯罪的な下位文化と接触し，その学習によって犯罪行動が生じるという考えは多い．いずれも犯罪という現象の説明として身近な社会集団とその影響過程に主に焦点をあてた理論だが，学習を重視する背後には行動主義心理学の影響がある．さらには，合理化・正当化という心理的過程に注目したサイクス（Sykes, G. M.）とマッツア（Matza, D.）による中和の技術や，分化的接触理論とスキナー流の学習理論との統合を図ったエイカーズ（Akers, R. L.）の理論等，犯罪者・非行少年の個人的要因を重視するものも少なくない．

　現在，わが国の矯正施設においても広く行われている認知行動療法は，行動分析学や社会的学習理論を背景に発展してきたものであり，行動主義心理学は，犯罪者・非行少年の人格査定から介入までの広い実践の理論的背景となっている．

[朝比奈　卓]

犯罪者・非行少年の人格査定の基礎理論
③認知心理学

　認知とは，一般に何かを認識・理解する高次の精神活動やその結果をさし，心理学では幅広く使用されている概念であるが，本項では，認知療法や認知行動療法において扱われる認知，すなわちものの考え方や受け取り方について述べる.

●**認知療法と認知行動療法**　認知療法（cognitive therapy）は，人間の認知の過程に焦点をあて，その歪みを修正することで症状の改善を図る心理療法であり，1970年代にベック（Beck, A. T.）がうつ病の治療法として開発したものである.

　認知療法では，ある状況下における感情や行動は，その状況に対する意味づけ・解釈である認知によって規定されると考える．人間は，自分がおかれている状況や自分の状態についてたえず主観的に判断している．このような主観的判断は半ば自動的に行われ，通常は適応的に機能している．しかし，このような主観的判断，すなわち認知の過程に何らかの歪みがある場合，状況や自分の状態について誤った判断が下され，それが非適応的な行動や感情につながり，さらに，非適応的な強い情動によって認知の歪みが強まるという悪循環が生じる.

　認知の歪みは，上述のとおり通常はあまり意識されない．したがって，治療においては，認知の歪みの内容を明らかにするため，まず自動思考（automatic thought）に注目する．自動思考とは，ある状況で意図せずわき起こってくる思考およびイメージであり，その人に固有の認知の歪みを反映している．また，自動思考を含めた認知の歪みは，心の深層に存在するスキーマ（schema）によって規定される．スキーマとは，過去に蓄積してきた知識の集合体といえるものであり，発達過程で形成され，心の底に気づかれないまま存在している信念や確信である．機能不全のスキーマは，人生初期の経験，特に合理的に説明できないような曖昧または外傷的な体験の意味を，子どもの知識レベルで理解しようとすることから生じるといわれている．このスキーマは，認知の歪み，すなわち入ってきた情報の処理に影響するだけではなく，情報の選択にも関わっている．

　認知の歪みと症状との関係についてのより具体的な理論的仮説は認知モデル（cognitive model）とよばれ，例えば，うつ病にはうつ病の認知モデルが，パニック障害にはパニック障害の認知モデルが提唱されている．

　上述のとおり，認知療法はうつ病の治療法としてスタートしたが，その後，不安障害等にも適用されるようになった．他方，1990年代以降，認知療法は，行動療法（behavior therapy）や，認知療法と同様，認知の修正を治療の中心に据えるエリス（Ellis, A.）の論理情動行動療法（rational emotive behavioral therapy：論理療法，合理情動療法）等と統合されるかたちで，認知行動療法（cognitive behavior therapy）として発展した．そうした中，認知行動療法は犯罪者処遇にも取り入れられるようになっている（☞「施設内処遇における認知行動療法」）．

●**犯罪者にみられる認知の偏り**　当然のことながら，犯罪者すべてに認められる特定の認知の偏りというものはない．しかし，罪種や犯罪ごとにみると，比較的共通する認知の偏りがあることが指摘されている．一般的に，認知の偏りは，犯罪を正当化し，被害を過小評価する方向に働き，犯罪を促進するが，犯行後の言い訳に表れることもある．

例えば，性的に攻撃的な男性では，敵対的男性性スキーマ（攻撃的で敵対的な対人態度：Malamuth et al., 1993），猜疑心スキーマ（女性はゲームを演じていると考え，相手の誘惑的な態度と敵対的な態度に対し，それぞれ逆の意図があるととらえるもの：Malamuth, et al., 1994），性的特権スキーマ（自分がセックスしたいときにはセックスしてもかまわない：Hanson et al., 1994）等といったことが指摘されている．

小児わいせつ犯では，①性の対象としての子ども，②特権意識（自分がしたいことはしてかまわない），③危険な世界（世界は暴力的で手に負えない場所である），④コントロール不能な世界（性格と性的関心はコントロールできない），⑤子どもとの性的行為は有害ではない，という五つの暗黙の理論があるという報告があるが（Ward et al., 1999），これらはスキーマとほぼ同様のものと考えることができる．

また，ドッジら（Dodge et al., 1993）は，攻撃性が高い子どもはそうでない子どもに比べて，相手の曖昧な行為を敵意や脅威と解釈する傾向（敵意帰属バイアス）があることを見出しているが，このようなバイアスも認知の偏りといえる．ベック（Beck, 2000）は，暴力に関係するスキーマとして，よそ者は敵意をもっている，だれも信用することはできない等の七つのスキーマをあげているが，これらは世界を敵意に満ちたものとみる一つのスキーマとしてみることもできる．

薬物犯罪においては，「気分を高揚させなければこの状況には立ち向かえない」といった考えが生じて薬物を使用したり，「有能でありたい，あらねばならない」というスキーマがあり，それに合わない現実を打ち消すために薬物を使用したりするケースがある．さらに，認知の偏りによって生じた抑うつ感を解消するために薬物を使用するといった，犯罪への影響がより間接的な例も少なくない．

認知行動療法を採用する犯罪者処遇においては，犯罪に影響する自動思考やスキーマが治療のターゲットとなる．どのようなスキーマをもち，それによって情報処理にどのようなバイアスがかかっているのか，感情や行動への影響の強さや最終的に犯罪に至るまでの過程を正確に査定することは，再犯防止のためにこれまで以上に重要になっているといえる．

［古曳牧人］

犯罪者・非行少年の人格査定の基礎理論
④ 自己理論

　ロジャーズ（Rogers, C. R.）の提唱した来談者中心療法の基礎となる理論が，自己理論（self-theory）である．その中心概念として，自己概念（self-concept）および自己一致（self-congruence）があげられる．

　簡潔にいえば，自己概念とは，自分が自分をどのように評価しているか，自分にどのようなイメージをもっているかということであり，自己一致とは，現実のまま，あるがままの自分と自己概念が一致していることをいう．そして，理想的な状態は，自己一致がなされていることであり，反対に，自己不一致の状態においては，不適応や不安等の問題が生じるとする．自己理論では，基本的にあらゆる問題（当然ながら犯罪者や非行少年の問題も含まれる）は，この自己不一致によって引き起こされると考える．

　なお，ロジャーズの立場では，クライエントの体験過程を重視すること等の理由から，セラピストによる問題の心理学的診断（本章でいうところの「査定」）は不必要としている．あくまで個々の面接過程において，クライエント自身による問題の気づきや理解を，セラピストが共感的に理解していくことが基本となる．

●**来談者中心療法（client centered therapy）**　以上のような，自己不一致の状態を自己一致に向かわせること，すなわち自己概念を現実の自分と一致するように変化させることが，来談者中心療法の目標である．ロジャーズは，人間を一定の傾向をもった有機体ととらえ，先天的に成長や自己実現への傾向を有すると考える．そして，『セラピーによる人格変化の必要にして十分な条件（*The Necessary and Sufficient Conditions of Therapeutic Personality Change*）』（1957）他の論文において，六つの条件が存在し，一定期間継続すれば，クライエントがもつ自己実現への傾向によって自己概念は変化し，自己一致に向かうと述べている．この六つの条件の要旨は，次のとおりである．

　①二人の人が心理的な接触関係をもっている．
　②クライエントは不一致の状態にあり，傷つきやすく，不安な状態にある．
　③セラピストは，この関係の中では一致して，純粋であり，統合している．
　④セラピストは，クライエントに対して無条件の肯定的配慮（unconditional positive regard）を経験している．
　⑤セラピストは，クライエントのものの見方を，共感的に理解（empathic understanding）する経験をしている．
　⑥セラピストが④と⑤の状態にあることが，クライエントに伝わっている．
　なお，②および③の一致・不一致は，広い意味では自己一致・不一致と同義と

なるが,「現実に経験することを,そのままに受け止めている・いない」ととらえると理解しやすい.

ロジャーズは,この六つの条件の全部が存在すれば,二つめ以降の存在の程度に応じて,それだけはっきりと建設的な変化がクライエントに起こるとしている.

●**犯罪者・非行少年の査定と自己理論**　ある意味で楽観的とも受け取れる人間観,理論や方法のシンプルさ(もちろん実行の容易さを意味しない)等から,来談者中心療法は比較的短い期間に世界的な普及をみた.特に,セラピスト側の条件としてあげられた,無条件の肯定的配慮や共感的理解等は,いわゆるカウンセリング・マインドとして,学派や分野を超えて広く受け入れられている.

わが国の犯罪・非行臨床においても,例えば更生保護の分野では,民間の篤志家である保護司が,保護観察対象者を処遇(面接)する際の方法として,自己理論や来談者中心療法が積極的に紹介・導入されてきた経緯がある.他方,犯罪者や非行少年の査定の分野においては,上述のとおり,自己理論が心理学的診断に重点を置かないこともあり,研究を除き,自己一致・不一致を直接的に測定するといった方法が採用されることは少ない.しかし,再犯・再非行リスクのアセスメント項目としても用いられるように,犯罪者や非行少年の理解において,自己イメージ等の検討は重要であり,この点で自己理論から得られる知見は多い.例えば,非行少年の否定的な自己イメージの強さが問題とされるが,肯定的な自己イメージであっても現実との乖離が大きければ,同じく適応的とはいえず,その不一致にこそ着眼する必要がある.

さらに,来談者中心療法に由来するアプローチは,査定のための面接等においても広く用いられ,特別な意味を有している.犯罪・非行臨床において査定の対象となる人々は,基本的にみずから求めて相談に訪れることは少ない.特に刑事司法に関わる機関であれば,法による強制力の下で面接等が行われるのが通常である.もちろんこれには,本人が現実に直面する契機としての重要な意味があるが,一方では(心理学的な意味での)否認や反抗といった態度も招きやすい.にもかかわらず実際には,事件やそれに至るまでの状況はもとより,みずからの内面の問題にも進んで触れ,それに向き合おうとする人は少なくない.このことは治療や処遇との関係のあり方というテーマにもつながるが,いずれの立場をとるにせよ,犯罪者や非行少年のアセスメントにおいて,上述のセラピストに求められる条件等が望ましい方向に作用することは,多くの実務家が首肯するところであろう.

［久保 勉］

📖 **参考文献**
［1］國分康孝(1980)『カウンセリングの理論』誠信書房.
［2］Kirschenbaum, H. & Henderson, V. L. eds.(1989) *The Carl Rogers Reader*, Houghton Mifflin Harcourt.(カーシェンバウム, H.・ヘンダーソン, V. L. 編, 伊藤 博・村山正治監訳(2001)『ロジャーズ選集』上・下, 誠信書房)

犯罪者・非行少年の人格査定の基礎理論
⑤性格理論

　同様の環境におかれても犯罪や非行を起こす人と起こさない人がいる．こうした行動の個人差を，主体的条件から説明する重要な要因の一つが性格であり，非行・犯罪臨床において，人格査定が重要な意味をもつゆえんでもある．ここでは，性格理論の代表である類型論と特性論について述べる．

●**類型論**　類型論は，一定の観点から典型的な性格像を設定して，多様な性格を分類・整理し，性格の理解を容易にしようというものであり，分類の依り所を身体的特徴・体質的特徴に求める立場と，心理的特徴に求める立場がある．前者に属するクレッチマー（Kretschmer, E.）の類型論では，精神病者の病前性格や家系の研究をもとに，精神病と体型の関係が健常者における性格（気質）と体型の関係にも適用されると考え，三つの類型（①細長型：分裂気質，②肥満型：躁うつ気質，③闘士型：粘着気質）を設定した．後者に属するユング（Jung, C. G.）の類型論では，心のエネルギー（リビドー）の向かい方によって，外界の刺激に影響を受けやすい外向型と，内面にエネルギーが向かい自己に関心が集まりやすい内向型を設定した．内向型‒外向型は，現代の心理臨床でも広く使用されている．

●**特性論**　特性論は，性格を基本的な単位（特性）に分けて，それぞれの程度を量的に測定し，各特性の強弱を把握することで個人の性格を記述しようとするものであり，性格特性（personality trait）という言葉を最初に唱えたのはオルポート（Allport, G. W.）である．特性論は因子分析等の統計手法の発展とともに隆盛となり，性格特性に基づく測定尺度も多数開発された．最近では性格を5因子でとらえるビッグ・ファイブ（主要5因子，5因子モデル）が主流となっている．

●**類型論と特性論の比較**　類型論では，性格を一つのまとまりとしてとらえ，典型的なタイプを示すので，直感的に理解しやすい一方，どのタイプにも属さない中間型や混合型をどうするかという問題が生じる．それに対して，特性論では，各特性の強弱を数量的に測定できるので，数値化やグラフ化によって個人の性格特性を客観的に把握でき，個人と個人の比較も容易である一方，性格が各特性のモザイク的な寄せ集めになりがちであり，一つのまとまりをもった人物像をイメージしにくい．また，類型論は，性格を固定的・静的なものとしてとらえ，気質と同じく生得的で変わりにくいものと考えるので，性格の発達過程や変化は着目されない．それに対して，特性論に立てば，性格は数量的に測定された特性の総和ということになるので，それぞれの特性の多寡が形成されていく過程や変化の可能性にも着目されやすく，非行・犯罪臨床においては，非行や犯罪に結びついた個人の性格特性を把握することで改善のための手がかりを得られやすい．

●**人格査定と類型論・特性論**　類型論と特性論は，現在はどちらが優勢ということはなく，相互に補い合う関係にある．特に，心理検査による人格査定においては，特性論に基づいて複数の特性を数値化し，その高低の組合せによって類型に分けるという考え方がとられている．例えば，矯正施設で使用されている法務省式人格目録（MJPI）では，尺度間因子分析によるパターン分類がなされ，Ⅰ型～Ⅴ型の5類型に分けられている．また，臨床経験上，各類型に比較的親和的な非行パターンが認められる．すなわち，Ⅰ型は心気症，自信欠如等が高い神経質タイプで薬物非行に親和的であり，Ⅱ型は衝動的で抑制力が乏しい不安定・爆発タイプで粗暴非行に親和的である．Ⅲ型は偏狭，偏向が高い被害的タイプで性格の偏りが大きく予後は不良である．Ⅳ型は自己顕示，過活動，従属等が高い軽躁・付和雷同タイプで不良集団等による集団非行に多い．Ⅴ型は自我防衛等が高い偽装安定タイプで，いわゆる良い子の息切れ型の非行にしばしばみられる．

●**パーソナリティ障害**　性格の特徴は通常は個性の範疇であるが，平均的レベルよりも著しく偏り，ほどよさを欠いてしまうと，本人自身が苦しんだり周囲の人や社会が苦しんだりすることになる．これがパーソナリティ障害である．パーソナリティ障害の研究は，犯罪者を人格異常として精神医学的に説明しようとする試みに一つの源流があり，シュナイダー（Schneider, K.）はこれを精神病質と名づけ10類型を設定した（発揚情性型，抑うつ型，自己顕示型，気分易変型，爆発型，情性欠如型，意志欠如型，狂信型，自己不確実型，無力型）．爆発型は些細なことでカッとなり暴力犯罪を引き起こしやすく，情性欠如型は冷酷で他者への共感性を欠いており，凶悪で残虐な犯罪を冷静沈着に繰り返す者にみられる．

●**DSMによるパーソナリティ障害の分類**　米国精神医学会（APA）による『精神疾患の診断・統計マニュアル第5版（DSM-5）』では，パーソナリティ障害（personality disorder：PD）について，診断基準を操作的に定めるとともに，3群10種類に分類している（A群：猜疑性〈妄想性〉PD，シゾイド〈スキゾイド〉PD，統合失調型PD，B群：反社会性PD，境界性PD，演技性PD，自己愛性PD，C群：回避性PD，依存性PD，強迫性PD）．10種類の中で，非行・犯罪との関連が最も強いのは，B群に属する反社会性パーソナリティ障害である．

　かつての精神病質の概念は，気質と同様に遺伝的・生物学的に規定され変化し得ないものと考えられていたが，現在のパーソナリティ障害の概念には治療可能性も含まれている．矯正施設等の非行・犯罪臨床の現場にはパーソナリティ障害が認められる者もおり，処遇困難者として一括りにされがちであるが，パーソナリティ障害の分類を枠組みとして，個人の性格特徴を正確に把握することで，彼らに巻き込まれ振り回されることを防ぎつつ，適切な対応をとることが可能になる．また，性格特徴に応じた対応の積み重ねにより，困難ではあっても，彼らの改善可能性を探る道のりもみえてくると考えられる．　　　　　　　　　［吉村雅世］

非行少年の鑑別

　非行少年の鑑別とは，わが国における非行少年の保護手続の一つであり，心理学その他の人間行動諸科学の専門的知識・技術に基づき，非行に影響を及ぼした資質上・環境上問題となる事情を明らかにしたうえ，その事情の改善に寄与するため，処遇に資する適切な指針を示すことをいう．その具体的な内容は，少年法，少年院法および少年鑑別所法ならびにその下位法令に定められている．

　鑑別を実施する機関は，法務省所管の国立の施設である少年鑑別所であり，全国に52か所設置されている（2016年4月現在）．

●**鑑別の種類**　鑑別は，家庭裁判所，地方更生保護委員会，保護観察所の長，児童自立支援施設の長，児童養護施設の長，少年院の長または刑事施設の長の求めに応じて行われる．対象となるのは，非行少年のうち，①保護処分の対象となる事件の調査・審判を受ける者，②保護処分の執行を受ける者，③懲役・禁錮刑の執行を受ける者であって20歳未満の者である．なお，少年院送致決定を受けた者については，鑑別を行い，その者を収容すべき少年院を指定する．

　①の調査・審判を受ける者については，観護の措置がとられ少年鑑別所在所中に鑑別の対象となる場合と，同措置がとられずに社会内での生活を継続した状態で鑑別の対象となる場合がある．

　②のうち，少年院送致となった者を対象とする鑑別は，少年院の長の求めに応じ，少年鑑別所職員が送致先少年院に出向き，改めて面接や心理検査を行い，問題点の改善状況や今後実施すべき矯正教育を示すものである．必要に応じ，少年院在院者を少年鑑別所に一時的に収容し精密な鑑別を行うことも可能である．

●**鑑別の方法と手続き**　鑑別は，法務技官（心理技官）と法務教官（観護教官）が協同し，対象者やその保護者等との面接，心理検査，医学的検査および診察，行動観察，公務所等への照会といった手段を用いて行われる．以下に，少年鑑別所在所者を対象とした鑑別（収容審判鑑別）の主な流れを示す（図1）．

　①初回の鑑別面接：新たに入所した者の資質・環境の概要を把握し，鑑別の方針の設定に資することを目的として実施される．

　②集団方式の心理検査の実施：原則として在所者すべてに実施する．実施する検査は，知能検査の他，法務省で開発された性格検査および態度検査である．

　③鑑別の方針設定：初回の鑑別面接および集団方式の心理検査の結果を踏まえ，鑑別の方針を設定する．具体的には，2回目以降の鑑別面接の中で特に詳細に調査すべき事項，個別方式の心理検査の要否，行動観察において重点を置くべき事項，精神科診察等の要否を明らかにする．

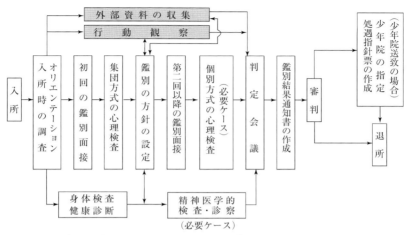

図1　少年鑑別所における収容審判鑑別の流れ（『平成27年版犯罪白書』より作成）

④**個別方式の心理検査**：知能や人格の精査の必要性に応じ，個別知能検査や各種投映法が適宜選択されて用いられる．

⑤**精神科診察等**：精神障害の疑いがある者，行動に異状が認められる者，その他精神状況に重大な問題があると考えられる者に対して，精神科医による診察を行う．

⑥**行動観察**：通常の生活場面における行動の他，意図的に一定の条件を設定した観察場面における行動を観察し，在所者の特徴を把握する．

⑦**家庭裁判所調査官との事例検討**：鑑別担当者と家庭裁判所調査官が，非行の理解にあたって必要な事項について意見交換や検討を行う．

⑧**法務省式ケースアセスメントツール（MJCA）による評定**：再非行の可能性や教育上の必要性を構造化された調査項目と調査方法を用いて，定量的に評定する（☞「鑑別とリスク・アセスメント」）．

⑨**判定会議**：鑑別担当者の他，所長，首席専門官および関係職員が出席し，①から⑧までの各種方法によって得られた結果を総合的に検討する．

⑩**鑑別結果通知書の作成**：判定会議での検討を踏まえ，鑑別の結果を鑑別結果通知書という文書にまとめ，家庭裁判所宛てに提出する．なお，鑑別の結果は，他の記録とともに少年簿という帳簿に綴られ，少年院や保護観察所に送付されて処遇の資料として活用される．

⑪**処遇指針票の作成**：少年院送致決定がなされた場合には，矯正教育を実施するうえで留意すべき事項や参考情報を記載し，少年院に引き継ぐ．　　［古橋徹也］

鑑別とリスク・アセスメント

　少年鑑別所の鑑別は，鑑別対象者について，その非行・犯罪に影響を及ぼした資質上および環境上問題となる事情を明らかにしたうえで，改善に寄与するために必要な処遇指針を示すものである．鑑別は，家庭裁判所の調査・審判，言い換えればその処分選択に資するとともに，その後の少年院や保護観察所における保護処分の執行にも資することを目的として行われる．

●**鑑別における非行・再非行要因の分析**　再犯・再非行防止に向けた実効ある取組みの推進は，わが国においても重要な課題の一つである．個々の対象者の特性に応じた指導および支援の強化が必要とされる中で，特に，非行あるいは再非行に密接に関連する要因や，非行の抑止において重要となる資源等の的確な把握と分析により，効果的な処遇方針を策定する鑑別の役割がますます重要となっている．

　ところで，諸外国では，再犯・再非行防止に向けて効果的な処遇を行うために，再犯要因などに関する研究結果に基づき，各種のリスク・ニーズ・アセスメント・ツールが開発されている．これらを利用して対象者の再犯・再非行の要因や，改善更生に必要と考えられる処遇の密度を把握する等，刑事司法手続の中で，リスク・ニーズ・アセスメント・ツールは広く活用されている．

　他方，鑑別の実情として，少年鑑別所では，心理に関する専門のスタッフ（心理技官），教育学・社会学等の専門性をバック・グラウンドとする法務教官，必要に応じて精神科医師等も加わり，それぞれが専門的な知見に基づき，鑑別対象者の特性を把握するという体制がある．こうして得られた情報を，少年鑑別所長が主宰する判定会議において総合的に検討し，処遇意見を決定するという手続きが重視されており，その中で，非行発生の機制や再非行要因等の分析が行われ，鑑別の妥当性を担保している．しかしながら，再非行防止に向けた的確な鑑別の実施という点では，①再非行要因の把握に関して統一的な手法が整備されていないこと，②実証的なデータの裏づけをもって再非行の可能性を予測したり，処遇による変化を把握・比較したりすることが困難であること，③鑑別における臨床的・専門的な判断の過程や根拠を，関係機関との間で端的に共有しにくいこと等，検討を要する課題もあった．

●**法務省式ケースアセスメントツール（MJCA）の開発**　これら鑑別実施上の課題を踏まえ，法務省矯正局は，実証データに基づき，再非行の可能性等を把握するとともに，例えば，保護者との関係性の調整や，社会適応力の向上等，重点的な目標を明らかにするため，非行少年用のリスク・ニーズ・アセスメント・ツールの開発作業を独自に進めた．2013年度に，MJCA（Ministry of Justice Case

Assess-ment Tool）が完成し，少年鑑別所の鑑別実務での運用が始まり，再非行防止のため，対象者の特性に応じた指導および支援の強化に役立てられている他，処遇効果の検証等への活用も予定されている．

　MJCAの特長として，①鑑別実務を踏まえた法務省独自のアセスメントツールであること，②再非行の予測等に関する妥当性や信頼性が検証され，諸外国のリスク・ニーズ・アセスメント・ツールと比較して，遜色のない予測妥当性（AUC値 0.66）が確認されていること，③全国の少年鑑別所で約 6,000 人という広範なデータを収集し，統計的分析を経ていることがあげられる．開発は，少年鑑別所の実務者を中心に，外部専門家・有識者の助言も得ながら進められた．

●**MJCAの活用**　MJCAは，静的領域と動的領域の2領域，全52項目で構成されている．静的領域とは，再非行の可能性と教育上の必要性を把握するうえで，過去の経歴などに着目するもので，五つの下位領域（①生育環境，②学校適応，③問題行動歴，④非行・保護歴，⑤本件態様）が設定されている．他方，動的領域とは，意欲，態度，今後の教育等によって改善し得る要素に着目するもので，四つの下位領域（①保護者との関係性，②社会適応力，③自己統制力，④逸脱親和性）が設定されている．52の項目は，統計的分析を経て，いずれも少年鑑別所の再入所と密接な関連を確認したうえで選定されたものである．

　MJCAの評定結果は，下位領域ごとに数値化・グラフ化され，再非行防止に向けた教育の必要性の程度を概括的に把握できるようになっており，高い値を示す領域は優先的に取り組むべき重要な課題といえる．また，再非行の可能性は，10.1％から 78.0％までの4区分（4段階の高低レベル）により示され，再非行防止に向けた重点的な処遇の必要性を検討する際等に参考とされる．

　MJCAの導入による効果としては，鑑別精度の向上とともに，再非行防止に向けた鑑別と処遇の一貫性の担保があげられる．具体的には，鑑別において，何を目標として働きかければ再非行を防止できるのか，優先的に取り組むべき課題は何かということを，実証データを踏まえたかたちで検討・分析することが可能となった．また，このような鑑別における専門的・臨床的判断の道筋を，一定程度可視化し，関係機関と共有できるようになったことで，鑑別の結果が，処遇機関における処遇目標の設定と，処遇に携わる職員がこれらを共有し，一貫性をもってその変化を見守っていくことにも生かされるようになった．

　さらに，改善更生に関する変化や処遇による効果の確認という点では，MJCAの継続的な実施は，同一の観点から，処遇経過を踏まえた対象者の変化の把握・分析に資するものである．特に，少年鑑別所においては，少年院や保護観察所からの求めに応じて鑑別を行っており，少年保護手続の一連の過程の中で，その査定機能を，これまで以上に継続的・機関横断的に発揮していくことが可能になったという点において，MJCAの導入の意義は大きい．　　　　　　　　［西岡潔子］

素行障害の査定

　精神医学では，少年非行は，素行障害（素行症：conduct disorder：CD）として扱われることが多い．その概念は，世界保健機構（World Health Organization：WHO）の国際疾病分類 ICD において 1978 年に登場し，米国精神医学会（APA）による『精神疾患の診断・統計マニュアル（*Diaghostic and Statistical Manual of Mental Disoders*：DSM）』では 1980 年に登場した．当初は「行為障害」の訳語が用いられており，1997 年，神戸連続児童殺傷事件で注目を集めた．DSM-5（DSM の第 5 版）における素行障害の診断項目は，人および動物に対する攻撃性に関する 7 項目，所有物の破壊に関する 2 項目，虚偽性や窃盗に関する 3 項目，重大な規則違反に関する 3 項目からなる．このうち少なくとも三つが過去 12 か月の間に存在し，一つは過去 6 か月の間に存在したことが明らかであること，また，行動の障害が，臨床的に意味のある社会的，学業的，または職業的機能の障害を引き起こしていることが要件とされ，18 歳以上の反社会性パーソナリティ障害の要件ともなる．

　素行障害は，多方向に，他人の基本的人権，年齢相応の主要な社会規範，および規則を侵害することが反復し，持続する行動様式である．このため，問題行動歴のない者の場合，特殊な状況に対する反応として傷害致死等の重大事案を起こしたとしても診断基準を満たさない．また，吉益（1951）のいう単一方向の少年非行のうち，窃盗や放火は，DSM-5 では，それぞれ窃盗症，放火症に分類されることがある．日本の少年非行の約 3 割を占める交通非行および薬物乱用は，素行障害の診断項目に含まれていない．性行為の強要（強姦等）は素行障害の診断項目に含まれるが，売春は含まれず，また，性非行の一部はパラフィリア（性嗜好異常）障害群に分類される場合がある．

●**素行障害の変遷**　何を違法行為と定義するかは国や地域によって異なるが，DSM の診断基準は世界標準として各国で活用され，エビデンスが蓄積されている．新たな知見を踏まえ，素行障害のとらえ方自体も変遷している．1980 年版の DSM-Ⅲ では，行動様式の違いから四つの病型（社会化型の攻撃型，社会化型の非攻撃型，非社会化型の攻撃型，非社会化型の非攻撃型）が存在していたが，1987 年の改訂（DSM-Ⅲ-R）では，集団型，単独攻撃型，分類不能型の三つの病型に変更され，軽症，中等症，重症の 3 段階の重症度が加えられた．10 歳になるまでに診断項目の少なくとも一つの症状が発症した者は，遅く発症した者と比べ，成人後も反社会的な行動が持続する危険が高いとする多くの疫学研究の結果（Lahey et al., 1994；1998）等に基づいて，1994 年の改訂（DSM-Ⅳ）により，

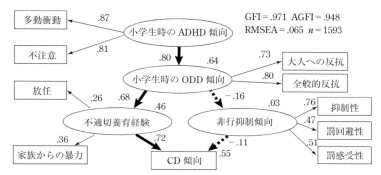

図1 少年鑑別所在所者(男子)における DBD マーチと不適切養育経験および非行抑制傾向の構造方程式モデリング（渕上, 2010b より作成）

発症年齢による三つの病型(小児期発症型, 青年期発症型, 特定不能の発症年齢)に変更された. DSM-5 によると, 素行障害の一般人口における年間有病率は 2〜10% 以上の範囲と推定されるが, わが国の場合, 少年鑑別所在所者の全国調査では, 素行障害の割合は 56%（重症度；軽症 1%, 中等度 21%, 重症 78%）（病型；小児期発症型 35%, 青年期発症型 65%）であった（近藤ら, 2004). 2013 年の改訂（DSM-5）では, 発症年齢による病型を踏襲しつつ, 罪悪感や共感の欠如等, 心理面の指標による下位分類が加えられた. 少年鑑別所在所者の場合, 素行障害の診断項目を多く満たす者ほど, 他人の視点をもつという面の共感性（視点取得）が低く, 視点取得が低い者ほど非行初発年齢は若い傾向がある（渕上, 2008；2010a).

DSM における素行障害（CD）は, 従来, 注意欠如・多動性障害（ADHD）や反抗挑発性障害（ODD）とともに, 注意欠陥及び破壊的行動障害（DBD）に分類されていたが, 2013 年の改訂により, ADHD は神経発達症群に分離され, 素行障害は秩序破壊的・衝動制御・素行症群に位置づけられた. 幼少期に ADHD があることは, 素行障害の早期発症のリスク要因であるとされ（Farrington, 1995), ODD がある場合, 素行障害のリスクは 4 倍に高まるという（Cohen et al., 1998). 齊藤ら（1999）は, ADHD の一部が ODD となり, その一部が素行障害となり, 反社会性パーソナリティ障害へと移行する経過を DBD マーチとよび, 予防の重要性を指摘した. 小学生時の ODD 傾向は, 家族からの暴力や放任といった不適切な養育態度を招きやすく, そうした経験は素行障害に至るリスクを高める（図1）一方, 罰への感受性や争いを避ける構えはリスクを抑制する（渕上, 2010b). 素行障害の予防には, これらを踏まえた介入が有効である. ［渕上康幸］

参考文献
[1] 齊藤万比古編(2013)『素行障害―診断と治療のガイドライン』金剛出版.

被虐待体験と非行

　非行少年の鑑別のプロセスにおいて，被虐待体験の有無は必ず確認する事項であり，被虐待体験が認められた場合，①虐待が対象少年の性格や行動傾向の形成に与えた影響について評価し，②そうして形成された少年の資質と少年を取り巻く環境との相互作用の経過を分析することにより，③少年の問題行動がどのように発展してきたのかを明らかにするとともに，④非行の反復可能性や引き起こし得る逸脱の種類や程度等，非行の進度を査定することとなる．
　①から④までの検討のプロセスは，生育史上の他の出来事の影響を考える際にも経るものであるが，被虐待体験は，守り慈しんでもらえるはずの保護者等から虐げられるという点でも，低年齢であるほど生活領域に占める度合いが大きい家庭が現場となるという点でも，少年の成長に与える影響は大きく，問題行動の直接的または間接的な要因として理解される場合が少なくない．例えば，主に現在進行形の虐待から逃れるための家出や付随する窃盗等により保護された場合が前者にあたり，学童期を過ぎた鑑別対象者に多いが，鑑別を進める中で，虐待が非行に結びつく資質形成の要因として分析される場合が後者にあたる．

●**個々の少年における被虐待体験の影響の査定**　子どもに対する虐待の影響は，心理的な影響の他，身体的機能，知的機能，社会的機能等，複数の機能領域に，発達段階を通じて現れるといわれている（表1）．中学生以降の対象者に遡及的に行う調査において，特に身体的・神経生物学的影響や知的機能への影響を直接査定することは難しく，幼少時期の児童福祉機関等の記録に頼ることになるが，

表1　生涯にわたる機能領域における虐待・ネグレクトの潜在的影響（Reece et al., 2000 より作成）

	機能領域			
	神経学/医学	知性/認知	社会/行動	心理/情緒
児童期	軽度の損傷 脳損傷/機能不全 神経生物学的影響 知的障害 言語障害 身体的障害 致死	IQ低下 不注意 学力障害 学力の欠如 低い読解力 学業不振 落伍	攻撃性 怠学 家出 非行 乱交 売春 10代の妊娠 問題飲酒 薬物使用 犯罪および暴力 パートナーへの暴力 子ども虐待	不安 抑うつ 自尊感情低下 低い対処技能 敵意 自殺企図 心的外傷後ストレス障害 解離 境界性パーソナリティ障害 身体化障害 多重人格障害
↓ 成人期			失業	

身体に残る傷痕や骨折歴，体格等から身体的虐待の程度や発育不全を推測することは一定程度可能である．低学力については，個別指導への反応の良否が，開発不足によるものか器質的な障害によるものかを絞る一助になる．一方，自閉症スペクトラム障害や注意欠如・多動性障害（ADHD）等に近似する認知・行動様式を示す場合に，それが生来的な障害に由来するのか，虐待の影響によるものかを短時間で見極めることは容易ではない．障害の存在を仮置きした対応をしつつ，安定した環境下で経過観察することが必要となる場合もある．

また，対象者が虐待を被害と受け止めていないとしても，その影響が深刻でないとはいえない点に注意が必要である．例えば「悪いことをしたから殴られたのは当然で，善悪を教えてくれた父には感謝している」と述べた対象者は，相手に非があると感じた際に暴力による制裁を加えることを是とする価値観を形成してきたかもしれない．一方，被虐待体験を調査時点でも強く恨みに思っている場合は自分の社会不適応状態の原因を被虐待体験に帰着させていることが少なくなく，自身の責任の自覚や改善意欲を喚起しにくいという点で，処遇が難しい．

●非行少年の被虐待体験の概観　法務総合研究所『研究部報告 11 児童虐待に関する研究（第 1 報告）』(2001)によれば，少年院在院者に対し，自記入式の質問紙により過去の被害体験に関する調査を実施し，有効であった 2,354 人の回答を分析したところ，身体的虐待，性的虐待，ネグレクトのうち，何らかの虐待を体験していた者の割合は，男子で 49.6％，女子で 57.1％，全体で 50.3％であった．一般市民に対する調査（法務総合研究所『研究部報告 22 児童虐待に関する研究（第 3 報告）』2003）の結果と比較すると，少年院在院者はいずれの被害においても一般市民よりも体験率が高かったが，特に，家族からけがを負わされるような暴力を受けた者の割合は，一般調査では 5.3％であったのに対し，少年院在院者は 48.3％と，差が際立っている．

上述の法務総合研究所(2001)の調査から，被虐待体験のある少年院在院者は，被虐待体験のない在院者よりも神経質で被害感が強く抑うつ的である一方，落ち着きがなく自己顕示的という性格特性を表しやすいことが示唆された．身体的虐待にネグレクトが加わると，いっそう抑うつ感や被害感を示しやすい傾向が認められた．また，身体的虐待，性的虐待，ネグレクトいずれにおいても，虐待を受けたときにとった行動は，多い順に，家出をした，じっと我慢した，であった．

非行が進んだ少年については，幼少時期からの家庭環境について丁寧に調査する必要があり，また，虐待へのコーピングとしての家出や虐待者への同一化，不満の抑圧等が非行へと転化する道筋を明らかにすることは，再非行防止のための適切な処遇指針を策定するうえでも重要である．　　　　　　　　　　［吉田里日］

📖 参考文献
[1]　橋本和明(2004)『虐待と非行臨床』創元社．

性的問題と女子非行

　女子が非行という行動障害に至る要因の一つに性的問題，ことに性被害経験がある．また，早い性交体験，早い妊娠・出産等は，非行を重ねていき非行性を深めていく経過の中で，原因あるいは結果として現れ，その後の人格形成や自己像の問題や対人関係のパターン等と密接な関連をもつこととなる．

　そもそも女子は非行の領域では圧倒的少数派である．非行少年全体の中で，女子非行少年の占める割合は，いつの時代でも概ね1割前後である．女子は，生物学的な性差として，非行という表現をとることは本来少ないのである．

　これまでの多くの事例検討によっても，女子非行の場合は，女子本人が主体的に非行行動に及ぶというよりも，共犯男性の従犯になったり，家庭の問題にそのまま巻き込まれて犯罪に至ったりしていることが多い．受身的であるし，多くの事例で加害者性よりも，自身の被害者性の方が際立っている．

●**女子非行少年における性行動**　ある女子少年院の統計（交野女子学院，2013）によると，少年院に送致された女子非行少年の6割が，14歳以下でセックスを経験している．3割ほどは13歳以下で，13%は実に12歳以下で初めての性交体験をもっていた．一般の中学生において性交経験がある者の割合が2〜4%であることを考えれば（木原，2006），女子非行少年の性行動の開始年齢はかなり低いといえる．

　初交年齢の低さに加えて，女子非行少年においては，妊娠経験も多い．70人中18人が妊娠経験を有し（25.7%），うち4人が出産に至っている．

　また，売春経験を有する割合は，70人中26人（37%）であった．売春経験率は旧少年院法下の長期処遇（原則として2年以内）においては41%であるのに対し，短期処遇（原則として6か月以内）では18%であった．

　人工妊娠中絶経験率，出産経験率とも長期処遇の者に高い傾向があり，性行動問題の深刻さと非行性の進度にはある程度の相関があることが想定される．

●**性被害経験の多さ**　性的被害（強姦）体験を有するのは，70名中14人（20%）であった．例年同程度の割合であるが，常に長期処遇の方が短期処遇に比べて，その割合が大きい．2013年では，それぞれ22%，9%であった．

　女子非行においては性被害体験を有するものが多く，非行の程度が進んだ者ほどその傾向があるといえる．逆にいえば，性被害経験を負うことは，女子を非行行動に追いやってしまう一つの要因であり，非行を深刻化させるといえる．

●**家族からの性的虐待**　家族から性的虐待を受けた経験のある者は10%いたが，すべて長期処遇の女子少年であった．ちなみに性的虐待以外の身体的虐待を受けた経験のある者は長期処遇で51%，短期処遇で18%であった．

家庭内で家族によって性的被害を被ると，安全な避難所，安心感が得られる逃げ場所を奪われることになるので，事態はより深刻かつ複雑である．身を守るためには家庭の外へ逃れるしかなく，行くあてのない少女が身を寄せた先が逸脱的な場所や人物であった場合，そのまま犯罪に巻き込まれる結果となる．

　性的虐待はなかなか外に発覚しにくいものだが，少年鑑別所や少年院で初めてそれが申告され明らかになることがある．皮肉なことに，その少女らにとっては，非行を犯し矯正施設という強力な枠組みに入れられて初めて身の安全が守られ安心が得られたことになる．女子非行少年の中には少なからず性虐待の被害者がいることは，念頭に置かれるべき事実といえる．

●**性的問題に関連する女子非行少年の属性**　女子非行少年の属性として目立つのは，家族環境の劣悪さ，家庭の保護機能の低さである．女子少年院の入院者において，両親がそろっている家庭の者は2割ほどしかなく，それ以外は片親か継父母のいる家庭，あるいは親不在である．そして，多くの女子非行少年が，依存欲求を充足されておらず，家庭を居場所と感じられていない．低年齢での性行動や性的被害経験の多さは，性的奔放さを示すというよりも，女子非行少年が心身の安全を守られない境遇にありやすいことを示している．思春期に至った女子少年が，家庭外に依存対象を求めていき，異性との早い性的接触にさらされる中で，いわば副次的に非行行動に及んでいく．

　また，半数以上が高校中退を含む中卒者であり，4割ほどは無職者であるという調査結果がある．これは，多くの女子非行少年が社会の中で常識的な居場所に組み込まれていないということを意味する．家庭内外で，居場所を得られず依存対象を見失いやすい境遇にあることが，逸脱的な人物や場所へ接触してしまいやすい要因となっている．

●**性的問題が女子少年の心理発達に与える影響**　性的経験によって，女子非行少年は傷ついていることが多い．少なくない女子非行少年が，親密な間柄の異性に裏切られたと感じたり，望まないかたちで性交をもたされた経験がある．自分の性的主体性を尊重されず，大切に扱われなかった体験は，女性としてのプライドや自尊感情を大いに傷つける．心的外傷後ストレス障害（posttraumatic stress disorder：PTSD）等の後遺症状を来す可能性もある．

　また，ほとんどの例で複数の相手と性交を重ねていくことになるが，その数が多いほど，異性や性交について否定的なイメージを抱くようになると同時に，自己像が傷つく．罪悪感や自己否定感を抱いてしまい，自分を懲らしめるかのように自傷や自己破壊的，逸脱的な行動，過激で危険な性行動に及ぶ場合もある．そうなるとさらに自己像は傷つき，情緒や行動面の不安定性，気分の変調傾向，対人関係の困難さ等の問題につながり，人格形成に深い傷跡を残す場合もある．

〔定本ゆきこ〕

摂食障害と女子非行

　摂食障害は，典型的には思春期やせ症（拒食症，神経性無食欲症）から始まる．頑張り屋で完璧主義の少女が，思春期に対人関係の問題等から自信喪失し，成熟による身体変化に対しても不安を感じ，その防衛のため「やせ」に自分の価値を見出してこだわりを強め，拒食・過活動を生じ，正常体重になることを拒否するようになる．重症例では，低栄養状態，代謝機能低下，月経停止，脳萎縮など深刻な身体的問題を引き起こし，最悪の場合，死に至る．背景に家族関係の問題があることが多く，本人の身体認知は歪んでおり，疾病を否認しがちで治療意欲が乏しいため未治療例も多い．受診しても治療に抵抗するため，治療に多大なエネルギーが必要で治療関係も安定しにくく，治療中断に至りやすく難治である．長期化すると，むちゃ食いや過食・嘔吐を伴うようになることも多く，過食症（神経性大食症）に移行することもある．近年は，グレーゾーンの症例も増加し，男性や小児や中高年の事例等，摂食障害は多様化している．

●**矯正施設内の摂食障害の類型**　少年院の女子被収容者の中に摂食障害者は1.5％程度で，さほど多くはない（吉永，2012）が，それゆえ知見が蓄積されにくい．少年鑑別所に収容される事例も多くないが，大まかに①中核タイプ（過剰適応型），②一過性反応タイプ，③情緒不安定な人格が基盤にあるもの，の3類型が推定される．瀧井は自身の臨床経験から，摂食障害を中核的摂食障害，軽症摂食障害，境界性パーソナリティ障害的摂食障害，の3類型に整理している（瀧井，2014）が，これとほぼ同様である．②の一過性反応タイプは，思春期の発達課題のストレスに反応して一過性に拒食や過食・嘔吐等が生ずるが，成長に伴い自然軽快し，軽症である．③は衝動性が高く情緒不安定で，摂食障害の他に，物質乱用や自傷・自殺企図，性的逸脱行動や不安定な対人関係等，多種多様な問題行動がみられ，人格の不安定さが根深く，これに応じた処遇が求められる．なお，矯正施設内で不安定な人格の者が，ハンガー・ストライキとして不食を起こすことがあるが，これは摂食障害とは異なる．

　摂食障害特有の病理が目立つのは，①の中核タイプである．多くは親の意に添いやせ我慢して過剰適応している負けず嫌いで頑張り屋，勝ち気な優等生だが，真の自分には自信がない．やや硬い認知特性をもち，成績や学歴，金銭，体重や身体サイズ等を自己評価に関連づけ，強迫的にこだわる．思うようにならない現実に不安や苛立ちを感じると，その感情を抱えきれずに目をそらせ，やせることで「自分はものごとに対処可能である」「外見的に価値がある」と思い込もうと強迫的に拒食や過活動に逃げ込む．摂食障害にはアディクションの側面があり，

現実逃避的な誤った対処法であるので，真の問題は解決されず，悪循環により行動はエスカレートしていく．拒食で始まった摂食障害も時間経過とともに，むちゃ食いや過食と嘔吐を伴うようになることが多く，不安を紛らせるため衝動的に過食するが，後に後悔して嘔吐することを繰り返す．

中には，対人相互性の質的障害や常同的反復的行動様式やこだわりの強さから発達障害傾向が疑われる事例もあり，詳細な発達歴の聴取や個別知能検査による能力の偏りの査定も有用である．

●摂食障害と女子非行　摂食障害に関連する非行で多いものは窃盗（万引き）である．ことに中核タイプの非行は，ほとんど窃盗の反復である（浅見，2007）．摂食障害の専門家の間では，摂食障害に窃盗行為が併存しやすいことは，経験的によく知られており，3～4割にみられるともいわれる．「どうせ吐いてしまう食べ物にお金を払うのはもったいない」と，過食するための食べ物の万引きから始まることが多いが，成功体験に味をしめると，化粧品や日用品等へ窃盗の対象が広がっていくこともある．みずからが悪事を働き処罰されることで，親に対し反抗や復讐をしているように感じられる事例もある．彼女らは親について，「良い子でいることを望むばかりで，本当の自分の気持ちをわかってくれない」と述べる．長期化した摂食障害の事例の中には，常習窃盗者として重症化し，食品や生活用品等を過剰にため込む事例もある．対人関係の些細な刺激で「見捨てられ不安」を駆りたてられ，その寄る辺ない恐怖感や無力感を何とかしようと，あらゆるモノをため込むことで内的空虚を埋めるべく窃盗行為を繰り返すといわれる．強迫的に盗みを繰り返し，窃盗症（クレプトマニア）と摂食障害の併存と診断される事例もある．摂食障害と犯罪との関連の実態はまだ不明なことも多く，さらなる調査研究結果の蓄積が待たれる．

●治療　摂食障害は心身症であり，その治療にあたっては，身体的治療や行動療法とともに心理社会的成長をうながす働きかけが重要で，多診療科・多職種による連携した長期的アプローチが望ましい．不安を食行動や窃盗行為等に行動化せずに向き合って，少しずつでも適切に対処できるようになり，対人スキルを磨いて社会適応を改善し，自己肯定感をもてるように成熟していくことが目標である．このような変化には強い恐怖を伴うので，誰かに共感してもらい安心感を得て支えてもらう体験が必要で，治療者や家族，同病の仲間等他者との複数の信頼の絆の構築が望ましい．そのような関係の中で行動化を減らして自分の認めがたい気持ちに向き合い，言語化して話せるようになると自分でも受け入れられるように変化していく．家族の心理教育は大切で，家族を理解者・支援者にできると治療への大きな力になる．グループ・ワークや認知行動療法も有効である．摂食障害者の犯罪行為に焦点づけた専門的治療プログラムの研究開発が期待される．

［吉永千恵子］

鑑別面接

　少年鑑別所に収容して行われる鑑別においては，面接の他各種心理検査，行動観察，精神医学的検査および診察，身体状況の調査，外部機関から収集される資料等，多様な資料が活用され，それらの多角的・交差的な吟味が行われる．鑑別面接は収容鑑別のための調査方法の一つであるが，対象者の個別的な特徴を直接的・具体的に実感することができること（遠山，1975），また，言語的・非言語的な相互作用を幅広く活用した双方向的なコミュニケーションにより，種々の資料から得られる情報の妥当性の確認や仮説の生成，検証・修正等を臨機・柔軟に行い得ること等から，鑑別のための調査の基軸となる方法である．

●**特質と実情**　鑑別面接は，第一義的には鑑別の目的によって要請される関心構成のもとに，個性記述的な志向をもって行われる調査的面接である．鑑別担当者は，少年の応答とその背景となる心情に応じて，対話が円滑に進むように配慮しつつ，聴きながら訊くこと（橋本，2011）を通して，対象少年の人格や心身の問題，生活環境，またこれらの相互作用を把握し，非行の背景や機制，その傾向と程度等に分析を加え，今後の再非行の防止を含めた社会適応や成長発達をうながすための処遇の方法・内容についての方針を提示することを目標とし，面接を方向づける．

　鑑別面接の対象少年は，ほとんどが意に反する施設収容下にあり，また，審判を控えた状態で面接状況に導入されることから，一般的には面接への動機づけは乏しく，不満や不安，警戒といった心情が優勢である．また，観護措置の短期間の関係の中で実施されるという制約もあり，実効のある面接の前提となる信頼関係や作業同盟の形成には，一般心理臨床とは異なったあい路がある．一方で，審判を控えて収容されている状況は，対象少年にとって，社会的な枠づけに直面して現実を改めて吟味し，従来の自分のあり方を変化させる動機づけを生じさせ得る機会でもある．

　このため，初回の鑑別面接では，この点に目を向けるようにうながし，上述した面接者側の目的をわかりやすい言葉で伝えたうえで，面接を通した自己理解を今後の自分の生き方に役立たせるため，面接で互いにどのようなことに努力するかを話し合い，時に心情の安定に向けた応答に注力すること等により，少年の協働姿勢を引き出す努力が払われる．

　鑑別面接は通例数回にわたる．初回面接では，上述したような担当者と対象少年との信頼関係，協働関係の形成を図りつつ，対象少年に事前に記入させる，心身の状態や家族・生活歴，非行関係に関する申告票の内容を確認するかたちをと

る等して，概括的な把握を行う．これに前後して初期段階での行動観察や集団式の心理検査も実施されるので，これらに基づき，当該鑑別が明らかにすべきポイントやその方法，暫定的な仮説の設定等がなされる．この鑑別方針の設定は，いわば当該事例個別のリサーチ・クエスチョンの設定を含み，以後の鑑別手続きを的確な方向性をもって行ううえで重要なステップである．第2回以降の面接においては，鑑別の方針に沿って必要な事柄を詳細に掘り下げ，仮説の検証，修正，新たな仮説の生成が行われる．まとめとしての面接は，それまで各種方法で収集された資料をもとに生成された仮説の一貫性や妥当性を確認し，面接関係に一定の終結をつけることを目的とするが，面接の振り返りを通じ，担当者と対象少年との間で，今後取り組むべき課題等協働作業の成果が共有されることにもなる．

担当者は，鑑別面接を通じて対象少年の生き方と非行の意味連関を了解することに努めるが，「人は他者に受け入れられて初めて自己の存在を確認することができ，内面を表現したところで相手から返ってくる言葉をもとに，もう一度自己の内面に聞くといったことを繰り返していると，ある時何かが見えてきて，自分の行為の意味がつかめてくる」（石毛，1994）とされるように，鑑別面接は，担当者との関係の中で対象少年が自己了解を進める契機を提供する場でもあり，これを意識して運用するとき，鑑別のための情報収集にとどまらず成長促進的な作用も内包することとなる．

●**課題**　鑑別面接の調査的面接としての機能をさらに高めようとする場合，次のような課題が指摘されることがある．

まず，得られる情報が面接者の個性や面接関係の質に依存するという問題がある．再非行リスク・教育上のニーズの評価の標準化という点では，保険統計学的な定量を可能とする法務省式ケースアセスメントツール（Ministry of Justice Case Assessment Tool：MJCA）の整備等により，鑑別面接の過程で着眼すべき事象が示され，これらを見落としなく確認することがうながされるようになっている．しかし，今後も従前同様，担当者みずからの個性の自覚とその活用に向けた訓練やスーパーバイズによる援助等が肝要とされる．一方で，近年種々の領域で開発されている半構造化面接の発問・応答等に関する技術・知見を，鑑別実務にカスタマイズして活用するといった方策も検討されつつある．

次に，生活史上の事実にせよ非行に関連する事実にせよ，鑑別担当者においては，客観的事実を踏まえながら対象少年の主観的な世界を把握することが必要とされる．したがって外部資料との照合に加え，鑑別面接の中でも，客観的事実と主観的事実といった性質の異なる情報を同時並行的に扱うこととなる．これら情報の性質の差異について的確に区分して以後の仮説生成・検証を進めることに留意することになるが，特に主観的事実の理解に関わる仮説の妥当性を検証するための系統的な基準や方法については，必ずしも確立されていない．　　　［竹田　収］

行動観察

　行動観察は誰もが日常的に行っているため意識されにくいが，査定の基本であり，その特徴を理解して使うことにより重要な方法として機能する．
　行動観察は，人間の行動を，①いつでもどこでも誰でも，②何の媒介もなしに直接に，③生起した文脈とともに把握でき，さらに④防衛機制が働きにくい他，⑤人を部分でなく総体として把握できるという長所をもつ．一方，①行動は一回起性で再現性がない，②観察者の主観性を完全には排除できない，③行動生起に関与する数多の要因を統制することが難しい等の問題をもつ（川邉，1997）．

●**行動観察の分類**　行動観察は行動に影響を与える要因の統制の有無により，大きく自然的観察法と実験的観察法とに分けられる．前者には，観察項目や観察方法を決めずに行う非構造的観察法と，項目や方法をあらかじめ決めて行う組織的観察法とがある．後者には，厳密な条件統制はしないが，意図的に何らかの条件（例えば，意図的な言葉かけ）を発生させる条件発生法が含まれる．また，意図せず生じる欲求不満場面や危機的場面も貴重な観察場面である．条件統制が厳しければ客観性が高まる反面情報量は減るので，臨床場面では自然的観察と条件発生法が中心となる．
　また，被観察者と関係性をもつか否かという観点から，参加観察と非参加観察とに分けられる．臨床場面では意図するしないにかかわらず基本的には参加観察となるが，モニターやマジックミラーを使って非参加観察を行うこともある．
　観察の方法には，日常的観察法，場面見本法，行動見本法，時間見本法，位相観察法，条件分析法等があり，記録方法には，逸話記録法，日誌的記録法，チェックリスト法，評定尺度法，図示法，機械記録法等がある．行動観察の目的，観察対象の行動の質，観察場面の特質等に応じて，これらを使い分ける．

●**少年鑑別所における行動観察**　少年鑑別所は，対象者を収容して24時間，多様な場面でしかも多くの目で観察することができ，さらに観察場面がある程度限定され，かつそれが操作可能であるという行動観察には好都合の環境にある．このため，「在所中の生活及び行動の状況」は，「少年鑑別所法」第16条により調査事項として法定され，さらに，観察事項，観察場面・実施および評価の標準化に関する各種内規，手引き書が整備されている．
　少年鑑別所における行動観察は，別項目「非行少年の鑑別」の図1に示されるように入所から退所までの生活や処遇全般を通じてなされ，その結果は逐次関係諸情報と照合され，最終的な査定に反映される．また，人格，非行性，教育可能性等の査定のためだけでなく，各種疾患・障害の早期発見および健康管理，自殺

自傷等の事故の未然防止，対人トラブルや好ましくない情報交換の防止にも活かされている．

少年鑑別所に限らず臨床場面では，冒頭に記した行動観察の方法としての問題点をどう克服して，観察結果に客観性や妥当性をもたせるかが課題となる．

そのためには，行動を漏らさず観察・記録したうえで，①同質とみなし得る行動の出現頻度，②観察場面ごとの一致度，③観察者間の一致度，④標準行動との一致度，⑤例えば，特定の疾病や障害の指標，反社会的集団に特有の指標，特定の行動指標との一致度等を精査し，これを総合評価することが重要となる．また，集団場面と個別場面等，バラエティに富んだ場面設定を行ったり，全少年に共通の課題を与えてその遂行状況を観察する意図的行動観察をしたりする．場面構成，課題内容，課題実施手続き，観察手続きおよび査定手続きの標準化により，データの蓄積と行動の評価および解釈の客観性の担保が可能となる．

また，日常的な行動観察を査定の方法として有効に機能させるには，まず行動を状況や文脈とともによく観察する構えをもち，さらに観察結果をその後の観察方針にフィードバックさせ，そのうえで多くの行動観察結果を多面的に吟味していく過程を，個人レベルでも組織レベルでも整備し，制度化することが重要である．少年鑑別所では，図1のような円環的システムを採用している．

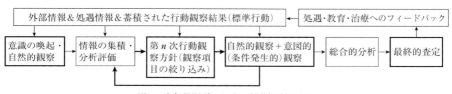

図1　少年鑑別所における行動観察の流れ

●**観察者要因と観察者の訓練**　行動観察は，観察者自身が測定の道具ともなることから種々の観察者要因が派生する．まず，観察時点または記録時点での観察事実の見落しがある．また，観察結果は，光背効果，観察者自身の価値観，他の観察結果との対比，差異の強調傾向，評定の中心化傾向，評定基準の未消化・変動，期待への同一化，評価の整合化等の諸要因により歪む．したがって，観察者要因を最小化するシステム構築とともに，観察者自身の歪みの最小化のためのカンファレンス，スーパービジョンによる観察者訓練を継続的に行うこともまた重要である．　　　　　　　　　　　　　　　　　　　　　　　　　　　[川邉 譲]

📖 **参考文献**
[1]　続 有恒・苧阪良二編(1974)『観察』心理学研究法10, 東京大学出版会．
[2]　台 利夫(2007)『参加観察の方法論―心理臨床の立場から』慶應義塾大学出版会．

法務省式心理検査

　法務省では，犯罪者の調査および非行少年の資質の鑑別のために，各種の心理検査を開発し，活用している．そのうち，MJPI, MJAT, MJSCT は，少年鑑別所の集団心理検査のテスト・バッテリーとなっていて，少年鑑別所に入所した少年のほぼ全員が受検するため，最もよく使用されている．

●**法務省式人格目録（MJPI）**　質問紙法による性格検査で，犯罪や非行に関係の深い人格特性の測定を目的としている．3件法による 130 の質問項目からなり，以下の 13 尺度から構成されている．検査対象者は，概ね 14 歳以上である．

【妥当性尺度】

虚　構	テストの結果を過度に良く見せようとし，そのために実行不可能なことでも行うと反応する傾向
偏　向	テストを受ける構え，またはものの考え方や感じ方が著しく偏っている傾向
自我防衛	自分を守るために自分の弱点を隠し，良く見せようとする傾向

【臨床尺度】

心気症	自分の心身の変化に敏感であったり，些細なことにこだわり元気をなくすといった神経質，無気力，心気症的な傾向
自信欠如	他人の評価を気にし，自分の能力や行動に自信をもてない傾向
抑うつ	些細なことに気が沈み，消極的，悲観的，絶望的になり，暗い気分が続く傾向
不安定	周囲の状況に関係なく気分が変化したり，些細な刺激で行動が変わりやすい傾向
爆　発	短気で怒りや不満を抱きやすく，また，攻撃的に振る舞いやすい傾向
自己顕示	自己中心的で支配欲が強かったり，他人から嫌われまいとして自分を良く見せようとする傾向
過活動	刺激をすぐ行動に移したり，気軽で即行的に振る舞ったりする傾向
軽　躁	概ねほがらかで人付き合いを好むというような楽天的な傾向
従　属	他からの働きかけに動かされやすく，自主性を欠く弱い依存的な傾向
偏　狭	自己中心的で社会に対する不平不満をもち，被害感，不信感等が強い傾向

　尺度構成は，シュナイダー（Schneider, K.）の精神病質の分類やミネソタ多面人格目録 MMPI の尺度に通ずるところがある．検査の結果は，プロフィールに基づいて，以下の 5 類型にあてはめて解釈することが多い．

第Ⅰ型	心気症，自信欠如，抑鬱，不安定，爆発，従属，偏狭が高い
第Ⅱ型	不安定，爆発，自己顕示，過活動が高い
第Ⅲ型	虚構，偏向，偏狭が高い
第Ⅳ型	自己顕示，過活動，軽躁，従属が高い
第Ⅴ型	虚構，自我防衛，軽躁が高い

 また，因子尺度5（抑うつ・偏執，自信欠如・依存，即行・発散，安定・順応〈偽装〉，不安定・爆発），回帰尺度34（内閉，活動，陽気さ等）からなる追加尺度，因子尺度6（信頼性，神経症傾向，意志欠如，爆発，自己顕示，発揚）からなる新追加尺度も開発されている．なお，新追加尺度を元に，一般向けに開発されたのが矯正協会のPISE（Personality Inventory System for Exhibition）で，60の質問項目から構成され，主に全国の矯正展で使用されている．

●**MJAT（法務省式態度検査）** 質問紙法による態度検査で，社会的態度および価値観等を測定することを目的としている．

 ここでいう態度は，「特定の人格の中で，ある程度の安定性・持続性をもって将来の行動を規定する傾向またはある行動の準備となるべき反応傾向」と定義されており，非行少年の資質鑑別実施上，経験的により有効と思われる尺度が選定されている．

 5件法による80の質問項目からなり，信頼性尺度に加えて，以下の臨床尺度7から構成されている．検査対象者は，概ね14〜28歳である．

自己評価	自分自身を肯定的にとらえているか否定的にとらえているか
社会規範	法律や警察等の社会規範に対して肯定的であるか否定的であるか
家　庭	家庭や家族に対して肯定的であるか否定的であるか
友　人	友人に対して肯定的にとらえているか否定的にとらえているか
不　良	不良者に対して肯定的にとらえているか否定的にとらえているか
暴力・発散	腕力で物事を解決することや感情発散に対して肯定的にとらえているか否定的にとらえているか
安　逸	安逸・刹那的な生活に対して肯定的にとらえているか否定的にとらえているか

●**法務省式文章完成法（MJSCT）** 文章完成法検査（☞「SCT」）で，思考や情緒の特徴，対人態度等を概括的に把握することを目的としている．少年用（13〜15歳），青年用（16〜19歳），成人用（20歳以上）の3種類，それぞれ第一形式，第二形式があり，各形式は，30語の刺激語から構成されている．

 第一形式はより外面的な内容を，第二形式はより内面的な内容を引き出すこと

を意図した刺激語が配置されている．刺激語には，当時，各少年鑑別所で使用されていた文章完成法検査における使用頻度が高かった刺激語の中から，多様な反応を引き出し，かつ，有効と思われるものが採用されている．

●**法務省式運転態度検査（MJDAT）** 質問紙法による運転態度検査で，運転態度の特徴，問題点等を測定することを目的としている．5件法による87の質問項目からなり，検査対象者は16歳以上である．

車やバイクの運転に関する主たる問題行動（交通違反，交通事故，暴走運転）を説明するうえで有効と思われる特性が尺度として選定されており，信頼性尺度に加えて，以下の12尺度がある．

気分発散	車やバイクの運転によって不快な気分を発散したり爽快感を味わったりしようとする運転態度
神経質・自信欠如	運転の際に不安になったり混乱したりしやすいというような神経質で自信を欠いた運転態度
自己顕示	車やバイクの運転によって自分を目立たせ，誇示しようとするような運転態度
自己責任否定	違反や事故を運や要領の悪さに結びつけたり，規制が厳しすぎる等と規制そのものに非難を向けることで，自分の好ましくない運転態度を正当化しようとする傾向
交通規範軽視	交通規範を不必要なもの，無意味なものとみなす傾向
事故・検挙確率軽視	交通事故を起こす危険や，交通違反で検挙される危険を軽くみる傾向
罰軽視	事故や違反が自分や周囲の生活にどの程度影響を与えると認知しているか
高速度運転親和	猛スピードでバイクや車を運転する傾向
暴走行為親和	暴走族に加わったり，暴走運転をしようとする態度
運転技術過信	自分の運転技術に過剰な自信をもち，危険な操作を危険とも思わずに繰り返す態度
無免許運転	バイクや車を無免許運転することに対する抵抗感の乏しさ
注意散漫	バイクや車を運転する際の注意集中の乏しさ

さらに，因子得点による追加尺度として，以下の3得点が算出される．

顕示的・衝動的傾向	車やバイクの運転によって感情や衝動の発散を図ろうとする構えやエネルギー
安全運転軽視傾向	注意集中力や優柔不断さ等，適切な運転の妨げとなりやすいものとの関連性
責任回避・規範軽視傾向	危険あるいは野放図な運転に対する問題意識の乏しさ，あるいは，交通規範に対する侮蔑的な態度

●**法務省式適応資源尺度（MJAR）**　質問紙による検査で，被検査者の伸張すべき長所および強みについて本人の認識を測定することを目的としている．

5件法による80の質問項目からなり，妥当性尺度に加えて，以下の2要因，9尺度により構成されている．検査対象者は，概ね13～20歳である．

①外的要因：家族，学校・職場，仲間，地域社会等．②内的要因：自己肯定感と明るい展望，落ち着きと冷静さ，学業・仕事への肯定感，楽観性と適切なストレス対処，他者への開放性．

この他，「法務省式」の名称は付されていないが，法務省が開発した心理検査に，対人関係評価法がある．

●**対人関係評価法**　投映法検査で，社会的場面に関連する刺激を用いて，対人関係に関する意識や構えをとらえることを目的としている．P-Fスタディ（Picture-Frustration Study）のような自由記述式の場面想定法で，12場面で構成されている．検査対象者は，14歳から19歳までである．

また，狭義の心理検査ではないが，法務省が開発したリスク・アセスメント・ツールとして，MJCAがある．

●**法務省式ケースアセスメントツール（MJCA）**　鑑別精度の向上を図るため，特に，再非行の可能性および教育上の必要性を的確に把握することを目的に開発された，52項目からなるリスク・アセスメント・ツールである．対象者は，概ね13～20歳である．

大きく，静的領域（処遇等により変化しない要因）と動的領域（処遇等により変化し得る要因）の2領域から構成され，再非行の可能性および教育上の必要性が示される．

なお，法務省が開発したものではないが，刑事施設において広く使用されている心理検査として，CAPAS能力検査（Correctional Assosiation Psychological Assessment Series）がある．

●**CAPAS能力検査**　矯正協会によって開発された能力検査で，作業適性，思考判断力等を測定する集団式の能力検査Ⅰと，基礎学力等を測定する個別式の能力検査Ⅱの2種類から構成される．

知能指数が標準よりも下回ることが多い受刑者について，より詳細に知能を把握するため，受刑者を母集団として標準化されているが，回帰分析により，知能指数に相当するIQ相当値も算出される．

総合的な能力SSの他，下位尺度として，言語面，動作面，機敏さの各能力SSが算出されるうえ，粗雑さ，判断不適切という2種類のエラーSS（標準得点）も算出され，作業指定等の際の参考にされている．　　　　　　　　　［遠藤隆行］

ロールシャッハ・テスト

　犯罪非行臨床でロールシャハ・テスト（Rorschach Test，以下，ロ・テストとする）が用いられる対象・目的としては，犯罪者の場合は，一つは，各人の人格理解とそれに基づく処置方針の策定をはじめとした施設内処遇全般の参考に，そして不適応をきたしている事例について，それに焦点をあてた人格等の査定に，もう一つは精神鑑定における有力な用具として用いられる．非行少年の場合は，少年鑑別所での鑑別診断に，そして少年院や少年刑務所では，処遇上の問題が生じた事例について，それに焦点をあてた人格等の査定に用いられている．

　ただし，精神鑑定の場合は別として，これらのすべてでロ・テストが実施される訳ではない．その主な理由は，このテストの実施，結果の分析解釈等に多大な時間，知識，経験等を要するためである．したがって，いずれの場合も，人格特性や行動特徴をより深く検討する必要がある場合や，精神異常が疑われる場合に限って用いられることになる．

●**適用に際して留意すること**　ロ・テストでは，一定のインクの「しみ」を見て，それが何に見えるか，何に似ていると思うか答えることになっているうえに，正しい答えや間違いの答えがなく，つまり答えに正しい・間違いの区別がないことになっている．こうしたとらえどころのないようなテストであるだけに，特に犯罪者や非行少年がおかれている状況や，犯罪者や非行少年にみられやすい不安や猜疑心等のために，十分な反応が得られない恐れがある．あくまでも被検者のために役立つ情報を得るためのテストであることを事前に十分に伝えて，協力的に受験してもらえるように努めねばならない．

　犯罪者や非行少年はややもするとテストを早く切り上げてその場を逃れようとしやすいので，最初の図版あたりで，時間をかけて反応させて「ゆっくり，じっくり取り組む」といった姿勢を植えつけることが大切である．

　一方，新奇な刺激にさらされることによって，犯罪者や非行少年に多い過去のいじめなど不快な体験等がよみがえって心身の状態が悪化する侵襲にも十分注意する必要がある．

　精神鑑定では，通常，精神科医からの依頼でロ・テストを実施することになる．ロ・テストは本来，精神障害の病態やその深刻さを明らかにするのに有力なテストであるだけに頼りにされることが多いが，これに応えるためには担当者は精神医学関連の最低限の知識や用語等を心得ている必要がある．

　この領域での特殊なことに詐病がある．これについての研究や知見はごく少ない．「罪を免れようとして重い精神病であることを装うべくめちゃくちゃな反応

をしても形態水準だけはあまり下らない」といった研究結果も報告されているが，事はそれほど簡単であるとはいえないので慎重な対応が求められる．
●**テスト結果の解釈で留意すること**　ロ・テストでの反応は，いうまでもなく，一般の行動と同様，社会的・心理的・（精神）生理的の3次元の要因によって規定されるはずである．そして，反あるいは非社会性が問題となる犯罪者や非行少年の場合，社会的要因によって規定されやすいM，FC，人間関連反応，P反応等に注目するのは当然である．

一方，最近では，神経生理学的な要因が関与しているとされる自閉症スペクトラム障害（autism spectrum disorder：ASD）の事例が増加していて，査定や処遇の面で注目されている．ロ・テストでの反応は基本的に視知覚を介してのものであるために，この種の障害の査定には特に有効な手法であると考えられる．

犯罪者や非行少年について，「社会化されている人」「社会化されていない人」と分ける考え方がある．「反社会的行動をしてはいるが，人格に焦点をあててみれば，一部に，社会化されている，いわば健常者が含まれている」という見方である．具体的には不良集団のメンバーや往年の学生運動で検挙された人の中にはロ・テストでもほぼ健常な反応を出すことが知られている．つまりロ・テストでは，人の価値観や形而上的主義主張の部分は検出されにくいということであり，留意が必要である．
●**一般的な反応特徴について**　犯罪者や非行少年のロールシャッハ反応の一般的な特徴としてこれまで指摘されていることをあげると，①平凡反応（健常者が通常多く出す反応）がやや少ないものの反応総数がやや少ないために，その比率は高い．総じて個性的で自我関与の強い反応は少なく，どちらかというと安易で平板な反応が多い．②体験型でいうと両(共)貧型に傾いており，精神活動が全般的に低調・不活発である．③運動反応では動物運動反応が，彩色反応では色彩優位の彩色形態反応が相対的に多くて，未熟で自己中心的な行動傾向や感情生活が示唆される．④材質反応や通景反応等細やかな心の動きを反映するものが少ない．⑤人間関連反応が少なく動物，植物，事物等の反応が多い等である．もちろんこうした特徴の一部は，犯罪者や非行少年が既に犯罪や非行等の世間から非難されるような行為をしてしまった後であること，そして施設等の特殊な場所に拘禁されていること，目の前に，いわば自分の運命が決められるはずの裁判等が控えていること等が影響しやすいことは否定できない（ただし最近では，さきにも少し触れたとおり，このような比較的典型的な反応特徴を示す者の割合が減っているといわれている）．

犯罪者や非行少年の場合，おかれている立場，状況のせいで，あるいは，一般に人格の分化・発達の水準が低い人が多いことから，ロ・テストでの反応数が少なく質的にも貧弱であることが多い．そのため，出ている反応とともに，（通常

多くの人が出す反応であるのに），「出ていない」反応にも十分注意せねばならないことになる．

●**個別的な反応特徴について**　①一般に，落着きのなさや耐性の乏しさが，図版の裏を見ることや図版をひっきりなしに回すことに反映される．権威との特別な関係に置かれていることによるとみられるユニークな行動として，一つは図版を渡すとすぐにいったん逆にすることがある．それはまるで儀式でもしている印象を与え，「お前の言うとおりにはしないぞ」といった気持ちを表しているように感じられる．もう一つは，権威図版といわれるⅣ図版の扱い方である．それまで回転しなかったのに，このⅣ図版から回転し始めるとか，認知した人物等を向こうに倒したり，後ろ向きにしたりすることである．これらの反応は，被検者の権威に対する回避や抵抗を，目の前のテスターに対して示しているものとみられる．

②Ⅷ～Ⅹ図版での反応数が多いにもかかわらず，色彩を加味した反応が皆無に近いことがよくある．察するにこれは情緒の分化や感情生活の豊かさではなく，目を引きやすい色彩に刺激されて精神活動が賦活され，ブロットが細かく分割されていて反応が容易であることを反映しているにすぎず，気移りや落着きのなさを示唆していることが多い．特に反応の領域が寒色よりは暖色に偏っている場合等は，このことがいよいよはっきりわかる．

③例えばⅡ図やⅧ図で反応が円滑に出なかったり反応が乱れたりすると，カラー・ショックが生じたとみなされることが多い．しかしこの場合，強烈な有彩色の出現による感情面への打撃もさることながら，課題解決つまり反応にあたって有彩色という要素が新たに加わったがために作業が滞るという可能性もある．つまり一口にカラー・ショックといっても，文字どおりカラーによるショックである場合と，単に作業が難しくなったための反応の遅れや乱れである場合，さらにはこの両方が作用している場合等を見分けることが重要である．

④暴行や傷害の事例のロ・テストでは，さぞや統制不良な彩色反応や攻撃的な反応が出るのではと思われるのだが，その予想が外れることが多い．プロトコルは両（共）貧型のそれであることが多い．おそらく，可塑性が乏しくて堅く，欲求不満事態や対人軋轢場面での対処のための選択肢が乏しいために，いわば破局的な反応・行動をしているものと理解される．

⑤FM∓とスコアされるような反応をいくつか出す事例がある．動物がエネルギッシュな運動をしているが，その形態がしかと把握されていない場合にFM∓ないしFM－とスコアされるが，この種の反応をたとえ１個でも出す事例では，いわゆる衝動的・強迫的な行動に走る傾向がよくみられ，「自分の知らないうちに手が万引きをしていた」等と供述したりもする．より衝動や行動に近いものを担っているとみられる動物運動反応で形態などの吟味や把握がほとんどなされていないということは，それだけ内に迫ってくる衝動や欲求が強烈で，自我の統制

が及ばないのだと考えられる．

⑥犯罪者や非行少年は「虫」と反応することがよくある．「虫」といえば，それ用の分厚い辞典さえあるほど広範囲のものを含んでいて，大きさ，形，色合い等の点できわめて多様である．したがって，犯罪者や非行少年は自由反応段階で対応・解決が困難になったとき等，ひとまず「虫」と答えておけば"当たらずとも遠からず"で，その場は何とかしのげる訳であり，まさに「玉虫色の」解決策になるものと考えられる．このことは，質問段階になって明細化を求められるとよりはっきりする．たいていの場合，すっきりした十分な説明ができないのである．「虫」反応のすべてがそうだという訳ではないが，犯罪者や非行少年の把握や吟味，対応の安易さが，全般的な形態水準の低さ等と並んで，このようなところにも表れやすいといえよう．

⑦「人間の顔」反応が周囲の世界に対する不安や過敏さを反映することは論理的にも実際的にもほぼ間違いない．それでは，これが人間ではなくて動物の顔であったらどうであろうか．どうやらそれは，犯罪者や非行少年なりの，つまりやや幼稚で皮相的なものながら，やはり不安や周囲の世界に対する過敏さ等を反映しているように思われる．

⑧犯罪者や非行少年は，図版の中に見る動物等について「変な」とか「今まで見たこともないような」等と形容することがよくある．こうした反応はもちろん，まずは周囲の世界に対する不安や異和感を反映するとみてよいであろうが，時に柔軟性や協調性の乏しさの表れであることがあるので注意したい．

⑨「火事」にまつわる反応は強烈で深刻な不適応状態を反映することが多く，周囲への強い不満や敵意等が解消されずにうっ屈している様子を思わせる．

　最後に，これは犯罪非行臨床の場合に限らないが，文章完成法（sentence completion test：SCT）との併用のことに触れておきたい．ロ・テストでは主として現時点での横断像（といってもかなり厚みのあるそれではあるが）が得られるのみで，因果の関係や具体的な作用因すなわち過去のあるいは直近の何がどのように作用・影響して現在のような状況を呈するに至っているのか，といった点を知ることは通常難しい．これらを特定するには，テスト・バッテリーの考え方からすれば，最もふさわしい組合せの相手はSCTであろう（☞「SCT」）．これはSCTが，投映法の性格を有していながら，その刺激語が多方面にわたって具体的な人物や事柄，出来事等を特定の文脈の中で想起させ表出させるように仕組まれているからであろう．

［上芝功博］

📖 **参考文献**

[1] Ganellen, R. J., Wasyliw, O. E. & Haywood, T. W. (1996) Can Psychosis Be Malingered on the Rorschach？：An Empirical study. *Journal of Personality Assessment,* 66(1) 65-80.
[2] 上芝功博 (2001)「非行臨床におけるロールシャッハ法」『ロールシャッハ法研究』5，81-87．

TAT

　TAT（Thematic Apperception Test：主題統覚検査）は1943年に米国ハーバード・サイコロジカル・クリニックのマレー（Murray, H. A.）とクリニックのスタッフによって31枚の完成版が解説書とともに発表されて以来，ロールシャッハ・テスト（☞「ロールシャッハ・テスト）と並ぶ投映法心理検査として，世界各国で利用されるようになっている．ちなみに，TATの誕生にはクリニック・スタッフの一人であったモルガン（Morgan, C.）の貢献が多大であったことが知られている．

　マレーはTATを第1系列と第2系列の2部構成としている．第1系列（#1～#10）は対人刺激が多く，被検者の人間関係への典型的な対応様式（認知面）が表れやすい点に特徴があり，第2系列（#11～#20）は非現実的，抽象的刺激で，被検者の深層心理にアプローチしやすいとされている．

　TATが精神科診断に資する情報を提出し得るかどうか研究された経過があるが，臨床的妥当性はともかくとして，診断用途に適するという結果は得られていない．ワイナーら（Weiner et al., 2008）も，TATは精神科診断に馴染まないとしている．

　TATは，日常生活がある程度維持できる人の抱える葛藤等を含めた何らかの不適応性について査定することに向いており，そこで真価を発揮する．一般の心理臨床領域では，クリニックに外来通院している軽度の人格障害や神経症水準にあるケースとか，大学等の学生相談のケース等となる．児童相談所や警察で心理担当者が相談活動に利用する例もある．

　TATが価値観や態度の歪みを検出し，なおかつ，精神的な破綻をきたさずに通常の生活を何らか維持できているケースに適用性が高いということは，非行者・犯罪者の鑑別・調査実務におけるTATの利用価値を示唆している．

●**TATの実施手続き**　使用枚数や実施するカード等の定めはない．実施時間がかかりすぎるとして，少ない枚数で効率よく情報収集することに検査者の関心は向きやすい．海外（主に北米）の報告によると，審判前の非行少年を対象とした文献での平均実施数は10.25枚であり，その他の文献でも8〜12枚という傾向がみられ，選択されるカードは前半カード（第1系列）に偏りやすいようである．

　一方，枚数を減らすことは，①あるカードでの仮説を似た刺激をもった他のカードで補強しにくくする，②#1から始めて#20で終わる20枚の大きな流れを構成することで生じる効果が損なわれる，等のデメリットが指摘される．この②の考え方は，マレー版の第1系列と第2系列の双方の特性を生かすとともに，#11を挟んで第1系列から第2系列へ移っていくことで被検者の語りが豊かになってい

くという効果が損なわれることを危惧しているということである．

　マレーが定めた性別や年齢によるカードの分け方はその後の研究によってそれほど有用でないとされ，対象者個々の内面にフィットする特性をもったカード選択が優先される傾向がある．したがって，各カードのもつ刺激特性を十分に把握しておくことが事前の準備として欠かせない．坪内（1984）には，坪内と安香による臨床・研究知見とともに，1940年代後半から1950年代の海外におけるTAT研究初期の代表的なものが整理されており，カードごとの刺激特性を学習するうえで好適である．

　教示，質疑の仕方，記録方法，座り方等も実務家・研究者によってさまざまであるが，それぞれのやり方がどういった考え方に基づき，どういった効果をもたらすものなのかを考え，その反応への影響を踏まえておく必要がある．検査場面にとどまらず，被検者の反応に影響を与えている文脈（context）の影響を多面的にとらえておくことも，TATの使用において特に重視されるようになっている．文脈とは，被検者が現在どういった立場に置かれていて必然的に何を気にしやすいかとか，検査の直前に情緒的にひどく動揺する出来事に見舞われていたとか，何らかの特別な文化的背景を背負っている等といったことである．

●**TATの解釈**　TATは被検者の「語り」からそのまま意味を汲み取れば被検者理解ができそうだと期待されやすいが，検査者の恣意的な反応抽出や主観的な意味づけを避けるためには，分析と解釈の手続きを踏むことが欠かせず，そこが初心者にとって壁になりやすい．ここでいう分析とは，ロー・データから情報を抽出・整理する作業をさし，解釈とは，反応特徴から導いた仮説を一人の人間のありようとして構造的に統合することととらえられる．

　TAT研究の初期に，シュナイドマン（Shneidman, 1951）が「John Doe（何某の意味）」というケースを用いて各研究者の分析法を分類したところ，①標準化法（標準化された資料と比較して数量化する），②主人公中心法（欲求–圧力分析等），③直観的方法（精神分析的連想による），④対人関係法（人物間の相互関係に注目する），⑤知覚法（形式分析），となったという．大まかには内容分析①〜④と形式分析⑤に分けられる．

　現代の内容分析の視点については，TATの利用が世界各国へ拡大していることから，各地の臨床心理学の発展に応じて多様になっている可能性がある．

　形式分析はいかに語ったか（語り方）をみるもので，ラパポート（Rapaport, D.）の一連の研究に代表される（1968）．分析にあたって，とかく「物語」の内容（何を語ったか）に検査者の関心は傾きやすいが，どのように語ったか（形式）の情報が伴わなければ内容も定かにならず，形式分析と内容分析の折衷が推奨される．

　藤田（2001）による情報分析枠（frame of information analysis：FIA）は，形式分析と内容分析の両方を一覧表にまとめており，常に全体を視野に入れて偏りや

取りこぼしなく情報を用いることができるメリットに加えて，どの情報をどう使って解釈へ至ったのか，視覚的に情報を共有しながら解釈に至る過程を示すことができ，判断の客観性が重視される司法査定領域で有用性が高い．

　分析作業では，各反応の重要性を見分けることが求められる．重要性を判断する基準の一つは，いわゆる標準反応からの逸脱の度合いである．標準反応からどれくらい逸脱した内容を語っているか，誰もが語る内容を語っていないかが，注目ポイントである．後者の場合，被検者が語ったことばかりでなく，語らなかったことが特別な意味をもつということに気をつける必要がある．

　何が標準反応になるのかについては，① 主に臨床知見に基づいて各研究者が報告している「図版特性」等を参考にすることと，② 健常群と病理群（精神科疾患のある者等）を対象に TAT を実施して集積されたデータを参考に判断することとなる．後者は，古くはイーロン（Eron, L. D.）が北米のデータを提出したが，それ以外にまとまったものは見当たらない．わが国においては，鈴木（1997）がマレー版 31 枚について，健常群（中学生男女，大学生男女，中年男女），病理群（神経症男女，精神病男女，シンナー乱用男子，アルコール依存症男子）の TAT データを整理し，反応分類ごとの出現頻度を示している．

　なお，標準反応からの逸脱度合いをもとに反応の重要度を考える際，標準反応には基準としての意味だけでなく，ロールシャッハ・テストの P 反応と同じような意味があることが見落とされやすいので注意が必要である．

　ワイナーら（2008）は，TAT において注目すべき反応の特徴として，① 繰り返し登場する，② 表現が激しい，③ 被検者独自の内容である，④ 標準反応から逸脱している，の四つをあげている．

　安香ら（1997）は，反応を重みづける際の着眼点として，当該反応が，①（系列の）最初の方のカードだけで生じた反応か，②（#11 を挟んで）前半カードで生じたのかそれとも後半カードか，③ どんな問題点を打診できるカードで生じた反応かを考えたうえで，同じ問題を打診できる他のカードでの特徴はどうか，④ その反応の直前のカードや直後のカードの物語の特徴はどうか等，系列の中で検討することを提案している．

　このように反応の特徴を分析したうえで，解釈をしていくということになる．

●**非行・犯罪臨床における TAT の有用性**　① 特異な犯行の心理理解ツールとして：わが国には非行・犯罪臨床に TAT を役立ててきた歴史がある．日本犯罪心理学会は，法務矯正・保護，家庭裁判所，警察，児童福祉機関等の職員が主な会員であり，非行・犯罪心理に関する代表的な学会に位置づけられる．その機関誌（『犯罪心理学研究』）では，第 1 巻（1963 年）から第 53 巻特別号（2016 年 3 月発行分）まで，TAT 関連の研究報告は 60 余の件数に上る．TAT の反応特徴から，特異な犯行の心理理解を試みるという研究スタイルが多く，罪種では殺人と性犯

罪（性非行）が取り上げられる傾向がある．また，攻撃性をテーマとし，犯行態様にみられる顕著な粗暴性とTAT反応での攻撃性の表れ方との対応をみようとするものも少なくない．

投映法の国際学会（International Society of the Rorschach and Projective Methods：ISR, The Society for Personality Assessment：SPA）の機関誌や大会では，性的問題（小児性愛，性的サディズム）を対象にしたTATの研究報告をしばしばみかける．

② 処遇における活用：投映法の国際学会において，投映法心理検査の今後の活用可能性が議論される中で，検査結果から処遇指針を立てて関係者へのコンサルテーションへつなげることと，処遇効果（変化・成長）の査定に利用することが注目されている．

TATの解釈において，例えば，自我心理学や対象関係理論といった精神分析理論によって立てば，被検者の自我機能と対象関係の発達に関する見立てができ，被検者の強みと弱みが明らかになって，そこから処遇の手がかりも得られることになる．認知行動療法の視点でTATの反応特徴をとらえた場合，問題解決，自己や他者，過去や未来，世界観等，被検者の認知の歪みの所在がわかり，それがそのまま処遇ターゲットとなる．

心理療法におけるTATの利用法としては，山本（1992）の「フィードバックTAT」がわが国では馴染みが深い．世界的には，フィン（Finn, 2007）による治療的アセスメント（therapeutic assessment：TA）というフィードバック技法が北米で登場して以来，ヨーロッパやアジア諸国に急速に広まっている．フィンによれば，TATは被検者が見ている世界を検査者が共有しやすく，その点でフィードバックに適するツールとのことである．

●**TATの最新事情**　北米ではジェンキンス（Jenkins, S. E.）により，TAT反応をスコア化しつつ個性を記述する方法の模索が行われている（2008）．スタインら（Stein et al., 2011）は，SCORS-G（social cognition and objective relations scale-global rating method）を開発している（表1）．EBP（evidence-based practice）重視の流れの中で，TATの強みを生かすべく，分析解釈法の模索が続けられている．

表1　SCORS-G（Stein et al., 2011 より作成）

Complexity 尺度	人々の表象の複雑さ
Affect 尺度	表象の情緒特性
Relationships 尺度	対人関係への感情投入
Morals 尺度	望ましさと道徳規範への感情投入
Causality 尺度	社会的因果性の理解
Aggression 尺度	攻撃衝動の体験と処理
Self-esteem 尺度	自分自身に与えている評価
Identity 尺度	自己同一性と自己凝集性

［外川江美］

📖 **参考文献**
[1] 坪内順子(1984)『TATアナリシス―生きた人格診断』垣内出版．
[2] 鈴木睦夫(1997)『TATの世界―物語分析の実際』誠信書房．

SCT

　SCT（sentence completion test：文章完成法）は，提示される刺激語の非特定性や反応の自由度の高さから，分類上は投映法に属するが，他方，被検者の意識レベルにある態度・感情・欲求等が比較的率直に表現されやすく，質問紙法の特徴も兼ね備えたテストであるとされる．したがって，得られた情報は，形式面から内容面にわたって広範囲に分析・解釈することができ，被検者の人格を広くトータルにとらえるのに適している．また，実施に要する時間や費用があまりかからず，集団での実施も可能である等，経済性，利便性にも優れている．このため，犯罪非行臨床場面においては，主に集団方式のテスト・バッテリーとして重宝されており，スクリーニング的に被検者の問題の所在を概括的に把握したうえで，さらに特定の側面について分析する方法をとることが多い．

●**代表的な SCT**　近年の SCT 研究として，構成的文章完成法（K-SCT）（片口ら，1989），阪大式 SCT（村瀬，1992），SCT-B（小林，2007）等があるが，本項では，わが国における代表的な SCT である精研式文章完成法テスト（精研式 SCT）（佐野ら，1960）および矯正施設向けに開発された法務省式文章完成法（MJSCT）（法務省矯正局，1965）を取り上げる（表 1）．

表 1　精研式 SCT と MJSCT

	精研式 SCT	MJSCT
開発年	1960 年	1965 年
主な活用領域	産業・臨床・教育	犯罪非行臨床
種類・形式	小学生用 Part Ⅰ・Part Ⅱ 中学生用 Part Ⅰ・Part Ⅱ 成人用 Part Ⅰ・Part Ⅱ	少年用第 1 形式・第 2 形式 青年用第 1 形式・第 2 形式 成人用第 1 形式・第 2 形式
刺激語	小学生・中学生用は各 Part 25 語 成人用は各 Part 30 語	各形式とも 30 語
把握できるとされる人格の側面	① 環境・生育史 ② 身体 ③ 知的能力 ④ 性格・心の安定性 ⑤ 指向・意欲・興味・関心・態度・人生観	① 知的能力的側面 ② 情緒的側面 ③ 適応機制 ④ 対人態度 ⑤ 価値観

●**解釈のプロセス**　SCT は，スコアリング等の手間をかけなくても，ある程度の解釈ができる点に大きな特長がある．習熟してくると，ひととおり目を通しただけで基本的な人格構造を把握することも可能となる．

図1　解釈のステップ

　一般的には，まず一読して全般的なイメージをつかむことから始める（図1）．丁寧か粗雑か，明るいか暗いか，率直か防衛的か等，全体から受ける第一印象をとらえる．収容施設で実施する場合は，拘禁下にあることが反応に及ぼす影響について特に留意する必要がある．
　次に，形式分析のステップに移る．着眼点は，①反応の数量に関するもの（無回答や反応失敗の数，反応量の多寡，反応量の変化等），②文字に関するもの（文字の大きさ・くせ，読みやすさ，筆圧の強弱等），③表記に関するもの（漢字の使用量，誤字・脱字の有無，文法上の誤り等），④文章表現に関するもの（文章表現力，隠語や流行語の使用，書き直しの有無等）等，実に多種多彩であり，これらの特徴をざっととらえるだけで，知能，学力，常識，活動性，意欲，検査への構え等について相当の知見を得ることができる．時に刺激語との間隔が大きく空いた反応に出会うことがあるが，これが検査への防衛的な構えや固執性を示すサインであることも少なくない．
　内容分析は，反応内容の検討を行うステップである．個々の反応に着目しつつも，一般的には，刺激語のカテゴリーごとに共通する傾向を探っていく．精研式SCTでは，環境（社会・家庭），身体，能力，性格（気質，力動），指向の5カテゴリー，MJSCTでは，人間関係，自己像，生活，事物・事象，非行・拘禁の5カテゴリーごとに特徴をまとめることが効果的であるとされている．
　なお，反応内容が一般的であるか特異であるかをみることは，テスト整理の定石である．MJSCTにおいては，開発当時，刺激語ごとに一般生徒群，少年鑑別所群，少年院群別に反応内容の出現頻度を示した分析コード表が作成されている他，最近のデータをサンプルとするデータ・ベース化が試みられる等，反応内容の詳細な検討に資する取組みがなされている．
　以上の分析から得られた所見を踏まえ，統合的な解釈を行う．他の心理テスト所見やみずからの臨床経験と照合しながら矛盾のない解釈を導き出していくこととなる．SCTは，情報量が多く多様な解釈が可能なテストであることから，さらに深層的な解釈を試みることもできるが，投映法テストの中でも比較的表層の部分をターゲットにしていることを念頭に置いて行う必要がある．
●**展望**　SCTは，犯罪非行臨床の分野で相当の蓄積があり，今後もテスト・バッテリーにおける重要な地位を占めることはいうまでもない．さらに，最近では，少年院等の処遇場面において，対象者の変化を探る目的で使用される機会が増えている他，再入者の特性把握に活用される等（大川ら，2000），処遇効果の測定に資するツールの一つとして発展することが期待される．

［後藤雅彦］

内田・クレペリン精神作業検査

　内田・クレペリン精神作業検査（UK法）と反社会的行動の関係については，すでに1937年から内田勇三郎らによる研究がある．「放逸興奮性性格」と診断された非行少年に，激しい動揺と誤答多発を伴う上昇型が多いという知見を得たことが，反社会的行動に関する曲線研究の始まりといえる．

　その後，矯正領域では，非行との関係，性格や知能検査との関係，自動車運転事故者の特性等について曲線研究が行われた．また，脳波との関連として，曲線に陥没のある非行少年に，SKG（strain kymo graph）を利用して作業中の運筆を記録しながら脳波測定を行ったところ，発作波が出現して，数秒間作業が中断された結果，曲線に陥没が生じる事例のあることが報告されている（石原, 1968）．

●**判定法**　大きく分けて，定型からの偏りの程度を判定し，符号化する曲線類型判定（図1）と，曲線の細かい動きから性格特徴を読み取る方法の二つがある．

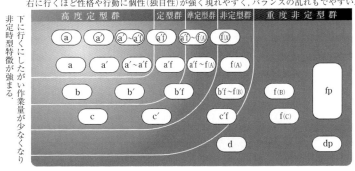

図1　5群別の曲線類型（日本・精神技術研究所, 2005）

　図1に判定符号をあてはめれば，どの程度健常者集団で見られる定型特徴が失われ，問題者集団に出やすい非定型性特徴が強まっているかを知ることができるが，それだけで終ったものとせず，曲線を深く読むことによって臨床場面に役立てることができる．通常は，面接等の臨床所見と合わせて解釈する．

　そのための代表的な理論・方法として，①10類型の人柄および精神健康度という二つの視点から判読する人柄類型判定法，②始動・触発性および可変性，亢進・耐抗性という概念を用いて判読する力動特性判定法があげられる．

●**UK法で何がわかるのか**　UK法は，曲線の示す性格特徴が，どのようなかたちで対象者の問題として現れているかを考察するためのヒントを提供する．人柄

類型判定法を参考にし，曲線型の例をいくつかあげる．①動揺範囲が広く，ごつごつした凸凹が不規則に連なる曲線型：強気な行動力や，激しく表現される感情等の特徴を示す．精力的に社会的活動をする人にもこの曲線型がみられるが，犯罪臨床では，無軌道や荒っぽい行動傾向としてみられることが多い．②動揺と初頭が大きめの下降型：気軽な行動や，あっさりした人柄が特徴とされる．人付き合いの広い社交的な学生と，雷同的に非行に走る少年が同じ曲線型であったりする．後者は，同調性や行動の軽さが集団非行として現れることが多い．③後期中高型：地道で粘り強い生真面目な人にみられるが，犯罪臨床では，融通のなさが認められることが多く，初頭や動揺が乏しいと，感情が内にこもる傾向を示す．④固い動きの平坦型：固執傾向を示し，几帳面な人にみられるが，犯罪臨床では，過度の固執性が問題として認められることが多い．

上昇型は，矯正施設において，処遇の難しい累入者が多いことから注目されてきた曲線型であり，非協調・外罰・攻撃が特徴としてみられる．なお，UK法の研究史をたどると，激しい動揺と誤答多発を伴う上昇型は時代とともに減少している．

作業量と知能指数の間には，ある程度の相関が認められるが，むしろ，両者が釣り合わない場合にこそUK法利用の意義がある．例えば，知能指数に比して作業量が少ない場合，資質上の問題が大きいことを疑える．

●**曲線は変わるか変わらないか**　累入受刑者における継続検査の結果をみると（UK法が多くの矯正施設で利用されていた頃は，累入受刑者の半生にわたる検査結果を観察できた），長い年月を経ても，曲線が似寄りのかたちを保ち続ける事例が少なくない．具体的にイメージできるよう図例を示す（図2）．

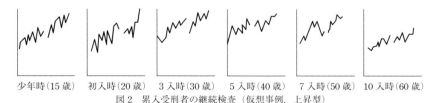

少年時(15歳)　初入時(20歳)　3入時(30歳)　5入時(40歳)　7入時(50歳)　10入時(60歳)
図2　累入受刑者の継続検査（仮想事例，上昇型）

顕著な変化を示す例としては，平坦化・中高傾向の増強・作業量の著しい増減・深い陥没の出現・誤答の多発・非定型への崩れ等さまざまである．傾向不定を特徴とする自己顕示型の曲線は，継続検査で確認できることが多い．変化も不変化も，それぞれ意味があるものとしてとらえることができる．　　　　　　　　　　［中野　實］

📖 **参考文献**
[1] 小林晃夫(1970)『人間の理解―内田クレペリン精神検査法による』東京心理技術研究会．
[2] 外岡豊彦(1978)『内田・クレペリン曲線 臨床詳解』論講篇，図例篇，清水弘文堂．

ソンディ・テスト

　ソンディ・テスト（Szondi test）の解釈は，ソンディ（Szondi, L.）が1947年に発表した衝動病理学理論に基づいている．48枚の人物顔写真の好き嫌い選択で，深層心理の的確な把握ができ，精神医療領域だけでなく，心理相談や犯罪非行分野等での活用領域は広い．

表1　ソンディ・テストにおける4衝動8因子とその意義（大塚, 1993 より作成）

ベクター 衝動	S		P		Sch		C	
	性衝動		感情・発作衝動		自我衝動		接触衝動	
ファクター 因子	h	s	e	hy	k	p	d	m
	母性	父性	倫理性	表現性	収縮	膨張	新奇探索	依存
性格傾向	暖かさ 優しさ	冷たさ 支配的	良心的 寛大	顕示的 露出的	内向性 自閉性	情熱的 権力的	好奇心 価値追求	依存・甘え 口唇愛
社会的プラス面（職業等）	サービス業 理美容師 販売員	外科・歯科医 ボクサー レスラー	電車運転手 飛行士 消防士	俳優 モデル業 芸能家	プログラマー 数学物理 経理哲学	精神病理学者 新興宗教家 発明家	金融業 骨董古物収集 染色業	飲食業 調理コック 吹奏演奏家
社会的マイナス面（疾患・犯罪・自殺）	同性愛 売春・詐欺師 無理心中 情愛色情	加虐愛 強盗殺人 銃刃物による自殺	てんかん 放火狂 激情殺人	身体表現疾患 恐怖症 詐欺師	緊張型 窃盗 放浪徘徊 自閉状態	妄想型 カルト宗教 政治犯 誇大高慢	抑うつ 古美術窃盗 逃避厭世自殺	軽そう アルコール・ギャンブル依存

●**実施方法**　人物顔写真の好き嫌い選択という言語反応を媒介としない手法のために，言葉による意志疎通に障害がある状況でも問題なく活用できる．24時間以上の間隔を置いて施行を繰り返し，全10回施行して得た反応をもとに，被検者が抑圧している深層衝動を明らかにする．1回の施行は，人物顔写真48枚の好き嫌い選択をするだけなので，10分以内に終了する．1回法でも衝動分析ができる．いわゆる侵襲性も低く，適応年齢も3，4歳以上と，幅広い年齢層に活用が可能であり，臨床場面でソンディ・テストほど用いやすい査定技法はないといってもよい．ロールシャッハ法（☞「ロールシャッハ・テスト」）等と違って，連日のテスト施行で前回との比較が容易なことも有用性を増すことにつながっている．表1により反応解釈する．

●**非行少年のソンディ・テスト事例**　表2は17歳男子で単独の強姦事件を起こした少年に実施したソンディ・テスト結果である．顔見知りの女の子に，「友だちから渡すように頼まれている物がある」と言って自宅に連れ込んで，いきなり押さえ込んでいる．あらかじめ準備しておいたガムテープで口を塞いで強姦しよ

表2 強姦事件少年のソンディ・テスト（1回法）

強姦事件事例 男子17歳	S		P		Sch		C	
	h	s	e	hy	k	p	d	m
前景像 VGP	+	0	±	−	−	+!!	−	0
理論的補償像 ThKP	−	±	0	+	+	−!!	+	±
実験的補償像 EKP	+		φ		0	φ	−	+
VGP=EKP	h+			hy−			d−	
ThKP=EKP			e φ					
新定位		s−			k0	p φ		m+

うとしたが，相手の強い反撃にあって揉み合っているうちに未遂に終わっている．
　両親は少年が幼いときに離婚し，その後再婚して異父妹が生まれたが，間もなく再度離婚（少年14歳時）している．少年の性的初体験の相手は同級生で，彼女から誘われたからという．母親には交際中の男性がいて，週2〜3回家に泊まりに来るという．少年はそれを嫌っているが，母親には何も言えない状況にあった．今回の事件は，こうした状況下での事件であった．
　テスト時は落着きに欠けた，おどおどした態度であった．不安が強く，そのために逆に強がった格好をとった虚勢を張った態度をとっている様子が観察された．

●**テスト解釈**　このテスト反応からは，①辺縁群（S・Cベクター）では，幼稚（S+0）で，おとなしくて，消極的（S+− EKP）ではある．また依存的（C−0，−+ VGP，EKP）で，変化を積極的に求めることのない（d− VGP＝EKP），社会的に平凡なタイプであり，②前景像VGPの中核群（P・Schベクター）には，小心で心気症的反応（P±−，Sch−+）が出現している．③そうしたおとなしい反応の中にも負けず嫌いで，自我肥大反応（p+!!）も出現していて，単純なおとなしさだけではない，わがままさももっていることを意味している．④しかし幼稚で子どもっぽい要素から，こうした強がりな態度（p+!!）も，虚勢と考えられる．⑤人間関係も柔軟さが欠けており（d−），融通がなく，機転も利かないで（S+0），気持ちのゆとりのない状態でいることがうかがえる．⑥母性性への甘えや依存的欲求がみられる（S+0，C−0）が，強い攻撃的な男性性は出現しておらず，どちらかといえば女性的反応である．一方強い自我肥大傾向（p+!!）があるが，感情Pベクターは，内面の感情を思いのままに出すことができずにもどかしさを感じてイライラしていて，気分的にすっきりしない状況にある（P±−）．

［奥野哲也］

📖 **参考文献**
[1] 奥野哲也監修（2004）『ソンディ・テスト入門』ナカニシヤ出版．
[2] Szondi, L.（1947）*Experimentelle Triebdiagnostik*, Haus Huber.（ソンディ, L. 著，佐竹隆三訳（1964）『実験衝動診断法―ソンディ・テスト』日本出版貿易）

P-F スタディ

　P-Fスタディ（Picture-Frustration Study）は，ローゼンツァイク（Rosenzweig, S.）によって発表された投映法性格検査である．24場面の日常的な対人関係の中で生じる欲求不満に対する被検者の反応を，11の因子に分類することで，攻撃性や欲求不満耐性，社会適応性等を分析するものである（表1）．日本においては，1956年に児童用が出版されたのをはじめ（2007年改訂），成人用（1957），青年用（1987）が標準化されている．欲求不満に対する反応をとらえるテストとして独自性を保っていること，投映法の中では最も標準化が行われていること等から，攻撃性や欲求不満等に関する人格研究の手段として，また非行・犯罪領域における人格査定手段として広く用いられている．

表1　アグレッションの方向と型の関係（秦，2007より作成）

		アグレッションの型			方向間の関係
		障害-優位(O-D) Obstacle-Dominance	自我-防衛(E-D) Ego(Etho)-Defense	欲求-固執(N-P) Need-Persistence	
アグレッションの方向	他責(E-A) Extraggressioin	他責逡巡反応(E') Extrapeditive	他罰反応(E, E) Extrapunitive	他責固執反応(e) Extrapersistive	攻撃 ↑
	自責(I-A) Intraggression	自責逡巡反応(I') Intropeditive	自罰反応(I, I) Intropunitive	自責固執反応(i) Intropersistive	↓ 非攻撃
	無責(M-A) Imaggression	無責逡巡反応(M') Impeditive	無罰反応(M) Impunitive	無責固執反応(m) Impersistive	
型間の関係		問題非解決 ←	（破壊的） → （建設的） 問題解決		

●**非行・犯罪領域での活用**　P-Fスタディは，実際の欲求不満場面を想定して反応させることで，非行少年や犯罪者たちがそれをどのように認知し対処しているのかについて自然なかたちで観察し，欲求不満の表出方法の癖を読み解くことができる．そうした点が，彼らが社会不適応状況に陥る過程や改善に向けて援助すべきポイントを明確にすることが求められる非行・犯罪領域のニーズに合致し，広く活用されている．また，幼児から成人まで適用年齢の範囲が広く，テスト図版が漫画風で，年少児でも興味をもって応じやすく回答方法も直観的に理解しやすいこと，20分程度と比較的短時間で実施できること等も，短期間での鑑別や問題査定に活用できる大きな利点である．

●**矯正・刑事施設における処遇プログラムの効果検証としての活用**　P-Fスタディは人格の全体像を把握するというよりは，欲求不満への反応傾向という人格

の一側面を理解しようとする意味合いが強い．だからこそ単なる攻撃性の有無の指摘にとどまらず，欲求不満をどのように受け止めどのように対処しているのかという対象者のあり方や，改善のための方向づけを具体的にみることができる．こうした特徴を活かし，問題対処スキルを向上させるようなカウンセリングや改善プログラムといった被検者への関わりに対する効果検証に用いられることも多い．例えば，刑事施設における境界知能の者を対象としたアンガーマネジメントの効果検証では，プログラム受講により，他責逡巡反応（E'）と他罰反応（E）が減少し，自罰反応（I）と無罰反応（M）が増加し，施設内でも直接的な暴力や暴言を回避しようとする姿勢や生活状況の安定が観察されている（高野ら，2013）．

●**非行少年・犯罪者の反応特徴** P-Fスタディの結果は，①集団順応度（group conformity rating：GCR），②各スコアリング因子の出現率，③主要反応，④超自我因子，⑤反応転移，⑥結合スコア，⑦内容分析等から総合的に解釈される．

　非行少年や犯罪者の反応には，標準に比較してGCRが低く，他罰反応（E）が高くなる傾向がある．また，テストの前半と後半での反応の違いから被検者の心理的な構えの変化をみる反応転移では，前半で他罰反応（E）を，後半に自罰反応（I）または無罰反応（M）を多く出すことがあるといわれている．これは，検査の途中で，他罰的な反応ばかりすると悪いように評価されるのではないかと気になり，意識的に自罰または無罰反応をするようになった，あるいは，表面的には粗野で攻撃的な態度をとりつつも内面の気弱さや自信のなさを抱えているケースと考えることができる．

　テストの前半に救援や依存の欲求に関するe反応を多く出し，後半には減少もしくは消失して無責の反応（M-A）に転移することも，非行少年に現れやすい特徴である．受容的・保護的な関わりが乏しい環境に置かれている可能性が考えられ，助けてもらいたいという気持ちを強く抱えながらも，それを素直に表明することへのためらいが影響していると推察される．内面の葛藤の強さは，異方向の結合スコアが多い場合にも指摘できる．

　以上のような特徴を踏まえつつも，一つの因子の出現率が高いからこういう特徴があるという性急な判断は避け，各因子や値との関連をみることが大切である．他責傾向に限らず，自責・無責傾向であってもいずれかに偏った反応しかできないことは，欲求不満場面で柔軟で成熟した対応が難しく，社会生活場面での生きにくさにつながっている．抑うつ傾向の高い児童や精神的に未熟な者，自己愛の屈折した者は，他責反応（E-A）が多くなるうえ，直接相手を強く攻撃するような他罰反応（E）を示しやすいことも指摘されており，他責反応の高さの背景にある問題の本質に目を向けることが重要である．

［小林陽子］

参考文献
[1] 林 勝造（2007）『P-Fスタディ解説—基本の手引き』2006年版，三京房．

バウムテスト

　バウムテスト（Baum test）は樹木画による投映法性格検査の一つで，現在わが国の投映検査としてはロールシャッハ・テスト，TAT（主題統覚検査）と並び最も頻繁に用いられている．

●**バウムテストの歴史**　木を描くことで被検者の心理を分析する試みは，19世紀から行われていた．バウムテストに関する画期的な体系的研究論文が2本，1934年に発表されている（Hurlock et al., ; Schliebe）．しかし今日のバウムテスト研究の基礎を築いたのはコッホ（Koch, 1949）である．彼の著作によれば「樹木画を心理検査として用いることを考えついたのは，チューリッヒで職業カウンセラーをしていたユッカー（Jucker, É）である．彼は1928年頃からこのテストを使ってきた」とあり，コッホはそれを受け継いだと述べている．わが国への導入は同書の英語版（Koch, 1952）からの翻訳『バウムテスト―樹木画による人格診断法』（1970）からで誤りが多いものだった．コッホの著作の完成版が翻訳されたのは2010年になってからである（岸本ら, 2010『バウムテスト 第3版（*Der Baum test. 3. Auflage*）』）．その間，フランスのストラ（Stora, 1975）やカスティーラ（de Castilla, 1995），米国のボーランダー（Bolander, 1977）等の著作が翻訳されていき，読み方も象徴解釈からサインによる解釈へ徐々に移っている．

●**実施方法と作業仮説**　2B〜4Bの鉛筆とA4のコピー用紙を用意する．教示は研究者によってさまざまであるが，「木を描いてください」と被検者に伝える．1枚の描画で終了する1枚法，さらに続けて描画をしてもらう2枚法や3枚法などの連続描画法がある．読み方は五つの作業仮説に基づいて行う．①形態，②象徴（木，陰影，風景，付属物等），③描線（筆跡学的知見），④空間図式（大きさ，位置，はみ出し），⑤特殊サイン（擬人型，ウロ，性的表現）である．形態では「木に見えるか，見えないか」から木の構造を検討し，木に見えなければ現実との接触不良で精神病状態や薬物依存状態が考えられる．

　バウムテストは「木が象徴する心的自己」である．根は本能領域であり自我の従属性を表現している．地面は拠り所となる場所を示し，幹は自我の能力を表している．樹冠は人格の広がりを示し，樹冠部と幹の接合部は思春期以降の精神的発展における核である．統合失調症等の精神病を発病する人は，この接合部に歪みや断裂が認められる．陰影は不安，悲しみ，罪責感である．樹冠の中に黒い丸の陰影が描かれた場合には，「満たされない愛情」のサインであり，被虐待体験のある被検者にしばしばみられる．

　描線の解釈は筆跡学的知識が必要となる．何種類の描線が使われているかを検

討し，破線，揺れる描線等は神経過敏を示している．空間図式では木の大きさ，位置，はみ出しによってそれぞれの意味がある．木が上方に位置している場合には反抗的態度をうかがわせる．左上方に小さな木が描かれている場合には引きこもり傾向を表している．特殊サインの擬人型は木が人のように描かれている場合であり，「父親的なイメージを恐れる」サインであり，小学高学年の女子，父親との葛藤がみられる男子が描く．ウロは幹に描かれた傷跡であり，何らかの外傷体験を示し，ビトゲンシュタイン指数から，その時期を特定できる．性的表現については，男根的幹とよばれるように幹をペニス，樹冠部をバギナに見立てることができる描画も少なくない．特に小学校高学年から中学生の描画では性的表現が多く，葉を女性性器のように描き性自認が表現される．

● バウムテストからわかること　ババッソーリ（Vavassori, 2002）は，バウムテストの心理学的所見は，①感情・情緒領域，②社会的領域，③知的領域について得られるとしている．より具体的には，①精神の成熟度（知的，情緒的）：バウムテストは発達指標として使われ，未成熟，知的障害が推測される．②個人の態度：対人関係，自己と環境に対する感情，将来に対する思い，③生活内容：父母に対する関係，心的外傷（過去の出来事に対する），性的関係，④性格傾向：内向‒外向，抑うつ傾向，神経質，攻撃性，衝動性，不安，⑤問題行動や精神疾患との関連：性的問題，薬物依存，アルコール依存，神経症，精神病等の患者が示す特徴的なサインである．しかし，バウムテストで診断はつけられないことが多く，補助診断にとどまる．非行・犯罪者にみられるバウムテストの特徴等を列挙してみる．3枚法で描画してもらうと，木の大きさが1枚目が大きく2枚目になると小さくなる事例が多い．1枚目は周囲に見せる自画像であり，2枚目は内的自己像である．非行少年では初対面等ではとりあえず突っ張ってみせる．しかし内心は気が弱いといった性格特性は連続描画の変化から確認できる．3枚目は「夢の木」であるが，現在の辛さや耐えている姿が表現される．

現実に適応できていない非行・犯罪者では夢や希望がそのまま「夢の木」に描かれることは少ない．暴力的な被検者の衝動性，攻撃性は枝先，大きな根，樹冠内部に入り込んだ幹等で表現される．幹の輪郭線が左右で異なるとき，例えば右側が濃く陰影が施されている場合は，金銭的に不如意を示し，窃盗犯，売春等の女性にみられる．「金のなる木」は付和雷同（ぱしり）のサインであり，従犯であることが多い．性犯罪者のサインは特殊サインの性的表現から読み取ることができ，木の付属物として水のイメージ，例えば描画に池や川が描かれている場合には薬物乱用の可能性を考慮する必要がある．

[阿部惠一郎]

参考文献
[1] 阿部惠一郎(2013)『バウムテストの読み方―象徴から記号へ』金剛出版．
[2] ストラ, R. 著，阿部惠一郎訳(2011)『バウムテスト研究』みすず書房．

HTP

　HTP（House-Tree-Person Technique）は，バック（Buck, 1948）が考案した課題描画法の一種であり，用紙3枚に家屋・樹木・人物を描かせ，その後64項目の質問を行って（PDI：描画後質問），被検者の人格を多様な面から把握しようとするものである．投映法に分類されるが，他の投映法に比べると，積極的に反応を構成していくことが必要であり，反応の表出過程を重視することに特徴がある（Hammer, 1958）．また，バックはこの方法を成人の知能検査としても活用しようとして，描画時間や描画の特徴を得点化して数量的標準化を試みている．

　日本の非行・犯罪臨床では1960年代半ばからHTPに関する研究がみられ，高橋（1967）がバックのHTPにマッコーバー（Machover, 1949）の人物画の方法を取り入れた方法を考案し，非行少年の例も紹介している．高橋の方法は，B5の白紙を4枚用意し，1枚ずつに家，木，人の絵を描くように教示し，最後の1枚に最初に描いた人物と異なる性の人物を描かせるものである（HTPPテスト）．

　一方，精神科領域においては，1970年代から1枚の用紙に複数の課題を描かせる方法が用いられており，三上（1995）がA4用紙1枚に家と木と人を描かせる統合型（synthetic）HTP法（図1）について，それまでの研究をまとめて発表した．この統合型HTP法は，全体的印象の分析に新たな観点が加わったことによって，1枚の描画からより多くの解釈の手がかりを得ることができるうえ，描画が1枚ですむことによる被検者の心理的負担の軽さや，拒否されにくさが利点となって，非行・犯罪臨床でも用いられるようになっていった．

図1　統合型HTPの例

●**HTPの解釈**　HTPの解釈では，まず描画を全体的に見た印象が全体的評価として重視される．この全体的評価は比較的変動が少なく，意図的な操作がされにくいといわれている．次に，描画のサイズや用紙上の位置，描線や筆圧等，描画がどのように描かれているのかといった形式的側面，さらに家・木・人の細部の

特徴等内容的側面を押さえて，総合的に分析する．統合型 HTP では，これに統合性，遠近感，家と木と人の相互関係等を加えて解釈を行うが，これらには，自己と外界，意識と無意識等の関係性が投映されやすい（三上，1995）．

1枚の描画には人格のさまざまな側面が投映されるが，一般的に課題の「家」は家庭生活や家庭内の人間関係，「木」が無意識的な自己像や自己への感情，「人」が意識に近い部分での自己像や環境との関わり方を表すとされている．また，「木」には人格の最も深い水準が投映され，比較的表層の意識に近い水準が「人」に，その中間に「家」があるとされている（Hammer, 1958）．

● **非行・犯罪臨床における HTP の活用**　描画テストは他の投映法に比べて手軽に実施でき，一見しただけで多くの情報が得られることから，スクリーニングに用いられやすい．また，描画をそのまま直接的な資料として残すことができる点も，非行・犯罪臨床において広く活用されている理由の一つであろう．

高橋（1967；1974）は，描画によって精神的な成熟度を知ることができること，言葉で適切に表現できない感情や思考を描画の中で象徴的に表現できること，言葉での表現がはばかられるような敵意や性的内容が描画では偽装されて表現され，それをとらえることによって，人格のより深い面を理解できることを指摘している．非行・犯罪臨床では言語表現力に問題をもつ対象者が少なくないが，言語を必要としない描画法，その中でも，HTP の家・木・人は，誰にとっても馴染みのある素材であることから，検査に取りかかりやすい．また，非行・犯罪臨床の特徴として，自発的来訪ではない中での検査の実施が多いことがあげられるが，言語を媒介とする検査に比べると意識的なコントロールが難しいため，攻撃衝動や反社会的な欲求が意識的，無意識的に隠されていても，描画の表現からそれらをとらえることが可能であり，それによって被検者をより深く理解することができる．さらに，描画には精神的な成熟度が反映されることから，発達障害の査定への活用も期待されている．

● **HTP の課題**　描画の特徴を数量化し，標準化しようとする試みはこれまでに多数なされてきた．しかし，描画の全体的印象を数量的に評定することの困難さゆえに，形式的・構造的な側面からの評定基準が定まらず，ロールシャッハ・テスト（☞「ロールシャッハ・テスト」）のように臨床現場の共通言語として用いることができるような体系化はまだなされていない．

非行・犯罪臨床の査定においては，司法との関係も深いだけに解釈の根拠がより明確になるよう，客観的な評定基準を得るための努力を積み重ねていくことが課題である．

［石黒裕子］

📖 **参考文献**
[1]　高橋依子（2011）『描画テスト』北大路書房．
[2]　三上直子（1995）『S-HTP 法—統合型 HTP 法による臨床的・発達的アプローチ』誠信書房．

家族画

　家族画は，家族の姿を1枚の用紙（A4版）に描いてもらい，その描画の特徴から家族関係を分析する投映法検査である．実施が容易であり，言語化しにくいデリケートな家族情報をくみ取れることから，臨床領域で普及している．

　非行臨床における家族画の普及をみると，1980年代に入って各少年鑑別所で積極的に使われた．1985年には大阪少年鑑別所の心理技官たちが他の分野の臨床家たちと協力し，家族画の研究を精力的に行い，それがやがて日本家族画研究会（現・日本描画テスト描画療法学会）の母体となり，発展した．この頃から日本犯罪心理学会においても，家族画の研究発表が堰を切ったように相次いだ．

●**家族画の教示法**　教示はさまざまであり，以下が代表的な教示法である．

　①「ある家族を描きなさい」：「ある家族」画．DAF（Draw-A-Family）と略記する．描き手の実際の家族でなく，架空の家族像が描かれることも多い．家族画としては抽象性の最も高い教示である．

　②「あなたの家族を描きなさい」：「あなたの家族」画．FDT（Family Drawing Test）と略記する．

　③「あなたも含めて，あなたの家族の人たちが何かをしているところを描きなさい」：動的（動態）家族画．KFD（Kinetic Family Drawing）と略記する．これらの三つの家族画教示を比較すると，下になるほど，より現実の相互関係に根ざした家族像が得られる．

●**家族画の解釈**　非行臨床における家族画の解釈は，家族画一般のそれと基本的に同じである．ただし，象徴的表現が少なく比較的意図を込めて描く場合が多いことや，短時間で簡略に描く場合があること等の特徴が指摘できる．そのため，非行の家族画では，描画後の描き手への質問情報がいっそう重要となる．

　①**客観的な家族認知像として**：家族画をテストとして解釈する際に，多くの非行実務家は，絵の全体の構図，登場人物等を手がかりに，より客観的な家族認知像を探る．例えば田中（1989）は「動的家族画」解釈において，三つの基本類型を設定している．(a)静的描画（全身像，胸像，顔のみ），(b)動的描画（一家団らん風画，協同作業画，各自行動画），(c)特殊描画という類型で，家族像の健常性の視点で解釈する．また合わせて，人物行為を(a)類似性・孤立性（家庭内相互交渉の濃淡），(b)リラックス性・緊張性（家庭内緊張の強弱）の2軸で整理する等，体系的で実際的な解釈方法を示している．

　②**適応努力の現れとして**：一方，藤掛（1999）は，否定的な描画特徴といわれるものであっても，描き手なりに家族と折り合うとしているのだととらえ，「動

的家族画」解釈において，(a)屋外レジャー画，(b)日常の見下ろし画，(c)非同一画，(d)特定人物画の四つの類型から独自の意味づけを行っている．

(a)屋外レジャー画というのは，家族が屋外で，旅行等非日常の活動をしている絵である．少年たちは，昔の楽しかった家族の思い出を描いている．

(b)日常の見下ろし画というのは，食事等の家族の日常を描いているが，それを上方から見下ろしたり，あるいは遠まきに見る絵である．典型例では鳥瞰図となり，家族は頭だけが描かれることも多い．(a)の絵は「いま」を描かず，時間上のクッションを置いている．(b)の絵は「間近なここで」を描かず，距離という空間上のクッションを置いている．実際の事例をみると，「いま」の欠落した屋外レジャー画の事例では，家族は保護機能がそれほど崩れていない場合が多く，思春期以降急速に少年が家族に反発を強めているケースが多い．一方，「間近なここで」が欠落した見下ろし画では，情緒的に不安定な家族に育ち，家族に溶け込みきれていない場合が多い．この両群の違いは，屋外レジャー画の事例の方には，家族の規制力が存在しており，見下ろし画にはそうした規制力は存在するものの非常に不安定になっている点である．そのため，前者には反発が，後者には付かず離れずの葛藤がみてとれる．

(c)非同一画というのは，家族員が別々に活動している日常の姿が描かれている絵である．事例をみると，家族の相互交流が希薄であり，家族に対する戸惑いがみられる．こうした絵は(a)や(b)の絵に比べると家族関係の葛藤がいっそう強く，時間や空間のクッションでは太刀打ちできず，そのまま日常の一体感のない家族イメージを表出したものである．

(d)特定人物画というのは，家族全員を描かず，特定の人物を描く絵である．良くも悪くも関心の高い人物が描かれるのであるが，家族間の関わりを表現することを回避しており，事例においては家族としての深刻な葛藤が存在している．こうした絵は，全体としての家族イメージ自体が成立していないのであるが，それでもなお何らかの家族のイメージを描こうとする構えをみることができる．

このように四つの家族イメージの表出の仕方をみることで，一見否定的な特徴の家族画であっても，描き手にすればそれ以上絶望的にならなくてすむように，必死で家族との接点を探していると考えることができるのである．

●**家族画の変法**　非行臨床では，表現が拙く，紋切り的，防衛的になりすぎることがある．それに対して，教示を変形させ，描きやすくしたり，特定の情報を得やすくするのが家族画の変法である．代表的な変法に，間取り図を描く「間取り図法」，家族で大きな縄跳びをしている様子を想像で描く「縄跳び家族画」等がある．臨床実務に応じた展開が期待される．　　　　　　　　　　　　　　　〔藤掛　明〕

📖 **参考文献**
［1］　空井健三監修(2002)『家族描画法ハンドブック』矯正協会．

風景構成法

　風景構成法は，統合失調症者への描画を介した治療的接近の可能性，適用性の追及というきわめて実践的な見地から，中井久夫によって1969年に創案され，1970年に報告された芸術療法の一つの技法である（皆藤，1994）．その後セラピーのみならず心理アセスメントのツールとしても活用されている．犯罪・非行臨床においては1980年代以降，心理アセスメントとしての側面から調査研究，事例研究が盛んに行われるようになった．

　ところで，非行少年は一般に口が重く表現も幼いので，表現力を補うツールとしての描画の意味は高い．その中でも風景構成法は，「（非行に関係のない）絵を描く」ことが，自由に表現することが望まれていることを感じさせ，過剰な防衛をほどき得るし，描いた作品をともに味わい，「受け取った」というメッセージを返すことが信頼関係を構築する足がかりになる可能性もある．また，発達障害や精神障害を診断する手がかりになる場合もあるとしている（藤川，2004）．風景構成法が処遇経過分析のための方法として活用できるかどうかを検討する意味があるとの指摘もある（菅藤，2010）．

　このように非行臨床において風景構成法は有効な心理アセスメントのツールと思われるが，これまでの研究等によって導かれた知見の蓄積が必ずしも十分とはいえず，今後の研究に期待する部分が大きい．実際の臨床場面では，これまでの知見を参考にして各アイテムの意味を臨床的な視点から考え，それらを統合して解釈しているのが一般的になっている．そこで本項では，非行臨床において，心理アセスメントのツールとして風景構成法を行う際の参考となる反応特徴と解釈例を提示する．

●**非行少年の風景構成法の全般的特徴――非行のない少年の風景構成法からの距離を知るために**　風景構成法は発達的な特徴および人格的な特徴を表す他，描画者の心理的な生活空間等が投映される面があり，非行少年の心性の理解の一助になるといわれている．

　各アイテムについて，非行少年の風景構成法にみられる描画特徴を概括的に述べると，大景群の川では「右上から左下への流れ」が多くを占めているが，その割合は一般の中高生よりは少なく，「真横の流れ」もみられる．「先細りの川」「蛇行」もやや少ない．山は紙面の上方に置かれるものが半数以上であるが，中央の山もかなりみられる．これらは発達的に低い水準にあるものの特徴である．川幅大の川が多く，これと道の分岐が少なく他の要素との結びつきが少ないことと合わせて，後先のことを考えないで行動する即行性，衝動を統制して外界との関係づけ

を図る意識的な力が弱いといえる．画面に占める田の割合が小さいが，「田」が課題や義務との関わりを示すといわれていることを考えると，非行少年の内面の社会化された部分が貧弱であることを示している（三村ら，1988；岩本ら，1995；菅藤ら，2015）．

●**ひとつの解釈枠組み──非行少年の内的変化を知るために**　風景構成法は侵襲性が低く，病理をよく反映するといわれていることから，すでに病院臨床において描写時の継時的変化によって病態を探る場合等に活用されている（角野，2001）．非行臨床においても少年院在院中の少年の適応状況の理解あるいは家庭裁判所調査官の試験観察中の少年の心理状態の把握といった目的で継時的に実施することが考えられる．

　一定の枠組みがあると同一少年の描画を客観的に比較しやすいが，その解釈枠組みの一つとして考えられるのが奥行き表現である（菅藤，2007）．少年鑑別所在所時は奥行きのある景色を描くことができなかったのに，少年院に入院して環境的に整い落ち着いた心情になったときに，ある程度奥行きのある景色が現出した事例がある．その後，少年院の現実場面で障害を意識するようになると，アイテムが後退し三次元空間がことさらに強調され，そして現実場面で破綻をきたしてしまった際には描画も崩れてしまった．この事例では奥行きのある景色，つまり三次元的表現は，自我の状態とパラレルに表れており，奥行き表現という一つの枠組みによって描画を検討することで，客観的な比較・解釈が可能である．風景構成法を継続的に施行する場合に，枠組みに沿って描画を見ていくことで，変化を客観的にとらえることが可能であり，より安定した解釈の可能性が高いといえる．

　奥行き表現の意味合いであるが，ロールシャッハ・テストの解釈仮説を援用すれば，奥行き表現，すなわちロールシャッハ・テストでいう三次元知覚に基づくFK立体反応（通景反応）は内的な努力によって不安を客観視し，自分から距離をとろうとする試みを示す（☞「ロールシャッハ・テスト」）．この事例の風景構成法において心情的に落ち着いてきたときに三次元空間が示され，また，障害を意識するようになったときに三次元空間がことさら強調されたということは，内的な努力によって不安との距離をとることに成功している状態，不安が強まるにしたがってその働きを強めて自我防衛を試みている状態，を示したと解釈できる．

　一方，角野（2001）や大森ら（1981）は，急性精神病あるいは抑うつの回復過程においても奥行きが強調されるという．非行少年のみならず広く奥行き表現というものが人間の精神の健康を回復する過程と関連して出現するのかもしれない．
　　　　　　　　　　　　　　　　　　　　　　　　　　　　　　［菅藤健一］

📖 **参考文献**
[1] 岩本正男・澁澤敏雄・吉川昌範他（1995）「風景構成法を通しての非行少年の理解──少年事件調査実務への「風景構成法」導入の試み」『調研紀要』64, 72-97.

知能検査

　知能検査は，全般的な知的能力を測定するとともに，その機能の諸側面の強弱をも明らかにするものである．現在活用されている知能検査は，被検査者の所属する年齢集団内での全般的な知的能力（偏差 IQ：devitation IQ）を測定する他，被検査者内の知的能力の諸因子の強弱をも測定できるように設計されている．教育，医療，福祉の他，犯罪・非行の領域において，最も活用されている心理検査ということができる．

●**個別方式と集団方式**　知能検査は，その検査に習熟した専門家が一対一で個別に実施する個別方式の知能検査と，より多数の者を対象に，効率よく知能を測定するために開発された集団方式の知能検査がある．

　個別方式の知能検査は，その性質上，検査者，被検査者双方に相応の負担をもたらす．一方，集団方式の知能検査は，その実施が比較的簡便であり，一度に多数の者の知能を測定できることが利点となる．しかし，集団で実施されるという特徴により，検査の際の集団の雰囲気や，受検者の側で教示の理解が十分でないにもかかわらず検査に臨んでしまう，等といった集団特有の要因を確実に排除することはできず，それらにより実際の能力と掛け離れた結果が示されることも否定できない．そのため，より精密に知能の特徴を明らかにする必要があるときは，個別方式の知能検査を実施することとなる．

●**言語性検査と動作性検査**　主に言語的な能力を測定する言語性検査（α式またはＡ式）や，動作の素早さや正確さ等，さほど言語に依拠しない能力を測定する動作性検査（β式またはＢ式）といったように，測定しようとする知能の側面ごとの分類がある．

　個別方式の知能検査は，言語性検査と動作性検査が組み合わされているのが一般的である．他方，集団方式の知能検査は，言語性検査あるいは動作性検査のどちらか一つに特化されているものもある．

●**知能指数**　知能検査の結果は，被検査者が所属する年齢集団の中での偏差値に基づく指数である知能指数（intelligence quotient：IQ）として示される他，被検査者の知的能力の諸因子の測度としての群指数等によって示される．

　一般に，知能指数は，特定の年齢集団の平均を 100，1 標準偏差を 15 とする正規分布に基づいて算出され，平均からみて，どの程度優れているか，あるいは劣っているかを判定し，下位検査の結果から導かれる知的能力の諸側面の強弱とともに報告される．

　知能検査の構成と，そこから導かれる知能指数や群指数について，個別方式の

知能検査であるウェクスラー（Wechsler, D.）式の成人用知能検査である日本版WAIS（Wechsler Adult Intelligence Scale)-III（16〜89歳に適用）を例に示す．

表1　言語性検査と動作性検査を構成する下位検査

言語性検査	動作性検査
・単　語	・絵画完成
・類　似	・符　号
・算　数	・積木模様
・数　唱	・行列推理
・知　識	・絵画配列
・理　解	・記号探し
・語音整列	・組合せ

表2　群指数と関連する下位検査

言語理解	知覚統合	作動記憶	処理速度
・単　語	・絵画完成	・算　数	・符　号
・類　似	・積木模様	・数　唱	・記号探し
・知　識	・行列推理	・語音整列	

（いずれも，「日本版WAIS-III実施・採点マニュアル2006」より作成）

なお，ウェクスラー式の5歳から16歳までに適用される日本版WISC（Wechsler Intelligence Scale for Children)-IVでは，群指数ではなく，言語理解指標，知覚推理指標，ワーキング・メモリー指標および処理速度指標といった指標得点という概念が用いられている．このように，現在も版を重ねるごとに改定が加えられている点に注意する必要がある．

●歴史　現在使用されている知能検査の原型とされているのは，1905年，ビネー（Binet, A.）とシモン（Simon, T.）が考案した知能測定尺度である．ビネーらは，主に15歳未満の者を対象とし，知的能力の別に，必要となる教育の内容を明らかにするために，知能の諸側面として，判断や理解といった30項目を設定し，その問題を困難度別に並べ，どこまでその問題を解くことができたかによって，精神年齢を測定できるとしていた．

1916年には，ターマン（Terman, L. M.）が，改良を加えたスタンフォード・ビネー知能検査を開発し，これにより，ビネーらの精神年齢を暦年齢で除して100を掛けた知能指数（IQ）という概念が生まれた．

ここまでの知能検査は，主に，知能や精神の発達が活発である児童期の年代を対象にしていた．そこで，成人の評価の必要性から，ウェクスラーがビネーらの流れを汲む知能検査に改良を加え，1939年にウェクスラー・ベルビュー尺度を発表している．同尺度は，1949年には児童用のWISC（Wechsler Intelligence Scale for Children），1955年にはWAIS（Wechsler Adult Intelligence Scale）といったように，対象となる年齢ごとに特化された知能検査が開発され，現在まで版を重ねている．

ウェクスラーの知能検査は，それ以前の知能検査と異なり，知能偏差値を用いることになった点が特徴である．すなわち，ビネーの流れを汲む知能検査では，精神年齢と暦年齢の差により知能指数を算出していたところ，ウェクスラーは，

特定の年齢集団の平均を100，1標準偏差を15とする正規分布に基づいて知能指数を算出する方法に改めている．その後，ビネー式の流れを汲む知能検査も，版を重ねる中で偏差IQの考え方を取り入れており，現在では，この方式が主流となっている．

　また，ウェクスラー式の知能検査は，知能を質的に異なるさまざまな知的能力から構成されているとの考えに基づき，知能の発達に影響する要因として，言語と非言語の側面を設定し，総合的な知能指数である全検査IQの他に，言語性IQおよび動作性IQの他，群指数や指標得点といった新たな概念が導入されてきている．

　このように，知能検査は個別方式のものが先に開発されていたが，第一次世界大戦下の米国において，兵士の訓練をより効率的に行うための手法として集団方式の知能検査（Army Test）が開発された．これには，英語の読み書きができる者を対象としたα式と，英語の読み書きができない者を対象としたβ式があり，この考え方は，後の，個別方式の知能検査における言語性検査と動作性検査の成立にも影響を与えている．

●**犯罪・非行臨床領域における知能検査**　知能検査は，犯罪・非行の領域においても古くから活用されており，犯罪者・非行少年の資質面の特徴を明らかにするうえでの重要な指標となっている．古典的な研究では，知能の低さと犯罪傾向の強さとを結びつけ，知能の低さが犯罪に至る主要因とする説も提唱されたことがあるが，むろん，このような単純な関連は否定されている．その後，知能検査の発展に伴い，知的能力のうち，言語に関連した課題から測定される言語性IQと非言語の課題から測定される動作性IQとのディスクレパンシー（有意差）の有無や，言語性IQ，動作性IQの強弱の特徴（言語性IQ＞動作性IQ，動作性IQ＞言語性IQ）に着目し，その特性が強く現れているときに，犯罪・非行に関連する人格構造の特徴を疑う必要があるといった仮説が提唱された．

　また，近年，特に，わが国における非行臨床の場においては，自閉症スペクトラム障害やその二次的障害と非行との関連が注目されるようになり，より多くの非行少年に知能検査が実施されるようになっている．当初は，言語性IQと動作性IQとのディスクレパンシー，とりわけ，動作性IQ＞言語性IQといった動作性優位と自閉スペクトラム障害との関連が注目される等したが，その後，年齢や，発達障害そのものの研究が進むにつれ，動作性IQ＞言語性IQといった比較的単純なパターンにより自閉症スペクトラム障害の有無を検討することについては否定的な見解が示されるようになり，群指数や下位検査間の強弱を詳細に検討し，発達障害の類型や年齢によって分析していく方法に推移している．発達障害を有する者については，下位検査間の強弱に特徴があるという報告が多く見られること，検査の際，聴覚情報よりも視覚情報を与えた方が検査により熱心に取り組む

こと等，検査実施時の行動観察の重要性にも注目されている．

　発達障害やその二次的障害と犯罪・非行の関連は，知能検査のみによって明らかになるものではないものの，両者の関連に注目が集まったことから，非行少年を中心として，知能検査の結果明らかになった知的能力の特徴を踏まえた教育や支援のあり方への関心が高まったことは特筆しておきたい．

　なお，わが国の犯罪臨床の領域では刑事施設，非行臨床の領域では少年鑑別所において，知能検査が最もよく活用されている．少年鑑別所においては，家庭裁判所の行う調査および審判のために行われる非行少年の心理査定を中核とした資質の鑑別の方法の一つとして各種心理検査が位置づけられており，その中に知能検査も含まれている．一般的な資質の鑑別の手続きでは，集団方式で実施する知能検査を実施し，その結果を精査し，より詳細に知能の特徴を明らかにする必要があるとされた者に対しては，個別方式で実施する知能検査が行われるのが一般的である．そこで得られる検査結果は，非行少年の人格構造を探る際に用いられる他，少年が非行に走った原因や，今後，非行から立ち直るためにどういった処遇や配慮が必要であるかといった指針の策定に活用している．

　他方，刑事施設においては，受刑者を対象に，刑執行開始時に実施される調査において処遇上の配慮の要否等を明らかにするために，主に集団方式で実施される知能検査が実施されている．わが国の刑事施設で使用されている知能検査は，受刑者を対象として，その能力および学力を測定するために独自に開発された能力検査であり，測定される知的能力は偏差値で示されるとともに，一般に用いられているIQに相当する値としてIQ相当値が求められる．刑事施設においては，この検査から得られる能力偏差値等を参考に，刑務作業や改善指導の指定の際の基礎資料としている．また，近年では，これら刑執行開始時の調査に加え，釈放時の福祉的支援を実施することにより，再犯防止をより確かなものにするために，その対象者を精査する目的で，積極的にウェクスラー式の知能検査を活用するようになっている．

　犯罪・非行臨床の領域では，古くから知能検査が犯罪者・非行少年の能力の態様を明らかにするとともに，矯正，教育，各種支援等の手がかりを得るために活用されてきた．特に近年，発達障害やその二次的障害による生きづらさが非行・犯罪の要因として注目されるようになってからは，以前にも増して非行臨床の領域における知能検査の活用の頻度が増えてきている．

〔清水大輔〕

参考文献
[1] 水島恵一(1971)『非行臨床心理学』増補版，新書館．
[2] ウェクスラー, D. 著．日本版WAIS-III刊行委員会作成(2006)「日本版WAIS-III実施・採点マニュアル」日本文化科学社．
[3] ウェクスラー, D. 著．日本版WISC-IV刊行委員会作成(2010)「日本版WISC-IV実施・採点マニュアル」日本文化科学社．

神経心理学検査

　神経心理学の古典的定義は脳損傷と臨床症状との臨床解剖学的対応を探る研究方法である．その代表的知見が，失語・失行・失認であり，頭頂・側頭・後頭等大脳の後方領域が主な責任病変とされている．
　大脳の前方領域の連合野である前頭葉損傷による症状は，三つに分けて考えることが多い．背外側部損傷による遂行機能（目標を設定，プランニング，計画の実行，効果的な行動）障害，眼窩脳損傷による脱抑制等社会行動障害，帯状回損傷を中心とする前頭葉内側面損傷による自発性低下である．いずれも前頭葉のみでなく，ある程度独立して前頭葉皮質・皮質下回路によって支えられており，回路のいずれかの部位の損傷でも類似の症状が出現し得る．
　社会脳とは，他者の目的，意図，信念，推理，感情を推し量り，人の心理的相互交流を可能にする神経ネットワークのことである．眼窩前頭皮質，扁桃体，側頭葉皮質との関連が指摘され，内側前頭前皮質，前部帯状皮質，島皮質，頭頂葉下部，側頭-頭頂移行部等の関与が明らかになった．

●**注意機能，前頭葉機能，社会認知の神経心理学検査**　持続遂行課題（CPT：continuous performance test）は，画面に連続提示される刺激中の目標刺激に対してのみボタンを押させ，持続性注意を評価する．犯罪や非行に関する研究は少ないが，テレビ視聴，テレビゲームの習慣が反抗挑戦性障害，素行障害少年の，幼少期の性的虐待が成長後の女児の反応時間の変動を大きくし，反応抑制力を低下させる．なお CPT の日本語版は市販されており，日本高次脳機能障害学会編の CAT/CAS 標準注意検査法・標準意欲評価法に組み込まれている．
　ウィスコンシンカード分類検査（WCST：Wisconsin Card Sorting Test）は，色（赤，緑，黄，青），形（三角形，星形，十字型，円），数（1～4 個）の異なる図形カードを用いて，被験者に 4 枚の刺激カードの下に，色，形，数のいずれかの分類カテゴリに従って，反応カードを置くことを求める遂行機能テストである．原版カードは 128 枚であるが，48 枚修正版が用いやすい．修正版である慶応版のコンピューター版（WCST-KFS version）が，わが国ではよく用いられている．注意や概念の転換をみるのに優れた指標とされ，前頭前野の背外側部損傷に鋭敏である．犯罪や非行に関する研究は少ないが，病的盗癖，暴力犯罪，ドメスティック・バイオレンス（DV）の加害者，幼少期の虐待，ネグレクト被害で成績が低下する．
　アイオワ・ギャンブリング課題（IGT：Iowa Gambling Task）は，眼窩前頭皮質の中核的機能の障害を検出する検査として考案された．ハイリスク・ハイリター

ンで結局は損する baddeck 2 組，ローリスク・ローリターンで結局は得する gooddeck 2 組の合計 4 組 100 枚のカードの山から選択し，選択するごとにお金がもらえるが（報酬），一方で時々，罰金（ペナルティ）を払わなければならないと告げ，手持ちの金を増やすよう選択させる．大半の健常者では試行を重ねると次第に gooddeck の選択回数が増える（一部健常者では baddeck 選択回数が後半になっても減少しない）．眼窩前頭皮質損傷患者は，baddeck の選択回数が多く，その傾向は検査の後半に高くなる．これは，将来に対する全般的な感度の低下に起因するという．犯罪や非行に関する研究は少ないが，暴力犯罪，薬物および性犯罪加害者で損する選択傾向が指摘されている．

心の理論（theory of mind：ToM）は，他者の心を推定する能力である．言語性，非言語性課題がある．言語性課題のうち誤信念課題は，ストーリーに登場する他者がもつであろう誤った信念について理解力をみる．誤信念課題は，一次性誤信念課題と二次性誤信念課題とに分かれる．前者は「M 君はある物（X）がある場所（Y）にあると誤って信じている」という関係について，後者は「M 君はある物（X）がある場所（Y）にあると信じている，ということを N 君が誤って信じている」という入れ子構造の内容について理解力を判定する．

他に，登場人物がストーリーの中で言うべきでない失言をするのを見抜く能力を判定する Faux Pas 課題がある．誤信念課題より Faux Pas 課題の難易度が高いとされる．非言語性課題には，目の周囲の表情から他者の心的状態を読み取る課題である Eyes test がある．犯罪および非行に関する研究としては，親密なパートナーへの暴力，いじめ，性犯罪等の加害者に関するものがある．

●神経心理学検査の限界　例えば，WCST は前頭前野背外側部の遂行機能障害を反映するとされるが，前頭葉機能障害を正しく評価するには，その基盤となる後方領域（主として頭頂，側頭，後頭）機能や，意欲・注意等の基礎機能が正常であることが前提となる．したがって WCST の成績が悪いことは，必ずしも前頭葉機能障害を意味しない．意識が脳の各部位の同期によって生じている可能性が指摘されているように，精神機能が脳のどこかに局在しているという狭義の局在論には限界がある．

刑事精神鑑定にこれらの検査を用いる場合，被験者の検査時点での状態を評価するのであり，犯行当時の認知機能を直接判定していない．さらに刑事責任能力の要素としての善悪弁識能力，行動制御能力は法的な認知機能であり，科学的な認知機能とは次元が異なることに注意が必要である（村松，2013）．　　　　［三浦英樹］

📖 参考文献
[1]　田川皓一編(2004)『神経心理学評価ハンドブック』西村書店．
[2]　神庭重信・加藤忠史編(2010)『脳科学エッセンシャル―精神疾患の生物学的理解のために』専門医のための精神科臨床リュミエール 16，中山書店．
[3]　村松太郎(2013)「神経心理学検査と精神鑑定」『精神経誌』115(10)1051-1056．

脳検査

　非器質的な精神障害について診断の決め手となる脳検査法は現時点では確立していないが，刑事精神鑑定では，脳器質性精神障害の診断に関して非常に有用である神経学的脳検査がしばしば施行されている．

●**神経学的脳検査法**　脳波検査は，主に大脳神経細胞から発生する電気活動を測定する検査で，てんかんや意識障害等の評価に使われる．脳波のパターン，速波・徐波の多寡や突発波の有無，光刺激や過呼吸賦活による脳波の変化等で判定する．ただし，てんかん性異常波が観測されても臨床的な症状が認められなければ「てんかん」とは診断できない．心理課題に関連して誘発される脳電位（代表的なものは P300）を測定する事象関連電位（event related potential：ERP）は，各種研究に用いられており，認知機能の客観的指標となる可能性がある．

　X 線コンピュータ断層撮影（computed tomography：CT）は X 線を照射し脳を通過した放射線をコンピュータ処理で画像化するもので，短時間で施行可能なため，出血や石灰化等の病変を除外するためのスクリーニング検査としてよく行われる．より精密な解析に必要な核磁気共鳴画像法（magnetic resonance imaging：MRI）は静磁場内で脳内水素原子核の共鳴を測定し脳画像を得るもので，複数方向での断面撮像が可能であり，特に脳梗塞部位の描出に優れるが，比較的長時間を要するため，被検者の協力を要する．また，ペースメーカー等強磁気体を装着している者には適応できない．MRI 画像をコンピュータ・グラフィック技術により三次元画像にして標準脳と自動的に体積比較する解析法（voxel based morphometry：VBM）では脳構造異常を自動的に検出できるため脳構造に関する研究が進んだ．機能的 MRI（functional MRI：fMRI）では課題遂行中の脳活動を記録できるため心理課題への関与脳部位確定が可能であり，研究に用いられている．単光子放出コンピュータ断層撮影（single photon emission computed tomography：SPECT）や陽電子放出断層撮影（positron emission tomography：PET）では，放射性物質を静脈注射して体外からその分布を観測，コンピュータ処理して画像化するもので，局所的な脳血流や脳代謝等の生体機能の測定が可能であり，高次脳機能評価に有用である．CT や MRI 検査では形態変化として検出できない軽微な病変でも，SPECT では脳血流量の低下として描出が可能である．PET は感度が高いが特殊技術を要し高価なため主に研究で用いられている．

　近年診断補助として認可された近赤外線スペクトロスコピー（near-infrared spectroscopy：NIRS）は，近赤外線光を用い非侵襲的に脳血流を測定するもので簡便であり，今後精神疾患の診断への貢献が期待されている．

この他，脳梅毒（進行麻痺）の除外診断のために髄液検査を行う場合もある．

●**犯罪者と神経学的脳検査**　犯罪者や非行少年の脳波研究は古くから繰り返し行われており，臨床症状は明らかでないものの，前頭葉や側頭葉に関し徐波や突発波等の軽微な脳波異常が多いと指摘されてきた．前頭葉・側頭葉の機能障害と暴力行為との関係もたびたび指摘されており，特に前頭葉眼窩面（前頭葉内腹側）の障害は抑制力を低下させ，自己中心的で攻撃的・暴力的な人格変化をもたらすことがあるとされる．

　注意欠如・多動性障害や自閉症スペクトラム障害等，発達障害が疑われる非行少年や犯罪者も，多くはないが一定数存在する．しかし，現時点で発達障害の診断の決め手となる神経学的脳検査は確立しておらず，補助的に用いられる．矯正施設入所者では，単に能力の偏りの問題だけでなく，養育者との愛着の不安定さや，養育者からの不適切な養育や虐待，いじめ，暴力被害・性被害等の心的外傷体験等，複数の問題が積み重なっている事例が多く，発達歴に関する情報収集も容易ではなく，これらが非行少年・犯罪者の発達障害診断をさらに難しくしている．

　種々の心的外傷体験を体験した者の一部は心的外傷後ストレス障害（posttraumatic stress disorder：PTSD）発症に至る．児童虐待経験のあるPTSD患者の脳画像研究では，左側海馬異常や前頭葉体積減少等の報告がある．小児期に性虐待を受けた者では脳視覚野容積減少が，暴言虐待被害では聴覚野容積増加が，暴力虐待被害では右前頭前野内側部・右帯状回・左前頭前野背外側部の容積減少が，ドメスティック・バイオレンス（DV）目撃では右視覚野容積減少がそれぞれ報告されている．ダメージを受けやすい年齢（感受性期）は脳部位により異なり，幼児期では海馬，学童期は脳梁，思春期は前頭葉の発達に影響があるという．このように脳画像診断の発展により児童虐待と脳発達に関する研究が進みつつあり，心的外傷が子どもの脳発達に与える器質的影響の実態が解明されようとしている．トラウマによる二次的脳発育障害に起因する諸症状の回復には長い道のりを要すると推測されるが，認知行動療法による脳機能改善の報告もあり，今後さらなる研究成果の蓄積が望まれる．

　矯正施設内での神経学的脳検査には種々の制約が大きく，臨床的に特に必要性が高い場合に限られる．研究として施行するためには，研究目的の有用性の高さ，検査対象者および施設関係者への丁寧な説明と同意，情報管理の徹底性等に関して厳密な倫理審査を行う必要があり，実際には非常に困難である．とはいえ，矯正処遇の質の向上のために，脳科学的知見の適切な活用は有意義であり，今後，大局的・長期的視野をもった研究や処遇戦略の展開が望まれる．　　　［吉永千恵子］

📖 **参考文献**

[1]　松下正明総編集，山内俊雄他編(2006)『刑事事件と精神鑑定』司法精神医学2，中山書店．
[2]　友田明美・杉山登志郎・谷池雅子編(2014)『子どものPTSD—診断と治療』診断と治療社．

犯罪者・非行少年の自殺自傷リスクの査定

　犯罪・非行と自殺・自傷との関連性については，これまで多くの指摘がなされてきた．逸脱行動には，反社会的行動だけでなく，自己破壊的行動も含まれる（薬物使用や無謀な運転は典型例である）という考え方，自殺・自傷傾向と犯罪・非行傾向の間に何らかの因果関係があるという考え方，あるいはいずれかがもう一方の仲介・調整因子になるという考え方等があるが，双方が異なる臨床群であっても，共通因子が存在することは明白である．例えば，行動傾向では即行性や衝動性の高さ，情緒面では抑うつ傾向の高さ，認知面では白黒思考や過剰一般化といった自動思考が目立ち，自己イメージは否定的である．愛着形成上の問題があったり，虐待被害，トラウマ体験といったエピソードをもっていたりすることも少なくない．

　加えて，犯罪者や非行少年は，その行動から法的な身柄拘束を招きやすいが，矯正施設や留置場といった拘禁施設では，不安や緊張が高まり，絶望感を感じやすくなるため，自己破壊的な行動が着想されやすくなると考えられる．物理的，時間的，行動的制限が強い分，自分の窮状を訴える手段は時に激しいものになる可能性がある．

●**自殺のリスク査定**　自殺の危険性は，本人が直接示すこともあるが，間接的なこともある．表1に，自殺のリスク査定における着目点をまとめた．自殺のリスク（例えば，希死念慮や否定的思考）を査定するための質問紙法も開発されているが（例えば，Goldston, 2003），実際の臨床場面では，面接や行動観察，生育歴，心理テスト等から得られた情報や所見から，包括的にリスク査定を行う．

表1　自殺のリスク因子（高橋, 2014；Firestone, 1997 等より作成）

属性・疾病・性格等	エピソード	環境
性　別	過去の自殺未遂歴	単身，独居
年　齢	過去の自傷行為歴	社会的・心理的サポート不足
健康の障害（身体・精神）	家族の自殺歴	過　労
衝動的，短絡的	喪失体験（多面的に評価）	極度の緊張・重責
情緒の不安定性	重要な他者の死	極度の失敗・挫折
抑うつ的	不慮・不注意による事故の多さ	拘禁状態
ストレス耐性の低さ	被虐待歴	
対処スキルの乏しさ		

●**自傷のリスク査定**　犯罪者や非行少年を対象とする臨床現場でみられる自傷行為には，いくつかのタイプがある（Simeon et al., 2001）．まず，常同型は，神経発達障害や器質性の障害等を有している事例にみられやすい．重大/精神病型は，さまざまな精神疾患や精神障害の重篤な症状の一つとしてみられるもので，眼球

をえぐる，指や性器を切断する等，しばしば傷の程度が深いものが含まれる．衝動/習慣型は，強い内的衝動によるもので，いわゆるリストカット等皮膚を傷つける行為が代表的である．衝動/習慣型は，反復され，習慣化することが多く，若年層に多い．表2は，犯罪者や非行少年の自傷を査定する際，精査が必要な項目である．

表2 自傷の査定項目
(Walsh et al., 1988；Conners, 2000；Simeon et al., 2001；松本, 2008 等より作成)

自傷の有無	身体の傷の有無と間接的自傷の発見，本人の申告，実際の自傷の現認
自傷の態様	自傷の手段，回数，頻度，傷の程度，自傷が生じる経緯とパターン，自傷しやすい状況
精神障害・精神症状	他の精神障害および身体的疾患・障害の有無，解離の有無
自傷の効果・機能	自傷の効能（興奮の鎮静，自己意識の回復，周囲の関心等）
致死性（可能性も含め）	希死念慮の有無と程度，自殺企図へ移行する可能性
環境と生活歴	家庭と家族歴，学校・職場等の状況，被虐待歴
認知・感情面の特徴	狭窄，中核信念，ビリーフ，興奮や刺激希求性，自己嫌悪，自責の念，虚無感，抑うつ，屈辱感，内在する怒りと攻撃性等
犯罪性・非行性の特徴	物質乱用，乱脈な性行動，非行・犯罪性のパターンと特徴

●**査定における留意点と対応**　まず，自殺と自傷の鑑別をしなければならない（Walsh, 2006）．この二つは，目的，態様，方法，心理状態等，多くの点で異なった諸相を呈する．当然，これらへの対処も異なる．また，環境的・歴史的な側面の査定を軽視しないことが必要である．同じ環境でもそれがもつ意味は人により異なり得るし，同じ人でも時と場合により，自殺や自傷へのリスクは異なるためである．また，自殺と自傷は，周囲へ伝染していくことがあるため，学校や収容施設では，集団の性質の査定も必須となる．

さらに，査定にあたっては，科学的，客観的な視点を磨くことが望まれる．自殺や自傷の話題は，精神的にも，生理的にも人を不安に，不快にさせる．そのため，主観的な認知や個人的な感情が賦活されやすく，専門家の間ですら迷信が生まれることになる．例えば，自殺をほのめかす者ほど本気で死ぬ気はない等といった見立ては，科学的根拠からいえば誤りである．最後に，自殺・自傷の問題に対応するには，援助者自身の死生観が問われる局面がしばしば訪れる．

いずれにしても，自殺・自傷の査定は，犯罪者・非行少年の理解にきわめて重要である．一方への適切なアプローチが，もう一方の予防にも効果的に作用することが少なからずあるためである．

［門本　泉］

📖 **参考文献**
[1] Menninger, K. (1938) *Man Against Himself*. A Harvest/HBJ Book.
[2] 高橋祥友(2014)『自殺の危険―臨床的評価と危機介入』第3版，金剛出版．
[3] Walsh, B. W. (2006) *Treating Self-injury：A Practical Guide*, The Guilford Press.
（ウォルシュ，B. W. 著，松本俊彦他訳(2007)『自傷行為治療ガイド』金剛出版）

拘禁の心理と拘禁反応

　拘禁状況は，日常生活から隔離された特殊な場において極端に自由を制限された状況であり，刑務所等矯正施設収容が代表例である．その他，身代金誘拐犯による拉致・監禁，戦時下の捕虜，難民収容所，精神科閉鎖病棟への強制入院等もこれに相当するが，本項では矯正施設における拘禁について概説する．

●**拘禁の心理**　拘禁状況では自由や権利の剥奪，監視によるプライバシーの侵害，面会・通信の制限による情報の遮断，私的活動の制限や禁止，強制的な労働や集団生活への参加，居住空間や物品使用の制限等があり，生活や行動面で著しい制約がある．さらに裁判の係争から生ずる葛藤や刑罰（死刑執行等）に対する不安や恐怖等心理的なストレスも見逃してはならない．犯行から矯正施設収容に至る拘禁のプロセスを継時的にみると，①犯行とその発覚，②警察による逮捕と留置，③検察による起訴と拘置所での未決勾留，④裁判所による判決と刑務所での服役の4局面に分けられる．①では犯行前の緊張や葛藤，犯行後の興奮の持続や虚脱，隠ぺい工作や逃走企図あるいは自首等，犯罪の遂行そのものが複雑な心理的要素を含んでいる．②では社会からの急激な隔離と自由の剥奪があり，被疑者という立場での取調べのストレスが加わる．③では被告の立場に置かれ，係争からくる心理的葛藤は大きい．④では受刑者の立場が確定し，生活や行動面でより厳しい制約を受け，懲役というノルマが課せられる．この拘禁プロセスの中で，精神障害が疑われて精神鑑定が行われる場合には，実施の時期が起訴前か起訴後か，場所が拘置所か病院か，簡易鑑定か本鑑定か等の条件で被拘禁者の心理は微妙な影響を受け，後述する拘禁着色がより複雑なものとなる．

●**拘禁反応**　拘禁反応とは拘禁という特殊な状況下における心因反応の総称であり，さまざまな精神症状が観察される．拘禁状況は過酷なストレス状況であり，そのレベルは重度（severe）から極度（catastrophic）にまで及ぶため，急性ストレス障害（ASD）や心的外傷後ストレス障害（PTSD）を発症する可能性も否定できない．拘禁状況はストレッサーとして，病像の原因として病像成因的（pathogenic）に作用するだけでなく，病像を修飾する病像形成的（pathoplastic）に，また前者は拘禁精神病，後者は拘禁着色とよばれ，理論的には区別されているが，実際上，両者の判別は容易ではない．拘禁反応は自分のおかれた状況からの回避反応とも考えられており，その症状や病態のレベルはさまざまである．不安，抑うつ，強迫，心気，離人等の神経症レベルの症状から昏迷や錯乱あるいは幻覚や妄想等の精神病レベルの症状まで幅広くみられる．診断する際に留意すべきポイントとしては，①生活歴，家族歴，既往歴（特に薬物乱用の有無）を詳細

に聴取し，拘禁される前の状態を把握する，②統合失調症や気分障害等狭義の精神病を除外する，③状態像はしばしば浮動的で処遇環境の変化（判決の前後等）により症状が変化するといった状況依存性がある，④詐病またはヒステリー的な要素がみられ，本人の訴えと客観的症状の連関が乏しかったり矛盾したりする，⑤薬物療法が著効しない，⑥拘禁解除により症状が速やかに軽快する，等があげられる．また，裁判の係争から生ずる葛藤や刑罰執行に対する不安等も病像を修飾するため，事件発生，逮捕，勾留から被疑者→起訴→被告→裁判→受刑者に至る拘禁プロセスのどの段階にあるかも，診断するうえで重要な目安となる．

ちなみに常習累犯窃盗や反社会的行為を繰り返す暴力団関係者等で拘禁状況に慣れている者を除けば，神経症レベルの症状はほぼ必発であり，症状がみられない場合には，むしろ単純型統合失調症や自閉症スペクトラム障害を疑うべきである．拘禁という特殊な環境条件に加え，個体側のリスク・ファクターとしては，原始的心性，幼児的未熟性，精神遅滞，ヒステリー性格，強迫性格等の個人特性ならびに未決，初犯，重罪犯，外国籍等の社会的属性があげられる．

病態は理論的には拘禁神経症，原始反応，人格反応の3カテゴリーに分けられる．大半は，不眠，不安，焦燥，抑うつ，自律神経症状，刺激性亢進，身体の愁訴，心気症等の症状がみられ，拘禁神経症に該当する．一部は，神経症的防衛機制に破綻をきたし，幻覚・妄想状態を呈したり，ガンザー症候群，レッケの昏迷，拘禁爆発等の精神病レベルの原始反応を呈することがある．また，拘禁が長期に及ぶと現実から遊離し，赦免妄想や好訴妄想等の偏執的・体系的な人格反応の方向に発展する場合がある（表1）．その他，自傷，自殺企図，暴行，汚染行為，不潔行為，放歌，大声，黙秘，反抗，拒食，異物嚥下等，多種多様な行動症状がみられる．

表1 拘禁反応の類型

類型	説明
ガンザー症候群	仮性痴呆や小児症と類縁のヒステリー性朦朧状態．未決拘禁者によくみられ，的外れ応答が特徴的
レッケの昏迷	無動・無言状態で外界からの刺激に反応しない．昏迷から覚めるとしばしば健忘を残す
拘禁爆発	激しい興奮を伴う原始的・無目的な運動の乱発．レッケの昏迷に移行することもある
赦免妄想	死刑確定者や無期懲役囚にしばしばみられる．無罪であると本人自身が信じ込んでいる

経過をみると，症状は多彩で一過性，挿話的に状態像が時々刻々と変化するものから，症状が固定化し長期間に及ぶものまでさまざまである．大半は，自然経過または治療的介入により拘禁状況に順応し，神経症レベルの状態に移行する．一般的には拘禁解除により症状は速やかに軽減するが，一部には拘禁解除後も慢性の残遺状態を呈したり，挿話的に再発・再燃を繰り返す場合もある．　［奥村雄介］

参考文献
[1] 中田 修(2014)『我が精神鑑定例』Ⅰ・Ⅱ，時空出版．

治療的アセスメント

　治療的アセスメントとは，広義では，アセスメントを臨床家側の情報収集作業としてのみ位置づけるのでなく，心理テスト等の実施・解釈のプロセスそのものを，クライエントの自己理解やこれに伴う肯定的変化のために活用しようとする，アセスメント実施上の態度である．また，狭義では，こうした態度を基盤としてフィン（Finn, S.）らによって開発された，一連の半構造化された手続きである（Finn et al., 1997；Finn, 2007）．

●**治療的アセスメント(狭義)の概要**　フィンらによる治療的アセスメントの手続は，①最初のセッション，②標準化されたテストのセッション，③アセスメント介入セッション，④まとめと話し合いのセッション，⑤文書によるフィードバック，フォローアップ・セッションのステップからなり，そのプロセスを通じて，クライエントは「自分自身の専門家」として査定者と協働する役割を担うことになる．

　すなわち，手続きの後半でテスト結果をクライエントと共有することにとどまらず，①最初のセッションの段階から，クライエントはみずからの悩みや疑問に基づき，査定者と協働してアセスメント・クエスチョン，つまりアセスメントにおけるクライエント自身の問いを構成し，これを中心として以後のステップが進められる．②標準化されたテストのセッションでも，アセスメント・クエスチョンに応じたかたちで個別にテスト・バッテリーが組まれることはもとより，これに即したかたちでテスト目的の説明が行われ，標準的な実施手続きに続けて，クエスチョンに関係のありそうなテスト所見について話し合いがもたれる．③アセスメント介入セッションでは，すでに実施したテスト結果を踏まえ，別のテストが柔軟な手続きで実施される．その過程では，クライエントの問題行動の引き出しとその文脈の見直し，そして解決に向けた援助が行われる．そして，④まとめと話し合いにおいては，査定者が提示する仮説が，クライエント自身の理解に一致するかどうか尋ね，具体的な生活体験との照合や必要に応じた仮説の修正等を求める等，双方向性が重視される．特にこのステップにおいては，アセスメントから得られた情報について，クライエントの自己像と一致する水準（レベル1情報）から，自己像を拡張させ，リフレームすることに資する水準（レベル2情報），自己像とは距離があり不安を喚起し得る水準（レベル3情報）に整理して，順次クライエントとの吟味に供する技術的な工夫がなされる．⑤文書によるフィードバックは，通常クライエントへの手紙の体裁をとり，子どもへのフィードバックでは，創作寓話によるメタフォリックな形式等も工夫される．ここでも，クライ

エントにコメントや下書きの修正を求めること等により，クライエントと査定者が協働してアセスメント・クエスチョンへの答えを出し，いわば「新しい物語を共同して編集する」ことが目指される．

このように，治療的アセスメントにおいては，クライエントと査定者との協働性が重視され，一貫して両者の相互的・対話的関係の維持が志向される．こうした協働性の重視は，このことが治療的アセスメント自体の効果を高め，また，後続する治療的働きかけにも良好に作用するという知見に裏づけられたものである．

また，現象学的心理学，人間性心理学，精神分析間主観性学派の理論，サリバン（Sullivan, H. S.）の同類仮説（one-genus hypothesis）等を背景として，心理テストについて，クライエントの人格の客観的真実の発見の道具としての側面よりも，共感の拡大鏡（empathy magnifier）としての側面を強調し，クライエントとの話し合いによる合意的妥当性（consensual validation）の形成に供すべきものとする考え方にも根差している．

●**犯罪・非行臨床への適用**　フィン自身は，自分の意思に反してアセスメントを受けることとなった対象者について，そのモデルどおりに行うことは困難であるとしつつも，施設収容下，司法的評価等の場面でも協働的なアセスメント技法の有効性は認めている（Finn, 2007）．わが国の犯罪・非行臨床においても，家庭裁判所の調査実務の領域で，対象者との協働を明確に志向したアセスメントの有効性が報告されている（野田，2006）．司法場面等での使用には，これを取り巻く構造的な特質を考慮する必要があるが，もとより少年保護事件の調査，鑑別は，対象者に関する情報を収集するのみならず，対象者の自己理解と成長発達に向けた作用を発揮すべく実施されており，これを的確に行ううえで，治療的アセスメントが提示する対象者との協働姿勢や，アセスメント所見の共有・活用の技術はきわめて示唆的である．

また，特に狭義の治療的アセスメントは，心理テストを活用した短期的な治療的介入の性質を明確にもつ．この点，アセスメント中心に訓練を受けた心理職が，刑務所，少年院，保護観察所等で処遇を担う際に使いやすい技法といえる．また，家庭裁判所調査官による試験観察，少年鑑別所技官による保護処分執行中の少年の鑑別等，一定の介入を加えつつ変化への準備性や処遇への反応性を探索し得る局面や，少年鑑別所における相談業務での助言技法として積極的に活用し得る．さらに，処遇の行き詰まり等にあたって，処遇担当者とのコンサルテーションを行う際等，他職種と協働するための足がかりとしても活用しやすい．

広義，狭義いずれをとるにせよ，治療的アセスメントは，犯罪・非行臨床においても分裂が生じがちであるといわれる心理職の査定者・処遇者役割を，一体のものとして遂行するうえで参考となる姿勢または手続きである．　　　［竹田　収］

『永遠の仔』：被虐待児の物語

　天童荒太著『永遠の仔』(1999)は，3人の被虐待児が大人になってからの物語と，虐待を受けていた過去の物語とが交互に展開されていく中で，過去に3人が関わった事件の謎と，それがいかに現在の事件につながっていくのかが，徐々に明らかになっていくミステリー小説である．タイトルの意味について作者の解説はないが，被虐待児（文中，しばしば人間やハムスターの子どもが「仔ども」と表現されている）が，生涯にわたってそのトラウマに苦しみ続けることを表しているのだと思う．こういう人たちをアダルト・チルドレンとよぶこともある．

　主人公の優希は父親から性的虐待を受けていた．このような子どもが身体的，情緒的にどんな症状をきたすようになるのか．優希のそれはさまざまに描写されている．自傷（腕を噛む），自殺企図（発作的に海に入る，高い所から飛び降りる），幻覚（実際そうではないのに自分が臭いという感覚）等の行為や症状のうち，特徴的なのは，自分の感情を「断ち切る」というものである．これは「解離」とよばれるものに近いと思われ，優希は辛い体験の最中，その直後，また体験を思い出し混乱しそうになるとき，まるでスイッチを切るように感情を切る．そうしないと，受け入れがたいひどい現実を生き延びることができないからだろう．感情を切ると，辛い感情を感じなくてすむが，同時に楽しい，嬉しいといった感情も感じられなくなる．喜怒哀楽を表すこともぎこちなくなる．そのために人付き合いがうまくいかないという問題も生じてくる．

　被虐待児が必ず非行や犯罪に至る訳ではない．ただ，少年院や刑務所に収容されている人々の中には，虐待を受けた体験をもつ人，機能不全家庭で育った人が一定の割合でみられる．精神科医の斎藤学は「困ったことに，ストレスに際して解離を用いることは習慣化する．そのためにこの人物の現実処理能力は低いままに止まり，原発トラウマにとらわれた人生を送ることになる」という (1998)．被虐待児の現実処理能力の低さが，非行や犯罪に近い環境に身をおくことにつながり，例えば薬物乱用等，二次的に非行や犯罪に結びつくことがあると考えられる．

　どうすればよいのか．斎藤はそのヒントも与えている．「被害当時の混乱や心の痛みを身近な他者，特に母親に告げることができ，それを聞いた母親が娘に共感して迅速な措置（被害児の保護と加害者の追及）をとったときにトラウマの遷延は防げるようである」と (1994)．優希の母親はこれができなかった．優希は大人になっても，自分の幸せを考えたり，将来に希望をもったりできないままであった．

　優希の不運な物語を読み進めるうち，彼女はどうやって救われるのか，と読む者も息苦しくなってくる．優希が，そしてすべての被虐待児が求めていたであろう救いは，最後にどんなかたちで描かれるのか．本書で確かめてほしい．

[八代満帆子]

第6章 施設内処遇

［編集担当：寺村堅志・近藤日出夫］

- 【概説】施設内処遇と心理学 —— 372
- 施設内処遇における場の特徴 —— 374
- 施設内処遇における心理職の専門性 —— 376
- 施設内処遇におけるRNRモデル —— 378
- 施設内処遇におけるグッド・ライブス・モデル —— 382
- 施設内処遇における認知行動療法 —— 386
- 施設内処遇におけるリラプス・プリベンション —— 390
- 施設内処遇における動機づけ面接法 —— 392
- 治療共同体としての矯正施設 —— 394
- 刑務所副次文化 —— 396
- 受刑者処遇の流れ —— 398
- 受刑者の集団編成 —— 400
- 刑事施設における改善指導 —— 402
- 刑事施設における薬物依存離脱指導 —— 404
- 刑事施設における暴力団離脱指導 —— 408
- 刑事施設における性犯罪再犯防止指導 —— 410
- 刑事施設における被害者の視点を取り入れた教育 —— 414
- 刑事施設における交通安全指導 —— 416
- 刑事施設における就労支援 —— 418
- 高齢者または障害のある受刑者の処遇 —— 420
- 女性受刑者の処遇 —— 422
- 刑事施設におけるカウンセリング —— 424
- 犯罪者処遇の効果検証 —— 426
- 少年院処遇の流れ —— 428
- 少年院における薬物乱用防止指導 —— 430
- 少年院における性非行防止指導 —— 432
- 少年院における被害者の視点を取り入れた教育 —— 434
- 少年院における不良交友指導 —— 436
- 少年院における女子少年への指導 —— 438
- 少年院における面接指導 —— 440
- 集団カウンセリング —— 442
- サイコドラマ（心理劇） —— 444
- ロール・レタリング —— 446
- ブリーフ・セラピー —— 448
- TA（交流分析） —— 450
- 箱庭療法 —— 452
- 内観療法 —— 454
- モラルジレンマ指導 —— 456
- キネジ療法 —— 458
- マインドフルネス —— 460
- 作文指導・読書指導・日記指導 —— 462
- 少年処遇の効果検証 —— 464
- 少年院と家族・他機関 —— 466
- 少年鑑別所と地域社会 —— 468
- 児童自立支援施設の処遇 —— 470
- ナラティブ・セラピー —— 472
- SST —— 474
- アンガーマネジメント —— 476
- 芸術療法 —— 478
- 少年院におけるキャリア・カウンセリング，就労支援 —— 480
- 発達障害少年の処遇 —— 482
- 知的能力障害のある少年の処遇 —— 484
- 医療少年院における精神科治療 —— 486
- 【コラム】『ホットロード』にみる非行少年のココロ —— 488

【概説】施設内処遇と心理学

　北米では，刑務所等の施設内処遇場面における心理学的知見や技術の活用は，1900年代初頭の知能検査利用に始まった．第二次世界大戦後，心理職の役割は，「科学者-実務家モデル」の採用に伴い，査定からトリートメント，研究，処遇効果検証等の領域に拡大した（Watkins, 1992；Bartol et al., 2005）．わが国の刑務所等矯正施設における心理学的知見や技術も，大まかにいえば，上述のような流れを追うようなかたちで発展してきたものとみることができる．なお，矯正施設における心理学的な査定や処遇の足跡については犬塚（2004）に詳しい．

●**矯正無効論からEBPの時代へ**　刑事政策思潮の変遷は，施設内処遇において心理学の果たす役割についても影響を与えてきた．1970年代初頭までは，医療モデルに基づく実務が展開され，北米を中心に各種診断・査定技術や心理療法を活用した数々の処遇が試みられた．しかし，マーチンソン（Martinson, 1974）の矯正無効論をきっかけに，厳格な刑罰の適用や適正手続を重視する方向に施策は向きを変えて，更生支援的処遇は一時消極化した．一方で，マーチンソンの矯正無効論は，心理学的な立場から更生実現をめざしていた実務家に，より厳格な方法論に基づき実務を検証し，説明責任を果たす必要性を再認識させる契機ともなった．その結果，更生支援的処遇の再犯削減効果に関するメタ分析が1990年代頃から蓄積し，矯正無効論の反証が得られただけでなく，有効な介入や方法の開拓や実践についても心理学が再び大きな役割を担うこととなった．

　こうして，欧米等の施設内処遇実務では，犯罪や非行に関連するリスクや再犯削減に効果のある処遇を科学的に同定し，実証的な根拠（エビデンス）に基づき実務を展開・管理していくエビデンス・ベースト・プラクティス（evidence-based practice：EBP）が優勢な方法論になっている（Andrews et al., 2010）．

●**ヒューマン・サービス統合の時代の心理学の役割**　今日では，効果的な処遇の探求は，特定の処遇技法やプログラム単位で何が有効かを検証し実践する段階から，処遇システム全体や処遇風土との関わり等，ヒューマン・サービス統合の時代に移行しつつある（Lösel, 2012）．これに関連し，藤岡（2013）は，犯罪・非行からの離脱や更生を促進させる有望な処遇プログラムの方向性として，認知行動療法を核とする治療教育モデル，治療共同体等の当事者主体の回復モデル，地域社会の資源を活用する社会モデルの三つの方向性があり，今世紀の処遇は，それぞれのモデルがその強みを補完し合うかたちで統合的に実践されることで再犯防止や更生に寄与していくと示唆している．

　こうした動きをみても，施設内処遇の中で心理学の果たす役割が，近年飛躍的

に増していることがわかる．わが国で 2000 年代に入り新たに制定された施設内処遇関連の法令は，更生支援や再犯防止に向けた働きかけをよりいっそう制度的に後押しすることにつながり，2012 年に策定された「再犯防止に向けた総合対策」や行政評価・監視の枠組みは，実証的な根拠に基づいた処遇を推進し，説明責任を果たしていくことを要請している等，施設内処遇において心理学的知見や技術の真価が大きく問われる時代に入った．このことを，本章の各項目から実感していただきたい．

●**本章の概要**　本章では，犯罪・非行の臨床実務に関わる施設内処遇のうち，主に治療教育的介入に関わる項目を中心に扱う（ただし，医療観察制度関連の入院施設内処遇や社会内処遇の一環として行われる更生保護施設等の中間的処遇施設に関する項目については ☞「第 7 章　社会内処遇・更生保護」）．

本章の前半部は，施設内処遇という場に固有の特徴，心理職の多様な役割（☞「施設内処遇における場の特徴」），代表的な処遇モデルである RNR モデルやグッド・ライブス・モデル（GLM），学習特性や動機づけを踏まえた効果的な介入枠組み等を扱い，成人・少年の施設内処遇に共通する事項が解説される．

本章の中間部は，主に成人が収容される矯正施設＝刑事施設（刑務所，少年刑務所および拘置所）における処遇を扱う．わが国の成人矯正実務は，2006 年に施行された現行の刑事収容施設法により，明治以来 100 年近く続いてきた監獄法下での受刑者処遇が全面的に刷新された．ここでは，新法下での受刑者処遇の流れや処遇調査の結果，受刑者処遇の中核をなす作業・改善指導・教科指導の内容等に基づく集団編成の仕組み（☞「受刑者の集団編成」）をまず踏まえ，そうした枠組みの中で再犯防止や更生支援に向けて行われる改善指導等の各種の心理社会的介入（☞「刑事施設における改善指導」）について解説する．これらの働きかけは，適正な評価・検証に付され，実務改善に還元されなければならないが，その動向（☞「犯罪者処遇の効果検証」）を最後に紹介する．

本章の後半部は，主に少年が収容される矯正施設（少年院および少年鑑別所）や児童福祉施設である児童自立支援施設等における非行のある少年の処遇について扱う．少年矯正分野に関しても，2014 年に「新少年院法」および「少年鑑別所法」が新たに成立し，2015 年から新法施行下で機関を横断・縦貫する新たな少年矯正行政が推進されることになった．ここでは，少年院処遇の流れで処遇の全体像を示し，少年院において行われてきた各種の指導や処遇技法について概観する．さらに，残りの部分で，少年矯正分野でも整備が進行している効果検証の概要，児童福祉分野で保護処分や福祉的な措置をとられた児童の処遇を行う児童自立支援施設の処遇，新法下で地域社会での非行防止専門的機関としての役割を本格的に果たす少年鑑別所と地域社会や，特別な配慮を要する者の処遇等について解説する．

［寺村堅志］

施設内処遇における場の特徴

　施設内処遇の場は，対象者の改善更生を効果的にうながす場として構造化されていることが求められる．その意味では，ジョーンズ（Jones, M.）の提唱した治療共同体（☞「治療共同体としての矯正施設」）として機能することをめざすべきだが，他方，施設内処遇は，法的・行政的要請に基づく収容の確保を絶対的前提条件として成立しているという現実があり，そこからゴフマン（Goffman, E.）のいう全制的施設（total institution）の要素を消し去ることは困難である．したがって，実際的には，施設収容の処遇上のメリットを最大化し，デメリットを最小化するか，または逆にメリット化するように場を構造化していくことになる．

●**施設および施設収容の特徴とその活用**　施設収容の最大の特徴は「塀」と「鍵」に象徴される一般社会との関係の断絶もしくは高度の制限であろう．これにより，対象者はサイクス（Sykes, 1958）の指摘するように，自由，物品と便宜，異性関係，自主性，安心感といったものが剥奪される．外部からの刺激の少ない環境では，意識は外にではなく内に向かざるを得ない．処遇の場そのものに潜在的な処遇力を見出すことができる．多くの対象者は「自分はなぜここにいるのか」「自分の人生はこのままでいいのか」と自問する．特に処遇の初期においてこの傾向が顕著であるので，処遇初期に静かで安心感が得られる環境で単独処遇することの意味は大きい．その後の処遇では，彼らがこの自問をどれだけ抱え続け，その答えを求め続けることができるか，それに処遇者側がどれだけ寄り添い，人生のナラティブ（☞「ナラティブ・アプローチ」）の書き替えをうながし得るかが重要となる．

　収容の確保には監視が不可欠であり，施設は多かれ少なかれ，ベンサム（Bentham, J.）のいうパノプティコン（panopticon：一望監視施設）といえる．しかし，監視下の行動変容は他律的・一時的なものでしかないので，処遇者は監視ではなく，対象者の社会適応上の問題性や可能性の発見，変化の兆しの発見，被収容者間の人間関係の把握のための行動観察（☞「行動観察」）をする姿勢をもち，その結果を処遇の修正・変更へとフィードバックさせる必要がある．24時間の行動観察体制がとれるからこそ，きめ細やかな処遇や最適のタイミングによる各種の介入，さらには，急病や自殺事故における緊急対応が可能となる．

　また，施設収容では衣食住医療の管理と成績評価の権限は処遇者側のみにあり，処遇者と対象者が支配・被支配の関係になることは避けがたく，対象者の主体性が阻害されがちになる．この問題を緩和するため，わが国では，刑事施設においては，処遇を階級章付きの制服を着た保安系職員集団と私服の心理治療・教育系

の専門職集団とで分担して行い，その場と時間も明確に分けている．すなわち，毎朝定時に居住空間から作業（教育指導）の空間に通勤（通学）し，レクリエーション時にはまた別に空間に移動するといった具合である．少年矯正施設や児童福祉施設においては，全職員が保安と専門職のダブル・ロールをとり，生活に密着しつつ対象者の指導をするが，この場合でも処遇の場と時間は構造化されている．また，施設内処遇では施設内外に豊かな自然があるが，これは拘禁感の緩和やカタルシス効果だけでなく，対象者が自然から何かを学び取ることを期待してのものである．

さらに，施設内処遇には，無期懲役を除き，期間の定めがあるという特徴もある．不定期処分の場合でも上限が決められている．期間の担保と制約があるからこそ，対象者の問題性の質と程度に応じた計画的な処遇が実施できるといえる．

施設内処遇の終期は社会内処遇の始期でもあり，その移行を円滑にするために徐々に開放的にする，外部との交流を増やす等して場の構造を変えていく．これにより，自律性・主体性の伸長，社会生活への意欲の涵養もうながされる．

●**対象者の特性と処遇の場**　施設収容には，必要と考えられる処遇が確実にしかも計画的に実施できるメリットがある．対象者にとっては，物理的環境からばかりでなく自分の問題と向き合うことからも「逃げられない」場である．しかし，これには，処遇に対して受け身となったり，表面的に受け流したりするデメリットが伴う．また，施設収容は強制的に罰として開始される．このため，反発こそあれ，更生の意欲など湧かない者も多い．したがって，処遇者と対象者の信頼関係の構築，自己に向き合う契機となる日課や行事の編成，集団編成（☞「受刑者の集団編成」），教材の与え方，動機づけ面接（☞「施設内処遇における動機づけ面接法」）の工夫等が非常に重要となる．理想的には，施設自体に更生的な風土が醸成され，集団の力により更生意欲が生じることが望まれる．

現在，刑事施設では65歳以上の高齢者の占める割合が増加の一途をたどっているが，これに対応すべく，バリアフリー化，高齢者向けの刑務作業の受注，畳敷きの工場の設置等が進められている．少年院等にあっては2007年の「少年法」および「少年院法改正」により概ね12歳つまり小学生をも処遇対象となったことにより年少者向けの処遇環境，小学校教科教育の体制が整えられている．

また，2000年に発生した「豊川主婦殺人事件」以降，犯罪非行において自閉症スペクトラム障害（autism spectrum disorder：ASD）が注目されるようになり，同症および同症に近似する特性をもつ対象者が増加している．施設の環境は，外部からの刺激の制限，固定的対人関係，厳密に決められたタイム・スケジュール，生活全般にわたる諸規則等，彼らの適応上有利に働く面ももつが，彼らを多く処遇する施設では，シンプルな視覚的な情報提示，短く直截な指示・指導，スケジュール変更の事前告知等，彼らの特性に応じた場の構造化を工夫している．　　［川邉　讓］

施設内処遇における心理職の専門性

　矯正施設には多数の心理職が配置されている．そのほとんどは常勤の国家公務員で，国家公務員採用総合職試験（人間科学）および法務省専門職員（人間科学）採用試験の合格者から採用が行われる．矯正施設の心理職は，法務技官として経験年数や役職等に応じた職務に従事し，専門性を背景に心理技官と総称される．
　心理技官の職務は，法令等に則って行われ，そこで展開される心理臨床活動はすべて公務としての性格を有する．加えて，矯正施設は在所者や在院者（以下，被収容者とする）を，法による強制的な拘束（拘禁）下に置く特殊な環境であり，心理技官には高い識見と倫理観，守秘義務の遵守や組織人しての自覚等が求められる．

●**役割と専門性**　矯正施設における処遇は，被収容者の改善更生と円滑な社会復帰を図ることを目的として展開される．処遇の原則となっているのは，個々の被収容者の特性を踏まえ，個別的必要性に応じた処遇を行うことで，最大限の処遇効果をもたらそうとする，処遇の個別化の理念である．心理技官には，処遇の個別化を実現するための道筋を示す，いわば水先案内人としての役割と専門性の発揮が求められる．
　①**資質および環境に関する調査**：心理技官は被収容者に対する施設内処遇の実施に先立ち，資質および環境に関する調査ならびにそれに立脚した分析・検討を行う．これら調査や分析・検討は刑事施設においては受刑者に対する処遇調査の過程で，少年院に送致される少年については，少年鑑別所における鑑別の一環（指定鑑別および処遇鑑別）として実施される．
　調査は，主として被収容者の心身の状況と犯罪・非行の二つの側面をめぐって進められる（表1）．前者に関する調査は，一般の心理臨床におけるアセスメントとほぼ同様であり，人格像や個性の把握が主眼となる．犯罪・非行に関する一連の調査，分析・検討は，犯罪心理学や犯罪社会学の理論，先行事例等を参照して進められる．これらの分析・検討は個々の被収容者に実施する処遇の内容や方法などを考えるうえで特に重要であり，心理技官の専門性に依拠するところが大きい．近年では，さらなる精度の向上を図るため，法務省式ケースアセスメントツール（MJCA）等のツールが援用され，定量的なデータも活用した，複合的な視点からの分析・検討が行われている．
　②**処遇計画の策定と効果検証**：心理技官は，被収容者の特性に関する分析結果等を踏まえ，具体的な処遇計画を策定する．処遇計画には実施を予定する処遇プログラムの内容や方法等が盛り込まれる．これらは処遇適合性や処遇の有効性等

表1 資質および環境に関する調査,分析・検討事項

心身の状況	犯罪・非行
精神状況（知能・性格等）	犯罪(非行)性の形成過程
身体状況・疾病や障害の有無	犯罪(非行)傾向の進度
成長・発達の過程	犯罪(非行)の動機・態様
家庭・学校・職場等への適応　等	再犯(再非行)可能性　等

に加えて，当該処遇プログラムが実施される時期・人員等，処遇実施上の条件や制約をも考慮して選定される．海外ではリスク・ニーズ・リスポンシビリティ（RNR）原則を適用した犯罪者処遇が展開されるようになっているが，心理技官は，エビデンス・ベースト・プラクティス（evidence-based practice：EBP）の考え方やRNR原則を重視しつつ，実務家としての総合的な判断を行い，適切かつ実施可能な処遇計画を立案する．

　心理技官には，これに加えて，再調査や再鑑別の実施により，処遇効果の検証や確認を行う役割が付与されている．当初に策定した処遇計画の妥当性は，効果検証を通して担保されるため，効果検証の結果，必要があると認められるときは，速やかに処遇計画の見直しや修正を行うことになる．

　③処遇への参画：矯正施設において，処遇の実施主体となるのは，刑務官や法務教官である．従来，心理技官が直接処遇に関与することは少なく限定的であったが，近年に至り，処遇困難者への継続的なカウンセリングの実施や認知行動療法プログラムの指導者等として，処遇参画や処遇への関与が求められるようになり，ケース・トリートメントの側面でもその専門性を発揮する機会が増大している．

●**養成および専門性の向上**　心理技官の養成および専門性の向上を図るため，採用初年次および5年目，10年目の各段階で，研修所に入所し専門的な講義を受講し，心理検査演習や事例研究等を行う体制が構築されている．また，心理検査の通信研修等も実施される．

　このような経験年数に応じた体系的な研修とともに，心理技官養成の根幹をなしているのは，配置された職場での先輩技官によるスーパービジョンである．採用後，心理技官は概ね2年間，マンツーマンのかたちでのスーパービジョンを受け，犯罪・非行の検討・分析を含むケース・アセスメントのための基礎的な能力を身につける．

　心理技官の専門性の中核は，効果的な施設内処遇実施に資するためのケース・アセスメントの能力および技術である．しかし，近年では，ケース・トリートメントや処遇機関を縦断した処遇効果の検証等が要請され，心理技官に求められる専門知識や技術が多様化しており，これに対応するための研修カリキュラムの見直しや他機関との連携等，新たな専門性の向上方策が必要となっている．

〔阿部政孝〕

施設内処遇における RNR モデル

　RNR モデルとは，再犯削減や更生に効果的な処遇を展開するために有用な諸原則中，その中核をなす 3 原則，すなわちリスク・ニーズ・リスポンシビリティ（RNR）原則に基づくアセスメントおよび処遇の方法論である．同モデルの考え方は，カナダの犯罪心理学者アンドリューズら（Andrews et al., 1990）が定式化し，発展させてきたものであり，彼らが 1980 年代から検討してきた犯罪行動についての一般人格理論・認知的社会的学習理論や犯罪関連の実証的諸研究の知見に基づいている．RNR モデルを基盤とする矯正処遇に関する各種評価研究は，RNR モデルの妥当性を概ね支持しており（Bonta et al., 2007），欧米各国等で処遇効果向上のために RNR モデルをアセスメントや処遇管理の基盤として取り入れる法域も増え，実証的根拠（エビデンス）に基づく実務の発展と連動するかたちで支持されてきた．特に，限られた人的・物的資源を有効に活用・配分し，処遇の個別化を推進し，再犯削減に効果のある処遇を最適化して展開するうえで有用な役割を果たしてきたと考えられる．

　今日，RNR モデルは，リスク管理を基軸として再犯削減や更生支援を図ろうとする矯正実務の優勢なパラダイムをなし，処遇効果の向上に寄与する他の原則も包摂するかたちで拡張されているが，長所基盤型の処遇理念を有する立場からの批判を受け，処遇観を中心とする論争も続いている．以下に，その概要を解説する．

●**RNR の 3 原則とは**　①リスク原則（risk principle）：リスク原則とは，対象者の再犯リスク水準に対応した介入密度の処遇を実施すると最も再犯削減効果が上がるという，リスク水準と，介入密度とのマッチングに関する原則である．この原則は，誰を重点的に処遇すべきかという処遇対象者の適正選択に関する原則ともいえる．

　この原則に従えば，高リスク者には，リスク削減に向けた広範かつ濃密な処遇が最も効果があり，低リスク者には，リスクを増やさないことに留意しつつ必要最低限の介入にとどめることがふさわしい．リスク水準と処遇密度のミスマッチは，処遇効果を低下させてしまうばかりか，場合によっては再犯を増やす結果を招くことさえあることが各種研究で確認されている．

　②ニード原則（need principle）：ニード原則とは，対象者が必要とする各種の処遇ニーズのうち，犯罪を誘発する要因として関連性が高く，かつ処遇によって変容可能な動的リスク＝犯罪誘発ニーズ（criminogenic needs：犯因性ニーズ．犯罪生成ニーズと訳されることもある）に焦点づけた働きかけに優先性をもたせ，

処遇を計画・実施することが再犯削減効果を高めるという原則である．この原則は，何が処遇のターゲットになるか，介入目標の選択や優先づけに関する原則ともいえる．

犯罪誘発ニーズの代表的なものには，犯罪支持的態度，反社会的パーソナリティ・パターン，向犯罪的な仲間関係，仕事・学業状況，家族・婚姻状況，薬物乱用，余暇状況がある（静的要因である犯罪履歴を含め，犯罪誘発の中心的なリスクとなるのでセントラル・エイト（中心的8リスク要因）という．例えば，衝動的・攻撃的行動傾向（反社会的パーソナリティ・パターンの指標）は，再犯関連性が高い動的リスク因子の一つであるが，こうした犯罪誘発ニーズをもつ者では，自己管理スキルやアンガーマネジメント学習によって同傾向を変容させることが処遇課題となる．

③リスポンシビティ原則（responsivity principle）：反応性原則，（処遇）応答性原則，処遇適合性原則等と訳されることもある．処遇は処遇対象者（学習者）の特徴に最も響く指導法を勘案し計画・実施すると最も期待した効果が上がるという原則である．この原則は，最適な処遇方法に関する原則ともいえる．反応性は，一般反応性と特殊反応性とに分けられる．

一般反応性（general responsivity）とは，犯罪や非行等の行動変容に全般的に該当する反応性であり，認知行動療法的な介入による認知の修正や問題解決場面での対処スキル育成等が処遇効果を高めるとされる．

特殊反応性（specific responsivity）とは，個人ごとに異なる学習スタイル，人格特徴，動機づけ，適性，能力，長所等による処遇反応性の差異であり，処遇対象者に固有の特徴に着目し，処遇への反応性を高める要因や反応性を阻害する要因は何かを見極め，これにフィットする指導者や介入方法をしつらえていくことが処遇効果向上のために重要とされる．特に，特殊反応性の査定には，心理アセスメントの豊富な知見や技能が欠かせない．

● **RNRモデルの実務場面への適用とモデル遵守の効果** 実務場面にRNRモデルを導入し，活用するためには，RNRの3要素をそれぞれ客観的に評価するためのアセスメントの導入やこれらの原則にかなう処遇プログラムを組織的に整備し，計画的に実施・評価する体制づくりが不可欠となる．

まず，アセスメントに関しては，犯罪誘発ニーズの把握を含めた客観的なリスク評価ツール（リスク・ニーズ・アセスメントツール）の組織的使用が必要となる．次に，処遇プログラムや処遇実施体制の面では，再犯削減や更生支援に効果が見込めるプログラム・メニューを用意し，統一的なルールの下で適正に対象者を振り分け，処分によって定められた処遇期間の制約下で適時に必要十分な治療教育的介入を実施していく組織管理が必要となる．RNRモデルに依拠する欧米の矯正当局は，リスク・ニーズの水準把握のため，各法域で標準化したリスク・

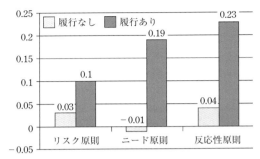

図1 RNR原則遵守の有無による平均効果量（k = 374）
（Andrews et al., 2010より作成）

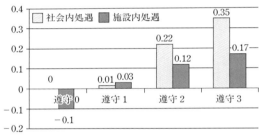

図2 RNR原則要素遵守数による平均効果量（処遇セッティング別）
（Andrews et al., 2010より作成）

　ニーズ・アセスメント・ツールを使用し，介入密度選択や処遇ニーズを把握し，処遇効果が実証的に確認された各種プログラムを外部専門家による認証制度等を通じて整備し，必要な介入プログラムを振りあてて実施している．わが国においても，2006年からカナダ連邦矯正保護庁のプログラムをモデルに性犯罪再犯防止指導プログラムが刑事施設で行われているが，これにはRNRモデルの考え方が取り入れられており，客観的なリスク・ニーズ評価の他，反応性にあたる動機づけや受講適性等の評価も行い，指導期間・内容に関する処遇密度をリスク水準に応じ分岐させ組織的な処遇を展開している．

　RNR3原則を履行し実施された処遇は，同原則を考慮せずに計画・実施された処遇より概して再犯削減効果が高いことが確認されている（図1）．

　また，処遇において各原則の履行遵守性（adherence）が増すにつれ，再犯削減効果は高まり，同原則を無視すると（図2「遵守0」の場合），特に施設内処遇では再犯を誘発してしまうことがあり（図2，なお，性犯罪の場合の例ではHanson et al., 2009参照），同原則への忠実性（fidelity）を研修や監査等を通じて実務で維持・管理することが肝要である．

●拡張RNRモデルとRNRモデルへの批判　近年のRNRモデル（拡張RNRモデル）は，RNRの中核的3原則に加え，処遇対象者の主体性や対象者に固有のニーズを重んじた倫理的，人道的なヒューマン・サービスの提供をめざしている．また，犯罪誘発ニーズへ多面的に働きかける他，対象者の問題点だけでなく，特殊反応性を高めるために対象者のストレングスに着目したアセスメントをリスク・ニーズ・アセスメントの中で実践することを奨励している．これに関し，犯罪誘発ニーズ以外のニーズへの手あてが再犯抑止や更生に資すると判断された場合は，専門的裁量の原則に従い処遇目標や処遇計画の修正を容認している．さらに，組織管理の面では，効果的な実務とケアの継続性を重んじる組織風土づくり，職員の良質な対人関係スキル，向社会的モデリング，問題解決スキル，動機づけ面接法等による処遇力の向上が総体的に効果をもたらすことを実証的に検証しつつ拡張RNRモデルに取り入れており，伝統的な臨床的実務感覚にもより適合した考え方に変わってきている．

　一方，近年，グッド・ライブス・モデル（よき人生モデル：GLM）等，長所基盤型の介入を重視する立場からは，RNRモデルが対象者のリスクや問題点のみを注視し管理しようとするリスク管理一辺倒のモデルで，対象者の立ち直りや社会復帰よりもリスク管理ばかりが主目的化し，社会再参加を阻むおそれもあるとの批判がある．また，リスク回避による管理を主調とした自己管理は，動機づけを低下させ，処遇プログラムからのドロップ・アウトを生みやすくする等の批判も加えられている（例えば，Ward et al., 2007）．

　逆に，RNRモデルを支持する立場からは，対象者の犯罪誘発ニーズへの手あてが不十分なまま，対象者の満足や福祉を増進させるような介入は，介入の焦点をかえって曖昧にし，再犯削減や更生支援に役立たない可能性があることが指摘されている（例えば，Andrews et al., 2011）．また，GLM支持者は，GLMがRNRモデルに代わる有用なモデルであるという主張をしているが，現在のところ，治療教育への動機づけの増進やドロップ・アウトの減少といった処遇プロセスにおける肯定的所見はいくつか得られているものの（例えば，Wills et al., 2013），再犯削減効果についてRNRモデル等の従前の処遇モデルより良好な効果が得られたとする根拠（モデルとしての増分妥当性に関する実証的根拠）は十分確認されていない．

　この種のアプローチによる処遇効果検証や，RNR処遇モデルによる処遇効果との多面的な比較等により，さらに有望な処遇パラダイムが展開していく可能性もあると思われ，今後の動向が注視される．　　　　　　　　　　　［寺村堅志］

参考文献
[1] Andrews, D. A. & Bonta, J. (2010) *The Psychology of criminal conduct*, 5th ed., LexisNexis/Anderson.

施設内処遇におけるグッド・ライブス・モデル

　犯罪者処遇に，1990年代の終わりにその萌芽を認めるポジティブ心理学の考え方を導入したものが，よき人生モデル（good lives model：GLM）による処遇である．従来，性犯罪者処遇では，①個人の再犯リスクが何でどの程度のものかを同定し，②どのリスクを軽減するように働きかける必要があるかを決定し，③個人の学習スタイルと能力に応じた処遇のスタイルと方法を採用する，アンドリューズら（Andrews et al., 2010）が提唱する，リスク・ニーズ・リスポンシビティ（RNR）原則に基づき，再犯リスクのある状況を避けるスキルを身につけさせ，リスクを高めないようにする再発防止（relapse prevention：RP）モデルに重点を置いてきた．ところが，その後，リスクの軽減を目的とした処遇だけでは，十分効果が上がらないという研究結果が示された．この背景には，RPモデルによる処遇に携わる者の中に，禁止や回避を伴う処遇ばかりでは，処遇意欲が湧きにくい者が少なからずおり，また，処遇を受ける犯罪者にとっても息苦しく感じることがあり，それが処遇に主体的に取り組む姿勢を阻害し，両方が相まって処遇効果に影響したとされている．

　このようなRPモデルの限界を踏まえて，提唱されたのがGLMである．犯罪者自身が達成したいと考える接近型の目標を取り入れた処遇において，処遇への主体的な取り組みは，より可能になるとするのがGLMの基礎にある考え方である．GLMでは，犯罪は，内的および外的な資源の不足により，健全な社会で認められる（向社会的な）手段を取れないにもかかわらず，「こうありたい状況」である財（goods）を獲得する際に生じるものであるので，人は，知識，技能，機会の付与等により，財を獲得するために向社会的な手段が取れるように方向づけられれば犯罪は起こさないとする．再度，RPモデルとの比較でいうと，回避よりも接近を重視する考え方である．ただし，GLM自体は処遇技法ではなく，「臨床家としての生き方・哲学・倫理を論じている」（生島，2013）ものであり，また，本来の財自体は抽象的な概念であるので，それをもって，ただちに処遇には応用できない．そのため，財は，抽象的な概念である基本財と，基本財を獲得するための具体的な方法である副次財に分けられ，副次財が実際の処遇技法になる．基本財は，現時点では，生活，知識等11あるとされ，それぞれに対応する副次財がある（浦田，2013）．

　このような財の獲得と，従来の処遇の中核にある考え方であるリスクの統制との関係について，イエーツら（Yates et al., 2010）は，「リスクを統制せずに財の獲得を促すと，幸福で適応状況の良い犯罪者になるかもしれないが，一方で，相

変わらず危険で再犯のおそれが高い犯罪者のままでいるかもしれない．それとは反対に，財の獲得や幸福への関心を示さないままリスクを統制すると，治療家の働きかけは罰を中心に置いたものになる可能性があり，犯罪者は，（治療への）関与の度合いを低め，動機づけが高まらないことが危ぐされる」と述べている．

● **GLMにおける四つの査定段階** GLMを適切に処遇に応用するために，まず四つの段階の査定が必要である（Yates et al., 2010）．それらは，①基本財の査定，②副次財の査定，③基本財と性犯罪の関係の査定，および④よき人生の計画（good lives plan：GLP）の欠陥の査定，である．GLMを査定する者（評価者）は，まず，①～③の査定のための面接を行い，その後，GLP上の欠陥を査定する．

イエーツらの例示では，パートナー（男性）に対する性的虐待で最近有罪判決を受けた22歳の男性の場合，彼に対する①に関わる面接では，基本財として内的平穏があることに気づかせ，②に関わる面接では，財を獲得するための具体的な向社会的手段に気づかせ，③に関わる面接では，内的平穏を獲得する手段として性暴力があったことに気づかせる，という経過をたどることになる．

以上の三つの査定の後に，犯罪者が作成したGLPの欠陥の有無を，以下の四つの視点で確認することになる．そして，計画に欠陥があれば，再度性犯罪に及ぶ危険性が高まることになる．

①**財を獲得する手段に問題はないか？**：ここでは，財を獲得する手段が適切でないものになっていないかを査定する．例えば，小児性愛者が，関係性という基本財を獲得するのに子どもと仲良くなるという手段を取ろうとすれば，そのことに問題があることになる．

②**先の見通しを欠いた計画になっていないか？**：ここでは，狭い視野のもとに計画を立案したあまり，重要な財を見逃していないかを評価する必要がある．例えば，自律性や卓越した技能という財にばかり関心を向け，関係性をないがしろにすると，いつまでも友人や恋人ができないことになる．あるいは，親密さや関係性という財を取り上げた計画になっていないために，性的満足を得ようとする目的を果たす手段として，社会的に許容される手段を取らないことが予測できる．

③**複数の基本財の間に葛藤が生じていないか？**：ここでは，達成しようとする複数の基本財について，それらが互いに葛藤を生じるものでないかを評価する必要がある．もし葛藤を生じるものであるとすると，心理的ストレスが生じ，結局，いずれの財も獲得できないことになる．例えば，関係性と自律性という両方の財を獲得して，恋人を支配しようとすると，二つの財の間の葛藤があるために，結局はいずれの財も獲得できない．また，恋人との情緒的な親密さを求めること（関係性の基本財）と多様な友人と性的に奔放な関係をもつこと（幸福の基本財）とは両立しない，といったことでもある．

④**技能（内的能力）や，現実性（外的な問題）が不足していないか？**：ここで

は，基本財を獲得できるだけの技能が不足していないかや，本当に獲得できる機会に出会えそうなのかを評価する必要がある．例えば，計画を実行し問題を解決するために必要な技能が不足していると，基本財は獲得できないことになるし，あるいは，衝動性が高くて周囲から疎外されていると，適切な人間関係を築けない（言い換えると，そういった機会に出会えない）ことになる．性犯罪者についてあてはめると，性行動に関係する自己統制力の不足（内的能力），犯罪親和的なライフスタイル（外的な問題）等が指摘できる．

GLMは，RNR原則と相反するものかどうかという議論（例えば，アンドリュースら〈Andrews et al., 2011〉とワードら〈Ward et al., 2012〉の論争）が，最近は，上記イエーツのようにRNR原則に基づくリスクの統制も踏まえたGLMの処遇への応用という考え方が主流になりつつあり，理論としては，いかにGLMとRNR原則を統合するか，そしてそこで処遇技法として認知行動療法を採用した処遇をいかに適切に行うかが注目されている．これについて，ウィリスら（Willis et al., 2014）は，処遇へのGLMの誤った導入，例えば，RPモデルによる処遇とGLMを統合するのではなく，RPモデルにGLMの要素を一部つけ加えるというやり方は，再犯リスクを高めることにさえなるとし，現在，北米で実施されているGLMを活用した処遇（六つの施設内処遇，五つの社会内処遇，二つの民事的収容下での処遇）の評価を半構造化面接と，11項目の評定によって行っている．それによると，GLMの導入をうながす要因は七つあり，その中で最も重要なのは対象者のやる気であり，逆に阻害する要因としては六つあり，最も重要なのはGLMに無理解な政策と法律であるとする．また，導入している機関についても，財の獲得よりも，リスク管理の方に重点を置いているところが多い現状であるとも指摘している．

● **GLMと離脱** ローズら（Laws et al., 2011）は，犯罪学の領域で，1930年代のグリュック夫妻（Glueck et al., 1939）のボストン研究に端を発するといわれる犯罪からの離脱研究，特にマルナ（Maruna, 2001）のリバプール離脱研究，とGLMの共通点を強調し，二つを統合した，よき人生－離脱モデル（GLM-D）を提唱している．彼らは，自然な離脱と治療者に援助されて生じた変化（改善）の間の関係は明確ではないとしながらも，GLMのような長所基盤による改善アプローチは，犯罪の減少という目標達成のためのリスク管理を中心に置いた他のプログラムよりも，離脱理論とより共通点があると主張している．

彼らは，離脱理論が指摘する，仕事，衝動性（例えば，自己統制力の欠如），結婚，教育，認知の変容，怪我や病気への恐れといった離脱要因は，GLMが主張する基本財に対応していると主張している．例えば，①仕事という離脱要因は，仕事と遊びによる卓越した技能という財と，②自己統制力（self-control）の不足という離脱要因は，心の平穏や自立性という財と，③結婚という離脱要因は，

関係性という財と，それぞれ対応するとする．さらに，RNR 原則の重要な要素である犯罪誘因性ニーズと対応するのは，①は失業，②は衝動性の強さ，あるいは自己調整力（self-regulation）の不足，③は親密性の欠如や反社会的仲間集団，であると主張している．

●**GLM に基づく少年の処遇**　英国には，1988 年にマンチェスターで創設された，性加害少年の治療に特化した，ソーシャル・ワーク領域，保健領域，少年サービス領域，刑事司法領域，および，心理学領域というさまざまな専門的背景をもつメンバーで構成された機関 G-map がある．同機関が用いている治療プログラムの中核には，GLM が据えられている（Print, 2013）．G-map は，創設直後，性加害少年の治療にどのような既存のプログラムが活用できるかを検討した．既存のプログラムは成人用で，直面化を用い，対象者を操作し，問題点に焦点をあてるという反治療的な特徴があるとした．さらに当該少年やその家族の動機づけを高めることが難しいと評価し，それ以外の方法を模索していたときに，GLM を知ったということである．その経緯からは，当初は成人を主たるターゲットとしていた GLM ではあるが，実際には，性加害少年の治療にも適していることがわかる．

●**英国における GLM を用いた処遇**　GLM を用いた処遇を行っている刑事施設の実情を一部紹介する．英国においては，一部の刑事施設において GLM の理念を用いた処遇を実践している．フォックスら（Fox et al., 2008）は，その一つであるフランクランド刑務所のウエストゲイト・ユニットにおける処遇の概要を紹介し，また，職員と受刑者双方がこのような処遇をどのように受け止めたかについての調査結果を報告している．

その一部を紹介すると，受刑者はウエストゲイト・ユニットに移送された直後に，GLM に基づく処遇（good lives and development：GLAD）への参加をうながされる．参加に同意した受刑者は，職員と協働して，GLM の基本財のうちのいずれかを目標とし，その目標を達成するための具体的手段（副次財）を決定する．GLAD の目標は毎月見直され，変更する目標と継続する目標とに分けられる．目標が達成され，期待された以上の成果を上げると，受刑者は報酬を得る．例えば，「孤独からの解放」という基本財を目標に掲げてそれを達成した受刑者は，家族や友人と連絡を取るのに自由に使えるテレホン・カードをもらうといったことである．

ウエストゲイト・ユニットで実施された調査は，職員と受刑者の双方が，GLAD をどう受け止めているかを質問紙によって尋ねたものである．その調査結果では，目標を達成するための副次財については，できる限り具体的で明確なものであることが求められ，しかも長期的な目標とも合致したものであることが必要となることがわかったと指摘している．さらに，目標は容易に達成できるものであってはならず，受刑期間全部を通じて，ようやく達成できる程度の困難さをもつ必要があると主張している．

［浦田　洋］

施設内処遇における認知行動療法

　認知行動療法は，バンデューラ（Bandura, A.）の社会的学習理論を背景として，行動療法に基づく行動的アプローチと認知療法に基づく認知的アプローチを適宜組み合わせて介入を行う心理療法である．

　加害者臨床領域においては，1970年代から問題行動の生起に及ぼす認知的要素の重要性が注目され，加害者の再犯抑止を目的とする介入への活用が試みられるようになった．例えば，加害者臨床の中でも社会からの要請が大きく，リソースの割当ても大きかった小児性加害者（小児を対象とした性加害者）の分野では，1950年代から古典的な嫌悪条件づけを中心とした行動療法等が行われていたが，単に逸脱した性嗜好を修正するだけでは小児性加害者の再犯抑止を図ることは困難であることが実務家の間で認識され始めていたこと等も，認知的アプローチへの親和性を高めた背景にある．

　加害者臨床領域における認知行動療法は，加害者にみられる認知的な問題や認知の偏りを先天的に備わったものとみなさず，学習されたものとする仮説に基づいている．そのため，加害者に対するプログラムは，思考の過程や本人が随所で行っている選択がどのように加害行為につながるかについて理解をうながすことを重視する．セルフ・モニター力を鍛え，リスクの高い言動にみずから気づき，問題のある結果に到達する前に別の選択をするよう練習する．この選択肢を増やすため，認知的スキル，感情統制スキル，社会的スキル，対人関係スキル等の獲得をめざした練習もあわせて行うものが一般的であり，対象者の特性に合わせて強調すべき点を変化させる等しながら活用されている．

●**発展の歴史**　認知的アプローチの適用範囲の拡大がみられた一方で，欧米における1970年代は，改善更生への期待感が低下し，厳罰化・刑の長期化傾向が加速した時期でもあった．したがって，加害者に対する心理療法の実践も一時停滞したが，1980年代に入ると，刑事施設の乱立と過剰拘禁が特に米国において問題化して代替策の模索が進み，心理的介入への期待感も再び高まった．こうした流れを受けて，加害者臨床領域における認知行動療法は急速に発展した．適用対象も，小児性加害者から強姦犯，他の粗暴犯，覚醒剤等の薬物乱用，アルコール乱用へと拡大していった．

　1990年代以降は，加害者臨床領域における「What works論争」（例えば，Sherman et al., 1997）に伴い，数多くの実証研究とそのシステマティック・レビューが発表された．その中で，再犯抑止に効果的な処遇プログラムの特徴として，①構造化されていること，②指示的であること，③スキル向上を重視してい

ること等が見出され，それらの特徴をもつ認知行動療法を基礎とした介入は特に有効であるとの結果が一貫して示されたこと（例えば，Andrews et al., 1990；Pearson et al., 2002）にも後押しされ，2000年以降の欧米における加害者介入プログラムは，押しなべて認知行動的アプローチを標榜するようになった．一方で，処遇の質や活用する要素，評価研究を実施する際のデザインの質といった点でのばらつきは大きくなり，認知行動療法のどのような要素がどのような対象者の再犯抑止に有効であるのかを，より詳細に特定する必要性が高まった．

●**加害者臨床における認知行動療法の特異性**　認知行動療法の基本的な考え方は，加害者臨床においても，一般臨床におけるものと共通している．しかし，加害者臨床という特殊性ゆえに配慮すべき点として，次の2点があげられる．

　第一に，自己効力感に関する問題である．認知行動療法の成否には，自己効力感の高低が影響することが知られている．加害者群は，一般群と比較して自己効力感が低いとされるが，加害者が処遇を受ける場（刑事施設，社会内処遇下等）においては，そこに至るまでに司法手続や周囲からの非難，拘禁等を経ていることから，普段にも増して自己効力感が低下している．このような状態にあるクライエントに対して，「望ましい行動」に該当するスキルの獲得をうながしても，そもそも社会において適応的に生活しようとする意欲や，それが可能だと信じられるだけの期待感がなければ，当然に処遇は進まない．加害者臨床においては，処遇を受けるにあたっての動機づけと，クライエントの意欲を支えるセラピスト-クライエント間の信頼関係の構築がことさらに重視されるゆえんである．

　第二に，処遇の目標設定に関する問題である．加害者臨床における政策的な目標は，加害者の再犯抑止にある．つまり，処遇の最大の受益者は「将来被害に遭う可能性のある社会の人々」であり，加害者本人ではない．しかし，再犯しないことは，加害者本人にとっても望ましいことには違いなく，この点を明らかにすることが処遇の動機づけの基礎になる．また，行動科学の原則として，人は「何かをしない（回避ゴール）」ことより，「何かをする（接近ゴール）」ことに対してより動機づけられるとされる．加害者臨床においても，処遇目標は，例えば「暴力を振るわない生活を送ること」ではなく，「他者の権利に敬意を払いながら，充実した生活を送ること」とすることが望ましい．これらのことは，問題の除去よりも人生全体の充実をめざすポジティブ心理学の発想や，グッド・ライブス・モデル（GLM，☞「施設内処遇におけるグッド・ライブス・モデル」）が，加害者臨床領域において近年重視されていることとも関連している．

●**評価研究の現在**　上述のとおり，加害者臨床領域における認知行動療法の評価研究は1990年代から数多く出版されているが，リプシーら（Lipsey et al., 2007）は，キャンベル共同計画の枠組みで研究デザインの質が高い58の研究を対象としたシステマティック・レビューを実施し，認知行動療法のどのような要素が効果に

影響を及ぼしているのかを吟味した．再犯抑止効果については，認知行動療法受講群は対照群と比較して25%の再犯率低下が認められるという従来のメタ分析と同水準の結果が示された．また，①その効果は，受講者の年齢（成人/少年），性別，処遇実施環境（施設内/社会内）を問わず認められること，②再犯リスクの高い対象者ほど効果が高いこと，③受講者のドロップ・アウト率の低さやセラピストのトレーニング量等から示されるプログラムの質が高いほど効果が高いこと，があわせて示された．

さらに，認知行動療法のどのような要素が効果につながっているかという分析では，①怒りコントロール（怒りのトリガーを特定し，自己コントロールを維持するための技術を練習するもの），②対人関係問題解決（対人葛藤や仲間からの圧力に対処するための問題解決スキルを練習するもの）の要素の活用したプログラムは効果を増大させ，③被害者への影響（加害者にみずからの行動が被害者に与えた影響について考えさせるための活動），④行動変容（適応的な行動を強化するための取り決めを行い，賞罰のスキーマを活用するもの）の要素を活用したプログラムは効果に減じることが認められた．

とはいえ，これらの結果をもって，例えば「被害者への影響を扱うことは処遇効果を損なうので行うべきではない」と結論づけるのは尚早である．プログラムの受講者は，プログラムで習う内容や教材よりも，セラピストのあり方が最も重要な要因であると認識しているとの研究もあることから（Drapeau, 2005），被害者への影響を扱うこと自体が処遇効果を減じているのではなく，その扱い方が効果を減じている可能性も否定できない．一般的に事件の被害者に関するテーマは，セラピストの逆転移を引き起こしやすく，また，過去の問題点を指摘し，改善をうながすといったリスクに焦点化したアプローチにもつながりやすいものであり，そのいずれもが効果的な処遇プログラムを行ううえでの支障となり得る．

このように，今後はプログラムの扱う主題のみを取り出すのではなく，それをいかに扱うかといったプロセス要因やセラピストの特徴等も，メタ分析による検討の俎上に乗せ，プログラム改良のためのヒントを模索することが求められる．そして，認知行動療法の何が効いているのかをより詳細に，かつ体系的に検討するため，個々の評価研究レベルでも，これらの変数を丁寧に拾っていくことが必要である．

●**わが国の刑事施設における認知行動療法**　わが国の刑事施設においては，覚醒剤事犯者が急激に増加した1980年代から薬物事犯受刑者を対象とした特別指導が実施されるようになり，1990年代以降は，処遇類型別指導という枠組みにおいて，罪名，犯罪の原因となった性行に着目し，同じ類型に属する受刑者をグループに編成して行う指導がより広く実施されるようになった．テーマとしては，覚醒剤乱用防止教育に加えて，酒害教育，暴力団離脱指導，交通安全教育，累犯窃

盗防止教育，異性問題に関する指導等が設定され，2000年代に入ってからは，被害者の視点を取り入れた教育，高齢受刑者指導も活発に実施されるようになった（『平成7年版犯罪白書』『平成17年版犯罪白書』）．

しかしながら，2006年に「刑事施設及び受刑者の処遇等に関する法律」（平成17年法律第50号）が施行される以前の「監獄法」（明治41年法律第28号）下においては，①懲役受刑者には刑務作業が義務づけられているのみで，これらの指導はすべて任意受講の位置づけであったこと，②そのため，指導の実施時間が十分には確保されにくかったこと，③指導は各施設の実情に応じて行われており，統一的な水準を保つことが必ずしも容易でなかったこと等の課題を抱えていた．

2006年の上記法律施行は，受刑者処遇の基本理念が受刑者の改善更生および円滑な社会復帰を図ることにあることを明らかにし，矯正処遇の一つとして受刑者に必要な改善指導（☞「刑事施設における改善指導」）の受講を法的に義務づけるという大きな変化をもたらした．これに伴い，①薬物依存離脱指導，②暴力団離脱指導，③性犯罪再犯防止指導，④被害者の視点を取り入れた教育，⑤交通安全指導，⑥就労支援指導の6種が特別改善指導として訓令に規定され，各指導の標準プログラムが設定された．

このうち，①薬物依存離脱指導（薬物使用に関わる自己の問題性を理解させたうえで，再使用に至らないための具体的な方法を考えさせるための指導）と，③性犯罪再犯防止指導（性犯罪につながる自己の問題性を認識させ，再犯に至らないための具体的な方法を習得させるための指導）については，認知行動療法に基づいた指導が明示的に導入されている．①薬物依存離脱指導については，交通事犯者のみを収容している施設を除く全施設（2016年度の実施施設数は76庁）において，各施設に収容されている対象者に対して実施している．また，③性犯罪再犯防止指導については，専門スタッフを配置している指定施設（同19庁）において実施しており，同指導の受講が必要な対象者を適当な時期に当該指定施設に移送して指導を行っている．このように，プログラムそのものの整備に加え，必要な対象者には，収容される施設や本人の意向にかかわらず必要な指導を受講させる体制が整ったことが社会を守るための再犯抑止という観点からは特に重要である．今後は，対象者のリスクとニーズを特定するためのアセスメントをより精緻化するとともに，プログラムの質を維持するためのスタッフ養成やプログラム実施状況のモニタリングを継続的に行い，適時に処遇効果検証を行いながら認知行動療法の真価が発揮されるよう改良を続けていくことが求められる．

［朝比奈牧子］

参考文献
[1] Lipsey, M. W., Landenberger, N. A. & Wilson, S. J. (2007) Effects of cognitive-behavioral programs for criminal offenders, *Campbell Systematic Reviews*, 6.

施設内処遇におけるリラプス・プリベンション

　リラプス・プリベンション（RP）とは，嗜癖行動の治療において中心的な役割を果たす認知行動療法的治療モデルであり，特に問題となる行動を停止（abstinence）した状態を維持するためのセルフ・マネジメント法をパッケージにした包括的治療プログラムである（Marlatt et al., 2005）．当初は，アルコール依存症治療のために開発されたが，現在はタバコや違法薬物を含む物質依存症，ギャンブル，過食症，性的嗜癖行動等の行動嗜癖の治療にも活用が広がっている．

●**リラプス・プリベンションの治療要素**　リラプス・プリベンションにはさまざまな技法が含まれるが，中心となるのは，①標的行動のハイリスク状況の特定，②それへの対処スキルの学習，という二つの方略である．例えば，覚醒剤の断薬継続が治療目的である場合，覚醒剤再使用の引き金を引くようなハイリスク状況を綿密にアセスメントすることがスタートとなる．それには，人（薬物仲間，売人），物（注射器，アルミホイル），場所（繁華街，公衆便所），時間（休日前，暇な時間），感情（抑うつ，イライラ）等，実に多種多様なものがある．

　次に，対処であるが，①回避できるものは回避する，②回避できないものは，適応的な方法で対処することを学ぶ，という方法をとる．上述の例でいえば，薬物仲間や売人との関係を完全に遮断したり，薬物使用器具を捨てたりするということが回避的な方略である．しかし，時間や感情のような回避不可能な引き金に対しては，休日の過ごし方や抑うつ感情のマネジメント等のスキル訓練をする．

　この他にも，スケジュール管理，生活・金銭管理，対人スキル訓練，思考ストップ法，渇望への対処スキル等，本人の問題性に合わせてさまざまな治療要素を組み込んでいく．

　リラプス・プリベンションの治療には二つの目的がある．それは，①ラプス（lapse）を防止する，②万一ラプスが生じたとしても，リラプス（relapse）への発展を防止する，というものである．ラプスとは，1回再使用をしてしまうことをいい，リラプスとはそこから発展して治療前の乱用状態に後戻りし，生活スタイルすべてがもとに戻ってしまうような状態をいう．この二つの区別は非常に重要である．なぜなら，ラプスは依存症治療において，現実的には非常にしばしば生じるものであり，それは必ずしも治療の失敗を意味するのではないからである．仮にラプスが生じたとしても，リラプスへと発展することを防止できれば，治療を継続し，その失敗から学習することによって，今後同様の状況に陥ったとしても効果的な対処ができ，さらなる断薬の継続を確実なものとすることができる．

●**わが国の状況**　わが国の施設内処遇において，リラプス・プリベンションが最

初に活用されたのは，刑事収容施設法に伴って導入された特別改善指導の枠組みにおける「性犯罪者再犯防止プログラム」であった．同プログラムは，カナダ連邦矯正局のプログラムを参考にして開発されたものであるが，そこでは効果的に再犯を抑止するエビデンスのある治療技法として，リラプス・プリベンションを中核にした認知行動療法プログラムが用いられていた．したがって，わが国においても，性犯罪者の再犯を効果的に防止するために，彼らの認知の歪みや共感性の欠如を修正する認知療法的技法と並んで，リラプス・プリベンションを重要な治療要素として組み込んだプログラムが開発されたのである．

さらに，特別改善指導の薬物依存離脱指導や飲酒運転防止指導においても，リラプス・プリベンションが活用されている．特に，わが国の受刑者に多い覚醒剤依存の治療を目的として，それに特化したリラプス・プリベンションのプログラムである日本版マトリックス・プログラム（J-MAT）が開発・活用されている．

●リラプス・プリベンションのエビデンスと今後の課題　リラプス・プリベンションによる治療の効果は，北米を中心にこれまで数多く検証がなされてきている．例えば，アービングら（Irving et al., 1999）によるメタ分析では，9,504人を対象にした26の研究が組み入れられ，その結果，リラプス・プリベンションによる治療が，薬物使用の抑制や社会適応力の向上に有意な効果があることが見出された．また，性犯罪に対する効果に関しても，複数のメタ分析で確実な効果が見出されている．ハンソンら（Hanson et al., 2009）のメタ分析では，治療群の再犯率が10.9％であったのに対し，対照群は19.2％であった．

わが国では，覚醒剤受刑者を対象にしたランダム化比較試験によって，コーピング・スキルの有意な改善が報告されている他（原田，2010），性犯罪者に対する効果も確認されている（原田ら，2012）．しかし，わが国においてリラプス・プリベンションの活用や研究は，まだ始まったばかりである．最大の課題としてあげられるのは，指導者の育成・訓練である．プログラムの治療効果を最大限に発揮するためには，指導者の果たす役割が大きいことはいうまでもない．

また，評価研究を重ね，プログラムの改善を継続的に行っていくことも重要な課題である．リラプス・プリベンションに効果があるといっても，その効果は残念ながら大きなものであるとはいえない．現在，米国では，リラプス・プリベンションにマインドフルネス認知療法や弁証法的行動療法等を組み合わせ，より効果を上げる試みがなされている．したがって，こうした最先端の研究動向に注目しながら，わが国の現状に合わせた効果的なプログラムを開発していく必要がある．さらに，依存症や嗜癖行動の治療は施設内で完了するものでない．社会内処遇や医療機関との連携等も視野に入れた処遇をめざすことも大きな課題となるといえよう．

［原田隆之］

施設内処遇における動機づけ面接法

　動機づけ面接法（motivational interviewing）は，ミラー（Miller, W. R.）とロールニック（Rollnick, S.）によって提唱されている心理面接技法である．1980年代初頭から，主に薬物や飲酒等，物質依存症患者の治療法として取組みが開始され，その後，肥満症や糖尿病等の治療にも適用範囲を広げている．犯罪者処遇においても早くからその有効性が着目され，性犯罪，薬物，飲酒運転，ドメスティック・バイオレンス（domestic violence：DV）といった問題行動の治療のために応用されている（McMurran, 2009）．

●**動機づけ面接法の理論および技法**　動機づけ面接法の理論的・技術的基礎について書かれた概論書である『動機づけ面接法（*Motivational Interviewing*）』はミラーとロールニックによって1991年に初版が出版され，その後，2002年，2013年に改訂版が出されており，これらのうち，第2版の日本語訳が出版されている．ミラーら（Miller et al., 2013）によれば，動機づけ面接法は「指示的なクライエント中心療法」とされており，ロジャーズ（Rogers, C.）が提唱したクライエント中心療法を基本としながらも，治療の成り行きを純粋にクライエントに任せるのではなく，治療者が開かれた質問，肯定，振り返りの傾聴，要約といった技術を駆使しながら，クライエントを望ましい方向へと導く．ただし，クライエントの意に反して治療者の価値観を押しつけたり，むやみに問題点に直面化させ，改善を迫るといったやり方ではかえってクライエントの心理的リアクタンスを生み，逆効果である．「レスリングよりダンスを」という言葉に象徴されるように，治療者とクライエントの共同作業を通してクライエント自身がもつ変化への前向きな気持ちに焦点をあてることで，変わっていくことができるという自信をもたせ，変化することの必要性を自覚させることがめざされる．

　動機づけ面接法では，クライエントは変化していくことについて両価的な感情を抱いているとされる．すなわち，違法薬物を使用することによって抑うつ感が緩和される等，問題行動によって得てきた利得への執着や未練がある一方で，薬物をやめることで家族との絆を取り戻したいといった変化への前向きな思いも抱えている．動機づけ面接ではまず，クライエントがこのような両価的感情を抱えているということを明確化し，クライエントに自覚させる．そして，変化せずにもとの状態のままでいたいという思いと，より良い生活のために変化していきたいという思いの葛藤を乗り越えられるよう面接過程において共感的に支えることで，クライエント自身がみずからの意思で変化への歩みを進めるよう方向づけるのである．また，動機づけ面接法の過程において変化へのためらいが示された

場合，治療者はクライエントの前向きな発言チェンジ・トーク（change talk）を支持しつつ，後ろ向きな発言サステイン・トーク（sustain talk）にも「両面の振り返り」や「リフレイミング」といった技術によって対応する.

●**わが国の刑事施設における動機づけプログラム**　動機づけ面接法は，治療対象となる症状や行動を修正しようとする意欲を喚起し，持続させるための面接技法として，それのみでも治療的な意義をもち得るが，認知行動療法や薬物療法を受ける前に治療プログラムへの参加意欲を高めるための導入部分として実施されたり，治療プログラムを受講している期間中あるいは終了後のフォローアップとして実施されることがある．マーシャルら（Marshall et al., 2008）は動機づけ面接法を応用し，刑務所における性犯罪再犯防止プログラムへの導入として準備プログラムを開発した．この準備プログラムは6人から8人の受刑者で行われるグループ・ワークであり，概ね週2回，6週間から8週間のセッションから構成される．準備プログラムの参加者はグループの中で自分史を発表する等の課題を通し，安心して自己開示できる経験を積む．また，グループの治療的雰囲気の中で，変化していくことの利益を実感し，次の治療プログラムに前向きに参加しようという意欲を高めるのである．

　マーシャルら（2008）によれば，準備プログラムを受講した受刑者は，治療プログラムに対する動機づけが高まるだけではなく，将来に向けてより明るい展望をもつようになったり，自己効力感が高まったりする効果がみられた．また，準備プログラムを受けた受刑者は，受けなかった受刑者と比べて再犯率が低いことも示されている．わが国の刑事施設においても，性犯罪再犯防止指導に編入される受刑者は，それに先立って個別面接による動機づけ面接や，グループ・ワークによる準備プログラムを受講することとなっているが，いずれも動機づけ面接法の理論や技術が基礎となっている．

　矯正施設における被収容者は，過去に数多くの失敗経験を重ねる中で自尊感情が低下し，前向きに生きていこうとする意欲や，より良い生活を自分の力で獲得できるという自信を失っていることが多い．動機づけ面接法は，被収容者の更生したいという気持ちを強化し，それを持続させることのできる手法である．また，矯正施設において起こりがちな被収容者とそれを管理する側との対立や，治療者の提供するプログラムを義務として被収容者に押しつける権力構造を排し，治療者が被収容者の援助者として協働体制を築き，被収容者の自発的意思を尊重しつつ被収容者を向社会的な価値観へと方向づける点においても，大きな意義をもっている．

[里見　聡]

📖 参考文献
[1] Miller, W. R. & Rollnick, S.（2013）*Motivational Interviewing. 3rd ed.*, Helping people change, The Guilford Press.（ミラー，W. R.・ロールニック，S. 著，松島義博・後藤　恵訳(2007)『動機づけ面接法』第二版の翻訳，星和書店）

治療共同体としての矯正施設

　治療共同体 (therapeutic community：TC) とは　個人のライフスタイルとアイデンティティの変化を促進するように意図したミクロな社会（共同体）の中で，個人を情緒的に治療し，健全な生活に向けた行動や態度，および価値を身につけさせる方法のことである (De Leon, 2000)．施設の環境全体を治療手段とみなし，当事者を主体として進めるさまざまなグループ活動の中から心理・社会的学習をうながすもので，物質依存からの回復施設や精神科疾患治療施設など医療・司法のさまざまな場面でみられる．

●**TCの源流**　大きく分けて，二つの源流をもつ．一つは，1940年代に英国で戦争神経症や心身症の新たな治療方法として生み出され，1946年に精神科医メイン (Main, T. F.) によって治療共同体と名づけられた手法をジョーンズ (Jones, M.) が発展させたものであり，現在も，精神科領域のTCはその流れを汲んでいることが多い．もう一つは，アルコホーリクス・アノニマス (AA) の影響を受けたディードリッヒ (Dederich, C.) が，みずからも当事者として，薬物依存症からの回復方法として始めたシナノン (Synanon) に始まる米国のモデルであり，当事者による物質依存からの回復施設等がその流れを汲む．世界中そしてさまざまな領域でTCが実践される中で場に応じて修正が図られ，その手法は多岐にわたるが，世界治療共同体連盟 (World Federation of Therapeutic Communities：WFTC) がつくられ，ゆるやかなまとまりを維持している．

●**海外矯正施設へのTC導入例と評価研究動向**　刑務所内TCは1962年，もとは精神科病院であった英国のグレンドン刑務所で所長兼精神科医により始められたのが最初とされ，1970年代以降，スウェーデン，デンマーク，オランダ，ドイツ等の欧州各地で広がりをみせている．米国の最初の刑務所内TCの一つで，かつ最もよく知られているのは，1969年に連邦刑務局の精神科医により始められたマリオン刑務所のTCである．成果を認められ拡大する一方，与えられた権利を乱用する受刑者による腐敗が生じ，マーテチソン (Martinson, R. L.) による「nothing works」という逆風もあって，1970年代後半には，連邦刑務所のTCはいったんすべて消滅した．しかし州刑務所では，TCを体験した元受刑者を雇用し，シナノン・モデルを使ってTCは続けられ，1980年代後半には，出所後のケアを含めた刑務所内TCの処遇効果が実証されるようになって，現在は薬物依存関連犯罪者に効果的な介入方法とされている．もともとの受刑者の特質や集計方法が異なることから安易な比較は慎むべきであるが，参考として再犯率に関わる一覧表を付す（表1）．

表1 刑務所内TC(+出所後の社会内TC)の主な処遇効果評価研究

研究者	発表年		対象TC	結果
Wexler et al.	1992	米	Stay'n Out	〈再逮捕率：男性〉TC受講群：27％，環境療法：35％，カウンセリング：40％，治療なし：41％
Cullen	1993	英	HM Grendon Prison	〈出所後2年間の再逮捕率〉グレンドンTC受講群：33.2％，イングランド・ウェールズの全受刑者：42～47％
Martin et al.	1999	米	KEY-CREST	〈回復(非再逮捕)率〉刑務所内TC+社会内TC受講者：69％，社会内処遇CRESTドロップアウト28％，社会内処遇CREST完遂者：55％，対照群：29％
Wexler et al.	1999	米	Amity	〈出所1年間の刑務所再収容率〉刑務所内TC+社会内TC受講者：8％，刑務所内TC：40％，対照群：50％
Brown et al.	2014	英	Dovegate TC Prison	〈再逮捕率〉TC受講者：47.8％―般受刑者再逮捕率：58％(Kershaw et al., 1999)：54.5％(MOJ, 2008)

● PFI刑務所のTCの概要，効果検証経過，今後の課題と展望　PFI (private finance initiative) 刑務所の一つ，2008年に開所した島根あさひ社会復帰促進センターでは，日本の刑事施設では初めて，治療共同体の概念に基づくユニット（寮）運営を一部導入した．そのうち58名定員の一つのユニットでは，治療共同体の手法を全面的に取り入れ，米国の治療共同体アミティのカリキュラムと認知行動療法等を組み合わせた週約12時間の集中的な改善指導を受講できる「回復共同体プログラム」が実施されている（受講者数は，2014年9月時点で217人）．対象は，罪種を問わず，本人が希望し，かつ残刑期が6か月以上ある者から選定される．セミ・クローズド方式により，共同体には常に新旧のメンバーが混在するようにし，さまざまな役割活動を行いながら積極的に共同体に関与する仕組みがつくられている．2012年度の処遇効果評価によれば（藤岡，2013），開所から5年間の刑事施設再入所率は，センター出所者全体 (2,236人) では10.6％だったが，回復共同体プログラム修了者では3.2％と有意に少なかった．刑期の長さや再犯リスク，引受人の有無等，再犯率に影響を及ぼす要因では他の受刑者と有意差がみられないことから，回復共同体プログラムの効果と考えられる（ここでいう5年間の再入所率は，5年間の累計で，かつ仮釈放取り消しを含んでおり，『犯罪白書』等とは集計法が異なる）．

今後の課題としては，①日本の行刑施設運営を踏まえた刑務所内TC運営のあり方や，他の刑務所・少年施設での運営の可否について可能性を検討すること，②刑務所内だけの処遇より再犯率を下げるといわれている社会内処遇プログラムとの併用をどのように実現するのか模索すること等がある．　　　　　［毛利真弓］

参考文献
[1] Rawlings, B. (1998) Research on Therapeutic Communities in Prisons. (http://www.dldocs.stir.ac.uk/documents/rawlings.pdf)（閲覧日 2016年5月19日）
[2] Wexler, H. K. & Love, C. T. (1994) Therapeutic Communities in Prison. *National Institute on Drug Abuse Research Monograph*, 144, 181-208.

刑務所副次文化

　文化とは，一般的には「ある社会で歴史的に形成され，伝承されてきた生活習慣」と定義されており，矯正施設，とりわけ刑務所も，受刑者が集められ一つの集合体として小社会が形成され，長い歴史の中で伝承されてきた塀の中特有の生活様式や習慣というものがある．これを刑務所における文化と称することができ，そこには公式的文化と非公式文化が存在し，後者には不文律ないしは暗黙の了解として引き継がれている生活様式や習慣が含まれており，これらを副次文化ととらえることができる．

　刑務所を一つの社会としてとらえ，そこに形成される文化に関する先駆的研究者であるクレマー（Clemmer, D.）は，『プリズン・コミュニティ研究（*The Prison Community*）』（1940）の中で，刑務所化（施設化ともよばれる）の概念を導き出している．これは，刑務所生活を送る成員の一人として受刑者同士の風習，しきたり，生活様式等の刑務所文化を身につけることで施設内適応を図る過程と位置づけている．サイクス（Sykes, G. M.）は，著書『囚人社会（*The Society of Captives*）』（1964）の中で，拘禁作用がもたらす五つの苦痛として，①自由の剥奪，②物品と便宜の剥奪，③異性関係の剥奪，④自主性の剥奪，⑤安心感の剥奪，をあげ，こうした苦痛への適応ないしは緩和を図るために刑務所文化が形成されているとした．このように，刑務所における文化の源は，施設の中にある剥奪によるものであるとする剥奪モデルの立場がある一方，社会からもち込まれたものであるとする取入れモデルの立場がある．後者は，暴力団集団の在社会時における序列関係や反目団体との対立関係をそのまま刑務所内にもち込む等，反社会的価値観を含んでいる場合が多い．

●**インフォーマル・グループの形成**　インフォーマル・グループとは，公式集団としてのフォーマル・グループに対して，非公式集団として存在するものであり，もともと価値判断を含む集団概念ではないものの，刑務所における受刑者のインフォーマル・グループは，職員の目を盗み，施設の規律秩序を阻害したり，職員集団に対抗するといった色彩を帯びていることが多い．ゴフマン（Goffman, 1961）は，刑務所が全制的施設（total institution）の典型的な例であると指摘している．全制的施設とは，同じような境遇にある人々が，相当期間，一般社会から遮断され閉鎖的に管理され，決められた日課に従って生活する居住施設のことであり，そこには管理する側と管理される側との境界が明確にあり，双方の接触も厳格に制限されていると定義している．こうした施設環境の特殊性が，すべての受刑者がインフォーマル・グループに属さないとしても，インフォーマル・グ

ループの形成を左右していると考えられる．

●**刑務所化（施設化）のプロセス**　刑務所では，受刑者は年齢に関係なく，一日でも早く工場や集団室に所属することになれば先輩として大きな顔ができるが，このため一部の累犯刑務所では，集団室中のトイレに近い位置が新入受刑者の就寝位置になることがある．トイレ掃除も新入受刑者がやらなければならないこともある．いわゆる「新入り」は，施設に馴染み，心理的にも安定した生活を送るために，こうした決まり事を取り込みながら，時には従うことで，刑務所化が進行していくことになる．

また，刑務所化の一つとして，隠語という特殊な言葉遣いの存在がある．例えば，他の受刑者に不正な手段で伝言することを意味する「ハトを飛ばす」や，職員への密告を意味する「チンコロ」（一般社会では公益通報的な行為ともいえるチンコロは，仲間を売ったとして受刑者間では嫌われる行為でもある）等，これら隠語を使用することも，刑務所生活者の一員として同化し安定を得ることになる．刑務所化は，刑務所での収容期間の長短や刑務所歴の違いによる程度の差こそあれ，刑務所文化に順応していくことを意味する．

●**副次文化の負の影響に対する打開策**　インフォーマル・グループの成員であるという意識が強くなると，本来の受刑目的が薄れてきたり，その一方で刑務所への過度な順応により，得てして施設内適応力ばかりが身につき，出所後の社会適応に支障をきたすおそれがある．事実，刑務所への入所を繰り返す「刑務所太郎」と称される者が一定数おり，ここに副次文化の負の影がみられる．

刑務所社会を構成しているもう一つの集団に，管理する側として存在する職員がおり，彼らがどのように受刑者と相互的な関わりをもつかが，副次文化の負の影響を打開する鍵である．なぜなら，管理するだけではなく，受刑者を改善更生に向かうよう働きかける存在だからである．特に，受刑者との関わりが最も多い刑務官は，施設の規律秩序を維持するために厳正かつ公平な態度で受刑者と対峙すると同時に，人間的な温かみをもって接することが期待されている．受刑者との物理的・心理的距離の取り方がきわめて難しいものの，常に，刑務所内における副次文化の存在を念頭に置きながら，かつ一人ではなく組織として対応することになる．

また，「刑事収容施設及び被収容者等の処遇に関する法律」の施行（2006）に伴い，再犯防止に向けた改善指導が活発に実施されている．特に，認知行動療法等の専門的な処遇を展開している特別改善指導等により，自己の抱える問題の本質に目を向け改善更生への意識を高めていくことが期待されている（☞「刑事施設における改善指導」）．これにより，受刑者が日常の刑務所生活に横たわる副次文化の取り込みにとらわれることなく，出所後の社会生活，ひいては今後の人生のあり方に直面させる機会を増やすことができる．　　　　　　　　　［寺﨑武彦］

受刑者処遇の流れ

　受刑者とは，懲役，禁錮または拘留の刑の執行のために刑事施設（刑務所，少年刑務所，拘置所）に拘置されている者をいう．ここでは，刑の執行開始から釈放までに，刑事施設において受刑者に対して実施される各種処遇等の流れ（図1）について概説する．

　なお，作業，改善指導，教科指導の総称を矯正処遇，矯正処遇に刑執行開始時の指導および釈放前の指導を加えた総称を矯正処遇等という．

図1　受刑者処遇の流れ（『平成27年版犯罪白書』より作成）

●**刑執行開始時調査および処遇要領の作成**　刑事施設においては，受刑者の処遇に必要な基礎資料を得るために，医学，心理学，教育学，社会学その他の専門的知識および技術を活用し，面接，診察，検査，行動観察その他の方法により，資質および環境に関する科学的調査（処遇調査）が実施される．このうち，刑の執行開始時の処遇調査（刑執行開始時調査）では，精神状況，身体状況，生育歴等のほか，非行・犯罪歴，犯罪性の特徴，職業および教育等の適性・志向等の調査が行われ，受刑者には，その結果に基づき，処遇指標が指定される．処遇指標とは，①矯正処遇（作業，改善指導，教科指導）の種類および内容，②受刑者の属性，③犯罪傾向の進度から構成される符号であり，例えば，一般作業，一般改善指導および薬物依存離脱指導の実施が必要と判断され，かつ，犯罪傾向が進んでいない受刑者は「(V0, R0, R1) A」という処遇指標が指定される（符号の種類は，☞「受刑者の集団編成」表1，2）．

　また，刑執行開始時調査を踏まえ，受刑者ごとに処遇要領（矯正処遇の目標ならびにその基本的な内容および方法を定めたもの）が策定される．処遇要領は，受刑期間を通して実施する矯正処遇の計画表であり，受刑中に矯正処遇の変更が必要となれば，定期または臨時の処遇調査に基づき，処遇要領および処遇指標が変更される．なお，26歳未満であること，特別改善指導の受講にあたり特に調

査を必要とする者等一定の基準を満たす受刑者は，より精密な調査の対象者として，矯正管区ごとに調査センターとして指定されている刑事施設に移送され，刑執行開始時調査が行われる．

●**矯正処遇等**　矯正処遇等は，その効果的な実施のために，各受刑者に指定された処遇指標に基づき，必要に応じて，受刑者を集団に編成して行うものとされている（☞「受刑者の集団編成」）．

① **刑執行開始時の指導**：刑執行開始後，主として，処遇施設において，受刑の意義，矯正処遇の制度等に関する指導が行われる．

② **作業**：懲役受刑者には，作業が義務づけられている（禁錮受刑者および拘留受刑者も本人の希望により作業を行うことができる）．作業は，受刑生活の中核となるものであり，生産作業，社会貢献作業，自営作業および職業訓練の4種類がある．このうち，職業訓練は，職業に関する免許もしくは資格を取得させ，または，職業に必要な知識および技能を習得させるものである．

③ **改善指導**：改善指導は，作業とともに矯正処遇の中核となるものであり，受刑者に対し，犯罪の責任を自覚させ，健康な心身を培わせ，社会生活に適応するのに必要な知識および生活態度を習得させるために行われている．改善指導は，薬物に対する依存があること，暴力団員であること等の特定の事情を有する受刑者に対して実施する特別改善指導と，これら以外の一般的な指導を行う一般改善指導に大別される．なお，特別改善指導は，薬物依存離脱指導，暴力団離脱指導，性犯罪再犯防止指導，被害者の視点を取り入れた教育，交通安全指導，就労支援指導の6類型がある．

④ **教科指導**：教科指導は，社会生活の基礎となる学力を欠くことにより改善更生および社会復帰に支障があると認められる受刑者に対して行う教科指導（補習教科指導）と学力の向上を図ることが円滑な社会復帰に特に資すると認められる受刑者に対し，その学力の状況に応じて行う教科指導（特別教科指導）がある．補習教科指導は，小学校，中学校の教科の内容に準ずる内容，特別教科指導は，高等学校または大学の教科の内容に準ずる内容となっている．

⑤ **釈放前の指導**：受刑者の釈放にあたって，原則として2週間，釈放後の社会生活において必要となる知識の付与等について指導が行われる．

●**円滑な社会復帰に向けた支援**　受刑者は，上述のような矯正処遇等を経て社会復帰していくことになるが，受刑者等の再犯防止対策の一環として，近年，関係機関と連携した円滑な社会復帰支援が推進されている．具体的には，刑事施設，少年院，保護観察所および公共職業安定所が連携した就労支援事業（刑務所出所者等総合的就労支援事業），高齢または障害を有し，適当な帰住先がない受刑者が釈放後速やかに適切な福祉サービス等が受けられるための社会復帰に向けた保護，生活環境の調整（特別調整）等の施策が進められている．

［西田篤史］

受刑者の集団編成

　受刑者の集団編成とは，刑事施設での処遇を効果的・効率的に行うため，受刑者をその個々の資質・環境のプロフィールに応じて，所定の基準に基づき群分けする，というものである．
　法制度上，集団編成の根拠は，刑事収容施設法第86条第1項にみることができ，同項には，矯正処遇等は集団編成して行うとある．
●**集団編成の意義**　集団編成の意義は多岐にわたるが，まずあげられるのが処遇上の意義である．実際，刑事施設において，あらかじめ等質性の高い受刑者集団が編成されていれば，日々の処遇をはじめ，改善指導・教科指導，刑務作業の実施に至るまで利便の図れるのは言うをまたない．
　次にあげられるのが，経済上の意義である．刑事施設は，その性質上，必ずしも潤沢な予算配賦には恵まれてはいない．限られた予算を最大限に生かす必要性があるだけに，受刑者を秩序立てて群分けし，群ごとにリソースを傾斜配分し投下する運用に意義が生じる．とりわけ，医療，職業訓練，外国人処遇，特殊警備等のように，相当のコストを要する処遇に際しては，対象者を選び出し特定の場にまとめ，そこにリソースを集中特化し運用すれば効率的となるので，集団編成上の実利はさらに高まる．
　集団編成は，単に受刑者を集めるのみではない．受刑者を引き離すことにより成立するものもある．
　例えば刑事施設の場合，暴力団員・累犯者のように他に悪風を及ぼすおそれのある者，あるいは感染性疾患を有する患者等も在所する．これらは，処遇上・医療上の必要性により，分離のうえ，別群に編成されることになる．他にも法令上の要請として，刑名（懲役，禁錮，拘留の別）および性別による分離（刑事収容施設法第4条第1項），さらには年齢（少年，成人の別）による分離（少年法第56条第1項）が定められており，これらもそれぞれの必要性に基づき別途の集団に編成される．
●**処遇の個別化との関連**　ところで，刑事収容施設法は処遇の個別化（個別処遇）を打ち出しているのが特徴である．この趣旨は，刑事収容施設法第84条第2項に盛り込まれており，同項によれば，刑事施設においては，受刑者ごとに処遇要領が定められ，これらの処遇要領に基づき個別に設定された矯正処遇が実施されることになる．
　一見すると，刑事収容施設法は，処遇の個別化と集団編成，つまり個と集団とを併存させているので矛盾であるかのように思わせるが，実務上，この二つは相

表1 矯正処遇の種類および内容

種類	内容		符号
作業	一般作業		V0
	職業訓練		V1
改善指導	一般改善指導		R0
	特別改善指導	薬物依存離脱指導	R1
		暴力団離脱指導	R2
		性犯罪再犯防止指導	R3
		被害者の視点を取り入れた教育	R4
		交通安全指導	R5
		就労支援指導	R6
教科指導	補習教科指導		E1
	特別教科指導		E2

(『平成25年版犯罪白書』より作成)

表2 属性および犯罪傾向の進度

属性	符号
拘留受刑者	D
少年院への収容を必要とする16歳未満の少年	Jt
精神上の疾病または障害を有するため医療を主として行う刑事施設等に収容する必要があると認められる者	M
身体上の疾病はまたは障害を有するため医療を主として行う刑事施設等に収容する必要があると認められる者	P
女子	W
日本人と異なる処遇を必要とする外国人	F
禁錮受刑者	I
少年院への収容を必要としない少年	J
執行刑期が10年以上である者	L
可塑性に期待した矯正処遇を重点的に行うことが相当と認められる26歳未満の成人	Y
犯罪傾向が進んでいない者	A
犯罪傾向が進んでいる者	B

(『平成25年版犯罪白書』より作成)

互に関連する．実際，刑事施設における処遇の個別化とは，①まず受刑者の個別性に着眼して，一人ひとりの資質・環境を明らかにし，②次に，把握された受刑者個々の特性に基づき，似通ったタイプの者を選び出して集団を編成し，③そして，まとめあげられたこれらの集団ごとに，ふさわしい処遇を実施する，というプロセスで説明されるのが通例であり，矯正処遇等は集団編成して行う旨の法趣旨と矛盾せず，むしろ有機的な結びつきを有しているとさえいえる．

●**集団編成の基準** 集団編成は，基準に従って運用されなければならない．というのも，恣意的に集団編成がなされれば，まだらで等質性のない受刑者群がもたらされ，かえって混乱が生じるからに他ならない．

このため，誰の目にも客観的で，かつ判定上揺らぎのない分類上の基準を設けたうえで，斉一的に運用する枠組みが求められる．

実務においては，いずれの刑事施設にも通用される集団編成基準として，「矯正処遇の種類及び内容」「属性」および「犯罪傾向の進度」が立てられており，これら基準のそれぞれに符号（処遇指標という）が割り振られているのが特徴である（表1，表2）．これら処遇指標は，必要に応じて複合的に組み合わされ，多彩でバリエーションある集団編成の実現に生かされている． ［脇本雄一郎］

刑事施設における改善指導

「刑事収容施設及び被収容者等の処遇に関する法律」（以下，刑事収容施設法とする）は，受刑者処遇の原則として，「その者の資質及び環境に応じ，その自覚に訴え，改善更生の意欲の喚起及び社会生活に適応する能力の育成を図ることを旨として行う」（第30条）と定め，そのために，「刑事施設の長は，受刑者に対し，犯罪の責任を自覚させ，健康な心身を培わせ，並びに社会生活に適応するのに必要な知識及び生活態度を習得させるため必要な指導を行うものとする」（第103条第1項）とした．これを改善指導とよぶ．特に，受刑者に一定の事情があることで，その改善更生および円滑な社会復帰に支障があると認められる場合，その事情の改善に資するような配慮をしなければならない（同条第2項）として，刑事収容施設法において2種類，刑事施設及び被収容者の処遇に関する規則において4種類を定め，これら法令に定められた6種類を特別改善指導とよぶ（☞（刑事施設における）「薬物依存離脱指導」「暴力団離脱指導」「性犯罪再犯防止指導」「被害者の視点を取り入れた教育」「交通安全指導」「就労支援」）．

●一般改善指導　改善指導のうち，特別改善指導に該当しないものは一般改善指導とよばれる．一般改善指導は，各刑事施設の長が定める計画表に基づいて実施され，①被害者およびその家族または遺族等が置かれている状況および心情を理解させるとともに，みずからの犯した罪に対する反省を深めさせ，罪障感を養うこと，②規則正しい生活習慣，健全なものの見方や考え方を身につけさせるとともに，心身の健康を増進させること，③釈放後の生活設計に必要な情報について理解させるとともに，社会生活において求められる協調性，規則を遵守する精神，行動様式等を身につけさせること等を目標に，概ね表1のとおりの種類および内容で行われている．

●実施状況　刑事施設の改善指導は，多くの場合，教育部または処遇部更生部門の担当職員（教育専門官および刑務官）によって行われるが，一部では心理職や処遇部門の刑務官が担当する場合もある．さらに，少年施設職員，篤志面接委員および自助グループ・メンバー等，外部の協力者の援助を受ける場合もある．刑事施設全庁における一般改善指導の運用状況について，佐藤ら（2008）の調査によれば，小集団で期間を定めて行うグループ・ワークに比べて，行事や講話，自主学習に任せるような指導が圧倒的に多いこと，また，施設によって実施数もまちまちであること，さらに，一般改善指導は特別改善指導と異なり，受講対象者の範囲や実践プログラムがあらかじめ示されていないため，自由度が高い反面，一からの立ち上げになるため，ハードルが高くなること，実施できるスタッフの

表1 一般改善指導の種類(法務省「受刑者の各種指導に関する訓令」2006 より作成)

事　項	種　類	内容(例示)
被害者感情の理解等	被害者およびその遺族等の感情を理解させ,罪障感を養うための指導(被害者感情理解指導)	被害者またはその遺族等による講話,視聴覚教材視聴,課題読書等
規則正しい生活習慣・健全な考え方の付与,心身の健康の増進等	酒害教育,窃盗防止教育その他の犯罪に対する意識,態度および行動面の問題に対する指導(行動適正化指導)	講話,面接,内観,グループ・ワーク等
	自己啓発や人間性回復のための指導(自己啓発指導)	読書指導,教養番組視聴等
	自己の問題性について,改善のための目標を設定し,自己点検しながら目標達成に取り組ませる指導(自己改善目標達成指導)	自己改善目標の設定,目標達成度の自己点検,課題読書,視聴覚教材視聴等
	体力づくり,健康維持のための指導(体育)	体育,講話等
	体育的,儀式的,文化的,学芸的指導(行事)	運動会,文化祭等
生活設計,行動様式の付与等	資格取得,職業意識・知識の付与,生活設計および社会復帰への心構えに関する指導(社会復帰支援指導)	通信教育,実務講座(簿記,福祉関係等),面接等
	家庭,職場等で円滑な人間関係を維持するために必要な対人関係スキルの指導(対人関係円滑化指導)	SST,面接等

数が限られていること等の問題点があるとされる．しかし，最近は，アンガーマネジメントや暴力防止指導等を一般改善指導として実施し，指導前後に定量的尺度等を用いてその効果を検証する例も見受けられる（高野ら，2012；熊谷，2014）．

●**今後の課題および展望**　『矯正統計年報』によると，2013 年に全国の刑事施設から出所した受刑者 2 万 6,535 人中，1 万 201 人が特別改善指導や教科指導の対象とはならず，一般改善指導の対象となっただけで出所している．これらの受刑者にも，必要に応じ，再犯防止を目的とした処遇が必要である．限りある資源を有効に活用するためには，犯罪者の再犯リスクとニーズを客観的に把握しながら，ターゲットを絞った処遇を選択する必要がある（新海，2008）．

欧米においては，刑事施設に入所したことを機会として自分の行動の問題点の考察をうながす動機づけ面接（Ginsburg et al., 2002）が導入され，ある程度の効果を示している（McMurran, 2009，わが国での適用の考察について，里見ら，2014）．また，認知行動療法に基づくプログラムに再犯防止効果があることが検証されている（Lipsey et al., 2007）．刑事施設においては，必要に応じ，これら効果の期待できるプログラムを一般改善指導として実施し，その効果を客観的に検証することが求められる．

［新海浩之］

刑事施設における薬物依存離脱指導

　覚せい剤取締法違反，麻薬および向精神薬取締法違反といった薬物事犯の検挙人員（特別司法警察員が検挙した者を含む）は，減少傾向にあるものの，毎年1万人を超える状況が続いている．新受刑者（裁判が確定し，その執行を受けるため，新たに入所した者，死刑の執行を受けた者および国際受刑者移送法〈平成14年法律第66号〉により受入移送した者）全体に占める割合は約4分の1と高い状態が続いている．また，薬物依存から離脱できずに再び罪を犯して刑事施設に再入所する割合も高く，2度以上の入所歴のある者は薬物事犯新受刑者の約7割を占めている（法務省『矯正統計年報』2013）．特に，女子受刑者では，新受刑者全体の約4割と高い割合を占めている他，女子の覚せい剤取締法違反による入所受刑者人員は増加傾向にあり，2012年は，入所受刑者総数が同程度である1996年の約1.5倍に増加している（『平成24年版犯罪白書』）．
　なお，覚せい剤取締法違反による入所受刑者の年齢構成については，平成24年においては，29歳以下が10.4%，30歳代が32.1%，40歳代が35.6%，50歳代以上が21.9%となっている（法務省『矯正統計年報』2013）．

●**薬物依存離脱指導に関する法令上の規定**　受刑者の処遇は，「刑事収容施設及び被収容者等の処遇に関する法律」（以下，刑事収容施設法という）に基づいて実施されている．刑事収容施設法は1908年に施行された監獄法を全面的に改正したものであるが，従来の刑務作業に加えて改善指導や教科指導が矯正処遇として明文化されている．刑事収容施設法において改善指導は，多くの受刑者に共通する一般的なものとしての一般改善指導と，個々の受刑者の問題性や犯罪性等に応じた個別的なものとしての特別改善指導とに分けられ，後者の中に，薬物に対する依存がある者についての薬物依存離脱指導が位置づけられている．
　薬物依存離脱指導は，麻薬，覚醒剤その他の薬物に対する依存がある者を対象とし，薬物依存の認識および薬物使用に関わる自分の問題を理解させたうえで，今後薬物に手を出さずに生活していく決意を固めさせ，再使用に至らないための具体的な方法を考えさせることを目標に実施することとなっている．実施内容については，法務省矯正局長が定める標準プログラムに従い，各施設の実情も踏まえたうえで統一的な処遇が実施されている．

●**標準プログラムの実施体制**　標準プログラムは，①薬物依存症を正しく理解させる，②薬物依存に係る自己の問題を理解させる，③薬物を使用しない生活のための具体策を考えさせる，④再使用防止のための方策を考えさせることを目標とし，薬物の薬理作用と依存症，薬物依存からの回復，再使用防止のための方策，

表1 薬物依存離脱指導カリキュラム
（法務省矯正局「改善指導の標準プログラムについて(伝令通達)」平成18年5月23日付け）

項　目	指導内容	方　法
オリエンテーション	受講の目的と意義を理解させる (カリキュラムの説明，動機づけ)	・講義 ・薬物使用チェックリスト作成
薬物の薬理作用と依存症	薬物の薬理作用と依存状態が形成される過程，回復のための方法等，薬物依存症について理解させる	・講義 ・視聴覚教材の視聴
薬物を使用していたときの状況	グループワークの方法を説明し，共通する問題を全員で真摯に考える構えをもたせる．薬物を使用していたときの状態を振り返らせる	・視聴覚教材の視聴 ・グループワーク
薬物使用に関する自己洞察	どんなときに薬物を使用していたのかを考えさせ，薬物に依存する背景を明確にし，自己理解を深めさせる	・グループワーク
薬物使用の影響	薬物使用の良いところばかりでなく，まわりにかけた迷惑や引き起こした問題，社会的責任等，薬物使用以外にも問題点があることに気づかせ，罪障感を喚起する	・視聴覚教材の視聴 ・グループワーク
薬物依存からの回復	依存症の認識と再使用を防止するための方策を考える姿勢をもたせる．やめ続けることに成功した人たちとその活動について紹介し，依存症からの回復への希望をもたせる	・視聴覚教材の視聴 ・講話 ・グループワーク ・読書指導
薬物依存離脱に関する今後の決意	薬物使用の損得について具体的かつ現実的に考えさせ，薬物使用と自分自身のこれからの人生に関する洞察を深めさせる	・グループワーク
再使用防止のための方策(危機場面について)	再使用防止の方策を考える第一段階として①再使用のおそれのある場面や状況，②薬物に頼りたくなる場面や状況を具体的に考える	・グループワーク
再使用防止のための方策(対処スキルについて)	再使用のおそれのある場面や状況に関し，①薬物に頼らずに回避する方法，②その方法を身につけるためにはどうすればよいかを考える	・グループワーク ・SST
出所後の生活の留意事項と社会資源の活用	出所後の留意事項について注意を喚起するとともに，民間自助グループの活動について情報提供する	・講義 ・視聴覚教材の視聴

出所後の生活の留意事項と社会資源の活用等の指導項目に基づき，受刑者同士のグループ・ワークを中心に実施されている．具体的な指導内容および方法については，表1に基づく．グループ・ワークを実施するにあたっては，適切な指導の下，受刑者にみずからの薬物乱用の経験や影響等について自主的に話し合わせることを通じて，薬物に手を出さずに生活していくための具体的な方法を考えさせることが重要である．また，実施にあたっては，ダルク（DARC）等の民間自助グループの協力により，社会との連携強化として釈放後に民間自助グループ等が実施するプログラムへの参加の動機づけが行われている．指導時間等の標準は，12単元（1単元50分）を3か月から6か月の期間とされている．

●現状の課題　薬物依存離脱指導においては，①受講対象者が多数に上ること，

②グループ・ワークの手法が取り入れられており，指導の有効性の観点等から，1グループあたり10人程度で実施されていること，③標準プログラムが1種類しかなく，当該プログラムに馴染まない者への対応が困難であること，等といった理由により，出所時までに十分な指導を受けることができない対象者が少なくないといった問題がある．これらの問題を解消し，薬物依存離脱指導の充実化を図る目的で，法務省矯正局は2012年度から5か年計画を実施している．

実施体制の見直しにあたっては，①対象者の再犯リスクや問題性等に応じた処遇プログラムを実施すること，②対象者の再犯リスク等を的確に把握できる体制を構築すること，③指導者を育成すること，④効果検証体制を整備すること，があげられている．特に，対象者の再犯リスク等に対応した処遇プログラムの実施点については，リスク・ニーズ・リスポンシビティ（risk needs responsivity：RNR）原則に従うことが，効果的な処遇につなげるうえで重要だとされている（例えば，Andrews et al., 1990）ことを踏まえ，対象者の再犯リスクに応じて高密度，中密度および低密度の3群に分ける「密度別プログラム」の開発が試みられている．このうち，高密度プログラムと中密度プログラムは，認知行動療法をベースとしている．低密度プログラムは，主として視聴覚教材を活用して実施されるものである．

●査定・効果検証の枠組み　処遇プログラムを実施する前提として，対象者の再犯リスク等を査定する必要がある．刑事施設は，2010年から，リスク・ニーズ・アセスメント・ツール（以下，アセスメントという）として，ツール1とツール2を実施している．ツール1はいわゆる動的リスクを把握するものであり，山本ら（2011）のC-SRRS（Correctional Stimulant Relapse Risk Scale）を使用し，渇望感といった精神機序に着目して処遇のターゲットとするものである．ツール2はいわゆる静的リスクを把握するものであり，過去の出来事や本人の属性等といった薬物依存と一定の相関があると考えられる特徴について，客観的な指標として用いるものである．既述のとおり，今後は密度の異なるプログラムを実施するにあたり，再犯リスクの程度等に応じて対象者を振り分ける必要があり，そのためのアセスメントのあり方を見直すことが検討されている．

効果検証については，アセスメントの結果を受講前後で比較する等，検証体制の構築が図られている．具体的には，上述のツール1に加え，自己効力感，改善に対する動機づけ等の再犯につながる可能性のある動的リスクの調査をプログラムの前後，出所前に実施し，その変化をみることでプログラムの効果をみることがあげられる．さらに，受講による変化に単に着目するのではなく，「どのような状態から変化を遂げるのか」に着目することや，前後等の比較の結果と実際の再犯との関連を検証することも有用であると考えられ，受講によるどのような変化が再犯率の変化につながるかという視点からの検証も重要であると考えられる．

●**欧米の関連評価研究等を踏まえた今後の展望**　薬物依存治療において，世界中で多く用いられ，効果についての実証研究が多数行われている主な心理療法的介入は次のとおりである．まず，米国を中心に世界中の物質使用障害に対して幅広く用いられている 12 ステップ・プログラムがある．これは「言い放し，聞き放し」のグループ・ミーティングに参加することによって，依存症に対処する方法論を学ぶとともに社会的支援を強化するもので，薬物依存についてはナルコティクス・アノニマス（narcotics anonymous：NA）がある．次に，共感的な態度と介入によって患者自身に矛盾した考えに気づかせながら変化への自己効力感を高めることを目的とする動機づけ面接法がある．そして，認知行動療法（cognitive behavioral therapy：CBT）である．CBT は，物質使用は内的な刺激（感情等）や外的な刺激（交際相手や注射器等）によって欲求が誘発され，使用による報酬獲得や罰の回避によって強化されるという考えに基づき，その分析を通じて再発リスクの高い状況を回避し，別の対処スキルを習得させることを目的としている．CBT は，他の治療法と組み合わせて提供されていることが多く，その代表となるのがマトリックス・モデル（matrix model）である．これは，CBT に基づくグループ・セッション，動機づけ面接や個別面接による再発分析，薬物使用モニタリング，家族セッションから構成されている．

　これらについては，物質や対象者の違い，入院か通院等，さまざまな要因を考慮してさまざまな治療法による効果の比較が行われているが，誰に対しても効果がある治療法が示されるというよりは，そのマッチングについての示唆に富む結果が得られている．つまり，12 ステップ・プログラムには併存精神症状が比較的軽微な者が適していること，（Project MATCH Research Group, 1998），動機づけ面接法で用いられる比較的寛容なメッセージは，もともと治療に対して動機づけが高く指示的な治療法を望んでいる患者に対しては適していない可能性があること（Rohsenow et al., 2004），認知行動療法は，暗黙の了解として患者はすでに動機づけられていることを前提としていること（Paul et al., 2006）等，再発防止に有効な治療のために，対象者の性質・状態と治療法とのマッチングを検討する必要があることが示されている．

　このように，薬物依存からの回復過程は多様であり，絶対的な効果のある理想的な治療法は存在せず，米国国立薬物乱用研究所によると，依存者の多様性にあわせた多様な治療のオプションが用意されることが重要であるとされている．わが国においては，これらの研究のような，メタ分析や実際の再発の情報を踏まえた研究はいまだ数少ない．上述のように，今後は密度の異なるプログラムが実施されることから，それぞれのプログラムに適する対象者の要因（能力，動機づけ，精神症状等）について，効果的なプログラムの質（期間，持続的か断続的か，アフター・ケアの有無等）と合わせて，研究が進められることが望まれる．　［山本麻奈］

刑事施設における暴力団離脱指導

　暴力団離脱指導とは，刑事施設に収容されている受刑者のうち暴力団員である者を対象者として，暴力団の反社会性を認識させ，暴力団から絶縁する意志を固めさせることを目標に置いた特別改善指導である．暴力団関係受刑者を多数収容する施設では，当該指導に個々に取り組んできた経緯があるが，新法施行（2006年）後，再犯防止の趣旨から，質的・量的にその充実強化がなされている．

●**暴力団関係受刑者の動向**　入所受刑者中の暴力団関係者は，2006年以降，減少傾向にあるが，2014年では，1,751人（幹部498人，組員1,057人，地位不明の者196人）であり，全入所受刑者の8.0％を占め，依然として憂慮すべき状況にある．暴力団関係者は，それ以外の者と比べ，覚せい剤取締法違反，傷害，恐喝の罪名が多く，刑期は長く，再入者の比率が高いといった特徴がある．

●**法令上の規定**　暴力団離脱指導の内容等は，「受刑者の各種指導に関する訓令（法務大臣訓令）」「受刑者の各種指導に関する訓令の運用について（矯正局長依命通達）」「改善指導の標準プログラムについて（矯正局長依命通達）」に規定されている．具体的な指導内容・方法の枠組となる実践プログラム（指導計画，指導案）は，対象者の特性，地域性等の諸条件を考慮したうえで各刑事施設が定める．その際は上記の依命通達「改善指導の標準プログラムについて」中の「暴力団離脱指導の標準プログラム」が基本になる．

●**標準プログラム**　標準プログラムでは，対象者，指導項目，指導方法，指導時間数等が示される．

　対象者は，「暴力団員による不当な行為の防止等に関する法律」第2条第6号に規定する暴力団員である者であって，いわゆる準構成員や周辺者は含めない．暴力団との関係性が明らかでない者については，警察機関に照会し，その回答を得て，対象者にするか否かを決めているのが実情である．

　指導は集団指導が原則であるが，集団編入が困難な対象者には個別指導も差し支えないとされる．また，指導効率の観点から，対象者の離脱意志の程度（①離脱意志が固く，ただちに実質的な離脱の手続きを開始しようとしている者，②離脱意志はあるが，具体的な手続きには躊躇している者，③離脱の意志がない者）によって受講者の集団編成を検討すべき旨の規定がある．

　指導項目，指導内容・方法は，表1のカリキュラムが基準となり，1単元50分で，2か月から4か月の期間で実施するものとされる．

●**実施体制**　指導実施者は，刑事施設の職員（教育専門官等）に加え，警察関係者，職業安定所職員，暴力追放運動推進センター等，外部の協力を得ている．

表1 暴力団離脱指導カリキュラム

指導項目	指導内容	方法
オリエンテーション	受講の目的と意義を理解させる(カリキュラムの説明,動機づけ)	講義
加入動機と自己の問題点	加入の動機を振り返らせ,自己の問題点について考えさせる	討議,課題作文,面接
金銭感覚の是正	暴力団への加入で金銭感覚が一転したことについて顧みさせる	課題作文,面接
周囲(家族,社会等)に与えた影響	家族をはじめとする周囲の人々に及ぼした影響について考えさせる	討議,課題作文,面接,役割交換書簡法
暴力団の現状と反社会性	暴力団の現状とその反社会的性質について認識させ,暴力団に加入したことが誤りであったことに気づかせる	講義(警察関係者等),視聴覚教材の視聴
暴力団を取り巻く環境	いわゆる暴対法等の講義を実施し,暴力団に加入していることによってこれからも犯罪に関わる可能性が高いことに気づかせる	講義,視聴覚教材の視聴
自己の問題点の改善	自己の問題点を改善するための具体的な方法について考えさせる	討議,課題作文,面接
離脱の具体的な方法	暴力団から離脱するための具体的な手続き・方法を理解させたうえで,自分自身の対応について考えさせる	講義(警察関係者等),討議,面接
釈放後の就職	求職・求人状況の現状を認識させたうえで,健全な職業観を身につけさせ,出所後の就職への心構えをもたせる	講義(公共職業安定所職員等),課題作文
離脱の決意と生活設計	暴力団からの離脱の決意を固めさせ,出所後の具体的な生活設計を立てさせる	講義,討議,面接,課題作文

　暴力団離脱指導を受講した受刑者がその所属する暴力団から離脱する意志を表明した場合には,警察機関の協力を求め,例えば,暴力団組長らへの離脱意志の伝達,暴力団組長らからの離脱承認書の受領等,できる限りこれを援護する他,必要に応じ,職業安定所の協力のもと,就労支援を行うこととなる.その実施にあたっては,施設内での教育担当部署と保護担当部署との連絡調整はもとより,関係機関との緊密な連携体制を構築することが欠かせない.

●**現状の課題と今後の展望**　上述のように対象者は離脱意志の程度によって細分されるが,離脱の意志がない者に対する指導については,その効果が期待できないとして,実際には行っていない施設もある.他方,離脱意志を有することを強調し,受講後に暴力団離脱の手続きを終えた者が,出所後短期間で元の組織に戻る事例も珍しくない.仮釈放等の恩典をねらったいわゆる偽装離脱である.後者の実態を踏まえれば,施設では,指導実績をあげたいからといって,安易に仮釈放等を動機づけに使ってはならない.むしろ日頃の動静把握や事前の面接を通して,指導目的の理解の程度や暴力団離脱意志の程度の確認を徹底すべきであろう.いずれにしても,暴力団への帰属意識が強固な者は再犯リスクが高いだけに,今後とも効果的な指導のあり方について検討を続ける余地がある.　　　　［髙橋宏之］

刑事施設における性犯罪再犯防止指導

　性犯罪が被害者や家族に与える苦痛や，社会に与える不安の大きさは，他の犯罪にも増して重大である．同時に，再犯を何とか抑止したいという人々の願いも強く，性犯罪者処遇には，他の加害者臨床と比較しても多くの資源がつぎ込まれ，多くの研究者と実務家が力を注いできている．諸外国では，性犯罪者に対する独自の法的措置（個人情報登録制度，個人情報公開制度，不定期刑の適用，電子監視システムの適用等）が他の犯罪者に先駆けて導入されてきたという経緯もみられる．心理的介入においても，性犯罪者処遇は，加害者処遇の最新の動向に機敏に対応しながら発展を続けてきた分野である．

●**性犯罪者処遇の歴史**　欧米諸国における性犯罪者に対する処遇は，1950年代から始まったとされる．当時は，性犯罪は性嗜好の異常が原因であるという理解が主流であったため，その処遇も「性嗜好の異常を修正する」ことをターゲットとした行動療法的手法（例：嫌悪条件づけ）が活用されていた．しかし，嗜好が変化しても行動の変化に結びつくとは限らないこと，一度変化が起こっても持続しにくいこと等が次第に明らかになり，1970年代以降行動理解における認知への注目が高まったことも相まって，性犯罪の理解は変化していった．

　1980年代に入ると，薬物やアルコールの依存症処遇のメンテナンス手法として開発されたリラプス・プリベンション・モデル（以下，RPモデルとする．☞「施設内処遇におけるリラプス・プリベンション」）を性犯罪者処遇に適用する試みが始まり，北米や他の英語圏を中心とする多くの管轄区において，RPモデルが広く取り入れられた．

　1990年代には，性犯罪の背景要因に関する研究，処遇効果研究とアセスメント・ツール開発が進んだ．性犯罪の背景要因については，性嗜好に加えて親密性や自尊感情，不安，不適応感，孤独感，不信感，スキル不足等の対人関係に関する要因や，計画を立て，問題を解決し，日常生活における課題に対処する等の問題解決や自己統制に関する要因，性加害を容認するような価値観や自己防衛的な思考スタイル等が関わっていることが研究によって明らかにされた．このように性犯罪の機制について理解が深まったことに伴い，処遇ターゲットも拡大した．

　一方で，RPモデルによる処遇の限界も見え始め，多様な加害者に対応しきれないことや，プログラム受講者の動機づけが高まりにくいこと，プログラム終了後の効果が持続しにくいこと等について議論されるようになった．この流れを受けて，2000年に『性犯罪者に対するRP再考（*Remaking relapse prevention with sex offenders*）』（Laws et al., 2000）が出版され，ポストRPモデルとしてのセルフ・

レギュレーション・モデル（SR モデル），グッド・ライブス・モデル（GLM）が提唱された（☞「施設内処遇におけるグッド・ライブス・モデル」）．SR モデルは，加害に至る道筋を多種想定し，RP モデルよりも多様な加害者に適用し得ることをめざしたもので，RP モデルの亜型であるが，モデルが複雑すぎて実務に向かない等の批判もある．一方の，GLM は，問題点に注目してこれを改善するというリスク低減モデル自体を手放し，各受講者が到達したい将来像を明確にし，備わっている個人内外の強みを活用しながら，適応的な方法で（＝加害を行わず）生活していける能力を伸ばすことをめざすアプローチである．受講者の動機づけを高めやすく，セラピストと受講者の治療的協働関係をつくるうえでも効果的で，プログラムにおいて成し遂げた変化がプログラム終了後も持続しやすいことが示唆されており，これらを媒介変数として再犯抑止効果が高まる処遇の実現が期待される．

●**性犯罪者処遇の評価研究**　性犯罪者処遇の効果研究は，欧米では 1980 年代から行われている．当初の研究では，処遇による再犯抑止効果について懐疑的な結果が示されていたが，2000 年代に入ってからのメタ分析によると，特に認知行動療法モデルに基づいた性犯罪者処遇は，性犯罪再犯および一般犯罪再犯のいずれも有意に低下させる効果があることが示されている（Hanson et al., 2002；Lösel et al., 2005）．また，プログラムの運用方法に着目したメタ分析では，プログラム受講者の再犯リスク，処遇ニーズ，反応性をアセスメントし，これに基づいて処遇密度（リスクに対応），処遇ターゲット（ニーズに対応），処遇スタイル（反応性に対応）を設定するというリスク・ニーズ・リスポンシビティ（RNR）原則（☞「施設内処遇における RNR モデル」）をよく踏襲したプログラムが最大の再犯抑止効果をもたらすことが示されている（Hanson et al., 2009）．

●**わが国の性犯罪者処遇（施設内）概要**　わが国では，2006 年の「刑事施設及び受刑者の処遇等に関する法律」（平成 17 年法律第 50 号）施行に伴い，受刑者に必要な改善指導の受講が義務づけられた機をとらえ，特別改善指導の一つとして性犯罪再犯防止指導が導入された．同指導は，2005 年 4 月に法務省矯正局（施設内処遇を所管）と保護局（社会内処遇を所管）とが共同で発足させた「性犯罪者処遇プログラム研究会」（法務局矯正局『性犯罪者処遇プログラム研究報告所』2006）において，欧米を中心とした性犯罪者処遇の実践と評価研究を検討し，わが国の状況を踏まえて開発・策定されたものである．

性犯罪再犯防止指導対象者は，新たに刑が確定した全受刑者について，同指導の受講要否を判定するためのスクリーニング（①本件に性的動機が認められるか否か，②常習性，反復性の程度，③性犯罪につながる問題性の大きさの程度，の三つの観点から行う）と，受講候補者とされた対象者について，全国 8 施設に設置された調査センターでより詳細にアセスメントするための性犯罪者調査（①再

犯リスクの高さ，②処遇ニーズの高さと内容，③処遇適合性，の三つの観点から行う）の2段階で選定している（図1）．

プログラムは，①オリエンテーション，②プログラム本科，および③メンテナンスの3種からなる．オリエンテーションは，受刑生活を開始して間もなくの時期に実施し，プログラム本科受講に対する不安や疑問を解消するとともに，動機づけを高めることを目的としている．プログラムの本体ともいえる本科の実施施設は19施設（2016年現在）設置されており，対象者は，処遇計画に基づいて調査センターから直接または他施設を経由したうえで適当な時期に本科実施施設に移る．いずれのプログラムも，グループ・ワークを中心とした認知行動療法を基礎とし，プログラム時間外に取り組む筆記式の課題を活用し，必要に応じて個別

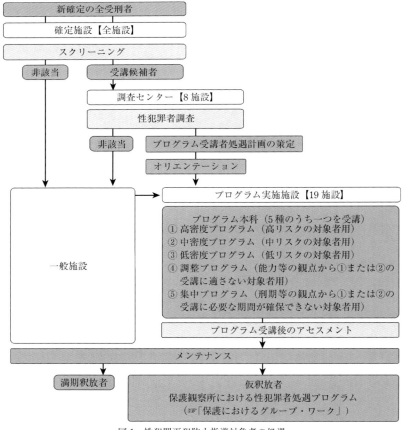

図1 性犯罪再犯防止指導対象者の処遇

的な働きかけを行いながら進める．さらに，釈放前にはメンテナンス・プログラムを受講させ，プログラム本科で学んだ知識やスキルを復習させるとともに，社会生活への円滑な導入を図る．特に，刑期の長い対象者や問題性の大きい対象者については，より入念なメンテナンスを行うことが求められる．

刑事施設における性犯罪再犯防止指導は，性犯罪者が自分の力で性犯罪をやめることができるということを前提としているため，処遇の主たるターゲットは，自己を理解し，セルフ・モニターする力を向上させることに置かれる．その利点と効用について心理教育を行ったうえで，日常生活においてメタ認知を活用する力を鍛え，問題につながる認知の偏りを特定すること，感情コントロール力を向上させること，対人関係上の問題を解決させること，社会適応力を向上させること等の目標達成をうながす．また，プログラムの仕上げとして，社会復帰後に再加害を行わず，適応的に生活する状態を維持するための直接的・間接的方策をセルフ・マネージメント・プラン（自己管理計画）にまとめ，出所時に携行する．社会内において引き続き処遇を受ける対象者（仮釈放者）は，このプランを引き継ぎ，実生活に応じた改良を行ってその精度を高める働きかけがなされている．

●**わが国の性犯罪者処遇（施設内）評価研究** 2006年の指導開始に伴い，法務省矯正局は刑事局と協同し，プログラムの受講者および非受講者の出所後の再犯状況（検察庁において事件処理される事象）に関する追跡調査を行うためのデータ蓄積を開始した．2012年には，出所から3年後の時点での推定再犯率等に関する研究を公表した（法務省矯正局成人矯正課『刑事施設における性犯罪者処遇プログラム受講者の再犯等に関する分析』2012）．その結果，プログラム受講群は，対照群と比較してあらゆる再犯では約26%，性犯罪に限ると約17%（ただし，非有意）の再犯率低下が認められ（表1），欧米における加害者臨床領域で実施された認知行動療法の評価研究（Lipsey et al., 2007）と同水準の効果が示された．研究対象者数は約2,000人と比較的多いものの，公表時点での追跡期間は十分に長いとはいえず，さらに詳細な検討を行うためにデータの蓄積は継続されている．今後は，スクリーニングやアセスメントに用いているツールの精度をさらに高める工夫を続けるとともに，リスクおよびニーズと処遇密度のマッチングを検討したり，効果的な処遇の実施環境やセラピストの要因等についても検討し，処遇の実施体制，アセスメント・ツールとプログラムそれぞれの改良に継続的に役立てていくことが求められる．　　　　　　　　　　［朝比奈牧子］

表1 受講群および対照群の再犯種別推定再犯率

再犯種別	受講群 (N=1,198)	対照群 (N=949)	χ^2
あらゆる犯罪	21.9	29.6	15.359[*1]
性犯罪	12.8	15.4	2.274
非性犯的粗暴犯	2.6	4.2	3.323[*2]
その他の犯罪	8.0	13.1	13.635[*1]

[*1] $p<.01$．，[*2] $p<.10$
再犯率は，再犯種別ごとの推定値であり，内訳の合計値は「あらゆる犯罪」の値と一致しない

刑事施設における被害者の視点を取り入れた教育

　被害者の視点を取り入れた教育とは,「刑事施設及び被収容者の処遇に関する規則」によって定められた,刑事施設における特別改善指導のうちの一つ(以下,R4指導とする)である.

●**成立経緯**　刑事施設では,刑事施設における特別改善指導の導入前から,被害者の感情を理解して罪障感や贖罪の意識を涵養するための指導が行われてきたが,現在の被害者の視点を取り入れた教育は,犯罪被害者等基本法の成立等を受けて作成された犯罪被害者等基本計画の取組みの一つとして,犯罪被害者等の意見等を踏まえた適切な加害者処遇の推進が掲げられたことが大きな要因となり,2004年に矯正局の主導で実施された「被害者の意見を取り入れた教育研究会」の提言に基づき,実施が検討され,刑事施設において実施される改善指導(☞「刑事施設における改善指導」)の特別改善指導の一つとして定められた.

●**対象者および指導目標**　指導の対象者は,「被害者の命を奪い,又はその身体に重大な被害をもたらす犯罪を犯し,被害者及びその遺族等に対する謝罪や賠償等について特に考えさせる必要がある者」とされており,対象となり得る犯罪は危険運転過失致死傷や傷害,殺人,強盗,強姦等きわめて多岐にわたる.

　『矯正統計年報』によると,2013年の出所受刑者2万6,535人中,何らかの矯正処遇(特別改善指導および教科指導)の指定を受けた者は1万6,334人であったところ,R4に指定されていた者は939人(全出所受刑者の3.5%および指定を受けた者の5.7%)であった(他の改善指導の指定を受けた者を含む).

　矯正局作成の指導要領によると,R4指導の目標は,受講者が①自分が起こした事件を犯罪として省みるだけではなく,被害を生じさせた加害行為として見つめ直させ,加害者としての責任の重大さを自覚するようにうながすこと,②犯罪行為によって被害者の精神面や身体面,その他生活全般に生じる問題について理解させ,犯罪被害者が置かれる状況の深刻さを現実として認識させること,③自分が起こした事件の被害者について,事件当時から現在に至るまでの心情や生活状況に思い至らしめるとともに,加害者として被害者に対してなすべきことを具体的に考えさせ,実行に移す決意を固めさせること,および④考え方の誤りや偏り,生活の崩れ等,加害に至った自分の問題点について認識させ,二度と犯罪を犯さず,被害者を出さない(加害者とならない)ために,自分が何をなすべきかを具体的に考えさせ,実行の決意を固めさせること,とされる.

●**指導の実際**　R4指導は全刑事施設で実施されており,佐藤ら(2009)の調査によると,多くの施設は,5人程度のグループで行っているが,講義,講話,グルー

プ・ワークやロール・レタリング等さまざまな手法が混合されている．犯罪傾向の進んでいないA指標受刑者を収容する施設ではグループ・ワークを行う場合が多く，犯罪傾向の進んでいるB指標受刑者を収容する施設では講義を中心とする場合が多い．

また，R4指導が刑事司法における被害者参加と非常に密接な関係があることから，被害者について十分な知識をもち，被収容者の社会復帰に賛同する犯罪被害者やその支援団体のメンバー等を招聘して指導に関与してもらうゲスト・スピーカー制度を取り入れているところもある．

R4指導の受講者の指定においては，人の生命又は身体に重大な被害をもたらす犯罪を行った事実があることの他に明確な基準がないため，グループの編成にあたって，故意の有無，被害者が親族である者と非親族である者，事案が交通事犯である者とその他の者が混在する可能性があり，集団での指導を困難にしているとの指摘がある（大茂矢，2013）．また，R4指導の効果として，加害者に認知的変容を求める一方で，被害者の困難な状況に関する知識の増大をも目的としており，焦点が絞りにくいうえに，刑事施設出所後の具体的な謝罪行動にまで言及する等，指導の到達点が不透明であり，客観的な効果測定の基準が明確でないとの指摘もある（川島，2009；山下，2011）．

佐藤ら（2010）は，30庁の刑事施設におけるR4指導の受講者について，その実施前後の意識の変化をみるため，質問紙，投映法（文章完成法：SCT）およびロール・レタリングの実施結果を分析し，指導の受講には，事件との直面化，責任の受容，犯罪の中和化，罪障感，謝罪の動機および実施意思，自己の問題点の認識等においてある程度の効果があるとし，これらの指標に基づく評価手法を提案している．しかしながら，この分析以降に同様の効果検証を行ったものはほとんどない．

2013年，矯正局において，再びR4指導の改善策が検討され，受刑者個々の資質に応じて段階的な処遇が必要であること，来所するゲスト・スピーカーの二次被害を防止する工夫が必要であるとされた（矯正局成人矯正課・矯正局少年矯正課，2013）．

●**海外における取組み**　海外における類似の取組みとして，米国における被害者理解プログラム（Victim Awareness Program）があげられる．同プログラムも，わが国のR4指導と同様に，矯正施設内の加害者に被害者の状況等を理解させ，その行動を変容させることを目的としている．同プログラム前後での受講者の変化を対照群と比較した効果検証（Gaboury et al., 2007）では，被害の認知，被害者の権利および被害者の心情理解という点で受講群に対照群と比較して改善が認められたが，被害者を非難する傾向については有意な差が認められず，さらに責任の受容に関してはプログラムの受講後でも変化がみられなかったとしており，今後のプログラムの改善が必要であると報告されている．

　　　　　　　　　　　　　　　　　　　　　　　　　　　　　　［新海浩之］

刑事施設における交通安全指導

　近年は，飲酒運転のみならず危険ドラッグの使用者による無謀な交通事故も目立つようになり，悪質な交通事犯者に対する厳罰を望む声が根強いが，警察庁の統計では，交通事故の発生件数自体は 2004 年の約 95 万件がピークで 2013 年には約 63 万件にまで減少している．交通死亡者数は，1970 年の 1 万 6,765 人から減少し続け，2013 年は 4,373 人となっている．特に，飲酒運転による交通事故件数は 2002 年以降，厳罰化や飲酒運転根絶に対する社会的気運の高まり等によって大幅に減少している（2013 年の飲酒運転事故 4,335 件，うち死亡事故 238 件）．

　法務省の統計では，新受刑者（刑が確定した受刑者）の総数がピークとなった 2006 年に交通受刑者（道路交通法違反，危険運転致死傷および業務上過失致死傷の総数）となった人数は 2,915 人だが，それ以降は漸減し，2013 年の数（道路交通法違反，危険運転致死傷，重過失致死傷および自動車運転過失致死傷の総数）は 1,502 人で，交通事故発生件数や死亡事故者の減少とともに交通受刑者も減っている．

●**交通安全指導の対象者，内容およびプログラム**　刑事施設では，受刑者個々の資質や問題性について見極め，処遇方針を設定するため処遇調査が行われ，受刑者を適切な集団に編成して矯正処遇が実施される．特に自動車等の運転により犯罪をし，遵法精神や交通安全に関する意識が乏しいと判定された受刑者は，特別改善指導の一つである交通安全指導（R5）の受講対象者に指定される．法令上では，道路交通法違反，危険運転致死傷，自動車運転過失致死傷（法律改正に伴い，2014 年 5 月から自動車運転過失致死傷は，過失運転致死傷と過失運転致死傷アルコール等影響発覚免脱罪に変更），重過失致死傷の罪により受刑している者が交通安全指導の対象となる．「受刑者の各種指導に関する訓令（法務大臣訓令）」において，交通安全指導の標準プログラムが規定されており，「改善指導の標準プログラムについて（依命通達）」に基づき，各刑務所で具体的なカリキュラムが作成されている（☞「SST」）．表 1 に，架空のものではあるが，交通安全指導のプログラムを例示した．実際には，各単元の指導は，刑務所の職員だけでなく，民間協力者（被害者団体，民間自助団体等の関係者，警察関係者等）の協力を得ながら，各施設で工夫して行われている．特に，アルコール依存の問題が疑われる者については，アルコール依存回復プログラムをあわせて受講させる等，専門的知見に基づいた酒害教育が実施されている．加えて，2013 年現在，全国 58 か所の刑事施設が交通安全指導の実施施設であり，このうち交通受刑者に特化した開放的処遇環境の施設が 2 か所（市原刑務所，加古川刑務所交通区）ある．

表1 交通安全指導カリキュラムの具体例

指導名	交通安全指導
対象者	特別改善指導の一つである交通安全指導が指定されている者
期間および単元時間	期間5か月　1単元50分
指導目標	交通違反や事故の原因等について考えさせることを通じて遵法精神，責任観念，人命尊重の精神等を涵養すること

単元	指導項目	指導内容	指導方法
1	オリエンテーション	改善指導の意義の理解および動機づけ	講義
2	運転者の責任と義務	刑事上，民事上の責任や保険制度について	講義，討議
3	一般犯罪と交通犯罪	交通事犯の特性についての理解および再犯防止対策	講義，討議
4	酒と生活(1)	飲酒運転の危険と防止策(1)	視聴覚教材
5	酒と生活(2)	飲酒運転の危険と防止策(2)	討議，SST
6	今回の事犯のもたらした代償(1)	交通事故の代償や自己の周りへの影響についての考察	講義，討議
7	今回の事犯のもたらした代償(2)	被害者や遺族等が置かれている厳しい現状についての理解	視聴覚教材，討議
8	罪の重さの認識	これまでの違反歴等を踏まえ，運転技術や態度，マナーについての考察	討議，SST
9	被害者(その遺族等)への対応	被害者や遺族等に対して謝罪や弁償の責任があることについての具体的な理解	講和，課題作文
10	出所後の生活	出所後の具体的な生活設計と再犯しないための具体的方策の構築	討議，課題作文

交通受刑者の中には，犯罪性が進んでいない者も一定数含まれていることを踏まえ，可能な限り一般社会生活に近似した環境で受刑者の自主自律を重んじて社会復帰のための有効な処遇を実現しようとの考え方に則り，受刑者に対する制限が最も緩和された交通専門の刑務所となっている．

●今後の課題　交通死亡事故件数の半数以上が，交通事故や交通違反歴のない者によって惹起されているにもかかわらず，被害者や違反歴の有無に関係なく受刑者となったものは一律同じ交通安全指導を受ける体制にある．鴨下ら(2007)は，交通死亡事故事犯者とそれ以外の道路交通法違反者では交通事犯に対する認識が異なるため，彼らを一律にまとめて集団処遇することが困難であると感じている指導担当者が多く，人身事故を起こした者か否か等の事犯内容によって指導内容に工夫が必要だと指摘している．交通受刑者が真の意味で改善更生するためには，どのような指導形態が効果的であるのか，処遇技法の有効性を含め，交通安全指導の実効性についての詳細な研究が待たれる．

［小見山智彦］

刑事施設における就労支援

　再犯防止のためには，刑務所を出所した者等の就労を確保し，釈放後の社会生活の基盤を安定させることが重要であることから，刑事施設においても就労のためのさまざまな取組みがなされ，その範囲も広い．

●**刑事施設における就労に関する取組み**　現在，自由刑の中心たる懲役刑は，所定の作業に就くことを刑罰内容にしており，作業には，勤労意欲の養成，職業的技能および知識の付与等の機能も認められている．特に，受刑者に職業に関する免許や資格を取得させたり，職業に必要な知識・技能を取得させたりすることを目的として，60種以上の職業訓練が実施されている．

●**刑務所出所者等総合的就労支援対策**　2006年度から，法務省は，受刑者等の出所時の就労の確保に向けて，厚生労働省と連携して同施策を開始しており，刑事施設，保護観察所および公共職業安定所（ハローワーク）が連携し，受刑者等の希望や適性に応じて計画的に就労支援を行っている．公共職業安定所の職員は，刑事施設を訪問し，受刑者等へ職業相談，求人情報の提供，就労に関わる社会情勢についての職業講話等を実施しており，出所後も，希望に応じて帰住先の公共職業安定所への引継ぎや情報提供を行う等継続的な支援に努めている．

　また，刑事施設には，産業カウンセラー等の有資格者である就労支援スタッフが配置されている．就労支援スタッフは，受刑者らに対し，キャリア・コンサルティング（キャリア・カウンセリング）等を実施し，自己の職業適性の理解をうながしたり，受刑生活を含めて，今後の職業生活の能力開発に関する目標設定の援助や動機づけを行ったりしている．さらに，就労支援スタッフは，公共職業安定所や企業との連絡調整や，受刑者に対する職業講話も実施している．

●**就労に関する指導**　各矯正指導において，教育専門官や就労支援スタッフらが実施している（表1）．特別改善指導（☞「刑事施設における改善指導」）としては就労支援指導（R6指導）があるが，これは，社会復帰後に就労した職場で円滑な人間関係を保ち，仕事が長続きすることを目的として，①職業訓練を受け，釈放後の就労を予定している者，②釈放の見込日から概ね1年以内で，稼動能力・就労意欲を有し，公共職業安定所による就労支援を受ける意志がある者のうち，本指導が必要であると認められる者を対象に実施している．

　標準の指導期間は5日間，指導時間数は，1単元50分，10単元実施しており，指導者は，刑事施設の職員の他，民間協力者であるSST指導者等である．指導方法は，SST（☞「SST」），講義，視聴覚教材視聴等を適宜組み合わせている（表2）．

表1 就労に関する指導(『平成24年版犯罪白書』より作成)

矯正指導	就労に関する指導内容
刑執行開始時の指導	・就労支援の制度を説明・周知する ・釈放後就労生活基盤の確立に向けた動機づけを行い,受刑生活を通して就労について考えさせ,改善更生と円滑な社会復帰へ向けた目標達成の努力をうながす
一般改善指導	・釈放後の生活設計に必要な情報を理解させる ・職業生活において求められる協調性,規則を遵守する精神,行動様式等を身につけさせるための社会復帰指導や対人円滑化指導等実施する
特別改善指導	・就労に必要な基本的スキルとマナーを習得させ,出所後の就労に向けての取組みを具体化させる
教科指導	・就労に資する基礎学力の向上
釈放前の指導	・社会復帰後の就労に関し,就労にあたっての心構え,職業安定法等の関係法令,雇用・賃金等の経済状況,公共職業安定所の概要等について指導する

表2 特別改善指導,就労支援指導(R6)の標準となるプログラム(『平成24年版犯罪白書』より作成)

項目	指導内容
オリエンテーション	・受講の目的と意義を理解させる ・職業人として社会生活を営むうえでの必要な基礎知識(賃金・求人求職の状況等)について理解させる
これまでの就労生活と自己の問題点	・これまでの就労生活を振り返らせ,自己の問題点について考えさせる
就労(社会)生活に必要な基本的スキルとマナー	・職業人として社会生活を営むうえで必要な,基本的スキル(相手との円滑なコミュニケーションの方法等)およびマナー(挨拶,身だしなみ,お辞儀の仕方,電話応対の仕方等)について,演習等を通じて習得させる
問題解決場面への対応	・職場において,危機的な場面に陥った場合の対処法について,SSTを通じて具体的・実践的に習得させる
就労に向けての取組み	・履歴書の書き方,面接のポイント等,出所後,就職活動をするにあたって必要な事項や手続に関する知識や技能を習得させる ・実際に就労生活を始めてからの心構え等について理解させる ・出所後の生活計画を立てさせ,その実現のための具体的方策を考えさせる

　刑事施設における就労に関する取組みの歴史は古く,支援内容は実に多様だが,矯正施設から社会内への支援の継続性の強化,健全な職業観や対人関係能力等を体得させるための指導の強化等が今後も引き続き課題であるといえよう。

[川島ゆか]

参考文献
[1] 法務省(2012)『平成24年版犯罪白書』.

高齢者または障害のある受刑者の処遇

　『平成26年版犯罪白書』によると，65歳以上の高齢者の入所受刑者人員は，直近20年間，ほぼ一貫して増加し，1994年と比べて約5倍に激増しており，入所受刑者総数に占める比率も同様に上昇し，2013年においては9.8％となっている．また，2013年の入所受刑者のうち，精神障害（知的障害を含む）と診断された者は10.2％，知的障害と診断された者は1.1％である．高齢または障害を有する受刑者の中には，社会で自立した生活を営めず，衣食住に困り，飲食物の万引きや無銭飲食等を繰り返している者が少なくない．2012年7月に犯罪対策閣僚会議が策定した「再犯防止に向けた総合対策」では，再犯防止のための重点施策の一つとして，「高齢者または障害者に対する指導および支援」が掲げられており，わが国の重要な課題となっている．

　高齢または障害を有する受刑者のうち，疾病等の治療が優先される者は医療刑務所等に収容されるが，多くは一般の刑事施設に収容される．高齢または障害のある受刑者は，加齢等による体力・意欲の低下，指示の理解や新たな知識・技能の習得の困難，コミュニケーション能力の不足・低下，複数の疾病・障害の併有，身寄りや住居がない等，帰住環境の不備といった種々の問題を有しており，刑事施設においてはこれらを考慮した処遇を行っている．

●**矯正処遇**　能力その他の問題により通常の集団生活が難しい者については，養護的処遇を行う．養護的処遇には，さまざまな側面があるが，工程の単純な軽作業の実施，心身の負担軽減のための就業時間の短縮，移動等の安全性を考慮した居室・工場の配置といった処遇上の配慮がなされる．養護工場とよばれる専用の工場を設置している施設がある他，バリアフリーの専用処遇棟をもつ施設もある．通常の職業訓練の受講は難しいことから，一部の施設では，障害のある受刑者を対象として，窯業科等の物づくりを課題とする訓練等を実施している．改善指導においても受刑者の障害に対する配慮が必要であり，特別改善指導の一つである性犯罪再犯防止指導においては，調整プログラムとよばれる知的能力に制約がある受刑者を対象とする専用のプログラムが導入されている．そこでは，指導期間を長く取る他，教示を平易にし，図や絵を用いる等の工夫がなされている．

　高齢受刑者の処遇においては，施設によって独自に開発・工夫したプログラムが実施されている．一部の施設では，機能回復や基本動作能力の向上等のため，作業療法士や理学療法士，健康運動指導士らの専門スタッフが配置されている．

●**社会復帰に向けた支援**　高齢または障害を有する受刑者を適時福祉につなげるには，まず受刑者本人が在所中から福祉に関する正しい知識をもつ必要がある．

釈放前指導等，各種指導の機会において福祉に関する知識を付与する他，障害を有する受刑者を対象として，福祉の専門家らによる講話を実施している施設もある．ただし，自己の障害への認識に乏しい者が多く，自立心を失わせず，かつ，必要な支援を受ける姿勢をもたせる働きかけが求められる．一部の施設では，障害を有する受刑者を対象とした就労支援の専門スタッフが配置されている．

釈放後の生活環境の調整の方策として，高齢または障害のある受刑者や少年院在院者を福祉につなげるための支援の制度が，法務省と厚生労働省との連携により2009年度に創設され，全国的に運用されている．これは特別調整とよばれ，取組みの中心となるのは，各都道府県に設置された地域生活定着支援センターである．特別調整の対象者の条件は，①高齢または身体障害，知的障害もしくは精神障害があること，②釈放後の住居がないこと，③釈放後に福祉サービス等を受ける必要があること，④特別調整を希望していること，⑤個人情報の提供に同意していること，等である．

地域生活定着支援センターは，福祉施設等出所後の受け入れ先の調整，障害者手帳の取得等各種福祉サービスの申請支援等を実施する他，フォロー・アップ業務として，出所者の生活の見守りも行う．特別調整の対象者以外にも支援を必要とする受刑者は多く，刑事施設（一部を除く）では，社会福祉士や精神保健福祉士が配置され，出所後の帰住先の確保の他，障害者手帳の取得や生活保護受給の申請手続きに関する支援等を行っている．精神障害者については，精神保健福祉法第26条に基づく通報を行うが，措置入院とならなかった場合，必要に応じ，矯正施設の福祉士が受け入れ先の病院等を調整することとなる．

●課題　受刑者の障害の程度や態様には個人差が大きく，処遇困難な者も少なくないため，支援・指導には人手や時間を要し，施設内はもちろん，関係機関や外部協力者との連携が不可欠である．特に高齢受刑者については，入所時に問題がなくても，認知症が進行する等，刑期中に心身の状態が悪化し，支援の必要性が生じることがあるため，きめ細かな経過観察が必要である．また，飲酒やギャンブル等の依存の問題がある者や，入所前に浮浪生活を送っていた者等，出所後の生活を管理・監督されることを嫌い，支援（者）に対する不信・拒否を示す場合もあり，支援の内容や必要性についての平易な説明と根気強い働きかけが求められる．

帰住先に定着できずに出奔し，再犯に至るケースもあるが，社会と刑務所を何度も行き来してきた高齢者が，支援・調整を受けて安定した生活を営めるようになったケースもあり，実績は積み重ねられつつある．

［福永瑞恵］

📖 参考文献
[1] 法務総合研究所(2013)『研究部報告52　知的障害を有する犯罪者の実態と処遇』．

女性受刑者の処遇

　女性受刑者は，全受刑者のうち1割に満たない少数派であるが，長期的にみると女子比（新受刑者総数に対する女性受刑者の比率）は上昇傾向にある．2000〜2006年の間，女性受刑者数が急増したことに加え，2006年以降は男性受刑者数が減少に転じる一方，女性受刑者数は2,200人前後で推移しており，これらが急激な女子比上昇の背景にある（図1）．海外でも同様の傾向がみられており，女性受刑者の増加要因としては，女性に対する司法機関の厳罰化，女性の貧困化，女性の社会進出等が議論されており，先行研究は概ね前者2説を支持している．
　女性受刑者の質的特徴をみると，窃盗および覚醒剤事犯が8割を占め，約4割の者が中卒の学歴であり，約8割の者が無職である．精神障害を有する女性受刑者の割合は男性受刑者の約2倍である（『平成25年版犯罪白書』）．被害経験のある者の割合（女性受刑者の約7割が身体的暴力被害を，半数弱が性的被害を経験）も男性受刑者より高い．自信に乏しく，基本的な安全保障感に乏しい傾向もある（佐々木ら，2011）．一般成人女性において，性被害の経験（過去5年間で）がある者の割合は1.3%（法務省総合研究所『研究部報告49 犯罪被害に関する総合的研究』2013）との報告があり，女性受刑者がかなり高い割合で被害を経験して

＊1は2012年の新女性受刑者数，＊2は同年の新男性受刑者数
図1　女性新受刑者の動向（『矯正統計年報』より作成）

いることが示唆される．女性受刑者は少数派であるとはいえ，抱えている問題は大きく，優先的に扱うべきニーズが男性とは異なることも考えられ，女性視点に立った査定・処遇を提供することが重要となる．

●**女性視点に立った査定の課題**　女性視点に立った査定・処遇を推進する研究者によると，女性受刑者の再犯予測力を高めるためには，男性受刑者において重視される反社会的態度や反社会的交友関係等のリスク要因に加え，女性に特有の要因，女性により多くみられる要因，男女で異なった影響を受ける要因（被害体験，関係性の問題やサポート資源，精神障害，薬物乱用，自己像，子育てストレス等）を考慮する必要があるとされている（Van Voorhis et al., 2010）．

●**再犯防止・更生支援に必要な処遇体制**　研究によってリスクやニーズにおける性差が指摘される中，米国では，性差を政策や処遇に効果的に反映させるため，ジェンダー（性差）に対応した（gender-responsive）政策という理念が提唱され，以下の6原則が定められている（Bloom et al., 2004）．①同等性（男女それぞれの特質に合った処遇を提供することで男女に同等の結果をもたらすこと）を確保する．②女性犯罪者処遇に関する綱領を設け，専門の部署や研修制度を導入する．③既存の政策が女性犯罪者のニーズに合致しているか見直す．④女性特有の犯罪に至る道のりに対応した政策，プログラム，処遇を提供する．⑤女性犯罪者は比較的リスクが低いことを踏まえ，社会内処遇を強化する．⑥子どもや家族との関係性を重視する．

　女性視点に立った処遇のあり方を検討するうえで助けとなるキーワードが，依存をめぐる葛藤（愛着）（藤岡，2001）である．女性犯罪は，依存欲求（他者を必要とし愛着を感じること）が満たされないことによる葛藤や歪みゆえの逸脱行動であるととらえると理解しやすい．異性とのつながりを維持するための薬物使用，ドメスティック・バイオレンス（DV）に対する自己治癒としての薬物依存，家族（特に夫）に対する不満のはけ口，夫の関心を引く手段としての窃盗等，多くの女性犯罪の背景には，逸脱行為によってしか愛情を確かめられない，癒しを得られないという愛着の歪みがある．女性の殺人犯においては，大半が家族殺で，背景にはたいていDVに対する抵抗や防衛，育児ノイローゼ，介護疲れ等の問題があり，殺人が唯一これらの葛藤から抜け出す手段になってしまう．

　いずれも背景には歪んだ愛着があり，もともと女性受刑者には被害体験が多いこともあわせて考えると，女性犯罪の多くが，親密な対人関係における葛藤に起因するものととらえることができる．これらを踏まえると，女性受刑者の処遇においては，安定した愛着が可能となる育ち直しの場を確保することが必要である（藤岡，2001）．処遇者は，女性受刑者の被害体験を癒やす過程を根気強く支え（大坪ら，2005），育ち直しを通じて，安定的な愛着を実現するためのスキルや対処力の向上をうながすことが重要となる．

〔佐々木彩子〕

刑事施設におけるカウンセリング

　刑事施設におけるカウンセリングは，第二次世界大戦後，個々の受刑者の特性に応じた処遇に着目した本格的な科学的分類制度の導入により，矯正処遇の個別化が基本的な方針とされたことを契機に，組織的，体系的に実施されるようになった．同時期，ロジャーズ（Rogers, C. R.）の非指示的カウンセリングや米国の矯正施設で実施されていたグループ・カウンセリングがわが国に紹介され，それらに学んでいくつかの刑務所において全所的な規模で非指示的な集団カウンセリングが取り入れられている．その後，非指示的カウンセリングについては，伝統的な施設管理や刑事施設に求められる矯正教育的な機能に適合しないとの批判がなされたが，受刑者分類制度がさらに整備され，矯正のための個別処遇のあり方がいっそう問われるようになるに伴い，カウンセリングはさまざまな教育技法と並んで処遇技法として注目され，多様な心理治療的な働きかけがなされてきている．

　従来，刑事施設においては，管理・保安と矯正処遇を対立的にとらえて，前者に重きを置くような傾向があったが，次第に改善更生・社会復帰のための矯正処遇の重要性が強調されるようになり，新しい処遇法として2006年に施行された「刑事収容施設及び受刑者の処遇等に関する法律」は，受刑者の処遇について，「（受刑者個々の）資質及び環境に応じ，その自覚に訴え，改善更生の意欲の喚起及び社会生活に適応する能力の育成を図ることを旨として行うものとする」（同法第30条）と原則を定めており，矯正処遇の一つの方法としてのカウンセリングもこうした処遇理念のもとに実施されている．

●**刑事施設におけるカウンセリングの概況**　現在，刑事施設でカウンセリングが実施されるのは以下のような場合である．

　①受刑者の管理，保安を担当する部署からの要請によることが多いが，反則行為を繰り返す者，集団処遇に馴染めず工場での就業を拒否する者，心情不安定な者等いわゆる処遇困難者の心情安定や積極的意欲の喚起，適応能力の向上等問題改善に向けたカウンセリングが行われる．②施設不適応等処遇の効果が認められない受刑者に対しては，調査センター（高度の専門的知識および技術を活用して精密な処遇調査を行う刑事施設）に収容して詳細な再調査および再適応のための治療的処遇を行っているが，その中で個別あるいは集団でのカウンセリングがなされている．③受刑者に対しては通常6か月ごとに，適応状況の確認あるいは入所時調査に基づいて定められた処遇目標やそれを達成する方法についての再検討のために定期再調査を行うが，その際に必要に応じてカウンセリングを実施し，適応状況や心身の状態によっては継続的なカウンセリングにつなげる．他の被収

容者や職員との対人関係，処遇上の不満，あるいは事件や家族関係にまつわる不安等が問題となることが多い．④改善指導としての教育プログラム実施後にプログラムでは扱い切れなかった問題について個別的に対応する．また，プログラム受講への不安や抵抗の強い者に対して，事前に動機づけを高めるためのカウンセリングを実施することもある．⑤定期再調査，就労支援，釈放前指導等の機会に示される職業選択，就労生活維持，職場の人間関係，家族との関係，不良交友関係等，社会復帰後に予想される問題への不安に対応する．⑥保護調整上特に配慮を要する受刑者に対して，帰住先選定の過程で良い選択ができるよう，また，帰住後の適応の助けとなるような働きかけをする．⑦以上の他，本人の希望によって実施することもある．

カウンセリングは，心理専門職，教育専門職，福祉職の他，一部の刑事施設に非常勤職員として配置されている臨床心理士らの処遇カウンセラーや作業療法士等が携わるが，その他の担い手として篤志面接委員の存在も大きい．なお，カウンセリングを広義にとらえれば，工場担当等刑務官による面接もそれに含まれる．

カウンセリングの方法としては，対象者の資質，問題の性質あるいはカウンセリング実施時期等の条件によって，非指示的なものからある程度明確な方向づけをもってなされるものまで，また，心理力動的，洞察志向的立場から認知行動的立場まで多様なアプローチがなされ，さらに通常の面接に箱庭療法や描画法といった非言語的な技法やロール・プレイを取り入れる等，各種の技法が併用されている．

●**刑事施設におけるカウンセリングの特質**　刑事施設という場で受刑者を対象になされるという点で，以下のような特有の課題がある．①即時の対応や早期の解決を求められる，あるいは終結までの期限に限りがある等時間的な制約がある．②カウンセラーは対象者の適応や成長を助ける者であると同時に，刑事施設の一員として対象者を監督，評価する者でもあり，二重の役割を担うことになる．また，刑事施設の重要な設置目的である再犯防止の点からも，社会に対する責任と同時に対象者に対する責任という二重の責任を負う．③対象者は一般に，それまでの生活経験を背景にした他者や社会への否定的感情，態度を有していて，対象関係が不安定であり，転移，逆転移や行動化を生じやすい．カウンセリングへの抵抗を示す者もおり，動機づけは概して乏しい．④対象者の多くに被害体験があり，社会への再適応を図るためには，自分の中の被害者と加害者とを統合することが必要となる．

こうした特質に対応するためには，対象者自身が社会への再適応に向けてより良い行動の選択ができるよう援助することに主眼を置き，必要性（ニーズ）に応じて目標を明確にし，終結までの見通しをもって，適切に技法や面接構造を選択することが有効である．　　　　　　　　　　　　　　　　　　　　［今村洋子］

犯罪者処遇の効果検証

　犯罪者処遇の効果検証について，諸外国では既に各種再犯防止プログラムのように多数の研究がなされ，相応の成果を上げている．一方で，わが国においては，2012年7月，犯罪対策閣僚会議において，「再犯防止に向けた総合対策」が策定され，各施策の効果検証を実施することについて記載されている．このように政策的な観点からも犯罪者処遇の効果検証（プログラム評価）を実施する必要性が高まっている．

●**プログラム評価について**　プログラム評価とは，社会的な問題状況を改善するために導入された社会的介入プログラムの有効性を，①ニーズへの適合性（ニーズ評価），②プログラムの設計や概念の妥当性（プログラム理論評価），③介入プロセスの適切性（プロセス評価），④プログラムの効果（アウトカム評価・インパクト評価）と，⑤効率性（効率性評価）という諸側面から，総合的・体系的に査定・検討し，その改善を援助して社会システムの中に位置づけるための方法（Rossi et al., 2004）である．プログラムを策定する際には，漫然と策定するのではなく，この①から⑤の諸側面について検討したうえで策定していくことが重要である．これらの検討を欠いたままプログラムが策定された場合，いざプログラムの効果を測定しようとしても，同プログラムのそもそもの狙いは何かが不明確で，測定する指標が定められなかったり，不適切な指標で測定するといった問題につながり得る．

　処遇プログラムの効果検証といった場合，④のプログラムの効果について取り上げられることが多いことから，ここでは特に④について取り上げることとする．

●**効果測定の方法**　プログラムの効果は，特定の介入を受けた集団と，介入を受けていない「等質の」集団における結果の差と定義することができる．もし二つの集団が完全に同等であれば，プログラム以外の要因によって引き起こされる変化の程度は同じであり，その差はプログラムの効果を示すといえる．

　介入群と対照群の等質性を得る最良の方法は，標的集団を2群に割りつける際に無作為化を用いる無作為化実験法（randomized controlled trial：RCT）である．しかしながら，介入や標的集団の範囲が無作為化実験法に適さない場合や時間と資源の制約等があり無作為化実験法が使用できない場合は，介入群と重要な要素において同様な対照群を比較する非無作為化準実験法（quasi experiment）が有用な方法となる．

●**矯正施設内で実施する処遇プログラムの効果測定の方法**　上述のように，効果検証を実施するためには無作為化実験法を用いることが重要であるが，矯正施設

内で実施する処遇プログラムについては，例えば刑事施設における特別改善指導のように，受講対象者の定義が法令上定められているうえ，受講対象者に選定されれば受講が義務づけられている処遇プログラムがある．この場合，対象者を無作為に選定して受講群と非受講群に分けることができず，可能な範囲で厳密な効果検証を行うとすれば，準実験手法を活用することになろう．

一方，全受刑者を対象とする一般改善指導の中には小集団を編成して実施する処遇プログラムもあるが，こちらの処遇プログラムの受講対象者については，法律上厳密に定められてはいない．また，例えば暴力の問題がある者が相当数施設に在所していたとして，施設の人的資源の限界から，全員に暴力防止プログラムを実施できないといった場合等には，対象者候補の中から無作為選定を実施し，プログラムの効果検証を行うことは許容され得ると考える．

●**法務省矯正局が実施している検証例**　2012年12月に法務省矯正局成人矯正課において，特別改善指導の一つである性犯罪再犯防止指導（以下，性犯罪者処遇プログラムとする）の効果について分析した結果が，法務省のHPで公表された．

この分析においては，受講群と非受講群の再犯リスクの程度の差を統制して比較分析を実施し，出所後3年間の推定再犯率を算出している．その結果についてであるが，性犯罪者処遇プログラムには，一定の再犯抑止効果が認められ，特に反社会的志向を修正する効果があることが指摘されている．

一方で，再犯率に差はみられるが，例えば迷惑防止条例違反者の全犯罪の再犯のように，その効果について統計的に実証できなかった部分もあり，これらの課題について検討を進めていく予定であると記載されている．

●**今後の課題・展望**　各種プログラムの効果検証を実施することは効果的な犯罪者処遇を実施するうえで重要であるが，一方で効果検証には限界もある．例えば，施設内の職員の日々の働きかけが被収容者に与える影響を厳密に検証していくことは難しいものの，日々の働きかけが収容者の改善更生に重要な影響を与えている．実際の施設における犯罪者処遇においては，木（プログラムの効果）を見て森（施設全体の処遇効果）を見ずといったことがないことが重要であろう．

また，広く公表する際に，効果検証の手法や結果をわかりやすく伝えることも困難だが重要なことである．各種の効果検証について何を行い，どのような結果が出たのか，専門的知識のない人に対しても可能な限り誤解がないように伝えていくことが，得られた知見を正しく社会に還元するために重要であろう．

［三浦公士］

📖 **参考文献**

[1] Rossi, P. H., Lipsey, M. W. & Freeman, H. E. (2003) *Evaluation: a systematic approach, 7th ed.*, SAGE.（ロッシ P. H.・リプセイ M. W.・フリーマン H. E. 著，大島 巌他監訳 (2005)『プログラム評価の理論と方法—システマティックな対人サービス・政策評価の実践ガイド』日本評論社）

少年院処遇の流れ

　少年院は，主として保護処分の執行を受ける者（以下，在院者とする）を収容し，矯正教育その他の必要な処遇を行う施設である．また，少年院処遇は，少年法第1条に掲げられている理念「健全育成」に資することがねらいとされ，少年院法第15条には，以下のような処遇の原則が示されている．

　①在院者の処遇は，その人権を尊重しつつ，明るく規則正しい環境の下で，その健全な心身の成長を図るとともに，その自覚に訴えて改善更生の意欲を喚起し，ならびに自主，自律および協同の精神を養うことに資するよう行うものとする．

　②在院者の処遇にあたっては，医学，心理学，教育学，社会学その他の専門的知識および技術を活用するとともに，個々の在院者の性格，年齢，経歴，心身の状況および発達の程度，非行の状況，家庭環境，交友関係その他の事情を踏まえ，その者の最善の利益を考慮して，その者に対する処遇がその特性に応じたものとなるようにしなければならない．

　このような原則に立って展開される少年院処遇は，矯正教育とその他の必要な処遇に大別することができる．前者は，在院者の犯罪的傾向を矯正するとともに，在院者に対し健全な心身を培わせ，社会生活に適応するのに必要な知識および能力を習得させることを目的としており，生活指導，職業指導，教科指導，体育指導および特別活動指導の五つの指導から構成されている．とりわけ，生活指導は，少年院送致処分の原因となった在院者個々の問題性・非行性に対する指導を含んでいる等，矯正教育における中核的な役割を果たしている．

　他方，後者は，例えば，院内生活における，食事の給与，衣類等の貸与，面会・通信，入浴，運動，医療・衛生等における在院者の取扱いをさしており，強制収容に伴う人権上の配慮が必要とされる側面も有している．

　以上のような少年院処遇は，院内の規律および秩序が適正に維持されていることを前提に，それぞれの指導等が日常生活の中で有機的に関連し，全人格的な働きかけとして実施される必要がある．こうした処遇体制の構築に寄与しているのが，段階処遇と分類処遇とよばれる二つの基本的な処遇制度である．

●**段階処遇**　これは，少年院法第16条「処遇の段階」に示されているとおり在院者の処遇に段階を設け，その段階の向上に伴って社会生活により近い処遇環境を設定することによって，在院者の自覚に訴えて改善更生の意欲を喚起し，その自律的・自発的な改善更生をうながそうとするものである（法務省矯正局，2014）．このねらいは，在院期間中を通じて一律に処遇するものではなく，それぞれの段階にふさわしい処遇を行うことで，たえず，在院者の向上意欲を喚起し，

自発的な努力によって，できるだけ早期に矯正教育の目的を達成させて，その収容を終えることができるようにしようとするものである．

段階処遇は，在院者ごとに作成される個人別矯正教育計画に具体化されており，この計画において当該在院者の問題性等を踏まえた矯正教育に関する目標，当該目標を達成するための教育の内容・方法，各処遇の段階の予定期間等がそれぞれ個別に設定されている．在院者の処遇は，基本的にこの計画に沿って進められ，一定期間ごとに矯正教育の目標の達成度等について成績の評価がなされる．通常であれば，入院時の処遇段階である3級から，成績の評価に応じ，2級，そして，処遇の最高段階である1級へと順次向上し，出院することとなる．

●**分類処遇** これは，少年院法第15条にある「特性に応じた処遇」を意味しており個々の在院者の年齢および心身の発達の程度等を考慮し，教育的必要性を正確に把握したうえで，対象者に共通する処遇内容等に応じた適切な集団を編成し，最も効果的な処遇を行うことである．具体的には，種類と矯正教育課程という二つの概念により分類処遇の大枠が形成されている．

まず，少年院は在院者の法的地位の他，年齢，心身の著しい障害の有無，犯罪的傾向等の相違による処遇上の弊害（いわゆる悪風感染）を回避すること等をねらいとして四つの種類に分けられている（表1）．保護処分で少年院送致となった場合，どの種類の少年院に送致されるかは，審判において指定される．

表1　少年院の種類（少年院法第4条）

種類	法的地位	心身の著しい障害の有無	年齢	犯罪的傾向
第一種	保護処分	無	おおむね12歳以上23歳未満	進んでいない
第二種	保護処分	無	おおむね16歳以上23歳未満	進んでいる
第三種	保護処分	有	おおむね12歳以上26歳未満	―
第四種	刑の執行	―	（16歳未満）	

次に，少年院には，それぞれの種類ごとに矯正教育課程が設置されている．矯正教育課程とは，在院者が社会生活に適応するために必要な能力や事情に照らして，一定の共通する特性を有する在院者の類型ごとに矯正教育の重点的な内容および標準的な期間を定めたものである．少年院送致があった際，送致先の少年院の長は，当該少年院に設置されている矯正教育課程のうち，当該少年に最も適切な矯正教育課程を指定することとなっている．

こうした在院者の分類または集団の編成を適切に行うことによって，限りある人的物的資源を前提として，少年院処遇のより効率的・効果的な実施が可能になっている．さらには，段階処遇も含め，これら二つの処遇制度が適切に機能することによって，望ましい処遇体制が構築され，その結果として，適正かつ組織的・体系的な少年院処遇の実施が可能となっている．

［平原政直］

少年院における薬物乱用防止指導

　少年による薬物犯罪の送致人数は 1982 年の 3 万 2,129 人をピークに減少傾向にあり（『平成 26 年版犯罪白書』），これは少年院新収容者においても同様である．しかし，薬物依存からの回復には早期介入が有効とされていること，若年層の危険ドラッグの乱用が大きな社会問題となっていること等もあり，少年院においても薬物乱用に対する指導が行われている．
　2012 年 7 月 20 日に犯罪対策閣僚会議で決定された「再犯防止に向けた総合対策」では，薬物依存の問題を抱える者に対しては，個々の再犯リスクを適切に把握したうえで，そのリスクに応じた専門的指導プログラムを実施すること，また，その家族らに対して薬物依存の問題を抱える者に対する対応等に関する理解を深めさせ，適切な対応力を付与することとしている．少年院法においても，生活指導を行うにあたり，麻薬，覚醒剤，その他の薬物に対する依存がある場合には，その改善に資するように特に配慮しなければならないとされている．

●プログラムの概要　少年院においては，2011 年度に少年指導用の標準的なプログラム，保護者向けのプログラム，ならびに重点指導対象者の選定および指導による変化の把握等のための薬物使用等についての調査方式を策定し，2013 年度から本格実施している．
　薬物依存は慢性疾患であり，心理社会的治療が重要な位置を占める．諸外国においては，認知行動療法をベースとした，リラプス・プリベンション・モデル（問題行動につながる引き金と生活パターンを特定し，引き金を避け，パターンを変えることにより，問題行動を防止していくモデルのこと）によるプログラムが，動機づけ面接や家族療法，自助グループ等と組み合わせて実施されている（☞「施設内処遇におけるリラプス・プリベンション」）．わが国の少年院では，主として医療機関で一定の実践がなされ，相応の効果を上げているプログラムとして国立精神・神経医療研究センター精神保健研究所の松本俊彦らが開発した SMARPP（Serigaya Meth-amphetamine Relapse Prevention Program）があったことから，これを参考にして中核プログラム（Juvenile correction Methamphetamine Relapse Prevention Program：J. MARPP）を策定した．これをグループ・ワークまたは個別指導のかたちで実施し，自己統制計画を策定している．
　①薬物乱用歴が比較的短い，②暴力的傾向がみられる（過食，拒食，自傷行為等を含む），③依存ではなく乱用が中心である，といった若年薬物乱用者の全体的な特徴を踏まえ，少年指導用プログラムとしては，対象者のニーズに応じて周辺プログラムを実施するとともに，フォロー・アップ指導で中核プログラムの復

表1 薬物非行防止指導

【少年指導用プログラム】

項目	指導内容	指導方法
中核プログラム	薬物乱用の防止を目的とした，認知行動療法を基礎とするワークブック用いた指導	・J. MARPP を用いたグループ・ワーク指導または個別指導
周辺プログラム（各指導内容について，指導方法を選択して実施）	主として背景要因に焦点をあてた指導	・対人スキル指導 ・家族問題指導 ・アサーションを中心とした対人トレーニング ・固定メンバーによる継続的な集会（ミーティング） ・個別面接指導
	主として問題行動（薬物使用）に焦点をあてた指導	・自律訓練法・呼吸法 ・アンガーマネジメント ・マインドフルネス ・リラクセイション
	主として生活設計に焦点をあてた指導	・進路指導 ・余暇の過ごし方（薬物以外の楽しみ探し）指導 ・固定メンバーによる継続的な集会（ミーティング） ・民間自助グループ講話
フォロー・アップ指導（必須）	中核プログラムの確認（復習・自己統制計画の見直し）	・J. MARPP を用いた個別指導

【保護者向けプログラム】

項目	指導内容	方法
保護者向けプログラム	副読本を用いた指導	・個別面談 ・保護者講習会

習をすることにより，中核プログラムを補完している．また，保護者向けプログラムとしては，保護者には，①薬物乱用についての知識が全般的に不足している，②少年の自律をうながすことが必ずしも十分でない，といった特徴があることを踏まえ，薬物乱用についての正確な知識および少年との関わり方に関する留意事項と相談関係機関のリスト等を盛り込んだ副読本により，保護者会等の機会に指導を行っている（表1）．

全国の少年院で上記指導を実施することに加え，特に薬物乱用に関わる問題が大きく，重点的な指導を実施する必要性および処遇適合性が高い者を重点指導対象者とし，必要に応じて一定期間，重点指導施設のうち指定された少年院に移送して，グループ・ワークによる指導を実施している．また，指導の受講状況等について，更生保護官署に情報提供することにより，社会内処遇との連携を図っている（☞「刑事施設における薬物依存離脱指導」）．

［東山哲也］

少年院における性非行防止指導

　近年，少年による刑法犯の件数は減少傾向にある中，非行名が強制わいせつまたは強姦である者は，横ばいから増加傾向で，その構成比は上昇しており，少年院在院者においても同様の傾向が認められる．性非行が被害者や社会に与える影響の大きさも踏まえると，性非行のある少年に対する処遇の充実は重要な課題である．

　2012年7月20日に犯罪対策閣僚会議で決定された「再犯防止に向けた総合対策」では，性犯罪者に対しては，関係機関の情報連携や実証研究に基づく評価手法等を通じて，個々の再犯リスクを適切に把握したうえで，そのリスクに応じて性犯罪者処遇プログラム等による効果的な指導・支援を実施することとしている（☞「刑事施設における性犯罪再犯防止指導」）．また，少年院法および少年院法施行規則では，生活指導を行うにあたり，性非行の問題がある場合には，その改善に資するように特に配慮しなければならないとされている．

●**プログラムの概要**　少年院においては，2012年度に少年指導用の標準的なプログラムならびに性非行の再非行の可能性および教育上の必要性を把握する調査方式を策定し，2014年度からは重点的な指導を実施する必要性および処遇適合性が高い者を重点指導対象者とし，必要に応じて一定期間，重点指導施設に移送して，グループ・ワークによる指導を実施している．指導の全体像は表1のとおりである．

　従前は，ロール・レタリング等の手法を活用しつつ，認知行動療法をベースとした，リラプス・プリベンション・モデル（認知行動療法の一技法で，問題行動につながる引き金と生活パターンを特定し，引き金を避け，パターンを変えることにより，問題行動を防止していくモデルのこと）による教材が活用されていた（☞「少年院における薬物乱用防止指導」）．しかし，海外の性非行少年の処遇においては，リスク回避モデルから長所基盤モデルへのシフトが認められ，同モデルは，問題点の改善のみならず，健全育成に向けた働きかけに重きを置く少年院の処遇に馴染むと考えられたことから，表1のプログラムは，同モデルに基づき，少年自身の内発的動機づけを高めることを重視して設計された．また，同モデルとの関連から，理論的背景として，第3世代の認知行動療法と称されるACT（acceptance & commitment therapy）を採用した．ACTに基づく中核プログラム（J-COMPASS）は，少年自身が，①本来自分はどのようにありたいのかというみずからの価値を確認し，性非行とそれとのギャップを理解し，自己認識を深めて，②問題となる認知や感情に気づき，回避したり，あらがったりするのではな

表1 少年指導用プログラム

項　目	指　導　内　容	指導方法
中核プログラム	ワークブック教材を用いた，性非行に関する自己理解（気づき）を深め，みずからの価値に基づく適応的な行動を活性化し，心理的柔軟性・共感性を向上させるための指導	・J-COMPASSを用いたグループ・ワーク指導
周辺プログラム	自己の感情・思考への気づき，自己統制力の向上，受容的態度の育成，ストレスの低減，集中力を高めるための指導	・マインドフルネス
	怒りの感情と向き合い，適切な対処方法を学び，円滑な人間関係を育む指導	・アンガーマネジメント
	非行の重大性や被害者の心情を理解する指導	・被害者心情理解指導
	正しい性知識を身につけ，男女の性差や平等性を理解して互いに尊重する姿勢を養い，適切な意思決定をする力を育む指導	・性教育
	各種指導のフォロー・アップ，性被害や被害者への対応，生活上の問題等，対象者の性非行に関する個別の事情について取り扱う指導	・個別指導
フォロー・アップ指導	中核プログラムの復習・見直しを行うとともに，出院後の生活を見据えた対処方法等を取り扱う指導	・J-COMPASSを用いた個別指導

く，それをあるがままに受け入れて相対化しながら（アクセプタンス），③性非行に代わる健全かつ有効な行動を活性化させていくこと（コミットメント）を意図している．②がすなわち性非行の再非行要因であり，これを直接的に修正するのではなく，③によって，再非行の可能性等が低減されると考えられる．

表1に示したプログラムでは，性非行の再非行要因に対応させるとともに，中核プログラムの処遇効果を高める意図をもって，周辺プログラムが配置されている．さらに，重点指導施設における受講状況等について，更生保護官署に情報提供することにより，社会内処遇との連携が図られている．

性非行の再非行の可能性および教育上の必要性を把握する調査方式として，法務省において職員評定によるいわゆるリスク・ニーズ・アセスメント・ツールである，法務省式ケースアセスメントツール（性非行）MJCA(S) が開発されている．性的関心の特徴等の性的な事柄と関連の深い内容については，鑑別実務により蓄積した知見や諸外国のアセスメント・ツールを参考にして項目が設定され，性的な事項以外の観点については，法務省式ケースアセスメントツール（MJCA）が活用されている．MJCA(S) は，少年鑑別所において鑑別資料の一つとして活用されている他，少年院において重点指導対象者の選定や処遇による変化の把握に活用されている（☞「鑑別とリスク・アセスメント」）． ［東山哲也］

参考文献
[1] Maruna, S. & LeBel, T. P. (2009) Strengths-Based Approaches to Reentry: Extra Mileage Toward Reintegration and Destigmatization,『犯罪社会学研究』34, 59-81.
[2] 熊野宏昭(2012)『新世代の認知行動療法』日本評論社．

少年院における被害者の視点を取り入れた教育

　少年院における被害者の視点を取り入れた教育とは，在院者がみずからの非行と向き合い，犯した罪の大きさや被害者の心情等を認識し，被害者に誠意をもって対応していくことを目的として行われる働きかけのことである．この教育の対象者は被害者を死亡させた，または身体もしくは自由を害した事件を犯した者，その他その教育を行うことが必要かつ適切と判断される者とされている．そして，少年院在院中の全過程においてさまざまな教育内容・方法が展開される．

　また，少年院法では「犯罪または刑罰法令に触れる行為により害を被った者およびその家族または遺族の心情を理解しようとする意識が低いこと」を有する在院者には，その事情の改善に資するように特別に配慮しなければならないことが規定されており，被害者に対する意識が低い在院者には特別な教育を実施することとなっている（☞「刑事施設における被害者の視点を取り入れた教育」）．

●**少年院で被害者の視点を取り入れた教育を実施するようになった経緯**　少年による殺人等の重大事件に注目が集まる中で，そのような重大な非行を犯した少年に対して，1997年に少年院において新しい指導の枠組みがつくられ，そこでは贖罪指導と生命尊重教育を中心とした指導が行われた．さらに，これらの教育内容の充実が求められる中で，「命と心との特別指導」が開始された．このような教育の実践を踏まえて，2001年に全国の少年院において「被害者の視点を取り入れた教育」が実施されるようになった．その後，各施設で実践が積み重ねられてきている．2013年には，そのような実践を踏まえたうえで，「償いに向けての特別プログラム」が作成され，各施設で実施されている．

●**基本構造および指導方法**　村尾（2006）によれば，少年院における矯正教育の基本的な枠組みを考えた場合，その基盤となるのは生活指導である．この生活指導には，集団による規則正しい寮生活，行動訓練，生活マナー，役割活動，個別面接等の少年院における教育の基本的な部分が盛り込まれている．その生活指導のうえに，集団指導において実施される在院者全員を対象とした課題がある．そのような集団指導において実施される課題のうえに，在院者個々に対して実施される個別課題が積み上がっていくというような3層の構造であるとされている

　加えて，それぞれの在院者の非行の態様により，被害の程度や被害者の感情や状況が異なるため，被害者の視点を取り入れた教育は，上述の構造の中で継続的に実施されることが求められる．すなわち，被害者の視点を取り入れた教育は，特定の期間に実施するプログラムではなく，在院者の全過程の中で働きかけられる，さまざまな内容や方法となる．具体的には，個別面接，課題作文，ロール・

レタリング（役割交換書簡法），被害者の命日における個別内省，グループ・ワーク，ゲスト・スピーカーの講演や指導等を組み合わせて実施することとなる．
　特に，被害者や被害者の現状についての知識を有する精神科医や被害者支援センターの職員らの外部講師をゲスト・スピーカーというが，このゲスト・スピーカーを招聘して在院者に対して実施する講話や面接指導等は，被害者の視点を取り入れた教育の中でも，重要なものとして位置づけられている．

●**償いに向けての特別プログラム**　被害者の視点を取り入れた教育は，在院者の少年院内での全過程の中で働きかけるものであるが，一方，これまで個別に実施されていた被害者の視点を取り入れた教育の知見や実践を踏まえたうえで，被害者心情に対する意識が低い在院者に対しては，特別の指導が必要であり，被害者の視点を取り入れた教育の中核となるプログラムとして，「償いに向けての特別プログラム」が作成された．
　このプログラムは，①自分の被害体験，②被害について知る，③犯罪被害者らに対する共感的理解，④事件への振り返り，⑤償いのあり方，⑥具体的な償いの方法，というそれぞれの段階を踏みながら，償いについての理解を深め，各在院者が償いを実行に移すための方法を考えられるようなっている．また，このプログラムは複数の在院者が討議を中心に学んでいくグループ・ワーク・プログラムと，一人で実施する個別プログラムの二つから構成されている．
　グループ・ワーク・プログラムは，グループ内の相互作用を活用し，互いの気づきをうながすような構造になっている．また，個別プログラムは，グループ・ワーク等の集団のプログラムに馴染まない者や，収容期間が長く設定され，グループ・ワーク・プログラムの他に，さらなる働きかけが必要な者等に実施される．

●**償いと謝罪**　「償いに向けての特別プログラム」の中でも触れられているが，償いと謝罪は異なる．少年院における被害者の視点を取り入れた教育の中で，謝罪を一定のゴールとしている内容が少なくない．一方，被害者の感情や状況はさまざまであり，謝罪ができる状況の有無ばかりではなく，謝罪を受け入れるか否かは被害者側の判断となる．そうなると，極端な場合には「謝罪ができないのだから，被害者のことを考える必要はない」という論理に陥りかねない．しかしながら，謝罪ができなくとも，被害者に対する償いについて理解を深めさせることは必要である．被害者の望んでいることを踏まえたうえで，加害者である自己が将来にわたって，できること，しなければならないことを深く考えながら，再び非行を犯さず，社会の一員として生活するということも広い意味での償いの始まりであるといえるのではないか．

〔工藤弘人〕

📖 **参考文献**
[1]　保木正和編(2006)『矯正教育の方法と展開』矯正協会．
[2]　遠藤英明(2010)「少年矯正における被害者を巡る諸施策と取組」『犯罪と非行』164．

少年院における不良交友指導

　少年院における不良交友に関する指導が確立されたのは，少年院としての行政上の基準が設けられた1970年代後半から半ばである．その後，この指導は従前から行われていた個別指導とともに，体系づけられた講座形式の集団指導が全国の少年院で展開され，生活指導の細目である問題行動指導の一つとして重要な指導となっている．今日の少年院における不良交友指導は，少年院法第24条第1項に規定された「善良な社会の一員として自立した生活を営むための基礎となる知識及び生活態度を習得させるため必要な生活指導」の一つとして，また，同条第3項の規定に基づき法務省令で定めた，個々の在院者の事情により特に配慮しなければならない事項の一つ（「犯罪性のある者との交際をやめ，又は暴走族等の非行集団から離脱するための知識及び能力を有しないこと」）として位置づけられるものである（図1）．

```
少年院法第 24 条第 1 項
　　生活指導の一つとしての不良交友指導
少年院法第 24 条第 3 項
　　生活指導のうち，特に配慮しなければならない不良交友指導
```

図1　少年院における不良交友指導の法令上の位置づけ

●少年院における不良交友指導の内容　不良交友は，暴走族や暴力団等，非行に直接結びつく組織的な集団との関わり合いばかりでなく，地域や学校における大小さまざまな不良集団や不良交友が考えられる．そして，不良交友との関わりによって社会や家族に対して迷惑をかけるばかりではなく，社会的に不適応な行為をすることで自己の成長発達を阻害してしまうことにもつながるものである．

　そこで，少年院では，みずからの交友関係を振り返らせ，不良交友とのつながりを断ち，良い交友関係をもつための指導を図っている．その指導方法には，個別指導と集団指導の二つがある．個別指導の場合，個々の問題点に着目し，個別面接の実施や課題作文の作成等を通じて，具体的な解決策を対象者が見出せるようにするものである．また，集団指導では，不良交友の問題性を抱える対象者を選定し，講義形式のみならず，集団討議，社会生活技能訓練（social skills training：SST），ロール・レタリング等さまざまな手法を用いて指導を行うものである．そして，個別指導と集団指導に加えて，少年院生活そのものも重要な役割を果たしている．多くの少年院では，集団寮を基本とした集団処遇を実施して

おり，集団生活の営みの中で個別指導と集団指導で学習したことを実践する等して対人関係のスキルを磨き，出院後の交友関係に対処できる力を育んでいる．他方，不良交友とのつながりを変えるためには，少年自身のみならず保護者の協力も不可欠である．そのため，面談等を実施し，保護者の理解を求める場合もある．

●**最近の少年院における不良交友指導の特徴**　現在，少年院法第24条の規定に基づく新しい不良交友に関する集団指導が実施されている．その指導の特徴は，①適切な人間関係をもつことができる価値基準をみずから選択すること，②不良交友とのつながりで自分自身が支えられていたことを理解すること，③自分づくりと新しい友達づくりの基礎的なスキルを身につけること，④インターネット等の情報化社会における友だちづくりの特徴を理解すること，⑤個別指導との連携，である．これら五つの特徴を具体的に説明すると次のとおりである．

①出院後，多種多様な場面での適切な判断と行動が出院者には求められる．しかし，不良交友の再開や新たな不良交友の出会いを求めてしまうことがある．そこで，将来どのような人になりたいかみずから選択した価値（例えば「優しい人」等）をもち続けることによって，不良交友による問題行動に対処しようとするものである．②不良交友との関係は，社会的に不適切な行動である一方で，悪いと知っていてもその友達によって支えてもらっている側面もある．そこで，過去の不良交友の関係を振り返りながら，不良交友に支えてもらわなければならない部分をみずから見つけ出し，その部分を克服し，社会に適応した関係性をもつことで支えてもらう行動をめざすものである．③不良交友の関係を断つことのみではなく，その後の生活に対する支援を行うものである．不良交友断絶後，友だちや仲間を失くしてしまう場合があり，自分自身を成長させ，新しい友だちや仲間をつくるための基礎的なスキルを身につけ，その動機づけを高めようとするものである．④スマートフォン等携帯端末機器の普及により，友だちのあり方も変化している．情報化社会における友だちづくりのあり方について理解をうながし，適切な交友関係の構築をめざそうとするものである．⑤集団指導において基礎的な知識を教授し，スキルを身につけさせることをめざすとともに，個別指導と連携することによって，対象者個々の不良交友の関係も対応できるものとされている．その他にも，出院直後の行動計画の作成やアサーティブな行動について理解を図ることも行われている．

このように，少年院における不良交友指導は，現在まで培ってきたノウハウとともに，教育学のみならず心理学等のさまざまな手法や考え方を取り入れ，在院者の問題点の解決と健全な成長や発達をめざして，日々，指導が行われている．

［吉田和成］

📖 **参考文献**
［1］　矯正協会(2006)『矯正教育の方法と展開―現場からの実践理論』矯正協会.

少年院における女子少年への指導

　少年院は全国で52庁設置されているが，そのうち女子のみを収容する少年院は9庁である（図1）. どの女子少年院も数多くの「矯正教育課程」を有しており，年齢，能力，非行の程度等の多様な特性を有する少年が一つの少年院に収容されることになる.

　女子少年の成育歴の特徴として，保護環境の劣悪さ，被害体験の多さをあげることができる.

　法務省『矯正統計年報』によると，2013年の少年院新収容の女子少年の保

図1　全国の女子少年院

護者は「実母のみ」が最も多く4割を占め，家庭の生活程度が「貧困」である者がおよそ3割となっている. 幼少時から家庭の不和，葛藤にさらされ，親きょうだいとの生別・死別を経験し，施設暮らしをする等，十分に愛情を受けることなく生育してきた者が多い.

　さらに，法務総合研究所『研究部報告11　児童虐待に関する研究』（2001）は，女子少年のおよそ8割が家族からの身体的暴力や性的暴力，加害行為を経験していたとしている. 家庭が安心できる場ではなく，常に不安や恐怖がつきまとう，生きていくのに過酷な場であった女子少年は少なくない.

　こうした傷つきの多い成育歴から，女子少年の特徴として①自己統制力の弱さと衝動性，②強い愛情欲求不満と対人不信，③自尊感情の低さ，④共感性の欠如等があげられる. これらを背景として，自傷，摂食障害，薬物や性への依存，他者への攻撃などの問題行動や窃盗，傷害，覚せい剤取締法違反，売春防止法等の非行に至っている.

●**女子少年院の指導**　女子少年院はまず，女子少年にとって安心・安全な場でな

くてはならない．衣食住が確保され，贅沢ではないが清潔で気配りされた環境の中で規則正しく生活することにより心身の健康を回復していく．

　少年院の処遇は集団指導と個別指導を組み合わせて実施している．集団指導の中で他者を思いやる気持ち，責任感や協調性を養わせるとともにさまざまな問題を抱える女子少年一人ひとりに目を向けたきめ細かい個別指導が行われている．

　少年院において少年にいちばん身近な存在はそこで指導する法務教官である．女子少年院では，個別担任制をとっている．入院から出院まで一人の法務教官が個別担任として密接に女子少年と関わることになる．面接指導（☞「少年院における面接指導」）により女子少年の心情を把握し，女子少年に自己の問題の自覚とその改善への意欲を喚起する．対人不信感の強い女子少年はなかなか心を開こうとしないが，根気強くあきらめず指導することで信頼関係が形成されていく．女子少年院の処遇はしばしば「育て直し」といわれる．それは，基本的な生活習慣を身につけ，人を信じることを体験し，さまざまな被害体験から回復することで，自分もまたかけがえのない一人の人間であると実感させる過程に他ならない．

　少年院における矯正教育は，①生活指導，②職業指導，③教科指導，④体育指導，⑤特別活動指導の5分野の指導を適切に組み合わせて実施することとされている．再非行の防止と社会適応力の向上をめざし，各分野において数多くの処遇技法や教育プログラムが用意されている（☞「少年院処遇の流れ」）．

　各女子少年院はこれまで地域社会の特性や人的物的条件等を考慮し，特色ある指導を展開してきた．例えば，仙台市にある青葉女子学園においては，オペレッタ，詩の朗読や太鼓演奏を通じ，適切な自己表現力を身につけさせる表現教育を行っている．沖縄市にある沖縄女子学園においては，伝統的手工芸の紅型指導を通じ，地域文化の理解と沖縄に生きる人間としてのアイデンティティを育てている．福岡市にある筑紫少女苑ではマインドフルネスの技法を指導のベースとして取り入れ，各種指導の効果を高めている（☞「マインドフルネス」）．

　2012年犯罪対策閣僚会議が発表した「再犯防止に向けた総合対策」では，再犯防止のための重点施策の一つに「女性特有の問題に着目した指導及び支援」の必要性を掲げている．これを受け法務省矯正局において，2013年から女子少年特有の問題性に着目した再非行防止のための処遇プログラムの開発が試みられている．これまで各施設で培ってきた知見や専門家の助言指導をもとに，アサーション，マインドフルネス，自傷，摂食障害，性問題行動，薬物乱用等の処遇プログラムの試行・検証が行われている． 　　　　　　　　　　　　　　　　　　［後藤里香］

参考文献

[1] 法務総合研究所（2001）『研究部報告11 児童虐待に関する研究』．
[2] 中森孜郎・名執雅子（2008）『よみがえれ少年院の少女たち―青葉女子学園の表現教育24年』かもがわ出版．

少年院における面接指導

　面接は一般に，対象者に直接関わり，対象者を理解するとともに助言等を行う専門的な対人援助技法である．しかし面接のあり様は，行われる場，目的，対象者によって異なり一様ではない．少年院における面接指導にも固有の形式と内容がある．

●**面接の特徴**　少年院における面接指導（以下，面接とする）は，少年院という拘禁施設の場で，家庭裁判所の審判決定により少年院に入院した少年（以下，在院者とする）を対象に，文字どおり再非行に陥らせないための指導を行う面接である．こうした特徴から，面接は必ずしも在院者の意思・任意を前提としている訳ではなく，原則として少年院の判断で随時または定期的に実施する．もちろん改善更生のためには，後述のとおり在院者が自発的に面接を受ける気持ちになるよう働きかけることが不可欠である．

　少年院では，施設長である院長以下各部署の職員が在院者に関わり，種々の事由から面接も担当する．この中で，在院者の生活の場（寮，実科場）に配置され，特定の在院者の担任に指定され，面接を含めた幅広い指導を日常的に担うのが，少年たちに矯正教育を行う専門職員，法務教官である．教官が個々の在院者を対象に実施する面接を個別面接（個人面接）といい，これは在院者の心情安定，改善指導，成績評価（改善度の査定）を主目的に実施される．以下この個別面接の実際について述べる．

●**面接の実際**　入院当初多くの在院者は，少年院の教育を受けつけない心に支配されている（非行の責任を引き受けない，少年院収容への不満がある，少年院から逃げ出したい，指導を強制や干渉と受け止める，教官に警戒や不信の目を向ける等）．こうした在院者たちに特徴的なことは，課題を与えられても努力せず流れ作業のようにこなす，教官の指導に対して表面を取り繕い，心の中では指導を意に介さない，という少年院に順応しても適応しないという行動である．中には教官の目を盗んで規律に反することをしたり，教官に対してあからさまに反抗的または粗暴な振舞いをしたりする在院者もいる．このような在院者の心を動かし，指導を受け入れ自分を変えていこうとする姿勢に転じさせるうえで，教官が在院者の心情に直接働きかける面接の果たす役割は大きい．

　教官は面接を軌道に乗せるために，まず在院者との一対一の関係を築くことに努める．在院者は，教官を自分のために努力してくれる重要な人物と感じ，心を開くようになるにつれて，面接を自己改善の場と理解し，自発的に面接を受けようとする姿勢をもつようになる．それに伴い，指導内容が徐々に在院者の心に浸

透し始める．実際問題として，資質の問題が根深く関係構築が容易ではない在院者は少なくない．しかし，これが面接の成否を左右するものであることから，この作業は辛抱強く続けられる．

面接内容は，入院から出院まで概ね次のように計画的に設定される．入院当初の新入時教育過程では主に少年院で自己改善に取り組む自覚と意欲の喚起に，後続の中間期教育過程では非行に直結した問題点と改善策の洞察・被害者感情の理解を深めることに，社会復帰を間近に控えた出院準備教育過程では再非行を防止する生活設計の具体化に，それぞれ主眼を置いた面接を行う．

面接は，教官が主導して問題点や課題に直面させる，説諭を行うといういわば与える手法と，在院者に自由に話をさせるという引き出す手法の双方を織り交ぜて進められる．衝動性，他律性を特徴とする在院者の資質を踏まえ，教官はこれらの手法を駆使して在院者に自助努力と自己決定をうながす．それがなければ在院者は指導を表面的に受け流し，立ち直りには向かわない．教官は，少年が自分で考える，考えたことを表現する，表現したことの適否を吟味する，吟味した結果を表現する，未解決の問題を課題としてみずからに課すという自己決定・自助努力の作業を反復・徹底するよう方向づける．

●**面接の効果** 面接は他の教育活動と連動し，自己洞察，被害者感情の理解，非行の反省，更生意欲，生活設計の構築の面で在院者に進歩を遂げさせる．これは，在院者が教官から入院前の生活では触れられなかった常識・良識を多く吸収するからであり，教官の豊かな人間性に根ざす指導力あってのことである．

また，在院中面接において教官と在院者の間で交わされる膨大な数に上る言葉に着目すると，面接には次の重要な効果がある．総じて在院者は，人や環境への不満や怒りを表す言葉を知っているが，優しさ，親しみ，配慮を表す言葉をあまり知らない．在院者は，面接で耳に入ってきた後者の言葉を少年院または出院後の生活で実際に活用することで，自分へのまわりのまなざしや態度が変わることを実感する．そうすると最初は教官からのお仕着せの言葉と感じられた言葉に心が乗り，言葉は自分のものとなる．また，心のありのままの状態を言葉にすることで自分の姿や輪郭が形をなしてくる．自分を客観視する道が開けてくる．このことは欲求・感情と行動の間に言葉による自己理解が介在することを意味し，欲求等が短絡的に行動（非行）に直結することを抑制する可能性を広げる．さらに，在院者は話をすることで不安，緊張，不満，怒りを和らげる（カタルシス作用）．心が軽くなると前向きな気持ちが醸成されやすくなる．このように言葉には力がある．そして言葉に力を与えるのもやはり教官の指導力である． ［小野広明］

📖 **参考文献**
[1] 小野広明(2012)「非行少年の心を理解する」「非行少年の心にかかわる」笠井達夫・桐生正幸・水田惠三編『犯罪に挑む心理学—現場が語る最前線』2, 157-169.

集団カウンセリング

　一対一で行う個別カウンセリングに対し，特別に編成された集団を設定し，そこで生じるさまざまな集団力動を利用しながら個々の性格や行動様式等に改善をもたらす援助技法の総称をいう．集団カウンセリングは，個別カウンセリングに比べ，同じ時間でもより多くのメンバーに改善や成長をうながすことができる（経済性），密室での二者関係構造でなく，三者関係以上の日常生活場面に近いかたちで実施されるため，学んだことが参加者の日常に般化されやすい（日常生活との連動性，波及性）といった特徴がある．

　集団カウンセリングのねらいは，集団を構成するメンバーの特性，スタッフの準拠する理論等によって異なるが，原則的には過去にさかのぼって深い洞察をめざすよりは，「今，ここで」の人間関係の問題点，行動様式，態度，認知のあり方を自覚し，それらを修正，改善することに重点が置かれている．

●**矯正での適用とその変遷**　矯正領域では1950年代後半から集団カウンセリングの導入が試みられ，少年施設では久山照息（くやまてるおき）による関東医療少年院での「集団心理療法」，刑事施設においては松富哲による山口刑務所での職業訓練生を対象とした集団カウンセリングが先駆的実践といわれている．1960年代に入ると少年鑑別所でも，当時，積極的に提唱されていた治療診断的処遇を背景に，徳島，東京等をはじめ全国の施設で展開されていた．同時期，愛光女子学園では遠藤辰雄らが1年以上にわたり集団カウンセリングを実施し，その効果検証に関する研究も行われた．

　こうした導入期の実践を経て，久山（1960）は集団カウンセリングにより，①対象者のコミュニケーション能力向上，②暴力を用いて問題解決を図ろうとする近道反応から自発的に話し合う迂回路への転換，③自分の立場への固執から脱却し，「われわれ意識」が生じる．施設全体の治療的風土づくりに大きく寄与することをあげている．

　その後，集団カウンセリングは，さまざまな理論的基盤を背景に，対象や適応領域を徐々に拡大していきながら幅広く実践されるようになっている．さらに近年では，刑事施設における特別改善指導，少年院での特定生活指導のように，同種の犯罪・非行を行った者での集団を編成し，認知行動療法の理論に根ざす実践が主流となっている（☞「刑事施設におけるカウンセリング」）．

●**治療的要因**　集団カウンセリングが治療的効果をもつ主たる要因には，個別カウンセリングと共通するもの，集団カウンセリング固有のものに大別される（野島，2005を筆者が改編）．

①個人カウンセリングと集団カウンセリングとに共通する治療要因：受容，支持，感情転移（重要な人物との関係が治療場面で再現される），知性化（状況を知的に理解する），カタルシス，自己理解の促進，ガイダンス（有用な情報提供）．
②集団カウンセリング固有の治療要因：(a) 愛他性：メンバーへの助言等を行うことで，他者に役立つことを意識し，自己イメージが肯定的なものに修正されやすい．(b) 観察効果：メンバーの言動を間近に見聞きすることで，自分自身を改めて振り返ることができる．(c) 普遍化：メンバーも自分と同じような問題を抱えていることを知り，自分だけが特異であるという思いから解放され，ある種の安堵感を得る．(d) 現実吟味：これまでの家族関係，人間関係に内在する問題点がグループの中で再現され，その対処法を具体的に試行錯誤することで現実場面の適応能力の向上につながる．(e) 希望：メンバーの成長，変化を目のあたりにし，将来に向けて明るい希望がもてる．(f) 対人関係の学習：発言したりメンバーの意見を聞いたりすることで，自己表現力や感受性が高まる．(g) グループの凝集性：グループとしてのまとまり，一体感が相互の援助能力を高める．

●**現実的問題**　実際に集団カウンセリングを実施する場合，①スタッフの経験や習熟度，②参加メンバーの特性，成熟度，抱える問題の重篤さ，③グループの目的（行動レベルに焦点をあてる，感情やイメージ等内面まで深く掘り下げる等），設定期間（回数），④職域がもつ固有の特性，制約，限界等，さまざまな要因を考慮に入れることによって個別的で一回性の生きたグループが展開される．

犯罪・非行少年を収容する矯正施設を例にとると，①グループ内での話し合いの場と，それ以外の空間での自由度にかい離が大きく，スタッフの「ここでは自由な発言をしてもよい」という教示が形骸化するおそれがある．②グループ終了後も，メンバーは基本的に同じ生活空間にいるため防衛的な構えが助長されやすい，といった特性があり，こうした構造を担当者が十分に認識していないと，集団内のメンバーの発言の少なさを，緊張，構えの強さ，動機づけの低さ等の単なる個人要因に結びつけてとらえてしまうことがある．また，グループでの発言は，矯正施設の管理上，内容によっては速やかに他の部署に伝達されるため，スタッフは自発性をうながす立場と施設を管理する立場との狭間に立たされるジレンマにしばしば直面することとなる．

こうした点を踏まえ，集団カウンセリングに通底するエッセンスは生かしつつ，職域の風土，拘禁という特殊な状況に，目的，限界，スタッフに期待される機能等を適合させるための創意・工夫が行われている． 　　　　　　　　　　　［鉄島清毅］

参考文献
[1] 山口 隆・増野 肇・中川賢幸編(1987)『やさしい集団精神療法入門』星和書店．
[2] 乾 吉佑・氏原 寛・亀口憲治他(2005)『心理療法ハンドブック』創元社．
[3] 犬塚石夫・松本良枝・進藤 眸編(2004)『矯正心理学――犯罪・非行からの回復を目指す心理学 理論編』上巻，東京法令出版．

サイコドラマ（心理劇）

　サイコドラマ（心理劇）は，オーストリア・ウィーンの精神科医モレノ（Moreno, J. L.）によって創始された．フランスでは，モレノの理論を基盤にしつつ，精神分析的立場から分析的心理劇が発展し，さらに，モレノの理論や分析的心理劇に修正を加えた現代的心理劇が，教育，矯正等のさまざまな分野で治療的・訓練的技法として活用されている．

●**サイコドラマの理論**　①役割理論・自発性・カタルシス：サイコドラマは，モレノの「役割の総計が，その個人の人格である」とする役割理論に基づき，異なった多くの役割を体験することにより人格の総体的発達がうながされるとされる．それを可能にするのが自発性であり，したがって，演者は決められた筋書きどおりに劇を演じるのではなく，即興劇という形式のもと「今，ここで」の役割関係において自発的，創造的に役割を演じる．こうした過程でこれまで抑えられてきた心理的葛藤等が劇中に表現され，感情が無害なかたちで浄化（カタルシス）されることになる．②分析的心理劇：子どもの心理劇を実施する中で，精神分析上の概念である転移が重要な役割を果たすことを発見する等，精神分析理論の影響を強く受けた理論であり，アンジュー（Anzieu, D.）らが提唱した．サイコドラマの原則である「即興性」からはずれ，筋書き，役割を事前に決めておいて劇中で教育，分析をする．

●**サイコドラマの主な技法**　①役割交換法：演者の立場を交換して相手の役割を理解させる．例えば，子に親の役割を取らせることにより，実感を伴って親の立場を理解させることができる．②鏡映法：自分の姿を他人に演じてもらい，それを見させることにより，自己認識を深める．③役割代理法：演者が劇の進行に行き詰まった場合，補助者が本人に代わって困難な場面を切り抜け，それを観察させる．④二重自我法：補助自我担当者がぴったりと演者の後についてその心の中を言語化し，演者の無意識の内面の動きを明確にしていく．

●**サイコドラマの諸要素**　①舞台：モレノの原型は3段の同心円の舞台が設置され，舞台の各段は自発性が高揚していく段階と対応しているとされる．②監督：劇の総指揮者であり，治療者または教育者として各種技法を駆使する．③補助自我：監督補助者として，監督の意図を理解し，劇中において演者に働きかけたり，演者が表現しない心の内を表現したりして劇を発展させる．④演者：劇の主人公であり，治療上，教育上の対象者である．⑤観客：評価者であり，同一化を通じて治療効果も享受する．

●**少年院等における心理劇**　一般に非行少年は言語的自己表現力に劣っており，

対人葛藤を生じて神経症的になったり，発散的に行動化に及んだりする．このような非行少年にとって，心理劇は，動作を伴った自己表現が可能という利点があり，1960年代から少年鑑別所における診断技法や少年院における集団療法として導入された．

①矯正心理劇：佐伯克は，非行や社会不適応を個人の生育過程における社会的役割取得の失敗と考え，心理劇の役割演技を通じて人間関係のあり方を学習させ，正しい社会的行為を体得させようとした．②神奈川医療少年院での実践：神奈川医療少年院の前身である旧東京医療少年院において，1967年に予科生を対象にした生活場面への適応訓練として導入され，その後，篠田勝郎が正式に心理劇を導入し，外部スタッフ補助者を加えて定期的に実施したものが基本型となり，現在に至っている（図1）．

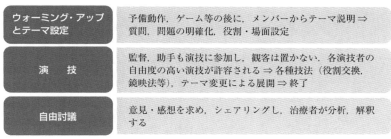

図1 神奈川医療少年院における心理劇の手順概要

篠田（1979）は，外国人が外国の社会に適応させるためにつくりだした技法をそのまま少年院で実践することの問題性を指摘し，少年院対象者の置かれた状況や特質に対応したものにする必要があると考えた．例えば，神奈川医療少年院においては，対象者の理解力や自己表現力がきわめて劣っており，治療者の提議する問題に即座に対応できないこと，監督や観客が存在することに緊張感を抱きやすいことから，テーマ，セリフともに演者が設定し，演技の段階では演者に自由な反応・行動を許容し，監督も助手もともに演技者として一体となって役割を演じるといった手法を採用している．

矯正施設対象者に共通する問題としては，警戒的で防衛的になりやすいこと，自由な心理劇的集団と統制された日常の集団が同一であることから混乱をきたすおそれがあること，平素うっ積しがちな感情が自由な治療的空間で過度に発散されるおそれがあること等が指摘され，矯正施設においては，これらに留意して心理劇を実施することが求められている． ［十倉利廣］

📖 参考文献
[1] 法務省矯正局(1983)「少年院の生活指導資料」『技法別指導手引書』第2集．
[2] 矯正協会編(1991)『矯正処遇技法ガイドブック』第1分冊，矯正協会．

ロール・レタリング

　ロール・レタリング（role lettering）は，元法務教官であった春口徳雄が創始者であり，ゲシュタルト療法の空椅子の技法を手紙形式に置き換えたものである．少年院等の矯正施設で広く行われてきたものであるが，学校や病院臨床の中にも採用されている．実践のかたちはさまざまで，個を対象として行われる方法のみならず，集団を対象として行う実践もある．

　ロール・レタリングは，自分から相手に手紙を書いたり相手の立場や気持ちになって自分に手紙を書いたりすることによって，心情を吐露するものである．話し言葉で自由に表現すればよい．

●**ロール・レタリングの効果**　カタルシス作用によって，ストレスの緩和，感情への気づき，とらわれた認知への気づき等が起こる．これらのことから，自己表現力の向上，前向きさの獲得，自信の獲得，相手への理解と受容等がもたらされる．自分と親とのロール・レタリングを実施したことで親に対する気持ちを整理し，実際に親に発信し，親子関係が改善できたこともある．

　ロール・レタリングは，クライエント自身で自己表現や気づきを進めていける．したがって，カウンセリングや面接や他の心理療法に比べ，指導者の関与が少なくても効果が望める．しかし，クライエントが心を開かなければ表面的な内容になり効果は期待できないので，指導者とクライエントとの信頼関係を築くことがとても大切である．

　筆者自身は，クライエントの気持ちや感情を表す言葉（「辛かった」「悲しかった」「憎かった」「寂しかった」「嫌だった」等）や，本音を表す言葉（「おまえが悪いんだ」「あんたのせいだ」等）で表現ができているかどうかをポイントにしている．

●**指導者として大切なこと**　「先生が真剣に指導してくれていると思い僕も真剣に取り組めた」とか，「先生も一緒の立場になって考えてくれたので僕も向き合えた」等と述べているクライエントがいる．指導者は，クライエントの課題に一緒に取り組んでいこうとする姿勢が不可欠である．

●**ロール・レタリングの応用**　ロール・レタリングの対象は，必ずしも人でなくても構わない．例えば，次のような対象を用いて応用できる．

　①私の身体から私へ：なぜおまえはおれを苦しめるのか．おまえがシンナーを吸うたびに飯は食えなくなる．なぜおれをいじめる．

　②私から私の身体へ：おれにはシンナーを吸うことでしか自分を慰める方法が他になかったんだ．

③野良猫から人間へ：おまえらは何でおれをいじめるのか．おれだって生きる権利があるんだ．
④人間から野良猫へ：この世は弱肉強食だ．強い者しか生き残れないんだ．
　その他に競走馬 ⇔ ジョッキー，社会のルール ⇔ 私，5年後の私 ⇔ 今の私，過去の私 ⇔ 過去の親，私の本音 ⇔ 私の建前，変わりたい私 ⇔ 変わりたくない私，強気な私 ⇔ 弱気な私，等がある．
●**事例**　次の事例は，母親に捨てられたと思っている少年が書いたロール・レタリングである．本人と特定されないように内容は変えてある．なお，（　）内は筆者の解釈である．

> 　自分からお母さんへ：「なぜ，僕だけお母さんたちと離れて生活しなければいけないのか（いちばん言いたいことを言っている）．前に来た手紙に色々わけがあってと書いていたけど，そんなのは理由にならないと思う（母親の言い分を認めていない）．なぜ，姉二人はお母さんと住むことができたのか教えてほしい（疑問をぶつけている）．どんな理由があるにせよ，親が実の子を捨てるということはどういう神経をしているのか（怒りをぶちまけている）．僕がもし逆の立場だったら，決してそんなひどいことはしない（自分に置き換えて考えている）．僕は親がなかったということで，口では言い表せないほど辛いことや悲しいことがあった（自分の辛さや悲しみを訴えている）．確かに色々な面ではお母さんも苦労したと思うけど（ここで初めて母親の立場になって考えている），なぜ僕だけこんな目に合わせるのか教えてほしい（母親の言い分を聞こうとしている）．僕がお母さんに対して何か悪いことをしたか．僕がこの世に生まれてこなかったらいいと思っていたんだろう（母親の本音を探っている）．お母さんは僕に親らしいことは一つもしてくれなかったじゃないか（再び怒りをぶつけている）．どれだけ，僕がお母さんに会いたい，僕の苦しみをわかってほしいという気持ちかわからないだろう（愛情を求める気持ちを素直に表している）．もし，僕を引き取ってくれても，表面には出さないけど，憎しみは残ると思う．でも少しでも，お母さんの気持ちになって理解してあげたいと思う（自分の気持ちを思いっきりぶつけたことによるカタルシス効果により，母親の気持ちや立場を理解しようとしている）．
> 　今度会うときは，僕の寂しかった気持ちを受け取ってほしい（素直に愛情を求めている）．Aより」
> 　すぐに続けて「お母さんから自分へ」で書いている．
> 　お母さんから自分へ：「長い間ほったらかしにして本当にごめん．お母さんにもAにはわからないような苦しいことがあったんです．でも，私以上にAは親がいないということで大変苦労したと思います．（中略）今度会えるときを楽しみにしています．母より」

　このようにAは，ロール・レタリングにより母親への気持ちを整理し，母親に対する新たな視点を獲得している．

[竹下三隆]

📖 **参考文献**
[1] 春口德雄編著(1995)『ロール・レタリングの理論と実際—役割交換書簡法』チーム医療．

ブリーフ・セラピー

　ブリーフ・セラピー（brief therapy）とは，問題（対象者が抱えている困難）の原因を修正・除去しようとするのではなく，問題の解決に焦点をあて，短期間で解決をしようとするカウンセリング技法である．背景には，個人の病理や問題行動は，内面だけではなく，個人を取り巻く環境（家族，学校等コミュニティでの他者関係：システム）との相互作用の中で生じるとする考え方がある．
　ブリーフ・セラピーの基本的なモデルは，1960年代に米国のMRI（Mental Research Institute）で開発されたMRIモデルおよび1980年代にBFTC（Brief Family Therapy Center）で開発されたSFA（solution focused approach）モデルである．日本には1980年代後半に導入され，多様な領域で応用されている．

●**基本的な考え方と特徴**　MRIモデルでは，初めに「何が問題行動を維持しているのか」に着目し，問題行動を維持している不適切な対処方法（偽解決）が変化すれば問題は解決するとして，問題行動と偽解決との悪循環を断ち切ることに焦点をあてる．一方，SFAモデルでは，初めに「問題行動が生じていないのは，どのような場合か」（例外）に着目し，解決行動を拡大・発展させることに焦点をあて，対象者が描く解決像やゴール，有しているリソース（肯定的な資源・資質），解決のために必要なアクション（行為）を具体化していく．MRIモデルに比べ，SFAモデルの方が対象者の肯定的な面を重視することになる．

●**犯罪・非行臨床への適用**　犯罪者や非行少年は，自身の問題や辛さから目を背け，悩んだり困ったりせず，援助を求めようとはしない者が多い．つまり，指導を受けるモチベーションがそもそも高くない傾向にある．施設内外の強い枠組みの中で受動的に指導を受けるという状況にもなり兼ねない．こうした対象者の特徴を踏まえると，ブリーフ・セラピーは犯罪・非行臨床への適用性が高いといえる．
　まず，対象者の指導を受けるモチベーションが高まりやすいということである．これは，①すぐに解決することが難しい問題行動の原因（幼少期の外傷体験，家族関係の病理等）は扱わないため，対象者からみれば，面接において，自分の性格の問題等を追求されずにすみ，犯人探しもされないので，安心して指導を受けることができる，②問題行動の解決を前提とした，いわば未来志向であるため，面接などの内容が前向きで明るいものになりやすい，③内面の変化ではなく，行動の変化による解決をめざすため，対象者の自己洞察力や内省力が不十分であっても，短期間で一定の効果をあげやすい，ということによる．
　次に，指導者が使いやすく，効果をあげやすいことである．これは，①行動レベルでの解決を前提とし，限られた指導期間内に改善が期待できる具体的で小さ

- **MRIモデルによる介入例**

　少年院在院中のA少年は，机を並べているB少年に対し，目つきが気に入らないとして，トラブルが絶えなかった（問題）．教官がA少年にいくら注意しても効果はなかったが（偽解決と問題維持），対人関係グループに参加させるとともに，両少年の机を離したところ（今までと違う方法），A少年のB少年に対する粗暴な言動は徐々に収まり，机をもとに戻してもトラブルは起きなかった（悪循環の断ち切り）．

- **SFAモデルによる介入（面接）例**

① 導入：対象者が困っている問題について関心を示し十分に理解する（以下「　」が面接者，『　』がA少年）
「どんなことに困っているの？」『Bの目つきが気に入らない．いらいらする』（以下，困っている心情について，受容的かつ丁寧に聴いていく）

② 目標づけ：解決像やゴールを明確にしていく．目標は実行可能な小さなものとする．有効な質問を行いつつ目標を設定することが重要であるが，決して焦らない

　a. 対象者の望む結果を明確にする（スケーリング・クエスチョン）
「A君はB君とどんなふうになりたい？」『普通に話したい』「普通って？」『挨拶とか』「B君と挨拶ができるようになりたいのね．望んでいる状況を10とするとどのくらい？」『3くらい』

　b. 解決の期待と成就感をもたせる（ミラクル・クエスチョン）
「B君と普通に挨拶ができるようになったとしたら，どんなことからそれに気づく？」『Bの目付きが気にならなくなって，自然に言葉が出る』「どんな気持ち？」『ほっとする』

　c. 対象者の肯定的な体験を引出し，リソースを知る．問題が起きていたときと起きていないときの差異を明確にし，解決の手がかりを得る（例外の質問）
「今までB君と挨拶ができたのはどんなとき？」『Bがおはようって言ってきたとき，自分もおはようって言った』「イライラしなかったの？」『うん』「いつもと何が違った？」『Bから話しかけてくれた』

　d. 対象者の周囲の人の視点を入れ，目標づけを明確にする（関係性の質問）
「B君と挨拶ができるようになったとき，最初に気がつく人は誰？」『先生やまわりの人』「その人は，あなたに何て言うと思う？」『どうしたの？って驚く．乱暴な言葉が少なくなったねとほめてくれる』

③ コンプリメント：問題が起きていないときの行動についてほめる

④ 目標の確認と課題提示：目標と面接の中で出された解決のための手がかりとなる行動（例外）を確認し，その行動を繰り返す課題を提示する
「B君と挨拶ができるようになることが目標だね．これからも同じことがあったときには，必ず挨拶するようにしよう．次回の面接までに1回は自分から挨拶してみよう」

な目標を立てるため，指導者は適切な目標設定をしやすく，その達成状況についても関係機関への引継をしやすい，②問題行動と偽解決との悪循環を断ち切るための手段は明確で具体的なものであり，また面接における質問も種々あることから，指導者の工夫次第で柔軟な介入が可能である，ということによる．

●**適用例**　上記に「粗暴ないざこざを起こしやすいA少年」への介入を一例としてあげる．ブリーフ・セラピーは，施設内処遇における集団適応上の問題解決，犯罪性の除去をめざした指導，社会内処遇における家族関係の調整等，さまざまな具体的場面において，個別面接あるいはグループ・ワークの形態で適用が可能である．

〔紀　恵理子〕

📖 参考文献
[1] 田上不二夫・楡木満生編（2011）『カウンセリング心理学ハンドブック』上巻，金子書房．
[2] 笹竹英穂（2001）「ブリーフセラピーと矯正」『犯罪心理学研究』39（特別号）174-175．

TA（交流分析）

　TA（transactional analysis：交流分析）は，1950年代に米国の精神科医バーン（Berne, E.）により創始された心理療法であり，現在では，人格理論，発達理論，行動理論，コミュニケーション理論，組織理論として，心理療法，教育，会社等の組織運営，その他広義のカウンセリングの現場で実践・応用されている．人間の存在そのものに対する肯定を「哲学」と定め，これを基盤に四つの柱からなる．
●**構造分析**　TAでは，人間の人格を三つの円を使って表現する（図1）．これを自我状態モデルという．子どもの自我状態とは，過去の経験，特にその人の幼年時代と関連する思考，感情，行動のセットである．例えば，空想に耽ったり，無邪気に遊んだり，TPOをわきまえず自己表現したり，あるいは大人に順応することは，この自我状態によるものである．成人の自我状態とは，「今，ここ」に適合した現実的思考，感情，行動のセットで，仕事や課題に取り組んだり，自動車を運転したりするとき，我々はこの自我状態を使っているといえる．親の自我状態とは，外部から取り入れたさまざまな価値観，制度やルールの貯蔵庫といえ，我々が合法的，倫理的，慣習的に行動するもとになる．
　成熟した人格の持ち主は，この三つの自我状態がはっきり区別できるくらいに

図1　自我状態モデル（Berne, 1961より作成）

まとまりをもっていながら，自由かつ適切にこれらを使い分けることができる．換言すれば，心理的障害や対人トラブル，非行・犯罪は，しばしばこの三つの自我状態のバランスが崩れたり，境界線が侵食されたり，内容物が不適切であったりすることに起因する．したがって，構造分析では，自我状態の精査を通して，人間理解を深めようとする．また，日本では，これを五つの機能的側面からとらえるエゴグラム（Dusay, 1972）が広く普及しており，数種類の質問紙法も開発されている．
●**やり取り分析**　2人以上の人間のやり取りを自我状態モデルを使って表現し（図2），交流の分析を行う．バーンは，多様な対人交流が基本的には三つのパターン（相補交流，交差交流，裏面交流）しかないことを見出し，こうした交流の質

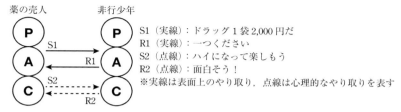

図2　やり取り分析の図示例（Berne, 1961 より作成）

に気づくことで，人間関係の不調を改善できるとした．

●**ゲーム分析**　ゲームとは，気づきなしに繰り返される，否定的結果を生む一連のやり取りのことである．例えば，親に反発して非行を繰り返すのも，ギャンブルで金を失い強盗に至るのも，人生のチャンスをふいにして薬物乱用に耽るのも，ゲームの一つかもしれない．ゲームは無意識レベルで始まる，いわば「対人交流における悪いくせ」であるため，TAではこれに気づき，分析し，修正していくことをめざすのである．

●**脚本分析**　人は大体8歳までに自分の生き方が決まってしまうとバーン（1966）は考えた．すなわち，「人生とはこういうもので，私はこうして生きて，こうした思いを抱いて死のう」という筋書き（固有の認知体系）を物心つく前からつくり続け，その後はそれに合うような行動を選択していくというのである．TAの究極の目的は，この脚本を，自分の意思で，自分の決断で，自分の行動で，より適応的なものへと書き変える援助をし，人間の成長をうながすことである．自分で自分の思考，感情，行動，そして人生に責任をもつことを自律というが，TAでは，この自律性の獲得をめざすことが大きな目的となる．

●**犯罪心理学との関連**　TAは，非行・犯罪臨床領域においても応用されてきている．非行や犯罪は，その行為者の人格構造，周囲の人との日常的なやり取りのパターン，非建設的なコミュニケーションそして人生上の選択が影響して惹起される．特に，何度も非行や犯罪を繰り返す人たちは，他者と快い交流をするよりも不快感を抱くだけのゲームを繰り返し，脚本の中に逸脱による問題解決というパターンが組み込まれてきたといえるため，TAの理論や技法を用いることで，非行少年や犯罪者の気づきをうながし，彼らの変化と成長に寄与することができるともいえる．　　　　　　　　　　　　　　　　　　　　　　　　　　　　［門本　泉］

📖 **参考文献**
[1] 門本　泉編著，小川邦治他著（2003）『TAベイシックス』日本TA協会．
[2] Tilney, T. (2005) *Dictionary of Transactional Analysis*, John Wiley & Sons.（ティルニー, T. 著，深澤道子監訳（2013）『交流分析事典』実務教育出版）

箱庭療法

　箱庭療法（sand play therapy）とは，セラピストに見守られる中で，砂箱とミニチュアの玩具を用いて自由にイメージを表現する体験を通して，クライエントが本来もっている自己治癒の力を活性化させ，より良い方向に変容，成長させていくことをめざす心理療法の一つの技法である．カルフ（Kalff, D. M.）が，ローウェンフェルト（Lowenfeld, M.）の世界技法（The-World-Technique）をもとに，ユング（Jung, C. G.）の分析心理学の考え方を応用して発展させたものである．日本にはスイスのユング研究所に留学し，カルフのもとで sand play を体験した河合隼雄により，箱庭療法として紹介された．

●**箱庭療法の特徴**　箱庭療法の特徴については，以下のことが指摘されてきている．①非言語性：言葉で表現することが難しいものをイメージとして表現できる．ただし，多層的・多義的・曖昧なものであることに留意し，早急な意味づけや解釈は避ける必要がある．②簡便性：備えつけの玩具を使用することもあって，作品の出来，不出来をあまり気にせずにすみ，手軽に取り組める．また，箱庭を間に置くので侵襲的になりにくい．③触感性：砂に触れ，その感触から治療的退行をうながされ，内的な問題が表現されやすくなる．その反面，砂に実際に触れることで現実との接触が保たれ，一定レベル以上に退行することを防ぎもする．④遊びと創造性：砂に触れること，玩具の選択，玩具の置き方，情景の構成の仕方など，すべてにおいて遊びの感覚が働くうえに，創造性や美的感覚を満足させることもでき，カタルシスの効果がある．また，箱庭をつくる過程や制作した作品が尊重されることは，自己受容感をうながし，自己治癒の力を活性化することが期待される．⑤視覚性：目に見えるかたちで直接的，具体的，集約的に，かつ生き生きとクライエントの世界が示される．クライエント自身もある程度自分の作品を客観的にみることができるので，自然にフィードバックが働き，洞察につながり得る．⑥実験可能性：玩具は簡単に動かすことができ，しかもセラピストの守り，そして箱庭という守られた枠（制限）の中で安全に実験ができ，その結果を眺めることができる．それだけに内面にある破壊や攻撃等の強い衝動の表出も可能になるが，反面，そのような表出がなされることの危険性についても十分認識しておく必要がある．⑦ドラマ性：箱庭に表現されている世界はクライエントのイメージの中で動いており，制作することでドラマが展開し，主題が焦点化してくることが多い．シリーズとしてみていくことで，多義的で曖昧なイメージが次第に確かな意味や意義をもってみえてくる．

●**司法・矯正領域における活用**　箱庭療法の用具は，矯正施設ではすべての少年鑑別所の他，一部の少年院および刑務所に，また，家庭裁判所や警察の少年サ

ポート・センター等にも整備されており，治療技法としてのみならず，アセスメント技法としても活用が期待される．

①**治療技法としての箱庭療法**：一般に犯罪者，非行少年は，不安や不満，葛藤等の不快な感情を意識し，それを抱えて悩む力が乏しく，治療に乗りにくい．加えて，自分の気持ちや感情を言葉で言い表す力も不十分なことが多い．自分の今後の処遇に関わる場面では施設内では評価を気にし，表面的な反省を言葉にしたり，決められた規則に従って行動したりできても，自分の内面を振り返ってそれを言語化し，意識化することはできにくく，また，そうした内省的な働きかけへの抵抗も強い．こうした対象者の資質的な特徴や置かれた状況を考えると，箱庭を介在させることで，言葉に頼らずに内面にあるさまざまな葛藤や不安，衝動等を浮き上がらせるのみならず，将来へ向けての新しい志向性やエネルギーを引き出して統合し，心理的な成長をうながす作用をもつこの技法の有効性は高いといえる．

箱庭の特徴として述べたことは，治療技法としての箱庭の利点としてすべて該当するが，特に，言葉のように消えていかず，目に見える作品として残るので，置かれた箱庭を前にして対象者の感想を聞いたり，治療担当者の印象を伝えたりすることで，対象者の自分への理解や自分が向かっていく方向についての洞察が深まっていきやすい．また，撮影して残しておくことで，治療終了時に全過程を対象者とともに振り返ることもできる．

②**アセスメント技法としての箱庭療法**：箱庭は主として治療技法として用いられ，発展してきているが，アセスメント技法としても有用である．在所期間の短い少年鑑別所においても，作品の変化の様子から今後の変容の方向等についてある程度の見通しや予測ができ，処遇指針を立てる場合の重要な手がかりが得られたり，作品をつくった本人に自身の問題を気づかせたりすることができる他，投映法の一種として診断的に活用しようとする試みが行われている．河合(1969)は，治療の流れを阻害することがあるとして，箱庭の表現を解釈することの危険性について警告している．しかし，一方では，受容を深めるためには解釈が必要であり，また，意味ある解釈をするためには受容的態度が必要であるとも述べている．そして，箱庭の世界を理解し，その理解を深め，治療に役立てていくには，できるだけ言語化し，意識化していく努力を要することや，治療担当者と対象者の信頼関係に基づいた相互作用の重要性を指摘している．これらは，アセスメントと治療過程が互いに裏打ちし合うものであるという視点とともに，司法・矯正領域でも同様に重要である．

［今村有子］

参考文献
[1] 岡田康伸(2007)『箱庭療法の基礎』誠信書房．
[2] 岡田康伸・皆藤 章・田中康裕編(2007)『箱庭療法の事例と展開』京大心理臨床シリーズ4，創元社．
[3] 鷹村アヤ子(1991)「箱庭療法」矯正協会編『矯正処遇技法ガイドブック』第1分冊．

内観療法

　内観とは，浄土真宗木辺派の僧侶であった吉本伊信によって開発された自己探求法である．自己啓発や人間関係の不和を解消する方法として，うつ状態や心身症を和らげるものとして，非行や犯罪に走った人に対する心理療法として広く実践されている．

●**内観の方法**　自分の生活史をさかのぼり，主に母親（または母親代わりの人）に対する①お世話になったこと，②して返したこと，③迷惑をかけたことの三つのテーマに絞って調べる．初めは，小学校3年生までの事実を具体的に調べる．次に小学校6年生まで，次は中学生時代，その次は……，というように年代を区切って現在までを調べる．母親（または母親代わりの人）に対する内観がすめば，父，きょうだい，配偶者等身近な人に対する自分を同様の観点から調べる．一通り終われば，嘘と盗みについて年代順に調べる．

　クライエントは内観した結果を1～2時間おきに面接者に対して3～5分でそのエッセンスを報告する．面接者は静かに傾聴し，テーマからはずれているときはクライエントに指摘する．クライエントの質問に答え，励ましもし，次のテーマを与える．面接者は説教をせず解釈もしない．

　以上のような内観を1週間，朝から晩まで繰り返すことを集中内観といい，毎日，または適当なときに短時間内観することを日常内観という．他に，内観した結果を用紙に記録する記録内観もある．

●**内観の効果**　内観で過去を振り返ることによって，忘れ去っていたり見逃したりしていた自分への愛情をよみがえらせ，再体験できる．自分は誰からも愛されず甘えさせてもらえなかったと思っていた人が，自分は愛され甘えさせてもらっていたということに気づき，それまでの愛情飢餓感や親に対する不満が解消されることがある．そのことは，クライエントに，自分がまわりの人の愛情に支えられて生きてきたという実感をもたらす．そのことは，自分や他者を大切にする気持ちをもたらし，人間関係を好転させてもくれる．

　内観の効果について具体的な事例に基づいて整理すると「表現による効果」と「気づきによる効果」に整理できよう．事例は三木（1976）等から引用した．

　①表現による効果：過去の具体的な事実を思い出すことによって，それまで無意識の中にしまい込んでいたり，意識の中にあっても表現することができなかったりした憎しみや恨みや怒りが明らかになることがある．そのような感情は，人間関係においてさまざまな問題を引き起こしたり神経症として本人を苦しめたりしていたのであるが，内観により長い間の抑圧から解放されることがある．以下，

例をあげる．
　(a)：「今まで誰にも話したことがなくて心にしまい込んでいたことを聴いてもらって，すごく心が楽になりました．非行の原因もわかってきました」
　(b)：「1週間前までは母が話しかけてきてもむしゃくしゃしていましたが，話を聴いてもらって，重くのしかかっていたものが取り払われたような気持ちです」
　②気づきによる効果：過去の具体的な事実を思い出すことによって，現在の生活の不適応の原因がわかったり新たな生き方がみえてきたりする．
　(a)：「母が私にしてくれたことをいっぱい思い出すことができ，母に対する感謝の気持ちをもつことができました．母のおかげで私が今ここにあるのです」
　(b)：「妻に対して自分の持ち物のように考え，一人の人間として扱っていなかったということに気づきました」
　(c)：「自分自身が母親からあまり認められていなかった子どもであったことがわかりました．『自分の子どもに同じことを繰り返しているのだ』ということに気がつきました」
　(d)：「母が私を施設に入れたことは，母にとっても辛いことだったということがわかりました」
　(e)：「30年近くお母さんを恨んできたことに気がつきました．そのような不満を胸に麻薬に走ってきた自分を許すことができ，麻薬から離れることができました」

●**内観により期待できる変化**　また，内観により期待できる変化もある．以下はその一例である．①生きる意欲の向上：愛されていた自分に気づくことによって自信をもつことができる．そのことは生きる意欲になる．②自立心の醸成：親の愛情を自覚することによって，親との関係に執着しないですむ．そのことは親からの分離をうながす．③心の安定：愛されていた自分に気づくことにより安らぎを得ることができる．④人間関係の好転：自分を受け入れ，他者も受け入れられるようになる．そのことによって，円滑な人間関係を築ける．

●**内観実施上の留意点**　内観が効果をもつためには次のような留意点が必要である．①愛情に気づくことが大切なことだとされることで，クライエントが憎しみや恨みや怒り等の感情をもつことはいけないことだという気持ちになり，クライエントの感情が抑圧されてしまうことがある．指導者はクライエントの感情が抑圧されないように留意することが必要である．②クライエントがこれまで見過ごしてきた愛情に気づくことによって，「どうして今まで気づかなかったのか」という気持ちになり罪悪感をもってしまうことがある．罪悪感がクライエントを苦しめたり自信を失わせたりすることがある．指導者はクライエントが罪悪感をもたないように留意することが必要である．　　　　　　　　　　　〔竹下三隆〕

モラルジレンマ指導

　モラルジレンマ指導とは，コールバーグ（Kohlbergm, L.）の理論に基づいた道徳性を発達させるための指導をいう．選択肢のどちらを選択しても，双方に道徳的にプラスの価値が含まれ，しかも同時に成立しない状況が設定されている課題に直面させ，対象者がそのジレンマについて話し合い，他者のより優れた解決や考えに触れることで，みずからの考えを絶えず吟味していく．これにより，道徳性をより高い段階へ発達させていくという指導である．

●**道徳性の発達の基本原理**　一般に，道徳性の発達の基本的な考え方は内面化といわれるものである．ここでいう内面化とは，同一化や賞罰の過程により，親や文化の規範や価値を取り入れることで道徳が身につくという考え方である．一方，コールバーグは，この内面化を否定し，道徳性の発達とは，道徳的な判断や推論，つまり，道徳的な認識が変化するということであるとしている．

　それは，ピアジェ（Piaget, J.）の認知発達理論に基づき，道徳的葛藤による不均衡な状態が，より高い志向へ調整されることによって達成されるという考えである（松尾，2001）．認知的な発達は子どもの中に生ずる均衡化の営みといえる．認知構造が次の段階に変換するためには，今のシェマ（概念）と環境の対象との間に不均衡状態が生ずることを前提としている．つまり，不均衡状態を均衡化するために，新しい学習，調整が必要ということになる．したがって，道徳的な認知を不均衡にするためにモラルジレンマ（価値葛藤）の状況が必要ということになる（荒木，2005）．

　そして，道徳性を認知能力と役割取得能力の二つが結びついて，より高い段階へ発達するものであると説明する．認知能力とは，世界を知り，自分と世界との間の適応を図る知的な能力である．役割取得能力とは，他者の視点に立って，他者の感情や思考を推し量ることである．

●**モラルジレンマ指導の教材と流れ**　モラルジレンマの指導は，ハインツの葛藤場面（Kohlberg et al., 1985）と同様の要素を含む教材を準備したうえで実施する．ハインツの葛藤場面とは，「一人の女性が非常に重く特殊な病気にかかり，今にも死にそうであった．彼女の命が助かるかもしれない薬が一つだけあったが，とても高く，病人の夫のハインツは，お金を借りるためにあらゆる知人を訪ねてまわったが，薬代の金の半額しか集めることができなかった．そこで薬屋に自分の妻が死にそうだと訳を話し，値段を安くしてくれるか，それとも，支払い延期を認めてほしいと頼んだ．しかし薬屋はそれを断った．そのためハインツは絶望し，妻のために薬を盗もうとその薬屋に押し入った」というものである．

一般的な授業の流れは，このような葛藤場面を含む教材を用いて行われる講義と討議から構成される．すなわち，特定の規範，徳目を身につけさせるというようなものではなく，討議を中心とする授業で，役割取得能力を高め，道徳性の発達をうながすものである．

●**道徳性の段階**　道徳性の段階とは，ハインツの葛藤場面のような道徳的な葛藤場面にどのように反応するかということを基準として示される（Kohlberg, 1971）．道徳性は三つのレベルに分けて考えられている．Ⅰは慣習以前のレベル，Ⅱは慣習的レベル，Ⅲは慣習以後の自律的，原理的レベルである．そして，各レベルは2段階ずつに分かれている．つまり，道徳性の段階は，第1段階から第6段階まであり，第6段階がいちばん上位となる．

表1　道徳性の段階の定義（Kohlberg et al., 1985より作成）

レベルⅠ	第1段階【罰と服従志向】：罰の回避と力への絶対服従が価値であるという段階
	第2段階【道徳主義的相対主義者志向】：正しい行為とは，自分自身の必要と，他者の必要を満たすことに役立つ行為であるという段階
レベルⅡ	第3段階【対人関係の調和あるいは「良い子」志向】：善い行動とは，人を喜ばせ，人を助け，また承認される行為であるという段階
	第4段階【「法と秩序」志向】：正しい行動とは，自分の義務を果たし，権威を尊重し，既存の社会秩序を，秩序そのもののために維持することにあるという段階
レベルⅢ	第5段階【社会契約的遵法主義志向】：法の観点が重視され，法の範囲外では，自由意志に基づく合意と契約が人間を拘束する義務の要素となる段階
	第6段階【普遍的な倫理的原理志向】：正しさは，論理的包括性，普遍性，一貫性に訴えてみずから選択した倫理的原理に一致する良心の決定によって規定される段階

●**少年院におけるモラルジレンマ**　少年院においては，モラルジレンマ指導は二通りのかたちで導入が図られた（宮本，2005）．一つは，モラルジレンマ指導を行う集団討議を少年の問題性に働きかける寮集会に入れる方法であり，もう一つは，教科教育課程対象者の道徳教育の一環としてモラルジレンマ指導を行うものである．少年院の矯正教育の多くが，非行少年の誤った価値観を是正し，社会生活に適応させるために，教官が手本を示し，正しい価値を教示する指導を行っている．

　そのうえで，モラルジレンマ指導は，それらの指導から学んだことを実際の行動に結びつけることの応用である．モラルジレンマ指導は，他者の多くの意見やものの見方に触れることで，みずからの考えを修正し，発達させていくものであり，少年院におけるモラルジレンマの授業を通して，在院者は他者の意見を聞き，自分とは異なる立場や考え方，自分よりも高い観点からの見方を得ることで，考え方の幅が広がり，判断基準を高めることになると考えられている．　［工藤弘人］

📖 **参考文献**
[1]　保木正和編(2006)『矯正教育の方法と展開—現場からの実践理論』矯正協会．
[2]　宮本史郎(1998)「モラルジレンマ授業による道徳性の発達」『刑政』109(6)36-44．

キネジ療法

　キネジ療法(kinesi-therapy)とは，サイコモーター療法(psycho-motor therapy：精神筋肉運動療法)にリラクセイション(relaxation)の要素を取り入れた治療法である．フランスにおいて発展し，わが国においては，1967年，フランスに留学経験のある篠田勝郎によって，東京医療少年院(当時)在院中の知的障害者に対する矯正教育として導入され，その後，いわゆる情緒障害者にも対象を拡大するとともに，同少年院の後身である神奈川医療少年院に引き継がれた．
　キネジ療法は，①人間は「心理-生理的統一体」であること，②このような統一体としての人間の筋肉運動の状態は，幼少期からの両親を含む他人の存在によって大きく影響されること，③ある時点における筋緊張，身振り，そして態度と言語とは，すべて密接な関係をもっていること等の基本的な原理に基づき，「適切に組み合わされた一連の運動動作を反復実施させることによって，身体機能の失調を除去または是正する」(進藤，1991)ことを目的とする．
　身体機能の失調とは，トーヌス(tonus：筋緊張)の状態によって説明される．まず，トーヌスの過多または過少により，ハイパートーヌス(hypertonus：筋緊張状態，活発・多動で落ち着きがなく，集中できない等)や，ハイポトーヌス(hypotonus：筋弛緩状態，無気力で締まりがなく，物事が長続きしない等)といった状態が出現する．また，筋緊張の病的な状態をパラトニー(paratonie：筋肉病的緊張)とよぶ．パラトニーには，共同運動(syncinesie：未分化な動作で，口を開ける，他の手を一緒に振る等，一つの動作をする時，他の動作が伴ってしまうこと)や，プレスティジュ反応(prestige reaction：威厳体裁反応，他人の存在を意識し，治療者の顔を見る，ニヤニヤ笑う，まばたきをする等，葛藤や攻撃の感情を何らかのジェスチャーによって象徴化して表現すること)がある．これらの状態が身体機能の失調にあたり，キネジ療法の対象となる．
　なお，キネジ療法は，課題の遂行状況から対象者の生理的・器質的な問題と日常生活における問題行動との関連性を推測することができるため，単に治療法としてだけではなく，診断的な側面ももち合わせている．
●**実施方法**　わが国の少年院における標準的な実施方法は，以下のとおりである．
　①対象者：(a)無気力で不活発な者(無気力，締まりがない，ぽかんとしている，長続きしない等)，(b)規律，命令，他人の態度に極めて敏感な者(すぐにかんしゃくを起こす，突発的な行動を起こす等)，(c)軽率で注意の集中ができず，言語動作が過度に多い者(落ち着きがなくじっとしていられない，慌て者，お調子者等)，(d)吃音や不器用等の筋肉異常反応を起こす者(吃音，不器用，動作が鈍

い等）があげられる．
　②**実施形態**：1グループあたり5名ないし6名程度で実施する．
　③**設備・備品等**：神奈川医療少年院では7.5×6.4 mの専用の部屋で実施している．また，キーボード，リズム・ボックス，平机，丸椅子，ホワイト・ボード，長椅子等を用意している．
　④**実施課題**：(a) 自己統制の課題（目を閉じ，片足で直立させる．気持ちを統制し，集中力を保たせる），(b) 協応動作の課題（指導者を鏡として，動作を模倣させる．左右の動作を組み合わせて課題を複雑にする），(c) リズム適応の課題（キーボードを使って，速・中・遅リズムを流し，リラックスして歩行させる．3歩前進して両足をそろえ，2歩駆け足で前進する動作を繰り返させる），(d) 空間適応－往復動作の課題（一定の距離を指定した歩数で片足跳びさせ，ラインを踏まず，なるべくまっすぐに跳べるよう働きかける），(e) 空間適応－記憶動作の課題（部屋の中にある物品に番号をつけ，ランダムに順番を指定し，その番号順に物品に触れさせる），(f) 視聴覚弁別の課題（音を出し，その対応する動作を指定し，音の高低に合わせて異動させる），(g) リラクセイション（目を閉じ，音楽を流して緊張や疲労を解く．対象者の足を中心にし，扇形に寝そべり，目を閉じ，身体の力を完全に抜かせる）
　⑤**評価**：各課題について，失敗の有無等に基づき評価する．評価は，課題ごとに詳細な基準が定められているところ，基本的には，○（失敗なく課題を消化する），△（ときどき失敗する），×（すべて失敗する）の三段階で行う．加えて，対象者の表情，動作，失敗のパターン等を観察する．評価や観察の結果から，対象者の抱える生理的・器質的な問題を把握するとともに，次回以降，各課題を反復練習させることにより，問題の改善を図っていくことになる．
●**実施上の留意点**　上記④に示した各課題は標準的なものである．実践の場面においては，対象者の年齢，知能，運動能力等の特性を踏まえ，適宜，柔軟に応用していく．すなわち，初めての者に対しては，簡単な課題から取り組ませ，状況を見極めながら，徐々に複雑な課題に取り組ませるといった配慮をする．また，対象者にとって，課題が簡単すぎて飽きさせることとなったり，逆に，課題が難しすぎて興奮させることとなったりすることがないよう気を配り，その興味や動機づけを維持する．なお，治療の効果を維持するためには，各課題における動作について，その難易にかかわらず，所定の内容を正しく実施させる．　［小粥展生］

📖 **参考文献**
[1]　進藤　晬（1991）「キネジ療法」矯正協会編『矯正処遇技法ガイドブック』第1分冊，矯正協会．
[2]　Ajuriaguerra, J. & Soubiran, G. (1959) Indications et techniques de reeducation psychomotrice en psychiatrie infantile, *La Psychiatrie de l'enfant*, II-2, Presses Universitaires de France.

マインドフルネス

　マインドフルネス (mindfulness) とは，「気づき」や「注意を集中する」等と訳され，カバットジン (Kabat-Zinn.J.) は，マインドフルネスについて，意図的に，その瞬間に注意を払うことであり，それによって今のこの瞬間に存在する現実に対し，より大きな気づきを得ることだとしている (Kabat-Zinn, 1994)．

　カバットジンが開発したマインドフルネス・ストレス低減法 (mindfulness-based stress reduction：MBSR) は，注意集中力を高めるためのトレーニングを体系化したもので，マインドフルネス瞑想とヨーガを主軸とした瞑想トレーニングを 8 週間にわたって行うものである．このプログラムはブッダ以来伝承されてきたビパッサナー瞑想をもとに，主に痛みの緩和のための対処法として開発されたが，その他の疾病にも効果が認められたことが報告されている．(Kabat-Zinn, 1990)

　その後，マインドフルネス認知療法 (mindfulness-based cognitive therapy：MBCT) が確立され，うつの治療法としても注目されることとなった．ここでのマインドフルネスの概念は，弁証法的行動療法 (dialectical behavior therapy：DBT) やアクセプタンス&コミットメント・セラピー (acceptance and commitment therapy：ACT) 等の第三世代の認知行動療法にも取り入れられている．従来の認知行動療法は，問題としてとらえられている思考や感情の変容をめざすものであったが，ACT では思考や感情をあるがままに受け入れ，それらと自分自身の関係性の変容をうながすことを目的とする．このありのままの思考や感情，感覚にただ気づき，それを手放すプロセスがマインドフルネスである．

●**マインドフルネス瞑想の具体的方法とその効用**　マインドフルネス瞑想の具体的な方法は指導者によって若干異なるが，共通していることは呼吸あるいは身体のある部分に意識的に注意を集中し，そこで生じるあらゆる感覚をただ観察することである．瞑想中，絶えず浮かぶ思考や感情に対して一切の評価をせずに観察し，手放すことを繰り返す．この継続と反復練習によって，次第に外的，内的出来事に対して衝動的に反応することから解放され，出来事に対する客観的視点が培われていく．具体的には，集中力や洞察力，体に対する感受性，落ち着きや自信，受容する力の向上，柔軟性，視野の変容等があげられる (Kabat-Zinn, 1990)．

●**筑紫少女苑におけるマインドフルネス**　女子少年院である筑紫少女苑では，集中力や自己統制力の向上，洞察力や受容的態度の育成等を目的としてマインドフルネス・プログラムが実施されている．同施設におけるプログラムは，毎日 10

〜15分間個々に取り組む瞑想と，職員や外部講師による週に1度の全体指導（体験の共有，瞑想，質疑応答等を含む）から構成される．2016年4月現在，同施設で行われている毎日の瞑想実践の具体的内容は以下のとおりであり，これらの瞑想をバランス良く組み立て，内容についても対象者に合わせて随時見直しや工夫がなされている．

　①呼吸に注意を向ける瞑想：空気が出入りする鼻孔やその周辺の皮膚，呼吸とともに動く腹部等に注意を向け，そこで生じる感覚を観察する瞑想法である．瞑想中，注意が呼吸から離れていることに気づいたら，再び呼吸へと注意を戻すことを繰り返す．

　②身体の感覚に注意を向ける（ボディ・スキャン）瞑想：身体の感覚を観察する瞑想法である．痛みや痒み，温かさや冷たさ，身体の重み，何も感じないことも含めあらゆる感覚に対してすぐに反応したり，評価したりせず観察を行う．時にはヨーガも取り入れながら身体への気づきをうながしている．

　③自他への慈しみの心を育てる瞑想：自分自身や他者，あらゆる生き物に対して意識的に慈しみの気持ちを向ける瞑想である．この瞑想において，共感や同情，他者に対する愛情等の強い感情をもつことは，それ自体が心の浄化作用をもたらし，自分自身の癒しにも効果がある（Kabat-Zinn, 1990）．

　同施設ではプログラムを実施するにあたり以下のような取組みがなされている．

　①施設職員自身がマインドフルネスについて実践し，理解を深めるために毎朝数分間の瞑想の時間を設け，定期的に研修が行われている．

　②少年の入院後，できるだけ早い時期にプログラムへの反応を確認するため，担当職員による個別面接を実施し，瞑想に取り組むことに困難を抱えていると思われる場合には，対象少年が無理なく継続して取り組めるように実施方法の工夫や助言が行われている．

　③薬物非行防止指導やアンガーマネジメントにおいて，マインドフルネス体験をもとに，薬物への渇望や怒りの衝動性に対して，できるだけ早い段階で気づき，その衝動に突き動かされることなく，それらを手放すことの重要性が少年に指導されている．

〔安河内佳乃〕

参考文献
[1] Kabat-Zinn, J. (1994) *Wherever You Go, There You Are: Mindfulness Meditation in Everyday Life*, Hyperion.（カバットジン，J. 著．松丸さとみ訳(2012)『マインドフルネスを始めたいあなたへ』星和書店）
[2] 熊野宏昭(2011)『マインドフルネスそしてACTへ』北大路書房．
[3] Kabat-Zinn, J. (1990) *Full Catastrophe Living: Using the Wisdom of Your Body and Mind to Face stress, Pain, and Illness*, Unified Buddhist Church.（カバットジン，J. 著．春木 豊訳(2007)『マインドフルネスストレス低減法』北大路書房）

作文指導・読書指導・日記指導

　少年院では，作文指導，読書指導，日記指導等，読み書きを通じて内面を育もうとする指導が熱心に行われている．

●**書くこと**　書く行為は，提示された選択肢から選ぶこととは違い，自分の内面にあるものを自発的に取り出すことで，その過程で，経験を意識化したり自身の考えをまとめることになる．また，書いたものは対象化され，それを見直すことは，自身の感じ方や考え方を客観視することに通じる．

　作文指導は，テーマを提示して書かせる意図的，計画的指導である．例えば過去を振り返るテーマやなりたい自分をテーマにして，過去の人生を見つめさせたり自分らしい今後の展望を考えさせたりする働きかけである．その指導の中核は，何をテーマに取り上げるかである．書き手が意欲的に取り組めるテーマを提示すること，加えて，書く範囲や論点を絞って書きやすくしたり，テーマを継続的に設定して内省の深まりをうながしたりする等の工夫が肝要である．一方，日記指導は，あらかじめ計画されていない．その場に臨んだ指導である．すなわち，一日の生活を振り返って，取り上げてみたいものを表現するもので，実生活の中で体験したり考えたりしたことをもとに自分を構築していく機能がある．

●**読むこと**　本を読むことの効用には，登場人物に同一視して，登場人物の特性や態度を見習い，自己を高めようとの意欲を鼓舞し，努力しようとの力を与えることがある．また，認めがたいがゆえに抑圧・うっ積させていた自分の特性や態度を登場人物に投射し，それに伴う不安，恐怖，攻撃，屈辱等の強い情動を感想文や面接時の話し合いの場で表出することで，客観的な意識を取り戻すことを可能にすることもある．また，読書での擬似体験が，個人の意味体系に新たな内容を加えて自己を豊かに拡大させる他，外界に関心を向けさせたり，自分と異なる他者を意識させたりして，外界への知的な理解力の強化，自分のおかれている現実の把握，自身の問題への洞察をうながすことに通じることもある．

　読書指導は，読書の感想についての面接や感想文での表明に対して行われる．テーマのみが与えられる作文指導と比較して，具体的なイメージを広げやすい教材提示のもとでの指導となる．登場人物の態度，性格，行動が，読者の精神発達をうながしたり是正したりする教材を選定することがポイントになる．例えば，贖罪指導の一環として，被害者の手記を読ませて，被害者の視点への洞察を深めさせるもの等がある（☞「少年院における被害者の視点を取り入れた教育」）．

●**共同作業の視点**　これらいずれの指導も，法務教官（以下，教官とする）が一方的に少年に働きかけるものではない．少年が表出し，それを教官が読み解いて

コメントを返し，それに少年が再度反応するというやり取りの中で，少年の言葉・思考による「気づき」，すなわち，認知構造の変容をうながすものである．

　少年が表出するものは，教官から指導されることを前提にしており，教官との関係を推し量りながらのものである．したがって，少年の真の成長をうながす対話が成り立つためには，少年の伝えてみたいとの意欲，自意識や感情を抵抗なく発露していけるような関係性を，指導者である教官と構築できるかが鍵となる．

　教官からの賞賛や叱責は，適応行動の強化となる場合もある．また，教官からのフィードバックは，自身が表出したことがいかに他者に受け止められるかについての客観的な認識力の育成につながる．少年の認知や解釈のフィルターを通ったイメージ，例えば，自分を美化・英雄化したり，反対に悲劇のヒロインにしたり，あるいは，必要以上に自責の念に駆られたり，反対に自尊心の低下を防ごうと自己防衛的になる結果，過度に他者への責任追及を行うことに対して，事実をありのままに思い起こさせるよう作用することもある．この他，教官とのやり取りは，言葉で自身の諸体験をストーリー化していくことにつながる場合もある．

●**指導のコツや留意点**　建前や他人の意見の借り物でなく，実感の伴った自身の言葉で表出しているかをみていくことが大切である．理路整然と表出される場合でも，抽象的な言葉や概念に逃げているだけのこともある．「良く書けている」と教官が感じた場合も，教官側の「こうなってほしい」との期待を先取りして，その期待に応えようとした，あるいは評価を気にした結果にすぎない場合もある．それらを回避するには，「どんな風に」「どんなときに」「どんな意図で」「どうしてそう思うか」等と細かく表出するよう働きかけて，じっくりと時間をかけて本当の気持ちを確かめたり熟考させていったりすることが一方法である．

　表出されたものに虚偽性や演技性を含まれているかどうかを見抜けることと同時に，その背景を察知する力量も教官には求められる．背景いかんでは，性急な介入をするよりも，別の場面から指導することが効果的なこともある．論理的に正していくよりも，状況をあるがままに認識させることが有用なこともある．

　また，言葉で十分に意を尽くすことには個人差があり，「何を」述べたいのかを推し量り，寄り添いながらそれを明らかにしていくことが主たる働きかけになる場合もある．心情を広げさせるために自身の感情の動きに目を向けさせ，「考えたこと」のみならず「感じたこと」を表出させることが有用なこともある．

　教官のフィードバックの仕方については，少年の気持ちに共感的理解を示し，勇気づけを行いながら，その少年の成長のためにその時点で何が最も適切であるかを見定めて，指導者の思いや考えを具体的にかつ簡潔に伝えることである（☞「少年院における面接指導」）．

〔藤野京子〕

📖 **参考文献**
［1］　矯正協会(2006)『矯正教育の方法と展開—現場からの実践理論』矯正協会.

少年処遇の効果検証

　2010年に法務大臣に提出された「少年矯正を考える有識者会議提言」や，2012年に犯罪対策閣僚会議で策定された「再犯防止に向けた総合対策」等，各所において，実証的根拠に基づく処遇プログラムを導入し，また，その効果を継続的に検証して，説明責任と実務の発展向上を図る必要性が指摘されている．矯正施設における効果検証の実践にはさまざまな隘路があるが（那須ら，2012）（☞「犯罪者処遇の効果検証」），ここでは，少年処遇の効果検証に特有の問題と，現在の取組みについて概説する．

●**少年処遇の効果検証に特有の問題**　①成熟効果（maturation）：時間の経過によって自然に起こる現象が効果と混同されることをさす．発達途中の少年にとって，変化が処遇の効果によるものか，加齢による成長かを区別することは難しい．ただし，これは多変量解析を用いて，年齢の要因を統制することである程度の解決は可能である．

　②歴史効果（history）：処遇と同時に起こる出来事が効果に影響を与えることをさす．少年院に新たなプログラムを導入しても，その他の教育活動も順次並行して実施されており，これらの影響を排除して特定のプログラムの主効果を抽出することが難しい．

　そもそも，保木（2006）が，「生活指導は，独自の領域を形成するとともに，他の領域における諸活動を深化・統合する矯正教育の中核をなす領域である」と述べるように，矯正教育が生活指導を中核に置き，各種プログラムや訓練等を相互作用的に組み合わせた一連の働きかけの総体ととらえられている以上，特定のプログラムを切り離して論じること自体に疑義が生じる．一方，生活指導や矯正教育の総体を扱おうとしても，その実態を明確にとらえることは難しい．

　③再非行率の的確な把握：効果検証のためには再非行率の把握が欠かせないが，現在の制度では，対象少年が成人に達すると追跡が困難という問題がある．ただし，生存分析等の統計手法を用いることである程度の解決が可能である．

●**少年処遇の効果検証の現状**　こうした問題点から，これまで少年処遇の効果検証が進展せずにいたことは否めない．しかし，再非行防止に向けた各種の矯正教育プログラム等が順次開発される中（☞「少年院における薬物乱用防止指導」「少年院における性非行防止指導」），出院後の再非行状況を含めたデータを継続的に収集して，プログラムを検証し，発展をめざす取組みも始まっている．

　二ノ宮ら（2012）は，処遇プログラムの評価研究を，①アウトカム評価，②プロセス評価，③短期的アウトカム評価，④処遇目標の検証を組み合わせた包括的

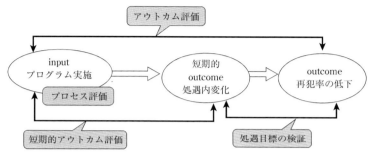

図1 評価研究の包括的枠組(二ノ宮ら,2012より作成)

な研究としてまとめている(図1).アウトカム評価にあたっては,ランダム化比較試験(randomized controlled trial:RCT)が最も内的妥当性の高い結論を導くことは論をまたないが,倫理的・実務的な面から問題が多く,長期間の追跡調査が必要であったり,特に少年矯正においては,必要なサンプル・サイズの確保が困難であったりする等の制約がある.

少年矯正においては,プログラム開発が始まったばかりで,追跡期間や受講者の数も十分に確保されておらず,こうした状況で最も多く用いられる手法は,短期的アウトカム評価である.これは,プログラムが意図した変化が受講者に生じたかどうかを評価してプログラムの効果をみようとするものである.利用する尺度の妥当性が問題になるが,近年,各種リスク・アセスメント・ツールの開発が進んでおり,この得点を処遇前後に比較することで,プログラムが再非行の可能性をどれほど低減させたのかどうかを評価できる.ただし,尺度上で有意な変化があっても,それが再非行率の低減につながらなければ意味がなく,追跡調査は必須であり,また,適切な統制群を設定しなければ,その変化がプログラムの効果と結論づけることはできないことに留意が必要である.なお,この結果を詳細に分析することで,プログラムによく反応した対象者を見分け,プログラムが有効に働く対象者の特性も検討できる.また,短期的アウトカム評価の結果と再非行率の低下との関連をみることでプログラムの目標が,再非行防止という目的に照らして妥当であったのかどうかを検証する材料にもなる.

●**法務省式ケースアセスメントツール(MJCA)** MJCAとは,非行少年等における再非行の可能性や教育上の必要性を定量的に把握することを目的としたツールであり,2013年から全国の少年鑑別所で本格運用されている(☞「鑑別とリスク・アセスメント」).このツールを用いて効果検証を行うことも検討されており,少年院在院中の再評定の試みが始まっている.また,MJCAの得点は,実施群と統制群とのマッチング指標や統制変数として利用可能であり,MJCAの利用により準実験手法による効果検証が進展することも期待される. [二ノ宮勇気]

少年院と家族・他機関

　少年院は，在院者の改善更生および円滑な社会復帰を実現するため，在院者本人に対する働きかけにとどまらず，在院者の保護者（家族）や他機関との緊密な連携も図っている．これは，在院者の改善更生および円滑な社会復帰は，少年院という施設内における処遇だけで完結するものではなく，出院後の社会生活においてこそ達成されるものであるとの認識に立っていることによる．

●**在院者と家族**　少年院に入院してくる少年たちの中には，その逸脱行動において家族との関係による影響を受けている者も少なくない．このため，円滑な社会復帰を見据え，家族との関係を修復する，またはより望ましい関係を構築する意義は非常に大きい．

　①社会的絆理論：在院者にとって，家族との良好な関係を築くことの重要性については，ハーシー（Hirschi, T.）の提唱した社会的絆理論にもみることができる．社会的絆が強く，非行や犯罪から得られる利益が小さければ，個人はこの絆を失わないよう非行などを思いとどまり，逆の場合には非行等に至ると説明される．ハーシーは，中でも親とのつながりを重視しており，親に対する情緒的つながりが強い少年は，たとえ非行等の機会，動機が与えられても，「こんなことをすれば親がどう思うだろう」と考えて非行等を思いとどまるとしている．この社会的絆理論だけで，犯罪原因のすべてが説明される訳ではないが，在院者と家族，とりわけ保護者との関係性の強化については，少年院法においてもその重要性が認識されている．

　②保護者に対する協力の求め等：少年院法第17条第1項には，「少年院の長は，在院者の処遇について，情報の提供，少年院の職員による面接等を通じて在院者の保護者その他相当と認める者の理解を得るとともに，少年院で実施する活動への参加の依頼等を行うことによりそれらの者の協力を得るように努めるものとする」と規定されている．具体的には，少年院では定期的に保護者会が開催され，必要な情報提供が随時行われている他，少年院職員，在院者および保護者による三者面談が実施されたり，行事や教育活動への積極的な参加が保護者にも要請されたりしている．他方，同条第2項には，「少年院の長は，必要があると認めるときは，在院者の保護者に対し，その在院者の監護に関する責任を自覚させ，その矯正教育の実効を上げるため，指導，助言その他の適当な措置を執ることができる」と規定されており，場合によっては，少年院が保護者に種々の働きかけをすることも想定されている．このため，各少年院においては，保護者を対象とした講習会等も開催されているが，それは保護者の中には，虐待等を繰り返し，

在院者の健全な育成を図っていくに支障を及ぼすような事例も認められるからである．

③虐待の問題：程度の差はあるが，こうしたいわば「被害者」的な体験を有している者も，在院者の中には存在する．在院者にとって家族は，改善更生のための協力者とみなし得る場合も多いが，中には，幼少時の虐待などに起因する深刻な問題を抱えている事例もある．少年院法では，こうした場合も想定し，保護者であっても事情によっては，少年院の長の判断により，面会が制限できるようになっている．

以上のことから，家族関係の調整においては，協力者および措置の対象者としての，両面性に留意することがとりわけ重要である．

●**他機関との連携**　他機関についても，在院者の円滑な社会復帰を図るにあたっては重要かつ不可欠な役割を果たしている．他機関との連携が必要とされる理由としては，①当該少年に対する少年院における処遇の手がかりを得るため，②出院後の円滑な社会復帰のための支援を行うため，の2点に要約できよう．

①処遇の手がかり：これに関連する機関としては，まず，少年鑑別所や家庭裁判所があげられる．これらの機関については，それぞれ所定の書類を通して少年院には必要な情報が引き継がれることとなっており，ケースによってはさらに詳細なカンファレンス等が少年院送致後も行われることがある．その他，例えば，在院者のもつ問題性が複雑・深刻であり，かつ，児童福祉機関や学校教育機関に在籍していた場合，医療機関にかかっていた場合等が想定される．しかし，少年院とそれらの機関との間では，現時点では，定型化された相互交流等はないため，それぞれの状況に応じた個別の対応がとられている．

②円滑な社会復帰のための支援：出院者が仮退院の場合，その処遇主体は少年院から保護観察所に引き継がれる．このため，少年院在院中から在院者と保護司や保護観察官との面会・面接や手紙のやり取りを通じた交流が図られている．他にも出院者の就労や修学につなげるため，少年院在院中から公共職業安定所と連携したうえで就労支援を行ったり，中学校への復学調整や在院中であっても高等学校を受験するための便宜を提供したりしている．また，心身に障害がある場合等は，医療機関や福祉施設との連携・調整が必要とされることもある．こうした種々の支援につなげるためにも，少年院においては仮退院を原則と考え，保護観察に引き継ぐことはもとより，在院者個々の円滑な社会復帰のために必要とされる関係機関等との連携・調整を，少年院入院時から，積極的に行っている．

［平原政直］

📖 **参考文献**
[1] 藤田弘人編(1993)『変動と社会的逸脱の社会学』21世紀の社会学シリーズ4，文化書房博文社．
[2] 法務省矯正研修所編(2013)『研修教材　矯正心理学』矯正協会．

少年鑑別所と地域社会

　少年鑑別所は，2015年に少年鑑別所法が施行されるまでの間は，主として家庭裁判所の観護措置決定により送致された審判前の少年を収容するとともに，その心身の状態を医学，心理学，社会学等の専門的知識に基づく科学的方法で調査・診断し，非行の原因を明らかにして処遇指針を立てる収容鑑別を行うための法務省所管の施設として，各都道府県庁所在地等，全国で52か所に設置され，鑑別と観護処遇の二つの柱を軸に業務が行われてきた．

　こうした中，再犯防止対策の推進や社会に開かれた施設運営等の社会的要請に対応すべく新たに成立した少年鑑別所法により，これまでの主たる鑑別の依頼もとであった家庭裁判所や少年院，保護観察所，刑事施設の長の求めによる以外にも，児童自立支援施設や児童養護施設といった児童福祉機関の長からの鑑別の依頼に応じられるようになり，また，従来は一般少年鑑別として収容鑑別業務に支障をきたさない範囲で実施してきた一般の方々に対する心理相談業務についても，少年鑑別所の専門的機能を活用して行う非行及び犯罪の防止に関する援助（地域援助）業務として法律に規定され，地域社会で果たし得る役割が拡大されるかたちで新たな業務の柱の一つに位置づけられることとなった．

●**少年鑑別所で行われている地域援助の主な内容**　少年鑑別所の行う地域援助業務については，少年鑑別所法第131条において，「少年鑑別所の長は，地域社会における非行及び犯罪の防止に寄与するため，非行及び犯罪に関する各般の問題について，少年，保護者その他の者からの相談のうち，専門的知識及び技術を必要とするものに応じ，必要な情報の提供，助言その他の援助を行うとともに，非行及び犯罪の防止に関する機関又は団体の求めに応じ，技術的助言その他の必要な援助を行うものとする」と定められている．

　少年鑑別所が非行問題を扱う専門機関として，鑑別や観護処遇を通じて蓄積してきた非行少年に対する査定や処遇のノウハウや，思春期の子どもたちの行動理解に関する知識，非行や犯罪の防止に関する知見を生かしつつ，地域社会や青少年の健全育成に携わる関係機関と連携して取り組んでいる地域援助の主な内容には，以下のものがあげられる（少年鑑別所が法務少年支援センターとして実施している主な地域援助の例は，表1のとおり）．

　①**子どもの能力や性格の査定**：知能検査や発達検査，性格検査や職業適性検査等を実施して，対象者の資質特性を踏まえた支援を行うための手がかりとなる情報を提供する．

　②**問題行動の分析や指導方法の提案**：問題行動の認められる対象者に面接や心

表1　少年鑑別所で行われている主な地域援助

援助の種類	援助の例
子どもの能力・性格の査定	知能や発達面の問題を抱える子どもへの知能検査や発達検査の実施と結果のフィードバック，職業適性検査の実施による就労支援
問題行動の分析や指導方法の提案	問題行動を呈する子どもの指導に関する学校や施設への相談・助言，性非行少年に対する処遇支援（見立てや処遇指針の検討）
子どもや保護者に対する心理相談	問題行動を呈する子どもに対する面接，カウンセリング，保護者に対する相談・助言，問題を抱える親子に対する継続面接
事例検討会等への参加，コンサルテーション	問題行動を呈する子どもに関する事例検討会での見立てや指導方法の助言，生徒指導協議会や地域非行問題対策協議会におけるコンサルテーション
研修・講演・法教育授業	学校・教育委員会・保護者会における研修や講演，学校における法教育授業，少年鑑別所における募集参観の実施
地域の関係機関等とのネットワーク構築下での支援	地方公共団体，児童福祉機関，学校・教育関係機関，保健・医療機関，NPO等の民間団体，司法・更生保護官署との連携下での子ども・若者に対する支援や地域社会の非行・犯罪の防止のための支援活動

理検査等を行って，問題行動の背景要因や状況の改善のための糸口，必要とされる指導や支援を検討し，依頼者である関係者や保護者に提案する．

③子どもや保護者に対する心理相談：困っている当事者や関係機関からの依頼や紹介により，問題行動の認められる対象者やその養育に悩みを抱える保護者に対する心理相談を行う．

④関係機関における事例検討会への参加とコンサルテーション：関係機関からの依頼に応じて，問題行動の認められる子どもに関する事例検討会に出席し，見立てや指導方法に関する助言を行う．

⑤青少年の健全育成や非行防止に資する研修や講演の実施：教育機関，福祉機関，医療機関，更生保護等の関係機関において実施される各種研修会や講演会において，最近の非行少年の特徴や非行や子育ての問題，思春期の子どもの行動理解やその指導のコツ等について話題提供を行う．

⑥法教育授業等の実施：学校等からの依頼に応じて，子どもたちに法や司法制度を理解させ，法的なものの考え方を身につけさせるための出前授業や非行を犯した少年に対する司法手続について教員への研修を行う．

⑦地域の関係機関とのネットワーク構築下での支援：地域の関係機関との連携の下，子どもや若者に必要な支援や地域社会における非行や犯罪の防止活動に参画する．

また，少年鑑別所法下では，非行や犯罪の防止のために行う援助の対象者は成人にも拡大され，執行猶予となり社会内で処遇を受ける4号保護観察対象者の鑑別や，被疑者や刑事被告人に対する知能検査の実施による支援方針策定の援助（入口支援）等，犯罪を起こした成人に対する援助についても関係機関の要請に基づき積極的に行われるようになっている．

［影山英美］

児童自立支援施設の処遇

　児童自立支援施設（以下，施設とする）は，児童福祉法第44条に基づき，不良行為をなし，またはなすおそれのある児童および家庭環境その他の環境上の理由により生活指導等を要する児童を入所または通所させて，個々の児童の状況やニーズに応じて必要な指導を行い，その自立を支援し，あわせて退所者への相談などの援助を行うことを目的とする施設である．また，施設は，第48条の2の規定に基づき，地域の住民に対して，児童の養育に関する相談に応じ，助言を行うよう努める役割も担っている．施設は全国に58施設（国立2，公立54，私立2）設置されている．

　施設における自立支援は，安定した生活環境を整備するとともに，個々の児童の適性・能力やその家庭の状況等を勘案して，自立支援計画を策定し，児童の主体性を尊重して，生活指導，学習指導，職業指導および家庭環境の調整を行いつつ，児童への養育や総合的な心理的ケア等により，児童の心身の健やかな成長とその自立を支援することを目的として行われている．

　生活指導は，児童の自主性の尊重，基本的生活習慣の確立，豊かな人間性・社会性の形成，将来の自立生活のための必要な知識経験の獲得ができるように実施している．

　学習指導は，多くの施設で学校教育が実施されており，学校と連携して実施している．職業指導は，勤労の基礎的な能力・態度の育成，適性，能力に応じた職業選択のための相談等の支援を実施している．家庭環境の調整は，児童の家庭の状況に応じ，親子関係の再構築を図る等の取組みを実施している．

●児童の特徴と背景　施設の対象の児童は，不良行為をなし，またはなすおそれのある児童および生活指導等を要する18歳未満の児童になっているものの，入所児童の中には，①虐待等不適切な養育を行った家庭や多くの問題を抱える養育環境で育った児童，②基本的信頼関係等達成すべき発達課題が未達成のままの児童，③トラウマを抱えている児童，④知的障害や注意欠陥・多動性障害（ADHD），広汎性発達障害等の発達障害のある児童，⑤抑うつ・不安といった問題を抱えている児童等が少なくない．入所児童は，12～15歳の中学生年齢の児童が多いが，中学校を卒業した児童もいる．

●支援の特徴　①開放的支援：施設での支援の特徴の一つは，開放的な支援である．少年院では，特修短期のように一部開放的処遇もあるが，基本的には閉鎖的な処遇を行っているのに対して，施設は，基本的には開放的な支援である．

　②家庭的な支援形態による支援：もう一つの特徴は，家庭的な支援形態による

支援である．支援形態としては小舎夫婦制や小舎交替制等がある．小舎夫婦制とは，夫婦のスタッフと家族が小舎の中に住み込み，入所児童と一緒に家庭的な生活を送りながらケアや支援をする一つの形態である．この形態によって，親密な人間的なコミュニケーションをとり，関係性の再構築を図っている．また小舎交替制は5～7名程度のスタッフが交替してケアや支援をする形態である．

③「育ち・育て直し」のための支援：施設の役割は，要保護性の高い行動上の問題を表出している児童を受け入れ，個々の児童のニーズにマッチした支援を提供し，自立を促進することである．多くの児童にみられる問題は，年齢相応の発達レベルまで達していないという課題をもっていることである．したがって，中途からの養育・支援においても，個々の児童の精神障害状態等に十分に配慮しつつ，その児童の発達状況に応じて育ち・育て直しを行い，発達課題を順次達成していくことが必要になる．乳幼児期から虐待を受けて育ち，課題達成ができていない児童には，乳幼児期の発達課題から取り組んでいくことになる．いわゆる「育ち・育て直し」のための支援である．これが施設に求められている役割の一つである．

④グループによる学び合い：寮内における児童間の関係においても，他の児童とは約1～2年間にわたりほぼ一日中行動をともにしているため，その関係は当然深いものになっていくし，他の児童のモデルとしたり，みずからが他の児童のモデルとして機能することにもなる．例えば児童集団の中でトラブルが起きたり，喧嘩したりすることがある．それをどのように解決して，調整して，仲直りしていくか，そういう過程を繰り返し児童自身が経験すること，見て学ぶこと，あるいは調整役をやること等，児童集団での人間関係における問題解決は児童の成長にとってとても大切な経験になる．施設では，受容的機能，相互支援機能，問題解決機能が備わったグループづくりということに重点を置いた支援をしている．すなわち，対人関係に問題を抱えている児童にとって，児童同士の交流が，人間関係の再訓練の機会になるように，児童相互の影響力や包容力等を活用し，児童間で問題を解決していく中で児童自身が成長，発達できるような取組みに重点を置いて支援しているのである．

⑤家庭環境調整：施設は，入所児童のみを支援するだけではなく，その保護者や家族に対しても，その状況に応じて，家庭復帰や家族の養育機能の再生をめざして，面会，通信，一時帰宅等の方法を活用して，児童と保護者・家族との関係調整を図っている．

⑥アフター・ケア：退所後においても，児童はスモール・ステップで螺旋階段を上るように社会の中に緩やかに適応していくことが大切であり，施設は，スモール・ステップによる適切な支援が継続して提供できるように，児童相談所はもとより，市町村や要保護児童対策地域協議会，学校，主任児童委員，自立援助ホーム等と連携を図りながら，退所後にアフター・ケアを行っている． ［相澤 仁］

ナラティブ・セラピー

　ナラティブ・セラピー（narrative therapy），あるいは，ナラティブ・プラクティス（narrative practice）は，社会構成主義を理論的基礎とする，治療・処遇の方法である．もともとは，家族療法の領域で，開発・発展を遂げてきたものであるが，昨今，犯罪者処遇に応用した研究も行われている．

●ナラティブ・セラピーとは　ナラティブという言葉には，「語り」と「物語」という二つの意味が含まれている．前者は，「語る」という行為自体に重点が置かれ，後者は，物語という「語られたもの」の形式や構造に重点が置かれる．この二つには，相互的かつ連続的な関係があるが，この関係性に着目して，種々の問題を解決しようとするのが，ナラティブ・セラピーである．

　ナラティブ・セラピーの基本的な前提は，以下の三つである．

　①現実は社会的に構成される：この前提の背景には，我々の社会は，人的・物理的な交流によって成り立っており，よって，我々の気持ちや思いといった感情や交流と切り離された別の場所に現実世界が存在するのではなく，現実は他者との交流という社会過程を通してつくられるという考え方である．

　②言葉が我々の現実世界を構成する：我々の世界は言葉によって維持され，一定のまとまりをもったものとして経験される．言葉の体系によって現実は理解される．この現実を自分の内面に取り込むことによって，我々の存在がその世界の中に位置づけられる．

　③言葉は物語によって組織化される：言葉は物語の形式をとることで，意味の一貫性とまとまりを獲得する．さまざまな出来事の中から，重要な出来事とそうでない出来事が区別されて，出来事と経験の連鎖が一つの物語となったとき，我々は過去から現在へと至る経過をよりよく理解することができる．

●ナラティブ・セラピーで用いられる手法　ナラティブ・セラピーでの面接技法として大切なのは，以下の三つである．

　①無知の姿勢（傾聴）：相手が話すことについて，積極的な関心を示しつつ，一方で，先入見や専門的な知識から離れ，安易に了解した気になって解釈をしないことが肝要である．このことによって，その人のドミナント・ストーリー（いわば，生きざまについてのその人自身のその時点での解釈）を理解していく．また，その人が語るストーリーは常に固定している訳ではないことも念頭に置きながら，その人の語りに注意深く耳を傾けなくてはいけない．

　②外在化：相手の問題を個人の内部に求めず，また，ドミナント・ストーリーから相手を切り離し，その問題がどのような影響を与えてきたかを質問して明ら

かにし,他者の視点から,相手と一緒になって考えていく.

③オルタナティブ・ストーリーへの書き換え:自己の問題点を振り返った際に,その問題の影響を受けなかった例外場面を探り,その例外のあり方を子細に検討することで,問題との決別をうながす.

●**ナラティブを用いた犯罪者理解** マルナ(Maruna, 2001)は,犯罪者の立ち直りを犯罪からの離脱という視点から理解した.すなわち,犯罪からの離脱には,個人のナラティブによるアイデンティティの変改,すなわち,犯罪まみれの人生を断念するのに伴う膨大な変化を,自分自身にとって了解可能なものとなるように,人生の物語を語り直すことが伴うと指摘した.彼が主張するナラティブ研究の方法論は,リバプール離脱研究(Liverpool Desistance Study:LDS)で得た知見がもとになっている.

この研究のサンプルにおいて,離脱している語り手のライフ・ストーリーは,現在の善(財)がほとんど必然的な結果となるように,否定的な過去の経験を現在に結びつけることで,過去と現在の平衡を保っている.この研究の目的は,犯罪者のストーリーを書き換えることではなく,似たような特徴を多くもつ犯罪者の中で,犯罪者から離脱した者と,犯罪を持続している者の描くストーリーにどのような違いがあるかを調べることであり,処遇と直接結びついている訳ではない.しかし,施設内処遇において,どのようなストーリーに書き換えさせればよいかについて,多くの示唆を与えるものである.

●**矯正施設での取組み** わが国の少年鑑別所において,面接は,心理検査,行動観察と並ぶ,少年理解のための代表的で重要な技法であり,少年自身が今までの生活を振り返ることで自己を見つめ直す場でもある.上述の,ナラティブ・セラピーでの面接技法は,どれだけ意識的であるかは別として,少年鑑別所での面接において行っていることと重なるところが大きい.少年の語る言葉は,語られることで再構築されるし,また,語られない物語が自己の中に取り込まれることによっても再構築される.このように,再構築というかたちで変化していく物語の流れを的確にとらえ,少年の心の動きをきちんと押さえておくことで,少年理解が深まることになる.

ただし,少年鑑別所の機能に照らし合わせると,上述の手法のうち,少年鑑別所で③「オルタナティブ・ストーリーへの書き換え」を行うことは適切ではなく,審判により何らかの決定がなされた後の場面で,③を速やかに行えるように,②「外在化」まで実施して,ドミナント・ストーリーの書き換えの土台をつくっておく.さらに,引き続き,少年院では,少年鑑別所でつくった土台のもとに,③のオルタナティブ・ストーリーへの書き換えを,矯正処遇として実施することになる.現在の少年院では,ナラティブ・セラピーという名称を掲げている訳ではないが,少年院生活全般が関わる効果をもっているものといえる. 〔浦田 洋〕

SST

　SST（social skills training）とは，ある個人に欠けている社会的スキルを学習させ，行動のレパートリーを広げさせていくような訓練プログラムの総称であり，社会的スキルの定義が多様なものであることにも関連して，そこには幅広い理論や技法が含まれる．

　日本語訳には，社会的スキル訓練，生活技能訓練，社会生活技能訓練等が用いられており，少年院では社会適応訓練（講座）という用語と同義に用いられることもある．

● **SSTの理論と実践**　社会的スキル研究には伝統的な二つの流れがあり，一つは英国（例えば，Argyle, M.）を中心とする社会心理学的研究であり，もう一つは米国（例えば，Bellack, A. S.）の行動心理学的研究である．

　①行動療法とSST：SSTには，学習理論に基づき行動形成（shaping），強化（reinforced practice），行動リハーサル（behavioral rehearsal），教示（instruction），フィードバック（feedback），うながし（prompting）等の手法が適用されている．

　②社会的学習理論とSST：SSTには，社会的学習理論の中心的概念であるモデリングの考え方や手法が取り入れられている．

　③認知行動療法としてのSST：SSTは，行動療法的手法により行動変容を図り，これを媒介として認知の変容をめざす認知行動療法として位置づけられている．こうした立場からは，SSTの目的は単なる対人技能や問題解決技能の習得にとどまらず，効果的に行動できる自分を実感し，自己評価等に関わる認知を修正することにある．

　SSTは，これら理論・手法を背景にさまざまな分野で実践され，日本でも精神医学領域（統合失調症患者に対するSST等）や特殊教育領域（学習障害児に対するSST等）における実践や研究報告が数多くみられる．

● **SSTとロール・プレイング・サイコドラマ**　ロール・プレイングとSSTという用語はしばしば混同して使用されるが，ロール・プレイングは一技法であり，SSTやサイコドラマ理論における中心的モジュールとして位置づけられる．また，SSTとサイコドラマは，同様にロール・プレイングを実施しながら，SSTが現実生活の中で求められる具体的実際的スキルを扱うのに対して，サイコドラマは空想的・創造的な体験を扱うといった点で，ロール・プレイングのあり方は大きく異なっている（☞「サイコドラマ（心理劇）」）．

● **少年院におけるSST**　日本の矯正領域においては，1991年に神奈川医療少年院で初めて正式な教育内容としてSSTが取り入れられた．ここでは「新入時教

育期における対人関係訓練」として，同院対象者に特徴的に認められる対人技能上の課題の育成を主眼とする訓練が実施された．

　少年院におけるSSTの本格的導入は，1993年に「少年院の運営について」(「矯正局長依命通達」)の一部が改正され，「職場，学校，家庭等での生活において当面する問題解決場面や危機的対処場面を想定し，その対応の仕方を学ばせるロール・プレイング，集団討議等の方法を用いた社会適応訓練の実施」が定められた際に全国の少年院に社会適応訓練における中核的技法として標準的に整備されたことによる．

　この本格導入に際して，日本の精神科領域の実践やリバーマン (Lieberman, R. P.) の対人効果訓練等を参考にしたことから，以降，少年院のSSTの理論や技法もこれらに準拠したものとなった．少年院でロール・プレイングを実施する際の場面設定としては，少年院の生活場面を想定した委員面接，面会で気持ちを伝えるといったものや，社会生活を想定した採用面接，不良仲間からの誘いを断る等といったものがある．少年院におけるSSTの基本的流れ（法務省矯正局，2006）は以下のとおりである．

①練習することを決める
②場面をつくって1回目の練習をする（必要ならお手本を見る）
③良いところをほめる
④さらに良くする点を考える
⑤必要ならお手本を見る
⑥もう一度練習する
⑦良いところをほめる
⑧チャレンジしてみる課題を決める（宿題）
⑨実際の場面で実行してみる
⑩次回に結果を報告する

●**少年院におけるSSTの動向**　当初の社会適応訓練におけるSSTでは，不良仲間から誘われる等の危機的対処場面が重視されがちであった．しかし，SSTを少年院に本格導入するに際してアドバイザー的な役割を担った前田（1997）が「基本となる社会行動を確実に身につけるよう指導する方が，危機的場面の対処学習よりも大事」と指摘しているように，最近では，こうした視点から従来の社会適応訓練のあり方を見直そうとする動きもみられる．例えば，加古川学園の社会適応訓練の改編，豊ヶ岡学園の社会人基礎力（田中ら，2012）等，より健全な人間関係への適応や建設的に社会に関わる力の育成に指導の重点をシフトした実践・研究がなされるようになってきている．　　　　　　　　　　［十倉利廣］

📖 **参考文献**
[1]　法務省矯正局編(2006)『矯正教育テキストSST』矯正協会．
[2]　リバーマン, R. P. 他著，安西信雄監訳(1990)『生活技能訓練基礎マニュアル』創造出版．

アンガーマネジメント

　アンガーマネジメント（anger management）とは，怒りや苛立ちといった感情をコントロールし，上手に付き合うための心理教育的アプローチあるいは心理療法であり，その理論的背景には，認知行動療法の流れがある．1970年代に米国で始まり，学校教育，矯正，医療の現場や，企業の社員研修等，さまざまな分野で導入されている．

　怒りは基本感情の一つであり，怒りの感情が湧き上がることは自然なことである．したがって，アンガーマネジメントは，怒りそのものを抑制しようとするのではなく，怒りが衝動的に暴走することを防ぎ，みずからの意思でコントロールして適切に表現できるようにすることをめざすものである．

●**アンガーマネジメント・プログラム**　アンガーマネジメントのプログラムは，さまざま提唱されており，ここではその代表的なものをあげる．

　①ウィリアムズら（Williams et al., 1998）によるアンガー・コントロール・トレーニング（ACT）：ウィリアムズらは，ACTのアプローチの主要な信条として，気づき（怒りの感情を悪化させ攻撃的行動につながる自分の特定の思考，感情，行動を認識する），コーピング戦略（自分の攻撃的行動を防いだり減らしたりするコーピング戦略を手に入れる），ライフスタイル（新しい，より適応的な形態の行動の出現により，全般的なライフスタイルが変化していき，よりポジティブに考え，行動できるようになる）の三つをあげている．そして，この信条に基づき，全12回のセッションで構成されるACTの包括的プログラムを提唱している．

　②**本田によるアンガーマネジメント・プログラム**：本田（2010）は，アンガーとは，さまざまな感情が入り乱れ，混沌とした状態であると定義している．さまざまな感情が入り乱れていると，自分の気持ちが把握できなくなるため，興奮しやすく，興奮に伴って具体的な反応も引き起こしやすくなる．また，何が起こったのかを誤って認知したり，どうするかを十分に考えないまま衝動的に行動したりしがちになる．アンガーマネジメント・プログラムは，こうした状況を改善するために，(a) 混沌とした心の状態を整理し，自分の欲求を理解できるようにする（自己理解），(b) 向社会的な判断力をつける（共感性，道徳性，規範意識），(c) 欲求が社会に受け入れられる方法で表現できるためのソーシャル・スキルを学ぶ，の三つを目的とする．プログラムの一連の流れは，図1のとおりである．

●**アンガーマネジメントの技法**　アンガーマネジメント・プログラムの中で使われる具体的技法には，以下のようなものがある．

　①自己理解，認知や行動の変容を目的とするもの：(a) 怒りのログ：怒りを感

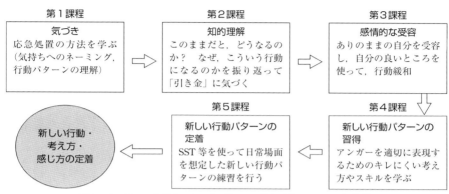

図1 アンガーマネジメント・プログラムの流れ（本田，2010 より作成）

じた出来事を振り返り，日時，状況，怒りの程度，自分の取った言動，その結果等を記録する．これによって自分の行動のパターンを理解する．(b)怒りの視覚化：怒りの程度を，0〜10 の数字で表す，温度計に見立てて評価する，といった方法で視覚化し，客観的に理解できるようにする．(c)リフレーミング：状況に対する見方や考え方を変えてみる．怒りの背景にあるイラショナル・ビリーフに気づく．

②危機的場面での対処を目的とするもの：(a)カウント法：心の中でゆっくりと1から順に数を数える．100 から3ずつ引いて数えるといった方法もある．数を数えることに意識を向けることで，怒りから一時的に意識をそらし，感情のままに行動することを防ぐ．(b)セルフ・トーク：「大丈夫」「落ち着け」等，怒りが爆発しそうなときに心の中で自分に呼びかける言葉をあらかじめ決めておく．自分が使える言葉であれば何でもよい．(c)タイム・アウト：どうしても怒りをコントロールできそうもない場合，その場から一時的に身を引き，クールダウンさせる．その場を離れることが難しい場合には，目をつぶる等の方法もある．

●犯罪非行臨床における実践　矯正領域では，多くの少年院や刑事施設において，それぞれ収容する対象者の特徴に応じてアレンジされたアンガーマネジメント・プログラムが実施されている（例えば，高野ら，2012）．最近では，少年院における矯正教育プログラム（薬物・性非行）等の全国統一的なプログラムの中にも，アンガーマネジメントが取り入れられている（福本，2014）．更生保護領域では，2008 年の更生保護法施行に伴い，保護観察中の暴力事犯者に対して，アンガーマネジメントを取り入れた「暴力防止プログラム」が展開されている（関口，2008）．司法領域では，家庭裁判所において，粗暴少年に対する保護的措置としてアンガーマネジメントが実施されている例がある（森田ら，2008）．いわゆる医療観察法のもとで進められる司法精神医療においては，治療プログラムの一つとしてアンガーマネジメントが取り入れられている（壁屋，2011）．　　　［鬼頭真澄］

芸術療法

　芸術療法（art therapy）とは，心理療法の一つで，さまざまな芸術の方法を使い，人の心の奥にあるものを表現してもらうことを通して，人格的成長をうながすものである．なお，「芸術」という言葉が一般に，美を求める意味合いがあることから，それを嫌い，表現療法と称することもある．
　芸術療法とよばれる技法は数が多く，描画（絵画）療法，造形療法，音楽療法，箱庭療法，心理劇等，その内容も多岐にわたる．多くの技法は，非言語的なアプローチであるが，詩歌療法等のように言語を用いた芸術療法もある．
●**諸技法の概観**　芸術療法の中でも，その実施の容易さから，群を抜いて描画（絵画）療法が利用されている．ここでも，描画（絵画）療法を中心に，矯正施設で実践されている諸種目を概観したい．
　①描画（絵画）療法：描画（絵画）療法の場合，台紙も，道具（クレヨン，色鉛筆，カラーペン，鉛筆等）も描き手が選べるようにし，自由に描いてもらうこと（自由画）が基本となり，自在な自己表現をうながす方法である．しかし，同時にあらかじめ課題や描画方法を決め，技法化されているものもある（表1）．
　なお，同じ技法化されたものでも，治療技法として発展してきたものと心理テ

表1　各描画（絵画）療法の特徴

名　称	特　徴
樹木画法（バウムテスト）	1本の樹木を描いてもらう方法．深層自己像が表現される．
人物画法	人物を全身像で描いてもらう方法．自己像を表現してもらう訳だが，バウムテストよりも具体的に表現されやすく，抵抗も働きやすい
HTP	「家，木，人」を各1枚に描いてもらう方法．人を男女それぞれに描いてもらい，4枚にする方法もある（HTPP法）．また三つの課題を同じ1枚に描いてもらう方法もある（統合型HTP法）．自己像が多面的に表現される
家族画法	「あなたの家族」を描いてもらう方法．「家族が何かをしているところ」を描いてもらう方法もある（動的家族画）．家族関係が表現される
雨の中の私画法	「雨の中の私」を描いてもらう方法．雨をストレスの象徴として，雨の中での「私」を描くことで，ストレスに対する防御スタイルが表現される
風景構成法	1枚の画用紙に治療者（指導者）がサインペンで枠をつけて，「川，山，田，道，家，木，人，花，動物，石，足りないと思うもの」の順で描いてもらう方法．最後に彩色してもらうことが多い
コラージュ法	雑誌の写真を切り抜き，それを自由に台紙に貼り付ける方法．あらかじめ治療者（指導者）が写真を切って用意しておく場合と，そうではなく制作者にその場で雑誌から切り抜いてもらう場合がある．また，自由テーマで作成してもらう場合と課題を設定して作成してもらう場合がある

ストとして発展してきたものに分けられる．また，心理テストとして実施する場合でも，副次的に治療的な効果の及ぶことがあるし，テスト技法をあえて治療的に用いることもある．

　②**造形療法**：粘土細工，陶芸，彫刻等多岐にわたる．粘土等では触感刺激が伴い，作成者の内的な表現をうながしてくれる．少年院での職業補導にも種目によっては造型療法の要素が含まれている．

　③**音楽療法**：音楽を作曲したり，演奏したりする能動的な関わりを通した療法もあるし，音楽を聴くような受動的な関わりもこれにあたる．少年院で発展しているキネジ療法も，リズムを使い，精神筋肉運動をうながしていくものであり，一種の音楽療法といえる（☞「キネジ療法」）．

　④**箱庭療法**：砂箱に好きな玩具を自由に置いて，何かの世界を表現してもらい，治療者（指導者）は，それを象徴的に受け止めていく（☞「箱庭療法」）．

　⑤**心理劇**：集団で，ドラマを即興的に演じてもらうことで，参加者の自発性，創造性を引き出すものである（☞「サイコドラマ（心理劇）」）．

●**芸術療法の魅力**　芸術療法の魅力についても描画（絵画）療法を念頭において述べていきたい．まず魅力の第一は，その表現を非言語的な方法で行えることである．一般に，非行・犯罪臨床では，言語的表現を不得手とする者が多く，非言語的な方法でカタルシスや関係性を味わう体験は非常に大切なものとなる．第二に，あらかじめ決められた枠組の中ではあるものの，自由な表現を許され，自由な世界を体験できることも魅力の一つである．人生や環境において，愛情や能力や経済等さまざまな点で大きな制約のもとに置かれてきた者にとって，それは新鮮な体験となるし，それを通して新しい認知や洞察が生み出されることがある．第三に，作画で試行錯誤し，あるいはやり直しができることも魅力にあげられる．いつもとは違うつくり方（生き方）を画上でほんのわずか試行してみることができるのである．画上のことはいえ，「やり直す」そして「変えてみる」という体験は貴重なものである．

●**芸術療法の留意点**　芸術療法を行ううえで留意すべきことは，自己表現に躊躇し，抵抗を示す者に対して，身構えさせてしまわないよう丁寧に導入することである．制作物を上手下手で評価をしないということを納得してもらい，自由に自己表現する喜びを味わえるように配慮していくことである．特に施設内で行う場合は，制約の多い施設生活の中で，芸術療法のプログラムの中では自由な表現が保証されていること，そして通常生活に戻る際にその段差でつまずかないように気持ちを切り替えること等を説明したい．　　　　　　　　　　　　　[藤掛　明]

📖 **参考文献**
[1]　藤掛　明（2004）「非行臨床におけるコラージュの実践」高江洲義英・入江　茂編『コラージュ療法・造型療法』芸術療法実践講座 3，岩崎学術出版社．

少年院におけるキャリア・カウンセリング，就労支援

　少年院におけるキャリア・カウンセリングおよび就労支援とは，少年院在院者に対して就労を目的として行われる専門的な介入である．教育現場で「学校から職場への円滑な移行」が課題となっているのと同様，少年院においても施設内（少年院）から社会内（職場）への円滑な移行は重要な課題である．特に，少年院出院者の予後調査によって，有職の者は無職の者に比べて再非行を犯さず安定した社会生活を継続している者の割合が高いことは『犯罪白書』等で繰り返し指摘されており，社会生活の安定・再非行の抑止のために就労はきわめて重要な要因である．そのため，キャリア・カウンセリングおよび就労支援は，矯正教育の一つの領域である職業指導の中に位置づけられて，従来から積極的に実施されてきたが，近年さらに充実化・体系化が図られている．

●**少年院におけるキャリア・カウンセリング**　キャリア・カウンセリングは，一般的には自己理解→職業理解→マッチングという手順を踏んで行われる（図1）．少年院においても，①自己理解：これまでの生活の振り返りや将来の生活設計の見直し，能力・職業適性のアセスメント，家庭裁判所・少年鑑別所・保護観察所等関係機関および保護者からの意見聴取，②職業理解：社会の技術革新や雇用情勢に応じた各種職業情報提供，職業実習，職業訓練，職業資格取得，実際の就労場面を想定したコミュニケーションの学習，③マッチング：職業実習や職業訓練の応用および実社会への円滑な移行の準備として院外の事業所等に委嘱して行う院外委嘱職業補導，出院後の具体的な職業・就労先選択が計画的・体系的に実施されている．

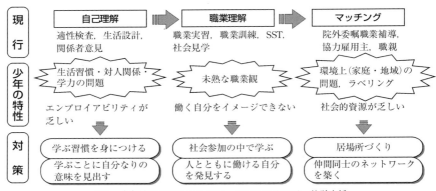

図1　少年院におけるキャリア・カウンセリング，就労支援

特に，少年院においては，入院時・中間期・出院準備期といった生活の段階に応じた働きかけが行われること，規律正しい集団生活の中で，職業指導が生活指導と密接に関連しながら行われることが特徴的であるが，最近では就労支援の専門スタッフとして，キャリア・コンサルタントや産業カウンセラー等の資格を有する職員が配置されるようになり，専門的支援の充実が図られている．

●**少年院における就労支援**　従来から，少年院在院中に院外委嘱職業補導や保護者による就労先の開拓が行われてきた．しかしながら，少年院出院者に対するラベリング等の根深い問題のために，就労先を確保することは難しい．そのため近年，少年院・保護観察所・公共職業安定所が連携し，支援対象者の希望，適性に応じて，個別的な就労支援を計画的に行う取組みが実施されるようになっている．具体的には，保護観察所が職業斡旋機関と連携して協力雇用主制度を積極的に活用しようと努めている他，NPO等において矯正施設出所者を支援するために職業指導だけでなく，保護者のように生活全般を見守る職親制度の利用が行われるようになっている．職親制度とは，矯正施設出所者の再犯防止のために，雇用主・企業が，就労の場だけでなく生活の場を準備し，保護観察所等と協力しながら，親のように出所者の生活全般を見守ろうとするものであり，趣旨に賛同する企業等が積極的に出所者を採用するようになっている．

●**少年の特性に応じた対策**　黒澤（2007）等，矯正施設に収容された少年たちの職業経験や職業意識の調査結果によれば，以下のような特性が認められる．①生活習慣・対人関係・学力の問題：生活習慣や対人関係の問題から短期間の就労期間で頻繁に転職を繰り返している．学校生活において自分なりの学ぶ意義を見出すことができず，いわゆる職業人としての能力（エンプロイアビリティ）が身についていない．②未熟な職業観：早期に学校教育から逸脱している者が多いために，ほとんど進路指導を受けていず，職業知識および社会人としての自信・意欲が乏しく，社会で働く自分自身の姿をイメージすることができない．③環境上の問題：家庭・地域・交友関係の問題が大きく，かつ地域におけるラベリングのため，就労にあたって周囲からの支援を受けるための社会的資源が乏しい．

　そうした特性をもつ少年たちへの対策としては，①基本的な生活習慣・対人関係のあり方を身につけさせるとともに，本人なりに学ぶことや働くことに喜びや意味を見出させること，②職業上の知識やスキルは，社会参加の中でこそ身につけていくことが期待できるため，実際に職業に携わる機会を与え，体験や経験を通じて人とともに働ける自分自身を発見させること，③居場所とは，自分が自分であって良い空間ともいわれるが，特に仲間同士のネットワークを築かせることが必要であろう（☞「刑事施設における就労支援」）．　　　　　　　　　　［黒澤良輔］

📖 **参考文献**
［1］黒澤良輔（2007）「少年の再出発を支援する―少年鑑別所の現場から」『こころの科学』132，2-10．

発達障害少年の処遇

　発達障害のある大人や子どもへの対応については，「発達障害に特化した」という言葉が強調された時期もある．しかし当事者への対処法の流れは，認知や行動の特性を踏まえたうえで，健常者にも障害者にも利用可能なアプローチ（ユニバーサル・デザイン）の重要性が指摘されるようになった．ここではその観点に沿って，処遇場面での働きかけの要点について述べる．

●**処遇場面での課題**　処遇場面で最も大切なことは自己理解の促進を図ることである．つまり，社会適応に必要な自己イメージを形成する支援の実施ということである．ただし自己理解とは，障害理解と同義語ではない．まずは，自分の性格像や行動傾向を見つめ直し，その実態を正しく認識することが先決である．障害に関する理解とか障害名の自己受容等も大切な課題ではあるが，自己の実態像の理解すらできていない状態で障害理解を求めても，対象者の抵抗を高めるだけで望ましい結果は得られないと考えた方がよい．

●**自己理解の手順**　自分のことより他人のことから出発した方がよい．彼らにとって，自分の状態像を内省することは往々にして困難な課題だからである．これに対して，他人への批判になると，随分なことが言えてしまう．例えば他者の自己中心性の指摘は自分のことを棚に上げてでも，容易にできてしまうからである．そうしたときに，発達障害のことを理解していない指導者は「君は他人のことを言っていられる立場か」と否定的になりがちで，千載一遇の機会を逃しやすい．指導手順としては，まず一方的な他者理解であったとしても，当該事項の言語化ができたことを評価する．そのうえで，「それが周囲への迷惑になることが『わかっている』あなたは素晴らしい」という言葉のやり取り（言語的媒介）を通して自己理解へと近づけていく．

●**自己理解の手続き**　重要なポイントなので繰り返し述べる．自己理解に関して，必要な気づきをうながそうとするときには，「君もよくわかっているように」という前提を挿入する．わかっていない場合でも，この一言は対象者の「ものわかり」を少し良くする可能性を高める．指導がうまくいかないときは，多くの指導者が逆の介入を行っている．「君はわかっていないから教えてあげる（だから聞きなさい）」．これでは自己理解の促進は困難になる．

●**処遇困難**　発達障害のある人には処遇困難な状態像が好発する．そうした場面への基本的な対処法は以下のとおりである．

　①発達障害のある人の自己主張への固執（こだわり）を安易に受容してはいけない．例えば，「○○先生の△△という言葉が心の傷となり，自分は何をして

うまくいかない」と固執する処遇対象者がいたとする．この訴えを受容されることで気持ちの整理が進み，自己イメージの再構成を行える人は特別な支援を必要としていない人だと考えるべきである．ネガティブな自己イメージへの固執を安易に受容すると，気持ちの整理どころか「やはり自分はダメだ」という強迫観念のさらなる固定化を招いてしまいやすい．そうした訴えに対しては「何とかして自分を変えたいと思っているあなたは素晴らしい」と，たとえ自己変容への意欲が認められない場合でも肯定的な展開を用いた方が，ネガティブな自己主張への固執は緩和しやすくなる．

②感情爆発を伴う暴言等の不適切な言動はパニックの症状として表出しやすい．しかし，そもそもパニックというものは，それほど深遠な理由から発現するものではない．パニックの理由を問い質しても，「それがどうした」という程度のものしか出てこないことが多いものである．要するにパニックとは，当事者が普通の人なら何でもないようなことに気分を害し，興奮に任せて不適切な言動を表出している場合がほとんどである．ともかくパニック対応の要点は，落ち着くように説諭することではなく気分を変えることである．介入者は，その場にいた人より，その場にいなかった人の方が望ましい．例えば，素知らぬ顔でその場に入ってきた指導者が，「○○君，ここにいたのか，ちょうどよかった．この前の話だけど……」と介入する．この方が，その場にいた人が「落ち着け」と働きかけているより効果的な対応がしやすくなる．当事者は「何の話？」と応じてくる可能性が高いので，「まあいいから，こちらへおいで」と告げて別室へ案内し気分転換を図る．

●反省指導　視点を過去へ向ける反省指導は困難な場合が多い．視点は未来へ向け，望ましい行動をした場合と，望ましくない行動をした場合の双方について「結果の違い」を考える練習を行う．家族，友達，恋人，職場，進路，収入等，弁別学習の条件を細分化して指導を行うとよい．1回の指導に時間をかけるより，短時間でよいから課題作文等でたびたび想起させる機会をつくることが望ましい．

●支援や指導の前提条件　支援や指導を行う際には，「○○できるようにする」という到達目標の前に，「○○ができたような気にさせる」プロセス（動機づけ）を挿入する．また，支援者や指導者と処遇対象者との間で「利害一致」の関係を意図的につくるようにする．支援者や指導者が困っている事項（あるいは心配している事項）を対象者に伝え，彼らも「たしかに言われるとおりだ」と思ってくれるとしたら，その対象者は当該事項への特別な支援や指導を必要としていない人である．支援については，処遇対象者が支援や指導を必要としている事項への働きかけを工夫することが重要である．

［小栗正幸］

📖 参考文献
［1］小澤正幸（2015）『ファンタジーマネジメント―"生きづらさ"を和らげる対話述』ぎょうせい．

知的能力障害のある少年の処遇

　かつての知的障害は米国精神医学会が2013年5月に発表した『DSM-5 精神疾患の診断・統計マニュアル（*Diagnostic and Statistical Manual of Mental Disoders, Fifth Edition*）』によると知的能力障害または知的発達症と名称が変更され（以下，知的能力障害とする），診断基準の概要は以下のとおりとなった．重症度分類は知能指数（intelligence quotient：IQ）でなく生活の困難さに変わった．このためこれまでの境界知能もこの範疇に入る可能性もある．

　知的能力障害は発達期に生じ，知的機能および適応機能（概念的，社会的および実用的な適応スキルで表される）の双方の明らかな制約によって特徴づけられる．以下の三つの基準を満たす必要がある．

　①推論，問題解決，計画，抽象的思考，判断，勉学および経験から学ぶこと等からなる知的機能の障害がある．②自立した生活と社会的責任への発達的，社会文化的基準に達しない適応機能の障害がある．③知的機能と適応機能のある障害が発達期に生じている．しかし，知的能力障害のある非行少年の特徴をこれらの基準だけで理解するのは困難である．

●**知的能力障害のある非行少年の特徴**　知的能力障害の特徴を理解するうえで次の「5点セット+1」（宮口，2013）が有用である．それは，①認知機能の弱さ，②感情理解の乏しさ，③融通の利かなさ，④不適切な自己評価，⑤対人スキルの乏しさ+身体的不器用である．

　認知機能とは，知覚，記憶，注意，言語，判断といった要素からなり，外界からの情報を認識し正しく実行するための機能を示す．知的能力障害はこの機能に障害があるため日常生活や社会生活を送るのに困難が生じる．これら認知機能の障害は他者感情を理解すること，自己を内省すること，言語を介して他者と円滑にコミュニケーションをとること等の困難さにもつながるため，②や④，⑤といった特徴とも関係する．また注意力の弱さは気づきの乏しさにもつながり柔軟な思考ができず③にも関係する．これらが非行につながる一例として，⑤のためいじめに遭い，③から，そのストレス発散に適切な解決策を選べず幼児への猥褻行為を行う．先輩の誘いを断りきれず言いなりになって窃盗をする．そして①のためそれを行えばどうなるか予想ができない，等である．身体的不器用は発達性協調運動症（developmental coordination disoder：DCD）とも関係し，知的能力障害や発達障害に合併するものもある．少年矯正施設で出会う少年はこの「5点セット+1」に虐待等の家庭環境の複雑さも絡み合い，独特の様相（被害感，こだわり，粗暴性，多弁，多動等）を示したり，なぜ非行をやったかが自分でも理解できな

いこともある（非行理由のかい離）.

●**処遇の紹介** 処遇には上述の特徴への配慮が必要となる．ここでは，ある医療少年院の取組みを中心に紹介する．

①認知機能面への配慮：認知機能はすべての教育の土台であり，ここに問題があれば教育は空回りする．特に矯正教育の一つである認知行動療法は幅広い認知機能が前提となっている．何度伝えても指導の効果がないと思われる少年に対しては視覚・聴覚認知に問題がないかどうかアセスメントが必要である．認知機能のうち知覚や記憶，注意は適切なトレーニングで向上が望める．現在，認知機能強化を目的としたコグトレ（cognitive and occupational training）（宮口, 2015）が導入され効果を上げている．

②心理・社会面への配慮：知的能力障害のある少年の中には対人関係で失敗し，自分に自信がもてず他者から馬鹿にされているといった被害感を溜めやすい少年もいる．このため非行に向き合わせるだけでなく，対人マナー，感情統制，問題解決等のトレーニングや就労支援等も必要である．また被害者の立場になって考えることが苦手であるため，被害者感情の理解よりも「これをやったら自分はどうなるか」といった理解をうながす方が効果的な場合もある．

③身体面への配慮：知的能力障害のある非行少年は土木建設業等の肉体労働に就くことも多い．しかし身体的不器用さのため就労の継続が困難になり職を転々とし結果的に再非行につながるケースも散見されるため身体面への支援も必要である．それに対し認知作業トレーニング（宮口ら，2014）が注目されている．これは指導者が一方的に介入指導する既往のプログラムとは異なり，対象者の認知機能に働きかけ，対象者自身がその運動の目的を理解し，うまく遂行するにはどうすればいいか，失敗したらどこが悪かったのかを考えることを援助しながら身体面への適切なフィードバックを行っていく点が特徴である．

●**留意点** IQが低いことをもって知的機能に障害があると即断することはできない．劣悪な生活環境で育ち十分に教育を受ける機会がなかった非行少年もいて，知能検査では本来の能力よりも低く出てしまうこともある．環境因性の低IQ状態ともいえ，その後の生活環境次第でIQが大きく変化することもある．実際，IQは低いがとても要領が良い非行少年に出会うことも多く，IQの低さが必ずしも彼らの生きにくさを表しているとはいえない．そのような場合，知能検査に実行機能検査を併用するとわかりやすい．IQに比べ実行機能が相当高い場合には環境因性の低IQ状態の可能性がある．逆にIQに比して実行機能が相当低い場合は，一般的には高次脳機能障害の特徴の一つであるが，発達障害等も考えられる．実行機能検査には日本版BADS遂行機能障害症候群の行動評価がわかりやすい．環境因性の低IQ状態が疑われる少年は先述の認知機能強化を目的としたトレーニング等でIQが飛躍的に向上することもある．

［宮口幸治］

医療少年院における精神科治療

　現行法上，精神科治療を要する非行少年の施設内処遇を担う中心的施設は医療少年院となる．成人の場合，医療刑務所があるが，対象者が触法行為時に心神喪失状態であるならば心身喪失者等医療観察法（通称，医療観察法）に基づく指定医療機関での入院処遇が適用されることもある．しかし，少年の場合は触法行為時に心神喪失であっても現行では医療観察法は適用されず，非行少年が精神障害を抱えていた場合，医療少年院での治療が選択される場合も多い（保護処分を科さず，社会内での一般精神医療につなげることもある）．触法行為時の心神喪失の有無にかかわらず医療少年院での保護処分が選択される一因は少年法の根本理念である保護主義，つまり保護という観点からは責任能力があろうがなかろうが保護をして矯正や更生につなげていくべきであるという考えによるものと考えられる．したがって，医療少年院には触法行為に対する責任能力がない少年とある少年が混在して収容されることになる．

　また，精神障害には一次的に非行につながり得るもの（反抗挑戦性障害，素行障害等）と二次的に非行につながり得るもの（精神病性障害，物質依存，発達障害，器質性精神障害等）があるが，医療少年院にはこの双方の障害を抱える少年も混在する．これらの事情は医療少年院での矯正教育や矯正医療の複雑性や困難性を増し，対応の個別性を求める一因となっている．

●**医療少年院送致少年の特徴と動向**　家庭裁判所が保護処分として少年院送致を決定すると，少年鑑別所は送致先少年院を指定し，送致先少年院において，少年の年齢や非行傾向，心身の状態等に応じて矯正教育課程（少年院で主に何を中心に処遇・教育をするかという区分）が決定される．医療少年院は現在，全国に4施設存在しており，矯正教育課程のうちで医療措置課程を担当する2施設（関東医療少年院，京都医療少年院）と支援教育課程を担当する2施設（神奈川医療少年院，宮川医療少年院）に分けられる．医療措置課程は心身に疾病を抱え，専門的治療を要する少年を対象としている一方，支援教育課程は知的能力障害や情緒的未成熟によって社会不適応が著しい少年を対象としており，知的能力障害や自閉症スペクトラム障害等を抱えた少年が多く，いわば少年院における特別支援学校的な役割を担っている．

　どちらの矯正教育課程であっても医療少年院は専門的医療と矯正教育の両方を並行して行う機関であり，少年個々のニーズに応じて立案された個人別矯正教育計画に従って，医療部門と教育部門が緊密に連携して治療と教育を行っている．他方，少年院送致される少年で精神障害を抱える少年すべてが医療少年院に送致される

訳ではない．医療措置課程は社会通念上，入院治療相当と判断されるような少年が対象となっており，通院治療相当とされるような比較的軽微な精神障害の場合，一般少年院への送致が選択される．近年，少年院に送致される総数は減少傾向にあるにも関わらず，被収容少年で精神障害を有する割合は増加傾向となっている．

医療措置課程においては以前は精神疾患で収容される少年よりも身体疾患で収容される少年の方が多数だったが，現在では逆転し精神疾患で収容される少年が身体疾患で収容される少年の倍以上に及ぶことも珍しくない．この傾向は一般少年院にも波及しており，被収容少年の精神障害有病率も上昇傾向にある．

●**精神科治療の実際と課題**　非行リスクを高める要因としては大きく分けて①生物学的要因，②心理学的要因，③環境・社会要因の三つが考えられるが，精神障害は生物学的要因に直結し得るとともに他の要因にも大きく影響を及ぼす．非行の背景には時としてさまざまな生物学的要因や精神障害が存在することがあり，これらを見逃し，適切な介入・支援を実施できないと，場合によっては非行が繰り返され新たな被害者を生んでしまう可能性がある．世界保健機関（World Health Organization：WHO）は疾患のあるべき治療モデルとして「バイオ・サイコ・ソーシャル（BPS）モデル」を提唱しているが（Engel, 1977），非行支援においても本モデルはあてはまる．非行支援においては，とかくサイコロジカルやソーシャルな視点で事例をみてしまいがちになるが，支援者はバイオロジカルな視点ももたねばならない．そのためには対象少年の正確なアセスメントが必須であり，多職種の支援チームによる多角的な検討が有効となる．

処遇においても，教育，心理，医療，福祉等さまざまな分野の人間がチームに入り，互いのチーム・メンバーの意見を尊重しながら，業務や責任を分担し，対象者の支援ニーズに正確に応えられる体制が必要である．精神障害の有無やその障害特性はもちろん，能力や年齢，背景，活用できる資源等で少年の支援ニーズは大きく変わる．例えば精神障害を抱えていても向精神薬による薬物療法が必要な場合も必要でない場合もあり得る．また，精神障害を抱えた非行少年に有効な再非行防止を実現するためには医療と教育のバランスも重要となる．バランスを欠いた支援を行えば再非行防止にはつながらず，再非行リスクが高まる．

こういった支援が実現できる体制が，医療少年院だけでなく一般少年院においても，また社会内支援においても，社会要請として求められている．非行少年全般にあてはまることでもあるが，特に精神障害を抱える非行少年への支援には施設内支援のみで完結するものではなく，社会内支援も大変重要で，施設内支援と社会内支援が有機的な連携を行い両立してはじめて完結していく．したがって，施設内支援からどのような社会内支援に移行させていくか，それとともにさまざまな情報の共有と連携体制の構築をしていくことも重要となる．2015年に改正施行された少年院法が，出院者への支援を掲げたことは意義深い．　　　［桝屋二郎］

『ホットロード』にみる非行少年のココロ

　14歳の女子中学生．父親を早くに亡くし，母子二人の生活を送っているが，母親には自分の誕生以前から長く続く恋人がいることを知っている．ある日（母親の誕生日），友人と一緒に文房具を万引きして警備員に補導され，帰宅後，何も知らない母親に向かって，誕生日プレゼント代わりに補導された事実を告げる．狼狽するばかりの母親からは叱られも怒られもしないこと，かわいらしいブタのマスコットがついたシャープペンシルを万引きしようとした理由を誰からも聞かれないこと，そんな一つひとつに人知れず傷つき，落胆し，静かに，けれど激しく怒りを募らせていく．

　本作（紡木たく『ホットロード』集英社）は，1980年代に発刊された，いわゆる少女マンガにジャンルされる恋愛物語である．先の補導のエピソードの後，主人公の女子中学生は，転校生に誘われて夜中の街を出歩く中で，暴走族のとある少年と出会い，惹かれ，いつ死んでもかまわないといった目をして無謀な生き方を止められないその少年の傍らで，身を切られるような思いをしながら純愛を貫いていくのである．

　シリーズ累計700万部を超える大ヒット作といわれる本作は，むろん，主人公らの純愛に対して読者からの共感や憧れを得た部分が大きいのであろうが，同時に，10代の少年少女が感じる親や教師といった大人への反発，社会の矛盾に対する憤り，自分らしさの発露に向けた内側から突き動かされるような衝動，何より，価値観を同じくする仲間集団への傾倒に至る心理が丁寧に描写されていることで，大なり小なり，こうした事柄への成人読者の郷愁も呼び起こしているとみえる．そして，そういった描写が，優れて「非行少年」の非行化の心理分析・解説書でもあるのである．

　筆者は，これまで，少年鑑別所に収容された，非行を犯したとされる（または非行を犯すおそれがある）少年の資質鑑別を行ってきたが，まだ駆け出しの頃に本作を読み，仕事で出会う少年たちの最大公約数の姿と本作の登場人物とがしっくり重なるイメージをもったものである．彼らのストーリーは，「大人」からみれば，我がままで，子どもじみて，甘ったれたものにみえてしまうのだろうが，思春期・青年期の怒涛の時期の渦中にある彼らからすれば，それこそ命懸けの，ぎりぎりの選択の連続なのだということを教えられる．

　余談であるが，本コラム執筆中に，本作の「完全実写化」をうたう映画が公開された．原作にみる，少年非行第三の波の到来時期である1980年代の暴走族少年の姿，不良少女の制服の丈の長いスカート，公衆電話や自宅の固定電話を利用した仲間とのやり取り等の描写は，すでに過去の遺物であるかのような隔世の感がある．とはいえ，10代の少年少女の心のうち，統制しがたい心的エネルギーの向け先の必死の模索といったものは，30年の時を経ても，変わらないもののようにみえる．

〔向野里子〕

第7章
社会内処遇・更生保護

［編集担当：久保 貴・生島 浩・岡田和也］

- 【概説】更生保護と犯罪心理学 ──── 490
- 社会内処遇と保護観察 ──────── 492
- 社会内処遇の基本 ─────────── 494
- 保護観察における面接 ──────── 498
- 更生保護におけるリスク・アセスメント ─ 502
- 臨床心理的地域援助 ─────────── 504
- 更生保護における多機関連携・
  多職種連携 ───────────── 506
- 保護観察における処遇技法 ────── 510
- 自助グループ（セルフ・ヘルプ・グループ）─ 514
- 社会内処遇におけるシステムズ・
  アプローチ ──────────── 516
- 非行臨床における家族支援 ────── 520
- 犯罪臨床における家族支援 ────── 522
- ソーシャル・インクルージョン ──── 524
- 社会内処遇におけるグッド・ライブス・
  モデル ────────────── 526
- 保護観察におけるプログラム処遇 ── 528
- 性犯罪者処遇プログラム ─────── 530
- 薬物再乱用防止プログラム ────── 532
- 保護におけるグループ・ワーク
  （性犯罪，薬物）───────── 534
- 心理教育的アプローチ
  （引受人教室，家族教室）───── 536
- 更生保護施設 ───────────── 538
- 更生保護施設におけるSST ────── 540
- 医療観察制度における心理的アプローチ ─ 542
- 生活環境の調整 ──────────── 544
- 社会における居場所と出番 ────── 548
- 立ち直り研究 ───────────── 550
- 遵守事項と指導監督・補導援護 ──── 552
- 社会参加活動・社会貢献活動 ───── 554
- 保護観察官・保護司・社会復帰調整官 ─ 556
- 【コラム】女子更生保護施設における
  処遇 ─────────────── 558

【概説】更生保護と犯罪心理学

　更生保護は，犯罪をした人や非行のある少年を，矯正施設に収容するのではなく，社会において（あるいはいったん矯正施設に収容した後で社会に戻して），彼ら彼女らの立ち直りを図るための処遇を行う制度であり，矯正施設に収容して行う処遇（施設内処遇）に対して，社会内処遇とよばれている．

●**更生保護の範囲**　更生保護制度には，犯罪をした人や非行のある少年を社会内において処遇する保護観察制度，矯正施設に収容した人を社会に戻すための準備として，帰る場所の環境を整える生活環境の調整，施設内処遇を受けている人を収容期間が満了する前に矯正施設から出所させ社会に戻して社会内処遇を受けさせるかどうかを判断する仮釈放制度，仮釈放ではなく収容期間を満了して矯正施設を出た人に対する保護（更生緊急保護），言い渡された刑の効力を変更させる恩赦制度，心神喪失等の状態で他害行為を行った人に対する医療観察制度（精神保健観察），および社会内処遇を円滑に遂行するために地域社会の理解と協力を求める犯罪予防活動等，複数の制度が含まれている．
　これらの諸制度については，本章の各項目および10章「司法制度・措置・福祉的措置」のうちのいくつかの項目において詳細に説明されている．

●**本章の構成**　本章「社会内処遇・更生保護」では，本項とコラムを含めて全部で29項目が取り上げられているが，それらは，更生保護の諸制度に関するものと，保護観察を中心とする更生保護の処遇において用いられている諸技法に関するものとに大別することができる．心理学の観点から技法に関するものが取り上げられるのは当然であるが，更生保護制度における心理学，特に犯罪心理学の意義および機能を理解するためには更生保護制度の全体像を理解する必要があること，制度の概要について理解することは，制度がめざしている目的とそれを達成するための手段の適否を判断するために不可欠であることから，本章では，制度自体についてもある程度の紙数を割いて説明している．

●**更生保護と犯罪心理学**　更生保護と犯罪心理学の関係を考える場合，犯罪心理学における更生保護という視点と，更生保護における犯罪心理学という視点がある．前者は，犯罪心理学の分野から更生保護の特徴をみようとするものであり，更生保護の特徴として，面接等による人間関係を基礎にして対象となる人の行動や態度の変容を図ろうとするものであること，多様な刺激が存在する環境である社会内において処遇が実施されていることがあげられる．後者は，更生保護において犯罪心理学の知見がどのように生かされているかをみようとするものであり，更生保護で用いられているさまざまな心理学的な諸技法について，技法の基

礎となっている理論的枠組み，技法の適用範囲や適用に際しての条件等について考えることになる．

更生保護においては保護観察が中心となることから，ここでは保護観察を例にして更生保護と犯罪心理学との関係について説明する．

保護観察とは，保護観察を受けている人の行動や態度を変容させようする働きかけである．人の行動を変容させようとするために働きかける方法にはさまざまなものがあるが，保護観察においては面接を主要な働きかけの手段としている．保護観察が面接を通じて相手の行動や態度の変容をうながすものであることから，保護観察を十全に機能させようとするならば，人間行動や態度の変容に関する知識と技能，および経験が不可欠である．さらに，働きかける相手が犯罪や非行をした人たちであることから，それらの人たちに特徴的な心理・行動傾向に対する知識も必要となる．相手の特性を見極めて相手の行動や態度の変容を引き起こす蓋然性の高い働きかけを行うことになる．

また，保護観察においては，現在，さまざまな処遇プログラムが作成されているが，その基礎になっているのは，認知行動療法をはじめとするいわゆる臨床心理学等の知見である．特定の処遇プログラムを適切に実施するには，当該技法の習熟とともに，その背景にある理論的枠組みの理解，およびそれらの基礎にある心理学の考え方の理解が必要となる．さらに，面接等による働きかけが効果をもつためには，個別の状況の把握とともに人間行動一般に対する理解と洞察が必要となるが，それらは行動科学，特に心理学を通じて得られるものである．

●**心理学の考え方**　更生保護は人を扱う分野である．人は，これまでの社会生活を通じて，意識的か無意識的かを問わず，人の行動に関する何らかの経験・知見を身につけており，人と接するときには，ともすれば，これまでの経験や直感等に基づいた理解や説明が幅を利かせることになりがちである．そこで役立つのが，心理学における仮説−検証の考え方である．心理学では，明示的に仮説を立ててそれを検証するという考え方が重要である．科学としての心理学においては，ある事象・現象をみて，そのメカニズムやプロセスについて仮説を立てること，立てた仮説が妥当なものかどうかを実験や調査等によって検証すること，検証結果に基づいて仮説をさらに精度の高いものにしていくことが求められている．

それは犯罪心理学においても同様である．これは，物事を判断し行動する基準を意識化し言語化する作業といえる．このような考え方を身につけることが，犯罪心理学および心理学一般を学ぶことの意義の一つであり，更生保護においてさまざまな処遇を行っていくうえでの基礎になっていると考えられる．　　［久保　貴］

📖 **参考文献**
[1] 杉原紗千子・生島　浩・久保　貴(2011)「更生保護における犯罪心理臨床の歴史と展望」『犯罪心理学研究』50 周年記念特集号，72-87．

社会内処遇と保護観察

　犯罪をした者や非行のある少年を，刑事施設や少年院等の矯正施設に収容して処遇する矯正処遇を施設内処遇というのに対し，社会の中で通常の生活をさせながら再犯・再非行を防止し，改善更生を図る更生保護は社会内処遇とよばれている．

●**施設内処遇との対比**　施設内処遇も社会内処遇も，改善更生を目的としていることに違いはないが，それぞれの処遇の違いからくる長所と短所がある．

　施設内処遇には，矯正施設への収容に伴い，悪風感染，居住や職業の喪失，生活能力の減退等の弊害がある．こうした拘禁の弊害を避けるため，刑事責任が軽い犯罪者の場合には起訴猶予，罰金，執行猶予等の処分が，非行性が進んでいない少年の場合には審判不開始や不処分等の処分が行われる．再犯・再非行を防止するため，積極的に社会内処遇を行う必要があるときは，後述の保護観察に付される．施設内処遇には，また，身柄を拘束している利点を生かした密度の濃い処遇ができる反面，釈放後でないとその効果がわからず，施設内だけで処遇が完結しない限界がある．そこで，改善更生のための各種指導，教育，訓練等の効果が釈放後も持続するよう，仮釈放にして保護観察の指導下に置くよう努めている．

　他方，社会内処遇には，対象者が通常の社会生活を送っているため，常に再犯，再非行のリスクがあることと，時間と場所の制約から，施設内処遇ほど充実した処遇ができない問題がある．そこで，より効果的，効率的な処遇方法の開発と，確実に処遇を受けさせる工夫が必要であるとともに，手を尽くしても改善がみられず，再犯・再非行があったり，そのおそれがある場合には，仮釈放取消，戻し収容，刑の執行猶予取消，施設収容申請等の措置を取ることにより，社会内から施設内への処遇の転換が速やかに行われる必要がある．

　以上のとおり，施設内と社会内において，有効な処遇を展開していくためには，処遇の長所を生かして相互の役割を補完し，連携することが重要である．

●**保護観察**　社会内処遇の中核となるのが保護観察である．わが国の保護観察には，矯正施設に収容しない処分として，保護観察を付した刑の執行猶予と，家庭裁判所の保護処分としての保護観察とがあり，また，矯正施設から仮釈放後に付される保護観察として，刑事施設からの仮釈放，少年院または婦人補導院からの仮退院によるものがある．これらの他に，2016年に刑の一部執行猶予制度が施行され，裁判所で宣告された刑の一部が実刑として執行された後，残りの刑期の執行猶予期間について保護観察を付すことができることとなった．

　わが国では，1949年に現行の保護観察制度が施行されて以来，改善更生に効果のある処遇の研究，開発が進められてきた．制度発足後10年を経過した頃か

らは，問題の多い対象者に対する集中的な処遇が試みられ，分類処遇制度を経て，現在は，処遇の難易度に応じて各処遇段階に編入する段階別処遇が実施されている．1990年には，対象者の問題性その他の特性を，その犯罪・非行の態様によって類型化して理解し，類型ごとに共通する問題性に焦点をあてた効率的な処遇を実施する類型別処遇が導入された．2008年に更生保護法が施行されると，特有の犯罪的傾向を有する者に対して，その傾向を改善するための専門的処遇プログラムを受けることを遵守事項として義務づけることができるようになった．現在，性犯罪者，覚醒剤事犯者，暴力防止，飲酒運転防止の四つのプログラムが実施されているが，これらのプログラムは，矯正施設において相当する各種改善指導との連携が留意されている．

近年，保護観察処遇の効果を上げるため，関係機関との連携が強調されており，協力雇用主，更生保護女性会，BBS（big brothers & sisters movement）といった更生保護民間協力者はもとより，学校，公共職業安定所，福祉事務所，病院，ダルク（drug addiction rehabilitation center：DARC）等の自助グループや地域のさまざまな機関・団体との連携が強化されている．このような流れから，社会内処遇は，処遇の場が社会内にあるといった意味にとどまらず，社会内の資源を活用し，社会に根差した処遇であるという意義にも着目することができる．

●社会内処遇の多様化　刑事施設等を釈放され，保護観察に付されなかった者のうち住居や仕事がなく自立更生が困難な者に対し，宿泊や金品の援助を行う更生緊急保護制度も社会内処遇に含まれる．特に，宿泊場所を提供する更生保護施設は，保護観察対象者とともに更生緊急保護対象者も保護し，わが国の社会内処遇の重要な一角を占める．更生保護施設には，刑事施設や少年院からの外出，外泊制度を利用して，矯正施設に収容されている者を宿泊させることが可能である．こうした制度を積極的に活用していけば，施設内と社会内の中間に位置する処遇として，犯罪者処遇の多様化を図ることができるであろう．

さらに，わが国になく，諸外国にある制度として，社会奉仕命令，受講命令，週末拘禁，電子監視，起訴猶予の段階で指導監督に付す処分等さまざまな社会内処遇がみられる．わが国の場合，こうした制度を直接に導入はしていないが，例えば保護観察における社会貢献活動は社会奉仕命令に，遵守事項による専門的処遇プログラムの義務づけは受講命令に類似している．諸外国の制度を参考に，新たな制度を検討することや，現行制度を改良して，さらに有効で充実した社会内処遇を展開することも可能であろう．

［宇戸午朗］

📖 参考文献
[1] 岩井敬介(1992)『社会内処遇論考』日本更生保護協会．
[2] 伊福部舜児(1993)『社会内処遇の社会学』日本更生保護協会．
[3] 今福章二・小長井賀與編(2016)『保護観察とは何か』法律文化社．

社会内処遇の基本

　わが国における現在の社会内処遇は，第二次世界大戦後長らくその基本法であった犯罪者予防更生法と執行猶予者保護観察法が，一連の更生保護改革を経て整理統合され，2008年に更生保護法（以下，法とする）に一本化され，そのもとで実施されている．さらに，2016年には，この法の一部改正を含む，刑法等の一部を改正する法律及び薬物使用等の罪を犯した者に対する刑の一部の執行猶予に関する法律が施行され，犯罪者処遇の充実強化が図られた．
　社会内処遇には，保護観察，生活環境の調整，更生緊急保護の他，仮釈放等その後の保護観察に結びつく措置も含まれるが，ここでは，保護観察を中心としてその基本とするところを解説する．
●**目的**　社会内処遇は，「犯罪をした者及び非行のある少年（以下，対象者とする）に対し，社会内において適切な処遇を行うことにより，再び犯罪をすることを防ぎ，又はその非行をなくし，これらの者が善良な社会の一員として自立し，改善更生することを助け……もって，社会を保護し，個人及び公共の福祉を増進することを目的」（法1条）としている．この法により初めて，「再犯・再非行防止」が，「改善更生を助けること」と並んで社会内処遇の目的として明示された．
●**措置の運用の基準**　①個々にふさわしい処遇：社会内処遇は，対象者の「性格，年齢，経歴，心身の状況，家庭関係，交友関係等を十分に考慮して，その者に最もふさわしい方法により」（法3条）行うとされ，処遇の実効性を高めるため，画一的ではなく個々の対象者の状況に応じた方法をとることとしている．そのためには，まず的確なアセスメントが前提となる．対象者の資質，生育歴，家庭環境，非行や犯罪の動機や問題性の程度等から，どのような要素，状況が，非行や犯罪に結びつきやすいか，他方，対象者がもつ社会資源等のストレングスをどのように生かせば犯罪から遠ざかることができるか，さらに，これらが現在の本人の考えや行動にどのような影響を及ぼしているのか，また，経済状況や交友関係等の動的な要因が，将来にわたってどのように変化し得るのかについてアセスメントを行う．これに従い，その対象者に最もふさわしい方法について保護観察の実施計画を立てるが，その後も，対象者の状況やそれを取り巻く環境を把握し，その時々の変化に応じてより的確なものとなるよう常に見直しをしていく．
　②必要かつ相当な限度：社会内処遇は，拘禁による施設内処遇ほどの強制力はないとはいえ，人権の制限，時には身柄拘束をも伴う国家権力の行使である．したがって，その処遇は，「その改善のために必要かつ相当な限度において行う」（同条）と定められている．そこで，日常の処遇では，対象者の改善更生の度合いに

よって，保護観察における保護観察官や保護司との接触頻度を段階別とし，改善更生が図られれば処遇を緩和したり良好措置により保護観察を終了したりする一方，改善更生が進まない者には，指導監督，補導援護を強化して対象者の自覚をうながすとする．例えば，保護観察所長が，保護観察処分少年が遵守事項を遵守しなかったと認めるときは，同少年に「警告」を発して，特別観察期間を設けて保護観察を強化し，保護観察の実効性を確保しようとする措置もある．また，本件時と同様の状況になり再犯リスクが高まったとみられるときには，果断に不良措置を取り施設内処遇に移行させる．しかし，その場合でも，対象者はいずれ社会に戻ってくるので，不良措置は処遇の終わりではなく，今後に向けてより良い転換点となるよう配慮している．

③指導監督と補導援護：「保護観察は……指導監督及び……補導援護を行うことにより実施する」（法49-1）こととなっている．指導監督は，①対象者と接触を保ち，その行状を把握すること，②対象者が遵守事項を遵守し，生活行動指針に即して生活し，行動するよう，必要な指示その他の措置をること，③特定の犯罪的傾向の改善のための専門的処遇を実施することによって行われる（法57-1）．対象者は，再犯や再非行をしないよう健全な生活態度を保持すること，保護観察官及び保護司による指導監督を誠実に受けること等，すべての対象者が原則として保護観察期間を通じて遵守すべき一般遵守事項と，それぞれの対象者に応じて定められている特別遵守事項を守ることが義務づけられている．他方，補導援護は，対象者が自立した生活を営めるよう，その自助の責任を踏まえつつ行う措置である．

非行や犯罪の要因は対象者によってさまざまであるが，資質や成育環境に恵まれず，強い劣等感や不遇感，あるいは感情統制力やコミュニケーション能力の低さ等から，社会不適応を起こし，非行や犯罪に至る者は多い．これらの問題を解消していくには，まず第一に生活の基盤である住居と自立のための就労の確保が重要であり，矯正施設入所中から行われる生活環境の調整において，本人の希望を聞きつつ適切な帰住場所を探していく．親族等が引き受けられない場合は，更生保護施設や住込就労先等を調整したり，必要に応じて福祉との調整を行ったりする．次に，対象者が自分の問題に気づき，上手に対処していけるようになることが重要である．不良仲間や薬物等の誘惑が多く，複雑な人間関係等でストレスの多い社会では，強制されたその場限りのものではなく，内面化された遵法精神や自己コントロール力が必要となってくる．そのために，処遇者は，日頃から接触を密にし，細やかな観察を行い，生活状況や心情を把握するとともに，信頼関係を築き，必要な指導監督，補導援護を織り交ぜていく．

このようにして，対象者が安定した生活基盤のもと，精神的にも落ち着き，健全な人間関係や相応の自信，さらには社会の一員としての自覚をもてるようにな

ることが再犯防止につながる．

　近年，犯罪類型に応じた専門的処遇プログラム等，より効果的な処遇方法の模索が続けられているが，どのような指導であれ，相手にそれを受け入れる姿勢や動機づけがない限り，対象者の行動を変える力とはなり得ないし，補導援護で依頼心を高めるだけでは対象者の改善更生にはつながらない．例えば，依存性薬物の使用を繰り返している対象者の場合，保護観察所での薬物再乱用防止プログラムによる指導・家族等への働きかけ，日常生活における保護司の地道な関わり・指導助言，医療・保健機関等の支援，さらには依存症の自助グループや家族の理解・協力があるが，最終的には，対象者が，それらの指導や支援を受け入れて自分のものとし，断薬の意志をもち続けていけるようになることが目標である．

●社会内処遇の実施者　①保護観察官と保護司との協働態勢：わが国の社会内処遇は，「対象者の特性，とるべき措置の内容その他の事情を勘案し，保護観察官又は保護司をして行わせるもの」（法61条）とされ，官民協働態勢で行われていることが大きな特徴である．したがって，特異な重大事犯や暴力的性向の強い者等，処遇困難な事案，多機関連携等専門的処遇を要する事案については，保護司に過重な負担をかけないよう保護観察官のみで処遇したり，保護観察官の直接的な関与を強化したりする等の両者の役割分担がなされている．一方，保護司は，「社会奉仕の精神をもって，犯罪をした者及び非行のある少年の改善更生を助けるとともに，犯罪の予防のため世論の啓発に努め，もって地域社会の浄化をはかり，個人及び公共の福祉に寄与することを，その使命とする」（保護司法1条）とされ，地域にあって対象者と日常的に接触を密にし，いわば隣人の一人として彼らを受け入れる人間愛にあふれたボランティアである．さらには，犯罪予防活動を通して，地域住民への働きかけを行ったり，そのネットワークを生かして更生保護への協力者を広げていったりする等，地域で日頃から信頼を得ている民間人ならではの重要な役割を担っている．

　②保護観察官の役割葛藤：保護観察の実施にあたる者の態度としては，「公正を旨とし，社会内における処遇の対象となる者に対しては厳格な姿勢と慈愛の精神をもって接し，関係人に対しては誠意をもって接し，その信頼を得るように努めなければならない」（社会内における処遇に関する規則3条）とされている．保護観察官には，対象者が遵守事項を守って生活するように指導監督し，状況によっては不良措置をとって再犯を防止する権力的機能と，対象者を受容しその社会適応を促進するための援助的機能とがあり，この相反するダブルロールが保護観察官に葛藤を生じさせるといわれてきた．

　しかし，近年，社会内処遇における再犯防止という法的性格の明確化に伴う，遵守事項の整理や不良措置等の判断基準の標準化，加えて，欧米でエビデンスのある認知行動療法を下敷きにした実施手順が明確で教育的な専門的処遇プログラ

ムの導入等に伴い，従前に比べれば，保護観察官が処遇方法や措置の選択に悩むことが少なくなっているように見受けられる．また，刑事司法機関の他，労働，福祉，医療，保健関係機関・団体等との多機関，多職種との連携を進めた結果，保護観察の構造の独自性や守備範囲がより明確に意識され，保護観察官は，むしろその権力的機能を生かして，再犯防止に向けて，より効果的な指導や援助をすることが求められてもいる．

ただ，保護観察官が対象者等に深く関わり，目の前のこの対象者等の将来に少しでも良かれと思うがゆえに，時に客観的判断が鈍る等の危険性は他の対人援助職同様，保護観察官にもあり，彼らが専門職としてのトレーニングやスーパービジョンを受けることは不可欠である．

③社会の受け皿，協力：法2条では，法1条の目的の実現のために，国は，民間の団体又は個人により自発的に行われる活動を促進し，連携協力するとともに，国民の理解や協力を得るよう努め，また，それに対して地方公共団体は必要な協力をすることができ，さらには，国民はその地位と能力に応じた寄与をするように努めなければならないとされている．非行や犯罪は地域の中で発生し，対象者はいずれ地域へと戻っていくこと，そして対象者は地域のさまざまな社会資源の助けを借りて立ち直り，地域に再統合されていくことから，社会内処遇は地域に根ざした処遇ともいわれる．これまで対象者は，地域の保護司，更生保護女性会，BBS，協力雇用主等，多くの更生保護ボランティアである個人や団体に支えられてきたが，これらボランティアは国民全体からするとまだまだ少数であり，対象者等に対する忌避感情や偏見が彼（女）らの社会復帰の妨げにならないようにと，その活動は，縁の下の力持ちとして，目立たぬよう続けられてきた．しかし，近年，地縁，血縁関係が薄くなるなどして地域力が弱まり，保護司らの活動が困難になり始めていること，あるいは，裁判員裁判にみられるように刑事司法の分野にも一般市民が入り，裁判後の処遇に関心がもたれ，説明責任が求められていることを踏まえ，国民全体に社会内処遇についてより深く理解や協力を求めていくことが効果的であると考えられるようになっている．

非行や犯罪は，被害者やその家族等にはむろんのこと，社会全体にもどれだけ甚大な痛みや損失を与えるか計り知れない．他方，その非行や犯罪についての処分や刑罰を受け，更生しようという意欲のある対象者をなおも排除し続けることは再犯リスクを高めるだけであり，社会にとっても得策ではない．再犯防止に有効な要素である住居や就労先の確保をはじめ，対象者が生活していくための社会の受け皿，環境整備が必要である．その理解を広く得ていくためには，対象者の処遇や地域の安全，安心に尽力しているボランティアへの国や地方公共団体からの活動支援の強化，各事案を通じての多機関連携の推進とともに，社会内処遇の方法とその効果についての調査研究や積極的な広報が望まれる． ［西瀬戸伸子］

保護観察における面接

　保護観察において，保護観察官や保護司等，保護観察処遇の担当者（以下，処遇者とする）は，面接を通して，保護観察を受ける人々との関係の形成，指導監督・補導援護を行っていく．面接を方法とする（土居，1992）という点において，保護観察処遇と，他の対人援助の臨床（以下，一般の臨床とする）に違いはない．
　ただし，保護観察は，その対象となる人の意思に関わらず，法に基づいて国家が決定し実施するものである．保護観察期間は法律によって定められ，また，保護観察に付された人は，処遇者と接触し，面接を受けることを義務づけられる等，一定の行動上の制約を受ける．さらに，保護観察の目的は，犯罪をした者の再犯を防ぎ，非行のある少年の非行をなくし，これらの者が自立し改善更生することを助けることによって，社会を保護し，個人および公共の福祉を増進することである．保護観察所長は，保護観察中の人が遵守事項を遵守せず，その程度が重い場合には，一定の要件のもとで，その人を身柄拘束する権限を与えられることもある．このように，保護観察は，悩みを抱える人々がみずから訪れるような外来の相談室等とは，その構造や性質に大きな相違を有する．また，通常は，保護観察処遇は保護観察官と保護司の協働態勢で進められる．
　以上のような保護観察処遇の独自性や，さらには，対象である非行少年・犯罪者の心理的特性のために，保護観察における面接には，より鋭く生じる現象や特別な留意点がある．本項では，①保護観察に付された人の動機づけの問題，②処遇者に対する陰性感情の生じやすさ，③処遇者が体験する激しい葛藤，④保護観察の強力な枠組みを取り上げ，これらをどのようにとらえ，処遇者がどうあったらよいのかについて述べる．
　なお，以下では，保護観察の対象となる人の中でも，主に少年を例とすることとする．成人犯罪に比べ，少年の非行は発達課題との関連が深く，彼／彼女らに共通する心理的特徴や環境要因等を抽出しやすいからである．

●**保護観察を受ける人の動機づけをめぐって**　非行臨床の先行研究では，非行少年の心理的一般的特徴として，①大人（権力）への不信感の強さ，②行動化のしやすさ，③治療動機の乏しさ，等が指摘されてきた（例えば，井上，1980）．そして，このような特徴を有する非行少年の場合，その自立支援のための信頼関係の形成が困難であることが，問題とされてきた．治療動機という言葉が，自分の非行や性格等の問題について，みずから，処遇者に相談し，取り組んでいこうとする姿勢をさすとするなら，確かに保護観察に付された少年が，当初からそのような姿勢をみせることは少ない．

しかし，保護観察がそれを受ける人の意思によらないこと，保護観察が非行や犯罪に対する不利益処分であることを踏まえれば，彼／彼女らの治療動機の乏しさは当然のこととしてとらえ直すことができる．ここで留意すべきは，上述の意味での治療動機の乏しさ，つまり援助を求める行動（以下，求援行動とする）をとらないことが，すなわち援助を求める気持ち（以下，求援欲求とする）の乏しさを意味する訳ではない，ということである（羽間，2009）．

　動機づけ面接（motivational interviewing）の提唱者であるミラーら（Miller et al., 2013）は，治療的変化のためには，クライエントの強さや動機づけ，リソースが必要であり，治療者との関係がそれを支えるとした．変化への動機は，もともとクライエントの中にあると述べた．そして，動機づけ面接は，クライエントの中にある変化への動機を喚起するものであり，欠如している動機をインストールするものではないと強調した．さらに，ウィニコット（Winnicott, 1965）は，非行という行動化そのものが，求援欲求の表れであると考えた．そもそも，保護観察に限らず，他者への支援は，その人の意識的または無意識的な求援欲求を前提としなければ成り立たない．

　求援行動をとらない人の中に，求援欲求の存在を見出すことは容易なことではない．しかし，保護観察の処遇者には，求援行動と求援欲求とを弁別すること，そして，求援行動をとらないことを問題視するのではなく，保護観察の対象となる人の中に内在している可能性がある，変化への動機づけや求援欲求を，的確に汲み取っていくことが求められる．

●**処遇者への陰性感情の生じやすさをめぐって**　保護観察に付される少年は，家族内での虐待やマルトリートメント，家族外の他者からの暴力等の被害体験を有している場合が多い（例えば『法務総合研究所報告11　児童虐待に関する研究（第1報告）』2001）．子どもは幼少であればあるほど，環境への依存度が高く，その影響を受けやすい．そのため，長期にわたって不安定な環境にさらされ，その後も良い対象との出会いが乏しかった場合等には，他者への信頼感が育ちにくい．さらに，保護観察は権力を背景にする処遇であり，少年の対人不信感が保護観察の面接にもち込まれることが少なくない．つまり，保護観察における面接は，一般の臨床に比べ，少年の処遇者への陰性感情・陰性転移が生じやすいという特徴がある．

　転移とは，精神分析の創始者であるフロイト（Freud, S）が発見した，分析過程で生じる現象であり，フロイトの転移の強調点は過去の人間関係の再現にあった．そして，フロイト（1912）において，転移は，陰性転移と陽性転移に区別され，陰性転移，あるいは抑圧されている性愛的な感情の陽性転移は分析の抵抗になるが，意識化し得る友好的な，あるいは優しい陽性転移は分析の成功の担い手になると位置づけられた．フロイトの影響を受け，非行臨床の先行研究では，少

年の陰性感情を抵抗ととらえ，陽性感情を喚起させて処遇のために必要な関係を形成しようと考えるものが少なくない．しかし，上述のように，保護観察を受ける非行少年の多くが不安定な環境の中で生育してきたことを踏まえるなら，彼／彼女らが他者，特に大人に不信感を向けることは，自然なことと理解できよう．また，このような陰性感情には，それ以上傷つかないために自分を守る防衛の意味が含まれる可能性があることにも，留意しなければならない．

　以上から，保護観察の面接において処遇者がすべきは，陰性感情を向けられることを否定的にとらえたり，陽性の感情を無理に引き出そうとしたりすることではないことが明らかとなる．処遇者に必要とされるのは，陰性感情の生じやすさやその意味を理解しつつ，尋ねるべきことは尋ね，話すべきことは話しながら，つかず離れずの一定の距離を保ち，時間をかけて彼／彼女らとの関係を形成していく姿勢である．

●**処遇者に生じる激しい葛藤をめぐって**　一般の臨床も，規範や善悪の問題から自由な訳ではない．しかし，すでに述べたとおり，保護観察は法的規定のもとに行われる営みであり，常に規範や善悪の問題が絡む．また，上述のように，その目的は，保護観察に付された人の改善更生と社会防衛という，時に対立しかねないものである．

　実際には，保護観察の処遇が進むにつれ，その生活や心情が安定していく事例の方が多いが，他方，再犯・再非行に至る事例もある．再犯・再非行につながる危険性がある不安定な言動を目の前にしたとき，それが処遇者の規範意識や役割意識等と相いれず，処遇者に厳しい葛藤が生じることは，保護観察における面接でよくみられる現象である．特に，刑事処分による保護観察に比べ，保護処分による保護観察では，こうした処遇者の厳しい葛藤はより鋭く現れる．少年に対する保護処分としての保護観察では，不良措置（例えば，少年院仮退院者の場合なら，家庭裁判所に対する少年院戻し収容の申請等）を含めた処遇が，健全育成という目的（少年法第1条）に照らして行われなければならないからである．つまり，処遇者は，不安定な言動を目にしたとき，指導的な関わりをするのか，受けとめようとするのか，という問題に直面することとなる．

　このとき，処遇者がなすべきは，少年の言動に対して，みずからの規範や役割意識等から生じる否定的な感情と，少年を理解していこうとする思いとの矛盾を，そのまま体験し保持することである．具体的には，処遇者として，規範等に照らしての思いを保持しつつ，少年への理解を試みる．そして，処遇者が相手の問題行動の意味を理解でき，さらに，彼／彼女らの中の健康さを冷静に感じ取り，それを信頼することができたとき，そこで生まれてくるものは，単に問題行動を抑止しようとしての指導的な言葉ではあり得ない．一方，少年の自己（あるいは他者）破壊傾向が彼／彼女らの健康さを凌駕している危険な状態であると判断する

ならば，処遇者は保護のためのしかるべき措置（身柄拘束を含む）を検討することとなる．

まとめるなら，上述のような厳しい葛藤が生じるとき，その後の対応選択において重要な役割を果たすのは，処遇者の的確な少年理解である．相手に関わりながら，自分の感情を意識化し，自分と相手を対象化してアセスメントしていくという，高度専門職としてのきわめて知的な作業が，処遇者の仕事となる（羽間，2009）．

●**保護観察の強力な枠組みをめぐって──その治療的・援助的機能**　非行少年に限らず，人は，不安定だったり，予測不可能だったりする環境では，自分を取り巻く世界を信頼できない．換言すれば，信頼とは，安全さや予測可能性のもとに成り立つものと考えられる．以上を踏まえると，対人不信感の強い非行少年に対して，一貫して規則のはっきりとした環境を設定することは，あてになるかもしれない外界の実現になり得，彼／彼女らに治療的に作用すると指摘できるだろう．

法に基づいて実施される保護観察は，一般の臨床に比べ，強力な枠組みを有する．だからこそ，保護観察では，一貫した環境設定が可能となる．保護観察処遇が，その対象となる人の自立をめざして，彼／彼女らの対人不信感を緩和し，自分の思いを行動（特に反社会的行動）ではなく言葉で他者に適切に表現できるように支援することであるなら，処遇者は，保護観察の強力な枠組みがもつ治療的・援助的な機能を積極的に活用していく必要がある．ここで留意すべきは，治療的な枠組みとは，人間的で一貫したholding（抱えること）（Winnicott, 1965）を意味するということである．決して，枠組みを一方的に押しつけたり，機械的に行動制限をしたりする等の，硬直した関わりではない．保護観察を受ける人それぞれに応じて，面接回数や時間，面接以外の接触の方法，限界設定等の処遇の枠組みをつくり，わかりやすく明示し，それを一貫して実現し続けることが重要である．

最後に，保護観察官と保護司の協働態勢に関して付言すると，一貫したholdingにつながるのは，良きチーム・ワークを保つことである．また，良きチーム・ワークの実現は，それ自体が少年に治療的・援助的に作用する．なぜならば，被虐待体験等の被害体験を背景に有する非行少年の多くは，仲の良い大人たちの姿に接する体験が乏しいからであり，良きチーム・ワークを目のあたりにすることは，人は信頼に値するかもしれないという感覚を育む契機となり得るからである（村瀬，2002）．

[羽間京子]

📖 **参考文献**
[1]　神田橋條治(1994)『精神科診断面接のコツ』追補．岩崎学術出版社．
[2]　佐治守夫(2006)『カウンセラーの「こころ」』新装版．みすず書房．

更生保護におけるリスク・アセスメント

　リスク・アセスメントとは，再犯等のある事象の生起につながる諸要因について，対象者の現時点での状態を査定することであるが（☞「犯罪者のリスク・アセスメント」），実施の目的や内容は，それがどのような文脈で行われるかによって異なってくる．

　わが国の更生保護の分野におけるリスク・アセスメントは，①対象者が矯正施設内にいるときに行うものと，②社会内で行うものとに大別される（表1）．

表1　わが国の更生保護の分野におけるリスク・アセスメント

実施状況	対象者が施設内に入所中	対象者が社会内で生活中
実施機関	地方更生保護委員会	保護観察所
実施目的	仮釈放を許すか否かの審理等のための情報収集	再犯リスクのマネジメント，リスクに合わせた処遇密度や介入目標の設定
実施内容	〈罪種問わず〉犯罪行動の分析等，再犯のおそれについての臨床的判断	〈罪種問わず〉犯歴等の静的リスクと動的リスク（ニーズ）の評価を組み合わせた査定（段階別処遇）
	〈特定罪種のみ〉薬物への依存度や関連する精神障害等の静的リスク・動的リスク（ニーズ）の査定（一部の薬物事犯受刑者）	〈特定罪種のみ〉暴力犯罪に関連する静的リスク・動的リスク（ニーズ）の査定（特定暴力対象者）ハイリスク状況の特定，補助的ツールの使用（専門的処遇プログラム対象者）

●**地方更生保護委員会が行うリスク・アセスメント**　地方更生保護委員会は仮釈放（☞「仮釈放制度」）の審理等をつかさどる機関である．矯正施設からの仮釈放が許可されるためにはさまざまな基準を満たす必要があるが，特にリスク・アセスメントに関係する基準として「再び犯罪をするおそれがないこと」がある．地方更生保護委員会の保護観察官は，その判断の材料となる情報を調査する役割を担うが，現在，保険統計式ツールやその他の構造化された査定方法は用いておらず，過去の犯罪行動パターンの分析等に基づく臨床的判断により見立てを行っている．ただし，薬物事犯受刑者については，刑の一部の執行猶予制度施行を見据え，薬物への依存度や関連する精神障害等の薬物事犯者特有の問題性に焦点をあて，静的リスクや動的リスク（ニーズ）を明らかにするアセスメントを行う取組みも開始されている（今福，2013）．

　こうした調査の結果は，審理において，仮釈放を許すか否かの判断にとどまらず，仮釈放の期間中，再犯等のリスクを抑止するため対象者が守らなければなら

ない約束事（特別遵守事項）を設定するうえでも考慮される．また，地方更生保護委員会が収集した情報は，保護観察所と共有し，出所後の帰住先における生活環境の調整や，仮釈放後の保護観察処遇にも活用される．

●**保護観察所が行うリスク・アセスメント**　これに対し，保護観察所におけるリスク・アセスメントは，社会内という現に再犯の起こり得る状況下で行うものであり，社会を保護するという更生保護の目的（更生保護法第1条）を達するため，リスク・マネジメントと一体となって運用される．

　対象者の罪種によらない一般的なリスク・アセスメントとしては，段階別処遇という制度があり，仮釈放直後等保護観察の開始時点で，簡便なツールにより再犯等のリスクを査定し，その高低に応じて，保護観察官や保護司と対象者の接触頻度といった処遇の密度を四つの段階に分け，差をつけることが行われている．なお，当初の査定後，対象者に問題行動がみられなければ，再犯等のリスクをコントロールできているとみなし，期間の経過に応じて処遇の密度を下げる一方，上述の遵守事項に違反する行為があれば，リスク・マネジメントのため処遇の密度を高めたり，遵守事項を付加・変更したり，あるいは仮釈放等を取り消して矯正施設に再び収容する措置をとることが行われる．

　次に，ある一定の罪種に限定したリスク・アセスメントとして，暴力事犯者については，過去の暴力犯歴等の静的リスクや問題飲酒，薬物使用，精神疾患といった動的リスク（ニーズ）の評価を組み合わせ，高リスクと認められた者（特定暴力対象者）を，上述の段階別処遇において高密度に指定し，定期的なニーズのモニタリングを行うことが行われている．

　また，他にも成人の対象者に行う専門的処遇プログラム（☞「保護観察におけるプログラム処遇」）に関連した査定をあげることができる．各プログラムはいずれも認知行動療法等に基づくもので，リラプス・プリベンション（relapse prevention）の技法を取り入れている．これは，問題行動の再発に至るハイリスク状況を対象者自身とともに特定し，これを自己コントロールするための具体的な方法を考え，対処スキルを身につけていくというものであるが（Marlatt et al., 2005），このプログラムの内容自体が一種の協働的なリスク・アセスメントにもなっている．

　さらに，各プログラムが対象とする罪種に応じたツールが補助的に用いられている．例えば，性犯罪者に対しては急性リスクを毎月チェックするためのツールや刑事施設で使用されているものと同一の保険統計式ツール，飲酒運転事犯者に対してはアルコール依存の可能性を評価するための構造化された質問項目等が活用されており，これらツールはもっぱら処遇の密度や介入目標を検討するために行われる．

　ただし，ツールの多くは十分な統計的信頼性・妥当性の検証を経たものではなく，今後，さらなる研究が待たれる状況にある．　　　　　　　　　　［谷　真如］

臨床心理的地域援助

　臨床心理的地域援助という用語は，臨床心理士に求められる固有な専門業務の一つとして掲げられているものである（生島，2010）．具体的には，臨床心理士等が，専門的に特定の個人を対象とするだけでなく，地域住民や学校，職場に所属する人々（コミュニティ）の心の健康や地域住民の被害の支援活動を行うことをいう．

　更生保護においても，保護観察対象者といった個人に対して，通常の面接を通して指導・支援する他，地域住民一般を対象としたものも，その業務に含まれている．本項では，地域住民に対する援助という観点（犯罪予防活動，社会貢献活動，被害者への対応）に加えて，保護観察対象者に対する地域社会内における指導・支援という観点で述べる．

●**犯罪予防活動を通しての地域援助**　更生保護法第 1 条では「犯罪予防の活動の促進」が同法の目的の一つとして掲げられ，保護観察所の所掌事務の一つとして「犯罪の予防を図るため，世論を啓発し，社会環境の改善に努め，及び地域住民の活動を促進すること」が規定されている．保護司法においても，犯罪の予防のため世論の啓発に努めることが，その使命として規定されている．

　更生保護における犯罪予防活動は，保護観察所，保護司会，更生保護女性会，BBS 会等が年間を通じて地域のさまざまな関連機関・団体と連携しながら実施されている．具体的活動としては，保護観察所において，保護観察官が地域の小・中学校を訪問して，法律やルールを守ることの大切さを訴える出前授業を実施したり，保護司会において，小さな子どもをもつ母親らを対象に，子育ての悩み等を話し合う住民のミニ集会を開催している．また，ある更生保護女性連盟においては，地方自治体が推進する薬物乱用防止対策に協力して，夏休み前に中学校を訪問し，薬物乱用防止教室を開催する等して，薬物乱用防止を呼びかけている．

●**更生保護サポートセンターによる地域援助**　犯罪予防活動の一環として地域援助を果たしている施設として，更生保護サポートセンターがある（2016 年 3 月 31 日現在，全国に 446 か所設置）．これは，個々の保護司の処遇活動を支援する必要性や，保護司会がより組織的に処遇活動や犯罪予防活動を行う観点から置かれているものであるが，その機能の一つとして，「地域に根ざした犯罪・非行予防活動の推進」が掲げられている．具体的には，犯罪・非行に関する地域住民の相談への対応，地域住民を対象とした非行防止セミナー・薬物乱用防止セミナー等の企画・運営が実施されている．

　これら活動を通して，保護司が有するノウハウを地域へ提供し，地域における

犯罪・非行防止に貢献しており，保護観察所においても，センターを拠点として，地域に密着した更生保護活動の推進が図られており，子ども・若者育成支援推進法に基づく大綱である「子ども・若者ビジョン」(2010年決定)においても，センターの活用が取り上げられている．

●**社会貢献活動を通しての地域援助**　社会貢献活動とは，保護観察対象者に対して，地域社会の利益の増進に寄与する社会的活動を継続的に行わせることにより，自己有用感の涵養，規範意識や社会性の向上により，再犯防止および改善更生を図ることを目的としている(☞「社会参加活動・社会貢献活動」)．具体的には，公園等公共の場所での清掃活動や，福祉施設での介護補助活動といったものである．保護観察対象者やその家族が，保護観察官，保護司その他民間協力者とともに，地域社会の利益の増進に寄与する活動を行うことを通して，地域援助に寄与している．

●**被害者等への対応を通しての地域援助**　保護観察官や保護司は，保護観察対象者に対して，みずからの犯罪にかかる被害弁償等を指導している他，被害者らの意見や心情等を聴取する等，直接対応することもある．特に少年事件においては，加害者も被害者も同一地域に居住している場合が少なくないことから，被害者らが安心して生活できるよう努めることが，地域援助につながっている．

●**保護観察対象者に対する地域社会内における指導・支援**　最後に，保護観察対象者を主体とした視点から述べる．保護観察対象者は，通常の社会生活を送りながら保護観察を受けており，例えば，満員電車に乗ることによる痴漢行為，薬物密売人との接触による薬物再使用，職場内対人トラブルによる暴力行為の危険性にさらされながら生活しており，矯正施設収容者とは生活環境が大きく異なる．保護観察処遇においては，プログラム処遇(☞「保護観察におけるプログラム処遇」)等を通して，再犯の誘因となる日常生活上の刺激やリスクを自己分析させ，それらをいかに回避していくのかを，みずからの犯罪過程も振り返らせながら指導している．

保護観察処遇は，保護観察官等更生保護関係者だけでなく，特に医療・福祉に関連する他機関・民間団体の援助や協力を得ることで，より大きな処遇効果をあげることができる．保護観察対象者は，法令で定められた保護観察期間を経過した後は，更生保護関係者の指導下から離れ，地域支援へ移行していくこととなる．以上のことから，地域支援移行後を見据えたうえで，地域の関係機関等と連携しながら，その指導・支援にあたる(☞「更生保護における多機関連携・多職種連携」)．　　　　　　　　　　　　　　　　　　　　　　　　［岡田和也］

📖 **参考文献**

[1]　生島　浩(2010)「社会支援，地域支援」氏原　寛・亀口憲治・成田善弘他編『心理臨床大事典』改訂版，培風館．

更生保護における多機関連携・多職種連携

　更生保護における多機関連携とは，更生保護の諸活動（生活環境の調整，保護観察，更生緊急保護等）において，対象者が再犯することなく自立更生するうえで解決しなければならない問題のうち，対象者みずからの力だけではその解決が困難なものに対し，保護観察所が中心となって，複数の機関との協力体制のもとでその解決に向けて支援することである．

　一般に，多機関連携のメリットは，一つの機関では十分な対応ができない問題に対し，効率的かつ包括的に対応できることや多機関連携の結果として連携機関相互の理解が深まることがあげられる．一方，デメリットは，多機関連携を維持継続する場合，その運営主体となる機関では，支援会議の開催といった事務的負担が増大することや各連携機関で共有する個人情報の保護・管理という新たな業務負担が生じることがあげられる．

●**多機関連携の現状**　更生保護における多機関連携については，例えば，校内暴力を繰り返す保護観察対象者に対し，保護観察所が学校，警察との緊密な連携のもとで処遇を実施した事例，あるいは，家庭環境や資質に重篤な問題を抱え，さらに薬物依存に陥り，薬物購入のために家財持ち出しを繰り返す保護観察対象者に，保護観察所による指導監督を軸として，複数の関係機関が連携して医療，保健，福祉に関し速やかな援助を行うことにより処遇を実施した事例等が多数存在した．しかし，近年，刑務所出所者の再犯防止対策が国の政策課題となるなか，刑務所出所者のうち，出所後の帰住先や就労先の確保が困難な者や薬物依存，高齢・障害等といった特定の問題を抱える者に対し，再犯防止および改善更生の観点から，その問題を解決するための支援を実施していくことが緊急の課題となっている．更生保護では，こうした実情を踏まえ，各種の新規施策を打ち出し，これらの対象者に関して多機関連携により包括的に支援する取組みを始めている．

　更生保護が施策として実施している多機関連携としては，①高齢または障害により特に自立が困難な矯正施設収容中の者の社会復帰に向けた生活環境の調整等（特別調整とする．2009年から実施），②薬物依存のある保護観察対象者がその改善に必要となる医療，援助等を円滑に受けられるようにするための支援等（地域支援ガイドライン（案）試行等事業として2012年から実施，2016年からは「薬物依存のある刑務所出所者等の支援に関する地域連携ガイドライン」として実施），③検察官からの依頼に基づき，起訴猶予による更生緊急保護が見込まれる勾留中の被疑者に対して行う，釈放後の福祉サービスの受給や住居の確保に向けた調整（2013年から事前調整，2015年から重点実施として試行）等がある．以

下において，各施策における事例を紹介する．
●**多機関連携の事例**　【事例①】特別調整における多機関連携：20歳代の男性．中学時から対人トラブルが多く，家族に対する暴力の他，窃盗事件を繰り返していた．中学卒業後，不就労のまま，家族への暴力や窃盗事件の反復が続く等問題行動が収まらないため，医療機関を受診したところ，発達障害の診断を受け，療育手帳を取得．その後も窃盗事件を繰り返し，刑執行猶予の言渡しを受けたが，猶予中の再犯により受刑した．その後，生活環境の調整の過程で，家族から受け入れを拒否され，適当な帰住地がないことから，特別調整の対象者として選定され，刑事施設，保護観察所，地域生活定着支援センター（高齢または障害を有するため福祉的な支援を必要とする矯正施設退所者について，退所後ただちに障害者手帳の発給，社会福祉施設への入所等の福祉サービスにつなげるための準備を保護観察所と協働して進める組織）の多機関連携体制の中で，適切な生活場所の確保に努めることとなった．特別調整では，地域生活定着支援センターが対象者の行動特性を考慮し，結果的に満期出所となったが，グループ・ホームへの帰住が実現した．

【事例②】地域支援ガイドライン（案）試行等事業における多機関連携：30歳代の女性．覚醒剤事犯で受刑し，仮釈放後，親もとに帰住．自宅で幻覚を見る等の異常行動が認められたため，医療保護入院となった．対象者の入院中に，保護観察官が中心となり，医療機関の主治医，ダルク薬物依存回復リハビリ施設（drug addiction rehabilitation center：DARC）スタッフ，福祉事務所の担当者と処遇会議を開催．現状では，自宅に戻り，就労での自立を図ることが困難であるため，病院退院後は，ダルクに入所しながら，薬物依存の治療に取り組むとの方針が決まった．また，対象者は，ダルクへの入所費用を負担するだけの経済的余裕がないため，福祉事務所の協力を得て，生活保護を受けて入所することとなった．

【事例③】事前調整における多機関連携：60歳代の男性．路上生活者．検察庁からの依頼で，起訴猶予による更生緊急保護が見込まれる者として保護観察所に連絡があり，釈放前に対象者と面談したところ，老人福祉施設への入所を希望した．地域生活定着支援センターと協議すると，2か月後にならないと入所できる施設がないとの連絡を受けた．そこで，更生保護施設と連絡をとり，施設入所までの期間，更生保護施設で保護する旨の了解を得たため，対象者が起訴猶予で釈放された後，一時更生保護施設に入所し，その後，地域生活定着支援センターおよび更生保護施設と連絡調整しながら，対象者が希望していた老人福祉施設に入所することができた．

●**多機関連携の実施過程**　更生保護における多機関連携は，保護観察所が，更生保護法その他の関係法令に基づき，対象者に対し措置を講ずることができる期間に限られ，具体的には，生活環境の調整，保護観察および更生緊急保護の実施可

能な期間となる．また，更生保護における多機関連携は，保護観察所において，概ね次のようにして展開される．

①支援対象者の選定と支援すべき事項の把握，②支援可能な連携機関との関係の構築，③連携機関間での対象者情報，支援時期および支援内容の共有，④連携機関の支援状況の把握，⑤多機関連携による支援終了後の対象者のアフター・ケア．

これらの過程のうち，②では，支援が再犯防止および改善更生の観点から実施されること，各機関に期待されている役割（支援内容）や責任（支援の範囲）を確認することが重要である．また，②および③については，連携機関による支援会議を開催することが行われている．

多機関連携については，大きく分けて，緊急対応型と再発防止型の二つのタイプがある．緊急対応型は，保護観察中，対象者が引き起こした問題について，対象者自身の力では解決ができない場合，多機関連携により，その問題の改善に向けて速やかに対応し対象者を支援するものである．このタイプでは，問題の解決に主眼が置かれ，継続的な対応が必要となることがある．これに対し，再発予防型は，前頁【事例①】から【事例③】に示したように，多機関連携により，住居，医療機関の確保など社会復帰のための生活基盤の整備をすることで，犯罪を起こさないための環境を整え，対象者の再犯防止を支援するものである．このタイプでは，対象者の抱える問題が高齢，障害等のように固定的であったり，薬物依存のように短期間での改善が見込まれなかったりするため，直接的に問題解決に向けての支援が困難であることから，受刑中や病院入院中等の機会を利用して，生活基盤の整備に主眼を置いた間接的な対応がとられることとなる．この場合の対応は，一時的であることが多い．これらをまとめると，次のとおりである（表1）．

表1　多機関連携の類型

多機関連携のタイプ	目的・主眼	対応時期	対応の程度
緊急対応型	問題の解決重視	緊急時	継続的
再発防止型	社会復帰のための生活基盤整備重視	受刑中，病院入院中等	一時的

●**多職種連携**　専門職とは，特定の分野において，専門的な技術や知識に基づいて対応できる職種のことである．保護観察官は，更生保護に関わる専門職として，対象者に再犯防止や改善更生に向けての処遇を実施しているが，実際の処遇にあたっては，保護観察官の面接や処遇プログラム等の専門技法だけでは十分でなく，対象者が自立した生活を営むことができるようにするため，適切な住居を得ること，医療を受けること，就職すること等の援助を行っている．

更生保護における多職種連携とは，このような保護観察官の活動において，対象者が再犯することなく自立更生するうえで解決しなければならない問題のう

ち，対象者みずからの力だけではその解決が困難なものに対し，保護観察官が中心となって，単独もしくは複数の機関に所属するか，または個人として活動する複数の専門職との協力体制のもとで，その解決に向けて支援することである．そこでは，507頁に述べた【事例②】のような各機関の専門職との連携が中心となる．また，自力での解決が困難な問題を抱える対象者の支援という同一の機能を有することから，多機関連携と同様に緊急対応型と再発防止型がある．

●**多機関連携と多職種連携の相違** 更生保護における多機関連携と多職種連携は，ともに対象者の現在および将来の問題に対応するものである．実際，多機関連携と多職種連携の境界は曖昧であるが，多機関連携では，主として連携機関が所管する制度を活用（例えば，福祉事務所での生活保護の手続き等）して対象者の支援を行うのに対し，多職種連携では，主として連携する専門職のもつ専門的な技術や知識を活用（例えば，医師による医療行為等）して対象者の支援を行うものと整理される．この意味において，多機関連携と多職種連携の相違は，対象者に対し，制度中心の支援か，専門性中心の支援かに規定されるといえる．いずれにしても他機関が依拠する法制度や他職種が有する専門性に関する正確な知識が必要となる．

●**今後の多機関連携・多職種連携のあり方** 更生保護では，高齢または障害を抱える対象者，重篤な薬物依存のある対象者，発達障害等資質面で問題をもつ対象者らのいわゆる処遇困難者が増加している．これらの対象者には，帰住支援，就労支援，医療・保健・福祉支援等さまざまな支援が必要であり，それらを効果的・効率的に実施するため，多機関連携・多職種連携という支援方法が注目されている．今後，刑の一部の執行猶予制度が導入され，多数の薬物事犯者が対象者となり，これに加えて特別調整や事前調整等の対象者が増大するに従い，多機関連携・多職種連携は，更生保護における支援方法の大きな柱となってくる．

今後，更生保護が多機関連携・多職種連携をより効果的に運用していくためには，①対象者に対する的確なアセスメントを行い，連携機関に対し，支援すべき問題について根拠をあげて協力を求めること，②専門職である保護観察官の処遇技法を高め，連携機関等の専門職との間で，高い専門性に基づく処遇協議を行うこと，③支援会議を積極的に開催し支援の質を高めていくことが重要である．

更生保護は，この多機関連携・多職種連携を通じて，対象者への支援の充実はもとより，みずからのスキル・アップ，さらには更生保護への理解促進を図る必要があるといえよう．

［岡坂吉朗］

📖 **参考文献**
［1］ 松本 勝編著，前川泰彦・御厨勝則著(2012)『更生保護入門』第3版，成文堂．

保護観察における処遇技法

　保護観察は，保護観察対象者の改善更生を図ることを目的として，指導監督および補導援護を行うことにより実施するものである．対象者が少年の場合は，保護処分の趣旨を踏まえ，その者の健全育成を期して実施しなければならない．

●**保護観察処遇の構造**　すべての対象者は，保護観察官または保護司の呼出しまたは訪問を受けたときは，これに応じ，面接を受けることが遵守事項として義務づけられている．面接においては，保護観察官らの求めに応じて労働状況，家庭環境，交友関係等の生活実態について事実を申告し，または資料を提示しなければならない．

●**保護観察処遇の実施者と役割**　保護観察における処遇の場，すなわち面接場所は，保護観察官による面接の場合，主に保護観察所等の面接室または対象者の自宅であり，保護司による面接の場合，主に保護司宅あるいは対象者の自宅である．保護観察は，原則的には保護観察官と保護司による協働態勢で実施するものであり，対象者との日常的な接触の大部分は，保護司宅で行われており，この点がわが国の保護観察の大きな特徴である．つまり，対象者は，近隣住民でもある保護司の自宅に招かれ，居間等において家庭的な雰囲気の中，生活状況を報告し，指導や助言を受けることになる．対象者にとって面接を受けることは法的に強制されるものであるが，保護司は，民間性・地域性を生かし，情緒的・家庭的な雰囲気の面接が可能となるような対象者との関係づくりに配慮している．

　一方，保護観察官が面接を行うのは，対象者の行状や心情等を把握し，問題点や課題等の調査（アセスメント）を行う場合と，その問題に応じて指導等の措置を行う場合とに大別できる．さらに調査は，通常，保護観察開始時に行う場合と対象者が遵守事項違反等何らかの問題を起こしたときに行う場合があるが，保護観察官が保護司を指名せず直接担当するケースでは，対象者の生活状況や心情の把握が，毎回の面接における重要かつ主要な目的となり，アセスメントと指導等の措置とを完全に切り離して考えることは妥当ではない．つまり，対象者の抱えている問題点等を理解し，把握することが，指導（処遇）に直結しているといえる．したがって，対象者が自己の生活状況や心情をありのままに申告し，内省できるような関係づくりが重要である．

●**保護観察処遇技法の変遷**　かつて，わが国に精神分析や来談者中心療法がもたらされ，普及された時代には，これらの技法を保護観察処遇に導入し，みずから精神分析家またはカウンセラーであろうとして研鑽に励んだ保護観察官が少なからず存在した．とりわけ来談者中心療法は，その背景となる考え方や面接者の態

度,技術等が面接の基本として,保護観察官のみならず保護司にも推奨されており,大きな影響を与えたといえる.近年は,来談者中心療法等特定の技法のみを保護観察に用いようという動きはないが,認知行動療法を理論的背景とする専門的処遇プログラム等が導入されたこともあり,他の心理領域同様に認知行動療法の考え方が目立つようになっている.

●**関係機関との連携**　また,保護観察は実施者である保護観察官と保護司だけで完結するものではなく,地域における関係機関・団体と必要に応じて連携し,対象者が地域の社会資源を活用していけるように働きかけることが多い.ハローワーク等と連携した就労支援や医療・福祉機関,各種自助グループと連携した薬物依存回復訓練がその例である.さらに,近年増加している高齢・障害を有する対象者に対しては,地域生活定着支援センターを中心に福祉機関との連携が欠かせない.

　基本的にこうした処遇が行われていることを前提とし,以下,一般的な指導面接以外の特徴ある技法について,個別処遇と集団処遇に分けて解説する.

●**個別処遇**　①専門的処遇プログラム:(プログラムの一般的事項について☞「保護観察におけるプログラム処遇」,集団処遇について☞「保護におけるグループ・ワーク」).ここでは飲酒運転防止プログラムについて解説する.同プログラムは,飲酒運転を反復する傾向のある対象者に対し,アルコールが心身および自動車等の運転に与える影響を認識させ,飲酒運転に結びつく自己の問題性について理解させるとともに再び飲酒運転しないための具体的な方法を習得させることを目的としている.導入時に対象者のアルコールに対する依存の程度により,アルコール依存症の疑いが高い者(Aコース)と低い者(Bコース)とに選定し,一部を別の内容にしている.各課程の目標は,次のとおりである.

　　第1課程　飲酒運転の影響について考える
　　第2課程　アルコールが運転や心身に及ぼす影響について学ぶ
　　第3課程　アルコールがもたらす悪影響について学ぶ
　　第4課程　飲酒運転につながる危険な状況を知る
　　第5課程　飲酒運転をしないための対処方法を考える

　第1課程で考えた「こうなりたい」と希望する生活に近づくための小目標(スモール・ステップ)を各課程において立てさせ,その達成状況をセルフ・モニタリング・シートにより自己チェックすることをホーム・ワークとして課している.スモール・ステップは,各課程において達成状況の振り返りおよびその課程での学習内容を踏まえたうえでの再設定を繰り返し,最終的には第4課程で作成する再発防止計画に収れんされる.

　全課程修了後も再発防止計画の履行状況を確認し,飲酒運転を繰り返さない生活を維持するよう働きかけを続ける必要があるため,定期的に面接を実施し,再

発防止計画のメンテナンスを行うこととしている．
　②**課題指導**：対象者に一定の課題を与えて履行させ，記録させるものであり，専門的処遇プログラムにおいて行わせるホーム・ワークもその一つといえる．他に，短期保護観察対象者に行わせる課題指導，被害者を死亡させる，またはその身体に重大な傷害を負わせた対象者に実施するしょく罪指導プログラム等がある．短期保護観察対象者には，生活習慣，学校生活，就労関係，家族関係，友人関係等の領域のうち，改善更生のため特に重要な領域について，家庭裁判所の意見に基づき，具体的な課題を設定し，履行状況を記録させる．課題については，生活状況の記録とともに提出させ，保護観察官または保護司が確認し，必要な指導あるいは助言を行う．
　③**贖罪指導プログラム**：被害者を死亡させ，またはその身体に重大な傷害を負わせた対象者に対する課題指導であり，犯した罪の重さを認識させ，悔悟の情を深めさせることを通じ，再び罪を犯さない決意を固めさせるとともに，被害者らに対し，その意向に配慮しながら誠実に対応するよううながすことを目的としている．毎月の面接時に各課題について話し合い，所定の様式に記入させて提出させる．各課題の目的は，次のとおりである．
　(a) 自己の犯罪行為を振り返らせ，犯した罪の重さを認識させること．
　(b) 被害者らの実情（気持ちや置かれた立場，被害の状況等）を理解させること．
　(c) 被害者らの立場で物事を考えさせ，また，被害者らに対して，謝罪，被害弁償等の責任があることを自覚させること．
　(d) 具体的な贖罪計画を策定させること．
　④**社会生活技能訓練**（social skills training：SST）：個別 SST とグループ SST がある．SST は，集団力学特性（グループ・ダイナミックス）を利用する利点が大きいためグループで行うことが一般的である．しかし，対象者の個別の課題や問題に焦点をあてやすいことや日程調整も容易であることから個別面接において実施されることも少なくない．グループ SST は，更生保護施設で定期的に実施されていたり専門的処遇プログラムを集団で実施する場合に取り入れられたりしている．具体的には，就職面接を受ける，酒の誘いを断る，職場の上司に謝る等日常のさまざまな場面を取り上げて練習を行うものであり，手順は概ね次のとおりである．
　(a) 練習する課題場面を決める，(b) 場面を想定し，1 回目の練習をする，(c) 良い点をほめる，(d) さらに良くする点を考える，(e) 2 回目の練習をする，(f) 良い点をほめる，(g) 挑戦する課題を決める，(h) 実行して，次回に結果を報告する．
●**集団処遇**　①**社会参加活動**：対象者の同意を得たうえで，社会奉仕，環境美化，

勤労体験，社会見学，レクリエーション等の活動に参加させるものである．具体的な活動内容は，福祉施設内での介助等作業，公園等での清掃作業，農業体験，陶芸，料理教室，スポーツ教室，お祭り参加，野外活動等，多彩である．これらの活動は，受け入れ施設や地域の理解が必要であり，参加者を慎重に選定すること，参加者に活動の趣旨を理解させ，参加意欲を高めること等の配慮が必要である．
社会参加活動には次のような効果があると考えられている．
　(a) 自己イメージを肯定的に変えるきっかけを与える．
　(b) 多様な人と接し，影響を受けることで自分自身の生活の見直しをさせるきっかけを与える．
　(c) 健全な対人関係のあり方を学ぶことができる．
　(d) 迷惑行為を反省させ，公衆道徳観を涵養する．
　(e) 社会に役立つような生きがいを見つけるきっかけをつくり，就労意欲を喚起するきっかけにもなる．
　②社会貢献活動：特別遵守事項として，社会貢献活動を行うことが設定された対象者に実施するものである．地域社会の利益の増進に寄与する活動を一定の時間行わせることにより，善良な社会の一員としての意識を涵養し，規範意識を向上させることを目的としている．

活動内容は，地域社会の利益の増進に寄与すると認められること，対象者の自己有用感の涵養ならびに規範意識および社会性の向上をうながすことができると認められることが求められる．典型的な活動は，公共の場所の清掃や福祉施設での介護補助であり，これらは社会参加活動としてもふさわしい活動であるが，体験学習やレクリエーション等もっぱら保護観察対象者自身の学習，体験を目的とした活動は，社会参加活動としてふさわしくとも社会貢献活動としては適当ではない．社会貢献活動の活動回数は5回程度で，6か月以内に活動が終了するよう日程を定めている．
　③交通短期保護観察集団処遇：交通短期の処遇勧告がなされた対象者に実施する．交通道徳の涵養，交通法規等の修得に関する講習会または座談会等の形式による集団活動であり，各保護観察所の工夫により，少年鑑別所に委託して行う運転適性検査や外部講師による運転技術の指導，車両の構造および整備の学習を取り入れている．
　なお，交通短期保護観察対象者からの生活状況についての報告は，文書で行わせており，原則として面接は行っていない．
　④その他：更生保護施設においては，各施設の特徴に応じて多種多様な機関，団体等の協力を得て，さまざまな技法が取り入れられている．主なものとして，酒害・薬害教育（ミーティング），コラージュ，ロール・レタリング，各種教養講座（料理，パソコン，工芸，絵手紙）等がある．

［南元英夫］

自助グループ（セルフ・ヘルプ・グループ）

　自助グループとは，ある共通の困難を抱える当事者たちが自発的に結びつくことによって形成された集団であり，体験を分かち合ったり自身の課題と向き合ったりすることを通じてともに変化し，困難を乗り越えることを目的としている．

　アルコール・薬物依存の他，病的賭博，摂食障害，アダルト・チルドレン等，さまざまな課題ごとに自助グループが存在するが，ここでは犯罪・非行とのつながりが特に深い，アルコール・薬物依存の自助グループについて取り上げる．

●成立ち　主な自助グループの起源は，1930年代に米国で発足したアルコール依存者の自助グループであるアルコホーリクス・アノニマス（Alcoholics Anonymous：AA）にさかのぼることができる．その後，1950年代に同じく米国で薬物依存者の自助グループであるナルコティクス・アノニマス（Narcotics Anonymous：NA）が開始された．

　わが国では，1950年代にAAをモデルにした（ただし，その後わが国独自のものへと変容）断酒会が，1970年代にAAが，1980年代にNAがそれぞれ東京等で発足し，その後，形態や機能を多様化させつつ全国に展開した（表1）．

●活動内容　自助グループの運営は，当事者の主体性に委ねられている部分が大きいため，活動の内容は多様であるが，共通する活動としてはグループ・ミーティング（以下，ミーティングとする）の実施がある．ミーティングは，数人から十数人の当事者が定期的に，任意に一定の場所に集まって開催され，他者の経験や考えを聞いたり，自分自身の体験を語ったりすることが繰り返される．自助グループによって，あるいは開催場所や曜日等によって，クローズド（あらかじめ登録された者のみが参加可能）の場合と，オープン（当事者であれば誰でも参加可能）の場合がある．多くのミーティングにおいては「言いっぱなし，聞きっぱなし」が原則であり，12ステップ（自分自身が薬物やアルコールに対して無力であると認めること等回復に向けた12の指針）に基づき各回のミーティングのテーマが緩やかに設定されることはあるものの，誰もが自由に発言し，聞き手は発言に対して批判や評価を加えない．また，一般的な意味での指導者や治療者を定めず，各参加者が対等な立場で発言すること，参加者の匿名性を尊重するためアノニマス・ネーム（anonymous name，仮の名前，ニックネームと同意）を用いる場合があるといった特徴がある．

●効果　自助グループの取組みは，いわゆる専門家が行う専門的治療や支援とは異なる，いわば「当事者の知」に基づくものであって，体系的であることや再現性の高さ等は重視されていない．活動の内容も多様であるため，自助グループ（あ

表1　アルコール・薬物依存の自助グループの一例[*1]

アルコール依存	断酒会，AA，マック（maryknoll alcohol center：MAC），アラノン（Al-Anon）[*2]
薬物依存	NA，ダルク（drug addiction rehabilitation center：DARC）[*3]，ナラノン（Nar-Anon）[*2]

*1 グループの総称であり，個別のグループ名とは異なる
*2 アラノンおよびナラノンは，依存者家族の自助グループである
*3 ダルクは薬物依存者のリハビリ施設であるが，自助グループとして行うミーティングへの参加を回復に向けたプログラムの中心に位置づけている

るいはミーティング）に参加することを切り出して，その効果を客観的に評価することは容易ではない．また，多くの自助グループにとっては，アルコール・薬物の再使用（スリップ）もまた，（ミーティングにおいて正直に告白されること等を通じて）回復へと続く過程の一つとみなされる．

　こうした背景もあって，自助グループの効果を厳密に検証した研究は少なく，学術的な評価は必ずしも確立していない．しかし，当事者のニーズに応じた活動のあり方を模索する試みは多くの自助グループで行われており，従来のミーティングとは別に，一定の効果が実証された認知行動療法に基づくグループ・ワークを活動の中に取り入れている例，就労支援活動に力を入れている例等もある．

●**社会的役割**　自助グループにおいては，みずからの回復だけではなく，同じ困難を抱える他者に対してみずからの経験を伝えることによってその回復を支援することも重視されている．これらの活動は「スポンサー・シップ」や「メッセージを運ぶ」等と表され，支援する者自身の回復をも促進させると考えられている．

　一方，刑事司法の分野では，近年，再犯防止の見地から，自助グループとの効果的な連携方策を模索する試みが広がっている．例えば，刑事施設においては薬物依存のある受刑者に対する指導の一環として，自助グループのスタッフによるミーティング等が実施され（大茂矢，2013）．また，保護観察所においては薬物依存のある保護観察対象者を自助グループに通所させたり，自助グループのスタッフを招へいして家族向け相談会を実施するといった取組みが広く行われるようになっている（押切ら，2016）．

　アルコール・薬物依存に関する専門的な治療や支援を積極的に行う医療・保健・福祉機関等の社会資源がきわめて乏しいというわが国の現状にあって（薬物地域支援研究会，2014），依存の当事者やその家族が正直になれる居場所となってその孤立を防ぎ，回復への取組みを継続的に支え得る自助グループの存在は貴重であり，今後，その社会的な役割はより大きくなっていくものと考えられる．　　　［赤木寛隆］

📖 **参考文献**
[1]　石塚伸一編著（2013）『薬物政策への新たなる挑戦』日本評論社．
[2]　AA日本出版局訳編（2003）『アルコホーリクス・アノニマス』AA日本ゼネラルサービス．

社会内処遇におけるシステムズ・アプローチ

　家族への働きかけを行う家族臨床のための専門的技法が家族療法とよばれるもので，その理論的基盤を提供するのが家族システム論，それに基づく実践がシステムズ・アプローチである．家族をシステムとしてとらえることにより，他領域のシステムに関する知見を活用する方法論が生まれ，①家族の一部の変化が全体に影響する（全体性），②各家族員のデータを単に足しても家族全体はわからない（非総和性），③多様な状態・環境からでも同じ症状・問題が生まれる（等結果性），反対に同じ状態・環境から異なる症状・問題が生じる（多結果性），④家族の問題は原因が特定されない（円環的因果律）と考える．

●**家族システム論に基づくシステムズ・アプローチ**　家族療法は，家族システムに問題性を見出すのではなく，個人システムへの介入であるパーソナリティ障害の治療や社会システムへの介入である学校への働きかけよりも，家族システムへの介入が，「この事例では得策」と臨床的に判断したときに行うものである．家族システムへの介入による家庭での居場所感の回復が，家族員の心身の安定につながり，その結果，学校や職場での適応も向上するという開放システムの特徴が生かされることへの着目といってよい．

　また，家族療法は，開放システムの特質である「すべてのシステムが関与している」という，より広い文脈（context）を重視する視点が特徴的である．後述するマルチ・システミック・セラピーのように，家族システムの上位にある学校や地域社会のNPOが運営する子育てプログラム等社会環境システムを視野に入れた生態学的（ecological）なアプローチとしても展開するものである．

●**階層性，恒常性，円環的認識論**　家族療法の基礎理論を構成するものとして，いくつかの重要なファクターをシステム論の観点から解説する．第一は，階層性（hierarchy）である．家族は，個々の家族員である個人システム，祖父母・両親・子どもの世代別システムといったサブ（下位）システムから構成されており，それぞれのサブ・システムには世代間の境界（boundary）があって，階層性をなしている．非行臨床における重要な介入ポイントが，親や教師等による子どもの行動のコントロール不能であるときに，この階層性はきわめて有益な着眼点となる．親と子どもの階層性の確立，すなわち，世代間境界の明瞭化による機能的な親子関係の再構築こそが，非行臨床では最優先課題となるのである．

　さらに，非行臨床では，家庭裁判所や保護観察所等，公的機関の関与が通常であり，治療システムにおける階層性が問題となる．従来の心理臨床では，治療関係は対等であることが前提であり，治療者とクライエント間にある階層＝権力性

は，「上から目線」につながるもので非治療的といわれてきた．しかし，近年は，児童虐待を行った親への対応等で，治療者の権力性はアプローチに不可欠との認識が一般的となっており，治療システムの階層関係を含む権力性を臨床的に活用する家族療法の観点はきわめて有用である．

第二は，システムの基本機能である制御としての恒常性（homeostasis）である．有機体の内的環境の一貫性を維持，均衡を図るもので，人体の内分泌系をイメージすればわかりやすいが，家族システムの場合は，家族員の現状維持から家庭崩壊の阻止までを含む，不変を目論む一切の動きということになる．具体例としては，子どもの問題行動が両親の危機的な夫婦関係をつなぎ止める，「子どもが大変なときに両親は仮面夫婦でもやっていくしかない」状況がある．さらに，システムの変化をうながされることへの治療抵抗として専門機関のアプローチを拒絶することや，非行事例に典型的なバラバラな家族が，問題に直面化せず家庭崩壊を阻止することさえもホメオスタシス機能として理解できる．

第三は，フィードバック・ループの考え方から由来する円環的認識論である．統計的手法によりエビデンスを実証するときは，原因（もちろん複数のこともある）からある結果が生じるという直線的因果律が基本認識となってものごとを理解している．しかし，システム論的理解では，原因と結果が連鎖していると仮定する．例えば図1の示すように，①両親間の不仲 ↔ 子どもの非行化といった二項間を直線的因果律による理解でなく，②両親の不仲→母親は子どもを取り込んで父親と対抗→家庭の葛藤を回避して子どもは夜遊びに耽る→不良交遊から

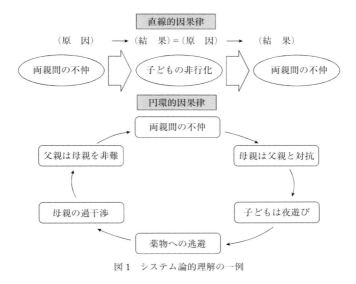

図1　システム論的理解の一例

薬物へ逃避→母親は心配で子どもに過干渉→父親は母親の養育態度を非難→両親の不仲といった悪循環がつくられているとみなすのである．このような円環的因果律による理解が，特定の家族員や家族関係を病理（悪玉）とみなさないアプローチを創成し，家族システム全体を支えるという家族療法に不可欠な処遇者の姿勢を生むのである．

●遊離・絡み合った家族，家族内外の境界　システムズ・アプローチを非行問題に適用して，その成果を世に知らしめたのが，ミニューチン（Minuchin, 1967）が構築した構造的家族療法である．児童思春期にある子どもに対する親のコントロール機能を重視し，親子の世代間境界を明確化するべく具体的で明快な介入と称する働きかけに特徴がある．その重要概念の一つに，非行少年の家族特徴として遊離があり，互いにバラバラであるために子どもは放任され，監護機能・意欲ともに低く，家族援助に対する動機づけも乏しいといった特徴がある．そこで，遊離した家族には，治療者の権威性を活用して，家族を面接に招集すること，具体的には，周辺的に位置する父親に命じて家族の都合をとりまとめさせること自体が有効な介入となる．公的機関では出頭指示により，民間のクリニックや相談室では，電話受理の段階で合同家族面接をきちんと提案する，あるいは，葛藤関係にある母親を介さずに直接父親に来談を呼びかけることが有効である．一方，精神病や心身症のケースでは，「絡み合った家族」が特徴的であるとされる．家族関係が錯綜する中で，親と子どもとの関わりは形式的には濃密となっており，重大非行や犯罪事件でもみられるものである．

　次に，家族内の家族員間，そして，世代間の境界が重要である．世代間等の境界が欠如している状態では，非行のある子どもが，親のコントロールから逸脱してしまうために親機能が喪失する．反対に，硬直化すると，家族間，特に世代を超えた交流が乏しくなり，家族間での相互サポートが失われ，家族全体の機能低下につながる．祖父母の適切な孫の子守りは良いとして，親を差し置いて，養育場面にしゃしゃり出るというのは機能不全を招く事態となる．一方，家族外の境界とは，自分と他の家庭とが違うこと，すなわち「うちはうち，よそはよそ」であり，それぞれの家庭事情を認識することを意味する．この境界が曖昧になると，子どもの不良な友人が勝手に家に上がり込み，反対にたまり場となっている友人宅に無断外泊を続ける事態となる．また，門限や小遣い等が「うちはよそと違う」ことを受け入れず，親のコントロール力が失われてしまう．さらには，多問題家庭のケースによくみられるが，熱意あふれる専門職が積極的にアプローチするのはよいが，問題性のある親が依存的，さらには，無力化してしまうおそれもある．反対に，境界が硬直化している状態は，子どもが問題を抱えていても専門機関に援助を求めないために支援が届かない事案がみられる．子どもの問題行動が警察沙汰にならないよう，あるいは，家庭裁判所で軽い処分ですむよう必死になる親

等が典型例である．

　援助のポイントは，うまく他人にSOSを出せない，あるいは，他人任せとなって親の機能性が失われることなく，家族としてのまとまりが回復するように，心理的な敷居というべき適度な境界の再生を図ることである．面接者による両親への肩入れが基本だが，両親のパワー欠如がはなはだしい場合は，おじ・おば，いとこ等，拡大家族に社会的資源（social resoure）を求める．そして，「あえておおごとにする」ために専門機関を活用することも必要となる．そこでの合同家族面接は，葛藤を回避し直面化してこなかった家族に「きちんとガタガタする」場の設定を迫り，最初の治療的介入となるのである．

●**欧米でエビデンスが実証されているシステムズ・アプローチ**　非行臨床で展開されたものとして，マルチ・システミック・セラピーが名高い．米国サウスカロライナ医科大学の臨床心理学者ヘンゲラー（Henggeler, 2009）らが中心となって開発された，常習的な暴力少年犯罪等の重大な事案に対して，再逮捕を半減させる等の効果が実証されていることで名を成したコミュニティ・ケア，社会内処遇である．その理論的基盤としては，システム理論と社会生態学が取り上げられている．すなわち，子どもを取り巻く仲間，学校，近隣の人々等，多様なシステムに働きかけるアプローチであり，そのエッセンスは家族への介入である．また，機能的家族療法も知られている．米国インディアナ大学の家族心理学者セクストン（Sexton, 2011）らによって展開されている，非行等の外在化された思春期の問題行動に対する，施設処遇に比して経済効率も高いと有効性が実証された家族臨床のモデルである．精神保健領域の予防段階から司法領域のハイリスクなクライエントまでを対象としているのが特徴である．

●**わが国のシステムズ・アプローチの展開**　システム論に基づく家族療法，すなわち，システムズ・アプローチは，1980年代から非行臨床機関の中で組織的に展開され始め，家庭裁判所調査官（廣井，1988），児童相談所心理判定員（団ら，1993），保護観察官（生島，1993）によるもの等，その成果が公刊された．さらに，公的機関が組織的に実施するうえでは，2000年に改正された少年法の他，少年院法，更生保護法の関連法規でも，「保護者に対する措置」が明記された．非行臨床機関において法的な裏づけが整い，個人的な試行ではなく，システムズ・アプローチの段階に至ったのである．だが，非協力的な保護者に対しては，あくまで任意であり，欧米のように裁判所による家族カウンセリング受講命令といった強制力を伴ったものでないことが治療構造上の課題である．　　　　　［生島　浩］

📖 **参考文献**

[1]　日本家族研究・家族療法学会編(2013)『家族療法テキストブック』金剛出版．
[2]　生島　浩(2012)「更生保護におけるシステムズ・アプローチの展開」『更生保護学研究』創刊号，96-104．

非行臨床における家族支援

　少年非行と家族との関連においては，非行の原因としての家族と非行からの立ち直りの手立てとしての家族の二つの観点がある．前者は，親の欠損や家庭の経済状況等が非行の要因であるとして，伝統的に取り上げられてきた．これらは，ダイレクトに非行と結びつくというよりも，学校生活での不適応，すなわち，学業成績の低下や怠学，不良交友といった過程を経て，非行問題として顕在化することが多い．後者の非行からの立ち直り，すなわち再非行の防止を図るために「なぜ非行を犯さないのか」という観点は，家族への治療的介入・支援を重視する臨床家にとって不可欠なものである．

●**家庭内暴力の動向**　直接的に家族を対象とした非行である家庭内暴力の動向を概観すると，少年非行全体の動向と同じく，1983年に1,393件とピークに達し，その後多少の起伏を示しながらも，減少ないし横ばいを続けていた．しかしながら，少年人口が減少したにもかかわらず，1995年からは漸増傾向に転じ，2000年に急増して以降は1,000件を超える状態が続き，2014年は2,091件に上っている．家庭という保護領域での甘えの中で，親という権力・権威への反発もあって，暴力という行動化に至った者が四半世紀を経て親世代となり，彼らが養育した子どもたちが中学生となって，再び同種事件を起こすという世代間伝達と考えることもできるであろう．一般的には結婚年齢が上昇しているが，非行臨床では，結婚の有無に関わらず，若年者の出産が特徴的である．

●**非行臨床における家族支援に関する理論**　ハーシー（Hirschi, 1969）は社会的絆理論（social bond theory）において，愛着（attachment），投資（commitment），巻き込み（involvement），規範への信念（belief）の四つを非行少年のコントロール要因としてあげている．特に，親との情緒的なつながり（愛着）が重要であり，しつけ等の社会化よりも，「悪いことをすれば親が一体何と思うだろう」「自分がどこで何をしているかを親は知っているだろうか」といった心理的な側面を重要視している．そして，親子の愛着を強化するには，「自分の考えや感じ方を親とわかり合っているか，親と将来のことを話し合えるか」等のコミュニケーションの親密さが大切だと強調している．親がたとえ反社会的傾向をもっていたとしても，さらに，階層上の地位や人種にも関係なく，少年がもつ親へのつながりが強いほど非行を犯しにくいとの実証データの分析を示している．わが国での臨床経験においても，大半の非行少年は，「家族に迷惑をかけた」と詫びて，「これ以上悪いことをしない」と誓う相手は，親疎や葛藤状況にかかわらず家族という現実がある．つまり再非行の抑止に始まる立ち直り支援の対象として，最も少年に影響を

与えるものが家族なのである．

●**社会的取組みとしての家族支援**　非行臨床に携わる専門機関において，保護者に対する関与が，福祉における家族ケース・ワークや心理臨床における家族療法の手法を取り入れて従来から行われてきた．さらに，2000年に改正された少年法（第25条の2）において，「家庭裁判所は，必要があると認めるときは，保護者に対し，少年の監護に関する責任を自覚させ，その非行を防止するため，調査又は審判において，自ら訓戒，指導その他の適当な措置をとり，又は家庭裁判所調査官に命じてこれらの措置をとらせることができる」と規定された．また，少年院法，更生保護法等の関連法規でも，同様の保護者に対する措置が明記された．非協力的な保護者にも積極的なアプローチが期待されるが，あくまで任意であり，強制力を伴わないものである．

非行臨床機関の取組みを例示すると，非行初期の親面接として，警察の少年相談で実施されている非行相談があり，軽微な非行への家庭裁判所調査官による教育的措置の一環として助言指導，親子合宿等がある．

また，少年院では，保護者が面会に訪れた際の指導に加えて保護者会を開催し，保護観察所では，少年院からの仮退院に備えて少年が施設収容中から行う生活環境の調整が重要な職務となっている．さらに，児童相談所では，児童福祉司を中心に虐待等が再発しないよう家族に支援し，児童自立支援施設でも，当該児童の入所措置を行った児童相談所と協働して，施設退所後に備えて家族調整に努めている．

いずれにしろ，家族システムの変化によって，非行を改善・消失させることは現実的とはいえない．重要なのは，ハーシー（Hirshi, 1969）のいう社会的絆，あるいは，非行から立ち直った人のライフ・ヒストリー研究によれば人との出会いである．家族以外では，教師，友だち，恋人であって，その出会いの機会を保障するための時間稼ぎが不可欠なのである．そのために，本人を支えていく家族がくたびれ果てないように，例えるならば，栄養ドリンクを飲んでもうちょっと頑張ろうと気を取り直してもらう，あるいは，家族関係が煮詰まって殺人に至るといった最悪の事態とならない差し水のような，レジリエンシーの考え方に基づく，危機介入と継続的支援の一貫性あるシステムづくりが重要となる．

なお，親の自助活動としては，わが国でも，非行と向き合う親の会（あめあがりの会）が1996年に発足し，子どもの非行に直面した親たちと教師，研究者等が，全国各地で毎月の例会というかたちで支え・助け・学び合う場を設けている．

［生島　浩］

📖 **参考文献**
[1]　生島　浩（1993）『非行少年への対応と援助―非行臨床実践ガイド』金剛出版.
[2]　生島　浩・村松　励編（1998）『非行臨床の実践』金剛出版.

犯罪臨床における家族支援

　臨床家として注目すべきは，犯罪抑止要因，すなわち立ち直りの手立てとしての家族である．犯罪の原因となった家族が，なぜ更生の場たり得るのかを説明しなければいけない，という犯罪臨床の課題がある．また，被害者としての家族という側面を理解し，マスコミ報道に顕著な家族責任論から社会責任論への転換が必要である．さらに，刑務所への服役が，その家族に与える影響が甚大である．親の犯罪が子どもの非行を生むといった非行・犯罪の世代間連鎖を断ち切るための心理・社会的援助が求められている．

●**加害者臨床としての家族支援**　①生活環境の調整：保護観察所の業務として，刑務所等の刑事施設収容者，あるいは，保護観察付執行猶予者に対する「生活環境の改善又は調整を図ること」の一環として，家族に対する働きかけが法文に規定されている．具体的には，犯罪からの立ち直りには家族の協力，家庭環境の改善が欠かせないために，施設収容中に保護観察所の保護観察官や保護司が引受人となる家族のもとを訪ね，引受け意思を確認し，帰住先となる家庭環境を継続的に調査している．また，本人と引受人との面会・通信をうながし，施設での矯正教育の効果を確認してもらい，引受け意思が強固なものとなるように働きかけを行っている．さらには，犯罪者を引き受けることになる家族が社会的排除の対象とならぬように，民間の篤志家である保護司が相談相手となり，地域生活支援の役割を果たすことが期待されている．このような個別のアプローチに限らず，グループ・ワーク形式で自助グループとしての側面をもつ，引受人教室のような心理教育の場が保護観察所等で設けられている．成人犯罪の場合は，刑務所服役中の者の引受人家族を対象に，特に覚醒剤事犯について，薬物依存の知識，再使用させないための注意，再犯リスク管理のチェック・リストを教示する等，精神保健福祉センターをはじめとする専門機関と連携するプログラムが保護観察所で行われている．

　②受刑者に対する更生プログラム：2006年に刑事施設における処遇の基本法が改定され，さらには，2007年以降，官民協働をスローガンとしたPFI（private finance initiative，民間資金等活用事業の意）手法による刑務所が2016年現在全国に4か所が開設され，社会復帰促進センターとよばれている．受刑者への矯正教育や職業訓練に民間スタッフが参画し，その一環として行われている，ペアレンティング・プログラムが実施されている施設がある．その対象は学童期以下の子どもをもつ父親，指導期間は3か月，週に1回90分の授業を全12回実施している．グループは，6～8人で，ファシリテーター（指導者）は男女1人ずつである．プログラムのテーマは，自分の養育と親の養育を振り返る，子ども・妻と

の関わりを振り返る，今後の父親としてのあり方を模索する，の三つからなり，グループ・ワーク形式で行われる．話し合いはもとより，家族で一緒のときの絵を描く（描画課題），父親と子ども役のロール・プレイ（役割演技）を用いながら，子どもや配偶者等家族の考えや感情に目を向けさせることを目的としている．

●被害者臨床としての家族支援　2005年，「犯罪被害者等基本法」が施行され，犯罪被害者等の権利利益の保護が図られる社会を実現するため，国の「犯罪被害者等基本計画」が策定され，関係機関による取組みが展開している．対象は，被害者本人やその法定代理人であるが，被害者が死亡，心身に重大な故障がある場合には配偶者や直系の親族もしくは兄弟姉妹，つまり，家族が含まれることになる．具体的には，意見等聴取，加害者への心情等伝達に加えて，裁判結果，収容されている施設名や処遇内容，出所に関する情報の通知制度等がある．各機関の被害者対応の専門スタッフが面接することになるが，その際，トラウマを抱えた家族への専門的知識や技法，すなわち家族臨床の知見が不可欠である．

また，当事者である家族の声，手記は，心理臨床におけるナラティブ・アプローチとしても理解できる．非行少年にみずからの子どもを殺害された親たちによって1997年に結成された少年犯罪被害当事者の会（WILL）が，被害者家族（遺族）の支援を含む自助組織として代表的なものである．

●犯罪臨床における家族支援の課題　「法は家庭に入らず」の言葉があるが，窃盗罪は，配偶者や祖父母・親子等の直系血族または同居の親族との間では，その刑を免除するとの規定が刑法（第244条）にある．しかし，一般論としては，「法は家庭に入る」のが原則である．家庭内の暴力行為であるドメスティック・バイオレンス（DV）や児童虐待はもとより，殺人事件の過半数は，被疑者と被害者が親族間，すなわち家族内殺人である．年齢層別にみると，20歳未満の少年よりも65歳以上の高齢者の事件の方が，その割合が高く，年々上昇傾向にある．高齢者による事件の増加が社会問題化している中で，最も重大な殺人事件で，加害者と被害者が家族である比率が6～7割を占めるということは深刻な事態である．

いつの世も，どこの国でも，殺人事件の要因は，金銭上や異性間のトラブルをはじめとする人間関係の軋轢によることは間違いないといえる．高齢者は，学校，職場内の人間関係が乏しくなる一方で，家族関係が相対的に濃密になる．被害者に加えて加害者としての高齢者への家族を含めた支援は，社会政策としての犯罪臨床においても喫緊の課題である．　　　　　　　　　　　　　　　　［生島　浩］

参考文献
[1] 清水新二編著(2014)『臨床家族社会学』放送大学教育振興会．
[2] 下郷大輔・佐々木順子・廣井亮一(2013)「刑務所におけるペアレンティングプログラム―出所後の子どもとの関わりを再犯防止に繋げるひとつの試み」『家族療法研究』30(2)160-167．

ソーシャル・インクルージョン

　ソーシャル・インクルージョン(社会的包摂)はソーシャル・エクスクルージョン(社会的排除)の対概念であり，社会的排除を解消するための政策や実践をさす．
●**社会的排除の定義**　1900年代終盤になると，先進国ではグローバリゼーションや経済の成熟化等を背景に雇用の減少，失業率の上昇，非正規雇用やワーキング・プア等，不安定雇用の増加，所得格差の拡大等が生じ，雇用のみならず生活のさまざまな局面で国民の平均的な生活のレベルから相当に隔たった不遇な生活を余儀なくされ，社会から排除されて底辺に沈殿する一群の人々が構造的に出現するようになった．これが社会的排除問題である．1980年代後半からフランスで議論されるようになり，1990年代には欧州連合（EU），国際労働機関（ILO），世界銀行等の国際機関が社会的排除の実態を認知し，その対策として社会的包摂政策を実施するようになった．

　世界保健機構（WHO）によると，「(社会的)排除は，経済的，政治的，社会的，文化的な四つの局面，さらに，個人，家族，集団，地域社会，国家，地球規模の異なるレベルで不平等な力関係が相互作用しつつ生じる，多次元にわたるプロセスである．その結果，資源へのアクセス，潜在的可能性，権利の享受において不平等が生じ，ついには健康面での差まで生じる」とされている．

　社会的排除は，そこに至る過程と問題の複合性に着目する概念である．すなわち，排除は経済的な次元（不安定で低賃金の仕事，長期かつ頻繁な失業）に始まって，社会的な次元（ネットワークや社会的機会の喪失），政治的な次元（社会への参加や影響力の欠如），文化的な次元（健康で文化的な生活の喪失）へと波及していき，その者のケイパビリティ（潜在的能力）を封じていくと考えられている．

　EUによると，社会的排除に陥りやすい個人や集団の類型として，障害者，移民，少数民族，ホームレス，孤立した高齢者，薬物依存者，もと受刑者があげられている．ことに元受刑者は，上述の他の類型の特徴をあわせもつことが多く，重篤な社会的排除を経験していることが実証研究によって明らかにされた．そして，2000年代に入ると，社会から排除されている者によるテロや暴動が相次いで起こるようになり，社会的排除問題は排除された個人の尊厳と人権を損なうだけでなく，社会の安定と秩序をも損なうことが認識されてきた．

●**社会的包摂の方策**　社会的包摂には，雇用状況の改善が最も重要である．安定した雇用は収入確保の手段であるばかりでなく，職業技能，相互扶助的な社会関係，自信と尊厳の獲得と維持の基盤になるからである．これらは，人間の自律と社会参加を支える重要な要素である．さらに，すべての人が住宅，医療，教育に

関する公的サービスにアクセスし，文化的な生活を維持するための支援を受けられることが必要である．これらすべてが相まって，排除された者の生活の質が保障され，潜在的能力を発揮し，さらに発展させられる環境が整えられる．

犯罪者に照準をあてた社会的包摂政策の一つに，イギリス政府の「七つの途：7 Paths」施策がある（Home Office, 2004）．これは実証研究で明らかにされた再犯リスク要因を軽減し，もと犯罪者に生活を再建させるために，①住居，②教育・職業訓練・雇用，③心身の健康，④薬物とアルコール依存，⑤家計・社会保障・負債，⑥子どもと家族，⑦態度・思考による支援を行う施策である．当面の排除状態への対症療法的な介入に終わるものでなく，みずからの将来，さらに子の世代をも見通した社会的包摂政策をめざすものである．そのために，犯罪者の施設内処遇と社会内処遇での再犯リスク管理とケアの一貫性と継続性，国・地方・地域社会の各レベルを通して一貫性のある更生促進プランの策定，犯罪者の公共サービスへのアクセスの支援が肝要であるとされた．

ただし，このような多局面にわたる社会的包摂策は刑事司法だけで行える訳はなく，国および自治体レベルの関係機関や地域の市民組織と連携しつつ，パートナー・シップを活用することが推奨され，刑事政策を社会政策や地域福祉につなげていく道筋がつけられた．

わが国でも従来から刑事施設や少年院で職業訓練が行われ，更生保護施設が中間施設として住居を提供してきたが，2005年に「刑事収容施設及び被収容者等の処遇に関する法律」と「更生保護法」が制定されて以降，活発に犯罪者の社会的包摂施策が推進されている．例えば，就労支援として刑務所出所者等就労支援事業，更生保護就労支援モデル事業，住居確保として更生保護の自立準備ホーム，検察との連携による更生緊急保護事前調整モデル事業，厚生労働省との連携による高齢または障害のある犯罪者を対象とした地域生活定着促進事業等である．これらの施策は，雇用と住居等の安定が再犯抑止に有効であることが日本でも実証されたことに基づいている．

ただし，市民への人権保障の枠組みで，犯罪者にも生活保障，基礎教育・職業訓練・就労支援を行うことを原則とする欧州諸国に比較すると，わが国の場合は，社会保障や社会政策の制度的整備が十分でないうえに，一般的な枠組みで犯罪者を社会へ包摂していくことには社会感情や犯罪者側の受入態勢の制約から生じる難しさがある．しかし，2015年4月施行の「生活困窮者自立支援法」（厚生労働省，平25第105号）は犯罪者にも十分適用可能である．今後の制度の充実強化と犯罪処遇での積極的な活用が期待される． ［小長井賀與］

参考文献
[1] バラ, A. S.・ラペール, F. 著，福原宏幸・中村健吾監訳(2005)『グローバル化と社会的排除—貧困と社会・問題への新しいアプローチ』昭和堂．

社会内処遇におけるグッド・ライブス・モデル

　グッド・ライブス・モデル（good lives model：GLM，よき人生モデル）は，犯罪者処遇理論というより，犯罪者処遇に枠組みと方向性を与える一つの指針であり，処遇の目的と基盤となる価値観を示す．対象者の尊厳を尊重し，長所を生かした能力開発をめざす長所基盤アプローチである．マーシャルら（Marshall et al., 1999）によって1990年代からカナダの性犯罪者臨床で用いられていた処遇理念を，そのチームの一員であったワード（Ward, 2012）がスチュアートとともに提唱し（Ward et al., 2003），ワードの研究チーム（Ward et al., 2006）が犯罪者処遇の基本理念として体系化し，発展させたものである．GLMの基本的な考え方は，次のとおりである．
　犯罪者の更生は，地域社会への再参入と全体社会への再統合を目的とする複雑な過程である．GLMは，犯罪者がより充実した生き甲斐のある生活を送ることを支援し，そうすることで再犯リスクの低減させることをめざす．
　犯罪者には他者や社会に危害を与えたことを認め，みずからの感情・考え方・行動を社会適応的なものに改める責任がある．一方，社会にも，更生に努める犯罪者に対して社会的な資源と機会を提供する責任がある．犯罪者の更生は基本的に人間としての可能性を積み上げていく過程であり，処遇者はそれを支援するような介入を行うべきである．犯罪者は，自分に関心をもち，人生を立て直す力があると信じてくれる処遇者の働きかけには高い応答性を示す．
　GLMは三層構造の仮説の上に成り立っている．すなわち，更生の目的に関する一般理論，犯罪の発生と継続を説明する病因論的仮説，さらに，この二つから導き出される実務的な含意である．

●**更生の目的に関する一般理論**　犯罪者を含め人間は誰しも，人間としての基本財（primary human goods）を獲得することを志向している．人生とは，個人がみずからの目標を通じて，基本財を獲得し発展させていく過程である．犯罪者も基本財を主体的に獲得することで，社会適応的なアイデンティティ（自己同一性）を構築し，みずからが大切に思うことを護っていく能力を獲得していくことができる．その結果，人間は生活の充足と精神的な福利を獲得できる．基本財とは，次のものである．
　①生活（健康な生活や機能）
　②知識（生活していくうえで必要な知識）
　③仕事や遊びでの卓越（達成経験等）
　④機関としての優秀さ（自律性および自己決定）

⑤精神内面の平穏(情緒的な混乱がない,ストレスに振り回されない)
⑥友情/関係性(親密な関係,ロマンティックな関係,家族関係等)
⑦コミュニティ(親密な者以外との関係性)
⑧精神性(広い意味で人生の意義や目的を見出すこと)
⑨幸せ
⑩創造性

●病因論的仮説　GLMは,犯罪や生活上の問題は,グッド・ライブス・プラン(good lives plan：GLP,よき人生計画)を実施する中での次の4タイプの弱点から生じていると考える.

①財を獲得するために「不適切な戦略」(副次財)が使われている.例えば,ある性犯罪者が基本財である関係性について問題を有し,成人との間に性愛を伴う親密な関係を築けず,代わりに子どもと性関係をもつことで親密性に関する欲求を満たそうとする.

②GLMが「視野の欠落」によって台なしになっている.例えば,ある犯罪者は仕事における卓越性という財を達成できないので深い自己嫌悪に陥り,自分に対する怒りの感情を内攻させ,その感情が高じて暴行等犯罪行為に及ぶ.

③財の追求における「葛藤」が深刻なストレスと不快感を引き起こしている.相反する目標があると不快に感じ,その状況を解決しようとして,反社会的な方法を用いる.

④みずからの置かれた状況において,基本財を満たす「内的・外的能力」が欠如している.内的能力とは情緒・認知・行動面での技能や能力,外的能力とは目標達成をうながす物理的環境,機会,資源,社会的支援等である.

●実務的な含意　GLMに基づく介入の目的は,犯罪者が適切な手段によって基本財を獲得する能力を身につけ,そうすることでより充実した精神状態と機能を獲得するのを支援することである.

そのために,まず,個々の犯罪者の基本財に関するアセスメントをする.次に,犯罪,動的再犯リスク因子および基本財の遂行の間の関連を説明できるように,ケースの見立てをしてみる.

そして,基本財に関するアセスメントに基づき,犯罪者の未来志向のGLPの基盤形成に資するような介入計画を立てる.他者に危害を加えない方法で人生の価値観を満たすために必要な知識,技能,機会,資源を授けることで,犯罪者が変化への手がかりを得るのを助けることにある.

GLMは,人間が潜在的にもつ強みの発達を助けようとする長所基盤モデルの一つである.上述のように,決してRNRモデルに対立するものでなく(☞「施設内処遇におけるRNRモデル」),同モデルを無理なく対人援助に接合させるアイデアといえる.

［小長井賀與］

保護観察におけるプログラム処遇

　保護観察におけるプログラム処遇とは，通常，更生保護法第51条2項4号に規定する，法務大臣が定めた「医学，心理学，教育学，社会学その他の専門的知識に基づく特定の犯罪的傾向を改善するための体系化された手順による処遇」としての専門的処遇プログラムによる処遇を意味する．専門的処遇プログラムは，性犯罪者処遇プログラム，薬物再乱用防止プログラム，暴力防止プログラムおよび飲酒運転防止プログラムの4種類がある．

●**専門的処遇プログラムの対象**　2016年6月末日現在，保護観察における専門的処遇プログラムの種類，開始年および特別遵守事項として受講が義務づけられる保護観察対象者は表1のとおりである．

　なお，性犯罪者処遇プログラムは，2008年の更生保護法施行前から実施され，同法施行に伴って専門的処遇プログラムに指定された．また，薬物再乱用防止プログラムは，2008年に開始された覚醒剤事犯者処遇プログラムが対象の拡大等に伴い名称変更したものである．

表1　専門的処遇プログラムの対象

プログラム（開始年）	対象
性犯罪者処遇プログラム（2006）	自己の性的欲求を満たすことを目的とする犯罪にあたる行為を反復する傾向を有する仮釈放者及び保護観察付執行猶予者（女性を除く）
薬物再乱用防止プログラム（（2016）	依存性薬物の使用を反復する犯罪的傾向を有する仮釈放者及び保護観察付執行猶予者
暴力防止プログラム（2008）	身体に対する有形力の行使により，他人の生命または身体の安全を害する犯罪にあたる行為を反復する傾向を有する仮釈放者及び保護観察付執行猶予者
飲酒運転防止プログラム（2010）	飲酒運転を反復する傾向を有する仮釈放者及び保護観察付執行猶予者

●**専門的処遇プログラムの位置づけ**　保護観察は指導監督と補導援護を行うことによって実施するとされているが，指導監督の方法の一つとして，「特定の犯罪的傾向を改善するための専門的処遇を実施すること」があり，法務大臣が定める専門的処遇プログラムを受けることを保護観察対象者の特別遵守事項として定めることができる旨が法的に規定されている．したがって，専門的処遇プログラムは，通常，保護観察対象者にとっては，特別遵守事項として受講が義務づけられ，正当な理由なくその受講に欠席，遅刻した場合には，遵守事項違反と認定されて

仮釈放や執行猶予が取り消されることがある．ただし，遵守事項で定められていなくても，犯罪傾向の改善のために保護観察対象者の自発的な意思や同意に基づいて専門的処遇プログラムを実施することは可能であり，この場合には，保護観察対象者が受講を中断しても，遵守事項違反には問われない．

なお，性犯罪者処遇プログラムは，特別遵守事項として受講の義務づけが可能なのは五つのセッションから構成されるコア・プログラムの部分のみであり，これに導入プログラム，指導強化プログラム，家族プログラムを組み合わせてプログラム処遇を実施している．また，薬物再乱用防止プログラムには，同様のコア・プログラムに加え，ステップ・アップ・プログラム（コア・プログラム修了後に履修した内容を定着，応用または実践させるためのセッションを毎月行うもの）および簡易薬物検出検査（簡易試薬による尿検査または唾液検査）が含まれており，プログラムの受講が特別遵守事項として義務づけられている場合には，セッションを受けるたびに保護観察対象者は簡易薬物検出検査を受けなければならず，検査の拒否は遵守事項違反となる．

●**専門的処遇プログラムの内容と実施方法**　専門的処遇プログラムは，いずれも，認知行動療法を理論的基盤として開発され，5回の構造化されたセッションから構成されており，概ね月2回の頻度でセッションが行われる．各セッションを通じて，保護観察官が保護観察対象者と面接しながら，ワーク・ブック（シート）に書き込ませる等の方法で心理教育を行い，自己の問題性（犯罪行動に至る過程での自己統制不足や認知の歪み）について考えさせるとともに，ロール・プレイング等の方法で，犯罪に至らないための行動方法を指導している．

また，東京，大阪等の大規模庁を中心として，セッションを個別面接ではなくグループ・ワークとして実施することも行われている．グループ・ワークとして実施した場合には，より多くの視点や立場に立ったメンバーの発言が期待でき，対象者の認知の変容に与える影響が大きいとされている．いずれの場合も，セッションは，原則として平日の開庁時間に保護観察所で行われ，セッションの日時および場所は，あらかじめ保護観察官によって指定される．

なお，飲酒運転防止プログラムは，保護観察対象者のアルコールに対する依存の程度に応じた内容のコースを選択して実施している．また，刑事施設で性犯罪者処遇プログラム，アルコール依存回復プログラムまたは薬物依存回復プログラムを受講した仮釈放者については，それぞれ，刑事施設から実施結果を引き継ぎ，矯正処遇と保護観察処遇との間で一貫性のある指導が行われている．

犯罪者処遇プログラムについては，刑事施設のプログラムとともに効果検証が行われ，再犯を減らす効果があることが示されている． ［角田 亮］

📖 **参考文献**
[1] 藤本哲也・生島 浩・辰野文理編著(2016)『よくわかる更生保護』ミネルヴァ書房．

性犯罪者処遇プログラム

　本項における性犯罪者処遇プログラムとは，保護観察所において性犯罪またはこれに類する犯罪をした保護観察対象者に対して行われている処遇プログラムのことである．2006年から全国の保護観察所で行われており，主として認知行動療法を理論的基礎としている．

●**性犯罪者処遇プログラムの対象**　性犯罪者処遇プログラムの対象は，成人男性の仮釈放者および保護観察付執行猶予者のうち，①罪名に，強制わいせつ，強姦，準強制わいせつ，準強姦，集団強姦等，強制わいせつ等致死傷，強盗強姦及び同致死が含まれる者（未遂を含む），②罪名のいかんにかかわらず，犯罪の原因・動機が性的欲求に基づく者（主に，のぞき〈窃視行為〉や盗撮〈罪名としては，住居侵入，建造物侵入等〉）である．

●**性犯罪者処遇プログラムの全体像**　性犯罪者処遇プログラムは，導入プログラム，コア・プログラム，指導強化プログラムおよび家族プログラムの四つのプログラムから構成される．このうち，認知行動療法を基礎とする中心的なプログラムであるコア・プログラムは，更生保護法51条2項4号に規定される処遇プログラム（☞「保護観察におけるプログラム処遇」）として，その受講が特別遵守事項として義務づけられる．重度の精神障害者や発達障害者（知的障害者を含む），日本語を解さない者および仮釈放期間が短期間（3か月未満）である者は，コア・プログラムの対象から除外される．

●**プログラムの内容および実施方法**　①導入プログラム：保護観察開始直後，保護観察官が導入プログラムを実施し，対象者に認知行動療法の基礎を教育するとともに，受講の動機づけを行う．なお，刑事施設での性犯罪再犯防止指導を修了した者については，導入プログラムの受講を省略できる．

　②コア・プログラム：構造化された5課程（セッション）からなり，概ね2週ごとに保護観察官が実施する．東京，名古屋，大阪および福岡の各保護観察所に設置された特別処遇実施班では，コア・プログラムをグループ・ワークで実施している（☞「保護におけるグループ・ワーク」）．その他の保護観察所では，その規模に応じて個別または集団処遇でコア・プログラムを実施している．

　コア・プログラムにおいては，まず，セッションA「性犯罪のプロセス」において，対象者各自が起こした性犯罪の事件について振り返らせ，主として事件時の認知や行動に着目した分析を行わせる．次にセッションB「認知のゆがみ」において，性犯罪につながりやすい認知を検討させたうえで，性犯罪を起こさない認知に変える方法を習得させる．次にセッションC「自己管理と対人関係スキル」

では，性犯罪につながる日頃の行動傾向について検討させる．ここでは問題解決訓練やロール・プレイング等の技法を用い，性犯罪を起こさない行動や生活習慣の習得をめざす．

セッションD「被害者への共感」では，被害者が受けた心理的，精神的，肉体的な被害または生活への影響について考えを深めさせる．

最終セッション再発防止計画においては，これまでのセッションの内容を振り返らせ，性犯罪を繰り返さないための各自の再発防止計画を立てさせる．なお，同計画の策定にあたっては，性犯罪を止める方法にとどまらず，グッド・ライブス・モデル（GLM）の発想も取り入れ，ポジティブな生活を実現するための方策も検討させる（☞「社会内処遇におけるグッド・ライブス・モデル」）．コア・プログラム修了後は，保護観察官および保護司は，コア・プログラムで対象者が策定した再発防止計画を実行するように指導することとなる．

③指導強化プログラム：急性リスク（再犯の兆候）を速やかに把握して的確な対応を取るため，保護観察官および保護司が静的リスクおよび動的リスク（ニーズ）に応じて定められた頻度で対象者と面接を行うものである．保護観察官は，あらかじめ定められたチェック・リストを用いて急性リスクの把握に努め，急性リスクが認められた場合には，速やかに出頭指示による面接や違反に該当する場合は，身柄の拘束を含めた必要な措置をとる．

④家族プログラム：対象者の家族に対し，処遇プログラムの内容および受講の必要性について理解を深めさせ，対象者がコア・プログラムを継続的に受講するための協力を依頼するとともに，必要な相談助言を行うものである．

保護観察期間を通じて実施し，家族を集めてグループ・ワークにより実施することもある．なお，同プログラムによる家族への働きかけを受刑中から実施することができる．

●**プログラムの効果** 法務省保護局では2012年に，『保護観察所における性犯罪者処遇プログラム受講者の再犯等に関する分析』を行い，コア・プログラムを修了した性犯罪者（受講群）および本プログラム導入前のため，コア・プログラムを実施していなかった性犯罪者（非受講群）に対して，再犯の発生状況を追跡調査（最長4年）した．生存分析等により検証を行い，受講群は非受講群に比べて，再犯率が有意に低いという結果を得た．これにより同プログラムが再犯の抑止に一定の効果をあげていることが示唆された． 〔田代晶子〕

📖 **参考文献**
［1］ 勝田聡(2014)「処遇プログラムの効果検証と再犯リスク分析」『更生保護学研究』4，84-85，日本更生保護学会．
［2］ 矯正ワーキンググループ・保護ワーキンググループ(2006)「刑事施設及び保護観察所における性犯罪者処遇プログラム」『法律のひろば』59(6)25-37．

薬物再乱用防止プログラム

　薬物再乱用防止プログラム（drug relapse prevention program）とは，刑の一部の執行猶予制度の導入を見据え，米国のマトリックス・モデル（Matrix Model）を参考とし，国立精神・神経医療研究センター精神保健研究所の医師・松本俊彦らの協力を得て法務省保護局が作成したものである（松本ら，2016）．2016年から，保護観察に付されることとなった犯罪事実に，指定薬物または規制薬物等の所持・使用等にあたる事実が含まれる仮釈放者または保護観察付執行猶予者に実施している．

●**覚醒剤事犯者等に対する保護観察処遇**　薬物事犯者の処遇は，従前から保護観察官と保護司による協働態勢の中で，交友関係等の面接指導の他，犯罪や非行の内容等の問題傾向を類型化し，問題性に応じた指導を行う類型別処遇として，覚醒剤やシンナー等の規制薬物の乱用防止に焦点をあてた指導を実施してきた．また，2004年からは，保護観察対象者の自発的意思に基づく簡易薬物検出検査を実施，2008年には，専門的処遇プログラムの一つとして覚醒剤事犯者処遇プログラムが導入された．同プログラムは，認知行動療法等を理論的根拠としたワーク・ブックを活用した教育課程に合わせて，簡易薬物検出検査を実施するものであり，仮釈放者および保護観察付執行猶予者に対して，保護観察の特別遵守事項に定めて実施されてきた．

●**刑の一部の執行猶予制度の創設**　2016年，「刑法等の一部を改正する法律」および「薬物使用等の罪を犯した者に対する刑の一部の執行猶予に関する法律」が施行された．刑の一部の執行猶予制度は，裁判所が3年以下の懲役または禁錮を言い渡す場合に，その刑の一部について，1年から5年の間，その執行を猶予するというものである．原則として実刑の前科のない初入者らを対象とするが，薬物使用等の罪を犯した者については，累入者であっても覚醒剤，大麻，シンナー等の規制薬物に対する依存を改善するために必要かつ相当と認められる場合は，刑の一部の執行猶予を言い渡すことが可能であり，かつ，累入者については，執行猶予の期間中，必要的に保護観察に付される．さらに，薬物に対する依存の改善が特に重要であることを踏まえ，原則として専門的処遇プログラムの受講を特別遵守事項で義務づけることとされた．また，これらの累入者を含め，薬物依存がある保護観察対象者については，新たに薬物依存の改善に資する医療や専門的援助を受けるよう指示することが可能とされた．

●**薬物再乱用防止プログラムの概要**　薬物再乱用防止プログラムは，全5回のコア・プログラムに引き続き，ステップ・アップ・プログラムを，原則として保護観察期間が終了するまで実施することとしており，刑の一部の執行猶予制度に伴

7. 社会内処遇・更生保護

やくぶつさいらんよう ぼうしぷろぐらむ

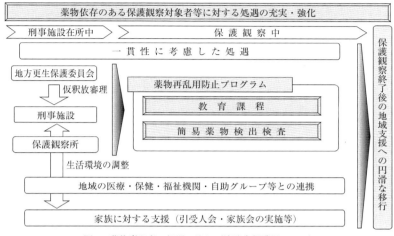

図1．薬物事犯者の処遇の流れ（法務省保護局，2016）

う保護観察期間の長期化にも対応している．また，覚醒剤事犯者のみならず，規制薬物全般に対応し得るものとなっている（図1）．

　コア・プログラムで活用するワーク・ブックのテーマは，①薬物依存症について知ろう，②引き金と欲求，③引き金と錨，④再発って何？，⑤強くなるより賢くなろう，の五つである．例えば⑤では，プログラム修了後の生活における再発防止計画を立てることとしている．ワーク・ブックは，解説やホーム・ワーク等で組み立てられたリーディング・テキストの形式となっており，テーマごとに設けられたいくつかのワーク・シート等に記入させ，それをもとに話し合いを行う等して，薬物を再使用しないための具体的な方法についての理解を促進する．続くステップ・アップ・プログラムは，コア・プログラムの内容の定着を目的とした全12回の発展過程を中心に，アルコールや女性特有の問題等，本人の問題性に応じて実施される特修過程と，外部専門機関への見学等を含めた特別過程から構成される．

　同プログラムは，規制薬物の使用を犯罪としてだけではなく依存症ととらえ，これに関する適切な知識の付与を重視している点で,従来のプログラムと異なる．また，従来は保護観察官による個別実施であったが，集団での実施を可能としたうえで，実施補助者としてダルク（drug addiction rehabilitation center：DARC）等の薬物依存症リハビリテーション施設のスタッフや精神保健福祉センター職員等，外部の薬物依存の専門家が同席することにより，保護観察対象者と地域の医療・相談機関等との接点を担保し，保護観察期間を終えてもこれらの機関等の支援につながることに配慮した内容となっている．

［田島佳代子］

保護におけるグループ・ワーク(性犯罪,薬物)

　集団を活用した保護観察処遇はいくつかの形態があり,そのうち社会参加活動や,社会貢献活動,交通短期保護観察集団処遇については,別項目（☞「保護観察における処遇技法」）に解説を譲り,本項では集団を活用した専門的処遇プログラムについて述べる.専門的処遇プログラムは,保護観察官が保護観察対象者に対し個別実施することも可能であるが,性犯罪者処遇プログラムと薬物乱用防止プログラムについては,大規模庁を中心に,グループ・ワークを用いた集団処遇が実施されている.以下,その特徴や処遇効果について述べる.

●**グループのかたち**　性犯グループは,クローズド方式（メンバーを固定）で計4回のセッションが行われるのに対し,覚醒剤グループは,クローズド方式とオープン方式（メンバーが入れ替わる）のいずれか,もしくは両方を組み合わせ,5回以上のセッション（回数はメンバーの保護観察期間によって異なる）が行われている.メンバーの人数は,性犯グループが概ね5人以内であるのに対し,覚醒剤グループは10人以上になることもある.グループの運営は,ファシリテーターとコ・ファシリテーターの2人体制で行うことが多く,外部の専門家の協力を得ながら保護観察官が担っている.

●**グループの環境**　会議室に椅子を円形に並べて座り（机を使う場合はロの字型）,相互交流が起こりやすいようにしている.また,内容をわかりやすく伝えるためにホワイト・ボードを使用することが多い.

●**グループのルールと目標**　保護観察所のグループにおいては,メンバー同士がグループの外で交際すれば,一方が他方に犯罪の誘いをもちかけたり,攻撃あるいは搾取する関係性が生まれるおそれがある.グループを安全な話し合いの場とするために,メンバーにはニックネームで参加してもらい,実名や連絡先等の重要な個人情報を他のメンバーに漏らさないよう,また,グループ外での付き合いはしないよう求めている.メンバーの共通目標は再犯防止であり,そのために互いに協力し合うことを確認する.

●**性犯罪者処遇プログラムにおけるグループ・ワーク**　性犯罪者といっても,犯行の態様は人によってさまざまであるが,保護観察所のグループにおいては,強姦,痴漢,幼児わいせつ,下着盗,露出,のぞき等,多様なメンバーが同じグループに参加している.メンバーの一人ひとりは,それぞれに異なった認知をもっており,性犯罪につながりやすい危険な認知だけでなく,健全な認知ももっている.グループでの話し合いを通して,メンバーは自分自身の認知が他のメンバーと違っていることや,時にはグループの中で受け入れられないことを知り,健全な

考え方を模索するようになる.

　また，多くのメンバーは，生育環境において対等な男女関係を観察したり経験する機会が乏しく，女性や子どもを力によって支配することを当然ととらえていたり，対人関係スキルが乏しく，人との温かい関係を築くことが困難である．こういった対人関係上の問題が性犯罪のリスクを高めていることから，セッションにおいては，ファシリテーターとコ・ファシリテーターをなるべく男女のペアで行い，メンバーらに対等な男女のコミュニケーションを観察させると同時に，社会生活技能訓練（social skills training：SST）を取り入れたセッションも行い，モデリングと実践的な練習の機会を与えている.

●**薬物乱用防止プログラムにおけるグループ・ワーク**　メンバーは，覚醒剤使用時の強烈な快感を経験しているため，社会生活を送る中で，その快感と結びついているさまざまな刺激（引き金）に遭遇し，漫然と過ごしていれば再使用の欲求を抑えられなくなってしまう．セッションでは，引き金となり得るものを特定し，あらかじめそれを避けて生活することの大切さを確認したり，欲求がわいた際に気を逸らせるための対処行動をメンバーにあげてもらい，全員で共有していく．メンバーは覚醒剤を使いたいという気持ちと，やめ続けなければならないという気持ちを両方もっており，その間で揺れ動いているが，グループで話し合いをすることにより，他のメンバーも頑張ってやめ続けているから自分もやめ続けようという気持ちに傾いていくことが多い．また，薬物依存症回復施設（DARC やMAC 等）のスタッフが助言者として参加することによって，メンバーは，薬物をやめ続けていくための実践的な知恵を学ぶことができるうえ，心穏やかで前向きな人生を歩んでいるスタッフの姿こそがモデルとなり，覚醒剤を使いたくても使えない生活の先にも希望があると信じることができる.

　なお，覚醒剤グループのメンバーは一般的に社交性が高いため，ルールに反してグループ外での付き合いをすることが懸念されるが，セッションにおいては，お互いがとことん覚醒剤と関係を断つための仲間であるというメッセージを繰り返し伝え，軽佻な雰囲気に流れないよう努めている.

●**受講義務とモチベーション**　メンバーが望む，望まないにかかわらず，プログラムの受講は義務づけられている．内心では強い抵抗感や不満を抱えていたり，単なる義務として受け止め表面的に受講しているメンバーもいるが，保護観察官と保護観察対象者という一定の権力関係を超え，一つのグループとして問題解決にあたっていくという構造の中でメンバーの抵抗感が和らぎ，他のメンバーの良い影響を受ける等して，みずからの問題に目を向け始め，新しい解決方法を取り入れることが期待される.

［菅原美穂］

📖 **参考文献**
［1］　藤岡淳子（2014）『非行・犯罪心理臨床におけるグループの活用』誠信書房.

心理教育的アプローチ（引受人教室，家族教室）

　保護観察対象者・医療観察法対象者の家族の多くは，更生と社会復帰のため対象者を支援する役割を担い，処遇上重要な社会資源であるが，家族が本人の更生の妨げになる場合もある．司法強制力の直接の対象ではないが，本人に大きな影響力を及ぼす家族からいかにして本人の更生を支える方向へ十分な協力を引き出せるかが，更生保護における家族支援の課題である．

　家族支援は主に個別の処遇場面において実施されるが，これに加えて，保護観察所において家族の集まりを企画し，主に心理教育的アプローチを通じて家族支援を促進する取組みが行われている．

●**親業教室**　非行少年の立ち直りは，年齢が若いほど置かれた環境に左右され，保護者の果たす役割は大きい．2000年の少年法改正により，家庭裁判所が少年の非行防止のため保護者に監護責任を自覚させる指導等ができることが明記され（保護者に対する措置），2007年には少年院長および保護観察所長による同様の措置が関係法令に盛り込まれた．

　保護者の監護意欲・能力を高め，保護者が少年の改善更生を促進する方向で適切に少年と関われるようになることを目標に，全国の保護観察所で親業教室，保護者会等の名称で保護者の集まりが開かれている．親子間コミュニケーションの改善を課題とし，その道の専門家を外部講師として招きワーク・ショップを行う例，保護者同士が自由に話し合える安全な場を，参加者を固定して継続的に提供する座談会の例，少年院在院者の保護者を対象とし矯正教育を受ける少年の心性について理解を深めるため矯正職員の講義を受ける例等，各自の実情に即した多様な内容がみられる．

●**薬物事犯者の引受人会・家族会**　引受人とは，矯正施設から釈放された者の改善更生のため，釈放後に同居する等して特に協力する者であり，雇用主等の場合もあるが，主には親や配偶者といった家族である．薬物事犯者（多くは薬物依存症）の家族は，本人に薬物をやめさせようと努力したがかなわず，「家の恥」として問題を抱え込み，孤立して苦しんでいることが多い．精神的に追い詰められ，支援が必要である．

　また，家族が本人の借金を肩代わり返済した後，本人が新たに借金して薬物を購入する例にみられるように，家族の善意が裏目に出て，結果として本人の薬物使用を助長してしまうこと（enabling）もある．家族支援においては，家族が薬物依存症を正しく理解したうえで，地域社会資源を利用し，回復へ向けた有効な関わりができるよう，教育や情報提供がなされることが大切である．

2012年から「薬物依存のある保護観察対象者等に対する地域支援ガイドライン（案）試行事業」として，保護観察所と各地域の医療・保健・福祉等の関係機関とのさまざまな連携が進められている．その一つが家族支援の充実強化であり，全国の保護観察所が地域関係機関の協力を得て，定期的な引受人会・家族会の開催に取り組んでいる．

　協力を得ている地域機関としては，ダルク（DARC），マック（MAC），NA（Narcotics Anonymous）といった薬物依存症当事者による自助グループが最も多く，ナラノン（Nar-Anon），全国薬物依存症家族連合会（略称，薬家連），ダルク家族会等の家族支援団体がそれに続く．地域によっては，保健所や精神保健福祉センター，医療機関，大学等からも協力を得ている．協力先スタッフが参加家族に対して講義や座談会を行い，質疑応答を設ける形式がよくみられる．

●医療観察法対象者家族に対する支援　精神障害者による重大な他害行為の被害者は，家族・親族の占める割合が高く，医療観察法対象者の家族がまさにそのような被害者（遺族）であることは少なくない．支援対象となる家族は，被害者（遺族）としての深刻な傷つきとともに，事件を止められなかったという無力感や自責の念を抱え，社会的にも孤立しがちである．そのうえ，精神障害者に対する偏見のある世の中で，家族として対象者の社会復帰を支える役割を担うことになり，家族の負担は重い．

　医療観察法の処遇に伴う家族支援は個別事件の本人処遇とあわせて行われ，家族を対象とした公的支援体制は整っていないのが現状だが，一部の保護観察所では先駆的に集団での家族支援事業が実施されている．

　2007年度，「再発を防ぐための家族心理教育プログラム」として家族支援プログラムのモデル事業を始めた札幌保護観察所では，参加家族からの継続要望に応え，現在も「家族の集い」として集団支援の場を定期的に設けており，2012年度までの6年間で延べ222人の家族が参加した．主な内容は，学習会とグループ・ワークの組合せで，学習会では外部講師の講義を通じた教育（対象者への関わり方，精神疾患の知識，社会資源や制度等），グループ・ワークでは同じ境遇にある家族同士が悩みや不安を気兼ねなく話し合える場を提供している．参加家族のエンパワメントに果たす効果についての分析検討，医療観察終了後における家族支援のあり方等今後の課題はあるが，これまでの経過から，「家族の集い」が参加家族の心理社会的な回復を促進し，対象者を含む家族全体の安定，再発予防に良い影響をもたらしていることがうかがえる．　　　　　　　　　　　　　　［横地　環］

📖 参考文献
[1] 後藤雅博編(1998)『家族教室のすすめ方―心理教育的アプローチによる家族援助の実際』金剛出版.

更生保護施設

　更生保護施設は，わが国の社会内処遇において欠くことのできない存在である．その先駆けは，1888年に，金原明善（きんばらめいぜん）と川村矯一郎らにより設立された静岡県出獄人保護会社（現・静岡県勧善会）に求めることができる．以後，釈放者保護事業が発展し，刑務所出所者を保護する民間施設（団体）が急増した．

　1950年に公布・施行された更生緊急保護法によって，こうした施設（団体）は更生保護会と規定され，さらに，1996年の更生保護事業法施行により，更生保護法人制度が創設され，更生保護会が更生保護施設に改称される等して，今日に至っている．

●**更生保護施設の概要**　更生保護施設は，主に保護観察所から委託を受けて，住居がなかったり，頼るべき人がいなかったり等の理由でただちに自立することが難しい保護観察または更生緊急保護の対象者を宿泊させ，食事を給与する他，就職援助，生活指導等を行う施設である．

　2015年4月1日現在，全国に103の施設があり，更生保護法人により100施設が運営されている他，社会福祉法人，特定非営利活動法人および一般社団法人により，それぞれ1施設が運営されている．その内訳は，男子施設89，女子施設7および男女施設7である．収容定員の総計は2,349人であり，男子が2,168人（成人1,844人，少年324人），女子が181人（同134人，47人）である．各施設の定員は，4人から110人と幅があるが，定員が15人以上20人以下である施設が約7割を占めている．更生保護施設の運営費は，その約9割が更生保護委託費による（『平成24年版犯罪白書』『平成27年版犯罪白書』）．

●**更生保護施設の入・退所状況**　更生保護施設へ新たに委託を開始した人員は，最近10年間では年間6,000人台で推移しており，2014年は6,480人であった．その内訳は，仮釈放者が4,281人（66.1％）と半数以上を占めている．

　次に，2014年度における退所者（補導援助，応急の救護および更生緊急保護の他，更生緊急保護の期間を過ぎた者に対し，国からの委託によらず，被保護者の申出に基づき，更生保護施設が任意に保護する任意保護による者を含む）の更生保護施設における在所期間をみると，89.0％の者が6か月未満で退所しており，平均在所日数は76.9日であった．退所先は，借家（28.8％），就業先（18.4％），親族・縁故者（14.7％）の順であった．

●**更生保護施設における処遇**　更生保護施設は，犯罪をした者や非行のある少年に対する専門的な処遇施設として重要な役割を担っており，その処遇の基準となるものが法令で規定されている（以下は，一部文言を省略している）．

処遇の基準（更生保護事業法第49条の2）
① 被保護者の人権に十分に配慮すること．
② 被保護者に対する処遇の計画を立て，常に心身の状態，生活環境の推移等を把握し，その者の状況に応じた適切な保護を実施すること．
③ 被保護者に対し，自助の責任の自覚を促し，社会生活に適応するために必要な能力を会得させるとともに，特に保護観察に付されている者に対しては，遵守事項を守るよう適切な補導を行うこと．

処遇の一般原則（更生保護施設における処遇の基準等に関する規則第4条）
① 処遇の計画に従って，被保護者に最もふさわしい方法を用いて生活指導等を行うことにより，自律及び協調の精神を会得させ，その他健全な社会生活に適応するために必要な態度，習慣及び能力を養わせること．
② 読書の指導，教養講座の開催その他の方法で，被保護者の教養を高めることに努めること．
③ 就労の意欲を喚起し，その習慣を身に付けさせるように指導するとともに，被保護者の希望，適性，心身の状況等に十分配慮し，公共職業安定所等の協力を得るなどの方法により，当該被保護者に適した職業が得られるように努めること．
④ 浪費を慎み，その所有する金品は，改善更生に役立てるため適切に使用し，又は貯蓄するように指導すること．
⑤ 親族との融和を図るなどして，生活環境の改善又は調整を図ること．

　更生保護施設では，社会生活技能訓練（social skills training：SST），酒害・薬害教育等を取り入れる等，処遇の強化に努めており，2014年度においては，SSTが32施設，酒害・薬害教育が41施設で実施されている．

●**更生保護施設の新たな役割**　2009年度から，法務省および厚生労働省が連携し，適当な帰住先がなく，かつ，高齢または障害によりただちに自立することが困難である受刑者等に対する地域生活定着促進事業が行われているが，この事業において，出所後ただちに福祉による支援を受けることが困難な者は，いったん更生保護施設で受け入れ，福祉への移行準備および社会生活に適応するための指導や助言を内容とする特別処遇が行われている．その役割を担うために指定された57の施設（指定更生保護施設）では，福祉の専門資格等を有する職員の配置やバリアフリー等の必要な施設整備等を行っている．

　また，2013年度からは，薬物事犯者に対して重点的な処遇を実施する施設を薬物処遇重点実施更生保護施設として指定する取組みが行われ，2015年度は全国で15の施設が指定されている．

〔岡田和也〕

更生保護施設における SST

　SSTとは，social skills training の略で，社会生活技能訓練，生活技能訓練等とよばれ，対人関係の改善を目的とした認知行動療法の一つに位置づけられる（☞「SST」）．SSTでは，生活の中での対人的な状況を取り上げ，その状況に応じた適切な行動がとれるよう具体的な場面を設定して行動練習を行うが，単に行動の改善を図るのではなく，適切な行動をするうえで妨げとなる不適切な考え方を変えるといった認知機能の改善を図ることも重視する．本項では，特に更生保護施設における SST の導入経緯について述べる．

　多くの人は，成長の過程で周囲の者を手本として適切な自己表現や感情表出といったコミュニケーション方法を学習して身につけていくが，犯罪や非行をした人の中には，それを学習する機会が得られないまま成長し，日常生活で適切な対人行動が取れず，その結果，犯罪に陥る者が少なくない．SST は，精神医療分野で対人関係の改善，服薬の管理，症状の自己管理等，精神障害のある人の地域生活を支援する治療方法として発展整備されたものだが，更生保護分野には 1989 年に保護観察官研修の講師であった前田ケイにより集団処遇技法の一つとして紹介され，1990 年から東京および横浜保護観察所の保護観察官によって性非行少年の処遇や非行少年をもつ親を対象とした家族教室で SST を導入する試みが行われた．

●更生保護施設への導入　更生保護分野の SST は，保護観察所では一部の実施にとどまったが，その後，更生保護施設で処遇プログラムの一環として組織的に展開されるようになった．更生保護施設とは，刑務所等から出所した者のうち，頼るべき親族がなく，住む場所がない等，ただちに自立更生することが困難な人たちに，一定期間，宿泊場所や食事を提供し，生活指導や職業補導等を行い，その自立を援助する事業を営む民間の施設である．

　更生保護施設においては，1995 年に東京都内の更生保護施設「更新会」が被保護者の集団処遇の一つとして SST を初めて導入した．被保護者の多くにコミュニケーション技能の不十分さがみられ，社会生活の障害や破綻の端緒となっていることが推察されること，また，更生保護施設では年齢や生活経験の異なる者が共同生活を過ごすことから入所者間のトラブルが起こりやすく，被保護者のコミュニケーション技能の改善が必要であり，その技能を身につける学習の機会としてSST が有効ではないかと考えた同施設の職員が前田のもとで SST を学び，みずからが指導者となって更生保護施設の被保護者を対象とした SST を開始した．

　2000 年から 3 か年にわたり更生保護施設の処遇機能の充実化を計画的に進め

る基本計画（トータル・プラン）が実施された．更生保護施設に宿泊場所や食事の提供等の福祉的機能に加えて被保護者の円滑な社会復帰を支援するための生活指導等を実施して再犯を防止する刑事政策的機能（処遇機能）の充実化を求めたものである．そこから，被保護者の処遇として SST を取り入れていた更生保護施設の例が紹介され，被保護者の処遇として SST を導入する更生保護施設が増え，2002 年に更生保護事業法の一部改正を受けて「更生保護の措置に関する規則」が改正され，同規則の運用通達で「更生保護施設の補導」として，被保護者に自立および協調の精神を会得させ，社会生活上必要な態度，習慣および能力を養わせるための指導として SST が例示されたことから，より多くの更生保護施設で SST が被保護者の処遇として導入実施されるようになった．2016 年現在，全国で 32 の更生保護施設が被保護者の処遇として SST を実施している．

●**更生保護施設での SST の位置づけ**　更生保護施設の被保護者は，更生保護施設での集団生活を通じて自立や協調の精神を養うことになる．入所者一人ひとりの生活目標や対人能力は異なるが，他の入所者と折り合いをつけて共同生活を営むことが求められ，いずれの者も更生保護施設で生活する間に自立に必要な資金を蓄え，更生保護施設から退所するという共通の課題が存在する．SST は，参加者の生活上の課題を取り上げて行動練習をするが，更生保護施設では，個別の練習課題と共通の練習課題を組み合わせて実施することが効果的とされ，個別の練習課題は「ひとり SST」として指導者が一人を対象として実施し，被保護者に共通する練習課題は「グループ SST」として集団で実施される．

●**更生保護施設における SST の課題**　更生保護施設の被保護者に共通する課題では，就労に関連する事柄が練習課題として取り上げられることが多い．更生保護施設から自立し，社会の一員として自活するには，職を得て安定した就労生活を営むことが必要だが，更生保護施設の被保護者には犯罪や非行を繰り返し，健全な社会の経験が乏しい者が多く，過去の生活で学習してきた不適切な考え方や行動パターンのため，状況に応じた適切な行動が取れず，就職活動や就労の継続に向けた支援を必要とする者が少なくない．SST では被保護者が直面することになる対人関係場面を想定して行動練習し，実際の生活場面で状況に応じた振舞いができるようにする．安定した社会生活を営むうえで適切な対人関係を築くことは不可欠であり，SST は被保護者の円滑な社会復帰と再犯防止に効果があるといえる．

［西村朋子］

📖 **参考文献**
[1] 高橋和雄(2002)「更新会における SST の実施状況」『犯罪と非行』131，143-158．
[2] 日本更生保護協会編(2005)『生活する力をつける―更生保護施設における SST マニュアル』改訂版，日本更生保護協会．
[3] 前田ケイ(2011)『生きる力をつける支援のために―保護司面接のための SST マニュアル』日本更生保護協会．

医療観察制度における心理的アプローチ

医療観察法（心神喪失等の状態で重大な他害行為を行った者の医療及び観察等に関する法律）は触法精神障害者に対する法制度であり，一般の犯罪者処遇とは異なり，精神疾患の治療が要件として含まれる（☞「医療観察制度」）．医療観察制度における心理的アプローチは，医療観察法第1条に記された目的「病状の改善及びこれに伴う同様の行為の再発の防止を図り，もってその社会復帰を促進」，ならびに附則第3条に記された理念「政府は（中略）最新の司法精神医学の知見を踏まえた専門的なものとなるよう，その水準の向上に努めるものとする」に立脚する．

すなわち①精神疾患の改善，②他害行為の防止を目的としたものを含み，一般の精神科医療のモデルとなるべく新しい技法を取り入れることが求められている．

●**各時期での心理職の関与** 医療観察制度において心理職が関わる時期としては①刑事責任能力鑑定，②医療観察法鑑定，③医療観察法指定入院医療機関での入院医療，④医療観察法指定通院医療機関での通院医療の四つがあげられる．

①刑事責任能力鑑定ではWAIS-Ⅲ等の知能検査の他，ロールシャッハ・テストや文章完成法（sentence completion test：SCT）等の心理検査を用い，鑑定医が行う精神疾患と責任能力についての評価をサポートする．

②医療観察法鑑定では刑事責任能力鑑定の結果を踏まえ，必要に応じて心理検査を行う．医療観察法鑑定は治療反応性を評価する目的も含んでいるため，医師・看護師・精神保健福祉士・作業療法士らとチームを組み，共通評価項目（医療観察法制度において多職種が協働して評価する尺度）の評定を行う．共通評価項目の評価では「内省・洞察」「共感性」「衝動コントロール」といった項目の評定のために他害行為や精神疾患についての認識を面接にて評価する．またこの鑑定入院中に精神疾患への心理教育等の治療アプローチを行うこともある．

③医療観察法指定入院医療機関では，上述の4職種と心理職がチームで対象者を担当し，本項冒頭にあげた目的と理念に沿ったチーム医療が進められる．指定入院医療機関における心理的アプローチについては後述する．

④医療観察法指定通院医療機関での通院医療は，審判によって直接通院処遇になる場合と，入院処遇を経て通院処遇になる場合とがあり，対象行為の振り返り，精神疾患への心理教育，病状のモニタリング等が心理的アプローチとして求められる．入院処遇を経て通院処遇になった場合は入院治療から引き継いで実施し，直接通院になった場合は通院の環境で対象行為の振り返り等を開始する．なお，直接通院による対象行為の振り返りや疾患の心理教育を行うための通院ワーク・

ブック等のツールが精神保健研究所司法精神医学研究部のホームページに公開されている．

●医療観察法指定入院医療機関における心理的アプローチ　指定入院医療機関においては医師，看護師，精神保健福祉士，作業療法士，心理療法士の5職種を中心とした多職種チーム医療が行われ，その中で以下のような心理的アプローチが行われる．機関によってはこの他にも多様なアプローチが行われている．

①アセスメント：必要に応じて暴力や性暴力についてのリスク・アセスメントやサイコパシーの査定を行う（☞「犯罪性・非行性の査定」）が，事例定式化によって他害行為の要因分析を行い，要因に応じた心理的アプローチを行うことが重要である．また事例定式化をもとに，他職種のアプローチについて提案し，役割分担してアプローチを進め，多職種チームを構造化することも行う．

②精神疾患の改善のための心理的アプローチ：以下のような精神疾患へのアプローチは一般の精神科病院でも行われることであるが，冒頭に示した医療観察法附則第3条の理念に則り，また人員が多く配置されていることもあり，新しい試みが多くなされている．

　(a) 精神疾患の心理教育（統合失調症，気分障害，発達障害，物質使用障害）
　(b) 精神病に対する認知行動療法
　(c) メタ認知トレーニング
　(d) 認知リハビリテーション（NEAR等）

③他害行為の防止を目的とした心理的アプローチ：他害行為の防止を目的とし，矯正領域での手法を取り入れた以下のようなアプローチが行われる．内省プログラム（今村ら，2010）は自分史の整理とリラプス・プリベンション（RP）とを含んだプログラムである．

　(a) 内省プログラム
　(b) アンガーマネジメント
　(c) 問題解決プログラム

④家族支援：精神保健福祉士や看護師らと協働して家族支援を行い，医療観察法対象者の家族グループも行う．医療観察法の対象となる事件は家族に対するものが多く，家族は精神障害者の家族に加えて，加害者の家族，被害者という立場をもつ．それゆえ家族のグループは他の精神科病棟の患者の家族とは分けて実施している．

以上のように，医療観察制度における心理的アプローチは他害行為に至る要因をアセスメントし，疾患要因と人格等の要因に対して上述した各種アプローチを用いてその改善を図り，社会復帰につなげるものである．　　　　　　［壁屋康洋］

📖 参考文献
[1]　壁屋康洋(2012)『触法精神障害者への心理的アプローチ』星和書店．

生活環境の調整

　矯正施設に収容されていた者が社会に戻ってきた際，適切な住居や引受人等が準備されていない場合には，再犯に至る危険性が高まるとともに，自立更生がより困難な状況となることが，容易に想像される．それらを回避すべく，収容中の段階から，その者の社会復帰にふさわしい生活環境をあらかじめ整えておくことが有効であり，それらの取組みを通常，生活環境の調整という．

　なお，その調整の重要性から，2008年に施行された更生保護法において，新たに「生活環境の調整」の章が設けられている．

●**生活環境調整の目的**　矯正施設における処遇の目的は，その者の改善更生と円滑な社会復帰にある．施設内ではそのための指導や援助がなされているが，同時に，本人が釈放された後に帰る先である帰住予定地の環境も本人の改善更生を助け，促進するものでなければ，施設内における本人の改善更生の努力が生かしきれない．そこで，保護観察所の長は，矯正施設に収容されている者の帰住予定地の調整を行うものとされている．

　その目的は，本人の改善更生にふさわしい帰住予定地を選定し，さらに，その帰住予定地が本人の改善更生を促進するものとなるよう調整していくとともに，地域社会へ円滑に復帰させることにある．

●**調査・調整事項**　本人が矯正施設に収容されて間もなく，保護観察所では本人の生活環境の調整を担当する保護観察官や保護司（☞「保護観察官・保護司・社会復帰調整官」）が指名される．通常，この生活環境の調整は保護観察官と保護司の協働によって行われる．調整は，本人の希望や意向を尊重して当事者主体で行われることが基本であるが，客観的にも帰住予定地は，本人が健全な生活態度を保持し自立した生活を営むことについて必要となるものが確保でき，かつ，これを妨げるものがない環境が備わっていることがふさわしい．適切な生活環境の要件とは，住居を確保すること，本人の更生を支援する引受人（本人が釈放された後に同居する等してその生活の状況に配慮し，その改善更生のために特に協力する者のこと）を確保すること，本人の更生を助けることについて，引受人以外の本人の家族その他の関係人（例えば，同居人や雇用主）の理解と協力を求めること，釈放後の就業先または通学先を確保すること，生活環境において本人の改善更生を妨げるおそれのある者から本人が影響を受けないようにすること，医療機関や福祉事務所等公共の衛生福祉に関する機関から必要な保護を受けることができるようにすること等である．

　これらの要件を指標として帰住予定地の適否が評価されるとともに，より充実

させるため生活環境の調整が継続されていく．なお，犯罪被害者等基本法（☞「犯罪被害者等基本法と被害者支援」）を念頭に置きつつ，被害者の心情や被害弁償，本人が帰住予定地に帰住することで被害者や地域に与える影響についても，被害者らに過度な負担がかからない可能な範囲で，調査・調整を行っている．

●**生活環境調整の方法**　上述のとおり生活環境の調整は，当事者主体で行われることがふさわしい．本人の意向は，本人が矯正施設に収容されると間もなく矯正施設から保護観察所に送られてくる身上調査書に記載されている．それを受け，保護司または保護観察官が実際に帰住予定地に出向いて，引受人と面接するとともに，帰住予定地が本人の改善更生にとってふさわしい場所であるかどうかを個別に判断している．

さらには，より具体的に本人の釈放後の生活計画等を把握し必要な助言を行うために，保護観察所の長は，本人が収容されている矯正施設の長に対し，帰住予定地，釈放後の生活計画等に関し，参考となる資料または情報の提供，本人に対する助言その他必要な協力を求めるとともに，時に保護観察官あるいは保護司により，収容中である本人との面接や通信を行う．

また，帰住予定地が，本人の改善更生にとってふさわしい場所であることを適正に評価するため，必要に応じて，判決謄本等，事件に関わる関係記録を精査する，関係人と面接あるいは通信する，自治体・検察・警察・医療機関・学校等の公的機関に照会する等の手段を用いる．

以上のような手段で，帰住予定地の実態を調査したうえで，生活環境を改善する必要が認められた場合，保護観察所の長は，引受人または家族その他の関係人と協議をし，時に関係機関に対し，援助および協力を求めることにより，継続的な調整を行う．

しかし，調整を重ねても改善する見込みがないとき等は，本人の意向を踏まえ，帰住予定地を他所に選定し直して同様の調査と調整を行っていく．それでも適切な帰住予定地を定められない場合には，更生保護施設や自立準備ホーム等（☞「社会における居場所と出番」）の施設に受入の可否について調整することとなる．

なお，本人の意に沿わない調整結果となった場合に，心情不安定に陥ることも考えられる．その心情安定とともに，悩みや本心を導き出すこと等を目的として，多くの矯正施設において，臨床心理士等の資格をもった心理の専門スタッフが配置されている．

●**生活環境調整の継続性**　保護観察所において調整すべき事項について十分に調整したと認めるときも，引き続き本人の帰住予定地の生活環境を見守り，調整の必要が生じたときは，速やかに必要な調整を行うこととされている．

調整の継続性を保つため，生活環境調整報告書は定期的に作成することが実務の運用で定められており，少年院に収容されている者は3か月ごとに，無期刑ま

たは執行すべき刑期が3年以上の懲役もしくは禁錮の刑の執行のため刑事施設等に収容されている者で，無期刑については10年，有期刑については，刑期の3分の1の法定期間を経過するまでの者については1年ごとに，法定期間が過ぎた後は6か月ごとに行うものとされている．

●**生活環境調整の結果** 生活環境の調整結果の報告書は，通常保護司が必要事項を記載し，それを受理した保護観察所の長が，内容を精査するとともに，受け入れの適否等について付記することとなり，その後，本人の仮釈放(☞「仮釈放制度」)を審査する地方更生保護委員会および本人が収容されている矯正施設に送られる．

同報告書は，前者では仮釈放審理の資料の一部とされ，後者では矯正処遇の資料の一部とされる他，たとえ満期釈放であったとしても，本人の出所後の生活計画をより現実的なものとするために有効活用される．

●**特別調整とは** 矯正施設に収容されている者のうち，高齢または障害を抱えているため自立した生活が困難であって，かつ，適当な帰住予定地のない者は，釈放後の社会復帰に著しい困難を伴うことが多い．そのため，これらの者が釈放後速やかに公共の衛生福祉機関等から必要な介護，医療，年金その他の各種サービスを受けることができるようにした．これらを利用して円滑な社会復帰ができるよう，2009年度から，厚生労働省が各都道府県に整備する社会福祉士や精神保健福祉士等の資格をもった専門スタッフを有する地域生活定着支援センター等の関係機関と連携して，生活環境調整の特別な手続きである特別調整を行っている．

なお，特別調整の対象となる者は，次のとおりである．①高齢（概ね65歳以上）または身体障害，知的障害もしくは精神障害があること．②釈放後の住居がないこと．③福祉サービス等を受ける必要があると認められること．④円滑な社会復帰のために特別調整の希望とすることが相当と認められること．⑤特別調整を希望していること．⑥個人情報の提供に同意していること．

●**特別調整の流れ** 原則矯正施設において，社会福祉士等の資格をもった福祉の専門スタッフの面接調査により，特別調整の要件に該当する者を特別調整候補者として選定し，矯正施設の所在地を管轄する保護観察所に通知する．この通知を受けた所在地保護観察所においては，必要に応じて特別調整候補者と面接する等して，特別調整の要件に該当するか否かの調査を行う．この結果，要件に該当すると認めた場合は，矯正施設に対して本人からの同意書の徴収を依頼し，その提出のあった者について特別調整対象者として選定し，収容中の生活環境調整事件に関わる事務を開始する．

所在地保護観察所は，同じ都道府県に設置されている地域生活定着支援センターに対し，特別調整対象者との面接または通信，当該対象者が釈放後に福祉サービス等を受けることができるようにするための調整の計画の作成，公共の衛生福

祉に関する機関等との協議等について協力依頼をし，同センターと協働して調整を行う．なお，その結果，居住できると見込まれる社会福祉施設等が他の都道府県内に確保されたときは，当該社会福祉施設等の所在地を管轄する帰住予定地保護観察所に収容中の生活環境調整事件が引き継がれ，同保護観察所において，同じ都道府県内に設置されている地域生活定着支援センターとの協議のもとで，当該対象者が福祉サービス等を受けるために必要な調整が引き続き行われることとなる．

社会福祉施設等の帰住予定地が確保できた特別調整対象者について，受入施設等の事情により矯正施設からの釈放後ただちには受入施設等に入居できない場合には，高齢や障害の特性に配慮した特別処遇を委託することが適切な施設として，あらかじめ指定する更生保護施設に一時的に入所させる仕組みが設けられている．その指定更生保護施設では，社会福祉士等の資格をもった福祉の専門スタッフが配置され，高齢者または障害を有する者の特性に配慮した社会生活に適応するための指導，医療保健機関と連携した健康維持のための助言等に加え，地域生活定着支援センターや移行先施設等に対する特別処遇対象者に関わる心身の状況や生活状況に関する情報の伝達，生活保護の申請の支援等，特別処遇対象者が指定更生保護施設を退所した後に円滑に福祉サービスを受けるための調整が行われる．

●その他の生活環境調整　実施件数としてはそれほど多くはないが，執行猶予で保護観察に付する旨の言い渡しを受け，その裁判が確定するまでの者について，保護観察所の長は，保護観察を円滑に開始するために必要があると認めるときは，その者の同意を得て，その者の住居，就業先その他の生活環境の調整を行うことができる．

また，心神喪失者等医療観察制度（☞「医療観察制度における心理的アプローチ」）に基づき，裁判所によって入院決定となった対象者に関して，対象者が指定入院医療機関に入院している間に，退院後の居住予定地の状況を調整することも生活環境調整という．さらに，全国の保護観察所および地方検察庁において，起訴猶予処分が見込まれる被疑者の社会復帰を支援するため，本人の同意に基づき，釈放前に保護観察官と医療観察制度における対象者を処遇する社会復帰調整官が本人と面接を実施し，必要に応じ，更生保護施設や自立準備ホーム等の施設への入所や就労支援または生活保護の受給手続きの準備をするといった取組みが試行的に進められており，これらも広義の意味では生活環境調整である．　　　　[西江尚人]

📖 参考文献
[1] 松本　勝(2015)『更生保護入門』成文堂．
[2] 今福章二・小長井賀與(2016)『保護観察とは何か—実務の視点からとらえる』法律文化社．
[3] 藤川祥子・井出　浩編著(2011)『触法発達障害者への複合的支援—司法・福祉・心理・医学による連携』福村出版．

社会における居場所と出番

　犯罪対策閣僚会議は2012年7月,「再犯防止に向けた総合対策」を策定した.同対策は,再犯に至る要因の一つとして,刑務所出所者等(以下,出所者等とする)の社会とのつながりの希薄化をあげ,社会における居場所と出番を得る支援,すなわち,住居と就労の確保支援の重要性を指摘している(図1,図2).

　これらの支援は,単に住む場所を与え,職をあてがうことで終わるものではなく,地域生活や職場への定着をも含むものであり,心理・教育的あるいは福祉的働きかけを必須とする総合的な支援である.

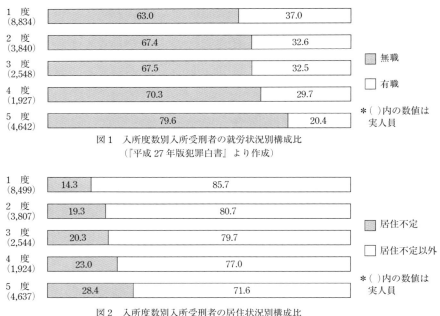

図1　入所度数別入所受刑者の就労状況別構成比
(『平成27年版犯罪白書』より作成)

図2　入所度数別入所受刑者の居住状況別構成比
(『平成27年版犯罪白書』より作成)

●**居場所の確保支援**　受刑者や少年院在院者(以下,受刑者とする)の帰住先の確保については,生活環境の調整として保護観察所がその役割を担っている.頼るべき親族,知人あるいは雇主がいる者については,保護観察官または保護司がこれら親族らを訪問し,受刑者の引受けや支援の意思について調査するとともに,釈放後の住居,就労その他の社会復帰上の課題について調整する等している.な

お，2009年度から，高齢または障害により自立が困難な受刑者について，都道府県が設置する地域生活定着支援センターと連携して生活環境の調整を行う手続き（特別調整）が整備され，福祉施設等を帰住先とする調整が進められている．

適当な帰住先を有しない受刑者については，法務大臣の認可を受けた事業者により設置・運営される更生保護施設が，受け入れ先として中心的な役割を担っている．通常，保護観察所の委託を受けるかたちで出所者を受け入れ，一定期間宿泊や食事を給与し，必要な生活指導や職業補導を行う等してその社会復帰を支援している．毎年約7,000人の出所者が更生保護施設に受け入れられているが，近年その受け入れ機能の強化が進められており，指定を受けた施設に専門スタッフ（福祉や薬物依存者の処遇等について専門的な知識を有する者）を配置する等して，自立に困難を有する出所者の受け入れと処遇機能の強化が図られている．なお，2011年度から，更生保護施設以外の宿泊可能な施設等を管理する法人等に対し，宿泊場所の供与や食事の提供等を保護観察所が委託する「緊急的住居確保・自立支援対策」が開始されており，受け入れ先の多様化もあわせて進められている．

●**出番の確保支援**　就労を確保し，これが安定して維持されることは，生計の安定のみならず，健全な生活リズムの定着，他者との関係の構築，達成感・自己有用感の醸成等，出所者の社会復帰の促進に大きく寄与するものである．就労の確保については上述した生活環境の調整も含め，個別的な支援が行われてきたが，政策として出所者を総合的に支援する枠組みやツールは未整備であった．

そうしたなか，保護観察中の無職者による重大な再犯事件の発生を契機に，2006年度から，法務省と厚生労働省が連携し，出所者に対して効果的かつ総合的な就労支援を行う「刑務所出所者等総合的就労支援対策」が開始された．具体的には，刑務所・少年院，保護観察所および公共職業安定所等が日常的に緊密な連携を保つとともに，各種の支援メニュー（出所者を雇い入れた事業主に対する奨励金の支給，身元の保証等）を活用して出所者の就労を支援し，適職の確保につなげるものである．近年の厳しい経済・雇用情勢下にあって，毎年2,000人前後の出所者らの就職が実現しており，引き続き，同施策を通じた就労支援の充実が求められている．

出所者の就労の確保に関しては，その犯罪前歴の取扱いが課題であり，前歴が障害となって労働市場から排除されたり，離職を余儀なくされたりするケースも少なくないが，保護観察所においては，犯罪前歴を承知で出所者らを雇用し，その更生に協力する協力雇用主の開拓を以前から進めており，2016年4月現在，全国に1万4,000を超える事業者が登録されている．各種の支援策の充実とあわせ，出所者の雇用とその社会復帰に熱意を有する事業者等がさらに広がることにより，就労支援がいっそうその実をあげることが期待されている．

［大日向秀文］

立ち直り研究

　犯罪心理学は，犯罪の原因に関する研究は多いが，立ち直りの研究は少ない（近藤ら，2014）．犯罪を犯す原因になる要因や条件をなくすことが単純に立ち直りになる訳ではなく，また実際のところ，そうした原因と条件をすべてなくすことは困難である．犯罪心理学の目標が犯罪のない社会をつくることであるため，立ち直りを促進する方向にある犯罪からの立ち直りの研究がある．

●**立ち直りを示す概念**　最もよく使われる用語は更生（rehabilitation）である．更生とは，訓練や処遇によりノーマルな生活に戻らせることをいう．司法・矯正の枠組みを前提としたものであり，処遇に焦点があてられる．しかし，犯罪を犯した人たちが処遇以外も含め多様な経験をしながら，みずから自分の人生をつくっていくことまで言及すると，更生という言葉ではとらえきれない．

　学術用語として最も一般的な用語は離脱（desistance）である．離脱とは，犯罪を止め，さらに犯罪に関わることから遠ざかることをいう（Maruna et al., 2009）．この用語では，非行・犯罪を犯さないことのすべてをとらえることができるが，本当に立ち直ったかどうかは不明である．なぜなら，その人が本当に非行や犯罪に関与しなかったかどうかは，死ぬまでわからない．また，行動レベルの変化だけでなく，そこに心理的もしくは内面的な変化が伴わなければ，立ち直りとは了解されない．

●**立ち直りを示す側面**　立ち直りの一つの指標として，内面的なものを考慮したとき，回復（recovery）もしくはレジリエンシー（resiliency）という言葉がある．内的な統合がなされ，自分自身を取り戻していることをいう．河野（2009）は，リチャードソンら（Richardson et al., 1990）のレジリエンシー・プロセスモデルを参考に，非行からの立ち直りを，「個人がさまざまな環境からの働きかけを得ながらネガティブなライフ・イベントを乗り越え，再統合に至るプロセス」ととらえている．しかし，犯罪からの立ち直りとはもとに戻ることではない．新しい人生を立ち上げていくことである．そこで，もう一つの指標としては，生活もしくは人生の構築（life construction）がある（Shirai et al., 2013）．安定した社会生活を営めるようになることをいう．ここでは，単に個人の生活スキルや問題解決スキル等を獲得するだけではない．彼らが社会生活を営むための仕事と住居が得られ，必要な社会的支援が得られる．したがって，社会が非行や犯罪を犯した人を受け入れていく．こうして相互関係が構築されるのである．

●**立ち直りの仕組み**　ライフ・コース理論では，サンプソンら（Sampson et al., 1993；Laub et al., 2003）がグリュック夫妻（Glueck, S. & Glueck, E.）の追跡研

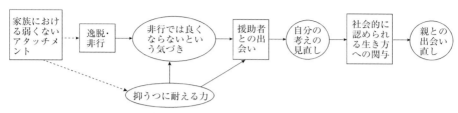

図1 「出会いの構造」モデル（部分）（Shirai et al., 2013）

究のデータを再分析し，非行を止めることに関係していた要因は仕事や配偶者等制度的なものとつながっていることだとした．白井ら（Shirai et al., 2011）は，非行から立ち直った者の自叙伝を分析し，「出会いの構造」モデルを提唱した（図1）．非行では居心地良くならない，自己実現できないという気づきが，立ち直りに向けた動機づけを高めさせ，良き導き手となる援助者との出会いをもたらす素地になると指摘している．そのためには，図1に示されるように，抑うつに耐える力という内的資質が重要な役割を果たす．抑うつに耐える力とは，自分の心の中で今何が起こっているのかを直視し，自信のなさ，孤独，不安等，自分にとって受け入れがたい情緒を適応的に処理していく自己の内面に方向づけられた状態であり，悩みを抱えさせる（生島，1999）．

　ライフ・コース理論以外では，バーリ（Barry, 2006）は，非行行動はパワー（power）が無効化された人が社会から認められることでパワーを回復しようとする行動であるとし，社会的な承認が非行から立ち直させると説いている．少年は貧困や失業といった社会構造的な問題の中でパワーを失い，パワーを得ようとしてすぐまわりにいる人たちと結びつき，社会から恐れられることで評判を得ようとするため，反社会的行動に至る．それはますます少年貧困や失業を深め，少年自身のパワーも奪っていくため，反社会的行動をエスカレートさせる．そこで，少年の立ち直りのために，社会からの評判を向社会的な行動で実現できるようになることで，少年が社会に移行するのである． ［白井利明］

参考文献
[1] Maruna, S.（2001）*Making Good:How Ex-convicts Reform and Rebuild their Lives*, American Psychological Association.（マルナ, S. 著，津富 宏・河野荘子監修，伊田和泰・片山裕久・小長井賀與他訳（2013）『犯罪からの離脱と「人生のやり直し」—元犯罪者のナラティヴから学ぶ』明石書店）
[2] 広田照幸・古賀正義・伊藤茂樹編（2012）『現代日本の少年院教育—質的調査を通して』名古屋大学出版会．
[3] 松嶋秀明（2005）『関係性のなかの非行少年—更生保護施設のエスノグラフィーから』新曜社．
[4] 羽間京子（2009）『少年非行—保護観察官の処遇現場から』サイコ・クリティーク 9，批評社．

遵守事項と指導監督・補導援護

　遵守事項とは，保護観察対象者が保護観察期間中遵守しなければならない事項であって，これに違反したときは仮釈放の取消等のいわゆる不良措置がとられ得るものである．遵守事項は，すべての保護観察対象者が遵守しなければならない一般遵守事項と個々の保護観察対象者ごとに定める特別遵守事項に大別することができる．

　一般遵守事項は，保護観察対象者が保護観察によって改善更生を図るためには，不可欠の事項である．具体的には，①健全な生活態度の保持，②保護観察官や保護司の呼び出し・訪問に応じる等，保護観察を誠実に受けること，③住居を定め，届け出ること（仮釈放・仮退院の場合を除く），④届け出た住居（仮釈放・仮退院の場合は，その許可の際に定められた住居）に居住すること，⑤転居等により住居等を離れる場合に事前に許可を得ること等となっている．

　特別遵守事項は保護観察対象者の改善更生に特に必要があると認められる範囲内において，個別具体的に定めることとし，一定の定め得る事項の類型が明示されている．具体的には，①犯罪性のある者との交際等の禁止，②労働への従事等の実行，③7日未満の旅行等の保護観察官への申告，④専門的処遇の受講，⑤特定の宿泊場所での宿泊，⑥その他特に必要な事項等である．

　なお，生活指針・努力目標といったものや，違反してもただちに不良措置を取ることを想定していないものについては，生活行動指針として別に定め，指導することとしている．

●**指導監督，補導援護**　指導監督，補導援護は，保護観察対象者の再犯を防ぎ，非行をなくし，その改善更生を図るための具体的な方法である．指導監督は，保護観察対象者に対し，引致および留置という強制的措置や仮釈放取消し等の不利益な処分を取り得る権限を背景に，再び犯罪や非行を行わないよう，保護観察対象者の行状を把握し，行動を律するために必要な措置を講ずるものであり，権力的・監督的な性格を有している．一方，補導援護は，保護観察対象者が将来にわたって，自立した生活を送ることができるよう手助けをする措置で，援助的・福祉的な性格を有している．

　指導監督の具体的な方法は，①面接その他の適当な方法により保護観察対象者と接触を保ち，その行状を把握すること，②保護観察対象者が遵守事項を遵守し，ならびに生活行動指針に即して生活し，および行動するよう，必要な指示その他の措置を取ること，③特定の犯罪的傾向を改善するための専門的処遇を実施することにより行われる．

保護観察では，保護観察対象者を，改善更生の進度や再犯可能性の程度および補導援護の必要性等に応じて，4区分された段階のいずれかに編入し，各段階に応じて，保護観察官の関与の程度や接触頻度等を異にする処遇を実施しており，これを段階別処遇とよんでいる．過半数の保護観察対象者は毎月2回程度担当保護司宅を訪問し，同保護司が面接を行っている．近年は，過半数の地区保護司会に設置されている更生保護サポートセンターで面接が行われることも多くなっている．一方，無期刑の仮釈放者は，社会復帰に種々の困難があるため，仮釈放後1年間は，最上位の段階に編入し，必要に応じて複数の保護観察官が関与する等して，充実した処遇を行っている．

　また，特定の犯罪傾向を改善するための専門的処遇とは，薬物事犯者，性犯罪者，粗暴犯，飲酒に起因して犯罪をする者のように，反復性のある特定の犯罪的傾向を有する者に対し，そうした犯罪的傾向の改善を目的として行う処遇であって，認知行動療法等の専門的な知見に基づくものをいう．

　一方，具体的な補導援護の方法は，保護観察対象者が自立した生活が営めるようにするため，その自助の責任を踏まえつつ，①適切な住居その他の宿泊場所を得ることおよび当該宿泊場所に帰住することを助けること，②医療および療養を受けることを助けること，③職業を補導し，および就職を助けること，④教養訓練の手段を得ることを助けること，⑤生活環境を改善し，および調整すること，⑥社会生活に適応させるために必要な生活指導を行うこと，⑦その他保護観察対象者が健全な社会生活を営むために必要な助言その他の措置をとることにより行われる．

　ここでは，健全な社会生活を送るうえで，最も基礎的かつ不可欠な要素である住居，健康，職業を確保するための直接的な措置を掲げている．次いで，これらの要素の確保に間接的に資するものや健全な社会生活に向けた生活全般の向上に資するものを掲げている．

　ところで，指導監督および補導援護は，保護観察に付された者の改善更生を図ることを目的として，本人の性格，年齢，経歴，心身の状況，家庭環境，交友関係等を十分に考慮して，その者に最もふさわしい方法により，必要かつ相当の限度において行うものである．また，実際の保護観察処遇においては，指導監督と補導援護は，両者が一体となって実施されている．

　近年では，就労の有無が再犯との関連性が高いことが指摘されており，これを踏まえて就労支援に特に力を入れており，ハローワークへの紹介等，直接的な援護の他，就労支援事業者機構等の組織化，協力雇用主（犯罪前歴等を承知で雇用してくれる事業者）の確保や協力雇用主への支援体制の増強等，雇用を支える枠組みづくりにも力が注がれている．

〔佐藤比呂明〕

社会参加活動・社会貢献活動

　社会参加活動とは，1994年の短期保護観察の導入に前後して，保護観察の処遇方法の一つとして，主に社会性が身についていない少年の保護観察対象者を対象に，その同意に基づき，公園の清掃や福祉施設での介護補助等の奉仕活動の他，陶芸教室や農作業の体験学習やスポーツ活動やキャンプのレクリエーション活動等を通じて，社会性や規範意識を身につけさせるものである．
　社会貢献活動とは，保護観察対象者を社会に貢献する活動に従事させ，当該保護観察対象者をして，社会に役立つ活動を行ったとの達成感を得させたり，地域住民から感謝されることを通じて自己有用感を獲得させたりして改善更生の意欲を高め，また，他者を尊重し社会のルールを遵守すべきことを認識させることにより，その改善更生・再犯防止を図るものである．社会参加活動の成果を踏まえて2013年更生保護法が改正され，成人・少年を問わず，改善更生のために特に必要であると認められる保護観察対象者に対して，「善良な社会の一員としての意識の涵養及び規範意識の向上に資する地域社会の利益の増進に寄与する社会的活動を一定の期間行うこと」すなわち社会貢献活動について，保護観察の特別遵守事項として定めることができるようになった．

●**社会貢献活動の内容・方法**　社会貢献活動は，その処遇効果を期して，社会に役立つ活動を一定の期間，複数回行わせるものである．保護観察の特別遵守事項として定めるにあたっては，活動の日時，場所，内容等を示した活動計画をあわせて示すこととなる．主な活動の種類として，公共の場所での環境美化，福祉施設での介護補助の他，使用済み切手の整理等があり，1回あたりの活動時間は2〜5時間程度である．
　活動の実施には，活動の企画，準備，実施等を行う保護観察官の他，活動場所との連絡調整や当該活動の意義を深く理解し，保護観察対象者に伝えることができる社会貢献活動担当保護司を実施者としている．また，施設職員から技術指導を受けたり，活動をともに行うボランティア等にも適宜協力を求めることとしている．

●**社会貢献活動の処遇効果と実施上の工夫**　社会貢献活動では，自己有用感，規範意識，社会性の獲得をそのねらいとしている．自己有用感とは，他者との関係で自分の存在を価値あるものと受けとめられる感覚のことであり，他人から感謝されることにより，「人の役に立っている」「私も捨てたもんじゃない」等と感じられるようになることである．自己有用感は，社会性や規範意識など他の処遇効果を得るための基礎となるもので，これが得られるかどうかが，この活動の鍵と

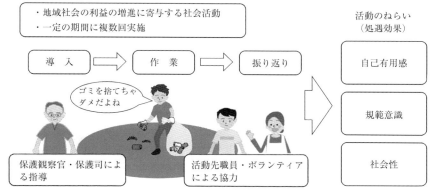

図1 社会貢献活動の実施方法と処遇効果

なる．規範意識とは，例えば，清掃活動を行うことにより，ゴミのポイ捨て等，一見些細な社会の規範に対する違反がもたらす害悪を認識し，社会の一員としてのルールを守ることの大切さを自覚させることが期待される．さらに，活動は他者との関わり合いがあって初めて社会性が得られるもので，例えば，誰もいないところで黙々と作業をさせることは適当ではない．

活動における処遇効果を高めるため，活動前後の働きかけは重要である．作業の前には，達成感を得させる工夫として，作業の目的や内容について説示して，主体的に作業の目標を設定させる．また，作業中には，地域住民や福祉施設での利用者等の活動の受益者との接触に期待することに加えて，コミュニケーションを図りながら活動をともにする民間のボランティアや，作業の指導者・協力者による関わりがあって，自己有用感が獲得される（図1）．作業の後には，振り返りをしっかりと行い，活動によって得られた処遇効果を定着させるための工夫が必要である．また，同一の活動を繰り返し行う場合は，活動を習熟した対象者が活動回数の浅い対象者に作業方法を教えることで，相手から感謝され，周囲からも評価されることにより，自己有用感を獲得することを期している．

●**特別遵守事項としての社会貢献活動**　社会貢献活動を特別遵守事項として定める以上，違反に対する仮釈放の取消し等の不良措置を行うこともある．しかし，特別遵守事項に定める理由は，当初は義務感のみで参加意識が消極的だったとしても，活動の中で適切な働きかけを行うことにより，徐々に自己有用感等の処遇効果を得ることが期待されている．

［西﨑勝則］

📖 **参考文献**

[1]　西﨑勝則(2014)「「立ち直り」を助ける地域のチカラ―更生保護における社会貢献活動」『刑政』125(7) 48-57.

保護観察官・保護司・社会復帰調整官

　保護観察官とは，医学，心理学，教育学，社会学その他の専門的知識に基づき，犯罪者や非行少年の保護観察，調査，生活環境の調整等の更生保護および犯罪の予防に関する事務に従事する国家公務員である．法務省の地方支分部局である地方更生保護委員会事務局（全国8か所）および保護観察所（全国50か所）に配置されており，管理職を除く保護観察官の定員はおよそ1,100人となっている（2015年度）．

　地方更生保護委員会の保護観察官は，主として刑事施設や少年院に収容されている者の仮釈放・仮退院の審理のため，これらの者の犯罪や非行の内容や動機，原因および本人の認識や心情，性格や経歴，心身の状況，家庭環境および交友関係等の事項について，対象者と面接を行う等して調査を実施する．

　保護観察所の保護観察官は，主として保護観察対象者の保護観察を行っている．面接その他の適当な方法により保護観察対象者と接触を保ち，その行状を把握し，対象者が定められた遵守事項を遵守し，生活行動指針に即して生活・行動するように必要な指示を行う他，特定の犯罪的傾向を改善するため認知行動療法等を基盤とする専門的処遇を実施している．また，対象者が自立した生活を営むことができるよう，住居確保や就労のための支援の他，刑事施設や少年院に収容中の段階から釈放後の住居や就業先等の生活環境の調整を行っている．

　これらの業務にあたっては，対象者や関係者とのラポールの形成，対象者の更生意欲等を喚起していくための動機づけ，専門的処遇の基盤となっている認知行動療法，家族への働きかけを行うためのシステムズ・アプローチ等さまざまな知識・技術が必要とされる．

　保護観察官は，主に法務省専門職員（人間科学）採用試験の保護観察官区分や国家公務員採用総合職試験（人間科学・法律・行政区分等）の合格者から採用されており，一定期間地方更生保護委員会事務局や保護観察所等において一般的な事務に従事した後，保護観察官に任命される．

●保護司　保護司とは，社会奉仕の精神をもって，犯罪者および非行少年の改善更生を助けるとともに，犯罪の予防のため世論の啓発に努め，地域社会の浄化を図り，個人および公共の福祉に寄与することを使命とする，非常勤の国家公務員である．民間の篤志家としての立場で，保護観察官で十分でないところを補い，地方更生保護委員会や保護観察所の長の指揮監督を受けながら，主に保護観察所の業務に従事している．実費を除いて給与は支給されない．

　定員は全国で5万2,500人以内だが，2016年現在，約4万7,900人が保護司と

して活動している．平均年齢は約65歳，女性の割合は約26％．その職業は，会社員等（約23％），主婦（約13％），宗教家（約11％），商業・サービス業（約9％），農林漁業（約7％）等となっている．

保護司は，人格および行動について，社会的信望を有すること，職務の遂行に必要な熱意および時間的余裕を有すること，生活が安定していること，健康で活動力を有することという条件を備えた者の中から，法務大臣によって委嘱される．任期は2年であり，再任も可能である．

●社会復帰調整官　社会復帰調整官とは，精神障害者の保健および福祉等に関する専門的知識に基づき，心神喪失者等医療観察制度の対象者の生活環境の調査，生活環境の調整，精神保健観察および関係機関相互間の連携の確保等の業務に従事する国家公務員である．2005年に施行された「心神喪失等の状態で重大な他害行為を行った者の医療及び観察等に関する法律」に基づいて保護観察所に配置されており，管理職を除く社会復帰調整官の定員はおよそ180人である（2013年度）．

社会復帰調整官は，心神喪失者等医療観察制度対象者の当初の審判の段階から，地域における通院医療期間が終了する最後の段階まで，関係機関と連携協力しつつ，コーディネーターとして継続的に対象者の処遇に関わる．審判時における対象者の生活環境の調査と裁判所への報告や，入院医療を受けている対象者の医療機関退院後の生活環境の調整の他，対象者が地域における通院医療を受ける期間，対象者と適当な接触を保ちつつ，医療機関や都道府県・市町村から報告を求める等して対象者が必要な治療を受けているかどうか生活の状況を見守り，継続的な医療を受けさせるために必要な指導を行う精神保健観察等の業務を行っている．関係機関相互間の連携の確保を行うことも業務の一つであり，随時関係者や対象者が会するケア会議の開催，処遇方針の策定や役割分担の決定，処遇の進捗状況の確認，情報の共有を行っている．

これらの業務にあたっては，多職種にわたる専門家と協議・連携していくため，心理学に関する基礎的な知識を基として，対象者や関係者とのラポールの形成，リスク・アセスメント・ツール等による再他害行為可能性の評価と解釈，リスク・マネジメントとストレングス・モデルを融合したアプローチ等さまざまな知識・技術が必要とされる．主に精神保健福祉士，社会福祉士，保健師，看護師，作業療法士，臨床心理士等の資格を有する者で，一定の業務経験をもつ者の中から採用されている．

［守谷哲毅］

📖 参考文献
[1] 今福章二(2012)「「更生保護学」と医療観察」『更生保護学研究』(1)148-158.
[2] 鶴見隆彦(2011)「「リスク」と「安全・安心」を支援者はどう考えるべきか―リスクマネジメントとストレングスモデルの融合」『精神科臨床サービス』11(3)13-18.

女子更生保護施設における処遇

　全国にある 103 の更生保護施設のうち，女子専用施設は 7 か所，女子寮が併設された男女施設は 7 か所である．その女子定員は 4～20 人（成人・少年の合計），居室も 4 人一部屋から個室まで，各施設によりさまざまである．
　更生保護施設入寮者の 6 割以上が仮釈放者であり，就労支援，集団生活のための寮生集会，薬物離脱指導，SST（社会生活技能訓練），コラージュ療法，華道教室等をそれぞれの職員や外部講師の協力を得て行っている．以下，東京都内にある女子施設 A 寮における心理的支援を中心とする処遇について紹介したい．
　①**女性の健康を考える会の実施**：覚醒剤事犯者の激増に伴い，1998 年から女性の健康を考える会の名称で，地域の専門機関に所属する精神科医，保健師，弁護士，臨床心理士らの協力を得て，月 1 回の研修会を開催している．
　また，統合失調症様の症状を示す覚醒剤後遺症やうつ状態がみられるケースも多いため，自助グループであるダルクの他，精神科医との連携に努めている．
　②**施設内でのカウンセリングの実施**：臨床心理士により，主に窃盗事犯者を対象にカウンセリングを実施している．窃盗事犯者については，その要因，背景がさまざまであることから，入寮者の個々の問題性に焦点をあて，グループ・アプローチではなく，個別カウンセリングを実施している．
　カウンセリングにあたっては，累犯者特有の模範的な回答の矛盾点を指摘し，偏りを自覚させながら本心を引き出していく．しかし，その生育歴が悲惨である，考え方の偏りが大きい，資質的な問題がある，犯罪行動が習慣化していて犯罪による利得が忘れられない等個々に深刻な問題を抱えていることが多い．また，女子の窃盗犯では，摂食障害，クレプトマニア（窃盗症）といった精神医学的診断がなされ，それが犯罪の要因となっている事案もある．そのため，急激な直面化や安易な聞き出しは，不安が増大し，行動化となるリスクが伴う．また，寮内の人間関係によるストレスも過重なものがあり，もともとストレス耐性がきわめて脆弱であることから，再犯に至るというケースもみられる．
　さらに，女性の万引き犯に特徴的なことに，「自分のお金を出して買うのはもったいない」という自分勝手な論理がある．また，自分一人くらい万引きをしてもお店は困らないだろう，そのドキドキ感が忘れられない等，かなり偏った認知が語られることが多い．しかし，再犯による受刑者生活を繰り返すことは，決して自分の残された人生にとって良いことではない，ということを理解していく者も多い．若年の寮生は，寮にいる高齢者や受刑中に目にした高齢者の様子に自分の将来の姿を重ねて，内省に至ることもある．
　大半の寮生は，引受人となる家族がいないという現実がある．退寮後，一人で自分の生活を成り立たせていくことへの不安が高まる中で，継続的なカウンセリングを受けることを希望する者もおり，法的期間に縛られず，希望者にはカウンセリングを継続できるのは民間法人の強みであろう．　　　　　　　　　　　［杉原紗千子］

第8章
犯罪・非行の予防
［編集担当：島田貴仁・宮寺貴之］

- 【概説】犯罪・非行の予防 ─── 560
- 環境デザインによる犯罪予防 ─── 564
- コミュニティと犯罪予防 ─── 566
- 割れ窓理論 ─── 570
- 状況的犯罪予防 ─── 572
- 市民と犯罪予防 ─── 574
- 犯罪不安と情報発信 ─── 576
- 犯罪情報の影響 ─── 580
- 予防行動とその促進 ─── 582
- 犯罪分析と警察活動 ─── 584
- 防犯対策の評価 ─── 588
- 防犯ボランティア ─── 590
- 防犯まちづくり ─── 592
- 住宅・公共空間の防犯対策 ─── 594
- 店舗での万引き対策 ─── 596
- 照明と犯罪予防 ─── 598
- 地域・家庭における被害防止教育 ─── 600
- 学校における防犯教育 ─── 602
- 地域安全マップ ─── 604
- 問題指向型警察活動 ─── 606
- パトロール ─── 608
- 子ども・女性の被害防止 ─── 610
- 警察における性犯罪者の再犯防止 ─── 612
- ドメスティック・バイオレンスへの介入と予防 ─── 614
- ストーキングの介入と予防 ─── 618
- 少年警察活動 ─── 620
- 少年警察ボランティア ─── 622
- 非行少年のイメージ ─── 624
- 非行防止活動 ─── 626
- 警察による立ち直り支援 ─── 628
- 少年相談 ─── 630
- 【コラム】大学の防犯サークルと犯罪心理学教育 ─── 632

【概説】 犯罪・非行の予防

　犯罪心理学は，犯罪を行った犯罪者や非行少年に対する刑事司法の枠内でのアプローチと考えられがちだが，犯罪・非行の予防のためには，潜在的な加害者や被害者，一般市民をも対象にした，刑事司法の枠内にとどまらないアプローチが必要である．

●犯罪の未然防止の重要性　2012年の警察統計によると，日本では犯罪により，約900人の死者，約3万人の重軽傷者，約100万人の死傷を伴わない被害者（法人・団体を除く），約2,000億円の被害が発生している．これらは災害や事故といった他のリスク源に比肩しており，犯罪予防による削減が求められる．加えて，犯罪の未然防止は，刑事司法による犯罪の事後対応に比べて，①犯罪が被害者や社会に与えるストレス，トラウマ，不安，生活の質の悪化といった悪影響を事前に回避する，②刑事司法の運営コストを削減する，③犯罪がもたらす加害者の再犯リスク，被害者の反復被害リスクを回避する，といった利点を有する．

●非行防止の重要性　犯罪者の一部の者は，幼少期から問題行動を起こし，非行を繰り返して，成人後も犯罪を続けるといわれる．また，非行を繰り返す少年は，より多くの割合の犯罪に関わっているとも指摘される．さらに非行は他者に被害を与えるだけでなく，自身が犯罪等の被害に遭うリスクをも高める．そのため，非行に至る前に不良行為等の，より軽微な問題行動の段階で予防的介入を行う，あるいは問題行動が起こる前から非行等の未然防止を行うことは，少年の健全育成のためにも，また社会的コストの削減のためにも重要な課題である．

●犯罪予防の目的と特徴　ラブ（Lab, 2004）によると，犯罪予防の目的は，犯罪の加害・被害の予防にとどまらず，一般市民の犯罪不安の削減をも含む．また，シュナイダー（Schneider, 2010）は既存の刑事司法システムと犯罪予防との違いを以下の6点にまとめている．①既存の刑事司法は犯罪発生後に受動的に動くのに対し，犯罪予防は発生前から能動的に動く．②既存の刑事司法は固定的に運用されるのに対し，犯罪予防は幅広い方策をとる．③既存の刑事司法は，画一的・統一的な運用を重視するのに対し，犯罪予防は当事者や地域の個別具体的な問題解決を志向する．④既存の刑事司法は，もっぱら既遂加害者を取り扱うのに対し，犯罪予防では潜在的加害者や被害者をも扱う．⑤既存の刑事司法は，犯罪行為を扱うのに対し，犯罪予防は，加害者の犯罪性や，直接犯罪とは定義されないコミュニティの秩序違反をも対象とする．⑥既存の刑事司法は個人の統制を主目的とするのに対し，犯罪予防は，犯罪予防機能の向上を主目的とする（表1）．

●犯罪予防の分類　犯罪予防方策は多岐にわたるため，何らかの基準で分類する

表1 従来の刑事司法と犯罪予防の相違(Schneider, 2010より作成)

	従来の刑事司法	犯罪予防
①タイミング	受動的	能動的
②アプローチ	介入	予測，評価，介入
③対応	画一的・統一的	問題解決的
④対象	既遂加害者	潜在的加害者・潜在的被害者
⑤焦点	犯罪行為	犯罪行為，犯罪性，秩序違反
⑥目的	個人の統制	犯罪予防機能の向上

ことが有用である．

　犯罪の原因に着目した分類に，発達的犯罪予防と状況的犯罪予防がある．発達的犯罪予防では「なぜ人間は犯罪者・非行少年になるのか」の観点から，就学前の家庭訪問や学校での非行防止プログラム等，人間の生育段階での非行化のリスク要因を軽減し，保護要因を増進させる介入が行われる．これに対し，状況的犯罪予防では「なぜ犯人はその犯行ができたのか」の観点から，監視性の向上や犯行対象の強化等，犯罪発生機会を削減する介入が行われる．前者は犯罪の「遠い原因」を，後者は犯罪の「近い原因」を除去するものといえる．また，近年では，両者を統合したアプローチとして，雇用創出や社会関係資本への投資を通じて地域社会の犯罪統制能力を涵養する社会開発的犯罪予防が発展している．

　予防医学を範として，方策の対象人口範囲と方策の深さに着目した分類に，犯罪の一次〜三次予防がある（Brantingham et al., 1976）．一次予防は，特段のリスク査定は伴わずに，人口や地域のすべてを対象とする方策である．例えば，警察官や防犯ボランティアによる通常のパトロール，すべての学校での非行防止・薬物防止教育，地域全体での防犯灯の普及といった対策があてはまる．

　二次予防は，加害・被害のリスクが高い個人や集団を対象にした，早期発見・早期介入のための方策である．例えば，少年相談や困りごと相談を通じた非行やDVへの対応や，犯罪多発地区に対する集中パトロール等があげられる．

　三次予防は，犯罪や非行の加害者・被害者を対象とした，再発防止や生活の質の回復のための方策である．三次予防には，犯罪者の施設内処遇・社会内処遇および更生保護以外に雇用や住居，教育といった方策も含まれる．また，被害者の適応や回復のための方策も三次予防に含まれる．

　一次予防，二次予防，三次予防と段階が進むにつれ，対象人口は少なくなる代わりに，より密度の濃い方策が可能になる．一次予防は集団全体に働きかけるポピュレーション戦略に，二次・三次予防は，リスクの高い集団を対象とするハイリスク戦略にそれぞれ対応している．

●**環境と犯罪予防**　本章ではまず，第二次世界大戦後に発展してきた，環境と犯

罪に関する理論を取り上げる（以下，項目名を括弧書きで示す）．「環境デザインによる犯罪予防」は建物や住区，近隣等の物理的環境に，「コミュニティと犯罪予防」は住民の人間関係等の社会的環境に，それぞれ着目する．また，地域の荒廃や秩序違反に着目する「割れ窓理論」，場面や状況に着目する「状況的犯罪予防」は，ともに犯罪者の環境推論や選択過程に基づいて，潜在的犯罪者の犯行抑止を志向している．

●**市民と犯罪予防**　現代における犯罪予防では，刑事司法とは直接関係しない一般市民の立場がとりわけ重要になっている．「犯罪不安と情報発信」では，市民の犯罪イメージの反映ともいえる犯罪不安と，被害防止のための情報発信について取り上げる．「犯罪情報の影響」では，現在の日本の犯罪不安の大きな要因である間接的な犯罪情報の影響を取り上げる．「予防行動とその促進」では，市民の犯罪予防行動を促進するための社会心理学・健康心理学での理論を紹介する．

●**犯罪予防方策の立案と評価**　犯罪予防方策は多岐にわたるため，その立案・評価の過程は重要である．まず「犯罪分析と警察活動」では，犯罪予防方策の対象を絞り込むための犯罪分析手法を紹介する．次に「防犯対策の評価」では，プロセス評価・アウトカム評価と，評価の際に考慮すべき犯罪の転移と拡散を取り上げる．また，犯罪予防では刑事司法機関以外の主体の役割が重要であり，一般市民による「防犯ボランティア活動」と，住民・行政・警察の協働である「防犯まちづくり」を取り上げる．

●**場所に基づく犯罪予防**　「住宅・公共空間の防犯対策」では，人間の安息の場であり防犯面での重要性が高い住宅と，不特定多数が利用する公園を取り上げ，防犯カメラについても議論する．また，犯罪のゲートウェイともいわれ，非行対策の面からも重視すべき「店舗での万引き対策」と，犯罪発生・犯罪不安の双方に影響する「照明と犯罪予防」について取り上げる．

●**教育と犯罪予防**　個人や世帯が犯罪に対して備えることは被害防止のために有用であり，そのための一次予防方策として被害防止教育の充実が求められる．その担い手としてインフォーマルな「地域・家庭における被害防止教育」と，フォーマルな「学校における防犯教育」での現状を取り上げる．あわせて「地域安全マップ」も紹介する．

●**リスクに基づく犯罪予防**　社会が犯罪に対して割ける資源には限りがあるため，対象のリスクや問題性に応じて，資源を投入することが必要である．新たな警察活動パラダイムである「問題指向型警察活動」では，問題の洗い出し，原因の分析，問題を軽減させる対策実行，評価という4段階の頭文字をとったSARAモデルが採用されている．「パトロール」では，従来型のランダム・パトロールと，地区の犯罪リスク分析に基づくホット・スポット・パトロールの差異を議論する．
　日本では近年，「子ども・女性の被害防止」のために，性犯罪や重大犯罪に発

展するリスクがある事案に早期介入する対策が行われている．また，年少者に対する暴力的性犯罪は，加害者の再犯性が高く，被害者の防御力が乏しいことの双方から加害・被害のリスクが高いといえ，警察でも，訪問面談等の「警察における性犯罪者の再犯防止」措置を講じている．「ドメスティック・バイオレンスへの介入と予防」では，加害者・被害者間に親密な関係が存在しており，外部からの介入は必ずしも容易ではない．近年，日本で問題になっている「ストーキングの介入と予防」に関しても，加害者や事案のリスク評価が求められている．これらは犯罪の二次・三次予防といえる．

●**少年非行と少年警察活動**　ここでは非行防止を含む少年の健全育成を目的とする警察活動に焦点をあてる．はじめに「少年警察活動」の概要を示す．次に，街頭補導や少年の参加活動に協力する「少年警察ボランティア」について紹介する．こうした非行防止の支援には，支援者側の態度が影響するといわれることから，一般市民が抱く「非行少年のイメージ」について議論する．また，上述した非行の一次予防にあたる「非行防止活動」について，その活性化のプロセスや効果的な態様を論じる．続いて，非行等の問題を抱えた少年に対する「警察による立ち直り支援」の態様や効果のプロセスを論じ，少年サポートセンター等で実施される少年やその保護者を対象とした「少年相談」について取り上げる．

●**防犯部門における心理学専門家の役割**　犯罪心理学の研究分野の中でも，犯罪予防・非行防止は応用的な色彩が特に強く，社会心理学，教育心理学，産業心理学といった心理学の中での隣接分野や，法学・刑事政策，社会学，経済学，工学といった心理学以外の諸科学との連携が求められる．そして，実務における犯罪予防・非行防止の担い手も，心理学の専門家の役割が確立した既存の刑事司法システムに比べて幅が広い．例えば，警察では，少年補導や少年相談を担う心理学専門職員に加え，心理学を専門にしない生活安全部門の警察官が主力を担っている．また，防犯まちづくりや防犯ボランティア活動では，警察官に加え，安全・安心まちづくり条例（生活安全条例）を所管する行政の治安対策部門の行政官が，活動の主体となる一般市民と協働している．また，防犯環境設計には建築や都市計画部門の専門家が，非行防止や再犯防止や被害防止教育では教育委員会や学校が，被害者支援では，医療や福祉の専門家がそれぞれ関係してくる．

　このように，犯罪予防の研究と実務では，多分野・多職種の専門家同士，専門家と一般市民との協働が必要であり，開かれたマインドをもった心理学専門家の貢献が期待される．　　　　　　　　　　　　　　　　　　［島田貴仁・宮寺貴之］

📖 **参考文献**

[1] Lab, S. P.（2006）*Crime Prevention: Approaches, practices and evaluations, 5th ed.* Routledge LexisNexis.（ラブ, S. P. 著，渡辺昭一・島田貴仁・齊藤知範他訳（2006）『犯罪予防―方法，実践，評価』社会安全研究財団）

環境デザインによる犯罪予防

　環境デザインによる犯罪予防とは建物や敷地，街区，近隣等の環境の設計の工夫により犯罪を抑制する試み全般を意味している．その一つの源泉はジェイコブス（Jacobs, J.）の著書『アメリカ大都市の死と生（*The Death and Life of Great American Cities*）』（1961）で提唱された「自然監視（性）」の概念にある．自然監視とは，住人，通行人，店員等の公共の目による，日常生活の中での街への自然な注目と防犯活動である．

　ジェイコブスは街が安全であるためには，そうした自然監視が不可欠であるとした．そして，そのような自然監視は，当時の都市計画において主流であった厳格な土地利用の制限（ゾーニング）が生み出す単独用途の街，例えば純粋な住宅地ではなく，自然発生した街のような住・商・工の混合用途の街にこそ生まれるとして，ニューヨークやボストン等の古い都市の一見雑然とした地域の再開発に反対した．

●**守りやすい空間**　ジェイコブスの自然監視のアイデアに触発され，ニューマン（Newman, 1972）は環境デザインによる防犯理論の一つとして「守りやすい空間（defensible space）」の理論を提唱した．この理論は1954年，米国に建造された公共住宅，プルイット・アイゴー（Pruitt-Igoe）の調査から得られた洞察に基づいている．この11階建43棟のモダニズムの大規模集合住宅の計画は合理的な設計であるとして高く評価された．しかし，入居が始まると住人は犯罪の多発と破壊行為（vandalism）による環境の荒廃に悩まされた．そして，最終的には住人の過半数が退出し，建物は解体されてしまった．ニューマンはこの失敗の原因を調査する中で，この公共住宅の環境に問題を見出し，そこからある場所を犯罪から守るための四つの原則を以下，「守ることのできる空間理論（守りやすい空間の四原則）」としてまとめた．①領域性の強化，②自然監視の確保，③イメージの改善，④周辺環境の考慮．

　①領域性とは，その場所を自分自身に所属する場所であると認識し，守ることの責任と正当性を感じることであり，守りやすい環境のためにはそれを強化するための空間の画定や環境デザインを行うことが必要であるとされる．特に，自宅や自室のような私的空間と公道や共有ロビーのような公共空間の間に，準私的空間および準公共空間という，実際には公共の空間なのだが，住人が自分の領域（テリトリー）であると感じる空間を設けること，また，そうした私的空間から公共空間までのヒエラルキーをつくり出し，住人および第三者に意識させることが強調されている．そして，領域性を強化するためのデザインの工夫として，象徴的

障壁という方法を提案している．例えば，低いフェンスのように，乗り越えることは容易だが，進入禁止の意図を感じさせるようなデザインである．こうした象徴的障壁で囲まれた空間では，侵入者は罪の意識を感じ弱い立場に置かれ，住人はそうした侵入者をとがめる正当な権利を感じて強く対応することができる．また，実際の物理的障壁（例えば，施錠可能な堅固なドアや乗り越えにくい高い塀）を用いてのアクセス・コントロール（接近の制御）も領域性の強化のために用いられる．

②自然監視の強化とは，ジェイコブスのアイデアと同じように，守るべき環境の内外への視界を最大にするように，窓や出入り口の位置やデザインを工夫することである．

③環境のイメージの改善とは住人にとっての住環境のイメージを向上させることである．プルイット・アイゴーの例でいえば，近隣の住宅とはまったく異なるモダンな高層集合住宅は住人に良いイメージを与えることはできず，住人はその周囲の建物とは異なる外観を低所得者の烙印（stigma）として否定的にとらえていた．そのイメージの悪さが，住宅に対する愛着や誇りを失わせ，その結果，自分の部屋以外の公共部分を守ろうという意識を失わせていた．したがって，守りやすい空間のためには，デザインや設計に住人にこうした悪い環境のイメージをもたれないための配慮が特に必要になる．

④周辺の環境の考慮とは，ある建物の犯罪発生に対して周辺環境の土地利用と秩序の程度が影響しているという考えであり，特に出入り口の位置をよく検討し，悪い場所と直接接続しないことが必要である．

●**環境デザインによる犯罪予防**　ジェフリー（Jeffery, 1971）は，それまでの犯罪学が犯罪行動に影響を与える要因として，個人の特性と社会環境に主に焦点をあて，物理的環境の要因をほとんど無視していたことへの批判から，環境の適切なデザインにより，犯罪発生率と犯罪不安を減少させるための理論，環境デザインによる犯罪予防（crime prevention through environmental design：CPTED）を提唱した．

CPTEDの主な方法として，アクセス・コントロール，監視性の確保，境界の画定，領域性の強化があげられる．ジェフリーのCPTEDはニューマンの「守りやすい空間」とは直接関係しない独立して成立した理論であるが，このように提唱される対策は，守りやすい空間と大きな差はない．しかし，住人不在時には機能しづらい領域性の強化を重視しないために，住宅以外の商業・公共・工業施設等の幅広い対象へと適応が可能である．

また，理論的には，守りやすい空間が，住人と犯罪者の心理と行動の両方を重視した理論であるのに対し，CPTEDは犯罪者の心理，特に意思決定プロセスを重視した理論である．

［羽生和紀］

コミュニティと犯罪予防

　コミュニティの特性は，侵入盗や乗り物盗といった身近な犯罪の発生に大きな影響を与えている．また，親密な関係者間の暴力や児童虐待等でも，平時における当事者へのサポートや有事の際の近隣からの通報等インフォーマルな犯罪統制が有効であり，やはりコミュニティの役割は大きいといえる．

　コミュニティと犯罪に関するモデルでは，社会解体論が長きにわたって支配的であった．社会解体論では住民の流動性の高さ，貧困の集中，人種・民族の混住といったマクロ要因が犯罪や非行を招くと考える（☞「社会解体論」）．これに対して，近年，住民間のネットワークや相互信頼等のミクロ要因に着目して，システミック・モデルと集合的効力感が提唱された．

●**システミック・モデル**　バーシックら（Bursik et al., 1992）が提唱したシステミック・モデルでは，コミュニティのマクロ要因と犯罪の間の媒介要因に，システミックな社会統制（systemic social control）を想定する（図1）．すなわち，近親間の愛着（一次関係）や組織への帰属（二次関係）に基づくネットワークが濃密であるほど，子どもへのしつけや地域への目配り等の社会統制機能が作用して，犯罪率が低下すると考える．社会統制には，家庭を通じた私的統制，学校・教会・地縁団体を通じた近隣（教区）統制，警察や刑事司法を通じた公的統制の3種類があり，私的統制と教区統制が子どもの社会化に関連する．

●**集合的効力感**　サンプソンら（Sampson et al., 1997）は，公共のために介入する意思と結びついた近隣住民の社会的な一体感を集合的効力感と定義した．集合的効力感が高い，すなわち，住民間の相互信頼の水準が高く，価値や規範が共有

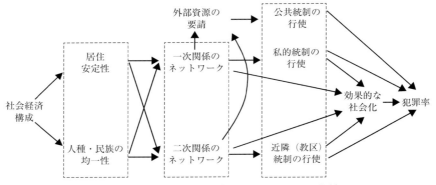

図1　システミック・モデル（Bursik et al., 1992 より作成）

されているコミュニティほど社会統制が機能し，犯罪が抑制されると考える．集合的効力感の犯罪抑制効果は，米国シカゴでの大規模な住民調査の分析によって示された後，米国の他都市やスウェーデン，オーストラリア，日本等，他国での追試で確認された．

●**第二世代 CPTED**　上述の新しい理論に関連した犯罪予防に，サビルら（Saville et al., 2008）が提唱した第二世代 CPTED（crime prevention through environmental design）がある．ジェフリー（Jeffery, C. J.）が提唱した第一世代 CPTED（☞「環境デザインによる犯罪防止」）は構築環境を重視したのに対し，第二世代 CPTED は住民の社会関係に着目している．

　第二世代 CPTED には四つの原則がある．①コミュニティ・カルチャーでは，住民がコミュニティへの愛着を強化できるような各種行事を開催する．②社会的凝集性では，コミュニティ成員の相互信頼や集合的効力感を高めるために，住民を組織化して集会を開催する．③集団の結びつきでは，コミュニティと外部団体（例えば警察，行政，資金援助団体，他のコミュニティ等）との結びつきを強化することで，犯罪予防のための資源や情報を獲得できるようにする．④閾値（threshold）ではコミュニティの人口密度，土地利用，住民の社会経済属性が極端に偏らないようにする．これには，コミュニティの中の秩序違反が一定の閾値を超えると一気に巨大化するという社会生態学の考えも含まれる．

●**近隣監視**　近隣監視（neighborhood watch）は，北米やヨーロッパで幅広く行われている，コミュニティ単位での侵入犯罪防止のための活動である．参加世帯は，近隣活動に参加している旨のステッカーを戸外の人目のつく場所に貼るとともに，近隣で不審な人物を見かけたら積極的に警察に通報することを申し合わせる．また，物への所有者名の書き込みや防犯診断もあわせて実施される．また，英国では，被害に遭った世帯に対して，警察官の巡回回数を増加させるとともに，被害防止教育を行うコクーン・ウォッチが行われている．

　近隣監視の作用は，住民が周辺を気にかけることで監視性を向上させる，潜在的な犯罪者に防犯対策の実施を伝えることで犯行を思いとどまらせる，通報によって警察活動を活性化させる，といったことがあげられる．

　日本でも町内会や自治会を基盤に，防犯ステッカーを貼付する活動が行われている．また，世帯ごとに外構の明かりを点灯する一戸一灯運動（☞「照明と犯罪予防」）も広義の近隣監視といえる．

●**コミュニティ警察活動**　米国で 1970 年代以降，地域住民と警察とが信頼関係を構築し，両者が協働して地域の問題を解決することで生活の質を向上させ，犯罪と犯罪不安の削減をめざすコミュニティ警察活動（community policing）が盛んになった．

　コミュニティ警察活動と従来型警察活動との相違点は，以下の 4 点だといえる．

第一に，従来型警察活動では警察官は市民に対して被害届受理や職務質問といった限定的なかたちでしか接触しないのに対し，コミュニティ警察活動では，地域の会合や巡回連絡，情報発信といった，普段からの警察と市民との直接的な接触を重視する．このような接触により，警察と市民との信頼関係を形成し，市民からの犯罪の通報等，警察業務への協力が期待される．また，住民相互や組織相互の信頼を醸成することで，集合的効力感を高め，警察への通報や犯罪予防行動の実行等，インフォーマルな社会統制の行使が期待できる．

　第二に，従来型警察活動では警察は独立的に活動するのに対し，コミュニティ警察活動では，警察は地方自治体，住民リーダー，町内会や自治会等の地縁団体，防犯ボランティア団体，民間企業といった他主体と協働する．このことにより，警察の権限を超えた実効性が高い犯罪統制が期待できる．わが国でも近年，犯罪予防に対する行政，警察，民間団体，市民の役割を理念的に定めた安全・安心まちづくり条例が各地で制定されている他，「犯罪の起きにくい社会づくり」に基づく施策が行われている．その一例には，企業が警察と連携して防犯性能の強い商品開発，取扱商品への防犯情報の掲載，地元住民への防犯資器材の提供，従業員による自主防犯活動等を行う防犯CSR（企業の社会的責任）活動がある．

　第三に，従来型警察活動は犯罪の捜査や取締りに注力するのに対し，コミュニティ警察活動では，犯罪の遠因になる地域の問題解決に注力する．例えば，米国では，非行防止のための学校の放課後プログラム，民間住宅やテナントでの薬物取引を減らすための民事排除手続，銃器を減らすための銃器買戻しといった活動が行われている．日本では，近年，製造業に従事するために来日した外国人集住コミュニティが北関東や東海地方にみられるが，彼らは言語や生活習慣の違いのみならず，雇用が不安定であることからも，犯罪被害や犯罪組織に誘引される危険性といった面で脆弱である．このため，行政のみならず警察も，祭りの開催，子どもの居場所づくり，防犯教室といった活動を行っている．

　第四に，従来型の警察活動は，警察本部に人員や予算，権限を集中させ警察官を派遣するのに対して，コミュニティ警察活動では，地区ごとに警察官を割りあてて権限も委譲する分散型をとる．これにより警察官が地域を熟知し，継続的に関与することが可能となるとともに，地域の問題に応じたきめ細やかな対策が可能になる．

●**交番と駐在所**　日本では2014年4月現在で，交番は6,255か所，駐在所は6,552か所が設置され，その数は警察署（1,270か所）よりもはるかに多い．交番は主に，人口密度が高い都市部に設置され，複数の職員が交代制で勤務している．駐在所は主に，人口密度が低い農村部に設置され，警察官が住み込みで勤務し，その家族も含めて地域に溶け込んだ活動を行っている．

　交番や駐在所で活動する勤務員の任務は多様である．施設内での活動には，①

被害届や遺失届，拾得物の受理，②地理案内や意見・要望の聴取，③犯罪被害や近隣トラブル等の相談対応がある．施設外での活動には，④特定場所に立哨して警戒にあたる立ち番，⑤自動車，バイク，自転車，徒歩によって受けもち地域を見回るパトロール（☞「パトロール」），⑥挙動不審な者や，犯罪について知っていると認められる者に対する職務質問，⑦主要交差点や鉄道駅といった拠点に一定時間立って警戒する駐留警戒，⑧受けもち地域の世帯を戸別訪問して非常時の連絡先や要望を聴取するとともに，防犯指導を行う巡回連絡がある．また，近年では，管轄区域の事件・事故の発生状況や，季節ごとに犯罪や事故防止ノウハウを伝える交番広報紙の作成・配布といった情報発信活動も重要視されている．

都市部では交番設置要望は強いが用地や人員の確保がままならないことが多い．このため，千葉県の「コンビニ防犯ボックス設置等モデル事業」では，コンビニエンスストアの駐車場の一部を賃借して簡易な建物を設置し，そこに交代制で勤務する警察官OBが，学校の下校時間帯や住民の帰宅時間帯のパトロール，地元の防犯ボランティア団体との合同パトロール等を行っている（図2）．

図2　コンビニ防犯ボックス
（撮影：千葉県警察本部）

近年のコミュニティでの犯罪対策は，ソフト面は民間の防犯ボランティア団体，ハード面は防犯カメラによる人工監視に依存しがちである．そのような中，専従職員と施設によって一定の活動水準を担保するコンビニ防犯ボックスは，コミュニティの犯罪対策への新たな公の関与のあり方として注目される．

●セーフ・コミュニティ　近年，安全・安心まちづくりに関連して，セーフ・コミュニティの国際認証を取得する自治体が増えている．セーフ・コミュニティは，事故，自殺，犯罪等に起因する外傷予防に継続的に取り組むプログラムを策定した自治体を世界保健機関（World Health Organization：WHO）の関連機関が認証する制度である．セーフ・コミュニティの主たる目的は外傷予防であり，財産犯罪はカバーしない点には留意が必要だが，①医療機関のサーベイランスや住民対象の社会調査を通じた被害実態把握，②PDCAサイクルによる施策の見直し，③すべての集団をカバーする対策と，ハイリスク集団のための対策とを別個に考慮する等，コミュニティの犯罪対策が学ぶべき点は多い．　　　　　　　　　　［島田貴仁］

参考文献
[1] 細井洋子・西村春夫・辰野文理編（1997）『住民主体の犯罪統制―日常における安全と自己管理』多賀出版．
[2] 島田貴仁（2013）「犯罪とコミュニティ」加藤潤三・石盛真徳・岡本卓也編『コミュニティの社会心理学』37-62，ナカニシヤ出版．

割れ窓理論

ウイルソンら（Wilson et al., 1982）が提唱した割れ窓理論（broken windows theory）では，建物の窓が1枚割られたままで放置されていると，それを見ている者は，その建物が誰にも管理されておらず，そのためにとがめられないと判断して別の窓を割る．そうして最後にはその建物のすべての窓は割られてしまうという比喩で，犯罪が小さなきっかけから重大なものにエスカレートしていくメカニズムを説明している．

実際の犯罪では図1のようなプロセスが進行するとされる．

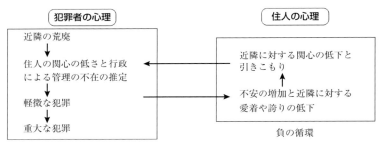

図1 割れ窓理論のプロセス

●**割れ窓理論のプロセス**　つまり，犯罪者の視点からは，近隣にグラフィティ（graffiti）とよばれる壁や建築物に対するスプレーで書かれた落書きや道端に放置されたゴミ等の荒廃がそのまま放置されていると，その近隣における住民の近隣環境への関心の低さや警察やその他の行政機関による管理の不在が推測される．するとその近隣では住民にも警察・行政機関にもとがめられる可能性が低いと判断され，泥酔者，路上生活者，物乞い，たむろする若者等社会的に望ましくないと判断されがちな人々や売春婦，客引き等の軽微な犯罪者がその近隣で目立つようになる．すると，さらに自分たちもとがめられないと判断したより重大な犯罪を行う犯罪者，例えば強盗や違法ドラッグの売人を招き入れてしまう．また，住人の視点からは，近隣の荒廃や社会的に望ましくない人々や犯罪者の存在を意識すると不安を感じ，近隣に対する愛着や誇りを喪失してしまう．

そのため，近隣に対する関心がさらに低下し，自宅に引きこもる傾向を強め，また，引っ越しが可能な住民は引っ越してしまい，後には空き家と引っ越しができない社会的な弱者のみが取り残されることになる．こうして近隣の荒廃が進み，犯罪に対する抑止力はますます減少してしまう．このように荒廃や社会的に望ま

しくない人々，犯罪者の存在が住民の犯罪に対する抑止力をさらに下げ，荒廃と社会的に望ましくない人々や犯罪者をさらに招くという負の循環が状況を悪化させていくことになる．

●荒廃理論　また，割れ窓理論は近隣環境の荒廃と犯罪の関係を説明する複数の荒廃理論（incivilities thesis）の一つである（Taylor, 2001）．初期の荒廃理論は，荒廃が犯罪に対する不安を引き起こす住民の個人的な心理メカニズムに焦点をあてたものであったが，近隣の無秩序（disorder）が荒廃と犯罪を誘発し，それらがともに犯罪に対する住民の不安を引き起こすというモデルへと発展した．割れ窓理論においては，個人の心理的反応のメカニズムだけではなく，近隣の生態学的な変化のメカニズムを説明するモデルへとさらに発展している．

さらにスコーガン（Skogan, 1990）の荒廃理論では，より広範な生態学的変化が説明され，無秩序が犯罪の発生と荒廃の深刻化を介して，地域の衰退，つまり近隣住民人口の減少や社会的地位と不動産価値の低下を引き起こすメカニズムを提案している．こうした荒廃理論が仮定するさまざまな過程に関して，個人における心理的な反応に関しては確実な実証的な研究結果が示されている．しかし，生態学的なメカニズムに関しては，横断的研究から推測された部分が大きく，同一の近隣の実際の変化を検討できる縦断的研究からは部分的な実証的結果が得られているのみである（Taylor, 2001）．また，住民に判断された主観的な荒廃と客観的に査定された荒廃において，犯罪の発生や不安，そして近隣の衰退に対する影響に違いがあることも示されており，主観的荒廃が関係する個人レベルでの心理メカニズムと客観的荒廃が示す近隣コミュニティ・レベルでの生態学的メカニズムの間に明らかな機能的差異があることにも注意が必要である（Taylor, 2001）．

●割れ窓への対策　割れ窓理論からは初期の荒廃や軽微な犯罪に対する対策を行うことで重大な犯罪の発生を抑制することが想定される．そのため，割れ窓理論に基づく対策としては，軽微な犯罪に対する厳しい取締りが行われることが多い．そのため，割れ窓理論による犯罪対策はゼロ・トレランス（zero tolerance）とみなされることがある．しかし，ゼロ・トレランスの犯罪抑止効果には否定的な意見があり，また特に米国では特定の人種的マイノリティに対して選択的に厳しい取締りが行われがちであるという批判もある（Taylor, 2001）．そのため，もともと割れ窓理論はゼロ・トレランスのみを有効な対策としてみなしていた訳ではなく，近隣に密着し，防犯と犯罪抑止を重視するコミュニティ・ポリシング（community policing）全般を有効な対策として考えていたことから，ゼロ・トレランス以外のコミュニティ・ポリシング的対策である徒歩警官の巡回パトロールや地域ステーション等の対策が近年，米国では推奨されている．

また，米国では警察と連携した住民組織による自発的なコミュニティ防犯活動も重視されるようになっている．

［羽生和紀］

状況的犯罪予防

　状況的犯罪予防（situational crime prevention）は，特定場面における特定形態の犯罪の予防に焦点をあてたアプローチであり，英国内務省出身の犯罪学者であるクラーク（Clarke, R. V.）とその共同研究者によって，概念化と実践の両面で発展が図られてきた（Clarke, 1992）．

●**状況的犯罪予防の特徴**　状況的犯罪予防は，日常活動理論（routine activity theory）を代表とする犯罪機会論（crime opportunity theory）に依拠しており，特定の場所で状況を操作して，動機づけられた犯行企図者が，監督されない格好の標的と遭遇すること，すなわち犯罪の機会を減らそうとするものである．さらに，状況的犯罪予防は，合理的選択理論（rational choice theory）に依拠しており，限定的であれ，犯行企図者の多くが，犯罪を遂行するコストと得られる利益を比較考慮して犯行を決意すると想定して，相対的に犯罪を遂行するコストを犯行企図者が大きく感じるよう状況を操作することが行われる．

　さらに，近年の状況的犯罪予防では，環境心理学の視点を踏まえて，犯行企図者を挑発する環境要因を統制したり，ドリフト理論（drift theory）すなわち若者が善と悪の世界を漂流しているという見方や「中和化の技術（techniques of neutralization）」の観点を踏まえて，言い訳ができない状況をつくり出すことも追加されるに至っている（Smith et al., 2012）．

　なお，状況的犯罪予防の焦点は，あくまでも特定場面でのイベントとしての犯罪の発生であり，犯行企図者の長期的な性格や動機の形成に介入することは意図していない．

●**状況的犯罪予防の具体的内容**　当初，状況的犯罪予防として二原則の8方策が提案されたが，その後，批判を検討して改訂を重ねて，三原則の12方策，四原則の16方策を経て，現在では五原則の25方策に類型化されるに至っている．その25方策の内訳（具体例）は表1のとおりである（Smith et al., 2012）．

●**状況的犯罪予防に対する批判**　状況的犯罪予防に対しては，特定場所での犯行機会を減らしたとしても，十分に動機づけられた犯行企図者は犯行場所を移すこと（犯罪の転移）になるので，犯罪の総量は減らないとの批判がみられる（☞「防犯対策の評価」）．

　こうした犯罪の転移については，何が何でも犯罪を行う意思をもった犯罪者は限られており，犯行企図者の多くは特定場面で犯行が難しいと判断すると犯行そのものを諦めるために，犯罪の転移は必ずしも発生しないことが実証されている．さらに，状況的犯罪予防の犯罪削減効果が，対象地域を超えて隣接の地域まで拡

表1 状況的犯罪予防の五原則

【犯行企図者の行動を制限して，犯罪遂行の労力を増加させること】	
①標的の強化	ステアリング・ロック機構，強盗防止用衝立，改ざん防止包装
②施設への進入の規制	入り口での電話設置，電磁カードの利用，荷物検査
③施設からの退出の審査	退出券の活用，輸出書類，電磁化された商品タグ
④犯罪企図者のやる気を削ぐ	通りの封鎖，女性トイレを離して設置，パブの分散
⑤道具や武器の規制	盗難携帯電話の利用不可，スプレー塗料の少年への販売制限
【標的の管理・監督を強化して，犯行発覚のリスクを増加させること】	
⑥標的の管理・監督の拡張	日常的な用心（夜間は一人で出かけない），近隣警戒
⑦自然な監視の助長	街灯の改善，防御空間的デザイン，不正告発の奨励
⑧匿名性の削減	タクシー運転手のID提示，学校の制服
⑨場所の管理者の活用	2階建てバスのCCTV，コンビニでの店員2人配置
⑩公的監視の強化	赤色光カメラ，住宅侵入アラーム，警備員
【標的の価値や標的を発見する能力を制限して，犯行の報酬を減少させること】	
⑪標的の隠匿	裏通りでの駐車，性別不明の電話番号簿，覆面の現金輸送車
⑫標的の除去	着脱可能カーラジオ，女性避難所，公衆電話用のプリペイドカード
⑬財物の特定化	所有物の記名，自動車の登録と部品の番号貼付，牛の烙印づけ
⑭犯罪生成物の流通の阻止	質屋の監視，新聞広告欄の規制，路上販売の免許制
⑮便益の否定	商品タグにインクをつける，落書きを消す，道路上の段差
【犯罪を惹起させる状況的刺激が導入されたり，増強されることを制限すること】	
⑯欲求不満やストレスの削減	効率的な行列と丁寧な接客，余裕のある座席配置
⑰紛争の回避	ライバルのサッカーファンの集団を離す，タクシー料金の固定化
⑱情動喚起の低減	暴力ポルノの規制，サッカー場の善行遵守，人種的中傷の厳禁
⑲同調圧力の中和化	「飲んで運転するのは愚か者」「ノーと言うのはOK」の標語
⑳模倣の阻止	器物損壊の早急な修復，テレビのVチップ，詳細な犯罪手口の検閲
【犯罪に対する責任を明示する状況的管理を行い，言い訳をできなくすること】	
㉑規則の制定	賃貸契約書，ハラスメントに関する規則，ホテルの登録
㉒指示の掲示	「駐車禁止」「私的所有地」「キャンプの焚き火を消せ」の掲示
㉓良心の喚起	制限スピードの標識，税関申告書の署名，「万引きは窃盗」の標語
㉔遵法の促進	図書館の簡便な貸し出し手続き，公衆トイレやごみ箱の設置
㉕薬物やアルコールの規制	パブでの呼気検知器，アルコールなしのイベント

散する現象（利益の拡散）も時として生じることが明らかとなっており，総体的にみて，状況的犯罪予防の方策は犯罪の総量を減らすことに寄与することが多いようである．

状況的犯罪予防には，従来から意識せずに活用されてきた方策も含まれるが，多角的で費用対効果に高い防犯対策を策定する枠組みとして，わが国でも活用が進展している．

［小林寿一］

市民と犯罪予防

　子ども虐待死事件の裁判員裁判で，被告両親への求刑10年を超える15年の判決が，最高裁で著しく均衡を欠くとして大幅に軽減された．一般人の裁判員の市民感覚と法の原則との関わりを示す事案である．犯罪の実態，対応する司法制度，さらに犯罪予防のあり方は，一般市民の見方によりさまざまな影響を受ける．

●**司法専門家と市民の視点の違い**　裁判員制度の議論で，専門家の「事実認定」至上主義や視点の狭隘さが，一方，一般人の被告の動機や感情の過度な重視や客観性への疑問が指摘されている．また，専門家は被告の量刑判断に視点を置くが，裁判員は，予後に関心をもっていた．興味あることに，一般の人は被告を社会の敵と悲劇的でやむを得ない事情の人との二分法でみる傾向がある（細江，2010）．司法に限らず行政の場面で，専門化社会の陥る権威主義，細分化，現実乖離等の問題性を改善し，異質性の効能と常識的視点の有効性が指摘され，パブリック・コメント等の工夫がされている．裁判員制度は広義の市民参加制度といえ，専門家と一般の人（layman）との論理の相違は上述のように指摘されているが，この相違こそが共同作業の意義である（☞「裁判員制度」）．

●**しろうと理論（lay theories）**　ファーナム（Furnham, 1988）は日常生活で人々が事象を説明し解釈する方法は，科学的理論とは異なる特徴をもつとした．これは犯罪現象でも同様である．かつて専門研究者も主張した，犯罪者に遺伝を含め内的一貫性を求める論議は市井でも賑やかである．普通の人の論理は科学的理論のような定式化や整合性は期待されず融通無碍である．したがって生い立ちにも思いを馳せる．科学理論が反証主義であることは知られているが，普通の人は実証主義者であり，経験したこと見聞きしたことで理論をつくる．理論は複雑なものではなく，単純で白黒二分法が好みである．社会原因説も個人原因説もあり，厳罰派もいれば保護重視派もいる．加害者と被害者と裁定者との複雑な出会いの中で時間的一回的に起きる犯罪はそこに「科学的首尾一貫性」があるとみるよりは，普通の人の論理の方が実際的な面もある．科学的理論は人々の理論の批判に常にさらされる．

●**犯罪予防の施策の根拠**　シャーマンら（Sherman et al., 2002）によると世界中で展開されている犯罪予防に関わる政策や実務は客観的とはほど遠く，科学的エビデンスに基づくのではなく，政治的イデオロギーや特殊事例，当時の人気プログラムにより決まることがあるとしている．犯罪は実際には減少しているが，人々は「最近は変な事件ばかり起きる」と不安を感じるという「体感治安」が問題とされる．石塚（2013）は司法・警察側の活動方針の変化がこの増減を規定してい

るとしている．特殊宗教事件や少年の特異事件，児童虐待事件は一般の人々の関心を引きつけるだけでなく，人々はそこに統一したストーリーを求める．

飲酒運転殺傷事故では人々は被害者の強い怒りに共感する．その流れは犯罪者への厳罰化を期待する．現実の個々の犯罪は一貫した流れや空気に支配されて生起する訳ではない．しかし，本来理論的に整合性があり安定性を期待される法執行や矯正施策が，人々のこうした期待に応え展開変容していく過程（ポピュリズム刑事政策）を宮澤（2013）は内外の施策を比較考量し，わが国の影響や更生保護の視点の必要性といった問題点を指摘している．

●**市民生活と警察の領域の葛藤**　家庭内や恋人間の揉めごとや，個人間の民事的な係争には刑事警察がただちに介入することはない．このことは個人の自律的権限の尊重という側面と家庭内部等の自力統制という側面がある．児童虐待がしつけ等と弁解されるのも後者の例である．しかし家庭内暴力やストーカー事件の増大と顕在化，貸借関係にも暴力が付随する等，この不介入の不文律が問題を起こすこととなった．市民は事案の防止に対応できなかった警察や行政機関を非難することとなる．こうした市民の声を反映し，後追い的に法整備が進んでいく．

●**市民生活と非犯罪化（decriminalization）**　賭博，薬物，売春，ポルノ等は被害が可視的でなく，被害者なき犯罪（victimless crime）であり，個人の自由や自律を認める立場から，道徳的にはともかく犯罪とすべきでないという主張がある（Schur, 1965）．被害者がいないのではなく，被害は抽象的で，本人被害型ともいえるし，社会的秩序とそれを支える多くの人々に害を及ぼしている．こうした犯罪は簡単には抑止できず，違法化は犯罪組織により潜在化をうながし，別な被害者を出すことが指摘されている．

また日常生活でも法違反がただちに摘発される訳ではなく，スピード違反にはある程度の許容範囲があり，実際には問題の多い少年の万引きも法的処理がとられないことが多い．つまり市民生活と法執行は現実の状況に合わせ，融通な対応が行われている（岩井ら，1979）．

●**市民による地域安全活動**　従来の地域社会が崩壊し，近隣住民が没交渉となり，犯罪の抑止力が薄れたといわれている．公的関心よりも個人の私的な関心がもっぱら重視される私事化（privatization）社会は平常な生活の営みには快適であるが，災害発生や犯罪発生への対応では問題を起こす．職場関係やネット空間での人々は，現実の地域で起きた災害や犯罪への対処では役立たず，結局近隣地域社会に依存することになる．こうしたことから地域住民による自湯的な防犯組織がつくられ始めている（☞「防犯ボランティア」）．これらの組織は地域防犯活動にとって重要な地域のまとまりや領域性の確認，住民同士の見守りによる監視性の確保，かつての自警団と異なる，新たなコミュニティの創設をめざすものでもある（小俣ら，2011）．

［細江達郎］

犯罪不安と情報発信

　犯罪不安は住民の生活の質を損ね，刑事司法に対する信頼にも影響するため，情報発信による犯罪不安の緩和は先進各国で共通の課題となっている．

●**犯罪不安の定義と特徴**　フェラーロ（Ferraro, 1995）は，犯罪不安を，個人が犯罪や犯罪に関連するシンボルに対して抱く恐れや心配といった感情的反応と定義した．一方で，被害リスク認知（perceived risk of victimization）は犯罪被害に遭う確率や被害の重篤さの主観的な見積りである．被害リスク認知と犯罪不安との相関は高いが，犯罪不安は犯罪に対する感情的側面，被害リスク認知は認知的側面であり，区別して扱う必要がある（Rountree et al., 1996）．

　犯罪不安は個人の主観に基づくため，しばしば客観的な犯罪状況と乖離する．例えば，①犯罪不安を表明する個人は，実際の犯罪被害者よりも多く，②犯罪被害に遭いやすい個人が，必ずしも犯罪不安の水準が高いとは限らず，③地区別の犯罪発生率と，その地区の住民の犯罪不安も一致しない．これらは，犯罪と犯罪不安との矛盾（crime-fear paradox）と総称される（☞「犯罪情報の影響」）．

●**犯罪不安研究の歴史**　米国では，1960年代後半に治安が悪化し，犯罪不安が社会問題となった．その後，全国犯罪被害調査（NCVS）や総合社会調査（GSS）で継続的に犯罪不安が測定されるとともに，各地での社会調査でも犯罪不安の原因が分析されるようになった．

　米国で提起された代表的な犯罪不安の説明モデルには，リスク解釈モデルと荒廃理論がある．リスク解釈モデルでは地区別の社会経済状況や犯罪発生率といったマクロ要因と，個人の性別や人種といったミクロ要因とが，個人の被害リスク認知を媒介して，犯罪不安を生起させると考える（Ferraro, 1995）．荒廃理論は，同時期の米国で社会問題化した都市中心部（インナー・シティ）の沈滞や住民の逸走が背景にあり，荒廃した環境そのものに加えて，荒廃で誘発された犯罪が犯罪不安を引き起こすと考える（Taylor, 1999）（☞「割れ窓理論」）．

　英国でも 1980 年代以降，犯罪不安が社会問題化し，安心のための警察活動（reassurance policing）といった犯罪不安の削減のための警察活動が行われるようになった．英国での研究知見には①状態的な犯罪不安と，日常生活の中で犯罪不安を感じた頻度との関連は弱いこと（Hough, 2004），②状態的な犯罪不安の背景に，移民の増加等，長期的な社会変動に対する態度があること（Farrall et al., 2009），③警察に対する信頼（confidence to police）と犯罪不安とが関連すること（Jackson et al., 2009）があげられる．

●**わが国での犯罪不安**　わが国では，1990 年代中盤から 2004 年にかけて刑法犯

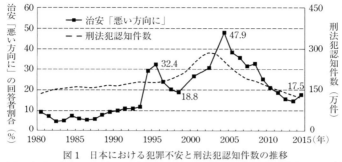

図1　日本における犯罪不安と刑法犯認知件数の推移
(内閣府「社会意識に関する世論調査」ならびに警察庁「犯罪統計書」より作成)

認知件数が増大し，国民の犯罪不安の広がりが問題になった．また，2004年から2005年にかけて，日本各地で子どもが殺害される事件が相次ぎ，子どもをもつ親の犯罪不安が問題となった．

わが国では複数の全国調査で継続的に犯罪不安が測定されている．内閣府「社会意識に関する世論調査」でわが国が悪い方向に進んでいる分野に関する設問に対して「治安」をあげた回答者の割合を，犯罪不安の簡便な指標として利用できる．図1をみると，刑法犯認知件数の変化に少し遅れて，国民の犯罪不安が変化していることがわかる．

日工組社会安全研究財団の「犯罪不安感に関する調査」では，犯罪種別ごとの犯罪不安が測定されており，子どもに対する声かけや空き巣に対する不安の水準が高い一方，テロや銃器犯罪に対する不安の水準は低いことが示されている．このように，わが国では，家族や恋人等，重要な他者の犯罪被害に対する不安である利他的不安（altruistic fear）が特徴的である（荒井ら，2010）．

日本版総合社会調査（JGSS）でも1項目ながら米国のGSSと同様の項目で犯罪不安が測定されている．犯罪不安感に関する調査と日本版総合社会調査（JGSS）の個票データは東京大学社会科学研究所に寄託されており，第三者が学術目的で利用できる．

●**犯罪不安の原因**　犯罪不安の原因として，①脆弱性，②被害，③環境の三つの観点をあげることができる．①脆弱性（vulnerability）の観点では，女性や高齢者等犯罪への抵抗力が弱い個人ほど犯罪不安の水準が高いと考える．②被害の観点は，犯罪を直接的・間接的に経験した個人ほど犯罪不安の水準が高いと考える．なお，伝聞によって他者の犯罪被害の情報に接触することは，間接被害（indirect victimization）または代理被害（vicarious victimization）といわれ，マス・メディアで報じられる犯罪情報は，現代社会における犯罪不安の原因として有力である（☞「犯罪情報の影響」）．③環境の観点では，落書きやゴミの散乱等，その場所で

の犯罪統制の不足を連想させる環境手がかりが犯罪不安を生起させると考える．環境の観点は日本の実証研究でも支持されており，落書き消しや路上駐輪の削減等，環境美化活動や，街灯増設による犯罪不安削減が期待できる（島田ら，2004）．

●**犯罪不安の功罪と情報発信の必要性**　防護動機理論に基づくと犯罪不安は，予防行動の原動力になり得る．犯罪不安が喚起されたとしても，有効な予防行動を取ることができれば，犯罪被害リスクと犯罪不安をともに低減させ，安全と安心の両方を得ることができる．

しかし，犯罪不安がきっかけで予防行動をとったとしても，その予防行動が有効でなければ，安心は得られても安全は得られない．また，そもそも，どの予防行動が有効なのかわからない場合も多い．このため，安全と安心とをともに得るためには，有効な予防行動に関する情報発信が必要である．

また，実態にみあわない犯罪不安は，生活の質に悪影響を与える．さらに，過度の防犯対策や武装といった不適応的対処の原因となる．加えて，一般的信頼の低下，厳罰化支持，主観的健康感の低下等，人々の認知や態度に広範囲に影響する（Jackson et al., 2009）．そして，マイノリティや未成年者等，特定属性をもつ人々に対する激しい負の感情表出であるモラル・パニックとの関連も指摘されている（Lee et al., 2009；赤羽，2010）．

●**情報発信の類型**　バウワーズらは，犯罪予防目的での情報発信の機能を四つあげている（Bowers et al., 2005）．

①犯罪者の逮捕リスクの増大：市民に対して未解決事件の情報提供をうながす．欧米では，未解決重大事件をストーリー仕立てで紹介するテレビ番組が人気を集めており，日本でも同種の番組が放映されるようになった．

②犯罪者の逮捕リスク認知の増大：犯行を行う可能性のある者に対して，ある

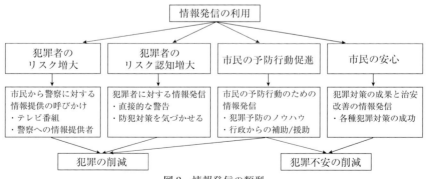

図2　情報発信の類型
（Bowers et al., 2005 より作成）

図3 警察の犯罪予防目的のTwitterアカウント

行為が犯罪である旨や，防犯対策を実施していることを伝えて，犯罪を抑止する．店舗内では万引き防止，列車内では痴漢や暴力防止を企図したポスターが掲示されている．

③**市民の予防行動の促進**：犯罪の脅威情報や予防のノウハウを呼びかける．近年では特殊詐欺（振り込め詐欺）対策の他，性犯罪や街頭犯罪・侵入犯罪の広い分野で取り上げられている．

④**市民の安心**：刑事司法機関の普段の活動やその成果（犯人検挙や犯罪減少）を伝える．これまで日本では必ずしも重視されていなかったが，都道府県警察のホームページに市民からの感謝メッセージを掲載したり，刑事施設への参観を積極的に受けつける等の試みが始まっている．

●**情報発信の媒体** わが国での警察や自治体の犯罪・防犯情報の発信は，長年広報紙といった紙媒体が利用されてきたが，近年，インターネットを利用した新しい情報通信手段が用いられるようになった．電子メールでは地区での犯罪発生や不審者による声かけ事案の発生が速報されている．また，ホームページでは各種犯罪の発生地図や統計情報，被害防止方策を閲覧することができる．

加えて，近年注目されているのがtwitterやFacebook等のソーシャル・メディアである．現在，多くの都道府県警察で犯罪抑止を目的としたtwitterアカウントが開設され，事件発生・解決の速報，防犯教室・キャンペーンの告知，予防行動の勧告等に活用されている．ソーシャル・メディアによる情報発信には，①リツイートやシェア等，受け手による情報共有の仕組みが内在しているため波及効果が期待できる，②担当者の存在を通じて，警察への信頼を獲得できる，等のメリットがあり，今後の発展が期待される． ［島田貴仁］

📖 **参考文献**
[1] 小俣謙二・島田貴仁編著（2011）『犯罪と市民の心理学—犯罪リスクに社会はどうかかわるか』北大路書房．
[2] Lane, J. Rader, N., Henson, B. et al.,（2014）*Fear of Crime in the United States: Causes, Consequences, and Contradictions*, Carolina Academic Press.

犯罪情報の影響

　情報の渦中に生活する我々は，日々，犯罪情報に接している．こうした日々接する犯罪情報から，我々は多様な影響を受けていることが明らかになっている．

●**犯罪情報の情報源**　我々が犯罪被害に遭う可能性を憂慮し，被害に遭う不安を感じ，被害を回避するために行動を起こす過程には，主に三つの情報源からの情報が影響を及ぼしている（Rousenbaum et al., 1990）．

　第一は，みずからの被害経験である．過去に自分が遭遇した出来事は，現在の我々の認識や感情，そして行動の規定因として作用する．これに従うと，我々が過去に遭遇した犯罪被害は，現在の我々の認識や感情，そして行動に作用する．第二は，家族や友人等の他者が遭遇した被害の伝聞経験であり，対人ネットワークを介した情報ともいえる．対人ネットワークを介した情報は，伝達される情報であるがゆえに，客観的被害情報に話者の考えや感情が話題に加わる可能性があり，直接的な被害経験とは異なる影響力をもつ．そして第三に，マス・メディアの情報である．マス・メディアが，我々の現実世界のリアリティを支える源となることは古くから指摘される（田崎ら，1992）．マス・メディアは，ローカルな出来事から国内外のあらゆる出来事を取り上げることが可能であり，直接経験や他者からの情報以上に物理的に広範囲な情報を伝える．

　これらの情報源で情報を得る機会が最も多いのは，マス・メディアを通してである．実際，多くの国民が，テレビや新聞などのマス・メディアから犯罪や治安に関する情報を得ていることが示されている（内閣府『平成18年12月調査（治安に関する世論調査）』）．また近年では，パーソナル・コンピュータや携帯電話の普及とともに，インターネットが身近な存在となりつつあり（総務省『平成24年報告書（通信利用動向調査，世帯編）』），犯罪に関しても，インターネットを通して情報を得る割合が増加の傾向にある（内閣府，同上）．

●**マス・メディアの影響**　マス・メディアに焦点を絞ると犯罪情報の影響に関する研究は，主に二つの流れとしてとらえられる（Lab, 2004）．一方は，バンデューラ（Bandura, 1973）の社会的学習理論に代表されるように，「マス・メディアの犯罪情報が暴力行為等の逸脱行動を引き起こすかどうか」に関心を寄せる．もう一方の関心は，ガーブナーら（Gerbner et al., 1976）の理論に代表されるように，「マス・メディアが犯罪不安や犯罪被害リスク認知，そして犯罪予防行動を引き起こすかどうか」に向けられる．いずれも，犯罪情報が我々の認知，感情，行動に影響を及ぼすと考える点では共通するが，マス・メディアが加害行為を促進すると考えるか，犯罪予防行動を促進すると考えるのかという点で異なっている．

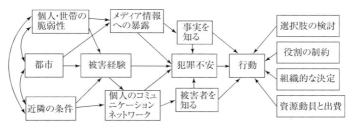

図1　犯罪に対する反応モデル（Skogan et al., 1981 より作成）

●**マス・メディアと犯罪予防行動**　マス・メディアが伝える犯罪情報が，視聴者の犯罪被害リスク認知，犯罪不安，そして犯罪予防行動に及ぼす影響に関する理論は，これまでにいくつか存在する．こうした理論の代表として，第一に，ガーブナー（Gerbner, G.）らによって提案された培養理論（cultivation hypothesis）があげられる（例えば，Gerbner et al., 1976）．培養理論によれば，メディア暴力への長期的・反復的な接触は，テレビの中に描き出される世界に沿った現実認識をもたらし，視聴者が現実以上に自分の被害可能性を高く見積もることにつながるとされる．

　第二は，タイラー（Tyler, T. R.）らが提唱するインパーソナル・インパクト仮説である（例えば，Tyler, 1980）．この仮説では，第一に，犯罪被害リスク認知を社会的水準での判断と個人的水準での判断との二つに区別する．社会的水準での判断とは，居住地域の一般的な他者が犯罪被害に遭う可能性の判断であり，個人的水準での判断とは，自分が犯罪被害に遭う可能性の判断である．第二に，二つの判断に影響を及ぼす情報要因を，直接的経験（被害経験）と間接的経験（マス・メディアの情報，被害伝聞経験）とに区別する．そして，直接的経験は個人的水準での判断に，間接的経験は社会的水準での判断に影響を及ぼすと仮定する．

　第三には，スコーガンら（Skogan et al., 1981）の提唱する犯罪に対する反応（間接被害モデル：reactions to crime）モデルがあげられる（図1）．このモデルでは，視聴者の属性により，犯罪被害経験，対人ネットワーク，マス・メディアへの接触が異なると仮定する．そして，それぞれの情報を得ることで出来事や被害者への知識が蓄えられ，犯罪不安が高まるとともに，犯罪予防行動が生じると仮定する．犯罪に対する反応モデルは，犯罪と犯罪不安との矛盾（crime-fear paradox）（☞「犯罪不安と情報発信」）の原因をマス・メディアや対人ネットワーク等の間接的な被害情報に求めることから間接被害モデルともいわれる．　　　　　［荒井崇史］

📖 **参考文献**

[1]　荒井崇史（2011）「マスメディアと犯罪不安」小俣謙二・島田貴仁編『犯罪と市民の心理学——犯罪リスクに社会はどうかかわるか』北大路書房，pp. 27-41.

予防行動とその促進

　犯罪や非行の予防において重要な役割を果たすのが，行動の予測と制御に関わる諸科学を包括する領域である行動科学（behavioral science）である．なかでも，健康行動に関連するいくつかのモデルは犯罪行動を予測し，制御するモデルとしても十分に活用できる．

　予防の対象となる多くの犯罪や非行は，多くの健康行動と同様に意図的な行動である．さらに望ましくない行動の抑制，そして望ましい行動の促進をめざすという点で，健康行動は犯罪・非行の予防と共通している．

●**計画的行動理論（theory of planned behavior）**　エイゼン（Ajzen, I）によって提唱された行動の遂行を予測するモデルである．このモデルでは，行動（behavior）遂行は行動意図（intention）によって説明され，さらに行動意図は行動への態度（attitude）と主観的規範（subjective norm），そして主観的統制感（perceived behavioral control）によって説明される．態度は，行動によってある結果が引き起こされるという信念とその結果に関する評価の2要素からなる．また主観的規範は，行動の遂行に対する重要な他者からの期待に関する認知と，その期待に従おうとする動機づけからなる．そして主観的統制感とは行動実行における困難さの評価である．例えば禁煙に対する態度がポジティブであり，禁煙への周囲の期待を強く認識しており，さらに禁煙に自信がある場合には，禁煙の行動意図がより高まることになる．

　犯罪研究で計画的行動理論は，薬物使用（Mcmillan et al., 2003），少年の再犯（Kiriakidis, 2008），歩行時の安全行動（菱木ら，2014）等に適用されている．

●**防護動機理論（protection motivation theory）**　ロジャース（Rogers, R. W.）によって提案された防護動機理論によると，不適応行動が引き起こす脅威への評価（脅威評価）と，不適応行動の代替としての適応行動に対する評価（対処評価）の2評価がみずからへの害から身を守ろうとする防護動機を決定し，その防護動機が行動意図を決定する．脅威評価は不適応行動によって起こる事態の深刻さ（例えば喫煙による肺がんの死亡率）と生起確率（喫煙による肺がんの発生率），さらに不適応行動による内的報酬（喫煙によるストレス発散）と外的報酬（喫煙による仲間との結びつき）から構成される．また対処評価は，適応行動による危害の防御確率である反応効果性（禁煙すれば肺がんにならないですむ程度）と自己効力感（禁煙への自信），および適応行動の遂行に伴う反応コスト（禁煙実行でのストレス）によって構成される．脅威評価と対処評価は高いほど防護動機および行動意図が促進される．

犯罪被害防止のための予防行動の勧告の多くは，防護動機理論に基づいて脅威情報と予防行動の情報とがともに提示されており，護身術教室の受講（Morrison, 2005），外歩き時のイヤホン不使用（島田ら，2012）等，研究も多数存在する．

● **健康行動プロセスアプローチ（health action process approach：HAPA）**
計画的行動理論における大きな問題点として，行動意図と行動との不一致の存在がある．シュバルツァー（Schwarzer, R.）によって提唱されたHAPAはこの不一致に注目している．HAPAでは，行動意図が形成されるまでの動機づけ段階と，そこから行動が実行されるまでの実行段階を分けて考える．動機づけ段階では，望ましい行動（例えば禁煙）の不実行によるリスク知覚（risk perception），望ましい行動の実行によるポジティブな結果（体が軽くなった気がする）とネガティブな結果（イライラする）の予測である結果予期（outcome expectancy），実行能力に対する見積もり（禁煙できる自信がある）を中心とした自己効力感（self-efficacy）の3概念が行動意図（intention）を決定する．さらに実行段階として，行動意図が，いつ，どこで，どのように行動を実行するかという行動計画（action planning）を生起させ，実行に対する自信である自己効力感とともに実際の行動の遂行を規定する．

HAPAは近年提唱された新しい理論であり，犯罪行動に適用した研究は現段階においてはみあたらない．HAPAは計画的行動理論の短所を補う理論であり，「悪いとわかっているがやってしまう」「こうした方がいいと知っているけどどうしてもできない」といった現象に特に着目している．今後の研究の発展が期待される．

● **トランスセオレティカル・モデル（transtheoretical model）** プロチャスカら（Prochaska, J. O.）によって提案されたモデルであり，行動の変容過程の遂行に際して遂行する・しないの二分ではなく，行動変容の段階（ステージ）を想定したものである．行動実施の意図や実施程度によって，無関心期，関心期，準備期，実行期，維持期の五つのステージに分けられる．ステージが維持期に向かうにつれて行動の自己効力感が増加する等，ステージによって心理社会的変数の状態に相違が存在している．そのため，ステージに応じた介入が望ましいとされている．

海外では，トランスセオレティカル・モデルを，ドメスティック・バイオレンスやデート暴力等，親密な関係者間の暴力へ適用した事例（Babcock et al., 2005；Banyard, 2014）がみられ，日本でも今後の発展が期待される． ［樋口匡貴］

参考文献
[1] 島井哲志・長田久雄・小玉正博編（2009）『健康心理学・入門─健康なこころ・身体・社会づくり』有斐閣アルマ．

犯罪分析と警察活動

　犯罪発生地点を地図の上に配置していくと，比較的せまい領域に集中する．そうした場所は，犯罪のホット・スポット（crime hot spot）とよばれ，以下の三つに分類される(Clarke et al., 2003)．①犯罪を生み出す場所(crime generator)：ショッピング・センターやターミナル駅，お祭り会場等，多くの人が集まる，犯罪企図者と被害対象が出会いやすい場所，②犯罪を引きつける場所（crime attractor）：売春や薬物売買の場所，繁華街の特定の場所等，犯罪企図者が好んで集まる場所，③犯罪を阻止できない場所（crime enabler）：管理者が不在の駐車場や空き家等，犯罪の抑止力になり得る人の目や設備のない場所．

　また，犯罪の集中は，地理的なだけでなく時間的な面においても確認される．罪種や地域によって集中の度合いは異なるものの，一年の中の月単位，一週間の中の曜日単位，一日の中の時間単位で，それぞれ犯罪が集中するタイミングが存在する．こうした時間的側面における犯罪の集中もまた，犯罪企図者，潜在的被害者，抑止力となる監視者の時空間的な関係性と密接に関連して生じるものとされている（☞「環境犯罪的理論」「日常活動理論」）．

●**犯罪分析とその有用性**　犯罪の空間的，時間的な集中が偶然によるものではなく，一定の規則性に従って生じる現象なのであれば，そうした規則性を明らかにすることは，さまざまな犯罪対策をより効果的に行ううえで有用である．犯罪分析（crime analysis）はそのための手段であり，「警察による，検挙，犯罪及び秩序違反行為の削減，犯罪予防といった諸活動や実施施策の評価を支援するために行われる，犯罪及び秩序違反行為，そして，その背後にある社会人口統計学的，空間的，時間的要因に関する系統的な分析」である（Boba-Santos, 2013）．

　犯罪分析は，情報分析（intelligence analysis），犯罪捜査分析（criminal investigative analysis），戦術的犯罪分析（tactical crime analysis），戦略的犯罪分析（strategic crime analysis），運用分析（operations analysis），管理分析（administrative analysis）により構成される（表1）．これらの分析は，分析対象となるデータや分析の目的が異なるものの，実証的なデータ分析に基づき警察活動を支援することが意図されている点で共通する．

　良質の犯罪分析は，問題の所在を明確化する．これは，犯罪対策の方向性を市民と共有することを容易にしたり，警察のもつ諸資源をより効率的に配分させることに貢献する．また犯罪分析は，SARAモデルの中に組み込まれることで，科学的な施策評価にも役立てられる（☞「問題指向型警察活動」）．ボバ-サントス（Boba-Santos, 2013）は，警察活動の種類として，伝統的警察活動，コミュニティ・

表1 犯罪分析の種類と概要(Boba-Santos, 2013 より作成)

種類	概要
情報分析	犯罪者や犯罪行為と背後に存在する組織とのつながりを明らかにするために行われる，関連情報の収集と分析
犯罪捜査分析	犯罪者の行動特性や人格を明らかにするために行われる，関連情報の分析．地理的プロファイリングを含む犯罪者プロファイリングは犯罪捜査分析の一部をなす
戦術的犯罪分析	被疑者の迅速な同定，検挙に役立てることを目的に行われる，直近2～3か月程度の期間を対象とした，犯行形態，犯行地点，犯行時間のパターンの分析
戦略的犯罪分析	警察活動の長期戦略の検討や実施施策の事後評価を目的に行われる，6か月～数年程度の長期を対象とした犯罪のトレンドの分析
運用分析	警察活動の合理性を検討するために行われる，犯罪および秩序違反行為に対する，警察の人員配置，予算，設備等の適切さの分析
管理分析	犯罪分析の結果のうち，有用なものを行政や市民等に届けることを目的に行われる分析結果の表現

ポリシング，割れ窓対処型警察活動，ホットスポット・ポリシング，コムスタット（CompStat），問題指向型警察活動をあげ，どのような警察活動の種類であっても，その効果的な運用のために犯罪分析は基礎的かつ重要な役割を果たすとしている．

●**地理情報システムとクライム・マッピング**　犯罪分析の中核的な情報技術となるのが，地理情報システム（geographic information system：GIS）である．GIS は，さまざまな属性の情報を位置情報と関連づけてコンピュータ上で一括して扱うシステムであり，これを用いることで効率的な犯罪分析が可能になる．GIS で扱う情報は地図として可視化できることから，分析結果の警察活動への還元や市民との共有にも有用である．

　GIS により犯罪発生地点を地図上に表現するクライム・マッピング（crime mapping）は，最も基本的な分析である（図1-a）．大量の犯罪発生地点の情報も，GIS を用いて町丁目等の任意の空間単位で集計し，色分けした地図（コロプレス地図）を作成することで，地理的パターンを読み取りやすくなる（図1-b）．地理空間上の点の分布から任意の位置における点の密度の推定値を計算し，その値に応じて色分けされた地図はカーネル密度推定地図とよばれる（図1-c）．同地図は，コロプレス図と比較して，集計単位の大きさや形状に依存しない，もとの犯罪発生地点の分布をよく反映した表現となることから，犯罪情勢の直感的理解に資するところが大きく，都道府県警が作成・公開する犯罪発生マップに用いられていることも多い．

 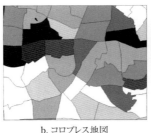 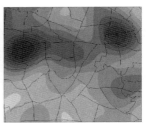

a. 点の分布をそのまま表現した地図　　b. コロプレス地図　　c. カーネル密度推定地図

図1　さまざまな地図の例

●**空間分析**　クライム・マッピングにより犯罪を空間上に表現した後は，その全体的な集中の傾向である空間的自己相関の大きさや，犯罪の集中する具体的な空間の範囲を絞り込むことが分析の主題となる．前者は，時間帯や場所を絞った警察活動の有用性の，後者は，その際に絞るべき具体的な時間帯や場所の根拠を提供する分析として重要である．ここでは，K関数やMoranのI，GearyのC，GetisとOrdのG，スキャン統計量といった空間統計学に基づく指標が用いられ，犯罪が空間上にランダムに分布していた場合と比較して，どの程度の集中が認められるかが計算される．さらに，ここで明らかにされた犯罪の空間的な集積パターンが，どのような物理空間的，社会経済的，人口統計学的要因のもとで生じているのかを，犯罪の三角形，犯罪パターン理論，社会解体論，近接反復被害といった犯罪学上の理論枠組みを参照しながら，異なる地理データの重ね合わせを行うオーバーレイ分析や，回帰モデルの一種である空間回帰モデル等を用いて検討することで，犯罪分析はより深いものとなる．

●**海外での導入と教育**　GISによる犯罪分析と連動した警察活動のパイオニアとして有名なのが，1994年にニューヨーク市警で導入され，その後の劇的な犯罪率の減少に貢献したとされるコムスタット (CompStat) である．このシステムは，地域で起きる犯罪や検挙，生活の質に関わる情報を短期間単位で集計し，作成された地図をもとに，警察署長の強力なリーダー・シップのもとで機動的に警察活動の方針を検討し，実行していくものである．コムスタットは，犯罪分析と連動した警察活動の先駆けとして全米の主な都市に広がった．

　犯罪分析は，その必要性が提起された1990年代以後，着実に浸透している．現在では，米国司法省から犯罪分析のソフトウェアであるクライム・スタット (CrimeStat) が無料で配布され，犯罪分析のための手引書や解説書も専用のサイトで豊富に提供されている．また，国際犯罪分析官協会 (The International Association of Crime Analysts) や英国ロンドン大学のセキュリティ・犯罪科学研究科 (UCL Department of Security and Crime Science) では，犯罪分析官向けの

研修コースの設置や学術会議の開催が行われている．

●**ビッグ・データ時代の犯罪分析とプロアクティブな警察活動**　今日，犯罪分析は，犯罪データにとどまらず，世の中に存在する，大量，多様かつ日々生成されるデータを組み合わせた犯罪ビッグ・データ分析の時代を迎えつつある．既にニューヨーク市警は，2005年に，分単位で取得されるビッグ・データを取り込みながら，より高度な犯罪分析を行うための機関としてリアル・タイム犯罪センター（real time crime center：RTCC）を設立し，ビッグ・データ時代の警察活動を先取りして実践しているが，同様の取組みは他の都市でも徐々に広がりつつある．

　ビッグ・データ時代の到来によって，精度向上が期待されているのが，地理的犯罪予測（geographical crime prediction）の技術である．地理的犯罪予測の研究自体は1990年代より蓄積されてきたが，近年，そうした研究蓄積の上に立つモデルのいくつかがアプリケーションとして実装されている．例えば，バーや酒屋，特定の道路等，犯罪の発生リスクを高める諸施設との近接性から，場所ごとの将来の犯罪リスクを予測するリスク地図モデル（risk terrain modeling：RTM）」や，過去7年間の犯罪の時空間データをもとに独自のアルゴリズムで，日単位，152m四方単位で将来の犯罪リスクを予測するプレドポル（PredPol）は，よく知られた例であり，実際の警察活動への導入事例も多数報告されている．

　犯罪の地理的予測に基づいて行われる警察活動は，予測型警察活動（predictive policing）とよばれる．その学術的評価はまだ定まっていないが，試験的に導入した米国のいくつかの都市では顕著な犯罪抑止効果が報告されており，ビッグ・データ時代の警察活動のモデルとして期待されている．

　わが国での犯罪分析の方法論に関する研究は，これまで主に警察庁の付属研究機関である科学警察研究所によって担われ，犯罪率の低いわが国において，犯罪分析に基づく警察活動は有効であることが示唆されてきた．しかし，海外諸国と異なり，わが国ではこれまでのところ，犯罪分析に基づく警察活動は一般実務に受け入れられているとは言いがたい．海外諸国では，研究の深化に加えて，現場で使いやすい犯罪分析ツールの開発や，それを現場で適切に運用することのできる高度な分析リテラシーをもった人材を育成する点において，大学が重要な貢献を果たしている．わが国においても，今後，犯罪分析がより普及していくためには，大学のリソースをも活用した取組みの展開が望まれよう．　　　　　　　［雨宮　護］

📖 **参考文献**
[1]　雨宮　護（2013）「潜在成長曲線モデルを用いた地区レベルでの犯罪の時系列変化と地区環境との関連の分析―東京23区における住宅対象侵入窃盗犯を事例に」『都市計画論文集』48(3)351-356.
[2]　島田貴仁（2004）「犯罪情勢分析とクライムマッピング」渡辺昭一編『捜査心理学』pp. 229-245，北大路書房．

防犯対策の評価

　地域の実情に合った防犯対策を計画的に実行し，その効果を検証するためには，体系的に評価を行う必要がある（☞「政策評価」）．

●**プロセス評価とアウトカム評価**　防犯対策の評価は，プロセス評価とアウトカム評価（インパクト評価とも）に分けられる．プロセス評価では，活動がねらいどおりに実施されているか，また想定外の問題が起きていないかを，対策の実行中に検証する．例えば，防犯カメラの設置を例にすると，次のような観点から実行プロセスの検証ができる．

・防犯カメラの設置は，広く周知されているか．
・運用指針は守られているか．
・捜査活動に適切かつ即時に貢献できているか．
・画角や明度その他技術的な問題はないか．

　この検証では，実施・運用に関わっている人たちからの聞き取りや現地調査等，質的調査に重きが置かれる場合が多い．検証の結果，問題が見出された場合には，改善策を立案し，担当者に適宜フィードバックを行う．

　一方，アウトカム評価は，活動によって，犯罪減少等の効果が出たかどうかを検証する．効果の検証に際しては，量的・統計的な分析に重きが置かれる．防犯カメラの例を用いると，分析対象の指標は，犯罪認知件数の減少に加えて，地域住民の犯罪不安の改善や，捜査活動への活用件数や検挙に至った事件数といった複数の指標が考えられる．

　認知件数等，通常の警察業務の一環として収集される指標を効果検証に用いるのが簡便であるが，これには暗数の問題がある．さらに，体感治安のような地域住民の意識は，通常の警察統計には反映されない．したがって，地域住民や当該地域の利用者を対象として，被害経験の有無や犯罪不安の変化を調べる社会調査をアウトカム評価の一環として実施することが望ましい．

●**転移と拡散**　防犯カメラのように，特定の場所や地域を対象とした防犯対策に対しては，当該地域の犯罪は減っても，犯罪者が周辺に犯行場所を移すために周辺地域の犯罪が増える（犯罪の地理的転移）という批判がみられる．一方で，1990年代以降の評価研究では，地理的転移とは逆の「利益の拡散」が確認されている．これは，防犯対策の実施地域のみならず，対策を実施していない周辺地域でも犯罪が減るという現象をさす．犯罪者には，防犯カメラの数や位置，視野角，視認距離等，細かな情報がわからず，当該地域だけでなくその周辺でも犯行を避けるという考え方である．

したがって，防犯対策の評価に際しては，対策実施地域における犯罪水準の変化だけではなく，周辺地域における変化も検証に含めるべきである．特に，利益の拡散の可能性を考慮することで，当初の想定以上の効果を見出すことができ（波及効果），犯罪対策のコストとベネフィットを分析する際に有用になる．

●**アウトカム評価のデザイン**　アウトカム評価において，他の交絡要因の影響を排除・考慮したうえで，防犯対策そのものによる効果の有無や程度を科学的に検証するためには，実験計画法，準実験，時系列分析という三つのアプローチがある．これらは，無作為割付の有無と分析対象地区の数によって違いがある（図1）．

図1　アウトカム評価の三つのアプローチ

実験計画法による効果検証は，複数の地区を，対策実施地区と比較対照地区とに無作為に割りつける．無作為に実施地区と対照地区を分けることで，両地区の特性が平均的に同一になる．したがって，防犯対策実施後に測定される両地区の犯罪水準の差は，防犯対策そのものによるものと結論づけることができる．無作為割付により，他の交絡要因の影響を排除できるため，三つの評価デザインのうち，実験計画法によって得られた知見が最も科学的で強いものとなる．

準実験では，実験計画法同様に，実施地区と比較対照地区とを対象として，防犯対策実施前後の犯罪水準を比較するが，分析対象地区は任意に選定される．このアプローチは，倫理的な理由や実務的な理由等によって，無作為割付ができない場合に用いられる．したがって，他の交絡要因による影響の可能性が常に残るため，準実験による知見は，実験計画法により得られる知見よりも若干劣ることになる．なお，近年では，傾向スコア（propensity score matching）を用いて，高度に統計的に比較対象を選定する手法が注目されている．

時系列分析は，分析対象地区は一つのみであり，対策の実施前後で犯罪の水準を比較する．例えば，自治体内全部に施策の影響があるため比較対照地区を選定できないとき等に用いられ，政策評価に適している方法である．しかしながら，このアプローチでは，仮に対策の実施後に犯罪が減少していたとしても，他の要因による可能性がある．したがって，精緻に効果検証を行うためには，データの規則性や他の交絡要因を考慮する高度な統計モデルが必要となる．　　　［菊池城治］

📖 **参考文献**
[1]　島田貴仁（2012）「防犯カメラ―効果ある設置・運用と社会的受容に向けて」『予防時報』251，20-27.
[2]　安田節之・渡辺直澄（2008）『プログラム評価研究の方法』新曜社.

防犯ボランティア

　ボランティアとは，「報酬を目的としないで自分の労力，技術，時間を提供して地域社会や個人・団体の福祉増進のために行う活動」とされる（総務省『平成23年社会生活基本調査』）．防犯ボランティアは，個人や団体による防犯を目的とした自主的な活動であり，自主防犯活動等とも称される．

　防犯ボランティアの現状は，2013年末で団体数が4万7,084団体，構成員数が274万7,268人に上り，両者とも2005年頃から急激に増加している（警察庁「自主防犯活動を行う地域住民に関する調査研究—第3回調査報告書」2014；図1）．防犯ボランティアが増加した背景には，日本の犯罪情勢に加え，市民の犯罪不安や犯罪被害リスク認知の高まりが関与しているとされる．日本の犯罪情勢をみると，1990年代後半から2000年代前半にかけて一般刑法犯認知件数が急増した（『平成25年版犯罪白書』）．また，2005年頃に奈良県，広島県，栃木県で相次いだ子どもを狙った犯罪が関連してか，犯罪被害に対する不安感も高い状態であった（社会安全研究財団，2004）．さらに，同時期，犯罪対策閣僚会議（2008）の「犯罪に強い社会実現のための行動計画2008」において，防犯ボランティア活動の推進が盛り込まれたことも重要である．

●**防犯ボランティアの種類と担い手**　ひとことに防犯ボランティアといっても，さまざまな活動が含まれる．小俣ら（2011）は1都3県525防犯ボランティア団体への調査から，日本で実施されている活動を三つのカテゴリーに分けている．第一は拠点監視活動であり，通学路パトロール等監視性を高める活動である．特

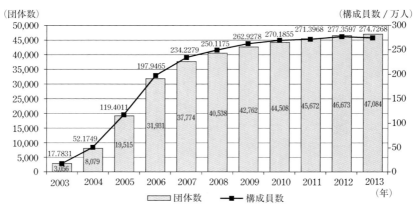

図1　防犯ボランティア団体数・構成員数の推移（警察庁, 2014 より作成）

に，近年では，防犯団体や自治体等，警察以外の主体が，自動車に青色回転灯を装着して行う青色防犯パトロールが大きな役割を担っている（☞「パトロール」）．第二は啓発・情報提供活動であり，防犯ブザーの配布や犯罪情報の提供等犯罪に対する市民の意識を高めるための活動が含まれる．第三は，環境整備活動である．公園・道路の清掃美化や違法広告物の撤去等地域環境を改善することで，犯罪を起こしにくい環境をつくることをねらった活動である．一方，欧米での近隣防犯活動はより多様であり，ラブ（Lab, 2010）は，近隣監視，環境デザインの改変，市民参加の促進，青少年への働きかけ等の戦略に分類している．

　活動の担い手としては，町内会・自治会等の地縁団体，学校のPTA，NPO等に多くを依存している．また，担い手の年齢構成については7割以上が50歳代以上であり（警察庁，2014；同左），高齢化が進んでいる現状がうかがえる．その一方で，新たな動向として，大学生等の防犯ボランティア活動も始められており，今後の新たな担い手として期待される．

●**防犯ボランティアの効果**　こうした防犯ボランティアは，犯罪の減少を企図して実施されるが，効果は必ずしもそれだけではない．ラブ（Lab, 2010）は，近隣防犯活動の即時的効果として，市民参加・責任感・統制の増加，市民の知識の増加，意識や行動の変化，戦略に即した成果（近隣地域の環境浄化等），行政当局と地域の協力や交流の強化をあげる．また長期的効果として，犯罪の減少，犯罪不安の緩和，近隣地域の強化（地域の一体感，インフォーマルな社会的統制の強化）をあげる．このように，防犯ボランティアは多様な効果をもつのであり，活動評価の際には多角的な視点が求められる．

●**防犯ボランティアの維持・継続**　防犯ボランティアは自主的な活動であるがゆえに，多様な活動を継続的に実施することは容易ではない．小俣ら（2009）は，活動が不活発化してしまった団体への調査から，活動の維持・継続を阻害する背景として，以下の点をあげている．第一に，活動の効果や成果が実感しにくく，活動のマンネリ化や意欲の低下が生じる場合である．犯罪が起こらないことをめざす防犯活動は，その性質上，効果を実感しにくい場合が多く，活動意欲が低下しがちになる．したがって，いかに活動成果を顕在化させるかが継続のカギになる．第二に，住民や警察等，周囲の協力が得られない場合である．住民の協力が得られなければ，メンバーが増えずに人手不足に陥る．人手不足は既存のメンバーの負担感を高め，活動の維持・継続が困難になる．それゆえに，住民や警察等関連機関との関係を良好に保つことで協力を引き出すとともに，無理なく実施可能な範囲に活動を絞ることも時には必要になる．その他，世代間の引継ぎ，メンバー間の人間関係，活動費の負担の問題等が指摘される．いずれにしても，市民へ活動成果をアピールする等，参加メンバーへの動機づけを工夫し，地域特性に合わせた無理のない活動を心がけることが重要である．

［荒井崇史］

防犯まちづくり

　防犯まちづくりとは,「住民や警察等のさまざまな主体が従来から取り組んできた防犯活動の幅を広げ,施設の整備や管理等を通して犯行の機会や犯罪被害の不安感を軽減し,「生活の質」の向上をめざす一連の持続的な取組み」(山本, 2005)であり,環境デザインによる犯罪予防,状況的犯罪予防,割れ窓理論といった環境犯罪学に関する諸理論の実践の場ともなっている,まちづくりの一種である.その要諦は,自治体や地域住民,防犯ボランティア等,警察だけでないさまざまな主体が関わる中で,特定の場所の物理的環境,管理体制,利用形態を操作することで,犯罪発生の可能性と住民の犯罪不安を低減させることにある.

●**防犯環境設計**　わが国での防犯まちづくりの基本枠組みになっているのは1990年代後半に示された防犯環境設計の図式である（図1）.同図式では,犯罪を,犯罪企図者,被害対象,地域住民の関わり合いによって生じる事象ととらえ,それらに働きかける4原則を設定している.①監視性の確保は,人目を増やしたり周囲からの見通しを確保することによって,犯罪企図者に,地域住民からの視線による抑止力を働かせるものである.特定の場所の人による利

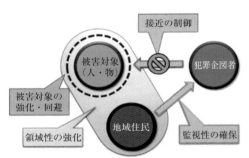

図1　防犯環境設計の基本図式

用を増やすことや,死角を除去すること,防犯カメラや防犯灯を設置すること等が具体的方策となる.②領域性の強化は,被害対象が存在する場所への地域住民の関わりを強化し,その場所での縄張り意識・帰属意識を高めさせることである.空き地での緑化活動等,特定の場所での地域コミュニティによる活動を活発にしたり,住民参加による場所づくりによって住民の場所への愛着を醸成すること等が具体的方策となる.③接近の制御は,犯罪企図者と被害対象との間に障壁を設け,両者の接触の可能性を低くすることである.敷地の公私境界にフェンスや鍵を設けたり,ひったくり防止のために道路の歩車分離を図る,ゲートを設置し住宅地内への通過車両の進入を制限するといったことが具体的方策となる.④被害対象の強化・回避は,被害対象を除去したり,物理的に被害に遭いにくくすることである.犯罪の温床となる可能性のある空き家を除却したり,建物のガラスを割られにくいように強化すること等が具体的方策となる.監視性の確保と領域性

の強化が，人間の心理的機序を用いて，地域住民の力により犯罪予防を図る間接的な方法であるのに対し，接近の制御と被害対象の強化・回避は，より直接的に，物理的に犯罪企図者の行動を抑止する方法となっている（☞「環境デザインによる犯罪予防」）．

●**各地での実践と課題** 防犯まちづくりは，2000年に警察庁が「安全・安心まちづくり推進要綱」および付随する基準等を定め，道路や公園等の公共空間や共同住宅に，防犯環境設計の考え方を導入することを求めたことを皮切りに，わが国で本格的に導入された．その後，各種のガイド・ブック等が公表される中で，関係主体の連携，地域特性の尊重，長期的な視点の重視といった，防犯まちづくりの実践に向けた基本的な考え方が示されつつ，今日まで継続している．

防犯まちづくりの事例としては，市民によるまちの防犯診断と改善活動を早くから行ってきた愛知県春日井市や，関係主体による円卓会議での議論をもとに計画を策定し，環境改善に取り組んだり，公共空間への防犯カメラの設置を進めている千葉県市川市での取組みがよく知られている．また，小学生への被害調査をもとに，地域住民が環境改善に向けた計画づくりを行う取組みを継続的に実施している東京都葛飾区や，防犯に配慮した住宅地開発の認定制度を運用している東京都足立区等，独自の工夫を凝らした取組みを行う自治体もみられる．

このように各地で取り組まれる防犯まちづくりであるが，学術的には批判もある．例えば，防犯まちづくりの多くは科学的根拠を欠いているとする，施策の実効性をめぐる懐疑論や，防犯まちづくりが濫用されると，まちの利便性や美観を損なったり，価値観の異なる者を排除する社会ができるとする，施策の副作用をめぐる批判，さらには，防犯まちづくりは，結局，犯罪の転移を招くだけとする批判も根強い．また，現在の防犯まちづくりは，防犯設備の設置と防犯ボランティアによるパトロールを行うものであるとせまく解釈されており，本来のまちづくりと連携できていないとする意見もある．

防犯まちづくりには，さまざまな課題もあるものの，他の犯罪対策との比較において，社会に軋轢を生みにくい，多くの費用を要しない，即効性が見込める等の長所をもち，今後への期待は大きい．防犯まちづくりを今後より社会に貢献できるものとしていくためには，冒頭に示した防犯まちづくりの定義にもある生活の質の向上という大きな目標を見据えつつ，また，実証研究との相互循環を促進しつつ，犯罪予防のための一手段として，用いていく姿勢が望まれる． ［雨宮 護］

📖 **参考文献**
[1] 安全・安心まちづくり研究会編（1998：2001）『安全・安心まちづくりハンドブック』ぎょうせい．
[2] 雨宮 護・樋野公宏・小島隆矢他（2007）「批判論の論点と市民の態度からみたわが国の防犯まちづくりの課題」『都市計画論文集』42(3)691-696.

住宅・公共空間の防犯対策

　わが国での環境デザインによる犯罪予防の考え方は，まず集合住宅に導入され，その後公共空間へと適用の範囲が広がった．
●**住宅の防犯対策**　1970年代，日本住宅公団では，領域性に関する研究が精力的に行われ，その成果は住棟の配置計画や設計内容に反映された．その後，住宅の防犯対策は，警察庁が「安全・安心まちづくり推進要綱」を制定した2000年以降本格的に進む．2001年に国交省から共同住宅の住棟配置や動線計画の考え方が示された他，2004年には，警察庁等から，破壊までに5分以上を要する住宅の開口部の建物部品を収録した「防犯性能の高い建物部品（CP部品）」の目録が公表される一方，国交省は，戸建て住宅の住宅性能表示の項目に「防犯に関すること（開口部の侵入防止対策）」を追加し，CP部品の使用を推奨した．
　住宅の防犯対策としてわが国において近年みられるのが，タウン・セキュリティ（town security：TS）とよばれる住宅地開発である．これは，ホーム・セキュリティ，警備員の巡回，防犯カメラ等を住宅地単位で一括導入した開発であり，ゲートにより敷地内への通行を実質的に排除した事例もある．同じく防犯を指向した住宅地開発として近年世界中に広まっているのが，ゲーテッド・コミュニティ（gated community：GC）である．GCでは，塀やゲートにより，TSよりも厳格に住宅地内部へのアクセスが制限され，住民による内部空間の自治の度合いも強い．ただし，高い防犯性の一方で，GCに対しては，貧富の格差や社会の分断を象徴するものとして批判も多く，その評価を巡っては論争のさなかにある．
●**公共空間の防犯対策**　利用者が限定される住宅に比べ，誰もがアクセスできる道路や公園等の公共空間は，防犯上の懸念も生じやすい．このうち道路では，既に1981年と早い時期に防犯モデル道路の取組みが行われた．公園については，1988～89年に東京都と埼玉県で，また，1997年に神戸市で起きた子どもの殺害事件の犯行現場となったことで，危険性が広く認識されるようになった．実際に多くの子どもが公園で犯罪被害に遭っている実態が明らかにされ，防犯性を考慮しない公園づくりのあり方に警鐘が鳴らされた（中村，2000）．こうした中で，2000年に警察庁により公園に関する防犯基準が定められ，それが自治体の生活安全条例や計画に反映されるかたちで，見通しや明るさの確保といった防犯環境設計の考え方が，全国の公園に導入された．
　公共空間は住宅と異なり，空間のもつ機能や利用者の属性・価値観が多様であることを前提としなければならない．そのため防犯だけに特化した対策が常に正しいとは限らない．例えば，見通しの確保のために植栽が省略された公園がある

表1　公共空間への防犯カメラ設置にあたって検討すべき点（Ratcliffe, 2006より作成）

項　目	内　容
① 手段の妥当性	さまざまな防犯対策の中で防犯カメラが本当に最良の選択か
② 見せ方	防犯カメラの存在や撮影方向をどの程度わかりやすくするか
③ 機能	防犯カメラの性能や機能は設置目的に対して妥当か
④ 広報	防犯カメラの存在をどのような手段で人々に知らせるか
⑤ 設置箇所	防犯カメラの配置は犯罪分析を踏まえた効果的なものか
⑥ 運用主体	防犯カメラを誰がどのように運用するのか
⑦ コスト	防犯カメラの設置および運用のための費用は十分か
⑧ 警察の対応体制	地元の警察には緊急時に適切に対応してくれる体制があるか
⑨ 撮影対象	誰のどのような行為を問題とするのかが明確か
⑩ 効果の有無	防犯カメラは設置目的に対して効果をあげたか
⑪ 副作用の有無	防犯カメラ設置後に，意図せざる副作用は生じていないか

が，こうした対策は監視性の確保を通じて防犯に貢献し得る一方で，豊富な緑量を望む公園利用者には受け入れられない可能性もある．同様の競合は，フェンス等による公園へのアクセス制限（利便性との競合）や，街灯の設置（省エネや光害，コストとの競合）等にもみられる．こうした点に配慮するためには，さまざまな立場の利害関係者を巻き込みながら，場所ごとに具体的な対策の内容を検討する丁寧なプロセスが不可欠である．

公共空間の防犯対策として，近年，急速に普及しているのが防犯カメラの設置である．強い市民からの要望と設置コストの低下も相まって，数百〜千台規模で防犯カメラを設置する自治体も現れている．防犯カメラは，捕捉されるリスクを犯罪企図者に知覚させることを通じて犯罪を抑止したり，住民の不安を軽減する，警察の捜査に貢献する等の効果も期待できる．

しかし，防犯カメラによる犯罪抑止効果は罪種や場所の種別に依存し，常に見込める訳ではない．また，防犯カメラの設置は犯罪の転移を生んだり，一部の市民の不快を招くといった意図せざる効果を生じさせる可能性もある．こうしたことからラトクリフ（Ratcliffe, 2006）は，公共空間への防犯カメラ設置にあたっては，表1の諸点をSARAモデル（☞「問題指向型警察活動」）の中で検討することを推奨している．

［雨宮　護］

参考文献

[1] 中村　攻（2000）『子どもはどこで犯罪にあっているか—犯罪空間の実情・要因・対策』晶文社．

店舗での万引き対策

　万引きの被害の規模は全国で 4,500 億円以上と推定されており，小売業によって莫大な被害をもたらしている．万引きの被害は店舗の深刻な経営の悪化を導くことからも，効果的な店舗での万引き対策の推進が求められている．その一方で，商品のロス分を販売価格に転嫁している店舗も多く，それに乗じて万引き対策を行わずに犯行を黙認している店舗も数多く存在している．

●**被害実態の把握と防犯意識の向上**　店舗での効果的な万引き対策のためには，どの店舗においても，まずは万引き被害の実態の把握が必要である．なぜなら被害の規模によって，対策が異なってくるからである．被害の規模が小さければ，防犯カメラ等の防犯機器の設置等の対策が考えられるが，被害規模が大きければ，保安員の導入や売り場のレイアウトの変更等，よりコストがかかる対策が必要になる．万引き被害の少ない店舗で保安員を導入することは万引き被害よりもコストがかかってしまうため，万引きを減らしたとしても，費用対効果が得られないという状況に陥ることもある．したがって，まずは正確な万引き被害の実態の把握とそれに見合った対策の実施が必要である．

　大久保（2014）の調査では商店街等にある小規模店舗では，万引き被害の実態を把握していないだけでなく，商品ロス自体を把握していない店舗も多いことが明らかとなっているため，商品ロスを把握し，その中でどの程度の割合が万引きの被害なのかを把握する必要がある．

　さらに，効果的な万引き対策のためには，店舗全体での防犯意識の向上が不可欠である．一般的に店長等の正社員と比べて，アルバイト・パートは万引きを見た経験がないことが多く，万引きへの対処についての指示を受けた経験がないことも多い．さらに，アルバイト・パートは店舗の死角を認知していない等，防犯意識が低く，万引きの被害の多い店舗ほど，店員の万引きへの意識が低いことが明らかとなっている．このように，店員も含めた店全体の防犯意識の向上が，店舗での効果的な万引き防止の前提となるのである（大久保ら，2013）．

●**万引き犯の捕捉**　店舗での対策は，万引き犯の捕捉と万引きの予防に大きく分けられる．万引き犯の捕捉では，他の犯罪と異なり，警察が現場で万引き犯を捕捉することはほとんどなく，万引き G メンとよばれる保安員（私服警備員）や店員による捕捉が主である．万引き犯の捕捉には，当該の店舗の商品であることを確認する①棚取り，商品が犯人の自己の支配下にあることを確認する②隠匿，店外まで追尾し，代金を支払っていないことを確認する③未精算確認の三つの要件の成立が不可欠である．この三つの要件が成立しないと，犯意を成立させるこ

とができないために万引き犯を捕捉することができないのである．この中でも特に問題となるのが，③未精算確認における店外の定義である．伊東（2011）が指摘しているように，どこまでを店内とするかという店外の定義は，臨場する警察官によってまちまちであることも多く，現場での課題となっている．また，店外であっても捕捉の際に万引き犯が暴れ，店員が怪我をする可能性もあり，店員による捕捉自体を禁じている店舗も存在する．万引き防止を目的とする全国万引犯罪防止機構は万引き犯の店内捕捉を提唱していたが，店内で万引き犯を捕捉した実績はほぼ皆無であり，万引き犯が暴れた際に誰が補償を行うのか等も明確でないため，普及に至っていない．したがって，今後は万引き犯の捕捉よりも万引きの予防が対策として求められるようになるといえる．

●**万引きの予防**　万引きの予防では，まず，万引きされやすい商品を知ることが必要である．万引きされやすい商品は業種や店舗規模，客層，地域，季節等によって変わるので，定期的に情報を更新していく必要がある．次に，店内放送やポスターの掲示等の①万引き防止の啓発，死角をつくらないようにし，狙われる商品をレジ近くに置く等の②陳列の工夫，防犯カメラや防犯ゲート，防犯タグ等の③防犯機器の設置，制服・私服警備員の配置やボランティアの見回り，警察の巡回等の④外部との連携，情報の共有や万引き犯への対応の仕方の意思統一等の⑤店員への教育が求められる．

　ただし，いくら店内放送やポスターを掲示し，レイアウトを工夫しても，店員が注意を向けなければ，万引きが減ることはない．また，防犯カメラや防犯ゲート，防犯タグ等はその抜け道が知られていることから，常習犯に対しては威嚇にならないという問題もある．警備員を配置し，ボランティアや警察の見回りを増やしても，常に店内にいるわけではないので，最終的には店員の防犯意識を高める教育や万引きをさせない店内ルールの周知，来店者の買物マナーの向上を図ることなどが重要になる．

　最近では，店内でルールを制定し，隠匿した商品を出してもらうという未然防止のための店内声かけを行う店舗も増えてきている．これは万引きを未遂化させるものであり，万引き犯の通常客への回帰をめざすものである．ただし，これを行うには，店員自身が万引きを見つけ，積極的に声かけやあいさつを行い，加えて，何がどこでいつ万引きされやすいのか，どのような声かけの仕方が適切なのかを知っておく必要があるため，店員教育が不可欠である．さらに，近年，顔認証システムも普及していることから，どのように顔認証システムを運用し，店員教育と結びつけていくかが課題となっている．　　　　　　　　　　　［大久保智生］

📖 **参考文献**
[1] 大久保智生・時岡晴美・岡田　涼編（2013）『万引き防止対策に関する調査と社会的実践――社会で取り組む万引き防止』ナカニシヤ出版．

照明と犯罪予防

1961年3月,「防犯灯等整備対策要綱」が閣議決定された.当時は街灯の整備が不十分であり,暗い街路で犯罪が頻発していたことから,夜間における犯罪の発生を防止し,公衆の安全を図ることが主たる目的であった.この法では,国や地方自治団体が,防犯灯の整備に関して努力することや費用の補助等の措置を講じることを定めており,防犯灯整備を進める根拠となってきた.

防犯灯に使用される照明は,①フィラメントが熱くなり光を出す白熱電球やハロゲン電球,②放電で紫外線が出る蛍光ランプ,③高圧・高電圧の状態で水銀が放電により可視光を出すHIDランプ (high intensity discharge lamp),④電気を流すと接合面が光る発光ダイオード (light emitting diode:LED) に大別できる.屋外照明としては球切れのしやすい白熱電球から,より長寿命で効率の良い,蛍光ランプ,高圧ナトリウムランプ,そして,第四の光源といわれるLEDが急速に普及している.LEDは長寿命で球切れの心配がなく,消費電力は一般蛍光灯よりも半減できる等のメリットがあげられる.

●**街頭犯罪の予防と犯罪不安の低減**　警察庁の『平成24年の犯罪情勢』によると,2011年,2012年ともに,ひったくりは18時以降から24時の暗い時間帯に多く発生している(図1).つまり,昼間より暗く,人通りも少なくなる夜間では,街頭犯罪の発生が多くなると考えられる.また,暗い場所は犯罪不安を引き起こす環境特性として多く報告されている.したがって,防犯灯の設置は,街頭犯罪予防の観点からも犯罪不安低減の観点からも非常に重要である.

犯罪不安を低くするための防犯灯の照度に関しては,日本防犯設備協会 (2012) による防犯灯の照度基準がある.この基準では,4m先の歩行者の顔の概要が識

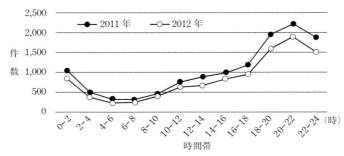

図1　2011・2012年度のひったくりの時間帯別件数
(警察庁『平成24年の犯罪情勢』より作成)

別できるクラスA,4m先の歩行者の挙動・姿勢等がわかるクラスBに分けている（表1）．一般に，夜間に不安なく路上を歩くには4mの対人距離が必要であり，クラスB以上の照度が保たれていると，相手の挙動・姿勢を把握して接触・攻撃に対する回避行動の準備が可能となり，犯罪不安も低減される．防犯灯の効果的な設置が，街頭犯罪の予防と犯罪不安の低減に効果的である．

表1 防犯灯の照度基準（日本防犯設備協会，2012より作成）

クラス	水平面照度 （平均値）	鉛直面照度 （最小値）	照明の効果
A	5ルクス	1ルクス	4m先の歩行者の顔の概要が識別できる
B	3ルクス	0.5ルクス	4m先の歩行者の挙動・姿勢等がわかる

水平面照度は道路面上の平均照度，鉛直面照度は道路の道路軸に沿った中心線上で，道路面から1.5mの高さの道路軸に直角な面の照度の最小値

●**青色防犯灯の真相** 青色防犯灯は，2000年に英国のグラスゴー市にあるブキャナン通りで最初に設置された．これはグラスゴー市の「光の街プロジェクト」として設置されたものであり，青色による犯罪抑止の理論や証拠に基づいたものではなかった（平，2010）．しかし，わが国では，2005年5月に「街灯をオレンジから青色に替えたら，副次効果で年間約1万件も犯罪が減った」と放送され，この放送から全国各地での青色防犯灯の設置が始まった．そして，実際に青色防犯灯を設置した地域で犯罪の減少が確認された（須谷，2008）．当初は，青色がもつ鎮静効果が作用して犯行を予防するという説明がなされたが，現在では青色防犯灯を積極的に設置した住民の防犯意識の高揚，それに伴う防犯パトロールや青色回転灯車による巡回等の複合的防犯施策の結果であるとの見解で一致している（須谷，2008）．

なお，蛍光ランプを白から青にすると明るさは3分の1～5分の1になり，見え方が大幅に低下し，直接照明の色として「違和感がある」等の調査結果もあることから，青色・白色複合LED防犯灯が開発されている（平，2010）．青色・白色複合LED防犯灯は，従来の青一色の青色防犯灯と比較して，遠目には青く直下では白色で明るく，住民に好まれるとの調査結果も出ておりその普及が期待されている（平，2011）．

●**防犯灯以外の照明による犯罪予防** 道路，公園，駐車場に防犯灯を設置することで，犯罪予防と犯罪不安の低減が期待できるが，すべての生活空間を防犯灯でカバーすることはできない．そのため，一般家屋の門灯や玄関灯を点灯させることで，明るさのムラを少しでもなくす一戸一灯運動とよばれる活動が行われている．一戸一灯運動は，明るさを保つという面だけでなく，家人が居ることや帰宅する者がいるというメッセージも発信して，犯罪企図者の逮捕リスク認知を高めて犯行を予防する効果もあわせもっている．

［平 伸二］

地域・家庭における被害防止教育

　警察庁は，『警察庁丁生企発第466号』「子どもの犯罪被害防止対策の徹底について」(2012年9月6日付け) にあるように，子どもに対する被害防止教育の推進に関し，「教育委員会や学校と連携し，『防犯教室』『地域安全マップ作成会』等を開催し，子どもが身の危険を察知する能力をつけさせる参加・体験型の被害防止教育を推進すること」と記している．このように，わが国の被害防止教育の基本的姿勢は，子どもが参加，体験できる実践的な教育プログラムで，まず，被害回避能力や被害を最小に抑える能力を身につけさせることにあるといえよう．これにより，全国の小学校等では，地元の警察，警備保障会社，NPO法人等に依頼し，被害防止教育の実施を行っている．一方，ほとんどの地域や家庭では，このような教育機関の主催行事に参加するものの，独自に被害防止教育をするまでには至ってはいない．

●**地域による取組み**　ただ，その地域の特性を生かした地域主体の試みがいくつか生まれている．それらは，まちづくりの一環として行う行事に，被害防止に結びつく教育的な実践を加えるといった試みとなっている．

　例えば，大阪府田尻町では，子どもや大人に「子ども110番」の場所や担当者を知ってもらうため，こども110番ウォークラリーを実施している（図1）．これは，地図を手にして子ども110番を探しあて，そこで出題されるクイズを解きながらゴールの小学校に向かうものである．その後，同地区の大人や中学生などと小学生がチームを組み，ウォークラリーを開始する．子ども110番の家や店を探し，その担当の家人に感謝の手紙を渡したり，新しい110番の旗を渡したりして，提示されたクイズを解いていく．この試みの最も教育的な効果は，子どもが地域社会の守ってくれる大人や守ってくれる場所をよく知ることができる点にある．また，家族で参加することにより，地域と家庭との防犯ネットワークを強化することが可能となる．

●**家庭による取組み**　家庭単位での標準化された被害防止教育は，現在のところ見あたらない．先の警察庁の通達等では保護者の対応として，「子どもの行動を日ごろから把握しておく」「子どもの変化を見逃さない」等を上げ，日ごろから親子のコミュニケーションを図る，等の心構えが説かれているものの，実際的な教育は学校や地域での活動に委ねられている．家庭における取組みとして，今後求められるのは性犯罪被害に対する教育であろう（田口ら，2010）．性的な犯罪は，子どもが受ける犯罪の中できわめて多い犯罪被害であるものの，防犯教室で取り上げられることは少ない．学校や地域社会では教育しにくい領域であり，親子間での話し

合いの場にておい教育的効果を模索する必要がある．例えば，米国小児科学会が編集した『10代の心と身体のガイドブック（*Caring for Your Teenager: The Complcte and Authoritative Guide*）』（2003）の第12章「性」では，親の目線，女性の目線で，セックスによる被害について具体的に記述している．例えば，デートレイプについては，米国の14歳から17歳までの女子は7人に1人が，デートのときに強引にセックスを迫られた経験があることを示し，それを防ぐために，望まないセックスに発展しないようにする返答法を具体的に示している．また，男性がコンドームを嫌がった場合の具体的な発言例，それに対する個々の返答例等も明示している．このような，具体的な内容を示しながら，各年代においてどのような犯罪被害が多いかを踏まえ，心身の発達段階を考えに入れながら，性的犯罪への適切な家庭内教育が今後構築されることが望ましい．

図1　大阪府田尻町の「こども110番ウォークラリー」の風景．（上）出発前の警察官による防犯教室，（下）こども110番の家に感謝状を渡す子どもと中学生（大阪府提供）

●**今後の課題**　上述のとおり，地域・家庭における被害防止教育では，子どもに被害回避能力や被害を最小に抑える能力を身につけさせることを，当面の目的としている．今後は，犯罪のもつネガティブな印象が子どもの心理面にもたらす悪影響も検討しながら，テクニック偏重ではない，信頼感の育成や対人スキルの形成も踏まえた教育が必要となろう（岡本ら，2006）．また，現在想定されている犯罪類型は，街頭犯罪，とりわけインパクトの強い略取誘拐事件であるため，例えば性的犯罪への具体的な対応は教育内容に含まれていない．加えて，近年問題になっているSNS等サイバー環境を介した犯罪被害や，危険ドラッグ等薬物への接近についても，いまだに注意喚起のレベルにとどまっている．これらについては，専門性の高い機関や担当者が，地域や家庭における具体的な対応を指導することが重要であろう．最後に，児童虐待やドメスティック・バイオレンス（DV）等の家族間暴力の防止教育についてである（☞「児童虐待・家庭内暴力による子どもの被害」）．家庭内等の閉ざされた空間において，本来，子どもを守るべき肉親が加害者となる児童虐待や子どもの面前でのDVは，子どもへの被害防止教育だけでは防止することは不可能であろう．将来，これらの家族間暴力を起こさせないための教育プログラムを，親となる世代や子育て時における親に対し実施する社会システムが求められる．　［桐生正幸］

学校における防犯教育

　かつて学校は安全な場所と考えられていた．しかし2001年6月に大阪教育大学附属池田小学校に，包丁をもった男が侵入し，児童8人を刺殺，教員と児童15人が重傷を負うという事件（附属池田小事件）が発生した．この事件を契機に，文部科学省は，2002年に学校安全の充実に総合的に取り組む「子ども安心プロジェクト」を実施し，さらに同年に「学校への不審者侵入時の危機管理マニュアル」を作成した．

　この他，通学路で子どもを見守る学校安全ボランティア（スクール・ガード）や警察官OB等を地域安全学校指導員（スクール・ガード・リーダー）として委嘱する取組みも開始された．

●**小・中学校における防犯教育（不審者との接触の回避や対応）**　学校保健安全法第27条では学校安全計画の策定について定めており，この規程に基づき，すべての学校において防犯教育（教育現場では安全教育という用語が用いられている）が行われている．

　小・中学校における防犯教育の主なテーマは，不審者との接触の回避や対応である．特に登下校時における子どもの安全確保は重要視されており，文部科学省から2005年に「登下校時における幼児児童生徒の安全確保について」（通知）が出されている．小・中学校では防犯教育として，防犯教室および防犯避難訓練が実施されている．防犯教室では，危険予測の方法と危険回避の方法について，警察官等の外部の専門家による指導が行われている．寸劇や通学安全マップの作成等，子どもに問題意識をもたせる工夫がされている．防犯避難訓練では，学校全体あるいは学年全体等で行う組織的な訓練であり，不審者が校内に侵入したことを想定して危険回避の方法を体験的に学習する．

　なお毛利（2009）は，不審者でなければ安全であるという指導は危険であると指摘している．子どもを狙う性犯罪は，顔見知りの者によって行われることが少なくないからである．そのため，いわゆる直感を使って危険を察知することも重要であると指摘している．

●**高等学校における防犯教育**　高校生を対象とした防犯教育の場合，重要なテーマはデートDVである．近年，デートDV（dating violence：デート暴力とも）が社会問題化している．デートDVは，身体的暴力や心理的規制によって相手の行動を束縛し，管理統制しようとするものであり，ストーカー行為や夫婦間暴力にも発展する場合もある（☞「デート暴力」）．

　デートDVの防止のための教育は，高校時代に実施することが効果的であると

されている．高校時代から交際を始める者が多く，早期の段階でデートDVについての知識をもたせれば，デートDVに適切に対処できるのではないかと期待されるからである．

デートDVの防止講座は，子どもや女性の人権を扱うNPO法人や各地方自治体の他，近年では高等学校が積極的に開催している．防止講座の内容は，デートDVの定義や，被害にあった場合には我慢することなく援助を求めることが大切であることを人権問題に関連づけて説明することが多いようである．

防犯教育の視点からは，身体的暴力だけでなく，心理的暴力も重視すべきであると考えられる．心理的暴力は身体的暴力に時間的に先行するため，心理的暴力を防止できれば身体的暴力も防止できると期待されるからである．さらに心理的暴力は，身体的暴力等が伴わないため被害の認識をもちにくい場合もある．そのため防犯教育では心理的暴力を正しく理解させる必要があると考えられる．

●**大学における防犯教育（危険ドラッグと性犯罪被害）**　男子大学生を対象とした防犯教育の重要なテーマは，危険ドラッグ（いわゆる脱法ハーブ）である．危険ドラッグは，過剰摂取すると興奮，錯乱状態に陥るとされており，わが国では危険ドラッグを摂取して車を運転し，交通事故を起こした事件・事故が繰り返され社会問題となっている．近年，似た化学構造の物質を包括的に規制する制度や所持・使用に対する罰則の導入等，法的規制が強化されているが，覚醒剤と比べて値段が安く入手しやすいこと，目的や用途を偽って販売されることも多いことから，安易に危険ドラッグに手を出す若者が増加しているといわれている．危険ドラッグに手を出す前に危険性を十分に認識させる必要があり，大学生の段階で危険ドラッグの防止講座を実施する必要がある．

一方，女子大学生を対象とした防犯教育の重要なテーマは，性犯罪被害である．性犯罪被害は身体だけでなく精神的に深刻な影響を及ぼすためである．石原ら（2007）は，警察におけるカウンセリング活動を統計的に分析し，支援を求めてきた者の中で，性犯罪の被害者が最も多いことを明らかにした．

防犯教育の内容は各大学によって異なるが，例えば，アパートで一人暮らしの学生を対象に，警察官にその地域の性犯罪被害の実態を教えてもらったり，夜間の一人での外出は控える等の具体策の教示や，護身術の講習等が例としてあげられる．

しかしながら性犯罪の場合，被害にあっても警察に通報せず，家族や友人にも相談しない場合もある．笹竹（2009）によれば，性犯罪の被害にあった女子大学生のうち17.8％は「性的な被害に遭うこと自体が恥ずかしい」等の理由により，家族や友人ら誰にも相談していないことを明らかにしている．防犯教育では，性犯罪の被害に遭うことは決して恥ずかしいことではない等，適切な認識をもたせる必要があると考えられる．

［笹竹英穂］

地域安全マップ

　地域安全マップとは，犯罪が起こりやすい場所を風景写真を使って解説した地図である（図1）．具体的にいえば，「（誰もが/犯人も）入りやすい場所」と「（誰からも/犯行が）見えにくい場所」を洗い出す．

　楽しみながら犯罪機会論を学び，危険予測能力を高められる防犯手法として，2002年に小宮信夫が考案した．2008年には，内閣総理大臣をトップとする犯罪対策閣僚会議の「犯罪に強い社会の実現のための行動計画2008」で採用されるに至った．

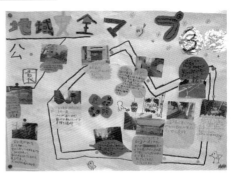

図1　景色解読力を高める地域安全マップ
（東京都立大塚ろう学校）

●**間違いだらけの地域安全マップ**　しかし現実には，地域安全マップとよばれているもののほとんどが，間違ったつくり方をしている．その中で最も問題なのが，不審者の出没場所を表示した不審者マップである．犯罪を企てている人間を，外見から突き止めるのは不可能に近いから，このマップでは危険は予測できない．そればかりか，不審者に注目させると，外見上の特徴が異なる人（外国人，ホームレス，知的障がい者）を不審者とみなしたり，「知らない人」はすべて不審者だとする人間不信を招いたりすることになる．

　犯罪が起きた場所を表示した犯罪発生マップも，危険予測能力の向上には結びつかない．なぜなら，犯罪が起きた場所を覚えても，知らない場所ではその記憶は役に立たないからである．また，被害に遭った子どもからその場所を聞き出そうとすれば，そのトラウマを深めてしまう．そもそも日常的な生活空間は，二次元の地図ではなく，三次元の景色によって構成されている．言い換えれば，我々は地図を見ながら歩いているのではなく，景色を見ながら歩いている．したがって危険性の判断も，地図の中ではなく，景色の中で行うべきなのである．要するに，地域安全マップは，景色を見ただけで，そこが犯罪者の好きな場所かどうかを瞬時に見極める景色解読力を育てるものなのである．

　不安を感じる場所をまとめたマップ等，犯罪機会論に基づかない非科学的マップも，危険予測能力の向上をもたらさない．犯罪が起きる確率を的確に判断するためには，その根拠となる基準（物差し）が必要であり，それが，犯罪機会論の

「入りやすい場所」「見えにくい場所」というキーワードなのである．

●**地域安全マップの効果**　第一の効果は，子どもや住民の危険予測能力（景色解読力）の向上である．孕石ら（2008）は，大阪教育大学附属池田小学校で行ったマップの授業を，児童への事前と事後の意識調査によって検証し，危険予測能力の向上という学習効果があったと結論づけている．いずれも東京だが，日本橋小学校では，子どもたちが，マップの授業を受ける前までは，近道なので通っていた危険な場所を，授業後は通らなくなった（毎日新聞，2007年3月26日），五本木小学校では，一人で登下校する児童の数が，マップの授業の後に減った（朝日新聞，2005年12月1日）といった実例もみられる．

　第二の効果は，非行の防止である．マップの授業はグループ・ワークの形式をとる．そのため子どもたちは，クラスメイトとの相互作用の過程で，コミュニケーション能力等の社会的スキルを伸ばすことができる．地図に装飾を施す作業や全員に発言させる発表会も，特定の子どもが排除されることを防ぎ，子ども同士の仲間意識を高める仕かけである．また，マップの授業は，シチズンシップ（市民性）教育という性格も帯びている．子どもたちは，街探検を通じて地域への関心を高める．住民へのインタビューも，情報収集というのは建前で，本音は子どもたちと住民との信頼関係の構築にある．平（2007）は，マップの授業の効果を測定し，子どもたちのコミュニケーション能力と地域社会への愛着心が高まったと報告している．要するに，マップの授業には，子ども同士の絆の強化，さらには，住民との絆づくりが期待できる．ハーシー（Hirschi, 1969）によると，こうした社会的絆は子どもを非行から遠ざけるという．

　第三の効果は，街頭犯罪発生率の低下である．マップづくりによって，犯罪機会論の考え方が広まれば，地域を基盤とした犯罪予防が，理論的な指針を得て，無理なく無駄なく展開されるようになる．その意味で，マップづくりは，コミュニティ・エンパワーメントの手法なのである．大阪府寝屋川市では，小学校でのマップづくりの後に，住民が子どもたちによって発見された危険箇所を改善した（読売新聞，2006年11月16日）．総務省の『地域づくりキーワードBOOK　地域コミュニティ再生』（2008）には，小学校でのマップの授業の後に，街頭犯罪の発生件数が減少した大阪府八尾市のケースが掲載されている．それによると，2006年度に八尾市全体では街頭犯罪が前年度に比べて7％増加したにもかかわらず，市内で唯一マップづくりを実施した竹渕地区では，街頭犯罪が前年度に比べて16％減少したという．

［小宮信夫］

参考文献
[1] 小宮信夫（2013）『犯罪は予測できる』新潮新書．
[2] Komiya, N.（2011）Community Safety Maps for Children in Japan: An Analysis from a Situational Crime Prevention Perspective, *Asian Journal of Criminology*, 6(2) 31-140.

問題指向型警察活動

　問題指向型警察活動は，米国ウィスコンシン大学のゴールドスタイン（Goldstein, M.）によって1979年に提唱され，その後の研究を通して発展を遂げている警察活動の新潮流である．1970〜80年代の米国では，犯罪率が非常に高水準で推移していて，110番通報に対して受動的に対応する伝統的警察活動の限界が認識され始めていた．そこで，ゴールドスタインは，犯罪問題の原因をデータ分析を通して究明し，対策を立案・実行し，適切な効果検証を体系的に行うという，効率的かつ透明性の高い警察活動モデルを提案した．

●他の警察活動モデルとの比較　警察活動は，焦点の絞り方や関与者の多様性によって，大きく四つに分けることができる（図1）．伝統的警察活動は，警察のみが主体となり，110番通報があればそれに対応しようとするものだが，この受動的な警察活動が犯罪削減に与える効果は，非常に限定的である．これに対して，犯罪多発地点集中型警察活動では，パトロールの対象地域や時間を絞って犯罪の減少をめざす．的を絞ったパトロールは，犯罪抑止に効果があると米国の評価研究で報告されている．これらの警察活動は，まさに警察のみが主体となるのに対して，コミュニティ指向型警察活動では，地域住民を巻き込んで，犯罪の削減，秩序びん乱の除去，警察への信頼の向上，体感治安の改善等をめざす．車でのパトロールが中心となる米国で，警察官と住民とのつながりの欠如を解決するために提唱された活動だが，この警察活動の狙いは曖昧になりがちであり，その効果もはっきりしない．

図1　警察活動の分類
(National Research Council, 2003 より作成)

　最後に，地域の問題の原因を絞り込んだうえで，計画的に対策を立案し，対策の内容に応じて警察以外の刑事司法機関や地域の団体と一体的に犯罪の削減をめざすのが，問題指向型警察活動である．関与者が多様であるためにさまざまな問題に柔軟に対処することができ，またねらいが絞られているこのアプローチは，評価研究において肯定的な結果が報告されている．

● SARAモデル　問題指向型警察活動は，問題の洗い出し（scanning），問題の分析（analysis），対策の立案・実行（response），対策の評価（assessment）の四

つのステップを踏む．このアプローチは，各段階の英語の頭文字をとってSARAモデルとよばれる（図2）．

まず，管轄区域において何が重要な課題となっているか，警察統計等を概観し傾向を把握することで，問題の洗い出しを行う．

次に，洗い出された問題について，警察への通報記録，被害記録，検挙記録，出所者情報，現地調査，関係者へのインタビュー等，多様かつ詳細なデータを精緻に分析し，問題の原因を特定する．このステッ

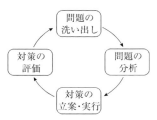

図2　問題指向型警察活動の4ステップ（Clarke et al., 2005 より作成）

プにおいては，統計分析ソフトや地理情報システム（GIS）が重要な道具となる．データの分析に際しては，いかなる犯罪も場所・犯罪者・被害者の3要素が必要であるとする「犯罪の三角形」という考え方が役に立つ．3要素が必要ということは，逆にいえばその一つでも取り除くことができれば犯罪を防げるということでもある．したがって，場所・犯罪者・被害者のどこに問題があり，どれにねらいを絞った対策をすべきなのかを考える手助けになる．

そして，犯罪学理論や既存の研究を参考にしつつ，データの分析結果に応じた対策を立案し，実行に移す．具体的な対策は，犯罪遂行に適した状況と機会を変えることに焦点をあてることが重要である．立案に際しては，米国の問題指向型警察活動センター（Center for Problem-Oriented Policing：POP Center）のウェブ・サイトで公開されている100冊以上のガイド・ブックが参考になる．問題と対策の性質に応じて，警察のみならず，他の刑事司法執行機関や地域団体等と協力して対策を実施する．

最後に，実施した対策の評価を行う．評価の対象は，犯罪の増減のみならず，犯罪不安の変化，被害申告率の変化，秩序びん乱の改善等さまざまな指標が含まれる．対策のねらいによっては，即時的な効果が発生しづらい場合もあるため，中長期的視点で評価を行うことが必要である．また，対策に要した費用と，削減した犯罪数とを比較して，対策のコスト分析を行うことが望ましい．その際には，犯罪に対して社会が負っているコストを推定しているミラーら（Miller et al., 1996）の研究等が参考になる．

●**日本での応用に向けて**　効率的でかつ透明性を担保した警察業務は，日本の警察もめざすものである．問題指向型警察活動が日本で根づくためには，理論や分析能力を備えた研究者と対策を実施する実務者との連携が必要である．また警察内部においても，データの分析や適切な評価方法を理解する人材の育成が必要である．この点に関して，米国における犯罪分析官の資格認証制度が参考になる．

［菊池城治］

パトロール

　パトロールとは，国や地方公共団体の機関や民間の団体等が地域的に定められた限定的範囲を巡視してまわり，監視性を高めることによる犯罪・非行等の防止と早期発見をめざす取組みである．日本の警察ではパトカーや白バイ等の車両が全国で約4万2,500台整備されており，パトロールの任にあたっている（『平成25年警察白書』）．市民からの110番通報は各都道府県警察本部に置かれた通信指令本部が受理し，無線でパトカー等に指示して現場に急行させる．指示してから警察官の現場到着までの所要時間（リスポンス・タイム）は7分1秒であった（『平成25年警察白書』）．一方，2014年12月現在で民間の防犯ボランティア団体約9,500団体が約4万4,000台の青色回転灯装備車でパトロールを行っている（警察庁「自主防犯活動を行う地域住民・防犯ボランティア団体の活動状況について」2015）．この活動は回転灯の色から「青色防犯パトロール」といわれ，自主防犯活動の中核となっている（☞「防犯ボランティア」）．

　犯罪の一次～三次予防（☞「犯罪・非行の予防」）にあてはめると，地域全体を巡回するパトロールは一次予防，特定の犯罪多発地区への集中パトロールは二次予防といえる．

●パトロール仮説　警察活動における主要な戦略の一つに，緊急通報への迅速な対応がある．これは，警察官が指令を受けてから犯罪現場に到達するまでの所要時間が短いほど，多くの犯罪者を逮捕でき，犯罪が減るであろうという反応時間仮説を援用したものである．警察パトロールの主要な目的は，徒歩やパトロールカーにより地域的に定めた限定的範囲を巡回する監視活動であったが，緊急通報システムの開発や平均反応時間の短縮，逮捕の確実性に傾注していく過程で，巡回する警ら活動の方略が変遷した．

　①ランダム・パトロール（random patrol）：昔の警察パトロールは，特定の時間に特定の場所をあらかじめ決められた経路に沿って厳しい監督の下で確認するよう指示されていた（Reiss, 1992）．緊急通報に対するパトロールカーによる迅速な対応が重視されるにつれ，警察官は担当地区を越えて無作為に巡回できるようになった．ランダム・パトロール仮説の有効性は，「ある都市で無作為にパトロールが行われるほど，警察官の偏在性が認知され，公共の場所での犯罪がより多く阻止できるであろう」という見解に基づいている．パトロールのパターンが予測できなければ，「警察官が常にいる」と認識され，公共の場所での犯罪を抑止できるという理論により，この仮説が正当化された（シカゴの警察本部長であり米国バークレー大学の犯罪学部長であったウィルソン（Wilson, 1963）が，

この見解の提唱者であるといわれている）．

②指定地区パトロール（directed patrol）：犯罪予防活動が効果的に行われるためには，犯罪の発生情勢を正確に把握することが重要である．地図と犯罪データがデータ・ベースで管理される地理情報システム（geographic infrmation systems：GIS）による分析が，地域特性と犯罪発生との関係を検討する際に有効性を発揮する（島田ら，1997）．GIS では，紙地図へのマッピングでは不可能だった大量データの処理や再分析が可能であり，リスク要因をわかりやすく視覚化するツールとしても高いポテンシャルがある（☞「犯罪分析と警察活動」）．

GIS を使った犯罪の空間分析によって，犯罪パターンをより正確に特定できるようになった．警察は，そのような高い精度の分析に基づいて，パトロール資源をハイリスク・ターゲット（犯罪発生リスクの高い場所と時間）に集中させることができる．この指定地区パトロール仮説は，犯罪の多発地帯や多発時間帯により正確にパトロールを集中させるほど，当該場所や時間における犯罪が減ることを主張するものである．

●**各パトロール仮説の検証**　ランダム・パトロール仮説は，警察官増員のための便益的な代表的理論として注目されてきたが，実験計画や測定方法に問題のある研究が多く，犯罪予防効果を示す明確なエビデンスが認められていない（Sherman，2002）．一方，指定地区パトロール仮説は，犯罪予防効果を示す実証研究が数多く存在し，科学的にも揺るぎないエビデンスが認められている．

パトロールの強化に関する有望な研究の一つに，ミネアポリスのホットスポット・パトロールの分析がある（☞「犯罪分析と警察活動」）．この研究では，ホットスポットにおける警察のパトロール時間の長さと，当該地区を離れてからその地区で犯罪が発生しなかった時間の長さとの関係を調査したもので，両者の間にはかなり強い関連が認められた（Koper，1995）．警察の滞在時間とパトロール後の犯罪ゼロの時間帯の長さとの関連を示したコーパー曲線に基づいて，犯罪予防を目的としたホット・スポットへの警察パトロールの最適時間は，約 15 分であると提案されている．

なお，パトロール活動の効果測定には，全地球的測位システム（global positioning system：GPS）によって測位された位置情報の視覚化が有望視される．例えば，青色防犯パトロールでは，定められた地域内の巡回パターン（流して走る，集中的に走る）が把握できる（島田ら，2007）．警察パトロールでは，発生情勢との対応状況を把握したうえで，集中パトロールによる犯罪予防の効果が検証できる（三本，2010）．　　　　　　　　　　　　　　　　　［三本照美］

📖 **参考文献**
[1] シャーマン，L. W. 他編，津富 宏・小林寿一監訳（2008）『エビデンスに基づく犯罪予防』社会安全研究財団．

子ども・女性の被害防止

　性犯罪や重大犯罪に発展するおそれのある声かけやつきまとい等の前兆事案の情報を系統的かつ継続的に収集・分析することが必要だという認識のもとに，近年，警察では予防のための活動が推進されている．一方，屋外における子どもや女性の被害防止を考えるうえでは，被害やその前兆事案の基礎情報を知るために調査に基づく研究アプローチが有効である．

●**各都道府県警察本部の取組み**　子どもや女性に対する声かけ，つきまとい等の事案は，連れ去りや性犯罪等のより重大な犯罪につながりかねず，前兆的な事案だといえる．このため，警察では，特に2009年以降，前兆事案対策に力を入れている．全国の都道府県警察本部には，前兆事案対策に特化した組織として，子ども女性安全対策班（JWAT）が設置されている．JWATには子どもや女性の被害防止のための専従の人員が配置されており，子どもや女性に対する前兆事案の続発防止，犯罪被害への発展の予防のために，事案や行為者に関して情報収集と分析を行うとともに，行為者特定のための捜査活動を行う．分析や捜査を通じて，子どもや女性に対して前兆事案を犯した行為者の素性や所在が判明した場合，行為者に対して，指導，警告を実施することにより，行為者が次の犯行を企てることを断念させる等の活動を続けている．

●**子ども・女性の犯罪被害調査**　諸外国では，犯罪による被害実態を正確に測るための被害調査が継続的に実施されている．米国における全国犯罪被害調査（National Crime Victimization Survey：NCVS），英国における英国犯罪調査（British Crime Survey：BCS）は，幅広い年齢層を対象にしているのに対し，子どもや女性等の被害脆弱層に的を絞った被害調査も発展している．例えば，ハンビーら（Hamby et al., 2001）らが開発した，JVQ（Juvenile Victimization Questionnaire）があり，子どもの被害を非常に網羅的に情報収集するための調査研究としてよく知られている．

●**被害やその前兆事案の基礎情報を知るための研究アプローチ**　わが国でも，共同研究のプロジェクトにより，子どもにとって危険の高い状況を明らかにするための二つの物差しが開発された．一つの物差しは危険なできごと調査であり（齊藤，2012），もう一つの物差しは日常行動調査である（島田，2009）．

　危険なできごと調査では，子どものヒヤリ・ハット事案を，子どもにとっての潜在的な危険性や将来における重大な被害の前兆を推し量る事象としてとらえる．この危険なできごと調査において，危険なできごととは，犯罪被害を含む一方で，犯罪被害にまでは至らないものの，子どもたちが危険を感じた前兆的な危

険体験事案も含むかたちで把握しようとするものである．事案1件につき1枚（両面刷り）の「危険なできごとカルテ」というアンケート用紙を用いることにより，子どもの危険なできごと体験を家庭で回答してもらう（図1）．プライバシーが確実に確保されるようなかたちでアンケート用紙を密封・回収することが不可欠となる．標準化されたアンケート用紙を用いることにより，子どもから申告された危険なできごとについて，同一校区内での時点間の比較や，その校区において他の校区よりも発生水準が高い被害類型を把握すること等が可能になり，対策立案のために貢献できる．

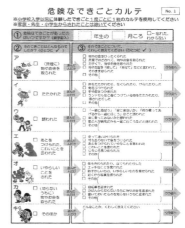

図1 「危険なできごと」カルテ
(http://www.skre.jp)

日常行動調査は，子どもたちのノード（拠点）やパス（経路）を，通学路の往復に限定せずにGPS測位等により調査する．子どもが一人きりになった際に犯罪の被害リスクが高い状況が生じることを，犯罪学における日常活動理論から予測できる．そこで，日常行動調査によって，時間帯による子どもの居場所がわかれば，見守りが不足している危険な状況を，明らかにすることが可能となる．

●**地域の安全点検やまちあるきによるマップづくりのためのツールキット**　防犯ボランティアによる活動や学校における防犯・防災教育の一環として，安全マップづくりが各地で実施されている．測位技術を応用することにより，地域の危険個所等をデータ化するために開発されたツールキットをここでは紹介する．小型のGPSロガー，デジタルカメラ，デジタル録音機（ICレコーダー）を用いて，GPSロガーによりまちあるきの経路を記録しながら，防犯上の問題箇所等において写真を撮影し，気づいたことを発話してデジタル録音機に録音する．「まちあるき記録作成支援ツール『聞き書きマップ』」とよばれる，無料のパソコン用ソフトにより，写真の撮影時刻をもとにして，問題個所に関してまちあるき参加者が発言したコメントを瞬時に再生することができる（原田ら，2011）．まちあるきの結果をテープ起こしした文字をカード型のメモ一覧にして出力することにより，討議しながら，カード型のメモの中から優先度の高いものを選び出してマップに貼り込む等，マップづくりの実践に応用することが可能である．なお，『危険なできごと調査マニュアル』や『聞き書きマップ』は，科学が支える子どもの被害防止（予防犯罪学推進協議会）のホームページから入手できる．　　　[齊藤知範]

参考文献
[1]　齊藤知範（2011）「「子どもの安全」に関する研究動向」『犯罪社会学研究』36, 107–111.

警察における性犯罪者の再犯防止

　わが国の警察では，13歳未満の被害者に対する暴力的性犯罪を，子ども対象暴力的性犯罪として位置づけており，再犯防止のための措置を講じている．警察庁の定義によれば，暴力的性犯罪とは，強制わいせつ，同未遂及び同致死傷，強姦，同未遂及び同致死傷，集団強姦，同未遂及び同致死傷，強盗強姦，同致死及び同未遂，常習強盗強姦，営利目的等略取及び誘拐のうち，わいせつ目的のもの及び同未遂のことをいう（警察庁生活安全局『「子ども対象・暴力的性犯罪の出所者」の再犯等に関する分析』2010）．子ども対象暴力的性犯罪は，子どもの身体を侵害するきわめて重大な犯罪である．

●**警察での再犯防止措置**　子ども対象暴力的性犯罪の前歴を有する者が再び同種の犯罪を引き起こす事例が多数あることを踏まえ，警察では，子ども対象暴力的性犯罪を犯して刑務所に服役した者（以下，再犯防止措置対象者とする）について法務省から出所年月日等の情報の提供を受け，出所後の再犯防止のために活用するという，「子ども対象暴力的性犯罪の出所者情報制度」の運用を2005年から開始した（☞「子どもに対する性犯罪」）．

●**再犯の分析結果**　子ども対象暴力的性犯罪の出所者情報制度開始から5年が経過したことを踏まえ，警察庁生活安全企画課では，再犯防止措置対象者の出所後の再犯状況を追跡した．同課からの依頼を受け，科学警察研究所犯罪行動科学部が生存時間分析を用いて性的犯罪（暴力的性犯罪以外に公然わいせつ，性的目的の住居侵入，迷惑防止条例等，性的要素のある犯罪・条例違反を幅広く含む）の再犯について分析したところ，①満期出所者は仮釈放者に比べて再犯のリスクが約2倍であること，②仮釈放者については仮釈放の期間が終了すると再犯のリスクがそれ以前の約3倍になること，③出所時年齢が1歳高くなると再犯の可能性が約3.6％低下すること，④施設収容期間の長さは出所後の再犯の可能性の大小と無関係であること等の知見が明らかになった（警察庁生活安全局，同上）．

●**訪問・面談制度への反映**　これらの知見は，2011年4月からの新たな制度運用に反映された．具体的には，表札等の外形的所在確認にとどまらず対象者の自宅への訪問を行うとともに，一部の危険度の高い出所者に対しては訪問のみにとどまらず本人同意のもとで面談が実施されることとなった（以下，訪問・面談制度とする）．面談の対象者の選定にあたっては，「暴力的性犯罪の前歴を複数回有する者で，出所時の年齢が50歳未満」という項目も基準の一つとなっており，上記③の分析結果が活用された．

　訪問・面談制度では，再犯防止措置対象者と面談する際には，生活支援や困り

ごと相談等も行う．親や近所の人，反社会的ではない友人，スポーツや習い事の指導者等，気持ち的に通じ合っていたりつながりをもっていたりする人との社会的絆が，再犯を防ぐうえで，有能なお目付け役になることが，本来であれば期待される（齊藤，2012）．だが，実際には，再犯防止措置対象者は他の刑務所出所者と同様，出所後に戻る居場所がなく社会的絆にめぐまれない者や，金銭面で不自由する者も数多い．

●海外における性犯罪者の再犯防止対策　米国では，社会内における性犯罪者の所在や動静に対して厳しい監視で対応している．メーガン法をはじめとする連邦法によって性犯罪者の登録・公開が義務づけられ，州によって内容は異なるが，性犯罪者の登録・公開の制度が定着している（太田ら，2008）．主な公開手法としては，近隣住民を訪問する等して文書を配布して周知する方法，再犯危険性に応じてインターネット上で前歴者の個人情報を公開する方法がある．

　米国ではGPSによる測位技術を応用した電子監視制度も普及しつつある．電子監視の目的については，仮釈放時の監督（決められた時間までの帰宅等の行動パターンを遵守しているかの確認等）のために用いられる場合と，学校や公園等への接近や立ち入りの禁止を設定したうえで違反行為を自動検出する（警告を監視センター側に自動的に発信する等）ために用いられる場合に大別される．GPSによる電子監視は，初期費用に加えて，運用コスト面での経費が高額であることが問題である他，再犯の抑止効果については評価が定まっていない．

　上記のような制度とは異なる対応をしている国として，英国がある．英国では，性犯罪者の情報登録制度を運用し，警察官による自宅訪問を実施しているが，一般人に対して性犯罪者の個人情報を公開はしていない（大場ら，2008）．英国の場合はMAPPA（Multi-Agency Public Protection Arrangements）の制度がある．MAPPAでは，警察や保護観察所等を含む刑事司法機関，医療機関，福祉機関が多機関連携に基づいて，前歴者のリスク・アセスメントと再犯リスク管理を行うことが特徴である．対象者を危険性に応じて（高い，中程度，低い等）分類することを協議し，危険性が高いグループに対しては多機関の緊密な連携と情報交換が優先的に実施される．一つの機関が端緒になって知り得た情報をデータ化し，他の機関とも共有することにより，前歴者に急性の変化が生じたとき等に，各機関の業務範囲や権限に応じた介入が可能となる．　　　　　　　　［齊藤知範］

📖 参考文献
[1] 原田 豊（2011）「科学に支えられた犯罪被害防止のために」全国被害者支援ネットワーク他編『犯罪被害者支援の過去・現在・未来』86-90．
[2] 小長井賀與（2012）「性犯罪者処遇の動向」『犯罪社会学研究』37, 139-145．

ドメスティック・バイオレンスへの介入と予防

「配偶者からの暴力の防止及び被害者の保護等に関する法律」（DV防止法）は，「配偶者からの暴力に係る通報，相談，保護，自立支援等の体制を整備することにより，配偶者からの暴力の防止及び被害者の保護を図る」（前文）ことを目的として2001年に制定，施行された．以後，ドメスティック・バイオレンス（DV）は深刻な社会問題であるという認識のもと，公的，民間機関によるさまざまな被害者支援活動や啓蒙が行われている．

同法に基づき設置された全国の配偶者暴力相談支援センターが中心的役割を担い，関連機関と連携を取り，相談やカウンセリング，緊急時における安全の確保や一時保護，自立支援，情報提供や関連機関との調整，保護命令に関する援助等を行っている（図1）．民間支援団体においては，同行支援，自立支援の他，自助グループや心理教育等，当事者の多様なニーズに添ったさまざまな支援活動が行われている．また男女が互いに人権を尊重しつつ，能力を十分に発揮できる男女共同参画社会の観点から，自治体による相談業務や啓発が行われている．

● **DVの相談** 一方で，配偶者暴力相談支援センターにおけるDVの相談件数は年々増加し，2013年度は9万9,961件と11年前のおよそ3倍に達した．2014年度の警察における認知件数は5万9,072件で前年より19.3％増加し，同法施行以後最多となった．こうした相談件数の増加は社会的認知度が上がった結果ともいえるが，同法が施行されて以降，被害減少の兆しはみられていない．

また「DV防止法とその内容を知っている」人は14.4％にとどまり，配偶者からの暴力に関する相談窓口については64.7％が知らず，被害者が家族や友人以外の公的・民間機関に相談した割合は5％前後（内閣府『配偶者からの暴力に関するデータ』2014）であった．官民によるさまざまな施策や取組みが十分に周知されているとは言いがたく，よりいっそうの広報強化や，当時者が相談しやすい環境の整備が求められる．なお，同法における配偶者とは，婚姻関係のないいわゆる事実婚や，離婚後も引き続き暴力を受ける場合を含み，生活の本拠をともにする交際相手からの暴力に対してこの法律を準用することとしている（1条，補則）．

● **一時保護** 暴力から避難した後の一時保護は，婦人相談所および委託を受けた民間シェルターや婦人保護施設等が行っている．相手から逃れた後に危険性が高まることを考えれば，一時保護による安全確保は不可欠であるが，相談件数が増加する一方で，一時保護件数は約1割弱で推移している（内閣府『男女間における暴力に関する調査報告書』2014）．その背景には措置決定のハードルの高さや利用用件の制約等がある．期間についての明確な規定はないが，運用上は原則2

8. 犯罪・非行の予防

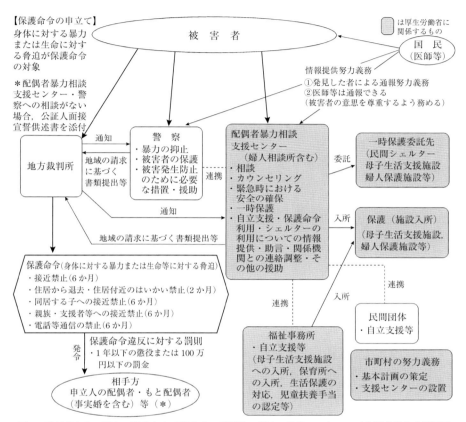

図1　配偶者からの暴力の防止および被害者の保護等に関する法律のスキーム（内閣府男女共同参画局『STOP THE 暴力―配偶者からの暴力で悩んでいる人へ（平成26年度改訂版）』2014より作成）

週間とされており，精神的ダメージからの回復と自立への方向性を決定するために十分な期間とは言いがたい．民間シェルターでは緊急保護から生活再建支援，ステップ・ハウスや自立後のフォロー・アップまで継続的な支援が行われているが，財政難や人員の確保等，運営上の困難がある．貴重な社会的資源としての民間シェルターの活用や行政との連携推進が課題である．

●**被害者の心理**　配偶者からの暴力は家庭内という密室性の高い場においてなされるため，潜在化，深刻化しやすい．またこうした親密な間柄での暴力は社会的に容認されてきた面があり，その関係性に「暴力だけでなく，親しさや相互依存といった,より分けるのが不可能な関係性をも包含している」（藤岡, 2008）ため，当事者もDVとの認識をもちにくい側面がある．「暴力のサイクルの理論」(Walker,

1979）によれば，DVには，緊張の高まり，激しい暴力，後悔と愛情の3相からなる周期がみられ，このうちの，後悔と愛情の時期の存在が，この関係性から脱することを困難にするとされる．また脅しと優しさが交互に現れたり，暴力の意味づけ等加害者による心理操作により，被害者に愛と虐待との混同が起き，周囲には理解しがたいトラウマと脅しと心理操作の複合的効果である，きわめて強力かつ不健全な絆，外傷性絆（traumatic bonding, Dutton et al., 1981）が形成されることがある．そうした心理状態や暴力に対する認知に加え，長期反復的トラウマ体験による心的外傷後ストレス障害である複雑性PTSD（Herman, 1992）とみられる安全の感覚と信頼感の損失，自尊感情の低下や自責感等により，自己決定能力が低下した状態であることから，被害者みずから外部の相談支援機関へとつながることが困難であることが多い（☞「予防行動とその促進」）．

●**第三者による通報の必要性**　複合的な問題を抱えている場合もあり，被害の発覚は直接的な訴えだけでなく，精神疾患や心身の不調，飲酒や薬物依存，子育て相談や児童虐待等，間接的な事柄による場合も多いため，さまざまな問題の背景にDVの可能性を考えることは早期発見，予防に有効である．なおDV防止法（6条，8条）において，DVを目撃した際には通報に努めること，警察は被害の発生を防止するために必要な措置を講ずること，医療関係者は被害者の意思を確認しつつ，刑法の秘密漏示罪等に妨げられることなく通報することができると定めている．

●**被害者支援にあたって**　被害者等の安全を確保することが最優先である．警察は，DVを事態が急展開して重大事件に発展するおそれが大きいものとしてとらえ，一元的に対処するための体制を確立し，被害者等の保護措置や他法令の積極的な適用による加害者の検挙等，迅速・的確な対応を推進している（『平成26年警察白書』）．そのうえで，本人の心身の状態や生活上の問題を把握し，DV特有の関係性や暴力の影響による心理状態を考慮したアセスメントを行い，関係機関との連携を取りつつ，適切な情報提供や他機関への紹介等のサポートを行う．被害者を孤立させず，信頼に基づいた関係を築くことが，支援の第一歩であろう．緊急時の保護から心身の回復，法的手続き，住居や就労，子どもの就学といった生活再建に至るまで，きめ細やかで被害者の立場に立った「切れ目のない支援」（内閣府基本指針）が求められる．また，児童虐待の防止等に関する法律（児童虐待防止法）において，配偶者に対する暴力やその他の子どもに著しい心理的外傷を与える言動を行うことは児童虐待にあたる（2条）．子どもの発達に与える影響が問題視されている．また高齢者や若者，外国人，障がいのあるDV被害者に関しても，個々のニーズに即した支援の充実が求められる．

●**加害者への介入**　最も有効な被害者支援は，加害者の再度の暴力を防止することである．しかし，現在のわが国においては裁判所命令による加害者プログラムは実施されていない．またDV防止法において，DVは「犯罪となる行為をも含

む重大な人権侵害である」（前文）としながらも，それらの行為は刑法に規定されている犯罪類型に基づき処罰されており，いわゆる DV 罪の規定はない．そのため DV に特化した公的な更生プログラムは，懲役刑や保護観察の中で実施されているごく一部の場合を除きほとんど行われていない．NPO 等の民間団体による取組みがなされているが，DV 加害者は自分の行為が暴力であるという認識がない場合が多く，自主的かつ継続的な参加者は限られるのが現状である．米国等では刑罰代替的処遇としてのプログラム参加が刑事司法上に位置づけられており，わが国においても，DV 防止の観点から，被害者支援だけではなく加害者更生に焦点をあてた法整備が必要ではないかという声もある．DV 防止法において，国および地方公共団体は，加害者の更生のための指導の方法等に関する調査研究の推進や人材の養成に努めるものと規定されており（25 条），2015 年には，『第 4 次男女共同参画基本計画』（内閣府男女共同参画局）に，地域社会内での加害者更生プログラムにおける民間団体の取組みを含めた実態を把握し検討することが示される等，加害者に対する再犯防止対策推進の動きが徐々に高まりつつある．

1970 年代に米国で始まった加害者プログラムの多くは，個人的要因を扱う認知行動的アプローチと，社会文化的根源を重視するフェミニズム的視点を基本としているが，効果や有効性についての評価はさまざまであり，実証的研究結果はまだまとまっていない．近年ではそれらを統合しようとする多元的な枠組みや，問題と欠陥に焦点を絞るのではなく，解決をつくり上げる責任を加害者に負わせる解決志向アプローチ（Lee et al., 2003），暴力の責任を取ることを妨げているものを外在化する拘束理論（Jenkins, 1990）等が提唱，注目されている．

●**予防啓発，地域での支援**　DV の未然予防に関して，若年層を対象に交際相手や配偶者からの暴力の問題について知り，考える機会をもつことが有用であるとの考えから，男女の対等なパートナー・シップや暴力を伴わない人間関係の構築のための教育，啓発活動が，自治体や民間団体によって実施されている．しかしそれらの手法や理論はまちまちであり，今後は効果測定や評価を進めつつ，より有効性が高くかつ弊害の少ない予防啓発手法の開発と実施が求められる．

カナダ等の欧米諸国では，地域社会における被害者支援機関，児童保護，警察，医療，司法機関等が連携する体制，統合された共同体応答（coordinated community response：CCR）による支援手法が取られており，加害者プログラムもこの中に位置づけられている．わが国においても，地域社会において官民の関連支援機関が，共通の理解と認識をもち互いに連携しながら，DV の未然予防，再発防止，支援に関して，被害者支援や加害者への介入等の実践を生かしつつ，より実効性のある包括的な取組みを進めることが求められる．

[山中多民子]

📖 **参考文献**
[1] ハーマン, J. L. 著，中井久夫訳（1999）『心的外傷と回復』増補版，みすず書房．

ストーキングの介入と予防

　ストーキングに対する公的機関の介入は次のような困難性をはらんでいる．①つきまといや待ち伏せといった典型的なストーキングは必ずしも暴力を伴わないため，既存の刑法では対処が困難である．②ストーカー事案の被害者は，報復に対する恐れや相手への配慮から，しばしば事件化を拒む（四方ら，2014）．③事案によって，ストーキングの内容や加害者の問題性に大きな差がある．④特に親密な関係にあった当事者間でのストーキングは，警察が警告しても中止しづらく（島田ら，2014），介入後も経過を確認する必要がある．

　ストーキングに対する介入は，ドメスティック・バイオレンス（DV）同様に，加害者と被害者とを物理的に引き離すことが基本である．しかし，避難や転居といった生活の変化は，被害者にとって負担が大きいことに留意が必要である．

●**ストーカー規制法**　1999年に発生した桶川女子大生ストーカー殺人事件がきっかけとなって，2000年に「ストーカー行為等の規制等に関する法律」（ストーカー規制法）が制定・施行された．ストーカー規制法では，特定の相手に対する恋愛感情や怨恨がきっかけとなって，その相手や家族・親族に対して，表1に示す8種類の行動をとることを「つきまとい等」と定義し，つきまとい等を同一の対象者に反復して行うことを「ストーカー行為」として法的な規制対象としている．当初のストーカー規制法では，電子メールの連続送信は規制対象とはされていなかったが，2012年の逗子ストーカー事件を受けて2013年にストーカー規制法が改正され，電子メールの連続送信が規制対象に加わった．

表1　ストーカー規制法におけるストーキング類型

1	つきまとい・待ち伏せ・押しかけ
2	監視していると告げる行為
3	面会・交際等の要求
4	粗野や乱暴な言動
5	無言電話，連続した電話・ファクシミリ・電子メール
6	汚物等の送付
7	名誉を傷つける
8	性的羞恥心の侵害

　ストーカー規制法では，被害者からの相談や届出に基づいて，警察は行為者に対して警告を発することができる．これに行為者が従わない場合には公安委員会が禁止命令を出し，さらにこれに行為者が従わない場合には罰則が適用される．

●**ストーカー事案に対する警察の対応**　警察でのストーカー事案の多くは相談として扱われる．担当職員は，相談者や行為者から被害に至った経緯や行為内容を聴取し，相談者の希望に応じて，行為者に対する指導警告，通報時に迅速な対応をするための110番緊急通報登録，相談者の居場所がわかる機器の貸し出し，交

渉の場の提供，パトロール等のさまざまな措置を行っている．なお，2013年からは，警察が取り得る措置の選択肢を相談者に説明して，相談者の意思決定を支援する手続き（図1）を開始した他，被害者がホテル等に避難する際の宿泊代の補助といった試みを行っている．

行為者の検挙は，行為者を被害者から隔離し，ストーキングを強制的に中断させる「切り札」であり，脅迫，傷害，暴行，器物損壊等ストーカー規制法以外の罪名も適用されている．ただし，その多くは罰金刑にとどまり，比較的早期に行為者は釈放されるため，被害者の安全確保のためには，息の長い経過観察が必要となってくる．その際，保護観察所と警察とで情報交換を行い，執行猶予の取り消し等で再被害を防止する試みも近年盛んになっている．

図1　被害者の意思決定支援に利用されるパンフレット（島田，2015）

●**脅威の査定とケース管理**　ストーキングに適切な介入をするためには，その事案や行為者がどの程度の危険性を有するかの査定が重要だが，暴力が習慣的に振るわれるDVに比べて，ストーキングは脅威の査定が困難である．海外ではストーキングに特化した査定ツールが利用されている．クロップら（Kropp et al., 2011）のストーキングのアセスメントと管理のためのガイドライン（The guidelines for Stalking Assessment and Management）では，ストーキングの性質，行為者のリスク要因，被害者の脆弱性の3側面30項目の査定を行う．一方，マッケンジーら（MacKenzie et al., 2011）のストーキングのリスク・プロファイル（The Stalking Risk Profile）では，ストーカーの動機に基づく分類に応じてリスク要因の査定を行う．

わが国においては，警察を中心に，実務的な観点や医学的な観点からリスク評価を行う試みや，長期的な経過観察をするためのシステム構築，相談担当者のスキルアップ等行動科学的知見を取り入れた取組みが進められている．

●**ストーキングの予防と治療**　ストーキングの多くは，親密な関係の破綻がきっかけであり，公的機関に対する被害者の申告が介入のきっかけになるため，DVやデート暴力と同様に，潜在加害者や被害者に対する啓発や予防教育が求められる．その際は，相談窓口の周知に加え，被害者・加害者双方に対するソーシャル・サポートの有用性の周知が重要である．

なお，わが国では，ストーカー行為者に対するカウンセリング等の治療への関心が高まっているが，実効性をあげるためには，刑事司法と医療とが連携したケース管理体制の確立や，有効な介入方法の開発が求められる．　　　　〔伊原直子〕

少年警察活動

　少年警察活動とは，少年警察活動規則において「少年の非行の防止及び保護を通じて少年の健全な育成を図るための警察活動」と定められている．具体的には，犯罪少年に関わる刑事事件の捜査や触法少年・虞犯少年に関わる事案の調査と，少年非行の防止に大別される．少年非行の防止には，一般少年の健全育成，非行少年の立ち直りを含む再非行防止の他，犯罪等の被害を受けた少年の立ち直り支援や被虐待児童の保護が含まれる．このように，少年警察活動は，少年の健全育成をめざした幅広い警察の諸活動をさす．

●**少年警察の基礎となる一般的活動**　少年警察の基礎となる一般的な活動として，①街頭補導，②少年相談，③少年の規範意識向上等に資する活動がある．

　①街頭補導とは：少年の非行が行われやすい場所で，非行少年（犯罪少年，触法少年，虞犯少年），不良行為少年（非行には該当しないが，飲酒，喫煙，深夜はいかい等の自己または他人の特性を害する行為をしている少年），被害少年（犯罪その他少年の健全な育成を阻害する行為により被害を受けた少年），要保護少年（児童虐待を受けた児童，保護者のない少年や，その他児童福祉法による福祉のための措置が必要と認められる少年）を発見し，その場で少年から事情を聴取して，注意・助言・指導等を行う他，必要に応じて保護者等に連絡する等の措置を取る活動である．警察本部長または警察署長らから委嘱を受けた少年警察ボランティアが参加する場合も多く，地域の防犯活動としての意義もある．

　②少年相談とは：少年やその保護者等から少年自身の問題行動について相談を受け，事案の内容に応じて指導・助言，関係機関への引継ぎ等を行う．

　③少年の規範意識向上等に資する活動とは：少年の参加を得て行う社会奉仕活動や，柔道・剣道等のスポーツ活動を行うことにより，少年の規範意識の向上をめざした体験活動である．社会奉仕活動としては，公園の清掃，落書き消し等の環境美化活動，福祉施設の訪問，農業体験や料理，陶芸等の生産体験活動等が含まれる．こうした活動は参加する少年の遵法意識や自尊心を育み，居場所づくりとして機能することで，少年の非行防止につながると期待される．

　少年警察活動は家庭，学校，地域社会と一体となって取り組む必要がある．そのため，こうした活動を情報発信して国民の理解や協力を得るとともに，学校を含む関係機関，民間ボランティア団体との連携をうながすことが求められる．また，有害図書の自動販売機撤去や未成年者の飲酒・喫煙防止等の有害環境の影響の排除を関係業者・団体と協力して行う等も重要な少年警察活動の一つである．

●**少年の非行防止のための活動**　非行少年に関わる活動として，犯罪少年に関わ

る刑事事件の捜査，触法少年および虞犯少年に関わる事案について関係機関への送致・通告の措置を取るために必要な調査，その他少年の適切な処遇に資するため必要な措置等がある．

また，触法少年または14歳未満の虞犯少年で通告すべき者に該当しない者（ただし，要保護児童，すなわち保護者のいない児童または保護者に監護させることが不適当であると認められる児童，を除く），不良行為少年，少年相談で相談活動を実施している少年に対して行う継続補導も重要な活動である．これは，そのまま放置すると重大な非行に発展するおそれがあることから，保護者の同意を得たうえで，家庭，学校，交友等の環境に改善がみられるまで，少年本人に対して助言・指導等を継続的に実施するものである．

さらに2010年以降，少年に手を差し伸べる立ち直り支援活動が推進されている．これは，過去に非行少年として取り扱いのあった少年とその保護者に対して警察から連絡を取り，少年の再非行が懸念される場合，保護者の同意を得て継続的な指導・助言を行ったり，各種体験活動への参加をうながしたりする活動である．警察から少年や保護者に積極的に働きかけるアウトリーチ型の支援といえよう．

●**少年の保護のための活動**　犯罪等の被害に遭った少年に対する措置を主な内容とする活動である．以下，その対象者ごとに記述する．

　①**被害少年には**：被害現場での助言，関係機関の紹介，再被害を防止するために必要な助言や指導を行う．また，少年本人へのカウンセリング，保護者や学校関係者への助言等を継続的に行う．事案によっては，学校や精神保健福祉センターなどの関係機関，地域のボランティア等と協力することも含まれる．

　②**福祉犯被害少年には**：福祉犯（少年の福祉を害する犯罪）の捜査，被害少年の支援，再被害防止を行う．児童買春事件では被害少年の被害意識が希薄であるために再被害に遭う場合も少なくなく，再被害防止のために保護者や学校関係者に配慮を求めることも必要となる．さらに，近年，インターネットに起因する福祉犯被害がみられている．インターネット上でいわゆる援助交際を求める等不適切な書き込みをサイバー・パトロールによって発見し，書き込みを行った児童と接触して直接注意・指導するというサイバー補導が行われている．

　③**要保護少年には**：児童相談所等への通告，一時保護の他，少年本人や保護者に対する助言，学校等の関係機関への連絡等，必要な措置をとる．また，児童虐待（またはその疑い）の被害児童には，児童相談所等の関係機関と緊密に連携しながら，児童に対するカウンセリング，保護者に対する助言・指導等の的確な支援を行う．また，児童虐待の防止等に関する法律第10条に基づき，児童相談所等から援助の求めがあった場合に，児童の安全の確認，児童の一時保護，立ち入り調査等に同行し支援することも含まれる．

［宮寺貴之］

少年警察ボランティア

　少年警察ボランティアとは，少年警察に協力して少年の非行防止を目的に活動している民間有志の総称であり，主に①少年補導員，②少年警察協助員，③少年指導委員からなる（麦島，2004）．表1に，それぞれの人数と役割を示す．警察では，少年警察ボランティアを少年の健全育成のために協力すべき重要なパートナーと位置づけており，街頭補導活動や相談活動等の諸活動を推進している．近年は，大学生らへの委嘱が推進されると同時に，居場所づくり等の立ち直り支援活動が活発に行われるようになってきている．なお，大学生らを，少年警察ボランティアとは別の位置づけで，学生ボランティアとして委嘱している地域も多い．

●**少年警察ボランティアの歴史**　少年警察ボランティアの歴史は，今から50年以上前にさかのぼる．少年の非行防止対策が急務となった昭和30年代後半から少年補導員が全国に誕生し，1967年に制度化された．その後非行の動向に合わせるかたちで，1982年に少年警察協助員制度，1985年に少年指導委員制度が創設された（麦島，2004）．複数の役割を兼務している者も多く，現在では統合が行われている地域も多い．少年警察ボランティアの年齢構成が比較的高く，少年との年齢差の大きさが問題視されたこと（松村，2008）等を背景に，2004年頃から大学生らへの委嘱が進められるようになった．

表1　少年警察ボランティアの種類別の人数と主な役割（『平成24年警察白書』より作成）

種類	人数	役割
①少年補導員	約5万2,000名	街頭補導活動，環境浄化活動をはじめとする幅広い非行防止活動
②少年警察協助員	約300名	非行集団に所属する少年を集団から離脱させ，非行を防止するための指導相談
③少年指導委員	約6,700名	風営適正化法に基づく，少年を有害な風俗環境の影響から守るための少年補導活動や風俗営業者等への助言活動

●**少年警察ボランティアの主な活動内容**　少年警察ボランティアの代表的な活動として以下の四つがあげられ，各地域の実情に合った活動を展開している．

　①**街頭補導活動**：繁華街等の非行がみられやすい場所で，少年に対する助言・指導を行う．非行の芽を小さなうちに発見して早期に介入を行うことに加え，少年の被害防止も目的としている．夕方から夜間に行われることが多く，各ボランティアの参加頻度は平均すると1か月に1回程度となっている（全国少年補導員協会，2004）．

　②**立ち直り支援活動**：少年に対する学習支援，少年と一緒に参加する農業や料

理などの体験活動，スポーツ活動，社会奉仕活動等を行う．少年の活躍の場や居場所をつくることを目的としており，民間企業等と連携する場合もある．

③非行防止教室：学校等において，飲酒，喫煙，薬物乱用や万引き等の防止をテーマとした教室を開く．少年たちの規範意識を育むことを目的としている．最近では，携帯電話等を利用したインターネットによる福祉犯被害等の防止もテーマとなっている．

④広報啓発活動：街頭でのキャンペーン活動等を行い，地域での少年非行や被害の防止を呼びかける．地域住民に少年問題に関心をもってもらうだけでなく，少年警察ボランティアの認知度を高めることも目的としている．

●**少年警察ボランティアの募集と心構え**　少年警察ボランティアの募集について，これまで多く用いられてきた手法としては，ボランティア・メンバーからの紹介がある．その他，青少年に関わる組織や交番・駐在所を介して適任者を募集する方法を取っている地域もある．大学生らの募集にあたっては，①学校での説明会やポスターの掲示，②大学教員による紹介，③警察や大学のホームページへの掲載，④警察官採用説明会における案内等，さまざまな手法が用いられている．地域によって異なるため，具体的な募集方法については都道府県警察の警察本部生活安全部少年担当課に直接問い合わせることが警察庁のホームページで推奨されている．少年警察ボランティアの学生を対象とした調査からは，ボランティアの募集説明会等，活動の潜在的希望者が具体的な情報を収集し，自発的に応募できるような募集方法等が，意欲や動機の高い学生の参加につながることが示唆されている（藤原ら，2016）．

少年の健全育成を期する精神をもって活動に臨むため，少年警察ボランティアには，以下の心構えをもつことが求められている．

①少年への愛情：少年は，大人の対応に敏感に反応する．したがって，愛情をもって接すれば，少年との間に自然と友好関係が生まれる．

②少年に対する理解：少年は，自分を理解してくれる存在に心を開く．そのため，彼らの特性や行動を常識の物差しだけで判断したり否定したりせず，彼らをきちんと理解するよう心がける．

③高い良識：常に反省と研鑽によって良識を高め，円満な人格を養うことが必要である．

●**全国少年警察ボランティア協会**　全国少年警察ボランティア協会は，少年警察ボランティアの全国団体として少年の非行防止と健全育成のための全国レベルの事業を推進するとともに，これら全国のボランティアの活動を支援している団体である．各都道府県の少年警察ボランティアが会員の中心となっており，青少年の非行防止および健全育成に関する事業に加え，少年警察ボランティアに対する研修や表彰を行っている．

〔藤原佑貴〕

非行少年のイメージ

　近年，人々の犯罪者や非行少年に対する眼差しが厳しくなっているが，非行少年のイメージは時代に応じて変化してきた．こうしたイメージは，メディアの影響を受ける部分が大きい．非行少年に対するイメージは，人々の非行少年に対する態度に影響し，直接的には裁判員裁判を介し，間接的には地域社会を介して，わが国の社会が非行少年にとって立ち直りやすい社会となるかどうかにかかわる．

●**非行少年のイメージの変遷**　報道される非行の原因が環境から個人へと変わっていく中で，非行少年のイメージは社会的弱者から強者へと変化を遂げてきた．

　犯罪・非行に対するイメージがほぼメディアによって構築されているとして，少年法が施行された1949年以降の少年事件の新聞記事を分析した研究（大庭, 2010）がある．この研究の結果，かつては犯罪が家庭環境等に「特別な事情」のある少年が犯す出来事として描かれていたこと，そしてそのような差別や偏見を助長する表現が減少し，近年は逆に事件を起こした少年個人に原因が見出されるようになっていることが明らかにされた．

　戦後最初の非行のピークは1951年であり，この時期非行少年は，物理的な貧困に加え，死別や離婚等による単親家族が多く，精神的な貧困にも直面していた（橋本, 2007）．こうした状況では，非行少年は社会的弱者として同情的な目で見られることが多かった．しかしその後，高度経済成長の時代を迎え一億総中流社会になっていく中で，個人主義や自由競争が広まり，成功も失敗も個人の責任に帰属されるようになった．また，犯罪被害者が当事者として台頭し，非行少年や犯罪者は，加害者＝強者として扱われるようになった（矢島, 2009）．

●**凶悪化イメージ**　犯罪統計をみれば少年犯罪は凶悪化などしていないという主張がされながらも，なお少年犯罪が凶悪化しているといわれる．なぜこのような凶悪化イメージが世間に広まり続けているのだろうか．

　少年事件の報道という観点では，微罪が報道されなくなる一方で，殺人や強盗等の凶悪事件のみに報道の焦点があてられるようになり，人々が報道において見聞きする事件が，相対的により凶悪化したことが指摘されている（大庭, 2010）．報道は人々にとって犯罪に関する情報の源であるため，このような状況下では，人々が凶悪化のイメージを抱くことも無理はない．世論調査においても，少年非行が増加していると回答した者の割合が7割を超え，その中でも凶悪・粗暴化したものが増えていると回答した者は約半数に上っている（図1）．

　この凶悪化イメージの正体は，それまではごく普通にみえた少年たちが，暴発

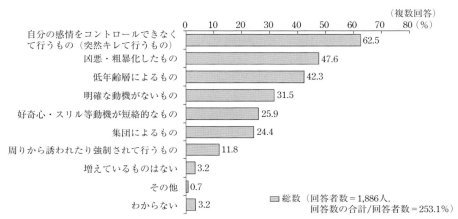

図1 増加している少年非行（内閣府『少年非行に関する世論調査』2010より作成）

的に重大な犯罪に手を染めてしまうことの背景が不透明であり，「わけのわからない」ものになっているからではないかと議論されているが（土井，2003），そのメカニズムは実証的には検討されていない．上述の強者イメージも含め，これらのイメージが広まっている現代に，いかに非行少年の立ち直りを促進するような社会づくりをしていくかは，今後の大きな課題である．

●**非行少年に対する態度**　人が抱くイメージは，その人の態度に影響する．非行の凶悪化イメージが広まれば，人々の不安は高まり，被害のリスクをいかに低減させるかが注目され，非行少年の再犯への懸念も高まることとなる．しかし，人々の非行少年や犯罪者に対する態度は，彼らの更生に影響し得る．全体としてリスク回避的な社会になると，犯罪者は孤立し，向社会的な生活を送る機会を失うため，逆にリスクが高まってしまう（Ward et al., 2007）．

一方で，社会的な受容によってこそ，犯罪者は良い方向に変化する機会を増やすことができるといわれており（Willis et al., 2010），近年海外においては，非行や犯罪を起こした者に対するポジティブな見方が広がっている．そして，レジリエンス，自助グループ，グッド・ライブス・モデル等の流れをまとめて，ポジティブ犯罪学とよばれるまでになっている（Ronel et al., 2011）．

非行少年の再犯防止という観点から，社会全体が非行少年の更生を促進させるよりポジティブな態度をもつ必要がある．警察庁では2010年から少年を見守る社会気運の醸成に取り組んでおり，少年について理解を深め，厳しくも温かい目で少年を見守るための活動を推進している（木原，2014）．犯罪心理学ができることとすれば，実務レベルでポジティブな関わりを行っていくことに加え，社会的に彼らを受容していくための方策を検討していくことであろう．　　［藤原佑貴］

非行防止活動

　予防精神医学の疾病予防モデルを援用すると，少年非行を防止する活動は，一次予防（問題行動が始まる前に，子どもや保護者に対して非行抑制因子を育む活動），二次予防（問題傾向が現れ始めた者に対して本格的な非行へのエスカレートを防止する活動），三次予防（既に非行を行った少年の再非行を防止する活動）に分類できる．ここでは，主に非行の一次予防として，地域で行われている非行防止活動に焦点をあてて解説する．

●**地域の非行防止活動とは**　住民参加を伴う非行防止活動は，その内容から，内的非行抑制因子を育む活動と，青少年が非行を行う機会を除去する活動に大別される．

　内的非行抑制因子を育む活動とは，スポーツ活動，自然体験活動や社会奉仕活動等に，青少年やその保護者が参加することによって，規範意識，遵法意識，忍耐力，自尊心，他者との愛着といった内的抑制因子を青少年の心の中に育むこと，つまり，適切な社会化を通して少年非行の防止をめざす活動を意味し，青少年の社会参加活動あるいは居場所づくりとよばれている．一般の小学生や中学生を参加対象とする社会参加活動では，非行防止を目的として明示的に掲げるものは多くないが，青少年の健全育成や自立支援を目的として，青少年関係機関と地域住民の協働によって広く実施されてきた．

　もう一方の非行を行う機会を除去する活動とは，繁華街でピンクビラを取り除いたり，成人向け雑誌の自動販売機を撤去したりする環境浄化活動や，繁華街での街頭補導やパトロールを行うことを意味する．この非行を行う機会を除去する活動では，地域の成人ボランティアが活動の主体であり，未成年者は主体ではなく，場合によっては活動の客体となるものである．こうした2種類の非行防止活動はわが国の各地域の状況に応じて相互補完的に実施されている．

●**非行防止活動を活性化するプロセス**　地域の非行防止活動は住民と公的機関が連携して行われるが，参加する住民ボランティアの活動をいかに活性化させるかが重要である．警察が住民と連携して行う非行防止活動の実証研究によれば，住民の活動を活性化するプロセスは，活動集団の組織的特性→地域に対する統制感→住民ボランティアの活動への取組み（活動頻度や参加意欲）という連鎖的関連で説明が可能である（小林，2007）．

　活動集団の組織特性の内容は，住民リーダーの働き，警察の働きかけ，他機関の協力・援助に大別される．住民リーダーの働きとしては，参加民主主義的なリーダーシップ（参加者全員に意見を表明する機会と個々人の適性を反映した役割を

遂行する機会を与えること）と効率的な活動運営（活動計画をきちんと立てて，関係機関・団体と緊密に連絡・調整を行うこと）が含まれる．一方，警察の働きかけは，住民の主体性を尊重しながら，非行発生状況や非行防止のノウハウに関する情報提供を適切に行うことを意味する．また他機関の協力・援助は，警察以外の公的機関や企業・団体が施設や資機材等を提供してくれることを意味する．

次に，地域に対する統制感の内容としては，地域に対する自己効力感（住んでいる地域の状況に自分が主体的に影響を及ぼすことができる感覚）と地域の問題解決能力への信頼が含まれる．最終的に，（部分的に）地域の問題解決能力への信頼を高めることを通して，住民ボランティア個々人の地域に対する自己効力感を高めることが，非行防止活動に対する積極的な住民参加を維持するのに重要である．

さらに，中核的な住民ボランティアの活動水準が高い地域ほど，中学生による非行の発生は少ないが，その関連が，青少年に対する地域住民全般の働きかけや地域活動に対する青少年の参加の多さによって媒介されることが示された．したがって，非行防止活動が少年非行の低減という効果をもたらすためには，中核的な住民ボランティアは地域の非行防止活動を自分たちの活動にとどめることなく，地域住民全体の幅広い活動となるように配慮することが重要であり，地域全体の幅広いニーズを汲み取り，活動運営に反映させる高度の調整能力が求められている．

●**非行防止活動の効果的な態様**　効果的な非行防止活動の態様について，わが国の実証研究の結果をみると，小学校高学年を対象とした各種社会参加活動では，夏祭り等の行事，地域の環境美化活動，スポーツの練習に対する参加が，男女共通して非行の発生を低減させることに関連していることが示された（小林, 2014）．また，男子では農業体験活動，女子ではハイキング等の自然体験活動，高齢者対象のボランティア活動，郷土の芸能・文化を学ぶ活動に関しても，非行抑止的な関連が認められた．

同様に，小学校高学年時に地域活動で経験する事柄別にみると，男女共通して，地域活動に参加して，人と協働して物事を達成したり，人の役に立てたこと，保護者と参加したこと，年齢の異なる者と交流を深めたことが，非行の発生を低減させることに関連していることが示された．また，男子では，自分の意見を主張したり，リーダーの役割を務めたことについても，非行抑止的な関連が認められた．さらに，こうした地域活動への参加や経験がもつ非行抑止的な関連の大部分が，地域の大人への信頼，遵法的な規範意識，明るい将来展望といった態度（すなわち内的非行抑制因子）を醸成することを媒介するものであることも明らかとなっている．青少年関係機関と地域住民が協働した非行防止活動がよりいっそう推進されることが期待されている．

［小林寿一］

警察による立ち直り支援

　警察が行う非行少年への立ち直り支援には継続補導や少年相談があるが，これらの支援活動の根拠は，「少年警察活動規則」（平成14年国家公安委員会規則第20号）で定められている．少年相談については，「少年又は保護者その他の関係者から相談を受けたときは，懇切を旨として，当該事案の内容に応じ，指導又は助言，関係機関への引継ぎその他適切な処理を行うものとする」（第8条第1項），少年相談に関わる継続補導については，「少年相談に係る少年について，その非行の防止を図るため特に必要と認められる場合には，保護者の同意を得た上で，家庭，学校，交友その他の環境について相当の改善が認められるまでの間，本人に対する助言又は指導その他の補導を継続的に実施するものとする」（第8条第2項）とされる．

　さらに，2010年からは，警察が非行少年として取り扱った少年も支援の対象とする「手を差し伸べる立ち直り支援」も実施している．この支援は，従来のような待ちの姿勢ではなく，警察から対象少年に連絡を取り，少年の資質や環境を総合的に判断して非行に走りかねない状況にあると判断され，かつ保護者の同意が得られた場合に，少年および保護者に継続的な支援を行うという特徴がある（新家，2012）．

　すなわち，手を差し伸べる立ち直り支援の開始によって，①少年補導職員に加えて，被疑少年として支援対象少年を取り扱った警察官も支援を担当する，②従来の不良行為少年を中心とした相対的に非行性の低い少年に加え，過去に警察で取り扱いがあるような非行性が相対的に高い少年も支援の対象とするようになった．

　このように，警察では，犯罪を取り締まるだけではなく，犯罪を未然に防ぐという，予防的な活動の重要性を認識しているために，非行少年の立ち直り支援の活動を拡張，充実させながら取り組んでいる．

●**少年への支援**　少年相談における少年への支援に関して，実証的な研究（高桑，1993）では，問題を把握し，少年や保護者との関係構築をしてから，少年を受容することで自己肯定感を高め，将来の目標がもてるよう援助するという経過をたどることが明らかにされている．また，遊間（2002）は少年相談での臨床経験から，問題児としての本人ではなく，現状への不安や危機感等，本人の感情面に焦点をあてることで，少年の参加意欲を引き出せたり，少年が自分の感情を受け止め，自分と向き合えるようになったりすることがあると指摘した．実証的研究と臨床的示唆の両方から，少年本人を共感的に理解したうえで，少年の問題に取り

組んでいくことの有効性が示されている.

一方で，少年相談での臨床経験から，相談に来る少年には現代特有の特徴がみられることが指摘されている（岡部，2010）．従来の非行少年は，権威への反抗から対教師暴力が生じていたり，校内暴力についても，不良グループも組織化されており，グループ内の規則に応じないと制裁を受けたりしていたので，自分の感情をコントロールする能力が求められていた．しかし，現代の対教師暴力や校内暴力は，教師の注意に対して自分の怒りの感情が統制できないという感情の発散によって生じるため，単発的で幼児性が高い特徴があるという.

新たな取組みで非行性の高い少年を支援対象にすることに加え，上述の特徴のみられる少年に対して自分の問題に向き合わせることは難しいが，警察職員は，少年の相談への意欲を高めつつ，状況に応じた柔軟な姿勢で支援を行っている．

●保護者への支援　警察による立ち直り支援には強制力がないことや，少年本人は困っていないといった特徴から，保護者への支援も重要となる（井口，1994a）．すなわち，保護者への支援を介して，少年の問題行動の改善をめざすという間接的な働きかけが必要となる．

石橋（2006）によれば，非行少年の保護者は，自分の子どもの問題行動に悩み，警察に具体的な処方箋としての助言を求めて少年相談に来談することが多いという．そこで，警察職員は，問題の全体像を把握するために共感的理解という姿勢を示しつつ，事案に応じた具体的な助言や情報提供を行うことも必要となると指摘している．実証的研究では，非行等の問題行動が改善した事例における保護者への働きかけには，支援初期では傾聴等によって保護者を受容すること，中期では少年への対応に関する洞察や気づきが得られるよううながすこと，後期では保護者の状態に合わせてサポートをすることがみられており（井口，1994a），臨床的示唆と実証的知見はほぼ一致するといえよう．

また，保護者への支援は間接的な支援といえるため，保護者にどのような変化があれば，少年の問題行動が改善するのかといった点も検討する必要がある．研究では，保護者が少年を受け入れることと非行等の問題の改善との間に関連が示されており（井口，1994b）さらに，このような保護者の態度の変化には，保護者の受容，少年の肯定的部分の評価，少年に毅然とした態度を取るよう助言するといった働きかけが有効であることが示されている（宮寺ら，2006）．また，保護者自身がみずからを見つめ直すようになることも，非行の改善には必要な態度の変化であり，この変化には，夫婦関係を調整することが有効であることが示されている（宮寺ら，2006）．すなわち，保護者には，少年だけではなく，自分自身をも見つめ直す態度が求められること，また，そのような態度の変化には，保護者を共感的に理解しながら，助言をしたり，時には家族関係の調整をしたりすることも必要になるといえる．

［久原恵理子］

少年相談

　少年警察活動は，少年事件や触法事案等の発生に伴う捜査・調査活動と街頭補導活動や少年相談等非行防止活動に大別される．少年相談は，少年の立ち直り支援や健全育成を目的とした，少年の非行防止および保護に関する相談であり，警察法第2条における警察の責務を遂行するための活動として位置づけられ，少年警察活動規則にその活動の基準が定められている．

　これに基づいて都道府県警察では，非行，いじめ，犯罪被害等で悩んでいる子ども自身や家族等のために，面接・電話・メール等による少年相談の窓口を開設している．これらの相談は，都道府県警察少年課や警察署等で受理されているが，相談事案の受理および受理後の対応について中心的役割を果たしているのは，都道府県警察少年課に設置されている少年サポートセンターである（全国196か所）．

　少年サポートセンターには，警察官と少年補導職員（全国で約900名，臨床心理士を含む）が配置され，受理した相談に対しては，助言・指導や必要に応じて継続補導が行われ，内容によっては病院等の他機関紹介や家庭裁判所送致・児童相談所通告が実施されている（図1）．なお，少年サポートセンターは，少年相談の他，街頭補導活動，被害少年の支援，居場所づくり等を行っている．なお，上記データは，いずれも2015年4月時点のものである．

●**少年相談の特徴**　少年相談には次のような特徴がある．①警察活動は，被疑者の検挙から身柄の拘束等にみられる強制力を伴った法律の執行が強調されがちであるが，少年相談は少年や保護者等からの申し出による任意の措置である．②少

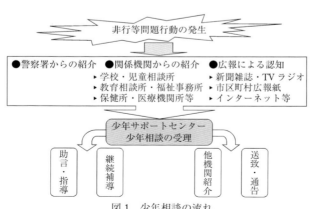

図1　少年相談の流れ

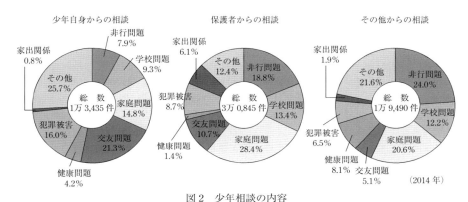

図2　少年相談の内容
（警察庁生活安全局少年課『平成26年中における少年の補導及び保護の概況』より作成）

年相談は，非行少年，不良行為少年，被害少年，要保護少年らを含んだ少年の非行の防止および保護に関連した相談であり，また，相談内容は，非行の他，いじめ，不登校，家庭内暴力，精神保健等，広く子どもの健全育成に関連するものが含まれる．③相談者は，当該子どもの問題の解決を希望していることから，相談者の協力が得やすく，相談者と連携しつつ事案へ対応することが可能である．④非行防止を図るため特に必要と認められる場合には，保護者の同意を得たうえで，家庭，学校，交友その他の環境について相当の改善が認められるまでの間，子どもに対する助言または指導等を継続的に実施（継続補導）している．なお，継続補導は専門的な知識・技能が必要とされるため臨床心理士を含む少年補導職員が実施している．⑤事案によっては，学校との連携，関係機関から構成されるサポート・チームによる対応等，また，犯罪行為に該当する事案は，捜査・調査活動を行ったうえで，家庭裁判所送致や児童相談所通告が行われている．

● **少年相談の受理状況**　近年の少年相談総数は減少傾向にあり，相談者別では，保護者や少年の関係者が70～80％，少年は20％前後を占めている．2014年中の受理状況は，総受理件数が6万3,370件（電話相談2万9,736件，メール相談789件を含む），相談者別では，少年自身からの相談が全体の21.1％，保護者からが48.4％，その他（少年および保護者以外の関係者）が30.5％であった（図2）．また，少年の学職は，高校生37.4％，中学生22.7％，有職少年12.4％，無職少年9.2％の順に多かった．

なお，相談内容のうち，学校問題は，いじめ，不登校，進路など，家庭問題は，しつけ，家庭内暴力等が含まれている．　　　　　　　　　　　　　　　［石橋昭良］

📖 **参考文献**
[1]　伊藤冨士江編（2010）『司法福祉入門―非行・犯罪への対応と被害者支援』上智大学出版．

大学の防犯サークルと犯罪心理学教育

　心理学専攻生にとって犯罪心理学は人気科目である．また，将来，警察関係や司法関係への就職をめざして入学してくる学生も多い．そのため，少年補導協助員やBBS（big brothers and sisters movement）のメンバーとして，青少年の健全育成活動に従事するボランティア大学生も多くなっている．ただし，個人としての活動が主となるため，卒業と同時に活動は終了し，大学の防犯サークル結成や継続は非常に困難である．そのため，犯罪心理学教育としてフィールドでの知識・技術・態度の蓄積ができないという問題点があげられる．

　この問題に対し，福山大学の犯罪心理学研究室では，2006年に研究室所属の学生を主にPACE（ペース）という防犯サークルを結成した．主な活動は，小宮（2005）が開発した地域安全マップの作製指導を小学生に対して行うことである．現在でもこの活動は継続しており，毎年約20名のメンバーが，約1,000人の児童の指導を行っている．上述した問題点を克服するヒントとして，PACEの結成経緯と犯罪心理学教育としての考え方について紹介する．

　最初の活動は，科学捜査研究所出身である筆者が，広島県知事部局，広島県教育委員会，広島県警察本部，福山市役所と連携して，学生を小学校の現場に連れ出したことに始まる．それと並行して，規約・役員を決めてPACEを結成し，学生主導の活動に切り替え，小学校からの指導要請に対して，学生代表が小学校と事前調整を行い，授業の中での進行・指導をする体制へ移行した．その成果として，初期のメンバーが児童への指導を通じて大きく成長した．そして，彼らも後輩たちにその充実感を体験し，PACEを継続してもらいたいと考えていた．そこで，結成3年目に福山市の市民団体対象の助成金に応募させて，経済的基盤をもつことにチャレンジさせた．助成金への応募は，申請書類作成時におけるPACEの活動意義と来年度計画の明確化，二次審査の公開プレゼンテーションにおける市民への説明と質疑応答も伴う．そして，採択されると，活動計画に沿って予算執行をして小学校というフィールドで実績をあげ，年度末の報告書を作成しなければならない．また，心理学の役目として，防犯活動への参加や啓蒙もあるが，防犯効果を検証するためのデータを測定することも重要であり，PACEの活動として研究活動も実践している（濱本ら，2008）．これこそ大学生に社会人基礎力をもたらすアクティブ・ラーニングである．

　PACEは福山市から4年，広島県共同募金会（赤い羽根共同募金）から4年，現在8年間継続して，毎年約30万円の補助を受けて活動を自主的に行っている．また，国，県，市から表彰を受け社会的評価も高く，広島県，福山市，広島県警の各種学生委員にも，多くのメンバーが任命されている．このような助成金，表彰，委員の委嘱も大学生には大きな自信と活動継続への動機づけになる．メンバーから科学捜査研究所研究員，各県の警察官への採用も続いており，大学生時代の犯罪心理学教育が，社会での仕事と連続するという成果も出ている．　　　　　　　　　［平　伸二］

第9章

犯罪被害者

［編集担当：藤田悟郎］

- 【概説】犯罪被害者 ———————— 634
- 被害者学 ———————————— 636
- 刑事司法における犯罪被害者 ———— 638
- 犯罪被害者等基本法と被害者支援 —— 640
- 警察における犯罪被害者支援 ———— 642
- 民間団体による被害者支援 ————— 644
- 犯罪被害者心理のアセスメント ——— 646
- トラウマとPTSD —————————— 650
- PTSDの治療 ——————————— 652
- 犯罪被害者遺族の心理 ——————— 654
- 性犯罪被害 ———————————— 656
- 人質事件の被害者 ————————— 658
- 交通事故被害者 —————————— 660
- 早期における犯罪被害者心理 ———— 662
- 児童虐待・家庭内暴力による
  子どもの被害 —————————— 664
- 学校における危機対応と
  子どもの心のケア ———————— 666
- 犯罪被害による子どものトラウマ —— 668
- 支援者のストレス ————————— 670
- 【コラム】犯罪被害者支援の現場から
  ：臨床社会心理学の視点に立って — 672

【概説】犯罪被害者

　犯罪被害者等基本法において犯罪被害者等とは，「犯罪及びこれに準ずる心身に有害な影響を及ぼす行為」により「害を被った者及びその家族又は遺族をいう」とされている．また，犯罪被害者等基本計画において「犯罪被害者等施策」の対象は，「施策ごとに，それぞれ適切に設定され，判断されるべきもの」とされている（☞「犯罪被害者等基本法と被害者支援」）．

　これらの犯罪被害者等に，殺人，暴行，性犯罪，交通事故の被害者が含まれると考え，犯罪被害者の人数を『平成28年版犯罪被害者白書』の犯罪統計から求めてみる．2014年中に，刑法犯（交通事故を除く）による死傷者数は3万1,979人であり，うち，死者は841人，重傷者（全治1か月以上の傷害を負った者）は2,899人である．性犯罪の認知件数は，強姦罪と強盗・強姦罪の合計で1,294件，強制わいせつ罪は7,400件である．2015年中の交通事故による死傷者数を警察庁の交通統計から求めると，死者は4,117人で，重傷は3万8,959人である．ただし，交通事故の死傷者数には，被害的立場と加害的立場の両方の人数が含まれることに注意が必要である．これらの統計の数字から，毎年多くの人が犯罪被害に遭っていることがわかる．しかしながら，統計の数字は，警察が認知した犯罪被害者の人数であることに注意が必要である．犯罪被害に遭った被害者の中には，証拠がないので犯人は捕まらない，犯人から仕返しされる恐れがある等と考え，被害を警察に通報しない人もいる．犯罪被害の状況を正確に把握するには，社会調査の方法等により捜査機関に認知されていない犯罪の暗数を調査することも重要である．暗数を含めた犯罪被害に関する調査としては，国際犯罪被害実態調査（International Crime Victims Survey：ICVS）がある．2012年にわが国で実施された調査によると，過去5年間に犯罪の被害に遭った人のうち捜査機関に被害を届け出た人の割合は，性的な被害で2割弱である（法務総合研究所『研究部報告49 犯罪被害に関する総合的研究』2013）（☞「犯罪被害調査」）．

●**犯罪被害者に対する理解と支援**　現在でこそ，犯罪被害者の権利尊重，国民全体による支援といった考え方が社会に浸透し，犯罪被害者が直面している多くの問題については解決が図られ，あるいは，解決の方向が示されている．しかしながら，犯罪被害者の支援についての基本理念と国，地方公共団体および国民の責務を定めた犯罪被害者等基本法が制定されたのは2004年のことであり，犯罪被害者の支援の取組みが広がったのは比較的最近のことである．長い間，社会は犯罪被害者が直面している問題に注目せず，犯罪被害者は社会において孤立することを余儀なくされてきたのである（☞「被害者学」）．

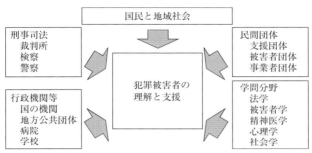

図1 犯罪被害者の理解と支援のイメージ

　検察や警察が，捜査の状況，加害者の処分，裁判の結果等を被害者に通知・連絡する制度は1990年代に始まり，被害者が裁判に直接関与できる制度は2008年に始まった．このような制度ができる以前には，刑事司法の手続きにおいて被害者に期待されていたのは証人としての役割くらいであり，被害者の主体的な役割や権利は認められていなかった．犯罪被害者が事件や事故のときに体験するトラウマと，その後の精神的苦痛については，米国精神医学会が診断基準に（心的外傷後ストレス障害：PTSD）を初めて加えたのが1980年である．人が命に関わるような恐怖を体験したときの脳の働き等が明らかになるとともに，治療効果が科学的に検証された認知行動療法等の方法も使われるようになった．また，犯罪被害に関するトラウマは，女性や子ども等社会的な弱者の体験であることも多く，かつ，家庭における暴力等の社会的におおやけになりにくい問題とも関わっているために社会が議論することを避けてきた点にも注意すべきである．

　犯罪被害者のニーズには，加害者からの再被害の防止，刑事司法や医療の関係者による二次被害の防止，刑事手続の流れや支援の窓口に関する情報提供，刑事手続きや民事訴訟での権利の保護，経済的な支援，心のケアや社会復帰の援助等さまざまなものがあり，犯罪の類型や被害者によってニーズや支援を必要とする時期も異なる．また，犯罪被害者の支援は，警察，検察，裁判所等の刑事司法の機関や，国や地方公共団体，病院，民間団体等の多くの機関が協力して行う必要があると同時に，法律家，精神科医，臨床心理士らのさまざまな学問分野を背景とする専門家の関与が必要である．犯罪被害者の支援は単一の視点や方法により達成できるものではなく，多様な方法により達成されることを理解すべきである（図1）．

　本章では，このような視点に立ち，心理学だけでなく，法学，精神医学等の関連する領域を専門とする執筆者による，さまざまな類型の犯罪被害を解説するとともに，行政，刑事司法，医療，学校，民間団体等が行うさまざまな支援についての解説を行う．

［藤田悟郎］

被害者学

　被害者（victim）の原義は「神に捧げる生贄」である．ラテン語のvictimaから派生したが，英語としては15世紀末に登場し，「他者から負傷，拷問または殺害の被害を受けた人」を意味する語として1650年代に初めて記録されている．
　被害者学とは「被害者，被害者化，および被害者化と被害者への反応に関する社会科学」（Kirchhoff, 2010）と定義づけられるであろう．

●**被害者学の誕生と発展**　犯罪学ないし刑事学の主たる関心は従来，犯罪原因の科学的解明，犯罪者処遇，刑事政策等にあり，被害者にはなかった．フォン・ヘンティッヒら（von Hentig et al., 1948）は，みずからの考えを「犯罪のデュエット構造」とよび，行う者と耐える者，すなわち犯罪者と被害者の間の関係性の質を重ね合わせて理解することが，犯罪の実態を正しく把握するために必要であると考え，これが被害者学の出発点となった．危険因子を基準に被害者は13に類型された．シェーファー（Schafer, 1968）は被害者を七つに類型化し，各々の機能的責任性を記述した．ウォルフガング（Wolfgang, 1958）は殺人事件の捜査記録を精読し，被害者の言動が犯罪を促進した最重要要因でないことを実証的に明らかにした．
　メンデルソーン（Mendelsohn, 1976）は一般被害者学（general victimology）を提唱し，被害者学は，被害発生の原因究明，被害防止の対策，効果的な被害回復方法の研究をめざすべきである，とした．また，犯罪被害者のみならず，社会環境・科学技術・自然環境の被害者らを研究し，被害者の実態とニーズを明らかにし，被害者支援を行う必要性を説いた．その後，国際会議等が開催され，各国で被害者学会が設立され，多くの研究誌が発行されてきた．また，被害者学に関する国際研究施設がオランダ（INTERVICT）や日本（TIVI）に設立された．他方，1950年代にフライ（Fry, M.）が犯罪被害者の直面する過酷な現実を新聞紙上で訴え，1964年以降，各国で犯罪被害補償制度が徐々に創設された．
　1970年代の女性解放運動を通じて女性の犯罪被害者の窮状が明らかにされた．また，犯罪被害者支援という被害者学にとって新たな関心が結実し始めた．1980年代には，被害者学は被害者化の原因論に関する学術研究から，被害者化への対策論つまり制度改革運動へと転換していった．その点，1979年に創設され，国際連合と欧州連合に対して諮問資格を有する世界被害者学会（World Society of Victimology：WSV）の果たした役割は大きい．WSVの目標は，①被害者研究と被害者支援の促進，②世界中の被害者への権利擁護，③被害者学の学際的な比較研究の奨励，④被害者問題に関心を有する国際的，地域あるいは国内の機関，団

体，個人の連携促進である．WSV の最大の業績は，1985 年の国連犯罪防止会議において「犯罪およびパワー濫用の被害者のための司法の基本原則宣言」（略称，国連被害者人権宣言）の採択を実現させたことであろう．これを機に，数多くの国で被害者の基本的権利を認めるための法制化が進んでいった．

●**被害者学の展開と被害者支援** ファタ（Fattah, 2005）によれば，理論被害者学（theoretical victimology）によって，研究の中心を犯罪者の特性や属性に関する一次元的研究から状況的かつ対人関係のダイナミックスへのパラダイム転換がもたらされ，被害不安，被害影響，被害者化傾性等が明らかにされてきた．これらの知識を被害者支援，被害影響の緩和，再被害化の防止等に役立てるのが応用被害者学（applied victimology）である．また，PTSD 等を含む心理的影響の診断と治療を中心とした臨床被害者学（clinical victimology）なる研究領域もある．

他方，ウェマース（Wemmers, 2009）によれば，研究の立場によって対象となる被害者の範囲が異なる．①刑事被害者学（penal victimolog）：被害者学は犯罪学の一領域とみなされ，研究対象は犯罪被害者に限定される．学問の客観性と中立性を確保することによって政治との距離を置こうとする．②一般被害者学（general victimology）：自然災害，人災，犯罪等の広範囲にわたる被害者が研究対象となる．そこでは，多様な被害者間に認められる反応の類似性が強調される分，研究領域の限界が曖昧になる．③人権被害者学（victimology of human rights）：研究対象は国連被害者人権宣言に含まれる，大虐殺や拷問等すべての人為的な被害者化である．研究対象をそのように限定することによって被害の発生メカニズムが説明され，被害後の取組みや被害予防が可能となる．

宮澤（2004）は日本国内の現状として，①犯罪原因としての被害者というとらえ方から第二次および第三次被害者化の防止対策へと大きく転換しており，②被害者補償，心理的支援，被害者の権利・法的地位の確立を含む犯罪被害者らへの支援活動の充実化が進んでいるが，③個人レベルの紛争解決の限度をはるかに超えたテロ，権力者の犯罪，国際経済犯罪等の新たな犯罪現象に対抗するに十分な法制度や対策が整備されていない等の問題点をあげている．

1990 年代以降，従来の研究より幅広い社会的状況に関心を寄せる批判的被害者学（critical victimology）の考えが研究者間等に浸透しつつある．

なお，犯罪被害者は多様な二次被害（第二次被害者化）を経験し，精神的な苦痛が倍加する．それゆえ，被害者支援に際しては，被害者の観点から被害者理解を深め，対応の質を維持するための恒常的な研修を要する．被害者対策の効果を考慮すれば，反復被害の効果的な防止策を講じることが重要であろう．

また，被害者と心理的に深く関わる人に生じる代理受傷（逆転移）は放置できない重要な問題である．さらに，被害者支援に際して，公的機関，民間団体，専門職，被害者団体等の間の相互理解の促進も重要であろう． ［長井 進］

刑事司法における犯罪被害者

　犯罪の被害者は，真相解明のための重要な協力者として，捜査や裁判等の過程で刑事司法と関わりをもつ．ところが，事件や加害者の情報が得られないことに不満を抱いていたり，事情聴取や裁判での証言に関わること自体に大きな負担を感じていることが1990年代の被害者調査等によって明らかとなってきた．こうした状況に対し，被害者支援団体や被害者団体からの改善を求める声が高まり，刑事司法制度においても，被害者の負担軽減を図るための措置が取り入れられるようになった（☞「警察における犯罪被害支援」「司法制度改革」）．

　1996年には警察庁の被害者対策要綱が策定され，1999年には検察庁において被害者等通知制度が開始された．2000年には，いわゆる「被害者保護関連二法」が制定され，刑事手続上の被害者保護が図られた．さらに，2004年の犯罪被害者等基本法を受けて策定された「犯罪被害者等基本計画」では，刑事司法は犯罪被害者等の権利利益の回復に重要な意義を有し，「刑事司法は犯罪被害者等のためにもある」と述べられている．一方，警察，検察，裁判等で被害者と接する職員らに対する教育訓練の必要性も指摘され，その充実が図られている．

●**検察庁の諸制度**　検察庁における被害者支援のための制度として，被害者等通知制度と被害者支援員制度がある．

　被害者等通知制度は，処分結果等の情報を被害者に提供する制度であり，通知を受けることができるのは，被害者や親族，目撃者らである．通知される事項は，事件の処分結果（公判請求，略式命令請求，不起訴，家庭裁判所送致等），裁判を行う裁判所および裁判が行われる日，裁判結果（裁判の主文と上訴・確定の有無），犯人の身柄の状況，起訴事実，不起訴の理由の概要，有罪裁判確定後の犯人に関する事項である．さらに，再被害防止のために必要がある場合に限り，犯人の釈放予定時期が通知される．

　被害者支援員制度は，全国の検察庁に配置された被害者支援員が，被害者からの相談の対応，法廷への案内や付添い，記録の閲覧，証拠品の変換請求等各種手続の援助を行う制度である．また，被害者の状況に応じて，精神面，生活面，経済面の支援を行っている関係機関や団体を紹介する等の支援活動を行う．

●**裁判所の諸制度**　裁判所における被害者支援として，被害者の証人尋問時におけるプライバシー保護，証人として出頭する際の保護，被害者に関する情報の保護等がある．裁判所は，被害者が法廷で証言する際の負担を軽くするため，証人への付添い，証人の遮へい，ビデオリンク方式での証人尋問の措置をとることができる．また，被害者が優先的に裁判を傍聴できる制度や被害者が法廷で意見を

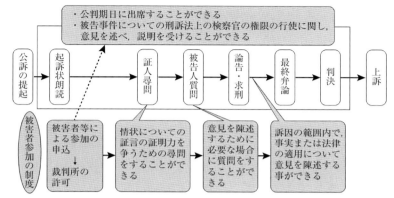

図1　犯罪被害者等が刑事裁判に参加する制度の概要（『平成25年版犯罪被害者白書』より作成）

述べることができる意見陳述制度が設けられた．これらの多くは上述した犯罪被害者保護二法により導入された制度である．

また，2005年12月に決定された犯罪被害者等基本計画において，「刑事手続への関与拡充への取組」が重点課題の一つとされた．そこで，2007年6月の「犯罪被害者等の権利利益の保護を図るための刑事訴訟法等の一部を改正する法律」により，刑事訴訟法が一部改正され，被害者参加制度が創設された（2008年12月1日施行）．

●被害者参加制度　殺人や傷害等の一定の事件の被害者が，裁判所の許可を得て刑事裁判において，①公判期日に法廷で検察官の隣に着席し，裁判に出席すること，②証拠調べの請求や論告・求刑等の検察官の訴訟活動に関して意見を述べたり，検察官に説明を求めること，③情状に関する証人の供述の証明力を争うために必要な事項について証人を尋問すること，④意見を述べるために必要と認められる場合に，被告人に質問すること，⑤証拠調べが終わった後，事実または法律の適用について，法廷で意見を述べることができることとなった（図1）．

これに関連して裁判所は，被害者等と被告人や傍聴人との間を遮へいする措置をとったり，適当と認める者を付き添わせることができる．また，被害者は，刑事裁判への参加を弁護士に委託する場合に，資力に応じて国選被害者参加弁護士の選定を請求することができる．

以上のとおり，刑事司法において，被害者に関する諸制度が急速に整備されてきた．その反面，措置の実施件数が増えることに伴って対応が事務的になったり，実施件数にこだわって形式化したりすると被害者の不信感や孤立感を招くおそれがある．制度が形骸化することのないよう，常に制度の趣旨を踏まえた運用に注意するとともに制度の見直しや拡充を怠らないことが肝要である．　　　　［辰野文理］

犯罪被害者等基本法と被害者支援

　犯罪被害者等基本法は，犯罪被害者等のための施策に関し，基本理念を定め，国，地方公共団体，国民の責務を明らかにするとともに，犯罪被害者等のための施策の基本となる事項を定めること等により，犯罪被害者等のための施策を総合的かつ計画的に推進し，犯罪被害者等の権利利益の保護を図ることを目的とした法律である（2004年12月1日成立，2005年4月1日施行）.「犯罪被害者等」とは，「犯罪等（犯罪及びこれに準ずる心身に有害な影響を及ぼす行為）により害を被った者およびその家族又は遺族」をいう.

●**犯罪被害者等基本法制定の経緯**　わが国において「犯罪被害者等のため」という視点を正面に据えた初めての施策は，1974年8月30日に発生したいわゆる三菱重工ビル爆破事件を契機として1980年に制定された犯罪被害給付制度である．1990年代に入ると，さまざまな被害者支援の動きが活発化し，1996年に警察庁が「被害者対策要綱」を策定し，1999年4月には検察庁における全国統一の被害者等通知制度が実施された．また，同年11月には，政府に「犯罪被害者対策関係省庁連絡会議」が設置され，関係省庁の密接な連携のもとに犯罪被害者対策に係る問題への対応が検討され，2000年3月30日『犯罪被害者対策関係省庁連絡会議報告書—犯罪被害と当面の犯罪被害者対策について』が取りまとめられた．同年5月には，いわゆる犯罪被害者保護二法として，刑事訴訟法が一部改正されるとともに，犯罪被害者等の保護を図るための刑事手続に付随する措置に関する法律が制定された．さらに，2001年4月6日，犯罪被害者等給付金支給法が改正され，法令の名称が「犯罪被害等給付金の支給等に関する法律」に改められ，給付内容の拡充を実現するとともに，犯罪被害者等早期援助団体の制度が導入された（☞「刑事司法における犯罪被害者」「警察における犯罪被害者支援」）.

　このような施策の展開は一定の評価を得た一方で，犯罪被害者等の求める総合的な犯罪被害者等施策というニーズに十分に応えるものではないとの指摘を受けた．こうした状況から，犯罪被害者等の視点に立った施策を講じ，その権利利益の保護が図られる社会の実現に向けたさらなる進展が求められ，政治主導による基本法制定に向けた動きが始まり，2004年12月1日，議員立法である犯罪被害者等基本法が成立した.

●**犯罪被害者等基本法の概要**　犯罪被害者等基本法は，第1章総則において，目的（第1条）とともに，定義（第2条），基本理念（第3条），国，地方公共団体および国民の責務，関係機関等の連携協力等（第4条〜第7条），政府が犯罪被害者等のための施策に関する基本的な計画を策定すること（第8条）等を規定し

ている．第2章では，基本的施策として，相談及び情報の提供等（第11条），保健医療サービス及び福祉サービスの提供（第14条）等の13の施策を講ずることが規定され，第3章では，犯罪被害者等施策推進会議について規定されている．

●**犯罪被害者等基本計画** 犯罪被害者等基本法第8条により，政府は，犯罪被害者等のための施策に関する基本的な計画を定めることとされ，2005年12月27日に犯罪被害者等基本計画（実施期間は2010年度末まで）が閣議決定された．同計画では，犯罪被害者等のための施策の推進にあたり，四つの基本方針と五つの重点課題が設けられ，258の具体的施策が掲げられた（表1）．

表1　四つの基本方針と五つの重点課題

四つの基本方針
①尊厳にふさわしい処遇を権利として保障すること
②個々の事情に応じて適切に行われること
③途切れることなく行われること
④国民の総意を形成しながら展開されること

五つの重点課題
①損害回復・経済的支援等への取組
②精神的・身体的被害の回復・防止への取組
③刑事手続への関与拡充への取組
④支援等のための体制整備への取組
④国民の理解の増進と配慮・協力の確保への取組

この「基本方針及び重点課題」は，2011年3月25日に閣議決定された第2次犯罪被害者等基本計画（実施期間は2015年度末まで），2016年4月1日に閣議決定された第3次犯罪被害者等基本計画（実施期間は2020年度末まで）にも引き継がれ，同計画では261の具体的施策が掲げられている．この計画に基づき，わが国の犯罪被害者等のための施策は総合的かつ計画的に推進されている．

●**犯罪被害者等施策の推進の状況** 犯罪被害者等基本法の制定により，わが国の犯罪被害者等支援の施策は大きく進展した．犯罪被害者等基本計画においては，刑事手続への関与拡充への取組，損害回復・経済的支援等への取組について，被害者参加制度の創設，犯罪被害給付制度の拡充等，大幅な制度改正が行われ，大きな進展が図られた．また，第2次犯罪被害者等基本計画においては，犯罪被害給付制度のさらなる拡充（児童虐待等と認められる親族間犯罪の場合における特例規定の見直し等），被害者参加制度の拡充（被害者参加人に対する旅費等の支給，被害者参加人のための国選弁護制度における資力要件の緩和）や，地方公共団体における犯罪被害者等のための総合的対応窓口の整備等，着実な推進が図られた．新しい第3次犯罪被害者等基本計画には，犯罪被害者等や犯罪被害者等支援団体からの要望を踏まえて策定され，被害が潜在化しやすい犯罪被害者や，犯罪被害者等の生活の再建のための施策が盛り込まれている． 〔及川京子〕

📖 参考文献
[1] 宮澤浩一・國松孝次監修(2000)『講座 被害者支援』全5巻，東京法令出版．
[2] 全国被害者支援ネットワーク編(2008)『犯罪被害者支援必携』東京法令出版．

警察における犯罪被害者支援

　犯罪被害者（遺族を含む）が負う心の傷は計り知れない．被害に起因する医療費の負担や転職，引っ越し等による経済的困窮，捜査や裁判の過程における時間的・精神的負担も抱える．警察は，犯罪被害者と密接に関わる機関であることから，犯罪被害者のおかれている現状に配慮し，さまざまな支援を行っている．

●**犯罪被害者支援の主な経緯**　1980年，「犯罪被害者等給付金支給法」が成立し，1981年より犯罪被害給付制度の運用が始まった（同法は警察庁が所管）．

　警察庁は，1996年2月，犯罪被害者の視点に立った各種施策を総合的に推進するための基本的方針を取りまとめた被害者対策要綱を制定した．同年5月には長官官房給与厚生課に犯罪被害者対策室（2008年7月，犯罪被害者支援室に改称）を設置し，各種施策の企画・調査の他，全般的な取りまとめを行っている．

　2001年には，「犯罪被害者等給付金支給法」が改正され，犯罪被害給付制度の拡充，警察本部長等が行う犯罪被害等の早期軽減のための措置等に関する規定の整備がなされ，法律名も「犯罪被害者等給付金の支給等に関する法律」と改められた．

　2004年12月に成立した「犯罪被害者等基本法」に基づき，翌年12月には犯罪被害者等基本計画が閣議決定された．同計画に基づいて構成された三つの検討会における最終取りまとめ等を踏まえ，2008年4月には，犯罪被害給付制度の拡充，犯罪被害者等の支援に関する広報啓発活動の推進等を内容とする「犯罪被害者等給付金の支給等に関する法律」を改正する法律が成立した（法律名は「犯罪被害者等給付金の支給等による犯罪被害者等の支援に関する法律」と改められた）．同年，国家公安委員会では同改正を受けて，警察本部長等が行う犯罪被害者等に対する援助および民間犯罪被害者等支援団体の自主的な活動を促進するための措置に関して，適切かつ有効な実施を図るための「犯罪被害者等の支援に関する指針」を定めた．

　2016年4月，第3次犯罪被害者等基本計画が閣議決定され，警察庁ではこれを受けて被害者対策要綱を見直し，警察において特に講ずべき施策の具体的推進要領を示した犯罪被害者支援要綱を制定した．2016年度は，第3次犯罪被害者等基本計画の初年度である他，内閣府の業務見直しにより，これまで内閣府で推進されてきた犯罪被害者等施策が国家公安委員会に移管され，警察においてはさらに関係機関・団体と連携強化を図りつつ，犯罪被害者等施策の一層の推進に向けて取り組むこととしている（☞「犯罪被害者等基本法と被害者支援」）．

●**犯罪被害者支援のための具体的施策**　①犯罪被害者への情報提供：犯罪被害者

にとって，被害を回復・軽減するために受けることができる支援内容や刑事手続に関することは馴染みがなく，また，捜査状況や加害者の処分に関する情報は関心が高いことから，的確に情報提供される必要がある．そこで，警察は支援内容や刑事手続等に関することについて記載したパンフレット『被害者の手引』を作成・配付するとともに，被害者連絡制度を設けて事件を担当する捜査員が各種制度の内容や捜査状況，加害者の処分等に関する情報提供を行っている．

②相談・カウンセリング体制の整備：心理学的な知識や技術を有する職員の配置，精神科医・民間カウンセラーとの連携により，犯罪被害者へのカウンセリングを実施している．被害少年に対しては，少年の特性・心理についての知識を有する少年補導職員等が部外専門家等の助言を受けながら，カウンセリングを実施している．警察庁では，2016年度予算において，犯罪被害者に対し，被害者が選定した精神科医・臨床心理士等によるカウンセリング費用を支出する制度に要する経費を措置し，制度の全国展開を図っている．

③捜査過程における負担軽減：捜査によって犯罪被害者が余計な負担を負わず二次的被害を受けないように配慮が行われる．専門的な支援が必要とされる事案が発生したときには，あらかじめ指定された指定被害者支援要員が付添い支援等を行っている．また，犯罪被害者の心情に配意し内装を改善した部屋を利用できるようにする等，施設の改善も進められている．性犯罪被害者には，被害者の希望を踏まえての女性警察官による対応，緊急避妊等の経費負担を行う等して負担軽減を図っている．

④犯罪被害者の安全確保：犯罪被害者が同じ加害者から再び危害を受けることを防止するため，再被害防止要綱に基づく措置を行っている他，暴力団犯罪被害者の保護対策やストーカー・DV対策を行っている（☞「ストーキング」）．

⑤犯罪被害給付制度：通り魔殺人等の故意の犯罪行為により死亡した犯罪被害者の遺族や重傷病を負い，または身体に障害が残った犯罪被害者に対して，社会の連帯共助の精神に基づき，国が犯罪被害者等給付金を支給し，精神的，経済的打撃の緩和を図ろうとするものである．給付金の種類には，重傷病給付金・障害給付金・遺族給付金があり，支給には支給制限等条件が設けられている．

⑥関係機関・団体等との連携：生活上の支援，医療，公判に関すること等，多岐にわたる犯罪被害者のニーズに対応するため，関係機関・団体等との連携を図っている．民間被害者支援団体のうち，犯罪被害等の早期軽減に資する事業を適正かつ確実に行うことができると認められる団体として，都道府県公安委員会が犯罪被害者等早期援助団体を指定しており，警察においては情報提供等を行っている．また，犯罪被害者への理解を深めてもらうため，民間被害者支援団体や学校等と連携して，中学・高校生を対象とした「命の大切さを学ぶ教室」を開催する等，広報啓発活動を行っている（☞「民間団体による被害者支援」）．　　　［上田 鼓］

民間団体による被害者支援

　犯罪被害者支援における民間支援団体の果たす役割は，犯罪被害者等基本法の「国，地方公共団体及びその他の関係機関並びに民間の団体等の連携の下（前文）」においてなされるものであり，「犯罪被害者等のための施策が円滑に実施されるよう，相互に連携を図りながら協力しなければならない」（第7条）．さらに，「民間団体が果たす役割の重要性にかんがみ」（第22条），活動促進を図るため，財政，税制，情報提供等の施策を講ずるよう定められる等，犯罪被害者支援における民間団体の役割・意義は大きいものがある．

●**犯罪被害者支援を行う民間団体**　犯罪被害者を支援する民間団体として，①犯罪被害者等早期援助団体とその指定をめざす団体，②認定特定非営利活動法人全国被害者支援ネットワーク（①の連合体），③特定の犯罪類型の被害者を対象とする団体（①②を除く），④犯罪被害者自身が主体となって活動する団体があげられる．被害者が安心して自分の被害について語り支援を受けたり，関係諸機関が情報共有する等の連携を取るには，一定の支援サービス，情報管理体制，組織としての安定性を備えた団体であることが望ましい．それを公的に認証するものとして定められたのが，犯罪被害者等早期援助団体である．

　犯罪被害者等早期援助団体は，「犯罪被害者等給付金の支給等による犯罪被害者等の支援に関する法律」23条において規定されており，都道府県公安委員会が指定する「犯罪被害等を早期に軽減するとともに，犯罪被害者等が再び平穏な生活を営むことができるよう支援することを目的として設立され，犯罪被害者支援に関する事業を適正かつ確実に行うことができると認められる営利を目的としない法人」である．本団体として認定されることにより，被害者の同意があれば，警察から被害者の氏名，連絡先等の情報を受けることが可能となり，早期からの被害者への能動的な支援が可能となる（図1）．2016年4月において全都道府県において47団体が認定を受けている（☞「警察における犯罪被害者支援」）．

●**民間団体による支援**　犯罪被害者等早期援助団体の事業は，①広報・啓発活動，②犯罪被害等の相談，③犯罪被害者等給付金の申請補助，④犯罪被害者等に対し，物品供与・貸与，役務の提供その他の方法による援助等である．具体的には，「犯罪被害者等が，被害を受けたときから再び平穏な生活を営むことができるようになるまで」（犯罪被害者等基本法3条3項）途切れなく必要な支援を行う必要がある．すなわち，被害直後，刑事手続開始，刑事手続終了以後等の時期と被害者のニーズに合わせて，電話や面接よる各種情報提供，医療機関やカウンセリング等の紹介，被害直後の経済的支援の紹介，犯罪被害者給付金申請の援助，被害直

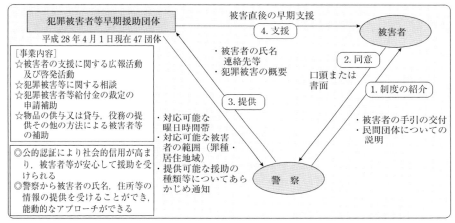

図1 犯罪被害者等早期援助団体制度（『平成25年版犯罪被害者白書』より作成）

後のストレス対処に関する心理教育の実施，各種付添い支援の実施（病院，警察，検察，弁護士，裁判等），家事手伝い等の生活上の問題への支援，犯罪被害者の自助グループの紹介等があげられる．これらの支援を提供したり，関係機関や既存の社会資源を活用できるようコーディネートすることが，民間団体の主な役割である（☞「犯罪被害者基本法と被害者支援」）．

　民間団体の支援者の育成のために，2009年に民間被害者支援団体における研修カリキュラム・モデル案，2010年に民間被害者支援団体における研修DVD教材が内閣府によって作成され関係機関・団体に配布されている．研修カリキュラムの概要は，入門，初級，中級，上級，コーディネーター育成の5段階に分類されており，それぞれの段階で必要とされる知識やスキルを獲得するための研修内容や方法等について提案されている．このモデル案に基づいて各民間団体の目的と実情に即した研修プログラムが作成されるべきものとされている．

●**民間団体による支援の意義**　冨田（2008）は民間団体による支援の意義を6点をあげている．①被害通報しない被害者等への対応，②公的機関による支援活動の補完，③継続的支援への対応，④支援活動の調整，⑤隣人による支援，⑥コストの削減である．

　司法プロセスにのる前の被害者への支援，行政の枠組みにとらわれない長期間にわたる細やかな継続的支援，専門的機関のコーディネート等とともに，業務のための支援ではなくコミュニティの隣人として被害者に関わる市民の存在が被害者の社会への信頼回復につながる等，犯罪被害者支援における民間団体の支援は，行政にはない特有の役割・意義をもっている．　　　　　　　　　〔関根　剛〕

犯罪被害者心理のアセスメント

　犯罪被害者が抱える不調は，現代でいうところの心的外傷後ストレス障害（posttraumatic stress disorder：PTSD）や急性ストレス障害（acute stress disorder：ASD）等を代表とする心理的・精神的な症状に限らない．身体への直接の傷害や後遺障害以外にもさまざまな身体疾患にかかりやすくなることや，対人関係の悪化をはじめとする行動や生活面での問題等が，相互に影響しあって適応を妨げる点も重要である．また，地震や噴火等の災害と比較すると，犯罪の場合は「人からの被害」であることのもたらす意味が加わる．例えば，災害において，予防の対策が十分でないとして「天災ではなく人災だ」と評されることがあるが，それは，人災すなわち人による災害は，被害者の存在や安全について不作為あるいは軽視されていること，故意であることを意味する．この表現からも，人による犯罪は，被害者を一層傷つける要因となることが理解できる．

●**犯罪被害に対する社会の見方と被害の見過ごされやすさ**　犯罪とみなすか，どの程度重大と考えるかは，被害者の苦痛の程度もさることながら，属する社会の文化的な価値観によって異なり，法律も時代とともに変化する．一般的な犯罪被害のイメージは，他人からの暴力や財産権の侵害であり，家族からの被害は思い浮かびにくい．犯罪被害のイメージは，世代や立場の上下等のとらえ方によっても左右され，長上の者に従うべき等の道徳観は，罪の軽重の評価とも関連する．

　例えば，尊属殺人は，かつて，他の殺人より重罪であり死刑あるいは無期懲役相当とされていたが，1995年に刑法の条文が正式に撤廃されている．家族同士の犯罪には，この他に，虐待，家庭内暴力，ドメスティック・バイオレンス（DV）がみられるが，現在でも他者の目にとまりにくく，矮小化され見過ごされるおそれがある．実際は，刑事事件として把握されたものに限っても，『平成27年版犯罪白書』によれば，わが国の殺人事件における加害者被害者の関係は，約30年にわたって，親族同士が約半数である一方で，面識なしの関係は1割程度と少ない．これらでわかるように，犯罪被害の心理的な影響を評価する際には，「親子は仲が良いはず」等といった先入見に限らず考慮することと，また犯罪として法的に立件されるかどうかだけではなく，当事者の体験のありように目をとめることが重要である（☞「殺人」）．

●**児童期の体験が成人後まで影響した事例**　犯罪被害を体験した者やその周囲の者は，事例のように父（親世代）・息子（子世代）といった世代を超え長期にわたって影響を受ける．これを説明するための例をあげる．この例は，複数の事例を重ねて改変したものである．

男性20代．小学校の時，夕方一緒に買い物をしていた母が，彼の目の前で飲酒運転の車にはねられ，亡くなっている．それまで優しかった父は，酒におぼれ，仕事も休みがちになって，経済的に困窮するようになった．本人は母を亡くすまで，成績も中くらいで明るい性格だったが，暴れる父が物を壊す音，事故の音や光景等が授業中，急に思い浮かんで，勉強に集中できなくなった．学校で成績が下がっただけではなく，家庭では，食事の支度や洗濯が行き届かなくなったこともあり，事故後から中学に至るまで，弁当を隠して食べる・臭い等の理由でいじめられるようになった．学校に行っても面白くないが，家に帰っても良いことがないので，夜も帰宅せず不良仲間といるうちに薬物乱用も経験し，高校を中退した．当時の同級生たちとは嫌な思い出しかないので，付き合いがなく，親戚にも父が迷惑をかけているため疎遠で，頼りになる人はいない．

　その後，女性と同棲したが，こんな自分が子どもをもつ資格はない気がして，結婚に踏み切れない．誰にも言っていないが，自分が一緒に歩いていたから母は死んだのだ，自分は幸せになる価値がないと感じている．これは誰もわかってくれないだろうし，打ち明けてもどうしようもないと思っている．夜は悪い夢を見てよく眠れないし，事故のニュースがテレビに流されるとドキッとしてしまうなど，寝ていても起きていても気持ちが十分休まらない．しかしそんな自分は男らしくないと思い，平気そうに振舞っている．人と表面的には付き合えるが，心底楽しいと思えないし，長生きできる気がしない．最近は，同棲している彼女が妊娠や結婚についての考えをあれこれ言ううちに，彼のことを「うつではないか」とか「どこかで診てもらったら」等と言うのがうっとうしく，カッとなって目の前で物を壊してしまい，悲鳴を聞いた近所の人に，警察に通報されてしまった．

●**犯罪被害による長期で広範囲な影響の理解**　この事例では，母の死から経過を追って記述しているが，専門家であっても，たいていはその一部分のみしか，事件や相談事例として接することはない．被害者が人生のどの時点でどの分野の専門家と接するかによって，あるいは援助や処遇の枠組みによっても，顕在化し扱う問題は異なる．例えば，アルコールや薬物乱用の問題，虐待やパートナーへの暴力等家庭内での暴力の問題，ネグレクト，いじめ，不登校，非行，不眠等の心身の不調，子ども時代の栄養不足，コミュニティの安全，職場の労務管理等，いずれの切り口でも犯罪被害の影響について理解するべき点がある．

　犯罪被害者や遺族に接する場合，実際は，最初から被害体験をもつ者として理解し対応することは難しい．彼らへの援助にあたって，対象者の心身の不調や問題行動の背景に，犯罪被害とその影響があるということに考えが至らないことがある．また被害者自身がみずからの問題を苦痛に感じていても，被害体験との関連を理解して適切に説明し，専門家に受け止めてもらおうとすることは少ない．したがって，事件後早期に被害者が来談する場合以外では，その心的外傷の存在

は理解されにくいものである．

　例えば，成人後に，本人の不眠をきっかけに心理の専門家が受理面接をする中で，母が亡くなっていると知ったとしても，そこに焦点をあて，縦断的にアセスメントすることは少ないだろう．本人が援助を求めたとしても通常は，抑うつでクリニックを訪れた人，結婚をためらう人などとしてとらえられても，その背景には理解が至りにくい．さらに，強い心的外傷を受けた人は，自他への信頼感の乏しさ，援助を求める傾向の乏しさがあり，その点からみても効果的で継続した支援の枠にはのりにくい．

　さらに本人だけではなく，同棲している女性からみれば，彼の言動はDVであり，社会的養護や教育・福祉の専門家が児童期の彼に出会えば，貧困や虐待，アルコール依存の親をもつ子ども，ひとり親家庭，学業不振等の問題としてとらえられる．学校内のいじめとして顕在化することもあるだろうし，教育や福祉，医療等さまざまな分野で実務家が潜在的な犯罪被害者に出会う可能性がある．配偶者を突然失った父子家庭では，当座の社会的な課題は話題になっても，父の心理的な喪失体験に専門的な援助の手が届くことは少ない．特に男性の場合は，心の痛みを言葉で表現するのを避ける傾向があり，本例は父と本人の，世代をわたって継続する問題としてとらえることができる．このように，心的外傷のケアの必要性が常識となりつつある今日においても，犯罪被害の影響を通常の援助の中で自然に見出し支援することは難しい．また一方，犯罪被害や心的外傷に焦点づけをしない立場であっても，犯罪被害による心理的影響は，心理・社会・福祉等のどの分野でも関連の強い課題であることが理解できる．

　ここでは例として，交通に関する事件をあげた．これを，自宅内で起こった強盗殺人の事件に置き換えると，さらに理解しやすいかもしれない．しかし本例は，直接の犯意ではないとされても，当事者にとっては自分の目の前で大事な人が殺されたことには変わりはない．さらに近親者が加害者である場合，性犯罪である場合等，態様の異なる被害を考えてみると，被害を周囲に打ち明けられるか，自分の体を大切なものと考えられるか等，犯罪被害者の多様な苦痛について考慮すべきであることが理解しやすくなるだろう．

　なお当然ながら，必ずこの例のような予後をたどる訳ではなく，それぞれの危機があっても，自力であるいは援助を受ける等して，適応を維持することもある．つまり不適応の程度や様相の背景として，さまざまな脆弱性が議論の対象となるが，犯罪被害がなければ，元来もっていたかもしれない脆弱性が，この事例にみられるように，ドミノ倒しのように作用して傷つきの範囲が広く長いものになることはなかったといえる．

●**トラウマ後の成長**　強い苦痛が心身の状態を悪化させることは，古来当然のこととして理解されている一方，「艱難汝を玉にす」という諺があるとおり，人は

苦労し乗り越えることで磨かれるということも同様に，当然のこととして考えられてきている．苦しみを経て悟りを得る，人に共感できるようになる，といった変化は，宗教的回心や成長の中心的モデルの一つである．日常的なストレスは，強すぎなければ動機づけを強め学習を促進する要因としてプラスの意味合いがあり，また強いストレスにいったんは打ちのめされたとしても，その後の立ち直りがみられる場合もある．心理学においても健康との関連で研究がなされており，テデスキら（Tedeschi et al., 1998）や宅（2014）の強調するトラウマ後の成長（posttraumatic growth）という観点がある．しかし，ストレスは人を鍛える面をもっているが，どのようであれば成長をうながし，どのようであれば挫折させ破滅的なダメージを与えるかは，その人の最晩年に至るまでの体験の積み重ねも関わっているため，生涯の予測については，一概に断言できない．

●**トラウマ後の人格変化** 米国のピュリッツァー賞特別賞を得たコミックの『マウス（*Maus*）』（Speigelman, 1986）は，アウシュビッツでの収容所体験を経た著者の父と著者の家族との葛藤を扱った作品である．戦争や監禁の強く長い苦痛から父が気難しい性格になってしまい，家族も苦しんでいることが描かれている．わが国でも同様のことが戦争体験の語りに見受けられ，このような人格の変化による問題が当事者の家族を巻き込み世代を超えて続く例は，戦争や犯罪被害を体験した家族を扱う心理療法でも気づくことがある．

国際疾病分類（ICD-10）（World Health Organization, 1992）は，外傷体験に関連する障害として，PTSD 以外に，破局的体験後の持続的人格変化（F62.0）をあげている．この障害は，持続的な人格変化が破局的なストレス体験に続いて起きることがある，個人の脆弱性を考慮する必要がないほど極端なものでなければならないとされ，例として強制収容所体験，大惨事，生命を脅かす状況に持続的にさらされること等があげられるとともに，PTSD がこのタイプの人格変化に先立っていることがある，とされる．さらに，この持続的人格変化を見極めるための病像の特徴として，以前にはみられなかった人格特徴の中に，世間に対する敵対的あるいは疑い深い態度，社会的引きこもり，よそよそしさ等をあげている．

●**多面的に理解するには** このように，犯罪被害の体験の中で，人は傷つき挫折し成長し影響を与えあう．犯罪被害者の心理には，さまざまな心理的状態や疾患，障害に関する概念が関連するが，そこでは，個々人の傷つきや弱さ，打たれ強さ（レジリエンス），周囲の援助，社会の中での位置づけ等が相互に関連している．

［大山みち子］

📖 **参考文献**
[1] 宅香菜子（2014）『悲しみから人が成長するとき―PTG』風間書房．
[2] Speigelman, A.（1986）*Maus: A Survivor's Tale*, Pantheon Books.（スピーゲルマン，A. 著，小野耕世訳（1991）『マウス―アウシュビッツを生きのびた父親の物語』晶文社）

トラウマと PTSD

　トラウマ（trauma）とは，本来は身体的外傷のことであるが，精神医学的には主に心的外傷，すなわち心の傷をさす．それも，個人の対処能力を超える衝撃的な出来事を体験したときに生じる精神的な傷である．
　殺人，暴行，傷害，性暴力等をはじめとする犯罪被害は，被害者にとってトラウマ体験となることが少なくない．被害者は命の危険を感じたり，恐ろしい体験をしたりすることによって，心的外傷後ストレス障害（posttraumatic stress disorder：PTSD）をはじめ，うつ病，適応障害，不安障害等の精神疾患を発症することがある．
●トラウマの歴史　トラウマという用語の登場は，19世紀末のフロイト（Freud, S.）にさかのぼる．20世紀に入ると，マイヤーズ（Myers, C. S.）によるシェル（砲弾）・ショックやカーディナー（Kardiner, A.）による戦争の外傷神経症等，強烈な戦闘体験を原因として発症する精神疾患についての研究がなされた．この戦争神経症が現在の PTSD 概念の基礎をつくることになった．
　その後，米国で，ベトナム戦争からの帰還兵に生じた精神的な問題が，トラウマの研究を大きく進展させることとなった．同じく米国で，強姦や性的虐待，ドメスティック・バイオレンス（DV）等，女性への暴力被害が社会問題として注目されるようになり，1970年代には，客観的な研究や治療が行われるようになった．これらの知見を統合するかたちで，1980年に『精神疾患の診断・統計マニュアル 第3版（DSM-Ⅲ）』に，初めて PTSD という概念が登場した．
● PTSD の診断　現在，わが国では DSM に基づく PTSD 診断基準が最もよく用いられている．DSM-Ⅲは，その後数回の改訂を経て，現在は DSM-5 が最新版である．詳しい内容は，『DSM-5』（American Psychiatric Association, 2013）を参照されたい．従来の PTSD 診断基準では，基準B「侵入」，基準C「回避・麻痺」，基準D「過覚醒」の三つの症状を柱としていたのに対し，DSM-5 では基準B「侵入」，基準C「回避」，基準D「認知と気分の陰性の変化」，基準E「過覚醒」の四つの柱に変わっている．また，離人感等の解離症状についての記述が追加されたことや，6歳以下の子どもに対する診断基準が設けられたこと等も特徴である．なお，PTSD は，基準に該当する症状が1か月以上継続している状態である．被害直後の PTSD に似た状態は，急性ストレス障害（acute stress disorder：ASD）と診断されることが多い．ここで，犯罪被害者および被害者遺族にみられる PTSD 症状の例をあげてみたい（表1）．
　多くの人は，トラウマ体験により精神的な変調をきたした場合でも，それは一

表1 犯罪被害者および被害者遺族のPTSD症状の例(小西, 1996の事例をDSM-5に対応させて作成)

基準B　トラウマの出来事の侵入症状の例
・苦痛な記憶が自分の意志と関わりなく侵入的に甦る．しかも自分でコントロールできない．「一瞬でも時間が空くと事件のことを考えている．次から次へと記憶が出てきて止めることができない」
・出来事の再体験，フラッシュ・バックが起こる．「また事件の中に投げ入れられたように，もう1回同じ場面を，同じ気持ちで体験している」「映画をもう1度見るというより，もう1度その場面にワープしてしまう感じ」
基準C　トラウマの出来事に関連する刺激の回避の例
・苦痛な記憶，思考，感情を回避したり，それに結びつくような人や場所，状況等を回避したりする．「恋人に別れ話をしたら，監禁されて暴力を振るわれた．人がたくさんいるところへ行くと怖くなる．男性とは話をしたくないし，家族ともあまり話さない」「子どもが運ばれて亡くなった病院には絶対に行けない．前を通ることもできない」
基準D　出来事に関連した認知と気分の陰性の変化の例
・出来事の重要な側面が想起できない．「殴られた跡があるが，殴られたことは覚えていない」
・自分や他者，世界に対して否定的な信念や予想をもつ．「私は子どもの頃から30歳くらいで死ぬと決め込んでいた」
・重要な活動への関心の減退や孤立感等．「何もしないでただ家でぼうっとしている．テレビを見ても，何も感情が湧いてこない」
基準E　出来事と関連した覚醒度と反応性の変化の例
・人や物への苛立たしさと激しい怒り．「言ってはいけないと思うのに，死んだ子どもの兄弟に対して『お前の方が死ねばよかった』と言ってしまう」
・過度の警戒心や驚き．「遠くからオートバイの音が突然聞こえたりすると，体をびくっとさせる．ドアの音にもビクビクしている」
・睡眠障害「事件の夢を見て大声を出して目が覚める．その後は怖くてまったく寝付けない」

過性のもので，時間とともに軽快していく．しかし，一部の人は症状が慢性化し，社会生活に支障をきたす．同じ被害体験をしたとしても，PTSDを発症する人としない人がいるのである．その理由を明らかにすることを目的としたPTSD発症のリスク要因研究が進んでいる．例えば，女性であることや，今回のトラウマ体験以前にもトラウマ体験があること，精神科既往歴のあること，トラウマ体験の最中や直後に解離があること，社会的なサポートのないこと等が，リスク要因の例である．また，精神疾患がある場合，被害体験等をきっかけとしてそれまでの疾患が悪化する場合や，PTSDと他の疾患を併存することも少なくない．

被害者は，さまざまな要因から，みずから精神的ケアを求めていくことができにくい傾向がある．被害者に関わる者が，個々の被害者の状態を評価し，必要に応じて精神医療等の専門機関へとつなげていくことが肝要である．　　［福田恵美］

参考文献
[1] 金 吉晴編集(2006)『心的トラウマの理解とケア』第2版，じほう．
[2] 小西聖子編著(2008)『犯罪被害者のメンタルヘルス』誠信書房．

PTSDの治療

　心的外傷後ストレス障害（posttraumatic stress disorder：PTSD）の治療に関しては，国際NPOコクラン協同計画，英国国立医療技術評価機構，米国精神医学会，米国科学アカデミー，国際トラウマティック・ストレス学会等の治療ガイドラインや，米国医療品質研究局によるメタ分析を参考にできる．いずれの報告においても，PTSD症状に対してはトラウマに焦点をあてた認知行動療法が最も治療効果が期待できるとして推奨されている．例えば，ワッツら（Watts et al., 2013）は精神療法全般に対して高い効果を報告している．
　その中でも，トラウマに焦点をあてた認知行動療法である持続エクスポージャー療法や認知処理療法が特に高い効果を示している．また，眼球運動による脱感作と再処理法（EMDR）といったその他の精神療法や，薬物療法でも一定の有効性が報告されている．本項では，エビデンスに基づく治療として普及の努力が進んでいる持続エクスポージャー療法，認知処理療法，薬物療法について説明する．

●**持続エクスポージャー療法（prolonged exposure therapy：PE）**　米国医療品質局による報告では，持続エクスポージャー療法のPTSD症状低減の有効性についてのみが，最も強いエビデンスとして品質評価されている．現在のところ，この治療法が研究の集積と専門家のコンセンサスが最も広く得られているといえるだろう．治療は，心理教育，呼吸再調整法，想像エクスポージャー，現実エクスポージャーという4要素から構成されている．個人療法であり，週に1回か2回の頻度で，90分程度のセッションを10回程度行う．名前のとおり，本治療はトラウマに関連した内外の刺激への曝露（エクスポージャー）が中心となる．
　外的な刺激や状況に向き合うのが現実エクスポージャーであり，トラウマを受けた場面の記憶に向き合うのが想像エクスポージャーである．現実エクスポージャーでは，回避しているトラウマ関連の状況や物事を列挙してそれぞれに苦痛度を評価し，苦痛度の低い刺激から徐々に向き合っていく．想像エクスポージャーは最も苦痛な記憶から取り組み，通常は数度の実施を通して感情的な馴れが生じてきたところで，際立って苦痛な場面（ホット・スポット）に限定して想像エクスポージャーを繰り返す．この作業は毎セッション，録音して実施され，患者は宿題として毎日その録音を聞くようにする．

●**認知処理療法（cognitive processing therapy：CPT）**　構造化された治療プログラムであり，個人療法，集団療法，あるいはその混合治療として実施される（図1）．個人療法の場合には約60分のセッションを計12回，毎週実施する．治療は心理教育，トラウマに関する筆記，そして，認知再構成の要素から構成され

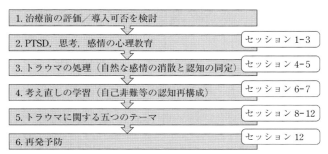

図1 認知処理療法の流れ（Resick et al., 2014より作成）

る．トラウマに関する筆記は2種類ある．一つは，トラウマが自分の人生に与えた影響や意味を書く，出来事の意味筆記（impact statement）である．もう一つは，トラウマを受けた場面についてのトラウマ筆記（trauma account）である．治療の前半では，セラピストが認知再構成をうながす質問であるソクラテス式問答（「そう考えるのはどうしてですか？」等と，患者が思い込んでる認知を客観的に考え直してもらう質問を用いた対話）を多用し，治療後半にかけて患者が自分で認知再構成ができるようにうながす．さらに，感情や思考を同定する練習をし，考え直し用紙等の認知再構成のための用紙を使って，考え直す練習を繰り返す．認知処理療法では，PTSDからの回復を阻害している認知（スタック・ポイント）を同定することが重要になる．最後の5セッションでは，トラウマ後に認知変容を起こしやすい五つのテーマ（安全，信頼，力とコントロール，価値，親密さ）に対して，それまでに学んだ認知再構成の手法を応用して考えていく．

●**薬物療法**　PTSD症状に対しては，パロキセチン（paroxetine），セルトラリン（sertraline），フルオキセチン（fluoxetine），トピラマート（topiramate），ベンラファキシン（venlafaxine）が小〜中程度の効果を示している．リスペリドン（risperidone）も効果は低いものの，有効である可能性がある．これらのエビデンスは中等度と評価されている．　　　　　　　　　　　　　　　　　　　　　［伊藤正哉］

📖 **参考文献**

[1] Jonas, D. E., Cusack, K., Forneris, C. A. et al., (2013). AHRQ Comparative Effectiveness Reviews, *Psychological and Pharmacological Treatments for Adults With Posttraumatic Stress Disorder (PTSD)*, Rockville (MD): Agency for Healthcare Research and Quality (US).

[2] Watts, B. V., Schnurr, P. P., Mayo, L. et al., (2013). Meta-analysis of the efficacy of treatments for posttraumatic stress disorder, *Journal of Clinical Psychiatry*, 74(6) e541-550.

[3] Foa, E. B., Hembree, E. A., Rothbaum, B. O. (2007). Prolonged Exposure Therapy for PTSD: Emotional Processing of Traumatic Experiences. *Therapist Guide (Treatments That Work)*, Oxford University Press.（フォア，E. B.・ヘンブリー，E. A.・ロスバウム，B. O. 著，金 吉晴・小西聖子監訳(2009)『PTSDの持続エクスポージャー療法—トラウマ体験の情動処理のために』星和書店）

犯罪被害者遺族の心理

　犯罪被害による死別は，予期されない突然かつ想像を絶する出来事であるだけでなく，故意の暴力や人為的な過失が存在するため，遺族に，怒りや社会組織への不信，信仰や信念体系の変化（Schmidt et al., 1999）をもたらす．

●**犯罪被害遺族の心理反応**　犯罪被害の遺族への心理的インパクトとしては大きく三つの要素がある．①喪失体験（大切な家族の死別，転居・転職等），②心的外傷体験（死の衝撃，事件現場や遺体の目撃，被害体験等），③二次的ストレス体験（司法手続，生活環境の変化等）．これらの影響から，遺族は悲嘆やトラウマ反応，抑うつ状態，不安等が入り混じった複雑な心理反応を呈する．

●**死別後急性期の心理的反応**　死別の直後では，ショックから急性期のトラウマ反応が顕著な状態がみられる．感情が麻痺し，現実のことと思えず，死を信じられない状態がしばらく続くが，徐々に死の現実を受け入れるようになると，強い悲しみ等の悲嘆反応がみられるようになる．

●**死別後中長期の心理的反応**　死別から少し時間がたってくると，悲嘆反応が顕著にみられる（表1）．悲嘆は，愛着対象を失ったことによって起こる分離の苦痛を中心とする情緒的反応であるが，本来は自然で正常な反応であり，時間の経過とともに和らいでいく．しかし，犯罪による死別では通常の悲嘆反応が進行せず，急性期の状態にとどまることが起こる．このような状態は複雑性悲嘆(complicated

表1　悲嘆反応(Stroebe et al., 2007；Worden, 2008 より作成)

感　情	認　知	行　動	身体症状
・悲しみ，気持ちの落ち込み ・抑うつ，絶望感，苦痛 ・不安，恐怖 ・罪悪感，自責感 ・怒り，敵意，焦燥感 ・アンヘドニア（失快楽症） ・孤独感 ・嘆き求め，思慕 ・ショック，感情の麻痺	・故人に対するとらわれ，侵入的な反芻 ・故人が存在しているような感覚 ・死の否認 ・自尊心の低下 ・無力感，希望のなさ ・自殺念慮（故人と一緒にいたいと願う） ・現実ではないという感覚 ・離人感 ・故人の肯定的な思い出にアクセスできない ・集中力の低下 ・幻覚(幻視や幻聴) ・故人の夢	・うわの空の行動 ・焦燥感，緊張，落ち着かない状態 ・過剰に動き回る ・故人を探し求める ・泣く ・社会的引きこもり ・故人のゆかりの地を訪れたり，思い出の品を持ち歩く ・故人や死別を思い出させるものを避ける	・食欲の低下 ・睡眠障害 ・気力の低下，消耗感 ・身体愁訴（お腹が空っぽな感じ，胸の締め付け，喉のつかえ，音への過敏さ，息苦しさ等） ・故人が経験したものと同じ身体症状の訴え

grief）あるいは遷延性悲嘆障害（prolonged grief disorder），持続性複雑死別障害（persistent complex bereavement disorder）とよばれており，身体・精神健康の悪化や社会機能の低下，自殺行動の増加と関連している．複雑性悲嘆は，一般集団では 2.4〜4.8%（American Psychiatric Association, 2013）とされているが，犯罪被害者の遺族では，21.9%（交通犯罪・殺人遺族）（中島ら，2009），43.0%（テロ遺族）（Neria et al., 2007）等高い割合であることが報告されている．

心的外傷後ストレス障害（posttraumatic stress disorder：PTSD）も犯罪被害者遺族において高い割合でみられる．遺族自身が被害にあったり，また悲惨な現場を目撃する等の心的外傷体験を負うことがあるだけでなく，大切な家族が犯罪被害という暴力的な出来事で亡くなったことを知ること自体が心的外傷体験となる．PTSD の一般人口での生涯有病率は日本では 1.3%（Kawakami et al., 2014），米国では 6.8%（Kessler et al., 2005）であるが，殺人や交通犯罪被害者遺族を対象とした調査では，23.3%（Amick-McMullan et al., 1991）であった．また，犯罪被害者遺族では，喪失や心的外傷体験，二次的なストレス（裁判等司法手続やメディアへの曝露）等さまざまなストレスとなる出来事を体験するため，PTSD や複雑性悲嘆，うつ病が合併してみられることも多い．

犯罪被害による死別体験は，遺族の認知的な側面にも影響を与える．無力感や，自責感，社会や他者への不信，安全感の喪失等の自己や他者，世界への否定的な認知は，社会的な引きこもりや援助を求める行動の低下等，回復を妨げる要因となる．これらの否定的な認知は，死別や心的外傷体験の直接的な影響でもあるが，二次被害（被害後関わる関係者の言動によって傷つく体験）等によって強化される場合もあり，これらの否定的な認知や二次被害体験が不良な精神健康状態に関連している（中島ら，2009）．

●犯罪被害者遺族への支援・治療　犯罪被害者遺族への支援では，被害直後には，まず被害者遺族に寄り添い，現実的なニーズに応えていく心理的応急処置（psychological first aid：PFA）や，司法手続への情報提供や付添等の支援が必要である．PTSD に対しては薬物療法やトラウマに焦点をあてた心理療法が有効である（Australian Centre for Posttraumatic Mental Health, 2007）．また，複雑性悲嘆に対しては認知行動療法が有効である（Wittouck et al., 2011）．さらに犯罪被害者遺族の回復を促進するためには，彼らのレジリエンス（回復力）を高めることが必要であるが，そのためにも周囲のサポートが重要である．警察等の遺族に関わる関係者と被害者支援団体，精神科医療関係者が有機的なネットワークを形成し，被害初期から適切な支援を提供していくことが求められる．　　　　［中島聡美］

📖 参考文献
[1] ウオーデン，J. W. 著，山本　力監訳，上地雄一郎・桑原晴子・濱崎　碧訳(2011)『悲嘆カウンセリング—臨床実践ハンドブック』誠信書房．

性犯罪被害

　性犯罪の定義はさまざまになされているが，日本の法律による保護法益の観点からは以下の3分類になる（女性犯罪研究会，2014）．
　①暴力と脅威により性的自由・性の自己決定権が脅かされることからの保護：強姦・強制わいせつ罪，②性的弱者の保護：青少年保護育成条例・児童福祉法・児童買春，児童ポルノに係る行為等の処罰に関する法律・インターネット異性紹介事業を利用して児童を誘引する行為等の規制に関する法律，③性風俗・性的感情の保護：公然わいせつ，わいせつ文書頒布等，売春防止法・風俗営業適正化法.
　なお，実務的には，身体的接触の有無（有の場合は，直接接触か，衣服の上からの接触か）による分類も可能である．本項では，強姦と強制わいせつ被害を中心に述べる（☞「強姦・強制わいせつ」）.
　強姦・強制わいせつともに親告罪であり，犯人を捕まえてほしいという被害者の意思である被害の届け出が提出されない限り，捜査が始まることはない．申告期間についても，従前は6か月以内に限定されていたが，2007年に犯罪被害者保護法が制定されると同時に刑事訴訟法も改正され，いつでも告訴が可能となった．とはいえ，この親告罪であることが，潜在的な被害を多くさせる要因の一つともなっている．
　性犯罪の被害者は，強制わいせつに関しては男女とも被害者となり得るが，強姦の場合には女性のみに限定され，強姦行為は男性器の女性器への挿入のみをさす．また，男性器の女性の口や肛門への挿入（性交類似行為）は強姦には含まれず，強制わいせつとなる．1970年代以降，欧米の国々では，男女ともに性的暴行の被害者となる等の改正が進んでいる．
　性犯罪被害が他の犯罪被害と大きく異なるのは，性犯罪の被害者に関して，被害者が望んでいなければ性被害に遭遇することはない等の強姦神話が存在し，被害者が被害に遭遇したのは，被害者の行状に問題があったことが被害の原因であるとの見方がなされるためである．そのため，性犯罪の被害者は，加害者だけではなく，世間の風潮とも戦うことを余儀なくされている．

●**性犯罪被害の影響**　性犯罪（特に，強姦）が他の犯罪被害と大きく異なる点は，事件発生時の傷害の有無にかかわらず，後刻，妊娠や性感染症への罹患あるいは，それを原因とする不妊等，女性の生涯に関わる影響を及ぼす可能性があるためである．このことが，強姦の被害者を女性にのみ限定するという特殊性を生み出している．従前は，あまり関心がもたれてこなかったが，近年，他の犯罪被害と同様，心理的な影響が大きいことが知られるようになってきた．事件への遭遇直後には

急性ストレス障害（ASD）が，そして，その後も長期にわたり，心的外傷後ストレス障害（PTSD）が生じることがある．急性ストレス障害は，生命を脅かすような体験，暴力にさらされる恐怖体験により，強烈な恐怖，孤立無援感，自己統制力の喪失，自己消滅の脅威が生じる（Herman, 1992）．あまりにその体験が強烈な場合には，事件の記憶がなくなったり，感情の麻痺が生じたり，いつまでも事件の状況が再現されることもある．さらに，恥辱感・不条理感・加害者への怒り等が混在する．強姦神話との関連から，自分の行動を責め自尊感情の喪失が著しい．

事件後，長期にわたり，その影響が継続する場合は，PTSDとよばれる．これらは，過覚醒，記憶への侵入（再体験），狭窄（感情や反応の麻痺），関連刺激の回避等の症状として現れる．過覚醒は，長期間にわたり危険に備えていたことを反映するものであり，同じような被害にまた遭うのではないかといつもびくびくしている．集中力を欠く，ちょっとしたことで驚く，睡眠障害等の症状を示す．侵入（再体験）は，心的外傷を受けた刹那の消せない刻印を反映し，思い出したくないのに時間を選ばず事件の状況が目の前に浮かんでくる，気がつくと事件のことについて考え込んでいる，夢に見る等である．狭窄は，屈服による無感覚反応を示すものであり，それまで活動的に行動していた人が何もできずただじっとしている，将来のこと（例えば結婚等）が考えられなくなることをさす．

●回復のために　被害からの立ち直りのためには，被害体験によって失われた心的能力に，他者との新しい結びつきをつくりあげる中で，力を与えること（エンパワーメント）が必要である．つまり，基本的信頼を創る能力，自己決定を行う能力，積極的にことを始める能力，新しい事態に対処する能力，自己が何であるか見定める能力，他者との親密関係をつくる能力等が含まれる．

各法執行機関においても，性犯罪被害者を援助する仕組みが少しずつ構築されつつある．警察においては，犯罪捜査をする際に女性警察官が担当する性犯罪捜査指導官・指導係の設置，性犯罪相談ホットラインの設置等，性犯罪に特化した制度が創設された．被害届を提出した被害者に対しては，一緒に病院に行ったり，初診料・検査費用の負担をしたりすることも制度化された．希望すれば，被害者支援室においてカウンセリングを行う，外部のカウンセリング機関を紹介する．あるいは病院と連携し，捜査に必要な証拠採取が簡単にできるような証拠採取キットの開発もなされている（☞「警察における犯罪被害者支援」）．

法務省においては，性犯罪の加害者に対して再犯防止を目的とした処遇プログラムを実施している他，加害者が刑務所を出所する時期等の情報を被害者に通知する被害者等通知制度を実施している（☞「性犯罪者処遇プログラム」）．

また，裁判においては，公判廷で被害者が証言する際，遮へい（スクリーン）が置かれたり，ビデオリンクを利用できるようになったりする等，一般傍聴者からその姿が見えないような配慮がなされるようになった．　　　　［内山絢子］

人質事件の被害者

　生命の危険に関わるような重大な事件に直面した被害者が，心的外傷後ストレス障害（posttraumatic stress disorder：PTSD）を発症することがあるということは周知されているが，人質事件被害者においても PTSD を代表とするストレス反応（症状）が生じることは広く指摘されている．誘拐や人質立てこもり事件といった人質事件は，被害者が犯人に監視・拘禁されている時間が他の事件に比べて長く，さらに人質立てこもり事件においては，警察やマスコミ等が取り囲む状況下にあるため，被害者には独特の心理的反応や心理的変化が認められる．

●**心理的反応の段階**　人質テロ事件被害者の心理的反応について，コラードら（Corrado et al., 1989）は，次の五つの段階に分類した．

①衝撃期：衝撃を受け，現実を否認し，混乱している状況．
②受容期：現実を受け入れるとともに恐怖感が強まる．
③対処期：危険回避のため犯人と交流する，または対処行動を行う．
④混乱期：犯人の支配が揺らぎ，不安定な状況で再び恐怖と不安が増加する．
⑤事件後：解放直後の高揚感，不安や抑うつ感等の出現や PTSD．

　また渡辺ら（2004）は，犯人と被害者に面識がない人質立てこもり事件における被害者の心理的反応を図1に示す4段階に分けた．

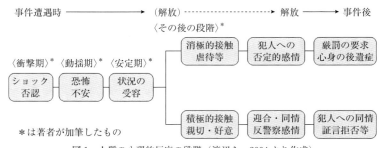

図1　人質の心理的反応の段階（渡辺ら，2004 より作成）

　第一段階の衝撃期は，被害者にショックまたは否認といった心理的反応が表れる段階で，事件に対する現実感が麻痺したような状態であるが，ほとんどの場合一時的である．第二段階の動揺期には，恐怖や不安が表出し，犯人に対する恐怖感だけでなく，犯人が警察に対して抱く恐怖感が被害者に転移する場合や犯人に対する感情を警察に対する恐怖に転移させる場合もある．第三段階は安定期で，犯人の興奮が落ち着くと，被害者は徐々に自分のおかれた状況を受け入れるよう

になり，自己の危険度合いを低く見積もるようになる．その後，監禁時間が長くなると（第四段階），被害者によっては，犯人も自分と同じ問題をもつ「一人の人間」であると感じるようになり，さらに時間が経過すると，犯人と被害者との関わり方により二つの形態に分かれる．一方は，犯人に対して否定的な感情を維持し，公判時においても厳罰を求めるタイプである．拘禁中に犯人への接触が消極的であった被害者に多く，事件後に心身の後遺症が残る場合が多い．他方は，犯人への接触が積極的であった被害者に多くみられるもので，犯人に対して好意的な感情を示し，犯人の目的が達成されるよう援助したり，事件後に警察への協力を拒否したりし，公判時には犯人を弁護することもある．ストックホルム症候群といわれる現象である．

●**ストックホルム症候群**　ストックホルム症候群は，1973年8月スウェーデンのストックホルムで発生した銀行強盗人質事件に由来する．銃撃戦の最中，被害者は犯人よりも銃口を向けている警察に対して恐怖感を抱き，人質の命を犯人が守っているような感覚をもった．被害者4人のうちの2人は解放された後も警察に対して敵意を示し，裁判等でも犯人の支援を続け，1人の被害女性は犯人と結婚し，裁判で不利な証言をさせまいとして他の被害者の殺害を企てた．このように人質事件の被害者が，犯人に対して好意的な感情を抱き，警察に敵意を示す特異な反応をストックホルム症候群という．

　ストックホルム症候群は，異常な状況下における自我の防衛反応といわれている（Harnischmacher et al., 1987）．こうした心理的反応が生起するためにはいくつかの要因があるといわれており，渡辺ら（2004）は，①時間（拘禁時間の長さは一つの要因であるが，決定的な要因ではない），②人質への虐待がないこと，③人質が隔離されていないこと，④人質が犯人に積極的に接触をもつこと，を要因としてあげている．

　また，ストックホルム症候群になりにくい被害者の特性として，事件以前から健康状態が良好であること，満足度の高い生活を送っていること，強い自己同一性を備え人生の目標や成功体験をもつこと等が指摘されている（Strentz, 1979）．

　ストックホルム症候群は，警察が被害者から協力を得られない等の問題点がある一方，犯人が被害者に対して危害を加えるリスクが低くなるというメリットもある（☞「人質事件」）．

●**解放後の支援**　人質事件の被害者は，長時間の緊張状態から解放されたことによる高揚感や，怒りと罪悪感といった感情の処理等の問題を抱えているうえ，マスコミの接触等も再適応への障害となることがあるため，一般的なトラウマ・ケアに加えて多方面にわたる配慮が必要である．また，被害者の家族も，事件の最中から大きなストレスにさらされていることを忘れてはならず，被害者本人に対するケアだけではなく，家族に対する支援も重要である．

［伊原直子］

交通事故被害者

　犯罪被害者等基本法において，犯罪被害者等とは，「犯罪及びこれに準ずる心身に有害な影響を及ぼす行為」により「害を被った者及びその家族又は遺族をいう」とされており，交通事故被害者はこの定義による犯罪被害者等に含まれる．
　警察庁の『交通事故統計』によると，交通事故による 2015 年中の死者は 4,117 人，負傷者は約 67 万人である．毎日 11 人が交通事故で死亡し，約 1,800 人以上が負傷していることになる．警察の統計による死者数は事故後 24 時間以内に死亡した人数であり，事故後 1 年以内の死者数が計上されている厚生労働省の『人口動態調査』によると，2014 年中の交通事故による死者（路上交通事故死亡数）は 5,096 人と警察の統計より 2 割以上多くなっている．人口の高齢化が進んだ結果，交通事故による死者の半数以上が 65 歳以上の高齢者である．一方で，死因別の人数を年齢層別にみると，10 歳代後半から 20 歳代の若い世代で交通事故による死亡が主要な死因の一つとなっている．事故による負傷の影響で，その後の社会生活に著しい障がいが残る場合がある．日本損害保険協会の「自動車保険データにみる交通事故の実態」によると交通事故の後遺障害者は 1 年間に約 6 万人である．これらの統計の数字は，交通事故で死傷した人の数であるから，死傷した人の家族は，これらの人数の何倍も多いことになる．現代の日本人にとって，交通事故の被害は，最も身近な犯罪被害の一つといえる．

●**刑事罰と賠償制度**　加害者に厳しい刑事罰を求める交通事故被害者の声を受け，悪質で危険な運転に対する刑事罰が強化されるとともに，危険運転のさまざまな類型に対応するための法整備が進められてきた．
　2014 年 5 月から施行された自動車運転処罰法（自動車の運転により人を死傷させる行為等の処罰に関する法律）により，危険運転致死傷罪の類型として，従来からあった，飲酒運転，高速度での走行，赤信号の殊更無視に，スクール・ゾーンのために車両通行禁止となっている道路や休日の歩行者天国における危険な運転等が新たに加えられた．同時に，無免許の場合に刑を重くする規定や，飲酒運転の発覚を防ぐためにひき逃げをした場合の刑事罰が新たに定められた．過失による交通事故の懲役刑は 7 年以下であるが，危険運転致死傷罪が適用されると，1 年以上 20 年以下の懲役が科される（☞「交通犯罪」）．
　交通事故では，加害者と被害者の関係が複雑な事例もある．例えば，交差点の事故では，被害者の側にも過失があると認定される場合も多い．知人や同僚を同乗させて単独事故を起こした場合は，運転者が加害者になる．警察の捜査や裁判における過失の認定や，加害者に科される刑事罰の重さは，交通事故被害者の心

理に大きな影響を与える．なお，欧米における交通事故被害者の精神医学や心理学の研究では，加害者と被害者を区別しないのが一般的である．

　また，昨今，犯罪被害者に対する経済的な支援が問題となっているが，交通事故に関しては，自動車賠償保険制度（自賠責保険）が 1956 年から運用されており，被害者の救済を目的とした賠償制度に比較的長い歴史がある．保険金は加害者が加入する保険から支払われ，ひき逃げや無保険車による事故の場合には，被害者から保険会社に直接請求できる制度もある．以前は，頸部のむち打ち症による詐病が問題になったが，診断方法が進歩した現在では，専門医が詐病を見極めることは難しくない．

●**交通事故被害者の心理**　暴力事件の犯罪被害者と同様に，心的外傷後ストレス障害（posttraumatic stress disorder：PTSD）は，交通事故被害者の精神健康上の問題を理解するうえで重要である．米国精神医学会が定める PTSD の診断基準（DSM-5）によると，危うく死ぬまたは重傷を負う等の体験を自身が体験することや，暴力や事故による近親者や友人の死を知ることが PTSD の原因になり得るとされており，交通事故で重傷を負うことや，交通事故遺族となることが，PTSD を発症する原因に含まれる．ただし，交通事故被害者の全員が PTSD を発症する訳ではなく，PTSD となるのは重大な交通事故を体験した人の約 3 割とされる（Branchard et al., 2004）．事故後に PTSD を発症するか否かは，事故時に感じた恐怖感が影響すると考えられている．負傷の程度が比較的軽い被害者であっても，事故時に大きな恐怖を感じた場合は PTSD に関連する症状がみられる場合がある．

　交通事故の被害は突然に生じるものであって，ある日を境に日常生活が一変すると，精神的なショックからの回復が困難になりやすい．示談が長引くと精神的な症状も長引きやすいが，これは，交渉や訴訟が生活の負担になるのと，過失の有無や程度を争うことにより，交通事故の被害にあった理由についての心の整理が困難になるためである．

　複雑性悲嘆は，交通事故遺族の心理を理解するうえで重要である．これは，大切な人との死別による悲しみが激しくかつ長く続く状態をいう．複雑性悲嘆の感情には，故人への思慕，絶望，他人への不信等さまざまであるが，交通事故遺族に特に顕著な感情に怒りがある．飲酒運転やひき逃げの場合は特にそうであるが，交通事故は人為災害であり，家族が亡くなった理由について納得できないことが，強い怒りが生じる一つの理由である．遺族の怒りは事故の加害者に対してだけでなく，刑事司法や医療の関係者等に向けられることもある．遺族の怒りは自然な感情であり，交通事故遺族に接する刑事司法や医療の関係者は過剰に反応してはならない．遺族の心理についての知識を身につけ，必要以上に遺族の心を傷つけることのないように適切に対応する必要がある．

〔藤田悟郎〕

早期における犯罪被害者心理

　犯罪被害は想像を絶するような突然の出来事であり，犯罪被害者（遺族を含む）は，被害直後は激しい混乱の中におかれる．この時期における被害の影響は，心理，身体，社会生活の諸側面に現れる．多くの反応は時間の経過とともに回復に向かい，異常な事態に対する正常な反応とみなすことができるが，臨床上問題となるような症状に進展していくかどうかについて，注意深い見極めが必要になる．

●**早期における心理，身体，社会生活の変化**　①**心理**：被害後早期の段階は，被害後から2日くらいまでの被害直後衝撃期と衝撃期から1か月くらいまでの急性期とに分かれる（Litz et al., 2004）（図1）．被害直後衝撃期には，さまざまな否定的感情，自分が弱く無力だという強い感覚，コントロール感と現実感の喪失，抑うつ・絶望感・引きこもり，危機反応（過覚醒，睡眠障害，食欲低下），注意力の減退等が生じ，急性期には急性ストレス障害（acute stress disorder：ASD）が主要な問題となる．これらの時期には，しばしば感情反応性の低下や現実感の喪失等の解離症状が認められ，茫然自失の状態となったり，周囲との疎隔感をもったりする．感情の麻痺により淡々としてみえることから，周囲から誤解を受けることがある．犯罪被害者自身に非がなくても自責感が強く認められ，自傷行為や自殺企図を行う場合がある．性犯罪被害の場合，憎悪の感情だけではなく加害者をかばう言動がみられることがある（☞「性犯罪被害」）．

　②**身体**：被害による直接的な身体の受傷，後遺症，性感染症，妊娠の問題だけではなく，不安等から生じる身体への影響がみられる．寝付きの悪さ，夜中に何度も目が覚める，早朝覚醒といった睡眠障害が生じる．被害体験に関連した夢や漠然とした悪夢を見ることがある．過食・嘔吐・拒食といった摂食上の問題，身体のだるさや疲労感，生理不順が認められる．アルコールや薬物に依存することがある．

　③**社会生活**：他者への不信感が生じる．家族員であっても各々のおかれている

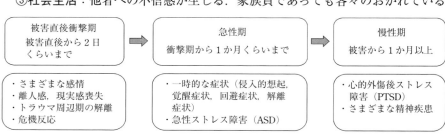

図1　犯罪被害の精神的影響（Litz et al., 2004；中島；2006 より作成）

立場から被害事実に対する思いに差異が生じ，家族関係の悪化につながることがある．友人・知人に被害事実を打ち明けられなかったり，近所の噂話等により孤立感を募らせたりして，引きこもり・社会的不適応になることがある．性犯罪被害であれば，異性関係に抵抗感をもつ場合がある．自宅侵入の被害に遭った場合には，恐怖・不安感により被害当日から居住場所確保の問題が生じる．家計を支えていた家族が亡くなったり，被害により退職した場合等では，経済的に困窮する．

●**犯罪被害者の急性ストレス障害**　心的外傷後ストレス障害（posttraumatic stress disorder：PTSD）の診断基準では症状の持続期間が1か月以上とされているが，衝撃的な出来事に遭遇すると，直後から重度の反応が生じる場合がある（American Psychiatric Association, 2013）．①トラウマ体験：ASDはトラウマ的出来事に遭遇した後に発症する．トラウマ的出来事とは，実際にまたは危うく死ぬ，あるいは，重症を負うような出来事であるか，性的暴行である．本人が直接体験した場合だけでなく，そのような光景を目撃した場合や，身近な人が体験したことに直面した場合も含まれる．②症状：五つのカテゴリー（侵入，陰性気分，解離，回避，過覚醒）の14の症状のうち九つ以上の症状が存在し，トラウマ的出来事の後から始まるか，あるいは，悪化している．症状は，出来事の後3日から1か月持続し，その人に著しい苦痛，または社会的，職業的，または他の重要な領域における機能の障害を引き起こしている．

●**急性期の犯罪被害者支援**　急性期の支援は，トラウマに対する専門的な精神療法に移行する前の支援として位置づけられる．急性期には，何よりも犯罪被害者に安全・安心感を得てもらえるよう対応することが大切である．その人にとってのトラウマの意味をみつつアセスメントを行うだけではなく刑事手続および日常生活における課題についても把握をし，どのように取り組んでいくべきかを話し合う．警察に被害届を提出している場合，刑事手続の進捗状況とともに犯罪被害者が警察や検察で行う手続きについて，支援者はその流れを理解しておくことが必要になる．犯罪被害者のニーズは多岐にわたるため，支援にあたっては，警察，検察，地方自治体，民間被害者支援団体，弁護士会，臨床心理士会等との連携とともに，支援者同士が支援対象者についての理解を同じくすることが肝要である．

　一般的な急性ストレス反応に対しては，心理的応急処置（psychological first aid：PFA）（World Health Organization et al., 2011）の概念が役立つ．PFAとは，苦しんでいる人，助けが必要かも知れない人に，同じ人間として行う人道的・支援的な対応であり，基本的な活動原則は，見る（look），聞く（listen），つなぐ（link）である．

［上田　鼓］

📖**参考文献**
［1］中島聡美(2006)「犯罪被害」金 吉晴編『心的トラウマの理解とケア』第2版, 235-247, じほう．

児童虐待・家庭内暴力による子どもの被害

　「配偶者からの暴力の防止及び被害者の保護に関する法律」（2001年）や「児童虐待の防止等に関する法律（2000年）が成立し，刑法犯といえない場合でも，児童や女性の人権擁護や福祉の観点で，積極的に介入が行われるようになった．その結果，児童虐待（child abuse：CA）の児童相談所における相談件数は急増し，2013年度は，児童虐待防止法施行前（1999年度）の6.3倍に増加（7万3,765件）している．家庭内暴力（domestic violence：DV）の相談も急増し，2014年度には配偶者暴力相談支援センターの相談は10万2,963件，警察の相談は5万9,072件に上っている．内閣府のアンケート調査（『男女間における暴力に関する調査報告書』2011）では，これまでに結婚したことのある人のうち，配偶者から身体的暴行，心理的攻撃，性的強要のいずれかについて「何度もあった」という人は，女性10.6％，男性3.3％で，一度でも受けた人は，女性32.9％，男性18.3％となっている（☞「ドメスティック・バイオレンスへの介入と予防」）．

●**児童虐待や家庭内暴力とは**　DVやCAは養育者−子ども関係や配偶者関係における暴力である．身体的に殴る・叩くことだけでなく，近しい関係にある人に対して心身にダメージを与えるような不適切な関わり全般を含む．CAの養育者は，血縁がなくても事実上養育に関わっている人が含まれる．DVの配偶者には，婚姻の届出をしていないいわゆる事実婚や，離婚後の場合も含む．これらの具体的な行為を表1に示す．

表1　DVやCAの主な行為

①身体的暴力	ⓐ首を絞める，殴る，蹴る，投げ落とす，熱湯をかける，布団蒸しにする，溺れさせる，逆さ吊り，異物を飲ませる，食事を与えない，冬戸外にしめ出す，縄等で一室に拘束する等．ⓑ乳児の場合は，泣き止ませようと激しく揺さぶることが，致命的な暴力になり得る
②心理的暴力	ⓐ言語的な虐待：言葉による脅かしや脅迫．無視や拒否的態度．人格を傷つける言葉．ⓑ威嚇行為：視線・行動・しぐさによりおびえさせる．ⓒ権利侵害・支配：一方的なルールや価値観を押し付け，行動を支配・制限する．ⓓ子どもの年齢にふさわしくない責任を負わせる，他の家族と差別的な扱いをする．ⓔ孤立させる：一方的に人間関係を制限する．ⓕ子どもの前でDVを行う
③性的暴力	ⓐパートナーや子どもへの性交，性的暴行，性的行為の強要・教唆等．ⓑ性器や性交を見せる，ポルノグラフィの被写体等に子どもを強要する．ⓒ子どもの年齢にふさわしくない性的な写真・映像や行為を見せる
④ネグレクト	ⓐ子どもやパートナーの健康，安全への配慮を怠る．家に閉じ込める，病気になっても病院に連れて行かない，乳幼児を残したままたびたびの外出や車内への放置．子どもの遺棄．ⓑ子どもにとって必要な情緒的要求に応えていない（愛情遮断等）．ⓒ食事，衣類，住居等が極端に不適切で，健康状態を損なうほどの無関心，怠慢
⑤経済的暴力	必要な金銭を渡さない，お金の決定権を独占する

DVやCAでは,「妻は夫(子どもは親)の言うことをきくべき」という固定的な家族関係や性別の役割に関する信念に,加害者のみならず被害者も縛られている場合が多く,潜在化しやすい.加害者が暴力の後に一時的に謝罪を行い,また不満を募らせ爆発するという暴力のサイクルのパターンを生じる場合も多く,これも介入を難しくしている.さらに被害者は,恐怖心や罪責感や学習性無力感等の感情的な拘束とともに,家を出た後の生活や子育てにおける現実的な不安もあって,加害者から離れることが難しい.

●被害者の受ける影響　CAやDVの被害者の受ける影響には,以下のものがある.

①トラウマ反応・解離:ショックな出来事を繰り返し思い出したり,悪夢のかたちで体験する再体験および,過敏な状態が継続し,不安やイライラや不眠傾向が生じる過覚醒,出来事に関係する場所や人に会うことや意識することを避けたり,感覚が麻痺する回避・麻痺の症状を生じる.回避・麻痺が継続して,行動-感情-知覚-意識の連動が阻害された症状(健忘,離人感,空想への耽溺等)を生じる場合は,これを解離とよぶ.

②本来的な家族関係の体験の剥奪:家族関係の中で与えられるべき安定したアタッチメント(愛着)体験が与えられないこと.アタッチメントとは,子ども(成人も含む)の安心感が脅かされたときに,親等の愛着対象の関わりにより,安心感を回復する体験であり,感情や対人関係の調整機能の礎になるものである.DVやCAでは,安定したアタッチメント体験がもてず,これがその後の感情障害やパーソナリティ障害や物質使用障害の発生につながるとされる.DVの場合は目撃による衝撃のみでなく,母子間のアタッチメント関係を破壊し,暴力的価値観にさらすことで子どもに深刻な影響を与える.

③否定的な認知:「自分が悪い人間(子ども)だから,こういう状況におかれるんだ」「自分は回復不能なダメージを負った」等の自己否定的な認知や,他者や世界の価値を否定する認知を生じる.

③感情調節の障害:憂うつ気分,エネルギーの低下,過度な罪悪感等のうつ症の問題.あるいは不安や怒りや気分易変性を生じる.

④対人関係の障害:バランスのよい対人関係がもてなくなり,孤立,過度の依存・従順,攻撃行動等を生じる.そうした問題をもつ人が親や配偶者になることで暴力の世代間連鎖を生じることもある.

⑤行動上の問題:被害体験のつらさを避けるためのアルコールや薬物の乱用・依存を生じることがある.また,トラウマの再演のように暴力や自殺・自傷等の危険な行動をわざと取る場合がある.

⑥身体的な健康問題:暴力による手足や肋骨の骨折,内出血,脳損傷等の深刻な外傷や,心理的な問題からくる身体症状(食欲低下,胃腸障害,呼吸困難,動悸,頭痛,睡眠障害,婦人科的な問題等)を生じることが多い.

［森田展彰］

学校における危機対応と子どもの心のケア

　学校の管理下で，生徒が被害に遭うような出来事は数多くある．自然災害，犯罪，事件，事故，いじめ，自殺等その種類は多く，被害の状況もさまざまであり，時には子どもから死亡者がでてしまうという最悪の事態を経験した場合には，その危機対応をしなければならない．加えて，学校の管理外で発生した危機も，子どもたちが関係していれば管理下での危機対応と同じように，学校は支援を提供しなければならない（☞「校内暴力」「いじめ」）．
　危機レベルが高くなるのは，次の二つの要因がある．①危機となる出来事の被害の内容（質），②その危機にさらされた程度（量）の大きさである．危機の質が深刻で量が大きければそれだけ学校という組織の機能が損なわれ，また個人が被るダメージは大きくなる．学校の機能が損なわれると，学校経営が困難になり，生徒ばかりでなく，学校教職員，生徒の保護者にも影響が波及する．

●**学校における危機と緊急支援チーム**　このようなときに「心のケア」を実施する，学校外の専門的なメンバーで構成される緊急支援チームが派遣され，危機時の緊急対応について学校を支援することが，近年では行われるようになってきている．その体制は，各地方自治体によって多様である．比較的多いのは，県や市，町，区等の教育委員会スクール・カウンセラー派遣事業の一環として，臨床心理士やスクール・ソーシャルワーカー等の専門家と指導主事らがチームになり，派遣要請のあった学校の危機対応にあたる体制である．次に，精神保健福祉センターが中心となるクライシス・レスポンス・チーム（crisis response team：CRT）が緊急支援活動を行う体制，その他各県の臨床心理士会が教育委員会と連携して対応する体制等がある．
　学校内には独自に校内危機対応チームが必要である．チームは，責任者，副責任者，保護者班（PTA担当・保護者担当・個別担当），報道対応班，学校安全班（学校安全担当・庶務担当・情報担当），学年班（総務担当・学年担当），ケア班（ケア担当）で構成され，それぞれの担当者を決める．このチームは，外部緊急支援チームと連携しながら危機対応にあたる．チームの存在は，非常に重要な役割をもち，緊急時から中長期支援までかたちを変えながらも継続的な対応を担わなければならない．

●**心のケアとは**　危機時の緊急支援チームの任務を個別カウンセリングの実施と誤解されることが多い．メディアの報道でもそのような説明がなされることもあり，支援要請をした学校長や教職員の多くが同様に思っていることがある．しかし，緊急支援チームの任務の主な役割は，子どもの「個」のケアではなく，子ど

もを取り囲む学校や家庭という環境の整備にあり，その主眼は，「場」のケアにある．次の5点が，その目的と任務になる．

①ケア・プランの策定：校長と外部緊急支援チームが一緒に子どものケア・プランを策定し，学校の機能回復をめざす．危機レベルをアセスメントし，対応の優先順位，時間経過と対応プランの策定を行う．二次被害を防ぐためにも，支援チームは専門的視点からのアドバイスや支援を行うが，最終決定は学校長であることは尊重する．

②教職員への心理教育：動揺や混乱がみられるのはあたりまえで，ショック状態である現状を説明することで落ちつきを取り戻してもらう．生徒のことをよく理解しいているのは身近な教師であり，教師自身が冷静さを取り戻し温かく対応できるように支援する．

③保護者への心理教育：子どもの最も身近な存在である保護者に，危機時に示す子どもの反応を説明する．配布物や保護者会等を通して丁寧な心理教育を行う．急性ストレス反応は，ストレスにさらされた場合には普通に起きるということ等，正確な情報提供を行う．

④生徒や家族への個別対応（被害者，目撃者，遺族，保護者等）：被害者支援の仕事である．怪我をしたり，被害を目撃したり，最悪の場合で子どもが亡くなってしまった場合等，重要であり迅速かつ慎重に支援しなければならない．対象者は，子どもだけでなく保護者，遺族になる．特に子どもの死亡事案における遺族への対応は，その原因となる出来事によって対応の困難さが異なる．遺族の感情はさまざまで，通常，時間経過とともに変容する．

⑤マス・メディア対応等：各種マス・メディアから学校への取材だけでなく，地域や子どもへの直接取材に対応するためには，学校側は積極的に正確な情報を出していく必要がある．曖昧で少ない情報の中で流言やデマが流れるので，たとえ限定的であれ提供できる正確な情報を出していかないと，心のケアの作業そのものが阻害され，被害者が二次被害に苦しむ結果となる．

●**緊急支援が難しい危機**　学校危機には表面化しやすい事案と表面化しにくい事案とがある．子どもの自殺，性被害，いじめ，虐待等の被害は，たとえ表面化しても情報の開示の仕方や，心のケアが難しい．難しいから「様子をみる」という対応では，さらに深刻な問題となることが多い．学校はこのような危機においても緊急支援を行う，専門家の支援を要請するという姿勢が重要である．［藤森和美］

参考文献
[1] 藤森和美編著(2009)『学校安全と子ども心の危機管理―教師・保護者・スクールカウンセラー・養護教諭・指導主事のために』誠信書房．
[2] 藤森和美・前田正治編著(2011)『大災害と子どものストレス―子どもこころのケアに向けて』誠信書房．

犯罪被害による子どものトラウマ

　13歳未満の子どもが被害者となった刑法犯の中で，最も多い罪名は強制わいせつである．次に暴行，そして傷害へと続く（図1）．

　児童虐待も，犯罪被害による子どものトラウマを考えるうえで重要である．虐待は主に家庭内で行われ，その性質上，警察や児童相談所といった外部の機関に把握しきれないものも数多く存在している．それでも，児童虐待に関連し，刑法犯として検挙された件数は，2003年からの10年間で著しく増加した．虐待に関し，最も検挙数が多い罪名は傷害であり，暴行や強制わいせつ，強姦といったものも上位を占めている（☞「児童虐待・家庭内暴力による子どもの被害」「子どもに対する性犯罪」）．この他，交通事故等の事故による被害やその目撃，また，数は少ないが誘拐や監禁等の犯罪も，トラウマ反応をはじめとする心身の不調を呈しやすいものである．

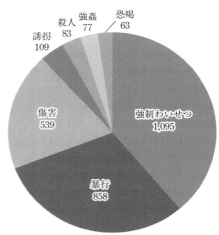

*1　刑法犯の主要な罪名別に計上
*2　誘拐は，略取誘拐・人身売買罪

図1　13歳未満の子どもが被害者となった刑法犯の被害者数（『平成27年版犯罪白書』より作成）

●**子どものトラウマ反応の特徴**　①トラウマの型による分類：見知らぬ人からの偶発的な性被害，交通事故等，1回限りの被害（Ⅰ型トラウマ）と，虐待のように身近な人から繰り返される反復的・慢性的な被害（Ⅱ型トラウマ）には，症状の現れ方に違いがある（Terr, 1991）．例えば交通事故にあった子どもが，「僕が昨日，ちゃんと宿題をやらなかったから，事故にあった」と考える予兆は，Ⅰ型トラウマの症状の一つである．Ⅱ型トラウマでは，虐待を受けていた子どもが，激しい怒りの感情等の感情コントロールの問題を示したり，暴力を受けていながら，その痛みを感じにくい否認や麻痺を示したり，性的虐待の最中に，自分の心が身体から抜け出して，虐待の場面を天井から眺めていたというような解離症状を訴えたりすることがある．

　②複雑性トラウマ：ハーマン（Herman, 1992）は，心的外傷後ストレス障害（posttraumatic stress disorder：PTSD）の概念は，戦闘や災害，レイプ等，はっ

きりした出来事を原因として症状を呈した人たちを観察して得られたものであるが，児童虐待をはじめとする持続し繰り返されるトラウマには，この概念では十分でないとして，複雑性PTSDという考え方を示した．そこには，子どもが被害を受けている最中や被害直後ばかりでなく，将来にわたり，身体的，認知的，感情的，行動的，対人関係的な領域で，広範な変化が生じることが示されている．

③PTSD：『DSM-5 精神疾患の診断マニュアル』（American Psychiatric Association, 2013）は，死ぬような出来事や，重症を負う等の出来事をみずから体験した，あるいは，養育者等に起きた出来事をじかに見る等といった体験をした場合に，この診断がつく場合があるとしている．症状の特徴としては，出来事の侵入症状（反復的な記憶や夢，遊びによる再演等），出来事に関連した刺激の回避，出来事に関連した認知と気分の陰性の変化（出来事を思い出せない，重要な活動への関心の減退等），出来事と関連した覚醒度と反応性の変化（激しい怒り，過度の警戒，集中困難，睡眠障害）等があげられる．PTSDの診断には，これらの症状が1か月以上持続していることが必要であり，1歳以上のどの年齢でも起こり得るとされる．

●**被害後の対応について**　子どもが何らかの犯罪被害に遭ったとき，まず優先すべきことは子どもが安全，安心を感じられるようにすることである．例えば，被害に遭った現場から移動する，衣服を着替える，傷の手当てをする，家族に会うといったことである．

警察での事情聴取等の際には，被害に遭ったにもかかわらず，子どもがあっけらかんとした様子で被害場面について語り，あたかもショックを受けていないかのように見えることがある．しかし，それは往々にしてトラウマ反応の感情麻痺によるものと理解すべきことも多い．また，年少の子どもほど，言語によって自分の状態を表現することができにくいうえ，大人のように言葉で質問し確かめることも難しい．このため，症状の把握には専門的な知識や経験が必要となる．

また，子どもの場合，被害に遭った時点での被害内容の理解と，その後の理解が変わってくる場合もある．特に年齢の低い子どもの場合，性被害のように被害の意味が理解できにくい場合もある．そうした場合，思春期以降になってから被害の影響が強く現れてくることもある．

このように，被害の後にはさまざまな変化が子どもに現れることがある．日頃から子どもの様子をよく知る大人が，子どもの変化をよく観察して必要に応じて専門機関へつなげることが肝要である．相談・受診先がわからない場合には，児童相談所や各都道府県の精神保健福祉センター，警察の被害者支援の窓口等に問い合わせることもできる．

［福田恵美］

参考文献
[1]　金　吉晴（2006）『心的トラウマの理解とケア』第2版，じほう．

支援者のストレス

　犯罪被害者支援に携わる人は誰しも，支援対象者である犯罪被害者の遭った事件・事故の詳細やトラウマにさらされることになり，ときには犯罪被害者と同様の感情に陥ることがある．精神医学の分野では1980年，DSM-Ⅲにおいて心的外傷後ストレス障害（posttrumatic sterss disorder：PTSD）が初めて掲載されたが，PTSDと診断される人が臨床場面で増えるにつれ，その人のトラウマは家族や周囲の人，治療者にも影響を与えることが認識されるようになっていった．このような影響を，フィグリー（Figley, 1999）は二次的外傷性ストレス（secondary traumatic stress）とよび，「配偶者等親しい間柄の者がトラウマとなる出来事を体験したことを知ることにより自然に必然的に起こる行動や感情」と定義して，被害者の家族や友人だけではなく，メンタルヘルスの専門家やその他の援助者も二次的外傷性ストレスにより傷つくことを指摘した．この二次的な影響はさまざまな呼称をもって論じられているが，いずれも広義の二次的外傷性ストレスとしてとらえられる（☞「トラウマとPTSD」）．

●**二次的外傷性ストレスの関連概念**　①**代理受傷**（vicarious traumatization）：マッキャンら（McCann et al., 1990）によって初めて概念化されたもので，性的虐待の被害者を扱う臨床家の立場から提唱されている．代理受傷は，「クライエントのトラウマ素材に共感的に関わった結果，関わった者の内的体験が変容すること」と定義されている（Rosenbloom et al., 1999）．自己や世界に対する認知に永久的な変化が生じる点に注目している．

　②**外傷性逆転移**（traumatic countertransference）：逆転移は精神分析で使われる概念であり，「分析者の被分析者にたいする，ことに被分析者の転移にたいする無意識的反応の総体」とされる（Laplanche et al., 1976）．この逆転移を，外傷を受けた事例を治療する際に生じる治療者側の反応として著述しているのが，ハーマン（Herman, 1997）である．治療者は患者の外傷体験を聞くうちに「程度こそ違え，患者の同一の恐怖，怒り，絶望を体験する」とし，このような現象を外傷性逆転移とよんだ．治療者はPTSD症状を体験したり，人間関係の破綻に苦しんだり，孤立無援感や能力不足を感じることがあるが，そこには被害者や加害者，傍観者との同一化の過程があることが指摘されている．

　③**バーンアウト**（burnout）：初めて学術論文で取り上げたのはフルーデンバーガー（Freudenberger, 1974）であり，「エネルギー，力，あるいは資源を使い果たした結果，衰え，疲れ果て，消耗してしまったこと」と定義している．根本には，十分なサポートが得られないままの心身の過労という考えが据えられており，

感情的疲弊の結果として徐々に現れるものとされる（Figley, 1999）．

●二次的外傷性ストレスの症状と要因　二次的外傷性ストレスの症状としては，①PTSD症状として，侵入（例えば，支援に関連した悪夢を見る，支援に関して思い出させられると心臓がドキドキする），回避（例えば，支援に関しては考えないように，何も感じないようにする，支援を思い出させるものを避ける），認知と気分の陰性の変化（例えば，支援に関して強く自分自身を責める，周囲の人から孤立しているように感じる），過覚醒（例えば，自分の安全を過度に気にする，寝つきが悪くなる），②世界観の変容（世の中に対する安全感・他者に対する信頼感・有能感の低下等），③アルコール・煙草の増加等があげられる．

　二次的外傷性ストレスを強める要因は，①外傷的出来事要因（虐待や性暴力の犯罪被害者支援を行った場合等，出来事自体のインパクトの強さ，支援活動回数の多さ等出来事への曝露量等），②個人要因（以前のトラウマ体験があること，女性等），③環境要因（私生活や職場におけるストレスの多さ，家族や同僚等によるソーシャル・サポートの少なさ等）に大別できる．

●実態と対策　わが国において，支援者のストレス研究が進んだのは1995年の阪神・淡路大震災以降である．消防士，海上保安官，自衛隊員，警察官，医療従事者，ジャーナリスト，心理臨床家らについての研究が進められ，2011年の東日本大震災ではさまざまな救援者のストレスに注目が集まった．犯罪被害者支援に携わる支援者のストレス研究におけるPTSD症状の高リスク者（改訂出来事インパクト尺度IES-Rが25点以上）は，全国被害者支援ネットワークに加盟する団体で活動を行っている支援者121人のうち9.1%（大澤，2005），犯罪被害者支援活動を行った警察官733人のうち男性警察官8.7%，女性警察官9.3%（上田，2010）であることが示されている．

　支援活動においては外傷的出来事への支援に携わっているということを認識し，以下のような方法で支援者自身の心を守ることにも意識を向けるべきである．①知識を得る：支援方法および支援者のストレスについて知ることが大切である．知識を得ることは，支援に対する心構えができるだけではなく，おかれている事態や心の中で何が起きているのかについて考えるきっかけを与える．何が起きているのかが理解できれば不安に対処しやすくなる．②気分転換を図る：仕事と私的時間との切り替えを図る，趣味の時間を充実させる等，積極的に気分転換を図ることが，息の長い支援を行うために役立つ．③サポートを得る：支援活動において一人の支援者ができることには限りがある．一人で抱え込まずに，支援のことをわかってもらえる上司や同僚に話したり，家族からのサポートを得たりすることが大切である．周囲の人は，程度の差こそあれ支援者であれば誰しもストレスを受ける可能性があることを念頭に置き，ストレス抱えた支援者をねぎらう，日頃から支援者を支える雰囲気をつくることが肝要である．

［上田　鼓］

犯罪被害者支援の現場から：臨床社会心理学の視点に立って

　近年，犯罪被害者，その家族または遺族（以下，被害者とする）は，被害者参加制度をはじめとした各種支援制度により刑事裁判に関わる機会が拡充されたが，加害者や傍聴人らがいる前での証言等，刑事裁判に関わる負担はいまだ大きい．そのため，犯罪被害者支援に従事する者は，犯罪被害直後の危機介入のみならず，刑事裁判終結までの途切れることのない支援に努めている．

　警察で犯罪被害者支援に従事する心理職（以下，警察の心理職とする）には，上記危機介入や心理面接に加え，目に見えない被害者の「心の被害」の証明に携わる支援がある．なぜなら，警察の心理職は犯罪被害後の早期に被害者と出会うため，急性期から刑事裁判までの心理状態を把握する唯一の心の専門家となるからである．そのため，被害者の心理状態に関する証人出廷や意見書の作成等，刑事裁判において被害者の心の代弁者としての役割を果たすことが求められる．また，他職種との連携も重要な任務である．被害者は刑事手続で検察官，民間被害者支援団体員をはじめとした多くの専門家と出会う．そこで，警察の心理職は，各専門家に対して被害者の心理状態を説明し，反対に，各専門家の意見を被害者に伝える等，心の通訳人の役割を担う．これが，被害者と各専門家が信頼関係を構築する一助となり，さらに，各専門家と警察の心理職が協働する各種支援へと結びつくのである．

　警察の心理職の役割を紹介したが，それを果たすには刑事手続に沿った被害者・加害者・第三者（警察・検察，加害者側弁護人）の力動関係に基づくアセスメントが役立つ（図1）．例えば，刑事裁判で加害者や加害者側弁護人が今までと異なる主張に突然転換すると，被害者はそのこと自体にストレスを感じるばかりか証人出廷等の負担が生じる．そこで，警察の心理職は，加害者や加害者側弁護人の動向により変化する被害者の心理状態に即した支援について，その都度被害者の意向を確認し（図1の実線），支援の方向を被害者とともに考えていく．

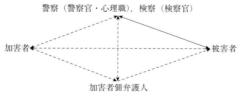

図1　犯罪被害者支援場面の構造（浅野，2010より作成）

　すなわち，犯罪被害者支援は，常に加害者や第三者を含めたうえで力動関係をアセスメントすることが重要と考えられる．換言すると被害者を取り巻く全体状況を社会心理学的理解に立ってアセスメントし，被害者および関係機関と協働して個別具体的な支援を展開するという臨床社会心理学的な視点（菊池，2009）が，犯罪被害者支援従事者には今後さらに求められる．

［浅野晴哉］

第10章
司法制度・措置・福祉的措置

［編集担当：岡本吉生・須藤 明・村尾泰弘］

- 【概説】司法制度と犯罪心理学 ── 674
- わが国の刑事司法制度の概要 ── 676
- 司法制度改革 ── 678
- 刑事司法手続の概要 ── 680
- 裁判員制度 ── 682
- 精神鑑定 ── 684
- 情状鑑定 ── 688
- 目撃証言 ── 690
- 裁判心理学 ── 692
- 裁判員裁判と市民 ── 694
- 量刑判断に影響する要因 ── 696
- 成人犯罪者に対する施設内処遇制度 ── 698
- 少年司法制度の歴史 ── 700
- 少年司法制度の理念と少年法 ── 702
- 少年保護手続の概要（処遇の流れ）── 704
- 少年審判の基礎知識 ── 706
- 家庭裁判所調査官 ── 710
- 家庭裁判所における保護的措置（教育的措置）── 712
- 少年鑑別所と鑑別技官 ── 714
- 少年審判における処分の決定 ── 716
- 非行少年に対する施設内処遇 ── 718
- 少年非行と児童福祉 ── 720
- 非行臨床の課題 ── 722
- 付添人 ── 724
- 試験観察 ── 726
- 医療観察制度 ── 728
- 更生保護制度 ── 730
- 保護観察制度 ── 732
- 仮釈放制度 ── 734
- 修復的司法 ── 736
- 非行・犯罪防止における多機関連携 ── 738
- ダイバージョン ── 740
- 問題解決型裁判所 ── 742
- 【コラム】《羅生門》(1950)と犯罪事実 ── 744

【概説】司法制度と犯罪心理学

　本項では，犯罪行為者の年齢段階から刑事司法制度にある刑罰・保護・福祉の相互関連性をまとめ，刑事司法制度における犯罪心理学の実践や研究分野を位置づける．

●**犯罪行為者の年齢と適用される法律の原則**　わが国の刑事司法制度は，憲法（31条以下）を基本に，刑法や少年法等の実体法，刑事訴訟法や少年審判規則等の手続法，更生保護法や少年院法等の処遇関連の法律によって綿密に規定されている（☞「わが国の刑事司法制度の概要」）．14歳以上が刑事責任年齢であると規定されていることから（刑法41条），刑事司法制度の中心は14歳以上の者が対象である．14歳未満の者が法に触れる行為を行った場合は児童福祉法が適用される．法に触れる行為が同じであっても年齢によって適用される法律が異なることに，一般市民の刑事司法制度に対する理解の難しさがある．

　同じ行為でも年齢によって適用される法律が異なることは，犯罪行為の責任の所在や法の適用効果への期待が異なることを示している．成人の犯罪行為は，本人に責任があるとされ，行為の種別によって刑罰が科される．14歳から20歳未満の犯罪行為は，それを行った本人の未熟さや環境要因によるもので，保護や教育が優先されなければならないとされている．14歳未満の犯罪行為は生育環境による心身の育成が不十分であり，愛護による福祉的対応が必要とされる．そして，対応すべき場（主たる機関）も，表1のようにそれぞれ異なる．

　本章の項目を年齢段階別の制度に関する話題に整理すると，主として①14歳から19歳までの少年事件に関する事項（☞「試験観察」等），②20歳以上の成人の刑事事件に関する事項（☞「裁判員制度」「情状鑑定」「裁判心理学」「裁判員裁判と市民」「医療観察制度」「仮釈放制度」等），③少年事件と成人刑事事件の双方に関連する事項（☞「精神鑑定」「目撃証言」「更生保護制度」「保護観察制度」「非行・犯罪防止における多機関連携」等）に分けられる．その他，④刑事司法制度全般に適用される事項（☞「精神鑑定」「保護観察制度」「ダイバージョン」等）

表1　犯罪行為を行った者に対する年齢段階別にみた法律の原則適用

年齢段階	原則として適用すべき主要な法律	同法の適用年齢範囲	対応すべき場	対応の基本原則
0～13歳	児童福祉法	0～17歳	児童相談所	福祉
14～19歳	少年法	0～19歳	家庭裁判所	教育・保護
20歳以上	刑事訴訟法	14歳～	地方裁判所等	刑罰

もある.

●**刑罰と保護と福祉**　事件の重大性や保護や福祉の必要性等の判断によっては，年齢段階による原則適用とは異なる場で事件を対応させることができる．14歳未満の非行児童は，まず児童相談所で対応するのが原則だが（福祉優先の原則），福祉的措置が不適切である，あるいは児童の自由を強制的に拘束しなければならないときは家庭裁判所に送致できる（児童福祉法27条）．逆に，家庭裁判所に係属した18歳未満の少年に福祉的な対応が望ましいと判断されれば児童相談所に送致できる（少年法18条）（☞「少年非行と児童福祉」）．犯罪行為を行った14歳以上の未成年者は，まず家庭裁判所で対応するのが原則だが（保護優先の原則），刑罰を与えるべきだと判断されれば検察官に送致することができる（少年法20条）．逆に，刑事裁判において少年被告人に保護を与えるべきだと判断されれば家庭裁判所に移送できる（刑事訴訟法19条）．事件の移行は，児童福祉法と少年法，少年法と刑事訴訟法が包含する年齢に重なりがあることによる．

●**刑事司法制度と犯罪心理学**　わが国の犯罪心理学は，刑事司法制度の中でも少年法が科学主義を導入したことで飛躍的に発展したといってよい．特に，家庭裁判所に配置された家庭裁判所調査官は，要保護性の判断のために，社会調査の精度を高めるための面接技法や非行臨床理論を展開した．また，少年鑑別所に配置された鑑別技官は，非行少年に対する人格アセスメントの理論化や心理テストのツール開発に大きな貢献をした．最近では，少年院に配属された心理技官や社会内処遇を担当する保護観察官が非行種別に応じた処遇プログラムを開発し，その効果を検証している（日本犯罪心理学会，2011）．

　情状鑑定は成人の刑事裁判における社会調査の応用分野であり（☞「情状鑑定」），犯罪の構成要件である被告人や非行少年の責任能力を明らかにする精神鑑定（☞「精神鑑定」）とは厳密には異なる活動である．責任能力がないとされた触法犯罪者への処遇に対しては医療観察制度が始まり，刑事裁判に医療と福祉の専門家が関与している（☞「医療観察制度」）．

　捜査機関では，科学警察研究所が中心となって，目撃者証言に関する面接法，記憶や認知的歪曲，ウソ検出検査（ポリグラフ検査），犯罪手口やプロファイリング等の科学的手法が精力的に研究されている（☞「目撃証言」）．

　このように，犯罪心理学は刑事司法制度と密接な関係があるが，司法面接の可視化，裁判員の心理学的ケア，リスク・アセスメント，被害者の裁判への関与と修復的司法とのバランス，新しい刑事司法制度（問題解決型裁判所等）の可能性等，今後も刑事司法制度において犯罪心理学が果たすべき課題は多い．　　　［岡本吉生］

📖 **参考文献**
[1]　田宮　裕・廣瀬健二編(2009)『注釈少年法』第3版，有斐閣．
[2]　裁判所職員総合研修所監修(2014)『少年法実務講義案』再訂補訂版，司法協会．

わが国の刑事司法制度の概要

　刑事司法制度とは，国家が犯罪（刑法違反の行為）に対処する仕組みのことをいうが，わが国の刑事司法制度は，刑罰一元主義といわれ，明治期模範としたドイツやフランスが刑罰と保安処分の二元主義をとるのとは，異なっている．

●**刑罰の基本理念**　刑法とは，法治主義国家において，重大な法益（法で守るべき利益）を侵害する行為を犯罪として定め，それを禁止し，その禁止に違反して犯罪を実行した場合に科される刑罰の種類・量を定めた法律である．刑罰は，犯罪に対する非難・応報の意味をもつと同時に，禁止に違反した場合はそのような苦痛が科されることを予告し，犯罪を防止するという一般予防効果，犯罪を行った者を懲らしめ，また，更生のための処遇を行って将来の再犯を防止するという特別予防効果が期待されている．

　わが国の刑法が定める刑罰の種類は，生命を奪う死刑，自由を奪う懲役，禁錮，拘留，財産を奪う罰金，科料の6種類と，没収という付加刑がある．

●**憲法が定める刑事司法の諸原則**　わが国は，戦後国民主権を原則とする新憲法を制定し，三権分立・司法権の独立を定めた（第76条）．第31条は，「何人も，法律の定める手続によらなければ，その生命若しくは自由を奪われ，又はその他の刑罰を科せられない」と定め，罪刑法定主義・適正手続保障の大原則を表明している．第32条は，すべて国民は憲法または法律に定められた裁判所においてのみ裁判を受ける権利を有し，裁判所以外の機関によっては裁判がなされないことを保障している．第33条は，現行犯以外は，権限を有する司法官憲が発し，かつ理由となっている犯罪を明示する令状によらなければ逮捕されないとしている．第34条は，理由をただちに告げられ，かつ，ただちに弁護人に依頼する権利を与えられなければ，抑留または拘禁されないこと，また，正当な理由がなければ，拘禁されず，要求があれば，その理由は，ただちに本人およびその弁護人の出席する公開の法廷で示されなければならないことを定めている．第35条は，司法官憲の発する捜索・差し押さえの令状によらなければ，住居，書類，所持品について，侵入・捜索・押収を受けることはないとし，住居不可侵の原則を定めている．第36条は，「公務員による拷問及び残虐な刑罰は，絶対にこれを禁ずる」と定めている．第37条は，刑事被告人の権利として，公平な裁判所の迅速な公開裁判を受ける権利，証人審問権，公費で自己のために強制的手続により証人を求める権利，国費による弁護人依頼権を定めている．第38条は，自己に不利益な供述は強要されないとする黙秘権と，強制，拷問もしくは脅迫による自白または不当に長く抑留もしくは拘禁された後の自白は証拠とすることはできないこ

と，自己に不利益な唯一の証拠が本人の自白である場合には，有罪とされ，または刑罰を科せられないことを定めている．第 39 条は，実行のときに適法であった行為またはすでに無罪とされた行為については，また，同一の犯罪について，重ねて刑事上の責任を問われないと規定し，遡及処罰の禁止・一事不再理の原則を定めている．

●**刑法の定める犯罪成立要件**　わが国の刑法は，1907 年に制定され，一部の改正，1995 年の口語化を経ているが，全面改正はなされていない．当時の旧派による刑罰理念「応報刑，責任主義の原則」を維持しつつ，台頭していた新派の理念も考慮した，現在でも支持され得る総則規定であるため，一部改正にとどまっているといえる．犯罪成立要件としては，構成要件該当性・違法性・有責性のある行為とされるが，違法性阻却事由として，法令または正当な業務による行為（35 条），正当防衛（36 条），緊急避難（37 条）にあたる行為が定められている．責任要件として，故意犯処罰の原則，結果責任の排除，法の不知は責任を阻却しないことが定められ（38 条），責任無能力・限定責任能力の規定が置かれ（39 条），刑事責任年齢は 14 歳であること（41 条），自首減軽（42 条）の規定が置かれている．犯罪の実行に着手しても結果が生ずるに至らなかった行為は未遂とし，処罰する場合は特に定めるが，裁量的減軽にとどまるとされる（43・44 条）．

●**裁判・量刑・刑の執行**　警察等が検挙した犯罪事件は，微罪処分・交通反則通告制度で処理された事件を除き，すべて検察官に送付される．検察官は捜査を行い，犯罪事件について，少年事件は家庭裁判所に全件送致し，成人事件については，処罰の要否等を考慮し，起訴・不起訴を決める．刑事事件の第一審は，原則として地方裁判所，簡易裁判所（罰金以下の刑にあたる罪・選択刑として罰金が定められている罪の管轄権を有する）で行われる．通常第一審の裁判は，公判廷で裁判を行う公判手続により行われ，有罪と認定されたときは，検察官の求刑後，量刑判断がなされ，刑が言い渡される．手続二分制度はとられていない．3 年以下の懲役・禁錮，50 万円以下の罰金刑を言いわたす場合には，1 年以上 5 年以下の期間，その執行を猶予することができる．その場合，裁量によって保護観察も付し得る．簡易裁判所においては，100 万円以下の罰金・科料に処すべき事件について書面審理のみによる略式手続による裁判も行い得る．第一審判決に対しては，高等裁判所に控訴することができ，控訴審判決に対しては，最高裁判所に上告をすることができる．

　裁判の執行は確定後，検察官の指揮によって行われる．死刑の執行は法務大臣の命令による．懲役，禁錮および拘留は，刑事施設において執行される．刑事施設では，「刑事施設及び受刑者の処遇等の法律」により，矯正処遇として作業・改善指導・教科指導を行い，受刑者の改善更生を図っている．罰金・科料を完納できない者に対しては，労役場に留置し労役を科すものとされている．　［岩井宜子］

司法制度改革

　世紀転換期の司法制度改革は，戦後改革以来の大規模なものとなった．その背景に，一方で，司法内部からの改革要求の蓄積があった．すなわち，日本弁護士連合会は，司法の機能不全を指摘しつつ，1992年から，被疑者の公的弁護制度の不在をカバーするための当番弁護士制度を全国実施し，1990年代末には，弁護士過疎・偏在問題に対処すべく，日弁連公設事務所・法律相談センターの全国展開を開始していた．他方，1990年後期以降，経済のグローバル化，規制緩和，構造改革が進行する中で，自己決定・自己責任を基調とする社会における事前規制から事後規制の転換を支えるための司法の機能強化が，経済界からも強く求められるようになった．
　1999年11月には，「21世紀のわが国社会において司法が果たすべき役割を明らかにし，国民がより利用しやすい司法制度の実現，国民の司法制度への関与，法曹の在り方とその機能の充実強化その他の司法制度の改革と基盤の整備に関し必要な基本的施策について調査審議」し，その結果に基づき内閣に意見を述べることを任務として（司法制度改革審議会設置法2条1・2項），司法制度改革審議会が設置された．同審議会は，63回に及ぶ会議を重ねた結果，2001年6月，『21世紀の日本を支える司法制度』と題する意見書を内閣に提出した．
　2001年11月には，これを受けて，司法制度改革推進法が制定され，2002年12月，司法制度改革推進本部が内閣に設定された．さらに，2002年3月には，同本部の示した「司法制度改革推進計画」が閣議決定された．同本部の設置期限とされた2004年11月30日までの間，推進計画に基づき，多数の法律の制定・改正が続いた．唯一廃案となったのは，弁護士費用の敗訴者負担制度の導入を定めた民事訴訟費用法の改正案であった．

●**司法制度改革の全体像**　司法制度改革審議会の意見書は，「法の支配の理念に基づき，すべての当事者を対等の地位に置き，公平な第三者が適正かつ透明な手続により公正な法的ルール・原理に基づいて判断を示す司法部門が，政治部門と並んで，『公共性の空間』を支える柱となる」べきであり，「プロフェッションとしての法曹がいわば『国民の社会生活上の医師』として，各人の置かれた具体的な生活状況ないしニーズに即した法的サービスを提供することが必要」だとする一方，国民についても，「統治主体・権利主体である国民は，司法の運営に主体的・有意的に参加し，プロフェッションたる法曹との豊かなコミュニケーションの場を形成・維持するように努め，国民のための司法を国民自らが実現し支え」る役割を担うべきとしたうえで，広範囲に及ぶ改革を提案した．この提案に沿っ

て，立法的改革が進められた．

　改革提案の柱は，①「国民の期待に応える司法制度」とするため，司法制度をより利用しやすく，わかりやすく，頼りがいのあるものとすること，②「司法制度を支える法曹の在り方」として，質量ともに豊かなプロフェッションとしての法曹を確保すること，③「国民的基盤の確立」のために，国民が訴訟手続に参加する制度の導入等により司法に対する国民の信頼を高めることであった．

●**司法制度改革の内容**　国民の期待に応える司法制度の構築については，①民事司法制度の改革として，(a)民事訴訟の審理期間の半減を目標とする民事裁判の充実・迅速化，(b)専門的知見を要する事件への対応強化，(c)知的財産権関係事件への総合的な対応強化，(d)労働関係事件への総合的な対応強化，(e)家庭裁判所・簡易裁判所の機能の充実，(f)民事執行制度の強化，(g)費用負担の軽減，民事法律扶助の拡充等，裁判所へのアクセスの拡充，(h)裁判外の紛争解決手段（ADR）の拡充・活性化，(i)行政に対する司法のチェック機能の強化，②刑事司法制度の改革として，(a)公判前準備手続の創設等による刑事裁判の充実・迅速化，(b)被疑者・被告人の公的弁護制度の整備，(c)検察審査会の一定の議決への法的拘束力の付与，(d)新時代に対応し得る捜査・公判手続の改革，(e)犯罪者の改善更生，被害者らの保護，さらには③国際化への対応が提案された．

　司法制度を支える法曹の在り方については，①法曹人口の拡大として，(a)法曹人口の大幅な増加，(b)裁判所，検察庁の人的体制の充実，②法曹養成制度の改革として，(a)法科大学院の設置，(b)司法試験改革，(c)司法修習改革等，③弁護士制度の改革，④検察官制度の改革，⑤裁判官制度の改革として，(a)供給源の多様化・多元化，(b)人事制度の見直し等，⑥法曹・法学者間の相互交流の促進が提案された．国民的基盤の確立については，①国民の司法参加として，(a)裁判員制度として具体化する刑事訴訟手続への参加制度の導入，(b)専門委員制度の導入，調停委員，司法委員，参与員制度の拡充等，その他の分野における参加制度の拡充，②国民的基盤の確立のための条件整備として，(a)司法教育の充実，(b)情報公開の推進等が提案された．

●**日本司法支援センター（法テラス）**　2004年6月，総合法律支援法に基づき，日本司法支援センター（法テラス）が設置された．同センターは，全国各地に拠点事務所を設け，常勤弁護士および契約弁護士を通じて，さまざまな法律サービスを提供している．同センターの業務は，①情報提供，②司法過疎対策，③民事法律扶助，④刑事事件の国選弁護，⑤犯罪被害者支援にわたっている．この他，公費によるのではない，日本弁護士連合会の委託援助業務として，①国選弁護人以外の刑事被疑者弁護援助，②少年保護事件付添援助，③犯罪被害者，難民認定，外国人，子ども，精神障害者，心神喪失者医療観察法，高齢者・障がい者，ホームレス等に対する法律援助，等を行っている．

［葛野尋之］

刑事司法手続の概要

　刑事司法手続の主要な流れとしては，犯罪発生前の犯罪予防活動，捜査機関が犯罪発生を認知した後に行われる捜査活動，検察官による公訴提起，公判手続，公判の裁判，上訴，刑の執行の段階に区分できる．

　刑事司法手続を厳密に解するのであれば，刑事手続は，犯罪発生後に，捜査機関が犯罪発生を認知したことにより開始される捜査から始まる．しかし，警察が行政警察活動として行っている犯罪予防活動が，後に犯罪捜査を開始する端緒となることが多いことを踏まえると，犯罪発生前の犯罪予防活動の段階も含めて刑事司法手続の全体構造を把握することが実際的な理解といえる．警察による犯罪予防活動としては，挙動不審な者を路上で停止させて質問を行う職務質問，外部的な身体検査・持ち物を調べる所持品検査，自動車一斉検問があげられる．

●**起訴前（捜査）手続**　捜査機関が捜査を開始するきっかけを捜査の端緒という．捜査の端緒としては，法律で定められているものとしては職務質問，現行犯逮捕，告訴・告発等があり，法律に定められていないものとして他の事件の捜査，新聞記事，風評，聞込，届出，密告，通報，投書等がある．

　捜査は，司法警察職員が「犯罪があると思料するとき」，または検察官が必要と認めるときに開始される．捜査は，証拠の収集，確保と犯人の発見，身柄の確保を主たる目的とする捜査機関の活動である．捜査機関は，捜索・差押え等の強制処分を使って犯罪の証拠を収集するとともに，必要があれば逮捕・勾留という強制処分によって犯人の身体を確保する．

　司法警察職員による捜査が終結すると，法律に特別の定めがある場合を除いて，速やかに書類および証拠物とともに事件を検察官に送致しなければならない．事件の送致を受けた検察官も必要に応じ，捜査を行うことができる．政治性の高い事件，選挙関係事件，重大な汚職事件，大企業の横領・背任事件等については検察官も捜査を行っており，東京・大阪・名古屋の地方検察庁に設けられた特別捜査部が専門的に担当している．

●**公訴提起**　検察官は，事件を起訴処分とするか，不起訴処分や起訴猶予処分とするかの事件処理を行う．わが国では起訴便宜主義が採用されており，検察官が訴追決定に関し，多大な裁量権を有している．検察官の不起訴決定が妥当か否かについて吟味する制度として，検察審査会と付審判請求手続が設けられている．検察審査会は，11人の一般市民で構成され，不起訴事案を検討して起訴相当か否かを判断する．

　付審判請求手続は，公務員の職権濫用犯罪について不起訴とされた事件につい

て，告訴・告発した者の請求により裁判所の審判に付するもので，付審判決定があると，事件について公訴の提起があったものとみなされる．

検察官による公訴の提起は，起訴状を提出することによりなされる．検察官が公訴を提起する場合も，多くの事件は略式命令請求となっており，重い事件については公判請求がなされている．

●**公判手続** 公訴の提起によって事件が裁判所に継続してから，その事件について審理が行われて裁判が確定するまでの間の手続全体を公判手続という．公判手続では，犯罪事実の存否の確認（事実の確認）と刑の量定（量刑）が行われる．

裁判所は，充実した審理を継続的，計画的かつ迅速に行うため必要があると認めるときは，当事者の意見を聴いたうえで，事件を公判前整理手続に付すことができる．裁判員が関与する事件では，公判期日が開かれると，事件について特に迅速な審理を遂げる必要がきわめて高いので，必ず，公判前整理手続に付さなければならないこととされている．公判前整理手続では，争点の整理，証拠の整理，証拠開示に関する裁定，審理計画の策定が行われる．

死刑または無期の懲役もしくは禁錮にあたる罪に係る事件等の一定の重大事犯については，裁判員が参加する裁判により審理される．裁判員の参加する合議体は裁判官3人，裁判員6人が原則であるが，公訴事実に争いがなく，当事者に異議がないこと等の要件を満たす場合には，裁判官1人，裁判員4人からなる合議体を構成して審判することができる．

公判手続の中核をなすのは，公判期日における手続である．第1回公判期日においては，冒頭手続として，①被告人に人定質問，②検察官による起訴状朗読，③裁判所による黙秘権の告知，④被告人・弁護人の陳述（罪状認否）が行われる．

冒頭手続が終わると，証拠調べ手続に移る．証拠調べについては，原則的には，当事者の請求に基づいて行われるが，補充的に裁判所の職権による証拠調べも行われる．証拠調べ手続では，まず，検察官が冒頭陳述として，証拠により証明しようとする事実を明らかにしなければならない．証拠調べについては，最初に検察官による立証，次いで，被告人側の立証により行われる．

証拠調べの最後には，検察官および弁護人・被告人が最後に意見を述べる最終弁論が行われる．検察官の最終弁論のことを論告といい，論告には検察側の科刑意見（求刑）が付される．

●**公判の裁判・上訴** 裁判所の行う意思表示行為を裁判という．裁判では，判決の宣告，有罪・無罪の判決が言い渡される．有罪の場合でも，刑に執行猶予が付される場合と実刑の場合とがある．判決に不服がある場合には，上級裁判所に対して上訴が可能である．

実刑判決が確定すれば，刑の執行がなされ，懲役・禁錮等の自由刑であれば刑務所に収容されることになる．

［渡邊一弘］

裁判員制度

　裁判員制度とは，一般市民が刑事裁判に参加して，裁判官とともに審理を行い，事実認定から量刑まで責任を負う仕組みである．導入の目的としては，一般市民が理解しやすく，かつ迅速な審理を行うこと，調書裁判から公判での判断を重視する本来の審理のかたちを取り戻すこと，参加を通じて主権者意識を高めること等が考えられた．

　「裁判員の参加する刑事裁判に関する法律」(2004) に基づき，2009年から，裁判員裁判が始まった．それに先立ち，2008年に全国29万人余が裁判員候補者名簿に登録されたことが通知され，同時に，候補者が就職禁止事由や辞退事由等に該当するのか，あるいは出頭困難な時期があるかどうか，調査票によって確認が求められた．調査票により，約7万人余が除外され，残りの約22万人の中から裁判員候補者が決定された．毎年，このように裁判員候補者が絞られ，次いで，裁判員等呼出選任手続により，事件ごとに候補者名簿の中からくじで候補者が絞られる．そして，地方裁判所から裁判の6週間前に出頭の通知があり，裁判の当日に6人の裁判員と，必要な場合は補充裁判員が，不適格者を除き，くじで選任される．

　裁判は，3人の裁判官と6人の裁判員で行われる．多くの事件は3〜4日の集中審理が想定されているが，否認事件等で長くなる場合がある．上述した裁判員裁判の流れを示すと，図1のようになる．

　裁判員裁判の対象は，生命，財産に重大な結果を招いた事件である．殺人，強盗致死傷，強盗強姦，強姦致死傷，強制わいせつ致死傷，現住建造物等放火，傷害致死，危険運転致死等である．なお，被告人は，裁判員裁判を拒否することはできない．裁判員裁判が始まる前と比べて，有罪・無罪率に大きな変化はない．量刑については，性犯罪には厳しく，その一方，対象事件全体として，事情をくみ執行猶予の率が高く，保護観察をつける割合も多くなっている．

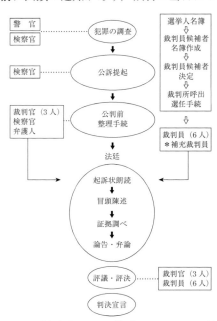

図1　裁判員裁判の流れ(加藤ら，2009より作成)

●**裁判員裁判制度の課題**　裁判員裁判制度に対して，裁判員を経験した者の評価は概ね高い．しかし，課題も少なくない．①対象事件については，性犯罪のように，被害者の苦痛に対してどのように適切に配慮がなされているかが問われるような事案では，被害者側に負荷がかからない手続きが，どれだけ徹底されているかが問われる．また，少年事件のように，「健全育成」を旨とし，少年の成長発達権を評価しつつ，教育的，福祉的処遇を視野に入れて量刑等を検討するという特段の判断が，裁判員として短期日に理解し対応できるかとの懸念は大きい．②量刑については，死刑判断が問われる．裁判員の評決の負担，事後に及ぶ精神的負荷があまりにも重い．死刑評決の要件を全員一致とすべきかどうか，という議論もある．③裁判員法第3条では，裁判員やその親族等の生命，身体，財産に危害のおそれのある場合を対象事件から除外しているが，対象事件であっても，証拠物件や証拠写真等の開示，質疑等に耐え得るのかという課題が残る．④裁判員の心理的ケアについては，事後にカウンセリングを受けるシステムがある．ただし，無料相談回数に制限がある点は問題だという指摘がある．また，精神的不安に対する辞退制度の運用緩和が検討されている．裁判進行中には，証拠の吟味，無理のない審理，医師等の助言や待機，休憩や延期，交替を含む配慮等，柔軟な運用が望まれる．⑤守秘義務の緩和という課題もある．現行では，評議の秘密と審理の過程で知り得た事件関係者その他のプライバシーが対象となる．守秘義務は，自由な評議を保証し，裁判員や関係者を保護する側面がある．一方，一生秘密を守り，違反には懲役刑まで科せられるのは重すぎる，評議の過程をある程度開示して事後点検すべきだ，といった意見がある．⑥この他，短期集中審理方式や被害者参加制度の功罪，司法参加のための教育の充実その他，課題の点検を怠らないことが肝要である．

●**陪審制度との違い**　裁判員裁判は，参審制度の一種として位置づけられ，陪審制度と比較される．陪審制度と大きく違うのは，陪審員は，量刑判断はしないのが原則であり，有罪か無罪を裁判官抜きで審理すること，そのための証拠の扱いを厳密にするルールが確立されていること，評議決定は原則として全員一致で行うこと（ちなみに，裁判員裁判では，決定は多数決であり1人の裁判官が多数に加わらないといけない），被告人に陪審裁判を選択する権利があり，控訴は，冤罪防止のため被告人にのみ認められていることである．

●**裁判員裁判のこれから**　2003年，米国の連邦最高裁によるウィギンス判決を契機に，裁判に人間諸科学の知見を反映させることの重要さが確認され，司法ソーシャル・ワーカー（forensic social worker）が，判決前調査で活躍している．裁判員裁判の対象が，生命，財産に重大な結果を招いた事件だとするならば，法と臨床の協同によって，裁判員が被告人を深く理解し，その判断を支える方向が検討されてもよいのではないだろうか（日本司法福祉学会，2013）．　　　　　［加藤幸雄］

精神鑑定

　法実務家や裁判員が法律判断をする際に，必要な知識や経験が足りないことがある．これを補う目的で行われるのが鑑定である．DNA分析，声紋分析，映像解析，遺骨からの復顔，自動車の制動分析等多様な場面で行われるが，特に精神医学的な専門分野の知識と経験が必要で精神科医にその補充を求める場合を俗に精神鑑定とよぶ．精神鑑定にも利用される法律場面によって，さまざまなものがある（表1）．以下では，このうち犯罪心理学と最も関係の深い刑事責任能力鑑定を中心に解説する．

表1　各種の精神鑑定

領　域	種類，内容
刑　事	刑事責任能力鑑定 (a. 簡易鑑定，b. 起訴前本鑑定，c. 公判前鑑定，d. 公判鑑定) 訴訟能力鑑定 受刑能力鑑定 被害者の鑑定
民　事	損害賠償・保険請求にかかる精神的損害の査定のための鑑定 成年後見制度の鑑定
医療観察法	医療観察法による医療の必要性の判定 ＊医療観察法の鑑定については「精神保健判定医又はこれと同等以上の学識経験を有すると認める医師」（医療観察法37条）という規定がある

●**刑事責任能力鑑定と刑事司法システム**　刑事責任能力鑑定は，①起訴の前に行われるものと，②起訴の後に行われるものに分けることができる（図1）．

　①起訴の前に行われる鑑定（起訴前鑑定）：被疑者を起訴して裁判にかけるかどうかを決めるのは検察官である．この判断をするときに，検察官の依頼で精神鑑定が行われることがある．例えば，仮に起訴したとしても裁判で心神喪失による無罪になることが明らかならば，起訴をせずにより迅速に医療システムへ移行させる方が合理的なこともあるからである．起訴前鑑定はさらに（a）簡易鑑定と（b）起訴前本鑑定の二つに分けることができる．

　（a）簡易鑑定：捜査機関による取調べ勾留期間のうちの半日ないし一日を使って行われる．事件から比較的早い時期に行われるので，より事件のときの状態を推定しやすい可能性があること，結果によってはより迅速に医療につなぐことができるという利点がある．短時間で行うこと等に伴う難しさや役割の重要性は簡易という名前とは裏腹に，非常に大きいものとなっている．

　（b）起訴前本鑑定：鑑定のために2～3か月程度の勾留（鑑定留置）をして行う．

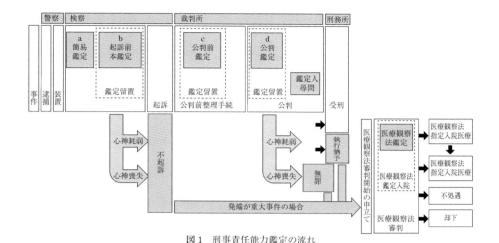

図1 刑事責任能力鑑定の流れ

時間をかけて行うので，入手できる情報量が多い．簡易鑑定だけでは判断が難しく，慎重な判断が必要となるような重大事件等で行われる．

②起訴の後に行われる鑑定：起訴の後に裁判所が，被告人の刑事責任能力の有無や程度を判断するうえでの参考として精神科医に意見を聞くために鑑定が行われることがある．公判前整理手続の中で実施されること（c. 公判前鑑定）も，公判が始まってから行われること（d. 公判鑑定）もある．これらも起訴前本鑑定と同様に2～3か月程度で行われる．

●鑑定人・鑑定医の資格　精神鑑定をするための資格は医療観察法の鑑定を除き，法律では特に定められていない．もっとも，最終的には証拠としての信頼性を保証するだけの資格や経験が求められるので，医師，特に司法精神医学を専門としている者，鑑定経験がある者等が選ばれる．法廷でも，そうした専門性を確認するような尋問が行われている．

●精神鑑定の方法　精神鑑定は，起訴前鑑定であれば検察官，公判鑑定であれば裁判官からの依頼によって始まる．この段階で，事件の概要，鑑定を求める理由，鑑定事項，鑑定期間，留置場所，鑑定結果の報告方法（鑑定書の体裁，分量，法廷の形式等）等が確認される．鑑定が開始されると依頼者から，事件に関する資料が提供される．その大半はいわゆる調書である．

　鑑定作業の中心は丁寧に繰り返される面接である．信頼を得て，できるだけ自由な供述を求めるが，鑑定はあくまでも公正な立場で行うものであり，黙秘権は守られなければならない．面接は逐語で記録されることが多く，しばしば鑑定書にも具体的な問答がそのままの言葉で引用されている．証拠としての価値が重ん

じられるからである．医学的検査や心理学的検査は学術的に信頼性の置かれているもの，汎用されているものが用いられている．新奇な検査は法廷での証拠として問題があるので避けられている．本鑑定では基本的に家族面接も行われる．家族歴，発達歴等の確認の他，本人の話の裏づけを取ることもある．

　鑑定がその後の長期的な治療関係をもつためのものではないことや犯行当時の状態と大きな変化をきたして評価に混乱を招かないようにするために，鑑定中の積極的な治療は控えることが多い．しかし病気が進行してしまうことも問題であるし，病状が深刻になると面接すらできないことや留置にも差し支えることもある．このため適宜，鑑定中にもある程度の治療が行われている．

　面接や検査が終了すると，それらの結果をまとめた鑑定書が作成される．家族歴，本人生活歴，心理検査所見，医学的検査所見，面接記録，犯行前後の精神状態，精神医学的診断，事件と精神障害の関係等に関する考察，そして鑑定依頼事項に対応した鑑定主文等が記載される．

　鑑定書の提出後，法廷で鑑定人尋問が行われることがある．裁判員裁判が開始されてからは，特に法廷でのわかりやすい説明が求められるようになっている．

●**精神障害と刑事責任能力**　日本では刑法第39条に基づき，心神喪失の者は無罪とし，心神耗弱の者については刑を減軽しなければならないとされる．さらに判例（1931年12月3日大審院判決）等によると，自分が行った触法行為の意味や性質，その法的な善悪を理解する能力（弁識能力），または弁識能力による善悪の判断に沿って自分の行動を律し，制御する能力（行動制御能力）を失っている場合を心神喪失とし，これらの能力を失っていないけれども著しく障害されている場合を心神耗弱としている．責任能力は，あくまでも犯行時点でのこうした能力の程度によって判断される．例えば治療が必要である，といった事情等は，量刑上の情状となる可能性はあるが，責任能力の判断材料になる訳ではない．

　また，こうした能力が失われている程度を具体的に判断する際には，犯行当時の疾患の種類，程度，犯行の動機，原因，犯行の手段，程度，犯行後の態度，犯行前の性格と犯行との関連性等を総合して個別的に責任能力を判断するようになっている（1984年7月3日最高裁決定）．つまり，精神障害の病名がつくこと（例えば，うつ病である，窃盗癖である等），病型分類にあてはまること（例えば，妄想型統合失調症の急性増悪期である，病的酩酊である等），医学的検査や心理検査の結果や値であること（例えば，脳波検査で～といった異常所見がある，知能指数が○○である等）だけで責任能力が決められることはない．

●**精神鑑定と法律判断**　刑事責任能力鑑定では，鑑定人がどこまで言及すべきであるのか，また法律家はどこまで鑑定意見を尊重すべきなのかということが，しばしば議論となってきた．判例等によると，鑑定意見が不合理でなければ尊重したうえで（2008年4月25日最高裁判所判決），最終的な結論は裁判所によって

決せられるもの（1983年9月13日最高裁決定）と位置づけられている．より具体的にいうと現在の法廷では，事件と病気の関係を説明するのが鑑定人の役割であり，責任能力の判断はあくまでも裁判官や裁判員の役割とされている．言い換えると，心神喪失，心神耗弱，弁識能力，行動制御能力等はあくまでも法的概念であって，医学や心理学で定義されるものではないということである．

●**精神鑑定のイメージ**　最後に，架空事例を通じて精神鑑定と責任能力判断のイメージを示す．

25歳の男性Aが，路上で携帯電話を使っていた見知らぬ男性Bをナイフで刺したという傷害事件の犯人として逮捕された．Aは取調べで意味不明で非現実的な動機の説明をしており，また5年前に精神科医療施設で統合失調症と診断されて治療を受けていたが，3年前に自己判断で通院を中断していたことがわかった．このため検察官が起訴すべきかどうかの判断の参考のために，起訴前本精神鑑定を依頼することにした．精神科医のもとに検察官からの依頼の電話があり，2か月間での鑑定を受諾した．調書が鑑定人のもとに送られてきた．鑑定人はAが留置されている拘置所を訪問し，1回約2時間の面接を合計11回行った．また，日帰りで病院での医学的検査（神経学的検査，血液検査，尿検査，脳波検査，頭部MRI検査等）を実施したが，異常所見は認められなかった．心理検査（WAIS-Ⅲ，MMPI，ロールシャッハ・テスト，SCT，HTP等）では統合失調症に特徴的な所見が得られた．面接ではAは「闇の組織」に属する大勢の人々から電磁波攻撃で脳を破壊されており，どこに行っても監視されて「集団ストーカー」を受けているという妄想をもっていて，たまたま見かけたBを「闇の組織」の一人であると直感して，攻撃をやめさせるには殺すしかないと考えて刺したということが明らかになった．鑑定人は，このような動機についての説明に加え，事件当時は奇声をあげて走り回る等，激しい興奮状態にあり，これも統合失調症の病状であると鑑定書に記した．

鑑定結果を受けて検察官は，Aは自分の行為が人に傷害を与える違法なものだと認識はしていたものの，それは「自分の身を守るためには仕方がないことだ」と考えていて，自身の行動の意味を完全に誤って認識していたことになるため，弁識能力が失われていたことになると判断した．また事件当時の興奮によって行動制御能力も著しく損なわれていたものと判断し，起訴をしないことにした．そして，発端となった事件が重大な傷害事件にあたるものであったので，検察官は地方裁判所に対して，医療観察法の処遇審判開始の申立てを行った．改めてAに対して医療観察法の鑑定が実施され，審判の結果，専門的な治療をすれば当該事件のような行動を防ぐことができると判断され，医療観察法の入院治療が行われることになった．

〔岡田幸之〕

情状鑑定

　情状鑑定は，訴因以外の情状を対象とし，裁判所が刑の量定，すなわち被告人に対する処遇方法を決定するための必要な知識の提供を目的とするものである（兼頭，1977）．具体的には，犯行の動機・目的，手段方法，計画性の有無等の犯情と，被告人の家庭環境，生活歴，性格・行動傾向等といった狭義の一般情状に分けられる（上野，2006）．情状鑑定を担当する鑑定人は，医師に限らず心理学者等，精神鑑定よりも幅が広い．これは，犯罪学，医学，心理学，社会学，教育学，経済学等，経験科学の諸知識を用いる学際的なアプローチが必要なためである．判決前調査（presentence investigation）の制度をもたないわが国においては，その代替的な役割を果たしている面がある．
　情状鑑定は，弁護人依頼による私的鑑定（専門家証人）と弁護人の鑑定請求に基づき裁判所が命令する本鑑定（正式鑑定）に分けられる．本鑑定の場合，図1に示した刑事事件の手続きにおいて，公判前整理手続の段階で鑑定が実施され，公判における証拠調べの中で鑑定結果の説明および鑑定人尋問が行われる．
　なお，心理鑑定という用語が時に情状鑑定と同義で使われるが，証拠評価や事実認定への活用も含めて用いられる場合があり（白取，2013），情状鑑定よりも広い概念である．

図1　刑事裁判の流れ

●**情状鑑定の目的**　情状鑑定が行われるのは，基本的に事実関係の争いがなく，かつ原則責任能力に問題がない事案である．具体的にどのような事件で求められているか，森（2011），の見解を踏まえると，①犯行の動機や態様が理解困難である，②被告人の理解が困難である（知能，人格，家庭環境），③処遇上の参考意見を求めたい（処遇上の留意点，再犯防止の視点）の三つに整理できる．したがって，鑑定事項としては，「被告人の知能，資質，性格，犯行に至る心理過程および再犯防止に必要な方策その他処遇上の参考意見」というかたちで示されることが多いが，事例ごとに重点項目は異なってくる．

●**情状鑑定の方法**　本鑑定における情状鑑定は，面接（被告人面接，家族面接，関係人面接），社会調査（犯行場面の調査，生活環境の調査，学校・職業状況，友人等，対人関係についての調査），行動観察（鑑定期間中の行動）が主たる方法である．中心となるのは被告人面接であり，必要に応じて知能検査，人格検査（質問紙，投映法）を実施する．心理検査の結果は，一人歩きしないよう面接所

見に照らしながら，総合的に検討される．私的鑑定（専門家証人）では，アクリル板越しでの短時間面接や，いわゆる差入れの可能な心理テストに限定される等，しばしば鑑定方法での制約がみられる．

なお，面接を開始するにあたっては，鑑定結果が公判の場で報告されるという前提を被告人との間で共有しておかねばならない．この点が，一般のカウンセリング面接と大きく異なる．

●**裁判員裁判における鑑定人の公判場面での活動と役割**　裁判員裁判では，従前のような大部な鑑定書の提出は求められず，公判における口頭による説明（口頭鑑定）が基本である．とはいえ，あらかじめ法曹三者（裁判官，検察官，弁護士）に鑑定の骨子を記述した鑑定メモを渡し，事前カンファレンスで鑑定結果のポイント整理，説明で用いる用語のチェック等を行う．公判期日で鑑定人は，パワーポイントを用いて，鑑定結果をできる限り平易な言葉を用いて説明し，裁判員裁判で強調される「見て，聞いて，わかる」鑑定に努める．したがって，鑑定人には，精度の高いアセスメント力とともにプレゼンする力も必要になってくる．

●**情状鑑定の効果と課題**　量刑の判断については，かねてから科学的な裏づけが乏しい等の批判（本庄，2006）があり，その点で，情状鑑定が一定の寄与を果たすと考えられる．ただし，情状鑑定が犯情や一般情状に及ぼす影響については，整理されているとは言いがたく，鑑定人も法的評価や枠組みに関しても十分理解しておくことが重要になる．

また，鑑定の面接は治療的アプローチをとらないが，被告人が自己の問題点を認識する，社会的な受け入れ態勢が整うといった副次的効果が生じる場合がある．

残された課題としては，「刑事収容施設及び被収容者等の処遇に関する法律」（2006）その他による法整備や高齢者や障害のある者に対する処遇に関する司法と福祉の連携等によって，応報刑だけでなく実効性のある処遇が模索されるようになっているが，現状では情状鑑定の結果を矯正処遇に活用するシステムはなく，情状鑑定と行刑との連携を推進することが必要である．

その点で，判決前調査制度の導入についても検討されることが望まれるが，当面は情状鑑定の活性化を図っていくのが現実的な対応であろう．現状では，鑑定に割くエネルギーが大きいこと，情状鑑定のできる専門家の育成が必要なこと，私的鑑定では，時間的制約のみならず，アクリル板越しの面接となるため心理テストの実施で支障が生じてしまうこと等，いくつかの課題があげられる．安藤（2012）が指摘するように，法的位置づけや方法論について，法曹三者，精神科医，心理学者らによって整理される必要がある．　　　　　　　　　　　　　　　　［須藤　明］

参考文献
[1] 岡本吉生（2012）「情状鑑定の方法と課題」『青少年問題』647，18-23．
[2] 須藤　明（2011）「裁判員制度における経験科学の役割―情状鑑定事例を通して」『駒沢女子大学研究紀要』18，151-159．

目撃証言

　事件捜査や公判においては，目撃者の証言は重要な手がかりになったり，証拠になる．ただし，彼らの証言は，さまざまな要因によって変型したり，バイアスがかかったりすることが知られている．ここでは，その中で最も重要な二つの論点について示す．

●**事後情報効果とフォルス・メモリー**　事後情報効果（post-event information effect）とは，事件を目撃した後で見聞きした情報がもとの記憶に干渉し，それを歪めてしまったり，上書きしてしまったりするという現象である．

　例えば，米国ワシントン大学のロフタス（Loftus, E. F.）は，実験参加者に交通事故を描いた一連のスライドを見せ，その後，その内容について質問するという実験を行った（図1）．実際のスライドの中には「一時停止」標識の前で停止している車が写っていたが，参加者に対して，「車が『徐行』標識の前で止まっていたときに，その前を別の車が横切りましたか」という質問（この質問自体が間違った情報を含んでいる）を一度してしまうと，その後，記憶の中の「一時停止」標識が「徐行」標識に書き換えられてしまうことがあることを明らかにした．このプロセスは，目撃者自体が意識しないうちに発生する場合もあり，事件後に他の目撃者の話を耳に挟んだり，報道を見聞きすることによって発生する場合もある．また，取調官自体のちょっとした発言が事後情報になってしまうことも知られている．

　事後情報効果の最も極端な形態は，フォルス・メモリー（false memory）といわれている現象である．これはもともと体験していない出来事を反復してイメージ化したり，誘導的な質問が繰り返して行われることによって，実際に生じたものとして記憶が生み出されてしまう現象である．米国や英国では，カウンセリングの過程で実際には性的虐待を受けていない人々がその記憶を想起し始めたというフォルス・メモリー症候群が大きな社会問題になった．犯罪捜査の場面では，

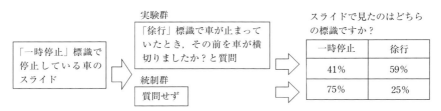

図1　ロフタスらの実験（Loftus et al., 1978）

実際には犯罪をしていない者が，たび重なる取調べの結果，自分がやったかのように思えてきて，自供してしまう等の現象が生じる場合がある．

●**面割り，面通しの信頼性** 実際の捜査場面において，重要になる目撃証言として犯人の顔についての証言がある．人は特別な絵画の能力をもっていたり，訓練を受けていなければ見たことのある人の顔を再生することはできない．しかし，その一方で犯人の顔を直接見たという証言はきわめて重要なので，何らかの方法で彼らの記憶の情報を引き出すことが重要になる．

このための方法として，現在，わが国で最もよく用いられているのは写真面割り（photo identification）であり，被疑者の写真と被疑者でない人の写真を混ぜて，目撃者に呈示して，目撃者が被疑者の写真を選択できるのかを調べる．もし，目撃した被疑者を選択できた場合には調書として証拠化される．米国では，写真の代わりに実際の人物を並ばせてワンウェイミラー（目撃者の方からは見えるが，反対側からは見えないガラス）を通して人物を選択させる方法が用いられることが多く，これはラインナップ（lineup）とよばれる．写真面割りやラインナップを行う場合，被疑者以外の人物の選定が非常に重要になる．例えば，被疑者だけが人相が悪いとか，目立った特徴をもっている場合には，一種の誘導になってしまうからである．実際，わが国の判例においても「目撃者は学生風の人物が犯人であると供述しているにもかかわらず，面割り写真帳のほとんどが会社員風の人物であり学生風の人は1人しかいない」として，面割り証拠の証明力を否定したものがある．このようなことを避けるために，目撃者の言語的な人物描写に合致した人物のみから構成される写真帳を使用して，面割りを行う等の方法が提案されている．

また，複数の写真を同時に見せてその中から目撃した人物を選択させる方法だと，自分が目撃した人物よりも，複数の写真の中で目撃した人物に最も似ている写真を選択しやすく，このような相対的な方法では誤りが生じやすいことも知られている．そのため，複数の写真を用いた写真面割に際しては，あらかじめ写真が何枚あるかを告げず，順番に写真を見せる方法が適切である．この方法を継時面割り（sequential lineup）という．

一方，目撃者に取調中の被疑者を単独で見せて，その人物が犯人であるかどうかを判断させる方法を面通し（showup）という．この方法は，この人物が犯人である可能性が高いという予断を生じさせる危険性が大きいといわれている．しかし，捜査実務においては，写真面割りよりもはるかに手軽に実施できることから比較的多く用いられているのが現状である． ［越智啓太］

📖 **参考文献**
［1］司法研修所編（1999）『犯人識別供述の信用性』法曹会．
［2］ロフタス, E. F. 著，西本武彦訳（1987）『目撃者の証言』誠信書房．

裁判心理学

　裁判心理学とは，裁判過程に関わる心理学的な諸問題を扱う心理学の一分野である．広い意味での犯罪心理学に含まれ，捜査心理学（☞4章「捜査」）や精神鑑定（☞「精神鑑定」「情状鑑定」）といった領域と重なる部分がある．英語ではforensic psychologyと表記されるが，日本語では法心理学や司法心理学と訳されることもある．なお，裁判心理学において裁判といった場合，一般に刑事訴訟をさす場合が多いが，民事訴訟も含まれる．

　裁判過程において大切なことは，公正な手続きに則って訴訟を進めることと過誤（エラー）を避けることである．ここでは，前者については裁判官や裁判員・陪審員の意思決定過程の問題について（☞「裁判員制度」「裁判員裁判と市民」），後者については被告人や目撃者の証言の信用性の問題を中心に紹介する（☞「目撃証言」「供述の信頼性分析」）．

●**裁判過程における公正な手続き**　裁判過程において大切なことは，最終的な判決に至るまで公正な手続き（due process）を経て裁判が進められることにある．裁判過程の大半は，公判廷という公開の場においてなされるが，最終的な判決に至る過程では，非公開の場における裁判官や裁判員による意思決定過程というブラック・ボックスが存在する．このブラック・ボックスを明らかにする研究も裁判心理学の一分野である．

　裁判官の意思決定は個人の内的過程であり，裁判官自身が心証形成過程を言明したり公表することはまれであることからも，その分析は立ち遅れている．一般の人たちと同様，意思決定において社会心理学的な種々のバイアスが働いていることが推測される．

　これに対し，集団である陪審員や裁判員による意思決定過程については，模擬裁判実験が行われ，実証的データに基づく考察もなされている．そこでは，裁判官と裁判員のコミュニケーションや説得の特徴，評議を行う裁判官と裁判員の構成人数の違いが評議結果に及ぼす影響といった，集団意思決定の発生条件等に関する研究が進められている．わが国においても裁判員制度が導入されたことから，集団性極化現象（group polarization）といった事実認定や量刑判断に働く心理プロセスについても，実証的な研究を行うことが可能となった．

●**裁判過程における2種類の過誤**　刑事裁判においては2種類の過誤が存在する（表1）．第1種の過誤は，実際には犯行を行っていない無実の人であるにもかかわらず，起訴されたり有罪の判決を受ける場合である．冤罪事件がこれにあたる．一方，第2種の過誤は，実際には犯行を行った真犯人であるにもかかわら

表1 裁判過程における2種類の過誤

		真　実	
		真犯人	無実の人
判決（起訴）	有罪（起訴）	○	冤罪 （第1種の過誤）
	無罪（不起訴）	証拠不十分 （第2種の過誤）	○

ず，証拠不十分のため起訴されなかったり無罪の判決を受ける場合である．裁判過程においては，これら2種類の過誤を防ぐことが大切である．

　一般に米国では，尋問技法として1960年代開発されたリード・テクニックに代表される糾問的なアプローチが取られてきた（Inbau et al., 2013）．わが国でも同様に糾問的な取調べが一般的であったと指摘されている（浜田，1992）．こうした技法は，真犯人が否認を続けることを防ぎ，第2種の過誤を低めることをめざした技法といえるが，第1種の過誤を招くおそれがあることが指摘されてきた．他方，英国においては1990年代以降，糾問的なアプローチでは無実の被疑者が虚偽の自白をしてしまう，すなわち，第1種の過誤が問題となり，情報収集を重視するアプローチが行われるようになってきた．1992年からPEACE（preparation and planning, engage and explain, account, closure, evaluation）モデルに基づくトレーニングが捜査員に対して実施されるようになった．この方法は，無実の被疑者にとってはストレスが低く，虚偽自白が生じにくいといわれている．

　適切な情報収集を重視するアプローチでは，尋問に脆弱な子どもや発達障害・知的障害等をもった人たちに対する面接技法も開発されてきた．子どもから適切な情報を収集するためのガイドラインとして英国で用いられている，「最良の証拠を得るために」（achieving best evidence：ABE）や米国のNICHDプロトコル（米国国立子ども健康人間発達研究所が開発した面接法）等がある（仲，2011）．

　さらに，自白や目撃証言に生じた事後的に過誤を事後的に明らかにする研究も進められている．第2種の過誤が生じる原因について探究した研究としては，被疑者が否認する原因を受刑者へのインタビューから明らかにする研究がある．

　他方，主に第1種の過誤が生じていたか否かをチェックする研究としては，供述の変遷等を分析し自白や証言の信用性について明らかにする供述分析や，尋問者と被尋問者のやり取り等を分析し供述が体験に基づいているか否かを明らかにするコミュニケーション分析等がある．

　裁判心理学は，刑事訴訟法に代表される法律や検察官・裁判官・弁護人といった司法関係者によって営まれてきた裁判過程を，心理学がこれまで培ってきた科学的方法を用い，実証的に明らかにしていく分野であるといえる．　　［大橋靖史］

裁判員裁判と市民

2009年5月から，市民が刑事裁判に参加する裁判員制度が始まった（☞「裁判員制度」）．同制度は，司法に対する市民の理解と信頼を深めることが目的とされるが，社会的・学術的には，市民の司法参加が裁判の結果にどのような影響を及ぼすのか，という点が注目されている．

本項では，市民の法的判断の特徴を明らかにするために行われた実証研究を概観し，課題と今後の展望を素描する．

●**市民の法的判断の規定因**　裁判員裁判において市民は，検事や弁護人らから情報を得て職業裁判官とともに評議を行い，最終的に被告人が有罪か無罪か，有罪である場合には量刑を決定する．このプロセス中，市民の判断はさまざまな要因の影響を受ける．先行研究ではそれらの要因がシナリオや映像の中で操作され，それを見た人々の判断に及ぼす効果が検討されてきた．例えば，提示する情報の内容や提示の方法・タイミング（Cush et al., 2006），被告人の容貌や人種等の事件当事者の属性（Deitz et al., 1981；FosterLee et al., 2006），評議の有無（London et al., 2000）による影響が検討されている．さらに，実験参加者が事前にもつ態度や知識の効果も重視されてきた（Hones et al., 2003）．

これらの研究の多くは，本来人々の判断に影響すべきではないさまざまな要因が，実際には影響を及ぼし得ることを示すために行われている（図1）．そのため，結果がわかりやすく解釈がしやすい反面，個別で具体的なレベルの言及にとどまり，一般性のある理論やモデルには統合されにくい面がある．

●**市民の法的判断と刑罰動機**　近年では，「人はなぜ他者を罰するのか」という，

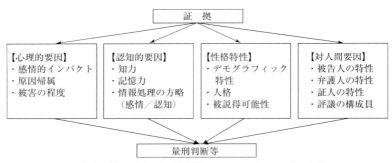

* Boyllは，証拠以外の要因に基づく判断はすべてバイアスであると述べている

図1　市民の法的判断に影響し得る要因（Boyll, 1991, より作成）

より根本的な問いが検討されている．これは，人々の量刑判断を規定している動機を明らかにする試みである．これらの研究が依拠する考え方は，①市民の量刑判断は犯罪の重大性に規定される（応報）と，②市民の量刑判断は検挙率や再犯可能性に規定される（抑止）というものに大別される．

　犯罪の結果が重大なものであるほど，その行為を罰しようとする人々の動機は強くなる，という立場が①の応報刑的な考え方であり，一方，検挙率が低かったり再犯可能性が高かったりするほど，犯罪抑止のために行為を罰しようとする人々の動機は強くなる，という立場が②の抑止論的な考え方である．これまでの研究は概ね，犯罪の重大さが人々の量刑判断を規定すること，つまり，人々の判断が伝統的な応報刑の視点に基づくことを示している（Carlsmith et al., 2002；Darley et al., 2000）．しかし国内では，犯罪の重大性だけでなく，再犯可能性も人々の量刑判断を規定することが確認されている（白井ら，2009；綿村ら，2010）．

●**市民の法的判断と犯罪被害者**　2008年12月から始まった被害者参加制度は，特定事件の被害者に法廷での発言を認める制度である．被害者参加制度と裁判員制度は重大事件の裁判で重複して適用されるため，「被害者の裁判参加は市民の法的判断を左右する」と考えられてきた（日本弁護士連合会，2012）．被害者に対する市民の同情が，被告人に対する厳しい法的判断につながると予測されたためである．しかし，この予測は必ずしも支持されていない（Salerno et al., 2009）．これに対し近年では，市民が刑事裁判につき，理性的であるべき，感情を排除するべき，という価値観をもっていること（荒川ら，2010；白岩ら，2012），この価値観が，被害者の発言に直面した人々の抑制的な反応，つまり，軽い量刑判断をもたらすことが報告されている（白岩ら，2015）．

　そのため，市民がいわゆる「法律のしろうと」であるからといって，被害者への同情等，その場で喚起される感情に基づいて判断を下すばかりではなく，規範的な司法観に沿って抑制的に判断する側面もあると考えられる．

●**課題と展望**　裁判員裁判における市民を対象とした研究には，なお多くの課題が残されている．第一に，多くの研究が個人の判断レベルの検証にとどまっており，評議がもたらす効果はほとんど明らかにされていない．第二に，個人の判断レベルの検証においても結果の不整合がみられ，市民の法的判断モデルや理論の構築には至っていない．第三に，裁判員制度の効果測定（司法に対する市民の理解・信頼が深まったか否かの検証）がいまだ行われていない．第四に，司法専門家と市民がそれぞれもっている司法の常識のギャップを明らかにする必要がある．裁判員制度導入の背景に，刑事裁判は市民の常識からかけ離れているという問題認識があったことを踏まえれば，両者のギャップの特定は，制度の目的に照らして急務であるといえるだろう．

［白岩祐子］

量刑判断に影響する要因

　刑法上に量刑判断の基準に関する明確な規定が設けられていない中，従来の裁判官裁判における量刑判断においては，刑事責任の本質の理解および刑罰目的の理解には争いがあるものの，刑法の基本原則である責任主義が基本的な指針とされ，責任と均衡する刑罰が追求されてきたといえる．

●**責任刑と予防的考慮の関係**　具体的事件における量刑判断に際しては，改正刑法草案 48 条 1 項において，「刑は，犯人の責任に応じて量定しなければならない」とする責任刑の考え方が示され，また同 2 項では，「刑の適用にあたっては，（中略）犯罪の抑制及び犯人の改善更生に役立つことを目的としなければならない」との目的が掲げられていたように，責任刑の考え方と一般予防および特別予防という予防目的がともに量刑基準として追及されてきたといえる．責任非難と予防目的の関係については刑法学においても多様な理解が示されているが，犯罪行為に対する応報を基調とする責任の範囲内で，予防目的を考慮する見解が通説的理解とされている．

　このような量刑基準を実現するために，個別の事件において，どのような事情を量刑判断に際し考慮すべき判断対象として取り上げるべきかが問題となるが，従来の量刑実務においては，改正刑法草案 48 条 2 項において，「刑の適用にあたっては，犯人の年齢，性格，経歴及び環境，犯罪の動機，方法，結果及び社会的影響，犯罪後における犯人の態度その他の事情を考慮し」との考え方が示されたことや，最高裁判所により初めて死刑の適用基準が示された 1983 年 7 月 8 日の永山事件第一次上告審において，死刑の適用を検討する際に考慮すべき具体的事情について，「犯行の罪質，動機，態様ことに殺害の手段方法の執拗性・残虐性，結果の重大性ことに殺害された被害者の数，遺族の被害感情，社会的影響，犯人の年齢，前科，犯行後の情状等各般の情状を併せ考察」という判断方法が示されているように，犯罪行為の内容のみならず被告人や被害者等の事情，そして犯行後の事情等も含めた当該事件に関するさまざまな事情が広く量刑事情として取り扱われ，それらの事情を総合的に評価することにより量刑判断が行われてきた．

　量刑判断については，基本的には個別の事件ごとに行われるものであるが，従来のわが国の刑事司法においては，当該事案の犯罪事実に重点を置きつつ，同種先例との比較・対照により量刑判断を行うという手法が一般的であった．裁判官も，長年の裁判実務での経験の集積により形成されたいわゆる量刑慣行（量刑相場）に従い，量刑判断を行ってきていたと許されている．そして，裁判員裁判施行後においても，最高裁判所は従来の裁判例をデータベース化し，類似事案につ

いての従来の量刑傾向を検索できる量刑検索システムを導入し，同システムによる検索結果を量刑判断に際しての資料として裁判員に提供している．こうした量刑慣行の存在や同種前例の量刑の参照という量刑実務の実態を踏まえれば，量刑判断に際して考慮すべき量刑事情については，経験的に強い影響力を有するといえる要因をある程度客観化することも可能となる．

●**具体的な量刑事情**　これまでの量刑研究，特に量刑実証研究の成果から，従来の量刑実務において考慮されてきた量刑事情を抽出すると，①犯罪の態様に関する事情（犯罪行為の方法・態様，犯罪の結果〈大小・程度・数量〉，犯行の動機・犯行に至る経緯，犯行の計画性，共犯関係における役割等），②被告人の属性に関する事情（犯行時年齢，被告人の一身上の都合，国籍，職業，疾病の有無等，前科・前歴，成育歴・成育環境の不遇，被告人の性格，余罪の有無等），③被害者に関する事情（加害者と被害者の関係，被害者からの犯罪誘発性，被害者側の落ち度，被害者等の処罰感情等），④犯行後の情状に関する事情（自首，自白，損害賠償，慰藉措置の有無，反省・改悛の状等），⑤社会的影響，社会的制裁に関する事情（社会的影響，社会的制裁有無，社会の処罰感情等）等の要因を，量刑判断に際して考慮されている主要な量刑事情としてあげることができる．この他，当該事件の司法的処理に関わる要因として，検察官の求刑意見についても量刑判断への強い影響力が指摘されている．

●**各量刑事情の機能と重みづけ**　具体的事件における量刑判断に際して，これらの量刑事情をどのように考慮するかについては，各量刑事情について，その量刑事情は刑を重くするか軽くするかの検討（各量刑事情の機能），およびその量刑事情が刑を重くする程度ないしは軽くする程度の評価（各量刑事情の重みづけ）を行う必要がある．

　裁判員裁判における量刑判断においては，裁判員が健全な社会常識を反映させ，当該事件に対する社会的対応を考えていくという裁判員制度導入の趣旨を重視し，事件の特徴を浮き彫りにするために個々の量刑事情を切り離したりせず，量刑事情全体をひとまとめにした事件全体への評価というかたちで，当該事件に相応しい刑を導き出すことにならざるを得ないとの意見も示されているが，根拠ある量刑判断を実現し，量刑判断の理由を説得的に説明していくためには，やはり個々の裁判員にも，どのような量刑事情をどのように受け止め，どの程度量刑判断に際して考慮するかという問題と向き合う必要は生じよう．裁判員制度の性質上，量刑判断の結論を導く根拠づけはある程度抽象的なものにならざるを得ないにせよ，考慮すべき量刑事情を抽出し，各量刑事情の機能を分析し，各量刑事情の重みづけを行うという量刑判断の基本的な思考方法自体は，合理的な判決を導くためにも，裁判員裁判における量刑判断においても活用されていくべきであろう．

〔渡邊一弘〕

成人犯罪者に対する施設内処遇制度

　刑事施設は，単に受刑者を施設の中に拘禁するだけの施設ではない．刑事施設における受刑者処遇の目的は受刑者の改善更生および円滑な社会復帰を図ることにあり，「刑事収容施設及び被収容者等の処遇に関する法律」（以下，刑事収容施設法とする）では，その第30条において「受刑者の処遇は，その者の資質及び環境に応じ，その自覚に訴え，改善更生の意欲の喚起及び社会生活に適応する能力の育成を図ることを旨として行うものとする」と受刑者処遇の原則（以下，処遇の原則とする）が明確に規定されている．

●**処遇の原則における「その者の資質及び環境に応じ」の趣旨**　「その者の資質及び環境に応じ」とは，個々の受刑者の能力や性格，受刑者がおかれている家庭，職場，地域社会等において個々の受刑者が抱える問題性に応じて適切な処遇を行うということであり，受刑者の処遇はいわゆる個別処遇を原則とするということを明確にしたものである．これを実現するために，刑事収容施設法では矯正処遇（作業，改善指導および教科指導をいう．以下同じ）は処遇要領（受刑中に達成すべき矯正処遇の目標等を受刑者ごとに定めたもの）に基づいて行うこと，処遇要領は受刑者の資質および環境の調査（処遇調査）の結果に基づき定めることが規定されている．この処遇調査は，必要に応じ，医学，心理学，教育学，社会学等の専門的知識および技術を活用し，面接，診察，検査等の方法により行うものとするとされており，実務においては調査専門官とよばれる心理学を専門とする刑事施設の職員が調査の中心を担っている．

　なお，受刑者処遇は個別処遇を原則とするが，これは受刑者個々の資質の問題や環境の問題に応じて最適な処遇を行うということであり，矯正処遇のすべてを個別に実施することではない．むしろ，受刑者の改善更生に向けての意欲や社会適応力の育成を図るためには集団の中で処遇を行うことが効果的な場合もあることから，刑事収容施設法では必要に応じ，集団を編成して矯正処遇を行うことが規定されている．この集団編成を適切に行うために，受刑者が受ける必要がある矯正処遇の種類と内容，属性および犯罪傾向の進度により指定される指標が「処遇指標」であり，これは処遇調査の結果に基づき受刑者ごとに指定されている．

●**処遇の原則における「その自覚に訴え」の趣旨**　受刑者は刑罰の執行を受ける者として，矯正処遇等を受ける義務があり，正当な理由なくこれら指導を拒んではならないとされている．しかしながら，これら指導を義務として実施しても，受刑者が自身の問題を自覚し，これら指導を真摯に受け入れようという気持ちにならなければ，指導の効果も十分に得られず，真の意味で受刑者の改善更生を図

ることはできない．こうした観点から，刑事収容施設法では上述した処遇要領を作成または変更するにあたっては，必要に応じ，受刑者の希望を参酌して定めるよう規定されている．また，受刑者の自発性および自律性を涵養するために，受刑者処遇の目標を達成する見込みが高まるにつれて，受刑者の生活や行動に関する制限を順次緩和する制度が設けられている．これを「制限の緩和」といい，目標を達成する見込みの高い順に第1種から第4種までの制限区分が受刑者ごとに指定されている．

制限の緩和について一例をあげれば，第4種に指定されている受刑者の矯正処遇等は特に必要がある場合を除き，居室棟（受刑者の居室がある建物）で行われるのに対し，第3種以上に指定されている受刑者は，主として工場や講堂等居室棟外の場所で行われ，さらに，第1種，第2種に指定される受刑者は処遇上適当と認められれば，刑事施設外の適当な場所で行うこともできるとされている．

●処遇の原則における「改善更生の意欲の喚起」の趣旨　受刑者の再犯を防止するためには，受刑者自身に自己の犯罪の責任を自覚，反省させて，自分自身の問題を改善し，再び犯罪をすることなく健全な社会生活を送ろうとする意欲を高めさせることが重要であることはいうまでもない．刑事収容施設法においては，こうした受刑者の改善更生の意欲を喚起するための方策の一つとして優遇措置という制度が設けられている．これは受刑者の意欲を喚起すべく，6か月ごとに受刑者の受刑態度を評価し，その評価が良い受刑者は刑事施設内での生活および行動の場面において優遇された処遇を受けることができるという制度であり，その評価が良好な順に第1類から第5類までの優遇区分が受刑者ごとに指定されている．

優遇措置について一例をあげれば，発信を申請することができる信書の通数について第5類は1月に4通を下回ってはならないとされているが，第1類は1月に10通以上，第2類は1月に7通以上，第3類・第4類は1月に5通以上に定めるとされている．

●処遇の原則における「社会生活に適応する能力の育成を図る」の趣旨　受刑者の中には，社会生活における基本的なルールを守ろうという意識が希薄であったり，社会のルールに対する認識自体が歪んでいたりする者もいる．また，職業的な知識や技能が身についていないために職業に就けず，また，仕事に就いても長続きしない者が少なからずおり，こうした問題からくる対人関係上のトラブル，経済的困窮等が犯罪の直接的，間接的な要因になっている者も多い．そこで，こうした犯罪の要因を取り除き，健全な社会人となるうえで必要な知識，技能や生活態度を身につけさせるための積極的な処遇として刑事収容施設法に規定されているものが矯正処遇であり，特に改善指導のうち受刑者が抱える問題性の改善に焦点を絞った特別改善指導については，性犯罪再犯防止指導を始め，専門性の高い指導プログラムが展開されている．

［前澤幸喜］

少年司法制度の歴史

　わが国において，少年保護の考えが芽生え，少年司法制度の先駆けとなる動きがみられたのは1882年にさかのぼる．それは，旧刑法が施行され，成人と区別された少年（12～16歳）の刑緩和や懲戒場収容の規定を定めたことによる．
　その後，非行少年に関わる法制度は，児童福祉政策の児童保護（内務省）と刑事政策での少年保護（司法省）との2系列の中で展開し，その系譜は戦後にも至る．
　はじめに，1900年，最初の児童福祉立法といえる感化法が制定された．「遊蕩」「悪交」等のある「満8歳以上16歳未満」の者を対象として感化院の設置を定めた．1908年の同法改正では道府県に感化院の設置を義務づけ，1922年の改正により「満8歳以上14歳未満」の「不良行為」等のある少年とした．1934年，感化法を改正し少年教護法が施行され，少年の年齢は「14歳ニ満タサル者」となり，また，少年教護院内等に少年鑑別機関の設置を定めた．
　次に，少年保護政策の展開であるが，1908年，刑法が施行され刑事責任年齢を14歳以上としたことから，少年法制定の必要性の議論が生じ，1923年に少年法（大正少年法）が施行された．「満18歳ニ満タサル」少年で，「刑罰法令ニ触ルル行為ヲ為シ」または「虞アル」者に対し保護処分を為すことを定めた．保護処分には「訓戒ヲ加フルコト」「寺院，教会，保護団体」等に「委託スルコト」「矯正院ニ送致スルコト」等の九つを定めた．
　少年審判所は司法大臣の監督のもとに置かれ，少年審判官，少年保護司等を配置した．少年保護司は少年審判官の命を受け少年の「性行」等の調査や観察を担った．「心身ノ状況」はなるべく「医師ヲシテ診察ヲナサシム」こととした．
　大正少年法は，検事の起訴裁量権（先議）のもと，少年の刑事責任の存在を認めたうえで，少年が刑事手続を受けない等一定の条件のもとに置かれるときは，保護的な処遇を行うものであり，刑事政策的な保護立法といえる．
　1923年には矯正院法も施行され，全国に先駆けて多摩少年院と浪速少年院が設けられた．少年審判所は，当初，東京，大阪に設置されたのみであったが，1942年，仙台と札幌に設置され，少年法（保護処分）がようやく全国的に実施された．

●「昭和23年少年法」の制定　1947年5月の日本国憲法の施行後，1948年7月，少年法および少年院法が制定され1949年1月に施行された．
　昭和23年少年法は，基本理念を少年の健全育成に置き，刑事司法の側面を維持しつつ，教育的・福祉的機能をもつ保護主義がとられた．特に，虞犯少年には国が教育的対応を行うという国親思想が反映された．保護処分決定を行う司法機

関として家庭裁判所が設置された．少年の年齢を20歳まで引き上げ，保護処分の内容を保護観察，教護院または養護施設送致，少年院送致の3種類に整備した．

昭和少年法の少年司法制度上の特徴として，①すべての犯罪少年の事件は先議権を家庭裁判所に付与し全件送致主義としたこと，②非行事実だけではなく要保護性の判断のために調査前置主義をとったこと，少年保護司（後の家庭裁判所調査官）を置き調査および観察を担わせたこと，③審判を非公開とし，裁判官が原則一人で非行事実と要保護性を判断する職権主義的な構造としたこと，等である．1949年改正では，触法少年は児童福祉法の措置を優先する調整を図った．これらの趣旨は改正を経ても今日のわが国の少年司法制度の骨格となっている．

この間，非行事実の認定における適正手続（due process）の保障，とりわけ非行事実に争いのあるときは，検察官および弁護士である付添人が関与する審理の導入等司法機能の強化が議論の的となってきた．

●**昭和少年法の改正と課題**　2000年の改正では，①少年事件の処分等のあり方の見直し，②少年審判の事実認定手続の適正化，③被害者への配慮の充実が図られた．

①については，刑事処分が可能な年齢を14歳に引き下げ，16歳以上の少年の故意による死亡事件は保護処分相当の場合を除いて，検察官に送致することを原則とすること，保護者に対する措置をとることができること，審判の方式につき「内省を促すものとしなければならない」との規定を加えた．②については，少年審判に裁判官3人による合議制を導入し，重大事件の事実認定手続に検察官および弁護士の付添人の関与を認めることができること，観護措置期間を最長8週間に延長すること，とした．③については，被害者らの申出による意見の聴取，審判結果の通知，関係記録の閲覧，謄写を認めることが盛り込まれた．

2007年の改正では，①触法少年に対する警察官等の調査ができる，②触法少年の重大事案の事件は，児童相談所長は原則家庭裁判所に送致する，③更正保護法による申請により保護観察中の少年に対する収容保護ができる，とした．この間，少年院法改正も行われ，概ね12歳以上も少年院に収容できるようにした．2008年改正では，被害者や遺族に少年審判傍聴権を認めた．このような改正の経緯をみると，少年司法の厳罰化および刑事裁判化，触法少年に対する児童福祉的な対応の後退と少年司法の関与拡大等が指摘できる．

今後，適正手続を保障しつつ，いかに少年の成長発達権，非行克服への援助等の教育的機能を担保するかである．また，国連子どもの権利条約での「司法的保護」の条文等とわが国の少年司法制度との整合性が問われている．少年司法における市民参加や加害者・被害者の修復的司法等も課題である．　　　　［佐々木光郎］

参考文献
[1]　矯正協会編(1984)『少年矯正の近代的展開』矯正協会.

少年司法制度の理念と少年法

　犯罪に対しては，刑罰を科すことで，社会秩序を回復することが原則であるが，子どもの場合には，将来犯罪者にしないために，刑罰ではなく，教育や保護・更生を優先するべきであるという考え方が多くの国で採用されている．わが国でも，非行少年に対しては，成人とは異なる教育的保護的な取扱いが行われている．

●**少年の健全育成**　非行少年に対して成人と異なる取扱いを行う理由として，少年が未成熟であるという事実が存在する．少年は社会的精神的に未成熟であることから，少年を将来犯罪者にしないように教育する役割を第一次的には親が，そして，親が十分にその役割を果たしていない場合に，国が代わってその役割を果たすことが必要になってくる．非行少年として評価されるということは，少年が「健全に育成」されていないということを示している．その状態を変化させ，適切に成長発達させるために，国は非行を契機として，非行少年の抱えている問題を明らかにし，その問題の解決の手助けを強制的に行うことが必要となる．少年が行った非行の責任は，少年だけに課せられるものではなく，少年を健全に育成してこなかった社会にも求められる．

●**少年の健全育成と少年法**　このように，非行少年を健全に育成するという目的を国が果たすために必要な手続きを規定しているのが少年法である．

　少年法は，20歳未満の次のカテゴリーに該当する少年を「非行少年」として，成人とは異なる扱いを行うと規定している．①14歳以上で犯罪を行った少年である犯罪少年（少3条1項1号），②刑事責任年齢（刑41条）の下限である14歳未満で刑罰法令に触れる行為をした少年である触法少年（少3条1項2号），③犯罪や刑罰法令に触れる行為を行ってはないけれども，将来犯罪や非行を行うおそれがある少年である虞犯少年（同3号）である．

　この非行少年のカテゴリーにも少年司法制度の理念は表れている．刑事責任を問えない触法少年や，犯罪にあたらない虞犯少年に対しても，犯罪少年と同様に教育的介入を強制的に行うことで，少年の健全育成の国の責任を果たそうとしている．触法少年や虞犯少年の場合には，非行というかたちで，少年の抱えている問題が現れたことを契機として，早めに介入することで，本人や社会を守るという機能を果たしている．

　また，犯罪少年に対しては，成人の事件とは異なり，検察に起訴するか否かの権限を与えておらず，家庭裁判所にすべての事件を送致する全件送致主義を採用することで，少年の健全育成に対する国の責任を明確にしている．家庭裁判所における少年審判では，非行事実と要保護性が認定され，それを前提として処分が

決定される．要保護性とは，国家が強制的に介入する必要性であり，犯罪的危険性（累非行性），矯正可能性，保護相当性をその内容とする．その要保護性認定のため，家庭裁判所調査官という特別な専門家を家庭裁判所に配置し，少年の生育歴や非行の理由等の解明のための資料を集め，分析し，少年調査票等の参考書類としてまとめる．全件送致主義は，非行事実だけでは，少年に対して適切な処分ができないことを示している．

なお，触法事件や14歳未満のぐ犯事件については，より福祉的な対応が必要であることを理由に，児童相談所先議となっており，児童相談所から送致を受けた場合でなければ，家庭裁判所は管轄権を有しない．

●**少年に対する処分**　少年審判では，非行事実と要保護性が認定され，それを前提として処分が決定される．審判は，原則として，裁判官1人で行われるが，場合によっては，3人の裁判官の合議で行われたり，検察官が関与することもある．少年には付添人をつけることができるが，必ずしも弁護士に限られない．ただし，検察官関与の場合には，弁護士が付添人となる．

少年は，審判不開始・不処分とならない場合には，児童福祉法上の措置の他，保護処分（保護観察処分，児童養護施設・児童自立支援施設送致，少年院送致）となるか，検察官送致となって，成人同様の刑事手続が行われる．

保護処分の中で，少年院送致は，少年法特有の制度である．少年院では，矯正教育が行われ，少年の健全育成に必要な多様な教育が行われている．なお，2015年6月1日からは新しい少年院法が施行され，そこでは，少年院の教育が少年の「最善の利益」にならなければならないと明示された（少院15条2項）．

●**少年法の改正**　少年法は2000年以降4度にわたって改正された．その背景には，結果が重大な少年事件が相次いだことにより，非行少年へ対応が政治問題化したこと，少年の属性ではなく行為に注目が集まるようになったこと，被害者が声をあげることで被害者の存在が再認識されるようになったこと等が存在する．

第1次少年法改正（2000年）では，非行事実の認定の適正化，処分の見直し，被害者に対する配慮（記録の閲覧謄写，意見聴取，結果の通知），第2次少年法改正（2007年）では触法事件の警察の調査権，少年院への収容年齢の引下げ（「おおむね12歳」へ）等が，第4次少年法改正では不定期刑の見直し，国選付添人制度の拡充と検察官関与事件の拡大が導入された．

現在（2016年）18歳，19歳の非行少年の管轄を家庭裁判所から外すかどうかが議論されている．

［後藤弘子］

📖 **参考文献**
［1］　澤登俊雄（2015）『少年法入門』第6版，有斐閣ブックス．
［2］　土師　守（2002）『淳』新潮文庫．

少年保護手続の概要（処遇の流れ）

　少年法上の非行少年は，①犯罪少年（罪を犯した14歳以上20歳未満の少年），②触法少年（実質的には罪を犯しているが，その行為の時14歳未満であったため，刑法上，罪を犯したことにはならないとされている少年），③ぐ犯少年（20歳未満で，保護者の正当な監督に従わない等の不良行為があり，その性格や環境からみて，将来罪を犯すおそれのある少年）のことをいう（少年法第1条，第3条）．
●**犯罪少年の審判手続の流れ**　家庭裁判所（以下，家裁とする）の少年事件には，少年を少年鑑別所に収容して審判手続を進める身柄事件と少年鑑別所に収容せずに審判手続を進める在宅事件がある（図1）．

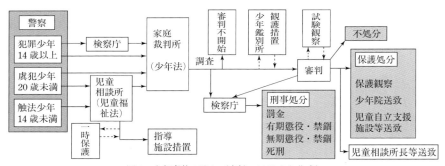

図1　少年事件の流れ（市村，2010より作成）

　①**身柄事件**：法律に違反した少年が警察に逮捕されると，身柄を拘束されたまま取調べを受けた後，少年の身柄とともに事件が家裁に送致される．その後，逃走のおそれや，少年を緊急に保護する必要がある場合等，家裁の判断によって一定の要件を満たせば観護措置が取られ，通常4週間以内（最大8週間）少年鑑別所に収容される．少年鑑別所では心身の鑑別と少年の行動観察が行われる．その結果は鑑別結果通知書にまとめられ，家裁の審判の資料になる．
　この期間に家庭裁判所調査官（以下，家裁調査官とする）は，非行の原因や少年の問題点を解明等要保護性の判断をするための活動を行う．必要な場合には，教員や職場の雇主等に面接や照会をする（社会調査）．
　家裁調査官は，調査の結果を少年調査票にまとめ，裁判官に提出する．裁判官が審判で少年や保護者等から話を聴き，処遇を決定する．
　②**在宅事件**：少年は警察等で任意の取調べを受けた後，事件記録だけが家裁に

送致される．裁判官から調査命令を受けた家裁調査官は，少年，保護者に連絡を取り，面接を行う．裁判官は，家裁調査官の作成した少年調査票等の参考書類をもとにして処遇を決定する．

●**犯罪少年の処遇**　2014年の全国の家裁における少年保護事件の終局決定人員は9万4,877人でその50.79%が審判不開始，20.01%が不処分，20.82%が保護観察，0.17%が児童相談所長送致，0.24%が児童自立支援施設等送致，3.07%が少年院送致，4.90%が検察官送致である（『平成26年度司法統計年報』）．

　①不処分，審判不開始：不処分は，少年について審判を開いたうえで，保護観察や少年院送致等の保護処分に付さないこととする決定で，審判不開始は，審判を開始せずに調査のみ行って手続きを終えることをいう．

　不処分または審判不開始は，家裁が何もしないまま少年事件を終わらせているのではなく，家裁では，非行の内容や動機，少年の性格，少年を取り巻く環境の問題点等を丁寧に調べ，裁判官や家裁調査官による訓戒や指導等の教育的働きかけ（教育的措置）を加え問題点の解消に努め，再非行のおそれがないと判断したうえで決定を行っている．教育的働きかけの方法は，個々の少年の特徴に応じて，再非行の防止に向けて行われる．保護者に対しても，少年への指導力が発揮できるよう働きかける．

　②保護観察：少年を家庭や職場に置いたまま保護観察官，保護司の指導を受けさせ，社会の中で更生を図る社会内処遇である（☞「保護観察制度」）．

　③少年院送致：一定期間少年を収容し矯正教育を行う施設内処遇である．年齢や心身の状況によって送致すべき少年院の種類が異なる．

　④検察官送致：その非行歴，心身の成熟度，性格，事件の内容等から，刑事裁判によって処罰するのが相当と判断された場合には，事件を検察官に送致することがある．なお，少年が故意の犯罪行為により被害者を死亡させ，その罪を犯したときに16歳以上であった場合には，原則として，事件を検察官に送致しなければならないとされている（原則検察官送致制度）．検察官は，検察官送致がされた場合，原則として，少年を地方裁判所または簡易裁判所に起訴しなければならない．

　⑤試験観察：保護処分にするかどうかの最終判断をせず，一定期間終局決定を保留にして，家裁調査官が少年や家族に関わり，教員や職場等とも連絡を取り，更生のための指導や助言を与えながら少年を観察し，立ち直りの可能性を見極めるための中間処分を試験観察という．試験観察には，少年が在宅のまま観察・指導を行う在宅試験観察と，民間の篤志家や施設に補導を委ねる補導委託等がある（☞「試験観察」）．

［市村彰英］

📖 **参考文献**
[1]　市村彰英(2010)「第5節非行少年の処遇」『文部科学省　生徒指導提要』198-204．

少年審判の基礎知識

　近代国家においては，少年の犯罪・非行等には，成人よりも保護・教育的な修正が施された少年法制が設けられている．それは，少年は，①人格形成が発達途上で教育可能性，教育の有効性が高いこと，②判断能力が不十分で被影響性が強く犯罪に対する抵抗力が弱いことから非難可能性が減弱すること，③未成熟で情操保護の必要性が高いこと，④年少者への社会の寛容が期待できること，⑤厳罰政策失敗の歴史的教訓等による．また，刑事裁判・刑罰の歴史数千年に対し，少年法制は100年足らずで流動性があり，教育・保護的な特則の円滑な実施には一般市民の理解が不可欠である．さらに，少年法制は，刑罰のあり方，子どもへの教育・しつけのあり方，治安状況，国民性，宗教，文化等の影響も色濃く受けざるを得ないので各国でも変遷がある．

　少年法制には，①非行・犯罪も支援すべき問題行動として福祉的な手続きに包摂する北欧，②刑事裁判手続を基本にし教育的修正を加えるドイツ，フランス，英国等，③特別な審判手続・処分を設ける当初の米国等の類型があり，対象少年の範囲，刑事手続と福祉手続の区分等も相当に異なっている．

　他方，少年の教育可能性を考慮し，心理・教育・福祉等の専門家を関与させて少年の問題点の科学的解明を図り，情操保護に配慮すること，少年に対する刑や処分を軽減すること，その調査・処分決定手続に保護・教育的な配慮を加えること等の共通性がある．

●**わが国の少年法**　わが国では米国を範として1922年旧少年法が，1948年現行少年法が制定されたが，一貫して刑事裁判とは異なる独自の少年審判手続（少年保護手続），独自の保護処分が認められ，刑事特別法と福祉的な性格の複合的制度となっており，少年審判手続の対象は，①14〜19歳の犯罪少年，②14歳未満の触法少年，③保護者離脱，家庭離脱，不良交遊，徳性阻害等のぐ犯事由と犯罪・触法の虞（虞犯性）がある19歳までの虞犯少年とされている．

●**少年事件の捜査**　少年の犯罪も成人同様の捜査が行われ，逮捕に特則（警察の内規で慎重な運用要請）はないが，勾留（刑事施設・留置施設に10日間収容，さらに10日間の期間延長可能）は，やむを得ない場合に限定され，①勾留に代わる観護措置（少年鑑別所に10日間収容），②勾留場所を少年鑑別所とする特則がある．しかし①は期間の延長ができないこと，身柄の連出しが困難であること，少年鑑別所が原則各県1か所であること等から請求が少なく，少年が勾留される場合が多い（逮捕・勾留については，廣瀬〈2015〉参照）．

　他の特則として，身柄拘束中の成人との分離，捜査中の他の被疑者との接触回

避義務の他，少年の特性への配慮が警察の内規で謳われ，触法少年調査における専門職員活用・情操保護配慮の規定があるが，よりいっそうの制度上の改善が望まれる．なお，14歳未満の行為は罪とならず警察の任意調査によっていたが，2007年の改正で強制調査も含む警察の権限が認められ，少年の情操保護への配慮，弁護士付添人の選任等も規定された．しかし，調査のための身柄拘束は認められず問題が残されている．

●**全件送致主義** 成人の刑事事件は検察官のもとに集められ検察官が起訴・不起訴を決定するが，少年事件は警察・検察官が捜査を遂げると全件が家庭裁判所に送致される（全件送致主義・家裁中心主義）．これは専門性のある家庭裁判所による調査・審判・適切な処分決定を担保するためである．なお，少年事件も嫌疑がなくぐ犯にもあたらない事件は送致されず，軽微な事件の簡易送致，交通反則手続（いわゆる交通切符）の特則がある．

●**科学調査主義** 少年審判では，非行事実と少年の素質・環境等の問題点（要保護性）が審判対象とされ，家庭裁判所では法的調査と社会調査が行われる．法的調査は，非行事実を解明するもので裁判官が捜査機関から送付を受けた事件記録を検討し，捜査機関への補充捜査依頼や証拠調べも行う．非行事実の蓋然性があれば少年の要保護性について社会調査が行われる．最適な処遇決定には少年の問題点の正確な把握が大前提となるので，心理学，教育学，社会学等の専門家である家庭裁判所調査官（調査官）が少年・保護者・関係人の行状，経歴，素質，環境等について面接，訪問，心理テスト等，専門性を駆使して調査する．

　身柄拘束が必要な少年は少年鑑別所に送致され（観護措置），少年鑑別所の技官による知能・性格等の検査，法務教官の行動観察等が行われ，その結果は書面（鑑別結果通知書）で報告される．調査官がこれらを少年調査票等の参考書類にまとめる．少年ごとに前歴等も含めた調査結果をまとめたものが社会記録（少年調査記録）となる．調査の結果，事案軽微なもの，少年の自力更生が見込める事件は審判不開始決定で終局し，審判を開く必要のある事件は審判開始決定を行う．

●**少年審判** 科学調査の結果を踏まえて少年の要保護性を解明し最適な処分をめざすが，その手続過程自体にも保護教育的な配慮が求められる．職権主義的審問構造がとられ，非公開で，裁判官が事件の性質，少年の年齢・性格・心身の状況等を考え，要式にとらわれず最も相応しい運営がめざされる．審判期日には裁判官，書記官が列席し，少年，保護者を出頭させる．調査官は多忙なため，身柄事件や問題のある事件のみに立ち会う．少年・保護者は付添人を選任できる（弁護士以外は家庭裁判所の許可が必要）．

　審判では，非行事実を審理し，それを前提に要保護性の審理を行うが，大半の事件では非行事実が争われないので全般的な審理が行われる．裁判官が少年・保護者に質問し，意見を述べさせつつ，問題点を指摘し，助言・指導・訓戒等を行っ

て，非行について内省を深めさせ，調査官の意見，少年・保護者の意見，付添人の意見を聴き，保護処分を含む処遇決定をする．

保護処分には①保護観察，②児童自立支援施設（旧教護院）送致・児童養護施設送致，③少年院送致がある．2007年の改正で①について，遵守事項違反行為に対する保護観察所長による警告，施設送致申請が認められ，③の少年院収容下限は「おおむね12歳」とされている．保護者の監督等により更生が期待できる事件は不処分とされ，保護処分に付されるのは約3割，その約8割が保護観察であり，収容保護の選択は慎重に行われている．

●非行事実認定手続の改革　裁判官は，捜査機関から送付された事件記録を検討したうえ，職権で審判を運営するので，刑事公判の予断排除原則や伝聞法則は適用されない．しかし，自白法則（虚偽自白・不任意自白の排除・補強証拠の要求），違法収集証拠排除等の証拠法則は刑事裁判同様に適用され事実認定は厳格に行われ，大半の事件では，少年の自白も得られ，適正な非行事実認定が行われてきた．しかし，非行事実の存否が深刻に争われ，その認定のため証拠調べを重ねるような事例が増加し家庭裁判所の事実認定が問題とされるようになった．これは，対象事件が限定され，検察官の事件選別が先行し非行事実認定は問題とされなかった旧法の手続きを引き継いで観護措置期間は一律最大28日間，裁判官は単独制のみ，検察官の審判出席不可とした法制度の構造的問題であり，裁判官が検察官・付添人役もこなさなければならないような状況も生じていた．そこで，2000年の改正により①家庭裁判所の決定による検察官の審判出席，②国選付添人（死刑・無期，短期2年以上の懲役・禁錮にあたる否認事件），③検察官による抗告受理申立て，④裁定合議制，⑤観護措置期間の延長，⑥保護処分終了後の取消等が設けられた．さらに，2007年の改正で②の範囲が拡大され，2014年の改正で①②の範囲が長期3年を超える懲役・禁錮事件にまで拡大されている．

●犯罪被害者への配慮　少年審判は非公開であるため，刑事裁判以上に被害者等にはアクセス困難であったが，2000年の改正で，①審判結果の通知，②事件記録の閲覧謄写，③家庭裁判所による意見聴取が認められ（②③の範囲は2008年の改正で拡大），2008年の改正で，④一定の重大事件の被害者等の審判傍聴の裁量許可，⑤家庭裁判所による審判期日の審判状況の被害者等への説明が認められた．④は，「少年の健全育成を妨げるおそれがなく相当と認めるとき」に許可されるが，審判の非公開は少年等のプライバシー保護，萎縮防止，秘密事項の開示等を確保し適正な審判・最適な処遇選択を確保するためのものであり，この趣旨と傍聴による被害者等の心情・要望の尊重との調和を図ることが課題である．

●刑事処分の選択　禁錮以上の刑にあたる事件で，家庭裁判所が刑事処分相当と判断した場合には検察官に事件を送致する（検送．検察官に事件を戻すため逆送ともよばれる）．検察官は，検送を受けなければ少年事件を起訴できず，検

送を受けると起訴が義務づけられる（起訴強制）．家庭裁判所がその専門性に基づき刑事手続と少年保護手続との選別を行うもの（家裁中心主義）で，不起訴事件を少年手続に回す検察官先議，重大事件等の除外を認める制度と異なり，保護教育主義の要となるものである．

　家庭裁判所の刑事処分選択は，少年への処遇効果の他，犯罪行為の重大性，処罰感情等も考慮し刑罰相当な場合（保護不適）に，非常に謙抑的に行われている（交通事件以外では1％未満）．なお，2000年の改正で行為時16歳以上の少年による故意の生命侵害犯は逆送が義務づけられたが（原則逆送），例外が認められており，原則逆送事件もほぼ4割は保護処分とされている．

●**刑事手続・刑の特則**　少年の刑事事件の公判は原則，成人同様の手続きによる．諸外国では，非公開（公開制限），専門家の関与等の特則があるが，わが国の特則は①他の被告人の事件との分離，②審理における科学調査の活用，③推知報道禁止だけである．②のため，秘密情報満載の社会記録の取調が必須となり，これまでは実務慣行により秘密保持が実質的に図られてきたが，原則逆送による少年刑事事件の増加，裁判員裁判の実施に伴って問題点が顕在化し喫緊の改正課題となっている（刑事公判手続については，廣瀬〈2015〉参照）．　刑には以下の特則がある．犯行時18歳未満は死刑相当な場合は無期刑，無期刑相当な場合は裁量的に懲役10〜20年（定期刑）に減軽できる．有期懲役・禁錮にあたる場合は長期・短期を定める不定期刑とされ，その上限は15〜10年（2014年の改正で引上げ）である．少年には罰金の換刑処分（労役場留置）は禁止されている．少年に対する刑は，成人と分離執行され，特に16歳までは少年院でも執行できる（少年院受刑者）．保護処分と刑（懲役等）が競合する場合は刑の執行が優先される．仮釈放期間の短縮，資格制限の大幅緩和により社会復帰促進が図られている．

●**手続相互の関係**　少年保護手続と刑事手続との間には逆送の他，刑事裁判所から家庭裁判所への移送もできる．児童福祉機関から家庭裁判所へは14歳未満の送致，強制措置許可申請，家庭裁判所から児童福祉機関へは児童福祉機関送致，児童自立支援施設等送致があるものの，実際の移送等は非常に少なく，有機的連携・役割分担とは言いがたい．今後の重要な改善課題である．

●**少年年齢の上限**　選挙権年齢の引き下げ等に伴い，少年法の少年年齢の18歳への引き下げ（刑事手続適用拡大）も問題となり得るが，18，19歳のぐ犯に対応できなくなること，実際には起訴猶予や略式処理される事件が大半で，再犯防止・立直りに有効な家庭裁判所の調査・審判・保護処分による対応に比し放任される者が増える弊害が想定され，慎重な検討が必要と思われる．　　［廣瀬健二］

参考文献
[1]　廣瀬健二（2013）『子どもの法律入門―臨床実務家のための少年法手引き』改訂版，金剛出版．
[2]　田宮　裕・廣瀬健二編著（2016）『注釈少年法』第4版，有斐閣．

家庭裁判所調査官

　裁判所法第61条第2項に「各家庭裁判所及び各高等裁判所に家庭裁判所調査官を置く」と定められた専門職で，全国に約1,500名が配置されている．家庭裁判所で審理する少年審判事件，家事審判事件および家事調停事件等について，裁判官の命令に従い（同条第4項），送致された少年事件の調査（少年法第8条第1項）や家事事件の調査（家事事件手続法第58条第1項）等を行う．少年事件を担当する少年係調査官や家事係調査官はそれぞれ辞令により配置されるが，配置数が限られる地方の小規模庁においては，いずれの係も兼務することが多い．家庭裁判所では，基本となる司法的機能を裁判官が担い，福祉的・教育的機能は主に家庭裁判所調査官が担うことが特徴である．

　そのため，家庭裁判所調査官には，法理で割り切れない情理の側面を行動科学の知識と技法によって解明して報告することが求められる．警察による捜査結果と検察官による送致書が編てつされた事件記録に基づいて，裁判官が法的要件（非行事実存在の蓋然性や管轄等）の具備を確認したうえで調査命令を発するが，原則的に全件調査を行う．基本的に少年事件1件につき1人の調査官が担当するが，事件の重大性等の性質や担当する家庭裁判所調査官の経験等を考慮し，裁判官が共同調査命令を発して，複数で調査する場合もある．

●**調査実務**　家庭裁判所調査官が行う調査を社会調査という．社会調査の基本は少年と保護者に対する面接調査であるが，必要に応じて少年の在籍校や雇用先から情報を収集したり，保護観察所や少年鑑別所等関係機関とも情報交換する．この過程で必要な心理検査や継続面接によるカウンセリング，教育的措置，家族関係の調整，関係者へのコンサルテーションを含めたケース・ワークを行う．これら調査と調整の結果は，少年調査票等の参考書類を利用し，処遇に関する意見を付して裁判官に報告される（少年審判規則第13条）．

　少年審判においては，非行事実の法的判断と要保護性により保護処分が決定される．要保護性とは累非行性（非行を繰り返す可能性），保護相当性（保護処分に付す相当性），矯正可能性（保護処分を施すことで非行性が低減ないし除去できる見込み）の三つの要因からなる．社会調査には，少年の犯罪傾向の原因や程度についての診断とその改善の可能性を探り，適切な処遇方法について意見することが求められている．なお，捜査機関による捜査は，少年が犯罪を行ったことを物証や人証，書証を構成して証明し，事件として立件するものである．いわば，捜査時から過去にさかのぼって犯罪行為の客観的事実を調べ，少年事件の How（どのように）を説明するものであるのに対し，家庭裁判所調査官による調査は，

少年審判に供する Why（なぜ）を解き明かし，主観的事実を明らかにしていく作業であるといえる．

近年，少年調査の視点として，生物的要因（遺伝や身体的特徴，疾病等），心理的要因（性格や知能等個人内の資質），社会的要因（家庭環境や交友関係，学校社会での適応状況等）のそれぞれと相互を関係づけて理解するエンゲル（Engel, 1977）による BPS モデル（bio-psycho-social model）が導入されているが，かねてから精神分析学の知見を取り入れたり，家族療法を導入した家庭環境の調整等臨床心理学諸学派の方法論を積極的に取り入れた試みが行われている．在宅送致を受けた少年事件の例では，担当者はまず事件記録を精査して調査仮説を立て，前歴のある少年については関係機関に書面で照会したうえ，調査期日通知書を送付する（少年法第11条）．監護教育の義務者（法2条）である保護者同伴（第8条第2項）を原則とするのは，非行事実や動機について理解をうながし，「監護に関する責任を自覚させ，その非行を防止するため，（中略）訓戒，指導その他の適当な措置」をとるためである（第25条第2項）．保護者は，少年の生育歴や家庭史を聴取したり，家族関係や交友関係等を理解するための第一義的な調査資源でもある．初回面接では，少年保護者に人定事項を確認して審判手続を説明し，出頭を求めた理由や調査内容等を伝えて場面構成を行い，非行事実の認否を尋ねることから調査を始める．犯行の経過や背景を尋ねると，少年に特徴的な認知や動機が浮かび上がり，本件についての保護者のとらえ方を知ることで日頃の監護態度や意欲，保護者自身の社会性等もうかがえる．これらを基軸として，非行を焦点とした縦の時間軸と横の関係軸を広げていく面接調査を展開し，行動科学の知見等を応用しながら（少年法第9条）理解を深めて教育的措置を講じ，処遇意見を形成する．

●**少年審判と試験観察**　家庭裁判所調査官は，担当した少年の審判に出席し（少年審判規則第28条第2項），意見を述べることができる（同30条）．調査結果は審判前に書面で裁判官に報告されているが，審判であえて少年保護者の面前で所見を述べて自覚をうながし，少年保護者を論したり，少年に寄り添って心情を代弁し，保護者に働きかける等の介入を行うことも多い．1回の審判で保護処分を決定したり，訓戒して不処分として終了することもあれば，最終的な決定を保留し，家庭裁判所調査官が遵守事項を定めて経過を観察したうえで終局審判を行う，試験観察という中間決定を行うこともある（少年法第25条）．この場合，経過によっては少年院送致等を決定することもあることから，心理的な拘束感を与えながらの働きかけとなる．少年を家庭に戻したり，家庭裁判所に登録された民間の委託先に補導を依頼し，少年の更生意欲や保護者の監護意欲を高め，親子間や学校，就労先との関係調整を図りながら，就学や就労を支援する教育的措置を行うことが多い．

［半澤利一］

家庭裁判所における保護的措置（教育的措置）

　保護的措置（教育的措置）とは，家庭裁判所が少年審判手続において少年に対して行っている教育的な働きかけである．その内容をより明確に示すために教育的措置とよばれることもある．

　家庭裁判所は，非行を犯した少年に対し，少年院等の施設に送致したり，保護観察に付したりといった保護処分を決定するが，保護的措置を行った結果，保護処分の必要がなくなったとして事件を終了する場合がある．これには，家庭裁判所調査官が，少年を調査したうえで保護的措置を行い，審判を開始しないで事件が終了する審判不開始や，裁判官が，審判で少年に対し，自己の非行について内省をうながしたうえで処分をしない不処分がある．実際，家庭裁判所に係属する少年事件の多くは，保護的措置を行ったうえで，審判不開始や不処分で終了している．

●**保護的措置のねらい**　安藤ら（2005）は，非行のメカニズムや少年や家族等の問題点を把握し，調整を図る必要がある問題を明らかにするアセスメントを的確に行い，具体的な目標を定めて保護的措置を行うことが必要だと述べている．そして，保護的措置を，面接型，体験型，調整型と分類し，それぞれの類型について保護的措置のねらいとの関係をまとめている．

　竹内ら（2006）は，保護的措置の目的及び改善すべき課題を，①非行が社会に与えた影響や被害者に与えた被害の重大さ等に対する責任感や内省を十分に深めさせること，②非行の背景にある問題について改善を図ること，③自己理解を深めさせ，問題解決能力を高めること，④保護者に監督責任を自覚させ，少年の改善更生に向けて努力させること，と整理している．そして，保護的措置の方法を，個別面接，体験学習，社会資源を活用した措置に分けて表に整理している（表1）．

●**保護的措置の実際**　規範意識の涵養のために，法律の条文を読ませたうえで，誓約書や反省文を作成させることは，多くの事件で行われている．また，発達障害等の疑いのある少年や，その保護者に対し，行動の特性に関する助言・指導や専門機関の紹介をすることや，性や薬物等の問題を抱える少年に対し，家庭裁判所の医務室技官が視聴覚教材を活用し，個別具体的な指導を行う等，少年の問題性や非行の種類に応じた保護的措置が行われている．

　この他にも，粗暴な傾向の強い少年に対して，アンガーマネジメントの技法を活用した指導や，共犯関係にある少年らを対象に，ピア・カウンセリングの技法を用いた話し合いや少人数でのグループ・ワーク等も行われている．また，少年の求職活動を援助するために，ハローワークとの連携態勢を整え，少年の就職，職場への定着を支援することもある．

表1　目的・課題・方法別の保護的措置の整理(竹内ら，2006より作成)

①非行が社会に与えた影響や被害者に与えた被害の重大さ等に対する責任感や内省を十分に深めさせる			
課題	個別面接	体験学習	社会資源を活用した措置
規範意識の涵養	事件の重大性，法的意味，社会的責任を訓戒，指導	誓約書・反省文作成　視聴覚教材の活用	地域美化活動
被害者の実情の理解	被害者の状況を正確に理解させ，被害者の現実の困難や心の痛みを想像させる．被害者調査の結果のフィードバック	ロール・レタリング　被害を考える作文	被害を考える教室
交通安全の理解	事故の過失態様や違反の法的意味，社会的責任を理解させる．日常的な運転態度への指導，助言	視聴覚教材の活用　自庁無免許講習，自庁事故講習	委託講習(教習所での実技指導，グループ討議)

②非行の背景にある問題について改善を図る			
課題	個別面接	体験学習	社会資源を活用した措置
生活習慣の改善	訓戒，指導，助言	生活リズム表・生活点検表，日記指導(保護者も付記)	少年合宿
学校生活の改善	登校，基本的な学習態度，教師との関係の指導，助言	学生ボランティアの学習指導・友だち活動	不登校の相談機関等の紹介
就労関係の改善	仕事の継続，就労態度，求職活動，職場の人間関係等についての指導，助言		身柄付補導委託　職場体験プログラム
家族関係の改善	家族間のコミュニケーションの指導，助言．家庭の決まり(門限等)を守るよう指導	ロール・レタリング　ロール・プレイ(役割交換)	親子でボランティア活動　親子合宿
交友関係の改善	不良仲間(暴力団，暴走族)からの離脱，友人や異性との交友のもち方の指導，助言	ロール・プレイ	地元から離して試験観察　暴力団離脱手続(警察)

③自己理解を深めさせ，問題解決能力を高める			
課題	個別面接	体験学習	社会資源を活用した措置
自分の問題への気づき	非行の背景にある抑圧された感情や悩みや不安を聴き，支持，助言(カウンセリング)	心理テストを実施し，その結果をフィードバック	少年合宿(野外体験，グループ・ワーク)
薬物・思春期の問題の改善	薬物，性等の問題に対する知識付与，背景にある情緒的な問題や依存性等についてカウンセリング	視聴覚教材の活用．医務室技官による薬物，思春期教室	病院・相談機関の紹介
自尊感情・共感性の涵養	劣等感の解消，プラス面の支持，人の命の尊さを指導，助言	読書指導，挫折を乗り越えた人の話を聞く	老人ホーム，乳児院，障害者施設等での社会奉仕活動
社会との絆の強化	学校，地域社会，家庭での落ちこぼれ感を解消させ，社会の一員としての自覚をもたせるよう指導，助言	新聞記事のスクラップ作成と作文・切手等の収集とボランティア団体への送付	地域美化活動，生産体験活動，地域行事への参加

④保護者に監督責任を自覚させ，少年の改善更生に向けて努力する			
課題	個別面接	体験学習	社会資源を活用した措置
保護者に対する措置	少年や家庭の問題の所在の明確化，指導，助言(面接シート活用)．被疑者に対する謝罪，弁償	保護者の会(グループ討議，親業訓練)	親子でボランティア活動　親子合宿

＊本表は，作成当時の東京家庭裁判所の運用に基づいて整理されたものであり，現在の運用や各庁の状況とは一致しない箇所がある．

［帶刀章子］

少年鑑別所と鑑別技官

　少年鑑別所は，主として家庭裁判所から観護の措置（少年法第17条第1項第2号）によって送致された少年を収容して，医学，心理学，教育学，社会学その他の専門的知識および技術に基づく調査や診断（以下，鑑別とする）を行う法務省所管の施設である．1949年の少年法および少年院法の施行によって発足し，各都道府県庁所在地等，全国で52か所（分所1か所を含む．）に設置されている．管轄に関する定めはないが，概ね所在地の家庭裁判所に対応して業務運営を行っており，わが国の少年保護法制の特徴の一つである，審判前調査制度の一翼を担う機関として重要な役割を果たしている．

●**法的基盤と社会貢献**　少年鑑別所に関する基本法規は，2014年，少年院法の全面改正に伴い，新たに制定された少年鑑別所法である．同法は，鑑別の実施方法や在所者の権利義務の範囲等を規定しており，鑑別対象者の鑑別および在所者の観護処遇等を適切に行うための法的基盤となっている．

　少年鑑別所は，設置当初から投映法等の各種心理検査を導入・普及するとともに，非行少年や犯罪者の特性を的確にとらえる性格検査（MJPI）等を開発し，わが国における心理アセスメントのパイオニアとして高い評価を得てきた．また，その専門性を還元するため，非行のあった少年への関与にとどまらず，市民や教育機関等の求めに応じて心理相談活動（旧少年院法第16条の2に基づく一般少年鑑別）を実践し，刑事政策上の一般予防に貢献してきた経緯がある．少年鑑別所法第131条では，こうした実践を地域社会における非行および犯罪の防止に関する援助に発展拡充させ，非行や犯罪の防止に寄与する専門機関としての少年鑑別所の立場や性格を明確なものにしている．

●**業務領域およびその展開**　少年鑑別所の業務は，鑑別，観護処遇，非行および犯罪の防止に関する援助の3領域に区分できる．それぞれの業務は性格や内容が大きく異なり対象者も同一ではない．しかし，中核業務である観護の措置による入所者の鑑別（以下，収容鑑別とする）に関しては，鑑別と観護処遇の二つの業務領域にまたがり，それぞれを所管する部署や担当者が有機的に連携し，組織的に業務が展開される．

　①鑑別：鑑別の対象は，家庭裁判所において事件の調査および審判を受ける者（家庭裁判所関係）と保護処分や刑の執行を受ける者（執行機関関係）とに大別される．また，在宅で事件の調査および審判を受ける少年や保護観察中の者等，少年鑑別所に収容されない者についても関係機関からの求めに応じて鑑別を実施する．近年では，鑑別の対象者に対する処遇効果検証の観点から，保護処分の執

行機関を縦貫するかたちで継続的に鑑別が実施されるようになっている.

②観護処遇:少年鑑別所に収容される者の多くは観護の措置によって送致された少年(被観護在所者)である.しかし,勾留等刑事手続による入所(未決在所者)の他,少年院在院中の者(在院中在所者)らを収容することもある.少年鑑別所では,在所者の法的地位や収容期間が区々にわたることから,その者の法的地位に応じた適切な観護処遇の実施に留意し,適正な収容の確保と健全な育成のための支援に努めている.

③非行および犯罪の防止に関する援助:地域社会における非行および犯罪の防止を主眼とし,広く青少年の健全育成を視野に入れた支援を行う.青少年一般の心理特性等に関する知見,鑑別や観護処遇を通して蓄積された非行臨床の経験を背景に,心理相談,コンサルテーション,講演等,地域社会や非行・犯罪の防止に関与する機関等の要請に応じ,多彩な活動を展開している.

●鑑別技官の職務　少年鑑別所では,臨床心理学等の専門知識を有する心理職を法務技官として配置し,鑑別対象者の鑑別に従事させている.少年保護分野の実務家の間では,これら鑑別に従事する法務技官を,鑑別技官と呼称している.

鑑別技官はさまざまな対象者の鑑別に携わるが,その中心となるのは収容鑑別である.収容鑑別においては,実施方法および内容が標準化されており,鑑別技官は鑑別担当者として業務遂行全般を主導するとともに,心理職として対象者の面接や心理検査,さらには関係機関や家族への照会・聴取等により,調査(アセスメントおよび非行に関する分析・検討)を進める.

収容鑑別は,観護措置による期間の制約があるため,一般的には3週間程度で完了することが求められる.鑑別は個々の対象者ごとに設定された方針に基づいて行われ,終盤に至ると,鑑別技官は,観護処遇等を通して得られた行動観察の記録,健康診断や精神科診察の結果等,鑑別に関与する他の職員から提出された資料を総合し,非行の背景にある資質上および環境上の問題や,その改善に向けた処遇について,さまざまな視点から検討を加える.検討の途上では,家庭裁判所調査官との間で,それぞれが調査の過程で把握した情報や意見を交換して事例検討を行う.その結果をも踏まえたうえで,鑑別技官は,少年鑑別所長が主宰する判定会議に出席し,みずからの意見を述べ見解を提示する.

最終的に,鑑別技官は判定会議の議を経た収容鑑別の結果を取りまとめ,判定(保護処分等の選択に関する意見)を付した鑑別結果通知書を作成して,家庭裁判所に提出する.鑑別結果通知書は,家庭裁判所の調査および審判ならびに保護処分の執行に資する重要な資料であり,鑑別技官には精度の高い鑑別を実施するためのアセスメント能力と,ケース・リポートとして論理的で具体性のある文書の作成が求められる.加えて,鑑別対象者の処遇効果を検証し,より実効性を高めるための方策を検討することも鑑別技官の重要な責務である.　　　[阿部政孝]

少年審判における処分の決定

　少年審判が開始された事件（少年法第21条）については，審判において家庭裁判所としての最終的な扱いが決定される．この決定は終局決定といわれ，次の6種がある．①不処分，②保護観察，③児童自立支援施設または児童養護施設送致，④少年院送致，⑤児童福祉機関送致，⑥検察官送致の各決定である．これらはその性質上，すべての法的手続から解放するもの（①），少年法上の処分すなわち保護処分に付するもの（②③④），保護処分以外の処分をめざして少年保護事件手続から別の法的手続に移行させるもの（⑤⑥）の3類型に分けられる．

●**不処分決定**　保護処分決定がされない場合になされる決定であり，実質的不処分と形式的不処分とがある．前者は非行事実が軽微である，要保護性がない等のために保護処分に付する必要がない場合に，後者は非行事実の存在に確信が得られない等のために保護処分に付することができない場合になされる．

●**保護処分決定**　保護処分は非行のある少年に対して性格の矯正と環境の調整を目的として少年法が設けた，少年法における原則的な処遇形式であり，その内容は少年の可塑性の高さに依拠してなされる教育処分である．この保護処分に付する旨の決定を総称して保護処分決定という．

　保護観察は，少年を家庭等においたまま保護観察官や保護司による指導監督および補導援護を行うことによってその改善更生を図る社会内処遇である．この保護観察は，運用上，一般保護観察，一般短期保護観察，交通保護観察，交通短期保護観察に分類され，それぞれ3か月から1年程度の処遇期間が予定されている．

　児童自立支援施設は，不良行為をなし，または，なすおそれのある児童らを入所させる児童福祉法上の施設であり，生活・教科・職業指導等を行うことによって児童の自立を援助することを目的とする，原則的には開放的で非強制的な施設である．18歳未満の児童が収容対象であるが，実際には義務教育中の児童がほとんどである．児童養護施設は入所者の大半を保護環境に恵まれない児童が占め，保護処分として送致決定されることは非常に少ない．

　少年院は，国の矯正教育施設であり，保護処分のうちで最も自由拘束の度合いが高く，最も強力な処遇が実施される．第1種，第2種，第3種（各々従来の初等・中等，特別，医療に相当）に分けられ，裁判所が送致決定において指定する．収容期間は原則として20歳に達するまでであるが，運用によって長期処遇，一般短期処遇，特修短期処遇に分けられ，収容期間はそれぞれ，2年以内，6か月以内，4か月以内が原則とされている．

●**少年保護事件手続以外の手続きへ移行させる決定**　少年法上の原則的な処分で

ある保護処分が適切でない場合に，少年法は福祉処分および刑事処分を用いることを認めている．その際になされるのが，この類型の決定である．

児童福祉機関送致決定は，18歳未満の少年について，保護処分よりも福祉処分すなわち児童福祉司の指導，児童福祉施設への入所，里親委託等の児童福祉法上の措置が相当と認められる場合に，少年を児童福祉手続に乗せるためになされる決定である．

検察官送致決定は，禁錮以上の刑にあたる事件を犯した14歳以上の少年について，保護処分よりも刑事処分（刑罰）が相当と認められるときになされる決定である．この決定によって送致を受けた検察官は事件を刑事裁判所に起訴することが義務づけられる．なお，16歳以上で一定の重大事件を犯した少年については原則として検察官送致決定が義務づけられている．

●**処遇選択**　少年審判において非行事実が認められた場合，家庭裁判所は①～⑥（①については実質的不処分）のいずれかの終局決定をしなければならない．これを処遇選択というが，その判断にあたっては，非行事実と要保護性が検討要素となる．

不処分決定にあたっては，非行事実の程度と要保護性の有無が検討される．具体的には，非行事実が軽微である，要保護性が調査審判段階での働きかけ等によって解消した，といった場合にこの決定が選択される．

保護処分決定は，非行事実と要保護性がともに認められることが必要である．そのうえで，②③④のいずれを選択するかは，非行事実の観点からは事案の重大性，悪質性等が，要保護性の観点からは少年の性格，年齢，環境，能力等が検討される．保護観察によって少年の改善更生が可能と認められれば，最も自由拘束の少ない社会内処遇である保護観察決定が選択される．施設内処遇としての児童自立支援施設送致ないし少年院送致が選択されるのは，それが認められない場合である．

児童福祉機関送致決定と検察官送致決定は，保護処分が不適当である場合に選択される．前者は，年少少年，非行性がそれほど進んでいない少年，環境面での保護に欠ける少年等に対する処遇として保護処分（この場合は，主に保護観察，児童自立支援施設送致が検討されよう）では教育効果が期待できず，少年の特性から福祉的な対応が相当と認められる場合に選択される．後者は，犯罪性が固着しつつあり可塑性が低いために教育的処遇である保護処分（この場合は，主に少年院送致が検討されよう）では更生を期待できないために刑事処分を利用するしかない，事件の大きさや社会的影響の大きさ等からして刑事処分が相当であり，保護処分を選択するのは不適切である，といった場合に選択される．　［上野正雄］

📖 **参考文献**
[1]　守屋克彦・斉藤豊治編集代表(2012)『コンメンタール少年法』現代人文社．

非行少年に対する施設内処遇

本項では，非行少年を扱う施設として，少年鑑別所，少年院，刑事施設，児童自立支援施設を取り上げ（表1），それぞれの施設での処遇に関し，制度的側面を中心に概説する．

表1 各施設の概要

	少年鑑別所	少年院	刑事施設	児童自立支援施設
施設数[*1]	51	49	77	58
入所者数[*2]	762	3,054	57,039	1,524
職員数[*3]	1,201	2,469	19,623	1,780

[*1] 少年鑑別所・少年院・刑事施設（本所・本院のみ）については，2014年12月現在の数である（法務省矯正局，2014）．児童自立支援施設については，2014年10月1日現在の数である（厚生労働省「社会的養護の現状について」2015）

[*2] 少年鑑別所・少年院・刑事施設については，2013年における一日平均収容人員（刑事施設は受刑者のみ）である（法務省矯正局，2014）．なお，20歳未満の受刑者の一日平均収容人員は明らかでないが，2013末における20歳未満の受刑者は24人である．児童自立支援施設については，2014年10月1日現在の人員である（厚生労働省，2015，同上）

[*3] 少年鑑別所・少年院・刑事施設については，2014年度職員定員である（法務省矯正局，2014）．児童自立支援施設については，2012年10月1日現在の人員である（厚生労働省，2015，同上）

●**少年鑑別所** 少年鑑別所は，①鑑別対象者の鑑別を行うこと，②観護の措置がとられて少年鑑別所に収容される者等を収容し，これらの者に対し必要な観護処遇を行うこと，③非行および犯罪の防止に関する援助を行うことを目的とした施設である（少年鑑別所法第3条）．観護処遇にあたっては，①懇切にして誠意ある態度をもって接することにより情操の保護に配慮すること，②その者の特性に応じた適切な働きかけによりその健全な育成に努めること，③専門的知識・技術を活用して行うことを原則としている．また，少年鑑別所では，在所者の自主性を尊重しつつ，健全な社会生活を営むことができるよう，その生活態度に関し必要な助言・指導を行っている（整理整頓，挨拶等の一般的なマナーに関すること等）他，その情操を豊かにし，健全な社会生活を営むために必要な知識・能力を向上させることができるよう，学習，文化活動その他の活動の機会を与え，必要な助言・援助を行っている（学習に関する助言，就労や保健衛生に関する講話，季節の行事体験，音楽鑑賞等）．

●**少年院** 少年院は，保護処分の執行を受ける者等を収容し，これらの者に対し矯正教育その他の必要な処遇を行うことを目的とした施設である（少年院法第3条）．矯正教育は，在院者の犯罪的傾向を矯正し，ならびに在院者に対し，健全

な心身を培わせ，社会生活に適応するのに必要な知識・能力を習得させることを目的としている．矯正教育の内容は，①生活指導，②職業指導，③教科指導，④体育指導，⑤特別活動指導に大別され，在院者の特性に応じ，これら指導を適切に組み合わせ，体系的・組織的に行うこととされている．また，矯正教育は，①矯正教育課程，②少年院矯正教育課程，③個人別矯正教育計画に則って計画的に展開される．矯正教育課程とは，在院者の年齢，心身の障害の状況および犯罪的傾向の程度，在院者が社会生活に適応するために必要な能力等に照らして一定の共通する特性を有する在院者の類型ごとに，矯正教育の重点的内容や標準的期間を定めたものである．各少年院で実施すべき矯正教育課程は，法務大臣が指定する．少年院矯正教育課程とは，少年院長が指定を受けた矯正教育課程ごとに定める，その少年院における標準的な教育課程のことであり，具体的には，処遇の段階ごとに，当該少年院における矯正教育の目標，内容，実施方法，期間等を内容としている．個人別矯正教育計画とは，在院者ごとに定める矯正教育の具体的な実施計画であり，少年院矯正教育課程に即し，その在院者の特性に応じた矯正教育の目標，内容，実施方法，期間等を内容としている．

●**刑事施設**　刑事施設は，「刑事収容施設及び被収容者等の処遇に関する法律」第3条各号に定める者を収容し，必要な処遇を行うことを目的とする施設である．刑事施設においては，受刑者に矯正処遇（作業・改善指導・教科指導）を実施しているが，特に少年の受刑者の場合，心身が発達段階にあり，可塑性に富んでいることに配慮しながら矯正処遇が展開される．例えば，処遇要領（矯正処遇の目標や方法等を受刑者ごとに定めたもの）の作成に関しては，導入期，展開期および総括期と細かく分割した処遇過程ごとに目標等を定めている他，教科指導を重点的に行い，できるだけ職業訓練を受けさせる等の配慮をしている．また，少年の受刑者ごとに1人以上の職員を指定し（個別担任制），その個別担任において他の職員と密接に連携しつつ，個別面接，日記指導等の個別指導を継続的に行っており，これらは，成人の受刑者の場合にはない，手厚い配慮といえる．

●**児童自立支援施設**　児童自立支援施設は，不良行為をなし，またはなすおそれのある児童および家庭環境その他の環境上の理由により生活指導等を要する児童を入所させ，個々の児童の状況に応じて必要な指導を行い，その自立を支援すること等を目的としている（児童福祉法第44条）．職員である実夫婦が小舎（小規模寮舎）に住み込み，家庭的な生活の中で児童に一貫性のある支援を行う伝統的な小舎夫婦制や，職員が交代で支援にあたる小舎交代制といった形態をとり，「家庭的養護」を重視している．その処遇は「枠のある生活」を基盤とする中で，子どもの健全で自主的な生活を志向しながら，家庭的・福祉的アプローチによって，基本的信頼感の形成，社会性の発達や基礎学力の獲得，生活自立や心理的自立，アイデンティティの獲得等をうながすよう意図されている．　　　　［國吉真弥］

少年非行と児童福祉

　少年非行とは，少年法の規定するところでは，20歳未満の者の家庭裁判所の審判に付すべき事由のことをさし，それは犯罪，触法，ぐ犯の3種類に分けられる．犯罪少年とは14歳以上で罪を犯した者（少年法第3条第1項第1号），触法少年とは14歳未満で刑罰法令に触れる行為をした者（少年法第3条第1項第2号）である．
　ぐ犯少年とは，①保護者の正当な監督に服しない性癖のあること，②正当な理由がなく家庭に寄りつかないこと，③犯罪性のある人もしくは不道徳な人と交際し，またはいかがわしい場所に出入りすること，④自己または他人の特性を害する行為をする性癖のあること，のいずれかの事由があり，かつその性格または環境に照らして，将来，罪を犯し，または刑罰法令に触れる行為をするおそれのある少年（少年法第3条第1項第3号）のことをいう．家庭裁判所は，送致，通告を受けた少年の調査を行い，非行事実と要保護性が認められる少年（少年法第1条「非行のある少年」）については，審判を開いて保護処分を決定する．
　非行には至っていないが，青少年の飲酒，喫煙，深夜はいかい，その他自己または他人の徳性を害する行為（少年警察活動規則第2条第6項）を不良行為とよぶ．不良行為少年は警察の補導対象となる．

●**非行児童に対する児童福祉の役割**　触法少年と14歳未満のぐ犯少年を家庭裁判所の審判に付すには，都道府県知事または児童相談所長が送致しなければならない（少年法第3条第2項）．これは，14歳未満の非行少年を健全育成するために何をするかについての検討は，児童福祉機関が第一に行うということである．
　家庭裁判所は，送致・通告された少年の調査を行い，その少年が18歳未満で，児童福祉上の措置に委ねることが相当であると判断したとき，都道府県知事または児童相談所長に送致することができる（少年法第18条第1項）．家庭裁判所から送致された児童について，児童相談所は市町村，福祉事務所，児童委員から通告された要保護児童と同じように，その必要に応じて調査・診断を行い，判定のうえ何らかの措置を行う．都道府県知事が児童を児童自立支援施設，児童養護施設等の入所施設に措置するときは，親権者，未成年後見人の同意が必要である．
　家庭裁判所は，審判において，18歳未満の少年を，児童自立支援施設または児童養護施設に送致する保護処分を決定することができる（少年法第24条第1項第2号）．この場合，親権者，未成年後見人の同意は必要なく，決定後，児童相談所は決定に基づく措置をとらなければならない（児童福祉法第27条の2第1項）．送致後の児童自立支援施設や児童養護施設の支援，指導は一般の措置に

よる入所児童と何ら変わるところはない．

　児童自立支援施設は「不良行為をなし，又はなすおそれのある児童及び家庭環境その他の環境上の理由により生活指導等を要する児童」（児童福祉法第44条）を対象として，入所，通所による指導を行う施設である．児童養護施設は「保護者のない児童，虐待されている児童その他環境上養護を要する児童」（児童福祉法第41条）を入所させる施設であり，家庭裁判所の保護処分として選択されるのはまれである．

　児童相談所が「たまたま児童の行動の自由を制限し，又はその自由を奪うような強制的措置を必要とする」と判断したとき，その許否の判断を求めるため家庭裁判所に送致しなければならない（児童福祉法第27条の3，少年法第6条の7第2項）．それに対して，家庭裁判所は，「期限を付して，これに対してとるべき保護の方法その他の措置を指示して，都道府県知事又は児童相談所長に送致する」（少年法第18条第2項）決定を行う．例えば，児童自立支援施設を無断外出して非行を繰り返している児童のような事例である．そのような事例では，ほとんどの場合，家庭裁判所はその児童を少年鑑別所に収容して（観護措置），調査を行う．家庭裁判所の審判で強制的措置（必ず期間が付される）が許可されると，男子は国立武蔵野学院（埼玉県），女子は国立きぬ川学院（栃木県）に措置される．この2施設は外から施錠できる居室を有している．しかし，家庭裁判所が決定した強制的措置の期間，必ずその措置を実施しなければならない訳ではなく，実施するか否か，どれくらいの期間実施するかは施設に委ねられている．

●**重大触法事件の取扱い**　殺人，傷害致死，強盗，強姦，放火等，重大な触法行為については，警察はその事件を児童相談所長に送致しなければならない（少年法第6条の6第1項）．そして，児童相談所は，そのような重大触法事件の児童を原則として家庭裁判所に送致しなければならないが，調査の結果その必要がないと判断したときは児童相談所による措置を行うこともできる（少年法第6条の7第1項）．

　重大触法行為を行った児童をどのように健全育成するかは難しい問題である．家庭裁判所は，概ね12歳以上の児童について，少年院送致という保護処分を選択することができる．児童自立支援施設の支援と少年院の矯正教育のどちらがその児童の更生，自立を実現できるかを検討しなければならない事例もある．

●**地域の補導活動**　地域において日常的に広く，不良行為児童に対する補導，児童の非行防止の活動を展開しているのは警察である．触法少年を補導した後，児童相談所に通告するかどうかは，重大な触法行為を除くと，警察に委ねられており，実際，触法事件の多くが警察署限りの取扱いになっている．児童相談所が補導や非行予防活動について専門的見地から警察の活動に協力するとともに，触法少年の再非行防止に積極的に関与する必要がある．

〔藤原正範〕

非行臨床の課題

　非行少年とは，少年法の定義（少年法第3条1項）に従えば，家庭裁判所の調査と審判に付される，犯罪少年，触法少年，虞犯少年，をさす．少年法の通則規定である第1条は，非行少年の健全な育成のために性格の矯正および環境の調整を行うことを要求している．したがって狭義の非行臨床とは，一連の少年司法手続における非行少年の更生のための臨床的関与をいう．広義にとらえれば，不良行為等も含めた青少年に対する地域社会の活動や BBS（big brothers and sisters movement）等による非行防止活動，ドラッグ問題に対する医療的措置等も包含するものである．本項では，少年司法における非行臨床の問題と課題について取り上げる．

●**少年司法と非行臨床**　少年司法全体を規定する少年法は，年齢差に基づく刑法の特別法である．刑法は1907年に制定されて現在に至り，少年法は1922年の旧少年法を経て，1948年に新少年法が制定された．刑事司法の基本的な目的は犯罪に対する国家の刑罰権の行使であり，その司法観は応報的刑罰である．すると，少年司法システムは，応報を基調とする刑事司法システム

図1　非行臨床（廣井，2011）

の土台に建てられた，少年の更生と健全育成のための構築物にたとえることができ，非行臨床はその中で行われる臨床的関与であるといえよう（図1）．このことが少年司法における非行臨床の最も大きな特徴であり，克服すべきさまざまな課題を内包している．

●**少年司法における非行臨床の問題と課題**　①非行少年と少年司法の関係：非行少年に対する初期介入では国家の警察権が発動され，送致後は家庭裁判所と少年との間に，裁く者と裁かれる者という法的支配関係が形成される．少年の健全育成を目的とした，保護観察での更生保護や少年院での矯正教育においても罰を背後効果とする強制力を伴った，少年との関係性が前提になっている．

　②**処遇選択の場である家庭裁判所**：家庭裁判所においては，当該少年事件の非行事実と少年の要保護性が，処遇選択の主軸となる．非行事実は法的事案として法の枠組みによって評価され，要保護性はさらに累非行性，矯正可能性，保護相当性という下位項目に従って主に臨床的枠組みによって判断される．刑事司法を土台にした少年司法においては，ともすれば非行事実の軽重が在宅処分か収容処

分かの判断に結びつきやすく,さまざまな非行に対応した非行臨床のための処遇選択になり得ない.

③処遇機関としての少年院:団藤ら(1984)は,「少年院は,収容のための収容ではなく,非行少年の教育を実現するための手段方法であるが,目的はそうであっても,実際においては,少年は司法に関する国権の作用としての強制力で社会から隔離され自由を奪われ拘禁されていることは否めない」ことを指摘している.

④少年の刑事裁判:少年法第1条の後段で,「少年の刑事事件について特別の措置を講ずることを目的とする」と明記されているように,少年の健全育成という理念・目的は,少年の刑事手続にも及ぶ通則規定である.したがって刑事裁判の場において,少年の犯罪の判断や量刑の決定にとどまらず,刑事罰をどのように少年の更生に展開できるのかという非行臨床として困難な課題が問われることになる.

●少年非行のアプローチの課題　少年非行には次のような特徴があり,それに対する法と臨床のアプローチが必要になる.

①激しい行動化:非行少年は内に抱える,攻撃性,不安,葛藤等を防衛するために非行という問題行動を起こす.非行少年の行動化に対しては,法に基づく,警告,保護,逮捕等の強制的措置の執行で対処することができるが,その後の臨床的ケアを適切に行う必要がある.

②集団性と形態:少年非行は集団性,共同性を帯びやすく,最近の非行集団の形態は,一人ひとりの位置と役割が明確ではなく,自他未分化に絡み合った集団のため,個々の少年に対する更生のための働きかけが困難になる.その対処のためには,法的措置で仲間との関係を遮断することが必要になるが,引き離された後の少年への孤独,淋しさに寄り添う臨床的関わりが求められる.

③改善意欲の乏しさ:非行少年は息苦しさや生き難さを潜ませているが,それを自覚して援助を求めようとはせず,逆に過激な反抗や問題行動を繰り返すという態度を示しやすい.そのため少年と接触がとれないことや援助関係の形成が困難になる.そうした少年に出頭の強制や更生のプログラムの実行を命令することができる.その関わりを起点にして,いかに少年の更生のための援助関係につなげることができるかということが課題になる.

以上のような,禁止,強制,命令という法的作用は,通常の臨床的援助関係においては忌避される対応であるが,臨床との適切な協働によって少年非行にアプローチする司法臨床の要点になるものである.　　　　　　　　　　〔廣井亮一〕

📖 参考文献
[1] 廣井亮一(2011)「ジャスティス・クライエントへの「司法臨床」の展開」生島 浩・岡本吉生・廣井亮一編『非行臨床の新潮流—リスク・アセスメントと処遇の実際』金剛出版.
[2] 廣井亮一(2012)『司法臨床入門—家裁調査官のアプローチ』第2版,日本評論社.

付添人

　付添人とは，少年保護手続において少年の権利・利益を擁護し，適正な審判・処遇がなされるように活動する者であり，少年法に規定が置かれている．

　捜査段階で被疑者となった少年の弁護のために活動する弁護士は，成人の場合も少年の場合も弁護人という（刑事訴訟法第30条）が，少年事件が家庭裁判所に送致された後に少年のために活動するのが付添人である．

●**付添人の資格，選任方法**　付添人の資格に制限はないが，実際に選任されている付添人の大部分は弁護士である．弁護士以外の者が付添人になるには，家庭裁判所の許可が必要であり，保護者も許可を得て付添人になることができる．

　少年事件が家庭裁判所に送致されると，少年も保護者もそれぞれ付添人を選任できる（少年法第10条）．少年または保護者が選任する付添人を私選付添人という．少年や資力のない保護者は，日本弁護士連合会（以下，日弁連とする）が日本司法支援センター（法テラス）に委託して行っている法律援助制度を利用することによって，弁護士費用の負担なしに弁護士の付添人を選任することができる．

　一方，家庭裁判所が必要と判断したときに職権で選任する付添人を国選付添人（弁護士に限る）といい，殺人・強盗等の他，2014年の少年法改正により，傷害・窃盗・詐欺・過失運転致死傷等の事件についても選任できることになった（少年法第22条の3第2項．なおこれらの事件について，家庭裁判所が検察官の審判出席を認めたときは，必ず弁護士である付添人を付さなければならない．少年法第22条の3第1項）．

　一般事件において弁護士である付添人が選任された割合は，1980年代は1％未満であったが，その後，日弁連の積極的な取組みもあって徐々に増加し，2013年には，20％を超えた．特に観護措置がとられた事件に限ると，2012年は78％，2013年には83％に弁護士の付添人が選任されている．日弁連が観護措置全件への付添人選任をめざしていることから，今後も増加が予想される．

●**付添人の役割**　付添人の役割，基本的な性格をどう考えるのか，については二つの考え方がある．一つは裁判官の大部分がとっている考え方で，家庭裁判所における少年審判が司法的な機能と福祉的教育的な機能を有していることから，付添人は，①少年の権利を擁護し，少年審判手続が適正に行われるよう監視する弁護人的性格を有するとともに，②少年の健全育成という目的が適正に実現されるよう，家庭裁判所に協力する審判の協力者としての性格も有する，というものである．

　これに対し弁護士の間では，付添人が大人の立場で少年にとって何が適切な処

遇かを考え活動するのではなく，少年が自分で非行について考え，自己決定していくことや自分の考えを表現できるよう援助し，少年とともに考え，少年の意見を代弁するのが付添人の役割である（付添人＝少年のパートナー），という考え方が強い（川出，2015）．

●**具体的な付添人の活動**　付添人の主な活動は次のようなものである．

　①**観護措置への対応**：観護措置は，少年の心身鑑別のため重要な役割を果たすが，同時に学校や勤め先への復帰を困難にする等，少年に重大な影響を与える．したがって観護措置を避けたい事情がある場合には，意見書を提出したうえで裁判官と面会し，説得を試みる．観護措置が決定された場合でも必要に応じ異議申立を行い，あるいはその後の事情変更を理由とする取消しを求める．

　②**審判までの活動**：付添人は家庭裁判所送致後できる限り早くかつ頻繁に少年と面会し，じっくりと話を聞いて少年との信頼関係を築く．また記録を閲覧・謄写して，非行事実および要保護性の基礎となる事実の有無等を検討する．非行事実を少年が争っている場合はむろん，たとえ認めている事件であっても，少年の場合，捜査段階で取調官に迎合して調書が作成されていることは珍しくないので，慎重に事実関係を確認する．要保護性についても保護者や学校・勤務先等の関係者から事情聴取し，家庭裁判所調査官（調査官とする）の気づかない点や調査官の認識と異なる点等を明らかにしていく．観護措置がとられている事件では，少年鑑別所の鑑別技官からも話を聞く．このようにして得られた情報をもとに，少年との対話を重ねる．

　重要なことは少年自身に自分の非行や今後の生き方について自分の力で考えさせるように援助することである．そして家族関係の調整をする他，就業先の確保や学校との受け入れに向けての協議その他の環境調整を行い，少年の要保護性の解消に向けた活動を行う．他方，被害者の気持ちを少年に伝えたり，被害弁償することも少年の立ち直りにとってきわめて重要である．

　調査官とは早い段階から何度か面談し情報交換および意見交換をする．むろん鑑別結果通知書および少年調査票も閲覧する．そして裁判官が心証を固める前に詳しい意見書を提出し，裁判官にも面接して少年および付添人の意見を述べ理解が得られるようにする．

　③**審判期日における活動**：少年および保護者に対し事前に，審判手続について十分説明しておく．審判廷では付添人から少年に質問して，少年に有利な事情や少年の心の変化等を少年自身の口から語ることができるようにする．雇主や学校関係者に，審判に出席して意見を述べてもらうこともある．また事前に提出してある意見書のポイントを述べ，少年の考えや気持ちを裁判官に理解してもらうようにする．決定が出た後は，不服申立（抗告）についての相談等，少年および保護者に対してフォローを行う．

〔中川利彦〕

試験観察

　試験観察は，家庭裁判所が，保護処分の蓋然性のある少年に対し，一定期間処分を保留して，家庭裁判所調査官（以下，家裁調査官とする）の観察に付する手続きである（少年法第25条Ⅰ）．家庭裁判所は，その経過を考慮し，最終決定を行う．

　現少年法では，保護処分の決定機関である家庭裁判所が，原則として，決定後の執行に関与せず，決定の取り消し，変更等を行わないため，保護処分の決定に際し，より慎重を期すために導入された制度である．

　試験観察が，審判の単なる続行と異なるのは，この間に少年やその環境に対し，家裁調査官あるいは補導委託先の施設等が能動的に働きかけを行う余地があり，動的な観察がなされるという点である．この背景には，少年の要保護性を判断する際，本件事案や生活歴という過去の事実に表れている少年の問題性や保護要因を，静的に整理して判断するだけでなく，現時点での少年の可塑性をも要保護性判断の要素として認めるという，将来に目を向けた姿勢がある．

　試験観察の開始に際しては，具体的な遵守事項を定めることができ（少年法第25条Ⅱ①），少年にとっては実質的な行動規範の枠組みとなる．

●**試験観察の類型と内容**　試験観察は図1のように類型化される．

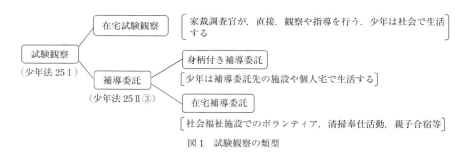

図1　試験観察の類型

　在宅試験観察は，最も一般的な方法である．試験観察期間中，家裁調査官は定期的に少年や保護者と面接を行い，遵守事項が守られているか確認する．日記や作文指導等を通して少年に生活管理をうながし，自身の課題解決へ向かわせることが家裁調査官の活動の中心となることが多いが，面接を通して少年や保護者を励ましたり，学校等との必要な調整を行ったりする等，支援的能動的な動きも行われる．試験観察における家裁調査官の観察や働きかけの工夫については，多く

の研究が行われている（榊原，1990；渡邉ら，2001）．

身柄付き補導委託では，民間の篤志家である補導委託受託者方または受託施設で少年を生活させる．少年は，事件が起こるまでの環境から切り離され，受託者のもとで，生活や職業の指導を受ける．個性豊かな，受託者という，民間の資源あってこその補導委託である（花輪，1992）．受託者と少年との相性や不規則な事故の可能性の有無等，開始前に吟味するべき点は多く，委託進行中は家裁調査官が種々の調整役となり，機動性が要請される．

在宅補導委託は，少年は在宅で生活し，部分的に委託先からの指導を受けるものである．学校や職場に指導を委託する場合もあるが，短期間の補導委託として，少年が老人ホームや乳児院等でのボランティアや清掃等の社会奉仕活動を行うもの，また，親子合宿やグループでの登山等グループ活動を体験するもの等，各庁で資源を活用した活動が実施されている．また，万引き被害について考える教室，交通関係事件の講習，性の問題を中心に行う思春期保健指導等に参加させる形式の委託もある．（☞「家庭裁判所における保護的措置（教育的措置）」）．

●運用の変遷と課題　少年事件総数とともに，試験観察に付される人員は減少している．交通事件を除く一般保護事件では，終局実人員に対する試験観察の比率は3％前後でほぼ一定しているが，交通関係事件では，かつて行われていた委託講習の減少により，試験観察決定を受ける事件が激減した．

また，試験観察となった事件の内訳をみると，身柄付き補導委託の比率は，かつて試験観察総数の12％程度であったものが，2006年以降は10％を下回るようになっている．なお，試験観察期間は，在宅試験観察および身柄付き補導委託の平均期間が，従来概ね5，6か月であったものが，近時は少年事件全体の審理期間の短縮を優先する姿勢から，3，4か月を目途とすることが指針として示されている．

身柄付き補導委託の減少の背景には，受託者の高齢化が進む一方，新しい委託先の開拓が困難になっている事情があると考えられる．しかし，試験観察の数や構成の変化には，少年審判における非行事実の刑罰的評価の重視から，相対的に家庭裁判所のケース・ワーク機能の象徴たる試験観察への期待が薄れている実態もあると考えられる．

現在，各庁で工夫されている多くの保護的措置（教育的措置）のプログラムは，少年事件総数の減少率が著しかった平成初期以降，各地で保護的措置の多様化と可視化が試みられる中で生み出された経緯があるが，その後も工夫が続けられており，その実践報告は『家庭裁判月報』（2014年3月廃刊），『調研紀要』『家裁調査官研究紀要』等に紹介されている．今後，時代の要請に応えつつ試験観察を活用する中で，個々の家裁調査官が蓄積したさまざまな手法の伝達とともに，動的な観察の火を絶やさないことが課題となろう．

［岡本潤子］

医療観察制度

　医療観察制度とは，心神喪失等の状態で殺人，放火等の重大な他害行為を行った者に対して，継続的かつ適切な医療，その確保に必要な観察・指導，援助を提供し，病状の改善とこれによる再他害行為の防止を図り，社会復帰を促進することを目的とした制度である．触法精神障害者の処遇は，これまでの措置入院制度等による対応では専門的治療や退院後の医療継続のための仕組みが十分ではない等の指摘がある中，2003年に「心神喪失等の状態で重大な他害行為を行った者の医療及び観察等に関する法律」が成立し，2005年より本格的な司法精神医療制度が始まった．

　入院や退院等の決定への裁判所の関与，司法精神専門施設の整備による手厚い医療の提供，保護観察所の社会復帰調整官を中心とする多機関・多職種の連携による退院後の継続的医療の確保と生活支援の提供等に特徴がある．審判や処遇の流れは図1に示す．

●**決定手続**　対象行為（殺人，放火，強盗，強姦，強制わいせつ〈これらの未遂を含む〉および傷害）を行い，①心神喪失者または心神耗弱者と認められて不起訴処分となった者，または②心神喪失により無罪または心神耗弱により刑を減軽する旨の確定裁判（実刑は除く）を受けた者について，原則として，検察官は地方裁判所に申立てを行う．申立て後，ただちに2か月（最長3か月）の鑑定入院となり，その間に，裁判官と精神保健審判員（医師）の各1人からなる合議体の審判（他に評決権のない精神保健参与員〈精神保健福祉士〉が関与し意見を述べる）で，処遇の要否およびその内容が決定される．決定は，入院，通院，不処遇があり，①原因となった精神障害と同様の精神障害を有しているか，②精神障害の改善のために本制度の医療が必要か，治療可能か，③本制度の医療を受けさせなければ，その精神障害のために再他害行為を行う具体的・現実的な可能性があるか，の3要因に関わる鑑定を基礎とし，かつ，裁判所の依頼に基づいて社会復帰調整官が行う生活環境調査の結果および鑑定医の意見を考慮してなされる．

●**入院による医療**　厚生労働大臣が指定する医療機関（指定入院医療機関は2016年1月1日現在，31か所808床）で，医師，看護師の他，臨床心理技術者や精神保健福祉士らの多職種チームにより，専門的な入院治療が提供される．入院期間中は，社会復帰調整官により，退院後の生活環境の調整がなされる．

　入院期間の上限はないが，原則として6か月ごとに入院継続の裁判所決定を経る必要がある他，指定入院医療機関の管理者や対象者等の申立てに基づき，入院継続・退院＋通院・処遇終了の決定がなされる．

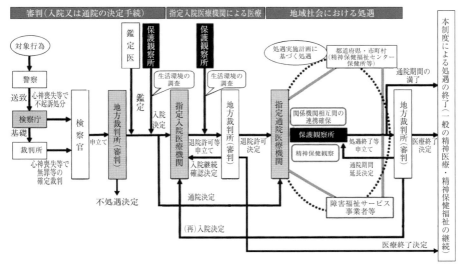

図 1　心神喪失者等医療観察制度による手続きの流れ（『平成 27 年版犯罪白書』より作成）

●**地域社会における処遇**　当初審判で通院となった者や入院治療を経て退院し通院となった者は，通院医療，精神保健観察，援助で構成される地域処遇を受ける．期間は原則 3 年間であるが，一般の精神保健福祉制度の医療や支援によって地域で生活できる状態になれば期間満了前でも処遇終了となり，反対に，期間延長（最長通算 5 年間）や入院医療を要する場合の（再）入院の決定がある．

　指定通院医療機関は，リスク・アセスメントに留意しつつ，訪問看護等を活用しながら，多職種チームで継続的な通院医療を提供する．精神保健観察には，対象者の守るべき事項が定められ，社会復帰調整官が，適当な接触を保ち，通院医療の確保に向けた見守りや指導等を行う．地方自治体・障害福祉サービス事業者等は，精神保健福祉法や障害者総合支援法等に基づき援助を行う．また，これらの地域処遇関係者は，社会復帰調整官が中心となって個別に作成する処遇の実施計画に基づき，原則として対象者や家族も参加するケア会議で情報の共有をしながら，チーム処遇を行う．例えば，病状悪化等への対応方法を段階別に定めたクライシス・プランを一緒に作成することも重要である．

　地域処遇には，社会復帰を阻害する事態や再他害行為の発生を予防するためのリスク・マネジメントと，対象者のもつ長所や強み（ストレングス）に着目し，これを伸長させることによるエンパワメントやリカバリー支援が重要である．そのため，社会復帰調整官は，生物・心理・社会（bio-psycho-social）モデルと人と状況の全体性の視点を基本として，アセスメントを行い，地域ケア全体をマネジメントする（鶴見，2011）．　　　　　　　　　　　　　　　　［今福章二］

更生保護制度

　ひとたび地域社会で犯罪や非行が起これば，その真相を究明し，犯罪や非行をした者の処分を決めるための捜査や裁判が行われる．テレビ・ドラマ等では，この捜査や裁判が終われば物語も終わりというパターンが多いが，現実には，加害者が刑務所や少年院に収容されたり，そこを釈放されて地域社会に戻ってきたりと，その後も物語は長く続く．

●**更生保護とは**　このような刑事司法の流れの中で，更生保護は，図１の太枠で囲った部分，つまり，刑務所や少年院に収容中から出所・出院後の生活につき環境を整える生活環境の調整，仮釈放や仮退院の審理・決定，地域のさまざまな関係機関と連携した保護観察等，社会内処遇といわれる部分を担っている．

　更生保護の基本法である更生保護法の規定では，更生保護とは，犯罪者や非行少年に対して適切な社会内処遇を行うことにより，その再犯・再非行を防止するとともに，その社会的自立と改善更生を助けるものであり，社会を保護し，個人および公共の福祉を増進することを目的とする制度である．

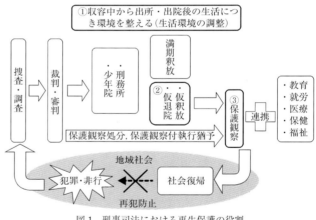

図１　刑事司法における更生保護の役割

●**更生保護制度の概要**

　制度の主たる内容としては，図１に示した①生活環境の調整，②仮釈放・仮退院，③保護観察，④更生緊急保護，⑤恩赦，⑥犯罪予防活動がある．

　わが国の更生保護は，少数の官（保護観察所の保護観察官約 1,000 人）が多数の民間篤志家（約 4 万 8,000 人の保護司等）と協働して行っているところにその特色がある．

　①生活環境の調整：刑務所や少年院等の矯正施設に収容されている者について，出所・出院後の生活環境（住居，家族，就職先等）を調査したうえで，そこが社会復帰にふさわしい環境となるよう調整するものである．具体的には，保護

観察所の保護観察官または保護司が，矯正施設に収容されている者の希望する帰住先を実際に訪ね，家族等の引受人と定期的に相談しながら，出所・出院後の受入れ態勢を整える．

　②仮釈放・仮退院：矯正施設に収容されている者について，収容期間の満了前に仮に釈放して更生の機会を与え，円滑な社会復帰を促進すること等を目的とした制度である．例えば，懲役2年の実刑のところを1年6月経った時点で刑務所から仮釈放とすること，保護処分として20歳までの少年院送致の決定があったところを18歳の時点で少年院から仮退院とすること等が考えられる．仮釈放・仮退院を審理し決定するのは，地方更生保護委員会であり，ここに所属する委員の3人の合議体によってその決定がなされる．

　③保護観察：更生保護の中核となる制度であり，犯罪者や非行少年が地域社会の中で更生できるよう，保護観察所の保護観察官と保護司が協働して指導や援助を行うものである．保護観察の対象となるのは主に，家庭裁判所で保護観察の決定を受けた少年，少年院を仮退院した者，刑務所等を仮釈放となった者，裁判所で保護観察付刑執行猶予の判決を受けそれが確定した者であり，1年間に保護観察所が取り扱う事件数は，約8万件（2014年）に及ぶ．通常の場合の保護観察は，保護観察官が，保護観察の開始時，危機場面，専門的プログラムの実施場面等に保護観察対象者への調査や処遇を行い，その他は，実際に保護観察対象者と同じ地域に住んでいる保護司が，毎月会って指導や援助を行うかたちで進められる．

　④更生緊急保護：刑事上の手続きまたは保護処分による身柄拘束を解かれた者で，社会に頼るべき親族がいない者等について，当人の申し出に基づき，緊急に住居や就労等を援助するものである．例えば，刑務所を満期釈放となったものの帰れる場所のない者が，保護観察所に保護を求めてきた場合，保護観察官が面接のうえで，必要に応じて就職や更生保護施設への入所について調整・支援を行う．

　⑤恩赦：行政権によって，国の刑罰権を消滅させ，裁判の内容を変更させ，または裁判の効力を変更もしくは消滅させる行為である．個別の恩赦は，主に保護観察所長からの上申を受けて，中央更生保護審査会が審査し，相当・不相当の判断を行う．

　⑥犯罪予防活動：更生保護は，地域を基盤とする制度であり，それが有効に機能するためには，地域社会の人々の理解と協力が欠かせない．立ち直ろうとする者を受け入れてもらえるよう，また，そもそも地域で犯罪や非行が起こらないよう啓発広報を行うことも，更生保護の重要な役割の一つとなっている．

　以上，更生保護制度について概観したが，2005年から施行されている医療観察制度においても，保護観察所は，重大な他害行為をした精神障害者の社会復帰を支援する地域処遇の一翼を担っており，専門職員である社会復帰調整官が，全国に約200人配置されている．

〔押切久遠〕

保護観察制度

　保護観察は社会内処遇の一形態であり，犯罪や非行をした人々を施設に収容して処遇するのではなく，一定の約束（遵守事項という）を付して，社会内で通常の社会生活を営ませながら保護観察官や保護司が定期的に面接等を行い，生活状況の報告を受けて健全な生活をするよう指導助言をする等，多様な働きかけを行うことによって，その改善更生を図ることを目的としている．

●**保護観察の対象**　保護観察の対象となるのは，次の5種類の者である（更生保護法48条）．①家庭裁判所で保護観察処分に付されている者(保護観察処分少年)，②少年院からの仮退院を許されている者（少年院仮退院者），③刑事施設から仮釈放を許されている者（仮釈放者），④刑の執行を猶予され保護観察に付されている者（保護観察付執行猶予者），⑤売春防止法に基づき婦人補導院から仮退院を許されている者（婦人補導院仮退院者）．

　①②が少年，③④⑤が成人である．ただし，⑤の対象者は近年ほとんどみられない．

●**保護観察の処遇**　保護観察の処遇は指導監督と補導援護からなっている．

　①指導監督とは：遵守事項を守り健全な社会人として犯罪や非行に陥ることなく生活ができるよう働きかけることであり，次の三つの方法に基づき実施される．(a)面接や電話等，適当な方法で保護観察対象者と接触を保ちその行状を把握すること．(b)遵守事項を遵守し，生活行動指針に即して行動するよう，必要な指示その他の措置をとること．(c)特定の犯罪的傾向を改善するための専門的処遇（薬物再乱用防止プログラム等）を実施すること．

　また，指導監督とは，対象者の犯罪または非行の内容，悔悟の情，改善更生の意欲，性格，年齢，経歴，心身の状況，生活態度，家庭環境，交友関係，住居，就業または通学に関わる生活環境等を考慮し，犯罪または非行に結びつくおそれのある行動をする可能性および保護観察対象者の改善更生に関わる状態の変化を的確に把握して，対象者にふさわしい働きかけを行うことである．指導監督は，権力的・監督的な側面を有することから，改善更生のために必要かつ相当な限度において行うこととされている．

　保護観察官や保護司は，対象者一人ひとりと定期的に（概ね月に1～2回程度）面接し生活状況を確認して必要な指導や助言をしたり，対象者からの種々の相談にのる等して，それぞれの対象者の状況や問題に応じた指導を行っている．このような対象者一人ひとりに対する個別の指導に加えて，保護観察所において，交通事件等類似した問題性を有する対象者を集めて集団処遇が行われている．特に，

2008年に更生保護法が施行された後は，性犯罪対象者，薬物事犯対象者等，特定の問題をもつ対象者に対する認知行動療法に基づくプログラム処遇の活用が進んでいる．また，自己有用感を育ませることを目的として，社会参加活動や社会貢献活動等も実施されている．

保護観察の対象者は，社会生活を送るうえでさまざまな問題を抱えていることが多い．

②補導援護とは：対象者に円滑な社会生活送らせるためにこれらの社会生活上の問題に対して援助を行おうとするものである．保護観察の援助的・福祉的な側面であり，次の7種類がある．(a)適切な住居その他の宿泊場所を得ることおよび当該宿泊場所に帰住することを助けること．(b)医療および療養を受けることを助けること．(c)職業を補導し，就職を助けること．(d)教養訓練の手段を得ることを助けること．(e)生活環境を改善し，および調整すること．(f)社会生活に適応させるために必要な生活指導を行うこと．(g)その他健全な社会生活を営むために必要な助言その他の措置をとること．このうち，保護観察の実際の場面で必要になることが多いのは宿泊場所の確保，就労の援助等である．補導援護は，保護観察対象者が自立した社会生活を営むことができるように実施するものであるが，福祉的・援助的な精確が強いことから，本人の自助の責任を踏まえつつ，必要かつ相当な限度において行うものとされている．

補導援護にあたっては，福祉等の関係機関や団体等と連携して行うことが重要であり，特に近年は，福祉関係機関や職業安定所等と連携した援助が進められている．特に，高齢または障害により自立が困難な人に対して，矯正施設収容中から出所後の速やかな社会復帰と福祉サービスへの移行に向けて，地域生活定着支援センター等との連携が行われている．

●**保護観察の実施者** 保護観察における指導監督および補導援護は，保護観察所に配置されている保護観察官や法務大臣の指名により各地域に配属されている保護司が担当している．保護観察対象者の特性やとるべき措置の内容その他の事情を踏まえて，ほとんどの事例では保護観察官と保護司が協働して実施されているが，事案の内容や対象者のもつ問題性等により保護観察官の関与の度合いを強めることとされている．

具体的には，保護観察所の長は，保護観察を担当する保護観察官を指名して保護観察の実施計画を策定させ，それに基づいて指導監督および補導援護を行わせているとともに，その対象者を担当する保護司を指名して，保護観察官と保護司が連絡を取りながら協働して具体的な指導監督および補導援護を行っている．特に必要があると認めるときは，複数の保護観察官または保護司を指名することもある．また，補導援護では，更生保護事業を営む者その他の適当な者に委託して行うことができ，実際に更生保護施設等の民間団体に委託される例も多い．〔鈴木一光〕

仮釈放制度

　仮釈放には，広義の仮釈放と狭義の仮釈放とがある．広義の仮釈放とは，収容されるべき期間が経過する前に，矯正施設に収容されている者を仮に釈放すること全般をいう．広義の仮釈放には，収容されている者に応じ複数の種類があり，例えば，保護処分の執行のために少年院に収容されている者への「少年院からの仮退院」は，その一つである．狭義の仮釈放とは，広義の仮釈放のうち，懲役または禁錮の刑の執行を受けている者に対して行われるものをいう．一般に仮釈放は狭義の仮釈放をさすことが多く，以下，狭義の仮釈放のことを仮釈放として述べる．

●**仮釈放の意義**　仮釈放には一般に四つの意義があるとされる．すなわち，①行状の良好な受刑者に褒賞として与え施設内の規律と秩序を保持する，②刑の個別化，つまり，受刑者本人等の変化に応じて不要となった拘束を排除し個別的に正義を実現する，③社会の保護，つまり，受刑者を拘禁状態から一挙に自由にせず，一定期間保護観察（☞「保護観察制度」）によって指導監督し，社会生活に慣れさせることで再犯を防ぐ，④拘禁を必要最小限にとどめ，自立生活に導き受刑者の改善更生をうながす，の四つである（大塚ら，2004）．わが国はこれらを総合的に採用している．刑法28条は，「懲役又は禁錮に処せられた者に改悛の状があるときは，有期刑についてはその刑期の3分の1を，無期刑については10年を経過した後，行政官庁の処分によって仮に釈放することができる」としている．ここにいう「3分の1」や「10年」は最低限経過すべき刑期をさし，この期間が経過してもただちには仮に釈放されない．また，「仮に釈放することができる」として仮釈放は受刑者の権利ではないことを示している．加えて，更生保護法3条では，仮釈放をはじめとする更生保護法上の措置は，改善更生に必要であっても無制限にはできないことが示されている．

●**仮釈放の許可基準**　仮釈放を許すか否かの基準は，刑法28条にいう「改悛の状」と「3分の1」「10年」を経過することの2点である．「改悛の状」の具体的内容は，法務省令である「犯罪をした者及び非行のある少年に対する社会内における処遇に関する規則」28条が，「悔悟の情及び改善更生の意欲があり，再び犯罪をするおそれがなく，かつ，保護観察に付することが改善更生のために相当であると認めるときにするものとする．ただし，社会の感情がこれを是認すると認められないときは，この限りでない」と定めている．

　具体的には，以下の内容である．①「悔悟の情」は，行った犯罪による被害の実情や犯罪に至った自己の問題性を正しく認識したうえで，悔いる気持ちが認め

られる場合に認める．②「改善更生の意欲」は，被害者らに対する慰謝の措置の有無やその内容，措置の計画や準備の有無，施設内処遇への取組状況，反則行為等の有無や内容，その他の施設での生活態度，釈放後の生活計画の有無や内容等から判断する．③「再び犯罪をするおそれ」は，性格や年齢，犯罪の罪質や動機，態様，社会に与えた影響，釈放後の生活環境等から判断する．④「保護観察に付することが改善更生のために相当」については，①ないし③が認められるときに，総合的かつ最終的に相当であるかどうかを判断する．⑤「社会の感情」については，被害者らの感情，収容期間，検察官等から表明されている意見等から判断する，とされている．

なお，仮に釈放された受刑者は，残りの「収容されるべき期間」が経過するまでの間，保護観察に付される関係から，実務上，仮釈放が許される前提として，仮に釈放された後に居住できる住居と身元引受人の存在が求められる．これらは，保護観察所長による生活環境の調整（☞「生活環境の調整」）によって必要な調査と確保に向けた調整が行われる．

●**審理**　仮釈放を許すか否かの判断は，法務省の地方支分部局である地方更生保護委員会（以下，委員会とする）の合議体が行う．委員会は高等裁判所所在地の8か所に置かれている．合議体は委員会の委員3人で構成され，刑務所長等からの申出または合議体みずからの判断に基づいて，仮釈放を許すか否かの審理を開始する．合議体は，その合議体に属する委員による受刑者との面接結果のみならず，受刑者に関わる種々の資料，委員会所属の保護観察官による受刑者との面接結果や，保護観察所長による生活環境の調整の結果，必要な場合は，被害者やその遺族の意見・検察官の意見等を踏まえ，仮釈放の許可基準に照らして審理を行う．

●**実態等**　受刑者は拘禁という特殊状況下にあり，わが国では，例えば，受刑者の心情や，委員または保護観察官による受刑者の言動の受け止め方といった，仮釈放に係る心理学的研究は見当たらない．ここ数年間の運用は，すべての釈放者に占める仮釈放者の割合が50％前後で推移し，また，仮釈放者の75％前後が，収容されるべき期間の8割以上経過した後に，仮釈放されている状況にある．近年，高齢や障害のため出所後の自立が困難となる受刑者への対応が，再犯防止上の課題として指摘され，そのような者をなるべく仮に釈放し一定期間保護観察に付すべきとの論もある．現行の仮釈放の意義や許可基準の内容，各種福祉サービスの手続や提供内容などから対応困難な問題であるが，2009年にそのような者への特別調整（☞「生活環境の調整」）が開始される等，制度的な検討も始まっており，今後，運用に変化がみられる可能性もある．　　　　　　　　　　　［田中健太郎］

📖 参考文献
[1] 大塚 仁・河上和雄・佐藤文哉他編(2004)『大コンメンタール刑法』第2版，青林書院．
[2] 法務省保護局(2009)『無期刑及び仮釈放制度の概要について』法務省保護局．

修復的司法

　修復的司法（restorative justice：修復的正義とも訳される）は，主として刑事司法の分野で 1990 年代から世界的に広まった新たな潮流である．伝統的な刑事司法が，犯罪を国家が定めた法規範への侵害ととらえ，刑事司法を国家対被告人の関係とみるのに対し，修復的司法は，犯罪を地域社会において被害者と加害者との間で起きた害悪ととらえ，これを被害者と加害者，地域の人々が修復していくことをめざす．その定義については，純粋モデルと最大化モデルの論争があり，前者では「当該犯罪に関係するすべての当事者が一堂に会し，犯罪の影響とその将来への関わりをいかに取り扱うかを集団的に解決するプロセスである」とされ，後者では「犯罪によって生じた害を修復することによって司法（正義）の実現を志向する一切の活動である」とされている（所，2002）．

●**修復的司法の実践形態と広まり**　修復的司法の実践形態の典型的なものとして，被害者加害者調停（victim offender mediation），家族集団会議（family group conference）があり，仲介者を介して，被害者と加害者，あるいはこれに家族や支援者，地域の人々が加わった話し合いを通じて被害の回復や償いの方法が合意される．

　世界的には，欧米で 1,000 以上のプログラムがあるといわれ，カナダ，ニュージーランド，オーストラリア等が特に盛んで，近年アジア，アフリカ諸国にも広まりつつある．刑事司法以外でも，学校や職場，地域での紛争の予防や解決，児童虐待における親子の再統合等の分野で用いられている．地域内の大規模な紛争に取り入れられた例としては，南アフリカのアパルトヘイトに対し設置された真実和解委員会，ルワンダの大量虐殺への対応等がある（染田，2006）．

●**国連の基本原則**　修復的司法については，一方で被害者の被害回復や犯罪者の更生に役立つといわれる反面，被害者が事実上参加を強いられる，加害者に刑罰以外の償いをさせる点で厳罰化に近い結果となる等の懸念も示されている．

　国連は，2002 年に「刑事分野における修復的司法プログラムの活用に関する基本原則」を採択し，2005 年に修復的司法に関する政策・手続き・プログラムを促進するよう勧告した．基本原則においては，任意性（参加が任意で，進行役が価値中立的存在であること），公平性（法的援助者に相談を受ける権利等の適正手続が保障されること），安全性（身体的にも精神的にも安全な環境と手続きが保障されること）が重視されている．

●**わが国での実情**　世界での広まりに比べると，わが国での修復的司法実践はいまだ緒についたばかりで，国の施策として正面から取り入れられているとは言い

がたい．民間の活動では，犯罪の分野で，千葉県にある NPO 法人対話の会，岡山県弁護士会の仲裁センター，兵庫県弁護士会の被害者加害者対話支援センター等があり，いじめの分野で埼玉県の NPO 法人修復的対話フォーラム等がある．

　国の機関では，島根あさひ社会復帰促進センター（民間委託の刑務所）が受刑者に対する教育プログラムの三つの柱の一つに修復的司法を掲げ，三つの責任①被害者への説明責任，②再犯防止責任，③謝罪・償いの責任，を果たすようにうながしている．また，2000 年代に入って以降，これまで刑事司法が犯罪被害者をなおざりにしてきたことが反省され，その権利の確立のための法整備や被害者支援施策の充実が図られた結果，修復的司法の周辺に位置するような施策が各方面にみられるようになった．

　刑務所や少年院の中で行われている「被害者の視点を取り入れた教育（R4）」は，受刑者や少年院在院者に，被害者が受けた被害の実情を理解させ，自分がなすべき謝罪や償いについて考えさせるプログラムであるが，この教育を受けた受刑者等が実際に被害者に謝罪や償いを申し出れば，修復的司法に結びつく可能性がある．また，保護観察所に設けられた被害者担当保護観察官・保護司制度で，被害者から加害者の更生等について問い合わせを受けた被害者担当保護観察官・保護司が，被害者の不安や要望を加害者担当の保護観察官・保護司に伝え，これを保護観察中の加害者への指導に生かした場合も，同様の可能性がある．

　さらに，法務省矯正局は，2014 年 3 月，少年院職員向けに『被害者等との関係調整に係るガイドライン』を作成した．中立的な仲介者ではなく少年の矯正教育に携わる少年院職員が仲介者的役割を担うという点が異なるものの，一方当事者である少年への教育から一歩踏み出して被害者等と少年という二当事者間の関係調整をするという点では，かなり修復的司法に近づいた施策といえる．

●**わが国の被害者加害者対話の例**　上述の NPO 法人対話の会では，2001 年から少年事件を対象に，窃盗・恐喝から殺人・性犯罪まで，特に犯罪類型を限定せず，被害者あるいは加害者の申込みを受けて対話を行っている．運営する側に弁護士や学者，臨床心理士らがいるが，対話の準備と開催を担う進行役（facilitator）は研修を受けた一般市民である．申込みを受けると進行役が申込者に面談し，修復的なニーズと適格性があると判断した場合に相手方に連絡し，相手方とも面談して同様の判断ができた場合にはじめて被害者と加害者が直接会う「対話の会」を開くという．この会は，①各自が事件での体験を話す，②質問と答え，③被害回復と償いについて話し合う，④合意ができれば文書にする，という 4 段階で進められる．対話によって，加害少年が非行に至った原因を知り真摯な謝罪と償いを受けた被害者は加害少年への恐怖から解放されて回復への一歩を踏み出すことができ，被害の具体的実情を知った加害少年は心からの謝罪の気持ちと更生への意欲をもつことができるという（山田，2016）．

［山田由紀子］

非行・犯罪防止における多機関連携

　非行や犯罪の背景には，複雑で多岐にわたる問題・事情が関係しており，これらの問題等を解決するには，関係省庁はもとより，さまざまな機関・団体等が官民を問わず，それぞれの専門性や特長・機能・強みを生かし，密接な連携のもと，対象者の改善更生・立ち直りに向けた指導・対応・支援にあたる必要がある．

●**多機関連携とは**　このように多機関・多職種の者が密接に連携・協働し，共通の目標達成に向けて問題や課題に対処することを，一般に，多機関連携と称している．多機関連携は，非行少年・犯罪者の再犯防止はもとより，地域社会における非行・犯罪防止，青少年の健全育成に向けた取組みを実効性あるものとするための重要な考え方である．

　2012年7月に犯罪対策閣僚会議において取りまとめられた「再犯防止に向けた総合対策」の重点施策の中に，①対象者の特性に応じた指導・支援を強化する（罪種，年齢，性別等，一人ひとりに応じた効果的な指導・支援を強化する），②社会における居場所と出番をつくる（対象者が健全な社会の一員としてその責任を果たすことができるように，適切な生活環境と一定の生活基盤を確保し，社会復帰を促進する）ことが掲げられている．

　この施策を展開する場合，矯正施設での対象者への働きかけだけでは，その効果は限定的であり，限界がある．例えば，高齢または障害により円滑な社会復帰が困難な被収容者の場合，地方更生保護委員会，保護観察所，更生保護施設，病院，社会福祉施設，地方公共団体等の協力・支援が必要不可欠であり，関係する諸機関・団体が足並みをそろえ情報を共有しながら，入所から退所まで，また，出所後も適時適切に，かつ，継続的・重層的に対象者に関わり続ける多機関連携が求められる．

●**矯正施設被収容者をめぐっての多機関連携**　矯正施設被収容者をめぐっての多機関連携としては，就労支援と福祉・医療的支援とに関連する取組みがある．前者の就労支援は，①関係省庁等が連携して，刑事施設受刑段階・少年院在院段階からの就労支援（職業訓練を含む）を充実させ，②協力雇用主の開拓・確保の促進（協力雇用主の周知，刑務所出所者・少年院仮退院者の就労に関する理解促進等のための広報啓発を含む）を図るとともに，③公的機関における刑務所出所者等の雇用促進および協力雇用主に対する優遇措置の拡充を進めるものである．後者の福祉・医療的支援は，①薬物依存のある刑務所出所者等に対する地域支援体制の構築と②高齢者や障害者等の自立困難者に対する関係機関の支援体制の構築を図ろうとするものである（法務省HP「再犯防止対策ワーキングチーム幹事会・

分科会（タスクフォース）の設置について」2014）．

また，少年院に送致された少年をめぐる多機関連携の例としては，少年院における処遇および仮退院後の保護観察の実施に特別な配慮を要する者ら一定の要件に該当する少年に対して，矯正管区，地方更生保護委員会，少年院，少年鑑別所，保護観察所間の連携を基軸とし，保護者，引受人，保健機関，医療機関，社会福祉施設，教育機関，地方公共団体その他関係機関の担当者が参加する処遇協議等を実施することにより，少年院入院後早期から保護観察期間の満了に至るまで，再非行の防止等に資するための継続的な指導・支援等の取組みがなされている．

●**地域社会における非行・犯罪防止，青少年の健全育成に向けた多機関連携**　地域社会における非行・犯罪防止，青少年の健全育成に向けた取組みのうち，法律で規定されているものとしては，①社会生活を円滑に営むうえでのさまざまな困難を有する子ども・若者を地域社会において支援するため，福祉，教育，医療，雇用，矯正，更生保護等に関わる関係機関等により構成される子ども・若者支援地域協議会（子ども・若者育成支援推進法），②虐待を受けている子どもや非行児童等の要保護児童の早期発見や適切な保護を図るため，関係機関がその子どもらに関する情報や考え方を共有し，適切な連携のもとで対応するための要保護児童対策地域協議会（児童福祉法）等がある．

一方，法令上の規定はないが，運用として行われている例として，非行少年ならびに被害少年への適切な支援実施を目的として，教育委員会（学校）や児童相談所の他，支援に必要とされる関係機関の担当者から構成される少年サポートチーム（北海道警察本部の少年サポートセンターが事務局）としての取組み，異種機関相互間の情報共有と迅速・的確な行動連携を目的として，児童相談所相談部門・教育委員会・県警少年課の少年サポートセンターが同一建物の同一フロアで業務を行い，人事交流も含めた行動連携を進めている北九州市の取組みがある（石川，2013）．

また，複数のNPO法人が関わり相談支援業務を行っている相談室と少年鑑別所とが連携して，個別心理検査実施等による支援を通じて，地域相談ネットワークとの連携強化を図った取組みもある（小林，2013）．

●**円滑な連携・協働のために**　多機関連携を有効かつ円滑に展開するため，特に重要となるのは以下の事項である．①運営の中核となり関係機関等相互の連携・役割分担の調整を行う機関を明確にすること．また，そうした機能を果たし得る人材，いわゆるコーディネーターを養成すること．②関係機関等からの円滑な情報提供と情報共有を図るための個人情報保護の枠組みを明確化すること．加えて，関係機関間で「できることとできないこと」，その機能と限界についての相互理解を深めるとともに，対象者の改善更生等共通する目標に向けて，相互に尊重し協力することも実務上の連携を進めるうえで大切である．　　　　　［小林万洋］

ダイバージョン

　ダイバージョン（diversion）とは，刑事政策や犯罪学の領域において，非行・犯罪に至った人を司法的処理から離脱させることをいう．この言葉は，元来，英語で「わきへそらせること，転換，進路変更」等を意味する．ダイヴァージョン，ディバージョン，ディヴァージョンと表記される場合もある．

●**目的・背景・類型**　非行・犯罪行為に至った者の側からみると，ダイバージョンの目的は司法的処理の対象となることで生じるさまざまな弊害の回避にある．弊害の主なものとして，①社会において負の烙印づけを受けること，②拘禁によって家族や社会との関係が断絶し，社会復帰の妨げとなることがあげられる．一方，刑事司法システムの側からみると，ダイバージョンには司法的処理における決定や執行に伴うコストを削減し，負荷の軽減を図るという目的がある．

　ダイバージョンについて，特に社会における負の烙印づけを避ける目的を強調するのは，ラベリング論の考え方に基づくものである．ラベリング論では，反社会的行為に至った人に「犯罪者」としてのレッテルを貼る（ラベリングする）ことは，本人の犯罪行為への関与をより常習的にすると考える．そのため，犯罪に対しては，できる限り司法的処理を回避することが主張される（☞「ラベリング論」）．ダイバージョンの類型には，①手続きの打切りのみによる離脱，②手続きの打切りに加えて，処遇・支援プログラムへの委託（referral）を伴う離脱の二つがある．

●**歴史的展開**　1967年に米国の大統領諮問委員会（President's Commission on Law Enforcement and Administration of Justice）が公表した『自由社会における犯罪という挑戦（*The Challenge of Crime in a Free Society*）』と題する報告書の中でダイバージョンの語が初めて用いられたとされる．同報告書では，少年に対する裁判以前の段階における既存の処分（司法前処分）に，手続きの透明性や公平性等の面で問題があるとしながらも，これらのさらなる活用が勧告された．具体的には，①警察によるダイバージョンの奨励，②少年裁判所の管轄権の縮小，③司法手続からの離脱後の委託先としてのサービス調整とプログラム提供機関の設立等を求めた．

　その後，ダイバージョンは各国へ広がりをみせたが，それに対する批判もあった．主要な論点として，以下の四つがある．①捜査段階におけるダイバージョンでは，離脱の決定や委託先のプログラムの選定基準が必ずしも明確ではなく，裁判官以外による決定では，弁護や上訴といった適正手続の保障が十分ではない，②非司法機関へのダイバージョンを行っても，結局のところは司法制度に代わる

新たな統制のもとに対象者をおくことになる．③ダイバージョンが導入された結果，それまで司法的処理の対象ではなかった者までが処遇に取り込まれることになってしまい，網の拡大（ネット・ワイドニング）が起こる危険性がある．④ダイバージョンによる処遇プログラムへの参加自体が負の烙印づけの原因となる可能性があるため，ラベリングの回避ではなく，ラベルの貼り替え（re-labeling）をしているにすぎない．

　こうした批判がある一方，現在も各国の刑事司法，少年司法制度ではダイバージョンが広く行われており，国際準則においても必要性が認められている．例えば，「少年司法運営に関する国連最低基準規則」（北京ルールズ）では，社会資源の活用を通じて，法による介入の必要性を減少させることが基本的展望とされ，ダイバージョンの推進が勧告されている．

●**国内外におけるダイバージョン**　わが国におけるダイバージョンとしては，警察段階での微罪処分・交通反則通告制度，検察段階での起訴猶予処分がある．これらは，手続きの打切りによる離脱である．ただし，ダイバージョンの具体的内容については多様な見解が存在している．論者によっては，裁判段階での略式手続き，刑の執行猶予，行刑段階での仮釈放もダイバージョンに含まれると説明される．また，少年司法の領域では，少年審判は公開裁判を回避するという意味において，不処分や審判不開始は保護処分を回避するという意味において，それぞれダイバージョンの機能を果たしているという主張もある．

　国外においては，裁判段階での宣告猶予を制度化している国があることに加え，処遇・支援プログラムへの委託を伴うダイバージョンが広く行われている．代表的なものとして，薬物に関連する犯罪に至った者を対象として，裁判所が適当であると認める場合に薬物依存症治療プログラムへの委託を図るドラッグ・コート（drug court），精神疾患のある被疑者・被告人のうち司法的処理外での対応が適切であると考えられる者を捜査・裁判段階で発見し，医療機関による治療や保健福祉機関による支援への委託を図るメンタル・ヘルス・コート（mental health court）等がある．

　これらは問題解決型裁判所とよばれ，被疑者・被告人，法曹に加えて，医師，臨床心理士，ソーシャル・ワーカー等が協力し，犯罪原因にアプローチしている（☞「問題解決型裁判所」）．近年では，離脱に伴う代替的介入・支援の実質化が強調される傾向にあり，処遇・支援プログラムへの委託にあたって，司法的処分をすぐに打ち切らず，委託先における状況を裁判所が継続的，かつ積極的にモニタリングする方法が広がりをみせている．　　　　　　　　　　　　　　　　［水藤昌彦］

参考文献
［1］　川出敏裕・金光　旭（2012）『刑事政策』成文堂．
［2］　菊田幸一・辻本衣佐（2012）『ホーンブック　犯罪学』新3版，北樹出版．

問題解決型裁判所

　問題解決型裁判所（problem solving court）は，司法のもつ効果を用いて，伝統的な裁判手続とは異なる方法で被告人が抱える社会的問題の解決を図る新たなアプローチをとる裁判所のことである．問題解決型裁判所は，特にドラッグ・コート（薬物専門裁判所）がその前身および中心となっており，その実務を理論面で支えた治療的司法（therapeutic jurisprudence）の概念を用いて展開された．そのため，まずドラッグ・コート（drug court）および治療的司法について概観し，問題解決型裁判所について解説する．

●**ドラッグ・コート**　ドラッグ・コートとは，薬物関連犯罪を犯した薬物乱用者に対し，伝統的な刑事司法手続で対処するのではなく，より治療的なプログラムを提供し，裁判官のもとで継続的に治療過程を踏まえて審理されるものである．それらプログラムを修了した被告人に対し手続きを終結させるというもので，これまでの刑事司法，医療，福祉，それぞれの各分野だけでは停滞気味であった薬物犯罪問題に対して行われる画期的な裁判である．ドラッグ・コートは，瞬く間に全米に広がり，その効果に関する研究や，コストに関する研究等を含めた一大ムーブメントを巻き起こした．

　このドラッグ・コート・ムーブメントは，何度も同じ行動を繰り返す被告人に対して何かしらのアプローチをとることができないかと悩んだ実務家の活動から始まっている．しかし，実務の活動だけで急激に展開された訳ではなかった．それは，実務家たち自身が述べていることであり，こういった米国における治療的な解釈によって新しい方法を導入するという現象は，まったく新しい法理論の登場によって，支えられている．それが，治療的司法である．

●**治療的司法**　治療的司法の創始者の一人であるウェクセラーら（Wexler et al., 2003）によれば，治療的司法とは，「法手続および法執行において，適正手続や地域社会の安全よりも，治療的であるということが優先されるということではなく，他の関心事と同等のレベルにおいて法が治療的な目標を達成されるように運用されるべきである」とし，法は問題解決のための一つのツールとして使用されるべきであると主張する．もともとは精神保健法の専門家であったウェクセラーらによって提唱された治療的司法という概念である．

　彼らの主張によると「そもそも法とは治療的あるいは反治療的，どちらにもつながる社会的な力を有している．行動科学を一道具として，法のもつ治療的または反治療的な影響力を研究し，デュー・プロセス（適正手続）等，他の重要な諸価値を侵害することなく，法がもっている治療的な機能を向上させるように考察

するもの」である．1990年代からウェクセラーらによって，この概念が主張され，精神保健法の領域を超えて，この主張に賛同する研究者が他の領域についても，この治療的司法を利用していくようになる．

実務家の主導で始まったドラッグ・コートは理論的支柱を必要とし，治療的司法はその実務的実践を求めていた．理論における治療的司法と実践におけるドラッグ・コートが互いを理論と実践として相互利用し合うのは，1997年に開催された全米ドラッグ・コート専門家会議（National Association of Drug Court Professionals）からであった．

●**問題解決型裁判所**　伝統的な刑事裁判では解決できない被告人が抱えている社会的問題に対して法のもつ影響力を治療的な効果として考察するという治療的司法の考え方が，薬物依存症以外にも利用できるのではないか，とする試みが行われた．これらの例をいくつかあげる．ドメスティック・バイオレンス（DV）に特化した問題を裁判所がプログラム提供することで，伝統的な刑事司法手続以外の解決方法を探るドメスティック・バイオレンス・コート，病理的および強迫的にギャンブルにのめり込む人に対して，ギャンブル依存からの回復をめざしたギャンブリング・コート，酩酊運転を繰り返す人に対して飲酒運転だけを罰するのではなく，問題化してもやめられない飲酒行動の解決からアプローチをしていくDWI（driving while intoxicated）コート等も問題解決型裁判所の一つとされる．

例えば，DVについては，従来の伝統的な裁判では暴行罪もしくは傷害罪で起訴され，有罪判決を受ければ受刑をすることになるが，ここでは，治療プログラムを受けながら，加害者および被害者の関係整理を図ったり，生活環境の調整等を行っていく．DWIコートは，飲酒運転等の酩酊運転を道交法上の違反として，または刑法上の違法として刑罰を与えるのではなく，酩酊運転に至る飲酒行動等の問題解決に向けて回復プログラムを設定し，カウンセリングや生活環境の調整等を行いながら回復をめざすのである．

個々の事例だけでなくその背景にある社会的問題関心について，司法の果たす役割を再定義し直す問題解決型裁判所は，さらに薬物問題以外の社会的問題へと展開されてきた．1994年には米国司法省の報告で「治療型のドラッグ・コートをモデルとした，他分野を巻き込んだ方法が，他の司法制度の領域にも適用されている」としている．さらに，司法省はこういったムーブメントに対して，「地域に根ざした改革」であるとし，賞賛したのである．

すでに存在していたドラッグ・コートもこのムーブメントによって，その適用範囲を拡大し，そもそも単純な薬物所持および自己使用の薬物犯罪に行われていた制度であったものが，薬物依存が原因で行ったとされる窃盗や，薬物売買等を対象にし始めただけでなく，最初に除外されていた暴力犯罪を含んだ薬物犯罪もその射程範囲に入れ始めたのである．　　　　　　　　　　　　［丸山泰弘］

《羅生門》(1950) と犯罪事実

映画《羅生門》(黒澤明監督) は，戦後間もない 1950 年 8 月 26 日に大映から公開され，国内では『キネマ旬報』ベストテン選考で 5 位だったが，国外ではヴェネチア映画祭グランプリ，米国アカデミー最優秀外国語映画賞と，優れた芸術性が世界に認められた．

舞台となる王朝末期という時代は戦乱や天変地異が続き，盗賊の横行した時代である．映画では，3 日前に起こった事件をめぐり，物憂い雨の降る羅生門で雨宿りをする 2 人の男 (杣売りと旅法師) が事件の目撃証人として検非違使 (平安初期の検察・裁判) に出頭したときに 3 人の事件当事者が語る内容を「わからねぇ……／さっぱりわからねぇ」等と，後から雨宿りにやってきた下人に語り始めるという構成となっている．そして，検非違使で語る 3 人の事件当事者 (名高い盗人の多襄丸，街道を歩く武士とその美人妻) の自白による回顧映像が物語の核心部分として演じられるが，その 3 人の事件当事者の語る 3 人三様のナラティブによって，いったい誰が加害者であり被害者であるのか，どういう事情で武士が死に至ったのか等の事実認識がまったく異なってみえる．3 人の語りを簡単にまとめる．

多襄丸：武士の妻を我がものとしようとして，男と嘘の取引をして拘束し，妻を手籠めにするが，用をすませた多襄丸が帰ろうとすると，妻が「二人の男に恥を見せるのは死ぬより辛い．生き残った男に連れ添いたい」とけしかけ，結局多襄丸が武士を殺害する．

妻：多襄丸に手籠めにされた後，縛られている夫のもとへ行くと，「夫から蔑んだ冷たい目で見られた」と泣き崩れ，短刀で夫の縄を切り，「私を殺してください」と夫に嘆願する．その後，気を失い，気づいたら夫の胸に短刀が突き刺さっていた，という．

武士 (死亡したが，巫女がその霊を呼び出し証言する)：手籠めにされた妻は，多襄丸からなぐさめられ，「自分の妻にならないか」と巧妙に話かけられた．妻は，これまで夫が見たことのない美しい顔でうっとりしていた．そして妻は「あの人 (夫のこと) を殺してください」と呪われた言葉を吐いた．その後，妻は逃げたが，多襄丸は帰ってきて武士の縄を切り解放した．失意の夫は，みずからの胸に短刀を突き刺した．

検非違使での証言はそこまでだが，羅生門にいた杣売りは検非違使で話さなかった目撃場面を語った．最初は，多襄丸が「妻になってくれ」と懇願するが，妻は武士の縄を切り解き，「どちらを夫にするかは男が決めるもの」とのメッセージを示す．すると，夫は「こんな女のために命を懸けるのはごめんだ」と突き放す．妻は突然泣くのをやめ，怒った様子で意気地のない 2 人の男をけしかける．結果，多襄丸が夫を太刀で刺して殺害する．

この話の原作は，今昔物語を題材とした芥川龍之介の『藪の中』である．ナラティブや文脈が現実認識に与える影響等，裁判員時代でこそ学ぶことの多い作品である．

[岡本吉生]

付　録

[編集担当：村松　励・大渕憲一・岡本吉生・川邉　譲・
　　　　　　須藤　明・寺村堅志・渡邉和美]

付録 1-1　統計にみる戦後の
　　　　　犯罪の動向 ——————— 746
付録 1-2　統計にみる非行の動向——— 750
付録 2　　戦後の犯罪史 ——————— 754
付録 3-1　司法分野における
　　　　　心理専門職：①警察 ——— 758
付録 3-2　司法分野における
　　　　　心理専門職：②家庭裁判所
　　　　　調査官 ———————————— 760
付録 3-3　司法分野における
　　　　　心理専門職：③法務省 ——— 762
付録 4-1　日本犯罪心理学会年表 ——— 764
付録 4-2　講演，シンポ，ラウンドの
　　　　　テーマ年表 ———————— 766
付録 4-3　歴代の学会長 ——————— 773
付録 5　　犯罪心理学のウェブ・ソース—774

付録1-1 統計にみる戦後の犯罪の動向

　図1は，各年の『犯罪白書』の冒頭で必ず使われる戦後から現在までの刑法犯の推移を示したものである．これをみると刑法犯は戦後ほぼ一貫して上昇し続け2002年にピークを迎えた後，翌年から急激に減少している．もし，このグラフを日本で発生した犯罪数だと考えると，日本は，戦後から2002年まで一貫して治安が悪化していたことになる．しかし，昭和の時代に治安がどんどん悪化していたと感じていた人はほとんどいないだろう．

　刑法犯の認知件数が一貫して増加しているのは，自動車の普及によって刑法上の業務上過失致死傷に該当する交通事故が増えたこと，さらには，自動車だけでなく，自転車やバイク等の車両，自動販売機，コンビニや量販店等が増えることによって，犯罪の対象物（ターゲット）や犯罪の機会が増加し，自転車盗，バイク盗，車上ねらい，自動販売機ねらいや万引きが増えたことが主な原因である．『平成25年版犯罪白書』によると，刑法犯認知件数の31.4％が交通関係，窃盗が51.6％で，窃盗のうち29.2％が自転車盗，万引きが13.0％，車上狙いが9.9％となっている．窃盗におけるこれら三つの手口別の割合は，1990年前後から現在までそれほど大きな変化はない．

●**一般刑法犯の検挙人員の推移**　警察統計の中で統計的に最も安定し，信頼性が高いのは検挙人員である．それは，事件を認知する場合と異なり，人を検挙する場合には，より厳格な基準が適用されるからである．もちろん，警察による取締りが強化され，それまで埋もれていた犯罪を掘り起こすことで検挙人員が増加することはあるが，厳格な基準が適用される分だけ，検挙人員は，認知件数や検挙件数と比較すると系統誤差の影響を比較的受けにくい．警察統計の中で，検挙人員は，認知件数と比較して（犯罪発生件数としての妥当性は低いものの）統計の安定性という意味での信頼性は高いともいえる．

　また，検挙率とは，検挙件数を認知件数で除した比率であり，検挙人員が使われていないことからわかるように，認知した事件をどれだけ検挙処理したかを表した数字であり，警察がどの程度犯人を検挙できたかを表した数字ではない．そこで検挙人員に着目して図1をみてみると窃盗を除く一般刑法犯の検挙人員は，2002年前後を除いて，戦後一貫して減少している．つまり，戦後，消費財の増加とともに増加した窃盗等を除くと，犯罪者の数そのものは減少傾向にあるといえる．

●**殺人等の暴力犯罪**　窃盗と比較すると刑法犯認知件数に占める暴力犯罪の割合は非常に低い．比較的件数の多い暴行と傷害を合計しても刑法犯全体の約3％に

すぎない．そして，暴力犯罪の認知件数は，1958年から1999年にかけて一貫して減少傾向にあった．傷害の認知件数をみると1958年に7万3,985件だったものが，1999年には3万184件に減少している．

しかし，殺人や傷害致死を除くほとんどの暴力犯罪の認知件数は2000年から一時的に急上昇している．例えば，暴行の認知件数は，1999年に7,792件だったものが，2007年は3万1,966件に増加してい

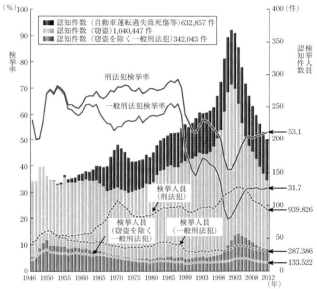

図1　刑法犯認知件数・検挙人員・検挙率の推移
（『平成25年版犯罪白書』より作成）

る．これは，1999年に発生したストーカー殺人事件をきっかけに警察庁が女性や子どもが被害者となる事案を中心に警察安全相談への対応強化を徹底した影響が大きいと考えられている（浜井，2011a）．認知件数は業務統計である以上，警察が児童虐待や家庭内暴力等の犯罪に対する対応を強化すれば，関連犯罪の認知件数は増加する．法務省が2000年と2004年に実施した犯罪被害調査（☞「犯罪統計」）によると，2000年前後に脅迫や暴行の被害率は約半減していたが，警察への通報率が2倍以上に増加していたことがわかる（『平成16年版犯罪白書』）．なお，この犯罪被害調査は，国連等が実施している国際犯罪被害調査（ICVS）に参加するかたちで実施されたもので，2000年の調査におけるわが国の脅迫や暴行の犯罪被害率は，参加国の中で最も低い結果となっている．

殺人の認知件数（未遂を含む）は，戦後，1954年の3,081件をピークにほぼ一貫して減少し，2013年には戦後初めて1,000件を割り込み939件となっている．殺人の認知件数が大きく減少したのは1955年から1990年にかけてであり，年齢層別の検挙人員でみると30歳未満による殺人の減少が特に顕著であった．また，1970年と2005年の殺人の検挙人員を年齢層別に人口10万人あたりで比較して

みると，16歳から30歳未満までの検挙人員が大きく減少している．特に20歳以上25歳未満では，1970年の検挙人員が10万人あたり5.17人であったのに対して，2005年は1.51人となり，3分の1以下にまで減少している．

また，『平成25年版犯罪白書』によると，2011年の人口10万人あたりの殺人の認知件数は，日本が0.8件であるのに対して，英国が1.8件，ドイツが2.7件，フランスが3.1件，そして米国が4.7件となっている．わが国は暴力犯罪に関する限り世界で最も安全な国の一つである．

さらに，わが国の殺人の特徴は家族・親族殺人が多いことであり，殺人の約4割がほぼ一貫して親子，夫婦，きょうだい間の家族内殺人である．

●**少子・高齢化と犯罪**　それでは，検挙人員が戦後ほぼ一貫して減少している原因としては何が考えられるのか．犯罪の発生には，景気や失業等の経済要因，経済格差（貧困），進学（就学率）率等さまざまな社会・経済的な要因が影響を与えていると考えられている．しかし，犯罪者の数に最も大きな影響を与えるのは人口動態である．

現在わが国は，急速に少子・高齢化が進んでいる．それは，犯罪の主要な担い手である若者が減少することを意味している．先に指摘したように，殺人等の凶悪犯罪で検挙される者は若者を中心に大きく減少している．実際，わが国では，戦後，国民の平均年齢の上昇や出生数の減少とともに人口あたりの一般刑法犯検挙人員は1990年頃まで一貫して減少していた．加えて，殺人については，人口比でみても青少年の検挙人員が減少している等，1970年代と比較すると，若者が殺人を犯さなくなっている傾向がうかがわれる．

若者の減少は，犯罪に限らず消費動向等経済に大きな影響を与えている．新車の販売が落ち込んでいるのも，交通事故による死亡事故，特に無謀運転による死亡者数が減少しているのも，若者の人口減少が影響していると考えられる．

一般刑法犯の検挙人員を年齢層別の構成比でみると，2000年頃まではその60％以上が30歳未満の青少年によって占められていた．多くの先進国では現在でも検挙人員の60〜80％が30歳未満の青少年である．

ところが，浜井（2011b）によるとわが国では，1990年代の半ば以降，こうした傾向に変化がみられるようになった．60歳以上の高齢者の割合が急激に増加し始めたのである．これは，単に高齢者人口が増加し始めたことによるだけでなく，60歳以上の人口あたりの検挙者数もこの時期から増加し始めていることによる．また，中高年については5年以内の再犯率も上昇している．2014年の一般刑法犯検挙人員のうち24.8％が60歳以上，12.8％が70歳以上である．さらに，65歳以上の一般刑法犯の検挙者についてみると，男性の47.4％，女性の82.7％が万引きで検挙されている．このように高齢犯罪者が急増したことは先進国ではきわめて珍しいことであり，こうした現象が起きているのはわが国だけである．

●**女性の犯罪** 女性の一般刑法犯検挙人員は，1960年前後から1988年（8万2,640人）までほぼ一貫して増加傾向にあったが，その後2000年まで減少，さらに2001年から2005年まで増加し，2005年に戦後のピーク（8万4,175人）に達した．しかし，その後は，再び減少傾向にあり，2012年には6万431人となっている．人口比でみても同様の傾向であり，2012年には人口10万人あたりの一般刑法犯検挙人員は104人となっている．同年の男性は419人である．女性比は，1988年に戦後初めて20％を突破し，その後は概ね21％前後で推移し，上昇傾向にはない．

女性犯罪における高齢化は男性以上に深刻で，一般刑法犯における65歳以上の高齢者が占める割合は，顕著な上昇傾向にある．1993年は5％台であったが，2001年に10％を超え，2008年からは20％以上で推移している．2012年は，65歳以上の高齢者が27.3％に達し，女性検挙者の3人に1人が高齢者であり，同年の男性の14.1％に比べても顕著に高くなっている．女性の高齢検挙者の9割が窃盗（8割が万引き）である．

●**薬物犯罪** 薬物犯罪には被害者がいないため，警察に被害届が提出され，それを警察が認知するというプロセスが存在しない．したがって，薬物犯罪の統計には，捜査活動の結果である検挙人員が使われる．当然，法定犯である薬物犯罪の統計は，窃盗や殺人等の自然犯以上に警察取締り・捜査活動の影響を受ける．戦後のわが国において，最も検挙人員の多い薬物犯罪は覚醒剤の所持・使用を中心とする覚せい剤取締法違反である．覚醒剤事犯の検挙人員は，「覚せい剤取締法」が制定された1951年以降では，最盛期の1954年に検挙人員が5万5,664人のピークに達したが，1954年および1955年の2回にわたる罰則の強化，徹底した検挙と取締り等によって急速に沈静化し，1957年以降は1,000人を下回るまでに減少した．しかし，1970年以降再び増加に転じ，1975年頃から1988年にかけては2万人を超える高い水準で推移した．その後は小さな増減を繰り返しながらも，2000年頃から概ね減少傾向にあり，2014年の検挙人員は1万1,148人となっている．

戦後，1987年に少年を中心とするシンナー吸引（毒物及び劇物取締法違反）による検挙者が3万6,796人に達したり，大麻取締法違反の検挙人員が2009年に3,087人に達したりする等，薬物犯罪は，その時々で社会問題となることがあるが，近時，覚醒剤事犯を除く薬物犯罪の検挙人員は最も多い大麻取締法違反が2014年に1,813人とそれほど多くなく，そのほとんどにおいて検挙人員は横ばいあるいは減少傾向にある．

［浜井浩一］

📖 **参考文献**

[1] Won-Kyu Park (2006) *Trends in Crime Rates in Postwar Japan : A Structural Perspective*. Shinzansha.
[2] 浜井浩一 (2013)「なぜ犯罪は減少しているのか」『犯罪社会学研究』38, 53-77.

付録1-2 統計にみる非行の動向

　少年非行に関する統計数値は，警察，検察，家庭裁判所等の少年関係の刑事司法機関が少年たちの一定の逸脱的行動に対して，窃盗あるいは傷害といった非行の認定を行った結果として析出される．それぞれの少年刑事司法機関が毎年の取扱い人員等の統計数値を公表しているが，戦後少年非行の動向をみる場合，社会変動の影響を大きく受けやすい青少年の逸脱的行動の変化とそれに対する統制機関側の対応の変化との相互作用の結果として読み解いていく必要がある．

　すなわち，青少年期は自我の成長段階にあり，社会経済的状況や時代の流行等によって次々と新たな欲動の高まり（流行）が生じやすい．そうした青少年の行動の一部が学校や地域社会において逸脱的行動として認知され，マスコミを通じて社会問題化した場合は統制機関の取締り強化を引き起こす．その結果，それまで見逃されていた逸脱的行動が非行として計上され（暗数の表面化あるいは新たな犯罪の創設），検挙人員の増加が引き起こされる．同時に，さまざまな防犯対策，非行予防策が強化され，それは青少年の欲動の鎮静化を引き起こし，暗数も含めた特定の逸脱的行動の減少を引き起こす．

　しかし，戦後少年非行の動向をみると，いったんある欲動が鎮静化しても，新たな社会文化的変化に触発されるように青少年の新奇の欲動が高まり，その一部が逸脱的行動というかたちで，入れ代わり立ち代わり出現してきている．その結果として，戦後少年非行の全体的な量的な動きは非行増大期と非行鎮静期の繰り返しを示してきている．

●**戦後少年非行の四つの波**　戦後の少年非行の全体的な量的動向をみる場合に最も多く使用されてきたのは，刑法犯検挙人員および少年人口比（14歳以上20歳未満の10万人あたりの人数）である（図1）．刑法犯少年の検挙人員の推移をみると，1951年をピークとする第一の波，1964年をピークとする第二の波，戦後最多を記録した1983年をピークとする第三の波，そして第四の波は検挙人員では1998年を，人口比では2002年をピークとする波を形成した後，近年は急減している．

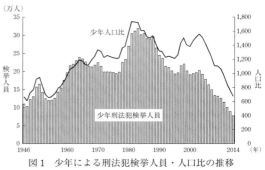

図1　少年による刑法犯検挙人員・人口比の推移
（『平成27年版犯罪白書』より作成）

それぞれの波の質的側面は，検挙された少年の非行内容（非行名，手口等），年齢層，性別，保護者，学歴等から特徴づけが行われてきており，その時代の青少年人口，高校進学率，失業率等の社会変動指標からもその特質が推察されてきている．

　第一の波の時期は，戦後の混乱期と復興期にあたる．日本全体がまだ貧しかった時代であり，高校進学率は60％未満で大学進学率は10％程度の段階であった．非行の中心は年長少年（18，19歳）であり，ひったくり，置き引き，すり等の窃盗とともに，金目当ての強盗も多発した．彼らは，貧困，家庭崩壊等の不遇な保護状況の中で成長し，いわば，生き残るため，生活の手段として非行に走っていた者が多かった．非行の動機も心情も理解しやすく，処遇としては福祉的・ケースワーク的処遇が効果的であったといわれる．

　第二の波は東京オリンピックが開催された1964年をピークとし，産業化，都市化が急速に進展した高度経済成長期にあたる．団塊の世代が中学生になる時期に相当し，少年人口が戦後のピークとなった時期でもある．社会的には安保闘争が激化し，経済至上主義的風潮が強まる中で，価値観の葛藤がさまざまなところで強まり，少年非行においても相対的な欠乏感に基づく社会への敵意，権威への反抗的な気分からの逸脱的行動が目立った．暴力団を後ろ盾にして不良集団を形成し，不良性を誇示し合う中で摩擦が生じ，傷害，暴行，恐喝といった粗暴犯が多数引き起こされた．また，強姦等の性犯罪も際立って多い時期であった．周囲が豊かになりつつあるだけに，少年たちのもつ相対的な欠乏感は強く，不遇感・劣等感を強め，権威に対しては対決姿勢をとりがちであったが，自立志向や上昇志向を満たすきっかけをつかむと立ち直りが早かったといわれる．

　第三の波は1983年をピークとし，高度経済成長によってわが国全体が豊かとなり，価値観の多様化が進み，刹那的・快楽志向的な風潮が広まった時期である．高校進学率が90％を超え偏差値が重視される等，教育環境の大きな変化が受験競争の激化を引き起こし，親の過剰期待や少年たちの目標喪失感，自我同一性拡散等を引き起こした．こうした家庭・学校・社会の変化を背景に，家庭や学校では家庭内暴力，校内暴力，いじめといった身近な者への暴力が社会問題化した．また，家庭や学校から逃げ出してゲーム・センター等にたむろして遊ぶ，中学生を中心とした年少少年によって，万引き，乗り物盗，占有離脱物横領等が増加し，特に万引きは女子少年でも多発し，女子の非行が急増した．暴走族構成員や毒劇法送致人員もこの時期にピークとなった．万引き，乗り物盗のように犯行の手段が容易で動機が単純ではあるものの，放置すれば恐喝，強盗といった他の本格的な非行へと深化していく危険性が高い非行であるとして，警察庁はこれら一連の非行を初発型非行と名づけ，警鐘を鳴らした．非行少年の特質として，気弱で自信に欠け，横並び意識が強い，無気力で主体性がない等が多く指摘され，一人で

シンナーを吸引したり，リスト・カットを繰り返す等非社会的な問題を抱える非行少年も増加傾向を示した．

第四の波の時期の検挙人員のピークは1998年であったが，検挙人員の増加分のほとんどは，万引き，占有離脱物横領，自転車盗等の比較的軽微な非行であった．しかし，この時期，社会的に大きな注目を集めたものは，特異・凶悪な少年事件の続発であった．1997年に神戸児童連続殺傷事件が発生し，2000年には豊川市主婦殺人事件，西鉄バスジャック事件，大分一家6人殺傷事件が続発した．中学高校生らによる，いわゆる「オヤジ狩り」や中高年齢女性を狙ったひったくりも多発した．社会経済的には，バブル崩壊後，失われた10年の時期に入り，1995年には阪神淡路大震災があり，銀行や証券会社が破綻する等，景気は低迷し，青少年の雇用状況も就職氷河期とよばれたように，きわめて悪化した時代であった．刑法犯認知件数は1996年以降，毎年戦後最多を記録し2002年にピークを迎えた．社会全体に体感治安が悪化した時期でもあった．

非行と発達障害との関連が注目を浴びるとともに，非行少年全体の質的変化についてもさまざまなかたちで語られた．『平成17年版犯罪白書』では少年院法務教官に対する調査結果をもとに，最近の非行少年の資質面での特徴を，人に対する思いやりや人の痛みに対する理解力・想像力に欠ける，自分の感情をうまくコントロールできない，等と指摘した．

●**第四の波と少年刑事司法機関の変化**　第三の波の時期から第四の波の時期にかけては暴走族や暴力団に対するさまざまな対策が功を奏し，不良集団に所属する非行少年が減少した．その一方，携帯電話やスマートフォン等の普及によってインターネットから得られる多種多様な価値観を含んだ情報による影響が格段に増している．それに伴い，非行行動にも変化が生じ，不良文化感染型非行から個人の資質的問題性が直接非行動機・形態に反映される場合が多くなっている．大きな社会変動によって青少年の生活環境が変貌する中で非行少年にも質的変化が生じているが，それは同時に少年刑事司法機関の変化もうながすことになった．

『平成27年版犯罪白書』資料から殺人・強盗の少年検挙人員の推移をみると，少年による強盗は第四の波の時期に急増している（図2）．これについて鮎川（2006）は，少年がひったくりをして相手をけがさせてしまった場合に凶

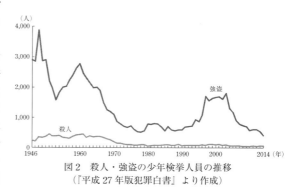

図2　殺人・強盗の少年検挙人員の推移
（『平成27年版犯罪白書』より作成）

悪犯の強盗傷害として積極的に検挙していくという，従来と異なる方針がおそらく 1993〜94 年頃にかけて設けられたのではないかと推測している．

　少年による殺人の検挙人員は増加していないが，第四の波の時期には少数の少年による殺人事件およびそれへの対応をめぐって少年刑事司法機関も変化を余儀なくされている．近藤（2010）は，第四の波の時期に少年刑事司法機関の方針が大きく変化したと指摘している．1988 年の綾瀬母子殺人事件，1993 年の山形マット死事件等を契機に警察庁は少年事件の捜査をより的確に行うようにという趣旨の通達を発出していたが，1997 年の神戸児童連続殺傷事件後には「少年非行総合対策推進要綱」を制定し，「強くやさしい」少年警察の運営の推進を打ち出した．それ以降，少年の通常逮捕人員が急増するとともに不良行為少年の補導人員も増加傾向を示す等，捜査方針に大きな変化が生じている．第四の波の時期に万引き，占有離脱物横領，自転車盗といった比較的軽微な非行が検挙人員を押し上げたのは，こうした警察活動と関連したものであったと推察される．

　2000 年には少年法改正案が成立する等，少年による重大事件，あるいは犯罪加害者全般に対する国民の厳しい意見や被害者への配慮の充実といった諸施策の展開を背景に，家庭裁判所の終局決定も大きな影響を受け，例えば少年院送致決定において短期処遇よりも長期処遇を選択する傾向が強まっている．2007 年には更生保護法が成立し，保護観察所長は遵守事項を守らない少年に対して警告を発することができるようになり，それでもなお遵守事項を守らないときは家庭裁判所の決定により少年院送致等の保護処分をできるようになった．2009 年の広島少年院における法務教官による在院者に対する暴力事件を受けて「少年矯正を考える有識者会議」が設置され，そこでの提言をもとに 2014 年には新しい少年院法，少年鑑別所法が成立した．

　以上のように，第四の波の時期には，大きな社会変動の中で非行少年の質的な変化が生じただけではなく，彼らの変化に対応すべく少年刑事司法機関も大きな体制変化を遂げている．その結果，非行少年に対する少年刑事司法システムがより適切なかたちで構築し直されたということもでき，近年，少年刑法犯検挙人員が戦後最低を記録し続けるようになったのは，その成果とみなすこともできる．

　しかし，戦後少年非行の四つの波が繰り返し生じてきたことを踏まえると，今後も少年人口の減少にあわせてこのまま少年非行が減少し続けると楽観することはできないだろう．過去の教訓は，青少年たちは常に新たな刺激・興奮を追い求めているということであり，新たな反社会的行為が多くの少年たちを魅了する時期が必ずくると思われる．それを社会が問題と認知し，少年刑事司法機関が新たな非行と認定し，取締りの幅を広げれば第五の波が押し寄せることになる．その意味で，我々は，少年非行の将来を楽観視しすぎることなく，過去の失敗と教訓を将来の非行予防へと生かしていかなければならない．

〔近藤日出夫〕

付録2　戦後の犯罪史

　「付録1」において，検挙人員認知件数，検挙人員，検挙率等の戦後わが国の犯罪動向が数量的に紹介された．また，少年刑法犯検挙人員，人口比等の少年非行の動向も数量的に紹介されている．そこで本項では，戦後わが国の犯罪・非行の質的な推移を戦後の時代変容の中で展開していくことにする．

●**復興期の犯罪史**──**昭和20年代（1945～54）の犯罪・非行**　総論的にいえば，終戦後からの10年間は尖鋭アノミー（acute anomie：急激な時代変動による人々の信念体系の崩壊状況）による犯罪・非行の時代である．政治体系の崩壊，経済の大混乱，価値・規範体系の大変動に見舞われた時代であり，ある人々は絶対的貧困状態に陥り生きるために犯罪を犯し，ある人々は今までの信念体系の崩壊から犯罪を犯した．

　特に，1948年までは，国家は新政治体制，新経済体制，そして国民の衣食住の安定供給が先決問題であり，凶悪犯・粗暴犯・財産犯等，あらゆる犯罪にあって統計データとしては認識されない暗数（警察で認知できていない犯罪件数）が，最も多かったと推定し得る時代である．

　ようやく安定を取り戻した昭和20年代中盤に至り，具体的な個々の犯罪現象が問題化することになる．それらは貧困からの犯罪，家族崩壊からの非行，価値体系崩壊からの犯罪・非行と大まかにくくることができるが，と同時に，それらは犯罪・非行として問題化し得るだけの体制が国家として整ったということでもあり，潜在的犯罪問題の顕在化時代の到来ともいえよう．

　具体的にいえば，子どもの問題としては戦災孤児問題をあげることができる．ただし，浮浪児狩りで収容した子どもの半数は戦災とは直接関係のない子どもだったというデータもある．身売り（人身売買，不当雇用）も子どもの事件として問題化した．娼妓として売られていく少女が今では貧困家庭の犠牲者と言説されているが，男子も身売りされていたし，また，ほとんどは貧困ゆえの身売りではあったが，親の快楽欲望のために子どもを売るという親もいた．若者の間では覚醒剤乱用が問題となった．

　1951年に覚せい剤取締法が施行され，1954年には5万5,664人の検挙者を出したが，実際の使用者の数はわからない．暗数がきわめて多かったと推測されている．愚連隊という新興暴力団が多出したのもこの時代である．戦前からの博徒・テキヤとともに，その後の組織犯罪者集団（暴力団）を構成することになる．また，売春も問題とされた．売春宿の娼婦のみならず戦後多数の街娼（ストリート・ガール）が都市にあふれ，パンパンガールともよばれていた．

●**高度経済成長期の犯罪史**——**昭和30年代（1955〜64）の犯罪・非行**　1955年からは，「もはや戦後ではない」といわれた時代に入る．朝鮮戦争を契機とした経済の復興は，神武景気，岩戸景気，さらにオリンピック景気という名称を生むほどの高度経済成長時代を迎える．

　この時代から，犯罪・非行も復興期とは無縁の新しい様相を呈してくる．いわば，豊かな時代の先駆けといった犯罪・非行問題が出現してくるのである．一方では豊かな層の出現，今一方ではいまだに貧困にあえぐ層の存在，こうした状況が相対的略奪感やアノミー（anomie：欲望と現実とのズレによる規範の崩壊状況）を生み，犯罪・非行に走らせていったのである．また，親の放任・過保護，享楽的文化が犯罪・非行原因となってくる．

　こうした時代の最初に出現した非行は，いわゆる太陽族問題であった．石原慎太郎の小説『太陽の季節』（1956）と同名の映画から豊かな階層の子弟の無軌道さが話題となり，さらにカミナリ族という暴走族の前進であるオートバイを暴走する若者たちが問題化した．また，深夜喫茶での不純異性交遊や睡眠薬遊びが流行し，問題となった．こうしたいわゆる「いかれた若者達」が出現する一方で，将来の人生展望をなくした若者・生きる意味を見出せない若者の自殺が急増し，わが国は世界有数の若者自殺国と化した．

　さらに，地方から都会へと就職する流入少年や家出少年が激増していった．流入少年の一部は都会生活に馴染めず，もしくは都会の享楽的環境に染まり犯罪・非行に走り，家出少女の一部は犯罪の被害者となった．この頃になると地域の愚連隊は学校に浸透していき，後輩達は番長グループを形成し，学校内が暴力の現場と化していった．と同時に，「お礼参り」という卒業時の対教師暴力も出現した．

　以上，昭和30年代は，昭和20年代の犯罪・非行からその後の時代の犯罪・非行への転換期であり，自殺という時代特有の若者の逸脱を生み出した時代であり，流入少年・家出少年という都市特有の犯罪・非行問題の出現の時代であり，昭和20年代の地域型粗暴集団がその後の学校型粗暴集団に変容していく過程の時代であり，昭和40年代以降の豊かな時代に現れる暴走族，シンナー乱用，遊び型非行（初発型非行），校内暴力の前身としての犯罪・非行問題が出現した時代であった．しかも，成人の犯罪よりも少年の非行が大きく問題化されるようになった時代でもある．

●**続・高度経済成長期の犯罪史**——**昭和40年代（1965〜74）の犯罪・非行**　昭和40年代に入ると，いざなぎ景気となり，高度経済成長はそのピークを迎える．この時代から，経済的格差の縮小，テレビというメディアによる地域間の文化的格差の縮小，さらに男女間の文化的格差も縮小し，全国的にまた全階層的に若者文化が台頭していき，それに伴い，さまざまな青少年の問題行動が出現した．

　アングラ（アンダーグランド）という演劇活動，サイケ（サイケデリック）と

いう流行ファッションとともに出てきたのがフーテン（和製ヒッピー）であった．米国のヒッピーのように文明を否定するという思想はなく，ただ生きる意味を喪失した怠惰な若者の群れが新宿を中心に出現したのである．そして彼らはシンナー遊び（シンナー・トルエン等有機溶剤乱用）を繰り返していたが，それが全国的に蔓延し，戦後最大の少年による薬物乱用に至る．一方，大学生は学園闘争に明け暮れ，機動隊と衝突し，大学は次々にロック・アウトしていった．そしてついに東大闘争となり，東京大学は1969年，入学試験中止という事態にまで陥った．

この時代，中流階層が国民の大半を占めるに至り，中流階層の家庭からの非行少年が激増した．ただし，経済的には中流ではあっても，文化資本では貧しいという状況であった．また，豊かさの中で，遊び型非行（初発型非行）が問題となり，さらに反社会的非行から非社会的非行という非行の変容が指摘された．

●**低経済成長期・バブル経済期の犯罪史──昭和50・60年代（1975〜89）の犯罪・非行**　1973年のオイル・ショック以降，日本経済は低成長期に入る．しかし，日本人の生活はさらに豊かさを誇り，それがバブル期まで続き，一億総浮かれ状況（軽薄短小文化状況）を導く．また，学歴社会と競争主義社会は，地域・性を超えて一般化していくと同時に，低年齢化していった．そして，こうした時代状況に伴い，少年非行も一般化・低年齢化という傾向を示すことになる．

車の大衆化は一部の裕福な若者のカミナリ族から，青少年全般の暴走族へと発展した．関東を中心に集団数は1,000を超え，構成員は3万人を超える無頼の粗暴集団となり，後半はより犯罪性を深めていった．

一方で，享楽文化状況は，ディスコとボディコン・ギャルを生み，性の解放・性の反乱の中で，少女売春・主婦売春が問題となった．また，子どもたちはゲーム・センターに通い，ファミコンに夢中となり，ゲーム・センターやカラオケ・ルームが有害の場として問題化した．さらにこの時代は，非行問題と家族問題，教育問題がセットとなって語られるようになり，家庭では過保護の母親と子どもの家庭内暴力が問題となり，学校では学歴社会を背景として，詰め込み教育・偏差値教育・管理教育が批判にさらされ，「落ちこぼれ」という言葉を生み出し，校内暴力が問題となった．

そして，ようやく校内暴力が下火と化した頃から，いじめ，不登校が問題となっていく．しかも，このいじめと不登校は，実に長い青少年問題として，現在に至るまで続いているのである．

●**バブル経済崩壊後の犯罪史──平成時代（1989〜）の犯罪・非行**　1991年にバブル経済が崩壊する．豊かさ・便利さ・快適さ・面白さを享受していた時代から一転して暗い世相と化していった．経済の停滞と政治の混乱は「失われた20年」とよばれるほどに，長期にわたって続いた．この時代の日本社会は一面停滞社会ではあったが，今一面では少子高齢化社会，情報化社会，グローバル化社会

と，大きく変化していった時代であった．ただし，前半（20世紀）はいまだ豊かな社会の残存があり，後半（21世紀）は停滞の深刻さが深まる．

こうした時代の火ぶたを切ったのが学校週5日制であり，ゆとりある教育であった．教育における一大改革であり，この改革後，落ちこぼれ現象は影をひそめるのだが，いじめ，不登校は問題化が続き，その後，成人の引きこもりという問題が出現する．

ブルセラそして援助交際と，非行性向のほとんどない少女による売春等の行為が話題となったのもこの前期である．その後，援助交際の舞台はネット社会の到来により，テレクラ，伝言ダイヤル，ダイヤルQ2から出会い系サイトに移行し，さらにネット社会に拡散していった．

神戸連続児童殺傷事件（1997）を皮切りにして，20世紀末から21世紀初頭にかけて，少年による特異な凶悪犯罪が人々を震撼させた．人々は少年の心の中に潜む病理に目を向けるようになり，臨床心理・精神医学からの解明を期待した．その後，成人による特異な凶悪犯罪や登下校時の児童殺傷事件等が発生し，人々の犯罪不安をかき立てた．

若者の就職難・若者の社会的排除（social exclusion）はニートを生み出すだけでなく，ネットカフェ難民とよばれる若者のホームレスを生み出し，さらに上述の自暴自棄による凶悪犯罪を生み出していった．

一方，情報化社会では，ケータイ文化・ネット文化が高校生のみならず小・中学生の間にも浸透していき，ケータイ依存・ネット依存，出会い系サイトによる援助交際，学校裏サイトによるネットいじめ・いやがらせ，エロサイト上での裸体掲載等の被害，児童ポルノ被害，ネット間のトラブルによる犯罪等々，多様な問題が出現し，今日に至っているのである．

現在（2016年），犯罪の認知件数も少年非行の検挙件数も戦後最低水準に至るほどの低い状況にある．また，流行といえるほどの逸脱現象も発生していない．その点では穏やかな太平の時代といえる．

しかし，現在の日本社会では，青少年のみならず，壮年・中年・熟年・高年の間にも，つまり国民全体に政治経済文化全般に及ぶ多様な次元での閉塞状況が蔓延している．また，少子高齢化の時代・個人化の時代で，地域社会のみならず家族すら崩壊状況にさらされている．

こうした時代にあっては，刑事司法次元での犯罪非行防止政策だけでは，現在の犯罪非行の低水準を維持し続けることは不可能である．地域連携・多機関連携が功を奏したように，これからはよりいっそうの，家族政策・教育政策・福祉政策・労働政策・文化政策等と一体化した犯罪非行政策が期待されている． ［矢島正見］

参考文献
［1］矢島正見（2013）『戦後日本青少年問題考』改訂版，学文社．

付録3-1 司法分野における心理専門職：①警察

　警察における心理専門職は多岐にわたるが，その主な所属先は科学警察研究所，警察大学校，科学捜査研究所，少年警察，犯罪被害者支援，人事・メンタルヘルス，交通警察である．
●**科学警察研究所**　科学警察研究所は警察庁の附属機関，つまり国立の研究機関であり，犯罪科学に関する総合的な研究機関である．科学警察研究所は，それぞれ専門の研究室に分かれており，採用も研究室ごとに行われている．採用の多くは，国家総合職試験によるが，博士号取得者を選考採用する制度もある．心理専門職に該当する研究室は，情報科学第一研究室，少年研究室，犯罪予防研究室，捜査支援研究室，交通科学第二研究室である．主たる研究分野は，情報科学第一研究室がポリグラフ検査，少年研究室が少年非行や犯罪被害少年，犯罪予防研究室が犯罪被害防止や犯罪不安，捜査支援研究室が犯罪者プロファイリングや取調べ，交通科学第二研究室が運転者や歩行者の交通事故防止，となっている．各研究室の人員は3〜5人程度であり，いずれの研究室においても，基本的な業務が研究である点において後述の科学捜査研究所と異なるが，研究だけではなく，都道府県警察からの依頼により鑑定・検査や捜査支援を行うとともに，全国の科学捜査研究所職員や幹部警察官等に対する研修も行っている．
●**警察大学校**　警察大学校は科学警察研究所と同様に，警察庁の附属機関である．警察大学校では，上級幹部に対する研修・訓練を主な業務として行っており，その中に，取調べ技術総合研究・研修センターが設けられている．ここでは，心理学の科学的知見を踏まえた取調べ技術等を指導することのできる警察官を養成するための研修を実施しており，こちらにも心理専門職が配置されている．科学警察研究所と連携しており，心理学の科学的知見を踏まえた取調べの研修に必要な調査研究についても業務として行われている．
●**科学捜査研究所**　科学捜査研究所は，専門的知識・技術を応用して，事件に関するさまざまな検査・鑑定を行う，都道府県警察刑事部内の組織であり，その多くは刑事部内に設置されている．鑑識課とは異なる部署である．科学捜査研究所は，法医・化学・物理・文書・心理の五つの分野に分かれており，採用は分野ごとに行われている．その中で，心理専門職に該当するのは心理と文書である．心理は，2〜5人程度の職員から構成され，その業務は，ポリグラフ検査と犯罪者プロファイリングの実務および研究である．文書の主な業務は筆跡鑑定や印刷物等の鑑定と研究であり，工学系の専門職が担当する場合もある．心理・文書ともに，事件捜査に関わる検査や鑑定が主たる業務であるが，各種学会において研

職員による発表も多数行われている．また，実務や研究に関して都道府県間，科学警察研究所との交流も活発に行われている．

●**少年警察**　都道府県警察には，生活安全部とよばれる少年非行や防犯安全活動等に関する部が存在する．この中に，少年の非行防止や少年事件等を担当する課があり，そこに所属する少年補導職員と少年相談専門職員の2職種が心理専門職に該当する．都道府県によって名称が異なる場合もあるが，後者の方が臨床心理学に関するより専門的な知識を求められる．両者の主な業務は，街頭補導，犯罪被害少年の保護，要保護少年への対応，少年の非行や犯罪被害・児童虐待等に関する相談・カウンセリングや環境調整（ケース・ワーク），広報啓発等と多岐にわたっている．

●**犯罪被害者支援**　都道府県警察では，犯罪被害者への支援にも取り組んでおり，主に警務部に属する部署が担当している．犯罪被害者支援には，事情聴取に対する配慮や再被害防止対策，犯罪被害者等給付金等の業務があるが，その中に，カウンセリングの実施や精神科医等の外部専門家との連携を補助する心理専門職が配置されている．警察庁の『総合評価書　警察改革の推進』（2010）によれば，2009年の時点で全国にカウンセリング専門職員は267人配置され，カウンセリングを実施した支援被害者数は1,459人と報告されている．また，都道府県によっては，少年相談専門職員が兼務しているケースもある．

●**人事・メンタルヘルス**　都道府県警察によっては，職員採用時の適性判定や職員のメンタルヘルスに関する業務を行う心理専門職を配置している場合がある．いずれも警務部に属する場合が多いが，都道府県により，業務内容や受験資格は異なっている．また，警察庁にも職員のメンタルヘルスとストレス対策業務に携わる心理専門職が配置されている．

●**交通警察**　交通警察に関する部署にも心理専門職が配置されている場合がある．例えば，警視庁や神奈川県警察においては，運転免許の停止処分者に対する講習に携わる職員，運転適性検査に関わる職員が該当する．また，自動車安全運転センター安全運転中央研修所の理論教官として心理専門職が配置されている．

●**警察における心理専門職の多様さ**　このように，警察における心理専門職の専門領域は多様である．例えば，科学捜査研究所では，認知心理学や生理心理学が主な専門であり，少年警察では臨床心理学である．つまり，専門家としてのさまざまな知識や技能が警察において求められているということであり，心理専門職は重要な役割を担っているといえるだろう．

　なお，採用についてはそれぞれの所属や都道府県によって異なるため，各ホームページ等の情報が参考となる．　　　　　　　　　　　　　　［小野修一］

📖 **参考文献**
[1]　笠井達夫・桐生正幸・水田恵三編(2012)『犯罪に挑む心理学―現場が語る最前線』北大路書房．

付録3-2 司法分野における心理専門職：②家庭裁判所調査官

　家庭裁判所調査官とは，家事事件，人事訴訟事件および少年事件の審理に必要な調査その他の事務をつかさどる常勤の国家公務員である（裁判所法第61条の2）．家庭裁判所が取り扱うこれらの事件には，法律的な解決だけではなく，事件の背後にある諸要因を考慮した解決が必要となる．事件の解決に資するため，心理学，社会学，教育学等の行動科学の知識や技法を活用して事実の調査や調整を行う専門職が，家庭裁判所調査官である．

　家庭裁判所調査官は，全国50か所の家庭裁判所本庁や，203か所ある支部の主要なものに配置されている他，家事事件の抗告審の審理に必要な調査その他の事務を行うために，各高等裁判所にも配置されている．

●**少年事件における家庭裁判所調査官の役割**　家庭裁判所は，審判に付すべき少年があると考えられるときには事件について調査しなければならず，調査は家庭裁判所調査官に命じて行わせることができる（少年法第8条）．家庭裁判所調査官の調査は，少年の要保護性（再犯危険性，矯正可能性および保護相当性）の判断に資するために実施され，社会調査とよばれる．要保護性の判断には専門的な知見を要するため，調査は，少年，保護者または関係人の行状，経歴，素質，環境等について，医学，心理学，教育学，社会学その他の専門的智識を活用して行うことが求められる（少年法第9条）．家庭裁判所調査官は，意見を付して家庭裁判所に調査結果を書面報告する（少年審判規則第13条）．この報告書は，裁判官による処分決定の重要な判断材料の一つとなる．

　少年の健全育成に向け，家庭裁判所はさまざまな教育的措置を施しており，家庭裁判所調査官も社会調査の過程で少年や保護者に必要な介入を行う．家庭裁判所の中間決定により終局処分を留保し，家庭裁判所調査官が少年の社会生活を見守って要保護性を見極める試験観察（少年法第25条）を行うこともある．

●**少年事件における家庭裁判所調査官の活動**　家庭裁判所調査官は，行動科学の専門的知見とそれに基づく面接技法を用い，少年の非行，生活史，家庭環境，学校生活や交友関係等について，出来事（客観的事実）と少年の体験や内面（主観的事実）を聴き取る．少年や保護者との面接の他，家庭訪問，関係機関（学校や児童相談所等）への照会を行うこともある．必要に応じて，少年の知能や認知の特徴等を多面的に把握するために，ウェクスラー式知能検査やロールシャッハ・テスト，描画テストといった心理検査も行う．非行が被害者に与えた影響を把握し，適正な処遇・教育的措置の選択につなげるために，被害者に対する面接や照会を行う場合もある．家庭裁判所調査官は，調査活動を通じて得た情報を総合し，

生物・心理・社会（bio-psycho-social）モデルによって統合的・多角的な視点から非行メカニズムを解明し，非行促進要因や非行抑止要因を特定して，少年の再犯の危険性や更生の可能性，再非行防止の具体的方策を検討する．

　家庭裁判所調査官は，面接を通じて少年や保護者とラポール（信頼関係）を形成しつつ，少年や保護者の自己理解をうながし，問題解決への動機づけを行い，被害の実態を伝えて責任を自覚させる等して，再非行防止を働きかける．中間決定で試験観察に付した場合には，遵守事項を定めて行動上の枠組みを課しつつ，家庭裁判所調査官が定期的・継続的に面接を重ね，指導助言，感情や人間関係の調整，社会スキルの付与等をして更生を働きかけ，その結果が最終判断において考慮される．各家庭裁判所で，薬物乱用の危険性，交通違反の責任，犯罪被害の影響を理解させる各種講習，社会の一員としての自覚をもたせるための地域清掃・介護体験といった社会奉仕活動，親子の関係調整を図るための親子合宿，親の役割について話し合う保護者会等のさまざまなプログラムを実施しており，家庭裁判所調査官は企画運営の中心的役割を担う．

　調査の過程で，家庭裁判所調査官が，少年を取り巻く社会環境（社会資源）に働きかけて支援態勢の構築を図ることもある．例えば，少年が在籍する学校が少年の粗暴行為を問題として受け入れに難色を示す場合，必要に応じて，学校から当該少年に関する情報を収集しつつ，少年の状況や課題について理解を共有し，更生に向けた協力を求めることがある．

●**家庭裁判所調査官の採用および養成**　最高裁判所が実施する裁判所職員採用総合職試験（家庭裁判所調査官補，院卒者区分または大卒程度区分）に合格した者が，家庭裁判所調査官補として採用される．採用後は，約2年間の養成課程研修を受ける．同研修においては，裁判所職員総合研修所で前期合同研修を受けて基礎的な知識や技法を学んだうえで，採用庁の家庭裁判所で約1年にわたり実務修習を行い，主任家庭裁判所調査官の指導のもとで面接や報告書作成等を経験しつつ研鑽を積む．その後，再び裁判所職員総合研修所で後期合同研修を受け，これを修了して初めて家庭裁判所調査官として任官できる．前期および後期の合同研修では，刑法，少年法等の法律に関する講義や演習，犯罪，子どもの発達，家族等の理解に関連する心理学，社会学，精神医学等の講義やそれを踏まえた事例検討，面接技法や調査報告書作成の実践演習等の充実したプログラムが組まれ，高度の専門的知識と技能を身につける．調査官補同士の活発な意見交換や他職種との交流を通じて，互いに切磋琢磨しながら養成が図られる点も特徴である．

　なお，家庭裁判所調査官任官後も，職務経験またはテーマに応じた各種の研修が裁判所職員総合研修所で行われる他，各家庭裁判所でも活発に研修やOJT（on the job training）が行われ，専門的知識・技能の継続的な向上が図られている．

〔渡部信吾〕

付録3-3　司法分野における心理専門職：③法務省

　心理職の国家公務員採用試験は1949年に6級職採用試験として創設された．その歴史は，他の人文科学系の学問領域に比べて格段に古いとしている（川邉，2012）．心理学は，早い時期から公務における必要性・重要性が認識されてきたといえよう．中でも法務省における心理職は，犯罪心理学の専門家として犯罪・非行に及んだ者の改善更生を図り，社会の治安維持に資することが責務とされ，毎年一定数が採用されている．その職種には，矯正局に属する法務技官（心理）と法務教官，保護局に属する保護観察官があり，職種別に採用が行われる．

　2016年4月現在，心理職の国家公務員試験は，「国家公務員採用総合職（人間科学）試験」（以下，総合職とする）と，「法務省専門職員（人間科学）採用試験」（以下，専門職とする）との2種類がある．総合職として採用されると，現場施設での臨床業務の他，管理職として統括業務に就いたり，他省庁に出向したりすることがあり，専門性を発揮しつつ多彩な業務をこなす必要がある．他方，専門職として採用されると，主に現場施設での臨床業務において，高度な専門性を発揮することが求められる．ただし，本人の希望により幹部養成研修を受けること（選抜試験あり）も可能である．

●採用試験の概要について　総合職試験には，院卒者試験と大卒程度試験があり，試験内容が一部異なる．出題範囲は，心理学・教育学・福祉・社会学である．多肢必須問題のうち数問は，心理学以外の科目の基礎的な問題に解答する必要がある．多肢選択問題および記述式試験では，心理学以外の科目を選ぶことも可能である（表1）．

　専門職試験は，矯正心理専門職区分と法務教官・保護観察官区分に分かれてお

表1　総合職試験　試験種目・試験の方法（受験案内）
（人事院HP「国家公務員試験採用情報NAVI」より作成）

試験	試験種目	解答題数・解答時間	配点比率
第一次試験	基礎能力試験(多肢選択式)	【院卒者試験】30題・2時間20分【大卒程度試験】40題・3時間	2/15
	専門試験(多肢選択式)	40題・3時間30分	3/15
第二次試験	専門試験(記述式)	2題・3時間30分	5/15
	【院卒者試験】政策課題討議試験	1時間30分程度	2/15
	【大卒程度試験】政策論文試験	1題・2時間	
	人物試験	20分程度/任	3/15

表2 専門職 試験種目・試験の方法（受験案内）
（人事院HP「国家公務員試験採用情報NAVI」より作成）

試験	試験種目	解答題数・解答時間，内容等	配点比率 矯正心理専門職区分	配点比率 その他区分
第一次試験	基礎能力試験（多肢選択式）	40題・2時間20分	2/11	2/10
第一次試験	専門試験（多肢選択式）	40題・2時間20分	3/11	3/10
第一次試験	専門試験（記述式）	1題・1時間45分	3/11	3/10
第二次試験	人物試験		3/11	2/10
第二次試験	身体検査*	胸部疾患，血圧，尿，眼・聴器その他一般内科系検査		
第二次試験	身体測定*	視力		

＊保護観察官区分は除く

り，保護観察官以外はA（男子），B（女子）に細分され，法務教官ではさらに社会人の区分がある．出題範囲は総合職と同様，心理学・教育学・福祉・社会学であり，例えば矯正心理専門職区分で受験する場合，心理学の必須問題20題の他，上記4科目各10題の選択問題の中から20題を選んで解答するといったように，心理学以外の科目も最低10題は解答しなければならない（表2）．

●**就職後の研修体制，人事交流について** いずれの職種も研修制度が整っており，働きながら専門性を磨くことができるという魅力がある．法務技官は，新採用から約2年間のスーパーバイズの他，新採用後の基礎科，採用5年目応用科，採用8～10年目の特別科，ロールシャッハ・テストの通信研修等を受けることができる．法務教官についても，先輩職員による指導の他，基礎科，応用科等の研修が用意されている．保護観察官は，新採用から2年間の実務訓練期間が設けられ，中等科や専修科といった研修を受けることができる．

また，施設内処遇と社会内処遇との連携を強化し，より円滑にするため，矯正保護人事交流も活発に行われている．これにより，採用職種だけにとらわれず，さまざまな場面での非行少年・犯罪者の処遇に携わることが可能となっている．

●**職務上求められる資質・適性について** 人と関わることが業務の中心であるから，人と感情や経験を共有することをいとわず，目の前の相手に真摯に向き合う姿勢（覚悟）や主観や固定観念にとらわれず，物事を論理的かつ柔軟にとらえる力が求められる．また，心理学その他の知識・技術の他，転勤等による環境の変化への適応力や自己管理力，コミュニケーション力も必要である．

法務省における心理職は，心理学の専門性をいかんなく発揮でき，社会に貢献できる仕事といえる． ［山本樹里］

参考文献
[1] 笠井達夫・桐生正幸・水田恵三編（2012）『犯罪に挑む心理学―現場が語る最前線』北大路書房

付録4-1　日本犯罪心理学会年表

年	関連事項
1963	・2月8日，第1回理事会が法曹会館で開催される．23名の理事が出席し今後の学会運営について討議される．初代学会長に城戸幡太郎が推薦される．なお，歴代の学会長については付録4-3のとおりである．学会の運営にあたって，事務局，渉外委員会，編集委員会，研究委員会が設置される．その後，文献目録作成委員会が加えられる． ・3月24日，「日本犯罪心理学会会則」の施行． ・9月7日，「日本犯罪心理学会役員選挙細則」の施行． ・「犯罪心理学研究編集細則」が制定される． ・第1回日本犯罪心理学大会が早稲田大学において開催される．以降毎年1回，付録4-2のとおり開催される．
1965	第5回国際犯罪学会がモントリオールで開催される．
1968	「犯罪心理学研究編集細則」が「執筆要領」と「編集規程」に分かれる．「編集規程」において，機関誌は年1巻とし，1号，2号，特別号に分けて発行することが定められる．
1975	「執筆要領」の全面改正がなされる．論文の種類が「原著」「展望」「資料紹介」に区分される．
1984	「執筆要領」の一部改正がなされる．
1988	「執筆要領」の一部改正がなされる．原著論文の構成について規定する．
1991	・機関誌に「会務報告」として常任理事会，委員会の活動が報告される． ・「執筆要領」の一部改正がなされる．論文の掲載の可否について編集委員会が決定することとした．
1993	・犯罪関係4学会合同大会準備委員会が開かれる．日本犯罪学会，日本犯罪心理学，日本犯罪社会学会，日本被害者学会の4学会が参加する．犯罪心理学会は，田村雅幸が準備委員長となる． ・会員名簿は2年ごとに作成されていたが，選挙細則の改正により役員任期が3年になったことから選挙名簿の作成時期に合わせ，3年ごとに作成することになった．
1994	日本学術会議会員に安香宏会長を推薦する．
1997	編集委員は原則として65歳以下とすることを決定し，任期を3年とし常任編集委員の嘱託に関して審議がなされた．
2000	ホームページ作成委員会が設けられる．
2001	日本心理学諸学会連合で臨床の統一資格をつくるためのワーキンググループ委員として松本恒之を推薦する．
2002	日本学術会議第19期会員の推薦のための学術研究団体の登録申請を行う．
2004	日本犯罪心理学会研究奨励賞に関する内規を施行する．施行に伴い会則第4条の改正により奨励賞の選考及び授与を事業に加える．
2005	2006年度より学会事務の一部を（株）国際文献印刷社に業務委託することが承認される．
2006	・インターネットによる文献検索が容易になったことを受けて，文献目録作成委員会による犯罪心理学本邦文献目録の機関誌への掲載を終了する． ・日本心理学諸学会連合による心理学検定への参加を決定する． ・会則第2条の改正により事務所を（株）国際文献印刷社内に置く． ・会則第19条第2項の改正により，常任理事会の開催を月1回開催から原則として隔月に開催とする．
2007	第1回研究奨励賞を授与する．
2008	第15回国際犯罪学会がバルセロナで開催される．

年	関連事項
2009	・「日本犯罪心理学会倫理綱領」の施行．個人情報保護の観点から会員が遵守すべき事項を綱領に定める． ・会則第24条の改正により委員会は編集委員会，研究委員会の二つとなり，文献目録作成委員会は役割を終えることになる． ・総会において日本犯罪心理学会第49回大会（2011年）が国際犯罪学会の第16回世界大会での共同開催について承認される．また，主催者となる日本犯罪関連学会連合会へ参加する．
2010	第2回研究奨励賞を授与する．
2011	・「執筆要領」の一部改正がなされる． ・名誉会員となる会員に対し，総会で紹介することを常任理事会で承認する． ・日本犯罪心理学会第49回大会が国際犯罪学会の第16回世界大会での共同開催で神戸国際会議場および神戸学院大学ポートアイランドキャンパスにおいて開催される．
2012	・日本犯罪関連学会連合会の活動が日本犯罪関連学会ネットワークに引き継がれ，ネットワークに加入する．犯罪に関連する諸学会が，相互に情報交換を行い，必要に応じて協力することを目的として，「日本犯罪関連ネットワーク会則」が制定される．年に1回定例会が開催される．他の加入学会は，日本更生保護学会，日本司法福祉学会，日本社会病理学会，日本犯罪学会，日本犯罪社会学会である． ・日本犯罪心理学会研究助成制度が設立される．若手会員の研究活動を支援するために助成金を支給し，犯罪心理学に関する研究の促進と学会活動の活性化を図る目的で創設されたもの．創設に伴い，「日本犯罪心理学会研究助成応募要領」が定められる． ・日本臨床心理士資格認定協会が公益財団法人へ移行するに伴い，評議員として阿部政孝を選任する．
2013	・総会において『犯罪心理学事典』の編纂が承認される． ・アジア犯罪学会第6回大会準備委員を推薦する． ・日本犯罪学会創立百年記念大会に日本犯罪関連学会ネットワークを代表して村松励が祝辞を述べる． ・日本心理研修センター設立総会に川邉譲が出席する．
2014	アジア犯罪学会第6回大会が大阪商業大学において開催される．大渕憲一が基調講演を行う．
2015	・第4回日本犯罪関連学会ネットワーク定例会は日本犯罪心理学会が幹事学会として専修大学において開催される． ・総会において機関誌の一部電子ジャーナル化が承認される． ・「日本犯罪心理学会研究委員会規約」により，研究委員は65歳以下とすることが承認される． ・会則第11条（退会）に関する会則改定および「日本犯罪心理学会倫理問題処理細則」の制定が承認される．「本会の倫理綱領に違反した者」に対して理事会の決議により退会を求めることができるとした． ・9月25日，総会時の学会員数が，正会員1,354名，名誉会員4名，賛助会員1名の計1,359名となる．

付録4-2 講演，シンポ，ラウンドのテーマ年表

＊1 開催年のうち，第11回の1973年から第20回の1987年までの開催年は『犯罪心理学研究特別号』に記載された西暦ではなく，実際の開催年に訂正，記載した．
＊2 「講演」は特別講演・記念講演・レクチャー等，「シンポ」はシンポジウム・ミニシンポジウム・公開シンポジウム・パネルディスカッション，「ラウンド」はラウンド・テーブル・ディスカッションの略．

回	開催年[*1]	開催地	種別[*2]	テーマ
1	1963	早稲田大学	シンポ	犯罪研究のための方法論
2	1964	立教大学	シンポ	犯罪研究における事例研究の位置
3	1965	国立教育会館	シンポ	Y少年の事例について―その分析と予測
4	1966	科学技術館	シンポ	非行少年の心理学的処遇の問題点
5	1967	私学会館	シンポ	犯罪習癖化の過程
6	1968	追手門学院大学		（研究発表のみ）
7	1969	科学技術館	シンポ	交通事犯者の処遇
8	1970	九州大学（日本社会心理学会，日本グループダイナミックス学会との共同開催）	シンポ	社会的行動の正常と異常―その認知論・構造論・動機論
9	1971	薬業健保会館	シンポ	少年非行と成人犯罪
10	1972	大阪市教育青年センター	シンポ	現時点における犯罪心理学の成果―反省と展望
11	1973	日本生産性本部	シンポ	①最近における一般犯罪非行の減少をどう考えるか ②自由と拘束
12	1974	仙台市民会館	シンポ	交通事犯にいかにアプローチするか
13	1975	東京トラック事業健保会館	シンポ	犯罪における日本的特質について
14	1976	福岡県立勤労青少年文化センター	シンポ	社会内処遇と施設内処遇
15	1977	専修大学	シンポ ラウンド	犯罪・非行の質的変化とその対策 ①集団非行の諸問題 ②ラベリングの功罪
16	1978	京都教育文化センター	シンポ	犯罪・非行臨床における技術をめぐる諸問題
17	1979	日本私学振興財団	シンポ ラウンド	①社会的制裁の犯罪抑止について ②非行（再犯）予測の現状と問題点 　―犯罪化・非犯罪化をめぐって ①薬物乱用は可罰か ②売春・性非行は犯罪か
18	1980	愛知県婦人文化会館	講　演 シンポ ラウンド	①非行と人間関係 ②犯罪と報道 最近の少年非行とその周辺 ①暴走 ②女子非行 ③心理学と犯罪・非行臨床
19	1981	日本私学振興財団	シンポ	暴力について考える

回	開催年[*1]	開催地	種別[*2]	テーマ
20	1982	新潟大学	講 演 シンポ ラウンド	佐渡に見る流人の形態 青少年非行と家庭の機能 ①学校相談―よりよい教師・生徒関係のために ②交通問題―交通事故防止のために
21	1983	日本私学振興財団	シンポ ラウンド	非行の低年齢化をめぐる諸問題 ①"いじめ"の心理と構造 ②覚醒剤事犯者の処遇 ③女性犯罪と社会変動―窃盗事犯を中心に
22	1984	大阪府青少年会館	シンポ ラウンド	家族をめぐる諸問題 ①犯罪社会学との対話―非行理論の新たな展開を求めて ②事例による非行者処遇過程の検討 ③家族画における精神病理と社会病理
23	1985	日本私学振興財団	シンポ ラウンド	戦後の非行動向を考える 学校教育と少年保護―ある中学生事例の処遇経過を通して 非行臨床における家族への働きかけ―その可能性と限界
24	1986	岩手大学	シンポ ラウンド	犯罪研究のために事実にどのように迫るか ①犯罪心理学と社会問題―「いじめ」の問題を手掛かりとして ②面接技法をめぐって
25	1987	千葉大学	シンポ	①つつき,いじめ,いびり,その生態と人間学 ②性意識と性的逸脱
26	1988	昭和女子大学	シンポ ラウンド	迷妄時代の子どもたち―非行・問題行動のゆくえ ①新々宗教時代と犯罪 ②21世紀の女性と犯罪 ③高齢化社会と犯罪
27	1989	大阪府教育会館	講 演 シンポ ラウンド	①アメリカの臨床施設を訪ねて ②ソ連邦の刑事司法システムにおける犯罪心理学の専門性について パーソナリティの発達研究から見た非行 ①現代のユースカルチュアと犯罪 ②犯罪・非行と処遇―文化の視点から考える
28	1990	筑波大学	シンポ ラウンド	ストレスと問題行動 ①犯罪心理学が見落としてきたもの―新しい時代に我々は何を問われ,どう応えようとしているのか ②非行への対応に関する文化的差異―日本とカナダの比較 ③第二次交通戦争を考える
29	1991	山形大学	ラウンド	①犯罪・非行の地域性 ②心理判定技術の活用と伝達 ③カウンセリングの実際

(つづき)

回	開催年[*1]	開催地	種別[*2]	テーマ
30	1992	東洋大学	シンポ	国際化時代の犯罪と非行
			ラウンド	①親子関係の変化と非行
				②子どもはどのように変わったか
				③メディア文化と非行―ポルノ文化と性非行を中心に
31	1993	奈良女子大学	シンポ	非行と現代教育の問題
			ラウンド	逸脱に再び駆り立てるもの
32	1994	慶應義塾大学（日本犯罪学会，日本犯罪社会学会，日本被害者学会との共同開催）	講　演	APPLYING SOME LESSONS FROM JAPANESE AND MAORICULTURE TO THE REINTEGRATIVE OF CRIMINAL OFFENDERS（日本やマオリの文化に見られる再統合的なシェイミングの犯罪者処遇への応用）
			ラウンド	①覚せい剤乱用者に対する処遇
				②非行臨床における援助方法をめぐって
33	1995	徳島文理大学	シンポ	非行の抑止と地域社会
			ラウンド	①宗教と逸脱行動
				②集団暴力
				③曖昧になる非行少年
34	1996	専修大学	シンポ	パラダイムとしての犯罪心理学の視野と効用
			ラウンド	①性被害者
				②非行・犯罪臨床における「やせ我慢」という視点
				③非行少年はなぜ「楽観的」か―時間的展望の研究から
35	1997	中京大学	講　演	心理テストとは何か
			シンポ	犯罪心理学の今日的課題
			ラウンド	①精神分析理論による犯罪・非行理解の可能性
				②非行臨床におけるコラージュ法の適用と展開
				③非行・犯罪研究と向社会的行動研究の接点を探して
				④刑務所における治療的プログラムの可能性
				⑤現代若者文化と性行動―援助交際を手掛かりに
36	1998	帝京大学	講　演	精神鑑定とは何か―その現在の問題
			シンポ	攻撃性の内的過程について
			ラウンド	①戦後非行の第四のピークはくるのか―最近の少年たちの変化を考える
				②非行を卒業するとき
				③遊びごころの面接活動―心理テストにおける相互性の今日的意義
				④矯正教育と心理臨床
				⑤最近の覚せい剤事犯者の新しい傾向について

回	開催年[*1]	開催地	種別[*2]	テーマ
37	1999	東北大学	シンポ	少年法施行50年 — 少年非行のこれまでとこれから
			ラウンド	①プロファイリングって何？ — 多様な手法と潜在する可能性
				②少年非行におけるアセスメントのあり方
				③非行臨床と短期療法
				④異質な日本の若者たち — 非行的態度との関連で
				⑤大学と現場との接点を考える — 安倍理論の現場への適応の歴史的変遷
38	2000	大正大学	講 演	社会学における社会構築主義とその犯罪研究への応用の可能性
			シンポ	今，女性の非行・犯罪は？ — その現状と対策
			シンポ	子の逸脱における親の責任，子の責任
			ラウンド	①面接場面における出来事の想起の現実性をめぐる諸問題 — 供述・陳述・開示を手がかりに
				②地域社会における加害者と被害者の出会い
				③LD・ADHDと少年非行
39	2001	吉備国際大学	講 演	精神障害と犯罪 — 一般精神科臨床から見た軽度発達障害の意義
			シンポ	発達と非行
			ラウンド	①少年非行に関する地域連携について
				②ブリーフセラピーと矯正
				③非行と発達障害
				④虐待少年の社会適応について
40	2002	創価大学	講 演	いじめと非行
			シンポ	被害者支援 — Restorative Justiceの視点から
			シンポ	犯罪心理学研究の現状とこれから
			ラウンド	①改正少年法への対応について — 「原則逆送」を中心として
				②スクールカウンセリング活動における非行臨床家の実践
				③非行少年への臨床心理学的・精神医学的援助の有効性と必要性
41	2003	西九州大学	講 演	非行・犯罪臨床の中で — 神田橋先生に聴く
			シンポ	子どもたちは — いま — 子どもの情景 — 現在・過去・未来
			ラウンド	①少年非行のケースワークの新しい地平を求めて
				②少年事件の被害者が少年矯正に期待することと少年処遇のあり方
				③軽度発達障害の兆候を有する非行少年の鑑別と処遇のあり方
				④人との出会い — 警察領域の活動と研究における人的ネットワーク

(つづき)

回	開催年[*1]	開催地	種別[*2]	テーマ
42	2004	昭和女子大学	講　演	犯罪非行と脳科学
			シンポ	現代の犯罪非行《四つの窓》から―現実の見え方の諸相
			ラウンド	①薬物乱用者の効果的処遇の推進について―国際的視座からの検討
				②凶悪・特異な犯罪に至った最近の少年について
				③被虐待体験のある非行少年の治療と処遇
				④非行臨床と発達障害
				⑤広がる犯罪不安
43	2005	北海道大学	講　演	野生動物における普通と異常
			シンポ	若者の生きにくさと非行・犯罪―日本の非行・犯罪のゆくえと対策
			シンポ	①処遇に資する資質鑑別，そして保護・福祉との連携
				②サイコパスの現在―わが国の犯罪・非行臨床における「サイコパス」概念の活用可能性をめぐって
				③軽度発達障害を抱える非行少年への支援のあり方について
44	2006	神戸学院大学	講　演	ホッブスとシカゴ　制裁の直接効果と間接効果
			ラウンド	①女子少年の性行動と非行：その実態と治療・教育上の課題
				②再犯抑止に効果のある調査，処遇の新しい展開を求めて
				③矯正教育とアセスメント
				④なぜ非行から立ち直ることができるのか―立ち直りに関係する力と援助者との出会い
				⑤再犯は予測できるか
				⑥捜査心理学―犯罪科学の新しい波
				⑦女子少年院生の認知的・心理環境の特性とニーズに応じた支援のあり方―発達的視野に立った矯正教育の実践と研究
45	2007	ビッグパレットふくしま	講　演	懺悔の仕組み
			シンポ	犯罪心理臨床の説明責任―何ができて，どこがうまくいっていないのか
			シンポ	①現場から発達障害を考える―軽度知的障害，注意欠陥/多動性障害，高機能広汎性発達障害に焦点を当てて
				②学校と非行臨床―青少年との対話
				③犯罪マップを分析することで何を知ることができるのか
				④「鑑別結果通知書」について考える―鑑別方法，非行の分析モデル，処遇指針の観点からの自由討議
				⑤性犯罪処遇プログラムの実施について
				⑥困難事例への地域的援助―従来のネットワークを超えて
				⑦犯罪・非行臨床におけるナラティブ・エビデンスの評価をめぐって
				⑧医療観察法における心理社会的処遇の実際と課題

回	開催年[*1]	開催地	種別[*2]	テーマ
46	2008	国立オリンピック記念センター	講　演 シンポ	「無差別殺人」をもたらす「社会病理」 ①当事者研究と認知行動療法アセスメント—処遇に結びつく資質鑑別 ②連続性犯の行動予測 ③青少年の攻撃性は変化したか ④処遇効果の検証 ⑤保護者に対する措置を考える ⑥犯罪・非行の計量分析
47	2009	沖縄国際大学	講　演 シンポ	蔓延するエゴイズム—格差社会の無差別殺人事件 ①防犯心理学の研究動向 ②高齢者と犯罪 ③現在の犯罪心理学研究における制限と限界—若手研究者とベテラン研究者との対話から探る犯罪心理学の可能性 ④非行・犯罪からの立ち直りへの支援 ⑤精神障害と犯罪—矯正医療処遇と医療観察制度
48	2010	目白大学	講　演 シンポ	マザーグースに導かれて ①犯罪心理学研究における倫理 ②薬物事犯の再犯防止・回復支援において関連機関の連携をどのように進めていくか？ ③認知的介入による女性と子どもの安全 ④エビデンスに基づいた犯罪者政策と刑事政策
49	2011	神戸国際会議場・神戸学院大学（国際犯罪学会第16回世界大会共同開催）	講　演 シンポ	①司法における犯罪者・被害者等に対する面接 ②知的障害のある犯罪者の支援—家族，地域，社会の連携から ③修復的アプローチによる犯罪・非行への実践的対応 ④非行・犯罪の発達過程 ⑤性犯罪・性非行の処遇と査定 ⑥犯罪者プロファイリングの現状と課題 ⑦日本更生保護協会・全国保護司連盟によるスポンサー企画（後援） ⑧日本の社会内処遇における多機関連携によるアプローチ ⑨ハーム・リダクション—刑事司法への統合は可能か ⑩少年非行における環境要因，認知・学習習得度に関する研究 ⑪日本における治療共同実体の試みと今後の課題—刑務所と社会内における取組み
50	2012	大正大学	講　演 シンポ	罪を抱えて生きる ①犯罪心理学のこれまでとこれから ②面接法再考—犯罪者・非行少年に向き合う ③非行と虐待への視点 ④更生保護における処遇ネットワークの構築に向けて

(つづき)

回	開催年[*1]	開催地	種別[*2]	テーマ
51	2013	大阪教育大学	シンポ (大会企画) シンポ	非行からの立ち直り ①施設内処遇から社会内処遇への橋渡し ②未来は開かれている—若手心理専門職の育成 ③東日本大震災と犯罪—揺れ，津波，そして原発事故が犯罪にどのような影響を与えたか ④万引き防止対策研究の最前線—どのように全国ワースト1位から抜け出したのか ⑤非行・犯罪臨床における半構造化面接の活用可能性について
52	2014	早稲田大学	講　演 シンポ	新世代の認知行動療法を使いこなすために ①司法矯正領域における集団認知行動療法 　　—グループという力の活用の観点から ②犯罪者プロファイリングにおける推定規則の集積と理論化に向けて ③少年保護手続における法務省式ケースアセスメント（MJCA）の有効性と今後の課題 ④非行・犯罪臨床における重層的エビデンス・ベースの構築—エビデンスのすそ野を耕す ⑤罪を問われた/罪を犯した高齢者・障がい者への福祉的支援と対象者の心理的理解
53	2015	東北大学	シンポ	暴力ゲーム論争—ゲームは青少年にとって有害か ①社会内処遇におけるリスクマネジメントの課題—保護観察における処遇困難性とは ②性非行・性犯罪加害者処遇に犯罪心理学はいかに寄与するか—リスク・マネジメント・モデルとストレングス・モデルの観点から ③裁判員裁判のいまとこれから—法曹と心理学のまなざしで ④犯罪捜査で真実に迫るための心理学的技術 ⑤東日本大震災における犯罪実態と治安意識 ⑥難しい子供の施設内処遇—児童福祉と少年司法の立場から ⑦気づきを促す面接 ⑧犯罪・非行関連機関の心理職による専門的知見の社会的還元を考える—阪神・淡路大震災及び東日本大震災での取組を通じて ⑨特殊詐欺加害・被害の心理的メカニズム

付録4-3 歴代の学会長

＊この期間の会長就任期間，会長名については把握できる範囲のものを記載した．

在任期間	氏　名
1964～1988＊	城戸幡太郎，遠藤辰夫，安倍淳吉，山根清道，新田健一
1988～1992	麦島文夫
1992～1997	安香　宏
1997～2000	瓜生　武
2000～2003	大川　力
2003～2006	大渕憲一
2006～2009	末永　清
2009～2012	大渕憲一
2012～2015	村松　励
2015～	岡本吉生

付録5　犯罪心理学のウェブ・ソース

犯罪関連の統計資料，法令，学術，支援情報は，インターネットでも参照することができる．官庁等公的サイトから学会関連等，数多くの団体・機関サイトがある中，読者にとって役立つと思われる主なサイトを紹介する．

●官庁機関
【法務省】　http://www.moj.go.jp/
　法務省法務総合研究所　http://www.moj.go.jp/housouken/houso_index.html
　　　犯罪白書　http://www.moj.go.jp/housouken/houso_hakusho2.html
　　　研究部報告　http://www.moj.go.jp/housouken/houso_houso08.html
　犯罪被害実態（暗数）調査
　　　http://www.moj.go.jp/housouken/houso_houso34.html
　法務省矯正局　http://www.moj.go.jp/kyousei1/kyousei_index.html
　矯正統計表　http://www.moj.go.jp/housei/toukei/toukei_yougo_kiyousei.html
　保護統計　http://www.moj.go.jp/housei/toukei/toukei_yougo_hogo.html
　犯罪被害者保護施策　http://www.moj.go.jp/hogo1/soumu/hogo_victim.html
　少年鑑別所　http://www.moj.go.jp/kyousei1/kyousei_kyouse06.html
　日本法令外国語訳データベースシステム　　http://www.japaneselawtranslation.go.jp/

【警察庁】　http://www.npa.go.jp/
　科学警察研究所　https://www.npa.go.jp/nrips/jp/
　犯罪被害者等施策　http://www.npa.go.jp/hanzaihigai/index.html
　犯罪被害者白書　https://www.npa.go.jp/hanzaihigai/kohyo/whitepaper/whitepaper.html
　警察による犯罪被害者支援ホームページ　http://www.npa.go.jp/higaisya/home.htm
　警察白書　http://www.npa.go.jp/hakusyo/index.htm
　警察統計　http://www.npa.go.jp/toukei/index.htm
　犯罪統計資料（対前年同期比較）　https://www.npa.go.jp/toukei/keiji35/hanzai.htm
　警察庁の施策を示す通達（生活安全局）　https://www.npa.go.jp/pdc/notification/seian.htm
　報道発表資料　https://www.npa.go.jp/pressrelease/index.htm

【内閣府】　http://www.cao.go.jp/
　高齢社会白書　http://www8.cao.go.jp/kourei/whitepaper/index-w.html
　子供・若者白書（旧青年白書）　http://www8.cao.go.jp/youth/hakusho.html
　内閣府男女共同参画局　http://www.gender.go.jp/
　配偶者暴力相談支援センター
　　　http://www.gender.go.jp/policy/no_violence/e-vaw/soudankikan/01.html

【首相官邸】　http://www.kantei.go.jp/
　犯罪対策閣僚会議　http://www.kantei.go.jp/jp/singi/hanzai
　犯罪被害者等施策推進会議　http://www.kantei.go.jp/jp/singi/hanzai2/

【検察庁】　http://www.kensatsu.go.jp/top.shtml
　検察統計　http://www.moj.go.jp/housei/toukei/toukei_yougo_kensatsu.html

【裁判所】　http://www.courts.go.jp/
　家庭裁判所調査官研修所　http://www.courts.go.jp/saikosai/syokuinkensyujo/
　司法統計　http://www.courts.go.jp/app/sihotokei_jp/search

【総務省】　http://www.soumu.go.jp/
　情報通信白書　http://www.soumu.go.jp/johotsusintokei/whitepaper/
　総務省統計局労働力調査　http://www.stat.go.jp/data/roudou/

【文部科学省】　http://www.mext.go.jp/
　告示・通達　http://www.mext.go.jp/b_menu/hakusho/index.htm
　学校安全ポータルサイト「文部科学省×学校安全」　https://anzenkyouiku.mext.go.jp/
　生徒指導提要について　http://www.mext.go.jp/b_menu/houdou/22/04/1294538.htm

【厚生労働省】　http://www.mhlw.go.jp/
　子ども虐待対応の手引き　http://www.mhlw.go.jp/bunya/kodomo/dv36/

●公的団体（五十音順）
　矯正協会　http://www.kyousei-k.gr.jp/
　矯正図書館　http://www.jca-library.jp/
　更生保護ネットワーク　http://www.kouseihogo-net.jp/index.html
　国立精神・神経医療研究センター精神保健研究所　http://www.ncnp.go.jp/nimh/
　司法精神医学研究部　http://www.ncnp.go.jp/nimh/shihou/index.html
　青少年問題研究会　http://www.seishonen.net/
　情報処理推進機構　http://www.ipa.go.jp/index.html
　全国少年警察ボランティア協会　https://zenshokyo.ecs.or.jp/
　全国被害者支援ネットワーク　http://nnvs.org/
　対話の会　http://www.taiwanokai.org/
　日工組社会安全研究財団　http://www.syaanken.or.jp/?p=6934
　日本司法支援センター（法テラス）　http://www.houterasu.or.jp/
　日本弁護士連合会　http://www.nichibenren.or.jp/
　犯罪被害者等早期援助団体　https://www.npa.go.jp/higaisya/rikai/renkei/dantai.htm
　非行克服支援センター　http://members3.jcom.home.ne.jp/scojd/
　母子愛育会日本子ども家庭総合研究所　http://www.aiiku.or.jp/index.htm
　予防犯罪学推進協議会　http://www.skre.jp/nc2/

●学会（五十音順）
　SST普及協会　http://www.jasst.net/
　都市住宅学会　http://www.uhs.gr.jp/
　日本アルコール・アディクション医学会　http://www.f.kpu-m.ac.jp/k/jmsas/
　日本LD学会　http://www.jald.or.jp/
　日本応用心理学会　http://j-aap.jp/

日本家族研究・家族療法学会　http://jaft.org/
日本家族心理学会　http://www.jafp-web.org/
日本K-ABCアセスメント学会　http://www.k-abc.jp/
日本環境心理学会　http://jsep.tbo.jp/html/htdocs/
日本矯正医学会　http://plaza.umin.ac.jp/~jacm/
日本芸術療法学会　http://jspea.org/
日本建築学会　https://www.aij.or.jp/
日本更生保護学会　http://www.kouseihogogakkai.jp/
日本司法福祉学会　http://jslfss.org/
日本精神分析学会　http://www.seishinbunseki.jp/
日本児童青年精神医学会　http://child-adolesc.jp/
日本心理学会　http://www.psych.or.jp/
日本心理劇学会　http://www.psychodrama.jp/
日本心理臨床学会　http://www.ajcp.info/
日本ストレスマネジメント学会　http://jassma.org/
日本青年心理学会　http://www.gakkai.ac/jsyap/
日本トラウマティック・ストレス学会　http://www.jstss.org/
日本内観学会　http://www.jpnaikan.jp/
日本認知・行動療法学会　http://jabt.umin.ne.jp/index3.html
日本認知療法学会　http://jact.umin.jp/
日本箱庭療法学会　http://www.sandplay.jp/
日本犯罪学会　http://j-crim.kenkyuukai.jp/special/?id=9496
日本犯罪心理学会　http://www.wdc-jp.com/jacp2/
日本犯罪社会学会　http://hansha.daishodai.ac.jp/
日本被害者学会　http://www.victimology.jp/
日本描画テスト・描画療法学会　http://www.byoga.jp/
日本ブリーフ・サイコセラピー学会　http://www.jabp.jp/
日本ロールシャッハ学会　http://jsrpm.jp/
人間・環境学会　http://www.mera-web.jp/
防災学術連携体　http://janet-dr.com/
法と心理学会　http://jslp.jp/

● 海　外
アメリカ心理学会（American Psychological Association：APA）　http://www.apa.org/
アメリカ精神医学会（American Psychiatric Association：APA）　https://www.psychiatry.org/
アメリカ連邦捜査局（Federal Bureau of Investigation：FBI）　https://www.fbi.gov/
米国司法省犯罪統計局（Bureau of Justice Statistics：BJS）
　　http://www.bjs.gov/index.cfm?ty=dcdetail&iid=245
米国司法研究所（National Institute of Justice：NIJ）　http://nij.gov/Pages/welcome.aspx
米国ワシントン州公共政策研究所（Washington State Institute for Public Policy：WSIPP）
　　http://www.wsipp.wa.gov/
米国性加害者治療学会（Association for the Treatment of Sexual Abusers：ATSA）
　　http://www.atsa.com/

アメリカ合衆国シークレットサービス（United States Secret Service：USSS）
　http://www.secretservice.gov/
国家脅威アセスメントセンター（National Threat Assessment Center：NTAC）
　http://www.secretservice.gov/protection/ntac/
キャンベル共同計画（Campbell Collaboration，英文サイト）
　http://www.campbellcollaboration.org/
キャンベル共同計画（日本語サイト）
　http://ir.u-shizuoka-ken.ac.jp/campbell/index.html
少年司法・非行防止オフィス（Office of Juvenile Justice and Delinquency
　Prevention：OJJDP）　http://www.ojjdp.gov/
全米性暴力リソースセンター（National Sexual Violence Resource Center）
　http://www.nsvrc.org/
リアルタイム犯罪センター（New York City Police Foundation Real Time Crime Center）
　http://www.nycpolicefoundation.org/programs/real-time-crime-center/
国際犯罪被害調査（International Crime Victims Survey：ICVS）
　http://www.unicri.it/services/library_documentation/publications/icvs/
国際犯罪分析官協会（The International Association of Crime Analysts）　http://www.iaca.net/
国連薬物犯罪事務所（United Nation Office on Drugs and Crime：UNODC）
　https://www.unodc.org/
全米犯罪被害調査（National Crime Victimization Survey：NCVS）
　http://www.bjs.gov/index.cfm?ty=dcdetail&iid=245
イングランド・ウェールズ犯罪調査（Crime Survey for England and Wales：CSEW）
　http://www.crimesurvey.co.uk/
英国法務省（Ministry of Justice UK）　https://www.justice.gov.uk/
英国犯罪者管理サービス（National Offender Management Service：NOMS）
　https://www.gov.uk/government/organisations/national-offender-management-service
英国ケンブリッジ大学犯罪学研究所（University of Cambridge　Institute of Criminology）
　http://www.crim.cam.ac.uk/
ロンドン大学セキュリティ・犯罪科学研究科（UCL Department of Security and
　Crime Science）　https://www.ucl.ac.uk/scs
カナダ連邦矯正保護庁（Correctional Service Canada）
　http://www.csc-scc.gc.ca/index-eng.shtml
カナダ連邦公共安全省（Public Safety Canada）　https://www.publicsafety.gc.ca/
欧州保護観察連盟（Confederation of European Probation）　http://cep-probation.org/
オーストラリア犯罪学研究所（Australian Institute of Criminology）　http://aic.gov.au/

和文引用文献

(*各文献の最後に明記してある数字は引用が明記されているページ数を表わす.なお,論文および章のタイトルに限り,便宜上サブタイトルは割愛した.また,本文各項目末に掲載されている「さらに詳しく知るための文献」もあわせて掲載している.)

■あ

赤羽由紀夫(2010)「「リスク」としての少年犯罪とモラル・パニック―「普通の子」の凶悪犯罪報道に着目して」『犯罪社会学研究』100-114.……**578**

安香 宏(2008)『犯罪心理学への招待―犯罪・非行を通して人間を考える』サイエンス社.……**286**

安香 宏・藤田宗和(1997)『臨床事例から学ぶ TAT 解釈の実際』新曜社.……**338**

浅野晴哉(2010)「犯罪被害者支援における関係性の理解について」『犯罪心理学研究』47(特別号)142-143.……**672**

朝比奈牧子(2007)「犯罪・非行の基礎理論」藤岡淳子編『犯罪・非行の心理学』有斐閣.……**xxix**

浅見知邦(2007)「矯正施設の摂食3障害」野村俊明・奥村雄介編『非行と犯罪の精神科臨床―矯正施設の実践から』星和書店.……**323**

足立浩平・鈴木昭弘(1993)「犯罪手口の選択確率に基づく被疑者の検索手法」『科警研報告法科学編』46,143-147.……**264**

安倍淳吉(1978)『犯罪の社会心理学』新曜社.……**64**

鮎生 潤(2006)『逸脱行動論』新訂,放送大学教育振興会.……**752**

荒井崇史・藤 桂・吉田富二雄(2010)「犯罪情報が幼児を持つ母親の犯罪不安に及ぼす影響」『心理学研究』81,397-405.……**577**

荒川 歩・菅原郁夫(2010)「評議におけるコミュニケーション―コミュニケーションの構造と裁判員の満足・納得」『社会心理学研究』26(11)73-88.……**695**

荒木村幸(2005)「モラルジレンマ授業実践のために―ピアジェとコールバーグの理論」『モラルジレンマ資料と授業展開』中学校編第2集,明治図書,100-148.……**456**

安藤久美子(2003)「暴力に関する欧米の司法精神医学的研究(2)―暴力のリスクアセスメントツール」『犯罪学雑誌』69(6)220-232.……**270**

安藤久美子他(2006)「発達障害と犯罪 司法精神医学講座」山内俊雄他編『犯罪と犯罪者の精神医学』司法精神医学3,中山書店,pp.253-266.……**79**

安藤久美子(2008)「発達障害(Asperger 症候群)」五十嵐禎人編『刑事精神鑑定のすべて』専門医のための精神科臨床リュミエール1,中山書店,pp.160-172.……**79**

安藤久美子(2011)「12章 精神鑑定(精神遅滞(知的障害))」越智啓太・藤田政博・渡邉和美編『法と心理学の事典―犯罪・裁判・矯正』朝倉書店,pp.530-531.……**79**

安藤久美子(2012)「裁判員制度における情状鑑定の利用―精神鑑定の視点から」『青少年問題』647,30-35.……**689**

安藤成行・須藤 明・田中義一他(2005)「家裁調査官の行う保護の措置の実証的研究」『家裁調査官研究紀要』2,1-64.……**712**

安藤玲子・高比良美詠子・坂元 章(2005)「インターネット使用が中学生の孤独感・ソーシャルサポートに与える影響」『パーソナリティ研究』14(1)69-79.……**179**

■い

石川 愛・鈴木広隆(2008)「道路ネットワークにおける見通し距離とひったくり発生との関係に関する研究―大阪市住居系地区を対象として」『日本建築学会環境系論文集』73(623)101-106.……**190**

石川 愛・鍋島美奈子・鈴木広隆(2009)「詳細事件情報を考慮したひったくり発生と道路空間特性との関係に関する研究―大阪市住宅系地区を対象として」『日本建築学会環境系論文集』74(635)55-61.……**191**

石川正興編著(2013)『子どもを犯罪から守るための多機関連携の現状と課題―北九州市・札幌市・横浜市の三政令

市における機関連携をもとに』成文堂. ……739
石川義博（1985）『非行の病理と治療』金剛出版. ……30
石毛　博（1994）「非行動機の理解について」『刑政』105(12) 28-38. ……325
石毛　博（2010）『青少年犯罪の意味探究―心理学的査定による更正支援のために』ブイツーソリューション. ……71
石毛　博・糟谷光昭（1987）「Sensation Seeking と非行」『犯罪心理学研究』25(2). ……70
石毛　博・糟谷光昭（1998）「センセーションシーキングと非行」岩井弘融・遠藤辰雄・樋口幸吉他編『日本の犯罪学』第 7，東京大学出版会，pp.98-99. ……71
石塚伸一（2013）「日本の犯罪は減ったか？減ったとすれば，その原因は何か？―犯罪統制のネット・ワイドニングと刑事訴追の重点主義化」『犯罪社会学研究』38，36-52. ……574
石橋昭良（2006）「警察における非行臨床」『非行臨床の課題』現代のエスプリ 462，107-116. ……629
石原安希子・高梨有紀（2007）「犯罪被害者の実態に関する研究（1）」『犯罪心理学研究』45（特別号）146-147. ……603
石原　務（1968）「非行少年と脳波-2-精神作業と脳波と行動について（入門講座）」『臨床脳波』10(5) 329-341. ……342
市村彰英（2010）「第 5 節非行少年の処遇」『文部科学省 生徒指導提要』198-204. ……704
伊東ゆう（2011）『万引き G メンは見た！』河出書房新社. ……597
稲村　博（1978）『子殺し―その精神病理』誠信書房. ……148
稲村　博（1980）『家庭内暴力―日本型親子関係の病理』新曜社. ……120
犬塚石夫編（2004）『矯正心理学』上・下，東京法令出版. ……338
井上公大（1980）『非行臨床―実践のための基礎理論』創元社. ……372
井口由美子（1994a）「少年相談を受けた保護者の態度変容に関する研究―1. 行動面，認知面，感情面の各側面について」『科学警察研究所報告 防犯少年編』35(1)29-49. ……629
井口由美子（1994b）「少年相談に来談した保護者の態度変容に関する研究―2. 保護者への働きかけと子どもの変容との関係について」『科学警察研究所報告 防犯少年編』35(2) 93-104. ……629
井部文哉（1983）「殺人」長嶋貞夫監修『性格心理学ハンドブック』金子書房. ……282
今福章二（2013）「更生保護と刑の一部の執行猶予」『更生保護学研究』3，20-34. ……502
今村扶美・松本俊彦・藤岡淳子他（2010）「重大な他害行為に及んだ精神障害者に対する「内省プログラム」の開発と効果測定」『司法精神医学』5(1) 2-15. ……543
飯村治子・樋村恭一（2003）「街頭犯罪と犯罪不安」小出　治監修，樋村恭一編『都市の防犯―工学・心理学からのアプローチ』北大路書房，pp.195-208.
岩井弘融（1963）『病理集団の構造―親分乾分集団の研究』誠信書房.
岩井弘融・所　一彦・星野周弘編（1979）『犯罪観の研究―現代社会の犯罪化・非犯罪化』大成出版社. ……575
岩間晴之・村松大吾・槇原　靖他（2013）「犯罪捜査支援のための歩容に基づく人物鑑定システム．情報処理学会研究報告コンピュータビジョンとイメージメディア」『情報処理学会』1-10. ……233
岩見広一（2006）「行動科学的プロファイリング―わが国の現状と今後の課題」『犯罪心理学研究』44（特別号）229-231. ……221
岩見広一（2006）「犯罪者プロファイリングの変遷」渡邉和美・高村　茂・桐生正幸編『犯罪者プロファイリング入門―行動科学と情報分析からの多様なアプローチ』北大路書房. ……222
岩見広一（2009）「連続性犯の犯行地分布に基づく犯行予測の可能性」『犯罪心理学研究』47（特別号）80-81. ……229
岩見広一（2012）「連続コンビニ強盗犯の属性と犯行地選択」『犯罪心理学研究』50（特別号）132-133. ……156
岩本正男・澁澤敏雄・吉川昌範他（1995）「風景構成法を通しての非行少年の理解―少年事件調査実務への「風景構成法」導入の試み」『調研紀要』64，72-97. ……354

う

上田　鼓（2010）「警察官の外傷性ストレスに関する研究」『東京学芸大学大学院連合学校博士論文』……671
上田光明（2007）「犯罪学におけるコントロール理論の最近の展開と主な論争点の検討」『犯罪社会学研究』32，134-135. ……15
上野　厚（2000）『都市型放火犯罪―放火犯罪心理分析入門』立花書房. ……159
上野正雄（2006）「情状鑑定について」『法律論叢』明治大学法律研究所，78(6) 283-288. ……688
浦田　浩（2013）「性犯罪者処遇の新しい流れ―良い生活モデル（GLM）とは何か」『刑政』125，36-48. ……382

■ え

英国内務省・英国保健省編，仲 真紀子・田中周子訳（2007）『子どもの司法面接―ビデオ録画面接のためのガイドライン』誠信書房．……240

■ お

大上 渉（2013）「日本における国内テロ組織の犯行パターン」『心理学研究』84(3)218-228．……201
大上 渉・箱田裕司・大沼夏子他（2001）「不快な情動が目撃者の有効視野に及ぼす影響」『心理学研究』72(5)361-368．……231
大川 力・長谷川宜志・渕上康幸他（2000）「少年院を出院した少年に関する研究（その2）」『矯正協会附属中央研究所紀要』10，39-58．……341
大久保智生（2014）「商店街における万引きの実態と効果的な対策の検討」『法と心理学会第15回大会』．……596
大久保智生・時岡晴美・岡田 涼（2013）『万引き防止対策に関する調査と社会的実践―社会で取り組む万引き防止』ナカニシヤ出版．……188，596
大熊輝雄（2013）『現代臨床精神医学』金原出版．……292
大澤智子（2005）「二次受傷に関する実証的研究―犯罪被害者を支援する人々を対象にして」『心的トラウマ研究』1，79-85．……671
太田達也（2013）「高齢犯罪者の特性と犯罪要因に関する調査（警察庁・警察政策研究センター及び慶應義塾大学太田達也教授による共同研究）」（http://www.npa.go.jp/keidai/keidai.files/pdf/essay/20131220.pdf）（閲覧日：2016年4月19日）．……214
太田達也（2014）「高齢者犯罪の対策と予防―高齢犯罪者の特性と警察での対応を中心として」『警察学論集』67(6)3-17．……205
太田玲子・姫田卓朗（2008）「米国」『諸外国における性犯罪の実情と対策に関する研究―フランス，ドイツ，英国，米国』法務総合研究所研究部報告38，155-227．……613
大塚 仁・河上和雄・佐藤文哉他編（2004）『大コンメンタール刑法』第2版，青林書院．……734
大塚祐輔・小野修一・横田賀英子他（2014）「単発の殺人事件における犯人特徴と犯行特徴―面識のない事件に関する検討」『犯罪心理学研究』52（特別号）96-97．……147
大塚祐輔・渡邉和美・横田賀英子他（2010）「企業を対象とした恐喝事件の犯人特徴と犯行特徴」『日本法科学技術学会誌』15（別冊号）134．……185
大塚義孝（1993）『衝動病理学―ソンディ・テスト』増補，誠信書房，pp.30-31．……344
大坪日出子・佐藤めぐみ・安部紀子（2005）「麓刑務所の女子受刑者の被害体験について―彼女らは一体加害者なのか，被害者なのか」『九州矯正』59(1) 170-177．……423
大沼夏子・箱田裕司・大上 渉（1999）「目撃記憶の事後情報効果に対する「反対の論理」の影響」『応用心理学研究』25，1-9．……147
大庭絵里（2010）「メディア言説における「非行少年」観の変化」『神奈川大学国際経営論集』39，155-164．……624
大場玲子・明石史子（2008）「英国」『法務総合研究所研究部報告38―諸外国における性犯罪の実情と対策に関する研究―フランス，ドイツ，英国，米国』101-154．……613
大渕憲一（2006）『犯罪心理学―犯罪の原因をどこに求めるのか』培風館．……3，58，162
大渕憲一（2011）『人を傷つける心―攻撃性の社会心理学』新版，サイエンス社．……62
大渕憲一（1993）『人を傷つける心―攻撃性の社会心理学』セレクション社会心理学9，サイエンス社．……162，284
大渕憲一・山入端津由（1994）「暴力犯罪者の理解」水田恵三編著『犯罪・非行の社会心理学』ブレーン出版，pp.241-276．……162
大渕憲一・石毛 博・山入端津由他（1985）「レイプ神話と性犯罪」『犯罪心理学研究』23，1-12．……69
大渕憲一・北村俊則・織田信男他（1994a）「攻撃性の自己評定法―文献展望」『季刊 精神科診断学』5(4) 113-455．……284
大渕憲一・山入端津由（1994b）「暴力犯罪者の理解」水田恵三編著『犯罪・非行の社会心理学』ブレーン出版，pp.242-275．……284
大渕憲一・山入端津由・藤原則隆（1999）「機能的攻撃性尺度（FAS）作成の試み―暴力犯罪・非行との関係」『犯罪心理学研究』37(2) 1-13．……162，284
大茂矢心一（2013）「刑事施設における「被害者の視点を取り入れた教育」について」『更生保護』64(11) 24-27．……415

大森健一・高江洲義英(1981)「抑うつ心性と絵画表現―特にその臨床図像学的接近」木村敏編『躁うつ病の精神病理4』弘文堂．pp.217-251.……355
岡江　晃（2013）『宅間守　精神鑑定書―精神医療と刑事司法のはざまで』亜紀書房．……45
岡田　薫（2006）「日本の犯罪現象―昭和30年代以降の刑法犯を中心に」『レファレンス』56(7) 8-31.……193
緒方康介（2008）「WISC-3下位検査プロフィールからみる児童相談所に相談のあった非行児の知能特性」『犯罪心理学研究』46(2) 39-47.……82
岡部享市（2010）「警察における少年相談活動を通して見た家族の現状―少年相談の実際と課題を中心として」『犯罪と非行』163, 46-61.……629
岡邊　健（2013）『現代日本の少年非行』現代人文社．……53
岡邊　健・原田　豊（2006）「1986年生まれコホートの非行経歴―Q県における非行記録にもとづく検討」『犯罪社会学研究』31, 118-133.……193
岡村和子（2013）「メタ・アナリシスに見る飲酒運転対策の評価」『日本アルコール・薬物医学会雑誌』48 (5) 243-260.……143
岡本英生（2007）「成人ひったくり犯から見た犯行に影響を及ぼす環境的要因に関する研究」『犯罪心理学研究』44 (2) 15-21.……191
岡本英生・河野荘子（2010）「暴力の犯罪者の共感性に関する研究―認知的要素と情動的要素による検討」『心理臨床学研究』27(6) 733-737.……73
岡本英生・森　丈弓・阿部恒之他（2014）「東日本大震災による被害が被災地の犯罪発生に与えた影響」『犯罪社会学研究』39, 84-93.……87
岡本拡子・桐生正幸編（2006）『幼い子どもを犯罪から守る！―命をつなぐ防犯教育』北大路書房．……601
小川時洋・松田いづみ・常岡充子（2013）「隠匿情報検査の妥当性―記憶検出技法としての正確性の実験的検証」『日本法科学技術学会誌』18(1) 35-44.……251
小此木啓吾（1999）「甘え理論―その歴史的背景と発展」北山　修編『『甘え』について考える』日本語臨床3, 星和書店, pp.3-28.……33
押切久遠・山下麻美（2016）「更生保護における薬物事犯者施策について」『犯罪と非行』181, 166-186.……515
小田　晋（2002）『少年と犯罪』青土社．……208
越智啓太（1998）「展望　目撃者に対するインタビュー手法―認知インタビュー研究の動向」『犯罪心理学研究』36(2) 49-66.……244
越智啓太（2004）「テロリストの心理的特性に関する研究の現状と展開」『東京家政大学研究紀要　人文社会科学』44(1) 209-217.……156
越智啓太（2007）「子供に対する性犯罪に関する研究の現状と展開(1)―発生状況と犯人の特性」『法政大学文学部紀要』54, 107-117.……174
小野修一・大塚祐輔・横田賀英子他（2013）「店舗における強盗殺人の犯人像と犯行特徴―犯人と被害者の関係性からの検討」『日本法科学技術学会誌』18（別冊号）139.……156
小俣謙二・島田貴仁（2011）『犯罪と市民の心理学―犯罪リスクに社会はどうかかわるか』北大路書房．……575, 590
小俣謙二・島田貴仁・羽生和紀他（2009）「住民による防犯活動の実態調査」『犯罪心理学研究』47（特別号）122-123.……591
大茂矢心一（2013）「刑事施設における薬物事犯受刑者に対する処遇について」『罪と罰』50(2) 40-46.……515

■か

皆藤　章（1994）『風景構成法―その基礎と実践』誠信書房, p.3.……354
影山任佐（1997）「ストーカー―愛と憎しみの病理」『こころの科学』72 (3) 9-16.……168
笠井達夫・桐生正幸・水田恵三編（2002）『犯罪に挑む心理学』北大路書房．……64
片口安史・早川幸夫（1989）『構成的文章完成法（K-SCT）解説』日本総合教育研究会．……340
交野女子学院（2013）『平成25年収容統計』.……320
勝田　聡（2014）「保護観察中の性犯罪者の認知の歪みに関するアセスメント」『千葉大学人文社会科学研究』28, 150-161.……69
勝俣暎史・篠原博章・村上みどり（1982）「非行少年の時間的展望」『熊本大学教育学部紀要』31, 267-277.……80
家庭裁判所調査官研修所（2001）『重大少年事件の実証的研究』司法協会．……129
加藤幸雄・藤原正範編著（2009）『Q&A 少年事件と裁判員裁判―少年の立ち直りと向き合う裁判員のために』明石書店．……682
加藤弘通（2007）『問題行動と学校の荒れ』ナカニシヤ出版．……53

門田隆将（2013）『狼の牙を折れ―史上最大の爆破テロに挑んだ警視庁公安部』小学館．……**201**
角野善宏（2001）「風景構成法から観た急性精神病状態からの回復過程の特徴―4 事例からの考察」『臨床心理学』1(1) 76-91．……**355**
兼頭吉市（1977）「刑の量定と鑑定」上野正吉・兼頭吉市・庭山英雄編『刑事鑑定の理論と実務―情状鑑定の科学化をめざして』成文堂，pp.114-128．……**688**
壁屋康洋（2011）「症例報告 医療観察法病棟におけるアンガーマネジメントの適用」『司法精神医学』6(1) 21-28．……**477**
鴨下守孝・多田 一・竹下賀子（2007）「改善指導の実施状況に関する調査研究」『中央研究所紀要』17，21-27．……**417**
河合隼雄編（1969）『箱庭療法入門』誠信書房．……**453**
川浦佐知子（2004）「語りの力学―セルフ・ナラティブ（自己物語）を通してのエンパワメント」『人間関係研究』3，122-134．……**102**
川島敦子（2009）「若年受刑者に対する被害者の視点を取り入れた教育」『罪と罰』46(2) 23-29．……**415**
河本荘子・岡本英生・近藤淳哉（2011）「共感性が少年の逸脱行動に与える影響について」『犯罪心理学研究』49（特別号）76-77．……**73**
川端壮康・宮城隆之・阿部 哲他（2011）「暴力的非行に対する認知的共感性の影響に関する研究」『犯罪心理学研究』49(特別号) 28-29．……**73**
川邉 讓（1997）「少年鑑別所における行動観察の在り方について」『刑政』108(5) 52-61．……**326**
川邉 讓（2012）「国家公務員としての心理職」笠井達夫・桐生正幸・水田惠三編『犯罪に挑む心理学―現場が語る最前線』Ver.2．北大路書房．……**762**
菅藤健一（2007）「非行少年の描画上の変化と適応上の変化との関連について」『心理臨床学研究』25(2) 197-205．……**355**
菅藤健一・上埜高志（2010）「非行臨床における処遇経過分析の方法について」『東北大学大学院教育学研究科研究年報』58(2) 239-255．……**354**
菅藤健一・森 丈弓（2015）「非行少年の風景構成法の描画特徴について」『犯罪心理学研究』52(2) 11-19．……**355**

■き

菊池城治（2011）「暴力団受刑者の離脱意思の分析」社会安全研究財団『暴力団受刑者に関する調査報告書』95-117．……**199**
菊池武剋（2009）「被害者支援の社会心理学」細江達郎・菊池武剋編『社会心理学特論』新訂，放送大学教育振興会，pp.215-238．……**672**
菊池武剋（2011）「日本における犯罪心理学研究の動向―「犯罪心理学研究」誌を中心として」『犯罪心理学研究 50 周年記念特別号』．……**xxix**
木原 茂（2014）「少年非行に対する警察の取組」『児童心理』68(9) 36-40．……**625**
木原雅子（2006）『10 代の性行動と日本社会―そして WYSH 教育の視点』ミネルヴァ書房．……**320**
矯正局成人矯正課・矯正局少年矯正課（2013）「「被害者の視点を取り入れた教育」検討会について」『刑政』123(2) 54-59．……**415**
桐生正幸（1996）「放火犯罪に関する実験的研究：(2) 類型化」『犯罪心理学研究』35（特別号）44-45.
桐生正幸（2000）「多様なウソ発見の質問方法」平 伸二・中山 誠・桐生正幸他編著『ウソ発見―犯人と記憶のかけらを探して』北大路書房，pp.69-81．……**250**
桐生正幸編（2012）『基礎から学ぶ犯罪心理学研究法』福村出版．……**92**

■く

熊谷恵子・加藤喜久・池上雅子（2007）「少年院少年の算数障害の特徴―軽度発達障害の行動傾向をもつ少年について」『筑波大学学校教育論集』29，29-36．……**83**
熊谷 渉（2014）「盛岡少年刑務所――一般改善指導「暴力防止プログラム」の試行レポート」『刑政』125(7) 118-126．……**403**
久山喜息（1960）「矯正技術としての集団心理療法の研究」『法務研究報告書』48-1．……**442**
クラーク, R. 著，守山 正訳（1997）「合理的選択理論における被害者のイメージ」『被害者学研究』7，10-16．……**36**
栗原 久（2006）「薬物乱用の恐ろしさとその対策」『犯罪と非行』148，5-23．……**292**

■こ

郷古英男（1978）『「うらみ」の心理』現代心理学ブックス．……**30**

河野荘子（1994）「なぜ非行少年は過去の経験を未来に生かさないのか—時間的不連続性と原因帰属からの検討」『犯罪心理学研究』32(2) 1-10. ……80

河野荘子(1998)「非行少年の「語り」の様式からみた時間的展望—バイク窃盗を主題に来談した高校生の事例を通して」『青年心理学研究』10，45-58. ……81

河野荘子 (2003)「少年の性非行からみた性教育とは—女子の性非行を中心に」『教育と医学』51(8) 734-741. ……117

河野荘子（2009）「Resilience Processとしての非行からの離脱」『犯罪社会学研究』34，32-46. ……550

河野荘子・岡本英生（2001）「犯罪者の自己統制，犯罪進度及び家庭環境の関連についての検討」『犯罪心理学研究』39，1-14. ……17

古賀正義（2013）「ソーシャルスキルとは何か—困難高校卒業後の就職をめぐるエスノグラフィ」『現代思想』41(5) 132-142. ……22

小菅 律（2009）「研究最前線 暴走族の東西日本での差異について—30年前と現在の比較」『月刊交通』40（10）87-97. ……145

小菅 律・藤田悟郎・岡村和子（2011a）「暴走族集団特徴による類型化」『犯罪心理学研究』48（2）13-27. ……145

小菅 律・岡本和子・藤田悟郎（2011b）「暴走族集団への関与—関与を促進する要因と非行経験との関連」『応用心理学研究』36（2）103-113. ……145

小西聖子（1996）『犯罪被害者の心の傷』白水社. ……651

小西聖子（2001）『ドメスティック・バイオレンス』白水社. ……165

小林万洋（2013）「少年鑑別所における最近の施策と取組について」『早稲田大学社会安全政策研究所紀要』6，77-91. ……739

小林寿一（2007）「これからの地域社会における警察の役割—少年非行の防止を中心に」菊田幸一・西村春夫・宮澤節生編『社会のなかの刑事司法と犯罪者』日本評論社，233-243. ……626

小林寿一編著（2008）『少年非行の行動科学』北大路書房. ……53

小林寿一（2014）「非行防止に資する地域基盤の社会参加活動とは何か」『犯罪と非行』177，105-125. ……627

小林孝寛・吉本かおり・藤原修治（2009）「実務ポリグラフ検査の現状」『生理心理学と精神生理学』27，5-15. ……250

小林哲郎（2007）『文書完成法を応用したテストSCT-Bに関する研究』風間書房. ……340

小宮信夫（2005）『犯罪は「この場所」で起こる』光文社新書. ……632

小宮山 要・星 悦子・高橋和雄他（1976）「非行少年の生活意識に関する研究」『科学警察研究所報告 防犯少年編』17(1) 83-93. ……80

小宮山 要・松本恒之・渥美玲子（1966）「非行少年の意識態度に関する研究」『科学警察研究所報告 防犯少年編』7(1) 1-8. ……81

小柳 武（1983）「覚せい剤等薬物事犯関係被収容者の処遇に関する研究」『法務研究報告書』71（1）. ……139

近藤淳哉・堀尾良弘・大渕憲一他（2014）「非行からの立ち直り」『犯罪心理学研究』51（特別号）183-194. ……550

近藤日出夫（2004）「非行接近／抑制尺度の作成及び非行の関連の検討」『犯罪心理学研究』42(1) 14. ……71

近藤日出夫（2008）「女子少年による嬰児殺の研究」『犯罪社会学研究』33,157-176. ……148

近藤日出夫（2009）「男子少年による殺人」『犯罪社会学研究』34,134-150. ……129

近藤日出夫(2010)「少年鑑別所・少年院入院者から見た日本の少年非行対策—戦後少年非行の「第四の波」とはなんだったのか」浜井浩一編『刑事司法統計入門』日本評論社. ……753

近藤日出夫・大橋秀夫・渕上康幸（2004）「行為障害の実態について」『矯正医学』53(1) 1-11. ……317

近藤倫明・箱田裕司（2004）「目撃者の視力が顔個別に及ぼす影響」『法と心理』3(1) 81-87. ……231

さ

財津 亘（2009）「最近10年間の爆破予告犯罪における犯人像の分析」『応用心理学研究』34（1）54-55. ……183

財津 亘（2010）「社会的自立性と犯罪深度を基にした連続放火犯の分類と分類別にみた放火形態について」『日本法科学技術学会誌』15（2）111-124. ……159

財津 亘（2011）『犯罪者プロファイリングにおけるベイズ確率論の展開』多賀出版. ……226

財津 亘（2014）「一般住宅対象の空き巣・忍込み・居空きの特性とその移行性」『犯罪心理学研究』51（2）23-32. ……194

齊藤万比古（1998）「家庭内暴力」松下正明総編集『児童青年期精神障害』臨床精神医学講座11，中山書店. ……120

齊藤万比古（1999）「反抗挑戦性障害」『精神科療法学』14(2) 153-159. ……317

斎藤秀明（1994）「ひったくりに関する一考察—自動車利用ひったくり犯罪の発生空間の分析とその防止手法の検討」

科学警察研究所編『日本の科学警察』東京法令出版．pp.205-210．……**191**
斎藤 学（1994）『児童虐待（危機介入編）』金剛出版．……**370**
斎藤 学（1998）『児童虐待（臨床編）』金剛出版．……**370**
齊藤知範（2011）「「子どもの安全」に関する研究動向」『犯罪社会学研究』36，107-111．……**610**
齊藤知範（2012）「子どもの被害の把握と防犯上の課題に関する研究」『自動車技術』66，73-80．……**610**
齊藤知範（2012）「関係者が力を合わせるために，犯罪を予防するための三角形が見守りのヒントになる―場所の管理者，お目付け役」『子ども防犯ニュース』95（2012年10月号）付録．少年写真新聞社．……**613**
斉藤豊治（2001）「阪神大震災後の犯罪問題」甲南大学総合研究所叢書63．甲南大学総合研究所．……**86**
斉藤豊治（2013）「大災害後の犯罪」斉藤豊治編『大災害と犯罪』法律文化社．pp.3-22．……**86**
榊原広城（1990）「中学生の試験観察について」『家庭裁判月報』42（4）146-174．……**726**
佐々淳行（1999）『日本の警察「安全神話」は終わったか』PHP研究所．……**230**
佐々木彩子・橋本美奈子（2011）「女子被収容者の処遇に関する基礎研究」『矯正研修所紀要』26，74-105．……**423**
笹竹英穂（2009）「女子大生が受けた犯罪・不良行為の実態と事件を家族や友人に報告しない理由」『学生相談研究』30（2）124-135．……**603**
佐藤良彦・坂井 勇・谷村昌昭（2008）「一般改善指導の実施内容に関する調査研究」『中央研究所紀要』18，65-96．……**402**
佐藤良彦，多田 一，川邉 譲他（2009）「刑事施設における被害者の視点を取り入れた教育に関する研究（その1）」『中央研究所紀要』19，1-29．……**414**
佐藤良彦，多田 一，川邉 譲（2010）「刑事施設における被害者の視点を取り入れた教育に関する研究（その2）」『中央研究所紀要』20，1-119．……**415**
里見 聡・中島 賢・奥下いづみ（2014）「受刑者の変化への動機付けに関する研究」『犯罪心理学研究』51（2）11-21．……**403**
佐野勝男・槙田 仁（1960）『精研式文章完成法テスト解説』金子書房．……**340**

■ し

四方 光・島田貴仁（2014）「我が国におけるストーカー事犯の現状と課題―全国の警察署担当者に対するアンケート調査の結果から」『警察政策』16，144-162．……**618**
篠田勝郎（1979）「人の和」『東京医療少年院三十年誌』神奈川医療少年院．37-39．……**445**
信田さよ子（2008）「ＤＶ加害者」『加害者臨床』現代のエスプリ491．至文堂．pp.87-94．……**165**
島田貴仁（2009）「子どもの被害調査と日常活動調査―その必要性と社会実装のための試み」『犯罪と非行』86-106．……**610**
島田貴仁（2014）「ストーカー事案―統計と相談記録からみる実態と効果的な対策に向けて」『早稲田大学社会安全政策研究所紀要』7，71-94．……**619**
島田貴仁・荒井崇史（2012）「犯罪情報と対処行動の効果性が犯罪対処行動意図に与える影響」『心理学研究』82（6）523-531．……**583**
島田貴仁・伊原直子（2013b）「ストーカー・DV・デートDVの加害者・被害者像―男女間トラブルとその対処に関する研究（1）」『日本心理学会第77回大会論文集』459．……**253**
島田貴仁・伊原直子（2013a）「ストーキングの被害過程―男女間トラブルとその対処に関する研究（2）」『犯罪心理学研究』51（特別号）72-73．……**253**
島田貴仁・伊原直子（2014）「ストーカー相談記録の形態素解析と加害に影響する要因」『日本行動計量学会大会抄録集』42，44-45．……**618**
島田貴仁・鈴木 護・原田 豊（2004）「犯罪不安と被害リスク知覚―その構造と形成要因」『犯罪社会学研究』29，51-64．……**578**
島田貴仁・原田 豊（1997）「地域安全情報システムのための住所照合ソフトウェアの設計」『科学警察研究所報告 防犯少年編』38（2）1-12．……**609**
島田貴仁・原田 豊（1999）「都市の空間構成と犯罪発生の関連―GISによる定量的分析」『科学警察研究所報告防犯少年編』40，1-20．……**191**
島田貴仁・茂串誠二・菊池域治他（2007）「GPSによる青色防犯パトロールの活動調査」東京大学空間情報科学研究センター『全国共同利用研究発表会』（CSIS DAYS 2007）．……**609**
下山晴彦編集代表（2014）『誠信心理学辞典』新版．誠信書房．p.701．……**252**
社会安全研究財団（2004）『犯罪に対する不安感等に関する調査研究―第3回調査報告書』．……**590**
社会安全研究財団（2011）『日中組織犯罪共同研究日本側報告書Ⅰ●暴力団受刑者に関する調査報告書』．……**198**
生島 浩（1993）『非行少年への対応と援助―非行臨床実践ガイド』金剛出版．……**519**

生島 浩（1999）『悩みを抱えられない少年たち』日本評論社. ……**551**
生島 浩「社会支援，地域支援」氏原 寛・亀口憲治・成田善裕他編（2010）『心理臨床大事典』改訂版，培風館. ……**504**
生島 浩（2011）「非行臨床モデルの意義と課題」生島 浩・岡本吉生・廣井亮一編『非行臨床の新潮流』金剛出版，pp.135-147. ……**105**
生島 浩（2013）「トニー・ワード教授講演における指定討論」『更生保護学研究』2. 11-12. ……**382**
情報処理推進機構（IPA）（2013）『2013年版10大脅威—身近に忍び寄る脅威』(https://www.ipa.go.jp/security/vuln/documents/10threats2013.pdf) ……**180**
情報セキュリティにおける人的脅威対策に関する調査研究会（2008）『情報セキュリティにおける人的脅威対策に関する調査研究報告書』社会安全研究財団. ……**181**
女性犯罪研究会編（2014）『性犯罪・被害—性犯罪規定の見直しに向けて』尚学社. ……**656**
白井利明（2001）『希望の心理学—時間的展望をどうもつか』講談社. ……**80**
白井利明・岡本英生・小玉彰二他（2011）「非行からの少年の立ち直りに関する生涯発達的研究（Ⅵ）『出会いの構造』モデルの検証」『大阪教育大学紀要（第Ⅳ部門）』60(1) 59-74. ……**551**
白井利明・岡本英生・福田研次他（2001）「非行からの少年の立ち直りに関する生涯発達的研究（Ⅱ）—ライフヒストリーの分析」『大阪教育大学教育研究所報』36. 41-57. ……**51**
白井美穂・黒沢 香（2009）「量刑判断の要因についての実験的検討—前科情報の種類による効果」『法と心理』8(1) 114-127. ……**695**
白岩祐子・荻原ゆかり・唐沢かおり（2012）「裁判シナリオにおける非対称な認知の検討—被害者参加制度への態度や量刑判断との関係から」『社会心理学研究』28(2) 41-50. ……**695**
白岩祐子・唐沢かおり（2015）「量刑判断に対する増進・抑制効果の検討—被害者への同情と裁判に対する規範的なイメージに着目して」『感情心理学研究』22(3) 110-117. ……**695**
白取祐司（2013）「刑事司法における心理鑑定の可能性」白取祐司編著（2013）『刑事裁判における心理学・心理鑑定の可能性』日本評論社. pp. 7-23. ……**688**
新家勝昭（2012）「非行少年を生まない社会づくり—少年に手を差し伸べる立ち直り支援等の推進」『青少年問題』59（新年）20-25. ……**628**
新海浩之（2008）「効果的な矯正指導について」『刑政』119(3) 76-86. ……**403**
進藤 眸（1991）「キネジ療法」矯正協会編『矯正処遇技法ガイドブック—心理療法の原理と実践編』矯正協会. ……**458**

■ す

杉山 成・神田信彦（1991）「時間的展望に関する研究(1) 非行少年の時間的展望について」『立教大学心理学研究年報』34. 63-69. ……**80**
鈴木昭弘・足立浩平・渡辺昭一（1994）「顔画像検索システムにおけるターゲット探索計算方式の一検討」『科学警察研究所報告 法科学編』47(3) 126-130. ……**265**
鈴木 護（2010）「振り込め詐欺の理解と予防に向けて」『予防時報』(241) 8-14. ……**187**
鈴木睦夫（1997）『TATの世界—物語分析の実際』誠信書房. ……**338**
須谷修治（2008）「青色防犯灯の導入背景と全国実態調査報告」『照明学会誌』92(9) 631-636. ……**599**

■ せ

関口 裕（2008）「特定暴力対象者の処遇について」『更生保護』59(6) 13-19. ……**477**
全国少年補導員協会・企画分析委員会編（2004）『少年警察ボランティアのあり方に関する調査報告書』全国少年補導員協会. ……**623**

■ そ

相馬敏彦・山内隆久・浦 光博（2003）「恋愛・結婚関係における排他性がパートナーとの葛藤時の対処行動選択に与える影響」『実験社会心理学研究』43(1) 75-84. ……**167**
総務省青年対策本部編（1999）「青少年とテレビ」『ゲーム等に係る暴力性に関する調査研究報告書』総務庁青年対策本部. ……**110**
染田 惠（2006）『犯罪者の社会内処遇の探求—処遇の多様化と修復的司法』成文堂. ……**736**

■ た

平良俊司（2012）「暴走族及び違法行為を敢行する旧車會の実態と今後の取組」『月刊交通』43(6) 4-16. ……**144**

高桑和美（1993）「警察における少年相談の成功例と失敗例の分析」『科学警察研究所報告 防犯少年編』34，71-86．……**628**

高野光司・本田恵子（2012）「刑事施設におけるアンガーマネージメント―奈良少年刑務所における取組を中心に」『早稲田大学社会安全政策研究所紀要』5，21-37．……**403**

高野光司・本田恵子（2013）「刑事施設におけるアンガーマネージメント―奈良少年刑務所における取組を中心に」『早稲田大学社会安全政策研究所紀要』5，21-37．……**347, 477**

高野嘉之（2010）「DV加害者臨床における認知行動療法の理論と実践について」『臨床精神医学』39(3) 287-300．……**165**

高野嘉之（2011）「DV加害者との関わりは，なぜ難しいか」『平成22年度東京ウィメンズプラザDV防止等民間活動助成対象事業 被害者支援の一環としてのDV加害者更生プログラム―RRPワークショップからの報告』RRP研究会，pp. 5-11．……**165**

高橋雅春（1967）『描画テスト診断法―HTPテスト』文教書院．……**350**

高橋雅春（1974）『描画テスト入門―HTPテスト』文教書院．……**351**

高橋泰博（1991）「暴走族・暴走行為の諸相と問題状況について」『警察学論集』44(11) 1-17．……**144**

高橋祥友（2014）『自殺の危険―臨床的評価と危機介入』第3版，金剛出版．……**364**

高比良美詠子・安藤玲子・坂元 章（2003）「ネット使用が精神的健康および社会的不適応に与える影響（1）―小学生におけるツール別ネット使用の効果」『日本社会心理学会第44回大会発表論文集』pp. 620-621．……**179**

高比良美詠子・安藤玲子・坂元 章（2006）「縦断調査による因果関係の推定―インターネット使用と攻撃性の関係」『パーソナリティ研究』15(1) 87-102．……**179**

高村 茂・徳山孝之（1998）「窃盗犯のプロファイリング研究（第3報）―犯行動機の異なる窃盗犯の比較を通して」『犯罪心理学研究』36（特別号）12-13．……**173**

高村 茂・徳山孝之（2003）「民家対象窃盗犯の犯人特性に関する基礎的研究」『犯罪心理学研究』41 (1) 1-14．……**173, 194**

高村 茂・徳山孝之（2006）「多変量解析を用いた犯罪者プロファイリング研究―侵入窃盗犯の類型化に着目して」『犯罪心理学研究』43 (2) 29-41．……**194**

高村 茂・横井幸久（2004）「強盗事件の発生場所における犯罪行為の成立要因」『応用心理学研究』30 (1) 24-35．……**154**

高村 茂・横井幸久・山元修一（2002）「強盗事件データの分析（5）」『犯罪心理学研究』40（特別号）36-137．……**154, 156**

瀧井正人（2014）『摂食障害という生き方』中外医学社．……**322**

瀧澤千都子・宇戸午朗・石原香代他（2013）「犯罪被害に関する総合的研究―安全・安心な社会づくりのための基礎調査結果（第4回犯罪被害者実態（暗数）調査結果）」『法務総合研究所研究部報告』49．……**106**

宅香菜子（2014）『悲しみから人が成長するとき―PTG』風間書房．……**649**

田口真二（2013）「性的盗撮の心理―抑止に向けた犯罪心理学的アプローチ」『警察学論集』66 (6) 71 - 86．……**172**

田口真二・平 伸二・桐生正幸他（2010）「のぞきと性的盗撮に関わる個人要因」『犯罪心理学研究』48（特別号）136-137．……**172**

竹内友二・唐澤 仁・鈴木憲治他（2006）「少年事件における保護的措置について―再非行防止の観点から」『家庭裁判月報』58(10) 115-189．……**712**

田崎仁一（2013）「心理学的知見に基づく取調べ技術―警察学論集」『警察大学校 論集』66(4) 37-59．……**247**

田崎篤郎・児島和人（1992）『マス・コミュニケーション効果研究の展開』新版，北樹出版．……**582**

田中ひかる（2006）『月経と犯罪―女性犯罪論の真偽を問う』批評社．……**89**

田中 宏（1989）「少年鑑別所における家族画の活用」『家族画ガイドブック』矯正協会．……**352**

田中 渉・市野 裕・馬場慎吾（2012）「社会人基礎力講座の開設について」『矯正教育研究』57，42-49．……**475**

団 士郎・柴田長生・川崎二三彦他（1993）『非行と家族療法』ミネルヴァ書房．……**519**

団藤重光・森田宗一（1984）『新版 少年法』有斐閣．……**723**

丹野義彦（2001）「臨床心理アセスメント学の成立に向けて」下山晴彦・丹野義彦編『臨床心理学 研究』講座 臨床心理学 2，東京大学出版会，pp.127-142．……**285**

■ち

千葉県子どもと親のサポートセンター（2005）『研究報告第2号 非行少年と高校生の実態に関する研究―非行の予防につながる教師対応のあり方について』．……**54**

■ つ

坪内宏介（1987）「再犯要因について」『矯正医学』35(2-4) 35-56. ……104
坪内順子（1984）『TATアナリシス—生きた人格診断』垣内出版. ……337
鶴見隆彦（2011）「「リスク」と「安全・安心」を支援者はどう考えるべきか—リスクマネジメントとストレングスモデルの融合」『精神科臨床サービス』11(3) 13-18. ……729

■ て

出口保行・大川 力（2004）「エンパシッククライムに関する研究（I）」『犯罪心理学研究』42（特別号）140-141. ……73

■ と

土井隆義（2003）『〈非行少年〉の消滅—個性神話と少年犯罪』信山社出版. ……625
土居健郎（1965）『精神分析と精神病理』医学書院. ……32
土居健郎（1971）『「甘え」の構造』弘文堂選書. ……32
土居健郎（1992）『方法としての面接—臨床家のために』新訂版，医学書院. ……498
十一元三（2004）「アスペルガー障害と社会行動上の問題」『精神科治療学』19(9) 1109-1114. ……297
東本愛香（2014）「刑務所における性犯罪の処遇」女性犯罪研究会編『性犯罪・被害—性犯罪規定の見直しに向けて』尚学社, pp.220-233. ……69
遠山 敏（1975）「鑑別面接について」『刑政』86(5) 98-101. ……324
徳山孝之（1975）「犯罪の予測」安香 宏・麦島文夫編『犯罪心理学—犯罪行動の現代的理解』有斐閣，pp.439-458. ……270
所 一彦編集代表（2002）『犯罪の被害とその修復—西村春夫先生古稀祝賀』敬文堂. ……736
都市防犯研究センター（1999）「都市空間における犯罪発生事態に関する調査報告書（1）：ひったくり編」『JUSRIレポート』5, 都市防犯研究センター. ……191
都市防犯研究センター（2005）「都市空間における防犯対策に関する調査報告書（5）：ひったくり編」『JUSRIレポート』27, 都市防犯研究センター. ……191
冨田信穂（2008）「民間団体における犯罪被害者支援」全国被害者支援ネットワーク編『犯罪被害者支援必携』東京法令出版. ……645

■ な

仲 真紀子（2003）「捜査面接法」厳島行雄・仲 真紀子・原 聰『目撃証言の心理学』北大路書房, pp.106-118. ……245
仲 真紀子（2011）「NICHDガイドラインにもとづく司法面接研修の効果」『子どもの虐待とネグレクト』13(3) 316-325. ……242
仲 真紀子（2011）『法と倫理の心理学—心理学の知識を裁判に活かす—目撃証言，記憶の回復，子どもの証言』心理学の世界：専門編12, 培風館. ……693
仲 真紀子（2012）「子供の証言と面接法」日本心理学会編, 根ヶ山光一・仲 真紀子責任編集『発達の基盤—身体, 認知, 情動』発達科学ハンドブック4, 新曜社, pp.284-296. ……243
仲 真紀子（2012）「司法場面におけるコミュニケーション」安西祐一郎・今井むつみ・入來篤史他編『自立と支援』岩波講座コミュニケーションの認知科学5, 岩波書店, pp.147-174. ……243
中井久夫（1997）『アリアドネからの糸』みすず書房. ……124
長澤秀利（2012）「ストーカー犯罪」笠井達夫・桐生正幸・永田惠三編『犯罪に挑む心理学—現場が語る最前線』Ver.2, 北大路書房, pp.110-111. ……169
中島聡美（2006）「犯罪被害」金 吉晴編『心的トラウマの理解とケア』第2版, じほう, pp.235-247. ……662
中島聡美・白井明美・真木佐知子他（2009）「トラウマの心理的影響に関する実態調査から—犯罪被害者遺族の精神健康とその回復に関連する因子の検討」『精神神経学雑誌』111(4), 423-429. ……655
中田 修（1977）『放火の犯罪心理』金剛出版. ……158, 297
中谷瑾子（編）（1982）『子殺し・親殺しの背景—《親知らず・子知らずの時代を考える》』有斐閣新書. ……148
中村 攻（2000）『子どもはどこで犯罪にあっているか—犯罪空間の実情・要因・対策』晶文社. ……594
長山泰久（1989）「暴走族と高校生・中学生」屋久孝夫編『暴走族』同朋舎, pp.171-207. ……145
那須昭洋・高橋 哲・二ノ宮勇気（2012）「矯正施設における処遇プログラムの効果検証をめぐる諸問題（1）」『犯罪心理学研究』50（特別号）2-3. ……464

■に

西田公昭（1995）『マインド・コントロールとは何か』紀伊國屋書店．……**213**
新田健一（1974）「犯罪者の類型」山根清道編『犯罪心理学』新曜社，pp.23-36．……**258**
二ノ宮勇気・高橋 哲・那須昭洋（2012）「矯正施設における処遇プログラムの効果検証をめぐる諸問題（4）」『犯罪心理学研究』50（特別号）8-9．……**464**
日本司法福祉学会（2013）「ウィギンス・ケース合衆国最高裁判所判決」『司法福祉学研究』13，生活書院．……**683**
日本心理臨床学会学会誌編集員会編（2012）『心理臨床学研究論文執筆ガイド』日本心理臨床学会．……**100**
日本・精神技術研究所（2005）「内田クレペリン検査判定結果報告票」．……**342**
日本損害保険協会（2014）『2013年度自動車盗難事故実態調査結果報告』……**193**
日本犯罪心理学会編（2011）「犯罪心理学研究50周年記念特集号」『犯罪心理学研究』．……**675**
日本弁護士連合会（2012）『現行の被害者参加制度の見直しに関する意見書』．（http://www.nichibenren.or.jp/library/ja/opinion/report/data/2012/opinion_121115_5.pdf）（閲覧日：2014年8月2日）……**695**
日本防犯設備協会（2012）「SES E1901-3 防犯灯の照度基準」『日本防犯設備協会』．……**598**

■の

能智正博（2011）『質的研究法』臨床心理学をまなぶ6，東京大学出版会．……**101**
野島一彦（2005）「グループ療法」乾 吉佑・氏原 寛・亀口憲治他編『心理療法ハンドブック』創元社．……**442**
野田昌道（2006）「家裁調査実務への「協働（コラボレイティブ）アセスメント」の適用及びその効用―ロールシャッハテスト（包括システム）を用いて」『家裁調査官研究紀要』3，20-51．……**369**

■は

萩谷俊平・花山愛子・小野修一他（2014）「住居対象連続侵入窃盗事件における犯人属性の犯罪手口による予測」『日本法科学技術学会誌』19(1) 31-43．……**227**
羽間京子（2009）『少年非行―保護観察官の処遇現場から』批評社．……**499**
橋本和明（2004）『虐待と非行臨床』創元社．……**50, 55, 126**
橋本和明（2007）「非行と家族関係」藤岡淳子編『犯罪・非行の心理学』有斐閣ブックス，pp.89-106．……**626**
橋本和明（2011）『非行臨床の技術―実践としての面接・ケース理解・報告』金剛出版．……**324**
秦 一士（2007）『P-Fスタディの理論と実際』新訂，北大路書房．……**346**
花輪次郎（1992）『家庭の愛をください―「非行少年」と共に 補導委託先の三十年』一光社．……**727**
羽生和紀（2011）「合理的選択理論」越智啓太・藤田政博・渡邉和美編『法と心理学の事典―犯罪・裁判・矯正』朝倉書店．……**37**
浜井浩一（2011:2011a）『実証的刑事政策論―真に有効な犯罪対策へ』岩波書店．……**95, 747**
浜井浩一（2011b）「少子・高齢化が犯罪に与える影響とその中で持続可能な刑罰（刑事政策）の在り方―犯罪学からの提言」『犯罪社会学研究』36，76-106．……**748**
濱崎由紀子・山森美智代・友廣信逸他（2000）「「少年粗暴非行」の要因研究―統計的分析の試み」『家庭裁判月報』52(7) 121-158．……**133**
浜田寿美男（1986）『証言台の子どもたち―「甲山事件」園児供述の構造』日本評論社．……**239**
浜田寿美男（1992）『自白の研究』三一書房．……**693**
浜田寿美男（2005）『自白の研究―取調べる者と取調べられる者の心的構図』新版，北大路書房．……**239**
浜田寿美男（2006）『自白が無実を証明する―袴田事件，その自白の心理的供述分析』北大路書房．……**239**
濱本有希・平 伸二（2008）「大学生による小学生への地域安全マップ作製指導とその効果測定」『福山大学こころの健康相談室紀要』2，35-42．……**632**
速水 洋（1978）「非行少年における「甘え」と「意地」家庭裁判所調査官研修所・最高裁判所調査官研修所編『調研紀要』34，1-31．……**30**
原田隆之（2010）「覚せい剤受刑者に対する「日本版Matrixプログラム（J-MAT）」のランダム化比較試験」『日本アルコール・薬物医学会雑誌』47(6) 298-307．……**391**
原田 豊・鈴木 護・島田貴仁（2001）「東京23区におけるひったくりの密度分布の推移―カーネル密度推定による分析」『科学警察研究所報告防犯少年編』41 (1-2) 39-52．……**190**
原田隆之・細谷 陽・野村和孝他（2012）「精神科外来における性嗜好障害治療プログラムの開発と評価（第3報）」『犯罪心理学研究』50（特別号）22-23．……**391**
原田 豊・菊池城治・荒井崇史他（2011）「流し録り音声による野外調査記録作成支援ソフトウェアの開発」『地理情報システム学会講演論文集』20．……**611**

孕石泰孝・岩井伸夫（2008）「小学校における危険回避力を身につけるための安全教育のあり方」『社会安全』69，17-28. ……605
犯罪対策閣僚会議（2008）『犯罪に強い社会の実現のための行動計画2008—「世界一安全な国，日本」の復活を目指して』. ……590

■ ひ

東田修一（2002）「特集自動車盗への取組み②組織的な自動車盗への対策」『生活安全』28（2）16-26. ……193
菱木智愛・荒井崇史（2014）「計画的行動理論に基づく防犯行動促進要因の検討」『日本心理学会第78回大会発表論文集』. ……582
平 伸二（2007）「地域安全マップの作製とその効果測定」『福山大学こころの健康相談室紀要』1，35-42. ……605
平 伸二（2010）「青色防犯灯による防犯効果と青色・白色複合LED照明の開発」『福山大学こころの健康相談室紀要』4，67-74. ……599
平 伸二（2011）「青色防犯灯の現状と青色LEDによる新たな防犯灯開発」小俣謙二・島田貴仁編著『犯罪と市民の心理学—犯罪リスクに社会はどうかかわるか』北大路書房，pp.181-184. ……599
平岡義和（1985）「組織体犯罪の概念とその理論的分析」『社会学評論』35（4）390-405. ……206
平山真理（2007）「わが国における子どもを対象とした性犯罪の現状とその再犯防止対策について」『法と政治』58（1）139-164. ……175
廣井亮一（1988）「非行臨床における権威とordeal」『家族療法研究』5（2）128-137. ……519
廣井亮一（2011）「ジャスティス・クライエントへの「司法臨床」の展開」生島 浩・岡本吉生・廣井亮一編『非行臨床の新潮流—リスク・アセスメントと処遇の実際』金剛出版. ……722
廣末 登（2014）『若者はなぜヤクザになったのか—暴力団加入要因の研究』ハーベスト社. ……197
廣瀬健二（2015）『コンパクト刑事訴訟法』コンパクト法学ライブラリ12．新世社. ……706

■ ふ

福井 進（1996）「我が国の薬物乱用依存の実態」小沼杏坪編『薬物依存症ハンドブック』金剛出版. ……136
福島 章（1969）「窃盗累犯の研究」岩井広融・遠藤辰雄・樋口幸吉他編『日本の犯罪学2 原因Ⅱ』東京大学出版会，pp.671-689. ……287
福島 章（1974）『現代人の攻撃性—犯罪心理の異常と正常』ロゴス選書. ……32
福島 章（1982）『犯罪心理学入門』中公新書. ……xxviii
福本 聡（2014）「水府学院における矯正教育プログラム（薬物非行）の取組について」『刑政』125-9，54-60. ……477
藤岡淳子（2001）「女性犯罪者の被害と加害—殺人者を中心に」藤森和美編『被害者のトラウマとその支援』誠信書房，pp.181-201. ……423
藤岡淳子（2006）『性暴力の理解と治療教育』誠信書房. ……170
藤岡淳子（2008）『関係性における暴力—その理解と回復への手立て』岩崎学術出版社. ……615
藤岡淳子（2013a）『非行・犯罪心理臨床におけるグループの活用—治療教育の実践』誠信書房. ……372
藤岡淳子（2013b）「処遇効果検証について」『島根あさひ社会復帰促進センター5周年記念フォーラム報告書』90-103. ……395
藤掛 明（1999）『描画テスト・描画療法入門—臨床体験から語る入門とその一歩あと』金剛出版. ……352
藤川洋子（2004）「非行少年と風景構成法」飯森眞喜雄・中村研之編『絵画療法Ⅰ』芸術療法実践講座1，岩崎学術出版社，pp.35-52. ……354
藤田悟郎（2010）「研究最前線「旧車會」の構成員とグループの特徴について」『月刊交通』41（6）92-98. ……145
藤田悟郎・横田賀英子・渡邉和美他（2011）「実務のための量的な方法による事件リンク分析」『法科学技術学会誌』16，91-104. ……217
藤田宗和（2001）「TATの情報分析枠（The Frame of Information Analysis）の提案—TATプロトコル分析のための新しい枠組み」『犯罪心理学研究』39（2）1-16. ……337
藤竹 暁編（2000）『劇場型社会—劇場型社会に生きる人間』現代のエスプリ400，至文堂. ……208
藤山直樹（1999）「甘えと言葉」北山 修編『「甘え」について考える』日本語臨床3，星和書店，pp.137-144. ……32
藤原佑貴・宮寺貴之・久原恵理子他（2016）「少年警察ボランティアにおける大学生の心理的特性——般大学生との比較および類型別の検討」『科学警察研究所報告』65（2）. ……623
渕上康幸（2008）「共感性と素行障害との関連」『犯罪心理学研究』46（2）15-23. ……317
渕上康幸（2010a）「破壊的行動障害のマーチと共感性及び虐待・放任との関連について」『犯罪心理学研究』48（1）

21-34. ……317
渕上康幸（2010b）「破壊的行動障害の連鎖と不適切養育経験及び非行抑制傾向の関連」『犯罪心理学研究』48(1) 1-10. ……317

■ほ

法務省矯正局（1965）『法務省式文章完成法解釈手引』法務省矯正局. ……340
法務省矯正局（2014）「矯正の現状」『法曹時報』66(11) 3207-3293. ……718
法務省矯正局編（2006）『矯正教育テキスト SST』矯正協会. ……475
法務省矯正局編（2014）『新しい少年院法と少年鑑別所法』矯正協会. ……428
法務省（2014）「再犯防止対策ワーキングチーム幹事会・分科会（タスクフォース）の設置について」. (http://www.moj.go.jp/hisho/seisakuhyouka/hisho04_00005.html) (http://www.moj.go.jp/content/000125613.pdf)（2014 年 8 月 24 日閲覧）……739
星野周弘（1970）「暴力団の副次文化—親分・子分関係」『科学警察研究所報告 防犯少年編』11 (1) 19-32. ……197
星野周弘（1981）『犯罪社会学原論—犯罪・非行の発生過程と一般予防』立花書房. ……118
細江達郎（2010）「ノート—裁判員裁判に関わる社会心理学的問題」『岩手フィールドワークモノグラフ』12, 38-43. ……574
細江達郎（2012）『知っておきたい最新犯罪心理学』ナツメ社. ……204
堀内　守編、八幡秀夫他（1985）『女子の性非行・暴力非行』学事出版. ……67
堀尾良弘（2014）「犯罪・非行における暴力—加害と被害」心理科学研究会編『平和を創る心理学—私とあなたと世界ぜんたいの幸福を求めて』第 2 版、ナカニシヤ出版, pp.45-51. ……50
本城秀次・杉山登志郎・若林愼一郎他（1982）「児童・思春期の家庭内暴力について」『児童青年精神医学とその近接領域』23 (2) 110-123. ……120
本田恵子（2010）『キレやすい子へのアンガーマネジメント—段階を追った個別指導のためのワークとタイプ別事例集』ほんの森出版. ……476

■ま

前島賢土（1999）「証券会社社員の職務犯罪—証券業界の業界下位文化と犯罪」『犯罪社会学研究』24, 96-112. ……207
前島賢土（2001）「銀行員の職務犯罪—銀行業界の業界下位文化と犯罪」『犯罪社会学研究』26, 94-115. ……207
前田ケイ（1997）「矯正における SST のあり方」『刑政』108(7). ……475
松浦直己・橋本俊顯・宇野智子他（2005）「少年院における心理的特性の調査— LD・AD/HD 等の軽度発達障害の視点も含めて」『LD 研究』14(1) 83-92. ……82
松尾廣文（2001）「認知発達理論における道徳性の発達」『刑政』112(5) 58-65. ……456
松嶋秀明（2005）「関係性のなかの非行少年—更生保護施設のエスノグラフィーから」新曜社. ……103
松並知子・青野篤子・赤澤淳子他（2012）「デート DV の実態と心理的要因—自己愛との関連を中心に」『女性学評論』26, 43-65. ……166
松村一雄（2008）「東京における少年補導の現状と課題—直接補導に携わるボランティアの活動を中心にして」『犯罪と非行』156, 28-47. ……622
松本俊彦（2008）「自傷のアセスメント」『臨床心理学』8(4) 482-488. ……365
松本俊彦・小高真美・山内貴史他（2014）「心理学的剖検研究と今後の方向」『精神保健研究』60, 89-96. ……255
松元泰儀・瓜生　武・村瀬嘉代子他（1980）『学校内暴力・家庭内暴力』有斐閣新書. ……122

■み

三上直子（1995）『S-HTP 法—統合型 HTP 法による臨床的・発達的アプローチ』誠信書房. ……350
三木善彦（1976）『内観療法入門』創元社. ……454
水田恵三（2011）「犯罪研究における事例研究の実際」越智啓太・藤田政博・渡邉和美編『法と心理学の事典—犯罪・裁判・矯正』朝倉書店. ……93
三村都輿仁・川畑直人（1988）「非行少年の風景構成法（1）」『犯罪心理学研究』26（特別号）108-109. ……355
三本照美（2010）「カーロケータシステムを利用した警察パトロール活動の評価」『科学警察研究所報告』61(1). ……609
三本照美・深田直樹（1999）「連続放火犯の居住地推定の試み—地理的重心モデルを用いた地理プロファイリング」『科学警察研究所報告 防犯少年編』40, 23-36. ……221
三本照美・深田直樹（1999）「連続放火犯の居住地推定の試み—地理的重心モデルを用いた地理プロファイリング」『科

学警察研究所報告 防犯少年編』40(1) 23-36. ……**228**

宮口幸治（2013）「凸凹さをもつ人たちへ「みる，きく，感じる，考える」ための支援ガイド 第 1 回 認知機能の弱さとトレーニング」『作業療法ジャーナル』47, 909-915. ……**484**

宮口幸治・宮口英樹編著（2014）『不器用な子どもたちへの認知作業トレーニング』三輪書店.

宮坂直史（2004）『日本はテロを防げるか』ちくま新書.

宮澤浩一（2004）「被害者学」氏原 寛・亀口慶治・成田善弘他共編『心理臨床大事典』改訂版，培風館. ……**636**

宮澤節生（2013）「先進国における犯罪発生率の状況と日本の状況への国際的関心」『犯罪社会学研究』38, 7-35. ……**575**

宮田久嗣・廣中直行（2013）「あふれる「依存症」依存と嗜癖はどう違うのか？」和田 清編『依存と嗜癖─どう理解し，どう対処するか』医学書院. ……**137**

宮寺貴之・小林寿一・岡邊 健（2006）「粗暴傾向を有する少年相談事例における保護者面接─保護者の態度変容のための効果的な働きかけについて」『科学警察研究所報告犯罪行動科学編』43(1) 1-16. ……**629**

宮本史郎（2005）『矯正教育とモラルジレンマ授業，モラルジレンマ資料と授業展開』中学校編第 2 集，明治図書出版．pp.85-91. ……**457**

■ む

麦島文夫（2004）「少年警察ボランティアのあり方に関する調査報告書─（社）全国少年補導員協会」平成 16 年三月『青少年問題』51(9) 42-45. ……**622**

村尾博史（2006）「少年院における「被害者の視点を取り入れた教育」について」『刑政』112(5) 74-82. ……**434**

村瀬嘉代子（2002）「非行臨床に求められるもの」『臨床心理学』2，143-145. ……**501**

村瀬孝雄（1992）「SCT」『人格の理解 2』臨床心理学大系 6，金子書房，pp.229-246. ……**340**

村田直子（2009）「関係性からみた時間的連続性についての考察─心理療法における時間と他者」『大阪大学教育学年報』14，51-61. ……**80**

村松太郎（2013）「神経心理学検査と精神鑑定」『精神雑誌』115(10) 1051-1056. ……**360**

村松 励（1978）「被害者意識について─対象理解の方法概念として」家庭裁判所調査官研修所・最高家裁判所調査官研修所編『調研紀要』33，45-55. ……**33**

■ も

毛利元貞（2009）「子どもの"直感"を活かした防犯─危機予測と回避の能力」『教育と医学』57(7) 616-622. ……**600**

森 武夫（2011）「情状鑑定について─実務経験から」『専修大学法学研究所紀要』36，33-65. ……**688**

森岡正芳（2002）「自己の物語」梶田叡一編『自己意識研究の現在』ナカニシヤ出版．pp.29-44. ……**102**

森田容子・中島栄治・山本吉克他（2008）「粗暴少年に対する保護の措置」『家庭裁判所研究紀要』7，40-106. ……**477**

森田洋司（1986）「犯罪社会学における実証主義的思潮と社会的絆の理論」『大阪市立大学文学部紀要』人文研究，38(11) 9-40. ……**14**

森田洋司（2010）『いじめとは何か─教室の問題，社会の問題』中公新書. ……**124**

森永康子・フリーズ, I. H.・青野篤子他（2011）「男女大学生の親密な関係における暴力」『女性学評論』25，219-236. ……**167**

■ や

薬物地域支援研究会（2014）「提言：薬物依存のある刑務所出所者等の支援に関する当面の対策」法務省保護局. (http://www.moj.go.jp/content/001127900.pdf) ……**515**

矢島正見（2009）「第一報告：犯罪理論，社会問題からみた犯罪者観─「被害者」から「加害者」へ」『日本犯罪社会学会第 36 回大会報告要旨集』5-6. ……**624**

保木正和・林 和治・梅村 謙他（2006）『矯正教育の方法と展開─現場からの実践論』矯正協会. ……**464**

山岡一信（1962）「犯罪行動の形態（Ⅰ）殺人（1）」『科学警察研究所報告法科学編』15，462-468. ……**221**

山岡一信・渡辺昭一（1971）「侵入盗犯の諸特性 累犯者と初犯者との比較」『科学警察研究所報告』24(2) 114-121. ……**195**

山上 晧（1986）「近年の女性放火犯の動向について」『犯罪学雑誌』52，114-115. ……**158**

山口雅敏・植田 満・小栗正幸（2007）「WAIS-R で査定された認知特性と心理要因との関係─非行少年を対象とした実証的研究」『LD 研究』16(1) 73-83. ……**82**

山下嘉一（2011）「体験を重視した「被害者の視点を取り入れた教育」LB 指標受刑者グループ（R4）に対する

Victim Impact Panel の実践―岐阜刑務所」『刑政』122(11) 116-123. ……**415**

山田由紀子 (2016)『少年非行と修復的司法―被害者と加害者の対話がもたらすもの』思春期問題シリーズ5, 新科学出版社. ……**737**

山根常男 (1963)『家族と人格―家族の力動理論を目指して』家政教育社. ……**55**

山入端津由 (1994)「暴力の社会心理―面子と暴力」大渕憲一編『暴力の行動科学』現代のエスプリ 320, 至文堂, pp.126-134. ……**284**

山本和郎 (1992)『心理臨床家 TAT かかわり分析―ゆたかな人間理解の方法』東京大学出版会. ……**339**

山元修一 (2009)「凸包ポリゴンによる地理的プロファイリングの検討」『犯罪心理学研究』47(特別号) 22-23. ……**228**

山本 力・鶴田和美編著 (2001)『心理臨床家のための「事例研究」の進め方』北大路書房. ……**100**

山本俊哉 (2005)『防犯まちづくり―子ども・住まい・地域を守る』ぎょうせい. ……**592**

山本麻奈・等々力伸司・西田篤史 (2011)「刑事施設における薬物依存者用評価尺度 (C-SRRS) の開発―信頼性・妥当性の検討」『犯罪心理学研究』49(1) 1-14. ……**406**

ゆ

郵政省放送行政局 (2000)『子どものテレビとテレビゲームへの接触状況に関するアンケート調査報告書』郵政省放送行政局. ……**110**

遊間千秋 (2002)「警察の少年相談」『こころの科学』102, 94-96. ……**628**

よ

横田賀英子 (2004)「イギリスにおける犯罪情報分析と捜査心理学」渡辺昭一編『捜査心理学』北大路書房, pp.210-219. ……**258**

横田賀英子 (2006)「人質立てこもり事件」山上 皓専門編集, 松下正明総編集, 山内俊雄・山上 晧他編『犯罪と犯罪者の精神医学』司法精神医学3, 中山書店, pp.101-112. ……**257**

横田賀英子 (2002)「侵入窃盗犯のリスク対処行動に関する分析―POSA を用いて」木村道治・真鍋一史・安永幸子他『ファセット理論と解析事例』ナカニシヤ出版, pp. 51-61.……**195**

横田賀英子・大塚祐輔・倉石宏樹他 (2014)「男性露出犯の犯人特徴と犯人像に関する分析」『日本法科学技術学会誌』19 (1) 19-30. ……**173**

横田賀英子・倉石宏樹・小野修一他 (2013)「犯罪者往路ファイリングの評価方法に関する研究1―分析の正確性に影響する要因に関する検討」『犯罪心理学研究』51(特別号) 176-177. ……**221**

横田賀英子・渡辺昭一 (1998)「犯罪手口の反復性に関する分析」『日本鑑識科学技術学会誌』3(2) 49-55. ……**225**

横田賀英子・渡辺昭一・カンター, D. 他 (2002)「人質立てこもり事件の記述的特徴とその結末に関する分析」『犯罪学雑誌』68(4) 119-128. ……**253**

横湯園子編著 (2010)『ピアカウンセラー養成プログラム―自分がわかり, 人の話がきける生徒に』かもがわ出版. ……**125**

吉川和男・山上 晧 (1998)「主要刑法犯―殺人・放火・強姦の心理」『司法精神医学・精神鑑定』臨床精神医学講座19, 松下正明総編集, 浅井昌弘・牛島定信他編, 中山書店. pp. 307-319. ……**159**

吉澤寛之・大西彩子・ジニ, G. 他 (2015)『ゆがんだ認知が生み出す反社会的行動―その予防と改善の可能性』北大路書房. ……**69**

吉村伸一 (2011)「暴力団とはいかなる組織なのか―企業防衛の観点から」『21世紀社会デザイン研究』10, 211-221. ……**184**

吉永千恵子 (2012)「シンポジウム 摂食障害の現状と治療をめぐって」『矯正医学』60(2-4) 72-108. ……**322**

吉益脩夫 (1951)「犯罪の経過形成に関する研究―累犯研究の方法論的考察」『刑法雑誌』2(2) 16-35. ……**289, 316**

ら

ラズ, Y. 著, 高井宏子訳 (2002)『ヤクザの文化人類学』岩浪書店. ……**197**

わ

和田 清 (1998)「薬物乱用・依存の現状と鍵概念」『こころの科学』111, 14-21.……**137**

渡辺和美 (2003)「犯罪分析のための社会心理学」小出 治監修, 樋村恭一編『都市と防犯』北大路書房, pp.29-41. ……**216**

渡邉和美 (2004)．「通り魔事件の犯人像」渡辺昭一編『捜査心理学』北大路書房. ……**150**

渡邉和美 (2012)「性犯罪の加害者―加害者の特徴」田口真二・平 伸二・池田 稔他編『性犯罪の行動科学』北大路書房,

pp.137-152. ……**174**
渡邉和美（2014）「犯罪者プロファイリング」『日本法科学技術学会誌』19（別冊号）8-9. ……**221**
渡邉和美・高村 茂・桐生正幸（2006）『犯罪者プロファイリング入門—行動科学と情報分析からの多様なアプローチ』北大路書房. ……**221**
渡邉和美・渡辺昭一（2004）「犯罪情報の戦略的活用」渡辺昭一編『捜査心理学』北大路書房. ……**222**
渡辺昭一編（2004）『捜査心理学』北大路書房. ……**216, 221**
渡辺昭一（2005）「人質の心理と行動」渡辺昭一編『捜査心理ファイル—犯罪捜査と心理学のかけ橋』東京法令出版, pp. 158-165. ……**160**
渡辺昭一・横田賀英子（1999）「否認被疑者の自供に至る心理（2）否認の心理」『科学警察研究所報告』39, 136-143. ……**234**
渡辺昭一・横田賀英子（2004）「人質立てこもり事件」渡辺昭一編『捜査心理学』北大路書房, pp.74-88. ……**161, 658**
渡辺昭一・渡邉和美・横田賀英子（2004）「捜査心理学の今後の課題」渡辺昭一編『捜査心理学』北大路書房, pp.247-251. ……**219**
渡邉浩子・杉山孝司・鈴木正彦他（2001）「試験観察における箱庭の活用」『調研紀要』71, 101-133. ……**726**
綿村英一郎・分部利紘・高野陽太郎（2010）「一般市民の量刑判断—応報のため？それとも再犯抑止やみせしめのため？」『法と心理』9(1) 98-108. ……**695**

欧文引用文献

（＊各文献の最後に明記してある数字は引用が明記されているページ数を表わす．なお，論文および章のタイトルに限り，便宜上サブタイトルは割愛した．また，本文各項目末に掲載されている「さらに詳しく知るための文献」もあわせて掲載している．）

A

Agnew, R. (1992) Foundation for a general strain theory of crime and delinguency. *Criminology*, 30(1) 47-88. ……**8**

Agnew, R. (2006) *Pressured into Crime: An Overview of General Strain Theory*, Roxbury Publishing. ……**8, 57**

Aguilar, R. & Nightingale, N. (1994) The impact of specific battering experiences on self-esteem of abused women. *Journal of Family Violence* 9 (1) 35-45. ……**167**

Aichhorn, A. (1925) *Verwahrloste Jugend*, Internationaler Psychoanalytischer Verlag.（アイヒホルン，A. 著，三澤泰太郎訳 (1965)『手におえない子供』日本教文社）……**26**

Aitken, C. G. G., Connolly, T., Gammerman, A., et al. (1996) Statistical modelling in specific case analysis. *Science and Justice*, 36(4) 245-255. ……**227**

Akers, R. L. (1998) A social learning theory of crime, In Akers, R. L.(Ed.)*A Social Learning Theory of Crime*, Northeastern University Press. ……**25**

Alison, L., Rockett, R., Deprez, S. et al. (2000) Bandits,Cowboys,and Robin's men：The Facets of Armed Robbery. In Canter, D., Alison, L. (Eds.) *Profiling Property Crimes*. Ashgate, 75-108. ……**155, 156**

Alison, L. (2005)*The Forensic Psychologist's Casebook: Rsychological Profiling and Criminal Investigation*, Willan Publishing. ……**224**

Alison, L., Bennell, C., Mokros, A. et al. (2002) The personality paradox in offender profiling: A theoretical review of the processes involved in deriving background characteristics from crime scene actions. *Psychology, Public Policy, and Law*, 8(1) 115-135. ……**34**

Alison, L., Rockett, W., Deprez, S., et al. (2000)Bandits, Cowboys and Robin's Men: The Facets of Armed Robbery. In Canter, D. & Alison, L. (eds.)*Profiling Property Crimes*, Ashgate, pp.75-108. ……**259**

Alison, L., Smith, M. D., & Morgan, K. (2003)Interpreting the accuracy of offender prfilis, *Psychology, Crime & Law*, 9(2) 185-195. ……**262**

Alpert, G., Dunham, R., Stroshine, M. et al. (2006)*Police officers' Decision Making and Discretion: Formin Suspicion and Making a Stop*, National Criminal Justice Reference Service. ……**263**

American Psychiatric Association(APA) (2013) *Diagnostic and Statistical Manual of Mental Disorders 5th Ed.* APA.（高橋三郎・大野 裕監訳，染矢俊幸・神庭重信他訳(2014)『DSM-5 精神疾患の診断・統計マニュアル』医学書院）……**172, 650**

Amick-McMullan, A., Kilpatrick, D. G. & Resnick, H. S.(1991) Homicide as a risk factor for PTSD among surviving family members. *Behavior Modification*, 15(4) 545-559. ……**655**

Andreson, C. A. & Nicholas, L. C. (2004) Violent evil and the general aggression model. *The Social Psychology of Good and Evil*, Guilford Press, pp.168-192. ……**62**

Anderson, K. M. & Denis, F. S. (2007) Collegiate sororities and dating violence: An exploratory study of informal and formal helping strategies *Violence Against Women*, 13(1) 87-100. ……**166**

Andersen, M. A. (2010) The place of environmental criminology within criminological thought. In M. A. Anderson, P. J. Brantingham & J. B. Kinney (Eds.) *Classics in Environmental Criminology*, Simon Fraser University Press, pp.5-28. ……**38**

Andrews, D. A. & Bonta, J. (2010) *The Psychology of Criminal Conduct (5th ed.)*. LexisNexis/Anderson Pub. ……**50, 104, 271, 372, 380, 382**

Andrews, D. A., Bonta, J. & Hoge, R. D. (1990) Classification for effective rehabilitation: Rediscovering psychology. *Criminal Justice and Behavior*, 17, 19-52. ……**378, 381, 406**

Andrews, D. A., Bonta, J. & Wormith, J. S. (2006) The recent past and near future of risk and/or need assessment. *Crime*

& *Delinquency*, 52(1) 7-27. ……**271**
Andrews, D. A., Zinger, I., Hodge, R. D., et al.(1990) Does correctional treatment work? A clinically-relevant and psychologically informed meta-analysis. *Criminology*, 28, 369-404. ……**387**
Argamon, S. & Koppel, M. (2013) A systemic functional approach to automated authorship analysis. *Journal of Law and Policy*, 21(2) 299-315. ……**227**
Arndorfer, C. L., & Stormshak, E. A. (2008) Same-sex versus other-sex best friendship in early adolescence: Longitudinal predictors of antisocial behavior throughout adolescence. *Journal of Youth and Adolescence*, 37, 1059-1070. ……**117**
Ashton, M. C. & Lee, K. (2001) A theoretical basis for the major dimensions of personality. *European Journal of Personality*, 15, 327-353. ……**61**
Ask, K. & Granhag, P. A. (2005) Motivational sources of confirmation bias in criminal investigations: The meed for cognitive closure. *Journal of Investigative Psychology and Offender Profiling*, 2(1) 43-63. ……**262**
Ask, K. & Granhag, P. A. (2007) Motivational bias in criminal investigators' Judgments of Witness Reliability, Journal of Applied Social Psychology, 37(3) 561-591. ……**262**
Aultman, M. G. (1979) Delinquency causation: A typological comparison of path models. *Journal of Criminal Law and Criminology*, 70(2) 152-163. ……**13**

B

Babchishin, K. M., Hanson, R. K. & Hermann, C. A. (2011) The characteristics of online sex offenders: A meta-analysis. Sexual Abuse. *A Journal of Research and Treatment*, 23 (1) 92-123. ……**176**
Babcock, J. C., Canady, B. E., Senior, A., et al. (2005) Applying the transtheoretical model to female and male perpetrators of intimate partner violence: Gender differences in stages and processes of change. *Violence and Victims*, 20(2) 235-250. ……**583**
Bailey, S. & Scott, S. (2015) Juvenile delinquency. In M. Rutter, D. Bishop, D. Pine et al. (Eds.) *Rutter's Child and Adolescent Psychiatry*, 5th ed., Blackwell Publishers, pp.1467-1494. ……**79**
Bancroft, L. & Silverman, J. G. (2002) *The Batterer as Parent: Addressing the Impact of Domestic Violence on Family Dynamics*. Sage Pubns. (バンクロフト，L.・シルバーマン，J. G. 著，幾島幸子訳 (2002)『DVにさらされる子どもたち―加害者としての親が家族機能に及ぼす影響』金剛出版)
Band, S. R., Cappelli, D.M., Fischer, L. F. et al., (2006) *Comparing Insider IT Sabotage and Espionage: A Model-Based Analysis, Technical Report*. (CMU/SEI-2006-TR-026, ESC-TR-2006-091), Software Engineering Institute, Carnegie Mellon University. (http://www.dtic.mil/dtic/tr/fulltext/u2/a459911.pdf) ……**181**
Bandura, A. (1973) *Aggression: A Social Learning Analysis*, Prentice-Hall. ……**580**
Bandura, A. (1977) Social Learning Theory, General Learning Press. (バンデューラ，A. 著，原野広太郎監訳(1979)『社会的学習理論』金子書房)……**xxix**
Banyard, V. L. (2014) Improving college Campus-Based prevention of violence against women: A strategic plan for research built on multipronged practices and policies. *Trauma, Violence, & Abuse*, 15(4) 339-351. ……**583**
Barndt, R. J. & Johnson, D. M. (1955) Time orientation in delinquents. *Journal of Abnormal and Social Psychology*, 51, 343-345. ……**80**
Barnecutt, P., Pfeffer, K. & Creswell, L. (1999) 'Earwitness': A comparison of auditory, visual and audio-visual judgements of vehicle speed. *Psychology, Crime and Law*, 5(4) 319-329. ……**230**
Barry, M.(2006) *Youth offending in transition: The search for social recognition*. Routledge. ……**551**
Bartol, C. R. & Bartol, A. M. (2005) *Criminal Behavior : A Psychological Approach*, 7th ed., Pearson Education. (羽生和紀監訳，横井幸久・田口真二編訳 (2006) 『犯罪心理学―行動科学のアプローチ』北大路書房) ……**146, 157, 160, 169, 172, 372**
Basinger,G. & Fuller, D. (1992) *Moral Maturity: Measuring the Development of Sociomoral Reflection*, Lawrence Erlbaum Associates. ……**72**
Bass, D. M. (2005) *The Murderer Next Door: Why the Mind is Designed to Kill*, Brockman. (バス, D. M. 著，荒木文枝訳 (2007)『「殺してやる」―止められない本能』柏書房)……**4**
Bateman, A. & Fonagy, P. (2004) *Psychotherapy for borderline personality disorder*, Oxford University Press.(ベイトマン, A. ・フォナギー, P. 著，狩野力八郎・白波瀬丈一郎監訳(2008)『メンタライゼーションと境界パーソナリティ障害』岩崎学術出版社)……**26**
Beaver, K. M., Wright, J. P., DeLisi, M. et al. (2008) Genetic influences on the stability of low self-control: Results from a longitudinal sample of twins. *Journal of Criminal Justice*, 36, 478-485. ……**17**

Bechtel, K., Lowenkamp, C. T. & Latessa, E.（2007）Assessing the risk of re-offending for juvenile offenders using the Youth Level of Service/Case Management Inventory. *Journal of Offender Rehabilitation*, 45(3-4) 85-108. ……**275**
Beck, A. J.（2000）*Prisoners in 1999*. Bureau of Justice Statistics. ……**307**
Becker, H. S.（1963）*Outsiders: Studies in the Sociology of Deviance*, Free Press. ……**22**
Bennell, C., Mugford, R., Ellingwood, H. et al.（2014）Linking crimes using behavioural clues: Current levels of linking accuracy and strategies for moving forward. *Journal of Investigative Psychology and Offender Profiling*, 11(1) 29-56. ……**224**
Berger, S.（1962）Conditioning through vicarious instigation. *Psychologicai Review*, 69, 450-466. ……**73**
Berkowitz, L.（1993）*Aggression: Its Causes, Consequences, and Control*, McGraw-Hill Book. ……**62**
Berman, A. & Siegal, A. W.（1976）Adaptive and learning skills in juvenile delinquents: A neuropsychological analysis. *Journal of Learning Disabilities*, 9(9) 583. ……**82**
Berne, E.（1961）*Transactional Analysis in Psychotherapy*, Grove Press. ……**450**
Berne, E.（1966）*Principles of Group Treatment*, Grove Press. ……**451**
Birrell, D.（1972）Relative deprivation as a factor in conflict in Northern Ireland. *The Sociological Review*, 20（3）317-343. ……**200**
Blanchard, E. B. & Hickling, E. J.（2004）*After the crash*, American Psychological Association. ……**661**
Block, R. & Bernasco, W.（2009）Finding a serial burglar's home using distance decay and conditional origin-destination patterns: A test of empirical Bayes journey-to-crime estimation in The Hague. *Journal of Investigative Psychology and Offender Profiling*, 6(3) 187-211. ……**229**
Bloom, B., Owen, B. & Covington, S.（2004）Women offenders and the gendered effects of public policy. *Review of Policy Research*, 21(1) 31-48. ……**423**
Boba-Santos, R.（2013）*Crime Analysis with Crime Mapping (3rd ed.)*, Sage Publication. ……**584**
Bolander, K.（1977）*Assessing Personality Through Tree Drawings*. Basic Books.（ボーランダー, K. 著, 高橋衣子訳（1999）『樹木画によるパーソナリティの理解』ナカニシヤ出版）……**348**
Bonger, W. A.（1916）*Criminality and economic conditions*, Little, Brown. ……**84**
Bonta, J. & Andrews, D. A.（2007）*Risk-Need-Responsivity Model for Offender Assessment and Rehabilitation*. Public Safety Canada. ……**271, 378**
Borum, R., Bartel, P. & Forth, A.（2002）*Structured Assessment of Violence Risk in Youth (SAVRY)*. University of South Florida. ……**274**
Borum. R., Fein, R., Vossekuil, B. et al.（1999）Threat Assessment: Defining an Approach for Evaluating Risk of Targeted Violence. *Behavioral Sciences and the Law*,17, 323-337. ……**252**
Borzycki, M. & Fuller, G.（2014）*Armed robbery in Australia 2009-10：National Armed Robbery Monitoring Program report*. Australian Institute of Criminology.（http://www.aic.gov.au/publications/current%20series/mr/21-40/mr22.html）……**154**
Bowers, K. J. & Johnson, S. D.（2005）Using publicity for preventive purposes In Tilley, N.（ed.）*Handbook of Crime Prevention and Community Safety*, Willan Publishing, pp.329-354. ……**578**
Bowlby, J.（1944）Forty-four juvenile thieves: Their characters and home-life. *International Journal of Psychoanalysis*, 25. ……**55**
Bowlby, J.（1973）*Separation: Anxiety and Anger*, Attachment and Loss, Vol.2, Hogarth Press and the Institute of Psycho-Analysis.（ボウルビィ, J. 著, 黒田実郎・岡田洋子・吉田恒子訳（1995）『分離不安』母子関係の理論Ⅱ, 岩崎学術出版社）……**26**
Bowlby, J.（1980）*Loss: Sadness and depression*, Attachment and Loss, Vol.3, Hogarth Press and the Institute of Psycho-Analysis.（ボウルビィ, J. 著, 黒田実郎・吉田恒子・横浜恵三子訳（1991）『愛情喪失』母子関係の理論Ⅲ, 岩崎学術出版社）……**26**
Boyll, J. R.（1991）Psychological, cognitive, personality and interpersonal factors in jury verdicts. *Law and Psychology Review*, 15, 163-184. ……**694**
Brantingham, P. J. & Brantingham, P. L.（1980）*Patterns in Crime*, Macmillan. ……**40**
Brantingham, P. J. & Brantingham, P. L.（1993）Environment, routine and situation: Toward a pattern theory of crime. In Clarke, R. V. G. & Felson, M.（eds.）*Routine Activity and Rational Choice: Advances in Criminological Theory*, Transaction Publishers, pp. 259-294. ……**34**
Brantingham, P. J. & Brantingham, P. L.（2008）Crime pattern theory. In Wortley, R. & Mazerolle, L.（eds.）*Environmental Criminology and Crime Analysis*, Willan, pp.78-93. ……**35**
Brantingham, P. J. & Brantingham, P. L.（Eds.）（1981）*Environmental criminology*, Sage Publications. ……**39**

Brantingham, P. J. & Faust, F. L. (1976) A Conceptual Model of Crime Prevention. *Crime and Delinquency*, 22(3) 284-296. ……**561**
Brent, D. A. (1989) The psychological autopsy: methodological considerations for the study of adolescent suicide. *Suicide and Life Threatening Behaviour*, 19(1) 43-57. ……**255**
Brier, N. (1994) Targeted treatment for adjudicated youth with learning disabilities: Effects on recidivism. *Journal of Learning Disabilities*, 27(4) 215-222. ……**83**
Broidy, L. M., Nagin, D. S., & Tremblay, R. E. et al., (2003) Developmental trajectories of childhood disruptive behaviors and adolescent delinquency: A six-site, cross-national study. *Developmental Psychology*, 39 (2) 222-245. ……**116**
Brown, J., Miller, S., Northey, S. et al. (2014) *What Works in Therapeutic Prisons: Evaluationg Psychological Change in Dovegate Therapeutic Communities*, Palgrave Macmillan. ……**395**
Buck, J. N. (1948) *The H-T-P technique*. (バック, J. N. 著, 加藤孝正・荻野恒一訳(1982)『HTP 診断法』新曜社)……**350**
Burgess, A.W., Hazelwood, R. R. & Burgess, A. G. (2001) Classifying Rape and Sexual Assault. In Hazelwood, R. & Burgess, A. W. (eds.) *Practical Aspects of Rape Investigation*, CRC Press, pp.165-176. ……**258**
Burgess, E. W. (1925) The growth of the city: An introduction to a research project. In R. E. Park, E. W. Burgess & R. D. McKenzie (Eds.) *The City*, University of Chicago Press, pp.47-62. ……**18**
Burgess, E. W. (1928) Factors determining successes and failure on parole. In A. W. Bruce, E. W. Burgess & A. J. Harno. *Part 4 of the Working of the Indeterminate-sentence Law and the Parole Systems in Illinois*. Illinois Board of Parole. ……**270**
Burke, A., Heuer, F. & Reisberg, D. (1992) Remembering emotional events. *Memory and Cognition*, 20, 277-290. ……**231**
Bursik, R. J., Jr. & Grasmick, H. G. (1992) *Neighborhoods and Crime: The Dimensions of Effective Community Control*, Lexington Books. ……**566**
Bushway, S. D., Thornberry, T. P. & Krohn, M. D. (2003) Desistance as a developmental process: A comparison of static and dynamic approaches. *Journal of Quantitative Criminology*, 19(2) 129-153. ……**99**

C

Caldwell, M. F. & Dickinson, C. (2009) Sex offender registration and recidivism risk in juvenile sexual offenders. *Behavioral Sciences & the Law*, 27(6) 941-956. ……**275**
Campbell, D.T. (1969) Reform as Experiments. *American Psychologists*, 24(4) 409-429. ……**109**
Canter, D. & Fritzon, K. (1998) Differentiating arsonists: A model of firesetting actions and characteristics *Legal and Criminological Psychology*, 3(1) 73-96. ……**158**
Canter, D. & Larkin, P. (1993) The environmental range of serial rapists. *Journal of Environmental Psychology*, 13, 63-69. ……**220**
Canter, D. & Youngs, D. (2008) iOPS: An interactive Offender Profiling System. In Chainey, S., Thompson L. *Crime Mapping Case Studies*, Wiley, pp.153-160. ……**265**
Canter, D. & Larkin, P. (1993) The environmental range of serial rapists. *Journal of Environmental Psychology*, 13(1) 63-69. ……**228**
Canter, D. (2000) Investigative psychology, In Siegel J. A., Saukko, P. J. & Knupfer, G. C.(eds.) *Encyclopedia of Forensic Sciences, vol.3. G-Z*, Academic Press, pp.1091-1097. ……**262**
Canter, D. V. & Fritzon, K. (1998) Differentiation arsonists: A model of firesetting actions and characteristics. *Legal and Criminological Psychology*, 3(1) 73-96. ……**261**
Canter, D. V. & Heritage, R. (1990) A multivariate model of sexual offence behaviour: Developments in 'Offender Profiling'. *The Journal of Forensic Psychiatry*, 1(2) 185-212. ……**259**
Canter, D. V. & Young, D. (2009) *Investigative Psychology: Offender Profiling and the Analysis of Criminal Action*, John Wiley & Sons. ……**216**
Canter, D. V. (1994) *Criminal Shadows*, HarperColins. (カンター, D. V. 著, 吉田利子訳(1996)『心理捜査官ロンドン殺人ファイル』草思社)……**258**
Canter, D.(1999) Equivocal death. In Canter, D. & Alison, L.(eds.) *Profiling in Policy and Practice*, Ashgate, 123-156. ……**255**
Canter, D.(2004) Offender profiling and investigative psychology. *Journal of Investigative Psychology and Offender Profiling*, 1, 1-15. ……**217**

Canter, D., Coffey, T., Huntley, M. et al. (2000) Predicting Serial Killers Home Base Using a Decision-Support System. *Journal of Quantitative Criminology*, 16(4) 457-478. ……265

Carlsmith, K. M., Darley, J. M. & Robinson, P. H. (2002) Why do we punish?: Deterrence and just deserts as motives for punishment. *Journal of Personality and Social Psychology*, 83(2) 284-299. ……695

Cartwright, J. H. (2001) *Evolutionary Explanations of Human Behavior*, Routledge. (カートライト, J. H. 著, 鈴木光太郎・河野和明訳 (2005)『進化心理学入門』新曜社) ……4

Caspi, A., Lynam, D., Moffitt, & T. E. et al., (1993) Unraveling girls' delinquency: Biological, dispositional, and contextual contributions to adolescent misbehavior. *Developmental Psychology*, 29 (1) 19-30. ……117

Caspi, A., McClay, J., Moffitt, T. E. et al. (2002) Role of genotype in the cycle of violence in maltreated children. *Science*, 297, 851-854. ……90

Catchpole, R. E. & Gretton, H. M. (2003) The predictive validity of risk assessment with violent young offenders a 1-year examination of criminal outcome. *Criminal Justice and Behavior*, 30(6) 688-708. ……275

Christianson, S. A. (1992) Emotional stress and eyewitness memory: a critical review. *Psychological Bulletin*, 112(2) 284-309. ……231

Clare, J., Fernandez, J. & Morgan, F. (2009) Formal evaluation of the impact of barriers and connectors on residential burglars' macro-level offending location choices. *The Australian and New Zealand Journal of Criminology*, 42(2) 139-158. ……195

Clarke, R. & Eck, J. (2003) *Become a Problem-Solving Crime Analyst: In 55 Small Steps*, Routledge. ……584

Clarke, R. V. & Eck, J. E. (2005) *Crime Analysis for Problem Solvers in 60 Small Steps*. Center for Problem Oriented Policing, U.S. Department of Justice, 7. ……607

Clarke, R. V. (1992) *Situational Crime Prevention: Successful Case Studies*, Harrow and Heston. ……572

Clarke, R. V. G. (Ed.) (1997) *Situational crime prevention: Successful case studies*, 2nd ed., Harrow and Henston. ……39

Cleckley, H. (1941) *The Mask of Sanity*, 4th edn. Mosby. ……280

Cloward, R. & Ohlin, L. (1960) *Delinquency and Opportunity: A Theory of Delinquent Gangs*, Free Press. ……8

Cohen, A. K. (1955) *Delinquent Boys: The Culture of the Gang*, Free Press. ……8, 20

Cohen, A. K. (1967) *Deviance and Control*, Prentice Hall. (コーエン, A. K. 著, 宮沢洋子訳 (1968)『逸脱と統制』至誠堂) ……53

Cohen, L. E. & Felson, M. (1979) Social change and crime rate trends: A routine activity approach. *American Sociological Review*, 44, 588-608. ……38, 40, 86

Cohen, P., & Flory, M. (1998) Issues in the disruptive behavioral disorders: Attention deficit disorder without hyperactivity and the differential validity of oppositional defiant and conduct disorders. In Widinger, T., Frances, A. J. & Pincus, H. et al. (Eds.), *DSM-Ⅳ Sourcwbook*, Vol.4, American Psychiatric Press, pp.455-463. ……317

Connor, D. F. (2002) *Aggression and Antisocial Behavior in Children and Adolescents: Research and Treatment*, Guilford Press. (コナー, D.F. 著, 小野善郎訳 (2008)『子どもと青年の攻撃性と反社会的行動』明石書店) ……132

Conners, R. E. (2000) *Self-injury — Psychotherapy with People Who Engage in Self-inflicted Violence*. Jason Aronson Inc. ……365

Cooley, C. H. (1909) *Social Organization: A Study of Larger Mind*, Chaeles Scribner's Sons, 1929. (大橋 幸, 菊池美代志訳 (1970)『社会組織論──拡大する意識の研究』現代社会学大系 4, 青木書店) ……6

Cornell, D.G., Benedek, E.P. & Benedek, D.M. (1987) Juvenile homicide: Prior adjustment and a proposed typology. *American Journal of Orthopsychiatry*, 57, 383-393. ……129

Cornish, D. B. & Clarke, R. V. (2008) The rational choice approach. In R. Wortley & L. Mazerolle (Eds.) *Environmental criminology and crime analysis*, Willan Publishing. (コーニッシュ, D. B.・クラーク, R. V. 著 (2010)「合理的選択の観点」ウォートレイ, R.・メイズロール, L. 編, 島田貴仁・渡辺昭一監訳『環境犯罪学と犯罪分析』社会安全研究財団) ……36

Corrado, R. R. (1981) A critique of the mental disorder perspective of political terrorism. *International Journal of Law and Psychiatry*, 4 (3-4) 293-309. ……200

Corrado, R. R. & Tompkins, E. (1989) A comparative model of the psychological effects on the victims of state and anti-state terrorism. *International journal of law and psychiatry*, 12(4), 281-293. ……658

Costa, P. T. & McCrae, R. R. (1988) From catalog to classification: Murray's needs and the five-factor model. *Journal of Personality and Social Psychology*, 55, 258-265. ……60

Cottle, C. C., Lee, R. J. & Heilbrun, K. (2001) The Prediction of Criminal Recidivism in Juveniles. A Meta-Analysis. *Criminal Justice and Behavior*, 28(3) 367-394. ……104

Crick, N. R. & Dodge, K. A. (1994) A review and reformulation of social information processing mechanisms in children' ssocial adjustment. *Psychological Bulletin*, 115, 74-101. ……**63**

Crick, N. R., & Grotpeter, J. K. (1995) Relatoinal aggression, gender, and social-psychological adjustment. *Child Development*, 66(3), 710-722. ……**116**

Cromby, J., Brown, S., Gross, H. et al. (2010) Constructing crime, enacting morality: Emotion, crime and anti-social behaviour in an inner-city community. *The British Journal of Criminology*, 50(5) 873-895. ……**72**

Cromwell, P., Dunham, R., Akers, R. et al. (1995) Routine activities and social control in the aftermath of a natural catastrophe. *European Journal on Criminal Policy and Research*, 3(3) 56-69. ……**87**

Cronbach,L.J. (1982) *Designing Evaluations of Educational and Social Programs*, Jossey-Bass. ……**109**

Cullen, E. (1993) The Grendon reconviction study part 1. *Prison Service Journal*, 90, 35-37. ……**395**

Cullen, F. T. & Agnew, R. (2003) *Criminological Theory: Past to Present*, Roxbury. ……**58**

Curtis, L. A. (1975) *Violence, race, and culture*, D.C. Heath. ……**21**

Cush, R. K. & Goodman-Delahunty, J.(2006) The influence of limiting instructions on processing and judgments of emotionally evocative evidence. *Psychiatry, Psychology and Law*, 13(1), 110-123. ……**694**

Cushman, F. (2008) Crime and punishment: Distinguishing the roles of causal and intentional analyses in moral judgment. *Cognition*, 108, 353-380. ……**72**

D

Daly, M. & Wilson, M. (1988) *Homicide*, Aldine de Gruyter.(デイリー, M.・ウイルソン, M. 著, 長谷川眞理子・長谷川寿一訳(1999)『人が人を殺すとき―進化でその謎をとく』新思索社) ……**4**

Damasio, A. R. (2005) *Descartes' Error: Emotion, Reason, and the Human Brain*, Penguin. (ダマシオ, A. R. 著, 田中光彦訳(2010)『デカルトの誤り―情動, 理性, 人間の脳』ちくま学芸文庫) ……**45**

Darley, J. M., Carlsmith, K. M. & Robinson, P. H.(2000) Incapacitation and just deserts as motives for punishment. *Law and Human Behavior*, 24(6) 659-683. ……**695**

Davies, G. & Thasen, S. (2000) Closed circuit television: How effective an identification aid? *British Journal of Psychology*, 91(3) 411-426. ……**233**

Dauvergne, M. (2010) *Police-reported robbery in Canada, 2008*. (http://www.statcan.gc.ca/pub/85-002-x/2010001/article/11115-eng.htm) ……**155**

Davis, M. H. (1994) *Empathy: A Social Psychological Approach*, Brown & Benchmark Publishers. ……**73**

Davis, M. H. (1983) Measuring individual difference in empathy. *Journal of Personality and Social Psychology*, 44, 113-126. ……**73**

de Castilla, D.(1995) *Le Test de l'arbre-Relation humaines et problems actuels*.(ドゥ・カステーラ, D. 著, 阿部惠一郎訳(2002)『バウムテスト活用マニュアル―精神症状と問題行動の評価』金剛出版) ……**348**

De Leon, G. (2000) *The Therapeutic Community: Theory, Model, and Method*, Springer. ……**394**

de Waal, F. (1996) *Good Natured: The Origins of Right and Wrong in Humans and Other Animals*, Harverd University Press.(ドゥ・ヴァール, F. 著, 西田利貞・藤井留美訳(1998)『利己的なサル, 他人を思いやるサル―モラルはなぜ生まれたのか』草思社) ……**4**

Deffenbacher, K. A., Bornstenin, B. H., McGorty, E. K. et al. (2008) Forgetting the once-seen face: Estimating the strength of an eyewitness's memory representation. *Journal of Experimental Psychology: Applied*, 14, 139-150. ……**232**

Deitz, S. R. & Byrnes, L. E.(1981) Attribution of responsibility for sexual assault: the influence of observer empathy and defendant occupation and attractiveness. *The Journal of Psychology*, 108(1) 17-29. ……**694**

Dhami, M. K. & Ayton, P. (2001) Bailing and jailing the fast and frugal way, *Journal of Behaviora Decision Making*, 14(2) 141-168. ……**263**

Diller, J. (1979) The psychological autopsy in equivocal deaths. *Perspectives in Psychiatric Care*, 17(4) 156-161. ……**254**

Dishion, T. J., McCord, J. & Poulin, F. (1999) When interventions harm: Peer groups and problem behavior. *American Psychologist*, 54, 755-764. ……**119**

Dishion, T. J., Spracklen, K. M., Andrews, D. W. et al. (1996) Deviancy training in male adolescent friendship. *Behavior Therapy*, 27, 373-390. ……**119**

Dodge, K. A. & Crick, C. R. (1994) A review and reformulation of social information-processing mechanisms in children's social adjustment. *Psychological Bulletin*, 115(1) 74. ……**62**

Dodge, K. A. Lochman, J. E., Harnish, J. D. et al. (1997) Reactive and proactive aggression in school children and psychiatrically impaired chronically assaultive youth. *Journal of Abnormal Psychology*, 106, 37-51. ……**132**

Dodge, K. A., Lansford, J. E., Burks, V. S. et al. (2003) Peer rejection and social information-processing factors in the

development of aggressive behavior problems in children. *Child Development*, 74, 374-393. ……**69**
Dodge, K. A.(1993) Social-cognitive mechanisms in the development of conduct disorder and depression. *Annual Review of Psychology*, 44, 559-584. ……**307**
Douglas, J. E. & Olshaker, M. (1999) *The Anatomy of Motive*. Scribner. ……**158**
Douglas, J. E., Burgess, A.W., Burgess, A. G. et al. (2006) *Crime Classification Manual*, 2nd ed. Jossy-Bass. ……**159**
Douglas, J. E., Burgess,A. W., Burgess, A. G. et al. (2013) *Crime Classification Manual: A Stadard System for Investigating and Classifying Violent Crimes (3rd Ed.)*, Jhon Wiley & Sons. ……**224**
Douglass, J. E., Burgess, A. G. & Ressler, R. K. (1992) *Crime Classification Manual*, Lexington. ……**260**
Douglas, J. E., Ressler,R. K., Burgess, A. W. et al. (1980) Criminal profiling from crime scene analysis, *Behavioral Sciences and the Law*, 4 (4) 401-421. ……**146**
Drapeau, M. (2005) Research on process involved in treating sex-offenders. *Sexual Abuse: A Journal of Research and Treatment*, 17, 117-125. ……**388**
Drizin, S. A. & Leo, R. A. (2004)The problem of false confessions in the post-DNA world. *North Carolina Law Review*, 82, 891-1007. ……**237**
Duke, A. A., Bégue, L., Bell, R. et al. (2013) Revisiting the serotonin-aggression relation in humans: A meta-analysis. *Psychological Bulletin*, 139, 1148-1172. ……**45**
Durkheim, E. (1893: 1933) *The Division of Labor in Society*, Macmillan. ……**8**
Dusay, J. (1972) Egograms and the consistency hypothesis. *Transactional Analysis Journal*, 2(3) 37-42. ……**450**
Dutton, D.G. (1995) Trauma symptoms and PTSD-like profiles in perpetrators of intimate abuse. *Journal of Traumatic Stress*. 8 (2) 299-316. ……**165**
Dutton, D. G. & Painter, S. (1981) Traumatic Bonding: The Development of Emotional Attachments in Battered Women and Other Relationships of Intermittent Abuse. *An International Journal*, 6(1-4) 139-155. ……**616**
Dymond, R. F. (1950) Personality and empathy. *Journal of Consulting Psychology*, 14, 343-350. ……**73**

■ E

Ebert, B. W. (1987) Guide to conducting a psychological autopsy. *Professional Psychology: Research and Practice*, 18(1) 52-56. ……**254**
Eck, J. E. (2003) Police problems: the complexity of problem theory, research and evaluation. In Knutsson, J. (ed.) *Problem-Oriented Policing: From Innovation to Mainstream*, Criminal Justice Press. ……**41**
Edens, J. F., Campbell, J. S. & Weir, J. M. (2007) Youth psychopathy and criminal recidivism: A meta-analysis of the Psychopathy Checklist measures. *Law and Human Behavior*, 31(1) 53-75. ……**276**
Edwards, M. (1997) Treatment for paedophilies：Treatment for sex offenders. In M. James (ed.) *Paedophilia: Policy and Prevention* Australian Institute of Criminology, pp. 74-80. ……**131**
Elder, G. H. (1974)*Children of the great depression: Social change in life experience*, University of chicago Press.（エルダー，G. H. 著，本田時雄・川浦康至・伊藤裕子他訳(1986)『大恐慌の子どもたち―社会変動と人間発達』明石書店）……**99**
Elliott, M. A. & Merrill, F. E. (1934) *Social Disorganization*, 4th Ed., Harper & Row Publishers, 1961. ……**8**
Elvik, R. (2013) Risk of road accident associated with the use of drugs: A systematic review and meta-analysis of evidence from epidemiological studies. *Accident Analysis and Prevention*, 60, 254-267. ……**143**
Engel, G. L. (1977) The Need for a New Medical Model: A Challenge for Biomedicine. *Science*, New Series, 196(4286), 129-136. ……**711**
Engel, G.(1977) The need for a new medical model: a challenge for biomedicine. *Science*, 196(4286)129-36. ……**487**
Ewing, C. P. (2014) *Preventing the Sexual Victimization of Children: Psychological, Legal and Public Policy Perspectives*. Oxford University Press. ……**177**
Exner, J. E.(2003)*The Rorshach: A Comprehensive System. Vol.1: Basicfoundations and Principles of Interpretation(4th ed.)*. Wiley.(エクスナー，J. E. 著．中村紀子・野田昌道訳(2009)『ロールシャッハ・テスト―包括システムの基礎と解釈の原理』金剛出版)……**281**
Eyseuck, H. J. (1964)*Crime and personality*, Houghton Mifflin.(アイゼンク, H. J. 著．MPI 研究会訳(1966)『犯罪とパーソナリティ』誠信書房)……**24**

■ F

Famularo, R., Fenton, T., Kinscherff, R. et al. (1992) Differences in neuropsychological and academic achievement between adolescent delinquents and status offenders. *American Journal of Psychiatry*, 149(9) 1252-1257. ……**83**

Farnworth, M. & Leiber, M. (1989) Strain theory revisited *American Sociological Review*, 54(2) 263-74. ······**8**
Farrall, S., Jackson, J. & Gray, E. (2009) *Social Order and the Fear of Crime in Contemporary Times (Clarendon Studies in Criminology)*, Oxford University Press. ······**576**
Farrington, D. P. (1995) The development of offending and antisocial behavior from childhood: Key findings from the Cambridge study in delinquent development. *The Journal of Child Psychology and Psychiatry*, 36(6) 929-964. ······**317**
Farrington, D. P. ed. (2005) The Integrated Cognitive Antisocial Potential (ICAP) Theory. In D. P. Farrington (Ed.), *Integrated Developmental & Life-course Theories of Offending:Advances in Criminological Theory*. Vol. 14. Transaction Publishers. ······**115**
Farrington, D. P. & Welsh, B. C. (2007) *Saving Children from a Life of Crime: Early Risk Factors and Effective Interventions*. Oxford University Press. ······**115**
Fattah, E. (2005) Victimology, pp.1724-1728. In Wright, R. A. & Miller, J. M. *Encyclopedia of Criminology*. Volume 3. Routledge. ······**637**
Fawcett, J. M., Russell, E. J., Peace, K. A. et al. (2013) Of guns and geese: a meta-analytic review of the "weapon focus" literature. *Psychology, Crime & Law*, 19(1) 35-66. ······**231**
Federal Bureau of Investigation (2010-2013) *Uniform Crime Reports*. (http://www.fbi.gov/about-us/cjis/ucr/ucr) ······**154**
Federal Bureau of Investigation (2012) *Crime in the United States (2012)*. (http://www.fbi.gov/about-us/cjis/ucr/crime-in-the-u.s/2012/crime-in-the-u.s.-2012/tables/23tabledatadecoverviewpdfs) ······**156**
Felson, M. & Clarke, R. (1998) Opportunity makes the thief: Practical theory for crime prevention. *Police Research Series*, Paper 98, Policing and Reducing Crime Unit, Home Office Research, Development and Statistios Pirectorate. ······**37**
Felson, M. (1986) Linking criminal choices, routine activities, infromal control, and criminal outcomes. In D. B. Cornish & R. V. Clarke (eds.) *The reasoning criminal: Rational choice perspectives on offending*, Springer-Verlag. ······**41**
Felson, M. (2002) *Crime and Everyday Life*, Pine Forge Press. (フェルソン, M. 著, 守山 正訳(2005)『日常生活の犯罪学』日本評論社)······**53**
Ferraro, K. F. A. (1995) *Fear of Crime: Interpreting Victimization Risk*, State University of New York Press. ······**576**
Figley, C. R. (1999) Compassion fatigue: Toward a new understanding of the costs of caring. In Stamm, B. H. (ed.), *Secondary traumatic stress: Self care issues for clinicians, researchers and educators. 2nd ed.* Sidran Press.(フィグリー, C. R. 著「共感疲労―ケアの代償についての新しい理解に向けて」スタム, B. H. 編, 小西聖子・金田ユリ子訳(2003)『二次的外傷性ストレス―臨床家, 研究者, 教育者のためのセルフケアの問題』誠信書房, pp.3-28)······**670**
Finn, S. E. (2007) *In Our Clients' Shoes: Theory and Techniques of Therapeutic Assessment*, Lawrence Erlbaum Associates. ······**339**
Finn, S. E.(2007) *In our Client's Shoes. Theory and Techniques of Therapeutic Assessment*. Psychology Press.(フィン, S. E. 著, 野田昌道・中村紀子訳(2014)『治療的アセスメントの理論と実践―クライアントの靴を履いて』金剛出版)······**368**
Finn, S. E., & Tonsager, M. E. (1997) Information-Gathering and Therapeutic Models of Assessment:Complementary Paradigms. *Psychological Assessment*,9(4)374-385. ······**368**
Firestone,R.W.(1997) *Suicide and the Inner Voice- Risk Assessment, Treatment, and Case Management*. SAGE. ······**364**
Fishabein, D. H. (2003) Neurophysiological and emotional regulatory processes in antisocial behavior. In A. Walsh & L. Ellis(Eds.) *Biosocial Criminology: Challenging Environmentalism's Supremacy*, Nova Science Publishers. ······**45**
Flin, R. H. & Shepherd, J. W. (1986) 'Tall stories: Eyewitnesses' ability to estimate height and weight characteristics. *Human Learning: Journal of Practical Research & Applications*, 5(1) 29-38. ······**230**
Fonagy, P. & Target, M. (1996) Personality and sexual development, psychopathology and offending. In Cordess, C. & Cox, M. (Eds.) *Forensic psychotherapy*, Jessica Kingsley Publishers.(フォナギー, P.・タルジェ, M. 著, 作田 明監訳(2004)『パーソナリテイと性的発達, 精神病理と犯罪―司法心理臨床』星和書店)······**26**
ForsterLee, R., ForsterLee, L. & Horowitz, I. A.(2006) The effects of defendant race, victim race, and juror gender on evidence processing in a murder trial. *Behavioral Sciences and the Law*, 24(2) 179-198. ······**694**
Forth, A. E., Kosson, D. & Hare, R. D. (2003) *Psychopathy Checklist-Youth Version*. Multi-Health Systems. ······**274**
Fortune, C. & Lambie, I. (2006) Sexually abusive youth : A review of recidivism studies and methodological issues for future research. *Clinical Psychology Review*, 26 (8) 1078-1095. ······**131**
Fox, A. & Freestone, M. (2008) Good Lives and Development (GLAD) on the Westgate Unit : An Evaluation of a New Incentive Scheme. *Prison Service Journal*, 175, 50-56. ······**385**
Francis, T. C., James, C. V., John, P. W. et al. (2008) Parenting and self-control. In E. Goode (Ed.), *Out of Control:*

Assessing the General Theory of Crime, Stanford University Press. ……15
Fredrich, W., Davies, W., Fehrer, E. et al.（2003）Sexual behavior problems in preteen children: Developmental, ecological, and behavioral correlates. *Annals of New York Academy of Sciences*, 989, 95-104. ……171
Freud, S.（1912）Zur Dynamik der Übertragung. In *Gesammelte Werke VIII* S. Fischer Verlag.（フロイト，S. 著，小此木啓吾訳（1983）「転移の力動性について」『技法・症例篇』フロイト著作集9．人文書院．pp.68-77）……499
Freud, S.（1916）Some character types met with in psycho-analytic work. In Strachey, J.（Ed.）*The Standard Edition of the Complete Psychological Works of Sigmund Freud*, Volume XIV, The Hogarth Press and the Institute of Psycho-Analysis, 1957.（フロイト，S. 著，三谷研爾訳（2010）『精神分析作業で現れる若干の性格類型』フロイト全集16．岩波書店）……26
Freudenberger, H. J.（1974）Staff burnout. *Journal of social issues*, 30, 159-165. ……670
Frieze, I. H.（2005）*Hurting The One You Love : Violence in Relationships*, Thomson. ……167
Fujita, G. Okamura, K., Kihira, M.et al.（2014）Factors contributing to driver choice after hitting a pedestrian in Japan. *Accident Analysis and Prevention*, 72, 277-286. ……141
Furnham, A. F.（1988）*Lay Theories: Everyday Understnading of Problems in the Social Sciences*, Pergamon Press.（ファーナム，A. F. 著，細江達郎監訳（1992）『しろうと理論――日常性の社会心理学』北大路書房）……574
Fuselier, D., Zandt, C. & Lanceley, F.（1991）Hostage/barricade incidents: High-risk factors and the action criteria.. *FBI Law Enforcement Bulletin*, 60(1) 6-12. ……253

G

Gaboury, M. T. & Sedelmaier, C. M.（2007）*Impact of Crime on Victims（IOC）Curriculum Development Project: Final Evaluation Report.*（https://www.ovcttac.gov/downloads/VictimImpact/files/FullEvaluationReport.pdf）（閲覧日：2014年8月1日）……415
Gacono, C. & Meloy, R.（1994）*The Rorschach Assessment of Aggressive and Psychopathic Personalities*. Lawrence Erlbaum Associates. ……281
Garmezy, N. & Rutter, M.（1985）Acute reaction to stress. In M. Rutter & L. Hersov（eds）*Child and Adolescent Psychiatry*, 2nd edn, Blackwell Scientific, pp.152-176. ……133
Geertz, C.（1973）*The Interpretation of Cultures*. Basic Books.（ギアツ，C. 著，吉田禎吾・中牧弘允・柳川啓一他訳（1987）『文化の解釈学』Ⅰ・Ⅱ，岩波現代選書）……101
Geiselman, R. E. & Padilla, J.（1988）Cognitive Interviewing With Child Witness. *Journal of Police Science and Administration*, 16(4) 236-242. ……245
Gerbner, G. & Gross, L.（1976）Living with television: The violence profile. *Journal of Communication*, 26(2) 172-194. ……581
Gibbons, M., Limoges,C., Nowotny,H. et al.（1994）The new production of knowledge. *The Dynamics of Science and Research in Contemporary Societies*, Sage. ……216
Gibbs, J. C., Basinger, K. S. & Fuller, D.（1992）*Moral Maturity: Measuring the Development of Sociomoral Reflection*, Lawrence Erlbaum Associates. ……72
Gibbs, J. J., Giever, D. & Martin, J. S.（1998）Parental management and self-control: An empirical test of Gottfredson and Hirschi's general theory. *Journal of Research in Crime and Delinquency*, 35, 41-70. ……17
Gill, M.（1994）*Psychoanalysis in Transition: A Personal View*, The Analytic Press. ……30
Ginsburg, J., Mann, R. E., Rotgers, F. et al.（2002）Motivational Interviewing with Criminal Justice Populations. In Miller, W. R. & Rollnick, S. *Motivational Interviewing : Preparing People for Change*, Guilford Press.（ギンズバーグ，J.（2012）「刑事司法領域の人々の動機付け面接法」ミラー，W. R.・ロルニック，S. 著，松島義博・後藤 恵訳『動機づけ面接法――応用編』星和書店）……403
Gleuck, S. & Gleuck, E.（1950）*Unraveling Juvenile Delinquency*, Harvard University Press.（中央青少年問題協議会訳（1961）『少年非行の解明』増補版，法務大臣官房司法法制調査会）……55
Glueck, S. & Glueck, E.（1937）*Later Criminal Careers*, The Common-wealth Fund. ……384
Glueck, S. & Glueck, E.（1950）*Unraveling Juvenile Delinquency*, Harvard University Press.（グリュック，S・グリュック，E. 著，中央青少年問題協議会訳（1961）『少年非行の解明』法務大臣官房司法法制調査部）……xxix, 58
Glueck, S. & Glueck, E.（1930）*500 Criminal Careers*. Knopf. ……270
Goffman, E.（1961）*ASYLUMS: Essays on the Social Situation of Mental Patients and Other Inmates*, Doubleday & Company, Inc.（ゴフマン，E. 著，石黒 毅訳（1984）『アサイラム――施設被収容者の日常世界』誠信書房）……396
Goldston,D. B.（2003）*Measuring Suicidal Behavior and Risk in Children and Adolescents*. APA. ……364
Gottfredson, M. R. & Hirschi, T.（1990）*A General Theory of Crime*, Stanford University Press.（ゴットフレッドソン，M. R.

・ハーシ, T. 著，松本忠久訳（1996）『犯罪の基礎理論』 文憲堂）……**14, 16**
Grasmick, H. G., Tittle, C. R., Bursik, R. J. Jr. et al. (1993) Testing the core empirical implications of Gottfredson and Hirschi's general theory of crime. *Journal of Research in Crime and Delinquency*, 30, 5-29. ……**16**
Green, E. J., Booth, C. E. & Biderman, M. D. (1976) Cluster analysis of burglary M/Os. *Journal of Police Science and Administration*, 4, 382-388. ……**225**
Grossman, D. & Christensen, L. W. (2004) *On Combat. The Psychology and Physiology of Deadly Conflict in War and in Peace*, PPCT Research Publications. (グロスマン, D.・クリスチャンセン, L. W. 著，安原和見訳（2008）『「戦争」の心理学―人間における戦闘のメカニズム』二見書房）……**232**
Grove, W. M., Zald, D. H., Lebow, B. S. et al. (2000) Clinical Versus Mechanical Prediction: A Meta-Analysis. *Psychological Assessment*, 12(1) 19-30. ……**105**
Gudjonsson, G. H. & Petursson, H. (1991) Custodial interrogation: Why do suspects confess and how does it relate to their crime, attitude and personality? *Personality and Individual Differences*, 12, 295-306. ……**234**
Gudjonsson, G. H. (2003) *The Psychology of Interrogations and Confessions: A Handbook*, Wiley. ……**234, 237**

■ H

Haidt, J. (2007) The new synthesis in moral psychology. *Science*, 316, 998-1002. ……**72**
Häkkänen, H. (2006) Finnish bomb threats: Offence and offender characteristics. *International Journal of Police Science and Management*, 8 (1) 1-8. ……**182**
Hamby, S. L. & Finkelhor, D. (2001) *Choosing and Using Child Victimization Questionnaires*, Juvenile Justice Bulletin-NCJ186027, U. S. Department of Justice, Office of Justice Programs, Office of Juvenile Justice and Delinquency Prevention, 1-16. ……**610**
Hamilton, W. D. (1964) The genetical evolution of social behavior ⅠⅡ, *Journal of Theoretical Biology*, 7, 1-52……**4**
Hammer, E. F. (1958) *The Clinical Application of Projective Drawing*, C. C. Thomas. ……**350**
Hammer, M. R. & Rogan, R. G. (1997) Negotiating models in crisis situations: The value of a communication-based approach. In Rogan, R. G. Hammer, M. R. & Van Zandt, C. R. (eds.) *Dynamic Processes of Crisis Negotiation: Theory, Research, and Practice*, Praeger, pp. 9-23. ……**256**
Hankin, B. L., Stone, L. & Wright, P. A. (2010) Corumination, interpersonal stress generation, and internalizing symptoms: Accumulating effects and transactional influences in multiwave study of adolescents. *Development and Psychopathology*, 22, 217-235. ……**61**
Hanson, R. K. (2000) *Risk Assessment*. ATSA Infopack. ……**271**
Hanson, R. K., Bourgon, G., Helmus, L., et al. (2009) The principles of effective correctional treatment also apply to sexual offenders: A meta-analysis. *Criminal Justice and Behavior*, 36(9) 865-891. ……**411**
Hanson, R. K., Bourgon, G., Hlmus, L., et al. (2009) *A Meta-Analysis of the Effectiveness of Treatment for Sexual Offenders: Risk, Need, and Responsivity*, Public Safety Canada. ……**380, 391**
Hanson, R. K., Gizzarelli, R., Scott, H. (1994) The attitudes of incest offenders: sexual entitlement and acceptance of sex with children. *Criminal Justice and Behavior*, 21(2) 187-202. ……**307**
Hanson, R. K., Gordon, A., Harris, A. J. R. et al. (2002) First report of the collaborative outcome data project on the effectiveness of psychological treatment for sex offenders. *Sexual Abuse: A Journal of Research and Treatment*, 14(2) 169-194. ……**411**
Hanson, R. K. & Harris, A. J. R. (2000) Where should we intervene? Dynamic predictors of sex offender recidivism. *Criminal Justice and Behavior*, 27 (1) 6-35. ……**171**
Hanson, R. K., Harris, A. J. R., Scott, T. L. et al. (2007) *Assessing the Risk of Sexual Offenders on Community Supervision: The Dynamic Supervision Project*, Public Safety Canada. ……**171**
Hare, R. (1991) *Psychopathy Check List-Revised (PCL-R)*. Multi-Health Systems. ……**281**
Hare, R. (1993) *Without Conscience: The Disturbing World of the Psychopaths Among Us*. Guilford Press. (ヘア, R.D. 著，小林宏明訳（1995）『診断名サイコパス―身近にひそむ異常人格者たち』早川書房）……**280**
Harnischmacher, R. & Müther, J. (1987) The stockholm syndrome: On the psychological reaction of hostages and hostage-takers. *Archiv für Kriminologie*, 180(1-2) 1-12. ……**659**
Hazelwood R. R. (2001) Analyzing the rape and profiling the offender. In Hazelwood, R. R. & Burgess, A. W. (eds.) *Practical Aspects of Rape Investigation*, CRC Press, pp. 133-164. ……**260**
Hazelwood, R. R., Ressler, R. K., Depue, R. L., et al. (1987) Criminal personality profiling: An overview. In R.R. Hazelwood, & A.W. Burgess (Eds.) *Practical Aspects of Rape Investigation: A Multidisciplinary Approach*, Elsevier Science, pp.137-149. ……**226**

Healy, W. & Bronner, A. F.（1936）*New Light on Delinquency and Its Treatment: Result of a Research Conducted for the Institute of Human Relations, Yale University*, Greenwood Press.（ヒーリー，W．著，樋口幸吉訳（1956）『少年非行』みすず書房）……xxix, 56

Heinonen, J. A. & Eck, J. E.（2013）*Home Invasion Robbery*. Center for Problem-Oriented Policing. ……154

Henggeler, S. W., Schoenwald, S. K., Borduin, C. M. et al.（2009）Multisystemic therapy for antisocial behavior in children and adolescents. 2nd ed. The Guilford Press.（ヘンゲラー，S. W. 著，吉川和男監訳（2008）『児童・青年の反社会的行動に対するマルチシステミックセラピー（MST）』初版，星和書店）……519

Henry, B., Moffit, T. E., Caspi, A. et al.（1994）On the "remembrance of things past" : A longitudinal evaluation of the retrospective method. *Psychological Assessment*, 6, 92-101. ……99

Henry, O., Mandeville-Norden, R., Hayes, E. et al.,（2010）Do internet-based sexual offenders reduce to normal, inadequate and deviant groups? *Journal of Sexual Aggression*, 16（1）33-46. ……177

Herman J. L.（1992）*Trauma and Recovery* HarperCollins Publishers.（ハーマン，J. L. 著，中井久夫訳（1999）『心的外傷と回復』増補版，みすず書房）……616

Herman, J. L.（1992）Trauma and recovery. Basic Books（ジュディス・L. ハーマン著，中井久夫訳『心的外傷と回復』みすず書房）……657

Herman, J. L.（1992）Complex PTSD: A syndrome in survivors of prolonged and repeated trauma. *Journal of traumatic stress*, 5(3) 377-391.……668

Herman, J. L.（1997）*Trauma and recovery. Revised ed*. Basic Books（ハーマン，J. L. 著，中井久夫訳（1999）『心的外傷と回復』増補版，みすず書房）……670

Hickey, E.（2003）*Encyclopedia of Murder & Violent Crime*. Sage Publications. ……210

Hindelang, M., Gottfredson, M. & Garofalo, J.（1978）*Victims of Personal Crime: An Empirical Foundation for a Theory of Personal Victimization*, Ballinger Publishing. ……40

Hirschi, T. & Gottfredson, M. R.（1994）The generality of deviance. In T. Hirschi & M. R. Gottfredson（Eds.）*The Generality of Deviance*, Transaction Publishers, pp.1-22. ……16

Hirschi, T.（1969）*Causes of Delinquency*, University of California Press.（ハーシー，T. 著，森田洋司・清水新二監訳（1995）『非行の原因―家庭・学校・社会へのつながりを求めて』文化書房博文社）……521, 605

Hirschi, T.（2001）*Causes of Delinquency*, Transaction Publishers.（ハーシー，T. 著，森田洋司・清水新二監訳（2010）『非行の原因』新装版，文化書房博文社）……52

Hirschi, T.（2004）Self-control and crime. In R. F. Baumeister & K. D. Vohsl（Eds.）*Handbook of Self-Regulation: Research, Theory, and Applications*, Guilford Press, pp.537-552. ……17

Hoeve, M., Stams, G. J. J. M., van der Put, C. E. et al.,（2012）A meta-analysis of attachment to parents and delinquency. *Journal of Abnormal Child Psychology*. 40（5）771-785. ……117

Hoge, R. & Andrews, D.（2002）. *The Youth Level of Service/Case Management Inventory*. Multi-Health Systems. ……274

Holmberg, U. & Christianson, S. Å.（2002）. Murderers' and sexual offenders' experiences of police interviews and their inclination to admit or deny crimes. *Behavioral Sciences and the Law*, 20, 31-45. ……235

Holmes, R. M. & Holmes, S. T.（1996）*Profiling Violent Crimes: An Investigative Tool*, Sage Publications.（ホームズ，R. M.・ホームズ，S. T. 著，影山任佐監訳（1997）『プロファイリング―犯罪心理分析入門』日本評論社）……67

Holmes, R. M. & Holmes, S. T.（2002）*Profiling Violent Crimes : An Investigative Tool*. 3rd Ed, Sage Publications. ……147

Holsinger, A. M., Lowenkamp, C. T. & Latessa, E. J.（2006）Predicting institutional misconduct using the Youth Level of Service: Case Management Inventory. *American Journal of Criminal Justice*, 30(2) 267-284. ……275

Home Office（2004）Reducing Re-offending: National Action Plan. ……525

Home Office in conjunction with Department of Health（1992）*Memorandum of good practice for video recorded interviews with child witnesses for criminal proceedings*, HMSO.（英国内務省・英国保健省，仲 真紀子・田中周子訳（2007）『子どもの司法面接』誠信書房）……344

Hones, T. M., Charman, E. A. & Levi, M.（2003）Factual and affective/evaluative recall of pretrial publicity: their relative influence on juror reasoning and verdict in a simulated fraud trial. *Journal of Applied Social Psychology*, 33(7), 1404-1416. ……694

Hough, M.（2004）Worry about crime: mental events or mental states? *International Journal of Social Research Methodology*, 7(2) 173-176. ……576

House, J. C.（1997）Towards a practical application of offender profiling: the RNC's Criminal Suspect Prioritization System. In Jackson, J. L. and Bekerian, D. A.（Eds.）（1997）*Offender Profiling: Theory, Research and Practice*, Wiley, pp.177-190. ……264

Hurley, J. T. (1995) Violent crime hits home: home invasion robbery *FBI Law Enforcement Bulletin*, 1995(6) 9-13. ……**154**
Hurlock, E. & Thomson, J. (1934) Children's drawing: an experimental study of perception. *Child Development*, 5(2) 127-139. ……**348**

I

Inbau, F. E., Reid, J. E., Buckley, J. P. et al. (2013) *Criminal interrogation and confessions 5th edition*, Jones & Bartlett Learning. ……**693**
IPA (2013)『2013年版10大脅威―身近に忍び寄る脅威』(https://www.ipa.go.jp/security/vuln/documents/10threats2013.pdf) ……**180**
IPA (2014)『2014年版情報セキュリティ10大脅威―複雑化する情報セキュリティ あなたが直面しているのは?』(http://www.ipa.go.jp/files/000037151.pdf) ……**180**
IPA (2015)『情報セキュリティ10大脅威2015―被害に遭わないために実施すべき対策は?』(http://www.ipa.go.jp/security/vuln/10threats2015.html) ……**180**
Irving, E. J., Bowers, C. A., Dunn, M. E. et al. (1999) Efficacy of relapse prevention: A meta-analytic review. *Journal of Consulting and Clinical Psychology*, 67(4) 563-570. ……**391**
Ishikawa, S. S. & Raine, A. (2002) Behavioral genetics and crime. In Glicksohn, J. (Ed.) *The Neurobiology of Criminal Behavior*, Kluwer Academic. ……**5**

J

Jackson, J. & Bradford, B. (2009) Crime, policing and social order: on the expressive nature of public confidence in policing. *British Journal of Sociology*, 60(3) 493-521. ……**576**
Jackson, J. & Stafford, M. C. (2009) Public Health and Fear of Crime: A Prospective Cohort Study. *British Journal of Criminology*, 49(6) 832-847. ……**578**
Jacobs, J. (1961) *The Death and Life of the Great American Cities*, Random House.(ジェイコブス, J. 著, 山形浩生訳(2010)『アメリカ大都市の死と生』鹿島出版会)……**564**
Jeffery, C. R. (1971) *Crime Prevention Through Environmental Design*, Sage Publication. ……**38, 565**
Jenkins, A. (1990) *Invitation To Responsibility: The Therapeutic Engagement of Men Who are Violent and Abusive*, Dulwish Centre Publications. (ジェンキンス, A. 著, 信田さよ子・高野嘉之訳(2014)『加害者臨床の可能性―DV・虐待・性暴力被害者に責任をとるために』日本評論社)……**617**
Jenkins, S.R. (2008)*A Handbook of Clinical Scoring Systems for Thematic Apperceptive Techniques*, Lawrence Erlbaum Associates. ……**339**
Jevtić, B. (2014) Moral judgement of delinquents. *Social and Behavioral Sciences*, 149, 449-455. ……**72**
Jobes, D. A., Berman, A. L. & Josselson, A. R. (1986) The impact of psychological autopsies on medical examiners' determination of manner of death. *Journal of Forensic Sciences*, 31(1) 177-189. ……**255**
Jones, S. E., Miller, J. D. & Lynam, D. R. (2012) Personality, antisocial behavior, and aggression: A meta-analytic review. *Journal of Criminal Justice*, 39, 329-337. ……**60**

K

Kabat-Zinn, J. (1990) *Full Catastrophe Living: Using the Wisdom of Your Body and Mind to Face stress, Pain, and Illness*, Unified Buddhist Church. (カバットジン, J. 著, 春木 豊訳(2007)『マインドフルネスストレス低減法』北大路書房) ……**460**
Kabat-Zinn, J. (1994) *Wherever You Go, There You Are: Mindfulness Meditation in Everyday Life*, Hyperion. (カバットジン, J. 著, 松丸さとみ訳(2012)『マインドフルネスを始めたいあなたへ』星和書店)……**460**
Kassin, S. M. & Gudjonsson, G. H. (2004) The psychogy of confessions: A review of the literature and issues, *Psychological Science in the Public Interest*, 5, 35-67. ……**237**
Kassin, S. M. & Kiechel, K. L. (1996)The social psychology of false confession: Compliance, internalization, and confabulation. *Psychological Science*, 7(3) 125-128……**236**
Kassin, S. M. & Wrightsman, L. S.(1985)Confession evidence. In S. M. Kassin & L. S. Wrightsman (Eds.) *The Psychology of Evidence and Trial Procedure*, Sage, pp.67-94. ……**236**
Kassin, S. M., Drizin, S. A., Grisso,T., et al. (2010)Police-induced confessions: Risk factors and recommendations.*Law and Human Behavior*, 34, 3-38. ……**237**
Kawakami, N., Tsuchiya, M., Umeda, M. et al.(2014) Trauma and posttraumatic stress disorder in Japan: results from

the World Mental Health Japan Survey. *Journal of p sychiatric research*, 53, 157-165. ……**655**
Kent, J. & Leitner, M. (2007) Efficacy of standard deviational ellipses in the application of criminal geographic profiling. *Journal of Investigative Psychology and Offender Profiling*, 4(3) 147-165. ……**228**
Keppel R. D. & Weis, J. G. (1993) Improving the Investigation of Violent Crime: The Homicide Investigation and Tracking System (HITS). *Office of Justice Programs of the National Institute of Justice*, U.S. Department of Justice. …… **264**
Kershaw, C., Goodman, J. & White, S.(1999) Reconvictions of offenders Sentenced or dischaiged from Prison in 1995, England and Wales. *Research Derelopment and Statistics Directorate*, Research Findings (No. 101) HMSO……**394**
Kessler, R. C., Berglund, P., Demler, O. et al. (2005) Lifetime prevalence and age-of-onset distributions of DSM-IV disorders in the National Comorbidity Survey Replication. *Archives of General Psychiatry*, 62(6) 593-602. ……**655**
Kiesler, S., Siegel,J. & McGuire,T.W. (1984) Social psychological aspects of computer mediated communication, *American Psychologist*, 39, 1123-1134. ……**179**
Kind, S. S. (1987) Navigational ideas and the Yorkshire Ripper investigation. *Journal of Navigation*, 40(3) 385-393. …… **228**
Kirchhoff, G. F. (2010) History and a theoretical structure of victimology, 95-125. In Shoham, S. G., Knepper, P., Kett, M. (eds.) *Handbook of Victimology*. CRC Press. ……**636**
Kiriakidis, S. P. (2008) Application of the theory of planned behavior to recidivism: The role of personal norm in predicting behavioral intentions of re-offending. *Journal of Applied Social Psychology*, 38(9) 2210-2221. ……**582**
Klein, M. (1946) Notes on some schizoid mechanisms. *International Journal of Psychoanalysis*, 27, 99-110.(クライン, M. 著，小此木啓吾・岩 徹也編訳(1985)「分裂機制についての覚書」『妄想的・分裂的世界』メラニー・クライン著作集 4，誠信書房．pp.3-32)……**31**
Koch, K. (1949) *Der Baumtest*. 3.Auflage.(コッホ, K. 著，岸本寛史・中島ナオミ・宮崎忠男訳(2010)『バウムテスト第3版―心理的見立ての補助手段としてのバウム画研究』誠信書房．……**348**
Koch, K. (1952) *The Tree Test. The tree-drawing test as an aid in psychodiagnosis. 2nd ed., Englisch tsanslation*. Hans Huber.(コッホ, K. 著，林 勝造他訳(1970)『バウムテスト―樹木画による人格診断法』日本文化科学社)……**348**
Kohlberg, L. & Higgins, A.(1971: 1985). *Moral Stages and Moral Education*, Japan UNI Agenoy, Inc.(コールバーグ, L. 著．岩佐信道訳(1987)『道徳性の発達と道徳教育』麗澤大学出版会)……**456**
Köhnken, G. (1987) Behavioral correlates of statement credibility: theories, paradigms, and results. In Lösel, F., Haisch, J., & Wegener, H.(eds.) *Advances in Legal Psychology: Psychological Research in the Criminal Justice System*, Springer. ……**239**
Köhnlcen, G. (2004) Statement validity analysis and the 'detection of the truth' In Granhag, P. A., & Strömwall, L. A. (Eds.) *The Detection of Deception in Forensic Contexts*, Cambridge University Press. ……**239**
Kohut, H. (1977) *The Restoration of the Self*, International Universities Press.(ハインツ, K. 著，本城秀次・笠原 嘉監訳(1995)『自己の修復』みすず書房)……**33**
Kolko, D. (2002) *Handbook on Firesetting in Children and Youth*, Academic Press. ……**158**
Koper, C. (1995) Just enough police presence: Reducing crime and disorderly behavior by optimizing patrol time in crime hotspots. *Justice Quarterly*, 12, 649-672.……**609**
Kornhauser, R. (1978) *Social Sources of Delinquency: An Appraisal of Analytic Models*, University of Chicago Press. …… **10**
Krahé, B. (2001) *The Social Psychology of Aggression*. Psychology Press.(クラーエ, B. 著．秦 一士・湯川進太郎編訳『攻撃の心理学』北大路書房)……**163**
Kropp, P. R., Hart, S. D., Lyon, D. R., et al. (2011) The development and validation of the guidelines for stalking assessment and management. *Behavioral Sciences & the Law*, 29(2) 302-316. ……**619**
Krueger, A. B. (2007) *What Makes a Terrorist : Economics and the Roots of Terrorism*. Princeton University Press. …… **201**

L

La Fon, D. S. (2008) The psychological autopsy. In Turvey, B. E. (Ed.) *Criminal Profiling: an Introduction to Behavioral Evidence Analysis (3rd ed.)*,Elsevier Academic Press, 419-429. ……**254**
Lab, S. P. (2010) *Crime Prevention: Approaches, Practices and Evaluation (7th ed.)*, Bender.……**591**
Lab, S. P. (2004) *Crime Prevention: Approaches, Practices and Evaluation (5th ed.)*, Anderson Publication.(ラブ, S. P. 著，渡辺昭一・島田貴仁・齊藤知範他訳(2006)『犯罪予防―方法，実践，評価』社会安全研究財団)……**580**
Lahey B., Applegate, B. & Barkley, R.A. et al. (1994) DSM-IV field trials for oppositional defiant disorder and conduct

disorder in children and adolescents. *The American Journal Psychiatry*, 151, 1163-1171. ……**316**
Lahey B., Loeber, R. & Quay H.C. et al. (1998) Validity of DSM- Ⅳ subtypes of conduct disorder based on age of onset. *Journal of the American Academy of Child and Adolescent Psychiatry*, 37, 435-442. ……**316**
Lamb, M. E., Hershkowitz, I. & Orbach, Y. et al. (2008) *Tell Me What Happened: Structured Investigative Interviews of Child Victims and Witnesses*, Wiley & Sons. ……**242**
Lamb, M. E., Orbach, Y., Hershkowitz, I. et al. (2007) Structured forensic interview protocol improves the quality and informativeness of investigative interviews with children: A review of research using the NICHD Investigative Interview Protocol. *Child Abuse and Neglect*, 31, 1201-1231. ……**241**
Langdon, E. (2011) Moral reasoning theory and illegal behaviour by adults with intellectual disabilities. *Psychology, Crime & Law*, 17(2) 101-115. ……**72**
Laplanche, J. & Pontalis, J. B. (1976) *Vocabulaire de la psychanalyse. 5e ed.* Presses Universitaires de France.(ラプランシュ, J.・ポンタリス, J. B. 著, 村上 仁監訳, 新井 清他訳(1977)『精神分析用語辞典』みすず書房) ……**670**
Laub, J. & Sampson, R. (1993) Turning Points in the Life Course：Why Change Matters to the Study of Crime. *Criminology*, 31(3) 301-25. ……**197**
Laub, J. H. & Sampson, R. J. (2003：2006) *Shared Beginnings, Divergent Lives: Delinquent Boys to Age 70*, Harvard University Press. ……**58, 199, 550**
Laws, D. R., Hudson, S. M. & Ward, T. (2000) *Remaking Relapse Prevention with Sex Offenders*, Sage Publications. ……**410**
Laws, R. & Ward, T. (2011) *Desistance from Sex Offending-Alternatives to Throwing Away the Keys*, Guilford Press.(津富 宏・山本麻奈監訳(2014)『性犯罪からの離脱「良き人生モデル」がひらく可能性』日本評論社) ……**384**
Le Blanc, M. & Loeber, R. (1998) Developmental criminology updated. *Crime and Justice*, 23, 115-198. ……**28**
Leake, G. J. & King, S. A. (1977) Effect of counselor expectations on alcoholic recovery. *Alcohol Health and Research World*, 11(3) 16-22. ……**23**
Lee, M. & Farrall, S. A.(2009)*Fear of Crime : Critical Voices in an Age of Anxiety*, Routledge-Cavendish. ……**578**
Lee, M. Y., Sebold, J. & Uken, A. (2003) *Solution-Focused Treatment of Domestic Violence Offenders: Accountability for Change*, Oxford University Press, Inc.(リー, M. Y.・シーボルト, J.・ウーケン, A. 著, 玉真慎子・住谷祐子訳(2012)『DV加害者が変わる―解決志向グループ・セラピー実践マニュアル』金剛出版) ……**165, 617**
Levin, J. & McDevitt, J. (1993)*Hate Crimes: The Rising Tide of Bigotry and Bloodshed*.Plenum. ……**210**
Levine, N. (2006) Crime mapping and the crimestat program. *Geographical Analysis*, 38(1) 41-56. ……**229**
Levine, N. (2013) Crime Stat Ⅳ : A spatial statistics program for the analysis of crime incident locations(ver.4.0). Net Levine & Associates, Houston, TX, the National Institute of Justice, Washington, DC. Retrieved December 2014.(http://www.nij.gov/topics/technology/maps/pages/crimestat-downloads.aspx) ……**265**
Lewin, K. (1951) *Field theory in social science*,D. Cartwright (Ed.) Harper and Brothers.(レヴィン, K. 著, 猪股佐登留訳(1979)『社会科学における場の理論』増補版, 誠信書房) ……**80**
Lewis, S. F. & Fremouw, W. (2001) Dating violence：A critical review of the literature. *Clinical Psychological Review* 21, 105-127. ……**167**
Lipsey, M. W., Landenberger, N. A. & Wilson, S. J. (2007) Effects of cognitive-behavioral programs for criminal offenders. *Campbell Systematic Reviews* , 6. ……**403, 413**
Litz, B. T. & Gray, M. J. (2004) Early intervention for trauma in adults: A framework for first aid and secondary prevention. In Litz, B.T. (ed.) *Early intervention for trauma and traumatic loss* 87-111, Guilford Press. ……**662**
Liu, L. & Eck, J. (2008) *Artificial Crime Analysis Systems: Using Computer Simulations and Geographic Information Systems*, Information Science Publishing. ……**35**
Loeber, R. & Hay, D. F. (1994) Developmental approaches to aggression and conduct problems. In M. F. Rutter, & D. F. Hay (Eds.) , *Development through Life: A Handbook for Clinicians*, 488-515, Blackwell. ……**133**
Loeber,R., Pardini, D. & Homish, D. L. (2005) The prediction of violence and homicide in young men. *Journal of Consulting and Clinical Psychology*, 73 (6) 1074-1088. ……**129**
Loeber, R. & Stauthamer-Loeber, M. (1998) Development of juvenile aggression and violence: Some common misconceptions and controversies. *American Psychologist*, 53, 242-259. ……**132**
Loftus, E. F., Loftus, G. R. & Messo, J. (1987)Some facts about 'weapon focus', *Law and Human Behavior*, 11(1) 55-62. ……**231**
Loftus, E. F., Miller, D. G. & Burns, H. J. (1978) Semantic integration of verbal information into a visual memory, *Journal of experimental psychology: Human learning and memory*, 4(1) 19-31. ……**690**
Loftus, E. F., Wolchover,D. & Page, D.(2006). General review of the psychology of witness testimony Heaton-

Armstrong, In Shepherd, A. et al., (Eds.)*Witness testimony: psychological, investigative and evidential perspectives*, Oxford University Press. ……**230**

London, K. & Nunez, N.(2000) The effect of jury deliberations on jurors' propensity to disregard inadmissible evidence. *Journal of Applied Psychology*, 85(6) 932-939. ……**694**

Lorenz, K. (1963) *Das sogenannte Böse: Zur Naturgeschichte der Aggression*, Borotha-Schoeler.(ローレンツ, K. 著, 日高敏隆・久保和彦(1970)『攻撃―悪の自然史』みすず書房)……**4**

Lösel, F. (2012) Toward a third phase of "What Works" in offender rehabilitation. In R. Roeber & B.C. Welsh (eds.) *The Future of Criminology*, Oxford University Press. ……**372**

Lösel, F. & Schmucker, M. (2005) The effectiveness of treatment for sexual offenders: A comprehensive meta-analysis. *Journal of Experimental Criminology*, 1(1) 117-146. ……**411**

Lykken, D. T. (1959) The GSR in the detection of guilt. *Journal of Applied Psychology*, 43(6) 385-388. ……**251**

Lynam, D. R. (2002) Psychopathy from the perspective of the five-factor model of personality. In P. T. Costa Jr. & T. A. Widiger (Eds.) *Personality Disorders and the Five-Factor Model of Personality*, American Psychological Association, pp.325-348. ……**60**

Lynch, K. (1960) *The Image of the City*, The MIT Press. ……**35**

Lyons, H. A. & Harbinson, H. J. (1986) A comparison of political and non-political murderers in Northern Ireland, 1974-84. *Medicine, Science and the Law*, 26 (3) 193-198. ……**200**

M

Machover, K. (1949) *Personality Projection in the Drawing of Human Figure*. C. C. Thomas. (K. マコーバー著, 深田尚彦訳(1974)『人物画への性格投影』黎明書房)……**350**

MacKenzie, R. D. & James, D. V. (2011) Management and treatment of stalkers: Problems, options, and solutions. *Behavioral Sciences & the Law*, 29(2) 220-239.……**619**

Malamuth,N.M., Brown, L. M. (1994) Sexually aggressive men's perception of women's communications: testing three explanations. *Journal of Personality and Social Psychology*, 67(4) 699-712. ……**307**

Malamuth,N.M., Heavy, C. L., Linz, D. (1993) Predicting men's antisocial behavior against women:the interaction model of sexual aggression. In G.C.N. Hal, R. Hirschmann, J.R.Graham et al. (ed.) *Sexual Aggression: Issues in the Etiology, Assessment and Treatment*, Taylor & Francis. ……**307**

Markus, H. & Nurius, P. (1986) Possible selves. *American Psychologist*, 41, 954-969. ……**81**

Marlatt, A. G. & Donovan, D. M. (eds.) (2005)*Relapse Prevention: Maintenance Strategies in the Treatment of Addictive Behaviors* (2nd Ed.), Guilford Press. (マーラット, A. G.・ドノバン, D. J. 編著, 原田隆之訳(2011)『リラプス・プリベンション―依存症の新しい治療』日本評論社)……**390**

Marlatt, G. A. & Donovan, D. M. (2005) *Relapse prevention 2nd ed. : Maintenance strategies in the treatment of addictive behaviors* Guilford Press. (マーラット, D. A. & ドノバン D. M. 編, 原田隆之訳(2011)『リラプス・プリベンション―依存症アディクションの新しい治療』日本評論社)……**503**

Marshall, L. E., Marshall, W. L., Fernandez, Y. M. et al. (2008) The Rockwood preparatory program for sexual offenders. Description and preliminary appraisal. *Sexual Abuse: A Journal of Research and Treatment*, 20(1) 25-42. ……**393**

Marshall, W. L., Anderson, D. & Fernandez, Y. M. (1999) *Cognitive Behavioural Treatment of Sexual Offenders*, John Wiley & Sons. ……**526**

Martin, L. C., & Fabes, R. A. (2001) The stability and consequences of young children's same-sex peer interactions. *Developmental Psychology*, 37(3) 431-446. ……**116**

Martin, S. S., Butzin, C. A., Saum, C. A. et al. (1999) Three-year outcomes of therapeutic community treatment for drug-involved offenders in Delaware: From prison to work release to aftercare. *Prison Journal*, 79(3) 294-320. ……**395**

Martinson, R. (1974) What works? : Questions and answers about prison reform *The Public Interest*, 10, 22-54. ……**372**

Maruna, S. & LeBel, T. P. (2009) Strengths-based approaches to reentry: Extra mileage toward reintegration and destigmatization.『犯罪社会学研究』34, 59-81.……**22**

Maruna, S. (2001) *Making Good: How Ex-Convicts Reform and Rebuild Their Lives*, American Psychological Association. (マルナ, S. 著, 津富 宏・河野荘子監訳(2013)『犯罪からの離脱と「人生のやり直し」―元犯罪者のナラティブから学ぶ』明石書店)……**22, 103, 384, 473**

Maruna, S., LeBel, T. P., Naples, M. et al. (2009) Looking-glass identity transformation: Pygmalion and golem in the rehabilitation process. In B. M. Veysey, J. Christian & D. J. Martinez (eds.) *How offenders transform their lives*, Willan, pp.30-55. ……**23, 550**

Matsuda, I., Nittono, H. & Allen, J. J. B. (2013) Detection of concealed information by P3 and frontal EEG asymmetry. *Neuroscience Letters*, 537(14) 55-59. ……**249**

Matsuda, I., Nittono, H. & Ogawa, T. (2011) Event-related potentials increase the discrimination performance of the autonomic-based Concealed Information Test. *Psychophysiology*, 48(12) 1701-1710. ……**249**

Matsueda, R. K. & Heimer, K. (1987) Race, family structure, and delinquency: A test of differential association and social control theories. *American Sociological Review*, 52, 826-840. ……**21**

Matza, D. (1964) *Delinquency and Drift*, Wiley. ……**12**

McCaghy, C. H., Giordano, P. C., & Henson, T. K. (1977) Auto Theft Offender and Offens Characteristics. *Criminology*, 15, 367-385. ……**192**

McCann, I. L. & Pearlman, L. A. (1990). Vicarious traumatization: A framework for understanding the psychological effects of working with victims. *Journal of traumatic stress*, 3(1) 131-149. ……**670**

McGuire, J. (2004) *Understanding Psychology and Crime: Perspectives on Theory and Action*, Open University Press. ……**3**

McMains, M. J. & Mullins, W. C. (2001) *Crisis Negotiations: Managing Critical Incidents and Hostage Situations in Law Enforcement and Corrections*, Anderson Dudlishing. ……**257**

Mcmillan, B. & Conner, M. T. (2003) Applying an extended version of the theory of planned behavior to illicit drug use among students. *Journal of Applied Social Psychology*, 33(8) 1662-1683. ……**583**

McMurran, M. (2009) Motivational interviewing with offenders: A systematic review. *Legal and Criminological Psychology*, 14, 83-100. ……**392, 403**

McMurran, M.(2009) Motivational interviewing with offenders: A systematic review. *Legal and Criminological Psychology*, 14(1) 83-100. ……**403**

Megargee, E. I., Cook, P. E., & Mendelsohn, G. A. (1967) Development and validation of an MMPI scale of assaultiveness in overcontrolled individuals. *Journal of Abnormal Psychology*, 72(6) 519-528. ……**283**

Mehrabian, A. & Epstein, N. (1972) A measure of emotional empathy. *Journal of Personality*, 40, 525-543. ……**73**

Meijer, E. H. Selle, N. K., Elber, L., et al. (2014) Memory detection with the concealed information test: A meta analysis of skin conductance, respiration, heart rate, and P300 data. *Psychophysiology*, 51(9) 879-904. ……**251**

Mendelsohn, B. (1976) Victimology and contemporary society's trends. *Vicitimology*, 1, 8-28. ……**636**

Merry, S. & Harsent, L. (2000) Intruders, pilferers, raiders and invaders: The interpersonal dimension of burglary. In D. Canter & L. Alison (Eds.), *Profiling Prlperty Crimes*. Ashgate. pp.3l-56. ……**195**

Merton, R. K. (1938) Social structure and anomie. *American Sociological Review*, 3(5) 672-682. ……**12**

Merton, R. K. (1949) *Social Theory and Social Structure*, Free Press. （マートン, R. K. 著, 森 東吾・森 好夫・金沢 実 他(訳)(1961)『社会理論と社会構造』みすず書房）……**53, 86**

Miller, N., Pedersen, W. C., Earleywine, V. E. et al. (2003) A theoretical model of triggered displaced aggression. *Personality and Social Psychology Review*, 7(1) 75-97. ……**62**

Miller, T. R., Cohen, M. A. & Wiersema, B.(1996) Victim Costs and Consequences: A New Look. *National Institute of Justice Research Report*, U.S. Department of Justice. ……**607**

Miller, W. B. (1958) Lower class culture as a generating milieu of gang delinquency. *Journal of Social Issues*, 14, 5-19. ……**21**

Miller, W. R. & Rollnick, S. (2013) *Motivational Interviewing Helping People Change*. (3rd ed.), The Guilford Press. （ミラー, W. R.・ロールニック, S. 著, 松島義博・後藤 恵訳(2007)『動機づけ面接法』（第二版の翻訳）星和書店）……**392, 499**

Mills, J. F., Kroner, D. G. & Morgan, R. D. (2011) *Clinician's Guide to Violence Risk Assessment*. Guilford Press. ……**270**

Minuchin, S., Montalvo, B., Guerney, Jr. et al. (1967) *Families of the slums: An exploration of their structure and treatment*. Basic Books. ……**518**

Miron, M. S. & Goldstein. A. P. (1978) *Hostage*. Behaviordelia. ……**160**

Moffitt, T. E.(1993) Adolescence-limited and life-course-persistent antisocial behavior: A developmental taxonomy. *Psychological Review*, 100(4) 647-701. ……xxix, **46, 90, 115**

Moffitt, T. E. (2005) Genetic and environmental influences on antisocial behaviors: Evidence from behavioral-genetic research. *Advances in Genetics*, 55, 41-104. ……**79**

Moffitt, T. E. (2007) A review of research on the taxonomy of life-course persistent versus adolescence-limited antisocial behavior. In D. J. Flannery, A. T. Vazsonyi & I. D. Waldman (Eds.) *The Cambridge Handbook of Violent Behavior and Aggression*, Cambridge University Press, pp.49-74. ……**29**

Mokros, A. & Alison, L. J. (2002) Is offender profiling possible? Testing the predicted homology of crime scene actions

and background characteristics in a sample of rapists. *Legal and Criminological Psychology*, 7(1) 25-43. ……**34, 220**
Morrison, K. (2005) Motivating women and men to take protective action against rape: Examining direct and indirect persuasive fear appeals. *Health Communication*, 18(8) 237-256. ……**583**
Moston, S., Stephenson, G. M., & Williamson, T. M. (1992) The effects of case characteristics on suspect behavior during questioning. *British Journal of Criminology*, 32(1) 23-40. ……**235**
Mueller, G. O. W. & Adler, F. (1998) The criminology of disasters. In H. Schwind, E. Kube & H. Kühne (Eds.) *Essays in Honor of Hans Joachim Schneider: Criminology on the Threshold of the 21st Century*, Walter de Gruyter. ……**87**
Mullen, P. E., Pathé, M. & Purcell, R. (2000) *Stalkers and Their Victims*, Cambridge University Press.（シューレン, P. E.・パテ, M.・パーセル, R. 著, 詫摩武俊監訳, 安岡 真訳 (2003)『ストーカーの心理 治療と問題の解決に向けて』サイエンス社）……**169, 252**
Munroe A.H. & Stuart G. L. (1994) Typologies of male batterers: Three subtypes and the differences among them. *Psychological Bulletin* 116 (3) 476-497. ……**165**

■ N

Nakahara, S. & Ichikawa, M. (2011) Effects of high-profile collisions on drink-driving penalties and alcohol-related crashes in Japan. *Injury Prevention*, 17, 182-188. ……**140**
Nance, M. W. (2013) *Terrorist Recognition Handbook: A Practitioner's Manual for Predicting and Identifying Terrorist Activities 3ed*. CRC Press. ……**201**
National Research Council (2003) *The polygraph and lie detection: Committee to review the scientific evidence on the Polygraph. Division of Behavioral and Social Sciences and Education*, The national Academic Press. ……**250**
National Research Council (2003) Fairness and Effectiveness in Policing, In Skogan, W. & Frydl, K.(eds.) *The Evidence. Committee to Review Research on Police Policy and Practice*, National Academies Press, p.218. ……**606**
Neria, Y., Gross, R., Litz, B. et al. (2007) Prevalence and psychological correlates of complicated grief among bereaved adults 2.5-3.5 years after September 11th attacks. *Journal of Traumatic Stress*, 20(3) 251-262. ……**655**
Newman, O. (1972) *Defensible Space: Crime Prevention Through Urban Design*, Macmillan.（ニューマン, O. 著, 湯川利和・湯川聰子訳(1976)『まもりやすい住空間―都市計画による犯罪防止』鹿島出版会）……**38, 564**
Noesner, G. W. (1999) *Negotiation Concepts for Commanders*, FBI Law Enforcement Bulletin, 68(1) 6-14……**160, 257**
Nye, F. I. (1958) *Family Relationships and Delinquent Behavior*, Willey. ……**12**

■ O

O'Brien, B. & Ellsworth, P. C. (2006) Confirmation bias in criminal investigations, Available at（http://papers.ssrn.com/sol3/papers.cfm?abstract_id=193357）. ……**262**
Odgers, C. L., Caspi, A., Nagin, D. S. et al. (2008) Is it important to prevent early exposure to drugs and alcohol among adolescents ? *Psychological Science*, 19, 1037-1044. ……**90**
Olver, M. E., Stockdale, K. C. & Wormith, J. S. (2009) Risk Assessment With Young Offenders A Meta-Analysis of Three Assessment Measures. *Criminal Justice and Behavior*, 36(4) 329-353. ……**276**
Onifade, E. et al.(2008) Predicting recidivism in probationers with the youth level of service case management inventory (YLS/CMI). *Criminal Justice and Behavior*, 35(4)474-483. ……**275**
Osugi, A. (2011)Daily application of the Concealed Information Test: Japan. In Verschuere,B., Ben-Shakhar, G. & Meijer, E.(eds.)*Memory Detection: Theory and Application of the Concealed Information Test*, Cambridge University Press. ……**248**
O' Toole, M. E. (2000) *The School Shooter: A Threat Assessment Perspective*, DIANE Publishing. ……**134**
Oyserman, D. & Markus, H. (1990) Possible selves delinquency. *Journal of Personality & Social Psychology*, 59, 112-125. ……**81**

■ P

Patterson,G. R., Dishion, T. J. & Yoerger, K. (2000) Adolescent growth in new forms of problem behavior: Macro-and micro-peer dynamics. *Prevention Science*, 1 (1) 3-13. ……**119**
Paul, M. G. E. & Ellen, V. (2006) *Evidence-Based Treatment for Alcohol and Drug Abuse；A Practitioner's Guide to Theory, Methods and Pratice*, Routledge, New York.（ポール, M. G. E.・エレン, V. 著, 小林桜児・松本俊彦訳(2010)『アルコール・薬物依存臨床ガイド』金剛出版）……**407**
Pearson, F. S., Lipton, D. S., Cleland, C. M. et al. (2002) The effects of behavioral/cognitive-behavioral programs on recidivism. *Crime & Delinquency*, 48(3) 476-496. ……**387**

Perfect, T. J., Wagstaff, G. F., Moore, D. et al. (2008) How can we help witnesses to remember more? It's an (eyes) open and shut case. *Law and Human Behavior*, 32(4) 314-324. ……**233**
Piaget, J. (1932) *The Moral Judgment of the Child*, Free Press. ……**13**
Piaget, J. (1954) *The Construction of Reality in the Child*, Basic Books. ……**13**
Piquero, A. R. & Bouffard, J. A. (2007) Something old, something new: A preliminary investigation of Hirschi's redefined self-control. *Justice Quarterly*, 24, 1-27. ……**17**
Pleydon, A. P., & Schner, J. G. (2001) Female adolescent friendship and delinquent behavior. *Adolescence*, 36 (142) 189-205. ……**117**
Porkinghorne, D. E. (1988) *Narrative Knowing and The Human Sciences*. Albany, State University of New York Press. ……**102**
Porter, L. E. & Alison, L. J. (2006) Behavioural coherence in group robbery: A circumplex model of offender and victim interactions *Aggressive Behavior*, 32(4) 330-342. ……**154**
Porter, M. D. & Reich, B. J. (2012) Evaluating temporally weighted kernel density methods for predicting the next event location in a series. *Annals of GIS*, 18(3) 225-240. ……**229**
Prentky, R. A., Knight, R. A. & Lee, A.F.S. (1997) *Child Sexual Molestation: Research Issues*. National Institute of Justice, 1-18. ……**175**
Prentky, R. A. & Righthand, S. (2003) *Juvenile Sex Offender Assessment Protocol-II (J-SOAP-II)*. NCJ202316. U.S. Department of Justice, Office of Justice Programs, Office of Juvenile Justice and Delinquency Prevention. ……**274**
Print, B. (ed.) (2013) *The Good Lives Model for Adolescents Who Sexually Harm*, Safer Society Press. (プリント, B. 編. 藤岡淳子・野坂祐子監訳(2015)『性加害行動のある少年少女のためのグッドライフ・モデル』誠信書房)……**385**
Project MATCH Research Group(1998) Matching alcoholosm Treatments to client heterogeneity: Project MATCH three-year drinking outcomes. *Journal of Studies on Alchohol*, 58, 7-29. ……**407**

R

Racine,C. & Billick,S. (2014) Classification systems for stalking behavior.*Journal of Forensic Science*, 59 (1) 250-254. ……**169**
Rapaport, D., Gill, M.M. & Schafer, R.(1968) *Diagnostic Psychological Testing Revised Edition by Holt, R.R.*, International University Press. ……**337**
Ratcliffe, J. (2006) Video Surveillance of Public Places. Problem-Oriented Guides for Police Response Guides Series, 4, Office of Community Oriented Policing Services, *U. S. Department of Justice*, 84. ……**595**
RCMP (2014) Violent Crime Linkage System (ViCLAS) Available on the WWW at(http：//www.rcmp-grc.gc.ca/tops-opst/bs-sc/viclas-salvac-eng.html.) ……**264**
Reckless, W. C. (1961) *The Crime Problem*,3ed., Appleton-Century-Crofts. ……**12**
Reece, R. M., Rochelle F. H. & John, S. (2000) *Treatment of Child Abuse : Common Ground for Mental Health, Medical, and Legal Practitioners*. Johns Hopkins University Press.(リース, R. M. 編. 郭麗月監訳(2005)『虐待された子どもへの治療―精神保健，医療，法的対応から支援まで』明石書店)……**318**
Reid, J. E. (1947) Arevised questioning technique in lie-detection tests, *Journal of Criminal Law and Criminology, and Police Science*, 37(6) 542-547. ……**251**
Reiss, A. J. Jr. (1951) Delinquency as the failure of personal and social controls. *American Sociological Review*, 16, 196-207. ……**12**
Reiss, A. J. Jr. (1992) Police organization in the twentieth century. In Tonry, M. and Morris, N.(Eds.), Modem policing. *Crime and Justice*, University of Chicago Press, 15. ……**608**
Resick, P. A., Monson, C. M. & Chard, K. M. (2014) *Cognitive processing therapy: Veteran/military version, therapist's manual*. Department of Veterans Affairs. (レイシック, P.A.・マンソン, C. M.・チャード, K. M. 著. 伊藤正哉・髙岸百合子・堀越 勝訳(2015)『認知処理療法―退役軍人／軍版治療者用マニュアル』国立精神・神経医療研究所センター認知行動療法センター 小平)……**653**
Resnick, P. J. (1970) Muder of the newborn: a psychiatric review of neonaticide, *American Journal of Psychiatry*, 126, 1414-1420. ……**148**
Ressler, R. K., Burgess, A. W. & Douglass, J. E. (eds.) (1988) *Sexual Homicide: Patterns and Motives*, Lexington Books. (レスラー, R. K.・バージェス, A. W.・ダグラス, J. E. 著. 狩野秀之訳(1995)『快楽殺人の心理―FBI心理分析官のノートより』講談社)……**220**
Ressler, R. K., Burgess, A. W., Douglas, J. E. et al. (1986) Sexual killers and their victims: Identifying patterns through crime scene analysis. *Journal of Interpersonal Violence*, 1(3) 288-308. ……**258**

Rhodes, W. M. et al.(1981)Crime and mobility: An empirical study. In P. J. Brantingham et al. P. L. Brantingham(Eds), *Environmental Criminology*, Sage, pp. 167-188. ……**195**

Richardson, G. E., Neiger, B. L., Jensen, S. et al. (1990) The resiliency model. *Health Education*, 21, 33-39. ……**550**

Roberts, N. & Noller, P. (1998) The associations between adult attachment and couple violence: The role of communication patterns and relationship satisfaction. In Simpson, J., and Rholes,W. (eds.) *Attachment Theory and Close Relationships* Guilford Press. ……**166**

Rogers, C. R. (1957) The Necessary and Sufficient Conditions of Therapeutic Personality Change. *Journal of Consulting Psycholgy*,21(2) 95-103.(伊東博編訳(1966)「パーソナリティ変化の必要にして十分な条件」『ロージァズ全集 4 サイコセラピィの過程』第 6 章,岩崎学芸出版社)……**308**

Romi, S. & Marom, D. (2007) Differences in intelligence between nondelinquent and dropout delinquent adolescents. *Adolescence*, 42(166) 325-336. ……**82**

Ronel, N. & Elisha, E.(2011)A Different Perspective: Introducing Positive Criminology. *International Journal of Offender Therapy and Comparative Criminology*, 55(2) 305-325. ……**625**

Rosenbloom, D. J., Pratt, A. C. & Pearlman, L. A. (1999) Helpers' responses to trauma work: Understanding and intervening in an organization. In Stamm, B.H. (ed.) *Secondary traumatic stress: Self care issues for clinicians, researchers and educators. 2nd ed.* Sidran Press.(ローゼンブルーム,D. J.・プラット,A. C.・パールマン,L. A.「トラウマに関わる仕事に対する援助者の反応—理解と組織における介入」スタム,B. H. 編.小西聖子・金田ユリ子訳(2003)『二次的外傷性ストレス—臨床家,研究者,教育者のためのセルフケアの問題』誠信書房,pp.62-75)……**670**

Rosenfeld, B. (2004) Violence risk factors in stalking and obsessional harassment: A review and preliminary meta-analysis. *Criminal Justice and Behavior*, 31, 9-36. ……**252**

Rosenow, D. J., Monti, P. M., Martin, R. A. et al. (2004) Motivational enhancement and coping skills training for cocaine abusers: effects on substance use outcomes. *Addiction*, 99, 862-874. ……**407**

Ross, L. (1977) The intuitive psychologist and his shortcomings: Distortions in the attribution process. In L. Berkowitz (Ed.) *Advances in Experimental Social Psychology*, v.10, Academic Press, pp.173-220. ……**68**

Rossi, P. H., Berk, R. A. & Lenihan, K. J. (1980)*Money, Work and Crime: Some Experimental Evidence*, Academic Press. ……**109**

Rossi, P. H., Lipsey, M. W. & Freeman, H. E. (2004) *Evaluation : A Systematic Approach (7th ed.)* , Sage publication.(ロッシ,P. H.・リプセイ,M. W.・フリーマン,H. E. 著,大島 厳・平岡公一・森 俊夫他監訳(2005)「プログラム評価の理論と方法—システマティックな対人サービス・政策評価の実践ガイド」)……**428**

Rossi, P. H., Lipsey, M. W. & Freeman, H. E. (2004) *Evaluation A Systematic Approch 7th ed* SAGE Publications.(ロッシ,P. H.・リプセイ,M. W.・フリーマン,H. E. 著,大島 厳・平岡公一・森 俊夫他訳(2005)『プログラム評価の理論と方法—システマティックな対人サービス・政策評価の実践ガイド』日本評論社)……**108**

Rossmo, D. K. & Rombouts, S. (2008) Geographic profiling: An investigative application of environmental criminology. In R. Wortley & L. Mazerolle (Eds.) *Environmental Criminology and Crime Analysis*, Willan Publishing.(ロスモ,P. K.・ロンバウツ,S. 著(2010)「地理的プロファイリング」ウォートレイ,R.・メイズロール,L. 編,島田貴仁・渡辺昭一監訳(2010)『環境犯罪学と犯罪分析』社会安全研究財団)……**37**

Rossmo, D. K. (2000) *Geographic Profiling*, CRC Press.(ロスモ,D. K. 著,渡辺昭一監訳,渡邉和美・鈴木 護・島田貴仁訳(2002)『地理的プロファイリング—凶悪犯罪に迫る行動科学』北大路書房)……**34**, **220**, **264**, **228**

Rossmo, D. K. (1999) *Geographic Profiling*, CRC Press. ……**264**

Rountree, P. W. & Land, K. C. (1996) Perceived Risk versus Fear of Crime: Empirical Evidence of Conceptually Distinct Reactions in Survey Data. *Social Forces*, 74(4) 1353-1376. ……**576**

Rousenbaum, D. P. & Heath, L. (1990) The "psycho-logic" of fear-reduction and crime-prevention programs. In Edwards, J., Tindale, R. S., Heath, L., et al. (eds.) *Social Influence Processes and Prevention*, Plenum Press, 221-247. ……**580**

Rucklidge, J. J., McLean, A. P. & Bateup, P. (2009) Criminal offending and learning disabilities in New Zealand youth: Does reading comprehension predict recidivism? *Crime & Delinquency*, Online available. ……**83**

Russano, M. B., Meissner, C. A., Narchet, F. M. et al. (2005) Investigating true and false confessions within a novel experimental paradigm.*Psychological Science*, 16(6) 481-486. ……**236**

Russell, D. E. H. (1983) The incidence and prevalence of intrafamilial and extrafamilial sexual abuse of female children. *Child Abuse & Neglect*, 7(2) 133-146. ……**174**

■ S

Salerno, J. M. & Bottoms, B. L. (2009) Emotional evidence and jurors' judgments: the promise of neuroscience for

informing psychology and law. *Behavioral Sciences and the Law*, 27(2) 273-296. ……**695**
Salfati, C. G. & Canter, D. V. (1999) Differentiating stranger murders: Profiling offender characteristics from behavioral styles. *Behavioral Sciences and the Law*, 17, 391-406. ……**259**
Sampson, R. J. & Laub, J. H. (1993) *Crime in the Making: Pathways and Turning Points Through Life*, Harvard University Press. ……**15, 81**
Sampson, R. J. & Laub, J. H. (2003) Life-course desisters? Trajectories of crime among delinquent boys followed to age 70. *Criminology*, 41, 301-340. ……**98**
Sampson, R. J. & Laub, J. H. (2005) A life-course view of the development of crime. *The Annals of the American Academy of Political and Social Science*, 602, 12-45. ……**90**
Sampson, R. J., Laub, J. H. (1993) *Crime in the making: Pathways and turning points through life*. Harvard University Press. ……**550**
Sampson, R. J., Raudenbush, S. W. & Earls, F. J. (1997) *Neighborhoods and violent crime: A multilevel study of collective efficacy*, Science, 277(5328) 918-924. ……**566**
Santtila, P., Junkkila, J. & Sandnabba, N. K. (2005) Behavioural linking of stranger rapes. *Journal of Investigative Psychology and Offender Profiling*, 2(2) 87-103. ……**225**
Sauer, J., Brewer, N., Zweck, T. et al. (2010) The effect of retention interval on the confidence-accuracy relationship for eyewitness identification. *Law and Human Behavior*, 34(4) 337-347. ……**232**
Saville, G. & Cleveland, G. (2008) Second-generation CPTED-the rise and fall of opportunity theory In R. Atlas (ed.). *21st Century Security and CPTED*, CRC Press, 79-90. ……**567**
Schafer, J. A., Carter, D. L., Katz-Bannister, A. J., et al. (2006) Decision making in traffic stop encounters: Amultivariate analysis of police behavior, *Police Quarterly*, 9(2) 184-209. ……**263**
Schafer, S. (1968) *The victim and his criminal: A study in functional responsibility*. Random. ……**636**
Schliebe, G. (1934) Erlebnismotorik und zeischerischen (physiognonischer Ausdruck bei Kindern und Jugendichen) *Zsch f. Kinderforsch*. No. 2, 43, 49-75. ……**348**
Schmidt Kashka, M. & Beard, M. T. (1999) The grief of parents of murdered children: a suggested model for intervention. *Holistic ursing Practice*, 14(1) 22-36. ……**654**
Schmidt, F., Hoge, R. D. & Gomes, L. (2005) Reliability and validity analyses of the youth level of service/case management inventory. *Criminal Justice and Behavior*, 32(3) 329-344. ……**275**
Schneider, K. (1923) *Die psychopathischen Personlichkeiten*, F. Deuticke. (シュナイダー, K. 著. 懸田克躬・鰭崎 轍訳 (1954)『精神病質人格』 みすず書房) ……**74, 280**
Schneider, S. (2010) *Crime Prevention: Theory and Practice*, CRC Press. ……**561**
Schur, E. M. (1965) *Crime without Victims : Deviant Behavior and Public Policy : Abortion, Homosexuality, Drug Addiction*, Prentice-Hall. (シャー, E. M. 著. 畠中宗一・畠中郁子訳 (1981)『被害者なき犯罪―堕胎・同性愛・麻薬の社会学』新泉社) ……**575**
Schwalbe, C. S. (2007) Risk assessment for juvenile justice: A meta-analysis. *Law and Human Behavior*, 31(5) 449-462. ……**276**
Seto, M. C. & Eke, A. W. (2005) The criminal histories and later offending of child pornography offenders. *Sexual Abuse: A Journal of Research and Treatment*, 17(2) 201-210. ……**177**
Seto, M. C., Cantor, J. M. & Blanchard, R. (2006) Child pornography offenses are a valid diagnostic indicator of pedophilia. *Journal of Abnormal Psychology*, 15(3) 610-615. ……**176**
Seto, M. C. & Hanson, R. K. & Babchishin, K. M. (2011) Contact sexual offending by men with online sexual offenses. *Sexual Abuse: A Journal of Research and Treatment*. 23(1) 124-145. ……**177**
Sexton, T. L. (2011) *Functional family therapy in clinical practice: An evidence-based treatment model for working with troubled adolescents* Routledge. ……**519**
Shaw, C. R. & McKay, H. D. (1929) *Juvenile Delinquency and Urban Areas*, University of Chicago Press, 1942. ……**8**
Shaw, C. R. & McKay, H. D. (1942) *Juvenile Delinquency and Urban Area: A Study of Rates of Delinquency in Relation to Differential Characteristics of Local Communities in American Cities*, University of Chicago Press. ……**38**
Shaw, C. R. & McKay, H. D. (1943) *Juvenile Delinquency and Urban Areas*, University of Chicago Press. ……**19**
Sherman, L. W., Farrington D. P., MacKenzie D. L. et al. (eds.) (2002) *Evidence-based Crime Prevention*, Routledge. (シャーマン, L. W.・ファリントン, D. P.・マッケンジー D. L. 他編, 津富 宏・小林寿一監訳 (2008)『エビデンスに基づく犯罪予防』社会安全研究財団) ……**157, 574**
Sherman, L. W., Farrington, D. P., Welsh, B. C. et al. (2002) *Evidence-Based Crime Prevention Routledge*. (シャーマン, L. W.・ファリントン, D. P.・ウェルシュ, B. C. 他 (編)、津富 宏・小林寿一監訳 (2008)『エビデンスに基づく犯罪予防』

社会安全研究財団)……609
Sherman, L. W., Gottfredson, D., MacKenzie, L. et al. (1997) *Preventing Crime: What Works, What Doesn't, What's Promising*, Report to Congress by the Department of Criminology and Criminal Justice, University of Maryland, for the National Institute of Justice. ……386
Shirai, T. (2000) Les perspectives temporelles des délinquants: Relier experiences passe es et perspectives d'avenir. *Revue Québécoise de Psychologie*, 21, 239-253. ……81
Shirai, T., Satomi, A., Kondo, J. (2013) Desistance from delinquency through social encounters with significant others: Case studies of Japanese juvenile criminals *Memoirs of Osaka Kyoiku University* (Ser. Ⅳ *Education, Psychology, Special Education and Physical Education*), 61(2) 97-105.……550
Shnaidman, E. S. (1951) *Thematic Test Analysis*, Grune & Stratton.……337
Shneidman, E. S. (1969) Suicide, lethality and the psychological avtopsy. In Shneidman, E. S. & Ortega, M. J.(eds.) *Aspects of Depression*, Qvadrangle, pp. 225-249. ……254
Shneidman, E. S. (1993) *Sucide As Psychache: A Clinical Approach to Self-Destructive Behavior*. Jason Aronson. (シュナイドマン, E. 著. 高橋祥友訳 (2005)『シュナイドマンの自殺学―自己破壊行動に対する臨床的アプローチ』金剛出版) ……125
Shneidman, E. S., Farberow, N. L. & Litman, R. E. (1961) The suicide prevention center. In Farberow, N. L. & Shneidman, E. S.(eds.) *The Cry for Help*, McGraw-Hill, pp. 6-18. ……254
Shorey, R. C., Cornelius, T. L. & Bell, K. M. (2008) A critical review of theoretical frameworks for dating violence: Comparing the dating and marital fields *Aggression and Violent Behavior*, 13(3) 185-194. ……166
Sigurdsson, J. F. & Gudjonsson, G. H. (1996) The psychological characteristics of "false confessors": A study among Icelandic prison inmates and juvenile offenders. *Personality and Individual Differences*, 20(3) 321-329. ……236
Silber, M. D., Bhatt, A. & Senior Intelligence Analysts (2007) *Radicalization in the West : The Homegrown Threat*. New York City Police Department. ……200
Silva, P. A. & Stanton, W. R. (1996) *From Child to Adult: The Dunedin Multidisciplinary Health and Development Study*, Oxford University Press.(シルバ, P. A.・スタントン, W. R. 編著. 酒井 厚訳(2010)『ダニーディン子どもの健康と発達に関する長期追跡研究―ニュージーランドの1000人・20年にわたる調査から』明石書店)……90
Simeon, D. & Favazza, A. R. (2001) Self-injurious ― Phenomenology and assessment, In D. Simeon & E. Hollander (Ed.) *Self-injurious Behaviors*. American Psychiatric Publishing. ……365
Skogan, W. (1990) *Disorder and Decline: Crime and the Spiral of Decay in American Neighborhoods*, Free Press. ……571
Skogan, W. G. & Maxfield, M. G. (1981) *Coping with Crime: Individual and Neighborhood Reactions*, Sage Publication. ……581
Smith, M. J. & Clarke, R. V. (2012) Situational crime prevention: Classifying techniques using "good enough" theory. In Welsh B. C. & Farrington D. P. (eds.) *The Oxford Handbook of Crime Prevention*, Oxford University Press. ……572
Snook, B. (2004) Individual differences in distance travelled by serial burglars. *Journal of Investigative Psychology and Offender Profiling*, 1 (1) 53-66. ……195
Snook, B. & Ellsworth P. C. (2010) Mobeling police officers' judgements of the veracity of suicide notes, *Canadian Journal of Criminology and Criminal Justice*, 52(1) 79-95. ……262
Solomon, B. J. (2006) Other-sex friendship involvement among delinquent adolescent females. *Youth Violence and Juvenile Justice*, 4 (1) 75-96. ……117
Speigelman, A. (1986) *Maus: A surviver's tale*, Pantheon Books.(スピーゲルマン, A. 著. 小野耕世訳(1991)『マウス―アウシュビッツを生きのびた父親の物語』晶文社)……649
Stake, R. E.(2000) Case Studies. In Denzin, N. K. & Lincon, Y.S.(Eds) *Handbook of Qualitative Reserch. 2nd ed .* Sage.(ステーク, R. E. 著, 平山光義監訳(2006)「事例研究」『質的研究の設計と戦略―質的研究ハンドブック』第2巻, 北大路書房, pp.101-120)……100
Steele, B.F. & Pollock, C. (1968) A psychiatric study of parents who abuse infants and small children. In R. E.Helfer & C.H.Kempe (eds.) ,*The Battered Child*, University of Chicago Press, pp.103-147. ……126
Stein, M. B., Hilsenroth, M.J., Slavin-Mulford, J. et al. (2011) *Social Cognition and Object Relations Scale: Global Rating Method*(*SCORS-G ; 4th ed.*), Unpublished manuscript, Massachusetts General Hospital and Harvard Medical School. ……339
Stora, R. (1975) *Le test du dessin d'arbre*. Delarge.(ストラ, R. 著. 阿部惠一郎訳(2011)『バウムテスト研究』みすず書房) ……348
Strentz, T. (1979) Law enforcement policy and ego defenses of the hostage. *FBI Law enforcement bulletin*, 48(4) 2-12. ……659

Stroebe, M., Schut, H. & Stroebe, W.（2007）Health outcomes of bereavement. *Lancet*, 370（9603）, 1960-1973. ……**654**
St-Yves, M. & Deslauriers-Varin, N.（2009）The psychology of suspects' decision-making during interrogation. In Bull, R., Valentine, T., & Willamson, T.（eds.）*Handbook of Psychology of Investigative Interviewing*, Wiley-Blackwell, 1-15. ……**234**
Sugarman, D. B. & Hotaling, G. T.（1989）Violent men in intimate relationships: An analysis of risk makers *Journal of Applied Social Psychology* 19, 1034-1048. ……**166**
Sutherland, E.（1939）*Principles of Criminology*, Lippincott. ……**20**
Sutherland, E. H.（1955）A theory of crime: Differential association. In Sutherland, E. H. & Cressey, D.（Eds.）*Principles of Criminology*, 5th ed., J. B. Lippincott. ……**24**
Sutherland, E. H.（1949）*White Collar Crime*, Holt, Rinehart & Winstion.（サザランド, E. H. 著，平野竜一・井口浩二訳（1955）『ホワイト・カラーの犯罪―独占資本と犯罪』岩波書店）……**24, 206**
Svensson, R.（2002）Strategic Offences in the Criminal Career Context. *British Journal of Criminology*, 42, 395-411. ……**192**
Sykes, G. M. & Matza, D.（1957）Techniques of neutralization: A theory of delinquency. *American Sociological Review*, 22, 664-670. ……**68, 80**
Sykes, G. M.（1958）*The Society of Captives: A Study of a Maximum Security Prison*, Princeton University Press.（サイクス, G. M. 著，長谷川 永・岩井敬介訳（1964）『囚人社会』日本評論社）……**374**
Symantec Corporation（2014）. Internet Security Threat Report 2014, Volume 19（http://www.symantec.com/content/en/us/enterprise/other_resources/b-istr_main_report_v19_21291018.en-us.pdf#search='Internet+Security+Threat+Report+2014%2C+Volume+19'）……**181**
Szondi,L.（1947）*Experimentelle Triebdiagnostik*. Haus Huber.（ソンディ, L. 著，佐竹隆三訳（1969）『実験衝動診断法―ソンディ・テスト』日本出版貿易）……**344**

T

Takahashi, M., Mori, T. & Kroner, D. G.（2013）A cross-validation of the Youth Level of Service/Case Management Inventory（YLS/CMI）among Japanese juvenile offenders. *Law and Human Behavior*, 37（6）389-400. ……**276**
Tarry, H. & Emler, N.（2010）Attitudes, values and moral reasoning as predictors of delinquency. *British Journal of Developmental Psychology*, 25（2）169-183. ……**72**
Taylor, R. B.（1999）The Incivilities Thesis: Theory, Measurement, and Policy In Langworthy, R. H.（ed.）*Measuring What Matters: Proceedings From the Policing Research Institute Meetings*, National Institute of Justice, 65-88. ……**576**
Taylor, R. B.（2001）*Breaking Away from Broken Windows: Baltimore Neighbors and the Nationwide Fight Against Crime, Grime, Fear and Decline*, Westview, pp.93-131. ……**571**
Tedeschi, J. T. & Felson, R. B.（1994）*Violence, Aggression, and Coercive Actions*, American Psychological Association. ……**62**
Tedeschi, R.G., Park, C.L. & Calhoun, L.G.（1998）*Posttraumatic growth: Positive changes in the aftermath of crisis*, Lawrence Erlbaum Associates. ……**649**
Terr, L. C.（1991）Childhood trauma: An outline and overview. *American journal of psychiatry*, 148, 10-20.（西澤 哲（1999）『トラウマの臨床心理学』金剛出版）……**668**
The American Academy of Pediatrics（2003）*Caring for Your Teenager: The Complete and Authoritative Guide*, The American Academy.（米国小児科学会編，関口進一郎・坂東伸泰・白川佳代子他訳（2007）『10代の心と身体のガイドブック』誠信書房）……**601**
Thistlethwaite, A., Wooldredge, J. & Gibbs, D.（1998）Severity of dispositions and domestic violence recidivism. *Crime and Delinquency*, 44（3）388-398. ……**253**
Thomas, W. I. & Znaniecki, F.（1918-1920）*The Polish Peasant in Europe and America*, Monograph of an immigrant group 5 vols, Richard, G. Badger. ……**6**
Thompson, L.（2001）*Hostage rescue manual*, Greenhill Books. ……**253**
Thornberry, T. P., Krohn, M. D., Lizotte, A. J.（1993）The role of juvenile gangs in facilitating delinquent behavior. *Journal of Research in Crime and Delinquency*, 30（1）55-87. ……**118**
Thornton, W. E. & Voigt, L.（2010）Disaster phase analysis and crime facilitation patterns. In D. W. Harper & K. Frailing （Eds.）*Crime and Criminal Justice in Disaster*, Carolina Academic Press. ……**86**
Thraser, F. M.（1927）*The Gang: A Study of 1,313 Gangs in Chicago*, University of Chicago Press. ……**19**
Tittle, C. R.（1983）Social class and criminal behavior: A critique of the theoretical foundation. *Social Forces*, 62（2）334-358. ……**84**

Tittle, C. R., Villemez, W. J. & Smith, D. A. (1978) The myth of social class and criminality: An empirical assessment of the empirical evidence. *American Sociological Review*, 43(5) 643-656. ……**85**

Tittle, C. R., Ward, D. A. & Grasmick, H. G. (2004) Capacity of self-control and individuals' interest in exercising self-control. *Journal of Quantitative Criminology*, 20, 143-172. ……**17**

Toby, J. (1957) Social disorganization and stake in conformity: Complementary factors in the predatory behavior of hoodlums. *Journal of Criminal Law, Criminology & Science*, 48, 12-17. ……**12**

Trankell, A. (1972) *Reliability of Evidence Methods for Analyzing and Assessing Witness Statements*, Beckmans. ……**238**

Tversky, A. & Kahneman, D. (1974) Judgment under uncertainty: Heuristics and biases. *Science*, 185, 1124-1131. ……**68**

Tyler, T. R. (1980) Impact of directly and indirectly experienced events: The origin of crime-related judgments and behaviors. *Journal of Personality and Social Psychology*, 39, 13-28. ……**581**

U

Undeutsch, U. (1989) The development of statement reality analysis. In Yuille, J. C. (ed.) *Credibility Assessment*, Deventer. ……**238**

U. S. Department of Health and Human Services (2001) *Youth Violence: A Report of the Surgeon General*. Office of the Surgeon General. ……**133**

V

Valentine, T. (2012) Identification Evidence. In Davies, G. M., & Beech, A. R.(eds.) *Forensic Psychology: Crime, Justice, Law, Interventions*, John Wiley & Sons. ……**232**

Van Gelder, J.-L. & De Vries, R. E. (2012) Traits and states: Integrating personality and affect into a model of criminal decision making. *Criminology*, 50, 637-671. ……**60**

Van Voorhis, P., Wright, E. M. & Salisbury, E. (2010) Women's risk factors and their contributions to existing risk/needs assessment: The current status of a gender-responsive supplement. *Criminal Justice and Behavior*, 37, 261-288. ……**423**

Vavassori, D.(2002) *Etude phychopathologique des comportements de consommation de substances psychoactives*. Thèse de Doctorat. Univer sité Toulouse le Mirail. ……**349**

Vazsonyi, A. T., Pickering, L. E., Junger, M. (2001) An empirical test of a general theory of crime: A four-nation comparative study of self-control and the prediction of deviance. *Journal of Research in Crime and Delinquency*, 38, 91-131. ……**16**

Vazsonyi, A. T., Wittekind, J. C., Belliston, L. M. (2004) Extending the general theory of crime to "The East": Low self-control in Japanese late adolescents. *Journal of Quantitative Criminology*, 20, 189-216. ……**17**

Vecchi, G. M., Van Hasselt, V. B. & Romano, S. J. (2005) Crisis (hostage) negotiation: Current strategies and issues in high-risk conflict resolution. *Aggression and Violent Behavior*, 10(5) 533-551. ……**256**

Veysey, B. M. & Christian, J. (2009) Moments of transformation: Narratives of identity change. 『犯罪社会学研究』34, 7-31. ……**22, 28**

Villegas, A. B., Sharps, M. J., Satterthwaite, B., et al. (2005)Eyewitness memory for vehicles. *The Forensic Examiner*, 14 (3) 24-28. ……**230**

von Hentig, H. (1948) *The criminal and his victim: Studies in the sociobiology of crime*.Yale Univ. Press. ……**636**

Vossekuil, B. (2002) *The Final Report and Findings of the Safe School Initiative: Implications for the Prevention of School Attacks in the United States*. DIANE Publishing. ……**134**

W

Wachi, T.,Watanabe, K., Yokota, K. et al. (2007) Offender and crime characteristics of female serial arsonists in Japan, *Journal of Investigative Psychology and Offender Profiling*, 4(1) 29-52. ……**158**

Wachi, T., Watanabe,K., Yokota,K. et al. (2015) Japanese suspect interviews, confessions and related factors. *Journal of Police and Criminal Psychology*, Advance online peablication. ……**235**

Walker, L. E. (1979) *The Battered Woman*, HarperCollins Publishers. (ウォーカー，L. E. 著．斎藤 学監訳，穂積由利子訳(1997)『バタードウーマン―虐待される妻たち』金剛出版) ……**165, 615**

Walsh, A. (2002) *Biological Criminology: Introduction and Integration*, Anderson. ……**44**

Walsh, B. W. & Rosen, M. P. (1988) *Self-mutilation:Theory, Research, and Treatment*. Guilford Press.(ウォルシュ，B. W.，ローゼン，P. M. 著．松本俊彦・山口亜希子訳(2005)『自傷行為―実証的研究と治療方針』金剛出版) ……**365**

Walsh, B. W. (2006) *Treating Self-injury: A Practical Guide*. The Guilford Press.（松本俊彦他訳(2007)『自傷行為治療ガイド』金剛出版）……**365**
Ward, T. & Maruna, S. (2007) *Rehabilitation : Beyond the Risk Paradigm*, Routledge. ……**381**
Ward T. & Stewart, C. A. (2003) The treatment of sex offenders: Risk management and good lives., *Professional psychology: research and practice*, 34(4) 353-360.……**526**
Ward T. (2012) The Rehabilitation of Offenders: Risk Management and Seeking Good Lives.（ワード・T. 著，小長井賀與監訳(2012)「犯罪者の更生：再犯危険性の管理と善い人生の追求」『更生保護学研究』1, 57-95, 日本更生保護学会）……**526**
Ward, T. & Maruna, S. (2007) *Rehabilitation: Beyond the risk paradigm*, Abingdon: Routledge. ……**625**
Ward, T., Mann, R. & Gannon, T. A. (2006) The good lives model of offender rehabilitation: Clinical implications, *Aggression and violent behavior*, 12, 87-107. ……**526**
Ward, T., Yates, P. M. & Willis, G. M. (2012) The good lives model and the risk need responsivity model: A critical response to Andrews, Bonta, and Wormith. *Criminal Justice and Behavior*, 39(1) 94-110. ……**384**
Watkins, R. E. (1992) *An Historical Review of the Role and Practice of Psychology in the Field of Corrections*, (Research Report No. R-28.) Correctional Service of Canada. ……**372**
Ward,T., Keenan, T.(1999) Child molesters' implicit theories. *Journal of Interpersonal Violence*, 14(8) 821-838. ……**307**
Watkins, R. E. (1992) *An Historical Review of the Role and Practice of Psychology in the Field of Corrections*, (Research Report No. R-28.) Correctional Service of Canada.
Watts, B. V., Schnurr, P. P., Mayo, L. et al. (2013) Meta-analysis of the efficacy of treatments for posttraumatic stress disorder. *Journal of c linical p sychiatry*, 74(6) 541-550. ……**652**
Weiner, I. B. & Greene, R. L. (2008) *Handbook of Personality Assessment*, John Wiley & Sons. ……**336**
Wells, G. L. & Hasel, E. H. (2007) Facial composite Production by Eyewitnesses. *Current Direction in Psychological Science*, 16(1) 6-10. ……**265**
Welner, M. (2013) Local, Federal, and International Agencies. In Douglas, J. et al.(eds.) (2013) *Crime Classification Manual(3rd edition): A Standard System for Investigating and Classifying Violent Crime*, John Wiley & Sons, pp.59-90. ……**264**
Wemmers, Jo-A. (2009) A short history of victimology. In Hagemann, O., Schafer, P., Schmidt, S. (eds.) Victimology, victim assistance and criminal justice. *Department of social work and cultural sciences*, Niederrhein Univ. of Applied Sciences. ……**637**
Wexler, D. B. & Winick, B. J. (2003) *Judging in a therapeutic Key: Therapeutic Jurisprudence and the Courts*, Carolina Academic Press. ……**742**
Wexler, H. K., Falkin, G. P., Lipton, D. S. et al. (1992) Outcome evaluation of a prison therapeutic community for substance abuse treatment. In Leukefeld C. G. & Tims F. M. (Eds.) *Drug Abuse Treatment in Prisons and Jails. NIDA Research Monograph*, National Institute on Drug Abuse, 118, 156-175. ……**395**
Wexler, H. K., Melnick, G., Lowe, L. et al. (1999) Three year reincarceration outcomes for Amity in-prison therapeutic community and aftercare in California. *Prison Journal*, 79(3) 312-336. ……**395**
Wikström, P-O. H. (2010) Explaining crime as moral actions. In S. Hitlin & S. Vaisey (Eds.) *Handbook of the Sociology of Morality*, Springer, pp.211-239. ……**72**
Williams, E. & Barlow, R. (1998) *Anger Control Training*, Oxon, Speechmark.（ウィリアムズ, E.・バーロウ, R. 著, 壁屋康洋・下里誠治・黒田 治訳(2007)『アンガーコントロールトレーニング-怒りを上手に抑えるためのステップガイド』星和書店）……**476**
Willis, G., Levenson, J. & Ward, T. (2010)Desistance and attitudes towards sex offenders: Facilitation or hindrance ? *Journal of Family Violence*, 25(6) 545-556. ……**625**
Wills, G. M. & Ward, T. (2013) The Good Lives Model : Does it work? preliminary evidence. In L.A. Craig et al. (Eds.) *What Works in Offender Rehabilitation : An Evidence-Based Approach to Assessment and Treatment*, Wiley-Blackwell, 305-317. ……**381**
Willis, G., Ward, T. & Levenson, J. S. (2014) The Good Lives Model(GLM): An Evaluation of GLM Operationalization in North American Treatment Programm. *Sexual Abuse : A Journal of Research and Treatment*, 26, 58-81. ……**384**
Wilson, J. Q. & Kelling, G. L. (1982) Broken windows: The police and neighborhood safety. *The Atlantic Monthly*, 211, 29-38. ……**570**
Wilson, M. & Smith, A. (2000) Rules and roles in terrorist hostage Taking. In Canter, G. & Alson, L. (eds.) *The Social Psychology of Crime: Groups, Teams, and Networks*, Offender Profiling Series vol.3, Ashgate, pp.127-151. ……**69**
Wilson, O. W. (1963) *Police Administration, 2nd ed*, McGraw-Hill Company. ……**608**

Winnicott, D. W. (1956) The antisocial tendency. *Collected papers: Through paediatrics to psycho-analysis*, Tavistock, 1958.(ウィニコット, D. W. 著, 北山 修監訳(2005)『小児医学から精神分析へ』岩崎学術出版社)……**26**

Winnicott, D. W. (1965)*The Maturational Processes and the Facilitating Environment: Studies in the Theory of Emotional Development* Hogarth Press. ……**501**

Winter, J. M., Lemeire, J., Meganck, S. et al. (2013) Comparing the predictive accuracy of case linkage methods in serious sexual assaults. *Journal of Investigative Psychology and Offender Profiling*, 10(1) 28-56. ……**225**

Wittouck, C., Van Autreve, S., De Jaegere, E. et al. (2011) The prevention and treatment of complicated grief: a meta-analysis. *Clinical Psychology Review*, 31(1) 69-78. ……**655**

Wohlenberg, E. H. (1982) The "Geography of civility" revisited: New York blackout looting, 1977. *Economic Geography*, 58, 29-44. ……**87**

Wolfgang, M. E. (1958)*Patterns in criminal homicide*. Pattterson Smith, Reprint 1975. ……**636**

Woodhams, J. & Toye, K. (2007) An empirical test of the assumptions of case linkage and offender profiling with serial commercial robberies. *Psychology, Public Policy, and Law*, 13(1) 59-85. ……**259**

Woodhams, J., Hollin, C. R. & Bull, R. (2007) The psychology of linking crimes: A review of the evidence. *Legal and Criminological Psychology*, 12(2) 233-249. ……**224**

Worden, J. M. (2008) *Grief Counseling and Grief Therapy: A handbook for the mental health practitioner*. 4th ed. Spinger, LLC. (J. W. ウオーデン著, 山本 力監訳, 上地雄一郎・桑原晴子・濱崎碧訳(2011)『悲嘆カウンセリング―臨床実践ハンドブック』誠信書房)……**654**

World Health Organization, War Trauma Foundation & World Vision International (2011)*Psychological first aid: Guide for field workers* WHO. (国立精神・神経医療研究センター, ケア・宮城, プラン・ジャパン訳(2012)『心理的応急処置(サイコロジカル・ファーストエイド:PFA)フィールド・ガイド』)……**663**

World Health Organization(1992)*The ICD-10, Classification of mental and behavioral disorders: Clinical descriptions and diagnostic guidelines*. (融 道男他監訳(1993)『ICD-10 精神および行動の障害―臨床記述と診断ガイドライン』医学書院)……**649**

World Health Organization(2013). *Violence Against Women: Intimate Partner and Sexual Violence Against Women*(http://www.who.int/mediacentre/factsheets/fs239/en/)(閲覧日:2014年10月)……**166**

Wright, J. A., Burgess, A. G., Burgess, A. W. et al., (1995) Investigating stalking crimes. *Journal of Psychological Nursing*, 33(9) 30-43. ……**168**

Wright, M. (2013) Homicide detectives' intuition, *Journal of Investigative Psychology and Offender Profiling*, 10(2) 182-99……**263**

Y

Yates, M. P., Prescott, D. & Ward, T. (2010) *Applying the Good Lives and Self Regulation Models to Sex Offender Treatment: A Practical Guide for Clinicians*. The Safer Society Press. ……**382**

Yokota, K. (2013) Differentiation of hostage barricade incidents: Through the application of the action systems model. In D.Youngs (Ed.) *Behavioural Analysis of Crime: Studies in David Canter's Investigative Psychology*. Ashgate Publishing Limited, pp.67-86. ……**161**

Z

Zaitsu, W. (2010). Bomb threats and offender characteristics in Japan. *Journal of Investigative Psychology and Offender Profiling*, 7(1) 75-89. ……**183**

Zimring, F. E. & Zuehl, J. (1986) Victim injury and death in urban robbery: A Chicago study *Journal of Legal Studies*, 15(1) 1-40. ……**154**

Zorbaugh, H. W. (1929) *The Gold Coast and the Slum: A Sociological Study of Chicago's Near North Side*, University of Chicago Press.(ゾーボー, H. W著, 吉原直樹訳『ゴールド・コーストとスラム』シカゴ都市社会学古典シリーズ2, ハーベスト社)……**8**

Zuckerman, M. (1979) *Sensation Seeking*, Lawrence Erlbaum Associates. ……**70**

事項索引

*「五十音見出し語索引」は xix 頁参照．見出し語の掲載頁は太字で示してある．

Ⅰ型(Ⅱ型)トラウマ　type I (II) trauma　668
2 過程モデル　two-process model of aggressive motivation　285
5-HIAA　5-hydroxyindole acetic acid　45
5 因子モデル / ビッグ・ファイブ　Five Factor Model / Big Five　59, 61, 310
12 ステップ　twelve steps of narcotics anonymous　407, 514

■ A～Z

AA　Alcoholics Anonymous　394, 407, 514
ACT　acceptance and commitment therapy　432, 460
ACT　anger control management　476
ADHD　attention deficit/hyperactivity disorder　76, 78, 317, 470
ASD　acute stress disorder　646, 650, 662
ASD　autism spectrum disorder　78, 332, 375
A 指標受刑者　A class prisoner　415

BBS　big brothers and sisters movement　493, 497, 504, 632, 722
BCSM　behavioral change stairway model　256
BPS モデル　bio-psycho-social model　300, 487, 711, 729, 761
B 指標受刑者　class B prisoner　415

CAPAS 能力検査　faculty test of CAPAS/ Correctional Association Psychological Assessment Series　331
CBCA　criteria-based content analysis　239
CBT　cognitive behavioral therapy　617
CCR　coordinated community response　617
CCTV　closed-circuit television/security camera　189, 233, 588, 595, 597
CD　conduct disorder　79, 316, 42, 45
CGT　criminal geographic targeting　220, 229
CI　cognitive interview　233, **244**
CIT　concealed information test　250
CompStat　585

CPT　continuous performance test　360, 652
CPT　cognitive-processing therapy　648
CPTED　crime prevention through environmental design　565, 592
CQT　comparison question test　250
CrimeStat　586
CRT　crisis response team　666
CRT 運転適性検査　cathode ray tube driving aptitude test　294
CSEW　Crime Survey for England and Wales　106
CSPS　Criminal Suspect Prioritization System　265
C-SRRS　Correctional Stimulant Relapse Risk Scale　406

DAF　Draw-A-Family　352
DARC　Drug Addiction Rehabilitation Center　405, 493, 507, 515, 533, 537, 558
DBD　disruptive behavior disorder　317
DSM　Diagnostic and Statical Manual of Mental Disorders　64, 74, 129, 172, 311, 316, 650
DSM-5　Diaghostic and Statistical Manual of Mental Disorders Fifth Edition　64, 74, 79, 137, 159, 172, 174, 311, 316, 484, 650, 661, 669
DV　domestic violence　49, **120**, 126, 161, **164**, 166, 252, 392, 282, 423, 561, 520, 583, 601, **614**, 618, 646, 664, 756
DV 防止法　Act the Prevention of Spousal Violence and the Protection of Victims　164, 614

EBP　evidence-based practice　109, 339, 372, 377
EEG　electroencephalogram　249, 342, 362
EMDR　eye movement desensitization and reprocessing　648, 652
ERP　event related potential　249, 362
Eyes test　361

FAS　Functional Aggression Scale　162, 284

Faux Pas 課題　faux pas test　361
FBI　Federal Bureau of Investigation　84, 134, 146, 154, 158, 168, 218, 220, 226, 256, 258, 264, 266
FBI 方式　FBI approach　226
FDT　Family Drawing Test　352

GCR　group conformity rating　347
G-E 相関　gene-environment correlation　5, 44
GIS　geographic infrmation system　585, 607, 609
GLM　good lives model　373, 381, 382, 384, 381, 387, 411, 526, 625
GLM-D　good lives-desistance model　384
GLM に基づく処遇（GLAD）　treatment based on good lives and development　385
G-map　Greater Manchester Adolescent Project　385

HIS　hostage identification syndrome　69
HITS　homicide investigation and tracking system　265
HOLMES　Home Office Large Major Enquiry System　264
HTP　House-Tree-Person　350, 478, 687
HTPP　House-Tree-Person-Person　350

ICAP　integrated cognitive antisocial potential　115
ICD　infection control doctor　316
ICD　Internacional Classification of Diseases　75, 316, 649
ICVS　International Crime Victims Survey　95, 106, 634, 747
IGT　Iowa Gambling Task　361
IQ　intelligence quotient　29, 78, 82, 94, 318, 343, 356, 359, 484
IQ 相当値　correspondy intelligence quotient value/equivalent score for IQ　331, 359

J-SOAP-II　Juvenile Sex Offender Assessment Protocol-II　274
J-COMPASS　432
JGSS　Japanese General Social Surveys　577
JJCA(S)　Ministry of Justicc Case Assessment Tool for Sexual Offenders　432
J. MARPP　Juvenile correction Methamphetamine Relapse Prevention Program　430
J-MAT　Japan Matrix Program　391
JWAT　Juvenile and Woman Aegis Team　610

KFD　Kinetic Family Drawing　352

MAC　Maryknoll Alcohol Center　515

MAPPA　multi-agency public protection arrangements　613
MBSR　mindfulness-based stress reduction　460
MJCA　Ministry of Justice Case Assessment Tool　277, 314, 325, 331, 376, 432, 465
MJDAT　Ministry of Justice Driving Attitnde Test　294, 330
MJPI　Ministory of Justice Pesonality Inventory　311, 328, 714
MJPT　Ministory of Justice Psychology Test　**328**
MJSCT　Ministry of Justice Sentence Completion Test　329, 340
MRI　magnetic resonance image　44, 362, 687
MRI モデル　Mental Research Institute Model　448
MTC：CM3　Massachusetts Treatment Center：Child Molester Version 3　175

NA　Narcotics Anonymous　514, 537
NAT　needs assessment tool　291
NCVS　National Crime Victimization Survey　106
NEO-PI-R　Revised NEO Personality Inventory　60
NICHD プロトコル　National Institute of Child Health and Human Development Protocol　241, 693

ODD　oppositional defiant disorder　79, 317

PCL　Psychopathy Check List　280
PCL：YV　Psychopathy Check List：Youth Version　274
PDCA サイクル　plan-do-check-act cycle　569
PEACE 訓練　preparation and planning, engage and explain, account, closure, evaluation training　245, 247, 693
PET　positron emission tomography　44, 362
PE 療法　prolonged exposure therapy　648, 652
PFA　psychological first aid　657
PFI　private finance initiative　298, 522
P-F スタディ　Rosenzweig Picture-Frustration Study　**346**
PISE　personality inventory system for exhibition　328
PTSD　posttraumatic stress disorder　76, 319, 321, 363, 616, 635, 646, **648, 650, 652**, 655, 658, 661, 663, 668, 670

R4 指導／被害者の視点を取り入れた教育　R4 guidance　389, **414, 434**, 462, 737
R6 指導／就労支援指導　R6 guidance　389, 399, 401, 418, **480**
RAT　risk assessment tool　291

RCT　randomized controlled trial　109, 426, 465
RNR 原則　risk needs responcivity principle　277, 380, 382, 384, 411
RNR モデル　risk-need-responsivity model　361, 373, **378**, 380
RTCC　Real Time Crime Center　587

SARA モデル　SARA model　562, 584, 595, 606
SAVRY　Structured Assessment of Violence Risk in Youth　274
SCT　sentence completion test　297, 335, **340**, 415, 542, 687
SFA モデル　solution focused approach model　448
SST　social skills training　436, **474**, 539, 540

TA　transactional analysis　**450**
TA　threat assessment　252
TA　therapeutic assessment　339
TAT　Thematic Apperception Test　**336**, 348
ToM　theory of mind　361

VICAP　Violent Criminal Apprehension Program　264
ViCLAS　Violent Crime Linkage Analysis System　264

WAIS　Wechsler Adult Intelligence Scale　82
WAIS-Ⅲ（日本版）　Wechsler Adult Intelligence Scale-Ⅲ　357
WCST　Wisconsin Card Sorting Test　360
What works 論争　What works debate　386
WH 質問／焦点化質問　WH questions/focused questions　241
WIAT　Wechsler Individual Achievement Test　83
WISC　Wechsler Intelligence Scale for Children　82
WISC-Ⅳ（日本版）　Wechsler Intelligence Scale for Children-Ⅳ　357
WRAT　Wide Range Achieveman Test　83
WSV　World Society of Victimology　636
YLS/CMI　Youth Level of Service/Case Management Inventory　274

■あ

アイオワ・ギャンブリング課題（IGT）　Iowa Gambling Task　361
愛他性　unselfishness/altruism　443
愛着／愛着理論　attachment/attachment theory　12, 14, 21, 31, 46, 57, 117, 127, 167, 303, 363, 423, 520, 566, 570, 605, 626, 654, 665
愛着形成　attachment formation　46, 127, 364

アイデンティティ　identitiy　48
アウトカム評価　outcome evaluation　109, 426, 464, 588
アウトリーチ　outreach service　121, 621
青色・白色複合 LED 防犯灯　composite blue and white LED street lighting　599
青色防犯灯　blue street lighting　599
空き巣　residential burglaries/stealing in one's absence　194, 577
悪質商法　deceptive business practice　**186**, 212
アクセス・コントロール／接近の制限　access control　181, 565
アクセプタンス&コミットメントセラピー（ACT）　acceptance and commitment therapy　268, 460, 492
悪風感染　bad influence from other inmate　268, 429, 492
アサーション　assertion　431, 439
アセスメント／査定・評価　assessment　108, 129, 269, **270**, **274**, 293, 296, **314**, 325, 331, 354, **368**, 376, 432, 465, 494, 543, 300, 377, **502**, 613, 619, 714, 729
アセスメント・ツール　assessment tool　269, 272, 291, 293, 314, 325, 331, 379, 406 ,432, 465
「遊び型」非行　"play-type" delinquency　43, 71, 755
アタッチメント／愛着　attachment　12, 14, 21, 31, 46, 57, 117, 127, 167, 303, 363, 423, 520, 566, 570, 605, 626, 654, 665
厚い記述　thick description　101
アディクション／嗜癖　addiction　71, 137, 289, 296, 322, 390
アノニマス・ネーム　anonymous name　514
アノミー／アノミー論　anomie/anomie theory　8, 86, 755
アフターケア　after care　471, 508
甘え理論　Amae theory　30, 32
アミティ　Amity Foundation　395
雨の中の私画法　Draw a Person in the Rain Test　478
アラノン　Al-Anon　515
アルコーホリクス・アノニマス（AA）　Alcoholics Anonymous　394, 407, 514
アルコール依存／アルコール依存回復プログラム　alcohol dependency/alcoholism rehabilitation program　338, 349, 407, 416, 503, 511, 514 ,525, 529, 533, 648
アルコール使用障害　alcohol use disorder　142
アンカー・ポイント　anchor point　228
アンガーマネジメント　anger management　403, 461, **476**, 543, 712
安心のための警察活動　reassurance policing　576
暗　数　dark number　84, 95, 106, 112, 114, 136,

170, 188, 219, 588, 634, 750, 654
安全・安心まちづくり条例　Ordinance for Public Safety and Reassurance　562
安全・安心まちづくり推進要綱　Measures for Public Safety and Reassurance　568, **592**
安全教育　safety education　388, 602
安定的リスク　stable risk　272
アンフェタミン　amphetamine　138, 143, 292
アンフェタミン／フェニルアミノプロパン　amphetamine/phenylaminopropane　138

居空き　residential burglary/stealing while one's at home　194
怒　り　anger　31, 44, 57, 59, 62, 85, 125, 127, 132, 135, 162, 171, 257, 260, 272, 283, 284, 388, 407, 433, 447, 454, 461, 476, 488, 527, 629, 651, 657, 661, 668, 670
依拠可能性　dependability　101
意識空間　awareness space　35, 39
意思決定　decision making　36, 39, 217, 619, 692
意思決定支援システム　decision making support system　**264**
いじめ　bullying　10, 29, 49, 50, 63, **124**, 122, 132, 135, 178, 361, 446, 484, 630, 647, 666, 737, 751, 756
いじめ自殺　suicide caused by bullying/bullying leads to suicide　125
いじめ対策　bullying prevention　125
依　存　dependence　11, 24, 32, 74, 136, 171, 213, 216, 250, 255, 276, 292, 303, 321, 325, 329, 344, 347, 390, 394, 399, 404, 406, 421, 423, 430, 438, 496, 502, 511, 514, 532, 595, 662, 665, 743, 757
依存性人格／依存性パーソナリティ　dependent personality　303
依存をめぐる葛藤・愛着　conflict in seeking for dependence・attachment　423
一次性誤信念課題　first-order false-belief task　361
一事不再理の原則　prohibition of double jeopardy　677
一時保護　temporary protection　614
一次予防　primary prevention　561, 608, 626
市原刑務所　Ichihara Prison　417
一望監視施設／パノプティコン　panopticon　374
一　貫　consistency　34, 58, 68, 194, 217, 224, 224, 238, 315, 325, 457, 472, 521, 525, 529, 719
一戸一灯運動　campaign for overnight exteria lights　567, 599
逸脱訓練　deviancy training　119
逸脱行動　deviant behavior　7, 8, 10, 13, 14, 16, 20, 58, 60, 73, 99, 112, 133, 173, 364, 423, 466, 580

逸脱的意思決定　deviant decision making　61
一般改善指導　general guidance for reform　399, 402
一般攻撃モデル（GAM）　geneval aggression model 62
一般遵守事項　general condition　495, 552
一般の緊張理論　general strain theory　8, 10, 56
一般反応性　general responsivity　379
一般被害者学　general victimology　636
一般予防／一般予防効果　general prevention/effect of general deterrence　676, 696
一般理論　general theory　14, 16, 206, 526
遺伝子　gene　3, 4, 44, 90
意図的行動観察　intentional observation　327
命と心との特別指導　special guidance from lives and minds　434
居場所　a place of his/herown　79, 169, 321, 481, 515, **548**, 619, 622, 626, 738
違法競走型　street racers　144
今，ここ（で）　here and now　442, 444, 450
入口支援　primary intervention for offenders　469
医療観察制度　medical care and treatment cystem for persons who have caused serious cases under the condition of Insanity　373, 490, 542, 547, 675, **728**, 731
医療観察法　Medical Treatment and Supervision Act　477, 486, 536, 542, 679, 684, 687
医療刑務所　medical prison　298, 420, 486
医療少年院（第3種少年院）　medical training school　445, 458, 474, 485, **486**
医療少年院（第3種少年院）における精神科治療　psychiatric treatment in juvenile medical training school　486
因果／因果関係　causality/causation　50, 55, 93, 96, 98, 125, 167, 227, 271, 301, 304, 364, 517
隠　語　slang　341, 397
飲酒運転　drinking and driving/drunk driving/driving under the influene (of alcohol)　140, **142**, 294, 416, 493, 503, 511, 528, 575, 647, 660, 743
飲酒運転防止プログラム　prevention program for drunken driving　511, 528
印象管理　impression management　68
陰性気分　negative mood　663
陰性転移　negative transference　499
インターネット犯罪　internet crime　**178**
隠匿情報検査（CIT）　concealed information test　250
インパクト評価　impact assessment　426, 588
インパーソナル・インパクト仮説　impersonal inpact hypothesis　581
インフォーマル・グループ　informal group　396

インフォーマルな統制　informal control　568, 591
ウェクスラー式知能検査　Wechsler Inttelligence Scale　82, 357
ウェクスラー成人知能検査（WAIS）　Wechsler Adult Intelligence Scale　82, 357
ウェクスラー知能検査児童版（WISC）　Wechsler Intelligence Scale for Children　82, 357
内田・クレペリン精神作業検査　Uchida-Kraepelin Psychodiagnostic Test　342
うつ病　depression　138, 149, 299, 306, 650, 655, 686
ウーマン・リブ　women's liberation　88
うらみ　resentment　32
運転態度　driving attitude　294
運転適性／運転適性検査　aptitude for driving/ aptitude for driving test　294, 759

嬰児殺　infanticide　88, 146, **148**, 282
エゴグラム　egogram　450
エビデンス・ベースト・プラクティス（EBP）　evidence-based practice　109, 339, 372, 377
エフェドリン　ephedrine　138
エロトマニア　erotomania　168
円仮説　circle hypothesis　220
円環的因果律　circular causality　516
円環的認識論　circular epistemology　517
援　助　assistance　22, 51, 73, 109, 127, 153, 368, 384, 393, 402, 418, 425, 448, 468, 470, 493, 498, 504, 519, 532, 544, 614, 626, 638, 644, 648, 655, 712, 714, 724, 733
エンパワーメント　empowerment　126, 605, 657, 729
エンプロイアビリティ　employability　480
横断的研究　cross sectional study　15, 46, **98**, 129, 571
応答性　responsivity　268, 379, 526
応報刑　retribution　677, 689, 695
応用被害者学　applied victimology　637
大阪府子どもを性犯罪から守る条例　Osaka Prefectural Ordinance of Protection of Child from Sexual Crime　175
送りつけ商法　negative option marketing　187

オートバイ盗　motorcycle theft　65, 192
オフライン性犯罪者　offline sex offender　176
オープン質問／自由再生質問　open-ended question／free recall question　241, 257
オープン方式　open method　534
オペラント条件づけ　operant conditioning　304
思いやり　consideration　73, 133, 284, 752

親業教室　parent effectiveness training　536
親子分離　parent-child separation　121
オルタナティブ・ストーリー　alternative story　103, 473
オレオレ詐欺　emergency scam　186
音楽療法　music therapy　478
恩　赦　pardon/amnesty　490, 730
オンライン性犯罪者　online sex offender　176

か

快感原則　pleasure principle　26
階級・犯罪論争　class-crime debate　84
外向型　extrovert/extraversion　24, 235
外国人集住コミュニティ　community with high foreign-born population　568
外国人受刑者　foreign prisoners　202
外国人犯罪者　foreign criminals　**202**
外傷性絆　traumatic bonding　616
外傷性逆転移　traumatic countertransference　670
改善更生　correction and rehabilitation　428, 440, 466, 492, 494, 544, 552, 698, 732, 734
改善指導　guidance for reform　278, 389, 397, 399, **402**, 408, 425, 427
改善指導，刑事施設における　guidance for reform in penal institution　**402**
外的圧力　external pressure　234
外的対象　external object　30
街頭犯罪　street crime　190, 605
街頭補導　street guidance　620, 622, 630
介　入　intervention　**614**, 618
介入群　intervention group　426
回　避　avoidance symptom　162, 311, 382, 390, 602, 650, 663, 665, 740
回避・防衛機能　function of avoidance/defense　285
回復共同体プログラム　therapeutic community program　395
回復モデル　recovery model　372
下位文化／下位文化理論　subculture/subculture theory　2, 16, 18, 20, 53
解　離　dissociation　127, 663, 668
会話の管理　conversation management　245
カウンセリング　counseling　123, 377, **424**, 442, 446, 558, 614, 621, 643, 713
カウンセリング，刑事施設における　counseling for inmates in penal institution　**424**
カウンセリング専門職員　counselor　759
加害者プログラム　batterers intervention program　617
科学警察研究所　National Research Institute of Police Science　612, 675, 758
科学者-実務家モデル　scientist-practitioner

科学主義　scientific method policy　675
過覚醒　arousal symptoms　663
科学捜査　scinentific investigation　230, 266, 632, 758
科学捜査研究所　Forensic Science Laboratory　230, 266, 632, 758
科学調査主義　principle of science-based investigation　707
科学的評価　scientific evaluation　109
鏡に映った自我　looking-glass self　23
架空請求　billing fraud　186
学園闘争　campus dispute/campus disturbance　756
学習指導　educational guidance　470
学習習得度　achievement scale　82
学習理論　learning theory　**24**, 301
各種犯罪　types of crimes　67, **112**
確証バイアス　confirmation bias　262
覚醒剤　stimulant drug/amphetamine/methamphetamine　136, 138, 196, 203, 292, 390, 404, 532, 534
覚醒剤事犯者処遇プログラム　treatment progrm for methamphetamine users/stimulant offender treatment program/Stimulant drug offender treatment program　528, 532, 534
覚せい剤取締法　Stimulants Control Act　136, 138, 203, 404
覚醒剤乱用　stimulant drug abuse　136, **138**
学力不振　poor academic performance　123, 130
学　歴　academic career　**82**, 151, 155, 165, 173, 422
家系分析　family tree study /family study　5
加古川刑務所交通区　Accommodating Area for the Traffic Violation Inmates of Kakogawa Prison　416
家裁中心主義　principle of precedence of f amily court　707
家裁のケースワーク機能　welfare function of family court　727
過食症　bulimia nervosa　322, 390
仮　説　hypothesis　96, 163, 200, 220, 228, 233, 262, 269, 324, 336, 491, 608
仮説－検証　hypothesis-testing　491
仮説生成　hypothesis generation　93, 100, 269, 325
下層階級　lower class　84
家族画（DAF）　Draw-A-Family/family drawing　**352**
家族解体　family disorganization　7
家族間殺人　family murder/domestic homicide　121
家族機能　family function　55

model　372

家族形態　family structure　54
家族支援　family support /family based services　**520**, **522**, 536, 543
家族支援, 非行臨床における　family support for juvnile delinquent　520
家族支援, 犯罪臨床における　family support for criminal　**522**
家族システム論　family systems theory　55, 516
家族集団会議　family group conference　736
家族と非行　family and delinquency　**54**
家族認知　family perception　55
家族プログラム　hypothesis-testing　530
家族療法　family therapy　120, 516, 521
かた（騙）り　impersonator scam　187
カタルシス　catharsis　441, 444, 446, 479, 452
価値的基準　norm criterion　301
学校適応　school adaptation　123
学校と非行　school and delinquency　**52**
学校における危機対応　crisis response in school　**666**
学校における防犯教育　crime prevention education at school　**602**
学校の荒れ　school disruption　53
学校保険安全法　School Health Safety Act　602
葛　藤　conflict　162, 498
活動空間　activity space　35, 39
家庭環境調整　coordination of family environment　471
家庭裁判所　family court　467, 701, 716, 712, 722, 726
家庭裁判所調査官　family court probation officer　675, 704, 707, **710**, 726, **760**, 715
家庭内暴力　domestic violence　**120**, 126, 161, **164**, 166, 282, 520, 583, 601, , **614**, 618, 646, 664, 756
カーネル密度推定地図　Kernel density estimation map 585
可能自己　possible self　81
家父長制＝男性中心主義　patriarchy　88
カプランマイヤー推定量　Kaplan-Meier estimator　105
カミナリ族　Kaminari Zoku/thunder tribe　144
空椅子　empty chair　446
仮釈放　parole　490, 502, 546, 556, 730, 732, **734**
仮釈放者　parolee　732
仮釈放取消　revocation of parole　492
仮釈放の許可基準　criteria for permission for parole　734
カリスマ　charisma　212
仮退院　parole of inmates of juvenile training schools　556, 730
カルト　cult　**212**

事　項　索　引

簡易鑑定　brief psychiatric examination/summary forensic psychiatric test　366, 684
簡易送致　summary referral to family court　707
感化院　reform school　700
眼球運動による脱感作と再処理法（EMDR）　prolonged exposure (PE) therapy　648
環境整備活動　environmental improvement activity　591
環境設定　environmental setting　501
環境デザインによる犯罪予防（CPTED）　crime prevention through environmental design　38, **564**, 592, 594
環境テロ　eco-terrorism　200
環境犯罪学　environmental criminology　**38**, 35, 592
環境要因　environmental factor　46
関係性攻撃　relational aggression　116
関係性の病理　pathological relaionship　121
間隙地域　interstitial area　19
観護処遇　treatment of detained juvenile in the juvenile classification home　468, 714, 719
観護（の）措置　protective detention of juveniles　324, 704, 714, 718, 725
ガンザー症候群　Ganser syndrome　366
観察者‐行為者効果　actor-observer effect　68
観察法　observational method　92, 326
監視者　guardian　40, 592
監視性の確保　enhancing natural surveillance　592
感　情　emotion　446, 695
感情的　emotional　158, 160, 181, 195, 383
感情爆発　explosion of affection/emotional explosion　483
間接被害　indirect victimization　578
感想文　impression report　462
鑑　定　psychiatric examination　230, 542, 684, 688
鑑定留置　detention for forensic psychiatric examination　685
還付金詐欺　fake rebate scam　186
鑑　別　classification　312, **314**, 318, 324, 365, 376, 468
鑑別技官　classification officer/cassification expert/psychologist　675, **714**
鑑別結果通知書　pretrial classification report/classification report　704, 715
非行少年の鑑別　classification of juvenile delinquent　**312**
鑑別方針　plan of classification　325
鑑別面接　interview of classification　**324**
関与性　relevance　101

記憶促進　memory-enhancing　245

偽解決　false solution　449
機会構造論　opportunity structure theory　9
危機介入　crisis intervention　121
危機対応, 学校における　crisis response in school　**666**
企業恐喝　corporate extortion　**184**
企業対象暴力　violence targeting enterprise　197
企業犯罪　corporate crime　206
危険因子　risk factor　46
危険運転致死傷罪　Charges of Dangerous Driving Rresulting in Deaths and Injuries　140, 142
危機介入スキル　crisis intervention skill　256
危険ドラッグ　dangerous drug　136, 292, 430, 603
危険予測能力　risk prediction ability　604
気　質　temperament　29, 310
希死念慮　suicide ideation　364
記述統計量　descniptive statistics　97
規準化脈波容積　normalized pulse volume　248
基準に基づく内容分析（CBCA）　criteria-based content analysis　239
絆　bond　12
擬制的家父長関係　fictitious parent-child relationship　197
偽装離脱　feigned secession from crime group　409
起訴強制　compulsory prosecution　709
帰属意識　sense of belonging/belongingness　409
帰属の偏り　distortion in attribution　68
起訴前鑑定　forensic psychiatric examination during the investigation stage　684
起訴前本鑑定　full forensic psychiatric examination during the investigation stage　684
起訴便宜主義　principle of discretionary prosecution　680
起訴猶予　suspension of prosecution　492, 506, 547
気づき　awareness　460, 463
キネジ療法　kinesi-therapy　**458**
機能障害　functional disorder　7
機能的攻撃性尺度（FAS）　Functional Aggression Scale　284
規範意識　norm consciousness　72, 123, 188, 626
規範観念　belief　13
器物損壊　property damage　122
気分転換　mantal diversion　483
基本財　primary goods　382
基本的帰属錯誤　fundamental attribution error　68
帰無仮説　null hypothesis　97

事 項 索 引

逆　送　referral to public prosecutor for juvenile criminal proceeding　709
虐　待　abuse /maltreatment　50, 55, 120, 123, 126, 148, 212, 282, 318, 467, 647, 664
逆転移　counter transference　425
脚　本　script　451
キャリア・カウンセリング　career counseling　418, **480**
キャリア・カウンセリング，少年院における　career counseling in juvenile training school　**480**
キャリア・コンサルティング　career consulting　418
ギャング集団　gang　119
ギャンブル障害　gambling disorder　137
キャンベル共同計画　Campbell Collabolation　109, 388
吸煙パイプの乱用　drug abuse using pipe　139
旧車會　Kyushakai　144
急襲者　raiders　195
旧少年法　Juvenile Law of 1923　706
急性期　acute phase　662
急性ストレス障害（ASD）　acute stress disorder　366, 646, 650, 657, 662
急性ストレス反応　acute stress reaction　663, 667
急性中毒　acute intoxication　292
急性的リスク　acute risk　272
凶悪事件リンク分析システム（ViCLAS）　Violent Crime Linkage Analysis System　264
凶悪犯　atrocious crime　282
凶悪犯罪者逮捕プログラム（VICAP）　Violent Criminal Apprehension Program　264
教育委員会　board of education　632
教育専門官　education specialist　402, 408, 418
教育（保護）的措置　investigation for relapse prevention and educational measure　521, 705, 710, **712**, 727
脅威査定　threat assessment　252
境界性パーソナリティ　borderline personality　322
教科指導　guidance through school course　278, 399
恐　喝　extortion　**184**
共感 / 共感性　empathy/sympathism　**72**, 308
共感的理解　empathic understanding　308
供述の信憑性　credibility of statement　216
供述の信頼性分析　statement credibility analysis　**238**
矯正医療　correctional medicine　486
強制・影響機能　function & coercion of influence　285
矯正管区　regional correction headquarter　399,

739
矯正教育　correctional education　105, 428, 440, 466, 486, 719
矯正教育課程　correctional education curriculum　429, 719
矯正教育プログラム　program of correction education　293, 464
矯正施設　correctional institution　446, **394**
矯正処遇　correctional treatment　278, 389, 399, 400, 698, 719
矯正心理学　correctional psychology　xxiv
矯正心理専門職　psychologist in correctional institution　279
強制－追従型虚偽自白　coerced-compliant false confession　236
強制的措置　compulsory measure　721
強制－内面化型虚偽自白　coerced-internalized false confession　236
矯正無効論　"Nothing works" debate　372
強制わいせつ　indecent assault　**170**, 174, 530, 634, 656, 668
協調性　agreeableness/cooperativeness　59
協　働　collaboration　324, 369, 496, 498, 510
共同運動　syncinesie　458
共同危険型　joint dangerous biker　144
協働態勢　collaboration between probation officers and volunteer probation officers/ alliance approach　496, 498, 510
強迫性パーソナリティ　obsessive-compulsive personality　303
脅迫文　blackmail letter　195
協力雇用主　cooperation employer　493, 549, 736
協力雇用主制度　cooperation employer system　481
虚　偽　false　**236**, 238
虚偽自白　false confession　**236**
虚偽（の）供述　false statement　238
曲線類型判定　curve type judgment　342
居住地推定　estimation of offender's home　**228**
拒食症　anorexia nervosa　322
拒絶型　rejected type　169
距離減衰　distance decay　195
距離減衰関数　distance decay function　228
記録内観　Naikan of lettering　454
疑惑領域　suspicion area　221, 228
緊急支援チーム　emergency support team　666
近接反復被害　near-repeat victimization　586
緊　張　strain　8, 57, 61
緊張理論／ストレイン理論　strain theory　2, **8**, 53, 57, 84
近隣監視　neighborhood watch　591
近隣（教区）統制　parochial control　566

空間行動理論　spatial behavior theory　38
空間図式　space schema　349
空間統計学　spatial statistics　586
偶然誤差　random error　94
空　想　fantasy　73
クー・クラックス・クラン　Ku Klux Klan　210
グッドジョンソン被誘導性尺度（GSS）　Gudjonsson Suggestibility Scale　237
グッド・ライブス・モデル（GLM）　good lives model　381, **382**, 387, 411, 526, 625, **526**
グッド・ライブス・モデル, 施設内処遇における　good lives model in correctional setting　**382**
グッド・ライブス・モデル, 社会内処遇における　good lives model in community-based treatment　**526**
ぐ（虞）犯　pre-delinquency　116, 720
虞犯少年　pre-delinquent/pre-delinquent juvenile/status offender　43, 116, 620, 704, 706, 720
クライエント　client　301, 308, 368, 387, 392, 446, 454
クライエント（来談者）中心療法　client-centered therapy　301
クライシス・レスポンス・チーム（CRT）　crisis response team　666
クライム・マッピング／犯罪発生マップ　crime mapping　585, 604
グリコ森永事件　Glico Morinaga Case　209
クリーブランド事件　Cleveland Inquiry　240
グループ・カウンセリング　group counseling　424
グループづくり　group building　471
グループの凝集性　coherence of group　443
グループ・ミーティング　group meeting　514
グループ・ワーク　group work　402, 412, 415, 430, 432, 435, 529, **534**, 713
グルーミング　grooming　176
クレッチマーの類型論　typology of Kretschmer　310
クレプトマニア／窃盗癖／窃盗症　kleptomania　323
クローズド質問　closed question　242
クローズド方式　closed method　534

計画的行動理論　theory of planned behavior　582
傾向スコア・マッチング　propensity score matching　589
経済格差　economic disparity　85
経済的不平等　economic inequality　85
経済的暴力　economic violence　664
経済モデル　economic model　36

警察（警察官）　police／police officer　632, **758**
警察活動　policing　**584**
警察大学校　National Police Academy　758
警察庁（の）統計　statistics by the National Police Agency／police statistics／crime statistics　43, 67, 94, 112
警察における性犯罪者の再犯防止　sexual abused experience（police effort to reduce recidivism of sexual criminals）　612
警察における犯罪被害者支援　police support for crime victims　642
警察に対する信頼　confidence in police／trust to police　576, 606
警察による立ち直り支援　police support for recovery　**628**
警察の少年相談　police juvenile counceling　521
警察白書　White Paper on Police　112
警察法　Police Act　630
刑事施設　penal instiution　139, 278, **402**, 404, **410**, **416**, **418**, 529, 556, **638**, 718
刑事施設における改善指導　guidance for reform in penal institution　402
刑事施設におけるカウンセリング　counseling for inmates in penal institution　424
刑事施設における交通安全指導　traffic safety program in penal institution　416
刑事施設における就労支援　job assistance in penal institution　418
刑事施設における性犯罪再犯防止指導　sex offender treatment program in penal institution　410
刑事施設における暴力団離脱指導　guidance on withdrawing from organized crime group in penal institutions　408
刑事施設における薬物依存離脱指導　guidance for overcoming drug addiction in penal institution　404
刑事司法機関　judicial institution　84, 207, 270, 497, 562, 579, 606, 613, 750, 752
刑事司法制度　outline of criminal justice system　**676**
刑事司法手続の概要　overview of criminal procedure　**680**
刑事司法における犯罪被害者　crime victim in the criminal justice system　638
刑事収容施設及び被収容者等の処遇に関する法律　Act on Penal Detention Facilities and Treatment of Inmates and Detainees　397
刑事収容施設法　Act on Penal Detention Facilities and Treatment of Inmates and Detainees　391
刑事処分　criminal disposition　716
刑事責任年齢　age of criminal responsibility　674
刑事責任能力　criminal responsibility　686

刑事責任能力鑑定　psychiatric evaluation of criminal responsibility　684
刑事訴訟法　code of criminal procedure　230, 640
刑執行開始時調査　treatment assessment at the commencement of the sentence　398
刑執行開始時指導　guidance on commencement of execution of the sentence　399
刑事被害者学　penal victimology　637
継時面割り　sequential line-up　691
芸術療法　art therapy　478, 621, 628
継続補導　continuous counseling service　631
系統誤差　systematic error　94, 746
刑の一部執行猶予制度　partial suspension of execution of sentence　139, 492, 532
刑の執行猶予取消　revocation of suspension of execution of sentence　492
刑　罰　punishment/criminal punishment　674, 676, 706, 717
刑罰一元主義　unitary penal system　676
啓発・情報提供活動　education and information providing activity　591
ケイパビリティ／潜在的能力　capability　524
刑　法　criminal law　48, 676, 696
刑法犯検挙人員　arrests of criminal offender　750
刑務官　prison official/prison officer　402
刑務所／刑務所化　prison/prisonization　278, 396
刑務所出所者　released inmate　506
刑務所出所者等総合的就労支援事業　employment support project for released inmates　399, 418
刑務所内 TC　Prison-based TC　394
刑務所副次文化　prison subculture　396
刑務所文化　prison culture　396
刑を言い渡された者の移送に関する条約　Convention on the Transfer of Sentenced Persons　203
劇場型犯罪　staged crime　**208**
景色解読力　ability to decipher scenery　604
ゲシュタルト療法　Gestalt therapy　446
ケース・アセスメント　case assessment　**270**, 269, **274**, 293, 313, **314**, 325, 331, 376, 432, 465, 502, 613, 729
ケース・トリートメント　case treatment　377
ケース・ワーク　case work　710
結果予期　outcome expectancy　583
月　経　menstruation　89, 290
月経前症候群　premenstrual syndrome　290
ゲーテッド・コミュニティ　gated community　594
ゲートウェイ犯罪　gateway crime　188
ゲーム　game　135, 178, 451
ゲーム脳　game brain　110
研究視座　research perspective　96

研究倫理　research ethics　93
権力的機能　enforcement role　496
検挙件数　cleared crimes　94, 746
検挙人員　persons cleared　746
検挙率　clearance rate　746
健康運動指導士　health fitness programmer　420
健康行動プロセス・アプローチ　Health Action Process Approach　583
言語性(知能)IQ　verbal IQ/verbal intelligence quotient　59, 82, 358
言語性検査　verbal test/verbal subtest　356
言語的媒介　verbal mediation　482
顕在的攻撃性　overt aggression　132
検察官送致　sending a case to a public prosecutor　716
検察審査会　committee for inquest of prosecution　679, 680
検　視　inspection and examination of a corpse　254
現実吟味　reality testing　443
現実原則　reality principle　26
原始反応　primitive reaction　366
検証型　hypothesis testing　97
健全育成　sound development　468, 683, 736, 428, 700, 702, 720
原則逆送　obligatory referral to public prosecutor in juvenile　709
限定合理性　boun rationality　37
厳罰化　toughening the law/get tough approach　575, 701
原野商法　wasteland sale scam　187

コア・プログラム　core program　530
行為主体　agent　42
行為(素行)障害　conduct disorder　316
公益通報者保護制度　protection system for public-interest whistle-blowers　207
効果検証　effect verification　109, 415, **426**, **464**
効果測定　effect measurement　695
強　姦　rape　**170**, 260, 530, 634, 656
交感神経系　sympathetic nervous system　248
強姦神話　rape myth　656
公共空間　public space　564
公共職業安定所　Public Employment Security Office　418
拘禁神経症　prison neurosis　366
拘禁着色　〔独〕Huftärbung　366
拘禁爆発　〔独〕Haftexplosion　366
攻撃行動　aggressive behavior　**62**
攻撃スクリプト　aggressive script　59
攻撃性　aggression　62, 284, 346
攻撃的窃視者　aggressive voyeurist　172

事項索引　831

攻撃の置換モデル　displaced aggression model　62
公式犯罪統計　official crime statistics　84
向社会的行動　prosocial behavior　73
供述分析，ウンドィッチの（Undeutsch's）statement reality analysis　238
交渉，人質事件の　hostage negotiation　160, **256**
更　生　rehabilitation　372, 378, 550, 625, 705, 722
更生緊急保護　urgent aftercare of discharged offender　538, 490, 506, 730
公正な（適正）手続き　due process　692, 701
更生保護／更生保護制度　offender rehabilitation/offender rehabilitation system　**490**, 504, 506, **730**
更生保護サポートセンター　volunteer probation officers activity support center　504, 533
更生保護施設　rehabilitation aid facility/halfway house　373, 513, 515, 545, **538**, **540**, 549, 558, 736
更生保護施設におけるSST　**540**
更生保護女性会　Women's Association for Rehabilitation Aid　493
更生保護における多機関連携・多職種連携　Multi-agency cooperation/multi-disciplinary team appoach on offender rehabilitation service　**506**
更生保護におけるリスク・アセスメント　risk assessment for rehabilitation service　**270**, **274**, 293, 314, 502, 613, 729
更生保護法　offenders rehabilitation act　493, 521, 528, 734, 747
構成要件　configuration element　112, 214
構造化司法面接　structured forensic interview　285
構造化面接　structured forensic interview　245
公訴の提起　indictment　681
拘置所　detention house　278
交通安全指導　traffic safety program　**416**
交通安全指導，刑事施設における　traffic safety program in penal institution　**416**
交通警察　road traffic police　759
交通事故　traffic accident　140, 142, 294, 416, 634, 660
交通事故遺族　bereaved family of traffic accident victim　661
交通事故者　traffic accident person　416
交通事故被害者　victims of traffic accident　**660**
交通事故防止　prevention of road traffic accident　758
交通受刑者　traffic violation inmate　416
交通短期保護観察　short-term traffic probation　513
交通犯罪／交通犯罪者　traffic crime/traffic criminal　**140**, **294**
交通反則通告制度　traffic infraction notification system　677
交通事故統計　traffic accident data　660
公的統制　public control　566
強　盗　robbery　154, 188, 259
行動意図　intention　583
行動化　acting out　27, 302, 425
行動科学　behavioral science　760
行動観察　behavior observation　278, 301, **326**, 374, 689
口頭鑑定　expert witness　689
行動規制者　handler　41
行動主義心理学　behaviorism psychology　**304**
行動制御能力　volitional capacity　686
行動（の）変容　behavior change/behavior modification　491
行動分析／行動分析学　behavior analysis　**34**, 304
行動変容階段モデル（BCSM）　behavioral change stairway model　256
行動変容の段階／ステージ　stages of change　583
行動療法　behavior therapy　306, 323, 386
校内危機対応チーム　school crisis response team　666
校内暴力　school violence　122, 755, 756
高年齢化　aging of population　88
荒廃理論　incivility thesis　571, 576
交　番　police box　568
公判鑑定　forensic psychiatric examination during the trial stage　685
公判手続　trial proceeding　681
公判前鑑定　pretrial forensic psychiatric examination　685
公判前準備手続　pretrial conference procedure　679
公判前整理手続　pretrial arrangement procedure　681
神戸連続児童殺傷事件　Kobe Serial Child Casualities Case　209, 316, 747, 757
後方向視的　retrospective　98
拷　問　torture　676
効用最大化　utility maximization　36
交絡要因　confounding variable　589
合理化　rationalization　130
効率性評価　efficiency evaluation　426
合理的選択　rational choice　34, **36**, 41, 572
交流分析（TA）　transactional analysis　**450**
高齢化　aging of population　140, 188, 198, 204,

288, 294, 591, 600, 727, 748, 756, 757
高齢者　elderly people　88, 188, 204, 214, 289, 298, 375, 420, 523
高齢者虐待　abuse of elderly people　120
高齢者犯罪／高齢犯罪者　elderly crime/elderly offender　**204**, **214**, **298**, 748
高齢受刑者　elderly inmates　298, 420
高齢初犯者　elderly first offender　204
高齢または障害を有する受刑者　elderly and/or handicapped inmates　420
高齢累犯者　elderly recidivist　205
呼吸運動　respiration　248
国際疾病分類（ICD）　Internacional Classification of Diseases　649
国際犯罪被害実態調査（ICVS）　International Crime Victims Survey　95, 106, 634, 747
国選付添人　court-appointed attendant　724
国選弁護人　court-appointed counsel　679
コグトレ　neurocognitive training　485
《米》国立小児保健発育研究所　National Institute of Child Health and Human Development　241
国連刑事分野における修復的司法プログラムの活用に関する基本原則　United Nations Basic Principles on the Use of Restorative Justice Programmes in Criminal Matters　736
子殺し　filicide　86, 635, 666
心のケア　mental health care　666
心の理論（ToM）　theory of mind　361
固　執　perseveration　482
個人情報　personal information　93, 410, 613
個人（的）要因　personal factor　3, 46
個人別矯正教育計画　individual treatment program　429, 719
個性記述　idiography　100
個性探究の事例研究　idiosyncrasic case study　100
こそ泥　pilferers　195
こだわり　rumination of specific idea　482
固　着　fixation　302
国家公務員　government official/national service personnel　762
古典的条件づけ　classical conditioning　24, 304
子ども 110 番　drop-by place for children in trouble　600
子ども・女性の被害防止　victimization prevention of children and women　**610**
子ども対象・暴力的性犯罪　violent sex offences against children　175, 612
子どもに対する性犯罪　child molestation/sexual crime to children　**174**
子ども・若者支援地域協議会　area conference for children and young people　737

個別カウンセリング　individual counseling　442
個別指導　individual guidance/individual treatment　430, 436
個別心理検査　individual psychological test　279, 283, 313
個別方式の知能検査　individual intelligence test　78, 297, 323, 356
個別面接　individual interview　434, 440
コーホート効果　cohort effect　99
コミットメント　commitment　13
コミュニケーション・スキル　communication skill　167
コミュニケーションの最大化　maximizing communication　246
コミュニティ警察活動／コミュニティ・ポリシング　community policing　567, 571, 585
コミュニティ・サイト　community site　178
コミュニティ指向型警察活動　community-oriented policing　606
コミュニティへの愛着　attachment to community　567
コミュニティ防犯活動　community level crime prevention　571
コムスタット　CompStat　585
コモンセンス・ペアレンティング　commonsense parenting　127
コラージュ法　collage therapy　478
孤　立　isolation　124, 135, 169, 205
コロプレス地図　choropleth map　585
困窮型犯罪　privation motivated crime　86
コンサルテーション　consultation　469, 710
コンビニ防犯ボックス設置等モデル事業　trial of police box placement on convenience store premise　569
コンプリメント　compliment　449

さ

財　goods　181, 382, 384, 473, 526
災　害　disaster　**86**
災害の段階分析　disaster phase analysis　87
罪刑法定主義　legality principle of crime and punishment　676
裁決質問法　known solution CIT　251
サイコドラマ（心理劇）　psychodrama　**444**, 474
サイコパシー　psychopathy　200, 274, **280**, 303, 543
サイコパシー・チェック・リスト（PCL）　Psychopathy Check List　274, 276, 280
サイコパシー・チェック・リスト青少年版（PCL：YV）　Psychopathy Check List：Youth Version　274
サイコモーター療法　psycho-motor therapy　458

事項索引

サイコロジカル・ファースト・エイド（PFA）　psychological first aid　663
財産犯罪者　property offender　**286**
罪障感　guilty feeling　402, 414
在宅事件　juvenile referral of a case to the Family Court at home　704
在日外国人　foreign resident　202
サイバー・インテリジェンス　cyber intelligence　180
再発防止（RP）モデル　relapse prevention model　382
再発防止／再発防止型　relapse prevention model　272, 407, 508, 561, 617
再発防止計画　relapse prevention model　511, 531, 533
サイバー・テロ　cyber terrorism　180, 200
サイバー犯罪　cybercrime　178, 180, 214, 227
再犯　recidivism　22, 81, 83, **104**, 130, 142, 157, 171, 175, 184, 188, 205, 270, 276, 281, 291, 296, 309, 314, 372, 378, 380, 391, 406, 411, 413, 421, 427, 498, 531, 544, 548, 558, 612, 625, 734, 761
裁判員　lay judge/saiban-in　744, 681, 682, 684
裁判員裁判　citizen（lay）judge system／lay judge system／lay judge trial　243, 574, 624, 682, 689, **694**, 696, 706
裁判員制度　saiban-in system／lay judge system　574, 679, **682**, 694, 697
裁判官　judgement/judge　681, 683, 685, 692, 694, 701, 704, 707, 710, 712, 724, 728, 740, 742, 760
再犯研究　recidivism study　**104**
再犯・再非行リスク要因　risk factor for recidivism　277
裁判心理学　forensic psychology　xxiv, **692**
再犯防止対策　measures of recidivism prevention　175, 399, 417, 468, 506, **612**, 617, 736
再犯防止措置対象者　ex-inmates who committed violent sexual crimes against children　109, 373, 420, 426, 430, 432, 613
再犯防止に向けた総合対策　comprehensive measures to prevent recidivism　109, 373, 420, 426, 439, 464, 548, 738
再犯防止プログラム　treatment program for preventing recidivism　131, 391, 393, 426
再犯抑止　recidivism prevention　142, 309, 411, 427
再犯予測　prediction of recidivism　104, 240, 423
再犯リスク　recidivism risk　270, 276, 378
再犯率　recidivism rate　**104**, 109, 131, 171, 175, 193, 276, 393, 395, 407, 413, 427, 465, 767
再被害防止要綱　Outline for Prevention of Re-Victimization　643

再非行防止　delinquency prevention　22, 291, 314, 319, 439, 464, 487, 494, 620, 761
再非行要因　factors of recidevism　314, 433
再非行率　recidivism rare　276, 464
催眠商法　frenetic sale scam　187
サインズ・オブ・セイフティ・アプローチ　signs of safety approach　127
作業／刑務作業　prison work　278, 359, 375, 389, 399, 404, 418
作業同盟　working alliance　324
作業量　quantities of work　343
作業療法士　occupational therapist　420, 425, 542, 557
作文指導　composition guidance　**462**, 726
サークル（円）仮説　circle hypothesis　220, 228
殺　人　homicide/murder　4, 30, 43, 67, 88, 94, 112, **128**, 132, 134, **146**, 148, 150, 152, 156, 158, 200, 208, 220, 222, 226, 234, 258, 264, 282, 288, 618, 624, 634, 646, 746, 752
殺人捜査追跡システム（HIT）　Homicide Investigation and Tracking System　265
殺人適応形質理論　homicide adaptation theory　4
査　定　assessment　2, 71, 105, 130, 215, 238, 252, 274, **268**, **280**, **282**, **284**, **286**, 288, **290**, **292**, **294**, **296**, **298**, 300, **316**, **364**, 406, 423, 440, 468, 502, 619, **646**
査定．交通犯罪者の　assessment of traffic offender　294
査定．高齢犯罪者の　assessment of elderly offender　298
査定．サイコパシーの　assesment of psychopathy　**280**, 543
査定．財産犯罪者の　assesment of offenses against property/assessment of the property criminal　286
査定．殺人等凶悪犯罪者の　assessment of atrocious crime such as muder　**282**
査定．犯罪被害者心理の　assessment of crime victim　646
査定．自殺自傷リスクの　risk assessment on suicide and self-injury　364
査定．粗暴犯罪者の　assessment of violent offender　**284**
査定．犯罪性・非行性の　assessment of criminal tendency　**268**, 282
査定．放火犯罪者の　assessment of arson　**296**
査定．薬物犯罪者の　assessment of drug offender　292
詐　病　malingering　75, 332, 367, 661
サーベイランス　surveillance　569
サポート・チーム　support team　631, 739
三次予防　tertiary prevention　561, 608, 626

事項索引

三世代の認知行動療法　CBT of three generations　460

死　因　cause of death　**254**, 660
支援者　supporter　323, 348, 487, 557, 645, **670**, 736
ジェンダー／性差　gender　88, 95, 99, 273, 423
次回犯行地　next offence location　34, **228**, 624
シカゴ学派　Chicago school　18, 38
自我状態　ego states　450
自我心理学　ego psychology　26, 30
自我同一性　ego identity/identity　46, 48, 751
時間的境界　temporal boundary　28, 80
時間的展望　time perspective　**80**
時間的連続性　time continuity　80
色情盗　undergarment theft　172
識別性　distinctiveness　217, 224
自警団　vigilance committee　575
時系列分析　time-series analysis　589
刺激性欲求／刺激性欲求尺度　sensation seeking/sensation seeking scale　**70**
試験観察　tentative probation by family court probation officer　355, 705, 711, **726**, 760
事件情報分析　information analysis of criminal case　**222**
事件リンク分析　crime linkage analysis　221, 222, 224
自己愛憤怒　narcissistic rage　33
自己一致　congruence　308
自己概念　self-concept　12, 49, 308
事後強盗　constructive robbery　154
事故死　accidental death　254, 660
事後情報効果　post-event information effect　232, 690
自己心理学　self-psychology　33
自己像　self-image　117, 320, 341, 349, 351, 368, 423, 478
自己治癒　self-healing　423, 452
自己統制力　self-control　72, 80, 171, 315, 384, 433, 460
自己統制理論／低自己統制理論　self-control theory　14, **16**
自己破壊的行動　self-destruction behavior/self-inflicted behavior　364
自己表現力　assertion　439, 444, 446
自己報告研究　self-report study　84, 172
自己報告データ　self-report data　85
自己奉仕バイアス　self-serving bias　68
自己有用感　sense of self-efficacy　505, 513, 549, 554, 733
自己理解　self-understanding　324, 368, 441, 476, 480, 482, 712, 761
自己了解　self-comprehension　325

自己理論　self-theory　**308**
自　殺　suicide　49, 67, 94, 125, 135, 146, 159, 254, 262, 268, 299, 344, **364**, 370, 662, 755
自殺自傷　suicide and self-injury　268, **364**
自殺と自傷の鑑別　assessment of suicide and self-injury　365
私事化　privatization　575
資質形成の要因　factors in development of a person's character　318
事実認定　fact finding　574, 682, 692, 701, 709
自主防犯活動／防犯ボランティア　voluntary crime prevention activity/volunteer of crime prevention　568, **590**, 592, 593, 608, 611
思春期　puberty　14, 29, 48, 114, 321, 322, 468, 488, 519, 669, 713, 727
思春期保健指導　physical and mental health guidance class for juvenile　727
思春期やせ症　anorexia nervosa　322
自　傷　self-injury　127, 268, 302, 322, 364, 370, 430, 439, 665
視床下部　hypothalamus　44
視床下部－脳下垂体－副腎系経路　hypothalamic-pituitary-adrenal axis　45
事象関連電位（ERP）　event related potential　249, 362
自助グループ／セルフ・ヘルプ・グループ　self-help group　402, 430, 496, **514**, 522, 533, 537, 559, 614, 625
システミック・モデル　systemic model　566
システム悪用　employee fraud　181
システムズ・アプローチ　systems approach　**516**, 556
システムズ・アプローチ，社会内処遇における　systems approach in community-based treatment　**516**
システム破壊　IT sabotage　181
施設化　institutionalization　396
施設収容申請　application for referral to juvenile training school　492
施設送致申請　petition of referral to facility　708
施設内処遇／施設内処遇制度　institutional treatment　272, 288, 332, **372**, 374, 376, 378, **382**, **386**, 390, 392, 487, 490, 492, 494, **698**, 705, **718**, 763
施設内処遇におけるRNRモデル　RNR model in institution treatment　378
施設内処遇におけるグッド・ライブス・モデル　good lives model in correctional setting　**382**
施設内処遇における心理職の専門性　expertise of psychologist in correctional setting　376
施設内処遇における動機づけ面接法

motivational inteviewing in correctional setting 392
施設内処遇における認知行動療法　cognitive behavioral therapy in institutional treatment 386
施設内処遇におけるリラプス・プリベンション　relapse prevention in institutional treatment 390
自然観察法　naturalistic observational method 92
自然監視　natural surveillance 564
自然死　natural death 254
持続エクスポージャー（PE）療法　prolonged exposure therapy 648, 652
持続性複雑死別障害　persistent complex bereavement disorder 655
自尊感情　self-esteem 23, 167, 318, 321, 393, 410, 616, 657, 713
失　業　unemployment 23, 57, 84, 94, 115, 318, 524, 551, 748, 751
実　験　experiment 33, 66, 79, 93, 98, 217, 231, 236, 245, 251, 262, 690, 694
実験法／実験計画法　experimental (design) method 93, 589
実行機能　executive function 131, 485
執行猶予　suspension of execution of sentence 139, 176, 469, 494, 502, 509, 522, 528, 530, 532, 682, 730, 732
実証的根拠　empirical evidence 270, 391, 464
実践プログラム　practice program 402, 408
質的変数　qualitative variable 96
質問紙法　questionnaire method 73, 92, 291, 245, 295, 328, 415
焦点化質問／WH 質問　focused question/WH question 241
実用的評価　utilization focused evaluation 109
指定更生保護施設　specialized rehabilitation aid hostel 539, 547
指定地区パトロール　directed patrol 609
指定通院医療機関　designated medical institution 542, 729
指定被害者支援要員　systems for designating victim support personnel 643
指定暴力団　designated Boryokudan 196, 199
私的鑑定　circumstances analysis ordered by defense attorney 688
私的空間　private space 564
私的統制　private control 566
自転車盗　bicycle theft 192, 286, 746, 752
視点取得　perspective taking 63, 73, 317
児童買春　commercial sexual exploitation of children /child prostitution 126, 176, 178, 621, 656

児童買春・児童ポルノに係る行為等の処罰及び児童の保護等に関する法律　Act on Regulation and Punishment of Acts Relating to Child Prostitution and Child Pornography, and the Protection of Children 126, 176
指導監督　instruction and supervision/ guidance and supervision 493, 495, 496, 498, 506, 510, 528, 552, 716, 732, 734
児童虐待　child abuse 49, 55, **126**, 149, 212, 439, 499, 517, 523, 575, 616, 620, **664**, 668, 747
指導強化プログラム　intensive supervision program 530
自動思考　automatic thought 306, 364
自動車運転死傷処罰法　Penal Law for Causing Injuries While Driving 141
自動車運転処罰法　Automobile Driving Punishment Law 660
自動車盗　motor vehicle theft 107, 190, 192, 203
自動車賠償保健制度　Compulsory Automotive Liability Insurance policy 661
児童自立支援施設　children's self-reliance support facility 55, 312, 378, 468, 470, 521, 703, 705, 708, 716, 718, 720
児童自立支援施設（等）送致　referral to a children's self-reliance support facility/ruling for referral of a juvenile to a children's self-reliance support facility 703, 708, 717
児童相談所　child guidance center 27, 82, 126, 471, 521, 621, 630, 664, 668, 674, 703, 704, 720, 739
児童相談所先議　prior consideration by child guidance center 703
児童福祉施設　child welfare facility 373, 375, 717, **720**
児童福祉機関　child welfare agency 319, 338, 467, 709, 716, 720
児童福祉法　Child Welfare Law 48, 126, 243, 470, 620, 656, 674, 701, 703, 716, 719, 720, 739
児童ポルノ　child pornography 49, 126, 172, 174, **176**, 179, 265, 656, 757
児童養護施設　home for dependent children 312, 468, 703, 720
児童養護施設送致　referral to a foster home 708, 716
シナノン　synanon 394
忍込み　residential burglary 194
シノミー　synnomie 87
支配欲　need for dominance 61, 167, 328
自　白　confession **234**, **236**, 693, 708, 744
自白理由　reason for confession 234
自発型虚偽自白　voluntary false confession 236
指標得点　index score 357
自閉症スペクトラム障害（ASD）　autism

事項索引

spectrum disorder　78, 297, 319, 333, 358, 363, 375, 486
嗜癖／嗜癖行動　addiction/addictive behavior　71, 137, 289, 296, 322, 390
司法機関　judicial institution　134, 264, 422, 617
司法制度改革／司法制度改革審議会　reform of the judicial system/Judicial System Reform Council　**678**
司法ソーシャル・ワーカー　forensic social worker　**683**
司法的機能　judical function　710
司法統計　judicial statistics　112
司法面接　forensic interview　127, **240**, 243, 267, 269, 675
司法臨床　forensic clinical psychology　723
市民参加制度　citizen participation　574
社会化　socialization　6, 12, 54, 119, 288, 333, 520, 566, 626
社会階層／社会階級　social stratification/social class　46, **84**, 201
社会解体論　social disorganization theory　2, **6**, 19, 84, 566, 586
社会開発的犯罪予防　social developmental crime prevention　561
社会記録　report on juvenile offender by family court probation officer　707
社会貢献活動　social contribution activity　493, 505, 513, 533, 534, **554**, 733
社会行動障害　social behavior disorder　360
社会参加活動　social activity/social participation activity　513, **554**, 626, 733
社会資源　social resource　54, 268, 405, 494, 497, 511, 515, 536, 645, 712, 741, 761
社会生活技能訓練（SST）　social skills training　436, **474**, 539, 540
社会生態学　social ecology　519, 567
社会調査　social survey/investigation of facts and background　108, 569, 576, 634, 688, 707, 710, 760
社会適応訓練　social adjustment training　474
社会的学習理論　social learning theory　25, 166, 305, 386, **474**, 580
社会的絆理論　social bond theory　3, 13, 103, 466, 520
社会的孤立　social isolation　205, 214
社会的情報処理モデル　social information processing model　62, 113
社会的スキル　social skill　99, 113, 196, 171, 386, **474**, 605
社会的相互作用理論　social interactionist theory　62
社会的統制理論　social control theory　12, 41, 81
社会的排除　social exclusion　522, 524, 757

社会的包摂　social inclusion　524
社会内支援　support in community　487
社会内処遇　community based treatment　423, 449, **490**, **492**, **494**, **526**, **528**, 675, 706, 717, 730
社会内処遇におけるグッド・ライブス・モデル　systems approach in community-based treatment　**526**
社会内処遇におけるシステムズ・アプローチ　systems approach in community-based treatment　**516**
社会脳　social brain　360
社会病理学　social pathology　6
社会福祉士　certified social worker　298, 421, 546, 557
社会福祉施設　social welfare facility　507, 546, 726, 738
社会復帰　rehabilitation　203, 298, 376, 399, 402, 415, 419, 424, 441, 466, 509, 536, 544, 548, **556**, 635, 728, 730, 738
社会復帰促進センター　rehabilitation program center　395, 522, 737
社会復帰調整官　rehabilitation coordinator　544, **556**, 728, 731
社会防衛論　theory of social defense　5
社会奉仕活動　community service activity　620, 623, 626, 713, 727, 761
社会奉仕命令　community service order　493
社会モデル　social model　300, 372, 761
釈　放　release　276, 399, 402, 404, 418, 419, 421, 425, 493, 506, 536, 544, 556, 547, 619, 735
謝　罪　apology　414, 435, 512, 665, 713, 737
車上ねらい　theft from a vehicle　286, 746
写真面割り　photo identification　691
赦免妄想　mania of amnesty　367
銃器買戻し　gun buyback program　568
宗　教　religion　99, 200, 203, 210, 212, 261, 344, 557, 575, 649, 706
宗教テロ　religious terrorism　200
終局決定　final decision　705, 716, 753
住居不可侵の原則　guaranty of right to house security　676
集合の効力感　collective efficacy　566
集合の事例研究　multiple/collective case study　100
従属変数　dependent variable　96
重大4要因／ビッグ・フォー　Big Four　273
住宅・公共空間の防犯対策　crime prevention measures of housing and public space　562, **594**
住宅強盗　residential robbery　**154**, 157
住宅侵入盗　residential burglary　**194**
集団カウンセリング　group counseling　424,

442

集団指導　group guidance/group treatment　409, 434, 436, 439
集団順応度（GCR）　group conformity rating　347
縦断的研究　longitudinal study　28, 46, **98**, 129, 179, 571
集団編成　grouping　373, 375, 398, **400**, 698
集団方式の知能検査　group intelligence test　356
集団方式のテスト・バッテリー　group test-battery　340
重点指導施設　facility which provides the intensive program　431, 432
修復的司法　restorative justice　675, 701, **736**
自由報告　free narrative　243, 426
週末拘禁　weekend detention order　493
住民参加　resident participation　592, 626
住民ボランティア　residential volunteer　626
自由面接法　non-structured interview　285
収容鑑別　institutional classification　324, 468, 714
就労支援　job assistance/employment support　278, 398, 409, **418**, **480**, 485, 525, 549, 736
就労支援, 刑事施設における　job assistance in penal institution　**418**
就労支援事業　employment support project　399, 525, 553
就労支援指導 /R6 指導　guidance for job assistance/R6 guidance　388, 399, 401, 418
就労支援, 少年院における　employment support in juvenile training school　480
就労支援スタッフ　staff employment support　418
酒害教育　guidance to the alcohol abuse　388, 403, 416
主観的規範　subjective norm　269, 325, 711, 760
主観的事実　subjective facts　325, 760
主観的統制感　perceived behavioral control　582
受刑者　inmate/prisoner　2, 22, 73, 203, 234, 278, 298, 366, 373, 385, 389, 393, 396, 398, 400, 402, 408, 416, **420**, **422**, 424, 548, 719, 734
受刑者処遇　treatment for inmates　278, 373, **398**, 402, 698
受刑者の集団編成　group organization of inmates　**400**
受刑者の属性　characteristics of the inmate　278, 398
受刑者分類制度　classification system of prisoner　424
受講命令　attendance center order　493, 519
主題統覚検査（TAT）　Thematic Apperception Test　336, 339

手段的事例研究　instrumental case study　100
出院準備教育過程　process of pre-release educational program　441
出　頭　appearance　518, 531, 638, 382, 707, 711, 723, 744
守秘義務　confidentiality　376, 683
樹木画法 / バウムテスト　tree test/tree-drawing test/Baum test　**348**, 478
主要 5 因子 / ビッグ・ファイブ　Big Five　60, 310
巡回連絡　door to door canvassing by community policing officer　568
準公共空間　semi-public space　564
準実験法　quasi experiment/quasi experimental method　426
準私的空間　semi-private space　564
遵守事項　conditions under probation/patrole supervision　493, 495, 498, 502, 510, 513, 528, 530, 532, **552**, 513, 528, 530, 532, 552, 556, 711, 726, 732, 761
準備プログラム　preparatory program　393
傷　害　bodily injury　45, 112, 132, 162, 286, 512, 619, 650, 687, 746
傷害致死　bodily injury resulting in death　146, 148, 234, 289, 316, 721
生涯継続反社会型　life course-persistent antisocial　46
生涯持続型犯罪者　life-course persistent criminal　xxv
障害者　persons with disabilities　78, 161, 228, 236, 288, 421, 458, 530, 537, 458, 507, 542, 557, 679, 728
障害者手帳　certification of persons with disabilities　421, 507
障害のある受刑者　handicapped inmate　420
状況の犯罪予防　situational crime prevention　37, 40, 561, **572**, 592
証　言　testimony　125, 218, 230, 238, 638, 690, 692, 744
証　拠　proof /evidence　230, 234, 240, 639, 657, 647, 680, 682, 690, 693, 708
証拠調べ手続　taking of evidence　681, 688
少子・高齢化　aging society with declining birthrate　748
小舎交代制　care system provided by shift-workers in small units　719
小舎夫婦制　cottage system by couple　470, 719
常習性 / 再犯　recidivism　144, 286, 288, 411
常習犯罪者 / 再犯者　recidivist　75, 224, **288**
情状鑑定　circumstances analysis/investigation of mitigating evidence　675, **688**, 692
情状酌量　mitigate　66
情性欠如型精神病質　affectionless psychopath

45
上　訴　appeal　638, 680, 740
象　徴　symbol　348
象徴的障壁　symbolic barrier　564
情緒障害者　emotional disabilities　458
情緒性　emotionality　60
情緒不安定　neuroticism　58, 60, 75, 322
照　度　illuminance　598
情動障害／情動障害論　emotional disturbance/emotional disturbance theory　56
衝動性　impulsiveness　16, 24, 29, 47, 58, 60, 64, 69, 78, 259, 302, 349, 384, 441
衝動的攻撃行動　impulsive aggressive behavior　45, 63
衝動的攻撃動機　impulsive aggression motive　162
衝動統制　impulse control　123
情動反応　emotional response　285
衝動病理学　〔独〕Triebpathologie　344
小児期発症型　childhood-onset type　316
小児性愛／小児性愛者　pedophile/pedophilia　130, 291, 176
小児性愛障害　pedophilic disorder　77, 174, 176
少年院　juvenile training school　50, 54, 82, 116, 312, 320, 370, 373, **428**, **430**, **432**, **434**, 436, **438**, 440, 444, 453, 458, 463, **466**, 480, 536, 700, 704, 716, 718, 730, 738, 753
少年院仮退院者　training school parolee　732, 738
少年院矯正教育課程　juvenile training school correctional education curriculum　719
少年院在院者　inmate of juvenile training school　319
少年院処遇　treatment of juvenile training shool　373, **428**
少年院送致　referral to juvenile training school　293, 312, 428, 467, 486, 701, 703, 704, 708, 716, 721, 753
少年院におけるキャリア・カウンセリング　career counseling in juvenile training school　480
少年院における就労支援　employment support in juvenile training school　480
少年院における女子少年への指導　guidance for female juvenile delinquents　438
少年院における不良交友指導　guidance on deviant peer association in juvenile training schools　436
少年院における面接指導　instructive interview in juvenile training school　440
少年院における薬物乱用防止指導　intervention to drag abuse prevention in juvenile training school　430

少年院法　Juvenile Training Schools Act/Reformatory Law　312, 428, 430, 432, 434, 436, 466, 674, 700, 714, 718
少年鑑別所　juvenile classification home　82, 269, 312, 314, 324, 369, 467, **468**, 704, 706, 710, **714**, 725, 737
少年鑑別所法　Act of Juvenile Classification Home　312, 468, 714, 747, 753
少年矯正　juvenile correction　373, 464, 684, 753
少年警察活動　juvenile police activity　**620**, 628, 630
少年警察協助員　support personnel for juvenile police　622
少年警察ボランティア　community juvenile police volunteer　620, **622**
少年刑務所　juvenile prison　278, 373, 398
少年サポートセンター　juvenile support center　49, 563, 630, 739
少年サポートチーム　juvenile support team for protection　737
少年指導委員　juvenile guidance committee member　622
少年司法／少年司法制度　juvenile justice/juvenile judicial system　**700**, **702**, 722, 741
少年処遇　juvenile delinquent treatment　464
少年人口比　ratio of juvenile population　750
少年審判　juvenile court hearing proceeding　43, 647, 700, **706**, 708, 710, 712, **716**, 724, 741, 760
少年相談　police counseling for juvenile/police juvenile counseling　521, 620, 628, **630**
少年相談専門職員　juvenile police counselor　759
少年調査票　juvenile social investigation report　704, 707, 710, 725
少年調査報告書　703
少年による殺人　juvenile homicide　**128**, 434, 753
少年による性犯罪　juvenile sexual offence　130
少年による暴力犯罪　juvenile violent offence　132
少年の可塑性　amenability of rehabilitation of juvenile　716, 726
少年性犯罪者アセスメントプロトコル第2版（J-SOAP-II）　Juvenile Sex Offender Assessment Protocol-II　274
少年非行　juvenile delinquency　18, 43, 82, **114**, 316, 520, 563, 624, 626, **720**, 723, 750, 753
少年非行総合対策推進要綱　Measure for the Prevention of Juvenile Delinquency　753
少年法　Juvenile Act　48, 52, 312, 428, 500, 624, 674, 700, **702**, 704, 706, 714, 720, 723
少年保護手続　procedure of juvenile case　315,

704, 706, 709, 724
少年補導員　juvenile guidance personnel/person in charge of juvenile guidance　622
情報収集　information gathering　62, 92, 155, 169, 222, 256, 269, 283, 325, 336, 368, 605, 610, 693
情報セキュリティ　information security　**180**
情報発信　disseminating information　569, **576**, 579
情報流出　information leak　181
照　明　illumination　**598**
将来展望　future time perspective　80, 627
処遇カウンセラー　counselor for treatment of inmate　425
処遇技法, 保護観察における　treatment skill in probation　510
処遇計画　treatment program　271, 376, 381, 412
処遇経過分析　analysis of treatment process　354
処遇効果　treatment effect　105, 268, 315, 339, 341, 376, 395, 554
処遇，高齢者または障害のある受刑者の　treatment of elderly and/or handicapped inmates　420
処遇困難者　difficult inmates　424
処遇指針　treatment plan　283, 287, 314, 468
処遇，児童自立支援施設の　treatment in children's self-reliance support facility/ treatment in support facilities for development of self-sustaining capacity　737, **470**
処遇指標　treatment code　278, 298, 398, 401, 698
処遇選択　selection of intervention　104, 268, 273, 708, 717, 722
処遇，知的能力障害のある少年の　treatment for juvenile delinquents with intellectual disability　**484**
処遇調査　treatment assessment/investigation for treatment　**278**, 293, 373, 376, 398, 698
処遇適合性　responsivity　268, 376, 411, 431
処遇，発達障害少年の　treatment of developmentally disordered juvenile delinquents　**482**
処遇プログラム　treatment program　108, 131, 171, 268, 346, 379, 406, 426, 528, 432, 464, 512, **530**, 675
処遇要領　treatment guideline　278, 398, 400, 698, 719
職業訓練　vocational training　400, 418, 420, 442, 480, 522, 525, 719, 738
職業講話　guidance for job　422
職業指導　vocational guidance　428, 439, 470, 480, 716
贖罪指導　guidance on atonement for one's sins/atonement guidance　434, 462

触法行為　law breaking　52, 78, 89, 114, 486, 686, 721
触法少年　juvenile who has violated penal provision　43, 620, 704, 706, 720
職務質問　stop and frisk　263, 569, 680
職務犯罪　occupational crime　206
女子更生保護施設　female rehabilitation aid facility　**558**
女子少年　female juvenile offender　320, **438**, 460, 751
女子少年院　female juvenile training school　320, 438, 460
女子少年への指導, 少年院における　guidance for female juvenile delinquents　**438**
女子非行　female juvenile delinquency　**116**, 320, **322**
女性受刑者　female inmate　**422**
女性犯罪　female offence　88, 148, 190, 423, 749
初　潮　first menarche　117
初発型非行　initial-type delinquency　193, 751, 755
初犯者　first-time offender　146, 188, 191, 195, 204
処　分　decision　**716**, 717, 677, 312, 486, 500, 676, 700, 704, 710, 714, 717, 726
自立支援計画　support plan for self-support　470
自立準備ホーム　self-reliance support homes　525, 545
自律性　autonomy　21, 303, 375, 383, 451, 526, 699
事例研究 / 事例研究法　case study/case study method　51, 93, 100, 219, 305, 354, 377
事例検討　case conference　313, 320, 469, 715, 761
事例分析　case analysis　128, 220, 227, 285
しろうと理論　lay theory　574
人格 / パーソナリティ　personality　3, 30, 42, 48, 58, 61, 74, 278, 300, 324, 444, 450
人格異常　abnormal personality　74, 311
人格解体　personal disorganization　7
人格研究　personal study　34, 58, 346
人格査定　personality assessment　**300, 302, 304, 306, 308**, 310, 346
人格特性　personality trait　58, 60, 74, 130, 162, 268, 274, 285, 287, 303, 328, 332
人格反応　〔独〕Persönlichkeitsreaktion　367
進化心理学　evolutionary psychology　4
新奇性　novelty　44, 101, 231
神経学的脳検査　neurological brain test　362
神経症傾向　neuroticism tendency　24, 329
神経心理学　neuropsychology　**360**
神経性大食症　bulimia nervosa　322
神経性無食欲症　anorexia nervosa　322
神経伝達物質　neurotransmitter　45, 77

人権被害者学　victimology of human rights　637
人口動態　vital statistics　660, 748
進行役　facilitator　736
親告罪　offence prosecutable upon a complaint　170, 656
人種プロファイリング　racial profiling　263
心身症　psychosomatic disease　323, 394, 454, 518
心神喪失　insanity　76, 486, 490, 547, 557, 648, 686, 728
心神喪失者等医療観察法　Act on the Medical Services and Observations of Persons in the State of Insanity　486
人身売買　human traffic/buying or selling of human being/trade of human being　668, 754
新生児殺　neonaticide　148
親族葛藤　relatives conflict　54
身体依存　physical dependence　137, 292
身体的虐待　physical abuse　31, 33, 126, 133, 162, 319
身体的暴力　physical violence　50, 422, 664
診断　diagnosis　74, 78, 137, 236, 280, 300
診断項目　diagnostic item　316
診断基準　diagnostic criterion　74, 137, 311, 316, 484, 635, 650, 661, 663
心的外傷後ストレス障害（PTSD）　posttraumatic stress disorder　321, 363, 635, 366, 646, **648**, 650, 656, 658, 661, 663, 668, 670
心的現実　psychic reality　26
シンナー／有機溶剤　thinner /organic solvent　32, 136, 292, 338, 446, 532, 749, 751, 775, 756
侵入症状　intrusion symptom　651, 669
新入時教育過程　process of orientation-stage educational program　441
侵入窃盗　theft through breaking and entering　154, 157, 190, 222, 234, 259, 587
心拍数　heart rate　113, 248
審判　hearing　312, 324, 359, 429, 521, 542, 557, 677, 680．701, 703, 704, 708, 710, 716, 720, 729
審判期日　date for hearing　707, 725
審判不開始／審判不開始決定　decision of dismissal without hearing/ruling for non-commencement of hearing　492, 703, 704, 707, 712, 741
親密希求型　intimacy seeking　169
尋問技法　interrogation techniques　693
信用性　trustworthiness　101, 692
信頼性　reliability　94, 219, 230, **238**, 255, 262, 273, 315, 563, 685, 619, 746
信頼性尺度　reliability scale　295, 329, 330
心理アセスメント／心理分析　psychological assessment　285, 354, 379, 714

犯罪心理学教育　education of crime psychology　632
心理学的検死／心理学的剖検　psychological autopsy　254
心理鑑定　psyhological evaluation　688
心理技官　technical officer with psychology　277, 312, 314, 376, 675
心理教育的　psychoeducational　123, 476, **536**
心理劇／サイコドラマ　psychodrama　444, 474
心理検査／心理検査法　psychological test/psychological test method　93, 269, 279, 300, 312, 326, 339, 398, 356, 473, 542, 686, 714
心理職　psychologist　369, 372, **376**, 542, 672, 712
心理職の専門性, 施設内処遇における　professional expertise of psychologist in institutional treatment　376
心理‐水力学モデル　psycho-hydro genic model　4
心理専門職　psychological profession　223, 425, **758**, **762**, **754**
心理操作　psychological manipulation　213, 616
心理的応急処置（PFA）　psychological first aid　655, 663
心理的虐待　psychological abuse　126
心理的暴力　psychological violence　50, 166, 603, 664
侵略者　invader　195
心理療法　psychotherapy　26, 240, 301, 306, 339, 372, 386, 450, 476

遂行（実行）機能　executive function　360
スキーマ　schema　62, 306, 388
スキル／スキル訓練　skill/skill training　29, 63, 103, 130, 156, 167, 256, 387, 390, 474, 477, 550
スクール・ガード　school guard　602
スクール・シューティング　school shooting　**134**
スケーリング・クエスチョン　scaling question　449
スタンフォード・ビネー知能検査　Stanford-Binet intelligence scale　357
ステップ・ワイズ面接法　step-wise interview　245
ストーキングのアセスメントと管理のためのガイドライン　Guidelines for Stalking Assessment and Management　619
ストーカー　stalker　30, 95, 164, 168, 252, 575, 602, 618, 643, 687, 747
ストーカー規制法　Stalker Regulation Law　168, 618
ストーキング　stalking　49, 168, 252, 563, 618
ストックホルム症候群　Stockholm syndrome

事項索引　　841

69, 659
ストーリー化　making to story　463
ストレイン／緊張　strain　2, 8, 11, 57, 61
ストレス　stress　2, 8, 10, 45, 57, 61, 86, 115, 148, 181, 255, 300, 366, 446, **670**
ストレス型犯罪　stress motivated crime　86
ストレングス／保護要因　strength /protective factor　133, 268, 271, 274, 275, 561, 726
ストレングス・モデル　strength model　557
スーパー・ビジョン　supervision　377, 497
スプリー殺人／スプリー殺人型　spree murder/ spree murder type　147, 153
スプリー犯　spree　151
スポンサーシップ　sponsorship　515
スモール・ステップ　small steps　471, 511

性加害　sexual assault　243, 290, 385, 386, 410
生化学的研究　biochemical study　45
性格検査　personality test　312, 328, 346, 468
性格理論　personality theory　310
生活安全条例　ordinance for public safety　563, 594
生活環境　social circumstance　127, 252, 279, 490, 506, 521, 522, 557, 490, 506, 521, 522, **544**, 556, 730, 735
生活指導　living guidance　428, 436, 464, 538, 540, 717, 733
性器露出　exhibitionism　170
性　差　gender difference　48, 88, 116, 320, 423
制裁・報復機能　function of punishment and retaliation　285
政策評価／政策評価研究　policy evaluation/ policy evaluation research　**108**, 427, 589
性差別　sexism　88
性嗜好異常　paraphilic disorder　77, 78, 316
政治的テロ　political terrorism　159, 200
脆弱性　vulnerability　155, 180, 233, 300, 577, 619, 648
成熟効果　maturation　464
青少年　youth　82, 188, 274, 591, 623, 627, 715, 720, 738, 750, 755
成　人　adult　29, 42, 114, 131, **162**, 318, 373, 400, 450, 674, 703, 706, 732
精神医学的診断　psychiatric diagnosis　283, 289, 302, 558, 696
精神依存　psychological dependence　137, 292
精神科治療　psychiatric treatment　255, **486**
精神科治療, 医療少年院における　psychiatric treatment in juvenile medical training school　**486**
精神鑑定　psychiatric expert testimony/ psychiatric evaluation　66, 153, 283, 362, **684**, 687

精神疾患説　psychopathological hypothesis　200
精神疾患の診断・統計マニュアル第 5 版 (DSM-5)　Diagnostic and Statistical Manual of Mental Disorders Fifth Edition　64, 74, 79, 137, 159, 172, 174, 311, 316, 484, 650, 661, 669
精神疾患の診断・統計マニュアル (DSM)　Diagnostic and Statistical Manual of Mental Disorders　64, 74, 129, 172, 311, 316, 650
精神障害　mental disorder　23, 36, 46, 66, 138, 153, 159, 161, 268, 487, 502, 689, 728
精神障害者　mentally handicapped person　161, 421, 530, 537, 542, 557, 679, 728
精神年齢　mental age　357
精神病質　psychopathy/psychopathic　24, 42, 64, 129, 280, 303, 311
精神分析　psychoanalysis　26, 30, 128, 301, **302**, 510
精神分析理論　psychoanalysis theory　**26**, 30, 128, 301, **302**, 510
精神保健観察　mental health supervision　490, 557, 729
精神保健福祉士　psychiatric social worker　298, 421, 546, 728
精神保健福祉法第 26 条に基づく通報　Report under Article 26 of the Mental Health and Welfare Law　421
成績評価　evaluation of the grade　374, 440
生存(時間)分析　survival analysis　105, 464, 531, 612
成長発達権　growth and development right　683, 701
性的アイデンティティ　gender identity　117
性的虐待　sexual abuse　50, 126, 174, 212, 238, 320 , 370, 658, 668, 678, 690
性的空想　sexual fantasy　291
性的殺人　sexual homicide　220, 226, 258
性的盗撮　hidden camera voyeurism　172
性的被害　sexual victimization　320, 422
性的暴力　sexual violence　50, 166, 438, 664
性的問題　sexual problem　**320**, 339, 349
性的欲求　sexual desire　130, 177, 290, 297, 528
静的リスク　static risk　271 , 291, 406, 502, 531
静的・履歴因子　static/historical factor　271
正当化バイアス　justification bias　59
生徒間暴力　violence between students　122
生徒指導　student guidance　52, 122, 124, 469, 705
青年期　adolescence　29, 47, **48**, 70, 488
青年期限定型犯罪　adolescence-limited crime　xxv, 46
青年期発症型　adolescence-onset type　316
性犯罪　sex crime/sexual offence　69, 130, 170, **172**, 258, **290**, **534**, 603, 612, 634, 656

性犯罪再犯防止指導,刑事施設における　sex offender treatment program in penal institution　410
性犯罪再犯防止指導　sex offender treatment program　105, 380, 389, 393, **410**, 420, 427, 530, 699
性犯罪者　sexual offence offender　69, 130, 170, **172**, 258, **290**, **534**, 603, **612**, 634, 656
性犯罪者再犯防止プログラム　treatment program for sex offender　391
性犯罪者情報公開法　Registration and Community Notification Law　175
性犯罪者処遇プログラム　treatment program for sexual offender/sex offender treatment program　109, 171, 528, **530**, 534
性犯罪者の再犯防止,警察における　sexual abused experience (police effort to reduce recidivism of sexual criminal)　**612**
性犯罪被害　victimization of sex offense　107, 174, 600, 603, 643, **656**, 662
性被害体験　experience of sexual abuse victimization　291, 320
性非行　sexual delinquency　117, **130**, **432**, 540
性非行防止指導,少年院における　correctional education program for juveniles who have committed sexual delinquency　**432**
生物学的要因　biological factor　2, **44**, 300, 487
生物－心理－社会（BPS）モデル　bio-psycho-social model　300, 487, 711, 729, 761
性暴力　sexual violence　131, 170, 274, 650
生命尊重教育　education from respect for lives　434
性問題行動　sexual problem behavior　439
性役割　gender role　89, 167
生来性犯罪人説　theory of born criminal　2, 5, 18, 24
生理指標　physiological measure　**248**
セーフ・コミュニティ　safe community　569
世界治療共同体連盟　World Federation of Therapeutic Community　394
世界被害者学会（WSV）　World Society of Victimology　636
責任刑　punishment in proportion as liability　696
責任主義　principles of criminal liability　696
責任の能力　ability of responsibility　76, 486, 542, 677, 684, 686, 688
世代間伝達　intergenerational transmission　90, 126, 520
積極的傾聴　active listening　256
積極的攻撃性　proactive aggression　133
接近の制御　access control　592
接触型　contact type　170, 172,

摂食障害　eating disorder　290, **322**, 439, 514, 558
折衷的　eclectic　74, 271, 301
窃　盗　theft　16, 44, 65, 77, 154, 173, 190, 194, 203, 234, 286, 288, 316, 323, 507, 558, 746
窃盗症／窃盗癖／クレプトマニア　kleptomania　76, 290, 316, 558
説得交渉　negotiation　161, 253
説明水準　level of description　3
セルフ・トーク　self-talk　477
セルフ・ナラティブ　self-narrative　102
セルフ・ヘルプ・グループ／自助グループ　self-help group　402, 430, 496, **514**, 522, 533, 537, 559, 614, 625
セルフ・レギュレーション・モデル　self-regulation model　410
セロトニン　serotonin　45
ゼロ・トレランス　zero tolerance　301, 571
遷移地帯　zone in transition　7, 18, 21
尖鋭アノミー　acute anomie　754
遷延性悲嘆障害　prolonged grief disorder　655
責　任　responsibility　2, 58, 60, 93, 101, 112, 165, 281, 319, 402, 425, 451, 526, 674, 677, 682, 686, 696, 702, 713, 737
全検査 IQ　full scale intelligence quotient/total IQ　82, 358
全件送致主義（全件通報制）　principle of all-juvenile-case-referring to family court　188, 703, 707
《米》全国犯罪被害調査　national crime victimization survey (US)　576, 610
全国万引犯罪防止機構　National Shoplifting Prevention Organization　597
潜在的　latent/covert　17, 35, 132, 244, 252, 374, 527, 567, 610, 648, 656
潜在的攻撃性　covert aggression　132
染色体　chromosome　44
全数調査統計　census statistics　94
センセーション・シーキング／刺激性欲求　sensation seeking　**70**
全体主義　totalitarianism　212
選択式質問　multi-choice question　242
選択モデル　selection model　119, 217
前頭葉　frontal lobe　45, 113, 289, 360
セントラル・エイト／中心的8要因　central eight　379
セントログラフィ　centrography　228
洗　脳　brainwash　213
前方向視的　prospective　98
専門的処遇プログラム　specialized treatment program　496, 502, 511, 528, 534
占有離脱物横領　embezzlement of lost property

193, 204, 751
戦略的攻撃動機　strategic aggression motive
　　　162
憎悪型　resentful type　169
早期における犯罪被害者心理　early psychological reactions to crime of victim　662
造形療法　art therapy of sculpture　478
《米》総合社会調査　general social survey（US）　576
捜　査　criminal investigation　37, 66, 169, **216**, **218**, 220, 222, 228, 240, **262**, **264**, 266, 630, 634, 643, 680, 690, 707, 730
捜査員　detective　220, 222, 246, **262**, 260, 693
捜査心理学　investigative psychology　xxiv, 216, **218**, 254, 692
捜査面接　investigative interview　217, 444
双生児法　twin method　5, 44
相対的剝奪／相対的剝奪説　relative deprivation/relative hypothesis　85, 200
相同仮説　homology assumption　220
総務省　Ministry of Internal Affairs and Communications　89, 181, 204, 580, 590, 605
ソーシャル・スキル・トレーニング／社会生活技能訓練　social skills training　436, **474**, 539, 540
遡及処罰　retroactive penalty　677
素行症／素行障害（CD）　conduct disorder　42, 45, 77, 79, **316**
組織体犯罪　organizational crime　196, 206
組織の観察法　systematic observational method　92, 326
組織犯罪　organized crime　**196**, 206, 754
組織暴力　organized violence　184
ソーシャル・インクルージョン　social inclusion　**524**
ソーシャル・エクスクルージョン　social exclusion　524
ソーシャル・スキル　social skill　29, 103, 125, 436, 476
ソーシャル・ネットワーキング・サービス（SNS）　social networking service　178, 180, 601
ソーシャル・メディア　social media　579
育ち（育て）直し　regrowing・reparenting　423, 439, 471
育てにくい子ども　difficult child　427
措置入院　involuntary admission　421, 728
粗暴犯罪　violent offense　284
ソンディ・テスト　Szondi Test　344

■た

大学の防犯サークル　crime prevention circle　632
体感治安　worry about crime　588, 606, 752
対教師暴力　violence against teacher　52, 122, 629, 755
体験学習　experience learning　513, 554, 712
体験的心理療法　experiential psychotherapy　301
対象関係／対象関係論　object relation/object relation theory　26, **30**, 425
対照群　control group　426
対照質問法　control question test　250
対人関係評価法　assessment of interpersenal relation　331
対人ネットワーク　interpersonal network　580
対人不信感　sense of distrust　499
耐　性　tolerance　244, 292, 334
代替薬物　alternative drug　139
態　度　attitude　6, 13, 20, 64, 284, 294, 330, 394, 442, 713
第二次性徴　secondary sex characteristic　116
第2世代CPTED　second generation CPTED　567
ダイバージョン　diversion　**740**
逮捕リスク　risk of arrest　194
大　麻　marijuana　136, 292, 532
代理強化　vicarious reinforcement　25
代理受傷　vicarious traumatization　637, 670
代理被害　vicarious victimization　578
大量殺人／大量殺人型　mass murder/mass murder type　134, 147, 152, 282
対話の会　Taiwanokai　737
タウン・セキュリティ　town security　594
多機関連携／多職種チーム　multi-disciplinary team appoach　243, 496, **506**, 613, 736
多機関連携・多職種連携，更生保護における　Multi-agency cooperation/multi-disciplinary team appoach on offender rehabilitation service　506
他　殺　homicide　254, 264
多次元共感性尺度　multi-dimensional empathy scale　73
他者理解　others understanding　482
多職種支援　support by many types of professions and staffs/multi-disciplinary support　487
多職種チーム　multi-disciplinary team　543
立ち直り　resilience/recovery　81, 473, 520, 522, **550**, 620, 622, 628
立ち直り支援　resilience　520, 620, 622, **628**, 630
妥当性　validity　14, 70, 93, 94, 219, 268, 276, 281, 302, 315, 328, 595, 716
ダニーディン縦断研究　Dunedin Multidisciplinary Health and Development Study　90

ダブル・ロール　double role　375, 496
多変量解析　maltivariate analysis　219, 464
ダルク（DARC）　Drug Addiction Rehabilitation Center　493, 507, 515
単一殺人　single murder　152
段階処遇　progressive grade system　428, 503, 553
探索型　searching type/hypothesis generating / explanatory　97
探索質問法　searching CIT　251
断酒会　Danshu-Kai　514
男女同権　gender equality　88
男性性　masculinity　291
単発犯　single offence　151
地　域　local community　571, 626
地域安全マップ　safety map /security map　562, 602, **604**, 611, 632
地域安全マップ　community safety map　600, **604**, 632
地域援助　support for crime prevention in local communit y　468, 504
地域解体　community disorganization　7
地域支援　community based support　505
地域支援ガイドライン（案）試行等事業　trial project on community support guideline,proposal　507
地域社会　local community　29, 372, **468**, 504, 554, 575, 600, 605, 617, 714, 730, 738
地域生活定着支援　regional sustained commnuity life support　298, 421, 507, 549, 733
地域生活定着促進事業　community life support project / community resettlement support project　298
地縁団体　territorial group　591
知事部局　governor's branch　632
秩序違反／無秩序　violation order/disorder　226, 258, 571, 560
知的障害者　person with intellectual disabilities　78, 236, 288, 458, 530
知的（能力）障害　intellectual disability　78, 420, **484**
知的発達症　intellectual developmental disorder　78
知　能　intelligence　**82**, 93, 343, **356**, 358, 542
知能検査　intelligence test　78, 82, 93, 342, **356**, 468, 485, 542
知能指数（IQ）　intelligence quotient　78, 343, 356
知能偏差値　intelligence standard score　357
地方更生保護委員会　regional parole board　502, 546, 556, 735, 736
注意欠如・多動症／注意欠如・多動性障害（ADHD）　attention-deficit/hyperactivity disorder　47, 79, 317, 319, 363
注意集中効果　attention focus effect　231
中間期教育過程　prosess of intermediate-stage educational program　441
駐在所　residential police box　568
中心の8要因　Central Eight　273
中　和　neutralization　12, 25, 68, 305, 572
調査センター　assessment center　399, 424
調査専門官　investigation officer　278, 698
調査（捜査）面接　investigative interview　240
調査的面接法　investigational interview method　92
超自我因子　factor of super ego　347
長所基盤　strength-based　384
長所基盤モデル　strength-based model　22, 432
調整プログラム　adapted program　420
直接強化　direct reinforcement　25
直線的因果律　linear causality　517
地理情報システム（GIS）　geographic information system　585, 607, 609
地理的犯罪者探索（CGT）　criminal geographic targeting　220
地理的犯罪予測　geographical crime prediction　587
地理的プロファイリング　geographic profiling　35, 37, 39, 221, 222, 228
治療教育モデル　therapeutic education model　372
治療共同体　therapeutic community　374, **394**
治療共同体としての矯正施設　correctional institution as a therapeutic community　**394**
治療診断的処遇　therapeutic-diagnostic treatment　442
治療的アセスメント（TA）　therapeutic assessment　**368**
治療的司法　therapeutic jurisprudence　742
治療的退行　therapeutic regression　452
治療的風土　therapeutic climate　442

通勤犯行型　commuter type of offence　220
付添人　attenndant　701, 703, 707, **724**
償いに向けての特別プログラム　special program on atonement for one's sins　434

出会い系サイト　online dating site　178
定位反応　orienting response　249
定期再調査　periodic assessment of inmate　424
低自己統制　low self-control　**16**, 58
ディスクレパンシー／有意差　discrepancy　358
敵意帰属バイアス　hostile attributional bias　307
敵意バイアス　hostility bias　59
適応行動　adaptive behavior　463
適応の水準　adaptive criterion/adaptive level　301

事項索引

テキスト・マイニング　text mining　201
適性検査　aptitude test　93
適正（公正な）手続　due process　692, 701
適正手続保障　guaranty of due process　676
デジスタンス研究／立ち直り研究　desistance research　103
テスト・バッテリー　test-battery　368
デート商法　pro-dater　187
デート暴力／デートDV　dating violence　**166**, 253, 583, 602, 619
デート・レイプ　date rape　601
デュエット構造　duet frame　636
テレビ・ゲーム　TV game　110, 360
テロのロビン・フット・モデル　Robin Hood model of terrorism　201
テロリズム／テロ犯罪　terrorism　**200**
転　移　transference/displacement　425, 499, 573, 588, 593, 670
典型的窃視者　typical voyeurist　172
点検商法　home repair scam　187
電子監視／電子監視制度　electronic monitoring/electronic monitoring system　410, 493, 613
伝統的警察活動　traditional policing　584, 606
店内捕捉　capture of shoplifting inside the shop　597
店舗強盗　commercial robbery　**156**, 260
転用可能性　transferability　101

同　意　consent　101, 421, 546, 621, 628, 644, 720
同一性機能　function of identity　285
同一犯　crime linkage　**224**
投映法／投映法検査　projective technique/projective test　290, 346, 335, 352, 415, 714
投映法性格検査　projective personality test　346, 348
動機づけ　motivation　483, 498, 632
動機づけ面接／動機づけ面接法　motivational interview/motivational interview method　375, 403, 392, 407
動機づけ面接法，施設内処遇における　motivational inteviewing in institutitional treatment　**392**
道具的攻撃　instrumental aggression　62, 158, 160, 162, 181, 183, 256
道具的交渉アプローチ　instrumental negotiation approach　256
道具的暴力　instrumental violence　162
統計的プロファイリング　statistical profiling　226
統計分析　statistical analysis　96, 169, 220, 254, 607
統合型HTP法　synthetic HTP　350, 478
統合的　integrative　115, 165, 231, 301, 341, 372

動作性知能（IQ）　performance IQ　82, 358
動作性検査　performance test　356
盗　撮　hidden camera voyeurism　172, 530
統制感　sense of control　171, 582, 626
統制理論　control theory　2, **12**, 52
同　調　conformity　172, 530
動的安定的リスク　stable dynamic risk factor　171, 582, 626
動的家族画（KFD）　Kinetic Family Drawing　352
動的急性的リスク　acute dynamic risk factor　171
動的リスク／動的リスク要因　dynamic risk/dynamic risk factor　271, 272, 378
道徳／道徳性　moral/morality　**72**, 456
当番弁護士制度　Duty Lawyer System　678
通り魔／通り魔殺人　random attacker/random attacker murder　**150**, 283
通り魔殺人事件　random killing case　150
篤志面接委員　volunteer visitor for inmate　402, 425
特殊詐欺　special fraud/designated non-face-to-face fraud　186, 214
特殊反応性　pecific responsivity　379
読書指導　reading guidance　403, 405, **462**, 713
特性／特性論　trait/trait theory　58, 310, 301
特定暴力対象者　designated violent offender　502
特別永住者　special permanent resident　202
特別改善指導　special guidance for reform　389, 391, 397, 399, 402, 408, 411, 418, 699
特別遵守事項　special condition　495, 502, 513, 528, 530, 532, 552, 554
特別調整　coordination of the social circumstances for the person with particular needs　298, 399, 421, 506, 546, 549, 735
特別予防　special prevention　676, 696
独立変数　independent variable　96
都市社会学研究　urban sociological research　38
ドーパミン　dopamine　45
ドミナント・ストーリー　dominant story　103, 472
ドメスティック・バイオレンス（DV）　domestic violence　**120**, 126, 161, **164**, 166, 282, 520, 583, 601, **614**, 618, 646, 664, 756
豊川市主婦殺人事件　Toyokawa City Woman Murder Case　746
トラウマ　trauma　126, 649, **650**, **668**
トラウマの再現　reappearance of the trauma　126
ドラッグ・コート／薬物専門裁判所　drug court　741, 742
トランケルの供述分析　Trankell's statement reality analysis　238

トランスセオレティカル・モデル（TTM）
　　transtheoretical model　583
取入れモデル　importation model　396
取調べ/取調べ手法　interrogation/suspect
　　interview/interrogation style　**234**, 238, 758
ドリフト理論　drift theory　572
トリプルP　triple P/positive parenting program
　　127

な

内観/内観療法　naikan/naikan therapy　403,
　　454
内向型　introvert　235, 310
内省プログラム　introspection program　543
内的圧力　internal pressure　234
内的衝動説　internal drive theory　63
内的対象　internal object　30
内（容）的妥当性　internal validity/content
　　validity　96, 465
内務省重大事件捜査システム（HOLMES）
　　Home Affairs Office Large Major Enquiry
　　System　264
永山事件　Nagayama Case　696
ナラティブ　narrative　102, 374, **472**, 523, 744
ナラティブ・アプローチ　narrative approach
　　102, 523
ナラティブ・セラピー　narrative therapy　**472**
ナラティブ・プラクティス　narrative practice
　　472
ナラノン　Nar-Anon　515, 537
ナルコティクス・アノニマス（NA）　Narcotics
　　Anonymous　407, 514
ナルシシズム　narcissism　135, 175

ニーズ原則　needs principle　105, 378
ニーズ評価　needs assessment　426
二過程モデル　two process model　162, 285
二次性誤信念課題　second-order false-belief
　　task　361
二次的外傷性ストレス　secondary traumatic
　　stress　670
二次(的)障害　secondary disability　78, 297, 358
西鉄バスジャック事件　Nishitetsu Bus Hijaking
　　Case　746
二次被害　secondary victimization　637, 651, 667
二次予防　secondary prevention　561, 608, 626
ニーズ要因　need factor　268
偽の合意効果　false consensus effect　68
日常活動理論　routine activity theory　37, 34, 38,
　　40, 53, 572, 584
日記指導　diary guidance　**462**, 713, 719
日本国との平和条約に基づき日本の国籍を離脱し
　　た者等の出入国管理に関する特例法　Special
　　Act on the Immigration Control of, Inter Alia,
　　Those Who Have Lost Japanese Nationality
　　Pursuant to the Treaty of Peace with Japan
　　202
日本司法支援センター/法テラス　Japan Legal
　　Support Center　679, 724
日本版 WAIS-Ⅲ　Wechsler Adult Intelligence
　　Scale-Ⅲ　357
日本版 WISC-Ⅳ　Wechsler Intelligence Scale for
　　Children-Ⅳ　357
日本版総合社会調査（JGSS）　Japanese General
　　Social Surveys　577
日本版マトリックス・プログラム（J-MAT）
　　Japan Matrix Program　391
日本弁護士連合会/日弁連　Japan Federation of
　　Bar Associations　678, 724
入門薬　gateway drug　137
認知　cognition　94, 746, 183, **386**, 446, 463,
　　484, 576, 617
認知機能　cognitive function　484
認知件数　number of reported cases　94, 746
認知構造　cognitive construct　69, 456, 463
認知行動的アプローチ　cognitive behavioral
　　therapy approach　387, 617
認知行動療法（CBT）　cognitive behavioral
　　therapy　25, 301, 307, **386**, 390, 403, 407, 430,
　　432, 476, 474, 485, 511, 540, 543, 556, 617, 635,
　　648, 651, 733
認知行動療法, 施設内処遇における　cognitive
　　behavioral therapy in institutional treatment
　　386
認知作業トレーニング　cognitive occupational
　　training　485
認知症　dementia　289, 299, 421
認知処理療法（CPT）　cognitive-processing
　　therapy　652
認知心理学　cognitive psychology　102, 245,
　　306
認知的決定過程　cognitive decision process　285
認知的新連合理論　cognitive neo-associationism
　　62
認知的反社会性ポテンシャル統合（ICAP）理論
　　integrated cognitive antisocial potential theory
　　115
認知能力　cognitive ability　47, 133, 456
認知の歪み/認知バイアス　cognitive distortion
　　/cognitive bias　59, **68**, 130, 171, 306
認知発達理論　cognitive development theory
　　456
認知面接（CI）　cognitive interview　233, **244**
認知モデル　cognitive model　306
認知リハビリテーション　cognitive rehabilitation
　　543

事項索引

認知療法　cognitive therapy　306, 391, 460

ネグレクト／虐待　neglect　50, 126, 319, 647, 664
ネットワーク利用犯罪　cyber crime　178, 214
年齢段階　age stage　**674**
年齢－非行曲線　age-delinquncy carve　46
脳器質性精神障害　organic mental disorder　362
脳検査　brain test/examination of brain　**362**
脳波検査（EEG）　electroencephalogrphy　249, 342, 362
のぞき　peeping/voyeurism　130, 170, 172
乗物盗　vehicle theft　**192**

は

バイアス／歪み　bias　219, 233, 255, 262, 307, 690, 692, 694
バイアス・クライム　bias crime　210
バイオ・サイコ・ソーシャル（BPS）モデル　bio-psycho-social model　300, 487, 711, 729, 761
配偶者暴力相談支援センター　spousal violence counseling and support center　614, 664
陪審制度　jury system　683
培養理論　cultivation hypothesis　581
ハイリスク集団　high-risk population　569
防　犯　crime prevention　490, 504, 560, **574**, **598**, 730
防犯 CSR 活動　corporate social responsibility regarding crime prevention　568
バウムテスト〔独〕Baum test/tree test/tree-drawing test　348
破壊行為　vandalism　302, 564
破壊的行動障害（DBD）　disruptive behavior disorder　76, 317
波及性　spreading effect　442
白人至上主義　white supremacy　210
爆破予告　bomb threat　**182**
箱庭療法　sand play therapy　425, **452**, 478
パーソナリティ／人格　personality　3, 30, 42, 48, 58, 61, 74, 278, 300, 324, 444, 450
パーソナリティ障害　personality disorder　42, 58, 64, **74**, 153, 165, 167, 200, 273, 280, 288, 311, 316, 516, 665
パーソナリティ特性／人格特性　personality trait　61, 77, 163, 268
パーソナリティ要因／人格要因　personality factor　**58**, 171, 304
発達課題　developmental task　322, 471, 498
発達検査　devolopmental test　93, 468
発達障害　developmental disorder/developmental disability　48, **78**, 123, 128, 323, 354, 363, **482**, 712

発達性協調運動症　developmental coordination disorder　484
発達段階　developmental stage　302, 318, 601, 719
発達的犯罪予防　developmental crime prevention　561
発達的変化　developmental change　28, 113
発達の軌跡　developmental trajectory　28, 90, 98
発達犯罪学　developmental criminology　**28**, 270
発達要因　developmental factor　3, 29, **46**
発達理論　developmenal theory　301, 450, 456
パトロール　patrol　569, 590, 606, **608**, 619, 626
バーナム効果　Barnum effect　262
パノプティコン　panopticon　374
パラトニー　paratonia　458
パラフィリア障害群　paraphilic disorder　77, 172
バーンアウト　burnout　670
犯　意　criminal intention　66, 189, 205, 596, 599, 648
犯因性ニーズ　criminogenic need　272, 378
犯因論的リスク要因　criminogenic risk factor　104
判決前調査　presentence investigation　683, 688
犯行企図者　offender　40, 572
犯行行程研究／犯行行程距離　journey to crime　35, 195, 220
犯行声明　criminal declaration　34, 208
半構造化面接　semi-structured interview　280, 285, 291, 325, 384
犯行地選択モデル　crime-site selection model　217
反抗挑発障害（ODD）　oppositional defiant disorder　79, 316
犯行手口／犯罪手口　modus operandi　34, 224, 265, 573, 675
犯行テーマ／犯行主題　theme of offending　146, 156, 158, 220, 227, **258**, 261, 265
犯行の動機　criminal motivation/motive of crime　43, **66**, 79, 147, 151, 286, 686, 688, 697
反抗の論理　logic of the resistance　122
犯行予告　previous notice of the crime　208
犯行予測　prediction of subsequent crime　221
犯罪およびパワー濫用の被害者のための司法の基本原則宣言（国連被害者人権宣言）　Declaration of Basic Principles of Justice for Victims of Crime and Abuse of Power/U.N.Declaration of Human Rights of Crime Victims　637
犯罪環境　environmental psychology　xxiv
犯罪機会　crime opportunity　16, 37, 572, 604
犯罪幾何学理論　geometric theory of crime　38
犯罪経歴　criminal history/criminal career　28,

36, 104, 146, 156, 173, 184, 194, 229, 234
犯罪行動パターン　criminal behovior　pattern
　84, **226**, 502
犯罪史　history of crime/crime history　**754**
犯罪事実　fact of the crime　269, 532, 681, 696,
　744
犯罪者処遇の効果検証　effect verification in
　treatment of offender　426
犯罪者処遇プログラム　offender treatment　109,
　171, 175, 291, 411, 427, 432, 528, 530, 534
犯罪者被害者等基本法　basic act on crime victims
　523
犯罪者プロファイリング　offender profiling
　169, 172, 216, 218, **220**, 222, 258, 262, **266**, 758
犯罪集団　criminal organization　196
犯罪少年　juvenile offender　43, 114, 132, 620,
　701, 704, 706, 720
犯罪情報　crime information　216, 221, 266, 562,
　577, 580, 591
犯罪心理学　criminal psychology　xxiv, 25, 38,
　46, 66, 73, **92**, 100, 216, 376, **490**, 550, 560,
　632, **674**
犯罪人類学　criminal anthoropology　4, 24, 44
犯罪生活曲線　criminal life curve　289
犯罪生物学　criminal biology　**4**, 24, 44
犯罪多発地点集中型警察活動 / ホット・スポット・
　ポリシング　hotspot policing　606
犯罪的危険性 / 累非行性　risk of crime　703
犯罪テンプレート　crime template　35, 39
犯罪統制　crime control　561, 566, 569, 577
犯罪統計　crime statistics　67, 84, **94**, 259, 624
犯罪に強い社会の実現のための行動計画　Action
　Plan for the Realization of a Society Resistant
　to Crime　590, 604
犯罪認知件数　crimes known to the police　96,
　588
犯罪年齢曲線　age-crime curve　103
犯罪の起きにくい社会づくり　public policy for
　crime-free society　568
犯罪(の)幾何学　geometry of crime　39
犯罪の原因　cause of crime　**2**, 18, 22, 72, 85, 89,
　271, 301, 388, 522, 530, 550, 561
犯罪の三角形　crime triangle　41, 586, 607
犯罪の誘因となる場所　crime attractor　35
犯罪白書　White Paper on Crime　107, 112, 114,
　278, 282, 480, 746
犯罪パターン理論　crime pattern theory　35, 37,
　39, 40, 584, 586
犯罪発生マップ / クライム・マッピング　crime
　mapping　585, 586
犯罪被害遺族　bereaved family of crime victims
　650
犯罪被害給付制度　Benefit System for Crime

Victims　640, 642
犯罪被害実態調査　actual crime victimization
　survey　106, 734
犯罪被害者, 刑事司法における　crime victim in
　the criminal justice system　**638**
犯罪被害者支援　crime victim support　636, 641,
　642, 644, 663, 670, 672, 679, 758
犯罪被害者支援, 警察における　police support
　for crime victims　**642**
犯罪被害者支援要綱　Basic Policy Concerning
　the Measures for Supporting Crime Victims
　642
犯罪被害者等基本計画　Basic Plan for Crime
　Victims　641, 634, 638, 642
犯罪被害者等基本法　Basic Act on crime victims
　414, 544, 634, **640**, 642, 660
犯罪被害者等早期援助団体　early support groups
　for crime victims　640, 644
犯罪被害者の自助グループ　self-help group of
　crime victims　402, 430, 496, **514**, 522, 533,
　537, 559, 614, 625
犯罪被害者保護法　Rules for Measures Incidental
　to Criminal Procedures for Purpose of
　Protection of Rights and Interests of Crime
　Victims　656
犯罪被害調査　crime victimization survey　95,
　106, 576, 610, 747
犯罪被害防止　victimizatoin prevention　582, 600,
　613, 758
犯罪・非行　crime and delinquency　xxiv, **44, 46**,
　50, 80, 86, 736
犯罪不安　crime-fear/fear of crime　**576**, 577,
　588, 591, 592, 598, 758
犯罪分析　crime analysis　34, **584**, 586
犯罪分類　crime classification　36, 43, 258
犯罪誘発ニーズ　criminogenic need　271, 378
犯罪容疑者優先順位づけシステム (CSPS)
　criminal suspect prioritization system　265
犯罪予防 / 防犯　crime prevention　490, 504,
　560, **574**, **598**, 730
犯罪臨床における家族支援　family support for
　criminal　**522**
犯罪類型　crime classification　42, 146, **258**, 261,
　289, 617
犯罪を生成する場所　crime generator　35
反社会性パーソナリティ / 反社会性人格障害
　antisocial personality disorder　42, **64**, 79,
　167, 280, 303, 311, 316
反社会的態度　antisocial attitude　64, 423
反社会的非行　antisocial delinquency　756
犯　情　circumstances of an offense　568, 688
判定会議　decision conference　269, 313, 715
反動形成　reaction formation　9

事項索引

犯人像（の）推定　inference of offender's profile　**226**
犯人の顔の構成　facial composite of offender　264
反応的攻撃　reactive aggression　62, 132
反応モデル　model of reactions　581

ピア・カウンセリング　peer counseling　713
被影響性　suggestibility　43, 706
非影響的測定法　unobtrusive measurement　217
被害回避能力　ability to avoid danger　600
被害経験／被害経験体験　crime victimization experience　126, 133, 165, 181, 320, 580
被害者加害者調停　victim offender mediation　736
被害者学　victimology　**636**
被害者感情　victim's feeling　283, 441
被害者参加制度　victim participation system　639, 683, 695
被害者支援　victim support　638, 643, 645, 655, 663, 672
被害者支援員制度　victim support officers system　638
被害者対策要綱　Basic Police Concerning the Measures for Supporting Crime Victims　638, 642
被害者団体　victim's association　416, 635, 637
被害者等通知制度　victim notification system　638, 640
被害者なき犯罪　crime without victims　107, 575
被害者の視点を取り入れた教育（R4），刑事施設における　victim awareness education in penal institution　**414**
被害者の視点を取り入れた教育（R4），少年院における　correctional education from the victims' veiwpoints　**434**
被害者の手引　Guide Book for Crime Victms　643, 645
被害者理解プログラム　victim awareness program　415
被害者連絡制度　System for Contacting Victims　643
被害少年　juvenile victim　178, 620, 631, 758
被害申告率　self-report rate of victimization　107, 193, 607
被害対象　victims　37, 78, 157, 184, 584, 592
被害と加害の逆転現象　reverse phenomenon of the victim and the perpetrator　126
被害防止教育　education for crime victimization prevention　562, 567, **600**
被害リスク　risk of victimization　560, 576, 580, 590, 611
比較行動学　ethology　4

比較質問法（CQT）　comparison question test　250
引受人　guarantor　395, 522, 533, **536**, 544, 731, 739
引受人教室　guarantor training session　522, **536**
引き金　trigger　123, 390, 430, 477, 533, 535
引きこもり　social withdrawal　49, 76, 121, 302, 570, 654, 655, 662, 649, 757
非器質的な精神障害　non-organic mental disorder　362
被疑者検索システム　suspect prioritization system　265
ひき逃げ事件　delinquency and crime/hit-and-run accident crime　140, 660
被虐待体験　abused experience　303, **318**, 348, 501
ピグマリオン効果　Pygmalion effect　23
非　行　juvenile delinquency　44, 46, 48, 50, 52, 54, 64, 72, 74, 78, 80, 86, 318, 750
非行下位文化　delinquent subculture　9, 20, 84, 305
非行事実　fact of the delinquency/delinquent fact　701, 707, 710, 716, 720, 722, 725
非行集団　delinquent group　20, 25, **118**, 144, 136, 622
非行少年　juvenile delinquent　**302, 304, 306, 308, 310,** 354, 620, **624,** 631, 702, **718,** 722
非行少年の鑑別　classification of juvenile delinquent　**312,** 318, 326
非行深度　deliquency depth　43, **64**
非行性　inclination toward delinquency　51, 98, 131, **268,** 282, 320, 428, 628, 717
非行促進要因　risk factor for delinquency　55, 761
非行の観念　concept of delinquency　56
非行発生類型　genesis pattern of delinquency　64
非行抑止　delinquency prevention　52, 72, 627, 761
非行臨床　clinical practice with delinquent　27, 269, 309, 332, 340, 352, 354, 358, 369, 448, 477, 516, **520,** 675, **722**
非行臨床における家族支援　family support for juvenile delinquent　**520**
微罪処分　disposition of trivial offence　677, 741
非指示的カウンセリング　non-directive counseling　424
非社会的非行　non-social delinquency/asocial delinquency　756
非侵入窃盗　non breaking and entering　190
ヒステリー（解離）性パーソナリティ　hystrionic (dissociative) personality　303

非接触型　non-contact type　170, **172**
悲　嘆　grief　654
ビッグデータ　big data　587
ピック病　Pick's disease　289
ビッグ・ファイブ／主要5因子　Big Five　60, 310
ビッグ・ファイブ・チェック・リスト　Big Five Check List　60
筆跡学的知見　knowledge of graphology　348
ひったくり　snatch　51, **190**, 592, 598, 751, 752
ピッツバーグ・ユース・スタディ　Pittsburgh Youth Study　129
人格類型　personality type judgment　280
人質事件　hostage incident　69, **160**, **256**, **658**
人質同一視症候群（HIS）　hostage identification syndrome　69
否　認　denial　31, 165, **234**, 290, 293, 302, 309, 322, 654, 658, 668, 682, 693, 708
ビパッサナー瞑想　Vipassanal meditation　460
非犯罪化　decriminalization　575
批判的被害者学　critical victimology　637
皮膚コンダクタンス　skin conductance　248
被誘導（暗示）性　suggestibility　**236**
ヒューリスティクス　heuristic　68
ヒューマン・サービス　human service　381
描画法／描画テスト　drawing technique/drawing test　348, 350, 352, 425, 766
描画（絵画）療法　art therapy of drawing　352, 478
評価研究　evaluation study　108, 378, 387, 391, 394, 407, 413, 464, 465, 588, 606
表現教育　expressive education　439
表出的　expressive　158, 160, 181, 183, 195, 256, 261
表出的交渉アプローチ　expressive negotiation approach　256
表出的暴力　expressive violence　162
標　的　target　40, 84, 87, 124, 155, 180, 200, 252, 390, 426, 572
標本調査　sample survey　94
病理的基準　pathological criterion　301
ピロマニア／放火癖　pyromania　77, 159
貧　困　poverty　7, 25, 41, 46, 55, 84, 87, 108, 286, 438, 551, 566, 624, 748, 754
便乗型犯罪　advantage motivated crime　86

ファルス・メモリー　false memory　690
ファンタジー　fantasy　128, 130, 243
風景構成法　landscape montage technique　**354**, 478
フェーズド・アプローチ　phased interview approach　245
フェティシズム　fetishism　130, 291

フェニルアミノプロパン／アンフェタミン　phenylaminopropane/amphetamine　138
フェニルメチルアミノプロパン／メタンフェタミン　phenylmethylaminopropane/methamphetamine　138
フェミニズム　feminism　88, 165, 617
複眼的接近　multifaced approach　93
副交感神経系　parasympathetic nervous system　248
複雑性PTSD　complex posttraumatic stress disorder/complex PTSD　616, 668
複雑性悲嘆　complicated grief　651, 661
福　祉　welfare　674
福祉処分　welfare disposal　717
福祉的支援　welfare support　149, 298, 359
副次財　secondary good　382, 385, 527
福祉的・教育的機能　welfare-educational function　710
福祉犯　offense harmful to juvenile welfare　148, 174, 621, 623
副次文化　subculture　118, 197, 397
服　従　yield　67, 126, 231, 237, 457
福祉優先の原則　principle of precedence of welfare　675
符号化特殊性原理　encoding specificity principle　233
不公正な（不公正と感じられる）緊張　unjust strain　57
不処分　dismissal after hearing　492, 703, 704, 711, 712, **716**, 741
物質依存症　substance dependence　272, 390, 392
物質使用障害　substance use disorder　137, 143, 407, 543, 665
物理的障壁　physical barrier　565
不適応　maladjustment　56, 60, 65, 83, 121, 301, 308, 436
不適応行動　maladjustment behavior　44, 78, 582
不適応状態　maladjustment state　56, 129, 319, 335
不適応的攻撃性　maladjustment aggression　132
不登校　non-attendance at school/school non-acttendance　49, 121, 631, 647, 713, 756
不当雇用　illegal employment/unfair employment　754
不法残留　illegal stay　202
踏み石仮説　stepping stone hypothesis　137
プライバシー　privacy　101, 366, 611, 638, 683
フランクリンのルール　Franklin's rule　263
振り込め詐欺　bank transfer fraud　186, 214, 579
ブリーフ・インターベンション　brief intervention　143
ブリーフ・セラピー　brief therapy　371, **448**

事項索引

不良行為少年　misconduct juvenile　114, 620, 631, 720, 753
不良交友　deviant peer acquaintance　11, 114, 129, **436**, 520
不良交友指導，少年院における　guidance on deviant peer association in juvenile training schools　**436**
不良文化感染型非行　delinquency of deviant cultural infection type　752
プルイット・アイゴー　Pruitt-Igoe　564
プレスティジュ反応　prestige reaction　458
プログラム処遇，保護観察における　treatment program for probationer and parolee　**528**
プログラム評価　program evaluation　108, 426
プロセス評価　process evaluation　464, 562, 588
プロフィール・サイト　profile site　178
文化的逸脱理論　cultural deviation theory　18, 21
分化的機会構造理論　differential opportunity structure theory　3, 84
分化的接触理論　differential association theory　3, 8, 11, 20, 24, 305
分化的同一化　differential identification　25
文化的目標　cultural goal　8
分子遺伝学　molecular genetics　44
文章完成法（SCT）　sentence completion test　335, **340**, 415, 542
分類処遇　classified treatment system　429, 493

ヘイト・クライム　hate crime　**210**
ヘイト・スピーチ　hate speech　211
偏差 IQ　devitation IQ　356, 358
弁識能力　cognitive capacity　361, 686
弁証法的行動療法（DCT）　dialectical behavior therapy　391, 460
変　数　variable　11, 96, 98, 172, 199, 217, 219, 227
ベンゾジアゼピン　benzodiazepine　143
扁桃体　amygdala　45
弁別学習　discrimination learning　483

保安処分　preventive detention　676
防衛機制　defense mechanism　31, 302, 320
放火／放火犯罪者　arson/arsonist　67, **158**, 258, 261, 296
放火症／放火癖／ピロマニア　pyromania　76, 158, 316
法科大学院　law school　679
包括罪種別分類　comprehensive crime categorization　43
包括システム　comprehensive system　281
包括適応度　inclusive fitness　4
包括罪種　comprehensive crime type　43
暴　言　violent language　165, 347, 363, 483

暴　行　violence　50, 94, 112, 126, 132, 150, 156, 162, 170, 284, 288, 650, 668, 747
防護動機理論　protection motivation theory　578, 582
報酬系　reward system　137
法心理学　law and psychology/forensic psychology　216, 692
暴走族　Bosozoku/Japanese motorcycle gang　48, 118, **144**, 282, 436, 488, 713, 751, 755
法テラス／日本司法支援センター（JLSC）　Japan Legal Support Center　679, 724
防犯意識　security consciousness/crime prevention consciousness　189, 190, 592, 596
防犯カメラ（CCTV）　closed-circuit television/ security camera　189, 233, 588, 595, 597
防犯環境設計（CPTED）　crime prevention through environmental design　592
防犯教育　crime prevention education/ community class for victimzation prevantion　568, 600, 602
防犯教育，学校における　crime prevention education at school　**602**
防犯ゲート　security gate　189, 597
防犯心理学　crime prevention psychology　xxiv
防犯対策　crime prevention strategy　191, 578, **588**, 594, 750
防犯タグ　security tag　189, 597
防犯灯 LED　security lighting LED　598
防犯パトロール　anti-crime patrol　599, 608
防犯ボランティア／自主防犯活動　voluntary crime prevention activity　**590**, 592, 593, 611
防犯まちづくり　community building for crime prevention　**592**
法務技官　psychologist of the Ministry of Justice　440, 704, 707, 715, 762
法務省　Ministry of Justice　133, 152, **762**
法務省式運転態度検査（MJDAT）　Ministry of Justice Driving Attitnde Test　294, 330
法務省式ケースアセスメントツール（MJCA）　Ministry of Justice Case Assessment Tool　269, 313, 314, 325, 331, 376, 432, 465
法務省式ケースアセスメントツール（性非行）（MJCA〈S〉）　Ministry of Justice Case Assessment Tool for Sexual Delinquents　432
法務省式人格目録（MJPI）　Ministry of Justice Pesonality Inventory　311, 328
法務省式心理検査（MJPT）　Ministry of Justice Psychology Test　**328**
法務省式態度検査（MJAT）　Ministry of Justice Attitude Test　329
法務省式適応資源尺度（MJAR）　328
法務省式文章完成法（MJSCT）　Ministry of Justice Sentence Completion Test　329, 340

852　事項索引

法務省専門職　specialist of the Minstry of Justice　762
訪問・面談制度　visiting interview service　563, 612
法律援助制度　legal aid service　724
暴　力　violence　4, 25, 31, 50, 52, 59, 69, 110, **120**, **122**, **132**, **162**, 164, **166**, 184, 252, 259, 318, 502, 614, **664**, 746
暴力型犯罪者　violent criminal　69
暴力行為　violence　25, 52, 113, 120, 123, 167, 505, 580
暴力団　Boryokudan/Yakuza/Japanese mafia/Organized Crime Group　144, 184, 196, 206, 396, 400, **408**, 436, 754
暴力団員による不当な行為の防止等に関する法律　Act on Prevention of Unjust Acts by Organized Crime Group Members　408
暴力団対策法　Anti-Organized Crime Law　196
暴力団排除条例　Organized Crime Exclusion Ordinance　198
暴力団離脱指導　guidance on withdrawing from organized crime group　**408**
（全国）暴力追放運動推進センター　National Center for Removal of Criminal Organizations　409
暴力的テレビゲーム　violent video game　110
暴力のサイクル　cycle of violence　165, 616, 665
暴力犯罪　violent crime　73, 84, **132**, **162**, 177, 210, 264, 361, 746
暴力防止指導　violence prevention guidance　403
暴力防止プログラム　violence prevention program　427, 477, 528
保険数理統計手法　actuarial statics method　275
保険（数理）統計学　actuarial statistics　105, 271
保険統計学　actuarial statistics　105, 325
保護因子／保護要因　protective factor　133, 268, 271, 274, 561, 726
保護観察／保護観察官　probation/probation officer　467, **492**, 503, 506, **510**, 521, 522, **528**, 530, 534, 540, 556, 619, 675, 705, 708, 710, 716, 722, 730, 732, 734, 736, 735, 762
保護観察対象者　probationer and/or parolee　506, 510, 528, 530, 534, 536, 552, 554, 556, 732
保護観察処遇　probation treatment　493, 458, 501, 505, 510, 535, 553
保護観察処分少年　juvenile probationer　495, 732
保護観察制度　probation system　495, **732**
保護観察付執行猶予者　probationer of suspended sentence　522, 528, 530, 532, 372
保護観察における処遇技法　treatment skill in probation　510

保護観察におけるプログラム処遇　treatment program for probationer and parolee　**528**
保護機能　protective function　321, 353
保護司　volunteer probation officer　510, 557, 724, 730, 732
保護処分　protective measures　312, 428, 486, 500, 700, 704, 706, 710, 714, 716, 726
保護命令　protection order　164, 614
保護優先の原則　principle of precedence of protection　675
母子関係　mother-child relationship　117, 120, 291
ポジティブ心理学　positive psychology　382, 387
母性剝奪　maternal deprivation　27
ホット・スポット　hot spot　35, 229, 585, 606, 609
補導援護　guidance and assistance　495, 528, 552, 732
ポピュリズム刑事政策　penal populism　575
ホームグロウン・テロリスト　homegrown terrorist　201
ポリグラフ検査　polygraph test　216, 218, **248**, **250**, 758
ポジトロン断層法（PET）　positron emission tomography　44, 362
ホワイトカラー犯罪　white-collar crime　43, 45, 89, **206**
本鑑定　regular psychiatric/psychological examination　153, 366, 684, 688
ボンディング障害　bonding disorder　149

ま

マインド・コントロール　mind control　213
マインドフルネス　mindfulness　391, 439, **460**
マインドフルネス認知療法（MBCT）　mindfulness-based cognitive therapy　391, 460
巻き込み　involvement　13, 520
マクマーチン事件　McMartin Preschool Case　240
マス・メディア　mass media　208, 580
マック（MAC）　Maryknoll Alcohol Center　515
マッチング・ヒューリスティック　matching heuristic　263
マフィア　mafia　196
守りやすい空間　defensible space　564
マルクス主義犯罪学　Marxist criminology　84
マルチ商法　multi-level marketing　187
慢性中毒　chronic intoxication　292
万引き対策　shoplifting prevention　67, **188**, 286, **596**, 727
身柄付送致事件　referral of a case to the Family

Court with physical restraint of juvenle　704
身柄付補導委託　tentative probation by out-of-home placement　727
ミラクル・クエスチョン　miracle question　449
民間依存症リハビリ施設　private institution for rehabilitation of the addicted　139

無意識的動機　unconscious motivation　32, 67, 302
無作為化実験法　randomized experiment　426
無作為割付　random assignment　589
無差別殺傷　random attacking　134, **152**, 209
無差別殺人　random murder /indiscriminate murder　67, 152
矛盾／パラドックス　paradox　60, 85, 150, 243, 262, 290, 367, 400, 407, 500, 581
無秩序／無秩序型　disorder/disorganized　226, 258, 560, 571
無能型　incompetent type　169
無免許運転　driving without a license　51, 71, 140, 144, 294, 330
無理心中　forced double suicide　148

メタ認知トレーニング　metacognitive training　543
メタ分析　meta analysis　131, 142, 372
メタンフェタミン／フェニルメチルアミノプロパン　methamphetamine/phenylmethylaminopropane　138, 292
メディア・イベント　media event　209
面接／面接者／面接法　interview/interviewer/interview method　92, 269, 278, 301, 326, 446, 454, 462, **498**
面接構造　structure of interview　425
面接指導　instructive interview in juvenile training school　440, 532
面接指導, 少年院における　instructive interview in juvenile training school　**440**
メンタライジング　mentalizing　27
メンタル・ヘルス　mental health　90, 758
メンタル・ヘルス・コート　mental health court　741
面通し　show up　691
面割り　lineup/identificaton　691

妄想分裂ポジション　paranoid-s chizoid position　31
目撃者　eyewitness　**230**, 238, 690
目撃証言　eyewitness testimony　219, 230, 262, **690**, 693
目的志向行動拡張モデル　extended model of goal-directed behavior　62
モデリング　modeling　97, 171, 305, 474, 535

モデル構成　model construction　100
モード2科学　mode 2 science　216
戻し収容　return to juvenile training school　492
モノアミンオキシダーゼ　monoamine oxidase　45
モフィットの発達類型論　Moffitt's developmental typology　46
模倣／模倣犯　copycat/copycat crime　24, 182, 209
モラルジレンマ指導　guidance from moral dilemma　**456**
モラル・パニック　moral panic　579
門戸開放薬　gateway drug　137
問題解決能力　problem solving　79, 167, 543, 568, 627, 712
問題解決型裁判所　problem solving court　741, **742**
問題解決スキル　problem solving skill　167, 381, 388, 550
問題行動　problem behavior /behavior problem　46, 52, 63, 76, 110, 112, 122, 124, 129, 282, 315, 316, 368, 392, 469, 560, 629
問題指向型警察活動　problem-oriented policing　35, 585, **606**

■ や

薬物依存脱指導　guidance for overcomig drug dependence　293, 389, 398, 401, **404**
薬物依存症回復施設　drug addiction rehabilitation center　535
薬物依存離脱指導, 刑事施設における　guidance for overcoming drug a diction in penal institution　404
薬物運転　driving under the influence of drug　142
薬物再乱用防止プログラム　drug relapse prevention program　496, 528, **532**
薬物事犯者　drug offender　203, 502, 505, 532, 536, 553
薬物処遇重点実施更生保護施設　specialized rehabilitation aid hostel for stimulant drug treatment　539
薬物専門裁判所　drug court　742
薬物犯罪／薬物犯罪者　drug crime/drug offense/drug offender　**136**, 196, 203, **292**, 307, 430, 742, 749
薬物非行防止指導　correctional education program for juvenile of drug-reraled delinquency　431, 461
薬物乱用　drug abuse　11, 63, 71, 86, **136**, 153, 292, 366, 370, 386, 405, **430**, 451, 504, 647, 756
薬物乱用防止指導　intervention to drag abuse prevention　430, 432, 464

854

事項索引

薬物乱用防止指導, 少年院における　intervention to drag abuse prevention in juvenile training school　**430**
薬物療法　pharmaco therapy　367, 393, 487, 625, 655
役割取得能力　ability of role taking　456
山形マット死事件　Yamagata Mat Manslaughter Case　753

有意差　discrepamcy　358
誘　拐　kidnapping　160, 134, 208, 256, 264, 366, 601, 612, 658, 668
有機溶剤／シンナー　thinner /organic slovent　32, 136, 292, 338, 446, 532, 749, 751, 775, 756
優遇措置　perfectional treatment　699, 738
有識者会議　council　464, 753
融資保証　advance-fee loan scheme　186
有責性　culpability　112, 677
ユニバーサル・デザイン　universal design　482
ユングの類型論　Jung's typology　310

養護工場　factory for handicapped inmate　298, 420
養子法　adoption method　5, 44
要保護児童　child in need of protection　621, 720, 739
要保護児童対策地域協議会　area conference for child in need of protection　741, 737
要保護少年　juvenile in need of protection　620, 631, 759
要保護性／要保護性判断　necessity for protection/decision on necessity of protection　43, 471, 675, 701, 703, 707, 710, 716, 720, 722, 725, 726, 760
よき人生モデル（GLM）　good lives model　373, 381, 382, 384, 381, 387, 411, 526, 625
よき人生離脱モデル（GLM-D）　good lives-desistance model　384
抑うつ感　depression mood　51, 131, 167, 199, 307, 319, 390, 392, 658
抑うつ性人格／抑うつ性パーソナリティ　depressive personality　303
抑うつポジション　depressive position　31
抑止論　deterrence theory　695
予測型警察活動　predictive policing　587
預託商法　bogus depository scam　187
欲求不満－攻撃仮説　frustration-aggression hypothesis　32
欲求不満　frustration　12, 59, 61, 62, 84, 133, 326, 346, 573
予防行動　prevention　568, 578, 580, **582**
世論調査　public opinion survey　577, 624

ら

来談者中心療法　client centered therapy　308, 510
来日外国人　visiting foreigner　202
ライフ・イベント　life event　99, 205, 550
ライフ・コース　life course　15, 28, 40, 282, 550
ライフ・スタイル／ライフ・スタイル理論　life style/life style theory　40, 114, 384, 394, 476
ラインナップ／面割り　line-up　691
烙印づけ　stigmatization　22, 573, 740
羅生門　Rasyomon　**744**
ラベリング理論　labeling theory　22, 84
ラポール　rapport　246, 254, 257, 556, 761
ランダム化（無作為化）比較試験（RCT）　randomized controlled trial　109, 391, 426, 465
ランダム・パトロール　random patrol　562, 608
乱入者　intruder　195
乱　用　abuse　755, **138**, 292, 439

リアルタイム犯罪センター（RTCC）　Real Time Crime Center　587
理学療法士　physical therapist　420
力動的視点　dynamic perspective　301
力動特性判定法　dynamic characteristic judgment　342
離　婚　divorce　7, 46, 115, 123, 130, 133, 151, 167, 345, 614, 624, 664
利殖商法　cold call investment scam　187
リスク・アセスメント　risk assessment　270, 274, **274**, 293, **314**, 379, 406, 465, 502, 557, 613, 729
リスク・アセスメント, 更生保護における　risk assessment for rehabilitation service　270, **274**, 293, **314**, 502, 613, 729
リスク・アセスメント・ツール（RAT）　risk assessment tool　270, 273, 291, 465, 557
リスク解釈モデル　risk interpretation model　576
リスク回避　risk-averse　381, 625
リスク管理　risk management　378, 381, 384, 522, 613
リスク原則　risk principle　105, 378, 380
リスク・コミュニケーション　risk communication　270
リスク・シーキング　risk seeking　16
リスク知覚／リスク認知　risk perception　61, 583, 599
リスク・ニーズ・アセスメント・ツール　risk needs assessment tool　272, 291, 314, 379, 406
リスク・ニーズ・リスポンシビティ（RNR）原則

risk needs responcivity principle　382, 384
リスク・マネジメント　risk management　503, 557, 729
リスク要因　risk factor　29, 104, 128, 133, 167, 271, 277, 291, 317, 561, 619, 651
リスク予防パラダイム　risk-prevention paradigm　271
離　脱　desistance　199, 384, 473, 550
離脱指導　guidance to desist from crime　198, 293, 389, 391, 399, 401, 404, 558
利他的不安　altruistic fear　577
リバプール離脱研究　Liverpool desistance study　384, 473
リバプール方式　Liverpool approach　227
略奪型　predatory type　169
理由なき反抗　rebel without a cause　122
領域性　territoriality　564, 575, 592, 594
量刑慣行　practice of sentencing　696
量刑検索システム　suprene court sentencing catalog　697
量刑事情　sentencing factor　696
量刑判断　sentencing decision　574, 692, 694, **696**
量的変数　quantitative valiable　96
リラプス・プリベンション　relapse prevention　131, **390**, 410, 430, 432, 503, 543
リラプス・プリベンション，施設内処遇における　relapse prevention in institutional treatment　**390**
理論被害者学　theoretical victimology　637
臨床心理学　clinical psychology　xxiv, 101, 109, 220, 226, 337, 491, 711, 715, 759
臨床心理士　clinical psychologist　425, 504, 545, 635, 663, 741
臨床心理の地域援助　psycho-clinical community support　**504**
臨床的プロファイリング　clinical profiling　226
臨床的面接法　clinical interview method　92
臨床被害者学　clinical victimology　637
倫理的配慮　ethical consideration　101

類型化／類型論　type/typology　**42**, 58, 129, 146, 258, 260, 282, 310
類型別処遇　categorized treatment system　493, 532
累犯者　repeated offender　142, 173, 195, 205, 264, 288, 305, 400, 558

累犯障害者　repeat offenders with disorder/disability　228
累非行性　recidivism tendency to delinquency　703
ルーティン・アクティビティ理論／日常活動理論　routine activity theory　34, 37, 38, **40**, 53, 86, 572, 584
ルーレット族　roulette tribe/highway racers　144

例外質問　exceptional question　449
霊感・霊視商法　psychic and clairvoyant scam　187
レイプ神話　rape myth　69
歴史効果　history effect　464
レジリエンス　resilience　133, 273, 625, 649, 655
レスポンシビティ　responsivity　268, 378, 381, 406
レスポンデント条件づけ　respondent conditioning　304
レッケの昏迷　Raecke's stupor　367
劣等感　inferiority feeling　51，, 79, 165, 291, 495, 713, 751
連続殺人　serial homicide/serial murder　146, 152, 158, 208, 220, 264, 288
連続犯　serial offender　151, 220, 228, 264
連続幼女誘拐殺人事件　Serial Young Girls Abduction and Murder Case　208
連続放火　serial arson　296
《米》連邦捜査局（FBI）　Federal Bureau of Investigation　84, 134, 146, 154, 158, 168, 218, 220, 226, 256, 258, 264, 266

老老介護　elderly care by the elderly　205
露　出　exhibitionism　77, 78, 172, 534
ローリング族　rolling tribe/mountain pass racers　144
ロールシャッハ・テスト　Rorschach Test/Technique　281, **332**, 344, 348, 542, 760
ロール・プレイング　role playing　425, 474, 529
ロール・レタリング　role lettering　415, 434, 436, **446**, 713
論理情動行動療法　rational emotive behavior therapy　306

■ わ

割れ窓理論　broken windows theory　**570**, 576, 585, 592

人名索引

*本人名索引には，主に本文中で引用された文献の筆頭執筆者名を取り上げている．

■あ

アイゼンク　Eysenck, H. J.　24, 304
アイヒホルン　Aichhorn, A.　27
アーガイル　Argyle, M.　474
アギュラー　Aguilar, R.　167
アグニュー　Agnew, R.　8, 56, 59
安香　宏　Ako Hiroshi　xxv, 286, 337
朝比奈牧子　Asahina Makiko　xxv
浅見知邦　Asami Tomokuni　323
アシャッフェンブルグ　Aschaffenburg, G.　42
アスク　Ask, K.　262
足立浩平　Adachi Kohei　265
アービング　Irving, E. J.　391
安倍淳吉　Abe Junkichi　64
安部川元伸　Abekawa Motonobu　201
アミック-マクマレン　Amick-McMullan, A.　651
鮎川　潤　Ayukawa Jun　746
荒井崇史　Arai Takashi　577
荒川　歩　Arakawa Ayumu　695
荒木紀幸　Araki Noriyuki　456
アリソン　Alison, L.　34, 154, 156, 259, 262
アルパート　Alpert, G. P.　263
アンジュー　Anziew, D.　444
アンダーソン　Anderson, K. M.　166
安藤久美子　Ando Kumiko　78, 689
安藤成行　Ando Shigeyuki　712
安藤玲子　Ando Reiko　179
アンドリューズ　Andrews, D. A.　50, 104, 271, 372, 378, 382, 384, 387, 406
庵前幸美　Annomae Sachimi　133

飯村治子　Iimura Haruko　191
イエーツ　Yates, M. P.　382, 383
石川　愛　Ishikawa Ai　190
石川正興　Ishikawa Masaoki　737
石川義博　Ishikawa Yoshihiro　30
石毛　博　Ishige Hiroshi　70, 325
石塚伸一　Ishizuka Shinichi　574
石橋昭良　Ishibashi Akiyoshi　629

石原安希子　Ishihara Akiko　603
石原　務　Ishihara Tsutomu　343
伊東ゆう　Ito Yu　597
稲村　博　Inamura Hiroshi　120, 148
犬塚石夫　Inuzuka Iwao　372
井上公大　Inoue Kimihiro　498
井口由美子　Inokuchi Yumiko　629
伊原直子　Ihara Naoko　618
井部文哉　Ibe Fumiya　282
今福彰二　Imafuku Shoji　503
今村扶美　Imamura Fumi　532, 543
イーロン　Eron, L. D.　338
岩井弘融　Iwai Hiroaki　197, 575
岩間晴之　Iwama Haruyuki　233
岩見広一　Iwami Hirokazu　156, 221, 222, 229
岩本正夫　Iwamoto Masao　355
ウィクストロム　Wikstrom, H.　72
ウィチグ　Witzig, E. W.　264
ウィットク　Wittouck, C.　651
ウィニコット　Winnicott, D. W.　27, 499
ウィリアムズ　Williams, E.　476
ウィリス　Willis, G.　381, 384, 625
ウィルソン　Wilson, M.　4, 69, 570
ウィルソン　Wilson, O. W.　608
ウインター　Winter, J. M.　225
ウェクスラー　Wechsler, D.　357
ウェクセラー　Wexler, D. B.　742
上田　鼓　Ueda Tsutsumi　671
上田光明　Ueda Mitsuaki　15
上野　厚　Ueno Atsushi　159
上野正雄　Ueno Masao　688
ウェマース　Wemmers, J-A.　637
ウェルス　Wells, G. L.　265
ウェルナー　Welner, M.　264
ウォーカー　Walker, L. E.　165, 615
ウォルシュ　Walsh, A.　44
ウォルシュ　Walsh, B. W.　365
ウォルフガング　Wolfgang, M.E.　636
ウォーレンバーグ　Wohlenberg, E. H.　87

人　名　索　引

氏原　寛　Ujihara Hiroshi　506
ウッダムズ　Woodhams, J.　224, 260
浦田　洋　Urata Hiroshi　382, 385
瓜生　武　Uryu Takeshi　67
ウンドィッチ　Undeutsch, U.　238

エイカーズ　Akers, R. L.　25, 305
エクスナー　Exner, J.　281
エック　Eck, J. E.　41
エデン　Edens, J. F.　276
エドワーズ　Edwards, M.　131
エバート　Ebers, B. W.　254
エリオット　Elliotte, M.　7
エリクソン　Erikson, E. H.　48
エリス　Ellis, A.　306
エルダー　Elder, G. H.　99
エルビック　Elvik, R.　143
遠藤辰雄　Endo Tatsuo　442

オイサーマン　Oysermanm, D.　81
大上　渉　Oue Wataru　201, 231
大久保智生　Okubo Tomoo　188, 596
大熊輝雄　Okuma Teruo　292
大澤智子　Osawa Tomoko　671
大杉朱美　Osugi Akemi　248
太田達也　Ota Tatsuya　204, 214
太田玲子　Ota Reiko　613
大塚　仁　Otsuka Hitoshi　734
大塚祐輔　Otsuka Yusuke　147, 184
大坪日出子　Otsubo Hideko　423
大沼夏子　Onuma Natsuko　232
大庭絵里　Oba Eri　624
大場玲子　Oba Reiko　613
大橋　薫　Ohashi Kaoru　7
大渕憲一　Ohbuchi Ken-ich　xxv, 69, 162, 284
大森健一　Omori Kenichi　355
岡江　晃　Okae Akira　45
岡田　薫　Okada Kaoru　193
緒方康介　Ogata Kosuke　82
岡部亨市　Okabe Kyoichi　629
岡邊　健　Okabe Takeshi　53, 193
岡村和子　Okamura Kazuko　143
岡本英生　Okamoto Hideo　17, 73, 87, 191
岡本吉生　Okamoto Yoshio　689
小川時洋　Ogawa Tokihiro　251
小此木啓吾　Okonogi Keigo　33
オジャーズ　Odgers, C. L.　90
越智啓太　Ochi Keita　xxv, 174, 200, 244
オトゥール　O'Toole, M. E.　134
小野修一　Ono Shuichi　156
オブライアン　O'Brien, P.　262
小俣謙二　Omata Kenji　575, 590
大茂矢心一　Omoya Shinichi　415

オーリン　Ohlin, L. E.　8, 9, 25
オルトマン　Aultman, M. G.　13
オールポート　Allport, G. W.　310
オンフェイド　Onifade, E.　275

■か

ガイゼルマン　Geiselman, R. E.　241, 244
皆藤　章　Kaito Akira　348
カインド　Kind, S. S.　228
影山任佐　Kageyama Jinsuke　67, 168
笠井達夫　Kasai Tatsuo　65
カーショー　Kershaw, C.　394
カスピ　Caspi, A.　90, 117
糟谷光昭　Kasuya Mitsuaki　70
片口安史　Kataguchi Yasufumi　340
カッシン　Kassin, S. M.　236
勝俣暎史　Katsumata Teruchika　80
カーティス　Curtis, L. A.　21
カーディナー　Kardiner, A.　650
ガーデンバーガー　Greudenberger, H. J.　670
加藤　朗　Kato Akira　200
加藤弘通　Kato Hiromichi　53
門田隆将　Kadota Ryusho　201
角野善宏　Kadono Yoshihiro　355
兼頭吉市　Kaneto Yoshiichi　688
カバットジン　Kabat-Zinn, J.　460
カーフィー　Curphey, T. J.　254
ガーフィンケル　Garfinkel, H.　103
ガーブナー　Gerbner, L.　580
壁屋康洋　Kabeya Yasuhiro　477
鴨下守孝　Kamoshita Moritaka　417
カールスミス　Carlsmith, K. M.　695
カルフ　Kalff, D. M.　452
ガロファロ　Garofalo, R.　5
河合隼雄　Kawai Hayao　452
川浦佐知子　Kawaura Sachiko　102
川上憲人　Kawakami Norito　651
川島淳子　Kawashima Atsuko　415
川端壮康　Kawabata Takeyasu　73
川邉　讓　Kawabe Yuzuru　327
川村矯一郎　Kawamura Kyoichiro　538
カンター　Canter, D.　158, 216, 218, 220, 227, 228, 255, 258, 262, 265, 862
菅藤健一　Kanto Kenichi　348
ガントリップ　Guntrip, H.　30

ギアツ　Geertz, C.　101
菊池城治　Kikuchi George　199
菊池武剋　Kikuchi Takekatsu　xxv, 672
キースラー　Kiesler, S.　179
木原　茂　Kihara Shigeru　625
ギブス　Gibbs, J. J.　17, 22
ギボンズ　Gibbons, M.　216

人 名 索 引

キャステラ　Castella, D.　348
キャスパー　Casper, T.D.　263
キャッチポール　Catchpoll, R. E.　275
ギャボリー　Gaboury, M. T.　415
キリアキディス　Kiriakidis, S. P.　582
桐生正幸　Kiriu Masayuki　92, 251
キルヒホッフ　Kirchhoff, G. F.　636
ギンズバーグ　Ginsburg, J.　403
金原明善　Kinpara Meizen　538

グッドジョンソン　Gudjonsson, G. H.　234, 236
熊谷恵子　Kumagai Keiko　83
熊谷　渉　Kumagai Wataru　403
久山照息　Kuyama Teruoki　442
クライン　Klein, M.　30
クラーエ　Krahé, B.　163
クラーク　Clarke, R. V.　36, 572, 607
グラスミック　Grasmick, H. G.　17
クーリー　Cooley, C. H.　6, 23
クリスチャン　Christian, J.　22
クリスチャンソン　Chrstianson, S. Å.　232
クリック　Crick, N. R.　117
栗原　久　Kurihara Hisashi　292
グリュック夫妻　Glueck, S. & Glueck, E.　270, 384, 551
グリーン　Green, E. J.　225
クルーガー　Krueger, A. B.　201
グルーレ　Gruhle, H.　42
クレア　Clare, J.　195
グレーザー　Glazer, D.　25
クレックレー　Cleckley, H.　280
クレッチマー　Kretschmer, E.　74
クレペリン　Kraepelin, E.　74, 302
クレマー　Clemmer, D.　396
グロス　Groth, A. N.　260
グロス　Gross, L.　580
グロスマン　Grossman, D.　232
クロップ　Krop, P.R.　619
クロニンジャー　Cloninger, C. R.　77
グローブ　Grove, W. M.　105
クロムウェル　Cromwell, P.　87
クロワード　Cloward, R. A.　8, 9, 25
クロンバイ　Cromby, J.　72
クロンバック　Cronbach, L. J.　109

ケスラー　Kessler, R. C.　651
ケッペル　Keppel, R. D.　264
ケトレー　Quetelet, L. A. J.　38
ゲリー　Guerry, A. M.　38
ケーンケン　Köhnken, G.　239, 241
ケント　Kent, J.　228

郷古英男　Goko Hideo　30

河野荘子　Kono Shoko　17, 73, 80, 117, 550
コーエン　Cohen, A. K.　9, 20, 53, 305
コーエン　Cohen, P. T.　317
コーエン　Cohen, L. E.　38, 40
古賀正義　Koga Masayoshi　103
小菅　律　Kosuge Ritsu　145
コスタ　Costa, P. T.　60
ゴットフレッドソン　Gottfreadson, M. R.　14, 16
ゴットフレッドソン　Gottfredson, L. S.　59
コッホ　Koch, K.　348
後藤啓二　Goto Keiji　230
コナーズ　Conners, R. E.　365
小西聖子　Konishi Takako　165, 651
コーニッシュ　Cornish, D. B.　36
コーネル　Cornell, D. G.　129
コーパー　Koper, C.　609
小林桜児　Kobayashi Oji　532
小林万洋　Kobayashi Kazuhiro　737
小林寿一　Kobayashi Juichi　53, 626, 627
小林寛　Kobayashi Takahiro　251
小林哲郎　Kobayashi Tetsuro　340
コフート　Kohut, H.　33
ゴフマン　Goffman, E.　374, 396
小宮信夫　Komiya Nobuo　604, 632
小宮山　要　Komiyama Kaname　80
コラード　Corrodo, P. R.　200, 658
コルコ　Kolko, D.　158
コールドウェル　Caldwell, M. F.　275
ゴールドスタイン　Goldstein, M.　606
ゴールドストン　Goldstone, D. B.　365
ゴールドバーグ　Goldberg, L. R.　60
コールバーグ　Kohlberg, L.　456
近藤日出夫　Kondo Hideo　129, 148, 317, 747
近藤倫明　Kondo Michiaki　231
コーンハウザー　Kornhauser, R.　9

■さ

サイクス　Sykes, G. M.　25, 68, 80, 305, 374, 396
財津　亘　Zaitsu Wataru　159, 182, 194, 227
齊藤万比古　Saito Kazuhiko　120, 317
齊藤智範　Saito Tomonori　610, 613
斎藤秀明　Saito Hideaki　191
佐伯　克　Saeki Katsu　445
榊原広城　Sakakibara Hiroki　726
サクソン　Sexton, T. L.　519
佐々淳行　Sasa Atsuyuki　230
佐々木彩子　Sasaki Ayako　422
笹竹英穂　Sasatake Hideho　603
サザーランド　Sutherland, E. H.　20, 206, 305
佐藤良϶　Sato Yoshihiko　402, 414
里見　聡　Satomi Satoshi　403
佐野勝男　Sano Katsuo　340
サビル　Saville, G.　567

サリバン　Sullivan, H. S.　369
サルファティ　Salfati, C. G.　261
サレルノ　Salerno, J. M.　695
サンティラ　Santtila, P.　225
サンプソン　Sampson, R. J.　15, 80, 90, 98, 551, 566

ジェイコブス　Jacobs, J.　564, 578
シェーファー　Schafer, S.　636
シェーファー　Schafer, J. A.　263
ジェフリー　Jeffery, C. R.　38, 565
ジェンキンス　Jenkins, S. E.　165, 617, 339
四方　光　Shikata Ko　618
シガードソン　Sigurdsson, J. F.　236
ジグリー　Jigley, C. R.　670
シッスルウェイト　Thistlethwaite, A.　252
篠田勝郎　Shinoda Katsuro　445, 458
島田貴仁　Shimada Takahito　191, 253, 583, 609, 610, 618
シメオン　Simeon, D.　364
下坂節男　Shimosaka Setsuo　727
下山晴彦　Shimoyama Haruhiko　252
シモン　Simon, T.　357
シャー　Schur, E. M.　575
ジャコノ　Gacono, C.　281
シャーマン　Sherman, L. W.　157, 386, 574, 609
シュガーマン　Sugarman, D. B.　166
シュトレーベ　Stroebe, M.　650
シュナイダー　Schneider, K.　42, 74, 129, 280, 311, 328, 560
シュナイドマン　Shneidman, E. S.　125, 254, 337
シュバルツァー　Schwarzer, R.　583
シュミット　Schmidt, F.　275
シュミット　Schmidt, K. M.　654
ショウ　Shaw, C.　19
生島　浩　Shojima Hiroshi　105, 382, 519, 521, 551
ジョブズ　Jobes, D. A.　255
ショーリー　Shorey, R. C.　166
ジョーンズ　Jones, M.　374, 394
白井利明　Shirai Toshiaki　51, 81, 551, 550
白井美穂　Shirai Miho　695
白岩祐子　Shiraiwa Yuko　695
白取祐司　Shiratori Yuji　688
ジル　Gill, M.　30
シルバ　Sliva, P. A.　90
シルバー　Silver, M. D.　201
新家勝昭　Shinie Katsuaki　628
新海浩之　Shinkai Hiroyuki　403

ズィムリン　Zimring, F. E.　155
スキナー　Skinner, B. F.　304
杉山　成　Sugiyama Shigeru　80
スコーガン　Skogan, W. G.　581
鈴木昭弘　Suzuki Akihiro　265

鈴木睦夫　Suzuki Mutsuo　339
スタイン　Stein, M.B.　339
須谷修治　Sudani Shuji　599
スチュアート　Stewart, C. A.　526
ズッカーマン　Zuckerman, M.　70
ステイク　Stake, R. E.　101
須藤　明　Sutoh Akira　688
ストラ　Stora, R.　348
ストレンツ　Strentz, T.　659
ズナニエッキ　Znaniecki, F. W.　6
スヌーク　Snook, B.　195
スベンソン　Svensson, R.　192
スミス　Smith, M. J.　572
スミス　Smith, D. A.　85
スラッシャー　Thrasher, F. M.　19

関口　裕　Sekiguchi Yu　477
セト　Seto, M. C.　176
ゼーリッヒ　Sellich, E.　42
セントイブス　St-Yves, M.　234

相馬敏彦　Soma Toshihiko　167
染田　惠　Someda Kei　736
ソンディ　Szondi, L.　344
ソーントン　Thornton, W. E.　87
ソーンベリー　Thornberry, T. P.　119

た

ダイモンド　Dymond, R. F.　73
タイラー　Tyler, T. R.　581
平良俊司　Taira Shunji　144
高桑和美　Takakuwa Kazumi　628
高野光司　Takano Koji　346, 403, 477
高橋雅春　Takahashi Masaharu　351
高橋泰博　Takahashi Yasuhiro　144
高橋祥友　Takahashi Yoshitomo　364
高比良美詠子　Takahira Emiko　179
高村　茂　Takamura Shigeru　155, 156, 173, 195
瀧井正人　Takii Masato　323
瀧澤千都子　Takizawa Chizuko　106
宅　香菜子　Taku Kanako　649
田口真二　Taguchi Shinji　172
ダグラス　Douglas, J. E.　146, 158, 224, 260
竹内友二　Takeuchi Tomoji　712, 727
田崎仁一　Tazaki Jinichi　247
田崎篤郎　Tazaki Tokuro　581
ダットン　Dutton, D.G.　165, 616
田中ひかる　Tanaka Hikaru　89
田中　宏　Tanaka Hiroshi　352
ダマジオ　Damasio, A. R.　45
ターマン　Terman, L. M.　357
ダミ　Dhami, M. K.　263
田村雅幸　Tamura Masayuki　217

people index

ダーリー　Darley, J. M.　695
タルド　Tarde, G.　24
団　士郎　Dan Shiro　519
団藤重光　Dando Shigemitsu　723
丹野義彦　Tanno Yoshihiko　285

坪内宏介　Tsubouchi Kosuke　104
坪内順子　Tsubouchi Junko　339

テア　Terr, L. C.　668
ディション　Dishion, T. J.　119
デイツ　Deitz, S. R.　694
ディードリッヒ　Dederich, C.　394
ティトル　Tittle, C. R.　17, 85
デイビス　Davis, M. H.　73
テイラー　Taylor, R. B.　571, 576
ディラー　Diller, J.　254
デイリー　Daly, M.　4
出口保行　Deguchi Yasuyuki　73
テデスキ　Tedeschi, R. G.　649
デービス　Davies, G.　233
デーフェンバッハー　Deffenbacher, K. A.　232
デュルケーム　Durkheim, É.　2, 8
デ・レオン　De Leon, G.　394

土井隆義　Doi Takayoshi　625
土居健郎　Doi Takeo　30, 498
十一元三　Toichi Motomi　297
ドゥラポー　Drapeau, M.　388
遠山　敏　Toyama Bin　324
徳山孝之　Tokuyama Takayuki　271
所　一彦　Tokoro Kazuhiko　736
ドッジ　Dodge, K. A.　69, 132, 307
ドーベルニュ　Dauvergne, M.　155
トビー　Toby, J.　12
トマス　Thomas, W. I.　6
トランケル　Trankell, A.　238
ドリジン　Drizin, S. A.　236
トールマン　Tolman, E. C.　25, 304
トンプソン　Thompson, L.　253

■な

ナイ　Nye, F. I.　12
ナイト　Knight, R. A.　175
仲　真紀子　Naka Makiko　242, 245
中井久夫　Nakai Hisao　125, 354
長井長義　Nagai Nagayoshi　138
中島聡美　Nakajima Satomi　651
中田　修　Nakata Osamu　158, 297
中谷瑾子　Nakatani Kinko　148
中原慎二　Nakahara Shinji　141
中村　攻　Nakamura Osamu　595
長山泰久　Nagayama Yasuhisa　145

那須昭洋　Nasu Akihiro　464
ナンス　Nance, M. W.　201

西田公昭　Nishida Kimiaki　213
西野雅行　Nishino Masao　727
新田健一　Nitta Kenichi　260
二ノ宮勇気　Ninomiya Yuki　464
ニューマン　Newman, O.　564
ニューリアス　Nurius, P.　81

野島一彦　Nojima Kazuhiko　442
ノーズナー　Noesner, G. W.　160, 257
野田昌道　Noda Masamichi　369
能智正博　Nochi Masahiro　101
信田さよ子　Nobuta Sayoko　165

■は

ハイト　Haidt, J.　72
ハイノネン　Heinonen, J. A.　154
ハイマー　Heimer, K.　21
ハウス　House, J. C.　265
バーガー　Berger, S.　73
萩野谷俊平　Haginoya Shunpei　227
バーク　Burke, A.　231
羽間京子　Hazama Kyoko　499
ハーシー　Hirschi, T.　12, 16, 41, 52, 103, 466, 520
バージェス　Burgess, E. W.　6, 18, 258, 270
バーシック　Bursik, R. J.　566
橋本和明　Hashimoto Kazuaki　50, 55, 126, 319, 324, 624
バス　Buss, D. M.　4
バゾソニイ　Vazsonyi, A. T.　17
奏　一士　Hata Kazushi　346
パターソン　Patterson, G. R.　119
ハッカネン　Häkkänen, H.　182
バック　Buck, J. N.　350
バートル　Bartol, C. R.　146, 157, 160, 169, 172, 372
花輪次郎　Hanawa Jiro　727
羽生和紀　Hanyu Kazunori　37
ババッソーリ　Vavassori, D.　349
バブキシン　Babchishin, K. M.　176
バブコック　Babcock, J. C.　583
パブロフ　Pavlov, I. P.　304
ハマー　Hammer, E. F.　350
ハマー　Hammer, M. R.　256
浜井浩一　Hamai Koichi　95, 107, 749
濱﨑由紀子　Hamasaki Yukiko　132
浜田寿美男　Hamada Sumio　239
濱本有希　Hamamoto Yuki　632
ハーマン　Herman, J. L.　616, 668, 670
バーマン　Berman, A.　82
ハモンド　Hammond, T.　72
林　勝造　Hayashi Katsuzo　346

人名索引

速水 洋　Hayami Hiroshi　30
原田隆之　Harada Takayuki　391
原田 豊　Harada Yutaka　190, 611
バーリ　Barry, M.　551
ハル　Hull, C. L.　304
春口徳雄　Haruguchi Norio　446
ハルニッシュマッヒャー　Harnischmacher, R.　659
パールマン　Pearlman, L. A.　670
ハーレイ　Hurley, J. T.　154
バレンティン　Valentine, T.　232
ハーロック　Hurlock, E.　348
バーン　Berne, E.　450
バーンカット　Barnecutt, P.　230
バンクロフト　Bancroft, L.　165
バン・ゲルダー　Van Gelder, J. L.　60
ハンソン　Hanson, R. K.　171, 271, 307, 380, 391, 411
バンデューラ　Bandura, A.　xxv, 25, 305, 386, 580
バンド　Band, S. R.　181
ハンビー　Hamby, S. L.　610
バン・ボーリス　Van Voorhis, P.　423
バンヤード　Banyard, V. L.　583

ピアジェ　Piagert, J.　13, 456
ピアソン　Pearson, F. S.　387
東田修一　Higashida Shuichi　193
ピケロ　Piquero, A. R.　17
菱木智愛　Hishiki Chiaki　582
ビセラ　Bisera, J.　72
ヒッキー　Hickey, E.　210
ビネー　Binet, A.　357
ビーバー　Beaver, K. M.　17
平 伸二　Hira Shinji　599, 605
平岡義和　Hiraoka Yoshikazu　206
ビラメス　Villemez, W. J.　85
平山真理　Hirayama Mari　175
ヒーリー　Healy, W.　xxiv, 30, 56
ビリック　Billick, S.　169
ビレガス　Villegas, A. B.　230
ビレル　Birrell, D.　201
廣井亮一　Hiroi Ryoichi　519, 723
廣末 登　Hirosue Noboru　197
ヒンデラング　Hindelang, M.　40

ファイヤーストン　Fireston, R. W.　364
ファタ　Fattah, E. A.　637
ファーナム　Furnham, A. F.　574
ファーブロー　Farberow, N.　254
ファベッチア　Favazza, A.　365
ファミュラロ　Famularo, R.　83
ファーリントン　Farrington, D. P.　115, 317
ファレル　Farrall, S.　576
ファンワーズ　Farnworth, M.　10
フィアリ　Fiery, C.　72

フィグリー　Figley, C. R.　670
フィッシャー　Fisher, R. P.　241, 244
フィッシュバイン　Fishbein, D. H.　45
フィン　Finn, S. E.　339, 368
フェアバーン　Fairbairn, W. R. D.　30
フェリ　Ferri, E.　5
フェルソン　Felson, M.　37, 38, 40, 53
フォース　Forth, A. E.　274
フォスターリー　Foster, L.　694
フォーセット　Fawcett, J. M.　231
フォーチュン　Fortune, C. A.　131
フォックス　Fox, A.　385
フォナギー　Fonagy, P.　27
フォン・ヘンティッヒ　von Hentig, H.　636
福井 進　Fukui Susumu　136
福島 章　Fukushima Akira　xxv, 32, 287
福本 聴　Fukumoto Cho　477
藤岡淳子　Fujioka Junko　170, 372, 395, 423, 615
藤掛 明　Fujikake Akira　353
藤川洋子　Fujikawa Yoko　348
藤田悟郎　Fujita Goro　141, 145, 217
藤田宗和　Fujita Munekazu　337
藤山直樹　Fujiyama Naoki　32
フゼリアー　Fuselier, D.　253
渕上康幸　Fuchigami Yasuyuki　317
ブッシュウェイ　Bushway, S. D.　99
ブファード　Bouffard, J. A.　17
フライ　Fry, M.　636
フランシス　Francis, T. C.　15
ブランチャード　Blanchard, E. B.　661
ブランティンガム夫妻　Brantinghan, P. J. & Brantingham, P. L.　35, 38, 40
ブラント　Barndet, R. J.　80
フリーズ　Frieze, I. H.　167
ブリッグス　Briggs, F.　50
ブリドウ　Pleydou, A. P.　117
フリードランダー　Friedlander, K.　30
フリードリヒ　Friedrich, W. N.　171
フリン　Flin, R. H.　230
プリント　Print, B.　385
プール　Poole, D. A.　240
フルーデンバーガー　Freudenberger, H. J.　670
ブルーム　Bloom, B.　423
プレンキー　Prentkey, R. A.　274
ブレント　Brent, D. A.　255
フロイト　Freud, S.　26, 30, 74, 302, 499, 650
プロチャスカ　Prochaska, J. O.　583
ブロック　Block, R.　229
ブロンナー　Bronner, A. F.　30

ヘア　Hare, R.　280
ベイジー　Veysey, B. M.　22
ヘイゼルウッド　Hazelwood, R. R.　226, 260

人名索引

ベクテル　Bechtel, K.　275
ヘス　Hess, W. R.　44
ベッカー　Becker, H. S.　22
ベッカリア　Beccaria　36
ベッキ　Vecchi, G. M.　256
ベック　Beck, A. J.　306
ベネル　Bennell, C.　224
ヘーベ　Hoeve, M.　117
ベラック　Bellack, A. S.　474
ベルスキー　Belsky, J.　90
ヘルマン　Herman, J. L.　670
ヘンゲラー　Henggeler, S. W.　519
ベンサム　Bentham, J.　36, 374
ヘンリー　Henry, B.　99
ヘンリー　Henry, O.　177

ボイト　Voigt, L.　87
ボウルビィ　Bowlby, J.　27
ポーキングホーン　Porkinghorne　102
星野周弘　Hoshino Kanehiro　119, 197
ボセックイル　Vossekuil, B.　134
細江達郎　Hosoe Tatsuro　65, 204, 574
ポーター　Porter, M. D.　229
ポーター　Porter, L. E.　154
ホッジ　Hoge, R.　274
ポッター　Potter, K.　211
ボバ・サントス　Boba-Santos, R.　584
ボラム　Borum, R.　252, 274
ボーランダー　Bolander, K.　348
ボリー　Boyll, J. R.　694
堀内　守　Horiuchi Mamoru　67
堀尾良弘　Horio Yoshihiro　50
ホルシンガー　Holsinger, A. M.　275
ボルズィキ　Borzycki, M.　155
ホルムズ　Holmes, R. M.　147
ホルムバーグ　Holmberg, U.　235
ボンガー　Bonger, W. A.　84
本城秀次　Honjo Shuji　120
本田恵子　Honda Keiko　476
ポンタリス　Pontalis, J.-B.　670

■ま

マイヤーズ　Myers, C. S.　650
前島賢土　Maejima Kento　207
前田ケイ　Maeda Kei　475, 540
マーカス　Markus, H.　81
マクガイア　McGuire, J.　3
マクキャギー　McCaghy, C. H.　192
マクマイン　McMains, M. J.　257
マクミラン　MacMillan, B.　582
マクムラン　McMurran, M.　392, 403
マーシャル　Marshal, L. E.　392
マーシャル　Marshall, W. L.　526

マシュー　Matthew, R. J.　210
マーチンソン　Martinson, R.　372
松浦直己　Matsuura Naomi　82
マツエダ　Matsueda, R. L.　21
松尾廣文　Matsuo Hirofumi　456
マッキャン　McCann, I. L.　670
マックデビット　McDevitt, J.　210
マッケンジー　Mckenzie, R.　619
マッコーバー　Machover, K.　350
松嶋秀明　Matsushima Hideaki　103
松田いづみ　Matsuda Izumi　248
マッツア　Matza, D.　12, 25, 305
松富　哲　Matsutomi Satoshi　442
松波知子　Matsunami Tomoko　166
松村一雄　Matsumura Kazuo　622
松村太郎　Matsumura Taro　361
松本俊彦　Matsumoto Toshihiko　255, 365, 430, 532
松元泰儀　Matsumoto Yasunori　122
マーティン　Martin, D. C.　117
マートン　Merton, R. K.　7, 8, 53
マーラット　Marlatt, A. G.　390
マーラット　Marlatt, G. A.　503
マラムス　Malamuth, N. M.　307
マルナ　Maruna, S.　22, 103, 384, 473, 550
マレー　Murray, H. A.　336
マンロー　Munroe, A. H.　165

ミガージ　Megargee, E. I.　283
三上直子　Mikami Naoko　351
三木善彦　Miki Yoshihiko　454
水田恵三　Mizuta Keizo　64, 93
ミニューチン　Minuchin, S.　518
三村都與仁　Mimura Tsuyohito　355
三本照美　Mimoto Terumi　221, 228, 609
宮口幸治　Miyaguchi Koji　485
三宅　進　Miyake Susumu　251
宮坂直史　Miyasaka Naofumi　200
宮澤浩一　Miyazawa Koichi　637
宮澤節生　Miyazawa Setsuo　575
宮田久嗣　Miyata Hisatsugu　136
宮寺貴之　Miyadera Takayuki　629
宮本史郎　Miyamoto Shiro　457
ミュラー　Mueller, G. O. W.　87
ミューレン　Mullen, P. E.　169, 252
ミラー　Miller, T. R.　607
ミラー　Miller, W. B.　21
ミラー　Miller, W. R.　392, 499
ミルス　Mills, J. F.　271
ミロン　Miron, M. S.　160
ミロン　Millon, T.　74

麦島文夫　Mugishima Fumio　622

人 名 索 引

村尾博史　Murao Hirofumi　434
村瀬孝雄　Murase Takao　340
村田直子　Murata Naoko　80
村松　励　Muramatsu Tsutomu　33

メイヤー　Meijer, E. H.　251
メイン　Main, T. F.　394
メーラビアン　Mehrabian, A.　73
メリー　Merry, S.　195
メリル　Merrill, F. E.　7
メンデルソーン　Mendelsohn, B.　636

毛利元貞　Mori Motosada　603
モクロス　Mokros, A.　34
モストン　Moston, S.　235
モフィット　Moffitt, T. E.　xxv, 29, 46, 90, 115
森　武夫　Mori Takeo　688
森岡正芳　Morioka Masayoshi　102
モリソン　Morrison, K.　583
森田容子　Morita Yoko　477
森田洋司　Morita Yoji　14, 125
森永康子　Morinaga Yasuko　167
モレノ　Moreno, J. L.　444

■ や

ヤコブ　Jacobs, T. B.　211
矢島正見　Yajima Masami　624
保木正和　Yasuki Masakazu　464
山岡一信　Yamaoka Kazunobu　195, 221
山上　皓　Yamagami Akira　158
山口雅敏　Yamaguchi Masatoshi　82
山下嘉一　Yamashita Yoshikazu　415
山根常男　Yamane Tsuneo　55
山入端津由　Yamanoha Tsuyoshi　285
山本和郎　Yamamoto Kazuo　339
山本修一　Yamamoto Shuichi　228
山本　力　Yamamoto Chikara　101
山本俊哉　Yamamoto Toshiya　593
山本麻奈　Yamamoto Mana　406

ユーイング　Ewing, C. P.　177
ユッカー　Jucker, É.　348
ユール　Yuille, J. C.　241
ユング　Jung, C. G.　310, 452

横田賀英子　Yokota Kaeko　160, 173, 195, 221, 225, 230, 253, 257, 260, 264, 658
横湯園子　Yokoyu Sonoko　125
吉川和男　Yoshikawa Kazuo　159
吉澤寛之　Yoshizawa Hiroyuki　69
吉永千恵子　Yoshinaga Chieko　323
吉益脩夫　Yoshimasu Shufu　290, 316
吉村伸一　Yoshimura Shinichi　184

吉本伊信　Yoshimoto Ishin　454

■ ら

ライト　Wright, M.　263
ライト　Wright, J. A.　168
ラウブ　Laub, J. H.　15, 58, 199
ラウントリー　Rountree, P. W.　576
ラシーヌ　Racine, C.　169
ラズ　Raz, J.　197
ラックリジ　Rucklige, J. J.　83
ラッセル　Russell, D. E. H.　174
ラトクリフ　Ratcliffe, J.　595
ラパポート　Rapaport, D.　337
ラブ　Lab, S. P.　560, 580, 591
ラ・フォン　La Fon, D. S.　255
ラプランシュ　Laplanche, T.　670
ラム　Lamb, M. E.　241
ランドン　Langdon, E.　72

リー　Lee, M.Y.　165, 617
リーケ　Leake, G. J.　23
リース　Reiss, A. J. Jr.　12, 608
リチャードソン　Richardson, G. E.　550
リーバー　Leiber, M.　10
リバーマン　Liberman, R. P.　475
リプシー　Lipsey, M. W.　387, 403, 413
リュー　Liu, L.　35
リヨン　Lyons, H. A.　200
リンチ　Lynch, K.　35

ルイス　Lewis, S. F.　167
ルサーノ　Russano, N. B.　236
ル・ブラン　Le Blanc, M.　28

レイヒ　Lahey, B.　316
レズニック　Resnick, J. P.　148
レスラー　Ressler, R. K.　221, 259
レーゼル　Lösel, F.　372, 411
レックリス　Reckless, W.C.　12
レーバー　Loeber, R.　129, 132
レバイン　Levine, N.　229, 265
レビン　Levin, J.　210

ローウェンフェルト　Lowenfeld, M.　452
ロジャース　Rogers, R. W.　582
ロジャーズ　Rogers, C. R.　308, 392, 424
ロス　Ross, L.　68
ロス　Ross, H. L.　141
ローズ　Rhodes, W. M.　195
ローズ　Laws, D. R.　384, 413
ロスモ　Rossmo, D. K.　35, 37, 220, 229, 265
ローゼン　Rosen, M. P.　365
ローゼンタール　Rosenthal, R.　23

863

ローゼンツァイク　Rosenzweig, S.　346
ローゼンバウム　Rousenbaum, D. P.　580
ローゼンフェルド　Rosenfeld, P.　252
ローゼンブルーム　Rosenbloom, D. J.　670
ロッシ　Rossi, P. H.　108, 427
ロッター　Rotter, J. B.　305
ロネル　Ronel, N.　625
ロバーツ　Roberts, N.　167
ロフタス　Loftus, E. F.　233, 690
ロミ　Romi, S.　82
ローリー　Laurie, Z.　460
ロールニック　Rollnick, S.　392
ローレンツ　Lorenz, K.　4
ロンドン　London, K.　694
ロンブローゾ　Lombroso, C.　xxiv, 2, 5, 18, 24

■ わ

ワイナー　Weiner, I. B.　336
和田　清　Wada Kiyoshi　136
渡邉和美　Watanabe Kazumi　151, 217, 221, 222
渡辺昭一　Watanabe Shoichi　161, 217, 219, 221, 230, 234, 658
渡邉浩子　Watanabe Hiroko　726
綿村英一郎　Watamura Eiichiro　695
和智妙子　Wachi Taeko　158, 235
ワッツ　Watts, B. V.　648
ワーデン　Worden, J. M.　650
ワード　Ward, T.　307, 381, 384, 526, 625
ワトキンス　Watkins, R. E.　372
ワトソン　Watson, J. B.　304

犯罪心理学事典

平成28年9月10日　発　　　行
令和 5 年 6 月30日　第4刷発行

編　者　日本犯罪心理学会

発行者　池　田　和　博

発行所　丸善出版株式会社
〒101-0051　東京都千代田区神田神保町二丁目17番
編集：電話（03）3512-3264／FAX（03）3512-3272
営業：電話（03）3512-3256／FAX（03）3512-3270
https://www.maruzen-publishing.co.jp

Ⓒ The Japanese Association of Criminal Psychology, 2016

組版／有限会社 悠朋舎
印刷・製本／大日本印刷株式会社

ISBN 978-4-621-08955-2 C 3511　　　　Printed in Japan

JCOPY 〈（一社）出版者著作権管理機構 委託出版物〉
本書の無断複写は著作権法上での例外を除き禁じられています．複写される場合は，そのつど事前に，（一社）出版者著作権管理機構（電話03-5244-5088, FAX03-5244-5089, e-mail：info@jcopy.or.jp）の許諾を得てください．